Ferdinand Raimund · Sämtliche Werke · Band 2

FERDINAND RAIMUND

Sämtliche Werke
Historisch-kritische Ausgabe

Herausgegeben von
Hermann Böhm, Jürgen Hein (†),
Johann Hüttner, Walter Obermaier,
Johann Sonnleitner und Friedrich Walla

Band 2

FERDINAND RAIMUND

Das Mädchen aus der Feenwelt
oder Der Bauer als Millionär

Die gefesselte Fantasie

Herausgegeben von
Johann Hüttner

Deuticke

Die Gesamtausgabe erscheint unter der Patronanz der
Raimundgesellschaft, mit besonderer Förderung des
Magistrats der Stadt Wien, MA 7 – Kultur,
des Bundeskanzleramts der Republik Österreich,
Sektion Kunst und Kultur,
sowie des Jubiläumsfonds der Oesterreichischen Nationalbank,
Projekt Nr. 13980 und 16859

1. Auflage 2018

ISBN 978-3-552-06261-0
Alle Rechte vorbehalten
© 2018 Deuticke in der Paul Zsolnay Verlag Ges.m.b.H., Wien
Satz: Verlagsbüro Lehner, Wien
Umschlag: Eva Kaltenbrunner-Dorfinger, Wien
Druck und Bindung: CPI books GmbH, Leck
Printed in Germany

INHALTSÜBERSICHT

Das Mädchen aus der Feenwelt oder Der Bauer als Millionär
7

Die gefesselte Fantasie
83

Anmerkungen
151

Inhaltsverzeichnis
907

DAS MÄDCHEN AUS DER FEENWELT,
oder
DER BAUER ALS MILLIONEUR.

Romantisches Original Zauberspiel in 3 Aufzügen

von

F[erdinand] Raimund

[*Musik von Josef Drechsler*]

[*Uraufgeführt am 10. November 1826
im Theater in der Leopoldstadt*]

Personen

LAKRIMOSA, eine mächtige Fee
ANTIMONIA, die Fee der Wiederwärtigkeit
BORAX, ihr Sohn
BUSTORIUS, Zauberer aus Waresting
AJAXERLE, Lakrimosens Vetter und Magier aus Donau Eschinge[n]
ZENOBIUS, Haushofmeister und Vertrauter der Lakrimosa
SELIMA, ⎱ die Feen aus der Türkey
ZULMA, ⎰
HYMEN
DIE ZUFRIEDENHEIT
DIE JUGEND
[6 PAGEN UND 6 MÄDCHEN als Gefolge der Jugend]
DAS HOHE ALTER
[EIN URALTER KUTSCHER]
NEID, ⎱ Compagnions und Großhändler im Geisterreiche
HASS, ⎰
LIRA, die Nymphe von Karlsbad
DER MORGEN, DER ABEND, [DIE NACHT,] DER BLÖDSINN, DIE TRÄGHEIT, UND MEHRERE ANDER[E] ALLEGORISCHE PERSONEN, ZAUBERER, FEEN[, FEENDIENER, GENIEN]
ILLI, Briefbothe im Geisterreiche
NIGOWITZ, ein Genius des Hasses
TOPHAN, Sécretair des Hasses
EINE GEISTIGE WACHE
EIN TRITON
ZWEY FURIEN
NEUN GEISTER als Wächter des Zauberringes
EIN SATIR
EIN DIENER
GEISTER DER NACHT
FURIEN DES HASSES
FORTUNATUS WURZEL, ehmahls Bauer jezt Millioneur

LOTTCHEN, seine Ziehtochter
LORENTZ, ehmahls Kuhhirt bey ihm, jezt sein erster Kammerdiener
KARL SCHILF, ein armer Fischer
HABAKUK, Bedienter bey Wurzel
MUSENSOHN,
SCHMEICHELFELD,   ⎤ Wurzels Zechbrüder
AFTERLING,   ⎦
EIN SCHLOSSER, EIN SCHREINERGESELLE, VOLK, VIELE GESELLEN, WURZELS BEDIENTE

[*(Die Handlung beginnt am Morgen des ersten Tages und endiget am Abende des Zweyten. Spielt theils im Feenreiche, theils auf der Erde.)*]

[ACTUS 1.]

[Scena 1.]

(BUSTORIUS, AJAXERLE, ZENOBIUS, ANTIMONIA, BORAX, SELI-
MA, ZULMA, [4 GENIEN, 2 FURIEN, EIN TRITON,] DIE NACHT,
DER MORGEN, DER ABEND, MEHRERE ANDERE ALLEGORISCHE
PERSONEN.)

(*Großer Feensahl mit magischen Lampen von verschiedenen
Farben hell beleuchtet, welche auf Candelabern angebracht, die
Coulissen zieren. Im Hintergrunde die Öffnung eines großen
Bogenthores welches durch einen Sch[aw]lartigen mit Gold ver-
brämmten Vorhang verdekt ist, im Kreise sitzen alle* ZAUBERER
und FEEN, *die von Zeit zu Zeit von* 4 GENIEN *welche als geflügelte Livree Bediente aus der Luft herab kommen, auf silbernen
Tassen mit Confecturen bedient werden, worauf* DIE GENIEN
*mit den leeren Tassen wieder zurück fliegen. In der Mitte des
Theaters spielen* 4 GEISTER *auf goldenen Instrumenten, und bey
idealen Notenpulten ein Quartett, von 2 Violin, Bratschen und
Baß. Die Violine hat Solo, sie spielt der junge* [BORAX]. 2 FURIEN
und EIN TRITON *accompagniren. Dieses Quartet wird von folgendem Chor begleitet.*)

CHOR.
    Welch ein herrliches Konzert
    Wo sich hoch die Kunst bewährt
    Was ist Amphions Geklimper?
    Selbst Apollo ist ein Stümper
    Wenn man solche Künstler hört.
    Bravo Bravo o vortrefflich.
    Bravo Bravo (*verhallend*) Bravo – Bravo –

(*Allgemeiner Applaus.*)
(DIE 4 GEISTER *legen die Instrumenten weg und verneigen sich.
Die Noten werden fort getragen.*)

ZENOBIUS. Bravissimo meine Herren da[s] haben Sie gut gemacht, besonders Sie. *(Zu dem* TRITON.*)*
BUSTORIUS. Ysten nuzek, ist das schönes Quartett, vom wem ist das componirt.
ZENOBIUS. Das Adagio ist von einem Delphin.
BUSTORIUS. Und das Furioso.
ZENOBIUS. Von einer Furie.
BUSTORIUS. Das ist schön, Furie kann am Besten machen Furioso.
BORAX. Mama mich lobens gar nicht.
[ANTIMONIA.] Sey nur still.
BUSTORIUS. Der junge Herr, spielt auch nicht übel.
[ANTIMONIA] *(die ihren Sohn während dem immer den Schweiß von der Stirne gewischt hat).* Nicht übel,? verzeihen Sie, das könnte mich beleidigen, vortrefflich müßen Sie sagen, magnifick, [er] ist der erste Violinspieler im ganzen Feenreich, das sag ich Ihnen, ich.
ZENOBIUS. Eigentlich sollen aber das erst andere Leute sagen, und hernach erst Sie. [*(Bey Seite.)*] Die Eitelkeit dieser Frau ist unerträglich
ANTIMONIA. Nein i c h muß es sag[en] i c h , es ist mein einziges Kind, und wer kann ihn unpartheyischer beurtheilen als ich, seine Mutter. Obwohl mirs meiner Jugend und meiner Reitze wegen, niemand ansieht da[ß] ich seine Mutter bin.
BUSTORIUS. Nein, hätt ich Ihnen für sein[e] Großmutter gehalten
[ANTIMONIA.] Ich bitte allen Spaß bey Seite, was glauben Sie was mich dieser Bub kostet.
BUSTORIUS. Gieb ich nicht acht Groschen für ihn[.]
[ANTIMONIA.] Er hat einen der ersten Meister der Erde, den ich alle Tage mit meinen Wolkenwagen gar von Hezendorf [herauf]hohlen lasse und der für jede Lection seine zweyhundert Schilling bekommt.
ZENOBIUS. Jezt wollen wir sie recht ärgern. Das nutzt alles

nichts[.] In der Aplicatur greift er doch manchmahl ein wenig falsch.

BUSTORIUS. Ja ist mir auch so vorgekommen.

[ANTIMONIA.] Was falsch, falsch, da kann er nichts dafür, Sie haben halt falsche Ohren. *(BORAX weint.)* [U]nd beleidigen Sie mein Kind nicht länger. Pfui mein Boraxi, mußt nicht weinen, hörst du mu[ß]t gar nicht aufmerken auf sie, die abscheulige Leut

BORAX. Freylich was liegt denn mir an den Leuten die können alle weniger als ich.

[ANTIMONIA.] Ja mein Bubi, so ists recht jezt bist brav.

ZENOBIUS. So ist recht, da[s] laß ich mir gfallen.

BUSTORIUS. Da[s] ist gute Erziehung[,] Buben thut sie schön, und Meister giebt sie Schilling.

[ANTIMONIA.] Und du lernst auch Klarinett blasen und englisches Horn. Just. Warten Sie nur, durch das Blasen wird er mich erst recht heben.

BUSTORIUS. Ist nicht nothwendig Sie sind aufgeblasen genug.

[ANTIMONIA.] Beleidigen Sie mich nicht länger oder ich [ver]lasse die Gesellschaft – *(will fort)*

ZENOBIUS. Bleiben Sie. Hat uns Lakrimosa darum zu sich gebethen, um zu streiten. Sie wird den Augenblik erscheinen, sie empfängt nur ihren Vetter den sie aus Donaueschingen erwartet hat, und der eben angekommen ist, und der wie Sie alle im Hexengasthof abgestiegen weil im Pallast hier niemand wohnen darf.

[ANTIMONIA.] Gut, aus Höflichkeit will ich bleiben, aber schweigen kann ich nicht

BUSTORIUS. Das ist liebenswürdige Frau wenn ich einmahl heyrathe, nimm ich keine andere, aber sie auch nicht.

[Scena 2.]

[(VORIGE; EIN FEENDIENER.)]

EIN FEENDIENER. Die Fee.
[ZENOBIUS. Geschwind ein freundliches Gesicht allerseits.
BUSTORIUS. Bin ich verdrüßlich kan ich nicht.]

[Scena 3.]

([VORIGE;] AJAXERLE, LAKRIMOSA *erscheint mit betrübten aber höflichem Antlize.* [*Später* 2 DIENER, EIN GENIUS.])

ALLE. Vivat die Hausfrau!
LAKRIMOSA. Es freut mich meine werthen Gäste wenn Sie sich gut unterhalten haben.
ALLE. Vortrefflich.
LAKRIMOSA. Hier stell ich meinen geliebten Vetter vor, Magier aus Schwabenland.
AJAXERLE. Freut mich Sie allerseits kennen zu lernen.
ALLE. Freut uns –
BUSTORIUS. Was Teuxel, das ist ja der Ajaxerle.
AJAXERLE. Der Tausend, wie kommen denn Sie daher, ah Herr jegerle, das freut mich.
LAKRIMOSA. Kennen sich die Herren.
AJAXERLE. Das glaube ich. Wo haben wir uns geschwind das letztemahl gesehen.
BUSTORIUS. Waren Sie nicht auf de[m] Geister Dinee in Temeswar.
AJAXERLE. Versteht sich da haben w i r uns prächtig unterhalten
LAKRIMOSA. Genug meine Herren, diese schönen Erinrung[en] ein anders mahl. An mir ist die Reihe. *(Überblickt sie* ALLE *mit Wohlbehagen.)* Ja, es ist keines ausgeblieben,

alle sind sie hier die mein Schmerz zu sich bitten ließ, alle Feeen und Zauberer von ganz Deutschland, preußische, böhmische und ungarische Wolken haben sie zu mir getragen, mein Bustorius aus Warestin[,] meine Freundin die Nymfe von Karlsbad, du stille Nacht an deren Busen ich so oft mein sinnend Haupt gelegt. Selima und Zulma, die Feen von der türkischen Grenze. Der Morgen und der Abend, Reichthum und Armuth[,] Blödsinn und Faulheit ezetera ezetera, alle alle sind hier.

BUSTORIUS. Ist das Freude. Sind wir alle da.

LAKRIMOSA. Und nun hören Sie die Ursache, warum ich Sie auffordern ließ Ihre Wolkensch[l]ößer zu verlassen, und mir in meiner bedrängten Lage Beystand zu leisten.

ALLE. Erzählen Sie.

LAKRIMOSA. Es werden jezt volle 18 Jahre sein, als an einem heitern Juliustag [der Sonne heiße Strahlen nach der Erde zogen, ich setzte mich auf einen davon, und rutschte darauf hinunter, und saß plötzlich unsichtbar, in einem angenehmen Thale [Ö]stereichs auf einen Haufen glänzender Kleider in deren] Flittern sich der Sonnenstrahl gebrochen hatte, und vor mir stand ein junger blonder Mann, ihn zu sehen und zu lieben war das Werk eines Augenblickes[.] Es war der Direktor einer reisenden Seiltänzer Gesellschaft, die in diesem einsamen Orte Halt machte und nicht mehr weiter ziehen wollte, bis sie für 200 [Gulden] rückständige Gage augenblicklich gesichert wäre. Mein Entschluß ward gefaßt, er mein Gemahl oder keiner – ich zauberte ihm einen Beutel Luidors in die Tasche und [flog] in der Gestalt einer girrenden Taube schnell in mein Reich. Mein Freund Zenobius sah mich kommen.

ZENOBIUS. Ich weiß es noch als wenn es heute wäre, es war just Sonntag, und den Tag vorher haben wir Holz bekomme[n.]

LAKRIMOSA. Ihm übergab ich geschwind die Schlüßel meines Pallastes, und um schneller die Erde zu erreichen, ward

ich zum Pfeil und Zenobius schoß mich ins Dach des
Wirthshauses, da[s] mein Geliebter unterdessen bezogen
hatte, ich stieg als reisende Schauspie[le]r[in] darinn ab, und
um kurz zu seyn, er sah mich, liebte mich, ward mein Gemahl. Doch nach zwey glüklichen Jahren – wer hilft mir die
Errinerung dieses Schmertzes ertragen, stürtzte er vom Seil
da[s] er von einem Kirchthurm zu den ander[n] gespannt
hatte, und verhauch[te] seinen stolzen Geist. *(Sie weint,*
ALLE *mit ihr.)*
AJAXERLE. Ja auf den Seil tanzen ist eine gefährliche Sach.
BUSTORIUS. Hätt er Leuten auf der Nasen herumgetanzt wär
ihm nichts geschehen.
AJAXERLE. Ich habs ein mahl probiert aber ich versichere Sie,
ich bin recht auf den Kopf gfalle
BUSTORIUS. Das hab ich schon lang bemerkt hab ich nur nicht
gleich sagen wollen.
LAKRIMOSA. Von tiefer Trauer erschüttert, nahm ich mein
Kind, ein Mädchen von zwey Jahren, und kehrte mit ihr
ins Feenreich zu rück. Bezahlte schnell die Schulden die
mein treuer Zenobius indessen, auf meinen Nahmen gemacht hatte, und nachdem mein Schmerz vertobt erbaute
ich meinem Kinde einen brillianten[en] Pallast, ließ sie in
den höchsten Reichthum erziehen, und schwur ihre Hand
nur dem Sohne der Feenköniginn selbst zu geben. Kaum
hatt ich diesen unseligen Schwur gethan so krachten die
Säulen meines Pallastes[,] vor mir stand die Königin der
Geister. Büsse deine Frechheit sprach sie[,] übermüthiges
Weib. Einem Sterblichen hast du dich vermählt, und selbst
deines Kindes Herz willst du verderben, so höre meinen
wohlthätigen Fluch. In brilliantene Wiegen hast du sie gelegt, darum werde Armuth ihr Loos, entrissen sey dir deine
Feenmacht, so lange bis die Bescheidenheit dieses Kindes
deinen [Ü]bermuth mit mir versöhnt, meinem Sohne hast
du sie bestimmt, dem Sohn des ärmsten Bauers werd sie angetraut, auf die Erde setze du sie aus, dem Irrdischen gehört

sie an, dann kehrst du zurück in dein Wolkenhaus, und nur
die Tugend deiner Tochter kann dich daraus erlösen, wird
sie allen Reichthum hassen, und vor ihrem 18ten Jahre mit
einem a r m e n Manne, der ihre erste Liebe seyn muß, sich
verbinden, so ist dein Bann gelöst, du darfst sie wieder sehen,
und in mäßigen Wohlstand sie versetzen. Erfüllt sie bis
zu ihrem 18ten Frühling diese Bestimung nicht, ist sie für
dich verlohren und ihr Reichthum werde ihr zum Fluch.
Bescheidenheit heiße ihr Glück, denn sie ist nur eine Tochter
der Erde. Sie verschwand. Ich sank mit meinem Kinde
auf die Erde nieder, in einem düstern Wald, und in der
Gestalt eines alten Weibes pochte ich an eine niedre aber
reinliche Hütte, ein lustiger [t]reuherzig Bauer ihr einziger
Bewohner sprang heraus er hieß Gottlieb Wurtzel, ich sank
zu seinen Füßen beschwor ihn er möchte sich des armen
Kindes erbarm[en,] sie gut und fromm erziehen, sie nie aus
dem Walde lassen, und mit 17 Jahren an einen armen Jungen
den sie liebgewinnt verheurathen[,] wird er dieß befolgen,
so wird er mich den Tag der Heyrath wiedersehen und ich
werde ihn reichlich belohnen, wer ich sey dürfte ich ihm
nicht sagen, er schwurs und eilte mit dem Kind in die Hütte.

BUSTORIUS *(der schon eingeschlumert war).* Erdök ist das
schöne Geschichte.

AJAXERLE. Ja. So traurig, und so lang auch noch, das ist das
Schöne.

BUSTORIUS. Nu gehn wir. *(Will aufstehen.)*

LAKRIMOSA. Bleiben Sie. Es ist noch nicht aus.

BUSTORIUS. Aha, hab ich mir gleich gedacht. *(Setzt sich; gutmüthig.)* Setz ich mich halt wieder nieder.

[LAKRIMOSA.] Langsam schwang ich mich auf, meine Thränen
rollten noch über das Strohdach seines Hauses, und verwandelten
sich in gute Perl [–] ob er sie gefunden weiß ich nicht.

BUSTORIUS *(gleichgültig).* Ich auch nicht.

LAKRIMOSA. Jezt kommt die Hauptsache.

BUSTORIUS. Also noch keine Ruhe. Bravo.

[LAKRIMOSA.] 14 Jahre hat er sein Wort treu gehalten, doch 3 Jahre durchlebe ich schon in qualvoller Angst. Der mächtige Fürst der Galle, der auf Erden so große Reichthümer besitzt, der Neid, verliebte sich in mich und warb um meine Hand, doch da er von jeher aus meinen Herzen verbannt war, schlug ich sie mit Verachtung aus. Um sich nun an mir zu rächen, schwur er mich durch meine Tochter zu verderben, und ließ den Bauer einen Schatz finden, dieser ist nun seit drey Jahren wie ausgewechselt, zieht in die Stadt, ergiebt sich dem Trunke lebt auf den größten Fuß mißhandelt meine Tochter und will sie zwingen einen reichen Mann zu nehmen während ihr Herz an einen armen Fischer hängt. [In] zweymahl sieben Tagen ist ihr 18ter Geburtstag und wenn sie bis dorthin nicht die Braut des Fischers ist, ist sie ihrer Mutter verlohren. Ich muß hier müßig bleiben, ich darf ihr nicht helfen, darum habe ich Sie versammeln lassen[.] Alle Geister in der Nähe der Feenköniginn haben mir ihre Hülfe versagt – wenn Sie nicht alles aufbiethen, mein Kind zu retten, so bin ich die unglüklichste Fee, die je einen Zauberstab geschwungen hat.

ALLE *(springen auf).* Pereat der Neid, Pereat der Bauer.
ZENOBIUS. Lakrimosa soll leben
ALLE. Hurrah!
BUSTORIUS. Kommen Sie Frau, seyn Sie nicht traurig, waren Sie zwar stolzes Weibsbild, aber seyn Sie bestraft, seyn Sie doch gute Person, haben Sie Ihr Kind gern, das gfallt mir, geben Sie mir Bußel. *(Er nimmt sie beym Kopf und küßt sie.)* Nit wahr meine Freunde wollen wir ihr alle helfen.
ALLE. Alle, alle!
BUSTORIUS. Was wollen Sie mehr, seyn das nicht rare Geister. Verlassen Sie sich auf ungarischen Zauberer was Ungar verspricht das halt er, hat er festes Blut in sich wie Eisenbad in Mehadia. Wir wollen schon einheizen den vertrakten Purzel oder Wurzel wie der Kerl heißt.
AJAXERLE. Ja das wollen wir. Ich lauf gleich nach Haus, und

laß mir was immer für a Vieherle sattle, und reit hinunter,
und werd alles auskundschafte, und ausser der Stadt draus-
sen steht ein verrufenes Bergle der Geisterschekel, da kommen wir alle in einer Stund oben zusammen und machen
den Plan aus und die Nacht muß voraus fliegen, daß die
Sach kein Aufsehen macht, und übermorge müsse Sie Ihre
Tochter schon habe und wenn sie auf den Bloksberg vermählt werde soll
ALLE. Ja [ü]bermorgen
LAKRIMOSA. So sind Sie wie ich Sie haben wollte, jezt ist
mein Mutterherz getröstet, ich verlasse mich ganz auf Sie.
Darf ich Ihnen gschwind noch mit ein Glaserl Punsch auf-
warten –
BUSTORIUS. Was Pontsch, nichts Ponsch, ist schon 8 Uhr
Früh[.] Lassen Sie Wagen vorfahren, wo ist mein Fiaker 243.
ZENOBIUS. Die Wägen herbey, die Mäntel
(ALLES *bricht auf. Nimmt die Mänteln um. Der mittere Vor-
hang geht auf, man sieht in eine Wolkenstraße[,] in der Fer-
ne sind die beleuchtete[n] Fenster einiger Fee[n]schlößer. Die
Wolkenwagen fahren vor, und gerade in die Coulisse ab nicht
durch die Luft.* ZWEY DIENER *mit Fakeln.*)
EIN FEENDIENER *(ruft).* Fiaker, 234, vorfahren. *(Es geschieht.)*
ZENOBIUS. Es ist noch stokfinster drauß
(BUSTORIUS *steigt ein sein* DIENER *springt hint auf, und ruft*
Nach Haus. *Ein zweyter Wagen mit zwey Laternen,* [ANTIMO-
NIA] *steigt ein und fährt fort.*)
LAKRIMOSA *(ruft nach).* Kommens gut nach Haus, vergessens
nicht auf mich. Sie Herr Vetter ich lass Ihnen einspannen
bis nach Haus.
AJAXERLE. Ey bewahr, ich hab ja mein Laternbube da. He ruft
ihn doch
FEENDIENER. He Laternbub.
(Ein kleiner GENIUS *mit einer Laterne springt herein.)*
GENIUS. Hier Euer Gnaden.
AJAXERLE. Voraus Spitzbüble

(Unter allgemeinen Lärm, und Empfehlungen, Kommen Sie gut nach Haus, *und so weiter fällt der Vorhang vor.)*

VERWANDLUNG

S[cena 4.]

(Nobles Gemach in Fortunatus Wurzels Hause, an der Seite ein bronzirter Kleiderschrank. Rechts ein Fenster neben dem Schlafgemach Wurzels, auf der entgege[n]gesetzten Seite der Eingang. LORENTZ *mit* 2 BEDIENTE[N], HABAKUK. [LORENTZ] *läuft zum Fenster und sieht hinaus. Stimmen von unten.* H[err] Lorenz der Wein ist da.*)*

LORENTZ *(ruft hinab).* Gleich, gleich, nur nicht so schreyen, da ist den Herrn sein Schlafzimer. *(Zu den* BEDIENTEN.*)* Gehts hinunter zum Wagen der ächte Champagner ist kommen, tragts die Flaschen in Saal hinauf, morgen ist Punschgesellschaft, da muß er austrunken werden, aller, sonst wird er hin, er halt sich nur ein Paar Tage. *(2* BEDIENTE *ab.)*

LORENTZ *(zum* DRITTEN*).* Und du nimst ein zehn Flaschen weg, und stellst mirs auf die Seite, ich brauchs für eine arme Familie die gern trinckt.

HABAKUK. Schon recht, Mußi Lorenz, werdens schon machen, das Sachen *(Ab.)*

LORENTZ. Was man alles zu thun hat, wenn man erster Kammerdiener in ein Haus ist, wie ich noch Halter bey ihm war, hab ich lang nicht so viel zu thun ghabt als jezt. Ja wenn der Bauer aufs Pferd kommt – Es geht mir aber auch nicht besser ich werd völlig übermüthig, wenn man auch von Land seyn, deswegen sind wi[r] nicht auf den Kopf gfallen, wie ich Bedienter worden bin, hab ich nicht gwußt, warum die Schneider so große Säk in die Livreen machen, jezt weiß ichs schon, weil die Bediente[n] von ihre Herrschaften so viel

einstecken müßen. *(Sieht durchs Schlüßelloch.)* Er ist noch
nicht auf. Das w a r wieder ein Speckta[ke]l heut Nacht, mit
ihm und seine guten Freund, bis um 3 haben trunken und
gsungen, über 80 Gläser zusammgschlagen, und so gehts alle
Wochen viermahl, mich wundert nur daß ers aushalt[.] Und
seine guten Freund halten ihn für ein Narren, sie sagen er
wär der gscheideste Mensch von ganz Indien oder wi[e] das
Land heißt, jezt will er gar ein heimlicher Gelehrter werden, und ich hab schon was wispeln ghört, ein Filosof auch
noch. Ein Bauer, es ist schreklich, und er laßt nicht nach, auf
d Wochen gehts schon los, da lernt ers Lesen, und aufs Jahr
schreiben, und da hat er Recht wenn ein dummer Mensch
nur wenigstens schreibt, so kann er sichs doch selber z u -
s c h r e i b e n , daß er nichts glernt hat. Da kommt die Lottel,
die darf ich gar nimmer zu ihm lassen, wenn die den Fischer
Carl nicht läßt, das wird noch eine schöne Metten absetzen.

[Scena 5.]

(Einfach angezogen LOTTCHEN, LORENTZ.*)*

LOTTCHEN. Guten Morgen lieber Lorenz, ist mein Vater schon
auf.
LORENTZ *(giebt sich ein Ansehen).* Guten Morgen Freulein
Lottel.
LOTTCHEN. Wie viel hundert Mahl hab ich dich schon gebethen, du sollst blos Lottchen zu mir sagen, ich bin nur ein
armes Landmädchen.
LORENTZ. Was sind Sie, ein armes Landmädchen, das bringt ja
einen Tannenbaum um, Sie sind ja eine Millionistin.
LOTTCHEN. Ich will aber keine seyn, denn der Schatz den
der Vater gefunden, hat Unglück über unser ganzes Haus
gebracht. Ach wo ist die schöne Zeit, wo der Vater so gut
mit mir war, wo ich täglich meinen Karl sehen durfte, wo
noch Schwalben unter unserm Dache nisteten, und keine so

hungrigen Raben wie die falschen Freunde meines Vaters.
Ach wo bist du, glückliche Zeit

LORENTZ. Ja es kann halt nicht immer so bleiben hier unter
den wächsernen Mond.

LOTTCHEN. Wo seyd ihr, ihr Nachtigallen im grünen Wald,?
Ihr wirbelnden Lerchen, ihr funke[ln]den Käfer,? ach! das
ist alles vorüber, jezt kommen keine Schwalben[,] keine Lerchen, keine Käfer, und mein Karl kommt auch nicht mehr.

LORENTZ. Und das wär Ihnen halt der liebste Käfer. Den haben wir aber die Flügel gestutzt.

LOTTCHEN. Nein, noch heute will ich meinen Vater neuerdings
zu Füßen fallen, und ihn bitten, das unglückliche Gold von
sich zu werfen, seit dessen Besitz sich seines Herzens ein so
böser Geist bemächtigt hat. Ich will gleich zu ihm.

LORENTZ *(tritt vor die Thür)*. Freulein Lottel, thun Sie das
nicht. Ich darf Ihnen nicht hinein lassen.

LOTTCHEN. Warum nicht.

LORENTZ. Der Herr Vater ist krank.

LOTTCHEN *(erschrickt)*. Krank, mein Vater.? Himmel, und bedeutent.

LORENTZ. Ja.

LOTTCHEN. Ist das wahr.

LORENTZ. Wollen Sies nicht glauben? –

Scen[a] 6.

([VORIGE;] HABAKUK *mit einer Tasse worauf eine große Gans
liegt, ein Teller voll Bakerey und eine große Flasche Wein steht.*
HABAKUK *tritt seitwärts ein, bleibt an der Thür stehen an der
andern Thür steht* LORENTZ *in der Mitte ein Schritt zurück*
LOTTCHEN.)

HABAKUK. Den Herrn sein Frühstück.

LORENTZ. Nur hinein damit. *(Deutet aufs Schlafzimmer.)*

(HABAKUK *trägt es hinein.*)
LORENTZ *(zu* LOTTCHEN*).* Jezt habens Sie selbst gesehen.
(Geht verlegen vor.)
LOTTCHEN *(beleidigt und erstaunt, stellt sich vor ihn).* Lorentz! also mein Vater ist krank?
LORENTZ. Nun ich glaubs, bey ihm heißts frieß Vogel, oder stirb.
LOTTCHEN. Also so kannst du mich hintergehen, pfui das hätt ich nicht von dir geglaubt. Hast dus vergessen, wie ich für dich bath, als dir die große Schweizerkuh über den Felsen stürzte und der Vater dich fortjagen wollte, wieviel Töpfe Milch du mir heimlich ausgetrunken hast, geh du bist ein abscheulicher Mensch, wenn du so etwas vergessen kannst. Doch nein, ich will dich nicht böse machen, ich will dir schmeicheln, ich will dir sagen du bist der beste, der schönste Lorentz auf der Welt, wenn es auch nicht wahr ist, aber laß mich zu meinen Vater.
LORENTZ. Ich darf nicht, er hats verbothen, er sagt Sie sind nicht sein Kind, Ihre Mutter war ein Bettelweib.
LOTTCHEN. Himmel was ist das? So weit ist es mit ihm gekommen daß er sein Kind verläugnet, hat er mir nicht oft erzählt meine Mutter wäre bald [nach] meiner Geburt gestorben, und ich wäre sein einzige[s] Kind von dem [er] einst Dankbarkeit hofft und nun verstoßt er mich, ach du lieber Himmel ich habe keine Verwandten, keine Freunde keinen Vater mehr, wenn du dich nicht um mich annimst, so muß ich zu Grunde gehen. *(Geht weinend ab.)*
LORENTZ *(allein).* Was Verwandte, zu was braucht man die, hab ich auch kein, bis auf eine einzige Godel und die ist mir lieber als alle Verwandtschaften auf der Welt. *(Geht ab.)*

[Scena 7.]

(WURZEL *aus dem Kabinet.*)

[WURZEL.]
Arie

Ja ich lob mir die Stadt
Wo nur Freuden man hat
Mich sehns nimmer au'm Land
Bey den Volk ists a Schand.
In aller Früh treibens schon die Ochsen hinaus,
Und da findt man kein einzigen Bauern mehr z Haus.
Den ganzen Tag sitzt man aufn Pflug
Und trinkt Bier aus den steinernen Krug
Und auf d Nacht komt man z Haus, was ist gwest?
Um 8 Uhr liegt alls schon im Nest.
Drum lob ich mir die Stadt
Wo man nichts als Freuden hat.
Jezt hab ich so viel Bediente
Steh um halber 12 Uhr auf
Trink Kaffee, und iß geschwinde
5 bis 6 Polakel drauf.
Kurz es kann kein schöners Leben
Als mein jetziges mehr geben
Denn wer mich ansieht, s ist ein Spaß
Fallt fast vor Ehrfurcht in die Fraß.

Was das in der Welt für ein sch[ö]ns Bewußtseyn ist einen guten Magen zu haben, ich bin mit den meinen recht zufrieden, ein fleißiger Kerl, alle Achtung für ihm, o ein Magen zu seyn ist eine schöne Charge[.] Herrscher über zwey Reiche, übers Thiereich und übers Pflanzenreich. Ein wahrer Tirann[.] Hendeln und Kapauner, sind nur seine Scklaven, die druckt er zusammen, als wenns nie da gewesen wären.

Und doch ein Ehrenmann, der keine Schmeichelein mag,
mit Süßigkeiten darf man ihm nicht kommen, da verdirbt
man ihn. Ist das ein Leben jezt mit mir, Sakerlot, ich bin der
fideleste Kerl auf der Welt, ein Freud hab ich manchmahl in
mir, d[a] wird mir so – so wohl ums Herz, so gut, daß ich
alles zusammprügeln möcht, so seelenfroh bin ich. Lenzel,
hörst nicht Lenzel.

[Scena 8.]

(LORENTZ; VORIGER.)

LORENTZ. Was schaffens?
[WURZEL. Wer war voher im Zimer da?
LORENTZ. Die Freulein Lottel will mit Ihnen reden]
WURZEL. Untersteh dich nicht daß du ein Wort von
ihr redst, ich will nichts wissen von ihr, ist das ein Betragen für ein Haus wie das meinige, statt da[ß] ein Vampire[ns] Kleid anzög und mit ihren Vatern auf d Promenad
ging, bleibts ganze Jahr zu Haus hocken, und geht in
einem spinatfa[r]ben [Ü]berock herum[,] was ist heut für
ein Tag.?
LORENTZ. Freytag.
WURZEL. Da ist Fischmarkt, da kommt der Bursch wieder vom
Land herein. Und wenn er seine Waar verkauft hat, so setzt
er sich dah[i]nüber auf den Stein, und bleibt den ganzen Tag
sitzen wie ein Aff und schaut immer auf ihr Fenster herüber.
Mit der Wacht laß ich ihn noch wegführn
LORENTZ. Das Sitzen kann man keinen Menschen verbiethen.
WURZEL. Was hat [er] denn davon. Wann er aufsteht, weiß er
doch nichts.
LORENTZ. Das geht bey die meisten Sitzungen so.
WURZEL. Und ich leids nich[t], sie muß den reichen Juwelier
heyrathen, das Madel wird ja ganz verwirrt, ich laß ihr zeich-

nen lernen und sticken, nutzts nichts, statt daß sie schöne
Blumen macht[,] Vasen und solche Sachen, was zeichnets,
was stickt sie – lauter Fisch. Zu meinen Nahmenstag stikt sie
mir ein Polster was ist drauf, ein großmächtiger Backfisch,
da lieg ich mit den Kopf drauf.

LORENTZ. Warum solls denn aber just ein Juwelier heyrathen,
Sie sind ja so ein steinreicher Mann.

WURZEL. Eben. Damit ich das bleib, darf sie den Burschen nie
nehmen.

LORENTZ. Ich bin ein gscheider Mensch aber das versteh ich
nicht. So wenig als ich weiß wo Sie auf einmahl das viele
Geld hergenommen haben damals, wie wir den Tag drauf
die Hütten stehn haben lassen, das Vieh verschenkt, und
seyn über Hals und Kopf in die Stadt gezogen.

WURZEL. Das werd ich dir jezt alles erklären, weil ich durch
so lange Zeit gfunden hab da[ß] du ein treuer Kerl bist, der
mich nie betrügen wird, nicht wahr Lenzel.

LORENTZ. H[ö]ren E[uer] G[naden] auf oder mir kommen die
Thränen in die Augen.

WURZEL. Es war so. Vor 3 Jahren, geh ich so in der Dämerung
zwischen 8 und 9 ganz verdrüßlich von meinem Krautaker
nach Haus, auf einmahl machts was. Pst! Pst! Ich schau
mich um, so sieh ich quer übern Acker einen magern Mann
auf mich zueilen. Ein gelblichtgrünes Gwand an mit goldenen Borten so daß ich ihn Anfangs hab für einen Leiblakey von einer Herrschaft ghalten, er aber geht auf mich
zu, bitt mich, ich möchte niemand etwas davon sagen, und
er wär ein Geist, und durch die Borten will er mir andeuten
wie ausserordentlich er für mich bordirt ist[,] kurz er wär
der Neid und wollt mich glüklich machen.

LORENTZ. Da[s] ist eine schöne Bekanntschaft.

WURZEL. Nur still, er sagt er hätte einen alten Schatz den er
gern los seyn möcht und den wollt er mir schenken, ich
müßte aber in die Stadt ziehen und recht aufhauen damit,
was ich nur kann, und besonders das Mädel soll ich recht

herausstaffiren, und solls nur ja nicht zugeben daß sie den
Fischer heyrath, soll mich aber nie unterstehen, zu sagen
daß ich mein Glück verwünsche, sonst verschwindet alles
und ich müßt betteln gehen. Jezt m[ö]cht ich aber gleich
nach Haus gehen, der Schatz wird schon zu Haus seyn. Darauf ist er unter die Krauthappeln verschwunden, und ich
hab ihn nimmer gesehen.

LORENTZ. Nun und wo war denn der Schatz.

WURZEL. Ich geh nach Haus, suchs ganze Haus aus find
nichts[.] Endlich geh ich auf den Treitboden, hörst dus ist
dir der ganze Boden, von oben bis unten, voller Galläpfel.
Jezt ist recht, denk, mir gschieht recht, denn was kann man
sich vom Neid anders erwarten als Gall und Verdruß, in
meiner Boßheit geh ich dir her, und zerbeiße einen, was ist
drinn? Ein Dukaten, ich nim noch einen, noch einen, lauter
Dukaten, Lenzel jezt hättest du das Beißen sehen [sollen],
ich kann sagen ich habe mir mein Vermögen bitter erworben, 14 Tag nichts als Galläpfel aufbeißen, das wird doch
eine hantige Arbeit seyn. Mordsakerlot.

LORENTZ. Ah das ist ein Unterhaltung, jezt werd ich den Fischer jagen wenn sich der nochmahl sehen läßt.

WURZEL. [S]chau auf sie, und wie du was sihst sagst mirs.

(WURZEL *trinkt aus einem Fläschgen.*)

LORENTZ. Aber müssen E[uer] G[naden] denn immer naschen?

WURZEL. Still, ich nim ein zum Gscheid werden.

LORENTZ. Und giebts denn da eine Medizin dafür.

WURZEL. Freylich, ich habe den Doctor so lang sekirt, bis er
mir was geben hat, was mich gscheid macht, da krieg ich
alle Wochen so ein Flaschel voll, das kost 40 [Ducaten] das
treibt den Kopf auseinander, da[s] soll ich nur ein paar Jahr
fortnehmen, sagt er, und wenn ich einmahl ein paar tausend
Ducaten drauf spendirt hab, so wird mir auf einmahl ein
Licht aufgehn, und da werd ich erst einsehen, wie dum als
ich war.

LORENTZ. Ich wünsch Ihnens, es wär die höchste Zeit, laßen
mich E[uer] G[naden] auch trinken, ich möcht auch recht
abwixt werden.
WURZEL. Das kost zu viel. Ich werd dich schon so einmahl
recht abwixen, nachher wirst schon wissen wieviels gschlagen hat. [I]ch geh jezt aus, ich muß mir eine Reitgerte kauf-
fen. Und du gehest zum Tandler in die Vorstadt hinaus und
laßt die vielen Bücher hereinführen die ich gestern bey ihm
kauft hab[,] sperrst dann das Zimmer auf was ich zur Bibliothek bestimmt hab, und schüttest die Bücher ordentlich
hinein auf einen Haufen, und zahlst ihms
LORENTZ. Schon recht.
WURZEL. Und da[ß] er mich nicht betrügt, ordentlich messen,
ich hab sie buttenweise gekauft die Butten um 25 [Gul-
den] keinen Kreutzer giebst mehr, hernach laßt du sie in
Kalbleder binden und da wird mein Nahm darauf gschrieben, und wenns unten durchgehst sagst den Koch, morgen
Abends ist große Tafel auf 40 Personen, und auf die Lezt
soll er ein kleines Fassel Punsch machen. Allo – *(*LORENTZ
ab.) Ich ma[g] halt reden von was ich will, ich kom halt imer
aufs Essen zurück. Selbst wie ich noch im Wald war wenns
gschneit hat und ich bin auf dem Feld gstanden, ist mir die
ganze Erden vorkommen als wenns ein großer Tisch wär
wo ein weiß Tischtuch drauf ist, und alle Leut auf der Welt
zum Essen eingeladen wären.

Arie.

Die Menschheit sitzt um bill'gen Preis
Auf Erd an einer Tafel nur
Das Leben ist die erste Speis
Und's Wirthshaus heißt bey der Natur.
Die Kinder klein noch wie die Puppen
Die essen anfangs nichts als Suppen
Und nur bloß wegn dem Boef, a là Mode

          Schaun d jungen Leut sich um ein Brot.
          Da springt das Glück als Kellner um
          Bring[t] öfters ganze Flaschen Rum
          Da trinkt man meistens sich ein Rausch
5   Und jubelt bey der Speisen Tausch.
          Auf eimahl läßt das Glück uns stecken
          Da kommen statt der Zuspeis, Schnecken
          Von Freunden endlich oft verathen
          Riecht man von Weitem schon den Braten
10   Und bis erst bringen das Confeckt
          Gschiehts oft daß uns schon nichts mehr schmeckt.
          Der Todtengräber, ach Herr je,
          Bringt dann die Tasse schwarz Kaffee
          Und wirft die ganze Gsellschaft naus.
15   So endigt sich der Lebensschmaus.
          (Geht ab.)

                        Sc[ena] 9.

(LOTTCHEN kömt herein.)

[LOTTCHEN.] Der Vater ist an mir vorüber gepoltert, ohne auf
20   meinen guten Morgen zu hören, er will in lauter glückliche
      Augen schauen, er geht aus. *(Geht ans Fenster, erschrikt.)*
      Ach, dort ist Karl, er hat seine Fische schon verkauft, Him-
      mel wenn ihn der Vater gesehen hätte, wie unvorsichtig, mit
      wem spricht er denn, jezt sieht er herauf, der Fremde grüßt
25   mich. *(Macht einen verlegenen Knicks.)* Ihre Dienerin, was
      ist denn das, der Fremde will ihn herauf ziehen, nicht, den
      Himmel sey Dank er geht nicht, jezt geht er doch. *(Ruft
      hinab.)* Um alles in der Welt nicht – nicht – ach nein gehen
      Sie doch zum andern Thor hinein. Nein diese Kühnheit, mir
30   wird völlig schlimm, aber – wo bleiben sie denn so lange?
      Ah da sind sie.

[Scena 10.]

(VORIGE; AJAXERLE *als schwäbischer Hande[ls]mann.* KARL *stürzt auf* LOTTCHEN *zu.*)

KARL. Lottchen, liebes, gutes Lottchen, sprech ich dich endlich einmahl.
LOTTCHEN *(voll iniger Freude).* Karl ach mein lieber, lieber Karl
KARL. Wie so lange sind wir getrennt, und du fliegst mir nicht an die Brust, die so treu für dich klopft.
LOTTCHEN. Aber Karl dieser Herr –
KARL. Ah was liegt uns an den Herrn, das scheint gar eine ehrliche Haut[,] nicht wahr lieber Freund Sie nehmens nicht übel.
AJAXERLE. Ah freylich genieren Sie sich nicht, deswegen sind wir ja da.
[KARL.] Ja wenn ich mein Lottchen sehe, da vergesse ich auf die ganze Welt. Komm her liebes Lottchen, ich habs redlich verdient. *(Er umarmt sie.)* Hundertmahl hab ich seit drey ewig langen Jahren, vor deinen Fenster gelauert, habe mir das Hirn fast aus dem Kopf geschlagen, um auf einen vernünftigen Gedanken zu kommen, wie ich dich sprechen könnte, und hätten nicht manchmahl deine Blicke mir Trost gegeben, so wär ich verzweifelt.
LOTTCHEN. Hab ich dir denn nicht einen Bothen unserer Liebe gesendet, unseren Küchenju[n]g und dir sagen lassen daß ich nie von dir lasse, ist er gekommen.
KARL. Ach ja ein kleiner, lieber Knabe, blaues Auge, schönes schwarzes Haar.
LOTTCHEN. Ach nein, er hat ja rothes Haar, vieleicht war er es nicht.
KARL. Ach ja er wars, er wars, ich habe nur vor Freude die rothen Haare für schwarz gehalten. Ach Lottchen was wird aus uns werden. Ich hätte mich noch nicht herauf ge-

traut, wenn du mich nicht durch diesen Herrn hättest rufen
lassen.

LOTTCHEN. Durch diesen Herrn?

KARL. Ja wohl, dieser Herr kamm heute zu mir auf den Markt
und sagte, du hättest ihn geschickt mich zu dir zu führen,
wenn dein Vater ausgeht.

LOTTCHEN. Aber Karl was ist denn das, ich kenne ja diesen
Herrn gar nicht?

KARL. Wie?

AJAXERLE. Ja, wissen Sie warum sie mich nicht kennt, sie hat
mich noch nie gesehen.

KARL. Herr, wie können Sie sich unterstehen, mit uns Spaß zu
machen.

AJAXERLE. Ich will mir aber ein Spaß machen, ich will euch
glüklich machen. Ihr Tausendsapermenter[.] Schlagts ein,
verlaßt euch auf mich, ich bin ein ehrlichs Büble, ich darf
euch nicht sagen was ich bin, aber unter uns gesagt ich bin
was, erstens bin ich ein Schwabe und dann bin ich noch was
und wenn in 3 Wochen nicht Hochzeit wird so könnts mir
was anthuen.

LOTTCHEN *(springt vor Freude).* Ists möglich, ach Karl, wir
wolle[n] ihm vertrauen

WURZEL *(von innen).* Aufdecken lassen –

LOTTCHEN. Himmel: der Vater kömt zurück, ach wie wird das
enden?

KARL. Leb wohl, ich seh dich wieder. *(Will ab.)*

LOTTCHEN. Du läufst ihm ja entgegen. Ich will sehen ob er
nach den Garten geht dann schnell hinab sonst sind wir verloren – *(Sie läuft ab.)*

KARL. Verdammte Geschichte. Der Alte kommt herauf.

AJAXERLE. Nur gsch[w]ind in den Kasten da hinein.

KARL *(probiert).* Er ist verschlossen.

AJAXERLE. Warten Sie er wird gleich offen seyn, ich hab ja
mein Werkzeugle bey mir. *(Zieht schnell einen Zauberkreis
aus der Tasche, ein kleines Buch und ein kurzes Stäbchen[,]*

stellt sich in den Kreis, und schnattert die Worte:) Pitschili Putschili, Frisili, Sauf, Kästerle, Kästerle thu dich doch auf. *(Er schlägt mit dem Stab auf das Buch, der Kästen springt auf und verwandelt [sich] dadurch in eine transparente Laube mit einen Rasensitz.)*
(KARL springt erstaunt hinein, die Flügel schließen sich und es steht der Kasten wieder da.)
(AJAXERLE stekt seine Zauber Requisiten ein.)
LOTTCHEN *(stürtzt herein).* Es ist umsonst, er folgt mir auf dem Fuß, wo ist Karl?
AJAXERLE *(deutet auf den Kasten).* Den hab ich aufghoben, im Kasten da drinn.
LOTTCHEN. Unter der [a]lten Wäsche.
AJAXERLE. Ja wohl bey die Strümp[f,] damit doch ein neuer auch dabey ist. Still der Vater kommt.

[Scena 11.]

(VORIGE; WURZEL. [Später EIN SATIR.])

WURZEL. Nun was ist denn für ein Gejage, über die Stiegen. *(Sieht AJAXERLE.)* Was ist das für eine Visit? Wer hat denn das Gsicht hereingelassen[.] Nu, was giebts? Sind wir wer, wollen wir was?
AJAXERLE. Könnt ich nicht die Ehre haben, mit Ihnen zu spreche.
WURZEL. Nun die Ehr hat Er ja schon. Nur heraus mit der Katz aus dem Sack.
AJAXERLE. Sie werden mich wahrscheinlich schon kennen?
WURZEL. Ich, woher denn?
AJAXERLE. Ich bin der Martin Haugerle, und bin Schnekenhändler, aus dem Reich.
WURZEL. Und wegen dem [soll] ich Ihn kennen, ich bin ja kein Schneck, und ich iß das ganze Jahr keine Schneke[n.]

AJAXERLE. Ja wohl, ich habs schon ghört, Sie sind ein Tieger mir hats mein Vetter gschrieben, der arme Fischerkarl, daß Sie so unbarmherzig mit ihm umgehen, und darum bin ich herabgereist, und will für ihm um das Mädle anhalten, Sie haben ihm vor drey Jahren, Ihr Ehrenwort gegeben und müssens halten[.]

WURZEL. Was sind das für Keckheiten, ich werd unsinnig, erstens untersteht Er sich dem Taugennichts sein Vetter zu seyn, und 2tens, wagt Ers und halt um meine Tochter an, für den liederli[c]hen Fischer?

AJAXERLE. Schimpfen Sie nicht, er ist ein bravs Männle, und ein Bürschle wie die gute Stund.

LOTTCHEN. Ach ja Vater, er trübt kein Wasser.

WURZEL. Ein Fischer trübt kein Wasser, und pritschelt den ganzen Tag darinn herum. *(Streng.)* Du schweigst, und wenn du dich nicht in 8 Tagen in meinen Willen fügst, und immer vom Wald phantasierst, und deinen Gespielinen den Wildschwein und Wildänten, da drinn in einen Pünkel liegt dein Bauerngewand, was du dir so gut aufg'hoben hast das laß ich dir anziehen und sperr dich ins Holzgwölb, und traktier dich mit Holzäpfel so lang bis du den alten Millioneur heurathst.

LOTTCHEN. Ach was bin ich für eine arme Närrin.

WURZEL. Just, wenn man eine arme Närrin ist, muß man sehen auch Millioneurinn zu werden, so verzeihen einem doch die Leut die Narrheit leichter. Ein Fischer heyrathen wollen dieses unsichere Metie, bis er einen Fisch fangt kommen ihm 100 aus, es giebt nicht lauter Stockfisch die sich so leicht fangen lassen, wie ich zu meiner Zeit.

LOTTCHEN. Vater bringen Sie mich nicht aufs Äusserste, hören Sie meinen Schwur, ich verachte alle Reichthümer Ihrer Stadt und werde nie, nie von meinen armen Karl lassen.

(Es donnert sehr stark.)

AJAXERLE. Habens Sie gh[ö]rt, den Pumperer?

WURZEL. Weils halt nicht acht geben, die Bedienten, ist wieder einer über die Bodenstiegen gfallen. *(Zu* LOTTCHEN.*)* Du willst also nicht von den Fischer lassen.

AJAXERLE. Nein, und Recht hats, – wissen Sie das und wenn Sie ihr den Burschen nicht geben, so wirds Ihnen reuen, so viel Haarle Sie auf Ihren Strobelkopf haben auf Ihren bokbeinigen.

WURZEL. Nun gut, so hören Sie denn meinen Schwur, Sie Edelster aller Schneckenhandler. Nicht eh werd ich diese Verbindung zugeben – *(in diesem Augenblick kommt aus der Versenkung hinter* WURZEL *auf einer abgebrochenen Säul[e] sitzend, ein kleiner* SATIR *mit Pferdefüßen der eine schwarze steinern[e] Tafel hält und Wurzels Schwur darauf schreibt)* bis dieses Blut, da[s] mein Zorn jezt so in Wallung bringt, wie Himbeergfrornes durch mein[e] Adern fließt, [b]is meine beyden Fäuste, diese kräftigen Zwillingsbrüder, welche gleich die Ehre haben werden, Sie auf die auffallendste Weise hinauszubegleiten, so entnervt sind, daß sie kein Kaupaunerbiegel mehr transchiren k[ö]nnen, sich dieses Schokoladefarbn[e] Haupt in einen Gletscher verwandelt, kurz meine ganze Person schon auf den Aschenmarkt hinaus ghört, hernach geben Sie mir die Ehr mein lieber Schnekenhändler. Dann haben Sie mich geangelt, dan halt ich Ihren Fischer mein Wort.

AJAXERLE *(rasch)*. Schlagen Sie ein, es gilt. *(Hält die Hand hin.)*

WURZEL. So wahr ich auf der Welt bin. *(Schlägt ein, stark.)* Punctum.

DER SATIR *(mit kräftiger Schadenfreude)*. Satis. *(Hat bey den Worten Wurzels* So wahr ich auf der Welt bin, *sein Schreiben geendet, schlägt bey dem Wort* Satis *mit der flachen Hand auf die Tafel, macht dann schnell damit eine drohende Bewegung hinter* WURZEL *und sinkt wieder hinab.)*

AJAXERLE. So und je[zt] lebe Sie wohl Sie. H[er]r von Wurtzel, malträtiren Sie nur das arme Mädle da, verachten Sie den ehrlichen Bauernstand, halten Sie sich an Ihre Saufbrüderl

aber weh Ihnen, wenn Sie den Schnekenhändler aus den
Reich wieder einmahl zu Gsicht kriegn werden, verstehe Sie
mich, weh Ihne, da[s] merken Sie sich wohl Sie Hasenfuß.
(Läuft ab.)

WURZEL *(ergreift im Zorn einen Stuhl und läuft ihm nach).* Wart
du verdammter Schnekenhansel.

Sc[ena 12].

(LOTTCHEN, KARL.)

LOTTCHEN *(ringt die Hände).* Ach was muß ich erleben.
KARL *(pocht heftig im Kasten).* Auf Lottchen, auf.
LOTTCHEN. Bleib ruhig ich bitte dich, um alles in der Welt.
KARL *(sprengt den Kasten).* Nein ich kann nicht länger bleiben, es schlägt in mir wie der Eisenhammer unseres Gebürgs. Seinen ehrlichen Nahmen herabzusetzen zu hör[en]
von diesem Faulenzer und ruhig bleiben, leb wohl Lottchen
du siehst mich nie mehr. *(Will fort.)*
LOTTCHEN. Karl wenn du mich liebst, so gehst jezt nicht
durch diese Thür
KARL. So spring ich durchs Fenster
LOTTCHEN. Am hellen Tag.
KARL. Ich bleib nicht länger hier, du siehst mich reich oder nie
wieder. *(Er steigt zum Fenster hinaus.)*
LOTTCHEN. Karl, wenn du fällst – halt dich ans Gitter.
*(Es geschieht ein plötzliche[s] Gekrache, ein Schrey zugleich ein
Fall. Dan Geschrey von mehrern Stimmen.)*
LOTTCHEN *(sehr stark aufschreiend).* Himmel was ist das?
(Fliegt mit Pfeilschnelle zur Thür hinaus.)

[Scena 13.]

[VERWANDLUNG]

(Sehr schnelle Verwandlung in einen großen schönen Platz der Stadt. Links Wurzels prächtiges Haus mit Schalou Gitter, wovon eines durch Karls Fall herabgerissen ist, und nebst einem Stük von dem Gesimse welche er herabgetreten, an seiner Seite liegt, aber so gleich vo[n] einem ZUSCHAUER *aufgehoben und den noch dazukommenden gezeigt wird.* KARL *liegt auf der Erde, und* WURZEL *hält i[h]n an der Brust.* ZUSCHAUER *vollenden das Tableaux. [Später* LOTTCHEN, 12 GEISTER DER NACHT, EIN GENIUS.] *Der Lärm welchen man im Zimmer unter der Verwandlung schon hört, dauert nach ihr einen kurzen Augenblick fort.)*

WURZEL. Um die Wache fort, der Bursch ist ein Räuber, *(2* BEDIENTE *laufen ab)* er ist in mein Haus eingebrochen – ich massakrir ihn.

KARL *(hat sich aufgerafft und packt* [WURZEL]*)*. Spit[z]bube willst du mir meinen guten Nahmen wieder geben?

LOTTCHEN *(stürtz[t] heraus, und ruft)*. Himmel, Karl was thust du – mein Vater.

KARL *(im höchsten Zorn)*. Wart, Schuft, du sollst den Bauer kennen lernen. *(Läuft ab.)*

ALLES *(schreit)*. Halts ihn auf! *(*EINIGE *laufen nach.)*

LOTTCHEN *(stürtzt zu* WURZELS *Füssen in Verzweiflung)*. Vater was haben Sie gethan?

WURZEL *(schleudert sie vom Thor weg)*. Fort! Wart Satan! *(Er läuft schnell ins Thor und schlägt es hinter sich zu.)*

LOTTCHEN *(eilt ihm nach und will hinein)*. Er hat das Schloß abgelassen wie wird das enden, Vater. Vater Verzeihung hören Sie mich,!

WURZEL *(erscheint am Fenster mit dem Bünkel in den sich die Bauernkleider Lottchen[s] befinde[n,] aussen ist der Strohhut aufgebunden)*. Du bist nicht mein Kind, du bist eine ange-

nomme[ne] Kreatur! Hinaus mit dir in den Wald, wo ich dich
gfunden hab, du Bauernzolbel, *(er wirft ihr die Kleider hinab)*
in mein Haus kommst du niemehr. *(Schlägt das Fenster zu.)*
LOTTCHEN *(weint).* Ich unglükliches Kind, *(zu einem* SCHLOS-
SER*)* ach mein Herr nehmen Sie sich doch an um mich.
SCHLOSSER *(recht derb).* Ja da muß man halt gut thun mein
Schatz, wenn man von ander Leut Gnaden lebt, was soll
denn unser einer sagen, der sich vor Kummer nicht aus
weiß *(im nähmlichen Ton fort, zu einen vorübergehenden*
TISCHLERGESELLEN*)* Franzel, wo gehst denn hin.
DER TISCHLER *(schon an der Coulisse).* Ins Wirthshaus. *(Geht
hinein.)*
SCHLOSSER *(ruft ihm nach).* Wart, ich geh auch mit, leih mir
2 Gulden. *(Geht ihm nach.)*
(DIE ZUSCHAUER *lache*[n] *und verlieren sich.)*
LOTTCHEN *(allein).* Also so weit ist es mit mir gekommen,
giebt es denn kein Wesen das Erbarmen mit mir hat, o daß
die Nacht niedersänken möchte, um mich und mein[e]
Schande zu verhüllen.

(Dumpf[er] *Doner. Musick*[.] *Graue Wolkenschleyer senken
sich über die ganze Bühne langsam nieder, dan sinkt die Nacht
personifizirt nieder. Eine kolossal gemahlte Figur, daß sie an
Breite den größten Theil der Mitte des Theaters einnimmt, in
graues faltiges Gewand gehüllt, mit ausgestreckten Armen,
einen schwarzen Mantel ausbreitet mit bleichem Ange-
sicht und geschlossenem Auge. Eine schwarze Krone auf dem
Haupte, in der Rechten Hand einen eisernen Zepter, dessen
Knopf ein Mohnkopf ist, mit der Linken Schweigen Gebiethent,
schwebt sie ernst und feierlich herab und sinkt in das geöffnete
Bodium. Die Nebel vergehen und lassen die vorige Straße im
Mondenglanz zurük*[.] *Die Luft ist rein und mit transparenten
Sternen besäet, auch die transparente Mondessichel ist wie die
Sterne an der Hinterkortine sichtbar. Während dem singen* DIE
GEISTER DER NACHT *folgen*[den] *Chor in der Coulisse.)*

[CHOR.]
>In dem finstern Reich der Klüfte
>Die dem Glanz zum Hohn erbaut
>Herrscht die Königinn der Grüfte
>Sie, des Licht[s] verstoßene Braut.
>Nur wenn durch der Unschuld Rufen
>Sich ihr düstrer Busen hebt
>Kömts, da[ß] über Tages Stufen
>Sie zu ihrer Rettung schwebt.

(Auf den vordern Fluggang schwebt EIN GENIUS *nieder, mit einem glänzende[n] Brillant Stern auf dem Haupte ergreift* LOTTCHENS *Hand und führt sie während dieses Chores ab der gleich aus dem ersten übergeht.)*

CHOR.
>Darum folge ihren Sternen
>Sie erglänzen dir allein
>Führen dich in weiten Fernen
>In das Thal der Ruhe ein.
>*(*DER GENIUS *führt sie fort.)*
>Doch ihn zu verderben
>Der Lust zu enterben
>Verschwört sich die Nacht
>Ergreifet die Freude
>Stürzt sie als Beute
>In grundlosen Schacht.

(Unter diesem Chor, kommen 12 GEISTER DER NACHT *in grauen Flor gehüllt, solche Schleyer über die Köpfe und jeder einen tran[s]parenten Stern auf dem Haupte[,] das Antlitz bleich. Sie laufen auf der Bühne durcheinander und gruppiren sich endlich, der Breite nach des Theaters kniend, da[ß] die Sterne auf den Häupte[rn] eine solche Linie bilden ⌣‿⌣[.] Von oben, so breit wie die Bühne fällt ein Chaos von eben so grau*

*gemahlte[n] Geister[n] ein, welche sich so verschlingen, da[ß]
die Sterne auf dem Haupte die transparenten Worte bilden.*

    Entflieh nur der Pra[cht]
    Dich rächet die Nacht
5 *Die Worte läßt der Chor dumpf verklingen[,] auf Wurzels
Fenster fliegt ein Uhu mit glühenden Augen, und schlägt mit
den Flügel an die Glasscheibe. So fällt der Vorhang.)*

ACTUS 2.

Sc[ena] 1.

(Die Dekoration stellt nur 2 Kulissen tief ein angenehmes Thal vor, in dem sich die Natur einfach und kräftig ausspricht. Links eine practicable Hütte, auf deren Strohdach Tauben nisten, sie ist von einen kleinen Gärtchen begränzt in dem sich einige Lilien befinden, doch keine bunten Blumen[.] Die Cortine stellt aber hohes Gebirge vor. Die Hälfte der Hinterwand nimmt ein breiter in den Vordergrund tretender Blumenberg mit vielen sich verschieden krümmenden Wegen ein, auf denen sich hie und da wie in einen Garten silberne Statuen befinden und Rosenbrücken. Auf der andern Hälfte der Hinterwand, sind in weiterer Entfernung 2 aus[ge]zeichnete Alpen zu sehen. Die niederere ist mit goldenen Gesträuch bewachsen[,] glitzt, und auf ihren Gipfel steht auf einem Postament die Statue des Reichthums mit einem goldenen Füllhorn[.] Die noch höhere ist ein steiler Berg auf dem nur Lorbeerbäume wachsen, und auf dessen Gipfel der goldene Tempel des Ruhmes steht aus dem eine Sonne strahlt die den ganzen Horizont um das Haupt des Bergs röthet. Zwischen diesen Gebirgen und dem Thal lieg[t] ein dichter Wald durch den sich ein steiler einsamer Weg in das Thal abwärts windet. Unter passender Musick kömmt ILLI *ein Genius als Klepperpostillion angezogen mit dem Klapperbretlein lärmend durch die Luft auf einer großen Schwalbe geflogen, welche ein Paket Briefe im Schnabel hält. Er steigt ab, nimt einen Brief aus dem Paket und klappert vor der Hütte.)*

[ILLI.] He die Klepperl Post ist da, aufgemacht. *(Das kleine Fenster in der Hütte öffnet sich.* ILLI *spricht hinein.)* Ein Brief aus Wolkenhain mit Rezepisse, gleich unterschreiben. *(Er giebt den Brief hinein, nach einer Pause, während er ein paarmahl ungeduldig auf und ab trippelt.)* Ein bisl gschwind, ich muß wieder weiter. *(Eine Hand giebt das Rezepiss zu-*

rük.) So. Was? Nichts franco, 8 gute Kreutzer. *(Die Hand giebt ihm das Geld.)* So. *(Sieht das Geld an.)* Keinen Pfenig giebts mehr, als acht Kreutzer und kein neues Jahr auch nicht. Wann ich nur da keinen Brief herbringen durft, das ist schon mein größter Zorn, *(indem er sich aufsetzt)* gar so eine Schmutzer[e]y. *(Die Schwalbe schlagend.)* Na weiter, wirst fliegn oder nicht? *(Die Schwalbe fliegt ohne Musik fort, und unterm Fl[u]ge raisonirt er noch immer fort.)* Pfui Teuxel da wollens Geister seyn ja – Betteleut Umkehr.

[Scena 2.]

(Sanfte Musick. LOTTCHEN *tritt auf, ihren Strohut anhängend.)*

[LOTTCHEN.] Wo befinde ich mich,? welch' ein angenehmes Thal, gehör ich schon den Geistern an, am Eingange des Waldes nahm mein freundlicher Führer von mir Abschied, und sprach: Weiter darf ich dich nicht geleiten doch folge deinem Herzen und du wirst mich nicht vermissen. Ich ging, und ging, und unwillkührlic[h] hat es mich hiehergezogen. Dieses schön[e] Gärtchen, diese Hütte, wie wird mir so sonderbar bey ihrem Anblick, warum wird es auf eimahl so wohl so ruhig in meiner Brust, wer bewohnt sie denn? *([Ü]ber der [Hütte] erscheinen schnell die transparenten Worte* Die Zufriedenheit.*)*

LOTTCHEN. Die Zufriedenheit? Der Vater sagte ja, die wohnt nur in der Stadt,? wie komt sie hieher? Ich weiß es schon, sie wird in der Stadt erkrankt seyn, und gebraucht jezt die Landluft. Ich will anklopfen, und sie um Beystand bitten, vieleicht braucht sie ein Dienstmädchen, sie wird wohl ein[e] vornehme Frau seyn. *(Sie klopft an.)* Euer Gnaden, ein armes Mädchen, möchte gern die Ehre haben –

Scena 3.

([VORIGE;] DIE ZUFRIEDENHEIT, griechisch, in einer einfachen grauen Toga unbedecktes Haupt tritt aus der Thür mit einen Brief in der Hand.)

DIE ZUFRIEDENHEIT. Was verlangst du von mir mein Kind?
LOTTCHEN *(erstaunt)*. Wer ist denn das?
DIE ZUFRIEDENHEIT. Nur näher, ich bin die Dame die du suchst.
LOTTCHEN. Wirklich, Sie sind eine recht liebe Person aber für eine Dame hätt ich Sie nicht gehalte[n.]
DIE ZUFRIEDENHEIT. Nicht? Und doch bin [ich] noch mehr, ich bin die Königinn dieses Thales, und von meiner Stirne strahlt das Diadem der Heiterkeit –
LOTTCHEN *(fällt ängstlich auf die Knie)*. Ach so verzeihen mir Euer Hohheit, aber da wär ich in meinem Leben nicht darauf gekommen.
DIE ZUFRIEDENHEIT. Steh auf[.] Du bist mir in diesem Brief, den ich vor Kurzem erhielt, schon angekündet, und ich will dich in meine Dienste nehmen, du hast wenig Geschäfte, das Aufbetten wirst du ersparen, denn ich schlafe auf einen Stein, Küche und Keller werden dir wenig Mühe verursachen, denn mich nähren die Früchte des Bewußtseyns, mich tränket die Quelle der Bescheidenheit.
LOTTCHEN. Ach ich bin ja mit allem zufrieden.
DIE ZUFRIEDENHEIT. Hast du denn meine Hütte so leicht gefunden.
LOTTCHEN. Ach ja, das ist ja nicht schwer.
DIE ZUFRIEDENHEIT. Glaubst du? Viele tausende wandern nach mir aus, und finden mich nicht, denn der dürre Pfad der zu mir führt scheint ihnen nie der Rechte zu seyn. Siehst du dort oben die bunten Auen, wo des Glückes Blumen farbig winken, *(deutet auf den Blumenberg)* dort wollen sie mich finden, und je reitzender der Pfad sie aufwärts lockt,

desto tiefer entschwindet meine niedre Hütte aus ihrem getäuschten Auge, denn wer mich ängstlich sucht, der hat mich schon verloren.

LOTTCHEN. Aber auf jenen hohen Bergen, muß doch eine schöne Aussicht seyn.

DIE ZUFRIEDENHEIT. Nicht für dich mein Kind. Du gehörst ins Thal. Siehst du dort den hohen flimmernden Berg, das ist die Alpe des Reichthums, und ihm gegenüber sein noch glänzenderer Nebenbuhler der Großklockner des Ruhmes, das sind schöne Berge, doch sende deine Wünsche nie hinauf, stark und erhebend ist die Luft auf ihren Höhen, aber auch der Sturmwind des Neides umsaußt ihre Gipfel und kann er die Flamme deines Glückes nicht löschen, so löscht er doch den schönen Funken des Vertrauens in deiner Brust auf immer aus.

LOTTCHEN. Das versteh ich nicht.

DIE ZUFRIEDENHEIT. Darinn bestehet ja dein Glück, weil du mich nicht verstehst, bist du mit mir verwandt.

LOTTCHEN. Verwandt. Und doch haben sich E[uer] Hohheit nie um mich bekümert.?

DIE ZUFRIEDENHEIT. Glaube es nicht, ich habe dich mir ja erzogen, und will nun deine Freundin seyn. Der Mann der heute dich verstieß ist nicht dein Vater, sonst hätt [er] es nie gethan. Doch eine Mutter hast du noch die dich innig liebt und die du bald umarmen wirst, bis dahin [r]eiche mir deine Hand, und nenne mich Schwester.

LOTTCHEN. Recht gerne, aber da muß ich her[n]ach auch du zu Euer Hohheit sagen, und bin so viel als Euer Hoheit selbst.

DIE ZUFRIEDENHEIT. Allerdings. Du sitzest neben mir auf meinem moosbewachsenen Thron, und über uns spannt sich der schönste Baldachin der heitre Himmel aus.

LOTTCHEN. Ach du liebe Schwester, wie soll ich dir danken?

DIE ZUFRIEDENHEIT. Bleibe wie du bist und du hast den Lohn schon abgetragen.

LOTTCHEN *(freudig)*. Ach ja – wie ich bin [–] doch – nun ja – wie ich bin, nicht wahr.?
DIE ZUFRIEDENHEIT. Nun ja.
LOTTCHEN. Da muß ich aber auch immer ledig bleiben.?
DIE ZUFRIEDENHEIT *(lächelt)*. Ja so. Und du hast den schönen Wunsch zu heyrathen.?
LOTTCHEN. Ja freylich. Doch sey nicht böse liebe Schwester, seit ich bey dir bin wünsche ich mir fast gar nichts mehr, aber wenn ich an meinen Karl denke, kann ich doch mit den Wünschen noch nicht recht fertig werden.
DIE ZUFRIEDENHEIT. Das sollst du auch nicht liebes Lottchen, tröste dich, ich werde dich mit deinem Karl vereinen, er verdienet dich, ich kenne ihn genau.
LOTTCHEN. Du kennst ihn.? Ist er vieleicht auch mit dir verwandt?
DIE ZUFRIEDENHEIT. Er war es, ich war stets um ihn wie noch der muntere Hirsch, das Sinnbild seiner kräft'gen Freude war, und nur du hast uns entzweit, du hast ihn mir entrissen.
LOTTCHEN. Das ist mir unbegreiflich.
DIE ZUFRIEDENHEIT. Du wirst deinen Karl erhalten er soll uns beyde wieder [finden,] und hab ich euch vereint, geb ich auch meinem Herzen dann ein Fest, durch ziehe froh die Welt, und wo ich einen Armen finde, der krank liegt am Verlust der Freude, will ich schnell die Hand ihm reichen, und sie überströmen lassen aus meinen Herzen in das Seinige. *(Geht mit ihr in die Hütte.)* Komm, vieleicht gelingt es mir, ein Bündniß mit der Welt zu schließ[en,] die ich so innig liebe und die so hart mich von sich stößt.

VERWANDLUNG

(Hell mit Lustern und Wandleuchtern beleuchteter Speisesaal. Punschtableaux und rauschender Tusch von allen Instrumenten beym Aufziehen der Cortine. WURZEL *und seine* GÄSTE *jauchzend. An der rechten Seite ein hohes Fenster, Mittelthür.)*

[Scena 4.]

(WURZEL, AFTERLING, MUSENSOHN, SCHMEICHELFELD. [*Später* HABAKUK, BEDIENTE.])

ALLE *(mit übermüthigen Geschrey).* Der Hausherr soll leben. Hoch – *(Ein paar werfen die Gläser an die Wand.)*
WURZEL. Schlagts nicht so viel Gläser zusamm, ich bin ja kein Glasfabrikant –
SCHMEICHELFELD *(etwas angestochen).* Ah was da, man hört so keine Uhr, wenn einmahl die Gläser fliegen so weiß man doch wieviels gschlagen hat.
MUSENSOHN. Aber jezt ists aus meine Herren, es ist 5 Uhr, und ich muß heute noch geschwind den letzten Act von meinem Trauerspiel schreiben.
SCHMEICHELFELD. Was Trauerspiel. Lustig wollen wir von unserm theuern H[errn] von Wurtzel scheiden, dem aimabelsten Mann in der gantzen Stadt. Singen wollen wir, dazu machen Sie uns Verse, wenn Sie ein Dichter seyn wollen.
MUSENSOHN. Schön, wir wolln die Freundschaft besingen
AFTERLING *(der einen schreklichen Rausch hat).* Ja singen, schön singen und her[n]ach kerzengerade nach Haus. *(Taumelt.)*
ALLE *(lachen).*
WURZEL. Der hat ihn heute.
AFTERLING. Lachen? ihr Spitzbuben. Alle seyds nichts nutz, H[err] von Wurtzel, bis auf den *(auf den* DICHTER *deutet)* und der ist auch nichts nutz. Aber S i e H[err] v[on] Wurt-

zel sind ein großer Mann ich soll es nicht sagen aber aus mir
spricht die Dankbarkeit, kindliches Gefühl *(er will ihm im
Rausch die Hand küssen)* und – und –
WURZEL. Und der Rausch, nicht wahr?
AFTERLING. Pfui H[err] v[on] W[urtzel] sagen Sie das nicht.
Freundschaft ist das höchste Gut in dieser Welt, Freude
trinken alle Wesen an den Brüsten der Natur. Glauben Sie
uns H[err] v[on] W[urtzel] wir sind alle Ihre Freund. Nicht
wahr Brüder.
ALLE *(lachend)*. Ja alle.
AFTERLING. Aber sind Sie aufrichtig H[err] v[on] W[urtzel].
(Beschwörend.) Sind Sie aufrichtig H[err] v[on] W[urtzel] –
Haben Sie keinen Punsch mehr.
WURZEL. Nun so gebt ihm noch ein Glas, so fällt er gar hinunter untern Tisch.
AFTERLING. Herr von Wurtzel *(fällt ihm [um] den Hals)* Sie
sind unser Vater, und wie Sie sich heute auf mich stützen
können, so können Sie sich auf alle stützen. Punsch her –
Punsch, der H[err] v[on] Wurtzel soll leben *(Er taumelt gegen die Thür und fällt vor Rausch in einen Stuhl.)*
WURZEL. Nu der hats überstanden, Habakuck.
(HABAKUK *tritt vor.*)
WURZEL. [F]ührts ihn hinüber ins rauschige Zimmer, und legts
ihn in das Bett, was ich hab herichten lassen, wenn einer von
meine gut[en] Freund nicht z Haus gehen kann.
HABAKUK. Ja es liegen a so schon drey drinn, und einer vor der
Thür, man kann gar nimer hinein.
WURZEL. So legts ihn ins blaue Zimmer hi[n]über wo der
große Spiegel ist unds Porzelain,? aber bindts ihn an, sonst
schlagt er uns alles zsam.
(HABAKUK *und* BEDIENTE *tragen ihn fort.*)
[HABAKUK.] Nu das sind schöne Herrschaften.
MUSENSOHN *(hat bey einem Tisch mit Bleystift geschrieben und
springt auf)*. Fertig sind die Verse, jezt meine Herrn stimmen sie.

ALLE. Bravo.

MUSENSOHN. Die Phantasie hat mich begeistert, H[err] v[on] W[urtzel] *(schlägt i[h]n auf die Achsel)* kennen Sie die Phantasie.

WURZEL. Hab schon von ihr ghört, sie soll glaub ich eine Bilderhändlerinn seyn, und wenn man ihre Waaren in der Nähe betracht, ist man oft damit angeführt.

MUSENSOHN. Da haben Sie falsche Begriffe von dieser erhabenen Frau.

WURZEL. Mir hats ein guter Freund erzählt, da war einer den hat [sie] schön in die Tinten gführt, der hat eine entsetzlich lebhafte Fantasie ghabt und hat bloß wegen ihr ungeheure Schulden gmacht, und wie seine Gläubiger kommen sind, so hat sie ihn so verlassen, daß er gar keinen Gedanken hat fassen können, wie er einen Kreutzer davon zahlen will. Nu jezt lassens uns hören, ob sie Ihnen nicht auch angschmirt hat mit Ihre Verse

MUSENSOHN. Was fällt Ihnen ein.

Trinklied.

I

[MUSENSOHN.]
> Freunde hört die weise Lehre
> Die zu euch, Erfahrung spricht
> Schickt die Freude ihre Heere
> [Ö]ffnet alle Thore nicht.
> Mann für Mann laßt nur herein
> Wollt ihr lang ihr Feldherr seyn.

CHOR.
> Mann für Mann [laßt nur herein
> Wollt ihr lang ihr Feldherr seyn].

[2]

[MUSENSOHN.]
>Wenn des Lebens Bajadere
>Hält den goldnen Wagen still
>Und für ihres Glücks Chimäre
>Euren Frieden tauschen will,
>Jagt die feile Dirne fort,
>Denn Fortuna hält nicht Wort.

CHOR.
>[Jagt die feile Dirne fort,
>Denn Fortuna hält nicht Wort.]

3

[MUSENSOHN.]
>Doch wenn voll der Becher blinket
>Bachus Geist den Saal durchrauscht
>Euch die Freundschaft zu sich winket
>Und Gefühle mit euch tauscht,
>Drückt sie beyde an die Brust
>Sie gewähren Götterlust.

[CHOR.
>Drückt sie beyde an die Brust
>Sie gewähren Götterlust.]
(ALLE [GÄSTE] *ab.*)

S[cena 5].

(WURZEL, LORENTZ, HABAKUK, BEDIENTE *rä[u]men die Tische hinaus.*)

WURZEL. Das war ein prächtige Unterhaltung heut, ich bin

so gut aufgelegt, ich legt mich gar nicht schlafen. Habakuk noch einen Champagner herauf. *(HABAKUK ab.)* Lorentz jezt trinken wir erst recht.

LORENTZ. Allo das ist ein Leben. Juchè.

WURZEL. Stoß an Lorentz. Alle Rauschigen sollen leben –

LORENTZ. Hoch. *(Donnerschlag. Stille[.] Die Glocke schlägt draußen zwölf.)*

WURZEL. Was ist denn das 12 Uhr, wirds denn heut zweymahl Nacht. Es ist ja schon 6 Uhr und der schönste Morgen. Schauts auf die Uhr. *(ALLE sehen auf die Uhren er selbst auch auf die Stockuhr.)*

LORENTZ. Was ist denn das, es geht ja keine.

WURZEL. Bey mir ists 12 Uhr.

ALLE BEDIENTEN. Bey uns auch.

HABAKUK. Und drauß ist auf einmahl stokfinster.

WURZEL. Was ist denn das, das habts mit Fleiß gethan, wieviel ists denn? *(Man hört an der Thür sehr stark pochen.)* Herein, nun? Schau hinaus.

(LORENTZ geht hinaus.)

WURZEL. Mir scheint der schickt die Grobheit voraus daß sie statt ihm anklopfen soll.

LORENTZ. E[uer] G[naden]. Ein junger Herr ist gfahren kommen in ein goldenen Wagen der voller Blumen ist, und zwey Rappen vorn, die er kaum erhalten kann, und hintern Wagen tanzen lauter Pagen und rosenfarb[ne] Kamerjungfern her. Er will mit Ihnen reden.

WURZEL. Wie heißt er denn.?

LORENTZ. Das weiß ich nicht er sagt er ist die Jugend.

WURZEL. Ah ein Jugendfreund wird er gsagt haben[.] Gleich laßt ihn herein. Das ist a prächtige Visitt, Champagner tragts rauf, ihr verdammten Kerls. Ich bin doch ein glüklicher Mann[,] die schönsten Leut kommen zu mir.

(LORENTZ öffnet die Thür.)

S[cena] 6.

([VORIGE;] SECHS PAGEN und SECHS MÄDCHEN, weiß gekleidet mit rosenrothen Leibchen, und Schleifen geziert, und wirklichen Rosen verziert tanzen herein und gruppiren sich auf beyden Seiten der Thür. Dann hüpft DIE JUGEND herein. Weißes Trikot rosenrothe Weste am Kragen mit Rosen garnirt, grünen Frak, dreyekigten Hut mit Rosenschleife, das Beinkleid mit rosenrothen Bände[rn] gebunden.)

[JUGEND.] Grüß dich der Himel Brüderchen, du nimmst doch nicht übel da[ß] ich meine persönliche Aufwartung mache.

WURZEL. Das ist ein prächtiger Mensch, hundsjung und gaißnärrisch. Hat mich noch nie gsehen, und gleich per du.

JUGEND. Ja Bruder, ich komme in einer besondern Angelegenheit.

WURZEL. Nun mit was kann ich dienen.? Der braucht gwieß ein Geld.

JUGEND. Ja – nimmst nicht übel Bruder, aber mit uns ists aus. Ich bin hier um dir meine Freundschaft aufzukünden.

WURZEL. Nun das wär nicht übel, jezt lernen wir uns erst kennen, und sollen schon wieder bös auf einander seyn.

JUGEND. Was erst kennen, das endet ja unsere Freundschaft weil wir uns zu lang kennen. Wir sind ja mit einander in die Schule gegangen, und haben beyde nichts gelernt.

WURZEL. Richtig wir sind miteinander auf der Eselsbank gesessen[.] *(Bey Seite.)* Ich kenn ihn gar nicht.

JUGEND. I freilich, und wie [wir] beyde zwanzig Jahre alt waren, da haben wir die ganze Gemeinde geprügelt vor Übermuth.

WURZEL. Und getrunken haben wir, gelt Bruder.

JUGEND. Versteht sichs, du hast mich ja in alle Wirth[s]häuser herumgeschleppt. Ach, wir warn ein paar wahre Lumpen.

WURZEL. Und wollens noch seyn Bruder, kost dich kein Kreutzer, schlag ein –

JUGEND. Bruder nein, jezt ists gar, du mußt jezt solid werden, du mußt dich um 7 Uhr zu Bette legen, darfst dir keinen Rausch mehr trinken, – was du zu thun hast, das wirst du von einen anderem hören, der dir alles pünktlich auseinander setzen wird.

WURZEL. Ah, was war denn das, um 7 Uhr niederlegen, kein Rausch mehr trinken, ich keinen Rausch, und das ist das edelste an mir. Ich bin so gsund, daß ich mit einer Armee raufen könt.

JUGEND. Ja Brüderchen, jezt so lang ich noch bey dir bin. *(Stark.)* Doch den ersten Schritt den ich aus diesen Saal mache, wird dich die Lust verlassen, auf eine so [un]edle Weise, dein Schicksal ferner zu versuchen.

WURZEL. Ich fang mich völlig zum fürchten an, auf die Lezt kann der Kerl hexen, das wär a verdammte Gschicht.

JUGEND. Also adieu lieber Bruder, verzeihe mir was [ich] dir Leids gethan hab, du lieber guter Kerl du, denn ich bin auch ein guter Junge, habs lang genug mit dir ausgehalten, du warst mein intimster Freund, aber du bist ein zu liederliches Tuch, darum leb wohl, sey nicht böse auf mich, und sage mir nichts schlechtes nach.

Duett.

[*1.*]

JUGEND.

    Brüderlein fein Brüderlein fein
    Mußt mir ja nicht böse seyn.
    Scheint die Sonne noch so schön
    Einmahl muß sie untergehn.
    Br[ü]derlein fein _____
    Mußt nicht böse seyn.

WURZEL.

    Brüderlein fein _____
    Wirst doch nicht so kindisch seyn

Gieb zehntausend Thaler dir
Alle Jahr bleibst du bey mir

JUGEND.

Nein nein nein nein
Brüderchen fein _____
Sag mir nur was fällt dir ein,
Geld kann vieles in der Welt
Jugend kauft man nicht ums Geld.
Drum Brüderlein fein _____
Muß es jezt geschieden seyn

BEYDE.

Brüderchen bald flieg ich fort von dir.
Brüderchen halt[.] Geh nur nicht von mir.

2.

(JUGEND *tanzt unter dem Ritornell.*)

JUGEND.

Brüderlein fein. _____
Wirst mir wohl recht gram jezt seyn
Hast für mich wohl keinen Sinn
Wenn ich nicht mehr bey dir bin.
Brüderlein fein _____
Mußt nicht gram mir seyn

WURZEL.

Brüderlein fein _____
Du wirst doch ein Spitz[b]ub seyn
Willst du nicht mit mir bestehen
Nun so kannst zum Teuxel gehn.

JUGEND.

Nein nein nein nein
Brüderlein fein. _____
Zärtlich muß geschieden seyn
Denk manchmahl auf mich zurük.
Schimpf nicht auf der Jugend [G]lück.

BEYDE.
> Brüderchen fein _____
> Schlag zum Abschied ein.
> *(Umarmen sich,* DIE JUGEND *tanzt ab*[,] ALLE [PAGEN *und*
> MÄDCHEN] *nach.)*

S[cena 7].

([LORENTZ;] WURZEL, *sezt sich in einen Stuhl geht nach einer Flasche Wein, will trinken, stellt sie aber wieder mißmuthig hin.)*

LORENTZ. Wie ist denn E[uer] G[naden].
WURZEL. Gar nicht gut. So gewieß dumm ist mir.
LORENTZ. Ja, man sieht Ihnens an, v[ö]llig vernagelt schauen Sie aus.
WURZEL. Und was ists denn so kalt herinn, hab ich denns Fieber
LORENTZ *(sieht zum Fenster).* Ja ich glaubs, es fangt ja zum schneien an, ah das ist spaßig, da schauens naus in den Garten alles ist weiß, und die Bäume, alle Blätter werden gelb.
WURZEL. Was ist denn das für ein Hexerey.?

[Scena 8.]

*(*HABAKUK; VORIGE. [*Später* DAS ALTER, BEDIENTE.]*)*

HABAKUK *(bringt Champagner).* Der Champagner ist da.
WURZEL. Marschirst. Einen Kamillenthee, laßt mir machen, und einheitzen, man möcht ja erfrieren. *(Es geschieht im Kamin. Die Thurmuhr schlägt Eilf.)* Jezt hats Elf Uhr gschlagen, erst wars 12 jezts ists wieder 11 Uhr, immer weniger? Hat denn die Zeit einen Krebsen verschluckt, daß die Stunden rückwärts gehen. *(Die Katze. Miau Miau.)* So jezt schrein die Katzen, zum Beweis, wie falsch die Zeit gegen

mich ist. Jezt möcht ich doch einmahl wissen wo das hinaus will? *(Heftiges Pochen.)* Ist schon wieder wer da. Verdamtes Gesindel ist denn keine Ruh. Schau hinaus.
LORENTZ *(schaut mit den Kopf zur Thür hinaus).* Oi je, ein alter Herr mit ein Leiterwagen ist drauß, er will mit Ihnen reden.
WURZEL. Wer ist er denn?
LORENTZ. Wo sind wir denn her?
DAS ALTER. Aus Eisgrub.
WURZEL. Aus Eisgrub, nein was für Visiten seyn da kenn ich kein Menschen.
DAS ALTER. Na, nur aufmachen, ich bin das hohe Alter, ich will hinein.
WURZEL. Das Alter, die Thür sperrst zu, und ein Prügel nimst in d Hand, und wie er hereinkommt, schlagst ihn zusamm.
DAS ALTER. Nun wird die Thür aufgemacht, oder nicht?
WURZEL. Nein, saperment.
DAS ALTER. Ah so? So komm ich zum Fenster herein.
(Die Fensterflügel werden vom Wind aufgerissen und zerbrechen klirrend, da[ß] die Scherb[en] herumfliegen. DAS ALTER *fliegt zum Fenster herein auf einen Wolkenleiterwagen[,] 2 alte Schimmel vor. Bauernpferde. Der Wagen ist mit gelben Gesträuch ausgefüllt.* DAS ALTER *sitzt darin in einen alten Hausrock der bis an die Knie geht den Kopf mit einer Pelzschlafhaube, die Füsse in Pölstern, auf den Schoos einen schlafenden Mops, und auf der Achsel eine Eule, ein kleiner uralter* KUTSCHER *auf dem Bock, der Wagen ist etwas beschneit,* DAS ALTER *steigt aus mit einem Krükenstock.)*
DAS ALTER. Sie verzeihen, da[ß] ich so frey bin, meine mühselige Aufwartung zu machen, ich weiß nicht ob Sie mir ansehen werden oder nicht, ich bin das hohe kranke Alter Ihnen miserablicht zu dienen. Ich hab da ein Einquartirungszettel bey Ihnen.
WURZEL. Bey mir? Glaubt der Herr bey mir ist ein Spital?
DAS ALTER. Wird schon eins werden, wenn ich eine Weile da bin. Seyns nicht bös daß ich so unerwartet komm, gewöhn-

lich korespondiren die Leut schon vorher mit mir, aber Sie haben ein braves Kind dies mit Ihnen gut gmeint hat aus den Haus gjagt, und da habens mich dafür gschickt. Nehmen Sie mich an Kindes statt an.

WURZEL. Ja, aber z Haus bhalt ich Ihn nicht ich gieb Ihn ins Kadetenstift nach Ibs.

DAS ALTER. I bewahr wir werden uns schon mit einander vertragen, ich bin ein spaßiger Kerl ich mach noch an mancher Tafel, bey manchen Hausball meine Lazzi, ich hupf noch bey manchen Ecosen mit, bis mir einen rechten Riß giebt, hernach setz ich mich nieder.

WURZEL. Ja ja Gscheider ists.

DAS ALTER. Wenn wir eine Weile bekannt sind, werden schon meine Verwandten auch ihre Aufwartung machen, mein liederlicher Vetter, der verdorbene Magen, das wird der erste seyn der Ihnen die Honeurs machen wird, und meine Cousine die Gicht, die hat mich schon versichert sie kanns gar nicht erwarten, Sie an ihr gefühlvolles Herz zu drücken o hörns das ist eine unterhaltliche Person, ich sieh Ihnen schon ordentlich nach Pis[y]an ins Bad mit ihr reisen, und treu ist[s].

WURZEL. Ich weiß, man bringts gar nicht los, ein jeder sagt da hast dus ich mags nicht.

DAS ALTER. Und was thun Sie mir denn, mein lieber Herr von Wurzel, was gehns mir denn so kühl herum, werdens gleich ein Schlafrock anziehen, saperment hinein, so schauts doch auf euren Herrn, ist ja ein alter Herr, müßt ja hübsch acht geben auf ihm, wenn er euch stirbt seyds brodlos. Bringts ihm ein Schlafrok. *(DIE BEDIENTEN wollen fort.)*

WURZEL. Nicht unterstehen – oder ich schlag einen nieder.

DAS ALTER. Was, schlagen? Gleich niedersetzen. *(Er nimt ihn an der Hand und setzt ihn in einen Stuhl.)*

WURZEL. Himmel wie wird mir.

DAS ALTER. Nicht unterstehn und schlagen, die Pferd schlagen aus nicht die Leut. Damit [er] aber nimmer ausschlagt. *(Ver-*

wandlung, er berührt sein Haupt und er bekommt ganz weißes Haar.) So jezt ist aus den Bräunl ein Schimel worden. So. Hato mein Schimmerl. Nu, nichts Hato,?

WURZEL *(weinend).* Lorentz, mein Schlafrock. *(Man zieht ihm denselben an, und zwar so daß er dadurch zugleich sein Bauerkleid anzieht dessen Aermel in dem des Schlafroks stecken.)*

[DAS ALTER.] So mein lieber H[err] von Wurtzel, thuns mich nur gut pflegen, damit wir lang besamm bleiben, mit mir muß man gar haiglich umgehn.

WURZEL. Aber was soll denn das heißen?

DAS ALTER. Das sind die Wintertag

WURZEL. Ah. Ich hätt glaubt die Hundstäg.

DAS ALTER. Wie mans nehmen will. Aber jezt leben Sie wohl, ich hab mein Post ausgerichtet. Wenns mich auch nicht mehr sehen, Sie werden mich schon spüren, für 130 Jahr, können Sie sich ausgeben, auf mein Wort. Adieu[,] *(umarmt ihn)* in der Früh, ein Schalerl Supen, und ein Semerl drinn, und [um] 11 ein bisserl in der Sonn spatziren gehen, aber imer ein Haferdeckl auf den Magen legen da[ß] Sie sich nicht erkühlen[,] z Mittag, ein eingmachts Henderl, und ein ha[l]bes Seiterl Wein, und auf d Nacht eine halbete Biskoten. Und gleich ins Betterl gehn. So jezt Pa alter Papa und befolgen Sie meinen Rath. Kein Thee müßens nicht trinken, den habens so schon. *(Er steigt in den Wagen.)* Hansel, langsam fahren, da[ß] wir kein Unglück haben, mit die Teufeln von Rossen. *(Macht Pa aus den Wagen.)* Gute Nacht mein lieber H[err] von Wurzel, gute Nacht. *(Fliegt ab.)*

[Scena 9.]

(WURZEL, LORENTZ.)

WURZEL. Ja wohl gute Nacht, so weit hab ichs gebracht. Nein ich halts nicht aus, ich geh durch *(er will fort)* es geht nicht, *(lacht verzweifelnd)* ha ha ha, nichts Hoto.

LORENTZ. Freilich lieber Tschihi ins Bett.
WURZEL. Ich glaub der Kerl lacht mich noch aus
LORENTZ. Nein, einen Neid werd ich haben, wegen den.
WURZEL *(auffahrend).* Der Neid? Ja der ist an mein Unglück schuld, und jezt laßt er sich nicht sehen, was für ein elendiger Mensch muß ich seyn weil sich so gar der Neid nicht mehr um mich bekümmert, und alles durch dieses abscheulige Geld, ich will aber nicht mehr davon wissen, alles wirf ich zum Fenster hinaus, vieleicht wird wieder alles wie vorher.
LORENTZ. So seyns doch gscheid.
WURZEL. S Maul halt, ich will nicht gscheid seyn, ich bin zu stolz dazu.
LORENTZ. Wanns aber Ihren Reichthum verwünschen, so ist er ja hin, habens mirs denn selbst erzählt
WURZEL. Und er soll hin seyn, ich will ihn nimmer haben, hab ich meine Schönheit verlohren, so will [ich] auch nimmer reich seyn, ich will lieber arm seyn und gsund. Höre mich du verdammter Neid, nims dein Geld, ich mags nimmer mehr. O wär ich nur wo ich hingehör, wär ich nur bey die Meinigen.
(Ein Blitzstrahl fährt herab, schnelle Verwandlung in ein düstres Thal, an der Seite ein Theil der halb verfallnen Hütte Wurzels. Die vordere Gegend ist finster gehalten und herbstlich mit gelben Blättern, zwischen zwey sehr dunkeln sich hereinlegenden Bergen erhebt sich in der Mitte ein hoher Gletscher. Der Sitz von Samt auf welchen WURZEL *nach seiner Verwünschung zurükgesunken ist verwandelt sich in einen Baumstamm er und sein* DIENER *in arme Bauern. Neben* WURZEL *liegt ein großer Ochse und mehr andere weiden auf den Berg und perspectivisch in den Wald hinein.)*
LORENTZ. So da habens Sies Sie übermüthiger Ding, jezt sinds bey die Ihrigen.
WURZEL. Die mir lieber seyn als du, du undankbarer Bursch du.
LORENTZ. Was wär das, kein Geld mehr haben und grob seyn,

ah jezt muß ich andere Saiten aufziehen, was glaubst denn
du, grober Mensch du hast ja nichts mehr, schaus an dein
verfallne Hütten, da stehts jezt, dein Pallast, wo die Mäus
beym Fenster aussischaun. Z'gut ist Ihm gangen, z übermüthig ist Er worden, und jezt ist alles hin, aber alles, Sein
Sach und mein Sach, ich bin ein armer Dienstboth, und Er
bringt mich um das Meinige, ist denn das eine Herrschaft,
jezt hab ich Ihn drey Jahr betrogen, und jezt hab ich nicht
eimahl was davon. Wenn Er sich noch eimahl untersteht und
kommt mir unter die Augen, so reiß ich einen Felberbaum
aus, und wichse Ihn damit herum daß Er an mich denken
soll, Er Tausendsaperment Er vertra[ck]ter. *(Ab.)*
WURZEL. Ist jezt kein Mensch mehr da der mir eine Grobheit
sagt.

S[cena 10].

*([DER VORIGE;] DER NEID und HASS beyde ideale Kleidung mit
Mänteln stark mit Goldborten verbrämt der eine roth der andere gelb gekleidet. DER HASS Flammen DER NEID Nattern auf
dem Haupte. Wolken fallen [vor.] DER NEID kommt auf einer
grünen Wolke die sich an eine rothe schließt worauf DER HASS
steht aus der Coulisse gerollt und spricht schnell.)*

NEID. Esel was hast du gethan? Hab ich dich darum bey deinen langen Ohren gefaßt und in den Stix des Wohlebens getaucht, damit du an ihren Spitzen verwundbar bleibst, wie
Achill an der Ferse. Haben sie dich übertölpelt, Schwachkopf, fort aus meinen Augen Mißgeburt, oder ich schleudre
dir eine Natter in deinen hohlen Schädel daß dir der Wahnsinn zu allen Knopflöchern heraus springen soll.
WURZEL. Gelt jezt hast leicht reden mit mir du gelbzipfeter
Ding du. *(BEYDE lachen.)* Ja lachts nur, ihr habts es nothwendig, einer sieht aus, wies gelbe Fieber und der andere
wie ein Gimpel der den Rothlauf hat, aber dich will ich re-

komandiren du Neidhammel, die ganze Welt will ich durchkriechen, überall will ich mein Schicksal erzählen, drucken laß ich sogar, und lauf selber damit herum und schrey: Einen Kreutzer die schöne Beschreibung, die mir erst krigt haben von dem unglücklichen Mann, [der] aus einen jungen Esel ein alter worden ist. *(Geht heulend ab.)*

Sc[ena 11].

*(*NEID *und* HASS.*)*

NEID. Freund ich bitte dich verfolge nur diesen Dumkopf so lang er lebt.

HASS. Sorg dich nicht, gegen wen der Neid auftritt, der hat auch den Haß gegen sich.

NEID. Was soll ich jezt thun, ich kanns nicht erdulden, daß diese Lakrimosa mir einen Korb gegeben hat.

HASS *(fährt aus einem kurzen Nachdenken empor)*. Triumph fertig ist der Plan. Seine Liebe ist zu groß, er muß, durch List in meine Hände fallen, sonst vermag ich nichts über ihn. *(Schwingt seine Fackel.)* Erscheine Zauberhain. *(Donnerschlag; deutet in die Coulisse.)* Was siehst du dort?

NEID. Einen herrlichen Garten mitten im See, mit einem Lusthause und einer Kegelbahn.

HASS. Den laß ich oft erscheinen in der Welt, er ist ein Geschenk des bösen Dämons, den wir beyde dienen. In dem Lusthause dieses Gartens, wird ein Brillantring, der unermessene Reichthümer gewährt, von neun bösen Geistern bewacht. Ihre Büsten aber sind, als Kegel aufgestellt. Wer diese 9 Kegel trifft stürzt dadurch die 9 Geister, und gewinnt den Ring, den ihm keine Zaubergewalt entreissen darf. Doch trifft er weniger als 9, stürzt er todt zur Erde nieder. Wenn er aber diesen Ring 9 Tage besitzt, erfüllen ihn die Geister mit dem höchsten Menschenhaß, und er ruhet nicht bis er sich und Tausende zu Grunde richtet. Nur wenn er ihn vor dieser Zeit noch von sich wirft, ist er gerettet doch Macht und Reichthum ziehen als Nebel fort. Nun höre meinen Plan. Lakrimosens Tochter muß bis morgen um Mitternacht, mit diesem a r m e n Fischer vermählt seyn, sonst bleibt ihre Mutter ewig verbannt. Wir locken also den Fischer nach der Kegelbahn, fehlt er die Kegel, ist er verlohren und Lakrimosa mit ihm. Trifft er sie, ist er von dem Augenblick als er meinen Ring am Finger trägt ein reicher Mann, und kein Armer mehr, und dann werd ich schon Mittel anwenden daß er entweder im Besitz seines Reichthums, sich mit ihr vermählt, oder die Vermählung zu verhindern suchen. In beyden Fällen ist Lakrimosa gestürzt.

NEID *(fällt ihm um den Hals).* Bruder [ich] beneide dich um diesen Plan, das ist der einzige Dank, den ich dir dafür geben kann.

HASS. So komm du ohnmächtiges Ungeheuer, ich will dich mit der Rache vermählen, du bist ein seltener Bräutigam, dich führt der Haß ins Brautgemach. (BEYDE *Arm in Arm ab.*)

VERWANDLUNG

(Der Zaubergarten[.] Auf der Cortine ein großes Lusthaus gemahlt. Quer übe[r] die Bühne eine ideale Kegelbahn mit Gold sehr verziert[.] Neun kleine ausgeschnitzte [Büs]ten von Geistern die auf Hermen stehen, sieht man statt der Kegel. Eine goldene Kugel, und der Stand, wo die Scheiber stehen, ist auch ideal pompös, und eine Art Rosenlaube. An beyden Seiten des Theaters stehen weiße Denksteine mit schwarzen Nahmen. Anton Prey, [hatte] drey. Gottlieb Pracht Alle Acht. Phillipp Thier, schob nur Vie[r].)

[Scena 12.]

[(NIGOWITZ.)]

NIGOWITZ. Kein schlechters Brot kan[n]s schon nimmer geben, als ein Genius d[er] als Buchhalter bey einer Kegelstadt angstellt ist. Das Passen, unds kommt niemand. Da werden die Leut Narren seyn, und werden bey der Lotterie das Leben einsetzen, ist oft um zehn Gulden schad, so viel noch gschoben haben, keiner hats troffen. Um den letzten war mir gar leid, das war ein Schneidergsell, der hat mir noch [v]o[r]her seine letzten 2 Gulden gschenkt, hat sich angstellt, scheibt ein Loch, gar wars. Da steht er aufgschrieben, Michael Koch. Ein Loch. Saperment dort kommt einer, und unser Paperl vora[us,] wer muß denn das seyn? *(Zieht sich zurück.)*

[Scena 13.]

([DER] VORIGE; KARL, *der Papagey fliegt vor ihn.* Bist schon da.! Bist schon da! *Fliegt fort.* [*Später* 9 GEISTER, GENIEN.])

KARL. So warte doch, kleiner Spitzbube,! ist schon fort! Sonderbares Thier, spricht deutlicher als mancher Mensch, kömt zu mir an dem See geflogen, wie ich gerade überlege ob ich meines Lottchens wegen hinein springen soll verspricht mir Glück wenn ich ihm folge, lockt mich hieher und fliegt mir jezt vor der Nase davon. Wo bin ich denn? Ist vieleicht hier ein Schatz vergraben.

NIGOWITZ *(tritt vor)*. Nun wenn der Herr was gespannt, wer auf der Pudel neune scheibt, wird ein wilder Millioneur[.]

KARL. Ein Millioneur, Himmel da könnt ich mein Lottchen heyrathen. Her mit der Kugel.

NIGOWITZ. Nur langsam nicht so gschwind, gieb mir der Herr zuerst mein Neune Gulden.

KARL. Wenn ich gekegelt habe, Freund!

NIGOWITZ. Nichts, da ist der Herr schon lang hin, da krieg ich nichts mehr.

KARL. Was.?

NIGOWITZ. Freylich. Da muß ja nicht so gäh seyn. Das les der Herr. *(Bringt ein großes Buch.)*

KARL.
Wem der große Wurf gelungen
Hier zu treffen alle neun,
Hat den Zauberring erungen
Tritt zum Saal des Reichthums ein.
Doch der Freche dems mißlungen
Daß das Glück er neunfach zwing[t]
Wird von einem Reif umschlungen
Den der Tod ums Leben schlingt.

NIGOWITZ. Das heißt: der Herr ist hin. Also will der Herr oder nicht?

KARL. Was liegt mir an dem Leben, wenn ich mein Lottchen nicht habe, ich habe ja auf jedem Kirchtag die neun getroffen, her mit der Kugel.

NIGOWITZ. Schreib sich der Herr ein. *(KARL thut es schnell.)*

KARL. So und nun Brilliant, du sollst ihr Brautring seyn *(Er stellt sich zum Scheiben und NIGOWITZ zu den Kegeln[,] die Kortine geht auf[,] man sieht einen goldenen Saal[,] neun rothe GEISTER stehen auf einer Stiege die in Wolken steht und bewachen eine Kapsel auf der das Wort Zauberring geschrieben ist die auf einem Postamente steht. Die neun GEISTER drohen auf KARL mit geballten Fäusten.)*

CHOR.
Laß ab Laß ab.
Die Kugel rollt ins Grab.
Laß ab.

KARL. Lottchen gilt die Schur, mein muß sie seyn! *(Scheibt hinaus; die Kegel fallen alle.)*

NIGOWITZ *(schreit aus vollem Halse).* Alle neune

(Heftiger Donnerschlag, Pudel und Kegel verschwinden 2 Blitze fahren auf die GEISTER *welche von den Stufen stürtzen, und in dieser Gruppe verbleiben, die Denksteine verwandeln sich in goldene Vasen mit Blumen. Die Kapsel zerspringt und hint[er] dem Postament steigt ein ungeheurer blauer Adler auf, mit goldgesäumten Gefieder der den Ring im Schnabel hält, und jezt auf dem Postament sizt.* KARL *steigt die Stufen hinan nimt ihm den Ring aus dem Schnabel der Adler breitet die Flügel aus die fast so [w]eit wie das ganze Theater sind schwingt sich über* KARL *auf, und reißt einen idealen Thron in seinen Krallen unter sich hinauf der sich nach der Breite der Bühne hinzieht und* KARL *der auf dem Postament jezt sitzt, und dessen Kleid sich in ein glänzendes verwandelt überschattet.* DIE GEISTER *huldigen ihm durch ein Tableaux.* GENIEN *machen die Gruppe voll und so fällt der Vorhang.)*

ACTUS [3].

[Scena 1.]

[(DER HASS, TOPHAN, GEISTER DES HASSES.)]

(Das Äussere eines herrlichen Pallast aus hellrothen Marmor und mit goldverzierten Säulen[,] in der Mitte eine Treppe die zum Portal führt, an jeder Seite ein Sphinx. Der Hof welchen die Bühne vorstellt ist mit Blume[n] geziert und scheint von einem Gitter eingeschloßen zu seyn, von welchen ein prächtiges Gitterthor an der Koulisse den Eingang bildet. DIE GEISTER DES HASSES *sind theils in schönen Livreen gegenwärtig, theils sieht man sie als Furien gerade den Bau des Pallast beenden, mit Werkzeugen i[n] passende Gruppen vertheilt. Die Musick drückt vor dem Aufziehen der Cortine das Hämern und Schlagen aus und beym Aufzieht hört man nur den Schluß des kurze[n] Chors der vor dem Aufziehen schon hörbar war.)*

[CHOR.]
    Jubelt hoch des Hasses Geister
    Freue dich erhabner Meister
    (Nach dem Aufziehen.)
    Fertig ist der Bau!

DER HASS. Bravo! Da[s] heiß ich Temperament des Hasses, in einer Nacht und einem Tage haben meine Geister dieses Werk vollendet, und ehe noch, um den Preis der schönern Röthe, der Abendstrahl mit den blutigen Streifen dieses Marmors ringt, kann er einziehen in dies glänzende Haus, der Dieb, der aus dem Reiche des Neptuns die floßbewachs[n]en Bewohner stiehlt. Er ist ausgezogen um sein Mädchen anzuhalten, und sie im Triumphe hier einzuführen, noch geht alles nach Wunsch. Wacht alle wohl über den heutigen Abend, seinen Willen dürft ihr kraft des Ringes nicht beschränken, doch

sucht ihn nur durch List dahin zu bringen daß er den Ring
heute nicht vom Finger zieht, dann ist das Spiel gewonnen,
morgen überlaßt ihn seinen Schicksal. Tophan, du bist sein
Haushofmeister, dir übergebe ich ihn, vollziehe seine Befehle,
hier hast du d[i]e Liste von einigen Geistern, die zu ihrer Rettung wirken, habe Acht auf sie, und sind sie unserer Macht
gewachsen so vernichte ihr Vorhaben. Ich muß fort, Krieg
ist in der Unterwelt, schreibe mir gleich wie die Sache abge-
laufen ist, meine Fackel! *(Man reicht sie ihm.)* Adieu Kinder.
(DIE GEISTER *küssen ihm beyde Hände und das Kleid.)* Führt
euch gut auf. *(Er schwingt die Fakel und versinkt.)*
TOPHAN. Vertheilt euch an eure Geschäfte. (ALLE *ab ins
Schloß.)*

Sc[e]n[a 2.]

(DIE ZUFRIEDENHEIT *und* LOTTCHEN *beyde als Dienstmädchen in modesten Kleidern kommen zum Gitterthor herein.
[Später* EIN DIENER.*])*

DIE ZUFRIEDENHEIT *(zieht* LOTTCHEN *herein).* So komm nur,
es wird alles gut noch enden!
LOTTCHEN. Ach er ist für mich verloren, das ganze Dorf wodurch wir zogen sprach von seinem Reichthum, wie ist er
dazu gekommen, an dieser Stelle war seine Fischerhütte,
und nun dieser Pallast, was ist aus ihm geworden.?
DIE ZUFRIEDENHEIT. Das kann ich dir nicht beantworten, die
Zufriedenheit ist nicht allwissend. *(Bey Seite.)* Doch ist es
unverzeihlich, von den Geistern, daß sie mir keine Nachricht, keine Hilfe senden, was soll ich jezt beginnen? welch
neuer Zauber waltet in der Sache? Doch wir wollen den
Muth nicht ver[li]eren.
(EIN DIENER *geht über die Bühne.)*
DIE ZUFRIEDENHEIT. Pst Freund, könnten wir nicht mit dem
Herrn des Hauses sprechen.

DIENER *(barsch)*. Er kömt erst heute Abend an.

DIE ZUFRIEDENHEIT. Wo ist er denn?

DIENER. Er hohlt seine künftige Frau, es ist schon alles zur Vermählung hergerichtet.

LOTTCHEN. Himmel.!

DIE ZUFRIEDENHEIT. Könnten wir nicht, seinen Stellvertreter sprechen.

DIENER. Den Haushofmeist[er]?

DIE ZUFRIEDENHEIT. Ja, ja.

DIENER. Nun so wartet hier geht aber ja nicht fort, vieleicht sag ich ihms. *(Geht ab.)*

LOTTCHEN. Er hat mich vergessen, und heirathet vieleicht jezt eine Königstochter.

DIE ZUFRIEDENHEIT. Nur ruhig, ein böser Geist hat die Hand im Spiel, hier heißt es vorsichtig seyn.

[Scena 3.]

([DIE VORIGEN;] TOPHAN, aus den Pallast, rothes Haar und Bakenbart, das Gesicht ist bey allen Dienern durch Röthe ausgezeichnet, BEDIENTE.)

TOPHAN. Wo sind die Mädchen? Ah! *(Erblikt sie.)* Was wollt ihr.?

LOTTCHEN. Ach! *(Zur* ZUFRIEDENHEIT *ängstlich.)* Was wollen wir denn?

DIE ZUFRIEDENHEIT. Euer Gnaden verzeihen, wir haben gehört daß hier Dienstmädchen aufgenommen werden.

TOPHAN. Ein hübsches Mädchen. *(Kneippt sie in die Wange.)*

DIE ZUFRIEDENHEIT *(ironisch)*. Ein liebenswürdiger Mann.

[TOPHAN.] Ich vergesse ordentlich, daß ich dem Haß angehöre. Nu wir wollen sehen?

DIE ZUFRIEDENHEIT. Euer Gnaden werden zufrieden seyn, sie ist Stubenmädchen und ich bestelle die Küche.

TOPHAN. Nun gut ihr seyd aufgenommen, dieses Haus ist für die Dienerschaft, führt sie hinein. Ich werde schon manchmahl in der Küche nachsehen, und vieleicht gelingt es mir, dir die Speisen zu würtzen. *(Zu den* BEDIENTEN.*)* Komt! *(Macht ihr ein Kompliment und* [g]*eht ab.)*
DIE ZUFRIEDENHEIT *(macht ihm einen Kniks nach).* Ihre Dienerinn! Vielleicht geling[t] es mir Ihnen die Suppe zu versalzen, komm *(Nimt* LOTTCHEN *an der Hand und führt sie in die Thür des Nebengebäudes ab. Die Bühne ist leer.)*

[Scena 4.]

(AJAXERLE *im Zauberhabit, sieht zum Gitter herein, tritt furchtsam ein, sieht sich vorsichtig um, schleicht sich dann auf den Zehen bis zur Stiege des Pallastes, sieht in die Coulisse erschrickt, und springt in den Pallast in dem er 3 Stufen auf einmahl nimmt, nach dem er darin ist springt gleich* EINE FURIE *mit einer Knute die ihn bemerkt hat in größter Eile ihm nach und auf die nehmliche Weise wie* AJAXERLE *über die Stiege hinauf und ins Thor. Man hört in der Koulisse Wurzels Stime. Ein Aschen. Ein Aschen.* WURZEL *als Aschenmann mit einer Butte auf den Rücken, und eine Aschenkrücke in der Hand.)*

WURZEL. Ein Aschen. Au weh *(stütz[t] sich auf die Krücke)* was bin ich für ein miserabler Mensch. Ein Aschen, was war ich, und was bin ich jetzt.? Ein Aschen, hört denn kein Mensch. Die Köchinn hat gwieß ein Kerl bey ihr weils nicht hört. *(Schreit aus vollem Halse.)* Ein Aschen.

[Scena 5.]

([DER VORIGE;] DIE ZUFRIEDENHEIT.)

DIE ZUFRIEDENHEIT. Wer lärmt denn so entsetzlich.?
WURZEL. Der Aschenmann ist da, Euer Gnaden, Freulein Köchinn. Sie werden [noch] nicht die Ehr haben mich zu kennen, ich bin ein neuer, der alte ist gstorben, ich habs erst gestern übernommen, ich bitt um Verzeihung ich hab noch keine Visitkarten herumgeschickt, ich heiße Fortunatus Wurzel.
DIE ZUFRIEDENHEIT. Er ist mein einst so fröhlicher Bauer, ich hätte Ihn nicht erkannt.
WURZEL. Ich weiß wenn man einmahl so ausschaut, kennt einem keiner mehr.
DIE ZUFRIEDENHEIT *(bey Seite).* Nu den haben die Geister schön zugerichtet. *(Laut.)* Du armer Narr.
WURZEL. Ja wohl, arm bin ich, und ein Narr bin ich auch gewesen. Ja meine liebe Köchinn, ich hab schön abgekocht, mit mir ists vorbey.
DIE ZUFRIEDENHEIT. Wie alt bist du denn?
WURZEL. Ich hätte sollen die Vierziger kriegen, aber die Zeit hat sich vergriffen, und hat mir einen Hunderter hinauf gemessen, und den halt der Zehnte nicht aus. Die Zeit ist ein wahrer Korporal der mit die Jahr zuschlägt. Im Anfang hats ein Rütchen von lauter Mayblümeln, da giebts einem alle Jahr so einen leichten Tupfer, das gfreut einen, da springt man wie ein Füllerl, hernach kommts mit einen Besen, von lauter Rosen, da sind schon Dorn dabey, nach und nach schlagen sich die Rosen weg, ist der Haßlinger da. Endlich kommts mit einem Tremmel daher, laßt ihn nur fallen, aus ists. Aber es gschieht mir recht, warum bin ich kein Bauer geblieben. Den Fischer da drinn wirds accurat so gehen.
DIE ZUFRIEDENHEIT. Kennst du den Fischer.
WURZEL. Freylich. Er hätt ja mein Schwiegersohn werden sol-

len. Hätt ihms nur geben, viel tausendmahl hats mich schon gereut.

DIE ZUFRIEDENHEIT. Ist dir diese Äusserung Ernst. *(Bey Seite.)* Er dauert mich.

WURZEL. O mein liebe, Jungfer Köchin, wenn Sie mein verwurlte Geschichte wüßten, so thätens nicht so dum fragen.

DIE ZUFRIEDENHEIT. Ich weiß deine Geschichte, ich habe sie in dem Buche des Schicksals gelesen.

WURZEL. So? Sind Sie auch eine sochene, die nach den Abwaschen liest.

DIE ZUFRIEDENHEIT. Bereust du, was du gethan hast?

WURZEL. Von ganzem Herzen[.]

DIE ZUFRIEDENHEIT. Beneidest du den Fischer um sein Glück.

WURZEL. Um kein Schloß nicht. Den wirds reuen, das ganze Dorf redt davon, ich kenns schon die Geister, die einem solche Häuser schenken, heut Nacht habens ihms aufgebaut von Diamanten und rothe Rüben, glaub ich, wies ihm erwischt haben, weiß ich nicht.

DIE ZUFRIEDENHEIT. Würdest du ihm jezt deine Ziehtochter geben.?

WURZEL. Um kein Preis. Erstens weil ichs nicht habe, zweytens weils mit den Reichthum eine unglükliche Person würde.

DIE ZUFRIEDENHEIT. Wenn er aber wieder würde wie er war;

WURZEL. Nachher soll ers haben, aber suchen muß [ers] zuerst, denn die ist vieleicht gar in der chinesischen Schweitz.

DIE ZUFRIEDENHEIT. Er wird sie finden, und ist er ihrer Liebe würdig, so seyd ihr alle gerettet, und auch du wirst wieder glücklich werden.

WURZEL. Wär das möglich, ausgstanden hätt ich genug. Aber was wissen Sie. Reden wir von was Gscheiden. Habens keinen Aschen.

DIE ZUFRIEDENHEIT. Ich wollte ich könnte schon die Asche dieses Schloßes in deinen Kübel leeren.

WURZEL. O mein liebe Mamsel Köchinn das war ein schöne Gegend. Ein jedes Stamerl kenn ich davon, der einzige

Baum da drauß ist stehn geblieben, sehens den Baum, da dran ist die Fischerhütten gstanden, da ist just ein Rosen Berg darüber zaubert, der Gipfel ist grad so hoch, als das Dach von der Hütten war.

DIE ZUFRIEDENHEIT. Gut auf die Spitze dieses Hügels, setze dich nieder und erwarte meinen Wink, siehst du die Sonne untersinken, und ich habe dich noch nicht gerufen, so sehe es als ein Zeichen an, daß dein und andrer Glück mit ihr hinunt[er]sinkt, doch wirst du sie in unserer Mitte schauen, geht dir eine neue auf, dafür bürge ich dir mit meinen Wort.

WURZEL. O du mein Himmel, was reden Sie für eine schöne Sprach, als wie ein verkleideter Profeßor. Geltens Sie sein kein Köchinn.?

DIE ZUFRIEDENHEIT *(lächelnd)*. Nein das bin ich nicht.

WURZEL. Was seyns denn?

DIE ZUFRIEDENHEIT. Das wirst du erfahren, jezt befolge, was ich dir befahl.

WURZEL. Ja ich wills gern thun, aber wenn ich etwa ein paar Monath oben sitzen muß bis Sie mich rufen, so bringt mich der Hunger um, habens denn gar nichts für meinen aschgrauen Magen?

DIE ZUFRIEDENHEIT *(lächelt)*. Nun so warte. *(Sie geht in die Thür.)*

WURZEL. Das ist eine gute Person, wenn ein Herr so eine [brave] Köchinn hätte, wär[s] manchen lieber als der gschickteste Koch.

DIE ZUFRIEDENHEIT *(bringt ihm eine Linzertorte und eine Flasche Wein)*. So mein Alter, labe dich. *(Sie hält ihm die Linzertorte vor.)*

WURZEL. Werfens Sies nur in die Butten hinein.

DIE ZUFRIEDENHEIT. Sie ist ja voll Asche.

WURZEL. Das macht nichts, das ist gut für die Brust, den Wein schütten wir vorn hinein. So ich danke.

DIE ZUFRIEDENHEIT. Nun leb wohl, tröste dich und hoffe. *(Geht in den Pallast ab nicht zum Nebengebäude.)*

WURZEL. Ich habe die Ehre zu sehen. Wenns nur nicht auf
mich vergißt, daß ich etwa aufs Jahr um die Zeit noch oben
sitze. Wegen meiner ich bleibe halt oben sitzen, schau hinunter auf die Leut, und wenn ich was dalkets sieh, so schrey
ich, einen Aschen.

Arie

1

So mancher steigt herum
Der Hochmuth bringt ihn um
Trägt einen schönen Rock
Ist dum als wie ein Stock
Von Stolz ganz aufgebläht
O Freundchen da[s] ist öd.
Wie lang stehts denn noch an
Bist auch ein Aschenmann.
    Ein Aschen. Ein Aschen.

2

Ein Mädchen kommt daher
Von Brüßler Spitzen schwer
Ich frag gleich wer sie wär
Die Köchinn vom Traiteur.
Packst mit der Schönheit ein
Gehst gleich in d Kuchel nein
Ist denn die Welt verkehrt
Die Köchinn ghört zum Herd
    Ein Aschen.

3

Doch vieles in der Welt
Ich mein nicht etwa 's Geld

Ist doch der Mühe wehrt
Daß man es hoch verehrt.
Vor alle braven Leut
Vor Lieb und Freundlichkeit
Vor treuer Mädchen Gluth
Da zieh ich meinen Hut
(Nimt ihn ab.)
    Kein Aschen. Kein Aschen.
(Ab.)

VERWANDLUNG

(Zimmer im Pallast mit grellrothen Tapeten, ober der Thür in der Supperborten das Sinnbild des Hasses. In der Ecke ein weißer schöner irdener Ofen oben mit einer Vase, an der ersten Coulisse ein Fenster. Seitenthür.)

[Scena 6.]

[(DIE ZUFRIEDENHEIT, *später* AJAXERLE *und* LOTTCHEN.*)*]

DIE ZUFRIEDENHEIT *(tritt zur Mitte ein und geht ans Fenster).* Umsonst, der Abend kömmt und er noch nicht. [W]är ich nicht die Zufriedenheit selbst, ich würde ihr schon nicht mehr angehören. Du suchest sie vergebens, armer Junge, denn deine jetzigen Geister, wandeln nicht auf unseren Pfad. Und eine andere sucht er nicht, dafür bürgt mir sein Herz, wenn sie nur standhaft bleibt, daß sie ihre Mutter rettet, darf ich ihr nicht entdeken nach den Spruch der Königinn.
(Man hört Pst. Pst. Hm! Hum!*)*
DIE ZUFRIEDENHEIT. Wer ist hier.? *(Es klopft im Ofen.)* Wer ist denn das.?
AJAXERLES STIMME *(im Ofen).* Seynd Sies?
DIE ZUFRIEDENHEIT *(bey Seite).* Wer soll ich denn seyn?
(Laut.) Ja ich bins.

(Der Ofen theilt sich in der Mitte aus einander, so da[ß] das Innere des ganzen Ofens sichtbar wird welches ganz beru[ß]t ist. Der ge[m]auerte Herd in der Mitte bleibt aber stehen und AJAXERLE *sitzt auf denselben auf einen eisernen Dreyfuß.)*

AJAXERLE. Na den Himmel seys gedankt, daß Sie eimahl raufgekomme sind.

DIE ZUFRIEDENHEIT. Was ist das für eine Erscheinung?

AJAXERLE. Sie sind ja die Zufriedenheit, nicht wahr.

DIE ZUFRIEDENHEIT. Ja mein Herr.

AJAXERLE. Ich sitz schon über andert halbe Stund im Ofen und warte auf Sie.

DIE ZUFRIEDENHEIT. Auf mich.?

AJAXERLE. Ja ich bin der Magier Ajaxerle, und muß Ihnen Nachricht bringen, wegen dem Fischerka[rl], es ist ja die höchste Zeit.

DIE ZUFRIEDENHEIT. Darum sprechen Sie, schnell.

AJAXERLE. Ein schöns Kompliment von die Geister, und der Fischerkarl hat von dem Spitzbuben, von dem Haß einen Ring bekommen, der ihn so reich macht, und Sie sollen alles aufbiethe, daß er ihn wegwirft, und die zwey Leut gschwind vermähle, sonst ist alles verlohren. Sein Reichthum dauert nur so lang als er den Ring am Finger hat. Kurz die Geister verlassen sich auf Sie, und wenn Sies sie brauchen sollten, so rufens Sie nur, denn sie stehen schon alle auf der Paß. Und wenn Sie was zauberen wollen, so möchten Sie die Sch[n]ur Perlen von einander reißen, da sind zwölf Geister angefädelt, die werden alles vollbringen.

DIE ZUFRIEDENHEIT. Aber warum bringen Sie denn diese Nachricht so spät.?

AJAXERLE. Na gestern haben mirs die Geister erst gschafft, da bin ich heut gleich in Ihre Hütte und hab Sie gsucht, da warns nicht zu Haus, und da hat eine von Ihren Tauben gsagt, Sie sind mit der Lottle zum Fischerkarle gegange in sein Hütte, da bin ich gleich her, und da hab ich so lang

g'wart, bis ich hab das Mädle gsehen, da hab ich gedacht Sie werdes seyn, und bin herein gschlichen.
DIE ZUFRIEDENHEIT. Wie kommen Sie denn aber in den Ofen.?
AJAXERLE. Wie ich über die Stiege herauf bin, ist mir einer nach gloffen mit einem Prügel, und da bin ich in den Ofen hinein, und bin nimmer heraus. Ich habe mir gedacht, Sie werden schon herauf kommen.
DIE ZUFRIEDENHEIT. Wenn ich nun aber nicht gekommen wäre.?
AJAXERLE. Ja da wär ich nicht heraus, ich werd mich nicht schlagen lassen.
(Lärm von aussen. Er kommt. Vivat, der Gutsherr!)
DIE ZUFRIEDENHEIT. Er kommt, machen Sie daß Sie fort kömmen, die Geister sollen in der Nähe seyn.
AJAXERLE. Ja wie komm ich denn hinaus, sie passen ja auf mich.
DIE ZUFRIEDENHEIT. So machen Sie sich unsichtbar.
AJAXERLE. Das kann ich ja nicht ich bin ja nur ein Magier, ich bin ja kein Geist, ich muß mich ja in etwas verwandelen.
DIE ZUFRIEDENHEIT. Nun so verwandeln Sie sich, aber nur geschwind.
AJAXERLE. Ja das geht ja nicht so geschwind, ich lern ja die Zauberey erst drey Jahr, ich bin ja nicht freygesprochen noch, ich muß erst nachschlagen. Wissen Sie was, ich geh wieder hinein, *(deutet auf den Ofen)* und verwandle mich drinnen in einen Ofenruß, in einer halben Stunde komt der Rauchfangkehrer und kehrt mich hinaus. Jezt lebe Sie wohl.
(Er steigt in den Ofen welcher sich wieder schließt.)
DIE ZUFRIEDENHEIT. Endlich ist er fort.
(Vivat[!] *man hört Böller lösen.)*

[Scena 7.]

[(VORIGE; LOTTCHEN.)]

LOTTCHEN *(stürtzt zur Mitte herein).* Er komt, er kommt, *(sie reißen das Fenster auf)* er ists. Er allein. *(Strekt die Arme nach ihm aus.)* Ach Karl!
DIE ZUFRIEDENHEIT *(reißt sie vom Fenster zu rück).* Du verdirbst alles. Folge mir *(Zieht sie ins Kabinet.)*

[Scena 8.]

(KARL *in sehr schönem Reisekleid,* BEDIENTE, DER HASS.)

KARL *(schnell).* Wer waren die Mädchen, welche hier am Fenster standen? Sprich?
HASS. Euer Gnaden verzeihen sie haben sich für höchst dero Verwandte ausgegeben.
KARL. Ruf sie, du lügst, ich will sie sehen.
HASS. Ich werde die Bedienten rufen. Sollten mich die Weiber doch betrogen haben
KARL *(jagt ihn zur Thür hinaus).* Täuschen mich meine Augen, überall hab ich vergebns sie gesucht, ihres Vaters Haus steht leer, beyde sind verschwunden, ich fahre in die Welt[,] doch diese Nacht erscheinet mir im Traume ein ungarischer Geist der mir befiehlt, ich möchte schnell nach Hause zu reisen, eh der Abend naht. Ich trete ein, und erblick sie am Fenster. Ja, ja es war ihre Stimme, es i s t mein Lottchen.

[Scena 9.]

([DIE VORIGEN;] TOPHAN, DIE ZUFRIEDENHEIT, LOTTCHEN *treten ein.* [*Später* WURZEL, HYMEN *und* ALLE GEISTER DER INTRODUCTION *sowie* BEDIENTE, FURIEN *und* GENIEN.])

DIE ZUFRIEDENHEIT. Ja sie ist es.
KARL. Lottchen! *(Will ihr in die Arme stürtzen.)*
LOTTCHEN. Karl! *(Eben so.)*
DIE ZUFRIEDENHEIT *(tritt zwischen* BEYDE*).* Haltet! *(Zu* LOTTCHEN.*)* Thue was ich dir sagte.
LOTTCHEN. Karl, entferne die Diener
KARL. Warum?
LOTTCHEN. Ich bitte dich.
KARL. Hinaus mit euch. *(Sie entfernen sich, unwillig.)* Doch was soll das alles?
(TOPHAN *horcht an der Thür.*)
DIE ZUFRIEDENHEIT. Karl, aus meiner Hand nur kanst du dein Lottchen erhalten, der Bauer hat sie nur erzogen, ich bin die Bevollmächtigte ihrer Mutter, doch wenn du deinem Reichthum nicht entsagst, wirst du sie nicht erhalten.
KARL. Wie ich sollte wieder ein elender Fischer werden, da ich sie glücklich machen kann?
DIE ZUFRIEDENHEIT. Nie wir[d] sie durch diesen Reichthum glücklich werden, denn ein böser Geist hat ihn geprägt.
KARL. Du lügst, mit Gefahr meines Lebens hab ich ihn erungen, du bist ein böser Geist, der mir mein Glück entreißen will, fort ich erkenne dich nicht.
LOTTCHEN. Karl sie meynt es gut –
KARL. Glaub es nicht, sie hat dich nur bethört. Lottchen wenn du mich liebst, so eilst du zur Vermählung alles ist bereit. Du hast nichts zu fürchten, ich kenne meinen Reichthum, mein Muth hat ihn erworben, sieh mich zu deinen Füßen, ich habe jahrelang um dich gelitten, kannst du mich verlassen?
LOTTCHEN. Nein das kann ich nicht, verzeih mir theure

Freundinn, aber mein Carl, ist mir das Theuerste auf dieser Welt, ich folge ihm.

DIE ZUFRIEDENHEIT. Du gehst in dein Unglück.

LOTTCHEN. Sey es auch, es geschieht für ihn. *(Sie will auf KARL zu.)*

DIE ZUFRIEDENHEIT *(die noch immer in der Mitte steht).* Nun denn! Geister sendet eure Macht. *(Sie zereißt die Perlschnur; sie berührt ihre Stirne mit einer Perle, die andern fallen herab.)* Jezt nim sie hin.

KARL. Komm Lottchen!

LOTTCHEN *(will freudig auf ihn zu, bleibt plötzlich stehen und sieht ihn ernst an).* Ich kann dir nicht folgen, fort von mir[,] ich liebe dich nicht.

KARL. Wie, sprichst du irre, mich deinen Karl? *(Er schlägt mit der rechten Hand an die Brust an der er den Ring hat,* LOTTCHEN *erblickt ihn stoßt einen Schrey aus und fällt in Ohnmacht,* DIE ZUFRIEDENHEIT *fängt sie auf.)*

KARL. Was ist das.? Hülfe, Hülfe, Zauberey.

*(*DIE BEDIENTEN *tretten ein,* TOPHAN *hält ihr ein Riechfläschgen hin sie erwacht, richtet sich auf.)*

KARL. Lottchen was ist dir? *(Er naht sich ihr.)*

LOTTCHEN. Fort. *(Sieht den Ring schreit sinkt in Ohnmacht.)*

KARL. Weh mir, was ist das, sprich Zauberin was hast du gethan. *(Er will auf sie zu.)*

DIE ZUFRIEDENHEIT. Wahnsinniger, nie wirst du sie erhalten, bis du diesen Ring vom Finger schleuderst.

TOPHAN *(erschrickt).* Was?

DIE ZUFRIEDENHEIT. Ich habe sie bezaubert ja! so lange sie lebt, sie wird k e i n e n lieben, der auch nur e i n e n Edelstein besitzt, und beym Anblick eines j e d e n Brilliants wird sich diese Ohnmacht wiederhohle[n,] wirf den Ring weg wenn du sie erhalten willst, oder ich verschwinde mit ihr.

TOPHAN. Ergreift die Zauberinn, Geister der Tugend.

DIE ZUFRIEDENHEIT. Zurück Heuchler, ich bin es selbst.

TOPHAN. Pardon Madmoiselle, Jai suis desar[mé] (ALLE ziehen sich demüthig zu rük.)
DIE ZUFRIEDENHEIT. Carl du siehst meine Macht – Halt ein – zum letzten mahl ruf ich dir zu wirf den Ring weg oder du siehst sie nie wieder – du zauderst? Wohlan –
KARL (heftig). Und wenn die Welt am Finger glänzte, ohne sie gilt sie mir nichts, fort mit ihm.
(Er wirft den Ring weg. Blitzstrahl, DIE FURIEN entfliehen. Verwandlung, in die Gegend der Fischerhütte. Karls Kleid fällt ab er steht als Fischer da. WURZEL sitzt auf dem Dach der Fischerhütte in welche sich der Rosenhügel verwandelt, und erwacht durch den Schlag[,] gähnt.)
LOTTCHEN (erwacht). Karl ich danke dir!
KARL. Lottchen du bist mein.
WURZEL. Ein Aschen.
BEYDE (sehen sich um). Wer ist das?
DIE ZUFRIEDENHEIT. Der bestrafte Fortunatus.
WURZEL. Ich segne euch.
DIE ZUFRIEDENHEIT (winkt). Und Hymen soll euch verbinden
HYMEN (kommt aus der Versenkung mit einen kleinen Opferaltar tritt in ihre Mitte und spricht). Auf ewig.

(Donnerschlag. Alle GEISTER der Introduction auf Seitenwolken Versenkungen schnell herbey. LAKRIMOSA sinkt in einen Wolkenwagen nieder über den EIN GENIUS schwebt mit der Schrift Erlösung.)
[LAKRIMOSA.] Dank euch, meine Lieben, ich bin glüklich.
BUSTORIUS. Ist gern geschehen, schaffen Sie ein anders Mahl.
DIE ZUFRIEDENHEIT. Dieß ist deine Mutter.
(LOTTCHEN sinkt zu ihren Füssen.)
LAKRIMOSA (hebt sie auf). An mein Herzen
WURZEL. Ein Aschen
LAKRIMOSA (sieht ihn). Du hast gebüßt, sey was du stets hättest bleiben sollen.

WURZEL *(verwandelt sich auf den Dach in einen Bauer, springt herab).* All[o]h, jezt bin ich wieder in mein Element, mein Schönheit war im Versatzamt, jezt habens mirs ausglöst

LAKRIMOSA. Brillanten darf ich dir nicht zum Brautschatz geben. Aber das schönste Fischergut mit ewig reichem Fang sey dein.

(Verwandlung. In eine romantische Fischergegend, an einen reitzenden See in der Ferne blaues Gebirge, GENIEN *als Fischer gekleidet schiffen auf einen Kahn, werfen Netze aus, und formen ein Tableaux.)*

LAKRIMOSA. Stets bleibt euch die Liebe eurer Mutter.

DIE ZUFRIEDENHEIT. Und die Freundschaft der Zufriedenheit.

WURZEL. Seyn Sie die Zufriedenheit, da lassen wir Ihnen heut nicht mehr aus.

DIE ZUFRIEDENHEIT. Dieß sey mein Brautgeschenk. *(Ein Wasserfall worinn steht Quelle der Vergessenheit des Üblen.)*

WURZEL. Da trinken wir gleich jezt auf Ihre Gesundheit den zufriedensten Rausch.

Schlußchor.

1

Vergessen ist schön und,
Es ist gar nicht schwer
Denn was man vergießt
Von den weis man nichts mehr.
Und wer eim ein Geld leiht
Den führt man schön an.
Man laßt ihn nur trinken
Er weiß nichts davon.
(CHOR *repetirt.*)

2

Vergessenheit trinket dem
Haß und dem Neid.
Damit uns das Leben bloß
Liebend erfreut.
Doch bringt man den Gönner der
Dankbarkeit Zoll
Da senkt man die Becher das
Herz ist nur voll.
(ALLE *senken ihre Becher.*)

3

Hier ist der Zufriedenheit
Herrlichste Perl
Und ic[h] habs bey der Falten ich
Glü[c]klicher Kerl.
Doch ziemts mir allein ja nicht
Glücklich zu seyn
Wir nehmens in d Mitten und
Schließen sie ein.
(ALLE *umschlingen sich im Kreise*[,] DIE ZUFRIEDENHEIT *in der Mitte.*)

4

Sie dürfen auf keinen Fall mehr
Von dem Ort
Man läßt die Zufriedenheit nicht
So leicht fort.
Und eine Gnad bitt ich mir
Heute noch aus,
Begleitens voll Achtung, das
Publikum z Haus.

Ende

Repetition.

1

Wir leben doch wahrhaftig in
Glücklichen Zeiten
Jezt kommt die Zufriedenheit
Von allen Seiten
Hier steht noch die unsre
Sie ist uns noch treu und
Sie schenken uns Ihre
Jezt haben [wir] gar zwey.

2

Erlaubens nur daß beyde jezt
Hand in Hand gehen, denn
Unsre kann ja nur durch
Ihre bestehen.
Und dieß Kapital ist ein
Ewiger Kauf.
Denn Sie sind zu gütig
Sie kündens nie auf

Ende

[DIE GEFESSELTE FANTASIE

*Original Zauberspiel
in
Zwey Aufzügen*

von

Ferdinand Raimund]

[*Musik von Wenzel Müller*]

[*Uraufgeführt am 8. Jänner 1828
im Theater in der Leopoldstadt*]

Personen

APOLLO
DIE POETISCHE FANTASIE
HERMIONE, Königinn der Halbinsel Flora
AFFRIDURO, Oberpriester des Apollo
VIPRIA,
AROGANTIA, } Die Zauberschwestern
DISTICHON, Hofpoet
MUH, Hofnarr
ODI, ein Höfling
AMPHIO, Hirt der Lilienheerde
NACHTIGALL, Harfenist aus Wien
DER WIRTH zum Hahn
EIN SCHUSTER
EIN SPENGLER
[EIN FREMDER
EIN KELLNER
EIN FIAKER
Hermionens HOFSTAAT, OPFERDIENER, DICHTER, VOLK, GÄSTE]

ERSTER AUFZUG.

[Scena 1]

(Garten in Hermionens Pallast, in der Mitte ein erhabener Thron, mit VeilchenGuirlanden auf Blumenstufen. AFFRIDURO, [ODI,] GÖTZENDIENER, INSELBEWOHNER. *Alles in Bestürzung.)*

CHOR.
>   Götter schleudert Eure Blitze,
>   Schickt der Eumeniden Schaar
>   Vom erhab'nen Wolkensitze
>   Straft das freche Zauberpaar.

AFFRIDURO. Habt Hermionen ihr berichtet, daß wir um ihr Erscheinen bitten.
ODI. Es ist geschehen.
AFFRIDURO. Nicht länger dürfen wir die Frechheit dieser Zauberschwestern dulden. Apollo selbst befieh[l]t es uns!
ODI. Hier kömt der Hofpoet.

[Scena 2]

*(*VORIGE; DISTICHON *mit einer Menge Gedichte in Rollen.)*

ALLES *(ruft)*. Willkommen Distichon!
DISTICHON *(feyerlich)*. Verderben diesen Zaubernimpfen. Die ganze Nacht hat meine Phantasie geraset, und den geflügelten Gaul beynahe zu Schanden geritten, bis Aurora 40 Schmähgedichte beleuchtete, die mein schöpferischer Geist in dieser Nacht gebaar
MEHRERE. Hier sind noch mehr *(zeigen sie vor)*.
DISTICHON. Ich glaub es euch, an Dichtern fehlts auf unserer

Insel nicht. Flora heißet sie, weil sie mit Blümlein aller Art bedeckt die Göttinn hat, wir kennen keinen Schnee, als wenn uns Zephir weiße Blüthen streut, darum begeistert uns der ewige Blumenduft, und weihet uns zu Priestern des Apoll. So daß der Schuster selbst mit e i n e r Hand nur seine Stiefel schafft, und in der andern hält er hoch die goldene Leyer,

Sein kühner Geist ist mit Apoll verwandt
Ist seine Lyra gleich, mit Schustergarn bespannt.

AFFRIDURO. Doch hohe Zeit ists nun die Leyer zu vertauschen mit dem Muth. Die Zauberschwestern müssen fallen.

DISTICHON. Ich werfe sie mit Knittelreimen todt. Ein Jahr ists nun da[ß] diese beyden Zauberschwestern, auf unsere Insel kamen in einem Wolkenwagen den 2 weiße Löwen zogen. Wir glaubten schon die Götter hätten sie gesendet, doch bald erfuhren wir daß sie der Orcus ausgespien. Denn ihre Zaubermacht erbaute schnell ein Schloß, vor dem 2 weiße Löwen wachen.

AFFRIDURO. Sie zertreten unsere Fluren, und mit vergifteten Pfeilen, schießen sie nach den Dienern des Tempels.

ALLE. Wehe, wehe über sie.

[Scena 3]

(VORIGE; DER NARR.)

NARR *(mit Pathos)*. Wehe, Wehe über sie, ich weiß zwar nicht über wem, aber ich bin ein Narr ich muß überall dabey seyn, also Weh, über euch alle, nur nicht über mich.

AFFRIDURO. Es freut uns Narr, daß du so fröhlich bist.

NARR. Das bin ich immer unter meines Gleichen.

[DISTICHON. Sprich vernünftig, wird die Beherrscherinn erscheinen?

AFFRIDURO. Wir haben große Dinge vorzutragen.]

NARR. Sie kömt sogleich[.] Sie ordnet nur ein Fest, wozu nicht
lauter Dichter eingeladen sind, gemeine Geister auch.
DISTICHON. Sie wird doch nicht gar Handwerksleute laden?
NARR. Aha, der fürchtet sich, es möchten welche darunter
seyn, denen er schuldig ist.
DISTICHON. Das fürcht ich nicht, deß rühm ich mich da[ß]
Einer lebt der mir noch borgt. Wer borgt denn nicht?
Alles ist auf dieser Welt geborgt. Das Leben selbst ist nur
geliehene Waare. Die Erd auf der wir wandeln, ist nicht
schuldenfrey, der Raum in dem sie schwebt gehört der Luft,
sie wäre blind wenn ihr die Sonn den Staar nicht sticht. Und
auch die Sonne? die Verschwenderinn? die ein zu glänzend
Haus mir führt beziehet ganz sicherlich, ihr leuchtent Gold
aus einer Wucherwelt.
NARR. Du sprichst ja wie ein Socrates.
DISTICHON. Beneid' mich nicht um meinen Genius. Wem
Höheres geworden, der hat auch höhere Zinsen abzutra-
gen.
NARR. Da kommst du gut davon, denn für das Bischen Hirn,
was dir Natur geliehen, wirst du ihr wenig Zinsen zahlen.
DISTICHON. Man will an andern niemahls finden, was man
selbst vermißt. Äestethisch Wirken herrscht auf Flora, du
gehörst nicht unter uns, wir ringen nach Unsterblichkeit.
NARR. O ihr betriebsamen Florianer, Müssiggang heißt euer
Gewerb. Ich will dir ein Mittel sagen das dich unsterblich
macht. Leg du die Zeit in der du müssig gehst als Kapital
zurück, und wenn dein lumpicht Leben ausgeht, flick sie
hinten dran, dann lebst du fort in alle Ewigkeit.
AFFRIDURO. Wie kannst dus wagen, Narr, in meiner Gegenwart, solch ungeschliffenen Scherz zu treiben.
NARR. Verzeih dich hab ich [nicht] gemeint, dich nehm ich
schon ein andersmahl aufs Korn, er hat ein Spottgedicht
auf mich gemacht, drum hetz ich ihn, so lang ich Athem
habe.
ODI. Versöhnet euch, ich hab euch etwas zu entdecken.

NARR. Was? Eine Neuigkeit? Waffenstillstand unte[r]dessen. Vieleicht gibts neuen Stoff zum schimpfen.
ODI. So hört denn – Unsere Fürstinn, ist verliebt.
DISTICHON. In wen?
ODI. Ja seht, [d]as weiß ich nicht.
NARR. Ich bitte dich: Bewahre dein Geheimniß.
AFFRIDURO. Was sprachst du für ein Wort?
ODI. Als gestern sie den stillen Hain betrat wo sie so gerne weilt, schlich ich ihr nach und sehe wie ein Gedicht sie aus dem Busen zog, das sie wohl mehr als zwanzig mahl geküßt.
DISTICHON *(seufzend)*. O wär ich dieß Gedicht gewesen.
NARR. Dann hät sies sicher nicht gelesen.
ODI. Dann rief begeistert, sie, nur ein Genie, da[s] s o die Liebe schildern kann ist m e i n e r Liebe werth.
DISTICHON *(bey Seite)*. Wars mein Gedicht? bin ich der Glückliche?
ODI. Doch in dem Augenblick kam Amphio mit ihrer Lilienheerde, und ich ward verscheucht.
AFFRIDURO. Sag mir doch Odi, wie kömt Amphio ein Fremdling hier im Lande zu der Ehre, Hermiones Lieblings Lämmer zu bewachen.
ODI. Das will ich euch erzählen. Dieser Hirt scheint mir nichts Gewöhnliches zu seyn. Der Aufseher der fürstlichen Heerde, ward vor einem Jahr von einer Schlange überfallen, die ihn getödtet hätte, wenn nicht ein junger Wanderer aus einem Busche springt, und sie erschlägt. Amphio war der kühne Jüngling, er forderte keinen Dank als, einen kleinen Dienst in unsern Land. Er wäre eine Waise sagte er und suchte unter fremden Völkern nun sein Glück, da er es in seiner Haimath nicht gefunden hat[.] Der Aufseher von Dankbarkeit bewegt, errinnert sich daß er einen Stier besässe welcher goldne Hörner trägt.
DISTICHON. Goldene Hörner? Hätt ich diesen Stier, das wär ein Kapital.

NARR. Mir wär ein Hirsch mit goldnem G'weih viel lieber der wirft doch alle Jahr Intressen ab

ODI. Nun stellt euch vor [v]on Dankbarkeit bewegt, ernennt er ihn zum Hüter dieses Stiers.

NARR *(weint)*. O edler Mann, o schöne Vormundschaft. Wie war denn das? Hat der Ochs es ihm befohlen oder er dem Ochsen?

ODI. Das Leztere.

NARR. Das ist doch noch ein Glück. Ich hab das Erste auch erlebt schon in der Welt.

ODI. Und da er seinen Dienst so treu versah, schwang er sich zum Hirten so unserer Lilienheerde auf. Doch liegt etwas geheimnißvolles in dem Jungen, und daß zum Hirten er geboren, glaub ich nimmermehr.

AFFRIDURO. Hermione naht, zieht euch zurück.

[Scena 4]

(VORIGE; HERMIONE, GEFOLGE.)

CHOR.
       Heil Hermione,
       Glücklich die Zone
       In der sie trohnt.

HERMIONE. Ganz ungewöhnlich ist die Stunde zwar, in der ihr meine Gegenwart verlangt, doch gibt es keine Zeit, in der ich euch nicht angehörte, stets haben unsre Wünsche freundlich sich begrüßt, daß sie sich heute feindlich trennen werd[e]n hoff ich nicht. Sprecht aus, was ihr begehrt

AFFRIDURO. Auf dein Geheiß o Königinn befragt ich das Orakel des Apoll, wodurch der Übermuth der Zauberschwestern sey zu bändigen, und was durch sie, die dunkle Zukunft unserem Lande droht

HERMIONE. Und des Orakels Spruch, –?
AFFRIDURO. Verderben, Krieg droht Eurem Blumenreich, wenn Ihr die Zauberschwestern, nicht daraus verjagt.
ALLES. Wehe uns!
HERMIONE. Was rathen meine Weisen mir?
DISTICHON *(tritt vor)*. So höre mich denn hohe Hermione.
NARR *(springt in die Mitte)*. Um des Himmels Willen du verg[i]ßt dich ja. Die W e i s e n sollen sprechen, du hast das Gegentheil verstanden. Bist denn du ein Weiser?
DISTICHON. Das bin ich, – oder hältst du mich für einen Narren.
NARR *(bescheiden protestirend)*. Du hast mich eben dieser Müh enthoben.
DISTICHON. Wie so?
NARR. Du glaubst ja fest daß du ein Weiser bist.
DISTICHON *(unwillig)*. Nun ja.
NARR. Da hältst du dich ja selbst für einen Narren, was brauch denn ichs, zu thun? Für n a s e weis hab ich dich stets gehalten, doch eine andre Weisheit trau ich dir nicht zu.
DISTICHON. Das gedenk ich dir, Bastard des Jocus.
HERMIONE. Endet euren Streit. Sprich Affriduro. Kann Gewalt uns retten?
AFFRIDURO. Gewalt? zum erstenmahl hör ich dieß Wort von dir. Entsprossen aus dem Stamme deines gütigen Vaters herrschest du durch Sanftmuth stets. Wir kennen hier nur Poesi, Gesang und Tanz, und der rauhe Klang der Waffen ist uns unbekannt, nur ein arkadisch Leben führten wir bis jezt. Von einer Seite schützt des Meeres Wellenschild unsern blumenreichen Strand und von der andern trennen steile Berge uns von unserm mächtgen Nachbar dem König von Athunt. Die Waffen sind uns fremd wir kennen nur die List.
NARR. Ich rathe auch zur List, sie machen sich zu mausig hier, drum muß man sie wie Mäus[e] fangen, *(bey Seite)* ich richte eine diamantne Falle auf und statt dem Speck häng ich zwey türksche Schwals hinein.

AFFRIDURO. Doch höre des Orackels Schluß. Nicht eher wird
die Macht der Zauberschwestern sich besiegen lassen bis
Hermione, sich vermählt, und dem Lande einen Herrscher
gibt, der gleich ihr, zu herrschen würdig ist. Wenn das geschieht wird jene Macht verschwinden. Drum höre die
Bitte deines ganzen Reiches, und wähle dir den König von
Athunt, er strebt nach deiner Hand. Du besitzest Geist, er
Muth und Macht. Erwähle ihn, bevor die Zauberschwestern
noch in seine Brust des Hassens Saamen streuen, und mit
Gewalt er fordert was du seinem Edelmuth verweigert hast,
du wirst dem Schicksal nicht entrinnen, denn die Sterne
prophezeihen unserm Lande, einen Herrscher aus dem
Haus[e] von Athunt.

HERMIONE. Als vor 2 Jahren der König von Athunt mit seinem Sohn an meinem Hof erschien, für sich, um meine
Hand, zu werben, gestand ich ihm ja frey, daß ich vom
Werth der Poesi begeistert im Tempel des Apollo ein Gelübde abgelegt als Gemahl nur einen Sänger hoher Lieder
zu umarmen, sey er der Ärmste meines Volkes auch, wenn
er nur reich ist an Gemüth und hohem Geist. Der König
von Athunt, belächelte den Schwur, gestand daß er die Verse
nur mit blutgem Schwert zu schreiben wüßte. Er zog von
meinem Hof doch hinterließ er das Versprechen mir, daß er
den schönen Frieden meines Landes niemahls stören wolle.
Glaubst du ich hätte meinen Schwur vergessen, nur einem
Sohn der Musen reich ich meine Hand.

DISTICHON *(stolz)*. Mein Vaterland ist der Parnaß.

NARR. Ich bin vom kahlen Berg zu Haus.

AFFRIDURO. Erwäge des Orakels Spruch, und wählest du
nicht ihn, so w ä h l e doch, und rette dadurch deine Treu-
en.

HERMIONE *(für sich)*. Peinliche Verlegenheit. Was beginn ich.?
– mein Herz ist ja nicht frey.

ALLES *(kniet)*. Wir flehen zu dir Herscherinn.

HERMIONE. Wohlan, so will ich wählen, wenn wiederum der

Mond uns seine Sichel zeigt so werd ich meine Hand verschenken.
ALLES. Heil Hermione.
HERMIONE. Bis dahin will ich meines Stolzes Panzer mit geschmeidgen Sammt, der Klugheit überziehen und durch sanfte Worte die Zauberschwestern zu gewinnen suchen. Eilet hin nach ihrem Schloß, und bescheidet sie hieher.
ODI *(sieht hinaus, erschrikt)*. Götter, dort sind sie. Sie streifen durch die Flur und jagen weiße Raben.
HERMIONE. So eil hinaus, und rufe sie.
ODI *(erschroken)*. Ich.? –
HERMIONE. Ja du,!
ODI. Verzeih, ich wag es nicht.
AFFRIDURO. So bist du ja ein ganzer Hase.?
NARR. O nein, er ist ein blosser Hasenfuß.
HERMIONE. Beschämet keiner ihn.
DISTICHON *(kühn)*. Muth, Distichon, du stiehlst ihr Herz. Ich hohle sie. *(Eilt ab.)*
NARR *(thut als hebt [er] etwas von der Erde auf)*. Pst.
HERMIONE. Was machst du Narr?
NARR. Er hat beym Fortgehen seine Furcht verlohren, ich heb ihms unterdessen auf. *(Er thut als stekt er sie in den Sack.)*
ODI. Er ist schon dort, und spricht mit ihnen. Sie drohen, ihm, er läuft davon.
HERMIONE. Pfui!
ODI. Sie senden Pfeile nach. *(Schreit.)* Er ist getroffen.
HERMIONE *(ängstlich)*. Götter!
ODI. In dem Waden steckt ein Pfeil.
NARR. Jezt haben wir doch einen gespickten Hasen auch.
HERMIONE. So sinkt er?
ODI. Nein er läuft. Hier ist er schon.

[Scena 5]

(VORIGE; DISTICHON. *Einen Pfeil mitten durch die Wade gesteckt.*)

[DISTICHON] *(athemlos).* Es ist geschehn!
HERMIONE *(verhüllt sich das Antlitz).* [Du] bist verwundet, Unglückssohn.
DISTICHON. Im Herzen Königin.
HERMIONE. Nicht doch, im Fuß.
ALLES *(lacht).* Ha ha ha.
DISTICHON *(besieht sich und erstaunt).* Nicht möglich! Das hab ich wirklich nicht bemerkt.
NARR *(zieht ihm den Pfeil heraus).* Was das ein Glück ist wenn man falsche Waden hat. Unverwundbar wie Achill.
DISTICHON.
Ein kluger Feldherr, weiß sich zu verschanzen
Den Arm weiht man der Schlacht, den Fuß braucht man
zum Tanzen.

[Scena 6]

(VORIGE; AROGANTIA, VIPRIA, *gleich gekleidet,* [in] *tigerartig[en] Kleidern, mit Bogen und Pfeil, treten schnell und kühn herein. Allgemeiner Schreckensausruf.*)

ALLE *(mit Entsetzen).* Die Zauberschwestern.
(ALLES *steht erstarrt in Gruppen.*)
VIPRIA. Ha ha ha. Hast dus gehört!? Wir sind angemeldet.
AROGANTIA *(mit Verachtung).* Ha, furchtsam' Volk. Der Schreck ist Kamerdiener hier.
VIPRIA. Nun? Wie wirds. Habt ihrs Medusenhaupt geschaut daß ihr versteinert steht.? –
AROGANTIA. Sind zur Komödie wir geladen? daß ein Tab[l]eaux

man uns zum Besten gibt.? Wo bist du Hermione, die uns rufen ließ.?

HERMIONE. Frag sanfter wenn dus zu erfahren wünschest, solche Frag ist der Antwort Tod.

[VIPRIA *(persiflierend)*. Wo weilt denn die gestrenge, gnädge Frau. *(Befehlend.)* Wer bist denn du. Bist du die Magd vom Haus so lös die Riemen auf an meinem Schuh. Aha, du bist das Kammerkätzchen hier, du willst gestreichelt seyn, so meld uns an theil Gnaden aus, wir bitten dich, 2 arme Zauberschwestern sag, wir küssen dir die Hand. *(Küssen ihr heuchlerisch die Hände.)*]

HERMIONE *(erzürnt)*. Laßt ab. Ich bin es selbst, ich bin Hermione.

VIPRIA. Nicht möglich?! Ach verzeih ich hab dich wirklich, nicht erkannt, wir haben dich ganz anders uns gedacht.

AROGANTIA. [Ja wohl.]

VIPRIA. Sie hat ja so gesunde Backen.

AROGANTIA. Eine gewöhnliche Gestalt.

VIPRIA. Sie sieht so einfach aus.

AROGANTIA. E i n f ä l t i g fast.

VIPRIA *(sie heuchlerisch umarmend)*. Unendlich freut uns das.

AROGANTIA *(ebenso)*. Ich bin entzückt, im höchsten Grad.

NARR. O Schierlingskraut, mit Zucker überstreut

AFFRIDURO. Kannst du dieß dulden Zevs.

NARR. Laß deinen Zevs zu Haus.

HERMIONE *(für sich)*. Bekämpfe dich mein Stolz! Es gilt ja meines Landes Glück.

VIPRIA. Du wohnst hier allerliebst. Ein schöner Blumenhain.

HERMIONE. Es ist mein liebster Garten.

VIPRIA. Und eine nette Dienerschaft.

(NARR macht ihr eine Verbeugung.)

VIPRIA. Quelle Figür.?

AROGANTIA. Der ist gebaut als wie ein Telegraphe.

VIPRIA. Ist der im Garten hier, bestimmt, daß er die Vögel dir verscheut.

NARR. Ich soll die Fledermäus vertreiben, aber heut sind mir doch ein Paar hereinkommen.
AROGANTIA. Wer bist du keker Freund.
NARR. Man spricht nicht gern davon.
HERMIONE. Es ist mein Narr.
VIPRIA. Bravissimo. Bist du der einzige Narr, auf dieser Insel.
NARR. Nein, *(auf* DISTICHON *deutet)* [h]ier führ [ich] dir noch einen auf.
VIPRIA. Nun, Hermione uns gefällt in deinem Reich.
AROGANTIA. Wir haben doch die ganze Welt durchreist. Wir sahen Indiens gewürzte Flure[n,] die Ketskemeter Haide
VIPRIA. Und Matzleinsdorfs Gefielde
AROGANTIA. Egy[p]tens Piramiden.
VIPRIA. Die Spinnerinn am Kreutz.
AROGANTIA. Die Höhe des Mont Planc.
VIPRIA. In Wien den tiefen Graben.
AROGANTIA. Arabiens Wüsteney.
VIPRIA. Und Nußdorfs schöne Auen.
AROGANTIA. Doch unter allen diesen Welten haben wir zwey Lieblingsinseln uns erwählt.
VIPRIA. Die meine liegt am Donaustrom.
AROGANTIA. Die meine heißet Flora.
HERMIONE. Wenn ihr die Insel liebt so ehrt auch ihren Frieden, und stört ihn nicht, durch euren [Ü]bermuth.
AROGANTIA *(auffahrend)*. Wer?
VIPRIA *(steigend)*. Wie?
NARR *(grell für sich)*. Was? –
HERMIONE. Verzeiht, daß ich den harten Ausdruck hab gewählt, ich b i t t e euch schont dieses Landes Glück.
VIPRIA. Nicht weiter sprich, also darum ließest du uns rufen?
AROGANTIA. Um einen Mentor hier zu spielen.
VIPRIA. So wisse denn wir hassen dich wie Schlangengift.
HERMIONE. Was hab ich euch gethan.
VIPRIA. Als wir auf deine Insel kamen hättest du um Schutz uns flehen sollen, doch mit Verachtung hast du uns empfangen.

AROGANTIA. Selbst nicht zum Thee hast du uns eingeladen, d a s hat die Schwester so empört.
VIPRIA. Sprich nicht so albern, schweig.
AROGANTIA. Warum? Der Thee ist deine schwache Seite
NARR. Sie hat ja so schon ihren Thee.
VIPRIA. Erzürn mich nicht und schweig.
AROGANTIA. Was hast du zu befehlen mir?
VIPRIA *(heftig)*. Ich wills.
AROGANTIA. Ich nicht.
NARR. Sie fangen noch zum raufen an.
VIPRIA. Ein andermahl. *(Zu* HERMIONE.*)* Zu dir du freches Weib!
HERMIONE. Halt ein, das geht zu weit, soll denn Gewalt nichts gegen euch vermögen. Ergreift sie schnell. (ALLES *will auf sie.)*
BEYDE *(spannen ihre Bogen schnell)*. Wer wagts? –
DISTICHON *(zieht sich erschrocken zurück)*. Ich nicht –
NARR *(auch)*. Detto, mit Obers.
VIPRIA. Entfernt euch schnell. Wir lizitiren euer Leben. *(Mit gespannten Bogen.)*
NARR. Die Lizitation wart ich nicht ab *(Er läuft davon.)*
ODI. Ich geh schon auf den ersten Ruf. *(Läuft ab.)*
AROGANTIA *(zu* DISTICHON*)*. Nun? Was zahlst du für das deine? schnell!
DISTICHON *(erschrocken ab)*. Das Fersengeld. *(L[äuft] ab.)*
VIPRIA *(zu* AFFRIDURO*)*. Hast d u für unsern Pfeil ein überflüßig Leben?
AFFRIDURO. Ich hab nur eins, das brauch ich selbst. Leb wohl *(Ab.)*
AROGANTIA *(z[u]* ALLEN*)*. Und ihr?
ALLES. Wir laufen schon. (ALLES *in Verwirrung ab.)*

[Scena 7]

(AROGANTIA, VIPRIA, HERMIONE.)

VIPRIA. Ha ha ha Virtuosen in der Furcht.
AROGANTIA *(tri[u]mphirend).* Verlassen stehst du nun.
VIPRIA. Erkenne unsere Macht.
HERMIONE *(weinend).* Wehe mir.
AROGANTIA *(höhnend).* Was weinst du denn?
VIPRIA *(ebenso).* Du zartes Turteltäubchen, du!
HERMIONE. Auf euer Haupt zurück den Spott, ihr niedern Zauberdirnen! entweicht auch ihr vergiftet nicht den Hain, durch euren Hauch.
VIPRIA. So komm! Wir wollen sie verlassen.
AROGANTIA. Doch unser Haß bleibt ihr zurück.
VIPRIA. Und diese Flur, des Streites bunter Zeuge, die ihr mit farb'gen Aug geschaut, verödet soll sie seyn. *(Nimmt einen Stern hervor.)* Du Zauberstern, der finstern Hekate entwendet, jezt steh mir bey, du liebest diesen Blumentempel,? So stürz ich seine Säulen ein, und eine einzige Distel pflanz ich dafür hin, Verwesung heißet sie. Schau her.

(Der Garten stürzt zusammen, Sumpf und verdorrte Bäume zeigen sich. Raben sitzen auf den [Ä]sten, flattern in der finstern Luft. Das Ganze ist ein grauser Anblick. Der Wind heult gräßlich.)

HERMIONE *(schaudernd).* Entsetzlich.
VIPRIA. Unersättlich werde meine Rache, gleich dem Hunger des Erisychtons, überall will ich dich neken und verfolgen, in jedem Grashalm will ich dich belauschen.
AROGANTIA. Aus jedem Unkraut streck ich meinen Hals.
VIPRIA. Bis die Verzweiflung bittend dich zu meinen Füssen reißt. Dann erst ist Vipria versöhnt. *(Erschöpft.)* Ha, wie wird mir jetzt, ich bin zu schwach für meinen Grimm.
AROGANTIA *(sanft).* Du hast dich angegriffen liebes Schwesterchen[.] O, stütze dich auf meinen Arm.

VIPRIA *(höhnisch).* Ich danke dir. *(Heimlich.)* Wie kommst denn du zu dieser Zärtlichkeit?
AROGANTIA. Aus Bosheit weil sies ärgert. Das macht die Eintracht unsrer Herzen. Wenn du leidest leid ich auch.
VIPRIA *(zart).* O gutes Kind. *(Umarmt sie zärtlich. Mit durchbohrenden Blick auf* HERMIONE.*)* Wart Schlange! *(Matt zu* AROGANTIA.*)* Leit mich Arogantia. *(Geht gestützt auf* AROGANTIA *ab.)*

[Scena 8]

*(*HERMIONE *allein.)*

[HERMIONE.] O ihr Götter wodurch verdient [ich] euren Fluch. Ernidrigt, und vor wem, vor meinem eigenen Geschlecht, wenns noch ein mächtger Zauberer wär, doch daß es Weiber sind, die mich besiegt da[s] kränkt mich gar so tief, und wenn ich gleich dem Argus 100 Augen hätte, so würde jedes sich mit Thränen füllen, über diese Schmach. O Amphio, o könntest du den Schmerz mir tragen helfen. Doch halt! Hat das Orakel nicht bestimmt, daß wenn ich ein G[a]tten wähle, die Macht der Zauberbrut vernichtet ist.? Doch darf ich meinem Volke sagen, daß ich einen Hirten liebe? Und kann ich einen andern wählen? Ich vermag es n i c h t, es sind nicht Amors Rosenketten die mich an ihn binden, eherne Bande sind es die mein Herz an seines s c h m i e d e n. Doch wie? – Hat Minerva mich berührt, so gelingt es[,] so muß er siegen, so wird er mein, ich kann auf seinen Geist vertraun. *(*NARR *sieht zur Koulisse herein.)* Was suchst du hier?

[Scena 9]

(NARR; VORIGE[; *später alle* DICHTER, GÖTZENDIENER *und* HOFSTAAT *wie in Scena* 4].)

NARR. Ich muß recognosciren, sie trauen sich nicht herein. Nur herein ihr florianschen Helden, der Feind ist fort, ihr habt gesiegt.
ALLE *(kömt gelaufen, und stürzt zu* HERMIONENS *Füssen).* Heil Hermione, ewige Treue geloben wir dir.
DISTICHON. Nur einen Augenblick hat uns die Furcht besiegt, sie ist vorbey, jezt baue auf unsre Kraft.
HERMIONE. Ich bau auf sie, wie auf die Reitze dieser Flur.
ALLE *(sehen hin).* Ha was ist das?
HERMIONE. Ein blühend Bild von eurem Muth. Er ist so treu wie dieser Sumpf, wer auf ihn baut sinckt ein, darum will ich nicht länger ihm mein Wohl vertrauen. Ich befolge des Orakels Winck, noch heute Abend, soll mein Land gerettet seyn, ich will noch heute mich vermählen, damit die morgige Sonne, der Zauberinnen Ohnmacht schon bescheint. Affriduro eile hin und schmück den Tempel des Apoll, in einer Stunde seid ihr dort versammelt, und [höret] meinen Eid: »Dem, reich ich heut, noch meine Hand, der bis die siebente Stunde tönt, mir ein Gedicht ersinnt, das an Werth hoch über alle andern steht. Es gelte gleich, welch Land ihn auch gezeugt[,] ob ihn ein Lorbeer schmückt, ob er den Hirtenstab erwählt. So fordre ich in die Schranken eure Poesi, weil ihr nicht kämpfen könnt, um mich durch eurer Sehnen Kraft, so kämpft um mich, mit kräftigen Gedanken. Die Fantasie trag euch die Fahne vor, Vernunft steckt auf den Helm, der Witz sey euer Pfeil die Verse stellt in dichte Reihen, statt der Trompete laßt den Reim erklingen, so rücket vor, und kämpfet um den Preis.
Drey Kronen biethet er zugleich.
Mein Herz, den Lorbeer und dieß Reich.[«] *(Ab.)*

(AFFRIDURO *mit den* GÖTZENDIENERN *zur entgegengesetzten Seite ebenfalls ab.*)

MEHRERE. Ha! jezt gilts!

DISTICHON *(mit E[ks]tase, schnell).*

    Dichter Geister
    Hört den Meister,
    Spornt den Gaul
    Seyd nicht faul
    Zieht vom Leder
    Eure Feder
    Schreibt drauf los
    Der Preis ist groß.
    Fortunens Blick
    Verkündet Glück.

NARR. Auweh zwick. Jezt wirds mir z'dick. Reim dich oder ich freß dich. Ha, ha ha.

DISTICHON. Was lachst du Schaafskopf, Kalb, dem Mond entsprungen.

NARR. Pfui der Schande, durch ein Gedicht müßt ihr die Hand, der Herrscherinn erkämpfen, weil ihr so furchtsam seyd, daß ihr beym Anblick einer Spinne lauft. O ihr Heroen der Vorzeit! Nehmt euch doch ein Beyspiel an dem Theseus, von Canova, der halt den Minotaurus schon 10 Jahr beym Schopf, und laßt ihn noc[h] nicht aus. Das ist ein Held. Und ihr Wichte, schreibt Gedichte, voll Gewinsel, O ihr Pinsel, dieser Insel.

Apoll du Zechmeister aller Dichter schlag ihnen deine Leyer um den Kopf, ihre Väter schämen sich im Grab.

DISTICHON. Mein Vater war ein Held.

NARR. Der Meine auch er war Hanswurst, und hat den Harlekin geprügelt.

ODI. Wir sind es auch.

NARR *(ruft erschrocken).* Die Zauberschwestern

ALLES *(will erschrocken davon laufen).* Hülfe.

NARR. Haha, Probatum est! O ihr Schmucknadeln, zum Zittern seyd ihr auf die Welt gekommen. Einen Esel laßt euch bauen so groß wie das trojansche Pferd und schliefts mit eurer Tapferkeit hinein.

DISTICHON. Nein da[s] wird zu arg.

Auf ihr Brüder, hoher Lieder, schlagt ihn nieder.

(ALLE *prügeln auf ihn.*)

NARR *(in dem er fällt).* Jezt schreiben sie Vers, auf meinen Bukel.

ODI. Triumph das Ungeheuer ist besiegt.

DISTICHON. Ich hab ihm auf das Haupt geschlagen.

ODI *(schadenfroh).* Ich gab ihm in die Rippen eins.

DISTICHON. Wir lassen uns in Kupfer stechen.

ALLE. Es lebe Distichon der tapfre Held. *(ALLES ab.)*

NARR *(seinen Rüken reibend).* Das Schlachtfeld ist leer. Ah! Das nenn ich ein Treffen, s hat jeder getroffen Keiner hat gefehlt. Aber dem Verdienste seine Kränze e i n e r ist dabey, d e r kanns. Wann das ein Dichter ist, der hat eine schakespaersche Kraft. *(Überdenkend.)* O Schicksal eines Narren. Geboren auf [Ö]stereichs fetten Triften, studiert bis an den Hals, dann Kammerdiener, eines spanischen Lords, vom Schiffbruch ausgespuckt an diesen Strand, der Feigheit und der Ochserie. Aus Gnaden haben sie mich zum Hofnarren aufgenommen, m i c h, der ich mehr Witz, in meinem Daumen hab, als alle Köpfe dieses Fabellands seit 100 000 Jahr. Und nun zu euch ihr giftigen Zauberkröten. Denn Frauenzimmer seyd ihr nicht. Respect vor allen andern Frauenzimmern: denn »Ehret die Frauen, sie flechten und weben[«.] Punctum, das andre fällt mir nicht mehr ein – aber da[s] sind keine Frauenzimmer, das sind Töchter des liebenswürdigen Cerberus und der reitzenden Hidra. Darum beschwöre ich euch ihr 4 Winde, des Himmels, blaßt mir alle Krankheiten dieses schwindsüchtigen Jahrhunderts auf einen Haufen zusammen, und überlaßt sie mir zu meiner Disposition. Herbey ihr 12 Monathe dieses tiefbeleidigten Jahres, ich will einen Kalender, zusammenfluchen und ihnen ein Neujahrsgeschenk damit machen.

Ganz leicht beginn, der Januar
Mit Schnupfen, Halsweh, und Kartharr,
Am Abend sanftes Gliederreissen
Daß sie vor Schmertz, die Lippen beissen.
Dann werd, weil beyde eitel sind, 5
Die eine taub, die andre blind.
Und ihre niedlichen Gefriesel
Bedeck ein scharlach rother Riesel.

Dem Februar laß ich die Wahl
Zu sinnen eine eig'ne Qual 10
Die Gicht ist schön, doch wünscht ich lieber
Die Bleichsucht oder s' gelbe Fieber.
März und Aprill bringt Seitenstechen,
Der May muß mich durch Krämpfe rächen.
Im Juni Regen, allenfalls 15
So haben's die Wassersucht am Hals.

Im Juli ist die Sommerszeit
Wo man auf grüner Flur sich freut
Nur ihnen blüh kein schönes Thal
Die ganze Welt, sey ihr Spital 20
August, da werd ihr Hunger heiß
Doch bleib ihr Magen kalt, wie Eis.
Nichts hemme ihrer Eßsucht Lauf
Vieleicht frießt eine, d'andre auf.

September streu vergiften Thau 25
Der färbe ihre Haare grau.
October ruft das Blatt nach Haus
Da brechen ihre Zähne aus.
November fällt ihr Nahmensfest
Da schick zum Bindband ich die Pest. 30
Und bis Dezember kommt herbey
Sind schon in Zügen, alle zwey.

Doch noch ist nicht der Spaß verdorben
Kaum glauben sie, sie sind gestorben
So speien sie, der Welt zum Graus,
Aufs neu, zwey gift'ge Drachen aus.
5 So drück auf ihre Qual die Zeit,
Das Siegel einer Ewigkeit.
Den Wunsch bringt froh zum neuen Jahr,
Mein gutes Herz den Schwestern dar. *(Ab.)*

VERWANDLUNG

10 *(Romantisches Thal. Weiße Lämmer weiden auf den Hügeln,*
AMPHIO *sitzt auf einem Steine, und bläst ein sanftes Lied*
auf seiner Flöte. Im Vordergrunde befinden sich 2 steinerne
Wassernimphen auf Postamenten in Lebensgröße welche auf
Wasserurnen ruhen.)

15 [Scena 10]

[(AMPHIO *allein.*)]

[AMPHIO.] Wo weilst du heute hohe Phantasie, daß sich [dein]
holdes Bild noch nicht auf blauem Äther mahlt, und mit den
bunten Schwingen zu mir nieder taucht. So wie der Arzt den
20 Kranken jeden Tag besucht, so schwebst du jeden Morgen
zu mir nieder, zu heilen meinen liebekrank[en] Geist. Durch
dich begeistert sang ich jene Lieder, die mir das Herz der
Königinn errangen, dir verdanke ich die schöne Hoffnung
auf Hermionens Hand, zu herrschen über dieses Reich. Ihre
25 Liebe nenn ich mein, sie selbst gestand es mir. Nun will ich
meinen Rang entdecken, um heimzuführ'n die königliche
Braut. Doch dir muß ichs vorher vertrauen, hohe Phantasie,
du hast den wilden Muth in mir gezähmt, zum stillen Hirten mich gemacht, und nur dein Rath soll mich bestimmen,

ob ich den Schleier ziehen darf von dieser Täuschung Bild.
Doch was seh ich? Eine andre Sonne strahlt mir dort entgegen Hermione ists, die über jene Hügel eilt, ists Freude ist
es Angst die ihre Schritte so beflügelt,?

[Scena 11]

(VORIGER; HERMIONE.)

AMPHIO *(eilt ihr entgegen und sinkt zu ihren Füßen).* Gebietherinn!
HERMIONE *(spricht die ganze Scene schnell und unruhig).* Heut
   bin ichs nicht, ich hab die Herrschaft abgetreten an die Zeit,
   ein Sclave bin ich meiner Eile.
AMPHIO. Mir bangt um dich. Was kämpft in dir?
HERMIONE. Vertrauen gegen Furcht. Mein Volk, der Zaubernimphen Wuth, Apollo selbst, befiehlt, daß ich mein Herz
   noch heute binden muß.
AMPHIO. Dein Herz ist es noch dein.?
HERMIONE *(sanft).* Du weißt es ja. Doch meine Hand.
AMPHIO. Weh mir.
HERMIONE. Sey ruhig, Amphio, ein schöner Sieg winkt
   deinem Geist. Von dem Gedicht da[s] du mir gestern übereicht aufs neue überzeugt, daß du gegen alle Dichter meines
   Reichs, ein Crösus bist, an Fantasie, hab ich, dich heute
   Abend noch Gemahl zu nennen, den kühnen Schwur gewagt. Wer bis zur siebenten Stunde mir, die schönste Dichtung liefert, erhält noch heute meine Hand, und dieses Reich.
AMPHIO. O wie beglückst du mich. *(Bey Seite, schnell.)* Ha,
   Wink der Fantasie, die Dichtkunst soll allein den hohen
   Preis erringen, nein, ich entdecke mich noch nicht, da[s]
   höchste Glück soll durch mich selbst mir werden.
HERMIONE. Was vertrauest du den Lüften, dein[e] Worte, bist
   du verwirrt?

AMPHIO. Verzeih, die Freude, tanzt mit meinen Sinnen, vertrau auf mich und meiner Liebe Kraft, mein wird der Sieg, ich kämpfe ja um dich. Darum ist das Gefühl der Dichter deines Landes, ein Thau, gegen das Meer meiner Empfindungen.

HERMIONE. Ja ich vertraue dir, die Hoffnung schwingt die goldne Fahne. Doch jezt leb wohl, ich eile in den Tempel, um zu bekräftigen den Schwur. Und wenn die Sonne sinket in des Meeres Silberschoos[,] so, sink ich dir, dem Sieger, dankkend an die Brust. Doch jezt entflieh, man suchet mich.. Dann eile nach dem Tempel hin, dort wird durch des Orakels Mund, des Preisgedichtes Stoff dir kund. *(Ab.)*

AMPHIO. Leb wohl, vertrau auf mich. *(Entfernt sich schnell.)*

[Scena 12]

(VORIGE; DER NARR[; *später* AFFRIDURO *und* 9 INSELBEWOHNER].)

NARR. Verzeih, ich bin voraus geeilt, dich tief ergebenst abzuhohlen.

HERMIONE. Kömmst du allein?

NARR. O nein[.] Ein Narr bringt z e h n. *(Deutet in die Scene.)*

AFFRIDURO *(tritt auf und verbeugt sich).* Ich bin der Z w e i t e, – *(kl[eine] Pause)* der die Nachricht bringt, daß dich Apoll erwartet.

(9 INSELBEWOHNER *treten auf und verbeugen sich, und stellen sich auf eine Seite* 5[,] *auf der andern* 4, *daß* AFFRIDURO *der 5te ist.)*

NARR. Ich halte Wort, die Zahl ist voll.

HERMIONE. So folget mir *(*ALLES *ab.)*

NARR. Ihr Narren geht voraus, der Weise folgt nach *(Geht gravitätisch nach.)*

Scena [13]

(Die beyden liegenden Statuen, verschwinden und statt ihnen liegen DIE ZAUBERSCHWESTERN *in der nehmlichen Stellung auf den Postamenten und springen erzürnt auf, und gehen auf und ab.)*

VIPRIA. Nein das ist zu Viel.

[AROGANTIA.] Einen Hirten liebt sie.

VIPRIA. Das hat die Sonne nicht erlebt. Ist er denn wirklich schön? ich hab ihn nicht genau betrachtet.

AROGANTIA. Er hat ein glänzend Aug.

VIPRIA. Im Ernst?

[AROGANTIA]. Und Lippen wie Rubin.

VIPRIA. Da hätt er sich in uns verlieben sollen nicht in sie.

AROGANTIA. Der Meynung bin ich auch.

VIPRIA. Sie darf ihn nicht besitzen, wie verhindre ich es.?

AROGANTIA. Ach sinne, Schwesterchen, ich bitte dich.

VIPRIA. Geduld. Durch ein Gedicht soll ihre Hand ihm werden? Ist es nicht so? Das Dichten muß man ihm verleiden. Doch wie? Ich frag dich Zauberstern. *(Zieht den Stern heraus und sieht hinein, fährt auf.)* Hollah, was spiegelt sich in dir?. Was schwebt da in des Himels Blau? Blick auf?

AROGANTIA *(blickt in die Luft)*. Ein Adler ists.

VIPRIA. Du irrst. Es ist die Phantasie. Sie kömt zu Amphio. Sie hat ihm Hermiones Hand gelobt.

AROGANTIA. So sagte er.

VIPRIA. Jezt lebt es auf in mir, mein Plan ist reif. Wir fangen sie, und sperren [sie] dann ein. Dann will ich sehen, wer ein Gedicht hier schreibt.

AROGANTIA. Wozu? Ich habe viel Verstand, doch dich versteh ich nicht.

VIPRIA. Begreifs. Wer dichtet denn? Die Phantasie ists die Gedanken schafft. Wir halten sie gefangen, dann fällt keinem Dichter etwas ein.

AROGANTIA. Also wird auch kein Preisgedicht gemacht?

VIPRIA. Es wird gemacht heut Abend noch. Doch zwingen werde ich die Phantasie den zu begeistern, den ich für Hermione zum Gemahl bestimmt, und wie der aussehen wird, das kanst du dir wohl denken, und nehmen muß sie ihn, wenn er das Beste liefert, sie schwörts in diesem Augenblick im Tempel des Apoll

AROGANTIA. Ein schöner Plan. Verbergen wir uns jezt.

VIPRIA. Flieg nur mein Vögelchen, du fliegst in unser Netz (BEYDE *verbergen sich*[,] *die Statuen erscheinen wieder an ihrer vorigen Stelle.*)

[Scena 14]

(*Das Ritornell der Arie beginnt.* DIE FANTASIE *schwebt mit ausgespreiteten Iris farbigen Flügeln, auf rosigem Nebel nieder.*)

[FANTASIE.]

1

Ich bin ein Wesen leichter Art
Ein Kind mit tausend Launen
Das Niedres mit dem Höchsten paart,
S' Ist wirklich zum erstaunen.
Kurz um ich bin ein Kraftgenie,
Sie sehn in mir die Phantasie.

2

(*Ans Publikum.*)
Wenn rauhe Wirklichkeit auch gleich
Verwundet Ihre Herzen,
So flüchten Sie sich, in mein Reich
Ich lindre Ihre Schmerzen.
Denn alles Glück man glaubt es nie
Am End' ists doch nur Phantasie.

3

In dichterischem Übermuth
Durchschweb ich weite Fernen,
Ich steck die Sonne auf den Hut
Und würfle mit den Sternen[.]
Doch vor des Beyfalls Melodie
Verbeugt sich tief, die Phantasie.
(Sich tief verneigend.)

Es ist doch wahrlich eine Schande daß die Phantasie, die von Oben komt, als Unterhändlerinn in einem Liebesroman erscheint. Apollo selbst, will dieses Pärchen einen, denn unter uns gesagt, er ist ein eitler Mann, wie viele Dichter [sind], und Hermiones Schwur, nur einem Dichter zu gehören, hat ihn so entzückt, daß er mir befahl, ihr einen Würdigen zu bilden, z u b i l d e n ! – weil gewöhnlich die gebildetsten Dichter, die ungebildetsten Ehmänner sind. Hir kömt mein Canditat, ich will ihn doch ein wenig aufziehen.

[Scena 15]

(AMPHIO, DIE FANTASIE.)

FANTASIE. Nun mein dichterischer Freund, wie haben wir uns aufgeführt, hat unser gestriges Gedicht, Amors Bande fester geknüpft?
AMPHIO. Auf ewig sie zu binden, steht in deiner Macht.
FANTASIE *(weint kindisch)*. Ich armes Kind soll andere vermählen, und für mich selbst wird Hymens Fackel niemals leuchten.
AMPHIO. Wer würde deine Hand verschmähen?
FANTASIE. Ach ihr gütgen Götter, die Männer, fliehen ja schon in jet[z]ger Zeit, wenn ihnen ein Mädchen gesteht daß sie

20 Jahre alt sey, wie würden sie erst wettrennen wenn ich gestehen müßte, da[ß] ich schon so viele tausend Jahre auf der Welt herumfliege. Nichts, nichts, ich bin eine Tochter der Luft, und lüftige Personen sind nicht zum Heirathen geneigt. Was kümmern mich die Männer dieser irrdschen Welt, was gilt mir selbst ein menschlicher Apoll. Ich bin die Phantasie, der höchsten Schönheit Bild kann ich mir selbst erschaffen. Nach Adonis reitzender Gestalt form ich aus ros'gem Äther mir den Bräutigam, seine Muskeln stähl ich durch die Kraft des Herkules, in sein Gehirn leg ich Minervens Weisheit ihm, der Zunge schenk ich die Beredsamkeit der Polyhymnia, in seine Brust gieß ich Selenens Sanftmuth aus, so bild aus Götterkräften ich mein Ideal, und flieh mit ihm nach einer Himmelswelt, in unbekannte Sphären, dort bau ich Amors Tempel auf, von glänzendem Rubin, und laß von Tausend Sonnen ihn bestrahlen. Dann raub ich dem Saturn die Sichel seiner Zeit, und breche sie ob unserer Lieb entzwey, damit mir jeder Kuß zur ew'gen Wonne wird.

AMPHIO. Du scherzest, du weißt nicht, wie poetisch wichtig diese Stunde ist.

FANTASIE. Beleidige mich nicht, ich selbst habe heute Hermione zu dem Entschluß begeistert ein Preisgedicht zu fordern, damit nur einmahl dieser langweilige Liebeshandel sein Ende erreicht.

AMPHIO. O dann wirst du mir auch deine Hülfe nicht versagen. Der heutge Tag entscheidet.

FANTASIE. Du bist doch noch bescheiden, du nimmst meine Hilfe nur bey Tage in Anspruch, aber manche Dichter sind so wahnsinnig die ganze Nacht zu schreiben und wenn die Phantasie nicht gleich auf dem Tintenfaß sitzt, so beschwören sie mich durch Punsch und Champagner daß ich erscheinen soll, und wer kann der Einladung eines so artigen Franzosen, wie der Champagner ist, wiederstehen.? Ich nicht.

AMPHIO. In jenen Tempel, schwört die Herscherrinn, ich eile

um dir zu berichten, was wir zu besingen haben. Wie freu ich mich, wie bebe ich, ach wie quälend ist dieser Wechsel von Freude und Furcht.

FANTASIE. Ach wie quält dich dieser kleine Wechsel, und wie gerne würde mancher mit dir tauschen, der heute einen recht großen aus zu zahlen hat. Die Freude ist ein Handelshaus, sie muß wechseln, denn im Wechsel liegt Freude. Doch um dich zu beruhigen, will i c h dir einen Wechsel ausstellen, an das große Wechselhaus Amor et Compagnie. Nun, der wird dir doch sicher seyn, denn wenn die Liebe zu zahlen aufhört, dann macht die Welt banqueroutt. So geh denn hin, und hohle den Stoff, die Fantasie bleibt hier zurück, und wenn, du wiederkehrst, umschling ich deinen Geist, und fertig ist das kindische Gedicht.

AMPHIO. Und wird es Hermiones Hand erringen.

FANTASIE. Ich schwör es dir bey Schillers Haupt, in dem ich lang gewohnt.

AMPHIO. Ich trau auf diesen Schwur. *(Sinkt ihr zu Füssen.)*

FANTASIE *(hebt ihn auf)*. Kom bald, ich harre dein. (AMPHIO *ab.)*

[Scena 16]

(FANTASIE *allein.)*

[FANTASIE.] Heute habe ich einen fröhlichen Tag. Wie wohl ist der Fantasie wenn sie von Versenmachen ruhn und ungezwungner Prosa sprechen kann. *(Singt eine lustige Rossinische Melodie.)* Die Phantasie kann alles. *(Hüpft herum.)* Sie ist ein muthwilliges Geschöpf.

[Scena 17]

(VORIGE; VIPRIA *mit Pfeil und* AROGANTIA *mit Bogen und Pfeil.*)

VIPRIA *(tritt ihr in den Weg).* Halt an! Qui vi?

FANTASIE. Bon Ami, die Fantasie.

VIPRIA. Nichts passirt, gieb dich gefangen bunter Adler.

FANTASIE. Doch nicht so leicht. *(Entreißt ihr den Pfeil und verwundet sie.)*

VIPRIA. Verdamte Schlange! *(Hält sich den Arm.)*

FANTASIE. *(Sie eilt auf einen kleinen Hügel und macht Miene zum auffliegen.)* Du Hexe denk an mich.

AROGANTIA *(hat den Bogen gespant und schießt d[er]* FANTASIE *in eine Achsel an der der Flügel verwundet wird).* Und du an mich!

FANTASIE *(sinkt).* [W]eh mir. Das traf.

VIPRIA *(schadenfroh).* Fort mit ihr.

FANTASIE. O unglückseelges Loos.

AROGANTIA. Jetzt kennst du mein Geschoß!

(BEYDE *fesseln sie.*)

VIPRIA. Sperr in den Käfig sie. Ich such ihr einen Dichter auf. (AROGANTIA *zieht die* FANTASIE *an den Fesseln fort.*)

FANTASIE. Apollo!

AROGANTIA. Folge mir!

[Scena 18]

(VIPRIA *allein.*)

[VIPRIA.] Umhülle mich magische Finsterniß. *(Schwarze Wolken fallen ein die in der Mitte einen Stern bilden es wird Nacht.)* Jezt Zauberstern entehre deinen Glanz, strahl Gemeinheit ab, und Häßlichkeit wie sie mein rachetrunkner

Sinn begehrt. *(Der Stern öffnet sich man sieht das farbige transparent Bild des Harfenisten, mit seiner Harfe sitzend, an der Wand.)* Ha, ha, ha, willkomen Fratzengesicht, dich ernenne ich, zu ihrem Gemahl. *(Ein Wagen mit 6 Raben bespannt statt den Laternen 2 Fackeln, erscheint.)* Durch die Lüfte fort, damit ich es schnell entführe, dieß Werk einer hipokondrischen Stunde der Natur. *(Fliegt ab.)*

VERWANDLUNG

[Scena 19]

(Das Innere eines Bierhauses. Verschiedene GÄSTE *an Tischen.* DER SCHUSTER, DER SPENGLER, [EIN FIAKER,] EIN FREMDER[,] DER WIRTH[, EIN KELLNER]. *Seitwärts eine Kredenz mit Zimenten. Rückwärts hängt ein Kastel von schwarzen Papier worauf transparent zu lesen ist.* »Heute spielt der berühmte Harfenist Nachtigall.« *Kurze, passende Musick zur Verwandlung.)*

MEHRERE GÄSTE. Aber was ist denn das H[err] Wirth?
WIRTH. Ich bitt Sie meine Herren, sinds nur nicht bös, daß der Harfenist noch nicht da ist. Mit dem Menschen ists nicht zum aushalten.
SCHUSTER. Wenn er nur nicht so grob wär mit den Gästen.
SPENGLER. Nein das ist just recht, da hat man was z lachen, über ihn, er hat gute Einfälle.
SCHUSTER. Den Herrn den hat er neulich ein Esel gheißen, das war ein guter Gedanken, und so wahr!
WIRTH. Ja es ist wahr er ist der zweyte Narrendattel, ich habe eine Menge Gäst wegen ihm, den Leuten gfallt sein Grobheit, aber er übernimmt sich, ich hab ihms schon gsagt, wie er noch wem beleidigt, muß er ausbleiben.
DER FREMDE. Ist das d e r Harfenist der gestern gsungen hat der kann ja gar nichts, da wird jezt ein andrer kommen

von Linz, den werdens hören. H[er]r Kellner eine Portion
Schaafköpfel.
KELLNER. Gleich E[uer] G[naden]. Der Nachtigall kommt.
ALLE. Nu endlich eimahl.

[Scena 20]

(VORIGE; NACHTIGALL *karikirt gekleidet, mit der Harfe.*)

[NACHTIGALL.]
Lied.

1

Nichts schöner's auf der ganzen Welt
Als wie, ein Harfenist.
Wenn er nur seinen Gästen gfällt,
Und allweil lustig ist.
Trinkt er sich auch ein Räuschel an
Dann singt er erst recht frisch.
Und wenn er nimer singen kann
So fallt er untern Tisch.

2

Er hat nur für sein Harfen Gfühl
Sie ist sein Weib sogar
Die kann er schlagen wie er will
Die fahrt ihm nicht in d Haar.
So singt er sich durchs Lebensjoch
Und wird er einst caput
So sagn die werthen Gäste noch
Er war ein Haupt Adut.

WIRTH. Aber warum denn gar so spat, H[err] Nachtigall?

NACHTIGALL. Ich bitt um Verzeihung, ich hab Kopfweh ghabt ich hab mich angschlagen. Ich hab gestern einen Rausch ghabt. Und unser Hausmeister wenn man um 12 Uhr anläut, so macht er erst um Eins auf, und da hab ich mich derweil ans Thor angelehnt, und hab eingschlafen, auf eimahl macht er gäh auf, und ich lieg nach aller Längst beym Thor drinn. Mich schlag ich auf, und ihm schlag ich nieder.

SCHUSTER. Weil er halt wieder ein Rausch ghabt hat. Jezt nur anfangen.

NACHTIGALL. Gleich, Hansel. Mein Kolifoni zun Halsschmiern.

KELLNER. Weiß schon. *(Bey Seite.)* Das sind 6 Maaß Bier.

NACHTIGALL. Und das Zinnteller, zum einsammeln.

FREMDER. Kellner.

NACHTIGALL. Aha, bist schon da Vogel. Heut sezt es was.

FREMDER. Wan[n] krieg ich denn eimahl meinen Schaafskopf.

NACHTIGALL. Nu so gebts den Herrn sein Schaafkopf, laßts die Leut nicht so lang ohne Kopf dasitzen.

KELLNER *(bringt das Schaafköpfel)*.

WIRTH. Er fangt schon wieder an. H[err] Nachtigall, ich rath Ihms.

NACHTIGALL. Herr Wirth, mit den giebts ein Streit. Ich ken ihn, er will mich ums Brot bringen.

WIRTH. Untersteh Er sich.

NACHTIGALL. Nuzt nichts ich bin ein streitbarer Mann gstritten wird.

WIRTH. Wenn Er mir ein Gast beleidigt.

NACHTIGALL. Er ist kein Gast, ich werd ihms schon sagen warum.

FIAKER *(mit der Peitsche)*. Anfangen einmahl und a bißel was neues singen.

[NACHTIGALL. Allemahl. *(Singt und spielt Harfe.)*

Quodlibet.

Jetzt wollen wir etwas Neues singen.
Wenn die Lieserl nur wollt, und die Lieserl nur –

ALLE. O Jegas!

NACHTIGALL *(spricht).* Jetzt ist das auch wieder nicht recht.
Ach das Gefrieserl, von der Lieserl
Ist so mollig
Madel wannst willst kannst mit aun Kirchtag gehn.
Das ist mein Leyrer und und ich sein Tanzer
Er ist ein halbeter Narr und ich ein Ganzer.]

FREMDER *(lacht laut).* Das ist [n]icht zum anhören. Kellner zahlen.

NACHTIGALL. Ah *(hört plötzlich auf)* heut kommst mir nicht aus. *(Nimt den Sammelteller und geht damit herum.)* Haben Sie Güte meine Herren. *(Zu de[m]* FREMDEN.*)* Sie, ich bitt unterthänig.

FREMDER. Was giebts, Er hat ja noch nichts gsungen.

NACHTIGALL. Ich hab ja just aufghört.

SCHUSTER. Ja, aber der Herr hat schon eher aufghört eh der Herr angfangt hat.

NACHTIGALL. Das geht mich nichts an, er hat gestern 2 Lieder bestellt und hat nichts zahlt.

FREMDER. Impertin[en]t.

NACHTIGALL. Sie sind impertin[en]t.

FREMDER. Fahr Er mir nicht auf.

NACHTIGALL. Fahren Sie mir nicht ab.

FREMDER. Just nicht. Kellner zahlen.

NACHTIGALL. Nichts Kellner zahlen. Harfenisten zahlen.

SCHUSTER. Ruhig, der Herr hat Recht. Wer wird eh zahlen, eh man was hört. Ich trag als Schuster die Waar ins Haus, und krieg oft kein Geld, vielweniger vorhinein.

NACHTIGALL. Warum ist der Herr ein Schuster worden den Herr sein Waar treten die Leut mit Füssen. Aber ich leid das nicht, das ist ein verkleider Harfenist von Linz, der will mich ausstechen.

FREMDER. Das ist erlogen. *(Wirft ihm ein Stückel Geld hin.)* Da hat Er, und jezt Marsch.

NACHTIGALL. Nichts marsch, halt, wird kommandirt. D[a] haben Sie Ihre zwey Groschen mit denen kaufen Sie mir die Grobheiten nicht ab, die ich Ihnen heut noch anthun will. [Ü]ber meine Stimme haben Sie gschimft, Sie habn gsagt, ich heiß deswegen Nachtigal weil die Leut immer ein Gall haben wenn ich auf die Nacht sing.

FREMDER. Kerl ich nimm mein spanisches Rohr und –

NACHTIGALL. Was für deutschen Gesang wollen Sie spanische Schläg hergeben. Wenn Sie ein gschickter Harfenist seyn, so lassen Sie ein paar tüchtige Triller heraus, aber Sie sind ein Sänger der Vorzeit der in der jetzigen nichts mehr kann.

FREMDER. Meine Herren nehmen Sie sich um mich an, ich bin ein Reisender.

NACHTIGALL. Und ich bin ein Rasender, und wenn Sie noch so weit gereist sind in meinen Augen sind Sie doch nicht weit her.

WIRTH. Jezt sey der Herr still oder ich red aus einen andern Ton.

NACHTIGALL. So stimmen Sie einen an, ich red eimahl aus den F.

WIRTH. Ich sag drauf, G *(Zeigt auf die Thür.)*

NACHTIGALL. Was G. Solche Buchstaben stossen Sie aus. A jezt muß ich als Harfenist andre Saiten aufzi[ehen]

SCHUSTER. So, jezt geht er übern Wirth auch.

WIRTH. Ich verbieth Ihm mein Haus ganz.

NACHTIGALL. Das können Sie nicht ganz, weil Sie noch die Hälfte darauf schuldig seyn. [Ü]brigens sind Sie in meine Augen ein braver Mann aber Ihr Bier ist nichts nutz

WIRTH. Weil Er Seine Grobheiten nicht aufgiebt so geh Er g l e i c h .

NACHTIGALL. Weil ich meine Grobheiten nicht aufgieb, so bleib ich g l e i c h . Allen Respeckt vor meine verehrten

Gäst, aber Meine Herren, ich fordere Sie bey Ihrer Ehr auf, können Sie mir etwas höfliches nachsagen.
ALLE. Nein das ist wahr.
NACHTIGALL. Sehen Sie. Nur eine Stimme. Ich bin ein gerader Mann, ich laß mich kerzengrad bey der Thür hinauswerfen ich geh doch wieder herein, ich wei[ß] schon warum[,] aber zwey Leyrer in einen Wirthshaus thun nicht gut. Das ist ein Harfenist der muß hinaus.
ALLES. E r muß hinaus.
NACHTIGALL. Ich will sehen wer mich aus den Haus bringt. *(Donnersch[lag.] Die Kellnerey verwandelt sich in eine finstre Wolke, aus der* VIPRIA *tritt.)*
VIPRIA *(stark).* Ich! *(Sie verschwindet mit* NACHTIGALL[.] *Feuer strömt aus der Erde.* ALLES *in Staunen.)*

CHOR.
O Spectakel, was ist das?

(Heftiger Donnerschlag[,] ein Blitzstrahl fährt schief über die Hinterwand, und spaltet sie, so da[ß] die untere Hälfte ein Art Dreyek bildet, der obere Theil stürzt ein, und man sieht in lichter Ferne, ganz im kleinen den Wolkenwagen mit NACHTIGALL *und* VIPRIA *schweben. Während es vorn finster bleibt.)*

[ZWEITER AUFZUG.]

[Scena 1]

(Romantische Gegend, vor dem kolossalen Palaste der Zauberschwestern. Zwey weisse Löwen liegen vor dem Eingange. VIPRIA *sinkt unter leiser Musick mit* NACHTIGALL *in ihrem Wolkenwagen nieder. Sie streiten noch während des Niedersinkens.)*

NACHTIGALL. Lassens still halten ich bleib eimahl nicht.
VIPRIA. Schweig! *(Der Wolkenwagen ist am Boden,* NACHTIGALL *springt erzürnt heraus.)*
[NACHTIGALL.] Wann ich aber nicht will. Da habens wirs, jezt gehts mit mir in einem Land nieder, wo ich gar nimmer z Haus find, da muß ich verhungern, das ist eine unwirthbare Insel, wo soll ich da einen Wirth finden der einen Harfenisten braucht.?
VIPRIA. Beruhige dich, ich werde schon deine Tafel besorgen.
NACHTIGALL. Sie? Nun da hab ich schon gegessen, wenn ich das hör'. Sie führen mich nimmer an.
VIPRIA. Die Zunge halt im Zaum, Raison nimm an.
NACHTIGALL. Was Raison? Ich raisonir genug[.] Wie können Sie eine ordentliche Person seyn.? Sie gehen ganz allein ins Wirthhaus, wie ein Husar[,] packen mich auf und entführen mich, mich unschuld[s]vollen Mann, schamen Sie sich nicht.
VIPRIA. Ich habe dich zu deinem Glück entführt.
NACHTIGALL. So,? und da kommen Sie mit d e r Equipage? da kommt man mit sechs Rappen, aber nicht mit sechs Raben, da muß einer ja rabiat werden.
VIPRIA. Und doch werd ich dich hoch erheben.
NACHTIGALL. Ich bedank mich für eine solche Erhebung. Wann ich in der Luft oben häng und fliegen die Raben um mich herum. Wollen Sie ein Rabenbratel aus mir machen.
VIPRIA. Ein Bettler bist du jezt ein Crösus sollst du werden.
NACHTIGALL. Ah da muß ich bitten, jezt heißts mich gar einen

Bettelmann, haben Sie meine glänzenden Verhältniße nicht bemerkt, haben Sie nicht ghört, wie mich der Wirth auf den Glanz hergestellt hat. Jezt werdens Sie gleich mit mir gehen, und werden mich an ein Ort führen, wo ich Sie verklagen kann.

VIPRIA. Den Löwen schenk ich dich zum Mahl, wenn du dich nicht in meinen Willen fügst.

NACHTIGALL. Was für Löwen? *(Sieht sich um und erblickt das Gebäude sammt den Löwen, erzittert.)* O Saperment da[s] sind zwey Bologneserl. *(Auf einen Löwen deutent.)* Das eine muß ein Weibel seyn, sie koketirt auf mich. Jezt zieh ich andere Saiten auf. Verehrteste *(fällt auf die Knie)* ich bin jezt was Sie wollen, ich b i n ein Bettelmann, ein B e t t e l w e i b, eine ganze Bettlerfamilie, wenn Sie befehlen, ich bitt gar schön schenkens mir nur ein bissel mein Leben.

VIPRIA. Steh auf, gieb Augen deiner blinden Furcht und sieh dich um im Vaterland der Blumen.

NACHTIGALL *(bleibt knien)*. Ich weiß es, ich bin voll Respekt, ein schönes Land, ich küß ihm d Hand, und blumenreich, mir hats von weiten schon gfallen, ich habs für ein großes Gartengschirr ghalten.

VIPRIA. Entzückt dich nicht der Wohlgeruch?

NACHTIGALL. Das glaub ich, die Woll' riecht hier sehr gut, das ganze Land ist ein völliger Pomadetigel.

VIPRIA *(bey Seite)*. Der Narr taugt ganz für meinen Plan. Steh auf[.] Dieß Land ist nicht so unbewohnt, als du es wähnst[.] Hier athmen Tausende, und über sie herrscht eine junge, und eine schöne Königinn.

NACHTIGALL. Also zwey Königinnen? eine Junge, und eine Schöne? Nu wenn die Junge auch schön ist, und die Schöne auch jung, da muß einem schön die Wahl weh thun. Das wär ein Glück, wenn ich da Harfenist werden könnt

VIPRIA. O du bescheidner Wurm! An ihrer Seite wirst du h e r r s c h e n, morgen schon.

NACHTIGALL. Hörens auf. Sie G'Spassige, Sie foppen mich, eine Kiniginn soll ich erhaschen, ein Kinigelhasen vieleicht.
VIPRIA. Zum Werkzeug meiner Rache hab ich dich entführt, noch heute Abend wirst du hier ein Preisgedicht verfassen, wodurch die Hand der Herscherrinn dir werden muß. Unter Tausenden wirst du das Beste liefern.
NACHTIGALL. Das Beste liefern? Seltne Tugend eines Lieferanten[.]
[VIPRIA.] Du wärest ein Minstrell, ein Sänger aus dem fernen Engeland, dir wär Apoll erschienen, im BegeistrungsTraum, und hätte dir befohlen, in dieß Land zu segeln, um der Dichtkunst Ehre hier zu retten, und eine Würde zu erringen die deinem Geist gebührt und deinem Stolz.
NACHTIGALL. Das wird ein ungeheurer Triumph werden, mit den zerissenen Hut und mit den gflickten Rock.
VIPRIA. Ein Winck von mir wird dich in g o l d e n e Kleider hüllen, und eine g o l d e n e Harfe schenk ich dir.
NACHTIGALL. Ah da werd ich eine goldene Schneid haben, da gebens Acht, das ist die neueste Erfindung in der Medizin, da[ß] Gold die Nerven stärkt. Und wie habens das entdeckt. Da habens einen armen Teufel, der vor Hunger kaum mehr gehn hat können alle Säk voll mit Dukaten gefüllt, und auf einmahl hat sich eine solche Kraft an ihm geäussert und er ist so impertinent geworden daß er die schönsten Leut bey der Thür hinaus gworfen hat, pums habens ihm das Gold wieder weggenommen, und er war wieder so miserabel wie vorher.
VIPRIA. Ich wills an d i r erproben, diese Kraft. Geh hin du wirst dort viele Dichter treffen, doch lache ihres Spotts. Zu Hermionen laß dich führen, so heißt die Königinn, dort bläh dich auf, durch Prahlerey, vermehr die Häßlichkeit die dir Natur verliehn damit dein Anblick ihre Heiterkeit vergifte. Dann kehrst du schnell zurück und schlägst an dieses Thor, hier wirst durch fremde Phantasie du das Gedicht erschaffen, da[s] dich zu Hermionens ewger Qual, zum Herrscher stempelt, ihres Reichs und ihrer halbverloschnen Reitze.

NACHTIGALL. An d a s Thor soll ich anklopfen, wo die zwey Hausmeister vor der Thür liegen, das laß ich bleiben. Wenn einer unrecht versteht so macht er statt der Thür den Rachen auf. Da geh der Aken hinein, ich nicht.

VIPRIA. Den Löwen kümert nicht die Maus. Geh hin versuchs, die Schwester öffnet dir.

NACHTIGALL. Jezt haben die Löwen eine Schwester, auch noch. Was ist zu thun? Hier 2 mänliche Löwen *(auf* VIPRIA *deutent)* dort ein weiblicher Tieger. Wer ist jezt bissiger? aufs Beissen geht einmahl los. *(Entschlossen.)* Ich halts mit die Löwen. Vieleicht sind sie eben so großmüthig als ich klei[n]müthig bin. Muth Richard Löwenherz! *(Lauft hin klopft schnell an und springt gleich wieder zurück.)* Getroffen hab ich, was ich troffen hab, das wird der Himmel wissen.

(Die Thorflügel springen auf AROGANTIA *tritt heraus.)*

[Scena 2]

*(*VORIGE; AROGANTIA.*)*

AROGANTIA. Wer wagt es, anzupochen hier.

NACHTIGALL. So ists recht. Eine war nicht genug, zu meiner Qual, die Fortsetzung kommt auch heraus.

AROGANTIA. Was willst du Übergang vom Affen zu den Menschen,?

NACHTIGALL. Da haben wirs, ich habs ja gwußt. Der zweite Theil ist immer schlechter als der Erste.

VIPRIA. Wie kannst du den beschimpfen, den mein Blick aus Millionen sich zum Werkzeug hat erkohren.

NACHTIGALL. Just mich hats erwischt, das ist ein solches Glück als wenn der zehnte Mann erschossen wird.

VIPRIA. Hier stell ich dir den Helden dieses Tags, den künftgen Schach der Insel vor.

AROGANTIA. Welch eine herrliche Karrikatur. Hahaha Freund du bist die schönste Mißgestalt, die ich erblickt noch hab.

NACHTIGALL. Ich bitt recht sehr meine schöne Bella Donna – Sie sind zu gütig. Nein was die für eine Beschreibung von mir herausgibt, das ist schandvoll.

VIPRIA. [W]as macht die Phantasie[?] Hat sie den Käfig nicht zertrümmert.

AROGANTIA. Verzweiflung hat in ihr gewüthet, doch blickt sie ruhig jezt um sich, und bald erglänzt ihr Aug, bald spiegelt eine Thräne sich in ihm.

VIPRIA. Sie dauert mich die arme Nachtigall.

NACHTIGALL. Also da drinn habens auch eine Nachtigall.? Auf die Lezt gehn die herum und fangen die Nachtigallen zusamm. O ich unglüklicher Nachtigall, auf die Lezt komm ich in ein Vogelhaus und muß aus einen Nirschel saufen, und mir ist ein Maaßziment zu klein.

VIPRIA. Wie stehts mit unserem Dichterschwarm, wirkt ihre Gefangenschaft auf ihn.

AROGANTIA. Herrlich! Alle Dichter dieser Insel, rennen in geistloser Verwirrung durcheinander. Auch nicht ein hoher Vers, steht ihren hohlen Köpfen zu Geboth, seit sich die Phantasie daraus entfernt.

VIPRIA. So komm, ich will der Fantasie verkünden wodurch sie ihre Freyheit kann erringen, unterdessen wird sich dieser im Pallaste Hermionens zeigen. Berühre ihn mit deinem Pfeil.

AROGANTIA. Erglänze Kies und werd zum Edelstein, von Aussen wenigstens. *(Sie berührt* NACHTIGALL, *er hat ein goldgestiktes Staatskleid an.)*

VIPRIA *(berührt einen Baum, es hängt augenbliklich eine goldne Harfe daran).*
Und ich schenk diese Harfe dir,
Geh hin und lasse sie erklingen.
Durch Harfenton erfreutest du, so manches trübe Herz.
Doch heute bring ein fröhliches durch ihren Klang zum
                                          Schmerz.

Erring durch sie das Preisgedicht, du Sänger froher Lust,
Und bohr dadurch den Rachepfeil in Hermiones Brust.
(BEYDE *ab in ihren Pallast.*)

[Scena 3]

(NACHTIGALL *allein.*)

[NACHTIGALL.] Jezt laufens alle Zwey davon, und lassen mich
da stehn. Wenn ich nu ein Wort verstanden hab, von der
ganzen Schnatterey so bin [ich] ein schlechter Mann. Ich
weiß gar nicht was mit mir da wollen, wenn ich lieber in
meinen Biershaus wär, mir wird mein Lungenbratel kalt,
was ich mir angschafft hab. Und thu ich nicht was sie schaffen
so bringens sie mich am End gar um, die zwey Bisgurn.
Anzogen hättens mich schön, es könnt was herausschauen.
Aber, ich kenn mich nicht aus. Mir bleibt der Verstand aus,
und ich soll ein Preisgedicht machen. Um keinen Preis, das
kann ich nicht. Lieder, hab ich genug gemacht, ich war sehr
liederlich, will ich sagen, liederreich. Aber andere Vers, gerührte,
die hab ich noch nie versucht. Ach was, ich verlasse
mich auf meine zwey Rabenschwestern, ich geh jezt eimahl
in den Pallast, und hohl mir entw[e]der, einen tüchtigen Respeckt,
oder tüchtige Schläg ab. Der Zufall ist ein kurioser
Kerl, der hat schon manchen herausgeholfen.

Arie.

1

Der Zufall der sendet viel Vögelchen um
Von zweyerley Gattung per se
Die flattern der Welt um die Nase herum
Und bringen ihr Wohl oder Weh.

Die Glücklichen hab'n eine rothe Bortur,
Die Schlimmen sind schwarz wie ein Raab
Doch streifen die rothen auf blumigter Flur
Die Schwarzen die fliegen Thalab.

2

Drum send mir o Zufall, ich bitte dich fein
Ein rosiges Vögelchen heut
Das flieg in den Saal meiner Zuhörer h'nein
Und stimm sie zur Nachsicht und Freud
Dann schwing ich die Harfe erobre die Braut
Und führ sie im Jubel nach Haus.
Doch ist sie mein Weibchen dann rufe ich laut,
Freund Zufall, jezt pack dich hinaus.

3

Die Treue darf nie blos durch Zufall bestehn
Der Zufall bringt oft ein Chapeau
Und Zufälle die durch ein dritten entstehn
Die machen nur selten uns froh.
Doch stürbe mein Weibchen, fatale Geschicht,
Mein Wunsch wird es niemals zwar seyn,
Dann glücklicher Zufall vergesse mich nicht,
Find mit einer Andern, dich ein.
(Geht ab.)

VERWANDLUNG

(Hermiones Pallast.)

[Scena 4]

(ODI. ALLE DICHTER *der Insel stürzen herein.*)

CHOR *(zu* ODI*)*.
    Laß uns vor. Eile hin
    Rufe schnell die Herscherrinn.
    Wir erdulden nicht die Qual
    Sie verschieb die Dichterwahl.

ODI. Seyd ihr denn unsinnig geworden. Hat das Dichten euch die Sinne verwirrt.
EIN DICHTER. Vorbey ists mit Dichtkunst hoher Gabe, wir sind behext, uns fällt kein Vers mehr ein. Hermione bitt hieher, wenn du ein Freund zu deinem Rücken bist.
ALLE. Ja hörst du, Wicht.
ODI *(schreiend)*. Ich höre schon. *(Geht ab, für sich.)* Du grobes Dichtervolk.

[Scena 5]

(NARR; VORIGE.)

[NARR] *(eilt herein)*. Ists wahr was ich gehört? Die Hiprocrene ist vertrocknet, die ganze Dichtkunst sizt auf dürren Sand. O weh o weh, o weh.
ALLE. Hermione ist für uns verloren.
NARR. Fällt euc[h] denn gar nichts ein –
ALLE. Gar nichts.
NARR. O arme Waisenkinder des Apoll, ich will nach Deutschland reisen, und bey unsern Dichtern eine Gedanken Kollekte für euch machen.

[Scena 6]

([VORIGE;] DISTICHON *verstört rasch eintretend.*)

DISTICHON. Verath, Verath. Mein Geist hat sich empört.
NARR. Den Himmel sey gedankt, hier ist der WeisheitsMillionär.
DISTICHON. O Brüder stimmt in meine Klage ein, Apoll hat mich verflucht, Verzweiflung nimm als Sohn mich an.
NARR. Da kriegts ein saubers Kind.
DISTICHON. Verloren ist mein Geist. Wo find ich ihn.
NARR. Ich trommle ihn dir aus, dein Geist ist ein verlorner Schlüssel, dir geht er ab und andern nützt er nichts.
DISTICHON. Gar, gar nichts fällt mir ein. Und heut ich soll den Preis erringen.
NARR *(kniet sich nieder)*. O du Herkules aller Dichter, ich winde mich im Staube und bewundere deine Unwissenheit.
DISTICHON *(verzweifelnd sich vor die Stirne schlagend)*. O hätte ich meine Gedanken in Spiritus bewahrt –
NARR *(ebenso)*. O hätte ich meinen Witz an einen Eseltreiber verschenkt.
DISTICHON. So dürft ich die Schmach nicht erleben, der Narr dieses Narren zu seyn.
NARR. So dürfte ich die Schand ihm nicht anthun an e u c h ihn zu üben.

[Scena 7]

(VORIGE; HERMIONE *schnell.*)

HERMIONE. Wer ists der mich begehrt, was will die bunte Menge mir.
NARR. Die Verzweiflung hält ihren Triumpheinzug hier.
HERMIONE. Hier ist nicht euer Platz, im Tempel sehn wir uns[.] Zu flink war euer Geist.

DISTICHON. O Königinn, laß mich zu deinen Füssen sterben.
HERMIONE. Stirb im Gedicht, nicht in der Wirklichkeit. Ein Distichon darf nur in Versen enden.
DISTICHON. An Knittelversen werd ich noch ersticken. Unmöglich ists uns heut, dich Hohe zu besingen. E[s] ist als hätten alle wir, nur einen einzgen hohlen Schädel, aus dem die Dumheit selbst mit einem ungeheuren Besen die Vernunft hinausgefegt, ein Zauberkrampf zieht unsern Hirn in einen dichten Knaul zusammen.
HERMIONE. Bist du mein Hofpoet, was sprichst du so gemein.
DISTICHON. Das ist [das] Schönste noch, was ich noch den ganzen Tag gesagt, ich kann nichts Edles denken mehr, und wo ich hinseh *(sieht auf den* NARREN*)* seh ich ein Fratzengesicht.
NARR. Ich auch.
DISTICHON. Darum o Herrscherinn, verschieb den heutgen Preis, wir können dich heut nicht erringen. Laß uns bis morgen Zeit, wenn du nicht unbesungen aus dem Tempel eilen willst.
HERMIONE. Die Furcht ist es, die euren Geist bestrikt. Wie? Wagt ihrs zu behaupten, daß hier ausser euch kein Dichter lebt.? Bestraft sey euer Stolz, ich halte meinen Schwur und ich erneu ihn hier, und wenns ein Bettler ist, Verse will [ich] klingen hören. Hermione heißt der Stoff. Sieben, ist der Stunde Zahl. Jezt eilet hin, und erjammert ein Gedicht weil ihr zu feig, es zu ersinnen seyd.
DISTICHON. So leb denn wohl du stolze Dichterbraut. Kommt, ihr enterbten Kinder der lirischen Muse erleichtern wir durch Schimpfen unser edles Herz. Wir sind doch Genies der Welt zum Trotz und wenn wir gar nichts wissen, wissen wir doch d a s. Wir finden uns im Tempel ein, vieleicht daß sich die Zaubernacht, in unseren Köpfen lichtet, dann brüllen wir die Verse gegen seine Kuppel, daß sie erzittert und unser eignes Echo uns den Preis entgegenruft. *(Läuft ab.)*
ALLE. Ja das wollen wir. (ALLE *ihm nach.*)

NARR. Jezt habens ihms geben. O ihr verseverarmten prosaischen Bettelhunde.
HERMIONE. Das ist Apollos Werk. Amphio nun hast du leichters Spiel.

[Scena 8]

(VORIGE; ODI.)

ODI. Gebietherinn, ein Fremdling bittet um Gehör, er richtet viele Grüsse vom Apollo aus, der ihn gesandt. Er ist der schnellste Schwimmer den das Meer je trug, in einer Nacht schwimmt er von England her. Es ist ein spassiger Patron.
NARR. Vieleicht Apollo selbst
HERMIONE. Ist es ein schöner Mann?
ODI. Von weitem hielt ich ihn für einen Pavian. In der Nähe magst du selbst ihn hier betrachten.

[Scena 9]

(VORIGE; NACHTIGALL.)

[NACHTIGALL.]
Arie.
Serviteur Serviteur,
Ist Ihnen allerseits ein' Ehr.
Ich bin ein großer Dichtersmann
Das sieht mir jeder Narr gleich an
Und schwimme übers rothe Meer
Als goldner Fisch aus England her.
Apollo selbst ist mein Herr Vetter
Im Himmel lauf ich ab und zu
Und erst mit alle andern Götter
Da bin ich gar auf du und du.

Kurzum ich bin hiehergekommen
Weil wer ein Preisgedicht ersinnt
So hab die Nachricht ich vernommen
Am ersten Ruf, die Braut gewinnt
Drum lach ich mir voll an den Bugel
Der Sieg ich wette drauf ist mein
Ich stehl Fortunen ihre Kugl
Und scheib als Dichter alle Neun.

Hab ich die Ehre die Prinzessinn Hermione zu betrachten.
HERMIONE. So ist es Freund du hast dich nicht geirrt.
NACHTIGALL. Bin ungemein erfreut. *(Bey Seite.)* Ah das ist eine liebe Person, wenn die mein Frau ist, schau ich 14 Tag kein andre an. *(Zum NARR.)* Und wie heißt dieser Herr.?
NARR. Ich heiße Muh!
NACHTIGALL. Ein schöner Nahm, so leicht, so flüssig, eine jede Kuh kann ihn aussprechen. Vieleicht ein Anverwandter der Prinzessinn.
NARR. Der Hofnarr bin ich hier.
NACHTIGALL. Hofnarr? Fidon,! da gehört er in den Hof hinunter Freund, und nicht im Saal herauf.
NARR. Heut ist schon so ein Tag, wo alle Narren eingelassen werden. Sonst wärst du auch nicht da.
NACHTIGALL. Also wie steht[s] mit uns Verehrteste.?
HERMIONE. Mit uns. Du sprichst sehr kühn mein Freund.
NACHTIGALL. Ja, wer wird denn da viel Umständ machen wir werden heut Abend Mann und Weib.
HERMIONE *(lächelnd).* Weißt du das so gewieß.?
NACHTIGALL. Gar kein Zweifel. Sie sind der Preis der ausgesungen wird, und ich der entsetzlichste der Dichter in der Welt. Das merkt man gleich an der – wie sagt man nur – nun, an Verschiede[ne]m.
NARR. An der Ideenfülle hauptsächlich.
NACHTIGALL. Das will ich hoffen, die gefüllten Ideen sind immer besser, als die ungefüllten, da[s] ist so, wie mit den

Krapfen. [Ü]brigens hab ich als Dichter eine ausserordentliche Leichtfertigkeit. Ich hab schon über 500 Trauerspiel geschrieben, und je mehr als ich schreibe desto trauriger wird das Publikum.

HERMIONE. Kennst du den Homer:?

NACHTIGALL. Nein, aber den Humor kenn ich, und der soll mir auch Ihr Herz erobern. Auch darf man gar nicht glauben, daß ich ein armer Teufel bin, ich hab in England schöne Revenüen.

NARR. Also nicht der a r m e Poet, vom Kozebue.?

NACHTIGALL. Nein, der Reiche, aber es sind nicht alle so reich. Es gibt geschikte Dichter, wenn [die] den Mund aufthun, machen sie sehr witzige Ausfälle, aber wenn sie den Sack aufmachen fällt ihnen nie was heraus, doch zur Sache jezt. Mein Herr Vetter ein gewisser Apollo, ist mir die vorige Nacht im Traum erschienen, und hat mir Ihre Hand versprochen, und den heutgen Abend, zur Vermählung bestimmt, machen Sie also keine Umstände, und fügen Sie sich in seinen Willen. Meine Aufwartung hab ich gmacht. Ich werde jezt ein kleines Jausen Schlaferl machen, und dann fang ich zum dichten an da[ß] der Rauchen aufgeht, und eh die Sonne in das Meer neinplumpft bin ich so glücklich Ihr Gemahl zu seyn *(Will ab.)*

HERMIONE. So lebe wohl, beweis bald, ob du ein Meister in dem Versbau bist.

NACHTIGALL. Was Bau? Verzeihen Sie da muß ich nochmahl umkehren[.] Ein Baumeister bin ich nicht, das sag ich gleich.

HERMIONE. Ist nicht die Dichtkunst mit der Baukunst formverwandt, denn wie der Bauherr Stein an Stein aus edlem Marmor füget so reihet der Poet Gedanken an Gedanken und bindet sie durch seines Witzes Mörtel.

NACHTIGALL. Sie irren sich, wissen Sie, was für ein Unterschied ist zwischen ein Dichter und einem Baumeister: Wenn einen Dichter etwas einfällt ists ihm eine Ehr, wenn aber einem Baumeister etwas einfällt das ist eine schöne

Schand. Das glauben Sie mir, der ich die Ehre habe, mich zu empfehlen. *(Ab.)*

[Scena 10]

(HERMIONE, NARR.)

HERMIONE. Ein sonderbarer Mensch, ein Abentheurer ists, der hier sein Glück versucht[,] doch er erheitert mich.

NARR *(neidisch)*. Wenn d e r d e n Preis gewinnt, dann giebst du u n t e r m Preis dich weg.

HERMIONE. Schweig Narr, ein Dichter ist er nicht, doch besser scheint sein Gemüth als deines zu seyn. Und seine Laune könnte deiner leicht gefährlich werden. Verlaß mich jezt.

NARR *(für sich)*. So muß sogar ein Narr auf seine[r] Höhe zittern.?

Da glaubt so mancher oft, er wär allein der Narr im Haus, futsch, kommt ein größerer her, der sticht ihn wieder hnaus. O Welt, O Welt, dein Undank steht nie still, ich wollt ich hätt das, *(deutet mit den Fingern aufs Geldzählen)* dann mach ein Narren wer will[.] *(Ab.)*

[Scena 11]

(HERMIONE allein.)

[HERMIONE.] Gemeiner Neid, der selbst den Weisen schändet oft. O Amphio wie wird man dich beneiden, wenn dich die Mirthe, und der Lorbeer schmückt.

[Scena 12]

(VORIGE; AMPHIO [ver]stört und bleich.)

AMPHIO. O Hermione, find ich dich? Wenn du mich je geliebt so blick mich gütig an.
HERMIONE. Was quält dich Amphio, was führt dich jezt hieher?
AMPHIO *(starr)*. Laß mich in deine Augen schaun, ich bitte dich, so lang, bis sich mein Geist an ihren Strahl entzündet.
(HERMIONE sieht i[h]n verwunderd an.)
AMPHIO. Ich danke dir. *(Er macht das Spiel als wollt er sich durch ihren Anblick zum dichten begeistern, und vermag es nicht. Er geht daher hoffnungsvoll einen Schritt von ihr und sagt nach[d]enkend gegen Himmel schauend.)* So – so – nun wird es gehn, *(immer unruhiger)* flamm auf, Gemüth flamm auf. *(Verzweifelnd.)* Es ist umsonst, sie ist für mich verloren. *(Will ab.)*
HERMIONE. Wo willst du hin?
AMPHIO. Ins Meer. *(Lacht wild.)* Ich will Neptun mich weihn.
HERMIONE. Doch seiner ungetreuen Tiefe nicht?
AMPHIO. Sie ist nicht tiefer als mein Schmerz, und seinen Wellen kann ich nur vertraun, warums in ihren Grund mich reißt.
HERMIONE. Bist du mein Amphio.? Hermione sey der Stoff, sprach das Orackel heut, und so besingst du mich?
AMPHIO. So wisse denn ich kann dich nicht besingen, mein Geist ist wüst, mein Herz ist kalt, seit du mich sprachst, bin ich nicht Amphio mehr.
HERMIONE. Ermanne dich dir fehlt Vertraun auf deine Kraft.
AMPHIO. Betrogen bin ich durch die Phantasie, sie [ist] ein Weib, hätt ich ihr nie getraut.
HERMIONE *(empört)*. O könnt ich für dich dichten, um dir zu beweisen, wie schön ein Weib aus Liebe denken kann.
AMPHIO. Sie ist erschöpft, sie hat sich selbst verbannt.

HERMIONE. O lästre nicht, sagst du nicht selbst durch dein Gedicht.
»Es ist die Phantasie ein tiefer Zauberbrunnen,
Aus den wir der Gedanken Nectar schöpfen.
Er reichet vom Olymp bis in des Orkus tiefsten Schlund
Mit seinem Ring umschließet er die Welt
Und unausschöpfbar ist sein ew'ger Born
Denn alle Ströme der Verhältnisse ergießen sich, auf seinen Grund.[«]

AMPHIO. O Königinn warum hast du den kühnen Schwur gewagt, es hätte des Gedichtes nicht bedurft, nur deine Liebe braucht ich zu erringen, denn wisse, daß – doch nein, nun ists zu spät, du wirst des Siegers Braut, und mein Geheimniß laß ich mit mir untergehn.

HERMIONE. O halt, noch hab ich einen Hoffnungsstrahl, wie du so klagen alle meine Dichter, vieleicht daß es ein Spuck der bösen Zauberschwestern ist, drum Muth, denn in dem Tempel des Apolls m u ß dieser Zauber schwinden. Freude Amphio mir sagts mein Herz.

AMPHIO. Das Elend hascht nach jedem Hoffnungswahn. So will ich mein Vertraun mit deinem Hoffen denn vermählen, und einen Sohn erwarten der Erfüllung heißt.

HERMIONE. Ich will noch vor dem Fest, schnell das Orakel fragen, mehr darf ich nicht für unsere Ruhe thun, nicht mir gehör ich an, nein, ich gehör Apoll, mein höchst Vertrauen setz ich auf ihn den Weltbestrahlenden, denn eine Ahndung hat er mir in meine Brust gelegt, daß mich ein andrer nicht erringen d a r f , als du. Darum erwart ich in den Tempel dich. Muth Amphio die Götter sind uns nah. Vertrau auf ihren Schutz.

(Ab.)

[Scena 13]

(AMPHIO *allein.*)

[AMPHIO.] Nun wohl, ich will mein Glück dem letzten Augenblick vertraun, und konnte mich die Fantasi[e] die H o h e täuschen, dann laß mich ziehen aus dir Welt, in der das Edle trügt und nur Gemeines sich bewährt. *(Ab.)*

VERWA[NDLUNG]

(Gemach im Pallaste der Zauberschwestern[.] An der Seite ein griechisches Schreibepult auf einer Stufe.)

[Scena 14]

(VIPRIA, AROGANTIA *treten rasch ein.*)

VIPRIA. Wo bleibt der Tropf?
AROGANTIA *(sieht durch das Fenster).* Hier komt er schon.
VIPRIA. Jezt bring die Fantasie.
(AROGANTIA *ab.*)

[Scena 15]

(VIPRIA, NACHTIGALL.)

NACHTIGALL. Da bin ich, schon, ich hab meine Sachen prächtig gemacht, nun wie schauts jezt mit den Gedicht aus, machen wirs zusammen gschwind. Ich kanns gar nicht erwarten, die Königinn ist schön, da sind Sie nichts dagegen, ich bin in si[e] verliebt ich kans gar nicht erwarten, bis ich König bin.

[Scena 16]

([VORIGE;] AROGANTIA zerrt DIE FANTASIE in Ketten herein, die Flügel sind ihr abgeschnitten.)

AROGANTIA. Hier bring ich sie, sie hat entwischen wollen, als ich den Käfig öffnete.
VIPRIA. Wo hast du deine Flügel?
AROGANTIA. Ich hab sie ihr beschnitten.
VIPRIA. Das hast du klug gemacht. *(Höhnisch.)* Wo wolltest du denn hin, du Täubchen du.
FANTASIE *(eben so, leis)*. Ich hab zum Geyer fliegen wollen, weils bey der Eule mir mißfiel.
AROGANTIA. Ich will auf Kundschaft mich begeben, mache mit ihr was du willst. *(Ab.)*
VIPRIA. Durch diese wirst du das Gedicht hier schreiben, das ist die Fantasie.
NACHTIGALL. Ah das freut mich da[ß] ich die Ehr hab kennen zu lernen. *(Heimlich zu* VIPRIA.*)* Was ist denn das die Fantasie.?
VIPRIA. Es ist der Geist der im Gehirn der Dichter tobt.
NACHTIGALL. Also die springt den Dichtern im Gehirn herum, da ist kein Wunder wenns bey ihnen rappelt, drum sagt man die Dichter sind närrische Köpf.
VIPRIA. Ich schmied sie dir an d[i]esen Schreibtisch an. *(Sie hängt die Fessel der* FANTASIE *in einen Ring der an der Seite des Schreibepultes angebracht ist ein, so daß* DIE FANTASIE *an der Seite des Tisches gegen die Mitte der Bühne auf der breiten Stufe sitzt, doch ja nicht etwa auf dem Boden.)* [S]ey stolz darauf, kein Dichter kann sich dessen rühmen, daß sie als Sclavinn ihm gedient. Was sie dir vorsagt, zeichne emsig auf, als schriebst du Diamanten hin. Hermione ist der Nahme des Gedichts. Den schreibst du oben hin.
NACHTIGALL. Also ich bin ein Dichter, der nur schreibt, ohne da[ß] er was denkt. Da bin ich nicht der Einzige. Und sie ist die, die für die Dichter alle denkt.?

VIPRIA. So ists.

NACHTIGALL. Das muß a Marter seyn, drum schauts so mager aus.

[Scena 17]

(VORIGE; AROGANTIA.)

[AROGANTIA] *(ängstlich).* Hermione ist auf dem Wege, zu den 2 Oracelpriestern, um vor der Wahl noch das Orakel zu befragen, warum die Geistesnacht auf ihren Dichtern ruht. Wenn das geschieht, ist unser Plan vereitelt.

VIPRIA. Das muß verhindert werden komm, wir verwandeln diese beyden Priester schnell in Stein, und setzen uns an ihre Stelle hin. In der Gestalt des Affriduro frag ich dich, und du sprichst als Stimme des Orackels aus: Apollo habe einem Fremdling seine Gunst geschenkt, den Hermione wählen muß. *(Zu* NACHTIGALL.*)* Unterdessen bleibst du hier, und schreibest dein Gedicht. Doch bevor die Stunde halb verfließt, findst du dich in den Tempel ein, und trägst es mit der Harfe vor. Wenn es auch schlecht ausfällt das Beste ist es doch, wenn es das Einzge ist. *(Zur* FANTASIE.*)* Du halte deinen Schwur begeistre ihn, so Viel in deiner Macht es steht. *(Zu* NACHTIGALL.*)* Laß sie nicht frey wenn du dein Leben liebst, und will sie dir nicht dienen, zwinge sie, du bist ihr Herr. *(*BEYDE *ab.)*

[Scena 18]

(DIE FANTASIE, NACHTIGALL.)

FANTASIE *(für sich).* O Amphio! welch schrecklich Loos, ich kann dich [nicht] erretten.

NACHTIGALL *(sezt sich an den Tisch).* Jezt werden wir halt schauen daß wir was zusammendichten, das wird ein Arbeit werden. A l s o. Hermione, und eine rothe Tinte habens mir hergestellt, das wird ein blutiges Gedicht. Also, gschwind anfangen. Kommt was oder nicht?

FANTASIE *(seufzt).* Ach.

NACHTIGALL. Ach? Ist denn das ein schöner Gedanken ach? Da wird einem völlig bang dabey. *(Ungeduldig.)* Nu weiter um ein Haus, ich kom nicht von der Stell. Nu? *(Er rüttelt sie.)*

FANTASIE. Was willst du Tropf.? Die Phant[a]sie muß frey seyn, wenn sie dichten soll, nie wird sie dir in Fesseln dienen.

NACHTIGALL. Was ist das für ein Diskurs. Wo ist denn ein Stock. *(Nimt einen Tirsusstab von einer Traperi.)* Da liegt er jezt auf den Tisch, jezt wie nicht ordentlich phantasiert wird, wird er wo anders aufgelegt.

FANTASIE *(lacht verzweiflungsvoll).* Ha ha ha.

NACHTIGALL. Wie dum als sie lacht.

FANTASIE *(wie wahnsinig).*
Einst war ein goldnes Vögelein
Das nannt sich Phantasie.

NACHTIGALL. Was ist denn das die phantasiert ja ohne Hitz.?

FANTASIE *(fährt wild auf).* Ich duld es nicht.

NACHTIGALL *(tunkt ein und schreibt schnell).* Nu endlich einmahl.

FANTASIE. Ihr Blitze stürzt herab.

NACHTIGALL *(schreibt schnell nach).* Jezt gehts drauf los.

FANTASIE. Und euren glühenden Kuß.

NACHTIGALL *(wie oben).* Hallo hast es nicht gsehen.

FANTASIE. Drückt auf die freche Stirn.

NACHTIGALL. Die freche Stirn. Nicht gar so gschwind, ich komm nicht nach.

FANTASIE *(toll).* Du Schaafskopf schweig!

NACHTIGALL *(stuzt ohne zu schreiben).* Was ist das für ein Vers.?

FANTASIE. Willst du ihn zweymahl hören.?

NACHTIGALL. Was die al[l]s zusammdicktirt, was hab ich denn da gschrieb[en.] *(Liest das Geschriebene.)* »Ich duld es nicht – Ihr Blützer stürzt herab, und euren glühenden Fuß, drückt auf den frechen Stier – *(Pause)* du Schaafskopf schweig.[«] Was ist denn das für eine Phantasirerey, da fantasier ich ja besser wenn ich das Nervenfieber hab.

FANTASIE. Zu gut für dich gemeiner Wicht.

NACHTIGALL. Das Weibsbild halt mich für einen Narren die Zeit vergeht ich bring nichts zsamm. Wann nur die 2 Schwestern von Prag da waren, die ganze Sach ist schon dum angestellt, ein andrer hat die Phantasie im Kopf, und ich habs bey den Füssen da, wie soll da was heraus kommen.? Ich krieg schon alle Hitzen. *(Er zieht den Rock [aus].)* O Himmel was ist das für ein Marter um einen Dichter dem nichts einfällt. Du mußt mir helfen oder ich verzweifele.

FANTASIE. Du zwingst [mich] nicht du feiger Tropf.

NACHTIGALL. Das ist eine boshafte Person. Ich brings um, ich schneid ihr den Kopf ab und nim ihr die Gedanken heraus. *(Läuft zu den Tisch.)* Ich setz mich nochmahl nieder. *(Ließt den Titel.)* Hermione. Dictir weiter. *(Boshaft in den Tisch trommelnd.)* H e r m i o n. Sie hört *(lokal)* mi halt nit an. Ich fahr durch die Luft. Jezt hab ich die Gedanken von allen Dichtern in der Welt, *(auf* DIE FANTASIE *zeigend)* in diesem Bünkel da beysamm, und ich hab von den ganzen Gedicht noch nichts fertig, als das einzige Wort H e r m i o n e. Da kann ich doch den Preis nicht kriegen damit. Ich verzweifel.

FANTASIE. Ha ha ha das freut die Phantasie.

NACHTIGALL *(wüthend).* Jezt lachts mich aus, ich werd noch wahnsinig. *(Kniet sich vor ihr nieder.)* Ich beschw[ö]re dich bey allen Narren phantasier.

FANTASIE *(kniet auch).* Ich dich bey alle Sonnen, laß mich frey.

NACHTIGALL. Ich beschwöre dich bey allen griechischen und wallachischen Dichtern, phantasier

FANTASIE. Ich bau dir eine Welt aus glücklichen Gedanken, laß mich frey.

NACHTIGALL. Ich kann ja nicht, hab doch Barmherzigkeit. *(Weint.)*
FANTASIE *(weint).* Du unempfindlich Thier.
NACHTIGALL *(weinend).* Jezt fangts zum weinen an, jezt sind wir alle zwey im Wasser. Wen[n]s nur in Versen weinte um des Himmels willen, die helle Prosa lauft ihr übers Gsicht. *(Ein sanftes Gl[ö]cklein läutet in der Ferne.)* Jezt muß ich fort, jezt läutens siebene, im Apollosaal, du gfreu dich wenn ich wieder komm. O Todesschweiß, du stehst mir an der Stirn[.] Ich weiß kein anders Mittel, ich kann ein Lied von der schönen Magelona. Das ändre ich um und sing statt Mageroni, Hermioni und wans nicht gfallt, ich schieß mich todt, ich häng mich auf, ich bring mich 4 mahl nacheinander um, ich Dummkopf, ohne aller Fantasie. *(Rennt verzweiflend ab.)*

[Scena 19

*(*DIE FANTASIE *allein.)*

FANTASIE.]
Quodlibet

(Die Musick beginnt[,] es schlägt ¾ auf 7. DIE FANTASIE *springt ängstlich auf.)*
    Ha was ist das. Die Stunde tönt,
    Und Amphio ist verloren.
    [Wenn Apoll du mich nicht rettest
    Werd ich noch des Wahnsinns Raub.
    (Trauernd.)
    Durch den Äther durch die Lüfte
    Schwebt ich leichten Flugs dahin.
    Ihr ungetreuen Flügel nur einen Augenblick
    Wünscht ich euch zu besitzen, ihr wärt mein höchstes
                                  Glück.

> Entsetzlich, entsetzlich, wenn Fantasie so weit es bringt,
> Daß sie ein Quodlibet gar singt.
> Doch mir leuchtet am Himel ein tröstendes Licht
> Ich fleh zu den Götte[rn] sie täuschen uns nicht.
> O Jupiter, der du mich einst aus deinem Haupt gebarst,
> Der du mir stets ein gütger Vater warst
> Kannst du die Tochter, hier gefesselt sehn
> O schleudre deinen Blitz und laß mich untergehn.
> O Jupiter erh[ö]re mich, höre mich.
> *(Ein Blitzstrahl fährt herab und zertrümmert ihre Fessel.)*
> Ha ich bin frey. Hohen Dank euch ihr Götter
> Ha wie durchströmt mich dieß freudige Seyn
> Fort sind von mir jetzt die lästigen Ketten ⎫
> Fort schnell hin zu Amphio, ihn zu befrein ⎬ *(Repetirt.)*
> Amphio halt Amphio halt.
> Die Fantasie ist frey.
> *(Sie wirft einen griechischen Mantel der Zauberschwestern
> und eilt ab.)*]

VERWANDLUNG

[Scena 20]

(Das Innere des Apollo Tempels[.] Im Hintergrunde die Statue des Apolls. Im Vorder[grund] ein Seitenthron worauf HERMIONE *sich befindet. Neben ihr* HOFLEUTE *ihr gegenüber die Schaar der* DICHTER. *Dem Thron gegenüber sizt auf einem hervorragenden Postamente einer Säule* AMPHIO *in verzweifelnder Atitüde.* VOLK. VIPRIA[,] AROGANTIA *als Opferpriester verkleidet.* MEHRERE PRIESTER *des Apol[l.] Chor der eben endet.)*

ALLE DICHTER.

Chor

Vergebens winkt des Preises Glück,
Die Phantasie kehrt nicht zurük,

Und beschämt gestehen wir
Unsere Geistes Ohnmacht hier

VIPRIA *(im Tone des Affriduro).* Verhülle dein Antlitz hohe
   Muse. Hermione hör das Unerhörte an. Alle Dichter deines
   Landes erklären laut, daß sie nicht fähig wären ein Gedicht
   zu deinem Lob zu schreiben, und selbst Apollos hehrer An-
   blik, kann sie nicht dazu begeistern.
AMPHIO. Hörst du es Nemesis?
HERMIONE. Sind das die Weisen meines Landes, die gelehrten
   Männer?
EIN DICHTER. Verzeih o Königinn, Gelehrsamkeit allein ver-
   fasset kein Gedicht. Wissen ist ein goldener Schatz, der auf
   festem Grunde ruht, doch in das Reich der holden Lieder,
   tragt uns nur der Phönix Phantasie.
HERMIONE *(sieht auf* AMPHIO*).* So lebt auf Flora, keiner mehr
   der Hermiones Ehre retten kann?
NARR. In einem Lobgedicht, gewin ich keinen Preis, ich bin
   zum schimpfen auf die Welt gekommen.
HERMIONE *(steht auf).* So hebt die Feyer auf
AROGANTIA. Halt ein, noch tönt die siebente Stunde nicht. Du
   kennst des Orakels Spruch, ein Fremdling wird es seyn.
HERMIONE. Auch das Orakel ist bezaubert.
VIPRIA. Lästre nicht. *(Für sich.)* Wo bleibet der Veräther nur?

[Scena 21]

([VORIGE;] NACHTIGALL *von innen.*)

[NACHTIGALL.] Hehe Halt ein, ein Gedicht, ein Gedicht.
   (Stürzt athemlos herein.) Halt ein, ein Gedicht und auch ein
   Dichter, alle zwey sind da.?
ALLE. Was ist das?
VIPRIA. Wie, du hast ein Gedicht?

NACHTIGALL. Ein schrekliches Gedicht.

NARR. Mich trift der Nervenschlag.

ALLE. So lies es vor.

DISTICHON. Ja lies.

NACHTIGALL. Das kann ich nicht, das hab ich nicht g'lernt[.] Ich sings, weil ich ein Sänger bin aus Eng- und Schottenland. Merkt auf, mein ist der Preis.

NARR. Das wird was schönes werden.

NACHTIGALL *(stellt sich in die Mitte[, s]pielt mit der Harfe und singt).*

1

>   Liebe Leutchen komt zu mir
>   Will euch etwas singen
>   Ich will Hermionen hier
>   Schnell ein Loblied bringen
>   Jeder der sie nur erblickt
>   Liegt in Liebesbanden
>   Selbst der Weise wird berückt
>   Habt ihr mich verstanden?

CHOR.
>   Wie gemein, wie gemein,
>   Was sind das für Verse?

2.

[NACHTIGALL.]
>   Zeigt sie sich im Blumenreich
>   Athmet alles Wonne
>   Alle Blümchen rufen gleich,
>   Servus Hermione.
>   Wandelt auch in finstrer Nacht
>   Ganz ohne Laterne,
>   Ihre Äuglein voller Pracht
>   Leuchten wie 2 Sterne.

CHOR.

> Ha ha ha, ha ha ha
> Das ist nur zum lachen.

3

[NACHTIGALL.]
> Und der lieben Vöglein Zahl
> Ist ihr recht gewogen
> Auch ein alte Nachtigall
> Komt herbey geflogen.
> Kurz ihr holder Nahm erschallt
> Laut, in jeder Zone
> Selbst die Bären in den Wald
> Brumen Hermione.

CHOR.
> Hört den Wicht, solch Gedicht
> Wagt er hier zu singen.

[4.

[NACHTIGALL.]
> Alle Thiere sind auf Ehr
> Für sie eingenommen.
> Endlich komm auch ich daher
> Voller Lieb geschwommen.
> Führ sie schnell zum Brautaltar
> Sie glänzt wie die Sonne
> Und i bin vor Freud ein Narr.
> Vivat Hermione.]

CHOR.
> Ha zu Viel, ha zu Viel
> Straft den frechen Buben.

HERMIONE. Bin ich zum Spotte dieses Narren hier geworden? Soll ein Gedicht das seyn?

DISTICHON. Das heißt Apoll gelästert, schleppt zum Tempel ihn hinaus.

ALLE. Hinaus mit ihm.
VIPRIA. Halt ein. Erfüllen mußt du Hermione deinen Schwur.
Er hat das Beste dir gebracht, er werde dein Gemahl.
HERMIONE. Unmöglich[.]
ALLE. Verätherey, zu schlecht ist sein Gedicht.
VIPRIA. Wer spricht ein Bessers hier. Ich fordre nochmahl auf.
AMPHIO *(leise)*. Wehe mir.
(Allgemeines Schweigen.)
[VIPRIA]. Dieß Schweigen spricht dein Urtheil aus. *([AROGAN-
TIA] winkt[.] Es donnert.)* Und Apoll bestätigt es.
NACHTIGALL. Jezt donnerts gar wegen mir.
VIPRIA. Wagt ihrs zu wiedersprechen.?
ALLE *(langsam)*. Nein, er werde ihr Gemahl.
AMPHIO. Entsetzliches Geschick.
NARR. Je dummer der Mensch, je größer sein Glück.
HERMIONE. So ist denn keine Rettung mehr?
NACHTIGALL *(trippelt kindisch)*. Ich werd König, ich werd
König

[Scena 22]

*([VORIGE;] DIE FANTASIE tritt ein, in Mantel gehüllt, ergreifet
AMPHIOS Hand.)*

FANTASIE *(leise ihm ins Ohr)*. Amphion die Fantasie ist frey,
nur dich begeistert sie.
AMPHIO *(springt auf plötzlich inspirirt)*. Halt ein, ich rett des
Tempels Ehre hier, wage ein Gedicht. Zu kostbar ist der
Preis, ich entreiß ihn dir
ALLE. Apoll, wir preisen dich.
[AMPHIO.]

[1.]

Die Nacht zieht fort ins ewig finstre Heimathsland,
Die Welt umkränzt ihr Haupt mit Phöbus Strahlenband,

Und wie Auror die Erd' in Purpur hüllt
Entdekt sie einen Jüngling gramerfüllt.
Ein Königssohn ists, der die Nacht durchweint,
Und seines Auges Thau, mit dem des Morgens eint.
Aurora grüßt ihn sanft und strahlt ihm Trost ins Herz
Da fleht er zum Apoll, gibt Worte seinen Schmerz.

2.

Im Wunderland, das meines Vaters Reich begränzt
Wo die Natur im tausenfarbgem Schmuk erglänzt,
Trohnt meiner heißen Liebe Königinn,
Mit zartem Reitz, vereint sie hohen Sinn.
Es haben sich die anmuthsvollen Musen
Zum Sitz erkohren ihren holden Busen
Und wie sich Daphne einst dem Dichtergott entwand
So reichet sie, nur einem Dichter ihre Hand.

3.

Darum Apoll magst du nur schnell die Muse senden
Soll Amors bittre Qual nicht bald mein Leben enden.
So jammert er, und fluchet seinem Leben
Da faßt sein Herz ein nahmenloses Beben
Mit seinem Schmerz fühlt er die Freude ringen
In Wolken hört er Harmonien klingen
Es schwebt die Fantasie auf Rosennebel nieder
Und schwingt im Morgenstrahl ihr glänzendes Gefieder.

4.

Mich hat Apoll gesandt ihn rühren deine Leiden,
Vertauschen wirst du sie mit Hymens Götterfreuden
So spricht die Fantasie, ergreifet seine Hand
Und schwebt mit ihm, nach Hermionens Land.

Zwey kühne Aare, durchsteuern sie die Lüfte
Und rauschen nieder in dem Reich der Düfte.
Dort wandelt sich der Prinz zum stillen Hirten um
Und sucht durch Poesi zu gründen seinen Ruhm.

5.

Ihn sieht die Königin, er weiht ihr sein Gedicht
Da faßt sie ein Gefühl, ihr Herz erklärt sichs nicht.
Es kämpft ihr Stolz, sie will den Kühnen hassen.
Doch Eros spricht, du darfst ihn nimmer lassen[.]
Ein Preisgedicht, läßt sie im Land verkünden,
Nur mit dem Sieger will sie sich verbinden[.]
So wie der Fels im Meer trotzt sturmbewegten Wellen
Will des Geliebten Geist auf gleiche Prob sie stellen.
Schon harrt das Volk, da komt der Hirt heran
Trägt Wahrheit vor[, n]icht was die Dichtung sann
Dann tritt er auf und fordert seinen Lohn
Die Hand der Königin und Florens Thron.
Wagt kühn den Kauf und schließt mit ihr den Herscher
               Bund
Denn wißt, ich bin der Sohn des Königs von Athunt.

ALLES *(freudig)*. Heil dem Sohn des Königs von Athunt. Es lebe unser neuer Herrscher.
DISTICHON. Das Gedicht hat eine Menge Fehler.
ZAUBERSCHWESTERN. Verdammt.
HERMIONE *(stürzt in seine Arme)*. O Am[p]hio – Mein Prinz o nehmt mein Herz mein Reich und meinen ewgen Dank.
NACHTIGALL. Jezt steh ich frisch.
AMPHIO *(stürzt zu den Füssen der FANTASIE)*. Nur ihr gebühret unser Dank.
ALLE. Wer ist das?
FANTASIE *(wirft den Mantel ab)*. Ich bin holde Phantasie die euch nicht retten konnte, bis mich Jupiter befreit, weil ich gefangen in den Händen eurer Zauberschwestern war.

(VIPRIA und AROGANTIA verwandeln sich schnell in ihre wahren Gestalten.)
AROGANTIA. Ihr triumphirt zu früh!
VIPRIA. Noch athmet Vipria und ihr Zaubermuth. Dem Tod send ich als Braut dich zu. So stürz denn dieser Tempel ein, und unter seinem Schutt, begrab dich ew'ge Hochzeitnacht. *(Die hintere Wand mit der Statue des Appoll stürzt ein, man hat die Aussicht auf das Meer. Apoll mit den Sonnenrossen will so eben in den Schoos der Thetis sinken, der Sonnenwagen gleitet noch auf der Oberfläche des Meers.)*
ALLES. Weh uns.

[Scena 23]

[(VORIGE; APOLLO.)]

APOLLO. Wer wagt es meinen Tempel zu zerstören.?
ALLES. Apoll!
DIE ZAUBERSCHWESTERN. Weh uns, er selbst.
(APOLLO steigt aus tritt [vor.] DIE FANTASIE sinkt zu seinen Füssen.)
FANTASIE. Um Schutz fleht dich die Fantasie für deine Insel an, 2 Zauberinnen [r]asen hier, gefangen nahm man mich.
[APOLLO.] Wer hats gewagt die Phantasie zu fesseln?
FANTASIE. Diese hier.
APOLLO. Der Orkus strafe sie dafür. *(BEYDE versinken.)*
NARR. Jezt haben sies überstanden.
APOLLO. Ich war es selbst, der Amphio dir bestimmt, das Orakel ist erfüllt, dein Land hat einen Herrscher aus dem Hause von Athunt. Von mir gesendet war die Phantasie.
ALLES. Heil Apollo dir.
APOLLO. Mein Tempel ist zerstört baut einen neuen auf, und weihet ihn der Phantasie[.] Sie wird mit mir in Zukunft eure Insel hier beschützen die auch von heute an, die Dichterinsel heißt.

NACHTIGALL. Den Nahmen kriegts nicht wegen mir.
NARR. Ich such mir jezt ein Land wo lauter Narrn sind.
NACHTIGALL. Und ich schau, daß ich eine Nachtigalleninsel findt.
APOLLO. Wer ist der Fremdling hier.
NACHTIGALL. Jezt kommt er über mich. Das wird a schöne Wäsch
DISTICHON. Aus England ein Minstrell.
NACHTIGALL *(kniet nieder).* Und Harfenist aus Wien, die Rabenschwestern haben mich entführt.
HERMIONE. Ich nehme ihn zum zweyten Narren auf.
NACHTIGALL. Ich küß die Hand.
NARR. Den Kerl bring ich um.
NACHTIGALL. Ich bin der singende und das [der] redende, ich hoff da[ß] man mit beyden wird zufrieden seyn.
APOLLO *(zur FANTASIE).* Die bunten Flügel hat man dir geraubt dich werden künftig goldne zieren. Zu Amphios Vater sey dein erster Flug, bericht des Sohnes Glück dem König von Athunt.
FANTASIE *(tritt vor).*
Ein Schlußwort spricht die Fantasie.
O lohnt mit Nachsicht ihre Müh'
Wenn sie auch kleines euch gebar,
So denkt daß sie gefesselt war.
APOLLO.
Die Götter wachen über euer Loos
Mir winkt die Nacht, i[ch] sink in Tethys Schoos.
(Er geht zurük steigt in den Sonnenwagen mit welchen er langsam untersinkt. Ein[e] allgemeine Abendröthe verbreitet sich über die ganze Bühne, die Meereswellen erglänzen mit rother Folio, und der Chor dauert so lange bis Phöbus ganz im Meere ist. Die Hinterkortine welche einen Horizont vorstellt, hebt sich bey dem Sinken des Sonnenwagens, und es prasantirt sich auf ihr die Abendröthe.)

CHOR.
> Sink hinab, du heißer Tag
> Und vergolde dir dein Grab,
> Doch zum schönern Lebenslauf
> Strahle morgen neu herauf.

Ende

ANMERKUNGEN

ZUR AUSGABE

Die Edition der in diesem Band präsentierten Stücke folgt den grundsätzlichen Erwägungen, die in Band 1, S. 147–149 dargelegt wurden. Dank gebührt vielen Personen, auch jenen, die hier ungenannt bleiben, so besonders den Direktorinnen und Direktoren sowie Mitarbeiterinnen und Mitarbeitern der Wienbibliothek im Rathaus (vor allem der Handschriftensammlung), der Österreichischen Nationalbibliothek und des Österreichischen Theatermuseums. Für wichtige Hinweise, Recherchen – u. a. zu den Gastspielen Raimunds – sowie die Beschaffung von Materialien dankt der Herausgeber folgenden Personen: Dr. Thomas Aigner (Wien), Dr. Gertrude Gerwig (Wien), Dr. Vlasta Reittererová (Wien), Mag. Philipp Rissel (Wien) und Mag. Irene T. Tutschka (München). Mag. Dagmar Zumbusch-Beisteiner (Wien) sei für die Kommentare zur Musik bedankt. Die bei früherem Anlass von Frau Dr. Elisabeth Kató erstellten Transkriptionen der Originalhandschriften zum *Mädchen aus der Feenwelt* und zur *Gefesselten Fantasie*, von ihr dankenswerterweise zur Verfügung gestellt, konnten als hilfreiche Vorarbeiten für die Texterstellung herangezogen werden.
Der Raimundgesellschaft, ihrem Präsidenten Prof. Dr. Heinrich Kraus und insbesondere ihrem stellvertretenden Vorsitzenden Min.-Rat Dipl.-Ing. Karl Zimmel, gebührt Dank für ihr Engagement. Besonders zu danken ist weiters dem Jubiläumsfonds der Oesterreichischen Nationalbank, dem Bundeskanzleramt, Sektion für Kunst und Kultur, sowie der Kulturabteilung der Stadt Wien, Wissenschafts- und Forschungsförderung, die die Herausgabe des Werkes durch ihre großzügige finanzielle Förderung unterstützt haben. Dem Verlag ist seine Risikobereitschaft hoch anzurechnen, ohne die das Werk nicht realisiert werden könnte.
Dankend soll aber Mag. Johann Lehner hervorgehoben werden, nicht nur für das Lektorat, sondern für die umsichtige Unterstützung des Herausgebers. Ohne seine fachlich kompetente Mithilfe bei den Recherchen, besonders in den letzten beiden Jahren, wäre der Band immer noch nicht beendet.
Meiner Frau Isabel danke ich für ihr Verständnis und die jahrelange Engelsgeduld – aber sie wusste, worauf sie sich da eingelassen hatte.

ZUR WIEDERGABE DER TEXTE

Bei der möglichst getreuen Wiedergabe der Handschriften und der Einrichtung des kritischen Apparats wurden die in Band 1, S. 151–154 dargelegten allgemeinen Grundsätze berücksichtigt.

VERWENDETE SCHRIFTARTEN, ABKÜRZUNGEN, CHIFFREN UND ZEICHEN

[ ]	Eckige Klammern bezeichnen Abweichungen vom Wortlaut oder Auslassungen beim Zitieren.
{ }	Geschweifte Klammern bezeichnen nicht lesbare oder nicht eindeutig entscheidbare Stellen in den Handschriften.
‹ ›	Spitze Klammern bezeichnen Herausgebertext in den Lesarten und Varianten.
crudell	In Schrifttype Optima gesetzte Wörter bezeichnen Hervorhebung durch Lateinschrift in der Textquelle.
d a s	Gesperrter Druck bezeichnet Textstellen, die im gesprochenen Text der Handschrift des Haupttextes unterstrichen sind.
II, 17	Durch Komma getrennte römisch und arabisch geschriebene Zahlen bezeichnen Akt und Szene.
47/29	Durch Schrägstrich getrennte arabische Zahlen bezeichnen Seite und Zeile in dieser Ausgabe.

Die handschriftlichen Texte werden durch folgende Chiffren charakterisiert:

HS, HSS	Text(e) von Raimunds Hand
MS, MSS	Text(e) fremder Hand
P	Partitur
R	Rollenheft oder Rollenbuch
T	Theatermanuskript
V	Vorarbeit(en)
Z	Zensurmanuskript

Von den Standorten wird abgekürzt zitiert:

ÖNB	Österreichische Nationalbibliothek
ÖTM	Österreichisches Theatermuseum
WBR	Wienbibliothek im Rathaus

Frühere Ausgaben werden durch folgende Chiffren charakterisiert:

VO	*Ferdinand Raimund's sämmtliche Werke*, hg. von Johann N. Vogl, 9 Bändchen, Wien 1837
GS	*Ferdinand Raimund's sämmtliche Werke*. Nach den Original- und Theater-Manuscripten nebst Nachlaß und Biographie hg. von Carl Glossy und August Sauer, 3 Bände, Wien 1881
CA	Ferdinand Raimund, *Sämtliche Werke in 3 Teilen*, mit einer Einführung und Anmerkungen hg. von Eduard Castle, Leipzig 1903
SW	Ferdinand Raimund, *Sämtliche Werke*, Historisch-kritische Säkularausgabe in sechs Bänden, hg. von Fritz Brukner und Eduard Castle, 6 Bände, Wien 1924–1934 (Nachdruck 1974)
HA	*Raimunds Werke in zwei Bänden*, hg. von Franz Hadamowsky, 2 Bände, Salzburg, Stuttgart, Zürich 1971
HKA-	Johann Nestroy, *Sämtliche Werke*, Historisch-kritische Ausgabe, hg. von Jürgen Hein, Johann Hüttner, Walter Obermaier und W. Edgar Yates, Wien, München 1977–2012

In den Lesarten, Varianten und Vorarbeiten bedeutet:

~~meinen~~	eine Streichung
(× ×)	Beginn bzw. Ende einer längeren gestrichenen Passage
⌈Wohlan⌉	einen Zusatz
⌊von mir⌋	einen Zusatz innerhalb eines Zusatzes
uZ	unterhalb der Zeile
oZ	oberhalb der Zeile
zwZ	zwischen den Zeilen
aR	am Rand
liR	am linken Rand
reR	am rechten Rand
/	Zeilenumbruch

Sonstige Abkürzungen:

arab.	arabisch
dt.	deutsch

VERWENDETE SCHRIFTARTEN, ABKÜRZUNGEN ...

engl.	englisch
frz.	französisch
griech.	griechisch
ital.	italienisch
lat.	lateinisch
österr.	österreichisch
span.	spanisch
tschech.	tschechisch
ungar.	ungarisch
r	recto (Vorderseite)
v	verso (Rückseite)

BIBLIOGRAPHIE

Ferdinand Raimund's sämmtliche Werke, hg. von Johann N. Vogl, 9 Bändchen, Wien 1837.

Ferdinand Raimund's sämmtliche Werke. Nach den Original- und Theater-Manuscripten nebst Nachlaß und Biographie hg. von Carl Glossy und August Sauer, 3 Bände, Wien 1881, 2. Aufl., Wien 1891.

Ferdinand Raimund, *Sämtliche Werke in 3 Teilen*, mit einer Einführung und Anmerkungen hg. von Eduard Castle, Leipzig 1903.

Raimunds Werke in drei Teilen, hg. mit Einleitung und Anmerkungen versehen von Rudolf Fürst, Berlin, Leipzig, Wien, Stuttgart o. J. [1908].

Ferdinand Raimund, *Sämtliche Werke*, Historisch-kritische Säkularausgabe in sechs Bänden, hg. von Fritz Brukner und Eduard Castle, 6 Bände, Wien 1924–1934 (Nachdruck 1974).

Raimunds Werke in zwei Bänden, hg. von Franz Hadamowsky, 2 Bände, Salzburg, Stuttgart, Zürich 1971.

Ferdinand Raimund, *Sämtliche Stücke in Einzelbänden*, hg. im Auftrag der Raimundgesellschaft von Gottfried Riedl [Nachworte von Jürgen Hein], 8 Bände, Wien 2006.

Ferdinand Raimund, *Das Mädchen aus der Feenwelt oder Der Bauer als Millionär*, Text und Materialien zur Interpretation, hg. von Urs Helmensdorfer, Berlin 1966.

Ferdinand Raimunds Liebesbriefe, mit Einleitungen und Anmerkungen hg. von Fritz Brukner, Wien 1914.

Ferdinand Raimund, *Briefe*, hg. von Fritz Brukner und Eduard Castle, Wien 1926 [= SW Bd. 4].

»... den 13. war ich bey ihm«. Das Raimund-Tagebuch der Toni Wagner 1825/26, hg. von Reinhard Urbach, Salzburg, Wien 1992.

Danielczyk, Julia, ›Ferdinand Raimunds »Notizen Buch«‹, *Nestroyana* 21 (2001), S. 101–105.

Raimund, Ferdinand, *Ferdinand Raimunds Lebensdokumente. Nach Aufzeichnungen des Dichters und Berichten von Zeitge-*

nossen, gesammelt von Richard Smekal, eingeleitet von Hugo [von] Hofmannsthal, Wien, Berlin 1920.

Ferdinand Raimund, *Die Gesänge der Märchendramen in den ursprünglichen Vertonungen*, hg. und eingeleitet von Alfred Orel, Wien 1924 [= SW Bd. 6].

Raimund-Liederbuch. Lieder und Gesänge aus Ferdinand Raimunds Werken, hg. von Wilhelm A. Bauer (Wiener Drucke), Wien 1924.

Die Lieder Ferdinand Raimunds, mit einer Chronik in Daten und Zitaten von Herbert Waniek, musikalische Einrichtung von Alexander Steinbrecher (Universal-Edition), Wien 1940.

Ferdinand Raimund, *Brüderlein fein*, Faksimile des autographen Notenblattes. Zum 150. Todestag des Dichters für die Wiener Stadt- und Landesbibliothek hg. von Franz Patzer [Text: Walter Obermaier], Wien 1986.

***

Eine umfassende Bibliographie der Sekundärliteratur zu Ferdinand Raimund findet sich in Band 1, S. 159–176. Zusätzlich sei auf die Bibliographien in diesem Band am Ende der Kapitel »Aufnahme« und »Erläuterungen« verwiesen.

DAS MÄDCHEN AUS DER FEENWELT
ODER DER BAUER ALS MILLIONÄR

EINFÜHRUNG

Wie seine beiden früheren Werke war auch *Das Mädchen aus der Feenwelt oder Der Bauer als Millionär* ein Benefizstück für Raimund im Theater in der Leopoldstadt. Es wurde als Original-Zauberspiel angekündigt, die Bezeichnung am Theaterzettel der Uraufführung lautete dann aber »Original-Zaubermährchen«.

Der Doppeltitel weist auf die beiden aufeinander bezogenen und voneinander abhängigen Bereiche hin: Geister- und Menschenwelt. In späterer Zeit wurde das Werk eher unter dem zweiten Teil des Titels, *Der Bauer als Millionär*, bekannt.

Die Musik stammt von Joseph Drechsler mit Melodieentwürfen Raimunds. Besondere Hervorhebung verdienen hier das Lied der JUGEND (»Brüderlein fein«) und das Aschenlied WURZELS.

Nach Raimunds schwerer Nervenerkrankung als drittes dramatisches Werk entstanden, erreichte es nach einhelliger Beurteilung durch die Wiener zeitgenössische Kritik einen gewaltigen künstlerischen Fortschritt gegenüber *Barometermacher auf der Zauberinsel* und *Diamant des Geisterkönigs*. Die Verbindung der ernsten Grundzüge des Stückes mit den Forderungen des Leopoldstädter Publikums nach bloßer Erheiterung schien gelungen.

Raimund legte Wert darauf, das Werk als Original, also frei von Vorlagen, zu akzeptieren. Die Originalhandschrift und der bei der Uraufführung am 10. November 1826 mit Raimund als WURZEL gespielte Text weisen stellenweise größere Differenzen auf als bei Raimunds anderen Stücken (vgl. S. 374).

Raimund verfasste zu seinem Stück auch eine umfangreiche Inhaltsangabe, die in der *Theaterzeitung* vom 5. Dezember 1826 veröffentlicht wurde (siehe S. 184–193).

Die außerordentlich lebendig gezeichnete Zauberhandlung trägt stark wienerische Züge, dennoch kommen weniger lokale topographische Anspielungen als bei den beiden vorhergehenden Stücken vor.

Die überirdischen Figuren ZUFRIEDENHEIT, JUGEND, ALTER, HASS und NEID bestimmen den Handlungsablauf und kämpfen gegeneinander, wobei die ZUFRIEDENHEIT zur eigentlichen Gegenspielerin von NEID und HASS, die mittels Reichtum dem Ideal der Bescheidenheit entgegenstehen, wird. Exemplifiziert wird dies durch den durch Zaubermacht erfolgten Aufstieg und Fall des Emporkömmlings WURZEL.

Trotz verschlüsselter zeitkritischer Analogien ist das Stück kein kritisches Abbild der damaligen Wirklichkeit, sondern verweist auf das, was durch Geld droht verloren zu gehen: ein zufriedenes Leben, das nur führen kann, wer sich von äußeren Gütern unabhängig macht und zum selbstgenügsamen Leben mit bescheidenem Eigentum zurückfindet. WURZELS Einsicht wird durch das Aschenlied zum Ausdruck gebracht. Für Ulrike Tanzer ist die Nähe zur Gattung der Idylle evident (siehe S. 370).

Kaum ein anderes Werk des damaligen Wiener Vorstadttheaters erlebte unmittelbar nach der Uraufführung einen so starken Publikumsandrang und so viele Wiederholungen. Es ist bis heute eines der erfolgreichen und bekannten Raimund-Stücke.

ÜBERLIEFERUNG

1. *Das Mädchen aus der Feenwelt. / oder / der Bauer als Millioneur. / Romantisches* ~~Zauber~~ *Original Zauberspiel in / 3 Aufzügen von F Raimund.*
Eigenhändige Handschrift Raimunds. Tinte, ca. 39,5 x 25 cm, rote Paginierung von 1 bis 70; Paginierung auf Seite 43 und 44 fehlt, zwischen Seite 51 und 52 zwei beschriebene unpaginierte Seiten. Eingeklebte Blätter bzw. Zettel auf den Seiten 22, 29, 41 und 49.
WBR, Handschriftensammlung, Signatur: H.I.N. 11.228

(HS)

Die Bibliotheksbindung wurde aufgelöst und die Handschrift restauriert. Dadurch gibt es leichte Schwankungen bei den Maßen der einzelnen Bogen und fallweise geringe Textverluste. Das vorgesetzte gedruckte Titelblatt liegt bei: »Das / Mädchen aus der Feenwelt / oder: / Der Bauer als Millionär. / Romantisches Original-Zaubermärchen mit Gesang in drei Aufzügen. / (70 beschriebene Seiten.) / (Zum ersten Male aufgeführt im Theater in der Leopoldstadt / am 10. November 1826.)«
Das Manuskript beginnt mit einem Einzelblatt, auf dessen Vorderseite steht der Titel, auf der Rückseite beginnt das Personenverzeichnis. Die folgenden Bogen des ersten Akts sind heftartig so ineinandergelegt, dass der geöffnete Bogen mit den Seiten 3/4 und 23/24 den ersten Umschlag bildet, nach innen folgen die Bogen mit den Seiten 5/6 und 21/22, 7/8 und 19/20, 9/10 und 17/18, dann folgt ein Einzelblatt mit den Seiten 11/12 und schließlich der Bogen mit den Seiten 13/14 und 15/16. Den zweiten Umschlag bildet der Bogen mit den Seiten 25/26 und 31/32, in den der Bogen mit den Seiten 27/28 und 29/30 eingelegt ist.
Die Bogen des zweiten Akts sind heftartig so ineinandergelegt, dass der Bogen mit den Seiten 33/34 und Seite 52 den ersten Umschlag bildet. Die vollständig gestrichene Vorderseite zu Seite 52 trägt keine rote Paginierung, sondern nur die Blattzäh-

lung mit Bleistift (33); davor liegt ein beidseitig beschriebenes loses Blatt mit unpaginierter Rückseite als Seite 51; nach innen folgen die Bogen mit den Seiten 35/36 und 49/50, 37/38 und 47/48, 39/40 und 45/46 sowie 41/42 und einem beidseitig beschriebenen unpaginierten Blatt, das mit Bleistift die Blattziffer »27« trägt, seine rote Paginierung müsste 43 und 44 lauten, fehlt aber. Es folgt der Bogen mit den Seiten 53/54 und 55/56, dann das Einzelblatt 57/58. Den letzten heftartigen Umschlag bildet der Bogen mit den Seiten 59/60 und 69/70, in den die Bogen mit den Seiten 61/62 und 67/68 sowie 63/64 und 65/66 innen eingelegt sind.

Darüber hinaus sind die Blätter fortlaufend mit Bleistiftnummerierung von 1 bis 42 durchgezählt. Die Differenz zur roten Seitenpaginierung von 1 bis 70 ergibt sich vor allem aufgrund der aufgeklebten Zettel, die als eigene Blätter gezählt sind: Blatt 12 (angeklebt an Seite 22), Blatt 16 (aufgeklebt auf Seite 29), Blatt 23, 24, 25 (aufgeklebt auf Seite 41) und Blatt 30 (aufgeklebt auf Seite 49); weiters ist bei Blatt 32 (Seite 51) die Rückseite unpaginiert und umgekehrt bei Blatt 33 (Seite 52) die Vorderseite unpaginiert. Die auf- bzw. angeklebten Zettel entsprechen den Signaturen E1 bis E6 in SW (vgl. SW Bd. 1, S. 474–476): Blatt 12 (ca. 35,7 x 22 cm) entspricht E1; Blatt 16 (11,5 x 9,5 cm) entspricht E2; Blatt 23 (ca. 25,5 x 20,2 cm) entspricht E3; Blatt 24 (ca. 8 x 8,4 cm) entspricht E4; Blatt 30 (11,5 x 19,8 cm) entspricht E5; Blatt 32 ist E6.

Das Manuskript ist sehr stark durchgebessert. Zu den Papiersorten, die vor allem in Farbtönen variieren, und Beschreibungen der Wasserzeichen siehe SW Bd. 1, S. 472–476. Ein Typoskript mit einer vollständigen Transkription von HS, erstellt von Elisabeth Kató, befindet sich unter der Signatur H.I.N. 212.719 (Ib 198.692) in der Handschriftensammlung der WBR und konnte als hilfreiche Vorarbeit zur Kontrolle für die hier vorliegende Texterstellung herangezogen werden.

2. [*Das Mädchen aus der Feenwelt. Inhaltsangabe.*] Eigenhändige Handschrift Raimunds. Tinte, 3 Einzelblätter, graues Papier, keine Wasserzeichen. Das erste Blatt ca. 40 x 24,5 cm, das

zweite ca. 40 x 25 cm und das dritte (gröberes, dickeres Papier) ca. 40 x 23,5 cm.
Fragment, beginnend mit »sie wählen ~~daher~~ darum«. Auf der nicht paginierten letzten Seite steht: »Drathner Hof / H⸗ Tendler«.
WBR, Handschriftensammlung, Signatur: H.I.N. 11.228 (der eigenhändigen Handschrift Raimunds zur *Gefesselten Fantasie* beiliegend)

(Inhaltsangabe)

Die Blattzählung der Handschrift zur *Gefesselten Fantasie* endet mit 45, die nachfolgenden 3 Blätter mit der Inhaltsangabe zum *Mädchen aus der Feenwelt* tragen die Nummern 46 bis 48. Zusätzlich trägt die Inhaltsangabe mit Rotstift die Paginierung von 8 bis 12. Da die Blätter mit den roten Seitenangaben von 1 bis 7 fehlen, liegt die Vermutung nahe, dass zum Zeitpunkt der Seitenzählung und vor der Zusammenlegung mit der Handschrift zur *Gefesselten Fantasie* der erste Teil der Inhaltsangabe noch in Handschrift vorgelegen sein könnte, was dem Verhältnis von verschollener zu vorhandener Handschrift umfangmäßig in etwa entsprechen würde.
Die vollständige Inhaltsangabe ist in der *Allgemeinen Theaterzeitung* vom 5. Dezember 1826 auf S. 590–592 abgedruckt (siehe in diesem Band S. 184–198).

3. *Das / Mädchen aus der ~~Feenwelt~~,* ⌈*Feeenwelt*⌉ */ oder: / Der Bauer als Millionär. / Romantisches Original Zaubermärchen / mit Gesang, in drey Aufzügen / von / Ferdinand Raimund.*
Auf dem Titelblatt verschiedene alte Signaturen. Unten auf dem Titelblatt »Soufl. Schack«.
Handschrift unbekannter Hand, Tinte; Korrekturen möglicherweise zum Teil eigenhändig von Raimund.
WBR, Handschriftensammlung, Signatur: H.I.N. 18.850 (Ia 38.602)

(T1)

Steifer, späterer Einband, rot-braun marmoriert. Blätter zum

Teil sehr stark restauriert, ca. 24,5 x 19,5 cm, verschiedene Papiersorten.
116 Seiten, mit Tinte paginiert bzw. Blätter mit Bleistift bis 73 durchnummeriert.
Zwischen Seite 2 (Beginn des Personenverzeichnisses) und Seite 3 (Fortsetzung des Personenverzeichnisses) sind 11 Blätter mit Liedeinlagen eingebunden. Auf Blatt 6 steht wie auf einem Titelblatt: »Das Mädchen aus der Feenwelt, / oder: / Der Bauer als Millionär. / Music von Jos. Drechsler, / Kapellmeister / Texto.« Darunter: »d. 10. Nov. 826 / Benefice d. Her: Raimund / Regisseur / Schak.« Ganz unten: »2. Manuscripte. / 1. Briefe geschrieben. Zufriedenheit / Mad. Scutta. F̶e̶e̶ ̶E̶n̶ö̶c̶k̶l̶. / Nr. 13. Einlage repet. Text.«
Die mit Tinte geschriebene Pagina beginnt mit 2 auf der Rückseite des ersten Blattes (Personenverzeichnis); darauf folgen die 11 Blätter mit den Liedtexten; sie tragen keine Paginierung, sondern nur die Blattzählung von 2 bis 12. Auf Blatt 13 (Rückseite mit Tinte als Seite 4 paginiert) wird das Personenverzeichnis fortgesetzt, auf Blatt 14 beginnt der eigentliche Stücketext. Die Rückseite von Blatt 14 entspricht Seite 6 in Tintenpagina, Blatt 15 entspricht Seite 7/8 und so weiter. Aufgrund von Zählunterschieden (nach Seite 51 eine Seite übersprungen und dann als »51½« paginiert, eingefügte Blätter mit Ersatztext nicht in Paginierung berücksichtigt, jedoch in Blattzählung) endet T1 mit Seite 116 bzw. Blatt 73. Blatt 72 gehört nicht zum Stücketext, sondern schließt an die eingebundenen Liedtexte auf Blatt 4 und 5 an.
Mehrere eingeklebte Zettel wurden teilweise abgelöst, so dass die darunterliegenden Stellen großteils wieder lesbar sind (vgl. Kapitel »Lesarten«). In SW wird T1 als »Urabschrift« bezeichnet (vgl. SW Bd. 1, S. 485–489).

4. *Das / Mädchen aus der Feeenwelt / oder / Der Bauer als Millionär. / Romantisches Original Zaubermärchen mit Gesang. / in drey Aufzügen. / von Ferdinand Raimund.* Handschrift unbekannter Hand, Tinte; Korrekturen möglicherweise zum Teil eigenhändig von Raimund.

Auf Seite 1 unten vermutlich von Raimunds Hand: »Erste Abschrift.«
WBR, Handschriftensammlung, Signatur: H.I.N. 142.423 (Ib 149.373)

(T2)

Mit Faden gebunden, marmorierter weicher Einband der Zeit, ca. 24,5 x 19,5 cm. Vom vorderen Einbanddeckel fehlt die rechte Hälfte.
72 Blatt, Blätter nummeriert, letztes Blatt (72) leer. Darüber hinaus jede Seite ab Blatt 4 mit Tinte paginiert, beginnend mit 1, auf Blatt 71 mit 136 endend.
An mehreren Stellen kurze Einfügungen anderer Hände, vermutlich auch Raimunds, jedoch kaum theaterpraktische Gebrauchsspuren.

5. *Das / Mädchen aus der Feeenwelt / oder: / Der Bauer als Millionnair. / Romantisches Original-Zaubermährchen / mit Gesang in 3 Aufzügen / von / Ferdinand Raimund.*
Zensurhandschrift unbekannter Hand. Tinte, steifer Einband, 123 Seiten, 23,5 x 19 cm.
ÖNB, Handschriftensammlung, Signatur: s.n. 3374

(T3)

Auf der ersten Seite die Notizen: »praes. am 19. Novemb. 1830 Letocha Theat[erreferent]«, darunter mit Bleistift: »(zum Druck)«; unter dem Titel: »ei[n]g[er]eicht für das k. k. p. Theat. a.d. Wien. / d. 18t Nob 830 Carl.« Ganz unten mit roter Tinte: »166 mal aufgeführt / wenn bis zum Druck nicht öfter.« Am Schluss der letzten Seite: »Die Aufführung wird gestattet. / Von der kk Polizey Hofstelle / ad mand[atum]. Exc[ellentiae]. / Wien d 24. Nov. 1830 / Mährenthal«. Auf derselben Seite links unten: »Imprimatur. / Wien d 19. Oktober 1836. / Vom kk. Cent[ral].B[ücher]R[evisions]Amte. / Hölzl«
Im Personenverzeichnis (S. 3–5) sind Zusätze (Besetzungen) am Rand mit Bleistift und Tinte (möglicherweise von der Hand Raimunds) durch Einbindung teilweise verdeckt.

6. *Das Mädchen aus der Feenwelt / oder / Der Bauer als Millionär / Romantisches Original-Zaubermährchen / mit Gesang in drey Aufzügen / von Ferdinand Reymund. Musik v. Drexler.*
Handschrift unbekannter Hand, Tinte, gebunden in festen Umschlag, am Rand abgestoßen. Bräunliches Papier, ca. 22,5 x 18 cm. Ganz unten mit rotem Kreidestift: »Souf B. M.«
Blätter von 1 bis 90 durchlaufend nummeriert.
WBR, Handschriftensammlung, Signatur: H.I.N. 18.849 (Ia 38.601, alte Inventarnummer I.N. 209)

(T4)

Darin 3 Zettel mit Varianten von Raimunds Hand: eingeklebter Zettel auf Blatt 23, ca. 17,5 x 18 cm; auf Blatt 56 eingeklebtes Blatt 55 (ca. 12 x 16,5 cm); Blatt 59 (ca. 12,5 x 20 cm) vor Blatt 60 lose beiliegend, war ursprünglich mit Siegellack an Blatt 58 angeklebt. Blatt 77 fehlt; Siegellackspuren zeigen, dass Blatt 77 am linken Rand auf Blatt 78 aufgeklebt war; es muss einen Zusatz- oder Ersatztext zum Aschenlied ab 71/22 getragen haben. In der gesamten Handschrift theatertechnische Eintragungen, Symbole und Streichungen, meist mit rotem Kreidestift, manchmal auch mit Bleistift. Auf dem inneren Rückendeckel theatertechnische Notizen mit Bleistift.

7. *Das / Mädchen aus der Feenwelt / oder / Der Bauer als Millionnair. / Romantisches Original-Zaubermährchen mit Gesang / in 3 Aufzügen von: / Ferdinand Raimund.*
Handschrift unbekannter Hand, Tinte, keine Gebrauchsspuren.
Steifer neuerer Einband, marmoriert, ca. 23,5 x 18,5 cm.
Die Tintenpagina beginnt mit 3 (Personenverzeichnis) und endet mit 122, dann leeres unpaginiertes Blatt. Ursprünglich rechts und links senkrecht gefaltet, um die Ränder von Beschriftung freizuhalten; am linken Rand blieben ca. 3,5 cm und am rechten Rand ca. 2 cm unbeschrieben.
WBR, Handschriftensammlung, Signatur: H.I.N. 18.846 (Ia 36.347)

(T5)

8. *Das / Mädchen aus der Feenwelt, / oder: / Der Bauer als Millionair. / Original-Zaubermärchen mit Gesang in 3 Akten von / Ferdinand Raimund.* Darunter in ovalem Stempel »Kreß«.
Handschrift unbekannter Hand, Tinte, 48 Blatt, ca. 23,5 x 18,5 cm, grünliches Papier, steifer neuerer Einband, marmoriert.
WBR, Handschriftensammlung, Signatur: H.I.N. 18.851 (Ia 38.603, mit Bleistift I.N. 211)

(T6)

Blätter von 1 bis 48 nummeriert, keinerlei theaterpraktische Benützungsspuren und fast keine Korrekturen. Gedruckter Theaterzettel der Aufführung im Theater in der Leopoldstadt vom 21. Oktober 1830 vor Seite 2 eingeklebt. Auf Blatt 48 Text des Aschenlieds für Hamburg.

9. *Das Mädchen aus der Feenwelt, / oder / Der Bauer als Millionär. / Komisches Original Zaubermärchen mit Gesang / in drei Acten von Ferdinand Raimund. Musik / Poss: A. G: Seydler.*
»Darf aufgeführt werden, mit den bezeichneten / Stellen; vom kk: Böhmisch: Landespräsi: / Prag am 15.ten Juny 830.«
Handschrift unbekannter Hand, Tinte, 121 Seiten, 20,5 x 17 cm. Gebrauchsspuren aus Verwendung im Theater, mehrere großräumige Striche.
ÖTM, Signatur: M 8432 Th

(T7)

Es existieren noch andere Theatermanuskripte, die für die Textgrundlage heranzuziehen nicht nötig war, so zum Beispiel:
Das Mädchen aus der Feenwelt oder Der Bauer als Millionär.
Handschrift unbekannter Hand, Tinte. Inspektionsbuch aus der Bibliothek des Residenztheaters München.
Handschriftliche Vermerke: »zum ersten Male am 18. Februar 1831.« »Im königl. Hof & Nationaltheater angesetzt, mußte aber wegen plötzlicher Erkrankung von Mad. Hölken auf Dienstag, den 22. Februar 1831 verschoben werden.« Weiters sind die Jahreszahlen 1832 und 1835 hinzugefügt.
Bibliothek des Residenztheaters München, Signatur: R 6 5/7

Das Mädchen aus der Feenwelt, oder Der Bauer als Millionär. Romantisches Original-Zaubermärchen mit Gesang in 3 Acten. von Ferdinand Raimund. Musik von Drexler.
Handschrift unbekannter Hand, 92 Blatt (ohne Zählung), 183 Seiten beschrieben. 22,2 x 19 cm. Halblederband der Zeit. Ohne Ort und Jahr (vor 1837). Mit späteren Strichen und z. T. zensurbedingten Änderungen (Bleistift und Tinte) von anderer Hand.
Vgl. Rainer Theobald, ›Raimund, Nestroy und Carl in der Theatersammlung Rainer Theobald‹, *Nestroyana* 17 (1997), S. 50–65, hier S. 54.
Theatersammlung Dr. Rainer Theobald, Berlin

Zusatzstrophen und Textvarianten

10. *Nachtrag / zu Raimunds Werken / eingereicht v. J. N. Vogl / (3. Juli 837)*
    Tinte, Handschrift verschiedener Kopisten. Verschiedene Papierlagen zusammengeheftet, steifer marmorierter Einband aus späterer Zeit. 25,5 x 20 cm (bzw. 24 x 19 cm), jedes Blatt mit Bleistift nummeriert (1–44). Zusätzlich Paginierung mit Tinte (Seite 71/72 fehlt). Auf S. 66–78 die Liedtexte zum *Mädchen aus der Feenwelt*.
    Auf der letzten Seite: »Imprimatur / Wien 14 Juli 1837 / kk. Cent[ral].B[ücher]R[evisions]Amt / Hölzl«
    ÖNB, Handschriftensammlung, Signatur: s.n. 3370

11. Version des Aschenlieds mit gestrichenem Entwurf: »Doch wenn eins was verspricht […]«.
    1 Blatt, ca. 24,5 x 20 cm, beidseitig beschrieben, teilweise Bleistift, teilweise Tinte; eigenhändige Handschrift Raimunds.
    WBR, Handschriftensammlung (Sammlung Otto Kallir / Kallir Family Collection), Signatur: H.I.N. 228.666

12. Textvariante zum Aschenlied: »Es ist der Aschenmann / Nicht gar so schlimm daran […]«.

2 Blatt (1 Bogen), ca. 20 x 13 cm; eine Seite eigenhändige Handschrift Raimunds in Tinte, auf der anderen Seite von fremder Hand: »Aschenlieder / von / Ferdinand Raimund«.
WBR, Handschriftensammlung, Signatur: H.I.N. 244.173

13. 3 Zusatzstrophen zum Aschenlied: »Ich komm auf Ihren Wink […]«.
1 Blatt, beidseitig mit Tinte beschrieben (paginiert 71 und 72), ca. 24 cm x 19,5 cm; eigenhändige Handschrift Raimunds.
WBR, Handschriftensammlung, Signatur: H.I.N. 64.442

14. Repetitionsstrophen zum Aschenlied anlässlich des Gastspiels im Theater an der Wien 1830: »Ich komm' auf Ihrem Wink […]«.
1 Blatt, ca. 26 cm x 21 cm, Tinte, nur Vorderseite beschrieben; laut Katalog der WBR »von der Hand Karl Ludolph's«.
WBR, Handschriftensammlung, Signatur: H.I.N. 1376

15. Raimunds Aschenlied, gesungen bei seinem ersten Auftritte im Josephstädter Theater nach längerer Abwesenheit.
2 Blatt (1 Bogen), beidseitig mit Tinte beschrieben, ca. 17,5 x 11 cm; vermutlich von fremder Hand.
WBR, Handschriftensammlung, Signatur: H.I.N. 137.011

16. Fünf Repetitionsstrophen zum Aschenlied für München: »Repetition / Vom alten Isterland […]«.
2 Blatt (1 Bogen), beidseitig mit Tinte beschrieben, ca. 21 cm x 12,5 cm; eigenhändige Handschrift Raimunds.
WBR, Handschriftensammlung, Signatur: H.I.N. 1374

17. Drei Zusatzstrophen zum Aschenlied: »Es ist halt so bestimmt […]«.
1 Blatt, beidseitig mit Tinte beschrieben, ca. 25 x 20 cm; eigenhändige Handschrift Raimunds.
WBR, Handschriftensammlung, Signatur: H.I.N. 135.754

18. Repetitionsstrophen des Aschenliedes, gesungen in Hamburg

1832: »<u>Aschenlied</u> / (In Hamburg 832.) / Ein Jahr ist es beynah […]«.
2 Blatt (1 Bogen), ca. 22,5 x 13,5 cm, beidseitig mit Tinte beschrieben; eigenhändige Handschrift Raimunds.
WBR, Handschriftensammlung, Signatur: H.I.N. 137.008

19. Aschenlied für Hamburg 1832: »<u>Aschenlied</u> / Ein Jahr ist es beynah […]«.
2 Blatt (1 Bogen), ca. 18 x 11,5 cm, gefaltet zu 4 Seiten; Seite 1 und 2 eigenhändige Handschrift Raimunds; auf Seite 3: »Ferdinand Raimund / Manuscript erhalten von Regierungsrat / Dr. Karl Glossy. / Alexander Girardi / 1912.«
WBR, Handschriftensammlung, Signatur: H.I.N. 33.316

20. Drei Zusatzstrophen zum Schlusslied und Entwurf einer Abdankungsrede: »Repetition des Schlußliedes. / 1 / Hoch leb der Vergessenheit liebliche Quelle […]«.
1 Blatt, ca. 25 cm x 20 cm, beidseitig mit Tinte beschrieben; eigenhändige Handschrift Raimunds.
WBR, Handschriftensammlung, Signatur: H.I.N. 135.777

21. Variante zum Schlusslied: »Die Jugend will oft mit Erkennen sich messen […]«.
1 Blatt, ca. 24 x 19,5 cm; beidseitig mit Tinte beschrieben, eigenhändige Handschrift Raimunds.
WBR, Handschriftensammlung, Signatur: H.I.N. 228.665

22. Textversion für den Monolog des Lorenz: »<u>Lorenz allein</u>. Holla! Feierabend ists […]«.
1 Blatt, ca. 22,5 x 19,5 cm, Tinte, eine Seite beschrieben; eigenhändige Handschrift Raimunds.
WBR, Handschriftensammlung, Signatur: H.I.N. 137.007

23. Prosavariante zu I, 8: »~~Und schütt~~ die Butten um 25 fl […]«.
1 Blatt, Tinte, ca. 26 x 20,5 cm, eine Seite beschrieben; eigenhändige Handschrift Raimunds.
Bibliotheca Bodmeriana, Cologny bei Genf, Signatur: R-7.1

24. Prosavariante zu II, 8: »Hollah! Jetzt ist Feierabend! [...]«.
1 Blatt, Tinte, ca. 25 x 20,5 cm, eine Seite beschrieben; eigenhändige Handschrift Raimunds.
Bibliotheca Bodmeriana, Cologny bei Genf, Signatur: R-7.1

Musik

25. *Das / Mädchen aus der Feenwelt, / oder / Der Bauer als Millionär.*
Titel auf S. 1: »Das Mädchen / aus der Feenwelt. / Großes Zauberspiel mit Gesang in 3. Acten. / von / Ferdinand Raimund. / Die Musick von Kapellmeister Jos. Drechsler.«
Partitur, Handschrift unbekannter Hand (Reinschrift), Tinte, 125 Blatt, 19 cm x 24 cm, 250 mit Bleistift paginierte Seiten. Marmorierter Einband mit aufgeklebtem Titel, Rücken später neu gebunden. Keine theaterpraktischen Benützungsspuren.
WBR, Musiksammlung, Signatur: MH 2017

(P)

26. *Der Bauer als Millionär.* In: *Neueste Sammlung komischer Theater-Gesänge*, Nr. 135–140, Wien: Diabelli und Comp., o. J.
Nr. 135 *Ja ich lobe mir d'Stadt, wo viel Freuden man hat*, Nr. 136 *Die Menschheit sitzt um bill'gen Preis*, Nr. 137 *Freunde hört die weise Lehre*, Nr. 138 *Brüderlein fein, mußt mir ja nicht böse seyn*, Nr. 139 *So mancher steigt herum*, Nr. 140 *Vergessen ist schön, und es ist gar nicht schwer*.

27. Eigenhändige Melodieentwürfe Ferdinand Raimunds in der Musiksammlung der WBR:
Signatur MHc 10.677, 1 Blatt, ca. 24 x 31,5 cm, Tinte, beidseitig beschrieben. Vorderseite: »Duetto zum Mädchen aus der Feenwelt von Raimund« (»Brüderlein fein«, II, 6); Rückseite: »Arie des Wurtzel als Aschenmann« (III, 5).
Signatur MHc 21.050, 1 Blatt, ca. 32 x 23 cm, beidseitig mit Tinte beschrieben, Korrekturen mit Bleistift; Entwürfe

zu Wurzels Arie in I, 8: »Die Menschheit sitzt um bill'gen Preis«.

Signatur MHc 21.051, 1 Blatt, ca. 24,5 x 31,5 cm, Vorderseite teilweise mit Tinte, teilweise mit Bleistift beschrieben, Rückseite nur 2 Zeilen Noten mit Tinte; Entwürfe zu Wurzels Arie in I, 7: »Ja ich lob mir die Stadt« und zu Musensohns Trinklied in II, 4: »Freunde hört die weise Lehre«.

Signatur MHc 21.052, 1 Blatt, ca. 30 x 24 cm; Vorderseite von Raimund mit Tinte beschrieben, Rückseite von Wenzel Müller. Raimunds Entwürfe beziehen sich auf das Duett »Brüderlein fein« (II, 6), Wurzels Arie in III, 5 und den Schlusschor (III, 9).

Signatur MHc 21.053, 1 Blatt, ca. 23,5 x 31,5 cm, nur etwas mehr als 2 Zeilen auf der Vorderseite beschrieben; Entwurf zum Schlusschor (III, 9).

Für die Texterstellung dieser Ausgabe waren die musikalischen Entwürfe nicht relevant; aus musikwissenschaftlicher Sicht siehe: Thomas Aigner, ›Musikhandschriften Ferdinand Raimunds‹, in: *Jahrbuch der Österreich-Bibliothek in St. Petersburg*, Bd. 8 (2007/2008), S. 58–72.

Zu Details der Handschriftenbeschreibung, vor allem der Wasserzeichen, vgl. generell SW Bd. 1, S. 472–510 und zur Musik SW Bd. 6, S. 107–135 und 286. Nicht beachtet wurden Raimund-Liedtexte in lokalen Theater-Almanachen, Taschenbüchern u. dgl. In der Regel fehlen auch »Abdankungen«. Zu Raimunds Gastspielen siehe die Zusammenstellung in Bd. 1 dieser Ausgabe, S. 443.

TEXTGRUNDLAGE

Grundlage des edierten Textes ist die Originalhandschrift Ferdinand Raimunds (HS; vgl. Kapitel »Überlieferung«, S. 163 f.), die in einer möglichst diplomatischen Wiedergabe geboten wird, wobei sich die editorischen Eingriffe auf ein Minimum beschränken (vgl. Kapitel »Zur Wiedergabe der Texte«, Bd. 1 dieser Ausgabe, S. 151–154).

Seitenwechsel in HS

Seite 1: Das Mädchen aus der Feenwelt ‹... bis› Raimund. (7/1–6)

Seite 2: <u>Personen</u> ‹... bis› Bediente. (8/1–9/10) ‹am Ende 2 Zeilen kopfstehend, siehe Lesarten zu nach 9/10›

Seite 3: Fee Lakrimosa ‹... bis› sein erster Bedienter. ‹ganze Seite Entwurfcharakter und großteils gestrichen, daher nicht in Haupttext›

Seite 4: <u>Erster Auftritt</u>. ‹... bis› Bravo Bravo <u>(verhallend)</u> Bravo – Bravo – (11/2–28)

Seite 5: <u>(Allgemeiner Applaus.)</u> ‹... bis› <u>Bustorius</u> Ja ist mir auch so vorgekommen. (11/29–13/3)

Seite 6: <u>Atrizia</u> Was falsch, oZ⌈falsch,⌉ ‹... bis› höflichem Antlize (13/4–14/8)

Seite 7: Alle Vivat die Hausfrau! ‹... bis› sinnend Haupt gelegt. (14/9–15/6)

Seite 8: Selima und Zulma, die Feen ‹... bis› mein Gemahl oder keiner – (15/6–27)

Seite 9: ~~leere Brieftasche haltent,~~ ‹... bis› <u>alle mit ihr.)</u> ‹darunter 4 Zeilen Einfügetext› (15/27–16/9)

Seite 10: (× <u>Lak</u>. Ein andres Tuch. ×) ‹... bis› der Erde. Sie verschwand. (16/10–17/10)

Seite 11: (× ~~sie {w}~~ (sie ~~seufs{e}t~~ seufzt ×) ‹... bis› meine Tochter ‹darunter 9 Zeilen Einfügetext, die letzten 2 wieder gestrichen› (17/10–18/11)

Seite 12: und will sie zwingen ‹... bis› a Vieherle sattle, und ‹darunter 6 Zeilen Einfügetext› (18/11–19/1)

Seite 13: reit hinunter, ‹... bis› fällt der Vorhang vor. (19/1–20/2)

Seite 14: <u>Verwandlung</u> ‹... bis› seine guten Freund, (20/3–21/3)

Seite 15: bis um 3 haben trunken ‹... bis› wo ich täglich meinen Karl (21/3–31)

Seite 16: sehen ~~konnte, durfte, konnte~~, oZ ⌈durfte⌉ ‹... bis› <u>ein Schritt zurück Lotte.</u> (21/31–22/29)

Seite 17: <u>Habak</u> Den Herrn sein Frühstück. ‹... bis› ihre Mutter war ein Bettelweib. (22/30–23/19)

Seite 18: <u>Lotti.</u> Himmel was ist das? ‹... bis› vor Ehrfurcht in die Fraß. (23/20–24/24)

Seite 19: Was das ~~für ein schönes~~ ist ‹... bis› ein Vampire (24/25–25/15 f.)

Seite 20: Kleid anzög ‹... bis› ~~und seyn~~ {n} das Vieh ver- (25/16–26/13)

Seite 21: schenkt, und ‹... bis› hab ihn nimmer gesehen. (26/13–27/7)

Seite 22: <u>Lorentz.</u> Nun und wo war ‹... bis› und wie du was sihst sagst mirs. (27/8–22)

ich ~~geh~~ oZ ⌈~~fahr~~ geh⌉ jezt aus, ich muß mir ‹... bis› darauf gschrieben, ‹darunter 3 Zeilen Einfügetext, teilweise wieder gestrichen› (28/6–16 f.)

Seite 22a: <u>Wurtzel trinkt aus einem Fläschgen</u> ‹... bis› gschlagen hat. (27/23–28/5 f.)

Seite 23: und ~~jezt hinunter zum~~ oZ ⌈wenns unten durchgehst sagst den⌉ ‹... bis› <u>(geht ab)</u> (28/17–29/16)

Seite 24: Scen 9 Auftritt ‹... bis› so wär ich verzweifelt. ‹darunter 10 Zeilen Einfügetext› (29/17–30/23)

Seite 25: <u>Lottchen.</u> ‹Verweiszeichen 3.)› Hab ich dir ~~nicht~~ den ‹... bis› <u>(sie läuft ab)</u> (30/24–31/29)

Seite 26: <u>Karl.</u> Verdammte Geschichte ‹... bis› <u>Wurtzel.</u> Ich, woher den? (31/30–32/27)

Seite 27: <u>Ajaxerle.</u> Ich bin der Martin Haugerle ‹... bis› <u>(Es donnert sehr stark)</u> (32/28–33/33)

Seite 28: liR ‹von oben nach unten› ⌈<u>Ajax.</u> Habens sie ghort, ‹... bis› ich ihren Fischer mein Wort. (33/34–34/23)

‹Einfügungszettel Blatt 16 siehe Lesarten zu 34/23›

Seite 29: <u>Aja</u> ~~S~~ <u>(Rasch)</u> Schlagen sie ein ‹... bis› durch diese Thür (34/24–35/18)

Seite 30: <u>Karl</u> So spring ich durchs Fenster ‹... bis› was haben sie gethan? (35/19–36/24)

Seite 31: <u>Wurtzel (schleudert sie vom Thor weg)</u> ‹... bis› <u>Mitte des Theaters einnimmt,</u> (36/25–37/23)

Seite 32: <u>in graues</u> ‹korrigiert aus »grauer«› oZ ⌈{lan}⌉ T̶o̶g̶a̶. faltiges ‹... bis› liR ‹von oben nach unten geschrieben:› ⌈und schlägt mit den Flügel an die Glasscheibe. So fällt der Vorhang.⌉ (37/23–39/6 f.)

Seite 33: <u>Actus 2.</u> ‹... bis› <u>ungeduldig auf und ab trippelt)</u> (40/1–31)

Seite 34: Ein bisl gschwind, ‹... bis› suchst. (40/31–42/8)

Seite 35: <u>Lottch</u>. Wirklich, sie sind ‹... bis› bist du mit mir verwandt. ‹darunter 5 Zeilen Einfügetext› (42/9–43/18)

Seite 36: <u>Lottch</u> A̶c̶h̶ i̶c̶h̶ h̶a̶b̶e̶ j̶a̶ k̶e̶i̶n̶e̶n̶ V̶e̶r̶w̶a̶n̶d̶t̶e̶n̶ oZ ⌈Verwandt.⌉ ‹... bis› mich von sich stoßt. ‹darunter 6 Zeilen Einfügetext› (43/19–44/29)

Seite 37: <u>Verwandlung.</u> ‹... bis› <u>Wurzel</u> Und der Rausch, nicht wahr? (45/1–46/4)

Seite 38: <u>Aftrli</u>. Pfui HE v W. sagen ‹... bis› Bilderhändlerinn seyn, und wenn man (46/5–47/6)

Seite 39: ihre Waaren ‹... bis› gewähren Götterlust. (47/6–48/22)

Seite 40: <u>S. Wurzel</u> oZ ⌈<u>Lorentz</u>⌉ Habakuk Bediente ‹... bis› die schönsten Leut kommen zu mir. (48/24–49/32)

‹Einfügungszettel Blatt 23 bis 25 siehe Lesarten zu 50/20›

Seite 41: <u>Lorentz</u> öffnet die Thür. ‹... bis› Ich kenn ihn gar nicht. (49/33–50/25)

Seite 42: <u>Jug</u> I freilich, und {erst} wie ‹... bis› nichts schlechtes nach. (50/26–51/21)

Seite 43: Duett. ‹... bis› tanzt ab alle nach. (51/22–53/4 f.)

Seite 44: S. ‹linke obere Ecke des Blattes:› <u>Hundstag.</u> ‹... bis› kein Menschen. (53/6–54/10)

Seite 45: <u>Alter</u> Na, nur aufmachen ‹... bis› Kadetenstift nach Ibs. (54/11–55/6)

Seite 46: <u>Alter</u>. I bewahr wir werden ‹... bis› <u>dessen Aermel in dem</u> (55/7–56/6)

Seite 47: ‹links oben ohne Zusammenhang mit dem sonstigen Text:› A̶l̶t̶e̶n̶b̶u̶r̶g̶ des Schlafroks ‹... bis› habens mirs den selbst erzählt (56/6–57/14)

Seite 48: <u>Wurz</u> Und er soll hin seyn ‹... bis› eine Grobheit sagt. (57/15–58/13 f.)

‹Einfügungszettel Blatt 30 siehe Lesarten zu 58/25–28›

Seite 49: S. / <u>(Wolken fallen vor</u> ‹... bis› Mann, ~~der aus einen jungen Esel ein alter worden ist~~ (58/15–59/5)

Seite 50: <u>Neid und Haß. Sc – 10</u> ‹... bis› (× Macht und Reichthum verspricht ×) (59/7–14)

Seite 51: <u>Haß. (Fährt aus einem kurzen Nachdenken empor)</u> ‹... bis› Mittel ~~finden~~ anwenden (59/15–60/11)

Seite 51v: daß er entweder ~~als Besitzer~~ ‹... bis› <u>(Beyde Arm in Arm ab)</u> ‹darunter 4 Zeilen Einfügetext wieder gestrichen› (60/11–20)

‹Einfügungsblatt 33, vollständig gestrichen, siehe Lesarten zu 59/14›

Seite 52: <u>Verwandlung.</u> ‹... bis› Her mit der Kugel. (60/21–61/28)

Seite 53: <u>Nigowitz</u> Nur langsam nicht so ‹... bis› <u>aus vollem Halse)</u> Alle neune (61/29–62/35)

Seite 54: <u>Heftiger Donnerschlag</u> ‹... bis› <u>fällt der Vorhang.</u> (63/1–15)

Seite 55: <u>Actus drey.</u> ‹... bis› heute nicht vom Finger (64/1–65/2)

Seite 56: zieht, dann ist das Spiel gewonnen ‹... bis› und heirathet vieleicht ~~die jezt die nächste~~ (65/2–66/12)

Seite 57: ~~beste~~ oZ ⌈eine⌉ Königstochter. ‹... bis› Ein Aschen. (66/13–67/19)

Seite 58: <u>Wurzel als Aschenmann</u> ‹... bis› Kennst du den Fischer. (67/19–68/32)

Seite 59: <u>Wurtz</u> Freylich ‹... bis› Dach von der Hütten war. (68/33–70/4)

Seite 60: <u>Zufried.</u> Gut auf die ‹korrigiert aus »der«› Spitze ‹... bis› <u>Arie.</u> (70/5–71/6)

Seite 61: <u>Arie</u> ‹... bis› <u>(Man hört Pst. Pst.</u> ~~und H{u}~~ ‹u oder o?› <u>Hm! Hum!)</u> ‹danach Einfügung zu 72/24: ⌈ihr nicht entdeken nach den Spruch der Königinn.⌉› (71/6–72/25)

Seite 62: <u>Zufr.</u> Wer ist hier.? ‹... bis› Tauben ~~gfragt~~, oZ ⌈gsagt⌉ ‹danach Rest der Zeile und 2 weitere Zeilen mit Schrägstrichen gestrichen› (72/26–73/33 f.)

Seite 63: liR ⌈~~sind,~~⌉ sie sind oZ ⌈mit der Lottle⌉ ‹... bis› Folge mir <u>(zieht sie ins Kabinet)</u> (73/34–75/7)

Seite 64: <u>Vorige Karl in sehr schönem Reisekleid.</u> ‹... bis› du sie nicht erhalten. (75/9–76/19)

Seite 65: <u>Carl</u>. Wie ich sollte wieder ‹... bis› <u>(Die Bedienten tretten ein, Tophan</u> (76/20–77/19)

Seite 66: <u>hält ihr ein Riechfläschgen</u> ‹... bis› <u>(Beyde sehen sich um)</u> Wer ist das? (77/19–78/16)

Seite 67: <u>Zůfried</u>. Der bestrafte Fortunatus. ‹... bis› <u>Vergessenheit des Üblen</u> (78/17–79/17 f.)

Seite 68: <u>Wurt</u> Da trinken wir ‹... bis› (× Das ~~wissen~~ uZ ⌈hoffen⌉ wir nit. / reR ⌈Chor –⌉ ×) / ~~Gruppe Ende~~ (79/19–31)

Seite 69: ~~und doch müssen wir die Verbindung verzögern,~~ ‹... bis› in der Mitte (80/1–21)

Seite 70: <u>4</u> ‹korrigiert aus »3«› ‹... bis› Ende (80/22–81/20)

Szenenkonkordanz

1. Akt

		HS	T1	T2	T3	VO	GS	SW	HA
11/2	[Scena 1.]	<u>Erster Auftritt.</u>	1	1	1	1	1	1	1
14/1	[Scena 2.]	<u>2ter Auftritt.</u>	2	2	2	2	2	2	2
14/6	[Scena 3.]	<u>3ter Auftritt.</u>	3	3	3	3	3	3	3
20/4	S[cena 4.]		4	4	4	4	4	4	4
21/17	[Scena 5.]		5	5	5	5	5	5	5
22/24	Scen[a] 6.	<u>Scen S. 6.</u>	6	6	6	6	6	6	6
24/1	[Scena 7.]	⌈7. Auftritt⌉	7	7	7	7	7	7	7
25/8	[Scena 8.]	<u>8 Auftritt</u>	8	8	8	8	8	8	8
29/17	Sc[ena] 9.	Sc~~en~~ <u>9 Auftritt</u>	9	9	9	9	9	9	9
30/1	[Scena 10.]		10	10	10	10	10	10	10
32/16	[Scena 11.]		11	11	11	11	11	11	11
35/7	Sc[ena 12].	Sc.	12	12	12	12	12	12	12
36/1	[Scena 13.]	<u>13. Auf</u>	13	13	13	13	13	13	13

2. Akt

		HS	T1	T2	T3	VO	GS	SW	HA
40/2	Sc[ena] 1.	<u>Sc. 1.</u>	1	1	1	1	1	1	1
41/10	[Scena 2.]	<u>2ter Auftritt.</u>	2	2	2	2	2	2	2
42/1	Scena 3.	3 ‹korr. aus »2«?› 3	3	3	3	3	3	3
45/6	[Scena 4.]		4*	4*	4*	4*	4*	4*	4*
48/24	S[cena 5].	S.	5	5	5	5	5	5	5
50/1	S[cena] 6.	S. <u>6.</u>	6	6	6	6	6	6	6

	HS		T1	T2	T3	VO	GS	SW	HA
53/6	S[cena 7].	S.	7	7	7	7	7**	7	7
53/19	[Scena 8.]						8		
54/18							9		
56/28	[Scena 9.]		8	8	8	8	10	8	8
58/15	S[cena 10].	S.	9	9	9	9	11	9	9
59/7	Sc[ena 11].	Sc – 10	10	10	10	10	12	10	10
			11	11	11	11		11	11
61/1	[Scena 12.]		12*	12*	12*	12*	13*	12*	12*
61/15	[Scena 13.]		13	13	13	13	14	13	13

3. Akt

	HS		T1	T2	T3	VO	GS	SW	HA
64/2	[Scena 1.]		1	1	1	1	1	1	1
64/21			2	2	2	2	2		2
65/14	Sc[e]n[a 2.]	2te Scn	3	3	3	3		2	3
65/30			4	4	4	4	3		4
66/16	[Scena 3.]		5	5	5	5	4	3	5
67/10	[Scena 4.]	⌜3. Auftr⌝	6	6	6	6	5		6
67/18			7	7	7	7	6		7
68/1	[Scena 5.]		8	8	8	8	7	4	8
72/15	[Scena 6.]		9*	9*	9*	9*	8*	5*	9*
73/1							9		
75/1	[Scena 7.]		10	10	10	10	10		10
75/8	[Scena 8.]		11	11	11	11	11	6	11
76/1	[Scena 9.]		12	12	12	12	12		12
77/10			13	13	13	13			13
			14	14	14	14		7	14
78/9			14 (sic!)	15	15	15	13		15

* Szenenbeginn bereits vor der Verwandlung (45/1, 60/21 und 72/10)
** Szenenbeginn zwei Zeilen später nach 53/8

Der Zählfehler am Ende des 3. Aktes in T1 betrifft nicht nur die allerletzte Szene, sondern beginnt bereits 3 Szenen davor, er wurde aber mit Ausnahme der letzten Szene korrigiert. Auch in T2 sind diese Korrekturen in der Zählung erkennbar (siehe Lesarten zu 440/32, 441/27, 443/1 und 443/23):

440/32	Scen: 12.	T1	Scen: 12. ‹»12« korrigiert aus »11«›
		VO	Zwölfte Scene.
441/27	Scen: 13.	T1, T2	Scen: 13. ‹»13« korrigiert aus »12«›
		VO	Dreizehnte Scene.
443/1	Scen: 14.	T1, T2	Scen: 14. ‹»14« korrigiert aus »13«›
		VO	Vierzehnte Scene.
443/23	Scen: 14.	T2	Scena 15. ‹»15« korrigiert aus »14«›
		T3	Scena 15.
		VO	Fünfzehnte Scene.

ENTSTEHUNG UND VORLAGE

Raimunds drittes dramatisches Werk entstand nach seiner schweren Erkrankung (1824/25) und wurde als großer Fortschritt gegenüber den beiden früheren Werken gesehen. In seiner posthum von der *Theaterzeitung* (Donnerstag, 15. September 1836, Nr. 186, S. 741) abgedruckten »Selbstbiographie« heißt es:

> Als dieses Stück [*Der Diamant des Geisterkönigs*, J. H.] so glücklichen Erfolg hatte, wie es ihn gewiß nicht verdient hat, wurde ich schon kühner und erfand mir selbst einen Stoff, und so entstand der »Bauer als Millionär«, in dem sich viele läppische Kleinigkeiten befinden, welche ich nur angebracht habe, weil ich fürchtete, das Publikum möchte ihn zu ernsthaft finden. Durch die fortwährend geistige und physische Anstrengung und Kränkungen im Leben, verfiel ich im Jahre 1824 in eine bedeutende Nervenkrankheit, welche mich der Auszehrung nahe brachte und fünf Monate von der Bühne entfernt hielt. Ich wurde durch homöopathische Curart ganz hergestellt, und danke diese Rettung meinem Freunde, dem Doctor L i c h t e n f e l s. Das Publikum nahm den gütigsten Antheil an meiner Krankheit, und nachdem ich die Bühne wieder betreten hatte, beehrten mich mehrere Gönner mit einer Gedächtnißmünze, welche sie mir nebst einem Schreiben zum Andenken überschickten. Diese Krankheit verzögerte die Aufführung des »Bauers als Millionär« um ein ganzes Jahr. Bei seinem Erscheinen hatte er das Glück, so sehr zu gefallen, daß mich meine Neider gar nicht als den Verfasser wollten gelten lassen.

Wieweit diese unvollendete »Selbstbiographie« aus Raimunds Hand stammt, wie im Einleitungstext der *Theaterzeitung* behauptet wird, ließ sich bis jetzt nicht feststellen. Auffallend ist, dass er Wert darauf legt, das Werk als Original, also frei von Vorlagen, zu akzeptieren. Jedoch ist ein Einfluss verschiedenster Märchen- und Sagenmotive, wie er sie aus der Literatur bzw. aus deren bisheriger Verwertung auf der Vorstadtbühne kannte, anzunehmen. Es wurde aber bis dato keine konkretisierbare Vorlage gefunden.

In einigen Briefen an Toni Wagner erwähnt Raimund 1825 und 1826 seine Arbeit am *Mädchen aus der Feenwelt*, ohne den Titel namentlich zu erwähnen, wie: »befinde mich schon wieder besser, indem ich das Dichten vermeide« (Brief Nr. 161, SW Bd. 4, S. 222). Anfang 1826 schreibt er: »Übrigens wirst du wohl schon gehört haben, daß ich seit zehn Tagen in einem fort an meinem Stück arbeite, womit ich nun schon bald fertig bin und mir kaum Zeit zum Essen nehme [...]« (Brief Nr. 166, SW Bd. 4, S. 229). Und in einem Brief, den er vermutlich am 13. Juni 1826 schrieb, heißt es: »Mein Stück ist angenommen, ich habe es nach deinem Rathe es [!] Manquet lesen lassen, und es hat ihm sehr gefallen. Es hat auch der Decorationen wegen keinen Anstand« (Brief Nr. 174, SW Bd. 4, S. 238). Dr. Joseph von Manquet war Verwalter der Huber'schen Konkursmasse und entscheidend für alle finanziellen Angelegenheiten des Theaters in der Leopoldstadt (SW Bd. 5/2, S. 996 ff.). Und im Oktober 1826 schrieb Raimund an Toni Wagner: »Ich bin gestern den ganzen Tag gar nicht mehr ausgekommen und habe noch eine Arie in mein Stück componirt« (Brief Nr. 193, SW Bd. 4, S. 264, dort wird vermutet, es handle sich um die Arietta »So mancher steigt herum«).

Im Tagebuch von Toni Wagner finden sich kurze Erwähnungen am 11. und 20. Dezember 1825, die sich vermutlich ebenfalls auf das *Mädchen aus der Feenwelt* beziehen. So heißt es am 11. Dezember 1825: »bey Ihm gewesen u sehr viel Verdruss gehabt wegen seinen Stück u wegen den Geistlichen es war auch der Landner da« (»... *den 13. war ich bey ihm*«, S. 14).

Am 10. November 1826 wird dann *Das Mädchen aus der Feenwelt, oder Der Bauer als Millionär* als Benefiz für Raimund im Theater in der Leopoldstadt uraufgeführt. Die eigenhändige Entwurffassung und der bei der Uraufführung gespielte Text weisen stellenweise große Differenzen auf, größere als bei Raimunds anderen Stücken. Die Zeitspanne zwischen den Bearbeitungen lässt sich aber nicht feststellen.

RAIMUNDS INHALTSANGABE

Der sogenannte »Plan« zum *Mädchen aus der Feenwelt* ist kein Szenar, sondern eine Inhaltsangabe der gespielten Theaterfassung (vgl. SW Bd. 1, S. 508–510) und wurde vollständig in der *Theaterzeitung* (Nr. 150, Dienstag, 5. Dezember 1826, S. 590–592) abgedruckt. Raimund hat also indirekt dem Kritiker einen Teil seiner Rezension selbst geschrieben.

Die eigenhändige Handschrift Raimunds ist nur zum Teil erhalten und liegt der *Gefesselten Fantasie* bei (WBR, Handschriftensammlung, Signatur: H.I.N. 11.228). Sie beginnt mit der insgesamt gestrichenen Passage »sie wählen daher darum«. Die Seiten sind mit Rotstift von 8 bis 12 paginiert, mit Bleistift ist zusätzlich eine andere Zählung der Blätter in Fortsetzung der Handschrift der *Gefesselten Fantasie* eingetragen. Auf der nicht paginierten Rückseite von Seite 12 steht: »Drathner Hof / H.r Tendler«.

Es folgt der gesamte Abdruck nach der *Theaterzeitung*. Nicht durch die Handschrift gesichert – wenn auch von Raimund authentisiert – ist der Text von: »Die Fee Lacrimosa, welche sich gegen die Gesetze der Feenwelt, auf der Erde mit einem Sterblichen vermählte,« bis »und so statt Lacrimosens Rettung einen Geisterkrieg herbeyführen.« Danach wird der Text auch nach der Originalhandschrift wiedergegeben.

Theaterzeitung (Nr. 150, Dienstag, 5. Dezember 1826, S. 590–592) unter der Rubrik »Neuigkeiten«:

R a i m u n d ' s Plan zum »Mädchen aus der Feenwelt.«
Die Fee Lacrimosa, welche sich gegen die Gesetze der Feenwelt, auf der Erde mit einem Sterblichen vermählte, und nach dem Tode dieses Gemahles, ihr, aus dieser Ehe entsprungenes Kind, ein zweyjähriges Mädchen, um Mitternacht geboren, mit zurück in das Feenreich nahm, um es im glänzenden Reichthum zu erziehen, und den stolzen Plan auszuführen, dieses Mädchen einst m i t d e m S o h n e d e r G e i s t e r k ö n i g i n n zu verbinden, wird von dieser mit folgendem Ausspruch bestraft: »S i e m u ß d i e - s e s M ä d c h e n (L o t t c h e n) a u f d i e E r d e z u r ü c k

bringen, und sich dann machtlos auf ihr Wolkenschloß zurück ziehen. Und nur wenn ihre Tochter in Tugend und Armuth erzogen, allen Reichthum hasset und sich in ihrem 18. Jahre mit einem eben so armen und tugendhaften Jüngling vermählt, ist der Bann ihrer Mutter gelöst und die Stunde dieser Vermählung die von Lacrimosens Befreyung.«

Lacrimosa sinkt mit ihrem Kinde auf die Erde nieder, und übergibt es, in der Gestalt eines alten Weibes, dem armen Waldbauer Fortunatus Wurzel, mit der Bitte, die erwähnten Bedingnisse zu erfüllen, und reichen Lohn zu erwarten. Dann schwebt sie weinend an den Ort ihrer Verbannung zurück.

Der Bauer erfüllt nun sein Versprechen durch 14 Jahre redlich, und Lottchen soll binnen einem Jahre mit einem armen Fischer (Carl Schilf) verbunden werden.

Zu dieser Zeit aber verschaffen die mißgünstigen Gesinnungen unter Lacrimosens Dienerschaft dem Neid Eintritt in ihr Exil. Er entbrennt in Begierde, und wirbt um ihre Hand. Doch da sie ihn verschmäht, läßt er aus Rache dem Bauer einen großen Schatz finden, befiehlt ihm, mit dem Mädchen nach der Stadt zu ziehen, ihren Geliebten aus dem Hause zu verbannen, und sie schnell mit einem reichen Manne zu vermählen. Doch verbiethet er ihm seine Glücksgüter zu verwünschen, und sich in seinen Bauernstand zurück zu sehnen, weil sein Wunsch sonst augenblicklich in bittere Erfüllung gehen müßte.

Der Bauer befolgt alles genau, wird zum reichen Prasser, und will Lottchen, die mit frommer Sehnsucht an ihrem Geliebten und an dem geräuschlosen Landleben hängt, zwingen, einem Millionär ihre Hand zu reichen.

In dieser Gefahr beschwört nun Lacrimosa alle Geister, die sich in der Nähe ihres Feengebiethes befinden, schriftlich, ihr Beystand zu leisten, doch da sich unweit ihres Zauberreiches das Hoflager der Geisterköniginn befindet, wagen sie es nicht.

Lacrimosens Angst steigt nun auf den höchsten Grad, und erst drey Nächte vor dem Ausgange des 18. Frühlings ihrer Tochter, gelingt es ihr heimlich Geister aus fernen Gegenden in ihrem

Wolkenschlosse zu versammeln. Unter diesen befindet sich ihr Vetter, der Magier Ajaxerle aus Donau-Eschingen, dienstfertiger, aber furchtsamer Natur. Bustorius, Zauberer aus Warasdin, mit redlichem, muthigen Charakter, Geister aller Art, die Nacht, der Morgen und viele allegorisirte Mächte, selbst die durch Amor und Hymen personifizirte Liebe und Ehe. Diesen trägt Lacrimosa ihre Unglücksgeschichte vor, und alle geloben ihr, daß bis zur dritten Mitternachtsstunde die Vermählung ihrer Tochter vor sich gehen werde. Sie wählen daher zu ihrem Hauptquartier einen hohen Berg, der Geisterscheckel genannt, welcher sich in der Nähe der Stadt befindet, in welcher der Bauer seinen Wohnsitz aufgeschlagen hat. In einer Stunde beschließen sie sich dort zu versammeln, die Nacht wählen sie zur Begleiterinn, damit sie in ihrem Dunkel unentdeckt handeln können. So geht die Versammlung auseinander, und Lacrimosens Vetter, Ajaxerle, den sie zum Kundschafter gewählt, begibt sich, als Schneckenhändler verkleidet, nach dem Markte der Stadt, findet dort den Fischer, und führt ihn unter dem Vorwande, daß Lottchen ihn gesendet, während Wurzel außer Hause ist, zu seiner Geliebten. Sich von der Treue der Liebenden überzeugend, verspricht er ihnen Beystand, und befiehlt Carln nach seiner Fischerhütte zu eilen, welche sich zwey Stunden außer der Stadt, und eine Strecke weit von dem Dorfe befindet, an welchem Wurzels einsame Waldhütte steht, und dort seiner zu harren. Unter diesem Gespräch hören sie Wurzl nach Hause kommen, und der Magier versteckt den Fischer in einen Kasten, um sich mit dem Bauer einen Spaß zu machen. Dieser erscheint, und Ajaxerle, der sich für Carls Vetter ausgibt, hält für ihn um Lottchens Hand an. Der Bauer entbrennt darüber in den heftigsten Zorn, und spricht den Schwur aus:

»Daß er die Verbindung nicht früher zugeben wolle, bis ihn das Alter so entnervt, daß er (wie ein gemeines Sprichwort sagt) auf den Aschenmarkt hinausgehöre.«

Diesen Schwur läßt Ajaxerle in dem Augenblick, als Wurzel ihn ausspricht, durch einen Satyr auf eine steinerne Tafel schreiben, und sendet ihn den Geistern zur Erfüllung. Dann verläßt er unter heftigen Drohungen den Bauer, welcher ihn mit Schmähworten bis auf die Straße verfolgt. Während dieses geschieht, sprengt der Fischer durch die Beschimpfungen, die Wurzel gegen seine Ehre ausgestossen, in Wuth versetzt, den Kasten, und verläßt seine Geliebte unter der Versicherung: » E r w o l l e r e i c h o d e r n i e w i e d e r v o r i h r e r s c h e i n e n.« Doch auf Lottchens Bitte, ihre Ehre zu schonen, und dem Vater auf der Treppe nicht in die Hände zu laufen, springt er in seinem gereitzten Zustande über das Fenster des ersten Stockwerks, und fällt auf Wurzel, welcher sich noch vor seinem Hause befindet. Dieser ergreift ihn, macht Lärm, schickt um die Wache, der Fischer rafft sich auf und entspringt. Lottchen, die Carls Fall sah und ängstlich herabeilte, um ihrem Geliebten beyzustehen, wird von Wurzel mit Schmähungen aus dem Hause verwiesen, und das Hausthor vor ihr verschlossen. Mit Thränen wendet sie sich an die gaffenden Zeugen dieses Auftrittes und da sie diese spottend verlassen, beschwört sie die N a c h t ihre Schande zu verhüllen. Diese Fürstinn der Finsternisse, welche sich unter den versammelten Geistern auf dem Berge S c h e c k e l befindet, vernimmt ihren Ruf, und der Geisterrath beschließt in Blitzesschnelle: » d i e N a c h t s o l l L o t t c h e n s B i t t e e r f ü l l e n, u n d s i e z u m S c h u t z i h r e r T u g e n d d u r c h i h r e n G e n i u s i n d a s s t i l l e u n b e k a n n t e T h a l d e r Z u f r i e d e n h e i t g e l e i t e n l a s s e n.« Die Nacht befolgt es, ihre Schatten umkreisen Wurzels Haus und sprechen über ihn den Fluch ihrer Königinn aus. Zugleich senden die Geister ihren Briefbothen, I l l i, mit einem Schreiben an die Zufriedenheit, berichten ihr darin Lottchens Ankunft, ersuchen sie, diese so lange in ihrer Strohhütte zu verbergen, bis der Magier A j a x e r l e erscheint, beyde nach dem Geisterscheckel abholt, wo durch Hymen die Liebenden verbunden werden.

In dem Augenblicke, als dieß geschieht, keucht A j a x e r l e den Geisterscheckel herauf und berichtet das freche Betragen des Bauers. Die Geister senden ihn aber schnell ins Feenreich hinüber, um eine geflügelte Kutsche zu bestellen, mit der er, noch heute Abends, die beyden Weiber aus ihrer Wohnung nach dem Scheckel expediren soll.

Ajaxerle besorgt dieß, und eilt dann von Zorn, Besorgniß und dem Herumlaufen ermüdet, nach dem Hexen-Gasthof, in dem alle fremden Geister bey ihrer Ankunft abgestiegen, legt sich nieder, um sich zu stärken, und schläft ein. Den Nachmittag verwenden die Geister, um sich an dem Bauer zu rächen. Und nachdem Wurzels Zechbrüder sich beurlaubt, senden sie ihm allegorisch, seine J u g e n d , um satyrisch von ihm Abschied zu nehmen, und da sie ihn verlassen, erscheint das h o h e A l t e r , und raubt ihm noch die letzten Kräfte. So erfüllen sie des Bauers Schwur und erzwecken zugleich, daß Wurzel durch diese schreckliche Metamorphose in Verzweiflung geräth, den Neid als den Urheber seines Unglücks verflucht, und sich die Gesundheit und die Thätigkeit seines Bauernstandes zurück wünscht. In diesem Augenblick verschwindet sein Reichthum, und er sieht sich in die Nähe seiner verfallenen Hütte, am Fuße eines Gletschers mitten unter eine dort weidende Heerde von Ochsen versetzt. Er und sein Diener (Lorenz), welcher jetzt Kammerdiener und früher Kuhhirte bey ihm war, stehen halbentblößt als arme Bauern da. Der Diener verläßt ihn, als ein Bild des gemeinen Undanks. Nun tritt ihm der N e i d mit seinem Milchbruder, dem H a ß , entgegen, und vollendet durch Hohn seine Kränkung; Wurzel entfernt sich heulend.

Beyde haben von Lacrimosens Rettung Wink erhalten, und Tophan, des Hasses Kammerdiener, erscheint und berichtet ihm den ganzen Plan der Geister, welchen er eben durch seine Geliebte erfahren, die als Kammerjungfer in Diensten einer mit den Geistern verbundenen Fee ist. Zugleich aber fügt er die Bemerkung hinzu, daß es bereits Abend wäre, und der Magier den Fischer noch nicht abgeholt hätte, da dieser vor seiner Hütte ihn ängstlich erwartet.

Nun schöpfen die Beyden Hoffnung zur Rache, und da den Neid ein Künstlerstreit nach England ruft, übernimmt der Haß seine Sache. Doch eine so heftige Liebe, wie die des Fischers kann seine Macht nicht in Haß verkehren, darum wählt er die List. Er hat nähmlich von dem bösen Geiste, der die Welt verfolgt, die Zauberkraft erhalten, zur Verführung der Menschheit, zu jeder Stunde, an jedem Ort einen Zaubergarten erscheinen zu lassen, in welchem n e u n Furien in einem Lustgebäude einen Brillant-Ring bewachen, der so lange man ihn am Finger trägt, unermessnen Reichthum gewährt.

Um diesen Ring zu gewinnen, befindet sich vor dem Lustgebäude eine goldene Kegelbahn, und die Büsten der 9 Furien sind als Kegel aufgestellt, wer diese 9 Kegel auf e i n e n Wurf trifft, stürzt dadurch die 9 Furien, welche ihm als Sclaven dienstbar bleiben, und wird der Herr des Zauberringes. Trifft er jedoch weniger, verschlingt ihn die Erde. Der Besitzer des Ringes aber wird nach neun Tagen des Besitzes von einem wüthenden Menschenhaß ergriffen, und ruht nicht, bis er alle seine Umgebungen und endlich sich selbst vernichtet; n u r w e n n e r i h n v o r d i e s e r Z e i t f r e y w i l l i g v o n s i c h w i r f t , i s t e r g e r e t t e t , u n d s e i n G l ü c k v e r s c h w i n d e t , d o c h k e i n e f r e m d e M a c h t i s t i m S t a n d e , i h m d e n s e l b e n z u r a u b e n . Darauf baut nun der Haß seinen Plan. Er läßt den Garten auf dem See erscheinen, und lockt den Fischer nach der Kegelbahn, doch von der Hoffnung begeistert, seine Geliebte durch Reichthum zu erringen, trifft er die Kegel, und der Haß und alle seine Geister stehen nun durch neun Tage unter seinen Befehlen. Er befiehlt auch einem Theil der Furien noch in der Nacht einen herrlichen Pallast zu erbauen, damit er morgen sein theueres Lottchen als Braut einführen könne.

Am Morgen, des kommenden Tages begibt er sich mit seinen ersten Geistern nach der Stadt, um im höchsten Glanze um sein Mädchen zu werben; der Haß begleitet ihn. Als sein Haushofmeister verkleidet, sucht er sich nun gleich seines Vertrauens zu bemächtigen, denn da ihm der Anschlag auf des Fischers Leben mißlungen, bleibt ihm nichts übrig, als bis zur eintretenden Mitternacht, (der Stunde, in welcher Lottchen ihr 18. Jahr erreicht) den Einfluß der verbündeten Geister auf den Fischer abzuhalten, damit sich dieser entweder im Besitze des Ringes mit ihr vermählt, oder die Verbindung ganz zu hindern. Der Fischer läßt sich nun in der Stadt eine glänzende Carosse ankaufen, mit 6 Rappen bespannen und fahrt, von seiner ganzen Dienerschaft begleitet, vor das Haus des stolzen Bauers, doch mit Erstaunen, sieht er an dessen Stelle einen leeren Platz, und man berichtet ihm, der Bauer sey plötzlich sammt dem Hause verschwunden.

Während nun dieß in der Stadt vor sich geht, erwacht der Magier Ajaxerle erst aus seinem Erholungsschlafe und sieht mit Entsetzen, daß bereits die zweyte Sonne ihren Lauf begonnen, welche Lacrimosens Rettung schon bescheinen soll. In der entsetzlichsten Angst eilt er nun nach der Hütte des Fischers, welchen er gestern Abend sammt seiner Braut und der Zufriedenheit abzuholen vergessen hatte, und findet statt des armseligen Hauses einen hellrothen Marmorpallast; einige scheu vorüberziehende Bauern erzählen ihm, daß der Fischer mit dem bösen Feinde einen Bund geschlossen habe und mit ihm nach der Stadt gezogen wäre, um Wurzels Lottchen mit Gewalt zu entführen.

Dieß ist Ajaxerle genug und er läuft schnell nach dem Geisterscheckel, wo die auf ihn harrende Geistermasse durch Bothen, welche sie nach allen Gegenden ausgesendet, bereits von allem unterrichtet, schon an der Ausführung eines neuen Planes arbeitet. Die Geister wagen es nicht, vereint gegen den Haß anzurücken, um den Fischer mit Gewalt zu befreyen, sie fürchten, wenn dieser Dämon der Zwietracht unter sie träte, würden sie sich untereinander selbst entzweyen, und so statt Lacrimosens Rettung einen Geisterkrieg herbeyführen. Sie wählen darum die Zufriedenheit, welche dem Haße unbekannt ist, berichten ihr in einem Briefe alle Umstände, und sie möchte mit Lottchen nach dem Pallaste des Fischers eilen, sich für seine Verwandte ausgeben, und ihn zur Entsagung seines Reichthums zu bewegen suchen. Einem ihrer muthigsten Geister aber wollen sie eine Perlenschnur übergeben, durch welche die Zufriedenheit im Fall der höchsten Noth 12 mächtige Geister unter einer solchen Gestalt zu Hilfe rufen kann, daß sie den Haß nicht zu fürchten haben. Doch da Ajaxerle als Verwandter der Lacrimosa sich das Recht, diese Perlenschnur der Zufriedenheit zu überbringen nicht rauben lassen will, um sein Verschlafen wieder gut zu machen, so übergeben sie diese ihm, befehlen ihm, am Eingange vor des Fischers Pallast auf die Zufriedenheit zu warten, setzen dieß in ihren Brief und senden ihn durch den listigen Liebesgott. Ajaxerle begibt sich nach dem Pallaste und Bustorius hüllt sich in eine Knasterwolke und eilt nach der Stadt, um den Fischer schnell zur Rückreise zu bestimmen. Er erscheint ihm gerade in dem Augenblicke, als dieser erstaunt auf den leeren Fleck hinstarrt, wo Wurzels Haus verschwunden. Dem Haß und seiner Dienerschaft unsichtbar, befiehlt er ihm schnell nach Hause zu eilen, weil sein Lottchen ihn in seinem Pallaste erwartet, um sein Weib zu werden. Dann verschwindet er.

Der Fischer läßt sogleich aufbrechen, hält sich nur noch auf, um für Lottchen den schönsten Brautschmuck einzukaufen, und sendet den Haß voraus, um auf das Schnellste alles zur Vermählung zu bereiten. Der Haß muß seinen Befehlen gehorchen, doch biethet er seinen Geistern auf, kein Auge von ihm und dem Ringe zu wenden. Bald nach der Ankunft des Haßes erscheinen A m o r, die Z u f r i e d e n h e i t und Lottchen im Pallaste, und da sie Ajaxerle nicht gewahr werden, sucht ihn Amor, auf seine Furchtsamkeit rechnend, hinter den Blumenhecken auf. Die beyden Mädchen, welche in Bauerntracht sind, lassen sich bey dem Haße melden, und verlangen, seine Verwandte, dem Fischer vorgestellt zu werden. Der Haß schöpft Argwohn und will sie durch seine Diener ergreifen lassen, doch Amor springt schnell aus der Hecke und verwundet ihn mit seinem Liebespfeil. Nun entsteht ein Kampf in des Haßes Brust, der seine Gluth in mildes Wohlwollen verwandelt, und er läßt die Mädchen nach dem Domestikenzimmer führen.

Jetzt erscheint im Hofraum des Pallastes Ajaxerle, welcher aus Furcht vor den wachhabenden Furien am Eingange verborgen war, und die Zufriedenheit übersah, doch ein donnerndes: »Wer da?!« bringt ihn neuerdings außer Fassung, er springt über die Haupttreppe des Pallastes, und da er sich von einer Furie verfolgt sieht, versteckt er sich in den Ofen des Vorsaales.

Nun ruft eine heisere Stimme A s c h e ! und Wurzel wankt als A s c h e n m a n n herein, er hatte sich, nachdem er den Neid verließ, nach dem nächsten Dorfe geschleppt, um das Mitleid seiner ehemahligen Kameraden anzuflehen, doch niemand will an seiner ausgezehrten Gestalt den vormahligen rüstigen Bauer Wurzel erkennen, und jeder schließt vor ihm die Thür; nur eine halbvermoderte Hütte findet er unbewohnt, weil den

Tag vorher der alte Aschenmann des Dorfes daraus gestorben war. Er übernachtet darin, und am Morgen macht er sich selbst zum Erben dieses armen Schluckers, zieht seine hinterlassenen Lumpen an, ergreift seine Aschenkrücke und geht von Haus zu Haus »A s c h e ! « rufend. So kommt er denn gegen Abend auch zu des Fischers Pallast, von dessen Erbauung man ihm im Dorfe erzählte. Auf seinen Ruf tritt die Z u f r i e d e n h e i t aus der Thür, welche in ihm den Magier in Verkleidung vermuthete, und da Wurzel, nachdem er mit Reue seine Unglücksgeschichte erzählt, an einem noch unverzauberten Baume den Platz erkennt, auf welchem über die ehemahlige Fischerhütte ein Rosenberg gezaubert ist, so befiehlt ihm die Z u f r i e d e n h e i t sich auf die Spitze dieses Hügels zu setzen, und dort die Entscheidung seines Schicksals abzuwarten. Wurzel schleicht nach dem Hügel, und die Z u f r i e d e n h e i t begibt sich nach dem Vorsaal des Schlosses, findet dort Ajaxerle, welcher ihr die Perlenschnur übergibt, und ihr aufbiethet, den Fischer dahin zu bringen, d a ß e r d e n v e r d e r b l i c h e n R i n g v o n s i c h s c h l e u d e r e, worauf er sich furchtsam entfernt. Nun stürzt Lottchen freudig zur Thür herein, und meldet ihres Geliebten Ankunft im Pallaste, sie öffnet das Fenster und ruft ihm entgegen, doch die Z u f r i e d e n h e i t zieht sie zurück und verbirgt sich mit ihr hinter einem Vorhange. Rasch tritt der Fischer mit dem Hasse ein, er hat Lottchen am Fenster erkannt, und da er sie nicht findet, sendet er den Haß fort, sie aufzusuchen, ohne ihm ihren Nahmen zu nennen; der Haß muß gehorchen. Nachdem er sich entfernt, tritt die Zufriedenheit mit Lottchen aus dem Vorhange und erklärt dem Fischer, daß er sie nur erhalten könne, wenn er den Zauberring von sich werfe. Carl, welcher durch den Besitz des Ringes schon etwas von des Haßes Natur angenommen, auch nur durch Reichthum Lottchen zu erhalten wähnt, weigert sich hartnäckig, und da er die Z u f r i e d e n h e i t als eine böse Fee erklärt und sie durch seine Furien will gefangen nehmen lassen, zerreißt sie die Perlenschnur und B u s t o r i u s erscheint mit einer Windbüchse, in welcher 12 Geister eingeladen sind, und welche er den Furien an den Kopf zu schießen droht; doch da Carl der Z u f r i e d e n h e i t

Lottchen mit Gewalt entreißen will, ergreift sie den Zauberstab des Bustorius, berührt damit Lottchens Herz und bezaubert sie: »daß sie durch ihr ganzes Leben einen unwiderstehlichen Haß gegen jeden Mann empfinden muß, der einen Edelstein besitzt, und beym Anblick eines jeden Brillantes in Ohnmacht sinkt.« Dieß geht auch gleich in Erfüllung als sie den Ring des Fischers sieht. Nun kommt der Haß zurück, doch wie er der Zufriedenheit Gewalt drohend entgegen tritt, gibt sie sich rasch zu erkennen, und als der Haß durch ihren Muth in augenblickliche Verlegenheit gesetzt, überrascht zurück tritt, benützt sie die Gelegenheit, den Fischer auf diese Probe ihrer Macht aufmerksam zu machen, und er schleudert, als einen Beweis seiner treuen Anhänglichkeit, den Ring von sich. Fluchend versinket der Haß, und in Nebel zerfließet sein Zauberpallast; Carl wird zum armen Fischer; Wurzel sitzt statt auf der Spitze des Blumenhügels auf dem Dache der ehemahligen Fischerhütte, und ruft über den Schwur der Liebenden Asche! Hymen erscheint, verbindet Carl und Lottchen. Bustorius schießt aus seiner Windbüchse die zwölf Geister, Lacrimosa sinkt auf einem Wolkenschleyer nieder, dankt den Verbündeten für ihre Erlösung und umarmt ihre Tochter. Wurzeln aber schenkt sie seine Jugendkraft wieder; und der Magier Ajaxerle löscht den erfüllten Schwur von der Tafel des Satyrs. Lacrimosa versetzt die Liebenden, nach dem Ausspruch der Feenköniginn, durch das Geschenk eines freundlichen Fischergutes in mäßigen Wohlstand, und die Zufriedenheit verehrt ihnen ein Brünnlein der Vergessenheit des Ueblen. Wurzel füllt die Becher, und besingt zum Schluße das Lob reiner Zufriedenheit.

Raimunds Handschrift

WBR, Handschriftensammlung, Signatur H.I.N. 11.228:
‹Seite 8› ‹vom Beginn der 1. Seite bis zur 8. Zeile der 2. Seite mit Bleistift kreuzweise gestrichen:› (× sie wählen d̶a̶h̶e̶r̶ darum, die Zufriedenheit, welche dem Hasse unbekannt ist, berichten ihr {ei} in einem Briefe, alle Umstände, und e̶r̶s̶u̶c̶h̶e̶n̶ sie möchte oZ

⌈{sich}⌉ mit Lottchen nach dem Pallaste des Fischers ~~begeben~~, oZ ⌈eilen⌉ sich für eine Verwandte des Fischers ausgeben, und ihm zur Entsagung seines Reichthums zu bewegen suchen. Einen ihrer {vert} muthigsten Geister liR ⌈aber wollen⌉ ~~übergeben~~ sie ‹»e« korrigiert aus anderem Buchstaben?› oZ ⌈ihr⌉ eine Perlenschnur, ~~welche~~ oZ ⌈übergeben⌉ durch welche liR ⌈die Zufri⌉ im Fall der höchsten Noth d 12 mächte ‹sic!› Geister ~~zu Hülfe rufen kann unter~~ ‹»unter« korrigiert aus »und ein«?› unter einer oZ ⌈solchen⌉ Gestalt zu Hülfe rufen kann, ~~welcher der Haß nicht entgegenhandeln kann.~~ daß sie den Haß nicht zu fürchten haben. Doch da Ajaxerle als Verwandter der Lacrimosa sich ~~sich~~ das Recht diese Perlenschnur der Zufriedenheit zu überbringen nicht rauben lassen will, um sein Verschlafen wieder gut zu machen, so übergeben sie ~~es ihm, und~~ oZ ⌈diese⌉ befehlen ihm, am Einganges ‹sic!› vor des Fischers Pallast auf ~~sie~~ die Zufriedenheit zu warten, ~~und~~ setzen dieß in ~~die~~ ihren Brief, und senden ~~und~~ ihr diesen, durch den ~~mächtig~~ listigen Liebesgott, welcher ‹»welcher« korrigiert aus »weil«?› überhaupt in dieser Geschichte eine Hauptrolle spielt. Ajaxerle begibt sich nach dem ‹»m« korrigiert aus »r«› ~~Stadt~~ Pallaste und Bustorius ‹Einfügezeichen und entsprechender Einschub liR:› ⌈hüllt sich in eine Knasterwolke und⌉ eilt nach der Stadt, um den Fischer liR ⌈schnell zur⌉ ~~zur~~ Rückreise zu ~~bew~~ bestimmen. Er ~~erreicht~~ erscheint ihm gerade in dem Augenblicke als dieser, erstaunt ‹»nt« korrigiert aus »t«› auf den leeren Fleck hinstarrt, wo Wurzels Haus ~~gestanden,~~ oZ ⌈verschwunden.⌉ uZ ⌈Dem Haß und⌉ seiner ‹»s« korrigiert aus »S«› Dienerschaft unsichtbar, befiehlt er ihm schnell nach Hause zu eilen, weil sein Lottchen ihm, in seinem Pallaste erwartet um sein Weib zu werden. Dann verschwindet er. Der Fischer läßt sogleich aufbrechen, ‹Einfügezeichen und entsprechender Einschub liR:› ⌈hält sich nur noch auf, um für sein Lottchen den schönsten Brautschmuk einzuhandeln⌉ und sendet den Haß ‹»Haß« korrigiert aus »Haus«› voraus, um ~~in Bl~~ auf das Schnellste alles zur ~~Verlobung~~ oZ ⌈mählung⌉ zu bereiten. Der Haß muß seinen Befehlen gehorchen, doch biethet er seinen Geistern auf, ~~genau ihn {A}cht zu haben~~ kein Auge von ihm und dem Ringe zu wenden.

‹Seite 9› ‹Auf dieser Seite liR von unten nach oben mit Blei-

stift in anderer Schrift: »Plan abgedrukt in der Theaterztg {v} 1826 Seite 591«, »591« wohl später dazugefügt, Bleistift, andere Schrift⟩
Bald nach der Ankunft des Hasses, erscheinen ⟨»en« korrigiert aus »t«⟩ ~~Amor, die~~ oZ ⌈Amor, die⌉ ⟨Einfügezeichen, aber keine Entsprechung⟩ Zufriedenheit ~~und~~ oZ ⌈und⌉ Lottchen oZ ⌈und⌉ im Pallaste. ~~Da~~ und da sie Ajaxerle ~~noch~~ nicht gleich gewahr, oZ ⌈werden⌉ sucht ihn Amor ~~auf~~, auf seine Furchtsamkeit rechnend ~~zw~~ hinter den Blumenhecken auf. Die beyden Mädchen welche ~~al~~ in Bauerntracht sind, lassen sich bey dem Hasse melden, und verlangen als oZ ⌈seine⌉ Verwandte⌈n⌉ dem Fischer ~~zu sprechen,~~ oZ ⌈vorgestellt zu werden⌉ ×) ⟨Ende der kreuzförmig mit Bleistift gestrichenen Passage⟩ ⟨Einfügezeichen mit Entsprechung liR, aber ohne Text⟩ Der Haß schöpft Argwohn und will sie durch seine ~~F~~ Diener, ergreifen lassen, doch Amor springt schnell aus der Hecke und verwundet ihn mit seinem Liebespfeil.
⟨3 Zeilen mit Wellenlinien gestrichen:⟩ (× Nun entsteht ein ~~Kampf in {s}des~~ oZ ⌈Kampf in ~~seiner~~ des⌉ Hasses Brust, zwischen Liebe und Haß, doch zwischen Amors sanftem Verlangen, und der ~~wieder~~ wiederstrebenden ×) der ~~die~~ oZ ⌈seine⌉ Gluth in ~~mit {zartes}~~ oZ ⌈mildes⌉ Wohlwollen verwandelt, und oZ ⌈er⌉ läßt die Mädchen nach den ⟨»n« korrigiert aus »m«?⟩ Domestiken~~gebäu~~zimmern führen.
~~Jezt~~ oZ ⌈Jezt⌉ erscheint ~~Ajaxerle~~ im Hofraum des Pallastes, oZ ⌈Ajaxerle⌉ welcher aus Furcht vor den wachhaben[den] ⟨Textverlust⟩ oZ ⌈{⟨ein kurzes gestrichenes Wort oder nur Tintenabdruck?⟩}⌉ Furien, ~~sich am E~~ am Eingange ~~des Pallastes~~ verborgen war, und die Zufriedenheit übersah, doch ~~der {Kräf}~~ der ein donnerndes: Wer da, bringt ihn neuerdings ausser Fassung ~~und~~ er springt über die Haupttreppe des Pallastes und da er sich von einer Furie verfolgt sieht verstekt er sich in den Ofen des Vorsaales.
Nun {tr} ruft eine heisere Stimme Asche ~~Asche, und~~ und Wurzel ~~w~~ wankt als Aschenmann herein, er hatte sich nachdem er den Neid verließ, nach dem nächsten Dorfe geschleppt, um das Mittleid seiner ehmahligen Kammeraden ~~auf~~ anzuflehen, doch

niemand will ihn für den {im} an seiner ausgezehrten Gestalt, den Bauer uZ ⌈vormahligen⌉ rüstigen Bauer Wurzel erkennen, und jeder schließt vor ihm die Thür; ‹Punkt mit Bleistift korrigiert in Strichpunkt›
‹Seite 10› ‹Einfügezeichen (?) rechts oben ohne Entsprechung im Text› nur eine halbvermoderte Hütte findet er unbewohnt weil am vor den Tag vorher der alte Aschenmann des Dorfes daraus ‹»daraus« korrigiert aus »darin«› gestorben war. Er übernachtet darin und am nächsten Morgen, macht er sich selbst zum Erben dieses armen Schluckers, zieht seine hinterlassenen Lumpen an, und ergreift seine Aschenkrüke und geht von Haus zu Haus Asche rufend. So komt er den gegen Abend auch zu des Fischers Pallast, von dessen Erbauung man ihm im Dorfe erzählte, auf seinen Ruf tritt die Zufriedenheit aus der Thür, welche in ihm den Magier in Verkleidung vermuthete, und da {ihr} oZ ⌈ihr⌉ Wurzel seine oZ ⌈nach⌉ Unglü nachdem er ihr mit Reue seine Unglücksgeschichte erzählt, an einem noch unverzauberten Baume den den Platz erkennt, auf welchen über die ehmahlige Fischerhütte stand uZ ‹mit Wellenlinie gestrichen:› ⌈durch die Macht des Hasses⌉ ein Rosenberg gezaubert ist, so befiehlt ihm die Zufriedenheit sich auf die Spitze dieses Hügels zu setzen, den oZ ⌈und dort die⌉ Entscheidung seines Schicksals abzuwarten. Wurzel schleicht nach dem Hügel, und die Zufriedenheit begibt ‹Einfügung liR mit Bleistift› ⌈sich⌉ nach dem Vorsaal des Schlosses, fin findet dort den Magier, Ajaxerle, welcher ihr die Perlenschnur übergibt und sich dann uZ ‹Bleistift› ⌈und⌉ ihr aufbiethet den Fischer dahin zu bringen, daß er den verderblichen Ring von sich schleudert, oZ ⌈e⌉ ‹Einfügezeichen mit Entsprechung liR:› ⌈und sich dann furchtsam entfernt.⌉ dann entfernt er sich furchtsam. Nun eilt liR ⌈stürzt⌉ Lottchen freudig zur Thür herein, und meldet ihres des F Geliebten Ankunft im Pallaste, sie reißt oZ ⌈öffnet⌉ das Fenster und ruft ihm entgegen, doch die Zufriedenheit zieht sie zu rück und verbirgt sich mit ihr in einen Al hinter einem Vorhange. Rasch ‹»R« korrigiert aus »r«?› tritt der Fischer mit dem Haße ein, er hat Lottchen am Fenster erkannt, und da er sie nicht findet, sendet er den Haß nach den Mädchen, oZ ⌈fort,

sie aufzusuchen⌉ ohne ihm liR ⌈ihren⌉ Lottchens Nahmen zu nennen, der Haß muß gehorchen. ‹Punkt korrigiert aus Beistrich› Nachdem ‹»N« korrigiert aus »n«?› er sich entfernt tritt ‹Seite 11› die Zufriedenheit mit Lottchen aus dem Vorhange und erklärt ihm, oZ⌈dem Fischer⌉daß er sie nur erhalten könne wenn er den Zauberring von sich werfe, liR⌈dieser⌉ der Fischer der oZ⌈Carl welcher⌉durch den Besitz des Ringes liR⌈schon⌉ auch etwas von des Hasses Natur angenommen hat, ‹mit Wellenlinie gestrichen:› und oZ⌈auch⌉ {s} nur durch Reichthum Lottchen zu gewinnen liR⌈erhalten wähnt⌉, weigert sich hartnäckig, und da er die Zufriedenheit für oZ⌈als⌉ eine ‹»eine« korrigiert aus »einen«› böse Fee erklärt und sie durch seine Furien will ergreif gefangen nehmen lassen, zerreißt sie die Perlenschnur und Bustorius erscheint mit einer Windbüchse in welcher 12 Geister eingeladen sind, oZ⌈und⌉welche er den Furien an den Kopf zu schießen droht, und da Karl ‹Einfügezeichen mit Entsprechung liR:› ⌈der Zufriedenheit⌉ Lottchen ihr mit Gewalt entreißen will, {nimmt} oZ⌈ergreift⌉ sie den Zauberstab des Bustorius, berührt damit Lottchens Herz, und bezaubert, sie: »daß sie durch ihr ganzes Leben {kein} einen unwiderstehlichen Haß emp oZ⌈gegen jeden Mann⌉empfinden muß, der einen Edelstein besitzt, und beym Anblick eines jeden Brillantes in Ohnmacht sinkt ‹»sinkt« korrigiert aus »sinken«› oZ⌈muß⌉. uZ⌈sinkt⌉ Dieß geht auch gleich in Erfüllung als sie den ‹»n« korrigiert aus »s«› Fischers Ring des erblickt liR⌈gewahrt⌉ oZ⌈Fischers sieht⌉. D{er} Nun tritt der kommt der Haß zu rük, und da oZ⌈doch wie⌉er der ‹»der« korrigiert aus »die«?› Zufriedenheit Gewalt drohend entgegen, oZ⌈tritt,⌉gibt sie sich oZ⌈rasch⌉zu erkennen, und als der Haß, durch ihren {selt} oZ ⌈Er⌉ Erschein festen Blick uZ⌈Muth⌉in liR⌈‹mit Wellenlinie gestrichen:› augenblikliche oZ augenblikliche⌉Verlegenheit gesetzt, überrascht zurük tritt, benützt sie die Gelegenheit, Kar den Fischer auf diese Probe ihrer Macht aufmerksam zu machen und er schleudert, um als einen ‹mit Wellenlinie gestrichen:› schönen Beweis seiner treuen Anhänglichkeit den Ring von sich. {Nun} ver ‹Seite 12, dickeres Papier› schwindet Fluchend ‹»F« korrigiert aus »f«› versinket der Haß, und in Nebel zerfließet sein Zauberpallast.

Carl steht als armer Fischer da, Wurzel sitzt statt auf der Spitze des Blumenhügels auf dem ~~wieder~~ Dache der ehmahligen Fischerhütte, und ruft über dem Schwur der Liebenden: ~~sein~~ Asche! Hymen oZ ⌈erscheint⌉ verbindet Karl und Lottchen. Bustorius schießt aus seiner Windbüchse die zwölf ~~gut~~ Geister, Lakrimosa sinkt auf einem Wolkenschleyer nieder, dankt ~~für ihre~~ den Verbündeten für ihre Erlösung und umarmt ihre Tochter. ~~Dem~~ Wurzeln oZ ⌈aber⌉ schenkt sie seine Jugendkraft wieder, und der Magier Ajaxerle löscht ~~seinen~~ oZ ⌈den⌉ erfüllten Schwur von der Tafel des Sátirs. ~~Nun~~ Lacrimosa versetzt die Liebenden nach dem Ausspruch der Feenköniginn durch {da} liR ⌈das Geschenk⌉ eines freundlichen Fischergutes in mässigen Wohlstand, und die Zufriedenheit verehrt ihnen ein Brünnlein der Vergessenheit des Übeln. ‹Punkt oder Beistrich?› Wurzel füllt die Becher, und ~~si~~ besingt zum Schlusse das Lob reiner Zufriedenheit

‹Rückseite von Seite 12:› ‹reR Mitte, schräg geschrieben mit Tinte:› Drathner Hof H<u>r</u> Tendler.

‹ganz unten, mit Tinte senkrecht geschrieben:› {i} der

AUFNAHME

1. Zeitgenössische Kritiken

Für dieses Kapitel wurden Presseerzeugnisse und Tagebücher bis 1836 herangezogen. *Theaterzeitung*, *Sammler* und *Wanderer* wurden nach Eintragungen zum *Mädchen aus der Feenwelt* bis Raimunds Tod durchsucht und möglichst vollständig exzerpiert. Korrespondenzberichte auswärtiger Bühnen können natürlich nicht notwendigerweise für eine Aufführungsdokumentation des *Mädchens aus der Feenwelt* außerhalb Wiens repräsentativ sein, geben aber zumindest einen Eindruck über den Informationsstand der Wiener Leser. Auf Raimund Bezug nehmende Berichte wurden nur in Hinblick auf *Das Mädchen aus der Feenwelt* beachtet. Berichte über Theater außerhalb Wiens ohne Raimund finden hier generell nur dann Beachtung, wenn über sie in *Theaterzeitung*, *Sammler* oder *Wanderer* berichtet wurde. Auswärtige Presseorgane wurden in der Regel nur aus Städten während der entsprechenden Gastspiele Raimunds berücksichtigt.

Für das Rollenverständnis der Darsteller wichtiger Partien sind die entsprechenden Kritiken erhellend, zumal dadurch oft das Gesamtkonzept oder dessen Wandel erkennbar wird. Daher wurden insbesondere für Wien Aufführungen auch dann behandelt, wenn Raimund als Schauspieler nicht mitwirkte.

Uraufführung im Theater in der Leopoldstadt

Sowohl die *Theaterzeitung* (Nr. 134, Donnerstag, 9. November 1826, S. 544) wie auch der *Sammler* (Nr. 134, Donnerstag, 9. November 1826, S. 536) kündigen eine Benefizvorstellung für Ferdinand Raimund im Theater in der Leopoldstadt an. Die ausführlichsten Angaben macht der *Sammler*:

> Am 10. November wird im k. k. privil. Theater in der Leopoldstadt zur Benefice des Hrn. Raimund zum ersten Mahle gegeben: Das Mädchen aus der Feenwelt, oder: Der Bauer als Millionär, Original-Zauberspiel in drey Aufzügen von Ferdinand Raimund; Musik von

Capellmeister D r e c h s l e r ; Gruppirungen und Tableaux
von Hrn. R a i n o l d i ; die neuen Decorationen von D o l l i -
n e r ; Maschinen von W i n t e r h a l t e r.

Die *Theaterzeitung* spricht die Vermutung aus: »Die Verdienste
des Hrn. R a i m u n d und der Beyfall, den mit recht seine Stücke
gefunden, lassen einen ungewöhnlichen Zuspruch erwarten.«
Mit einiger Verzögerung beschreiben und beurteilen zwei ausführliche Rezensionen die Uraufführung im Theater in der Leopoldstadt vom 10. November 1826. Den Anfang macht der *Sammler*
(Nr. 139, Dienstag, 21. November 1826, S. 555 f.). Der Rezensent
sieht in dem Werk einen großen Fortschritt im Vergleich zu den
früheren Stücken Raimunds und einen neuen Weg für die »Volkspoesie«. Er würdigt die Vereinigung von Forderungen an ein
Volkstheater mit denen des guten Geschmacks, registriert positiv
das Fehlen von Zweideutigkeiten und z. B. von Quodlibets, und
auch die Stärke einer Personalunion Autor und Darsteller in Raimund wird erkannt:

(K. K. p r i v. T h e a t e r i n d e r L e o p o l d s t a d t.) Am
10. November erfolgte Hrn. R a y m u n d's Einnahme auf das
von ihm selbst verfaßte Original-Zaubermährchen mit Gesang
in drey Acten: D a s M ä d c h e n a u s d e r F e e n w e l t,
o d e r d e r B a u e r a l s M i l l i o n ä r, mit Musik von Hrn.
Kapellmeister D r e c h s l e r. Hr. R a y m u n d , schon seit Jahren mit Recht einer der gefeyertsten Jünger des Komus, hat in
letzterer Zeit auch Beweise seines dichterischen Productions-
vermögens gegeben. Sein »Barometermacher auf der Zauberinsel,« zwar noch mehr in der bey dieser Volksbühne beliebten
stabilen Form, ragte doch schon über die meisten Producte
verwandten Inhalts hervor; im »Diamant des Geisterkönigs«
folgte der Dichter schon mehr dem Impulse seines Genius; er
stellte darin ein Gemählde auf, das auf Witz und Humor basirt,
eine gründliche Kenntniß des menschlichen Gemüths verrieth,
und deßhalb auch in Aller Herzen widerklang. Noch jetzt ist
dieser Diamant der schönste Schmuck dieser Bühne, und statt
durch den häufigen Gebrauch dem Publicum gleichgültiger zu
werden, ergetzt es sich immer von Neuem an dem anmuthigen

Bilde, und scheint sein Feuer nicht satt sehen zu können. Es war daher begreiflich, daß es nicht mehr N e u g i e r d e , sondern S p a n n u n g war, mit welchem das neueste Product des bewährten Meisters erwartet wurde. Obwohl sich günstige Gerüchte vorhinein verbreiteten, so sagte doch manches sceptische Kopfschütteln, daß man am Gelingen des neuesten Productes einige bescheidene Zweifel hege. Wem der große Wurf nach dem Beyfall des Publicums so vollkommen gelungen, meynten Viele, der könne keinen ähnlichen Glücksfall, mindestens nicht zwey Mahl hintereinander, erwarten. Mit der lebhaftesten Theilnahme versammelte sich daher das Publicum am Benefice-Abende. Schon eine Stunde vor dem Anfange war das Haus überfüllt, so daß die Inhaber der Sperrsitze nur auf Nebenwegen dahin zu gelangen vermochten. Endlich schlug die Stunde der Erlösung. Wir sahen gleich in der von Mad. H a a s gesprochenen Exposition, daß der Dichter seinen Stoff durchdacht habe, und das leere Wortgeklingel, den zusammengewürfelten Kram verschmähe womit manche Arbeiten dieser Gattung ihre innere Nichtigkeit zu verbergen suchen. Was darauf folgte, mußte unsere Achtung für den Dichter immer höher steigern. Die sich zum Gegenstande genommene Aufgabe, daß Reichthum allein nicht glücklich mache, sondern Bescheidenheit und Zufriedenheit dieses Ziel leichter und sicherer erreichen, haben schon Manche vor Hrn. R a y m u n d zu lösen versucht; aber wir zweifeln, ob es je einem so gelungen, die Forderungen einer Volksbühne an ein komisches Stück, mit jenen des guten Geschmackes so innig zu vereinen. Die Erzählung der Fabel dieses Stückes würde Weitläufigkeiten verursachen, die hier um so eher zu vermeiden sind, als nicht die H a n d l u n g selbst, welche mutatis mutandis schon öfter zum Vorschein kam, als vielmehr die A u s f ü h r u n g derselben die Dichterweihe des Verfassers beurkundet. Hier muß besonders der Allegorien Erwähnung geschehen, unter welchen den Scenen der Darstellerinn der Zufriedenheit, und jener der Jugend, als sie von Wurzel (Hrn. R a y m u n d) Abschied nimmt, die Oberstelle gebührt. Die Scene des Aschenmannes ist mit psychologischer Wahrheit durchgeführt, und hier kann nur der Darsteller mit dem Dichter um den Vorzug streiten. Das Herüberklingen des Rufes: Asche! Asche! in die hochzeitliche Freude der Neuvermählten, erweckt so melancholisch-wehmüthige Anklänge, daß die Stimmung in diesem Augenblicke beynahe eine tragische wird. Von einzelnen witzigen Einfällen, mit denen das Werk reich gestickt ist, wollen wir nicht sprechen; es hieße den Genuß verkümmern, den die so lebendige Darstellung von Seite aller in dem Stücke Beschäftigten gewährt; es genüge hier zu bemerken, daß dasselbe nebst seinen Vorzügen auch den besitzt, keinen der Mängel seiner Gattung aufzuweisen; es befinden sich in demselben weder Quodlibets, noch Jodeleyen, keine Spur einer Zweydeutigkeit, keine Apostrophen an das Publicum (jene am Schlusse ausgenommen, welche aber so glücklich und zart angebracht ist, daß man ihr Wegbleiben bedauern müßte); kein Voranstellen der Hauptrolle zum Nachtheil aller übrigen; mit einem Wort: keiner jener Behelfe, wodurch die Geistesarmuth ihre Blöße deckt. Die Liedchen sind sehr glücklich gedichtet, besonders jene, welche Hr. R a y m u n d vorträgt, und dessen Duett mit Dlle. K r o n e s , welches ohne Zweifel bald in den Mund des Volkes übergehen wird.

Frägt man uns, ob denn das Stück so tadellos sey, daß gar nichts daran zu bemängeln ist, so könnten wir uns im Allgemeinen auf die Unvollkommenheit alles von Menschen Stammenden berufen; um aber dem Dichter zu beweisen, welche Aufmerksamkeit wir seinem Werke widmeten, mögen einige, nur Nebensachen betreffende, Fragen hier Platz finden. Warum erscheint die Zufriedenheit verkleidet und in Furcht vor dem Hasse, da sie ihn doch später mit einem einzigen Worte besiegt? Warum ist sie nicht im Stande, den Schiffer zur Entsagung des Talismans zu bewegen, da sie doch den freyen Willen des Menschen beherrscht, welches sie an Lottchen beweiset? Warum wird der Haß ein G e n i u s genannt? Nur das Gute kann einen Genius haben; der Haß sollte ein D ä m o n seyn. Wie kommen Amor und Hymen in ein Feenmährchen? Sind sie denn Untergeordnete der Feengewalt? Entwickelt die Zufriedenheit nicht etwas überspannte Begriffe? Muß ein

Mensch, der zufrieden seyn will, nothwendig auf einem Steine schlafen, die Nahrung von Feld und Wiese hohlen, und ein aschgraues Kleid tragen? Werden die Rollen des Bustorius und Ajaxerle durch den fremden Dialect komischer? Ist die Exposition nicht doch etwas zu lang, und sind die melancholischen Anklänge in den Gesängen nicht zu gehäuft? – Die Einkleidung dieses Tadels in F r a g e n mag dem Dichter beweisen, daß wir keineswegs überzeugt sind, e r habe sich hier geirrt, sondern nur bescheidene Zweifel aufstellen wollen. Wären sie aber auch alle gegründet, sie würden dem ausgezeichneten Werthe dieser Dichtung keinen Eintrag thun, welche der Volkspoesie einen neuen Weg eröffnet, und, wenn sie von Andern mit Glück nachgeahmt werden kann, eine bisher nicht gekannte Kunststufe für die Leistungen dieser Bühne herbeyführen wird. Daß dieses Werk eines reichen Dichtervermögens, der Phantasie, des Witzes, des Humors und des tiefen Blickes in die Menschenbrust, sich den allgemeinsten, entschiedensten, durchaus unbestrittenen Beyfall errang, darf nach dem Obigen kaum mehr gesagt werden. Hr. R a y m u n d sah sich als Dichter und Darsteller auf das Herrlichste belohnt. Der Bescheidenste konnte irre werden, ob K u n s t oder G u n s t den meisten Antheil hieran habe; wir aber glauben, daß l e t z t e r e nie gerechter der e r s t e r n huldigte. Als Darsteller war Hr. R a y m u n d in der Rolle des Wurzel, wie immer, vortrefflich, c l a s s i s c h aber in der Scene des Aschenmanns. Wir haben das Wort überdacht, ehe wir es niederschrieben, und können es vertreten. Kaum aber werden wir eine entgegengesetzte Meynung zu bekämpfen haben. Alle übrigen Mitspielenden unterstützten ihren würdigen Kunstgenossen, jeder nach seinem Vermögen, auf das thätigste und freundlichste. Sie schienen von der Idee durchdrungen, daß es hier nicht galt, einer Ephemere das kurze Leben zu verlängern, sondern einem reifen Werke des Nachdenkens eine bleibende Ehrenstelle in dem Tempel volksthümlicher Kunst zu sichern. Vorzüglich müssen hier genannt werden: Dlle. E n n ö c k l (die Zufriedenheit); Dlle. K r o n e s (die Jugend), Mad. H a a s (Fee Lacrimosa), Hr. K o r n t h e u e r (Zauberer Bustorius und das

hohe Alter), Hr. L a n d n e r (Magier Ajaxerle), Hr. T o m a -
s e l l i (Habakuk) und Hr. B e r g m a n n (Musensohn). – Hr.
D r e c h s l e r hat eine melodiöse Musik geschrieben. Auch die
pathetischen Stellen sind ihm gelungen. Die Ausstattung durch
Tableaux, Decorationen, Maschinen und Costumes macht der
Liberalität der Direction Ehre. Sie ist hier am rechten Platze
und wird sich reichlich verzinsen. Gegen die Gewohnheit rief
man dießmahl weder den Compositeur noch den Mahler. Wie
groß und anerkannt ihr Verdienst auch ist, es wurde durch ein
anderes in Schatten gestellt, welches sich für diesen Abend ein
privilegium exclusivum auf solche Auszeichnung erwarb.

Die *Theaterzeitung* folgt etwa zwei Wochen nach der Uraufführung mit einer ausführlichen Rezension in drei Folgen. Auch hier wird trotz der Anpassung an den Publikumsgeschmack die gelungene Verbindung der ernsten Grundzüge des Stückes mit den Forderungen des Leopoldstädter Publikums nach bloßer Erheiterung erwähnt und auf die Verbindung Dichter und Schauspieler in einer Person hingewiesen. Schließlich werden Raimunds Fähigkeiten als Regisseur sowie die Kostüme und Dekorationen gewürdigt.
Darüber hinaus ist auch der »Plan«, d. h. die Inhaltsangabe des Stückes aus Raimunds Hand, mit abgedruckt (*Theaterzeitung* Nr. 145, Dienstag, 5. Dezember 1826, S. 590–592, siehe S. 184–193). In der ersten Folge der Rezension (Nr. 141, Samstag, 25. November 1826, S. 571) heißt es zum Theater in der Leopoldstadt:

Am 10. N o v. zum Vortheile des Hrn. Ferd.
R a i m u n d. Zum ersten Mahle: »das Mädchen
aus der Feenwelt, oder: der Bauer als Millionär.« Original-Zaubermährchen mit Gesang
in drey Aufzügen vom Benefizianten. Musik vom Kapellmeister Hrn. Jos. Drechsler.
Die Erwartungen, welche Hr. R a i m u n d durch seine früheren gelungnen Schöpfungen bey allen Freunden dieses Volkstheaters in Anregung brachte, wurden durch diese neueste Erscheinung abermahls im vollsten Maße befriedigt. Einen überzeugenden Beweis hievon liefert die überaus günstige

Aufnahme, deren sich diese dramatische Dichtung am ersten Abende ihrer Darstellung zu erfreuen hatte, und der fortdauernde Beyfall, welcher jeder Wiederholung einstimmig gespendet wird. Die vorangegangenen heitern Erzeugnisse seiner Muse, waren sowohl in der Anlage als Ausführung vollkommen und mit lobenswerther Bühnenkenntniß dem Volksthümlichen dieses Theaters und den eingebürgerten Anforderungen angemessen. Sie gleichen einladenden Lustgebäuden, worin nur allein Witz, Laune, Humor ihren Wohnsitz aufgeschlagen hatten, und zwar in keiner höhern Absicht als in freundlicher Eintracht ein Paar Stunden angenehme Erheiterung zu verschaffen. Dieses neue Produkt ruht auf einem ernsteren Elemente. Es gewährt zwar ebenfalls ein fantastisches Ansehen, und der Arabesken-Kranz von Witz und Laune zieht sich im wirksamen Wechsel um das Ganze. Aber die Hauptcharaktere reihen sich in der ernsteren Gestalt der Allegorie aneinander, und bilden im Zusammenhange eine bedeutungsvolle Hieroglyphen-Schrift, welche unter ihrer anziehenden Hülle freundliche Moral biethet. Die günstige Aufnahme dieses allegorisch-moralischen Mährchens setzt nicht nur das Dichtertalent des Hrn. R a i m u n d in ein glänzendes Licht, sondern ist auch ein Beleg, daß auf dieser, der Komik gewidmeten Bühne, das Sinnreiche Eingang findet, wenn es nur in ansprechenden Formen und Farben gebothen wird. Damit aber der Leser den eigentlichen Inhalt genau und umständlich erfahre, so werden die nächsten Nummern der Theaterzeitung den Plan (indem solcher bisher in keiner Zeitschrift erzählt wurde), eigends von R a i m u n d   s e l b s t   f ü r   u n s e r   B l a t t   g e s c h r i e b e n, mittheilen. (Die Fortsetzung folgt.)

Nach einem Hinweis auf den abgedruckten »Plan« des Stückes heißt es in der zweiten Folge (*Theaterzeitung* Nr. 147, Samstag, 9. Dezember 1826, S. 599 f.):

Der ausführliche Plan zum »M ä d c h e n   a u s   d e r   F e e n w e l t« den Hr. R a i m u n d im Blatte Nr. 145 dieser Zeitschrift mitzutheilen die Gefälligkeit hatte, wird gewiß durch das Originelle und Anziehende des Stoffes selbst, als auch durch die Anschaulichkeit, Klarheit und Anmuth der Schilderung die Aufmerksamkeit und Theilnahme der Leser im vorzüglichen Grade fesseln. Von dem großartigen allegorischen Gemählde hätte wohl Niemand eine herrlichere Zeichnung liefern können, als der Dichter selbst, vor dessen Augen sich das dramatische allein in seiner eigenthümlichen Gestalt aufrollen muß. Durch diese klare und detailrte Exposition der Haupthandlung und der sämmtlichen Episoden, ist Ref. in den Stand gesetzt, den Anforderungen der Kritik gemäß, die Lichtseite dieses Bühnenproductes näher in's Auge zu fassen, die Aufmerksamkeit der Leser auf die einzelnen Schönheiten hinzuweisen, und den unbestreitbaren Verdiensten des Verfs. in diesen Blättern die gebührende Verehrung an den Tag zu legen. Aus der gegebenen Exposition schimmern die Grundformen jener empfehlungswerthen Feenmährchen hervor, welche das Gepräge sittlicher Würde an sich tragen, und unter der Goldhülle reiner Fantasie den würzigen Kern der Moral biethen. Die gute Wahl und Erfindung des Stoffes, die geschickte Anordnung und Verbindung aller Einzelnheiten zu einem harmonischen Ganzen; die originelle Zeichnung der handelnden Charaktere, die heitere blendende Farbengebung, die über das Ganze ausgebreitet liegt, der schimmernde Goldrahmen, der dem Gemählde zur Einfassung dient, endlich das unübertreffliche Spiel der Mitwirkenden, wodurch die Dichtung erst in's Leben tritt, dieses sind jene Zauberfäden, welche das Publikum mit unwiderstehlicher Gewalt ins Theater ziehen, und zugleich Zeugniß ablegen, daß Hr. Raimund nicht nur als dramatischer Darsteller, sondern auch als dramatischer Dichter die entschiedensten Talente besitze. Die Sensation, welche »das Mädchen aus der Feenwelt« bey allen Freunden heiterer und gemüthlicher Bühnenstücke hervorbrachte, macht es uns zur angenehmen Pflicht, die anziehenden Eigenschaften dieser lieblichen Schönen im Detail zu entwickeln. Da der Verf. die Allegorie in das Feenmäh[r]chen eingeflochten, so wollen wir die allegorischen Gestalten zuerst einer Betrachtung unterziehen. Hier ließe sich freylich die Frage aufwerfen, ob die personifizirten Darstellungen einzelner Leidenschaften und Affekte z. B. des Hasses, des Neides etc. in dramatischen Werken als Motive angewendet werden können? indem die Stammquelle aller wirkenden Prinzipien nur allein in der Geisterwelt oder in der Menschenbrust zu suchen ist. Doch diese Frage verliert sogleich ihre Wirksamkeit, sobald wir das Mährchen, wie S h a k e s p e a r e 's »Sommernachtstraum« betrachten, worin eine glühende Fantasie die lieblichsten und drolligsten Gestalten ins Leben ruft. Fantasiestücke haben gleich den Blumen keinen andern Zweck, als durch anziehende Form und Farben, Herz und Geist zu erfrischen und zu beleben; darum wäre das Messer pedantischer Zergliederung an diesem Zauber-Mährchen, das seinen Zweck vollkommen erfüllt, am unrechten Orte angewendet. Die allegorische Dichtung ist auf eine sehr ansprechende und sinnreiche Weise mit der Feenwelt in Verbindung gesetzt, und das Ganze bildet eines der lieblichsten Fantasiespiele, die auf dieser Bühne zur Darstellung gelangten. Das Publikum und auch Ref. haben daher alle Ursache ihre Zufriedenheit über diese Erscheinung öffentlich zu äußern. Das ganze Gemählde besteht aus einer Reihe mannigfaltiger Situationen und Scenen, in welche der Dichter eine tiefe Bedeutenheit legte, und die einzeln als interessante Gegenbilder auftreten. Unter die wirksamsten Antithesen gehören: Hochmuth und Demuth; Haß und Liebe; Reichthum und Armuth; Neid und Zufriedenheit; Undankbarkeit und Freundschaft; das Alter und die Jugend; das Leben in seiner Nichtigkeit, und das Leben in seiner schönen Bedeutung. Alle Sinnbilder, die in diesem moralischen Gemählde zum Vorschein kommen, haben eine charakteristische Bezeichnung, und ein meisterhaftes Colorit. Das Unedle, Nichtige und Vergängliche ist in den Schatten gestellt, aber die gute Seite des Lebens zeigt sich hier im milden freundlichen Lichte. Unter dem H a ß e und N e i d e , die hier allegorisch vorgeführt werden und die gleich Nattern an dem Lebensglücke der Menschen nagen, erscheint die Z u f r i e d e n h e i t , als Repräsentantinn des Lebensglückes in der liebenswürdigsten Gestalt. Ihr Gemüth beherbergt keine unedle Leidenschaft; der Engelfittig der Seelenruhe schwebt über dem klaren Wellenspiegel ihrer Empfindungen, worauf das Bild der Menschenliebe in zarten Umrissen schwimmt. Auch die Umgebung spricht das Gemüth an. Die friedliche ärmliche Hütte im Thal, im Hintergrund die lockenden Berge des Ruhms und der Größe, wohin ein Rosenpfad führt, gewähren ein eben so schönes als bedeutungsvolles Bild. Weise Beschränkung der Lebensbedürfnisse ist die Grundlage zur Zufriedenheit. Durch das Gegentheil werden die Leidenschaften in Aufruhr gebracht. Je weniger Bedürfnisse der Mensch kennt, desto zufriedener lebt er. Daher ist die scheinbare Dürftigkeit, mit welcher die Zufriedenheit auftritt, eine wohlüberdachte Bezeichnung, der mit verdientem Lobe erwähnt werden muß. Die Jugend, welche die Alten unter dem Nahmen Hebe als Ideal weiblicher Schönheit darstellten, sollte unserer Meinung nach in idealer Mädchenkleidung erscheinen, für welche Meinung auch das weibliche Geschlechtswort die Jugend zu stimmen scheint. Doch das ist Nebensache. Was den Genius des Haßes betrifft, dürfte diese Bemerkung am Platze seyn. Genien, Schutzgeister, oder nach griechischer Benennung Dämonen, wurden nicht nur den Menschen, sondern auch den Göttern, jeder einzelnen Gesellschaft, ja jedem für sich bestehenden Geschäfte zugetheilt. Dem Haße, als etwas vom Menschen Stammendes, und durch die Allegorie Verkörpertes kann daher auch ein Genius oder was denselben Begriff bezeichnet, ein Dämon zugewendet werden, der nur in Beziehung auf das Böse, das er dem Menschen zufügt, böser Genius oder Cacodämon genannt wird. Da der Dichter einmahl die Allegorie in seine Fabel eingeflochten, so dürfen sich an die übrigen Gestalten auch die personifizirte Liebe und Ehe unter der fremden Benennung Amor und Hymen mit Recht anschließen, und der Vorwurf, als sey die Mythologie der Vorzeit in die Mährchenwelt versetzt, findet kein Gewicht. Die Allegorie ist eine Bilderschrift. Ihr Haupterforderniß ist Klarheit und Verständlichkeit der Zeichnung. Der Verf. hätte zur Personifikation der Liebe und Ehe keine verständlichern Figuren wählen können, als gerade Amor und Hymen, die schon seit Jahrtausenden bey Liebenden eine der schönsten

Allegorien bilden. Unter den übrigen personifizirten Darstellungen nennen wir das hohe Alter und die Nacht mit ihrem Gefolge, welche sämmtlich das Gepräge richtiger Zeichnung an sich tragen, und des Verfs. Geschmack und Einsicht in das Wesen der plastischen Kunst beurkunden. Auch aus den übrigen Charakteren spricht durchaus allegorische Bedeutung. Der Herzensbund, den Lottchen mit dem armen Fischer geschlossen, gewährt ein schönes Bild der reinen wahren Liebe, deren Glück sich fern von Reichthum und Glanz nur auf ein tugendhaftes Herz gründet. Welche tiefe wichtige Lehre für das Leben liegt in der Rolle des Fortunatus Wurzel. Derselbe kennt in der Ueberfülle seines Reichthums keine dringendere Beschäftigung, als die Lebenszeit unter täglichen Schwelgereyen zu verschwenden. Als nun die Jugend mit ihrem rosigen Gefolge Abschied nimmt, und das hohe Alter ihn überrascht mit allen seinen unzähligen Beschwernissen, da steht der Reichthum, dem er angehangen mit Leib und Seele, in seiner ganzen Werthlosigkeit vor ihm, und mit aller Sehnsucht wünscht er seinen frühern Stand und seine Jugend zurück, die er nicht besser angewendet, und die er mit seinem Reichthume nicht mehr zurückkaufen kann. Als er seinen Reichthum wieder verliert, wird er auch von allen verlassen, die sich seine treuen Freunde und Anhänger nannten, und er steht arm, hilflos und allein in der Welt. Die Erscheinung des armen Wurzel in der bedauerungswürdigen Gestalt eines Aschenmannes, gibt ein höchst bezeichnendes Bild von der Nichtigkeit und Hinfälligkeit alles Irrdischen, an welche besonders der überall sinnreich angebrachte Ausruf: Asche! mit fast schmerzlichem Gefühle erinnert. In welch einem schönen einschmeichelnden Colorite muß nun im Gegensatze das Höhere dieses Lebens erscheinen, das der Vergänglichkeit nicht unterworfen ist, und mit dem Ausrufe: »keine Asche!« eine so wahre Bezeichnung erhält. Ueberhaupt erscheint Fortunatus Wurzel durch die ganze Handlung im Vordergrunde. Die Rolle gehört sowohl der gelungenen Zeichnung als auch der unübertrefflichen Darstellung wegen, zu den eminentesten Glanzrollen, die auf dieser Bühne vorgeführt wurden. Jugend und Alter; Reichthum und Armuth; Gesundheit und Krankheit; Glück und Unglück; Schwelgerey und Mangel; Heiterkeit und Trübsinn; dieses sind die feindlichen Pole, um welche sich die Rolle im flüchtigen Wechsel bewegen muß, und die in ihrer Vereinigung ein scharfskizzirtes anschauliches Bild vom Menschenleben aufstellen. Auch die Verbannung der Fee Lacrimosa enthält die im Leben oft bewährte Wahrheit, daß das unvernünftige Ringen nach Reichthum und Glanz dem Sonnenfluge Icarus gleiche. Der Raum dieser Blätter gestattet nicht, sämmtliche Glanzgemählde der Moral vor das Auge zu stellen; diese einzelnen Beleuchtungen mögen zur Probe dienen, welche Tendenz Hr. R a i m u n d seinem neuesten Produkte gegeben, und welche Erwartungen wir ferner von seinem Talente nähren können. Der beliebte Verf. hat aber bey den ernsten Grundzügen seiner Dichtung die Anforderungen, welche das Publikum seit Jahren an diese Volksbühne zu machen gewohnt ist, keineswegs außer Acht gelassen. Erscheinungen, welche ausschließend Verstand und Gemüth beschäftigen, können auf dieser Bühne, wo die lokalen Lustspiele in der schönsten Blüthe stehen, wohl schwerlich Wurzeln greifen. Daher ist Sorge getragen, daß aus den ernsten Gruppen dieses Zaubermährchens abwechselnd komische Gestalten hervortreten, welche der Lachlust reichhaltigen Nahrungsstoff biethen. Diese Abwechslung von heiteren Scherz und belehrendem Ernst; diese Anregung der Fantasie und des Herzens, kurz diese pikante Vermischung des Rührenden mit dem Lächerlichen, wird dieser Erscheinung auf der Leopoldstädter-Bühne noch lange das Uebergewicht über viele der übrigen Produkte zusichern. Unter die komischen Charaktere gehören auch Bustorius der Zauberer aus Warasdin, und Ajaxerle, Magier aus Donau-Eschingen. Sie sind, so wie die Feen aus der Türkey und die Nymphe aus Carlsbad, sinnbildliche Bezeichnungen ferner Gegenden, aus welchen Lacrimosa die Geister zu Hülfe ruft. Die Aussprache im ungarisch-deutschen und schwäbischen Dialecte erhöht die drollige Eigenthümlichkeit der beyden erstern, um so mehr als man gewohnt ist, dergleichen Charaktere meist mit imponirender ernster Würde agiren zu sehen. Einige der übrigen

Charaktere sind mehr oder minder, je nachdem es die Situation erfordert mit dem Farbenschmelze der Heiterkeit überflogen. (Der Beschluß folgt.)

Zum Zeitpunkt des Erscheinens der dritten Folge (*Theaterzeitung* Nr. 148, Dienstag, 12. Dezember 1826, S. 603 f.) wurde *Das Mädchen aus der Feenwelt* bereits fünfzehnmal (Hadamowsky, *Das Theater in der Leopoldstadt*, S. 200) im Theater in der Leopoldstadt gegeben.

Nicht nur die einzelnen Charaktere hat Hr. R a i m u n d der Individualität der Darstellenden gemäß wirksam und bedeutend mit H o g a r t h 'scher Komik colorirt, sondern auch dem Situationswitz, hauptsächlich aber dem Wortwitz einen glücklichen Spielraum eröffnet. Die drastischen Momente sind allenthalben am passenden Orte, besonders wo das Ernste und Rührende die Oberhand zu gewinnen droht, mit Glück und Geschick eingeflochten, und sie führen den Zuschauer aus einem wehmüthig ansprechenden Gebirgsthale, wie mit einem Zauberschlage hinauf auf die Sonnenhöhe lachender Heiterkeit, welche die beengenden melancholischen Gefühls-Anklänge in Fröhlichkeits-Accorde auflöst, und für kommende düstere Parthien neue Empfänglichkeit vorbereitet. Hr. R a i m u n d lieferte neuerdings überzeugende Beweise, daß er gründliche Kenntniß des Theatereffectes besitze, und seine Bühnenspiele nicht nur den Kräften des darstellenden Personals, sondern auch dem Geschmacke und dem Bedürfnisse des Publikums auf das Genaueste anzumessen verstehe. Von dem Situations- und Characterwitz haben die Leser sowohl in der ausführlichen Auseinandersetzung der Haupthandlung selbst, als auch in unserm Referate verschiedene Andeutungen erhalten. Wir rechnen hiezu noch vorzugsweise die drollige Abfahrt der Geister nach aufgehobener Versammlung mittels Luftfiaker. Der Wortwitz ist gleich einem schimmernden Goldfaden in das Gewebe des Dialogs verflochten. In überraschenden Wortspielen und in Vergleichungen besitzt Hr. R. eine auffallende Stärke, für das letztere spricht auch die Anwendung der Allegorie. Manche Witzspiele, die auch in den Gesangstücken mit vieler Wirksamkeit hervortreten, haben das Gepräge der ernsten, feinsinnigen oder der scherzhaften, spottwitzigen Epigramme. Von anekdotischem Witze, der zwar in seiner originellen Gestalt von der größten Wirksamkeit ist, aber in manchen Lustspielen als eine abschriftliche Mittheilung aus irgend einer gedruckten Sammlung erscheint, findet sich wenig Spur, noch weniger aber von abgeschmackten Trivialitäten und indecenten Zweydeutigkeiten, welche nur in die Hände der Gallerien ihre electrischen Funken werfen. Der Dialog selbst ist gerundet, bewegt sich aber, was leicht einzusehen ist, im Gebiethe der Local-Sprache. Wo es die Situation oder der Charakter selbst verlangt, erhebt er sich auch zu einem edlern Style, welches aus Lacrimosas Erzählung am Eingange des ersten Actes zu vernehmen ist. Auch ist der poetische Schmuck in der belehrenden Rede der Zufriedenheit am Platze, besonders da sich die Bilder nicht mit lyrischem Feuer, sondern nur mit ruhiger Wärme, entwickeln. Wir haben nun die einzelnen duftigen Blumen zur nähern Betrachtung aus dem sinnig-geordneten Strauße gezogen, den das Mädchen aus der Feenwelt am Busen trägt. Wir wollen mit dieser Aufzählung nicht sagen, der Blumenstrauß, nach welchem die Blicke der Schaulustigen in Wien alle gerichtet sind, habe gar kein welkes oder ungestaltetes Blättchen aufzuweisen. Auch an der Sonne findet man dunkle Flecken, wenn man sich die Mühe gibt, selbe durch Microscope näher ins Auge zu fassen. Doch ungeachtet dieser Flecken verbreitet die Sonne Licht und Wärme. Auch sind ihre Strahlen so blendend für das unbewaffnete Auge, daß sich diese dunklen Plätze sogar mit Licht überziehen. R a i m u n d s neuestes Produkt nimmt durch Anmuth und Heiterkeit das Wohlgefallen, durch den inwohnenden Geist, und die lebendige Regsamkeit das Interesse, durch das Originelle der Zeichnung und Färbung die Zufriedenheit in Anspruch. Wir wollen uns demnach durch eine anatomische Zergliederung der fehlerhaften Theile, wohin hauptsächlich die Anwendung allegorisch-dargestellter i s o l i r t e r Leidenschaften als Motive gehört, den angenehmen Genuß nicht selbst verkümmern, und überlassen dieses micrologische Geschäft jenen Grämlingen, welche nur überall mit dem grübelnden Verstande genießen wollen. Wir gehen nun zu jenen glücklich angewendeten Ausschmückungen über, welche den Totaleffect dieses gemüthlich-heitern Bühnenstücks erhöhen. Unter diesen verdienen die characteristischen, melodiösen und heiter schwebenden Musikstücke des Hrn. Kapellmeister Jos. D r e c h s l e r zuerst eine lobenswerthe Erwähnung. Schon die Ouverture gleicht einem schön verzierten Portale, worauf die Grundelemente des Mährchens, E r n s t und S c h e r z , in imposanter Aufeinanderfolge geschrieben sind. Die Composition der eingewebten Lieder ist dem Texte und den Pointen, die darin hervorleuchten, mit Verstand und Einsicht angepaßt. Wir nennen zum Belege nur das wunderschöne Duett: »Brüderlein fein,« als die Jugend Abschied nimmt. Anklänge sehnsüchtiger Weichheit, und schmerzlich-süßer Erinnerungen sind darin vorherrschend. In der Darstellung herrschte eine seltene Rundung und Präcision, Hr. R a i m u n d hatte auch als R e g i s s e u r unverkennbare Beweise von seiner regen Thätigkeit und theatralischen Umsicht gegeben. Die Mitwirkenden waren mit Liebe zur guten Sache beseelt, und bildeten durch gelungene Lösung ihrer Aufgaben ein lobenswerthes Ensemble. Dem. E n n ö k l bewährte sich in der Rolle der Z u f r i e d e n h e i t neuerdings als denkende Künstlerinn. Mit ästhetischem Sinn und psychologischem Gefühle erhob sie diese wahr gezeichnete Allegorie zu einem schönen anschaulichen Kunstgebilde. Durch die ganze Darstellung leuchtete mit sanfter Wärme der Geist der Milde und Zartheit und jener beseligenden Liebe und Seelenruhe hervor, welche die Wesenheit der menschlichen Zufriedenheit bilden. Diese belebende Veranschaulichung einer so herrlichen Allegorie mußte der geschätzten Schauspielerinn auch die Zufriedenheit des Publikums in reichem Maße zuwenden. Dem. K r o n e s erschien nur in einer einzigen Scene und zwar als personifizirte Jugend. Aber auch diese Rolle darf unter ihre Glanzrollen gerechnet werden, denn selbe ist ihrem individuellen Darstellungsvermögen vollkommen angemessen. Wir nennen diese Rolle die Quintessenz ihrer Leistungen. Lebendige Regsamkeit, rosiger

Frohsinn, unschuldiger Muthwille und doch eine gewisse geschmeidige Feinheit und Delikatesse zieren diese Darstellung und sind die Farbenlagen, womit die J u g e n d ein blendendes, reitzendes Colorit empfängt. Das Abschiedsduett: »Brüderlein fein« trug sie mit unnachahmlicher Liebenswürdigkeit vor. Mad. H a a s (Fee Lacrimosa) spielte mit Anstand und Würde, und wußte der exponirenden Erzählung zu Anfang des ersten Actes durch richtigen Vortrag, Klarheit und Annehmlichkeit zu geben. Hrn. R a i m u n d wurden nicht nur als D i c h t e r, sondern auch als K o m i k e r verdiente Kränze des lautesten Beyfalls gespendet. Derselbe hat den Charakter des Fortunatus Wurzel, wie schon gesagt, durch die ganze Handlung in den Vordergrund gestellt und diese bedeutungsvolle dramatische Schöpfung, mit dem Prometheus-Feuer seiner eignen Darstellung ins Leben gerufen. Ueber die Verdienste des Hrn. R. als Schauspieler herrscht nur eine Stimme, sowohl unter dem Publikum, als in den kritischen Journalen. Daß er auch diese Rolle, die er ganz für seine Individualität gezeichnet, mit wahrer Meisterschaft und Vollendung durchführte, bedarf wohl keines neuen Beweises. In allen Momenten wurden dem Dichter und Schauspieler i n e i n e r P e r s o n die Aeußerungen der aufrichtigsten Huldigung dargebracht. Mit scharf markirenden Umrissen zeichnete er die verderbliche leichtsinnige Schwelgerey des Millionärs, die contrastirende Kraftlosigkeit und Grämlichkeit im Greisenalter, und vor Allem die bedauerungswürdige Gestalt des lebensmüden Aschenmanns. Den melancholischen Ausruf Asche! über den Schwur der Liebenden zu Ende des Stückes hätten wir gerne weggewünscht, indem dadurch die schöne Endstrophe des Aschenliedes seine Wirksamkeit einbüßt. Sie lautet ungefähr:

Vor alle braven Leut',
Vor Lieb und Dankbarkeit,
Vor Treu und Mädchengluth,
Da zieh' ich meinen Hut –
Keine Asche!

Uebrigens zeichnen sich sämmtliche Lieder und besonders der Schlußgesang durch überraschende Pointe aus, und wurden, belebt durch einen herrlichen Vortrag, mit wahrem Enthusiasmus aufgenommen. Hr. K o r n t h e u e r hat ebenfalls in allen seinen bisherigen Leistungen hinlängliche Beweise gegeben, daß er unter die ersten Lieblinge dieser Bühne zu rechnen sey. Seine Komik ist unerschöpflich, originell, und daher stets effektvoll. Als Zauberer B u s t o r i u s und als personifizirtes h o h e s A l t e r ist er durch die eigenthümliche gemüthlich-drollige Darstellung eine recht ergötzliche Erscheinung. Auch Hr. L a n d n e r, Ajaxerle; entwickelte viel Laune zur Zwerchfellerschütterung, und Hr. To m a s e l l i erwirbt sich durch glückliche Nachahmung des unvergeßlichen N e u b r u c k s Beyfall. Unter den übrigen Darstellenden nennen wir noch Dem. G ä r b e r (Lottchen), die Herren F e r m i e r und Jos. S c h u s t e r (Haß und Neid) ferner Hrn. S c h a f f e r (Carl Schilf) und B e r g m a n n (Wurzels Zechbruder). Die Dekorationen sind mit vielem Fleiße gemahlt und gewähren einen angenehmen Anblick. Besonders effectvoll zeigen sich die Mond-Dekorationen mit schöner Licht- und Schattenvertheilung; das Thal der Zufriedenheit und die Fischerhütte mit einer täuschenden Fernsicht über das Meer als Schluß-Decoration. Auch die wohlangewendeten Maschinerien sind gelungene Schaukörper, welche zugleich Bewegung und Abwechslung in das Ganze bringen. Der Pantomimenmeister R a i n o l d i flocht geschmackvolle Gruppirungen und Tableaux ein, und verdient ebenfalls Lob. Die Direktion hat durch eine so reichliche Ausstattung dieses Stückes, durch neues Costüm und bildliches Schmuckwerk, die Aufmerksamkeit für das Publikum neuerdings an den Tag gelegt, und wir können die Ueberzeugung aussprechen, daß die Zufriedenheit, welche in diesem Zaubermährchen eine so schöne Rolle spielt, auch beym Publikum, wie es der Wunsch des Verfs. im Schlußgesange ausspricht, eine der schönsten Rollen übernommen habe.

BUSTORIUS und das HOHE ALTER wurden auch in späteren Inszenierungen in der Regel von ein und demselben Schauspieler gegeben. Auch die Dresdener *Abend-Zeitung* verweist auf den großen Publikumszustrom, auf die an diesem Theater ungewohnte »höhere«

Komik und darauf, dass sich Raimund mit diesem Stück zum
wirklichen Dichter gemacht habe. *Abend-Zeitung, Nachrichten
aus dem Gebiete der Künste und Wissenschaften* (Nr. 3, Mittwoch,
3. Jänner 1827, S. 12):

> Correspondenz-Nachrichten. A u s   W i e n . (Fortsetzung)
> Von unserm Leopoldstädtertheater kann ich Dir dießmal nur
> e i n e Neuigkeit mittheilen, die aber alles Andere auf dieser
> Bühne erschienene alt macht, in Jedermanns Munde ist, seinem
> Verfasser Ehre und Geld, der Kasse die reichlichsten Einnah-
> men und dem Publikum das größte Vergnügen gewährt. Es ist
> dieß R a i m u n d 's neuestes Stück: D a s M ä d c h e n a u s
> d e r F e e n w e l t , oder d e r B a u e r a l s M i l l i o n ä r .
> Es wurde zu des beliebten Verfassers Benefiz gegeben und von
> ihm, schon durch seine früheren Arbeiten, nur Gutes erwar-
> tend, drängte man sich dazu so sehr, daß man wirklich fürch-
> ten mußte, das alte Haus stürze ein. Man versprach sich viel,
> wurde aber doch noch angenehm überrascht. Um Dir den Plan
> aus einander zu setzen, lieber Leser, würde ich zu viel Raum
> nöthig haben, und durch die nackte Darstellung desselben
> das Stück alles dessen entkleiden müssen, was es so vortreff-
> lich macht, als es wirklich ist. Das Ganze ist ein allegorisches
> Mährchen zu nennen.
> (Die Fortsetzung folgt.)

Abend-Zeitung (Nr. 4, Donnerstag, 4. Jänner 1827, S. 16):

> Correspondenz-Nachrichten. A u s   W i e n . (Fortsetzung)
> Die Allegorie ist klar und anmuthig, es waltet eine höhere Ko-
> mik, als wir sonst auf dieser Bühne zu sehen gewohnt sind,
> und die Klatschrosen des Spaßes reihen sich mit den buntfar-
> bigen Tulpen des scenischen Schmuckes den brennenden Nel-
> ken des Witzes und den Dornen der Satyre zu einem schö-
> nen Kranze, in dessen Mitte eine Grazie spielt. Es liegt im
> Hintergrunde dieses fröhlichen Spieles etwas Tieferes, dessen
> Nähe auch selbst jener Zuseher fühlt, oder mindestens ahnt,
> der sonst gewohnt ist, nur die Oberfläche zu beschauen. Man
> lächelt oft mit einer Art wohlthuender Wehmuth, man lacht,
> ohne sich des Lachens hinterher schämen zu müssen. So viele

gute Gedanken das Stück auch im Einzelnen enthält, so ist doch das Räderwerk desselben, die einzelnen Figuren in ihren Zusammenstellungen, die Führung des ganzen Stückes eigentlich das, was am meisten von dem Genie des Verfassers zeigt, und mögen auch die verschiedenartigsten Menschen mit den verschiedenartigsten Anforderungen dieses theatralische Gemälde ansehen, Jeder wird sich unterhalten und vielleicht jeder auf eine andere Art. Hat Herr R a i m u n d schon durch seinen »D i a m a n t d e s G e i s t e r k ö n i g s« alle Stimmen zu seinem Lobe vereinigt, so hat er sich durch dieses Stück zum wirklichen Dichter gestempelt und sich, die Bühne, auf welcher er steht, und die Schauspieler derselben emporgehoben und höher gestellt. Es gibt kein Wort, welches den Beifall ausdrückte, den es erhielt. Es mag Dir genug seyn, zu wissen, lieber Leser, daß es von der ersten Aufführung an, welche am 10. November statt hatte, bis zum Schlusse dieses Monates schon zwölfmal bei stets gedrängtem Hause gegeben wurde, und daß noch auf folgende 10 Vorstellungen bereits alle Logen und Sperrsitze in Beschlag genommen sind.

Die *Theaterzeitung* (Nr. 13, Dienstag, 30. Jänner 1827, S. 56) verweist auf das große Lob in der Dresdener *Abend-Zeitung* und druckt eine kurze Passage ab, die dem ersten Satz der Korrespondenznachricht der *Abend-Zeitung* (Nr. 4, Donnerstag, 4. Jänner 1827, S. 16) entspricht. Vom Publikumserfolg zeugen auch die nächsten beiden Korrespondenznachrichten aus Wien in der *Abend-Zeitung* (Nr. 37, Montag, 12. Februar 1827, S. 148):

Raimund's M ä d c h e n a u s d e r F e e n w e l t hat in der Leopoldstadt bereits ein Viertelhundert Vorstellungen erlebt, und noch immer meldet man sich bei dem Logenmeister dieser Bühne zu Vormerkungen auf Logen und Sperrsitze zu folgenden Vorstellungen. Die vorzüglichsten Charaktere aus diesem Stücke, sechs an der Zahl, sind lithographirt mit Portraitähnlichkeit bei unsern Kunsthändlern erschienen, die Lieder, welche R a i m u n d singt, werden überall verkauft, und an allen Ecken kündigt man Walzer nach den Motiven dieser Lieder componirt an. Kurz, es ist ein vollständiger Triumph, welchen Raimund errungen hat, und wir wünschen ihm und der Leopoldstädterbühne dazu Glück.

Abend-Zeitung (Nr. 65, Freitag, 16. März 1827, S. 260):

> Das Füllhorn für die Leopoldstädterbühne ist noch fortwährend Raimund's Millionär. Indessen ist auch diese Bühne an einen polnischen Edelmann verkauft worden, der dieselbe aber erst, der darauf haftenden Bedingungen wegen, in sieben Jahren antreten kann, und sich vorerst mit den Gläubigern dieser Bühne in's nähere Einvernehmen setzen muß. Das Spielprivilegium haftet bei dieser Bühne als dingliches Recht auf dem Hause, und wird mit diesem verkauft.

Tagebucheintragungen

Von den herangezogenen Tagebüchern schreibt der Privatier Joseph Karl Rosenbaum (1770–1829) zum kalten Premierentag, dem 10. November 1826 (ÖNB, Handschriftensammlung, s.n. 204, Blatt 30v):

> [...] Leop.Th Raimund Einnahme: Mädchen aus der Feenwelt. In 3. Mus. v. Drechsler. – Erhielt verdienten Beifall, nur Manches für diese Bühne zu ernst. –

Aus diesem vermutlich eingeschobenen letzten Satz geht nicht klar hervor, ob Rosenbaum die Aufführung auch gesehen hat.
Noch vor Erscheinen der ersten Besprechung im *Sammler* notierte der k. k. Rechnungsbeamte Matthias Franz Perth am 16. November 1826 in sein Tagebuch S. 287 f. (WBR, Handschriftensammlung, Ic 226.988/38, siehe auch Nr. 727 seiner Theaterbesuche laut Register Ic 226.988/60):

> Abends besuchte ich in derselben Vorstadt das Theater. Es wurde bey gedrängt vollem Hause zum 5ten Mahle gegeben: das Mädchen aus der Feenwelt, oder: Der Bauer als Millionär, ein Original-Zaubermärchen mit Gesang in 3 A. von Ferd. Raimund. Musik von Drechsler. Gruppirungen und Tableaux von Rainoldi. Die neuen Decorationen von Dolliner und andern Meistern. Maschinen von Winterhalter.

Hr Raimund, welcher sich schon durch seine beyden Märchen: Der Barometermacher auf der Zauberinsel, dann: Der Diamant des Geisterkönigs, als ein vorzüglicher Theaterdichter in dieser Gattung dem Publicum empfohlen hatte, hat durch dieses sein neuestes Werk sich neuerdings als solcher erprobt, und verdient für dasselbe um so mehr unsern Dank, als es für alle Classen der Zuseher berechnet ist, indem es, frey von niedrigen Zotten, durchgehends Witz und Laune sprudelt, welche auch dem beschränktesten Verstande leicht faßlich sind, zugleich aber auch in einer schönen Bildersprache die anziehendste Moral enthält, und das große Verdienst für sich hat, daß es, obwohl es 3 Stunden hindurch dauert, nicht im geringsten ermüdet, sondern den Zuseher ununterbrochen angenehm beschäftiget.

Die Vorstellung in allen Theilen ging sehr gerundet zusammen, da die ersten Mitglieder dieser Bühne beschäftigt waren, als: Hr Korntheuer, Bustorius, Zauberer aus Warasdin; Hr Landler *[richtig: Landner]*, Ajaxerle, Magier aus Donau-Eschingen; Dem: Ennöckl, die Zufriedenheit; Dem. Krones, die Jugend, eine allerliebste Erscheinung; nochmahl Hr Korntheuer, das hohe Alter; Hr Raimund, Fortunatus Wurzel, ehemals Waldbauer, jetzt Millionär; Dem: Gärber, Lottchen, Wurzels Ziehtochter, etc.

Die Musik war sehr characteristisch, lieblich, angenehm, ernst, je nachdem es die Scene erforderte, die Ausstattung über aus glänzend, die Decorationen wunderschön, besonders jene eines Platzes, ein Nachtstück, vom Monde beleuchtet.

Der rauschendste Beyfall lohnte den Dichter für sein amüsantes Werkchen, das ein vorzügliches Kassenstück ist, und sich sehr lange auf dem Repertoir erhalten wird.

Elf Monate später besuchte er wieder eine Vorstellung und notierte in seiner pedantischen Art am 10. Oktober 1827 in sein Tagebuch (WBR, Handschriftensammlung, Signatur: Ic 226.988/39, S. 92, Nr. 745 seiner Theaterbesuche laut Register Ic 226.988/60):

In Bezug dieser Vorstellung verweise ich auf den 16. Nov. v. J. (Seite 287. Band 38) wo ich dieses Stück zum ersten Mahle sah, und glaube nur kurz bemerken zu müssen, daß heute bey der 83. Vorstellung des selben das Haus mit Zusehern überfüllt war. Es ist für die Kassen das einträglichste Schaustück, das seit vielen, vielen Jahren auf dieser Bühne gegeben wurde.

Ganz kurz äußert sich Eduard von Bauernfeld in seinem Tagebuch (WBR, Handschriftensammlung, Signatur: Ia 59.497, H.I.N. 13.004, S. 65v, ohne Datierung, letztes Datum davor Oktober 1826, erstes danach November 1826):

> Das Raimund'sche neue Stück ist merkwürdig. Er hat seine ganze Melancholie in das Possenspiel gebracht, mit wirklich poötischen Anklängen. –

Carl Ludwig Costenobles Tagebucheinträge, für diese Zeit nicht vorhanden, sind für *Das Mädchen aus der Feenwelt* wieder ab 1831 relevant. Toni Wagner sah die Premiere, und am 27. November nahm sie mit ihren Eltern (die Mutter hatte bereits am 23. November eine Vorstellung besucht) von der Loge aus teil (»... *den 13. war ich bey ihm*«, S. 22–24 und S. 38 f.).

Der ungenannte Herausgeber der posthum erschienenen Erinnerungen legt Heinrich Anschütz folgenden im Zusammenhang mit dem Selbstmord und einer kurzen Würdigung Raimunds stehenden Text in den Mund, wobei nicht klar wird, wann die erwähnte Vorstellung stattgefunden hat (der 1832 verstorbene Ludwig Devrient gastierte 1828 am Wiener Burgtheater):

> Ich verdanke Raimund eine Reihe unvergeßlicher Erinnerungen. Raimund war der wahre Humorist. Ueber ihn konnte man in demselben Athemzuge lachen und weinen. Noch erinnere ich mich, wie ich mit Ludwig Devrient einer Vorstellung des ›Bauer als Millionär‹ beiwohnte. Devrient war ganz Auge und Ohr und bei der Darstellung der Szene, wo das hohe Alter eintritt, war mein Nachbar so ergriffen, daß er in die Worte ausbrach: »Der Mann ist so wahr, daß ein so miserabler Mensch wie ich ordentlich mitfriert und leidet«. (Heinrich Anschütz, *Erinnerungen aus dessen Leben und Wirken. Nach eigenhändigen Aufzeichnungen und mündlichen Mittheilungen*, Wien 1866, S. 411)

Dichterischer Wert

Vielen wurde bald klar, dass *Das Mädchen aus der Feenwelt* ein großer Schritt für die Entwicklung des Wiener Vorstadttheaters war. In der *Theaterzeitung* (Nr. 30, Samstag, 10. März 1827, S. 121 f.) schrieb Heinrich Börnstein in seinem langen Beitrag »Bilder aus der Kaiserstadt« über Ferdinand Raimund unter anderem:

> Wien hat sich einer Volksbühne zu erfreuen, mit der sich schwerlich eine andere ähnliche Anstalt messen kann, – denn es besitzt nicht nur die besten Dichter und Darsteller in diesem Genre, sondern auch ein für den reinen, gemüthlichen, aber doch kernigen Witz, – empfängliches Publikum. – Unter den Darstellern auf der Leopoldstädter-Volksbühne, die bereits die Palme der Meisterschaft erreicht haben, zeichnet sich vorzüglich der Regisseur derselben, Herr Ferdinand R a i m u n d, aus. – [...]
>
> Wie sehr auch beyde Stücke *[Der Barometermacher auf der Zauberinsel* und *Der Diamant des Geisterkönigs]* gefielen, so waren sie doch vorzüglich bloß auf Erregung der Lachlust und ergötzliche Unterhaltung berechnet, ohne einen höheren Zweck zu haben. –
>
> Allein mit dem nunmehr erschienenen neusten dramatischen Erzeugnisse: »D a s M ä d c h e n a u s d e r F e e n w e l t, oder: d e r B a u e r a l s M i l l i o n a i r,« betrat Hr. R a i m u n d eine neue Bahn. – Mitten in dem herrlichsten Gebilde des Witzes und Humors, mitten in einem ironischen Gewebe herber Satyre blüht die höchste Tendenz der Bühne: d i e M o r a l. Ausführlich wurde bereits In- und Gehalt dieses Stücks in diesen Blättern gewürdigt, und wir verweisen dahin. – [...]
>
> Dem Einheimischen sind Herrn R a i m u n d 's Glanzrollen im komischen Fache bekannt, für den Auswärtigen aber genügt zu wissen, daß Herr R a i m u n d, was Mimik, Gesticulation und Wahrheit des Ausdrucks betrifft, der Typus aller Local- und in mehreren Rollen, auch der höheren Komik ist. – Seine Gesichtsmaske, so wie sein Anzug sind stets ungemein wahr, und stets, so viel wie möglich fern von Carikatur, und

selbst sein Vortrag der leichten Volkslieder, wenn auch etwas
gehemmt durch ein rauhes Organ, doch ungemein charakteristisch und anziehend. – [...]

Was den poetischen Wert im Vergleich mit anderen Raimund-Stücken betrifft, ist vielleicht ein Bericht der *Theaterzeitung* (Nr. 111,
Samstag, 15. September 1827, S. 455) von Interesse, weil hier der
Bezug zu den beiden nächsten (aber noch nicht gespielten) Werken
hergestellt wird:

> Hrn. R a i m u n d s neuestes Stück, welches noch im Laufe
> des Monaths September, im k. k. pr. Theater an der Wien, mit
> bedeutendem Aufwande, in die Scene gesetzt erscheint, heißt:
> »M o i s a s u r s Z a u b e r f l u c h.« Die Musik ist vom Hrn.
> Kapellmeister R i o t t e. – Das andere neue Stück von Hrn.
> R a i m u n d, welches wahrscheinlich zu seinem Benefiz im
> Leopoldstädter-Theater gegeben wird, führt den Titel: »d i e
> g e f e s s e l t e F a n t a s i e.« Personen, welche beyde neueste
> Arbeiten gelesen haben, versichern, daß sie das »Mädchen aus
> der Feenwelt« weit übertreffen.

Moisasurs Zauberfluch wurde am 25. September 1827 und *Die
gefesselte Fantasie* am 8. Jänner 1828 uraufgeführt.
Bei einem Vergleich mit *Der Alpenkönig und der Menschenfeind*
hieß es (*Theaterzeitung* Nr. 152, Donnerstag, 18. Dezember 1828,
S. 607):

> [...] Dieses meisterliche Werk hat also die in diesen Blättern
> ausgesprochenen Behauptungen, daß es fortan ein großes
> Glück und gesteigerte Theilnahme von dem gewählten, wie
> von dem großen Publikum finden werde, vollkommen ge-
> rechtfertigt, und Hr. R a i m u n d einen neuen Sieg als Dichter
> davon getragen, der hinter dem Triumph, den sein »Mädchen
> aus der Feenwelt« erlebt, nicht zurück bleibt. [...]

Publikumserfolg

Kaum ein anderes Werk des damaligen Vorstadttheaters erlebte
einen so starken Publikumsandrang und in relativ kurzer Zeit so

viele Wiederholungen. Die große Popularität machte es auch zu einem begehrten Benefizstück für jene Schauspieler, die schon bei der Premiere mitgewirkt hatten.
Die *Theaterzeitung* (Nr. 153, Samstag, 23. Dezember 1826, S. 622) erwähnt als Neuigkeiten, dass seit einigen Wochen »Personen des allerhöchsten Hofes« das Theater in der Leopoldstadt »mit Ihrer Gegenwart zu beehren geruhten« und u. a. *Das Mädchen au der Feenwelt* und *Der Barometermacher auf der Zauberinsel* »auf höchsten Befehl« aufgeführt wurden, anschließend heißt es:

> Die ferneren Darstellungen des »Mädchens aus der Feenwelt« betreffend, so wurde solches vorgestern, am 21. December zum z w a n z i g s t e n Mahl aufgeführt, und hat bisher wohl über 26,000 Gulden eingetragen.

Am 16. Mai 1827 erlebte *Das Mädchen aus der Feenwelt* bereits die 56. Vorstellung in der Leopoldstadt. »Sie wird zum Vortheil des Hrn. L a n d n e r gegeben, dessen Fleiß, Humor und Beliebtheit ein sehr besuchtes Haus verdienen.« (*Theaterzeitung* Nr. 57, Samstag, 12. Mai 1827, S. 236) Am 18. Oktober 1827 fand die Aufführung als Benefiz für Elise Gärber statt. »Unnütz wäre es, Worte über den Werth und Inhalt eines Stückes zu verlieren, das heute zum v i e r u n d a c h t z i g s t e n M a h l e in die Scene ging, und der Benefiziantinn abermahls ein Haus machte, das an der Kassa gegen 1500 fl. eingebracht.« (*Theaterzeitung*, Nr. 132, Samstag, 3. November 1827, S. 539) Johann Landner hatte den AJAXERLE und Elise Gärber das LOTTCHEN bei der Uraufführung gespielt.
Am Donnerstag, den 8. November 1827 verkündete die *Theaterzeitung* (Nr. 134, S. 548):

> Die Administration des Leopoldstädter-Theaters hat einen schönen Zug von Dankbarkeit und Anerkennung dadurch ausgesprochen, daß sie Hrn. R a i m u n d auch den Ertrag der h u n d e r t s t e n Vorstellung seines »Feenmädchens« überlassen wird.

Als es so weit war, sah die Sache doch etwas anders aus, denn die *Theaterzeitung* (Nr. 38, Donnerstag, 27. März 1828, S. 151) schrieb:

> Mittwoch den 19. März ward zum **neun und neunzigsten** Mahle: Raimunds »**Mädchen aus der Feenwelt,** oder: **der Bauer als Millionär,**« gegeben. Das Haus war überfüllt, und dieß liefert, mehr als jede neue Apologie, den vollgiltigsten Beweis von dem Werthe und Interesse dieses höchst gelungenen Zaubermährchens. Es ist eines von den Stücken, das man zehn und zwanzig Mahl ansehen kann, und das immer besser gefällt, je öfter man es sieht. Es ist wirklich so reich an Schönheiten, daß, hätte **Raimund** sonst nichts als dieses Mährchen geschrieben, er schon dadurch sein dichterisches Talent auf das Glänzendste beurkundet hätte. Zum **hunderten** Mahle gibt es Hr. **Schaffer** zu seinem Benefiz.

Die als Benefiz für Josef Schaffer (Rolle des KARL SCHILF bei der Uraufführung) am 12. April 1828 vorgesehene hundertste Vorstellung (die Zählung stimmt zu diesem Datum exakt mit den Katalogen der Theatersammlung überein, vgl. Hadamowsky, *Das Theater in der Wiener Leopoldstadt*, S. 200) wurde mehrfach angezeigt, so in der *Theaterzeitung* (Nr. 43, Dienstag, 8. April 1828, S. 172), und der *Sammler* (Nr. 45, Samstag, 12. April 1828, S. 180) schrieb:

> Heute, den 12. April d. J. wird der Schauspieler des k. k. priv. Theater in der Leopoldstadt, Hr. **Schaffer**, sein dießjähriges Benefize haben. Es wird an demselben Abende die **hundertste** Vorstellung des beliebten Stückes: **Das Mädchen aus der Feenwelt** gegeben. Sowohl der Werth dieses genialischen Productes unsern geschätzten Dichters **Raimund** als die vieljährigen Verdienste des fleißigen und brauchbaren Beneficianten lassen demselben einen zahlreichen Zuspruch wünschen.

Eine Besprechung liefert die *Theaterzeitung* (Nr. 51, Samstag, 26. April 1828, S. 202):

> In einer Zeit, wo Stücke aus dem Meere der schriftstellerischen Thätigkeit eben so schnell auf- als niedertauchen in dem Strom der Vergessenheit, ist es, kann man mit Recht sagen, ein **Wunderwerk**, wenn ein Stück 100 Vorstellungen erlebt,

und sich eines solchen dauernden, ungetheilten und lebhaften Beyfalls zu erfreuen hat, wie R a i m u n d s »Mädchen aus der Feenwelt.« Sonnabend am 12. Aprill ward es zum h u n d e r t e n Mahle zum Benefiz des Hrn. S c h a f f e r gegeben, und es war so voll wie bey den ersten Wiederholungen dieser wahrhaft schönen Dichtung. Es hieße Eulen nach Athen tragen, wollte man noch etwas zum Lobe dieses Stückes sagen. Scherz und Ernst sind so sinnig darin vereint, Moral und Satyre so fein verzweigt, daß es unbedingt unter allen Zauberspielen den ersten Rang einnimmt. Warum Hr. R a i m u n d uns bey der Jubelfeyer seiner meisterlichen Dichtung nicht mit einigen neuen Strophen erfreute, glauben wir dadurch zu rechtfertigen, daß es eigentlich Sache der Z u f r i e d e n h e i t gewesen, ihn mit ein Paar Apostrophen an sein unerschöpfliches Talent zu regaliren.

Die Darstellung ging, wie immer, sehr gerundet zusammen. Hr. R a i m u n d wußte durch sein wahrhaft charakteristisches Spiel; Dem. E n n ö k l durch ihren gefühlvollen, zum Herzen sprechenden Vortrag; Dem. K r o n e s durch ihren unerschöpflichen Humor; Hr. K o r n t h e u e r durch die meisterliche Darstellung des hohen Alters und die treffliche Nachahmung des treuen Magyaren, den lebhaftesten Beyfall zu erringen. Hrn. S c h a f f e r wurde die Ehre des Hervorrufens zu Theil, welche Auszeichnung, so wie das volle Haus, er als den aufmunternden Lohn seines Fleißes und Bestrebens erkennen möge.

Illustrationen, Musiknoten, Warnungen

Bereits zwei Wochen nach der Uraufführung warb der Herausgeber Adolf Bäuerle in der *Theaterzeitung* (Nr. 141, Samstag, 25. November 1826, S. 572) für die Lieferung von drei Szenenbildern aus dem *Mädchen aus der Feenwelt* in der *Gallerie drolliger und interessanter Scenen*, nämlich:

> 1. Herrn R a i m u n d als Millionär und Dem. K r o n e s als Jugend, mit dem ganzen Gefolge der Jugend und der Dekoration des Prunksaales.

2. Herrn R a i m u n d als Aschenmann und Dem. E n n ö k l als Zufriedenheit mit der Dekoration des Zauberpallastes.
3. Die ganze Schlußgruppe des Stückes mit allen Personen: Herrn R a i m u n d, Dem. E n n ö k l, G ä r b e r, Mad. H a a s, Herrn K o r n t h e u e r, S c h a f f e r, Dem. B ö h m u.s.w.
Alle mit Porträt-Ähnlichkeit. Rückwärts die Dekoration mit der Fischerhütte.
Da diese Bildnisse nicht lithographirt sind, sondern in Kupfer gestochen und meisterlich illuminirt, nicht einzelne Figuren enthalten, sondern ganze Scenen und Gruppen mit erläuterndem Texte, so dürfte der Vorzug, den sie besitzen, auf den ersten Blick einleuchtend seyn.

Preise und Bezugsquelle werden ebenfalls angegeben. Dieses Angebot wird am 7. Dezember 1826 in leicht veränderter Form wieder eingeschaltet (*Theaterzeitung*, Nr. 146, Donnerstag, 7. Dezember 1826, S. 596), das dritte Bild wird nun jedoch ausführlicher beschrieben:

Die ganze r e i c h e Schlußgruppe des Stückes mit allen Personen: Herrn R a i m u n d, Herrn K o r n t h e u e r, Herrn S c h a f f e r, L a n d n e r, den Demois. E n n ö k l, G ä r b e r, B ö h m, Mad. H a a s u.s.w., sämmtlich mit Porträt-Ähnlichkeit im vollen Costüme. Rückwärts die Dekoration mit der Fischerhütte.

Hingewiesen wird auf den geringeren Preis als bei »allen ähnlichen Unternehmungen«, auf Bezugsquelle und Pränumerationskosten, da »diese Bildnisse übrigens Beylagen zu seiner allgemein verbreiteten Theater-Zeitung ausmachen«.

Schließlich wird noch 1827 in der *Theaterzeitung* (Nr. 57, Samstag, 12. Mai 1827, S. 236) auf den zweiten Jahrgang der *Gallerie drolliger und interessanter Scenen* und, was *Das Mädchen aus der Feenwelt* betrifft, auf das Schlusstableau hingewiesen.

Nicht mehr in eigener Sache verweist die *Theaterzeitung* (Nr. 21, Donnerstag, 17. Februar 1831, S. 84) auf eine damals durchaus populäre Form des »Papiertheaters«:

– Hr. Joseph Trentsenzky, Inhaber des lithographischen Bureaus in der Wollzeil im Zwettelhofe, welcher unermüdet thätig ist, und das Publikum stets mit dem Anziehendsten aus der Kunstwelt versieht, hat Raimunds »Mädchen aus der Feenwelt« gewissermaßen plastisch ausgeführt. Die beliebtesten Personen, welche in jenem beliebten Zauberspiele mitwirkten, hat er mit Portrait-Aehnlichkeit dargestellt. Sie sind trefflich gerathen und besonders elegant ist das Kostüme gemahlt. Einzeln kostet die Figur 20 kr. K. M.!

Nicht lange nach der Uraufführung konnte auch schon auf Musiknoten des Verlags Diabelli aufmerksam gemacht werden (*Theaterzeitung* Nr. 143, Donnerstag, 30. November 1826, S. 580):

– Aus dem Original-Zaubermährchen »Der Bauer als Millionair« von Hrn. Ferd. Raimund, mit Musik vom Hrn. Kapellmeister Jos. Drechsler, sind die Ouverture für das Pianoforte, und einzelne Gesangstücke mit Begleitung des Pianoforte oder der Guitarre, in der Kunsthandlung A. Diabelli et Comp. Am Graben Nr. 1133 zu haben.

In dem Zusammenhang ist das jährliche Benefiz der Antonie Jäger zu erwähnen, das für den 19. Dezember 1826 festgelegt wurde. Eine Neuinszenierung des großen komischen Quodlibets *Die beyden Spadifankerln* von Karl Meisl stand am Programm. In der Vorschau (*Theaterzeitung* Nr. 151, Dienstag, 19. Dezember 1826, S. 616) wird unter anderem festgehalten:

Während des Zwischen-Actes wird das Orchester die neuen »Millionär-Deutschen« von Hrn. Diabelli, die beliebtesten Melodien aus dem »Mädchen aus der Feenwelt« enthaltend, vortragen.

Die erste Warnung an Theaterdirektoren, die auch *Das Mädchen aus der Feenwelt* beinhaltet, wurde noch 1826 in der *Theaterzeitung* geschaltet (Nr. 150, Samstag, 16. Dezember 1826, S. 612):

Bekanntmachung und Warnung.
(Für Theaterdirektionen.)
Der Unterzeichnete sieht sich abermahls veranlaßt anzuzei-

gen, daß die **drey**, von ihm verfaßten Stücke: »**der Barometermacher auf der Zauberinsel**,« »**der Diamant des Geisterkönigs**,« und »**das Mädchen aus der Feenwelt**, oder: der Bauer als Millionär« **rechtmäßiger Weise nur von ihm** bezogen werden können, und warnt daher die Herren Theaterdirektoren vor unerlaubtem Ankaufe.

Wien, am 15. Dezember 1826.

Ferdinand Raimund,

Regisseur des k. k. priv. Theaters in der Leopoldstadt.

Übersetzungen

Der *Sammler* (Nr. 23, Dienstag, 23. Februar 1830, S. 92) berichtet:

Raimund's Meisterstück: »**der Bauer als Millionär**,« ist in das **Englische** übersetzt worden, und wird in **London** im Theater **Drurylane** mit dem größten Pomp in die Scene gehen. Es steht zu erwarten, daß auch eine Pariser Bühne sich dieses in der That classische Werk aneignen werde. Das einstimmige Urtheil der größten Kenner, so wie die enthusiastische Aufnahme des Alpenkönigs vor Kurzem in Hamburg und an anderen berühmten Orten machen **Raimund** der Ehre würdig, daß seine Werke in allen Theilen der Welt seinen Nahmen verherrlichen. – [...]

Der *Sammler* (Nr. 42, Donnerstag, 8. April 1830, S. 168):

Aus einem Schreiben aus **Warschau** erfahren wir, daß daselbst **Raimunds**: »**Mädchen aus der Feenwelt**« in **pohlnischer** Übersetzung zur Aufführung gekommen ist, und bereits 22 Mahl bey stets vollem Hause und erhöhten Preisen mit allgemeinem Beyfall gegeben wurde. – »**Der Alpenkönig und der Menschenfeind**,« der auch im Theater Drury-Lane in London in die Scene gesetzt wird, und über dessen Aufnahme wir unsern Lesern referiren werden, sobald uns unser Londner Correspondent etwas Näheres darüber berichtet haben wird, wird gegenwärtig auch ins Pohlnische übersetzt. – »**Die gefesselte Phantasie**«

ist in P r a g , wie uns ein unparteyischer Correspondent geschrieben, d r e y m a h l nach einander bey übervollem Hause und mit Applaus gegeben worden, und hat, wenn auch nicht in demselben Grade, wie die frühern Arbeiten des Verfassers, dem kunstsinnigen Publicum Prags gefallen.

(Siehe dazu Franz Hadamowsky, *Ferdinand Raimund als Schauspieler*, SW Bd. 5/1, S. 332.)
In der *Theaterzeitung* (Nr. 48, Donnerstag, 21. April 1831, S. 196) wird ebenfalls eine Übersetzung ins Polnische erwähnt. Von einer früheren Übersetzung des *Mädchens aus der Feenwelt* ins Tschechische sprechen die *Theaterzeitung* (Nr. 25, Dienstag, 4. Februar 1834, S. 100) und der *Bayerische Landbote* (Nr. 56, Sonntag, 6. März 1831, S. 323).

Umbesetzungen

Es war nicht ungewöhnlich, dass im Laufe einer Produktion, noch dazu bei so vielen Aufführungen, auch wichtige Rollen umbesetzt wurden, sei es wegen Krankheit, bei Debüts oder Gastrollen. So übernahm Antonie Jäger erfolgreich die Rolle der JUGEND während einer Erkrankung von Therese Krones (*Sammler* Nr. 6, Samstag, 13. Jänner 1827, S. 24):

K. K. priv. Theater in der Leopoldstadt. Den 5. d. M. übernahm Dlle. J ä g e r im »Mädchen in der Feenwelt« wegen plötzlicher Unpäßlichkeit der Dlle. K r o n e s den Part der »Jugend« und lieferte den Beweis, welch' brauchbare Aquisition diese Schauspielerinn sey, und daß das Theater in der Leopoldstadt Individuen besitze, die bey zweckmäßiger Verwendung wohl mehr leisten können, als sie in ihrer sonst zugewiesenen untergeordneten Sphäre zu zeigen Gelegenheit haben. Ihre Bitte um Nachsicht in einer Rolle, welche die mit Recht so beliebte Dlle. K r o n e s allerdings zu einer ihrer bedeutendsten Glanzpuncte zählen kann, verrieth zwar eine lobenswerthe Bescheidenheit als gerechte Anerkennung der Verdienste ihrer Vorgängerinn; doch löste sie ihre Aufgabe auf eine so würdige Art, daß ein glänzender

Beyfall auch ohne jener Bitte sicher erfolgt wäre. Ist die Rolle der Jugend von dem Verfasser des Stückes gleich nur auf Eine Scene beschränkt, so erfordert sie ihres tiefen, in den Sinn der Erzählung so entscheidend wirkenden Charakters willen, doch eine genaue Auffassung und scharfe Markirung, die Dlle. K r o n e s mit wahrhaft künstlerischer Besonnenheit beobachtete. Es sey uns vergönnt, über diesen Charakter einige Fragen an den geschätzten Verfasser zu richten. Warum läßt er die Jugend nicht in Gestalt eines seiner Freunde schon im Anfange seines Erscheinens Wurzels Begleiter seyn? Wie sinnig und passend wäre nicht dieser Charakter dadurch geworden! Wie weit natürlicher wäre dadurch der Abschied, der jetzt doch allzu grell und zu wenig motivirt, bloß im Duett erklärt wird, dem Publikum anschaulich geworden! Warum läßt er endlich die Jugend bey Verwandlung des Aschenmannes in sein voriges jugendliches Alter nicht mehr erscheinen, da ihm selbe durch die Worte der Zufriedenheit doch so ausdrücklich wieder geschenkt wird? Wie passend wäre nicht ihre Gegenwart am Schlusse des Ganzen, das dadurch um ein Bedeutendes klarer und richtiger geworden wäre! Bey dem so hohen Gehalte des Stückes dürfte diese leicht zu bewirkende Änderung wohl mühelohnend seyn. – Im übrigen erhielt diese Piece wieder jene Anerkennung, die sie in einem so hohen Grade verdient, und Hr. R a i m u n d erhielt sowohl als Verfasser wie als Darsteller gesteigerte Zeichen de Beyfalls. – Möge er uns bald wieder eine Frucht seines gediegenen Talentes schenken! Dlle. J ä g e r wurde nach dem beliebten Duett: »Brüderlein fein,« welches sie wiederhohlen mußte, beyfällig gerufen. J–S–

Als Therese Krones die Rolle wieder zurückbekam, wurde auch das rezensiert (*Theaterzeitung* Nr. 13, Dienstag, 30. Jänner 1827, S. 54):

K. K. priv. Theater in der Leopoldstadt.
Hrn. R a i m u n d's gelungene Dichtung »das Mädchen aus der Feenwelt, oder: der Bauer als Millionär« entwickelt bey jeder neuen Vorstellung, neue Schönheiten, besonders in den so fein nüancirten Allegorien, – und macht jeden Darstellungs-Abend ein volles Haus. – Wegen plötzlicher, schwerer

Erkrankung der Dem. K r o n e s mußte Dem. J ä g e r die Rolle der Jugend übernehmen. – Sie gab sie ganz als Copie der früheren Darstellerinn, und wurde vom Publikum beyfällig und ermunternd aufgenommen. Nach einer mehrwöchentlichen Krankheit betrat endlich Dem. K r o n e s in der Rolle der Jugend wieder Thaliens Tempel, und wurde von den reichlich versammelten Zuschauern, die sie als eine der würdigsten Priesterinnen in diesem Tempel anerkennen, mit rauschendem Beyfalle empfangen. – Das beliebte Duett: »Brüderlein fein!« mußte wiederholt werden, und nach Beendigung desselben wurde die Wiedergenesene noch einmahl hervorgerufen. – Und somit hegen wir Wunsch und Hoffnung, Dem. K r o n e s , eine der ersten Zierden unserer Volksbühne durch ihren echt ironischen Humor, werde uns und der Kunst noch lange erhalten werden! –

Der *Sammler* (Nr. 69, Samstag, 9. Juni 1827, S. 276) beurteilt die Spielplanpolitik des Theaters in der Leopoldstadt, berichtet von einem neuen Stück Raimunds und einer krankheitsbedingten Umbesetzung der Rolle der ZUFRIEDENHEIT (Therese Krones statt Katharina Ennökl):

> (T h e a t e r   i n   d e r   L e o p o l d s t a d t.) Dieses Theater wird nach einem neuen Plane geleitet, und es zeigt sich schon jetzt in der Weise, mit welcher das Repertoir redigirt wird, eine günstigere Wirkung auf die Kassa. Man sieht mehr Thätigkeit, mehr Abwechslung – seit ungefähr sechs Wochen ist fast jeden Freytag ein neues Stück gegeben worden; dabey hat man jedoch der älteren beliebten Piecen keineswegs vergessen, und die Schauspieler größten Theils in anziehenden Rollen gesehen. »K a b a l e   u n d   L i e b e« von B ä u e r l e hat unstreitig nach Raimunds »M ä d c h e n   a u s   d e r   F e e n w e l t« das meiste Glück gemacht; auch die auswärtigen Blätter haben sich sehr lobend darüber ausgesprochen, darunter das Morgenblatt, die Zeitung für die elegante Welt, die Abendzeitung, der Gesellschafter. Wie man vernimmt, erscheint in Kurzem bald wieder ein neues Volksstück von diesem beliebten Dichter, das einen ganz neuen Gedanken zum Gegenstand hat. Kapellmeis-

ter Drechsler soll die Musik dazu schreiben. Auch Raimund soll wieder ein Stück vollendet haben, von dem man sich mit Recht etwas Gediegenes versprechen kann. Dichter, welche für diese Bühne schreiben und Originalität im Auge haben, können fast allemahl ihrer Sache gewiß seyn. – Durch die Krankheit der Dlle. Ennökl ward die Administration veranlaßt, die Rolle der Zufriedenheit im Bauer als Millionär in die Hände der Dlle. Krones zu legen; aber so talentreich wir Dlle. Krones nennen möchten, dergleichen Aufgaben gelingen ihr nicht, so wie sie auch in Dialect-Rollen und solchen, wo Verschiedenheit der Charaktere die Seele einer Aufgabe ist, hinter Dlle. Ennökl zurückstehen dürfte. Dlle. Ennökl ist eine sehr denkende, gebildete Schauspielerinn, geht immer in den Geist ihrer Rollen umsichtig ein, indeß die heitere Krones die Außenseite ihrer Leistungen mit dem Rosenroth ihres Humors überzieht, und sich leichthin bemüht, alles durch ihre Laune zu überzuckern. Daher Fisperl in »Gisperl und Fisperl,« Louise in »Kabale und Liebe,« die Jugend im »Mädchen aus der Feenwelt« stets ihre Glanzrollen bleiben werden; in diesem ist es ganz am Platze, einer ungezwungenen Lustigkeit die Zügel zu lassen, und im muthwilligen Scherze das eigene Ich zu produciren. – [...] Auch in der Pantomime hat die Administration manche Veränderungen eingeleitet. Sie hat sich zum Ziel gesetzt, allen billigen Wünschen zu begegnen. Da man überzeugt ist, daß Männer von Geschmack eine Anstalt leiten, bey welcher Kräfte sich befinden, die nirgends in solchem Umfang gefunden werden, wozu wir außer Raimund, Ignatz Schuster, Korntheuer, Dlle. Ennökl und Krones auch noch die HH. Fermier, Rainoldi, Landner, Lang, Tomaselli, die Dllen. Gärber und Jäger, dann die Dichter und Compositeurs Bäuerle, Meisl, Drechsler und Müller zählen, so wird das Volkstheater in der Leopoldstadt noch lange seinen günstigen Ruf behaupten.

Der *Sammler* (Nr. 20, Donnerstag, 15. Februar 1827, S. 80) bezieht sich auf die 37. Aufführung am 3. Februar 1827:

(**Theater in der Leopoldstadt.**) Den 3. Februar: Das Mädchen aus der Feenwelt wurde bereits zum siebenunddreyßigsten Mahle mit stets gesteigertem Beyfalle gegeben. Hr. R a i m u n d weiß immer mehr Leben in dieses schöne Kunstgebilde zu bringen. Die Lieblings-Scene des Publicums ist zwar Hrn. R's Erscheinen als Aschenmann, obwohl der Glanzpunct seiner Rolle der Übergang vom jovialen, lebenslustigen Manne zum schwächlichen Alten bleibt. Jede Miene ist studirt, und obgleich dieser Übergang augenblicklich geschieht, so ist das Ganze doch durch Haltung und Miene vorbereitet. Dlle. K r o n e s, welche schon bey den ersten Vorstellungen ihren kleinen Part zu einer Meisterrolle zu erheben wußte, gibt selben stets mit mehr Feuer und Gewandtheit. Die unlängst aufgestellte Bemerkung: »daß die Jugend zu Anfang unter Wurzels Freunden auftreten sollte,« *[vgl. Sammler, Nr. 6 vom 13. Jänner 1827, S. 24]* scheint ungegründet, indem der überraschende Eindruck ihres Kommens im zweyten Acte dadurch sehr geschwächt würde. Auch Dlle. G ä r b e r *[Elise Gärber als Lottchen]* spielt brav, und beharrt sie in ihrem Fleiße wie bisher, so wird sie in kurzer Zeit eine tüchtige Schauspielerinn werden. Im Ganzen sind die Vorstellungen dieses Kunstwerkes so gerundet, als man auf dieser Bühne nicht immer zu sehen gewohnt ist. Selbst kleine Scenen sind eminent. Überhaupt eifert die sämmtliche Theater-Gesellschaft, jede Vorstellung dieses Stückes immer als einen Triumph ihrer Bühne zu begehen. Der Text der Lieder zeugt von sehr geläutertem Geschmacke und tiefer Weltkenntniß des Verfassers; möge er den allgemeinen Wunsch, uns durch eine neue Frucht seines ausgezeichneten Genie's zu erfreuen, bald befriedigen, wodurch er sich gewiß neue Lorbern pflücken wird. —r—

Die 50. Vorstellung wird von der *Theaterzeitung* (Nr. 24, Samstag, 24. Februar 1827, S. 100) angekündigt:

Nächstens wird die f ü n f z i g s t e Vorstellung des mit so großem Beyfall und verdientem Glücke gesehenen Zauberspiels »d a s M ä d c h e n a u s d e r F e e n w e l t« von R a imund gegeben werden. Sie wird zum Vortheil des Verfassers als eine besondere Belohnung seiner Dichter-Verdienste statt finden. Möchten die Zaubergeister seines Werkes den Tempel Thaliens dergestalt erweitern, daß er im Stande ist, alle gerechten Verehrer dieses trefflichen Schauspielers und eben so trefflichen Dichters an einem Abende aufzunehmen!

Die *Theaterzeitung* (Nr. 55, Dienstag, 8. Mai 1827, S. 227) registriert die 51. Aufführung im Theater in der Leopoldstadt (bezüglich der erwähnten »neu verfaßten Strophen« vgl. S. 468–470):

Am 25. Aprill fand die **ein und fünfzigste** Vorstellung von R a i m u n d s beliebtem: »Mädchen aus der Feenwelt,« zu seiner Einnahme, statt. – Das Haus war ungewöhnlich voll, und sowohl hiedurch als auch durch den glänzenden Empfang und den rauschenden Beyfall, der ihn durch das ganze Stück begleitete, gab das Publikum seine Vorliebe für seine Leistung kund. – Hr. R a i m u n d sang ein neues Aschenlied und trug am Schlusse seinen Dank in ebenfalls neu verfaßten Strophen vor. Die Aufführung war sehr gelungen, und es ist vielleicht kein Stück, wo die Rollen der Individualität der Darstellenden so anpassend sind, und wo das Zusammenspiel so lebhaft geht.

Debüts gaben beispielsweise 1828 die Damen Augusta Schreiber als JUGEND und Horn als LOTTCHEN (*Theaterzeitung* Nr. 65, Donnerstag, 29. Mai 1828, S. 260):

Montags den 19. May debütirten die Desm. S c h r e i b e r und H o r n (welche wir bereits als Gustchen im »verwunschenen Prinzen« gesehen) erstere als Jugend, letztere als Lottchen im »Mädchen aus der Feenwelt.«
So klein auch Manchem die Rolle der Jugend scheint, so erfordert sie doch in der That gar vieles, was zur glücklichen Darstellung in vieler Beziehung eine tüchtige Schauspielerinn verlangt, und das vollkommen einem Gaste Gelegenheit gibt, sein Talent vortheilhaft geltend zu machen. Es herrscht in dieser Rolle jener flatterhafte Leichtsinn, jene muthwillige Ausgelassenheit und jener lebensfrische Humor, der uns so wahr und schön das Bild der goldenen Jugend zeigt und mit

frischen Farben jene Freuden mahlt, in die man sich so gerne zurückträumt, und deren Rückerinnerung so wohlthätig und so wunderhold auf das Gemüth einwirkt. Dem. S c h r e i b e r genügte im Ganzen diesen Anforderungen, und verrieth ein Talent, dem solch' innere und äußere Mittel zu Gebothe stehen, die für die Folge zu den schönsten Erwartungen berechtigen. Sie schmückte ihr Spiel mit Gefühl und Wahrheit, mit Humor und Zartheit aus, und wußte die Licht- und Schattenseite dieses Bildes durch Scherz und Ernst so wirksam zu bezeichnen, daß das Publikum ihr lauten Beyfall spendete. Nur mit dem Gesange schien es nicht recht gehen zu wollen. Wir suchen jedoch für heute den Grund in ihrer Befangenheit, die sich wohl leicht erklären und entschuldigen läßt. Das Duett mußte jedoch wiederholt werden und zum Schlusse wurde sie hervorgerufen.

Wir kommen nun zu unserm zweyten Gaste, Dem. H o r n , und freuen uns, daß wir auch ihr nur gutes nachsagen können, und finden dadurch unsere Behauptung bestätigt, daß ihr Rollen, die ein reines dialektfreyes Deutsch erfordern, mehr zusagen als lokale. Die Schwermuth und Naivetät, die die Hauptbedingnisse des liebeskranken Lottchens sind, wußte sie durch Sprache, Haltung und Mimik gehörig zu markiren, verfiel dabey nicht in den Fehler der Monotonie, die diese Schwermuth gewöhnlich mit sich zu ziehen pflegt, und löste somit ihre Aufgabe zu Aller Zufriedenheit, der sie auch die Ehre des Hervorrufens zu danken hatte. Beyde junge Schauspielerinnen, da sie auch durch Jugend und Gestalt begünstigt werden, dürften dem Theater in der Leopoldstadt zu erwünschten Acquisitionen dienen. Oe – r.

Der *Sammler* (Nr. 71, Donnerstag, 12. Juni 1828, S. 284) wies auf die interessante Tatsache hin, dass die Direktion des Theaters in der Leopoldstadt die starren Rollenfächer etwas aufbrechen wollte:

(K. K. priv. T h e a t e r i n d e r L e o p o l d s t a d t .) In neuerer Zeit versuchten sich hier drey junge Kunstgenossen, die wir nicht unerwähnt lassen wollen; nämlich die Dlles. H o r n und S c h r e i b e r vom Pesther, und Hr. L u d o l f vom Preßburger Theater. Die Direction des Leopoldstädter-Theaters scheint sich eines Theils eben so wenig an eine strenge Sonderung der Rollenfächer halten, sondern nur jeden einzelnen Schauspieler so, wie sie es gerade für seine Fähigkeiten passend findet, beschäftigen zu wollen; als sie anderer Seits nicht gestattet, daß Debutanten sich dem Publicum auf ihren sogenannten Paradepferden vorführen, deren der Mittelmäßigste doch wenigstens ein Paar aufzuweisen hat.

Beydes ist allerdings zu loben; das zweyte erschwert jedoch dem Debutirenden seinen Standpunct bedeutend; einmahl, weil die Direction, seine Kräfte nicht genau kennend, ihm leicht eine zu schwierige Rolle zutheilen kann; und dann, weil das Publicum eben deßwegen oft mehr erwarten zu dürfen glaubt, als billigerweise eigentlich zu erwarten ist. Auch bey den erwähnten Gästen schien sich das zu bestätigen. – Dlle. H o r n, die sich bey ihrem ersten Erscheinen im Josephstädter-Theater (vor ungefähr zwey Jahren) Schülerinn der Mad. G o t t d a n k nannte, gab jetzt das »G u s t c h e n« im »verwunschenen Prinzen« (eine Localrolle) und das »L o t t c h e n« im »M ä d c h e n a u s d e r F e e n w e l t« (eine serieuse Liebhaberinn). Die erstere schien ihr nicht ganz zuzusagen, die zweyte ist im Ganzen nicht bedeutend, und hat nur einen Moment (im dritten Act, wo sie zurück schaudert, als sie den Zauberring am Finger ihres Geliebten erblickt). Dlle. Horn wußte sich mit Geschick über die Schwierigkeit desselben zu erheben; das Publicum lohnte ihr Streben mit Anerkennung.

Dlle. S c h r e i b e r hatte mit noch größeren Schwierigkeiten zu kämpfen; sie gab nämlich die »J u g e n d .« Ihre mit Recht so geschätzte Vorgängerinn ist gerade in dieser Rolle besonders beliebt, und dürfte im Vortrag des lieblichen Liedchens: »Brüderlein fein« schwer zu erreichen seyn. Demungeachtet genügte Dlle. S c h r e i b e r, obschon ihr im Gesange eine unverkennbare Beklommenheit viel Schaden that. Das Publicum ermunterte sie durch viele Zeichen des Beyfalles, und rief sie nach der Scene hervor.

Andere Beispiele von wenn auch nur temporären Umbesetzungen nach Raimunds Abgang vom Theater in der Leopoldstadt sind

1830 Herr Demini und 1831 Demoiselle Bendl. Der *Sammler* (Nr. 73, Samstag, 19. Juni 1830, S. 292) schreibt:

> Im »Alpenkönig« sahen wir Hrn. D e m i n i vom Lemberger Theater als H a b a k u k, und im »F e e n m ä d c h e n« als Zauberer B u s t o r i u s und h o h e s A l t e r gastiren. In beyden Rollen konnte der Gast nicht ansprechen. Als H a - b a k u k zu viel Caricatur und Grimacier, als B u s t o r i u s zu wenig des ungarischen Dialects mächtig, als h o h e s A l t e r zu weinerlich, ließ er allenthalben unbefriedigt. Der Gast hätte Rollen, wie sie einst K o r n t h e u e r spielte, wählen sollen, da ihm zu solchen sowohl sein Äußeres, als auch eine nicht abzustreitende Komik, die sich aber oft zu sehr auf äußere, Lachen erregende Mittel, beschränkt, qualificiren. – [...]

In der *Theaterzeitung* heißt es am Donnerstag, den 21. April 1831 (Nr. 48, S. 196):

> – Vor Kurzem trat im Leopoldstädter-Theater in R a i m u n d s »Feenmädchen« eine Dem. B e n d l als Zufriedenheit auf und gefiel. Die junge Schauspielerinn verbindet mit einer anständigen Haltung des Körpers, einen deutlichen Ausdruck der Worte, weniger des Gefühls. Der deklamatorische Vortrag verliert bey der Darstellerinn durch den verstärkten Accent der Endsylben die nöthige Anmuth und Rundung, wie denn überhaupt die Unbeweglichkeit des Hauptes, so wie der in den Mienen herrschende E r n s t bey einem Charakter, wie der der Zufriedenheit ist, auffallend erscheint.

Aufführungen ohne Raimund als WURZEL *im Theater in der Leopoldstadt*

Auch ohne Raimund in der Hauptrolle schien das Publikumsinteresse an dem Stück im Theater in der Leopoldstadt nicht nachzulassen. Am Samstag, den 11. Juni 1831 schrieb die *Theaterzeitung* (Nr. 70, S. 287):

> – Am 3. d. M. trat Hr. W e i ß, von seiner Kunstreise nach Pesth wieder rückgekehrt, im Theater in der Leopoldstadt als

Wurzel in Raimunds »Feenmädchen« auf, und wurde vom Publikum auf eine wahrhaft rauschende Weise empfangen, das seinen Applaus mehrere Mahle wiederholte, und ihn kaum zu Worte kommen ließ. Im Verlaufe des Stückes wurde er d r e y M a h l gerufen; und da er im Liede als Aschenmann einige sehr passende neue Texte als Repetitionen anbrachte, worin vom Werthe des Stückes und von der Anerkennung R a i m u n d s die Rede war, so wollte der Beyfall und das Herausrufen gar kein Ende nehmen. Das Haus war ungewöhnlich besetzt.   E.

Am 4. Dezember 1832 wurde *Das Mädchen aus der Feenwelt* mit teilweiser Änderung der Uraufführungsbesetzung ohne Raimund als Schauspieler neu inszeniert und fand entsprechendes Presseecho. Der *Wanderer* (Nr. 332, Dienstag, 27. November 1832) kündigte das Vorhaben an:

– Dieses Theater bringt nächstens R a i m u n d 's »Feenmädchen« mit neuer Besetzung in den Nebenparthien nach längerer Abwesenheit wieder in die Scene.   4

Die *Theaterzeitung* (Nr. 244, Donnerstag, 6. Dezember 1832, S. 975 f.) brachte eine längere Besprechung:

V o r g e s t e r n am 4. Dezember neu in die Szene gesetzt: »Das Mädchen aus der Feenwelt, oder der Bauer als Millionär,« mit neuen Dekorationen von D o l l i n g e r und M a y r. Mit Reprisen R a i m u n d scher Stücke zu einer Zeit hervorzutreten, wo der beliebte Verfasser selbst hier anwesend und im Begriffe ist, auf einer andern Bühne sich darin dem Publikum zu zeigen, dürfte Manchem aus ziemlich nahe liegenden Gründen gewagt und unzweckmäßig erscheinen; gewagt, weil die Vergleichung des Originals mit einer, auch noch so gelungenen Nachbildung immer zum Nachtheil der letzteren ausfallen muß – unzweckmäßig, weil es kaum gerathen seyn dürfte, die Freunde der Anstalt, welche hinsichtlich des Gehalts der Stücke seit längerer Zeit großentheils auf sehr geringe Forderungen reduzirt waren, durch Anklänge an Ehmahls wieder strenger und wähliger zu stimmen. Indessen möchte es eben nicht schwer seyn zu beweisen, daß die Direktion indem sie mit der heutigen Darstellung den Reigen der R a i m u n d schen Piezen wieder aufnahm, wirklich ganz vorsichtig und in ihrem Interesse vorgegangen sey. Einmahl mußte ihr schon daran gelegen seyn, darzuthun, daß das Institut, welches die Wiege von R a i m u n d s Muse war und sonach mit Fug als der eigentliche Heerd seiner Zelebrität angesehen werden muß, noch immer nicht so arm an Kräften sey, um nicht ein Ensemble herstellen zu können, wie es auf einer andern Bühne, schon nach den Tendenzen derselben, schlechterdings nicht realisirbar ist, daß folglich nur das Erscheinen der Hauptperson fehle, um, ungeachtet der durch eine Reihe von Mißgeschicken herbeygeführten Lücken, dennoch auch jetzt ein Ganzes vorzuführen, das der Glanzperiode des Volkstheaters wenigstens nicht unwürdig erschiene. Dieß war für die Direktion um so wichtiger, als sie auf solche Art zugleich die Probe machen konnte, ob diese alten Produkte noch immer jene Attraktivkraft äußerten, auf welche sie durch einen beständigen Wechsel von Novitäten oder Reproduktionen gerngesehener Repertoirstücke vorzugsweise hinwirken muß, wenn sie auf ihrem äußerst schwierigen Standpunkte sich zu behaupten in der Lage seyn soll. Jedenfalls war auch der Wunsch vielleicht zu berücksichtigen, daß, indem R a i m u n d s dramatische Erzeugnisse, welche, vielleicht in der Hoffnung des Wiedererscheinens ihres Schöpfers als Pausanten in der Bibliothek geschlummert hatten, wieder auf die Bühne gebracht wurden, den Mitgliedern der Gesellschaft wieder ein Mahl der Genuß verschafft werde, ihre Talente in vollständig durchgeführten, nicht blos fragmentarisch skizzirten Charakterbildern entwickeln zu dürfen, und gewiß ist diese Rücksicht mehr als Nebensache. Uebrigens erscheint es gewiß jedem Unbefangenen als ein Beweis von Aufmerksamkeit für den Dichter, daß sein reintegrirtes Werk mit so sorgfältiger Besetzung, mit dem fleißigsten Arrangement, ja sogar mit neuen Dekorationen ausgestattet ward und somit wollen wir der thätigen Direktion das verdiente Lob mit Vergnügen angedeihen lassen. Ihr redliches Streben ist unverkennbar, weßwegen auch die Würdigung sicher nicht ausbleiben wird. Ein vollgültiger Beweis, daß das

Publikum derselben Ansicht war, schien in dem übervollen Hause, das nur bey Benefizen von Lieblingen so in Masse sich einzufinden pflegt, und welches dem Stücke wieder einen Antheil schenkte, als ob es zum ersten Mahle zur Anschauung gebracht würde.

Wir gehen nun zu den Details der heutigen Darstellung über, und unsere Aufmerksamkeit wird, wie natürlich zuerst durch Hrn. Lang, den Ersatzmann Raimunds, in Anspruch genommen. Die Rolle des Wurzel ist eine Aufgabe für einen Künstler, dem die Gestaltung der verschiedenen Elemente derselben glänzende Gelegenheit gibt, Charakterstudium, Vielseitigkeit und komische Kraft an den Tag zu legen. Hr. Lang ist ehrenvoll bestanden, er war mehr als bloße Kopie, und wenn ihm auch die Erinnerung an sein großes Vorbild vielleicht in Bezug auf die laute Anerkennung einigen Abbruch that, so darf ihn das nicht beirren, denn das schüchterne Bravo des Unpartheyschen, des Kenners, ist gewiß eine rühmlichere Würdigung als das tobende Zurufen der Menge, welche die feineren Nüanzen des Spieles nicht auffaßt. Indessen fehlte es ihm auch nicht an dieser Gattung von Beyfall, er ward mehrere Mahle, beym Aschenliede z. B. vier Mahl nach einander vorgerufen und der einmüthige Beyfallssturm, womit sein erster Repetitionstext aufgenommen wurde, war eben so ehrend für seinen Vorgänger, als für ihn selbst. Die nachfolgende Variante schien überley, es war uns, als würde dadurch das Zweckmäßige des Augenblicks beeinträchtigt, und wenn gleich der komische Inhalt neuerdings Applaus zur Folge hatte, so schien doch der Enthusiasmus der Gesammtheit wie mit kaltem Wasser begossen. Hrn. Langs Leistung ist so trefflich, daß er ähnliche Mittel verschmähen sollte, die wie Zugpflaster wirken. Uebrigens war seine Darstellung, wie schon aus dem Gesagten hervorgeht, von der Art, daß sie Hrn. Lang einen bedeutenden Rang als Künstler, als Charakterdarsteller anweist. – Von der alten Besetzung waren noch die Herren Landner (Ajaxerle), Fermier (Bustorius und Alter), Tomaselli (Lorenz), von den Schauspielerinnen nur Dem. Herbst (Jugend) geblieben. Sie wirkten mit gewohntem

Fleiß und Erfolg. Hr. F e r m i e r als Alter muß jedoch mit besonderer Auszeichnung genannt werden. Neu erschienen die Schauspielerinnen S c u t t a (Zufriedenheit) welche eine vollendete Leistung gewährte, R o h r b e c k (Lakrimosa) welche auch in dieser fremdartigen Aufgabe ihr Talent geltend machte, H i l l m e r (Lottchen) die noch Vieles von Ueberladung in den Gesten, im Gange und im Grisettentone beseitigen muß – dann die Herren S c h a f f e r (Haß) und B r a b b e é (Karl). Beyde befriedigten, letzterer dürfte sich jedoch einer deutlicheren Aussprache befleißen. Der Darsteller des Neides schien seinen eigenen Naturgaben neidisch zu seyn, denn er zwängte sein gutes Organ in ein widerliches Schreyen und seinen gutgeformten Körper in Verrenkungen die das Auge verletzten. – Im Ganzen trat jedoch nirgends eine Störung hervor, und die Wiederaufführung des »Mädchens aus der Feenwelt« war ohne Zweifel ein Schritt in der Gunst des Publikums. Wiederholungen desselben werden allem Anscheine nach der Direktion, der Gesellschaft und dem Publikum sehr angenehm seyn. E – – – e.

Der *Wanderer* (Nr. 341, Donnerstag, 6. Dezember 1832) gab sich begeistert:

– Vorgestern bereitete die Direction des Leopoldstädter Theaters den zahlreichen Freunden der R a i m u n d 'schen Muse einen schon lange entbehrten Genuß. Man gab das »Feenmädchen« mit beinahe ganz neuer Besetzung, und Hr. L a n g (Wurzel) sang in seinem Aschenliede Beziehungen auf den gefeierten Volksdichter und Komiker, die stürmischen Applaus fanden. Das Haus war beinahe so besucht, als ob R a i m u n d selbst gastirt hätte. Die Darstellung geschah mit einer lobenswerthen Präcision und ganz im Geiste des Dichters. Hr. L a n g (Wurzel) war ausgezeichnet; eben so Mad. S k u t t a (Zufriedenheit). Dem Vernehmen nach will man die Vorstellung nächstens wiederholen. 4

Eine Woche später verlautete der *Wanderer* (Nr. 348, Donnerstag, 13. Dezember 1832):

– **Vorgestern** erfreute sich Raimund's »Mädchen aus der Feenwelt,« neu in die Scene gesetzt, im Leopoldstädter Theater der 148. Vorstellung und eines zahlreichen Zupruches. Der Beifall, welcher Hrn. Lang zu Theil ward, steigerte sich in jeder Scene, und brach vorzüglich in der Darstellung des Aschenmannes, wo er dreimal gerufen wurde, allgemein aus. Neuester Zeit eine seltene Ehre auf dieser Volksbühne! Hrn. Lang gelte dieß als Beweis seiner überaus gelungenen Darstellung. Zunächst erwarb sich Dlle. Herbst (Jugend) besondere Auszeichnung; sie wurde mit Applaus empfangen, und mußte das Duett des beliebten »Brüderlein fein« mit Hrn. Lang auf Verlangen wiederholen. Die HH. Fermier (hohes Alter), Schaffer (Haß) spielten mit Natur und besonderem Verdienste; Landner und Tomaselli waren ganz an ihren Plätzen. Dlle. Hillmer wurden auch einige Beifallsäußerungen zu Theil. Nun müssen wir der Hauptsache erwähnen, nämlich Mad. Skutta (Zufriedenheit) glänzte in ihrer trefflichen Rolle. Am Schlusse der Vorstellung mußte Hr. Lang erscheinen. Raimund's Stücke, wieder auf's Repertoir gebracht, werden dem Publikum zum Vergnügen und der Direction zum Vortheil gereichen. 8

Etwas verspätet schrieb Johann Nepomuk Hrastnigg im *Sammler* (Nr. 152, Donnerstag, 20. Dezember 1832, S. 608):

(K. K. priv. Theater in der Leopoldstadt.) Dinstag den 4. December 1832 erschien, neu in die Scene gesetzt, Raimund's »Mädchen aus der Feenwelt« einmahl wieder in seinem heimischen Gebiethe.
In dunkle Nacht gehüllt lag dieses Feenkind für uns Wiener schon eine geraume Zeit; Amor und die Sehnsucht vermochten es nicht zu wecken, selbst unsere Lieblinge Bustorius und Ajaxerle waren trotz ihrer Zaubermacht unfähig der Fee Lacrimosa beyzustehen. Endlich erschien der Morgen, welcher uns des längst ersehnten Abends versicherte, Fortunatus Wurzel trotz seinem hohen Alter und dem Neide und Haß, mit welchen ihn viele seiner Milchbrüder betrachteten, wirken zu lassen. Und fürwahr! ein genußreicher Abend ward uns bereitet, denn kei-

ne Fee der Widerwärtigkeit mengte sich unter die zahllosen
Zuschauer und der v e r j ü n g t e Fortunatus Wurzel erntete,
ohne der Satyre Raum zu geben, die vollste Zufriedenheit. – In
dem Darsteller des Wurzel (Hr. L a n g) erkannten wir Zug
für Zug den Meister R a i m u n d , und wir gestehen, daß uns
diese Erinnerung nicht unangenehm war; auch zum Nachahmen
gehört ein Talent, wenn die Nachahmung befriedigen soll,
und daß Hr. L a n g dieses Talent im hohen Grade besitzt, hat
er in dieser Rolle bewiesen. Er erwarb sich die allgemeine Zufriedenheit
und wurde als Aschenmann unter Beyfallssturm
d r e y m a h l vorgerufen. Dem Spiele der Dlle. H i l l m e r
(Lottchen) fehlte es an Lebendigkeit, ihrer Stimme an Wohllaut.
Sie gab ihre Rolle zwar ohne besonderen Verstoß, jedoch
auch ohne sonderlichen Effect. Bey Dlle. H e r b s t (Jugend)
war Talent und Fleiß nicht zu verkennen, welche Talismane
bald und sicher zum Ziele führen. Das Publicum ermunterte sie
durch reichlichen Beyfall und verlangte die Wiederhohlung des
beliebten »Brüderlein fein.« Hr. F e r m i e r war ausgezeichnet
in der Darstellung des h o h e n A l t e r s . Hr. L a n d -
n e r (Ajaxerle) zeigte sich sehr ergötzlich. Mad. R o h r b e c k
(Fee Lacrimosa), obgleich minder beschäftigt, zeigte sich als
gewandte Schauspielerinn. Die übrigen Mitwirkenden HH.
T o m a s e l l i (Lorenz), S c h a f f e r (Haß) B r a b b é e (Carl
Schilf) lösten ebenfalls ihre Aufgaben glücklich und verdienen
Lob. Das besonders zahlreich versammelte Publicum äußerte
sich über die Aufführung sowohl im Ganzen als in Einzelheiten
befriediget und mit großer Theilnahme. Möchte uns
doch bald die Direction bey ihrem wackeren Personale einen
ähnlichen Genuß bereiten!   Joh. Nep. H r a s t n i g g .

Eine Umbesetzung der Rolle der JUGEND mit einer Anfängerin
(Madame oder Demoiselle Thal oder Dahl) wurde im März 1833
erwähnt. Der *Wanderer* (Nr. 75, Samstag, 16. März 1833) berichtet
über das Vorhaben, die *Theaterzeitung* (Nr. 58, Mittwoch,
20. März 1833, S. 235) äußert sich folgendermaßen:

> V o r g e s t e r n trat Mad. D a h l als neu engagirtes Mitglied
> im »Feenmädchen,« im Theater in der Leopoldstadt als Jugend

auf. Wie die Theaterzeitung schon einige Mal von ihr bemerkt, zeigte sie auch in dieser Rolle Talent. Im Gesange ließ sie noch manches zu wünschen übrig. Sie wurde jedoch beifällig aufgenommen. Die Besetzung der übrigen Rollen war die bisherige und ist darüber nichts besonderes zu bemerken.

Im *Sammler* (Nr. 43, Dienstag, 9. April 1833, S. 172) war der Rezensent Hrastnigg mit der Darstellerin der JUGEND weniger zufrieden:

> In R a i m u n d ' s »Mädchen aus der Feenwelt« erschien Dlle. T h a l als Jugend. Allegorische Charaktere sind für Anfänger immer eine schwierige und nicht wohl gewählte Aufgabe; daß auch Dlle. T h a l sie nicht lösen werde, war uns gewiß, weil wir ihre Gastspiele im »abgebrannten Haus,« und »schlimmen Lisel« noch im frischen Angedenken haben. Das beliebte »Brüderlein fein« trug sie zu langsam und zu schwankend vor, und zeigte uns auch im Gesange ihre Anfängerschaft. Der Beyfall, den sie nur als freundliche Aufmunterung ansehen kann, war getheilt. Die vorzüglichste Erwähnung unter den Mitwirkenden verdienen Hr. L a n g und Hr. T o m a s e l l i. Ersterer erhielt fast in jeder Scene Beyfall, und fand die meiste Anerkennung beym Liede des Aschenmannes, welches er mit ganz neuen recht unterhaltenden Strophen vortrug. Letzterer zeigte als Bedienter Lorenz viel natürlichen Humor. Dlle. H i l l m e r geben wir wiederhohlt den freundschaftlichen Rath, mit mehr Gefühl und Aufmerksamkeit zu spielen, auch die unrichtige Betonung mancher Wörter zu vermeiden. –

Im Sommer 1834 erschien eine Rezension von Heinrich Adami über die teilweise Neuinszenierung (*Theaterzeitung* Nr. 139, Montag, 14. Juli 1834, S. 557):

> V o r g e s t e r n, den 12. Juli erschien zum hundert sechs und fünfzigsten Male R a i m u n d ' s phantasievolle Dichtung: »das Mädchen aus der Feenwelt, oder der Bauer als Millionär,« zum Theile auch neu in die Scene gesetzt, wieder auf diesem *[= Leopoldstädter]* Theater. Das Bestreben der Direction, ihrem Repertoire, bei den gegenwärtigen, auf den Besuch aller

Theater einen so ungünstigen Einfluß nehmenden Verhältnissen, doch immer gehörige Abwechslung zu verschaffen, verdient alle Anerkennung, und in dieser Rücksicht darf auch die Wiederaufnahme eines Stückes, welches seit jeher unter die beliebtesten auf unserer Volksbühne gehörte, hier insbesondere erwähnt werden. Die diesmalige Vorstellung desselben ging in allen Theilen mit dem erforderlichen Fleiße zusammen, und empfing, obgleich so oft gesehen und in allen ihren Einzelheiten wohlbekannt, vielfache Zeichen des Antheils. Hr. L a n g (Wurzel) strebte seinem Vorbilde mit gutem Erfolge nach. Nach dem Aschenliede rief man ihn mehrmals, und er sang jedesmal neue Couplets. Die Besetzung der übrigen Rollen ist zu bekannt, als daß hier noch darüber etwas gesprochen werden sollte. Mad. S c u t t a, Zufriedenheit; Dem. S c h a d e t z k y, Malchen *[sic!]*; Mad. Forster, Jugend; die Herren F e r m i e r, Bustorius und hohes Alter; T o m a s e l l i, Lorenz; S c h a f f e r, Haß, und B r a b é e, Karl Schilf, wirkten nach Kräften. Die n e u e Decoration, der Pallast des Hasses, von Stephan D o l l i n e r und Michael M a y r ist mit Effect, besonders in der Perspectivansicht auf den Garten, behandelt. Das Haus war besucht. Heinrich A d a m i.

Im Jahr darauf interessierte sich die Presse wieder für *Das Mädchen aus der Feenwelt* anlässlich eines Gastspiels von Eduard Weiß als WURZEL. Die *Theaterzeitung* (Nr. 201, Donnerstag, 8. Oktober 1835, S. 802 f.) schrieb:

V o r g e s t e r n, am 6. October, erschien Hr. W e i ß, vom k. k. Hoftheater nächst dem Kärntnerthore, als Gast in der Rolle des Wurzel in R a i m u n d s: »Mädchen aus der Feenwelt.« Hr. Weiß hat durch die Art seiner frühern Wirksamkeit an dieser Bühne eine günstige Erinnerung hinterlassen, und ward daher von den Freunden derselben, als eine willkommene Erscheinung, freundlich begrüßt. Der Beruf dieses Künstlers zum Komiker ist außer Zweifel, sowol seine Leistungen auf der Leopoldstädter-Bühne, als seine Darstellungen in den Opern und Vorspielen auf dem k. k. Hofopernthater, haben sich stets des Beifalles zu erfreuen gehabt, und der rege

Fleiß, welchen Hr. Weiß allezeit erkennen ließ, beurkundete einen erfreulichen Ernst, an der Ausbildung seines Kunstvermögens nach bester Kraft thätig zu seyn. Er leistete auch in der heutigen Rolle, in welcher sein Standpunct durch die noch so lebendige Erinnerung an den genialen Schöpfer und Darsteller derselben, doppelt schwierig war, Erfreuliches und Anerkennenswerthes. Daß das Urbild nirgends zu verkennen war, ist natürlich, aber die Auffassung geschah doch nicht mit jener absoluten Subjectivität, wodurch alles Eigene erlahmt wird, sondern Hr. Weiß assimilirte sie auf verständige und glückliche Art mit seiner Individualität, und stellte auf diese Weise ein ansprechendes Bild auf. Der Künstler ward bei seinem Erscheinen lebhaft empfangen, nach dem Aschenliede (wobei er ein Paar recht gelungene neue Couplets, darunter aber auch eines, welches uns ganz unzweckmäßig erschien, vortrug) und am Schluße der Vorstellung gerufen. Da es sich bestätigt, daß Hr. Weiß wieder für die Bühne gewonnen ist, so ist dies ohne Zweifel eine sehr erfreuliche Acquisition zu nennen, und derselbe wird immer des Antheils des Publikums gesichert seyn. In der Rolle des Bustorius zeigte sich heute Hr. Hölzl als engagirtes Mitglied. Es gelang indessen diesem, sonst als Darsteller rühmlich bekannten Schauspieler heute nicht, seine Aufgabe zur Befriedigung zu lösen. Die sonst so wirkungsreiche Erscheinung des hohen Alters ging in der farblosen kalten Auffassung nicht nur spurlos, sondern sogar nicht ohne Zeichen des Mißfallens vorüber. Ansprechender erschien Mad. Forster als Jugend; das beliebte Duett: »Brüderlein fein,« mußte wiederholt werden. In der übrigen Besetzung war keine Aenderung vorgegangen, und es strebten alle Mitwirkenden recht fleißig, ihre Plätze auszufüllen. Demoiselle Altmutter läßt erfreuliche Fortschritte in der Ausbildung ihres Talentes erkennen, und sprach heute als Lacrymosa die Erzählung ihres Schicksales, mit lobenswerther Wärme und Nüancirung, was auch beifällig anerkannt ward. Madame Scutta bewährte als Zufriedenheit, ihr verständiges Spiel. Herr Sartory erschien in der untergeordneten Rolle eines Gastes bei Wurzel, und empfing bei Gelegenheit einiger Anspielungen, welche

Hr. Weiß recht glücklich zu bringen wußte, erfreuliche Beweise, welches Wohlwollen das Publikum für ihn bewahrt. Die Herren Schaffer, Ludolf, Brabbée und Tomaselli bewegten sich sehr befriedigend in ihren Aufgaben, und das Ganze ward von dem sehr zahlreich versammelten Publikum wieder mit dem regsten Antheile gesehen.

F. C. Weidmann.

Die Kritik im *Wanderer* vom selben Tag (Nr. 281, Donnerstag, 8. Oktober 1835) lautete:

– Vorgestern trat Hr. Weiß, vom Hofoperntheater nächst dem Kärnthnerthore, als Wurzel in Raimund's »Mädchen aus der Feenwelt« im k. k. priv. Theater in der Leopoldstadt auf. Hr. Weiß, der seiner Stellung nach jetzt 4 Jahre aus der Volkskomik herausgerissen war, zeigte heute in der Darstellung des Wurzels den tüchtigen Charakteristiker, der fern von jeder blinden Nachäffung Raimund's, dennoch durch richtige Conception des Ganzen, durch gemüthlichen Liedervortrag, und was namentlich die Hauptsache, durch Natur, sich die allgemeine Anerkennung des zahlreichen Publikums erwarb. Wenn wir auch zugeben, daß die tiefer liegenden Nuancen, die feineren geistigen Verzweigungen, die Uebergänge in die Licht- und Schattenparthien des Gemüths nicht tief und überzeugend genug motivirt waren, wie wir namentlich beim Hineingeschleudertwerden von der Jugend ins Alter, wahrnahmen, wenn auch der Vortrag des Aschenliedes, ich möchte sagen, mehr künstlerisch schön als hinreißend weich und zart war, so sind dieß nur in der langen Entfernung des Hrn. Weiß von dieser Bühne, gegründete Mängel, die bei so vielen hervortretenden trefflichen Eigenschaften, bei einer sonoren Stimme, frischer jugendlicher Gestalt, Wahrheit und treuer Erfassung des Stoffes und bei wohlthuender Zartheit gänzlich verdunkelt werden, und gewiß bei der glücklichen Anlage des Herrn Weiß bald den bedeutenden Vorzügen desselben Platz machen. Hr. Weiß, schon aus früherer Zeit ein erklärter Liebling des Publikums, wurde wie Raimund der Zweite stürmend empfangen, jede gelungene Einzel-

heit ward mit Beifall aufgenommen und er öfters gerufen. Wir
können nur dem Hrn. Weiß in seinem neuen Wirkungskreise Glück wünschen, und ihm die Versicherung geben, daß
wir stets mit Antheil und Wärme seine Leistungen berücksichtigen werden. Hr. H ö l z l war Bustorius. Den Ungar gab
Hr. Hölzl recht herzlich trocken, biederb und somit bis auf
zu viel ungarisch reden im C h a r a k t e r ; das hohe Alter fiel
etwas in den Ton der Parodie. Hr. E r h a r t t hat außer Hrn.
F e r m i e r diese Parthie recht tüchtig gegeben. L a n d n e r ,
Ajaxerle als humoristischer Schwab, wie immer ausgezeichnet.
Dlle. S c h a d e t z k y, Mad. S c u t t a , Hr. S c h a f f e r und
T o m a s e l l i spielten mit sichtbarer Liebe und glücklichem
Erfolg. In der Rauschscene wirkte der Veteran S a r t o r y mit,
der vom Publikum mit Auszeichnung empfangen wurde. Auch
war das E n s e m b l e in jeder Beziehung feurig und gerundet.
Ein bemerkenswerther Fall in der heutigen Vorstellung war,
daß Dlle. A l t m u t t e r , Lacrimosa, heute dreimal applaudirt
wurde. R a i m u n d ' s Werk, das lange noch, wenn der Flit-
tertand der Gegenwart abgenützt ist, immer jung und immer
anziehend, ein Bild des edlen Gemüths, der reinen Phantasie,
des tiefern Humors und des geadelten Geistes seyn wird, hat
heute wieder ein zahlreiches, gewähltes Publikum versammelt,
das mit der größten Aufmerksamkeit das Zauberwerk aus der
allegorischen Welt des Gemüths, wie zum ersten Male genaß,
und wieder neuerdings den reellen Beweis lieferte, daß in Wien
das Schöne nie altere. [23]

1836 wurde über ein Benefiz für Herrn Kemetner als BUSTORIUS
berichtet und für den *Sammler* zum Anlass genommen, auch die
Direktion von Franz von Marinelli zu würdigen. Laut *Wanderer* (Nr. 119, Donnerstag, 28. April 1836) sollte »der fleißige und
verwendbare Schauspieler des Leopoldstädter Theaters, Hr. K e -
m e t n e r « am 5. Mai sein Benefiz haben, der *Sammler* (Nr. 54,
Donnerstag, 5. Mai 1836, S. 216) korrigierte aber:

> Sonnabend den 7. d. M. findet im k. k. priv. Theater in der
> Leopoldstadt die Einnahme des fleißigen und verwendbaren
> Schauspielers K e m e t n e r Statt, zu welchem Behufe R a i -

m u n d 's beliebtes »Mädchen aus der Feenwelt« gegeben werden wird. Durch die Wahl dieses Einnahmsstückes erwirbt sich der Beneficiant neue Ansprüche auf die Theilnahme eines Publicums, das R a i m u n d 's Dichtungen hochschätzt, und kein fleißiges Streben unbelohnt läßt.

Die Rezension lautete dann folgendermaßen (*Sammler*, Nr. 60, Donnerstag, 19. Mai 1836, S. 240):

(K. K. priv. Theater in der Leopoldstadt.) Die Einnahme des fleißigen und verwendbaren Schauspielers, Hrn. K e m e t n e r, fand Samstag am 7. May im Leopoldstädtertheater auf die 165. Vorstellung des R a i m u n d 'schen Zaubermährchens: »Das Mädchen aus der Feenwelt,« Statt.
Wenn einerseits eine so vieljährige Behauptung des Repertoirs den sprechendsten Beweis für die Vortrefflichkeit des Stückes abgibt, so gereicht es andererseits dem Beneficianten zur Ehre, daß er es vorzog, das Publicum zu dem Genusse eines ältern Meisterwerkes in seiner Art einzuladen, als es mit den so gewöhnlich verunglückenden Producten der heutigen jungen Muse zu versuchen. Das wahrhaft Gute altert nie! – Das Mittelmäßige und Schlechte verwittert in kurzer Zeit. Der in jeder Beziehung achtungswerthe, umsichtsvolle und thätige Director Hr. Franz Edler v. M a r i n e l l i, der bey jeder Gelegenheit Veranlassung gibt zu erkennen, wie Ernst es ihm sey, das Wohlwollen des Publicums zu fesseln, unterläßt es nie, seine Achtung für Dichter, besonders wie R a i m u n d es ist, durch sorgfältige Rollenbesetzung und anständige Ausstattung, an den Tag zu legen; und somit wurde auch heute durch die theilweise neue Besetzung der Rollen, der Darstellung ein solcher Reiz verliehen, daß das ziemlich zahlreich versammelte Publicum befriedigt aus einander ging. Die Hauptrolle befand sich in den Händen des Hrn. W e i ß ; seine künstlerische Leistung als Fortunatus Wurzel, fand ungetheilte und auszeichnende Anerkennung; er mußte die Couplets des Aschenliedes fünfmahl repetiren, und ward verdienterweise mit rauschendem Beyfalle behandelt. Die Leistungen der HH. L a n d n e r, T o m a s e l l i und S c h a f f e r, der Schauspielerinnen S c u t-

ta, Altmutter, ist schon vielfach zu ihrem Vortheile besprochen worden. Hr. Erhartt, der bereits früher 70 Mahl das hohen Alter repräsentirte, verdient eine besondere Erwähnung, da er eigentlich eine außer seiner Individualität liegende – von einem unvergeßlichen Vorgänger dargestellte, und doch von ihm ehrenvoll durchgeführte Rolle gibt. Der Beneficiant Hr. Kemetner, der ebenfalls mit den Rückerinnerungen an den zu früh dahin geschiedenen Korntheuer als Zauberer Bustorius zu kämpfen hatte, verdient nicht minder ehrende Erwähnung seines rühmlichen Strebens.
[...]   A. J. Schulz.

Schließlich ist noch der *Wanderer* (Nr. 182, Donnerstag, 30. Juni 1836) mit einer Würdigung von Herrn Weiß zu nennen:

Vorgestern mußte Mad. Weiß wegen plötzlicher Erkrankung der Mad. Schadetzky die Rolle der Fee Lacrimosa in Raimund's »Mädchen aus der Feenwelt« übernehmen, und wußte durch den richtigen Vortrag ihrer Erzählung im ersten Acte ihre Wirksamkeit zu behaupten. Hr. Weiß, dessen treffliche Leistung in dieser Rolle (Fortunatus Wurzel) als denkender Schauspieler und Sänger schon häufig besprochen worden ist, hielt auch heute seinen Charakter in denjenigen Schranken, welche ihm der Dichter nach der Stellung des Ganzen angewiesen hat, und es dient ihm zum großen Ruhm, wenn ihm nachgerühmt werden muß, daß er nie durch gewagte und nur nach Effecthascherei strebende Theaterkünste auf Kosten der Wahrheit den Beifall herausgefordert, sondern nur durch sein künstlerisches Darstellungsvermögen das freundliche Wohlwollen und die vollste Zufriedenheit erlanget; er wurde zur Wiederholung des Aschenliedes viermal allgemein verlangt, welchem Wunsche des Publikums er sich bereitwillig unterzog. Die HH. Landner und Tomaselli, Darsteller der übrigen Hauptrollen, bemühen sich jederzeit eifrigst, jeder in seiner Art, den Beifall der Zuschauer zu erringen. 38

Andere Produkte machen sich Popularität zunutze

Die Popularität dieses Raimund-Stückes zeigt sich auch darin, dass Nachahmungen, Nebenstücke, Parodien, ja sogar ein Feuerwerk darauf Bezug nehmen. Die *Theaterzeitung* (Nr. 54, Samstag, 5. Mai 1827, S. 219 f.) rezensiert eine Nachahmung des *Mädchens aus der Feenwelt* im Theater in der Leopoldstadt:

> Freytag den 20. Aprill; zum Vortheile der Schauspielerinn, Katharina E n n ö k l , zum ersten Mahle: »F e e S a n f t m u t h u n d F e e G a l l s u c h t «. Allegorisches Mährchen mit Gesang in zwey Aufzügen, vom Verfasser des »Gespenstes auf der Bastey,« »der schwarzen Frau« u.s.w. Musik vom Kapellmeister Jos. D r e c h s l e r u.s.w.
> [...]
> – Dies unsere Ansicht über Hrn. M e i s l 's neuestes Stück, wenn es uns anders erlaubt ist, in Gleichnissen zu sprechen, – sollten wir aber kurz und bündig unsere Meinung erklären müssen, so würden wir dieses allegorische Mährchen eine verunglückte N a c h a h m u n g d e s » M ä d c h e n s a u s d e r F e e n w e l t « nennen. – Ist Hilaritas (der Frohsinn) etwas anders als d i e J u g e n d ? Ist d i e B e s c h e i d e n h e i t nicht am Platze der Z u f r i e d e n h e i t ? ? Ist das Verliebtwerden des H o r r i b i l i s , eine der gelungensten Scenen, nicht jenem Liebes-Anfall des H a s s e s nachgebildet? – Ist F a b i a n - T i n t e n m a n n – nicht eine Variation des W u r z e l - A s c h e n m a n n ? Sind endlich nicht fast die meisten Lieder, jenen des » M ä d c h e n s a u s d e r F e e n w e l t « nachgeformt? –
> Doch um auch anderer Stücke zu erwähnen, – ist die Hauptverwicklung der contrastirenden Feen, deren eine f ü r , die andere g e g e n die Vereinigung der Liebenden wirkt, – nicht das leibhaftige Ebenbild der Grundlage von B ä u e r l e 's »G i s p e r l u n d F i s p e r l ? Ist das Schwarzwerden von Fabians Nase nicht aus R a i m u n d 's »Barometermacher« der Hauptidee nach entnommen? Ist die Gallopade nicht ganz die Gallopade aus »G l ü c k i n W i e n ? « – Und der Beyfall, der am Schluße in die Mitte genommen und ihm eine Apo-

strophe zugesungen wird, ist das nicht wieder dem Gesange an die Zufriedenheit in R a i m u n d s » M ä d c h e n a u s d e r F e e n w e l t « nachgedruckt? u.s.w. u.s.w. u.s.w. ??? Ungeachtet fast nach jeder Scene eine Verwandlung erfolgte, so war doch äußerst wenig Handlung, und diese gedehnt, und durch unbedeutende Episoden unterbrochen, da. – Der Gedanke, den B e y f a l l mit der B e s c h e i d e n h e i t zu vereinigen, so wie einige andere Allegorien sind zwar lobenswerth angelegt, aber den göttlichen Beyfall, diesen Vorläufer des Ruhms, diesen geflügelten Bothen der Unsterblichkeit als plumpen, schmutzigen Bauerntölpel, als sogenannten L o r b e e r b l a t t e l m a n n erscheinen lassen, diese Idee ist unglücklich. Die Ausstattung war sehr splendid. – Die Musik sprach nur in einzelnen Nummern an. – Alle Mitspielenden, worunter vorzüglich die Desm. E n n ö k l (Sanftmuth), welche gleich nach ihrer ersten Scene gerufen wurde; K r o n e s (Hilaritas), G ä r b e r (Cythere), Herren Ign. S c h u s t e r (Fabian), dessen Vortrag einer Arie, einem Gedicht von H a l i r s c h »guten Morgen,« »gute Nacht« nachgebildet, klassisch genannt werden kann; L a n d n e r (Phantasius), T o m a s e l l i (Horribilis) und K e m e t n e r (Beyfall) – gerechtes Lob gebührt, trugen zur gerundeten Darstellung bey; – dessenungeachtet verfehlte dieses Stück die beabsichtigte Wirkung, – vermuthlich aus der im Anfange angeführten Ursache, und in den folgenden Vorstellungen wurde es u n g e w ö h n l i c h s p a r s a m besucht. –

Als Nebenstück wurde eine Pantomime im Theater in der Josefstadt gegeben. Die *Theaterzeitung* kündigte sie am Donnerstag, den 23. August 1827 an (Nr. 101, S. 416) und zwei Tage später nochmals (*Theaterzeitung* Nr. 102, Samstag, 25. August 1827, S. 420):

> Im Theater in der Josephstadt wird: »Columbine aus der Feenwelt,« eine neue Pantomime, das Sujets von R a i m u n d ' s »Mädchen aus der Feenwelt« behandelnd, gegeben werden. Die in ihr vorkommenden Maschinerien, sind von dem, an Herrn A. R o l l e r s Stelle, neu engagirten Maschinisten Herrn Pojet.

Besonders die Nachahmung von Raimunds Spiel durch Fried-

rich Platzer fand Interesse. Vgl. auch bildliche Darstellungen in
Deutschmann, S. 40 f., Schoeller, Kat.-Nr. 32, sowie Schobloch,
S. 55, 332, 376, 378, 382. Die Musik stammte von Johann Faistenberger. Die Rezension in der *Theaterzeitung* (Nr. 110, Donnerstag,
13. September 1827, S. 452) lautete:

> Den 5. September, zum ersten Mahle: »Colombine
> aus der Feenwelt, oder: der Bauer als Millionär,« große komische Zauberpantomime in zwey Acten, von
> Hrn. Ferdinand Occioni.
> Dieselbe Handlung, die dem Mädchen aus der Leopoldstädter
> Feenwelt zu Grunde lag, hat auch Hr. Occioni – natürlich
> mutatis mutandis – zum Süjet seiner Pantomime gewählt. Der
> Gedanke ist glücklich zu nennen. Es lassen sich artige Tänze,
> Maschinen, Flugwerke, Decorationen etc. recht wohl anbringen, außerdem fährt noch unser in den Gleisen des Enthusiasm
> fortrollender Gesellschaftswagen des Beyfalls bey Miß Kritik*)
> vor, und diese muß ihn ganz natürlich in ihren Schutz aufnehmen. Immer ist uns das »Mädchen aus der Feenwelt« im neu
> decorirten Apollosaale des Applauses die liebste Tänzerinn,
> – bey der Bravourarie aus der großen Oper der Bekanntheit:
> »Brüderlein fein!« funkeln unsere Augen und unser Mienensystem läßt die Melancholie durch ein rosiges Lächeln ablösen, – mit dem »da lob' ich mir d'Stadt« stimmt niemand lieber
> ein, als wieder wir, und – nun gar beym Aschenlied, – dem
> untilgbaren Motto in der splendiden Prachtausgabe unseres
> Erdenlebens, dem bunten Schönsehrohr in der Kunst- und
> Industrie-Handlung der Zukunft, dem flammenden Gestirne,
> das hellet den finstern Wolkendom des Uebermuthes! – sind
> wir vor Entzücken nicht mehr bey uns selbst – ein Aschen!
> ein Aschen! so träumt unsere Fantasie wachend und schlafend.
> Wenn die Actien so im Preise stehen, daß wir schon bey der
> Melodie eines Werkelmannes, die aus dem »Mädchen« entlehnt ist oder bey dem Singsang eines Praterharfenisten, der
> ein schnarrendes »ein Aschen!« mit den Lüften coquettiren
> läßt; in den auf die höchste Potenz gesteigerten Enthusiasm

---

*) Ein Spatium, Herr Setzer, zwischen Miß und Kritik.

verfallen, und nun doch überdieß diese unsere Lieblingsmelodien und Scenen durch jene prachtvolle Umgebung und Ausstattung gehoben werden, wie wir sie auf dieser Bühne in Pantomimen, immer zu sehen gewohnt sind, so muß nothwendig ein Beyfallssturm in die schwellenden Segel das Publikums blasen, der zum rasenden Orkane werden muß, wenn wir die gelungenste Kopie unseres unübertrefflichen R a i m u n d, durch das im Nachahmen vorzüglich ausgezeichnete Talent des Hrn. P l a t z e r, uns vorgeführt sehen. Da war kein Anklang einer Karrikatur, jeder Zug dem Original glücklich abgelauscht, die Maske täuschend ähnlich, – als Aschenmann war er von seinem Vorbild nicht zu unterscheiden. Man jubelte bey seiner Erblickung, ja er mußte sogar das Aschenlied, dessen Text er nur durch Mimik markirte, w i e d e r h o l e n, und wurde nach dieser Wiederholung, während des Stücks und am Schluße stürmisch gerufen. Hr. O c c i o n i (Harlekin) ärndtete lauten Beyfall. Er und Dem. P l a n e r d.ä. (Colombine) tanzten sehr brav. Letztere wird mit October dieses Jahres die Pantomime verlassen und sich nur für das Schauspiel verwenden. Wir bedauern diesen Verlust eben so, wie den der Dem. W i r d i s c h d.ä., die schon heute nicht mehr beschäftigt war und diese Bühne ganz verläßt. Vorzüglich war heute Dem. P l a n e r d.j. Ihr ungarisches pas de deux mit Hrn. K l a a s (Bustorius) fand rauschenden Beyfall und verdiente ihn auch im ausgezeichneten Grade. Als Schotte und Jugend sah sie wunderhübsch aus und tanzte recht nett. Auch im Finale des zweyten Acts im großen Fechttanze excellirte sie nebst den Desm. P r o b s t, L i n n, Mad. M u z a r e l l y und den Herren K l a a s und U e t z, welche beyde in der Kleidung L e b e s n i e r's erschienen. Dem. S c r i b a n y (Fee Modestina, Schottin und Zufriedenheit) war brav, wie immer. Dieses noch sehr junge Mädchen verspricht die herrlichsten Hoffnungen für die Zukunft, sie verbindet Gewandtheit mit ungemeiner Zartheit. Die kleine Katharina P l a n e r, als kleiner Ajaxerle, war eine liebliche Erscheinung. Hr. S e e l i g m a n n (Pirot) trug Manches zum Gelingen des Ganzen bey. Die Ensembletänze gingen von dem geübten Chorpersonale, dessen Vorderfiguren meistens die Desm. Prost, Linn, Bösinger, Wichlstein bildeten, mit einer Präcision, die bey einer ersten Vorstellung, unter der man gewöhnlich eine Generalprobe versteht, aller Anerkennung werth ist. Der Tanz der Alten hätte wegbleiben können. Das Costüm war wunderhübsch. Das Gefolge der Jugend, die Schotten und Schottinnen, sehen sehr anziehend aus.

Die Ausstattung von Seite der Direction ist äußerst splendid zu nennen. Der neu engagirte Maschinist, Hr. Pojet, ist ein junger Mann, der für die Folge viel verspricht. Sein Vorgänger, Hr. Roller, hat viel geleistet, es erfordert tüchtige Kräfte, um ihn, wenn auch nicht zu übertreffen, doch wenigstens zu ersetzen. Hr. Pojet scheint Fantasie, Kenntniß des Mechanism und Theatereffects zu besitzen; – die Verwandlung des Baums in eine russische Schaukel, vulgo Haspel, war frappant, doch mehr noch die doppelte Verwandlung am Schluß des ersten Acts, wo ein spanisches Sommer-Palais sich in eine wilde Felsengegend mit Brücke, und diese sich wieder in ein großes Schiff metamorfosirt. Am Schluß des zweyten Acts machte eine drehende Sonne, von der Größe des ganzen Theaters, eine imposante Wirkung. Hr. Pojet wurde einige Mahle während der Pantomime und am Schluße gerufen. Der Mahler, Hr. Nipperdey, leistete auch von seiner Seite Genügendes. Er besitzt ein vorzügliches Talent. Hr. Johann Faistenberger hat zur Pantomime die Musik componirt und die Motive aus dem »Mädchen aus der Feenwelt« dazu benützt, woran er wohlgethan, obwohl auch seine eigenen Compositionen manches Gefällige enthalten. Hr. Kaltenmarker trug im zweyten Act sein Solo auf der Violine mit vieler Bravour vor. Das Haus war gepreßt voll und wird es auch bey den künftigen Vorstellungen dieser Pantomime immer werden. Die Pantomime wurde ungemein gut aufgenommen. Die Herren Platzer, Occioni, Nipperdey und Pojet wurden mehrere Mahle während der Vorstellung, und am Schluße nicht nur diese, sondern Alle gerufen.

[...]   Walter vom Thale.

Derselbe Rezensent informiert in der *Theaterzeitung* (Nr. 115, Dienstag, 25. September 1827, S. 470):

> – Die Pantomime: »C o l o m b i n e a u s d e r F e e n w e l t,« gewinnt fortwährend an Theilnahme. Es wird ununterbrochen fort gegeben und macht täglich ein volles Haus. Um aber für das theaterliebende Publikum sie noch anziehender zu machen und um zugleich unserm obersten Naturgesetz: A b w e c h s l u n g, zu fröhnen biethet uns die thätige Direction Tag für Tag theils ganz neue, theils neu einstudierte Vorspiele. [...]

Am selben Tag schreibt der *Sammler* (Nr. 115, Dienstag, 25. September 1827, S. 460):

> (K. K. priv. T h e a t e r i n d e r J o s e p h s t a d t.) Am 5. d. M. wurde zum ersten Mahle gegeben: C o l u m b i n e a u s d e m F e e n r e i c h e, Pantomime von O c c i o n i, mit Musik von F a i s t e n b e r g e r, Dekorationen von N i p p e r d e y, Maschinen von P o j e t, neu engagirtem Maschinisten der vereinigten Bühnen.
> Schon der Titel zeigt, daß das Sujet der Pantomime dem R a y m u n d's c h e n Feenspiele: »D a s M ä d c h e n a u s d e r F e e n w e l t« entnommen sey. Wir müssen die Wahl, aus dem Bereiche der Casse-Ergiebigkeit betrachtet, unbedingt loben; sie ist auf den Reitz der Neugierde, auf die Verehrung des Raimund'schen Talentes und auf den sichern Erfolg berechnet, den schon Anklänge aus dem Lieblingsstücke des Wiener Publicums selbst den Harfenisten und Bänkelsängern versichern. Viele nennen es eine Parodie; wir möchten diesen Nahmen der Pantomime nicht beylegen, da beynahe zum größten Theile dem Gange des Stückes mit wenigen Abänderungen gefolgt wird. Hrn. P l a t z e r, der als M i l l i o n ä r eine Copie von R a i m u n d lieferte, die gesehen werden muß, um gewürdigt zu werden, gebührt die Krone des Abends. Es ist nicht möglich, getreuer einen Andern sein Ich abzulauschen, als es Hrn. P l a t z e r gelang. Sein mimischer Vortrag der Arien aus R a i m u n d's Feenspiele machte die Worte um so mehr vollkommen entbehrlich, da sie ohnehin allenthalben im Gedächtnisse sind. Er wurde öfter gerufen. Die Tänze gehen präcis,

und sind nett, die Maschinen brav, die Decorationen elegant, und die Musik, auf die bekannten und verbrauchten Melodien beschränkt, erhebt sich nicht zu dem Grade der Lieblichkeit, welcher in der Z a u b e r r o s e etc. etc. so befriedigend vorwaltete. Des Beyfalls war kein Ende. Ehre dem, dem Ehre gebühret! Vorzüglich aber dem unermüdlichen Balletpersonale, das mit dem Aufwande aller seiner Kräfte für Direction und Publicum wirkt.

Matthias Franz Perth schrieb am 7. September 1827 in sein Tagebuch S. 67 (WBR Handschriftensammlung, Ic 226.988/38, siehe auch Nr. 739 seiner Theaterbesuche laut Register Ic 226.988/60):

> Freytag den 7ten Sept: Nach Mittags besuchte ich Casapinola's Kaffehhaus und Abends das Theater in der Josephstadt. Es wurde bey überfülltem Hause und mit großem, aber auch verdientem Beyfalle gegeben: Columbine aus der Feenwelt, oder: der Bauer als Millionär, eine große Zauberpantomime in 2 A: nach Raimund's beliebter Zauberposse: Das Mädchen aus der Feenwelt, von Occioni, mit wunderschönen Decorationen, höchst überraschenden Maschinerien und einer glänzenden, geschmackvollen Garderobe reich ausgestattet.
>
> Hr Platzer, welcher den Bauer gab, lieferte eine Copie vom Hrn Raimund, wie man sie nicht mehr getreuer sehen kann. Rauschender, stürmischer Beyfall war ihm zu Theil. Die Tänze waren höchst reitzend und gingen sehr gelungen, besonders zeichneten sich Hr Klas und Dem: Planner d:j: in einem ungarischen Pas de deux aus, auch Hr Occioni als Harlekin, Dem: Planner d:ä: und Hr Seligmann leisteten Vorzügliches, und die ganze Vorstellung verschaffte den Zusehern einen sehr vergnügten Abend. […]

Und am 13. September 1827 (derselbe Band von Perths Tagebuch, S. 70, Nr. 740 laut Register Ic 226.988/60) heißt es:

> Donnerstag den 13ten Sept: […]
> Abends besuchte ich das Schauspielhaus in der Josephstadt. Es wurde gegeben: Das Strandrecht *[sic!]*, Lustsp: 1. A: von Kotzebue, […]

Hierauf wurde bey sehr vollem Hause zum 8ten Mahle die große komische Zauberpantomime: Columbine aus der Feenwelt, oder: Der Bauer als Millionär, aufgeführt, von der ich am 7. d:M: (Seite 67) sprach, und welche mich auch heute sehr ergötzte.

Ein Jahr später wird von einer Parodie in Mödling berichtet (*Theaterzeitung* Nr. 90, Samstag, 26. Juli 1828, S. 360), indirekt ebenfalls ein Zeichen von der großen Popularität des Raimund-Stückes:

– Den 14. July wurde in Mödling bey Wien eine P a r o d i e (!) vom »M ä d c h e n a u s d e r F e e n w e l t« gegeben von A. M i l l e r unter dem Titel: »d a s L e r c h e n f e l d e r m ä d c h e n (!!) oder: das Fischweib (!!) als Millionärinn.«

Sogar ein Feuerwerk im Wiener Prater des Kunstfeuerwerkers Johann Georg Stuwer anlässlich des jährlich am 26. Juli gefeierten Annenfests stand unter dem Einfluss von Raimunds Stück. Die *Theaterzeitung* (Nr. 57, Donnerstag, 12. Mai 1831, S. 232) weiß zu berichten:

[...] Für das Annenfeuerwerk am 20. July will S t u w e r »das Mädchen aus der Feenwelt« in die Flammenszene setzen. Ein guter Gedanke! Bey einem Feuerwerk kann der Aschenmann trefflich plazirt werden. Die Raketen können die Jugend vorstellen, es bleibt nur eine Rolle zu besetzen übrig: die Z u f r i e d e n h e i t. Möchte sie doch das Publikum übernehmen!

Zwei Monate später wird das Vorhaben bestätigt (*Theaterzeitung* Nr. 83, Dienstag, 12. Juli 1831, S. 340):

– Der Telegraph von Wien hat aus Scherz angekündigt, Hr. S t u w e r werde für den Annentag (26. July) »d a s M ä d c h e n a u s d e r F e e n w e l t« im Feuerwerk darstellen. Aus dem Scherz ist ein Ernst geworden; Hr. S t u w e r hat diesen Wink benützt und das Annen-Feuerwerk wird in der That obigen Gegenstand behandeln.

Die *Theaterzeitung* vom Donnerstag, den 4. August 1831 (Nr. 93, S. 380) berichtet:

– Das Annenfeuerwerk hat unter dem Titel: »d a s   M ä d c h e n
a u s   d e r   F e e n w e l t« am 26. July, großen Beyfall gefunden. Einen solchen Gegenstand im Feuerwerke auszuführen
ist sehr schwer. Hr. S t u w e r konnte sich nur an die Hauptmomente des Stückes halten, und diese wurden so gut als möglich aufgefaßt. Dabey konnte es Niemand entgehen, daß Hr.
S t u w e r immer weiter fortschreitet. Der größte Feuerwerkskünstler d'Aning in Paris, als sein großes feu d'artifice in Paris
abbrannte, machte die Bemerkung, in der Feuerwerkskunst
sey alles erschöpft. Hr. S t u w e r hat diese Behauptung schon
drey Mahl zu Schanden gemacht. D ' A n i n g kannte weder
Fallschirmraketten noch in hoher Luft mit Farben wechselnde Lichter, noch Raketten, die im Zerplatzen rothe, grüne und
weiße Sterne auswerfen. Hr. S t u w e r hat uns mit diesen ganz
neuen Erfindungen seit Kurzem auf das Angenehmste überrascht. Wir hoffen, daß er hiebey nicht stehen bleiben wird.
Besonders wenn es ihm einfallen sollte, nach der Probe beym
letzten Annen-Feuerwerke die Beleuchtung der Bäume durch
wechselnde Lichter in Massa vorzunehmen. So ein Schauspiel
müßte wundervoll wirken. Hr. S t u w e r beleuchtete nur
e i n e n Baum und der Erfolg war außerordentlich. Gibt Hr.
S t u w e r sein nächstes Feuerwerk mit zwanzig – dreyßig beleuchteten Bäumen – und a n n o n c i r t   d i e s e s   S p e k t a -
k e l, was dieses Mahl nicht geschah, so wird die Theilnahme
noch größer seyn.

Vgl. dazu Ankündigungszettel mit Inhaltsbeschreibung (ÖNB, Bildarchiv NB 606.256-BR).

Aufführungen außerhalb Wiens ohne Raimund als Schauspieler

Raimunds Theaterstücke fanden sehr rasch ihren Weg auf die
Bühnen außerhalb Wiens, auch ohne dass dieser als Schauspieler
aufgetreten wäre. Seine Gastspiele konnten ja in der Regel sinnvollerweise nur dann durchgeführt werden, wenn die entsprechenden
Werke im Gasttheater auch ohne ihn weitergespielt werden konnten. Rezensionen von Aufführungen ohne Raimund sind manchmal dadurch interessant, dass sie sich in ihrer Würdigung auf den

Autor und nicht den Autor-Schauspieler Raimund konzentrieren. So berichtet die *Theaterzeitung* (Nr. 34, Dienstag, 20. März 1827, S. 139 f.) aus Pesth:

> Den 17. Februar bewirkte die Benefiz-Vorstellung der Mad. K l e i n »das Mädchen aus der Feenwelt« von Hrn. R a i - m u n d , ein gedrängt volles Haus. Es unterliegt keinem Zweifel, daß dieses Stück allen Lokalpossen und Parodien den Rang ablaufe. Hr. R a i m u n d beurkundete darin den dramatischen Dichter und wir möchten ihn, wenn wir seine mit Laune und Fantasie reich ausgestattete Allegorie betrachten, den d r a - m a t i s c h e n M u s ä u s nennen. Hier und da sind vielleicht einige Mängel, die aber zu unbedeutend sind, als daß dadurch der günstige Eindruck dieses Mährchens gestört werden könnte. Die Mitgift, die »das Mädchen aus der Feenwelt« erhielt, war brillant. Es fehlte nicht an herrlichen Dekorationen, Maschinen und lieblichen Tänzen und auch die darin Beschäftigten bothen alles auf, eine Harmonie zu bilden. Trotz dem sprach diese Dichtung mit Ausnahme des Duetts »Brüderlein fein« und des Aschenliedes nicht allgemein an. Solche Stücke wollen lieber in einem kleinen Lokale, wie es das Theater in der Leopoldstadt ist, als in einem so großen Hause, wie das unsrige, dargestellt seyn. Dieses und die äußerst gespannten Erwartungen, durch die Wiener-Blätter veranlaßt, mögen Ursache seyn, daß es weniger als in Wien gefiel. In Betreff der Darstellung zeigte Hr. Z ö l l n e r den braven Komiker, dem wir nur mehr Studium wünschen. Als Aschenmann war er weniger an seinem Platze, indem er uns eine K a r r i k a t u r zeigte, die wohl zum Lachen reitzte, aber nicht rührte, welches doch der Zweck des Dichters war.
>
> [...]   G.v.d.M.

Ein anderer Korrespondent berichtet in derselben Zeitung über dieselbe Aufführung (*Theaterzeitung* Nr. 38, Donnerstag, 29. März 1827, S. 155):

> Pesth, den 19. Februar 1827 *).

---

*) Von einem zweyten Correspondenten.

Vorgestern ward hier zum ersten Mahl: »d a s M ä d c h e n a u s
d e r F e e n w e l t, oder: d e r B a u e r a l s M i l l i o n ä r«
von R a i m u n d gegeben. Der Umstand, daß das Quecksilber auf R e a u m u r s Thermometer mehr als 10 Grad unter
dem Gefrierpunkt sank, konnte nicht verhindern, daß sich das
Theater ungewöhnlich stark füllte und die physischen Leiden
der Zuschauer wurden durch wechselseitige Mittheilung der
animalischen Wärme einiger Maßen gemildert. So sehr ist der
Ruf diesem Original-Zaubermährchen, das ich lieber »moralisch-allegorisches Gemählde« nennen möchte, aus der Residenz vorausgeeilt, und so sehr hat auch Fama hier schon seit
einigen Wochen, von der außerordentlichen Ausstattung von
Seite der Direktion und der Darstellenden geschwatzt. – Ich
selbst, der sehr selten den Tempel Thaliens besucht, und das
werden Sie, schätzbarster Hr. Redakteur, aus meinen seltenen
Referaten längst gemerkt haben, ich selbst beeilte mich, um
ein Plätzchen in irgend einem Winkel des Hauses zu erhaschen. Und, es gelang mir! – Doch, soll ich Euch, liebe Leser,
ein Langes und ein Breites über den Gehalt dieser Piece vordemonstriren? – Ach, das haben schon die Wiener-Blätter zur
Genüge gethan. Les't nur die Wiener-Zeitschrift, den »Sammler,« diese »Theaterzeitung,« ja sogar einige Wiener-Korrespondenzen in ausländischen Journalen. – Traun! es wundert
mich, daß nicht alle Direktionen sich schon beeilt haben, diesen Bauer als Millionär auf ihre Bühnen zu verpflanzen, um
gleich selbst davon Millionärs zu werden! Doch der personifizirte Neid dieses Stückes muß es selbst gestehen, daß Hr. R a i -
m u n d um den Stoff und um das Zusammenhängende und
Ineinandergreifende der Handlung, um die Ausarbeitung etc.
kurz um das G a n z e zu b e n e i d e n ist. – Die Musik ist zwar
sehr leicht und erregt manche Erinnerungen, hat aber doch viel
Gefälliges und Einschmeichelndes, das bey dem Publikum sich
Eingang zu verschaffen wußte, obwohl es Hrn. D r e c h s l e r
nicht in dem Maße gelang, wie im »Diamant des Geisterkönigs.« Einige Nummern können wir vorzüglich ausheben, und
diese sind: das Duett: »Brüderlein fein,« das Aschenlied und
der Schlußgesang. – Die Ausstattung von Seite der Direktion

ließ wenig und die Aufführung von Seite der Mitglieder fast gar nichts zu wünschen übrig. – Die Dekorationen von Hrn. E n g e r t waren prachtvoll, nur hätte die Schlußscene imposanter und eindrucksvoller seyn sollen; die Maschinerien von Hrn. K o p p gingen wie nach der Schnur, und wir bemerken mit Vergnügen, daß unter unserer jetzigen Direction auch in diesem Genre mehr Präcision als je herrscht. Die Garderobe von Hrn. K r o m m e r war glänzend. Die Tänze von Hrn. B e a u v a l waren diesmahl unbedeutend. Hr. Z ö l l n e r gab den Wurzel mit einem Aufwand von Humor und Laune, die uns bewiesen, daß er seinen alten Ruhm, als trefflichen Komiker, zu behaupten weiß. Besonders gelang ihm, ich möchte beynahe sagen, unübertrefflich, die Darstellung des Aschenmanns. Man konnte sich nichts Natürlicheres denken; nur hätte er beym Liede und nahmentlich bey dem Schlußworte »Aschen!« weniger auftragen sollen. Dem. H e n k e l gab die Jugend und repräsentirte sie ganz ihrer würdig. Sie war die Lieblichkeit selbst. Ihre K r o n e s mag wohl auch schön seyn, v i e l l e i c h t noch schöner; sie mag sich wohl auch im Spiele freyer bewegen – und im Grunde ist hier nicht viel zu spielen – aber in der unaussprechlichen Nettigkeit und vor Allem in dem recht artigen Gesange übertrifft sie unsere H e n k e l gewiß nicht. Hr. N ö t z l entwickelte als Ajaxerle eine Drollerie und eine herzige Komik, die wir vor einem Jahre gewiß nicht von ihm erwartet hätten; denn es ist noch nicht so lange, daß sich dieser so ausgezeichnete Schauspieler mit so gedeihlichem Erfolge auch als Komiker verwenden läßt. Der schwäbische Dialekt gelang ihm vollkommen. – Hr. R u s c h i t z k a sprach gut den böhmischen Dialekt (hier wurde der u n g a r i s c h e Zauberer in einen b ö h m i s c h e n verwandelt.) Hr. M a c h e, Lorenz, zeigte sich in einer bedeutenderen komischen Rolle zur allgemeinen Zufriedenheit. Mad. K l e i n , Lacrimosa, hatte heute zwar nicht viel Gelegenheit Ausgezeichnetes zu leisten, sie bewirkte aber mit ihrer Rolle alles Mögliche, und das Publikum ließ ihr erkennen – es war heute ihre sehr ergiebige Benefiz – wie sehr es ihre anderseitigen vortrefflichen Schauspieler-Fähigkeiten, besonders im komischen Fache, zu würdigen wisse. Sie ward lärmend empfangen und eben so hervorgerufen, wo sie zur Freude aller Anwesenden erklärte, daß unsere einsichtsvolle Direction sie ferner engagirt habe. Mad. N ö t z l, die Zufriedenheit; Hr. T r e u h o l d, der das Alter wirklich eben so drastisch als characteristisch darstellte; Hr. A r t o u r, der sich als Neid bis zur Unbegreiflichkeit zu entstellen wußte; Hr. G r i m m, der Haß; Dem. K o n d o r u s s i, Lottchen; Hr. F r a n k e, Carl Schilf; Hr. P. F i s c h e r, der den betrunkenen Afterling mit vieler Natur gab, verdienen noch ausgezeichnete Erwähnung. – Man sieht hieraus, daß Alles zusammengriff um der Darstellung jene Vollkommenheit zu geben, die den Kräften der hiesigen Bühne entsprechend ist, und die, i m G a n z e n g e n o m m e n, die Wiener, wenn nicht übertrifft (?) doch ihr wenigstens gleichkommt. Und so wird »das Mädchen aus der Feenwelt« stets ein angenehmes Geschenk von Hrn. R a i m u n d bleiben, und gewiß noch oft unsere Kassa füllen. – Heute ist bereits die zweyte Vorstellung angekündet. Versteht sich, daß wir wieder ein volles Haus zu erwarten haben.

Ein Korrespondent des *Sammler* (Nr. 85, Dienstag, 17. Juli 1827, S. 340) hingegen schreibt in seinem Bericht aus Pesth »im März 1827« kritisch über den ernsten Teil des Stücks:

> Die Wiener Posse: »d a s M ä d c h e n a u s d e r F e e n w e l t o d e r d e r B a u e r a l s M i l l i o n ä r« von Raimund, Musik von Drexler, versammelte eine große Zahl Lachlustiger im Hause Thaliens, die, aufgemuntert von den Lobesposaunen der öffentlichen Blätter und der Privatstimmen aus der Residenz, keinen Augenblick versäumen wollten, um sich solch einen Kunstgenuß zu verschaffen. Wenn ich, nach meiner Ansicht, keineswegs zugeben würde, dergleichen Piecen, und wären sie die vollendetsten in ihrer Art, auf eine solche Höhe zu stellen und von einem solchen Gesichtspuncte zu beurtheilen, wie dieß die meisten Wiener Recensenten thaten, so könnte ich wahrlich mit diesem Producte nicht den Anfang machen, und wenn ich mir nicht die Wiener als von einem falschen Enthusiasmus ergriffen vorstellte, so müßte ich über ihr

Entscheidungsvermögen in der That den Kopf schütteln. Die Allegorie wird uns als t i e f l i e g e n d , e r h a b e n , g e n i a l , und weiß der Himmel was alles noch genannt; ich finde sie aber theils verbraucht und abgedroschen, theils wieder so tief, so tief – – unter aller Kritik, um nur ein Wort darüber zu verlieren; das wenige Gute, gepaart mit Originalität, verliert sich in dem Wust des Alltäglichen und Mittelmäßigen. Ich bin aber billiger als die Wiener; ich will nicht in dem ernsten Theil des Stückes, sondern in dem komischen die Lichtseite suchen; und da findet sie sich auch. Es hat da wirklich einige Stellen, die zum Lachen bewegen, wozu besonders einige gut angebrachte Witzspiele beytragen. Leider sind aber die frappanten komischen Situationen so sparsam angebracht, daß man sie kaum bemerkt; warum hat Hr. R a i m u n d nicht lieber dem Ganzen einen heiteren Anstrich gegeben, statt den Haß, den Neid, den schwäbischen, ungarischen oder böhmischen Zauberer etc. etc. so nichtssagend zu beschäftigen? – Für eine Volksbühne, wo die Personen noch obendrein so grob parodirt und carrikirt erscheinen, schicken sich derley Empfindeleyen nicht. – Unser Publicum nahm die nicht zu verkennenden guten Theile des Stückes zwar recht beyfällig auf, blieb aber im Ganzen so kalt, daß bey der dritten und vierten Vorstellung man bequem auf dem Parterre promeniren konnte. Und die Darstellung trug fürwahr zu dieser Gleichgültigkeit nichts bey, denn ich kann versichern, daß schon lange auf unserm Theater nichts so vollendet, so fleißig, so präcis gegeben wurde als eben diese Posse. Hr. Z ö l l n e r war als Wurzel ganz charakteristisch, und führte die Rolle mit echtem Humor durch. – Hr. N ö t z l war als Ajaxerle äußerst drollig; Dlle. H e n k e l als Jugend sehr lieb, und außerdem zeichneten sich noch die HH. G r i m m , T r e u h o l d , M a c h o , die Damen K l e i n , N ö t z l , K o n d o r u s s i etc. sehr vortheilhaft aus. Auch die Musik finde ich nicht erheblich. Wir haben schon von Hrn. D r e x l e r etwas Besseres gehört. [...]   –d-a–.

Ein Korrespondent berichtet aus dem Deutschen Theater in Triest (*Theaterzeitung*, Nr. 98, Donnerstag, 16. August 1827, S. 402) und meint:

In diesen Blättern ward noch vorlängst die Absicht des Unternehmers der Bühnen von Preßburg und Grätz, Hrn. S t ö g e r, mitgetheilt, daß derselbe im Laufe der Sommermonathe eine Reihe deutscher Vorstellungen auf dem großen Theater in Triest zu geben gesonnen sey. – Den 5. July war es, an welchem dieser umsichtige Director sein Unternehmen mit dem glänzendsten Erfolge ins Werk setzte. – Hr. S t ö g e r war von der glücklichen Idee beseelt, einem nebst den Eingeborenen noch vorhandenem zahlreichem deutschem Publikum, nach 23 Jahren, ein echt vaterländisches Gericht, und zwar auf eine solche Art bereitet vorzusetzen, daß die an südliche Genüße gewohnten Deutschen eben so sehr Geschmack daran finden mußten, als sich der Italiener selbst überrascht fühlte; und somit war ein bedeutender Schritt gethan, wodurch die unter ihrem eigentlichen Standpunkte gedachte dramatische und musikalische Kunststufe der Deutschen, nunmehr ihre wohlverdiente Stellung in den Augen der einheimischen sowohl, als der stets an- und zu reisenden Repräsentanten des Südens gewann. – So sehr auch die Meinungen über das Gelingen dieses allerdings bey seinem Entstehen schwierigen Unternehmens getheilt waren, so unverwandt, und von keiner einseitigen Ansicht hingerissen, verfolgte Hr. St. sein einmahl gestecktes Ziel, dessen Erreichung bisher nur von den glücklichsten Resultaten begleitet war.

[...] – Am 5. »Der Bauer als Millionär.« Das Haus war dießmahl noch mehr besucht als die beyden ersten Mahle, und außer dem Eifer der Darstellenden, wirkte ganz besonders die Maschinerie des Hrn. Andr. R o l l e r, rühmlich bekannt durch seine Leistungen auf den Bühnen Wiens auf die versammelte Menge, welcher überhaupt die Feen- und Zaubermährchen, wie in ganz Italien, neu und fremd war. Bey einer zu diesem Zwecke durchaus nicht eingerichteten Bühne gebührt dem geschickten M a s c h i n i s t e n um so größeres Lob. [...]

Dass die JUGEND nicht immer als »große Rolle« gesehen werden musste, zeigt ein Bericht der *Theaterzeitung* (Nr. 130, Dienstag, 28. Oktober 1828, S. 519) über ein Gastspiel am 25. September 1828 in Pesth:

Mad. D u n s t, die nach den Wiener Blättern, im Leopoldstädter Theater s c h o n f r ü h e r gastiren sollte, ist hier unerwartet von Grätz angekommen. Sie trat am 24. als Suse in der Oper »Marie« auf und gab am 26. die Jugend im »Mädchen aus der Feenwelt.« Diese Partien scheinen mir aber zu unbedeutend, zu winzig zu seyn, um sich darin das e r s t e Mahl, nach langen Jahren, dem Publikum zu repräsentiren!
[...]

Erwähnt wird auch das Gastspiel von Franz Feistmantel 1830 in Pesth (*Theaterzeitung* Nr. 115, Samstag, 25. September 1830, S. 472):

> Ueber die Pesther Gastspiele des Hrn. F e i s t m a n t e l, herrscht in genannter Stadt nur E i n e Stimme, nämlich daß dieser treffliche Prager Gast ein Komiker ist, wie er seyn soll und es wenige gibt. Hr. F. trat zuerst als Wurzel im »Mädchen aus der Feenwelt« auf und überzeugte das Publikum, daß er kein Spaßmacher sey, der zu Grimassen seine Zuflucht nehmen muß, wie es gewöhnlich, besonders Lokalkomiker sich zu Schulden kommen lassen. Sein Spiel ist voll Leben und Natur, ist immer durchdacht und schimmert voll Laune und Humor. Die frostigsten Spässe werden in seinem Munde zu Witze und machen so die Lachlust rege. [...] –z–

Aus Prag wird dem *Sammler* (Nr. 80, Donnerstag, 5. Juli 1827, S. 320) berichtet:

> In der musikalisch-theatralischen Welt sind die anziehendsten Neuigkeiten: »D e r M a u r e r u n d d e r S c h l o s s e r« und das M ä d c h e n a u s d e r F e e n w e l t. Im letztern, welches stets das Haus füllt, macht Hr. F e i s t m a n t l (Wurzel) und Mad. B i n d e r (die Jugend), welche ihr »Brüderlein fein,« jedesmahl wiederhohlen müssen, Furore, die meisten übrigen Rollen sind nicht eben sehr zweckmäßig besetzt, dagegen sind die neuen Decorationen von Sachetti wunderschön. Noch allgemeiner erfreut man sich an der allerliebsten erstgenannten Oper. [...]

Mit ziemlicher Verspätung berichtet die *Theaterzeitung* (Nr. 116, Donnerstag, 27. September 1827, S. 475) aus Prag:

Das sogenannte Theaterjahr nach den Osterferien wurde
mit R a i m u n d s bekanntem und vielbesprochenem »Mädchen
aus der Feenwelt« eröffnet, ohne daß sich jedoch diese
allegorische Posse desselben günstigen Erfolgs hätte erfreuen
können, als in Wien, obgleich die Direktion ihr Möglichstes
für die äußere glanzvolle Ausstattung gethan hatte; auch unser
beliebter Komiker F e i s t m a n t l die Hauptrolle mit vielem
Fleiß gab. Das Interessanteste waren wohl die wunderhübschen
Dekorationen unseres geschickten S a c c h e t t i, und
die reitzende B i n d e r, welche mit aller ihrer Liebenswürdigkeit
die Rolle der Jugend darstellte und den rauschendsten
Beyfall ärntete, obwohl wir ihr rathen möchten, diese Partie
weniger sentimental und mehr scherzhaft zu nehmen. [...]

Am Dienstag, den 22. April 1828 kann die *Theaterzeitung* (Nr. 49,
S. 195) aus Prag berichten:

R a i m u n d s »Mädchen aus der Feenwelt« hält sich noch immer
auf dem Repertoir und wird auch durch Hrn. F e i s t -
m a n t l und Mad. B i n d e r, welche als Jugend unvergleichlich
liebreizend erscheint, sich noch länger in der Gunst
erhalten. [...]

Aus Lemberg weiß die *Theaterzeitung* (Nr. 48, Samstag, 19. April
1828, S. 192) wenig Gutes zu vermelden:

– Die letzte Zeit der vorigen Theaterunternehmung in Lemberg
war nicht die günstigste. Nur R a i m u n d s »Mädchen
aus der Feenwelt« rettete die Kassa in fünf Vorstellungen, welche
5000 fl. eingebracht haben. So wird das Talent eines Wiener
Schriftstellers auch in der entferntesten Stadt zum Genius.

Eine genauere Würdigung der Inszenierung in Lemberg folgte
ungefähr zwei Monate später (*Theaterzeitung*, Nr. 76, Dienstag,
24. Juni 1828, S. 303):

(März.) Dieser Monath brachte wenig Novitäten; das Vorzüglichste,
was wir in diesem sahen, war R a i m u n d 's: »Mädchen
aus der Feenwelt.« – Die Direktion verwendete bedeutende
Kosten um dieß so glänzend wie es bey einer Provinzial-Büh-

ne möglich, in die Scene zu bringen. Dieses Zaubermährchen gewährte einen ergötzenden Genuß, und ist bereits sechs Mahl, bey fast überfülltem Hause gegeben worden. Von den Mitwirkenden, die mit Fleiß und Liebe alles zum Gelingen des Ganzen beytragen, wollen wir vorzüglich Hrn. W e i ß (Wurzel) unsere Anerkennung öffentlich bezeigen. Referent hat die Darstellung dieses Zaubermährchens zu wiederholten Mahlen in Wien gesehn, und so kann er mit Wahrheit behaupten: daß selbst der Dichter und Darsteller Hr. R. von dem Spiele des Hrn. W e i ß wenig oder gar nichts zu tadeln gefunden haben würde. – Die vier Hauptsituationen dieses Charakters, hatte Hr. W. mit Wahrheit aufgefaßt und mit Wahrheit dargestellt. Die ausgelassene Fröhlichkeit als Millionär, die herabgestimmte Unbehagkeit *[sic!]*, als die Jugend ihn verließ, der grämliche Schmerz, als das Alter auf ihm lastet, und die gemüthlich sarkastische Resignation als Aschenmann, waren trefflich gezeichnete Bilder. Auch das schöne Arrangement hatte man ihm als Regisseur zu verdanken. –

(Zu den Gastspielen von Eduard Weiß im Theater in der Leopoldstadt vgl. S. 245– 248.)

In Linz macht Raimunds *Mädchen aus der Feenwelt* »fortwährend volle Häuser«, heißt es in der *Theaterzeitung* Nr. 78 vom Samstag, den 28. Juni 1828, S. 312.

Nach einer Ankündigung des Mitarbeiters »–h–«, dass in Brünn in einigen Tagen *Das Mädchen aus der Feenwelt*, mit neuen Dekorationen und der erforderlichen Garderobe brillant ausgestattet, inszeniert werden würde (*Theaterzeitung*, Nr. 103, Dienstag, 26. August 1828, S. 411), folgt in derselben Zeitung (Nr. 107, Donnerstag, 4. September 1828, S. 428) die Feststellung:

– »Das Mädchen aus der Feenwelt« wurde in Brünn mit bedeutendem Aufwand und wirklich glänzend ausgestattet in die Scene gebracht. Der Beyfall war enthusiastisch. Hr. Z w o n e c z e k hat durch eine glänzende Ausstattung dieses beliebten Stückes seine Achtung für das Publikum wieder ehrenvoll ausgesprochen.

Johann Nestroys Gastspiel in Pressburg wird in der *Theaterzei-*

tung (Nr. 61, Donnerstag, 21. Mai 1829, S. 249) von einem Korrespondenten umrissen. Nestroy habe dort die Raimund-Rollen RAPPELKOPF, WURZEL und NACHTIGALL gespielt.
In der Beilage zur *Theaterzeitung* (Nr. 50, Samstag, 25. April 1829, S. 202) wird aus einer Leipziger Zeitung eine Kritik der dortigen Erstaufführung zitiert, in der man sich vom inneren Wert des Stückes nicht überzeugt gibt:

– Am 3. Aprill wurde zu Leipzig zum ersten Mahle, und zwar bey recht vollem Hause, »der Bauer als Millionär« gegeben. Die »elegante Zeitung« in Leipzig enthält hierüber Folgendes: »Das Stück hat in Wien, in Prag, in Breslau ein ungewöhnliches Glück gemacht, und auch hier hat es sehr gefallen. Nicht etwa, als ob es einigen innern großen Werth hätte. Es ist eine Wiener Burleske (?) eine Travestie (?) in der fast alle allegorischen Gestalten, der Haß, der Neid, die Zufriedenheit, das Alter, die Jugend etc. mit Geistern, Feen, Zauberern aus Deutschland und Ungarn, Furien etc. im buntesten Chaos und frappantesten Wechsel erscheinen. Eine Fee hat die mit einem Seiltänzer erzeugte Tochter zur Strafe ihrer Anmaßung, sie mit dem ersten Sohne der Geister verheirathen zu wollen, einem armen Bauer, Wurzel, zur Erziehung geben und ihrer Macht entsagen müssen, bis er sie mit einem armen Jünglinge verheirathet haben wird. Der Neid wirft dem Bauer eine Million Gulden zu, nur um der Fee diese Erlösung durch den nun erwachten Stolz des Bauers unmöglich zu machen, denn dieser will sie nun dem armen Fischer nicht geben, der ihr Herz gewonnen hatte. Indessen zur entscheidenden Stunde arbeiten die Zauberer von Schwaben und der türkischen Gränze, die Zufriedenheit, die Jugend und das Alter, den Millionär in einen armen Aschenmann zu verwandeln, der nun froh ist, wieder seine Pflegetochter dem armen Fischer verloben zu können. So barock und burlesk das Ganze aber ist, so gibt es doch einzelne, niedliche, hinreißende, theils aus dem Leben gegriffene, theils das Leben sehr gut versinnlichende, ergreifende Scenen. Zu den letztern gehört nahmentlich die, wo die Jugend, nach einem fröhlichen Tanze von Mädchen und Knaben ausgeführt von dem zum Schlemmer gewordenen Millionär Abschied nimmt und nach ihr das eisige Alter erscheint. – Dem. K o p pe , ein liebliches Bild der rosenfarbnen Jugend, erntete rauschenden Beyfall. Auch die Fee (Mad. S e e b e r g), der Zauberer Ajaxerle und der Bauer selbst (Hr. U b e r und P l o c k) wurden mit Recht ungemein gern gesehen. An Decorationen war nichts gespart. Die Musik hat mehrere Nummern, welche in nächster Messe wohl schon auf allen Straßen gehört werden dürften, nahmentlich das Lied der scheidenden Jugend. Das Meßrepertoir hätte nicht leicht einen bessern Fund machen können. r.

Der *Sammler* (Nr. 33, Donnerstag, 18. März 1830, S. 132) informiert, dass *Das Mädchen aus der Feenwelt* auf dem Königstädtischen Theater in Berlin erscheinen werde, und zwei Tage später bringt die *Theaterzeitung* (Nr. 34, Samstag, 20. März 1830, S. 139) einen Bericht, in dem Kritiken einiger Berliner Zeitungen wiedergegeben werden:

– R a i m u n d s »Mädchen aus der Feenwelt« ist am 4. März zu Berlin auf dem Königstädter Theater gegeben worden. Die H a u d e - und S p e n e r 'sche Zeitung am 6. März Nr. 56 enthält darüber Folgendes: Vorgestern zum ersten Mahle: »Das Mädchen aus der Feenwelt, oder: der Bauer als Millionär,« Zaubermährchen in drey Acten, von Ferd. R a i m u n d in Wien. Der Ruf des Stücks, welches in Wien mehr als 100 Mahl mit dem größten Beyfall gegeben worden, und der lange Zettel, auf welchem nicht weniger als vierzig handelnde Personen nahmentlich aufgeführt waren, den Troß der Geister, der Zechbrüder etc. abgerechnet, hatten eine solche Menge von Zuschauern in das Theater gezaubert, daß die Kritiker sehr in die Klemme geriethen und wahrlich im Schweiß ihres Angesichts ihr Amt verwalteten. Das Stück an sich, mit seinem ganzen wunderbaren Inhalt, wollen wir in seinem subjektiven Werthe und dem Aeußern nach, eben nicht höher stellen, als manches andere nach Wiener Weise dramatisirte Mährchen, die überaus glänzende Ausstattung desselben mit Dekorationen, Verwandlungen, Kostümen, Brillantfeuer, magischen Beleuchtungen etc. und die vortreffliche Darstellung stellten es aber in den Augen des Publikums entschieden höher. Die Fabel hat viel Aehnliches mit denen in anderen Stücken dieser Gattung. Durch Zauberey wird ein Bauer zum Millionär. Drey Jahre lebt er als solcher, dann aber versieht er es mit der Geisterwelt und wird wieder ein armer Bauer. Nebenbey läuft eine Liebesgeschichte seiner Tochter mit einem armen Fischer, welcher durch Zauberey ebenfalls reich und wieder arm wird, und in der Armuth zuletzt sein Glück findet. Die eingelegten Musikstücke und die Pracht der Darstellung machen das Stück zu einem Mitteldinge zwischen einer großen Oper und einem Liederspiel, und so ist es natürlich, daß dasselbe bey seiner auch für den Mittelstand ziemlich klaren Verständlichkeit in Wien so sehr gefallen konnte. Auch hier wird es wahrscheinlich bey dem Publikum der Königsstadt aus eben den Gründen Beyfall finden, aus welchen die prächtigen Zauberopern für das Publikum des Opernhauses noch immer ein beliebter Gegenstand der Anschauung sind. Hr. S p i t z e d e r spielte vortrefflich, er mußte seine eigends für Berlin gearbeiteten Lieder vom Tivoli etc. zwey Mahl da Capo singen, und wurde zum Schluß gerufen, wobey er seinen Dank in einem launigen Liede mit Chor unter großem Beyfall aussprach. Auch das ganze übrige Personal spielte ganz vorzüglich, wir wollen nur die Schauspielerinnen H o l z b e c h e r, H ü r a y, F e l s e n h e i m und H e r o l d, und die Herren B e c k m a n n, H a a s, R ö s i c k e, B a r t s c h, T a n n h o f, W e g n e r etc. erwähnen, durch deren kräftiges Spiel auch Szenen, welche sonst sehr unglücklich abzulaufen pflegen, nicht nur gehalten wurden, sondern auch Beyfall erwarben. – An der Anordnung des Stücks hat, wie wir hören, der Souffleur bey diesem Theater, Hr. L u c k s, großen Antheil gehabt. – Die Vo ß ische Zeitung spricht sich in nachstehendem darüber aus: Am 4. März wurde endlich der längst und viel besprochene »Bauer als Millionär, oder: das Mädchen aus der Feenwelt,« von R a i m u n d, auf diesem Theater zum ersten Mahle gegeben. Der Theaterzettel mit allen seinen Personen, ein treffliches Aushängeschild, stand vollständig abgedruckt in den Zeitungen, und das hatte gemacht, das *[sic!]* im großen Hause kein Apfel zu Boden fallen konnte. Der Erfolg ist allerdings ein günstiger zu nennen, wie das Stück, eines der inhaltsreichsten unter den Leopoldstädter Zauberpossen, ihn verdient, aber doch nicht so entschieden günstig, wie es der großen Erwartung, die man nach den Berichten aus Wien, davon hegen mußte, entspräche. Im Geisterreich erwartet man, daß der schwäbische Zauber-Lehrling aus Donaueschingen, Ajaxerle, und der ungarische Zauberer aus Warasdin bedeutender auftreten. Im Ganzen fehlt es hier und da an Leben, am muntern Zusammenklang des Witzes und der Laune. So hätten wir z. B. weit mehr erwartet von dem Geister-Konzert bey der Fee Lacrimosa. – Der musikalische Theil des Stückes hat mehrere höchst ansprechende Lieder-Kompositionen, und die szenische Ausstattung erregte mehrmahls einstimmigen und verdienten Beyfall. Ein Stück, welches zwey Auftritte hat, wie der Abschied der Jugend (von Dem. H e r o l d anmuthig dargestellt) und die Ankunft des hohen Alters muß, trotz seiner allegorischen Breiten, ansprechen. Das Stück wurde übrigens am zweyten Tage nicht wiederholt, sondern es wurde »Pfefferrösel« gegeben.

– Der »Gesellschafter« zu Berlin referirt: Im Königstädtischen Theater ist R a i m u n d s Zaubermährchen: »der Bauer als Millionär« mit Beyfall gegeben worden, doch war dieser nicht mit dem Wiener Maaße gemessen. Unser Publikum konnte sich noch nicht recht in die vielen Personen und die fragmentarisch dramatische Behandlung finden, und mußte sich also an Einzelheiten halten. Der moralische Theil der Allegorien wird bey uns gekürzt werden müssen, denn unser Publikum will lange Lust und kurze Lehre. Die Musik hat mehrere sehr gemüthliche Lieder, wie uns denn dergleichen meist immer von Wien kommt; unsere norddeutschen Komponisten wollen in neuerer Zeit zu viel mit dem Verstande thun in einer Kunst, die durchaus mehr der Gefühlswelt angehört.

Ein weiterer durchaus kritischer Theaterbrief aus Berlin, datiert mit 4. April 1830, ist in der *Theaterzeitung* (Nr. 44, Dienstag, 13. April 1830, S. 179) abgedruckt:

Auch auf dem Königstädter Theater geht es seit Kurzem

recht leidentlich. Die Direktion zeigt viel Thätigkeit, sie hat den glücklichen Wurf gethan, drey Stücke neben einander zu besitzen, welche ihr abwechselnd volle Häuser machen. Sehr viel Geld bringen »Pfefferrösel« und Kaspar H a u s e r s dunkle Schicksale unter dem Titel »der Wahn,« und ziehen auch die Gebildeten in Masse ins Theater; das Wiener Stück »das Feenmädchen, oder: der Bauer als Millionär« erfreut das Sonntags-Publikum, und man muß gestehen, daß es recht artig gegeben wird. Besonders was die Hauptrolle durch S p i t z - e d e r und die Ausstattung betrifft, die drey Mahl anziehender als in Wien seyn soll. Aber was ist dieß Feenmädchen für ein wunderliches Stück? Ein Ganzes und doch kein Ganzes! Etwas Hohes und doch nichts Hohes. Liegt sein Werth in der verbrauchten Allegorie oder in der uralten Handlung, oder in der Musik, oder in den Dekorationen? Ich vermag es nicht anzugeben, und unsere Zeitungen sammt und sonders nicht. Sie haben fast durchgängig mehr ein nachtheiliges als ein empfehlendes Urtheil darüber ausgesprochen, und doch können sie nicht abstreiten daß es anspricht. Die günstigste Kritik für Raimund mag wohl der »Freymüthige« geliefert haben, aber auch er klagt, daß R. noch weit unpoetischer, als sich jetzt irgend ein Dichter erlauben würde, zu Werke gegangen sey, und nähmlich nackte, fahle, allegorische Personen habe auftreten lassen: Tugend, Laster, Neid, Haß, Sentimentalität, Zufriedenheit! Uns fliegt, sagt er, wenn wir nur die Nahmen lesen, der Frost der langen Weile an, indem wir fürchten eine alte Moralität sehen und hören zu müssen. In diesem Millionär scheint die Idee: »daß Reichthum elend macht« so hergebracht. Der Bauer, der den Schatz gefunden und der Fischer der zum Besitz des Zauberringes gelangt ist, müssen ihren Reichthum erst verlieren um zum wahren Glücke zu gelangen. Da kommt die Jugend und das Alter, und sagen Adieu und sagen Bonjour; jene nimmt die heitern Freuden, dieses bringt Gicht und Magenkrampf mit sich! Die Nacht nimmt die Verstoßene in ihre schützenden Arme und in der Hütte der Zufriedenheit findet sie liebreiche Aufnahme! Wohl zu beachten ist dabey die Behandlungsart der allegorischen Personen: Jugend und Alter

treten aus dem Begriffe heraus und werden Menschen mit
Fleisch und Bein! R. hätte sie nur Hinz oder Kunz zu nennen
brauchen und der fröhliche Hinz und der grämliche alte, ge-
plagte Kunz würden unsere Theilnahme eben so in Anspruch
nehmen.
[...]   D. Schröpfer.

Ebenfalls kritisch berichtet *Der Freischütz* Nr. 34 vom Samstag,
den 21. August 1830 aus Hamburg:

[...] »Das Mädchen aus der Feenwelt,« oder: »der Bauer als
Millionair.« Romantisches Zaubermärchen mit Gesang in
drei Aufzügen, nebst einem phantastischen Vorspiel: »die
Feenwelt,« von F. Raimund. Musik vom Kapellmeister
Drechsler. – Kund und zu wissen sei jedermann, dem zu
wissen daran gelegen, oder wie Meister Strussel meint,
dem es zu wissen nöthig ist, daß dieses Stuckel zu Wien so
viele hundert mal gegeben ist, daß es kein Wunder wäre, wenn
der Verfasser, mein Freund Raimund, selbst bei dieser Gelegenheit ein Stück von der Million erwischt hätte, daß außerdem kürzlich in der Königsstadt Berlin der millionai-
rische Bauer gleichfalls mit großem Beifall zum öftern
wiederholt worden ist. Hier z'Hamburg aber, im Dammthorhäusel, hier ist – es nun – nit so! Wie mag das nun kommen.
Z'Wien sind die Leute nit auf den Kopf gefallen, z'Berlin auch
nit, z'Hamburg aber – a nit.
Wir wollen die Antwort noch a halbes Stündel hinausschie-
ben, und uns erst ein wenig um das Stück und um Aehnliches
bekümmern. Es ist, wie der günstige Leser sich vielleicht erinnert, noch keine volle hundert Jahre her, seit Raimunds
»Alpenkönig« im Dammthorhäusel, und zwar mit großem
Beifall, gegeben wurde. Der Alpenkönig hat z'Wien auch
großes Glück gemacht, aber nit im Vergleich gegen den reichen
Bauer. Bei uns hat der Alpenkönig furore gemacht; auf den
Bauer giebt man nit recht viel, trotz der Million, die doch sonst
schon was gilt hieselbst. So viel scheint, wenn ein alter Mann
seine Meinung sagen darf, gewiß, daß der Alpenkönig mehr
dichterischen und mehr dramatischen Werth (was ja beides nit

immer einerlei ist) hat, als der B a u e r, und schon insofern hat das Publicum im Dammthorhäusel recht, wenn es lieber mit dem K ö n i g als mit dem B a u e r zu thun haben will. Wir verweisen, was den Alpenkönig betrifft, auf frühere Blätter des Freischützen. Was nun aber den B a u e r angeht, so hat es mein Freund R a i m u n d hier nicht mit der A l l e g o r i e im Allgemeinen, wie erst dieser Tage in einem Blatte behauptet wurde, sondern mit einem besondern Theil der Allegorie, mit der P e r s o n i f i c a t i o n, oder was gelehrter klingt, mit der P r o s o p o p ö i e, versucht. A b s t r a c t e Begriffe werden c o n c r e t e, indem sie P e r s o n e n werden; so das Alter, die Jugend, die Zufriedenheit, der Neid, der Haß. Ein sehr gutes dramatisches Ve h i k e l, diese Personendichtung. Die Allegorie im engern Sinne hat sehr wenig dramatisches Element, die P e r s o n e n d i c h t u n g ist reich daran. Alle M y t h o l o g i e ist im Grunde nur Allegorie in diesem weiteren Sinne, oder Personendichtung. R a i m u n d s Idee war daher gewiß eine fruchtbare; aber zur Ausführung hat ihm halt das rechte Zeugs gefehlt. Was J u g e n d, A l t e r, Z u f r i e d e n h e i t u. s. w. vortragen, ist das Allergewöhnlichste von der Welt. In der nüchternsten Prosa sagt die eine: Schauens, ich bin jung, geh in die Schule, springe und tanze, bin lustig und ungezogen; der andere: ich bin alt und kümmerlich, Gicht und Zipperlein verlassen mich nicht, habe nicht geglaubt, daß es dahin kommen konnte, ist schon doch so weit gekommen, und was dergleichen Hausbackenzeug mehr ist. Die P h a n t a s i e aber will P o e s i e, wenn auch nicht in der Form, doch in der Materie, da aber fehlt's, und dieser Defect kältet und tödtet ab, und es scheint weniger die übergroße Ve r s t ä n d i g k e i t als das p o e t i s c h e B e d ü r f n i ß zu seyn, das sich hier von dem lieben Zauberstuckel etwas kalt und unbefriedigt abwendet. [...]

Die *Originalien aus dem Gebiete der Wahrheit, Kunst, Laune und Phantasie* Nr. 100 (Spalte 799 f.) beginnen mit einer Nacherzählung des Inhalts, dann heißt es:

[...] so wird das Pärchen Mann und Frau, der alte Bauer wieder jung (denn die Schwüre sind in Erfüllung gegangen) und alles ist zufrieden – nur das Publikum nicht!

Dies ist ungefähr der Gang der Handlung, mit artigen Episoden verwebt, worunter wir die Scenen des Hasses mit der Zufriedenheit, das Kegelspiel des Schilf, die naiven Bemerkungen eines Bauernbedienten, und hauptsächlich die Hofconzertscene im Saale der Fee Lacrimosa rechnen, welche, so wie fast das ganze Stück, von witzigen und drolligen Bemerkungen und Einfällen voll ist, und die kalte Moral in buntem Farbenspiel dem Auge und Ohr ergötzlich vorführt. Dies Zaubermährchen ist ein ächtes Volksschauspiel, sinnig und originell erfunden, hat wahrhaft poetische Scenen, die der Phantasie eines Hoffmann Ehre machen würden, aber etwas bunt durcheinander gewürfelt, wogegen der Verstand Einspruch thut. Es hat, wie wir hören, in mehreren Städten Norddeutschlands, und namentlich in Berlin durch Spitzeders vortreffliches Spiel viel Glück gemacht, und es verdient zu gefallen, wenn die Aufführung in allen Theilen vollendet und exact ineinander greift. Die erste Darstellung bei uns war in vielen Theilen mangelhaft, und wird es bei dieser Rollenbesetzung auch wohl bleiben; dies ist unstreitig der einzige Grund, warum es, ungeachtet der glänzenden Ausstattung an Decorationen, Maschinerien, Verwandlungen und Kleiderpracht, auf unserer Bühne keinen großen Erfolg hatte.

Es ist zu erwarten, daß bei den künftigen Aufführungen Flugwerke und Maschinen zauberischer wirken, sonst verfehlen sie ihren Zweck, und den Schauspielern empfehlen wir mehr trocknen komischen Ernst, sonst verfehlen sie die Ansicht des Dichters.

Von den sechs oder sieben neuen Decorationen gefielen uns besonders der Pallast des Hasses, von einem kräftigen Baumschlag umgeben, und die Schlußdecoration: ein Gletscher am See, beide von dem berühmten Decorateur Neefe aus Braunschweig, dessen Kunsttalent in Deutschland anerkannt genug ist; dann die verfallene Hütte des Bauers in anmuthiger Gegend von Herrn Cochi, der uns schon manches Werthvolle geliefert. Weniger ansprechend waren der Berg und die

Hütte, worin die Zufriedenheit logirt und ein bunter Saal im
gothischen Styl, dessen Farben zu grell gewählt sind, dem
Auge wehe thun, und den Effect der Costüme schmälern.
Der Maschinist Herr P o y e t hat ein altes Pferd gezimmert,
dessen Kunstfertigkeit zu gehen in Erstaunen setzte, denn sie
kam der Natur gleich; auch verwandelte er ein Haus in einen
Säulengang mit Festons, der imposant ist, und wobei nur die
Langsamkeit der Verwandlung zu bedauern war, um dem
Verdienste des Verfertigers volle Gerechtigkeit zollen zu können.
Die Musik des uns unbekannten Herrn D r e c h s l e r ist an-
sprechend und erfüllt ihren Zweck, auffallend war uns der
überaus tragische Anfang der Ouvertüre. Soll das musikalische
Ironie seyn?
Ueber die Darstellung der einzelnen Künstler, nach einer
späteren Aufführung. Herr L e b r ü n , als Wurzel, gab seine
Parthie mit vielem Fleiße; diese Rolle aber scheint doch nicht
ganz für ihn geeignet. Herr J o s t als hohes Alter, Herr M ä -
d e l als Ajaxerle, der die schwäbische Gutmüthigkeit auf ein
Haar traf, und Herr F o r s t als Haß, der als Wiener auch die
Spielweise dieser Art ganz nach Ansicht des Dichters genau
kannte und treu wiedergab. Störend war T o p h a n , der Diener des Hasses, weil er gar zu sanft war, und seine Rolle nicht
wußte, und das Costüme der Jugend, dessen Anordner eine
ernste Rüge verdient*). D i e Jugend kann ja auch als Mädchen
dargestellt werden und würde dadurch noch zarter erscheinen,
ohne den Effect zu schmälern.

Aus Breslau erfuhr die *Theaterzeitung* (Nr. 88, Samstag, 24. Juli
1830, S. 364):

– Am 8. July ist auf dem Theater zu Breslau »der Bauer als Millionär,« Zaubermährchen in drey Acten von Ferd. R a i m u n d
gegeben worden. Hr. S p i t z e d e r , vom Königstädter Theater zu Berlin, erschien zum ersten Mahle als Gast in der Rolle
des Wurzel. Wer sollte sich nicht an S p i t z e d e r s Darstel-

---

*) Bei der zweiten Darstellung war der Anzug geändert und an-
ständiger. D e r S e t z e r .

lung ergötzen? Maske, Haltung, Bewegungen und Sprache, alles war eben so naturgemäß als belustigend. Hr. S p i t z e d e r hatte in den kleinen Liedern nicht die beste Gelegenheit, seine sonore metallne und umfangreiche Stimme zu zeigen, aber sein komischer Vortrag, seine deutliche Aussprache, die vom lebendigsten Spiel begleitet wurden, gaben diesen Kleinigkeiten einen Werth, den sie sonst nicht haben. Stürmischer Applaus begleitete fortwährend sein Spiel, besonders schienen mehrere Impromptu's zu gefallen. Nächst Hrn. S p i t z e d e r gefiel am meisten Hr. S c h o l z (ein Bruder des berühmten Komikers in Wien) als Ajaxerle.

Zu Josef Spitzeder vgl. auch die Kritiken aus Berlin S. 271– 277.
Die *Theaterzeitung* (Nr. 152, Dienstag, 21. Dezember 1830, S. 624) berichtet, dass der Kaiser und die Kaiserin am 25. November im großen Theater zu St. Petersburg vor zahlreich versammeltem Publikum die deutsche Vorstellung der »Zauberoper« *Das Mädchen aus der Feenwelt* besucht hätten.
Laut *Theaterzeitung* vom Samstag, den 9. Juli 1831 (Nr. 82, S. 336) hat das Stück in Frankfurt am Main einen großen Erfolg erlebt.
Der *Wanderer* (Nr. 152, Mittwoch, 1. Juni 1831) berichtete, dass das Stück am 23. Mai zum ersten Male hier aufgeführt wurde.
In der *Theaterzeitung* Nr. 142 (Samstag, 26. November 1831, S. 576) findet sich die wohl sehr verspätete Notiz über eine Aufführung in Dresden:

Raimunds »Mädchen aus der Feenwelt« ist jetzt auch auf dem Dresdener Hoftheater aufgeführt und wie überall, auch dort, ein Kassastück geworden.

Doch bereits die *Theaterzeitung* Nr. 126 (Donnerstag, 20. Oktober 1831, S. 511) stellt in ihrem Abschlussbericht aus Dresden fest:

Früher schon kam Ferd. R a i m u n d s : »Mädchen aus der Feenwelt« zur Aufführung, und wenn man eine Kritik über Maschinenwesen und Dekorationen schreiben wollte, so ließe sich vieles Gute melden. Desto schwächer war die Darstellung. Hr. M e a u b e r t ließ den Charakter der Wurzel gänzlich fallen und metamorphosirte ihn zu einem ordinären Hannswurst, der kaum im Kasperltheater sonderlich delektirt haben würde, Mad. Müller als Lacrimosa war eben so thränenreich wie thränenwerth, ein Gleiches ohngefähr galt dießmahl von Mad. Devrient (Lottchen), deren weinerliche Naivität oder naive Weinerlichkeit wenig Angenehmes hat.

[...] H. Meynert.

Der *Wanderer* (Nr. 151, Mittwoch, 30. Mai 1832) informiert über eine Dlle. Fröhlich, die in Brünn eine Gastrolle als JUGEND im »Feenmädchen« gegeben habe und dann nach Tyrnau abgereist sei. In der *Theaterzeitung* vom Dienstag, den 25. September 1832 (Nr. 192, S. 768) heißt es:

– Aus Pesth wird vom 20. Sept. der Redaktion mitgetheilt: [...] Hr. Feistmantel von Prag hatte zwar schon am 28. d. M. in Raimunds »Bauer als Millionär« seine Gastrollen beendigt, allein er muß heute (am 20. Sept.) noch auf allgemeines Verlangen, den Schwips in Bäuerles »Tausendsasa« wiederholen. Hr. Feistmantel hat sich in mehreren Rollen als denkender Komiker bewährt, obwohl er in andern wieder nicht frey von den Fehlern der Provinzial-Lustigmacher ist. Jedoch haben seine guten Seiten gewiß die Oberhand, und wir wünschen ihn bald wieder auf unsere Breter. –

Der *Sammler* (Nr. 31, Dienstag, 12. März 1833, S. 124) referierte über das Theater in Pesth den Februar 1833 betreffend:

Im Theater ging es ebenfalls lustig zu, und Hr. Weiß, Mitglied der k. k. Hofoperntheaters in Wien, wußte der Frohsinnszeit die rechte Höhe zu geben, und das Haus durch sein Gastspiel zu füllen. Dieser treffliche Komiker, der bereits vor zwey Jahren hier eine ehrenvolle Aufnahme genossen, gastirte 21 Mahle mit solch eclatantem Beyfalle, wie ihn vor ihm kein Schauspieler dieses Genres erhalten. Sein erstes Gastspiel war der »Florian,« und er zeigte sich dann im »Chevalier Bibi« (zweymahl), in der »Bettlerbraut« (dreymahl), »Kirchtag in Petersdorf,« »Sylphide,« »Schwestern von Prag,« »Zaubermund« (dreymahl), »Doctor Kramperl,« (dreymahl), »Werthers Leiden« (zweymahl), »Bruder Lüftig« (zweymahl), »Mädchen aus der

Feenwelt,« »Weibercur,« und bewies in allen diesen Rollen den exacten Künstler, dessen vis comica originell, dessen Leistungen auf Natur und Kunst gegründet und fern von allen Übertreibungen sind. Überdieß ist dieser brave Komiker mit einer schönen, in einer guten Schule ausgebildeten Stimme begabt, eine Eigenschaft, die ihn befähigt, in der Oper als Buffo trefflich verwendet zu werden. Es wäre ein bedeutender Gewinn für unsere Bühne, wenn, wie es heißt, Hr. Weiß zu Ostern bey uns engagirt wäre. [...] Max. v. Sternau.

Die *Theaterzeitung* (Nr. 178, Mittwoch, 4. September 1833, S. 716) berichtet über Berlin:

– In Berlin gastirt gegenwärtig ein Hr. Plock. Er gefällt sehr. Auch als Wurzel im »Bauer als Millionär« hat er sehr angesprochen und wir lesen über ihn Folgendes: Am 18. August: »der Bauer als Millionär« von Raimund. (Hr. Plock den Fortunatus Wurzel als Gastrolle.) – Auch in der Rolle des Fortunatus Wurzel zeigte Hr. Plock eine Bühnengewandtheit, eine Solidität seiner Leistung, daß er die Ehrenbezeugung des vollen Hauses mit Recht verdiente. Der Wurzel ist eine Partie, wo ein begabter Künstler alle Gelegenheit findet, seine Kunst zu entwickeln und die Lücken zu füllen, die der Dichter in jedem Drama dem Darsteller überlassen muß; das führte der Gastgeber nicht so aus, daß er überrascht hätte, sondern auf eine sehr natürliche Weise, die aber durchaus mit dem lautesten Beifall aufgenommen wurde. Im Anfang des zweiten Acts schien Hr. Plock etwas ungewiß zu seyn, ob er auch an sich die Trunkenheit spüren lassen solle, oder nicht; Ref. glaubt, daß eine gewisse Halbtrunkenheit, die keine Nüchternheit mehr aufkommen läßt, wohl an ihrer Stelle war; andererseits könnte auch ein gewöhnlicher Rausch, gehörig individualisirt, aus Wurzel's eigenen Worten gerechtfertigt werden. Der Vortrag der beiden Lieder nahm die Freude der Hörer besonders in Anspruch. Als das Lied gegen die Frauen da Capo verlangt wurde, sang Hr. Plock einen Vers gegen die Männer, darüber gerieth Alles in Entzücken, als er ein zweites da Capo des »Aschenliedes« dazu brauchte, um in drei populairen Strophen Spitzeder und Raimund, seine Aschen-Vorfahren, zu feiern, und zuletzt sich bescheiden unter sie zu stellen, brach in dem Publikum ein wahrer Sturm der Begeisterung los. Er wurde am Schluß gerufen. (Da Hr. Hausmann, ebenfalls ein norddeutscher Komiker, in Wien sehr gefallen hat, so könnte auch Hr. Plock hier Versuche machen.)

Mit dem Lied gegen die Frauen und Männer kann wohl nur das Aschenlied gemeint sein.

Der *Wanderer* (Nr. 20, Montag, 20. Jänner 1834) berichtet über Krems, wo Direktor Wessely von Raimunds Stücken unter anderem *Das Mädchen aus der Feenwelt* gespielt hat.

In der *Theaterzeitung* (Nr. 135, Dienstag, 8. Juli 1834, S. 542) kommen ein Gastspiel in Brünn und eine Aufführung in Pesth zur Sprache:

> [...] * – Das Gastspiel des Hrn. Lang vom Leopoldstädtertheater auf dem Theater in Brünn, war ganz dazu geeignet, das gute Andenken wieder aufzufrischen, in dem er von den frühern Zeiten seines Engagements her, bei dem Publikum stand. [...] Sonst spielte er noch im »Alpenkönig,« in »Liebenau,« den »Talentproben,« »Bauer als Millionär.« Im letzten trat mit ihm zugleich Frau Ribics, geborne Schreiber, als Gast, in der Rolle der Jugend auf [...] auch als Lottchen im »Alpenkönig« [...]
>
> * – Dem. Handa wagte zu Pesth einen ersten theatralischen Versuch als Jugend, in Raimunds »Bauer als Millionär,« und befriedigte trotz der gefährlichen Wahl. Dem. Handa ist jung, hübsch, besitzt eine angenehm klingende Stimme, und zeigt viel Liebe zur Kunst – facit – eine zukünftige brave Sängerin, wenn es vorausgesetzt am Fleiße nicht fehlt. Kurz ist das Leben, lang ist die Kunst. En.

Der *Wanderer* (Nr. 206, Freitag, 25. Juli 1834) berichtet über Frankfurt:

> Raimunds »Mädchen aus der Feenwelt« hat bei der am 12. Juli erfolgten Aufführung auf hiesigem Theater durchaus nicht angesprochen. Die Darstellung des Hrn. Hassel als

Fortunatus Wurzel, ist wie die Oase in der Wüste, aber doch wie die Oase, die keine Früchte trägt, obgleich der Bauer im Schweiße seines Angesichtes arbeitet. (Fkftr. Conv. Bl.)

Raimunds Gastspiel im Theater an der Wien 1830/31

Nachdem Raimund im August 1830 die Leitung des Theaters in der Leopoldstadt zurückgelegt hatte, fanden seine Auftritte als freischaffender Künstler in Wien (Theater an der Wien, Theater in der Leopoldstadt und Theater in der Josefstadt) sowie in München (dreimal), Hamburg (dreimal), Berlin und Prag in der Presse unterschiedlich intensiven Niederschlag.
In der *Theaterzeitung* (Nr. 147, Donnerstag, 9. Dezember 1830, S. 602) wurde Raimunds Gastspiel im Theater an der Wien angekündigt:

> Hr. R a i m u n d wird nächstens im »Feenmädchen, oder: der Bauer als Millionär« im Theater an der Wien auftreten. Die Dekorationen werden bereits gemahlt, und das Stück wird ehestens in die Szene gehen. Auch wird Hr. R a i m u n d in »der Fee aus Frankreich« und als »Geist auf der Bastey« gastiren.

Rund zwei Wochen später berichtete die *Theaterzeitung* (Nr. 154, Samstag, 25. Dezember 1830, S. 632):

> – R a i m u n d s »Mädchen aus der Feenwelt« wurde am 15. Dez. zum ersten Mahl im Theater an der Wien gegeben, das Haus war sehr voll und der Beyfall war nach den Strophen des neuen, sogenannten Aschenliedes und am Schlusse stürmisch. Hr. R a i m u n d hat die gegenwärtigen Frauenmoden sehr scharf gegeißelt. – Nächst Hrn. R a i m u n d glänzten S c h o l z als Hanns und Mad. K n e i s e l als Jugend, letztere sang ihr Liedchen allerliebst. Als hohes Alter zeichnete sich Hr. A r t o u r und als Haß Hr. S t a h l aus. Hr. A r t o u r hat wirklich seine Rolle unübertrefflich gegeben. Unter den sämmtlichen R a i m u n d 'schen Stücken, aufgeführt auf dem Theater an der Wien, haben jedoch der »Alpenkönig« und der »Diamant« mehr angesprochen als das »Feenmädchen.« Das

mag wohl daher kommen, weil das »Feenmädchen« im Leopoldstädter Theater über 150 Mahl gegeben wurde.

Der *Sammler* (Nr. 3, Donnerstag, 6. Jänner 1831, S. 12) spricht richtigerweise vom 14. Dezember als Premierendatum und hält fest:

(K. K. priv. Theater an der Wien.) Auf dieser Bühne wurde am 14. December zum ersten Mahle das »Mädchen aus der Feenwelt« aufgeführt. R a i m u n d hat sich mit diesem Stücke nicht minder, als vor ihm der geschätzte B ä u e r l e mit der Verbannung des Käsperle von dem Leopolstädter-Theater, als einen wohlthätigen Epochenmann für die deutsche Volksbühne gezeigt. Er war der erste Volksdichter, der die Idee auffaßte, in seinen Stücken das Gemeine des Lebens, welches zu geißeln eigentlich der Zweck einer guten Volksbühne ist, mit dem Höheren desselben dergestalt zu mischen und zu verbinden, daß nirgends zu scharfe Abgränzungen dieser beyden Extreme bemerkbar werden, sondern das Ganze sich zu einem wohl in einander fließenden Frescobilde vereinigt, als dessen Grundton sich eine höhere Moral und umfassendere Lebensansicht ergeben, als es gewöhnlich bey Localstücken der Fall zu seyn scheint. Daß er der Mann sey, diese Idee ausführen zu können, bewies er in seinem Mädchen aus der Feenwelt auf die unzweifelhafteste Art; denn gerade dieses Stück beurkundet seinen Verfasser recht deutlich als ein Genie, dem alle Mittel, eine großartige Dichtung zu vollenden, im hohen Grade zu Gebothe stehen. Was einmahl die Erfindung anbelangt, so ist die Fabel selbst nicht minder lehrreich als interessant, der Gang der Handlung aber so klar und so wenig gedehnt, daß er wirklich musterhaft genannt zu werden verdient. Die Zeichnung der allegorischen Personen, wie der Zufriedenheit, der Jugend, des hohen Alters, hat aber so viel poetische Schönheit, als jene der Charaktere aus der wirklichen Welt, wie: des Fortunat Wurzel, seines Bedienten Lorenz etc. tiefe psychologische Wahrheit entwickelt. Nichts im ganzen Stücke erscheint unmotivirt, und alle Menschen sind so hingestellt, daß jeder Zuseher bey sich selbst sagen muß: nur so und nicht anders können sie handeln; denn, um nur Ein Beyspiel anzuführen, hätte wohl zu dem übermüthigen Bauer Wurzel ein passenderer Bedienter als dieser halb dumme, halb boshafte Lorenz, dieses Miniaturbild tückischer Sclaverey, aufgefunden werden können? R a i m u n d hat übrigens bey dieser so regelrichtigen Schöpfung auch nicht die schöne Form vergessen. So ist der Dialog einerseits so fließend, und mit so vielem Witze (sage Witze, nicht vielleicht zottigen Spässen) durchwebt, andererseits wieder bey vielen Stellen, welche schon ihrer Natur nach dem Dichter Gelegenheit zur passenden Anwendung einer höheren Poesie geben, nicht aber vielleicht wie ein zweckwidrig angehängter Farbenlappen, bloß ein paar poetischen Gedanken zu Liebe absichtlich herbeygeführt worden sind, so ergreifend, daß diese Vielseitigkeit mit Recht Erstaunen erregt. Die Originalität des Ganzen, der kühne Aufschwung bey so manchem darin vorkommenden Gedanken, endlich die äußerst sinnigen und in dieser Beziehung wirklich alles Vorhergegangene weit übertreffenden Texte der vom Professor D r e c h s l e r mit einer recht passenden Musik versehenen Lieder, verschafften dem Stücke gleich bey seinem ersten Erscheinen auf dem Leopoldstädter-Theater einen in der That außerordentlichen Beyfall, und ungeachtet es nun über 135 Mahle auf jener Bühne gesehen worden war, so hat es doch durch diese vielen Wiederhohlungen, durch das häufige Herableyern seiner beliebten Melodien auf den Drehorgeln u.s.w. so wenig an seiner Celebrität verloren, daß es bey seiner Überpflanzung auf das Theater an der Wien eine gleich feurige Aufnahme wie bey seinem ersten Geburtstage erhielt. – Die Darstellung war im Allgemeinen gerundet. Die vorzüglichste Erwähnung verdienen Hr. R a i m u n d , welcher die Rolle des Fortunat Wurzel als Gast mit der gewöhnlichen Vortrefflichkeit ausführte; Hr. A r t o u r , welcher als hohes Alter dieser Rolle eine viel größere Bedeutung verschaffte, als die früheren Darsteller derselben; Mad. K n e i s e l , welche zwar vermöge ihrer Individualität nicht ganz zur Darstellerinn der Jugend geeignet ist, aber im Gesange alle ihre Vorgängerinnen übertraf; endlich Dlle. Z e i n e r , die als Zufriedenheit vollkommen genügte. Hr. T h y a m als Ajaxerle übertraf noch die guten Hoffnungen, welche man sich von ihm für diese Rolle gemacht hatte. Hr. S c h o l z als Lorenz und Dlle. C o n d o r u s s i als Lottchen waren heute nicht ganz an ihrem Platze, da der Erstere etwas geniert und unnatürlich, Letztere aber zu kalt erschien. E u c h a r i s .

Das Gastspiel im Theater an der Wien endete am 26. Jänner 1831, der *Wanderer* (Nr. 29, Samstag, 29. Jänner 1831, S. 52) berichtete darüber:

> – An demselben Tage trat im Theater an der Wien Hr. R a i m u n d zum letzten Mahle, und zwar als Wurzel im »Mädchen aus der Feenwelt« auf. Der Beyfall, den er einerntete, war stürmisch und seine Dankrede sehr gelungen. Schade, daß die Strenge und Unfreundlichkeit des Wetters an diesem Abend viele Verehrer des genialen Künstlers von dem Besuche des Theaters abhielt!

Die *Theaterzeitung* Nr. 21, Donnerstag, 17. Februar 1831, S. 82 f. brachte nach Ende dieses Gastspiels eine weitschweifige Würdigung von Raimunds Dramen:

> K . K . p r . T h e a t e r a n d e r W i e n .
> G a s t s p i e l e d e s H e r r n F e r d . R a i m u n d .
> (Beschluß v. Nr. 17 und 19.)
> [...] Es läßt sich nähmlich durchaus nicht zu läugnen, daß in so fern es das Wesen der Kunst überhaupt ist, das Unendliche im Endlichen darzustellen, ihre Aufgabe nur durch die möglichst tiefe Auffassung und Durchführung dieser beyden Elemente, des Unendlichen als Idee, des Endlichen aber als seines körperlichen Ausdrucks, dann aber im Dramatischen, wo der Mensch selbst in allen seinen Beziehungen, nämlich des Lebens, der Wirklichkeit, Gegenstand und Mittel der Kunst ist, nur durch den Ausdruck des Symbolischen im Individuellen d. h. durch Charakteristik erreicht und dargestellt werden kann. Mit solchem Beyspiele sind uns alle bedeutenderen Meister vorangegangen und wir haben unsere Lehrer in dieser Beziehung, in welcher S h a k e s p e a r e und G ö t h e obenanstehen müssen, stets am meisten bewundern, verfolgen und nacheifern ge-

lernt. Charakteristik ist das Wesen des Dramas, welches das Ineinandergreifen der Individualitäten zu einem letzten Zwecke der Kunst und des Lebens darzustellen hat. Das Symbolische und das Schematische eines Kunstwerks kann daher wohl für dessen intensives Interesse, für dessen geniale Auffassung und der Kunst würdige ideelle Anlage bürgen, darf aber, wenn der Künstler auf hohe künstlerische Ausbildung Anspruch macht, nicht anders als unter dem zarten und sinnreich gewebtem Schleyer der Individualisirung erscheinen. Das Schema, das Symbol ist nie das wahre Darstellungsmittel der Kunst; die es mit der schweren Aufgabe zu thun hat, das Allgemeine im Individuellen, das Subjektive im Objektiven darzustellen. Diese Darstellung des Objektiven ist der Prüfstein der eigentlichen künstlerischen Kraft und Produktivität, und es ist nicht zu vergessen, daß die romantische Schule eben, die auch hierin die größten Muster aufzuweisen hat, auf diese Art der Produktivität dringen muß.

Eben so gehört hierher, daß dieses »Mädchen aus der Feenwelt« so richtig die Entwicklung der Idee durch seine einzelnen Bestandtheile hingeleitet und so zu sagen die innere Nothwendigkeit beobachtet ist, doch in der formellen, d. h. nach äußeren Bedingungen erforderlichen szenischen Entwicklung, die in jedem echten Kunstwerke streng mit jener inneren verbunden seyn sollte, etwas ungebunden und willkührlich erscheint.

Dafür läßt sich nun vielleicht folgender Gesichtspunkt feststellen. Wenn die Antike vom Individuellen zum Schematischen fortschritt, so schreitet die romantische, ihrer Natur nach vom Symbolischen zum Individuellen vor. Jene strebte zum Ideal und durch die Ideale unbewußt der verschleyerten Sonne des Lebens entgegen; diese geht von der Idee der Einheit, der Allumfassenden Allgegenwart durch das Medium des Symbols auf das Individuelle zurück. Da ihr das Unendliche stets nächster und erster Gegenstand ist, so kommt sie bey dem Individuellen gleichsam zuletzt an. Daher jenes Festhalten des Allgemeinen Symbolischen, dessen nothwendige Folge oft die rhapsodische Darstellung und die mehr nach Innen als nach

Außen behauptete Architektur. Man denke hier an den Ursprung des romantischen Theaters überhaupt, an die Mysterien, an die spanische Schule, an G o z z i, an das deutsche Theater in seinem Anbeginn, wo allenthalben die größte Willkühr des äußeren Zusammenhanges, das Rhapsodische der Form und das Symbol als eigentliches Kunstelement vorwaltet.
Bedeutend näher den künstlerischen Anforderungen, obwohl auch hier das Prinzip des Symbolisirens und des durch die Ironie verbundenen Gegensatz des Subjektiven und Objektiven strenge durchgeführt die Richtung des Dichters noch stets als nach demselben Punkte hingewendet darstellt, kommt dieser den hier ausgesprochenen Forderungen in seinem »Alpenkönig und Menschenfeind« welches in seiner szenarischen Führung, in seiner mehr Individuellen Charakteristik, in der Lebendigkeit und im Reichthume der Fantasie R a i m u n d s gediegenste Arbeit scheint, an Intensivität drastischer Wirksamkeit, Gemüth und, ich möchte sagen, filosofischer Wahrheit seinem »Bauer als Millionär« nicht nachsteht – und ihm vielleicht die meisten Freunde, die ungetheilteste Anerkennung erworben hat. Hier wie im »Millionär« sprudelt oft echt S h a k e s p e a r scher Witz – wenn es erlaubt ist diesen großen Nahmen auf seine Kindheit anzuwenden – und eine großartige Ironie verhüllt das thränenfeuchte Auge der Wehmuth. Es ist ein Glück für den Dichter, daß er den scharfen, schneidenden Ernst, ich möchte sagen das schwere Gewicht, das in diesen beyden Werken liegt, so tief in den Hintergrund gestellt. Die Maske der Lust und der tollen Laune aber so bunt und grell gemahlt hat; jeden der dieß nicht vermochte, hätte sein Stoff erdrückt.
Auch die Aufführung dieser beyden Werke muß mit Lob und Achtung erwähnt werden. R a i m u n d insbesondere hatte beyde Rollen, den Fortunatus Wurzel wie den Rappelkopf so tief aufgefaßt, und weiß diesen aus dem gemeinen Leben gegriffenen Charakteren einen so wunderbaren poetischen Hintergrund, theils von Wüstheit, theils von ergreifender Erweckung des Gemüths zu geben, daß ich überzeugt bin, diese aus der inneren Kraft seines Herzens geschaffenen Gebilde

werden nach seinem Tode verloren gehen und vielleicht keiner von Allen, die sich nach ihm an sie wagen, wird jene glückliche Mischung der Elemente treffen, welche sie für ihre Zeit und das gesammte deutsche Drama so bedeutend macht.

Ohne die übrigen Werke des Hrn. R a i m u n d hier zu berühren, die auf eine ganz andere Richtung in der Bahn dieses Lieblings unserer Hauptstadt für die Zukunft schließen lassen, glaub ich in diesem Wenigen meine Meinung doch so weit angedeutet zu haben, daß das folgende Urtheil, welches ich, als mein Individuelles, über Hrn. R a i m u n d aufstelle, denjenigen, die meiner Ansicht beyzustimmen gedenken, auch kurz gefaßt, genügen wird.

R a i m u n d s Genius ist intensiv, reich und verkündet in allem seinem Wirken den rechten Poeten. In seiner großartigen Schroffheit, in seiner lachenden Bitterkeit enthüllt sich oft der reine Demant eines trefflichen Gemüthes, das der Kunst allein allen Werth gibt. Er ist der lebendige Beweis, daß unsere Kunst im Prinzipe, durch ein volles Jahrhundert zersplittert, wenn auch unter jenen Modifikationen die Forderungen eines geläuterten Geschmackes sind, zu ihrem Ursprunge zurück strebt. – In der Geschichte unsers deutschen Theaters wird er unvergeßlich bleiben, denn es scheint, dieses sollte durch ihn, in einer eigenen Idiosinkrasie auf seinen Anbeginn nachdrücklich erinnert werden.

Er hat geschrieben wie ein großer Genius bey dem ersten Anfange, eines nationalen, romantischen Dramas schreiben würde. And. S c h u m a c h e r.

(Vgl. dazu auch Band 1 dieser Ausgabe, S. 446–449.)

Carl Ludwig Costenoble meint zusammenfassend in seinem Tagebuch im Jänner 1831 (WBR, Handschriftensammlung, Signatur: Ic 59.759, S. 431v):

Am 30ten:
[...]
Raimund hat an der Wien bey Carl seine Gastdarstellungen beschloßen. Er gefiel sehr und bezog auch viel Geld. Aber Scholz, neben ihm spielend, hat Vergleiche veranlaßt, die oft

nicht zu Raimunds Gunsten ausfielen. Das Volk ist ungerecht. Scholz ist ein Komiker von ganz entschiedner Kraft; aber auch immer nur einer und ewig derselbe; Raimund hingegen führt die abwechselndsten Gestalten vor das Auge, und ergözt den Kenner durch die feinste Charakteristik. Der trefliche Raimund geht im Februar nach München.
Der Unternehmer Steinkeller ist vom Leopoldstädter Theater entlaufen, und sein Bruder, ein vernünftiger Mann, bemüht sich um den Verfall der Lokalbühne zu hemmen. Vorläufig hat der den Ignaz Schuster wieder engagirt.
[...]

Raimunds Gastspiel im Theater in der Josefstadt 1833

Etwas voreilig schrieb der *Wanderer* (Nr. 348, Donnerstag, 13. 12. 1832):

> – U e b e r m o r g e n beginnt Hr. R a i m u n d sein Gastspiel im Josephstädter Theater mit dem Fortunat Wurzel im »Bauer als Millionär.«   2

Die Premiere war aber erst vier Wochen später und F. C. Weidmann war über Raimund als FORTUNATUS WURZEL in der *Theaterzeitung* (Nr. 9, Samstag, 12. Jänner 1833, S. 35 f.) voll des Lobes:

> K . K . p r i v . T h e a t e r i n d e r J o s e p h s t a d t .
> V o r g e s t e r n am 10. Jänner gab Hr. R a i m u n d seine erste Gastrolle auf diesem Theater, in der ersten Vorstellung seines romantischen Zaubermärchens: »das Mädchen aus der Feenwelt, oder: der Bauer als Millionär,« als Fortunatus Wurzel.
> Nach einer längeren Kunstreise durch einen großen Theil Deutschlands, während welcher Hrn. R a i m u n d s seltenes Talent als Dichter und Darsteller überall enthusiastische Aufnahme fand, erfreute der treffliche Künstler auch das hiesige Publikum abermals durch seine Erscheinung. Man kann diese Erscheinung einen wahren Triumph nennen, den *[sic!]* der Beifall, womit das Publikum diesen seinen Liebling begrüßte, und begleitete, war von so begeisterter Art, daß Hr. R a i m u n d darin den höchsten, süßesten Lohn seines Strebens finden darf.

Es war ein Erguß des Wohlwollens und der Anerkennung der rührendsten Art; das Haus war so überfüllt wie noch nie, seit der Eröffnung desselben unter Hrn. S t ö g e r. Ein Sturm von Applaus empfing Hrn. R a i m u n d bei seinem Erscheinen, er ward nach der ersten Scene, nach dem ersten Acte, nach der Umwandlung im zweiten Acte, nach der Scene als Aschenmann, (und zwar vier Mal hintereinander) und nach dem Schlusse zwei Mal, also n e u n Mal vorgerufen.

Wir enthalten uns hier eine kritische Zergliederung der hier so oft gesehenen und besprochenen Dichtung zu geben. Die Acten hierüber dürften im Einzelnen als geschlossen zu betrachten seyn. Einige allgemeine Betrachtungen müssen wir uns aber gestatten, ehe wir zu unserm Urtheil über die heutige Darstellung übergehen. Hr. R a i m u n d war als ausgezeichneter Darsteller geschätzt und beliebt, ehe er noch den überraschenden Umfang seines dichterischen Vermögens entwickelte. Mit desto größerer Theilnahme nahm man daher die heitern geistreichen Erzeugnisse dieses Doppeltalentes an. Es zeigte sich schnell wie beachtenswerth die poetische Kraft des Dichters sey. – Von seinem ersten Producte, (»der Barometermacher«) angefangen zeigte sich derselbe in einer progressiven Entwicklung, welche gerechtes Staunen erregte. Die Kühnheit der Erfindungen, (der zweite Act des Alpenkönigs gehört ohne Widerspruch zu den größten Leistungen dieser Gattung,[)] die Meisterschaft in der Gestaltung, die poetische Kraft, mit welcher der Dichter das phantastische Reich der Magie und das schwierige Gebiet der Allegorie beherrschte, und vor allen der edle Reiz sittlicher Schönheit, welcher wie ein Rosenlicht über diesen genialen Schöpfungen ausgegossen liegt, alles dies beurkundete, daß hier ein Talent der ausgezeichnetsten Art sich Bahn gebrochen habe. B ä u e r l e und M e i s l hatten mit Glück und Genie jene Gattung des Zaubermärchens, wo die Kräfte der Geisterwelt mit dem Treiben der modernen in Verbindung gesetzt erscheinen, auf die Bühne gerufen. Afterpoeten und Sudler rissen und zerrten seitdem an solchen Stoffen bis sie zur gemeinen poetischen Trödelware herabgezogen wurden. R a i m u n d zeigte wie sie behandelt werden müssen

um die höchste Veredlung zu erhalten, deren sie fähig sind. Er rührt und erhebt, er ergözt und belehrt, er verletzt nirgends das bessere Gefühl und in dem Gewande des Muthwillens, der Ironie, der Schwermuth und Sehnsucht blitzt überall der Strahl ächter Poesie und moralischer Schönheit mit siegender Kraft hervor. So begrüßte diese Dichtungen die Heimath des Künstlers, mit solcher Wirkung sah sie das anerkennende Ausland, so werden sie mit Liebe und Würdigung empfangen werden, so lange das Wahre und Schöne seinen Preis gilt. –
Was nun Hrn. Raimund als Darsteller betrifft, so entwickelte er in der heutigen Leistung wieder sein eminentes Talent auf die glänzendste Weise. Sein Fortunatus Wurzel ist ein Bild voll Leben und Wahrheit. Nirgends ein Haschen nach Effecten, ein Streben durch irgend ein verwerfliches Mittel zu wirken. Ueberall geht die Wirksamkeit aus der tiefsten Wahrheit und Bedeutsamkeit des dargestellten Lebens hervor. Der Uebergang von der Kraft zur Schwäche des siechen Alters war meisterhaft nüancirt; die Scene des Aschenmanns unübertrefflich. Der Künstler überraschte am Schlusse dieser mit Enthusiasmus aufgenommenen Scene, das Publikum mit neuen Couplets voll der sinnigsten Beziehungen auf seine Heimkehr und Wiedererscheinung. Der Beifall, mit welchen sie gehört wurden, war stürmisch. – Wenn wir uns eine Bemerkung erlauben, so ist es diese, daß uns schien: Hr. Raimund habe in den ersten Scenen der Rolle eine Veredlung des Dialects eintreten lassen, welche uns hier nicht ganz zweckmässig scheint. Wurzel ist ein österreichischer Bauer, es ist also kein Grund vorhanden, warum er nicht ganz das Idiom seiner Heimath reden soll. – Doch dies nur beiläufig, und gänzlich unbeschadet der Meisterschaft der ganzen Leistung. Im Schlußgesang, dessen Wiederholung verlangt ward, gab Hr. Raimund abermals neue Couplets, sinnig und wirksam, und ward hierauf nochmals vorgerufen.
Die besten Kräfte der wackeren Gesellschaft dieses Theaters waren in Anspruch genommen: der Darstellung den möglichsten Reiz zu geben. Die Herren Dietrich und Walther erschienen mit Auszeichnung in den Rollen des Hasses und

Neides. Hr. Preisinger gab den Bustorius, Hr. Regisseur Demmer den Ajaxerle; Dem. Dielen war als Jugend eine äußerst angenehme Erscheinung, der Vortrag des Duetts »Brüderlein fein,« erregte stürmischen Beifall und mußte wiederholt werden. Auch im Spiele entwickelte die wackere junge Künstlerinn verdienstliches Streben, und wußte es mit Muthwillen und sittlicher Laune zu beleben. Hr. Kreß gab das hohe Alter mit dem wirksamsten Erfolge. Hr. Kindler zeigte auf rühmliche Weise seine Bereitwilligkeit zum Einklange des Ganzen mitzuwirken, durch Uebernahme der gänzlich unbedeutenden Rolle des Kammerdieners Tophan. Hr. Rott gab den Lorenz mit Laune und Humor. Dem. Falkheim war ausgezeichnet als Zufriedenheit. Klarheit des Vortrags, Wärme, Gefühl und Verständigkeit belebten ihre Leistung, welche mit so viel Beifall gewürdigt ward, daß die Künstlerinn nach ihrer ersten Scene gerufen ward. Dem. Schlemmer gab das Lottchen. Dieses junge Frauenzimmer, welches heute zum zweiten Male die Bühne betrat, zeigte hoffnungsvolle Anlagen, und wird bei fortgesetztem Fleiße dieselben gewiß glücklich entwickeln. Auch sie ward mit Beifall aufgemuntert und nach der Scene mit der Zufriedenheit gerufen. Mad. Arbesser gab die Lacrimosa mit Fleiß. Alle übrigen Mitwirkenden strebten mit regem Eifer, den gefeierten Gast bestens zu unterstützen. Hr. Stöger hatte für eine wahrhaft glänzende scenische Ausstattung gesorgt. Die neuen Decorationen des ersten Aufzuges sind von den Herren Hoftheater-Malern, darunter besonders der Stadtplatz im Mondlicht ausgezeichnet. Den zweiten und dritten Act schmückte Neefes zauberischer Pinsel mit einigen landschaftlichen Decorationen von der höchsten Schönheit und Wirksamkeit. Das Costüme war neu nach der Angabe des Garderobe-Inspectors Hrn. Reinhofer. Das Ganze war so anständig und würdig gestaltet, wie es noch nie zur Anschauung gebracht wurde. Hr. Stöger lieferte dadurch einen Beweis, wie er den Künstler und sein Werk ehre, und zugleich, wie er kein Opfer scheue, dem Publikum, welches seine Unternehmung so wohlwollend unterstützt, durch die möglichste Vollendung seiner Darstellungen seine

Achtung zu bezeugen. Dieses Streben fand auch solche Anerkennung, daß Hr. S t ö g e r laut und stürmisch am Schlusse der Vorstellung gerufen ward. Nur das arbeitende Personale verdient eine Rüge über die Nachlässigkeit, wodurch in dem letzten Theile der Darstellung eine solche Unordnung in der Maschinerie und Scenerie eintrat, daß die dadurch verursachte Störung beinahe selbst alle Darstellenden aus der Fassung gebracht hätte. Bei der günstigen aufgeregten Stimmung, in welche das Publikum durch die treffliche Leistung versetzt worden war, hatte indessen dieser Zufall keine weiteren Folgen, und man verließ im hohen Grade befriedigt das gerne besuchte Schauspielhaus.   F. C. W e i d m a n n

Im *Wanderer* (Nr. 12, Samstag, 12. Jänner 1833) heißt es ebenso lobend:

V o r g e s t e r n eröffnete Hr. R a i m u n d als Wurzel in dem »Mädchen aus der Feenwelt« den längst angekündigten Cyclus seiner Gastrollen auf der Josephstädter Bühne, und die Vorstellung hatte ein so zahlreiches Publikum herbeigezogen, daß man es früher für unmöglich gehalten hätte, die Einnahme dieses Hauses, zu gewöhnlichen Eintrittspreisen, auf die wirklich eingegangene Summe gesteigert zu sehen. Der Hrn. R a i m u n d zu Theil gewordene Empfang liefert ihm schon den unwidersprechlichen Beweis, daß die Entfernung ihn nie in dem Besitze der allgemeinen Gunst beeinträchtigt hat. R a i m u n d ' s Dichtung und Darstellung hier noch lobpreisend zu besprechen, wird uns hoffentlich bei der Uebereinstimmung des In- und Auslandes hierüber gerne erlassen werden; nur m[ü]ssen wir der herrlichen Darstellung der Scene des »Aschenmannes« gedenken, wo er wahrscheinlich von dem ganzen reichen Gefühle freudiger und schmerzlicher Erinnerungen und der wonnigen Wehmuth des Wiedersehens aufgeregt, sein inneres Wesen in unsere Brust übertrug. Fünfmal mußte er das Lied des Aschenmannes wiederholen; gab er bei der Wiederholung als erste Variante eine recht poetisch-patriotische Schilderung seines Wanderlebens zum Besten, so wirkten die folgenden Strophen durch heitern Scherz wohlthätig auf das früher zum Ernste gestimmte Gemüth. Daß er nach mehreren Scenen und am Schlusse wiederholt gerufen ward, versteht sich von selbst. Nicht unbesprochen aber darf es bleiben, daß die Umgebungen des gefeierten Gastes auch in dieser Gattung schöne Beweise ihres Talentes und ihrer vielfachen Verwendbarkeit abgelegt haben. Ausgezeichnet darf man die Darstellungen der Dlle. D i e l e n (Jugend), der Dlle. F a l k h e i m (Zufriedenheit), der Dlle. S c h l e m m e r (Lottchen), des Hrn. P r e i s i n g e r (Bustorius), des Hrn. K r e ß (hohes Alter), des Hrn. W a l t e r s (Haß), des Hrn. R o t t (Lorenz) nennen, während die Uebernahme der Rolle des Ajaxerle durch Hrn. Regisseur D e m m e r für sich selbst spricht, und man der Mad. A r b e ß e r (Fee Lacrimosa) das ehrenvolle Zeugniß ertheilen muß, daß sie die Länge der Expositionsrede durch ihren Vortrag annehmbar und verständlich zu machen verstand. Die Ausstattung ist S t ö g e r ' s würdig, der, am Schlusse einstimmig hervorgerufen, die Beweise der Anerkennung seines schönen Strebens empfing. Die Decorationen sind von Meisterhänden; einige kleine Störungen in der Maschinerie sind bei dem beschränkten Raume der Bühne und bei der Neuheit eines solchen Spectakels wohl sehr verzeihlich. 10

Carl Ludwig Costenoble notiert dazu in sein Tagebuch im Jänner 1833 (WBR, Handschriftensammlung, Signatur: Ic 59.759, S. 226r und 226v):

Am 10ten: [...]
Raimund trat heute wieder auf als Bauer Millionär, und zwar bei Stöger in der Josephstadt. Er war lange unpäßlich, was ihn den Melancholiker so niedergeschlagen machte, daß die an Tritschtratsch reichen Wiener ihn für verrückt erklärten. Wenig Leute vermögen überhaupt das Gemüth Raimunds zu fassen, das ein Gemengsel von Humor, Trübsinn und großem Ehrgeiz ist. Letzterer ist so unbändig, daß keine gelungene Rolle ihm recht innige Freude machen kann, und er immer noch an sich selber zweifelt. Das ist zwar löblich und befördert seinen Fortschritt; aber es raubt ihm auch alle Lebensfreuden, weil es übertrieben ist, und sezt ihn oft so en peine, daß er wahre

Höllenqualen erdulden muß vor jedem neuen Auftritt. Von ihm könnten unberufene Schauspieler, wie z. B. Pistor oder Weber, Bescheidenheit lernen. Diese Leute gehen mit einem so glücklichen Selbstbewußtseyn an ihr Lohnkunstwerk, daß es ihnen gar nicht einfällt, sie seyen für was andres als Thaliens Tempel geboren.

Costenobles Anspielung bezieht sich auf die Burgschauspieler Carl Pistor und Karl Weber. An Letzterem hatte Costenoble bemängelt, dass er sich zu spielen weigerte, nur weil er heiser war. Einen Tag später notierte Costenoble (S. 227r):

> Am 11ten: [...]
> Raimund hat als Millionair Wurzel wieder ungeheuer gefallen, und als Aschenmann, so oft er sein Lied repetiren mußte, einen neuen Text gesungen. Weil man ihn aber gar zu oft: encore, rief, so sang er endlich, daß es Zeit wäre zum Souper zu gehen.

Ein Ereignis, das größte Anteilnahme erwecken sollte, bahnte sich an, als der *Wanderer* (Nr. 26, Samstag, 26. Jänner 1833) über eine notwendige Umbesetzung schrieb:

> – Der bereits durch neun Vorstellungen des »Mädchens aus der Feenwelt« im Theater in der Josephstadt fortdauernde Zuspruch und der Verkauf aller Logen und Sperrsitze an den Abenden dieser Vorstellung machen es problematisch, ob der Zauber dieser Anziehung mehr in dem Gehalte des in Wien auf verschiedenen Bühnen schon 170 Mal gesehenen Stückes, oder in der Darstellung seines beliebten Verfassers zu suchen sei? – Der Beifall ist außerordentlich, und die Direction hat alle Ursache, mit dem ausgezeichneten Gaste zufrieden zu seyn. Die neunte Vorstellung machte, eingetretener Hindernisse wegen, eine theilweise neue Rollenbesetzung nothwendig. Wegen Erkrankung der Dlle. F a l k h e i m mußte Mad. A r b e ß e r die Rolle der Zufriedenheit, Dlle. B l u m jene der Fee Lacrimosa übernehmen, und Dlle. S e g a t t a den Part der Jugend an der Stelle der Dlle. D i e l e n geben; sogar der liebliche kleine Amor liegt in Masern.

Kurz darauf wurde der plötzliche Tod der Darstellerin der ZUFRIEDENHEIT mitgeteilt. In der *Theaterzeitung* (Nr. 22, Mittwoch, 30. Jänner 1833, S. 86) ist zu lesen:

> Bei der allgemeinen Theilnahme, welche der schnelle Tod der Schauspielerin des k. k. priv. Theaters in der Josephstadt, Dem. B e r t o n i (genannt F a l k h e i m) erregte, glaube ich mir in diesem Blatte noch einige Mittheilungen über diesen Gegenstand gestatten zu dürfen. Bekanntlich war die Verewigte nur noch vier Tage vor ihrem Tode, (obschon bereits von Unpäßlichkeit ergriffen) in der Rolle der Zufriedenheit in R a i m u n d s »Mädchen aus der Feenwelt« erschienen. Am 27. Jänner fand abermals eine Aufführung dieses Zauberspieles statt, in welcher Hr. R a i m u n d wie gewöhnlich das äußerst zahlreich versammelte Publikum durch sein Meisterspiel entzückte. Aber eine wahrhaft wehmüthige und rührende Uiberraschung ergriff die Herzen der Zuhörer, als Hr. R a i m u n d in dem Liede des Aschenmannes zwei neue, gleichsam improvisirte Couplets sang, welche mit jenem tiefen Gefühle, welches alle Leistungen dieses vortrefflichen Künstlers beseelt, der Hingeschiedenen bedachten, welche noch vor vier Tagen in dieser ihm gegenüber stand. Diese Couplets lauteten wie folgt:
>
> Hier stand vor kurzer Zeit,
> Noch als Zufriedenheit
> Ein Mädchen, gut und werth,
> Daß Jedermann es ehrt;
> O! eitler Lebenstraum,
> Betriegerischer Schaum!
> Vier Sonnen sind hinab,
> Das Mädchen deckt das Grab!
> Ein' Aschen! –
>
> Sie nahm sich meiner an,
> Drum weiht der Aschenmann,
> Mit dankbarem Gemüth
> Ihr noch das letzte Lied.
> Was sie hier kunstvoll schien,
> Ist nun dem Geist verlieh'n;
> Die Erde lebt vom Streit,
> D o r t ist Zufriedenheit!
> Kein' Aschen!
>
> Der Künstler, dessen reine Gemüthlichkeit und warmes Gefühl sich überall ausspricht, hat mit dieser Blume, welche er auf das Grab der Heimgegangenen streute, sich selbst nicht minder geehrt, als die jugendliche Künstlerin. Der Eindruck, den er hervorgebracht, war tief und allgemein.
> V o r g e s t e r n am 28. Jän., um halb vier Uhr Nachmittags

fand das Leichenbegängniß der Verewigten Statt. Der Zug ging von ihrer Wohnung in der langen Gasse, durch die Kaiserstraße nach der Pfarrkriche der P. P. Piaristen zu Maria Treu; das gesammte Personale des k. k. priv. Theaters in der Josephstadt und viele Mitglieder des k. k. priv. Theaters an der Wien und in der Leopoldstadt nebst zahlreichen Freunden und Bekannten der Verewigten und ihrer Familie folgten dem Sarge, welchen junge Männer der Gesellschaft des k. k. priv. Theaters in der Josephstadt trugen. Mädchen derselben Gesellschaft hielten die Flöre, mit denen das Bahrtuch bedeckt war. – Eine ungemein zahlreiche Menschenmenge erfüllte die Straßen, wodurch der Zug ging, und den weiten Kirchenplatz. Die wehmütigsten Gefühle wurden rege, als man den Sarg an dem Theatergebäude vorübertrug, wo die nun im Frieden Gottes Ruhende, noch vor acht Tagen in der Fülle jugendlichen Frohsinnes und Wohlseyns gewaltet hatte, nicht ahnend, daß der Genius mit der gesenkten Fackel ihrem Wege so nahe stünde! – Nachdem der Zug in dem Gotteshause angelangt war, wurde der Leichnam nach den heiligen Gebräuchen der Kirche eingesegnet; die Feierlichkeit schloß mit einem von den Herren Pöck, Demmer, Emminger und Rott am Sarge gesungenen Trauerhymnus, von der Composition des Hrn. Capellmeister Gläser. Mit zauberischer Wirkung schlug der feierliche Klang des ernsten Chorales, meisterhaft ausgeführt, an alle Herzen und öffnete sie in tiefster Rührung. So schloß die ernste Feier, welche trotz der großen Anzahl der Beiwohnenden, und dem heftigen Andrange der Volksmenge nicht die geringste Störung erlitt. Die Gesellschaft des k. k. priv. Theaters in der Josephstadt hat durch die würdevolle Art und Weise, wie sie hier einer ihrer Kunstgenossen die letzte Ehre erwies, neuerdings dargethan, welcher Geist des Anstandes und der Ordnung sie beseele, und somit auch bei diesem ernsten Anlasse jene Haltung behauptet, welche seit ihrem Erscheinen, in ihrem Streben wahrgenommen wurde *).

F. C. Weidmann.

---

*) Die Mutter und der Bruder der Verblichenen tief verpflichtet, ihren regsten Dank der Direction und Gesellschaft des k. k.

Von 27. bis 30. Jänner 1833 notierte Carl Ludwig Costenoble dazu in sein Tagebuch (S. 237v–239v):

> Am 27ten: [...]
> Mit großem Schreck empfingen wir heute im Theater die gedruckte Anzeige vom Absterben der Dlle: Bertoni, Schauspielerin in der Josephstadt; Sie nannte sich: Falkheim. Allgemein wurde dieses junge Mädchen klagend vermißt, und ihre Mutter bejammert, deren Stütze sie war. Sie starb nach sechstägiger Krankheit am Nervenschlage im 20ten Jahre. Sie spielte einst Probe auf dem Burgtheater. Eine schöne Gestalt und ein nicht minder reizendes Gesicht. Schade! Schade? Was wissen die Menschen! Gott weiß es allein.
> [...]
> Am 28ten: [...]
> Deinhardstein sezte uns in Kenntniß, daß die selige Bertoni dicht vor ihrem irdischen Glückshafen in den Himmlischen eingegangen sey. Graf Czernin hatte ihr seit einigen Wochen das Wort gegeben, daß sie am Burgtheater im Aprile angestellt werden solle. Arme Mutter!
> [...]
> Am 30ten: [...]
> In der Theaterzeitung stand ein Gesang Raimunds, den er, als Aschenmann im Bauer als Millionair, auf das Absterben der jungen Bertoni verfaßt und gesungen hat. Die selige Bertoni hatte nämlich die Zufriedenheit in Raimunds Zauberspiele vorgestellt, und der Aschenmann sang klagend also:

Hier folgt eine Leerstelle, offenbar wollte Costenoble die Strophen einfügen, hat es aber dann unterlassen (vgl. oben *Theaterzeitung* Nr. 22, Mittwoch, 30. Jänner 1833, S. 86). In der Druckfassung von Costenobles Tagebuch findet sich auf S. 140 zum 30. Jänner 1833 nur ein Zusammenschnitt mit Worten des Herausgebers Glossy.

---

priv. Theaters in der Josephstadt für die feierliche Ausstattung und Abhaltung des Leichenbegängnisses und für die allgemein geäußerte herzliche Theilnahme öffentlich darzubringen, haben die Redaction ersucht, diese Aeußerung ihrer Empfindung aufzunehmen und bekannt zu machen.   Die Red.

Raimunds erstes Gastspiel im Königlichen Hoftheater München

Die *Münchener Politische Zeitung* (Nr. 42, Dienstag, 15. Februar
1831, S. 286) zeigt für den kommenden Freitag Raimund als Gast
in *Das Mädchen aus der Feenwelt* an. Auch die *Theaterzeitung*
(Nr. 21, Donnerstag, 17. Februar 1831, S. 84) und der *Wanderer*
(Nr. 48, vom selben Datum, S. 84) berichten, dass Raimund in
München angekommen sei und seine Auftritte am 18. Februar mit
dem *Mädchen aus der Feenwelt* eröffnen werde. Wegen Erkrankung einer Schauspielerin musste die erste Gastdarstellung jedoch
auf den 22. Februar verschoben werden, was heftige Reaktionen
bei der Münchener Presse auslöste.
Das *Münchner Tagsblatt* (Nr. 51, Sonntag, 20. Februar 1831,
S. 211 f.) bemerkt dazu:

> Das Publikum wurde vorgestern ein wenig in April geschickt.
> Das Zaubermärchen »der Bauer als Millionär«, auf welches
> sich Alles gefreut, konnte nicht gegeben werden, indem Mad.
> Hölken gefährlich erkrankte und wirklich an einer Brustent-
> zündung leidet. Da das Publikum von der Bereitwilligkeit, von
> dem unverdroßenen Fleiß der Mad. Hölken seit Jahren über-
> zeugt ist und schon viele Beweise in dieser Hinsicht von Mad.
> Hölken erhielt, so war es wohl leichter zufrieden gestellt, als
> bey jeder andern, von manchem Individuum herbeigeführten
> Störung der Fall gewesen wäre, wo Laune oder Eigensinn die
> angebliche Krankheit ersetzten. Leider hat die Krankheit der
> Mad. Hölken eine gefährliche Wendung angenommen, welche
> vielleicht dadurch herbeigeführt wurde, daß Mad. Hölken,
> welche schon ein paar Tage zuvor äußerst unwohl und vom
> heftigen Seitenstechen befallen war, die anstrengenden Proben
> von dem Zaubermärchen mitmachte und selbst bis zum letzten
> Augenblick alle Kräfte aufwand, um ihrer Pflicht nachzukom-
> men. Nur das ausdrückliche Verboth des Arztes und die gänz-
> liche Unmöglichkeit zu spielen, hielt diese fleißige und achtbare
> Künstlerin zurück, an diesem Abend aufzutreten. Das Publi-
> kum wünscht Mad. Hölken die bäldeste Genesung und wurde
> nur darüber ungehalten, daß es nicht einmal durch ein Reserve-
> stück in etwas für den versäumten Abend entschädigt wurde. –

Der *Bayerische Landbote* (Nr. 44, Sonntag, 20. Februar 1831) brachte auf der Titelseite:

> Die Darstellung des »Bauern als Millionär« fand vorgestern nicht Statt, viele Leute klopften an, aber es wurde ihnen nicht aufgethan. Mad. Hölken, schon einige Tage unpäßlich, wurde gefährlich krank und konnte unmöglich spielen. Da das Publikum sich schon so lange auf den Genuß, Hrn. Raimund zu sehen, freute, so wird die k. Hoftheater-Intendanz wohl Sorge tragen, daß dieser Genuß demselben nicht lange vorenthalten bleibt. Die schnelle Aufführung würde vielleicht dadurch bewerkstelligt, wenn bei einer längeren Krankheit der Mad. H ö l k e n Dlle. V i a l, die ohnehin kleine Parthie der »Jugend« übernehmen möchte, welches um so weniger beschwerlich ist, da nur ein einziges Duett und eine einzige Scene von ihr im ganzen Stück zu singen und zu spielen ist.

Flora. Ein Unterhaltungs-Blatt (Sonntag, 20. Februar 1831, S. 268):

> M ü n c h e n. (T h e a t e r.) Das Publikum hatte sich am Freitage sehr gefreut, Hrn. R a i m u n d aus Wien in seiner ersten Gastrolle als »Wurzel« in dem »Mädchen aus der Feenwelt« zu sehen. Aber vergeblich! Der Krankheitsstoff, welcher die Theater-Mitglieder so häufig und schnell befällt, daß der Theaterzettel, der Morgens ausgegeben wird, sehr oft Abends nicht wahr ist, hat das »h o h e A l t e r« verschont und sich auf die »J u g e n d« geworfen, welche von Mad. H ö l k e n dargestellt werden sollte, und die Abends schon vor dem Hause versammelten Zuschauer mußten, so wie die Wagen umkehren, da die Zeit zu kurz war, um die Nichtaufführung des Stückes noch bekannt zu machen. Daß man krank werden kann, liegt in der menschlichen Natur; aber die unverhältnißmäßig für die Zahl der Theater-Mitglieder so häufigen Krankheiten derselben haben noch andere Ursachen, und vorzüglich auch die wenige Sorgfalt und Aufmerksamkeit für ihre Gesundheit, die sie allen ungünstigen Einflüßen aussetzen, während selbst unbedeutende Personen bei jeder kleinen Unpäßlichkeit, durch die Störung einer Vorstellung ihre Wichtigkeit und Unentbehrlichkeit beweisen wollen, und die Achtung gegen das Publi-

kum und die Anstalt, deren Mitglieder sie sind, aus den Augen setzen. Die letztere bringen sie in Nachtheil und Verlust, und bei dem erstern erregen sie Unwillen und Verdruß. Mehrere hundert Menschen waren selbst aus entfernten Vorstädten bei dem üblen Wetter hereingekommen, um das Stück zu sehen, und mußten wieder fortgehen. Ihre Äusserungen waren eben keine Lobreden!

Das *Münchner Tagsblatt* (Nr. 52, Montag, 21. Februar 1831, Titelseite) zeigte sich für den 22. Februar als Beginn des Gastspiels optimistisch:

> Mad. Hölken, welche sich zur Ader laßen mußte, befindet sich wieder in so weit besser, daß sie in der morgigen Vorstellung, »der Bauer als Millionär«, auftreten kann. Eine andere Sängerinn minder bereitwillig als Mad. Hölken, hätte schon noch einige Wochen zugesehen. Recht hübsch manierlich wäre es wohl von Dem. Schechner gewesen, wenn sie in ein paar Stunden diese kleine Parthie übernommen hätte; wäre Mad. Vespermann hier gewesen, das Zaubermärchen wäre gewiß gegeben worden.

Ähnlich der *Bayerische Landbote* (Nr. 45, Dienstag, 22. Februar 1831, Titelseite):

> Dem Vernehmen nach befindet sich Md. H ö l k e n wieder auf dem Wege der Genesung und wird also vermuthlich heute Abends im Stande seyn, die Rolle der Jugend in R a i m u n d ' s Zauberspiel: »D a s M ä d c h e n a u s d e r F e e n w e l t« darzustellen. Nur lieblose Unbescheidenheit konnte diese unermüdet fleißige und talentvolle Künstlerin so unmanirlich tadeln, als dieß in dem ersten Wochenheft einer hiesigen deflorirten Zeitschrift der Fall war.

Diese Bemerkung bezog sich auf *Flora*, S. 286. Eine Erwiderung war dann in der *Flora* auf S. 298 f. zu lesen.
Der Bazar für München und Bayern. Ein Frühstücks-Blatt für Jedermann und jede Frau, herausgegeben von M. G. Saphir (Nr. 48, Freitag, 25. Februar 1831, Titelseite und S. 190) berichtete zum 18. Februar:

Bei unserm Theater ist die Cholera morbus eingerissen; vier Mitglieder sind krank, drei unpäßlich – und noch vier sind auf Reisen aus gerissen. Dafür ist aber Herr Raimund aus Wien hier, uns zu seiner Local-Komik, durch eine Vorstellung im Abonnement, Appetit zu machen, und uns dann in's kleine Hoftheater zu magnetisiren. Diese Lockspeise sollte gestern in dem bekannten Stück: »**das Mädchen aus der Feenwelt, oder der Bauer als Millionär**« aufgetragen werden; aber das tückische Schicksal hatte es anders beschlossen. Mad. Hölken, welche »**die Jugend**« eine der effectvollsten Partien des Stückes machen sollte, wurde, in Folge so außerordentlicher Anstrengung, welche sie der Comödianten-Caprice der Dem. Schechner zu lieb[e] schon in den vielen aufeinanderfolgenden Proben der sieben Mädchen, und so diese ganze Woche hindurch unverdrossen fortmachte, gleich nach der Generalprobe, welche wenig Stunden vor der angekündigten Vorstellung beendigt war, von einer so heftigen Brustentzündung befallen, daß nur schleunigst angewandte Aderlässe die größte Gefahr abwenden konnte. Rezensent, die revolutionäre Stimmung der Abonnenten wohl kennend, bringt dies zur Kunde, damit nicht die unschuldige Kranke der Ausbruch des lang verhaltenen Grolls, den Andere in so reichem Maße verdienten, treffe.

Die nach dem Theater strömende Menge fand dasselbe geschlossen. Wohlweise ist diese Maaßregel zu nennen; denn, hätte man ein Reserve-Stück gegeben, mancher arme Teufel würde dann um seine sauererersparten 15 oder 36 kr. u.s.w. betrogen gewesen seyn, – und das Schimpfen hätte kein Ende genommen, so aber kann sich das Publikum überzeugen von der bedauernswerthen Ursache – und – da die Proben zur Freude der Regisseure ausgefallen sind, können wir (**denn auch ich bin Abonnent**) die freudige Hoffnung nähren, daß die bald hergestellte Kranke durch ihr gewöhnlich eifriges Mitwirken, auch in diesem Stücke uns bald erfreuen wird.

Noch muß ich schließend äußern, daß Herr Raimund so groß er auch in **seiner Art** seyn mag, doch nicht **zu groß** ist, als daß er nicht **öfter** im Abonnement auftreten dürfte,

damit wir lang gefoppte Abonnenten unsere wohlgegründete
Abneigung – gegen die Verwaltung – aus der Brust heraus-
legen, und uns mit derselben vollkommen versöhnen können.

Endlich war es so weit, das *Münchner Tagsblatt* (Nr. 55, Donnerstag, 24. Februar 1831, Titelseite) brachte eine Rezension und regis-
trierte die Verbindung von Scherz und Ernst bei Raimund:

> Ueber Hrn. Raimunds Gastspiel, welcher in dem von ihm ge-
> dichteten Zaubermärchen »der Bauer als Millionär« gestern
> und vorgestern auftrat, haben sich so viele Meinungen und
> Urtheile im Publikum erhoben, daß erst ein öfteres Spiel des
> schätzbaren Gastes eine entschiedene Meynung hervorbringen
> dürfte. Unstreitig ist Herr Raimund einer der beßten Komi-
> ker der deutschen Bühne. Seine Art Komik sahen wir, wahr-
> scheinlich eine Copie des Hrn. Raimunds, in Hrn. Steger, frü-
> her beim hiesigen Volkstheater. Sind Herr Raimund und das
> hiesige Publikum, welches immer seine eignen Ansichten hat,
> etwas mehr zusammengewöhnt, so kann es für beide Theile
> nicht anders als erfreulich seyn. Das Zauberstück selbst, aus-
> geschmückt mit den herrlichsten Dekorationen, sprach un-
> gemein an. Dasselbe enthält nicht allein gesunden treffenden
> Witz, es hat auch, besonders der zweite Akt, sehr viel Moral.
> Wem rührte nicht der Abschied der Jugend (Mad. Hölken)
> wer war nicht von dem einfachen herzlichen Liedchen auf sei-
> ne sonderbare Art ergriffen, wer vergaß bei der meisterhaften
> Darstellung des Herrn Heigel »als hohes Alter« ernster ge-
> stimmt, nicht die Lachseite des Stückes? Hr. Raimund wußte
> zum Herzen zu dringen, er wußte mit dem Scherz den Ernst
> zu verbinden und so auf doppelte Weise zu unterhalten. Es
> ging alles gut zusammen, die Aufführung ließ in allen seinen
> Theilen nichts zu wünschen übrig. Das neueste Zauberstück
> des Herrn Raimund »der Alpenkönig« soll in nächster Woche
> gegeben werden. Hr. Raimund wurde empfangen und zwei-
> mal gerufen, der geehrte Gast wird uns vielleicht immer ange-
> hören. – Hr. Löhle und Hr. Brand waren vorzüglich. Bey der
> ersten Vorstellung am Dienstag war das Haus vor 6 Uhr schon
> überfüllt. –

Die *Münchener Politische Zeitung* (Nr. 51, Donnerstag, 24. Februar 1831, S. 337 f.) verwies auf die Wichtigkeit der szenischen Ausstattung und der Rollenbesetzung:

> München, den 24. Febr. Hr. Raimund, welcher vorgestern im kgl. Hof- und Nationaltheater seine Gast-Vorstellungen und zwar in dem von ihm selbst verfaßten Stücke: »Das Mädchen aus der Feenwelt« eröffnete, hatte sich von den überaus zahlreich versammelten Zuschauern eines unausgesetzten, rauschenden Beyfalls zu erfreuen. Man kann ihn einen recht glücklichen Volksdichter nennen, aber seine Dichtung bedarf zur Heraushebung und Haltung des ihr eigenthümlichen Geistes einer Ausstattung des Scenischen sowohl als eine Besetzung der Rollen, wie sie ihr hier zu Theil geworden ist und wozu er selbst in der Rolle des Wurzel so wesentlich mitgewirkt hat. Hr. Raimund wurde sowohl während als am Schlusse des Stückes gerufen. Außer ihm haben namentlich Mad. Hölken als die Jugend und Hr. Heigel als das hohe Alter das Publikum ganz besonders angesprochen, das wir seit langer Zeit nicht mehr eine so allgemeine Hilarität an den Tag legen sahen. – Dasselbe Stück wurde bereits gestern bey vollem Hause und mit einem nicht minder günstigen Erfolge wiederholt.

Der *Bazar für München und Bayern* (Nr. 50, Sonntag, 27. Februar 1831, Titelseite und S. 197–199) stellt unter anderem einen Vergleich der Darstellerinnen der JUGEND, Therese Krones und Mad. Hölken, zu Gunsten der Letzteren an:

> Dienstag den 22. Februar.
> Zum Erstenmal. Das Mädchen aus der Feenwelt oder der Bauer als Millionär. Romantisches Original-Zauber-Mährchen mit Gesang, in drei Aufzügen, von Ferdinand Raimund. Das Theater war so überfüllt, daß schon um 6 Uhr niemand mehr eingelassen werden konnte; wohl 400 Menschen mußten abgewiesen werden. Herr Raimund, den »Fortunatus Wurzel« als erste Gastrolle spielend, gefiel außerordentlich. Schon nach dem ersten Akte wurde er stürmisch gerufen, aber er erschien nicht – dachte wohl: ihr werdet schon noch besser schreien.

Bei der Arie des Aschenmanns war das Publikum betäubt vom Genuß – das Geschrei: da capo war fürchterlich; Herr Raimund sang noch 4 bis 5 Strophen,*) worin er sehr witzige Andeutungen auf das Lästige des Mauthwesens und über seine Aufnahme in München, machte. Die Ungenügsamen schrien abermals da capo, sowie Herrn R. nach jeder Scene donnerndes Bravo erscholl. Ausgezeichnet glänzte die, noch nicht vollkommen genesene Mad. Hölken als »Jugend« neben unserm großen Gaste. Ihre liebliche Gestalt, in dem vortheilhaften, männlichen Costüme, entzückte.

Ihr, dem Charakter der Rolle vollkommen angemessenes Spiel begleitete ihren wohlklingenden, herzlichen Gesang hinreißend; aber das Publikum ließ sich nicht zu schnell im Applaus, von dem zweimal das Haus erdröhnte, hinreißen, gleichsam als wollte es sich den wonnigen Eindruck nicht voreilig stören. Diese Parthie, von welcher der größte Theil der Wirkung, welche diese Poesie auf das veredelte Gemüth machen soll, sah ich in Wien wohl zehnmal von der gepriesenen Crones – aber was war diese gegen unsere »Jugend«! Jene war nur in ihrer ans Unsittliche gränzenden Freiheit, die dem zarteren Gefühl widrig ist, groß. Unsere »Jugend« erschien wie eine strafende Gottheit die, nachdem sie der frevelnden Wurzel fühlen gelassen, daß mit ihr unser Leben seinen höchsten Reiz verliert, von dem Unwürdigen Abschied nimmt, und hiedurch den Zweck ihres Erscheinens aufs Schönste erfüllt. Das waren »d e r A n m u t h G ö t t e r u n d d e r J u g e n d L u s t!«

Herr Heigel spielte eine Rolle »das hohe Alter« um die ich mich sehr geängstigt hatte, unübertrefflich! So auch eine zweite Rolle »Bustorius, Zauberer aus Warasdin.« Ein so unermüdet nach der Zufriedenheit des Publikums strebender Künstler verdient die höchste Würdigung. Für seine Leistung war der starke Applaus zu wenig! Herr Löhle, als Ajaxerle, Magier aus Donaueschingen, war heute ein großer Komiker. Dieser würdige Sänger nahm, wie jeder der weiß was des Künstlers Pflicht

---

*) Diese Strophen, die wohl jeder zu besitzen wünscht, hoffe ich morgen meinen verehrten Lesern nebst einem Worte über den Werth des Stückes mittheilen zu können.

ist, keinen Anstand, eine Parthie welche sich ihrer Oberfläche nach für ihn gar nicht ziemet, zu übernehmen, und wie hat er sie gespielt! Ihr, die ihr im Schlamm der Bosheit, und ihr, die ihr im Schlamm der Faulheit mit eurem großen Talente versinkt, nehmt euch Exempel an diesem wackern Künstler und der ganzen Vorstellung! Auch der fleißige Herr Bayer wirkte mit, und sang seine Arie »als lustiger Zechbruder« recht brav. Dem. Senger war ein getroffenes Bild der Zufriedenheit, Herr Lang, Herr Meyer, die liebe kleine Söltl, die kleine Koch, Herr Brandt, Herr He[l]lmeyer, alle, alle waren ja brav! *) Dekorationen und Maschinerien können nicht gelungener seyn.
Am Schluße scholl der Ruf: Raimund – Alle! wie Triumphjubel durch den erschütterten Musentempel. Herr Raimund erschien allein und hielt einen etwas langen Danksermon. Alle waren in demselben Grade, würdig des großen Preises dieses großen Abends. Die Abonnenten sind nun endlich mit der Intendanz ausgesöhnt – und das Publikum dankt aufs innigste dem guten L u d w i g, der den treuen Bewohnern seiner Hauptstadt solchen Hochgenuß freundlichst bereitet. Heute wiederholt sich diese herrlich vollkommene Vorstellung. Das Haus wird brechen – denn alle die gestern weggeschickt werden mußten – wie alle die ihr beigewohnt, werden sich um die Plätze raufen.

Der *Bayerische Landbote* (Nr. 47, Donnerstag, 24. Februar 1831, S. 284 f.) betont den poetischen Gehalt des Werkes und das Neue auf der Münchener Bühne:

Dienstag den 22. (Zum erstenmale.) »D a s M ä d c h e n a u s d e r F e e n w e l t« oder »d e r B a u e r a l s M i l l i o n ä r,« romantisches Original-Zauberspiel in 3 Akten von F e r d i n a n d R a i m u n d. Den Jubel, mit welchem der D i c h t e r dieses ganz eigenthümlichen Zaubermährchens empfangen wurde, so wie der Beifall, welcher den trefflichen S c h a u s p i e l e r durch jede Scene bis zum Schlusse begleitete und krönte, mit trockenen Worten nacherzählen zu wollen, wäre

---

*) Nur die einzige Dem. Schlotthauer sprach so leise, daß man kein Wort verstand.

verlorene Mühe. – Erfindung und Ausführung dieses dramatischen Gedichts sind von gleichem, ächt poetischem Gehalt, und der Beifall, welcher den Darsteller krönte, war von solcher Wirkung, daß Raimund nach dem ersten Akte, – nach der Scene im 3ten Akte, wo er als Aschenmann kommt, zweimal, – und am Schlusse gleichfalls stürmisch gerufen wurde. – Den beschäftigten Mitgliedern unserer Hofbühne gebührt volle Anerkennung für ihre Bemühungen, für den Fleiß und die Liebe, mit welcher sie ihre Rollen darstellten. Wir können sagen, daß alle nach ihren Kräften das Beste leisteten. Um Einzelne anzuführen, müssen wir zuerst der HH. Heigel und Löhle erwähnen. Ersterer spielte den Zauberer Bustorius und das »hohe Alter« mit gleicher Vollendung; letzterer verdient schon wegen der Bereitwilligkeit, womit er als Sänger die Rolle des Ajaxerle übernahm, (worin kein Takt Gesang vorkommt) lobenswerthe Anerkennung, abgesehen davon, daß er die benannte Rolle meisterhaft darstellte. Mad. Hölken sang die »Jugend« mit fröhlicher Lebendigkeit und Gemüth. Dem. Senger spielte die Zufriedenheit mit sehr vielem Geschick. Herr Bayer hob seinen kleinen Part durch die Lieblichkeit seines Organs. Auch er verdient seiner Gefälligkeit halber unsern vollen Dank. Wenn Künstler so zusammenwirken, wird wohl dem Publikum der vollendeteste Genuß zu Theil. Doch alle minder Beschäftigten anzuführen, gestattet uns der Raum nicht, obgleich wir unser lebhaftes Vergnügen über das kräftige und runde Zusammenwirken gern näher auseinander setzen möchten, welches letztere um so verdienstlicher ist, als das geniale Genre, in welchem sich das Mädchen in der Feenwelt bewegt, eine neue Erscheinung auf unserer Bühne ist. Der Herr Maschinist und die Herren Dekorateure leisteten allen Anforderungen Genüge.

Zum Schluß noch unsern herzlichen Dank an die Hoftheaterintendanz für die thätige Verwendung bei der Ausstattung und dem Arrangement, so wie überhaupt für den vollen Kunstgenuß, den sie uns durch Hrn. Raimunds Spiel und durch die Anschauung seiner dramatischen Schöpfungen

bereitet! – endlich für die wahre Liberalität, mit welcher sie
diese erste Vorstellung im Abonnement veranstalteten. – Möge
Hr. Raimund noch recht lange in unserer Mitte verweilen, wie
gerne wünschten wir sagen zu können: »F ü r   i m m e r !«

Die Zeitung *Bayerischer Volksfreund. Für Recht und Wahrheit*
(Nr. 32, Donnerstag, 24. Februar 1831, Titelseite) referiert kurz:

> Das »M ä d c h e n   a u s   d e r   F e e n w e l t, oder der Bauer als
> Millionär,« romantisches Zaubermährchen etc., wurde vorgestern bei überfülltem Hause mit großem Beifalle gegeben. Hr.
> Raimund aus Wien hat als Komiker Ausgezeichnetes geleistet,
> und wurde dafür auch unter dem Stücke 3mal und am Schlusse
> desselben einstimmig hervorgerufen. Er mußte das besonders
> schöne, gemüthliche und mit größtem Beifall gesungene Lied
> »vom Aschenmann« wiederholen. Die Dekorationen bei diesem lustigen Stücke sind von besonderer Schönheit, und das
> Ganze gewährt den Zuschauern vieles Vergnügen. Hr.   R a i -
> m u n d   wird sich in 12 Gastvorstellungen produziren.

Flora (Sonntag, 27. Februar 1831, S. 298 f.) berichtete über die erste
Gastrolle Raimunds am 22. Februar 1831 als FORTUNATUS WURZEL
im *Mädchen aus der Feenwelt*:

> […] Schon lange vor der Eröffnung des Hauses drängte sich
> die Menge vor seinen Thüren, und als die Vorstellung anfing,
> sah man das überfüllte Haus; die Mehrheit desselben hatte
> vielleicht in Hrn.   R a i m u n d   einen zweiten   C a r l , einen
> Staberl, der in kräftigen Zügen darstellt und die Lachlust der
> Menge reizt, zu finden geglaubt. Hrn.   R a i m u n d ' s   Comik
> ist anderer, wir möchten sagen, schwermüthiger und rührender Art; er ist ein   p h i l o s o p h i s c h e r   Comiker und
> Volksdichter; er hat – wie ein Berichterstatter über Ihn in
> einem Wiener Blatte sagt – das Leben eines gemeinen Übermüthigen zur Tragödie gestaltet; er hat in diesem Wurzel die
> Unersättlichkeit des menschlichen Herzens schildern wollen.
> Ueber den Bauer kommt die Zeit, über den Helden das Mißlingen seiner von dämonischem *[sic!]* Ehrgeiz gebrüteten Plane als Glück; jener geht auf der Erde als Aschenmann umher,

und dieser streut ihnen Staub in alle Winde, auf dem Rosenhügel der Erinnerung harrt jener des letzten Abendstrahls; an dem Sarge der Verstossenen weint dieser die letzte Thräne der Menschlichkeit, – in der humoristischen Darstellung des leidenden warnenden Aschenmannes will er den M e n s c h e n darstellen! Das Lied des Aschenmannes gefiel sehr. Hr. R a i m u n d mußte es wiederholen, und erhielt den lebhaftesten Beifall. – Die Dekorationen und Maschinen waren sehr schön, und gingen gelungen.

*) In einem hiesigen Volksblatte wird der Flora der Vorwurf gemacht: sie habe mit »liebloser Unbescheidenheit« bei Gelegenheit der Erwähnung der ersten wegen Krankheit der Mad. H ö l k e n u n t e r b l i e b e n e n Vorstellung des »Mädchens aus der Feenwelt« dieselbe »unmanierlich« getadelt. Wer den Artikel in der Flora S. 268 liest, wird finden, daß kein einziges »unmanierliches« Wort über Mad. H. darin gesagt worden. [...]

Das *Münchner Conversationsblatt* Nr. 55, Donnerstag, 24. Februar 1831, S. 223 f., schrieb:

[...] Das ganze Stück ist ein Dokument des Wiener-Geschmackes, und der unbefangen Urtheilende aus unserer Mitte muß sich einbilden, er sehe diese Darstellung im Wiener-Theater. Herr R a i m u n d ist der Liebling des Wiener-Publikums, vor dem er vielleicht öfter als z w e i t a u s e n d m a l aufgetreten ist. Er ist ein c h a r a k t e r i s i r e n d e r Komiker vom ersten Range. Daß er nach dem ersten Akte, zweimal nach dem Aschenmannsliede, und am Schlusse, sohin v i e r m a l von dem überfüllten Hause gerufen wurde, dessen Seitenthüren offen blieben, um den zahlreichen Zuschauern in den Corridors die Einschau möglich zu machen, mag als Beweis der Anerkennung seines Künstlerwerthes dienen. Ein wahrhaft genialer Gedanke des D i c h t e r s Raimund ist der Abschied der J u g e n d von ihm, und die Ankunft des h o h e n A l t e r s . Mad. H ö l k e n war wirklich eine liebenswürdige Jugend, und es wundert uns eben so wenig, daß sie während ihrer Krankheit die Jugend nicht abtreten wollte, als die Bereitwilligkeit anderer Schauspielerinnen, statt der Mad. H ö l k e n jung seyn zu wollen. Sie sah vortrefflich aus, und erfüllte manches Herz mit neuer, inniger Sehnsucht nach der Jugend. Der wiederholte Beifall, den sie für Spiel und Gesang erhielt, war wirklich wohl verdient. Aber auch Herr H e i g e l fand Gelegenheit, sich in seiner Kunst, zu charakterisiren, in der Rolle des hohen Alters auszuzeichnen. Man fühlte den nahen Tod in jeder Fiber. Zwischen Beiden entwickelte Herr R a i m u n d ein herrliches Spiel mit seinen Nüancen; er schien als Greis gar nicht mehr der Vorige; als Aschenmann mag er wohl schwerlich zu übertreffen seyn. Sehr sinnig waren die eingelegten Strophen, als er nach stürmischen Hervorrufen das Aschenmannlied wiederholen mußte; glücklich vermied er eine mißklingende Saite des Lobes zu berühren. Neben vielen trefflichen Witzen gefiel uns auch ganz besonders das Bedauern des »H a s s e s «, einem hübschen Mädchen gegenüber: »wie f a t a l er es finde, daß er der H a ß sey.« Der Haß in schwarzem Civilfracke mit dem Klapphute, mitten unter den Geistern, machte einen ganz eigenen Eindruck. [...]

Auch der *Wanderer* (Nr. 61, Mittwoch, 2. März 1831) berichtete aus München:

Hr. R a i m u n d , welcher am 22. Februar im Hoftheater seine Gastvorstellungen, und zwar in dem von ihm selbst verfaßten Stücke: »Das Mädchen aus der Feenwelt,« eröffnet, hatte sich von den überaus zahlreich versammelten Zuschauern eines unausgesetzten rauschenden Beifalls zu erfreuen. Man kann ihn einen recht glücklichen Volksdichter nennen, aber seine Dichtung bedarf zur Herausbildung und Haltung des ihr eigenthümlichen Geistes einer Ausstattung des Scenischen sowohl, als eine Besetzung der Rollen, wie sie ihr hier zu Theil geworden ist, und wozu er selbst in der Rolle des Wurzel so wesentlich mitgewirkt hat. Hr. R a i m u n d wurde sowohl während als am Schlusse des Stückes gerufen. Außer ihm haben namentlich Mad. H ö l k e n als »Jugend« und Hr. H e i g e l als »das hohe Alter« das Publikum ganz besonders angesprochen, das man schon lange Zeit nicht eine so allgemeine Hilarität an den Tag legen sah. – Dasselbe Stück wurde bereits am 23. bei vollem Hause und mit einem nicht minder günstigen Erfolg wiederholt.

Der *Bayerische Landbote* (Nr. 48, Freitag, 25. Februar 1831, S. 289) referiert über die Wiederholung, die im Gegensatz zur ersten Aufführung außerhalb des Abonnements gegeben wurde. Die Verbindung von Ernst und Scherz und dass Raimunds Werke durch wiederholtes Betrachten gewinnen, ist hier ein Thema:

> Mittwoch am 23.: Das Mädchen aus der Feenwelt oder: der Bauer als Millionär, romantisches Originalzauberspiel in 3 Akten von Ferdinand Raimund (wiederholt). Der Zauber dieses Zauberspiels liegt gewiß größtentheils in der kühnen, ächt poetischen Darstellung des Ernstes durch den Scherz, und des Scherzes durch den Ernst. – Das Publikum, welchem diese ganz neue Gestalt des Schauspiels plötzlich und unerwartet vor's Auge tritt, darf nie vergessen, daß in jedem Scherz der tiefste Ernst wie als Kern liege, während anderseits eben der Ernst wieder sich selbst humoristisch darstellt. Dieß ist der Grund, warum Raimunds dramatische Schöpfungen desto mehr Beifall gewinnen, je öfter man sie sieht, und je tiefer man also in den Sinn und die Bedeutung dringen kann. – Raimund's Spiel ist im Bauer als Millionär tief durchdacht; wohlberechnet ist im Anfange das stete Hervorschimmern der bäurisch rohen Natur, nach dem Abschied der Jugend sieht man deutlich das allmähliche Erschlaffen aller, übermüthig verschleuderten Kräfte, so daß sich das hohe Alter frühzeitig einstellen kann. – Das Bild des Aschenmannes erinnert uns hierauf lebendig an das Loos alles Irdischen, und die Wiederverjüngung durch die Zufriedenheit und die Vergessenheit aller Leiden vollendet die Darstellung eines, jetzt geprüften und veredelten Charakters.
> Hrn. Raimund's Witze sind harmlos und bedeutsam, sie verwunden nicht persönlich und treffen doch den rechten Fleck der menschlichen Schwäche; sie gleichen treuen Freunden, die man desto höher schäzt, je näher man sie kennen lernt. Das Pu-

blikum bewies durch den ungewöhnlich zahlreichen Besuch, dieser a u ß e r dem Abonnement gegebenen Vorstellung seine lebhafte Theilnahme. Herr Raimund wurde dreimal gerufen.

Rund eine Woche später geht der *Bayerische Landbote* (Nr. 56, Sonntag, 6. März 1831, S. 323) auch auf den Gewinn für das Publikum durch Wiederholungen ein:

> Freitag den 4. März: Das Mädchen aus der Feenwelt oder der Bauer als Millionär. (Herrn Raimunds vierte Gastrolle.) Bei jeder neuen Wiederholung dieses eben so ernst gedachten als ächt humoristisch ausgeführten Zaubermärchens lernt das Publikum neue Schönheiten daran kennen, und kleidet dieselben in den Purpur des Beifalls. Natürlicherweise muß sich daher mit jedem Tage das Urtheil der Beschauer mehr läutern und dem wahren Standpunkte näher rücken, von welchem aus diese geniale neue Art der dramatischen Dichtung betrachtet seyn will. R a i m u n d ist als e r n s t e r und k o m i s c h e r Schauspieler gleich groß. Seinen Beruf zum l e t z t e r n beweist seine Leistung des F l o - rian im Diamant des Geisterkönigs. Von seiner entschiedenen Vollendung im Fache des E r n s t e n zeigt sich die Darstellung Wurzels so wie seine, nächstens zu erwartende Leistung in dem Alpenkönig und Menschenfeind, einem gleichfalls von ihm gedichteten Zauberspiel, welchem ein tieferer Ernst als leitende Idee zu Grunde liegt, als dem Mädchen aus der Feenwelt.
>
> Die Zufriedenheit wurde heute statt durch Dem. S e n g e r, (welche plötzlich erkrankte) durch Dem. P o s c h e n r i e d e r dargestellt; welche noch leiser sprach als ihre wackere Vorgängerin.
>
> Herr R a i m u n d wurde heute nach dem berühmten A s c h e n l i e d e d r e i m a l und am Schlusse gleichfalls gerufen; ein erfreulicher Beweis von dem steigenden Enthusiasmus des Publikums, dessen Herzen sich der ebenso geniale als bescheidene Künstler eroberte.

Der *Bazar für München und Bayern. Ein Frühstücks-Blatt für Jedermann und jede Frau*, herausgegeben von M. G. Saphir (Nr. 52,

Mittwoch, 2. März 1831, Titelseite und S. 206) rezensiert die Wiederholungen und äußert sich nicht uneingeschränkt positiv:

> Mittwoch den 23. Februar.
> Zum Zweitenmal außer Abonnement; der Bauer als Millionär von Raimund. Das Haus war lange nicht so voll wie das Erstemal. Herr Heigel, das hohe Alter, Mad. Hölken, die Jugend, und Herr Löhle, Ajaxerle, waren unübertrefflich – Herr Raimund sprach nicht so sehr an als das Erstemal. Am Schluße wurden alle gerufen, Herr Raimund erschien allein; nur heftiger erscholl der Ruf »Alle« und dauerte wohl 10 Minuten, niemand erschien. Wenn das Publikum den Künstlern eine solche Ehre zuerkennt, dann ist es ihre Pflicht zu erscheinen – oder doch die des Regisseurs, ankündigen zu lassen, daß jene nicht mehr da sind.

Elf Tage später berichtet dasselbe Blatt (Nr. 62, Sonntag, 13. März 1831, S. 246):

> Freitag den 4. März.
> Zum Drittenmal, bei gefülltem Hause, der Bauer als Millionär. Herr Raimund war bis nach dem Abschied des hohen Alters, wo sich das monotone Jammern wieder einstellte, und ganz am Schluße, wie die beiden ersten Male, sehr brav; so auch Hr. Heigel, als hohes Alter und Bustorius, Hr. Löhle als Ajaxerle und Mad. Hölken als Jugend. Auch Dem. Schlotthauer sprach und spielte sehr gut. Ebenso die Hrn. Brandt und Lang nebst Dem. Lubach als Leu der Widerwärtigkeit mit ihrem lieben Söhnchen Borax, kl. Vogel. Herr Bayer sang sehr angenehm. Daß man von Dem. Poschenrieder auch gar k e i n Wort verstand, mag ihre Aengstlichkeit, in Folge der schleunigsten Uebernahme der Rolle »Zufriedenheit« verursacht haben. Herr Kohrs ward für sein unverständiges Hinfallen, auf den umgeworfenen Stuhl, gewiß mit einem herben Schmerz bestraft. Mad. Schneider, Lakrimosa, erzählte die langweilige Geschichte wie jedesmal sehr Theilnahme erregend und deutlich klar. Alle Uebrigen wirkten lobenswürdig zum Gelingen des Ganzen, allein der böse Feind in Gestalt eines Maschinisten, verdarb gerade die erhabenste Scene. Er läßt den Ge-

nius r ü c k w ä r t s schweben, faßt ihn dann aus der Coulisse recht derb bei dem graziös ausgestreckten Füßchen und reißt ihn ganz sans façon hinein. Also s c h o n w i e d e r die Maschinisten die doch ihre Sache sonst gut verstehen.

Der *Bayerische Volksfreund* (Nr. 47, Mittwoch, 23. März 1831, S. 191) informierte über die plötzliche Erkrankung Raimunds:

> M ü n c h e n , den 20. März. Das Repertoir des k. Hoftheaters erlitt durch die plötzliche Unpäßlichkeit des liebenswerthen Gastes, Hrn. R a i m u n d , eine gänzliche Veränderung. Ein schreckliches Leiden, welches diesen genialen Künstler vor einigen Jahren schon einmal an den Rand des Grabes brachte, H y p o c h o n d r i e , kündigte sich nun wieder durch die peinlichsten Kopf- und Magenschmerzen und düsterem Trübsinn an. Da die erhaltenen Arzneien seinen Zustand nicht verbesserten, so hofft er jetzt seine Wiedergenesung durch den Genuß einer reineren Luft zu erhalten. Er reiste gestern Mittags von hier in Begleitung eines Freundes in das bayerische Hochland hinauf. Möge der treffliche Mime doch bald ganz gesund wiederkehren, und uns durch seine originellen poetischen Schöpfungen noch viele heitere Genüsse verschaffen! – Inzwischen hatte man Donnerstag den 17. März die »Vestalin« auf eine höchst würdige Weise dargestellt. Dlle. S c h e c h n e r gab die Parthie der Julia in großer Vollendung […]

Dieselbe Zeitung (Nr. 56, Donnerstag, 7. April 1831, S. 227 f.) nahm die Fortsetzung der Vorstellungen nach Ostern zum Anlass einer Besprechung:

> Dienstag, den 5. April. Mit dem in einem Zeitraume von 14 Tagen dreimal zur Aufführung gekommenen sinnvollen Zaubermährchen: »Das Mädchen aus der Feenwelt,« begann die k. Hofbühne nach der kurzen Rast der Osterferien wieder ihre erste Darstellung. Diese originelle und poetische Dichtung gewinnt, wie alles wahrhaft Gute, bei jeder Wiederholung an neuem Reiz, vermehrtem Interesse und stets vergrößerter Theilnahme – Hr. H e i g e l in den beiden Charakteren eines ungarischen Zauberers und des hohen Alters ärntete auch an diesem Abende wieder den ausserordentlichsten Beifall für sei-

ne meisterhafte Leistung. Die liebenswürdige Gestalt und das anmuthige Spiel verliehen der Mad. H ö l k e n als holdes Bild der Jugend die freundlichste Theilnahme. Hr. Löhle in der Rolle des schwäbischen Magiers Ajaxerle war eine sehr ergötzliche Erscheinung; auch Mad. S c h n e i d e r, Dlle. S c h l o t t h a u e r, Hr. B r a n d, Hr. M a y r, Hr. B a y e r, die kleine K o c h und S ö l t l gaben ihre Rollen zur vollen Zufriedenheit des Publikums; nur mit der Zufriedenheit selbst war Niemand zufrieden. Dlle. P. besitzt weder Talent, noch Gemüth, noch ein verständliches Sprachorgan, und die Leute, die nicht im Stande sind, drei Worte ver[n]ehmlich zu sprechen, diese sollten doch wenigstens auf keinem k. Hoftheater zur Anschauung aufgedrungen werden. – Der rühmliche Ruf, welcher Hrn. R a i m u n d als Schauspieler, Dichter und Mensch vorherging, fand in der gestrigen Darstellung die glänzendste Anerkennung. Die peinliche Krankheit »Hypochondrie« hatte diesen geniellen *[sic!]* Künstler über drei Wochen von unserer Bühne entfernt; gestern trat er zum Erstenmale wieder auf, und wie ihn das Publikum erblickte, wurde er freudig durch den lautesten Beifall begrüßt, dann nach dem gemüthlichen Aschenlied viermal, und auch am Schluße wieder allgemein hervorgerufen. Ausgezeichnet waren die Dekorationen und die Maschinerie, und das größte Lob gebührt daher den kunstgeübten Malern Hrn. Q u a g l i o, S c h n i t z l e r und F r i e s, und dem geschickten, erfindungsreichen Maschinisten, Hrn. S c h ü t z.

Die *Theaterzeitung* (Nr. 46, Samstag, 16. April 1831, S. 186) zitierte aus diesem Bericht. Im *Bayerischen Landboten* (Nr. 87, Mittwoch, 6. April 1831, S. 452) war zu lesen:

Montag den 4. April 1831. »D a s M ä d c h e n a u s d e r F e e n w e l t« oder »d e r B a u e r a l s M i l l i o n ä r,« Zauberspiel von Fr. R a i m u n d. Der allgemein beliebte Künstler, Hr. R a i m u n d, welcher seit längerer Zeit durch Unpäßlichkeit verhindert war, auf der Bühne zu erscheinen, entzückte uns heute in seinem genialen Werke, als »F o r t u n a t u s - W u r z e l« wie bei seinen früheren Darstellungen auf das Angenehmste. – Er wurde freudig empfangen, nach dem Aschenliede viermal, und am Schlusse der Vorstellung

stürmisch gerufen. – Vorzüglich war Hr. H e i g e l als hohes
Alter und Mad. H ö l k e n als Jugend. – Dem. P o s c h e n -
r i e d e r, welche statt der Dem. S e n g e r abermals die Rolle
der Zufriedenheit gab, würde für uns weit verständlicher seyn,
wenn sie sich bemühen möchte, das schneidende Organ sich
abzugewöhnen. –

Das *Münchner Tagsblatt* (Nr. 93, Donnerstag, 7. April 1831) informierte:

> Hr. Raimund wurde bey der letzten Vorstellung des Bauers als
> Millionär nicht allein mit dem freudigsten Enthusiasmus empfangen, sondern während des Stückes mehrmal und am Schluße stürmisch gerufen. Mit dem Zauberspiel »der Alpenkönig«
> schließt sich der Cyclus des viel geehrten Gastes. Das Publikum hofft aber, denselben noch länger unserer Kunstanstalt
> einverleibt zu sehen. –

Dieselbe Zeitung (Nr. 99, Mittwoch, 13. April 1831, S. 413 f.) konstatierte eine größere Publikumsakzeptanz des *Mädchens aus der Feenwelt* im Vergleich zu *Der Alpenkönig und der Menschenfeind*:

> Raimunds Zauberspiel »der Alpenkönig« wurde vorgestern
> zum zweitenmal bei vollem Haus gegeben. Ein zu tiefer Sinn
> liegt in der Dichtung dieses Märchens, als daß es schon das
> erstemal, wenn man es sieht, jenen Eindruck hervorbringen
> könnte, welchen es bey einer Wiederholung nie verfehlen
> wird. Der Bauer als Millionär hat unstreitig mehr angesprochen, wir zögen das erste Märchen dem letztern vor. Herr
> Raimund bewies neuerdings, wie er den Menschen und seine
> Leidenschaften studirt habe, das Bild, das er sich zu all' seiner
> Dichtung nahm, mag wohl mehr als Idee gewesen seyn. – Ihm
> würdig zur Seite standen Hr. Brandt und Hr. Mayer, der letztere, unermüdet fleißig und bereitwillig, spielte die Rolle des
> Alpenkönig zur allgemeinen Ueberraschung des Publikums.
> Hr. Raimund wurde dreimal gerufen und erschien am Schluße
> der Vorstellung mit Hrn. Mayer und Hrn. Brandt.

Im *Bazar für München und Bayern* (Nr. 52, Mittwoch, 2. März 1831, S. 206–208) wird eine Abhandlung von Saphir in drei Lieferungen über Raimund abgedruckt. Raimund wird hier nicht als nationaler, sondern als universaler Volksdichter verstanden, der den Weg zu einer neuen Gattung geebnet habe. Kritisch werden der gewöhnliche Wiener Dialekt oder das einseitige Mienenspiel Raimunds gesehen. Das Schöne in seinem Werk werde von vielen »Spaßlappen« verdunkelt. Doch Saphir ist vom dauernden Wert der Dichtung Raimunds überzeugt (vgl. dazu auch: *Humoristische Abende von M. G. Saphir. Ein Cyclus Vorlesungen gehalten im Museum zu München*, Augsburg: Verlag der Kranzfelderschen Buch- und Musikalienhandlung, 1830):

Ueber Herrn Raimunds Spielschöne, und den Werth seines Stückes »der Bauer als Millionär.«
Die vielen heterogenen Urtheile, zu denen diese, von wenigen verstandene Poesie Veranlassung gibt, bewegen mich auch meine Meinung den Theaterfreunden, etwas gründlich mitzutheilen. Alle Sinne, blos auf Herrn Raimund, dessen Spässe, Dekorationen und Maschinerien gewandt, können den hohen Werth dieses Productes nicht wahrnehmen; man lacht über j e n e und ahnet nichts von dem edlen Ernste der schönen Moral, welche uns diese komischen Gestalten predigen; man bewundert d i e s e entzückt, ohne sich zu verwundern, wie es möglich, daß dem Geiste dieser, ganz gewöhnlichen spaßmachenden Gestalt so geniale Ideen entsprangen, ohne sich h i e r ü b e r zu entzücken. »Herr Raimund hat den Grund zum Ruin und zum Untergange der Volksdichtung gelegt, indem er den Geist dieser Gattung verbannt; er hat das Publikum an leere Schauspiele gewöhnt« sagt ein sonst glaubwürdiger Kritiker, s e h r i r r i g ! Ich hoffe überzeugend darzuthun, daß Raimund wohl kein n a t i o n a l e r , aber n o c h m e h r , ein u n i v e r s a l e r V o l k s dichter ist; wie ich zugleich die Wirklichkeit eines von demselben Kritiker z w e i f e l h a f t a[u]fgestellten Satzes: Als sei Herrn Raimunds S p i e l s c h ö n e eine Diotima, die in einer gewissen vorgerückten Saison an Anbetern verliert; genügend zu beweisen hoffe. Weit entfernt, in Raimunds Stücken etwas zu suchen, was er nicht hineinlegt, wünsche ich doch dem Schönen, was einmal darin ist, seine

verdiente, würdigende Anerkennung. Daß Vieles darin ist, und Herr Raimund die Bahn zu einer ganz neuen schönen Gattung gebrochen, hat bereits einer der größten Kritiker Deutschlands, durch sein allgemein anerkanntes Urtheil bewiesen; und ich, auf den Kunstsinn des Publikums vertrauend, darf erwarten, daß meine Worte nicht nutzlos verhallen.

Wir gehen oft und gerne mit Menschen um, die eine besondere Gabe, uns durch spaßhafte, auch bisweilen witzige Einfälle herzlich lachen zu machen, haben; diese können, immer frisch und neu, ihre Wirkung auf uns nicht verfehlen. Eine Geburt des Augenblickes haben sie ihren Werth und eigenthümlichen Reiz der unser Zwerchfell gewaltig erschüttern kann. Als einen dies vermögenden Komiker erkennen wir Hrn. Raimund, sehen wir ihn zum e r s t e n m a l in einem seiner Stücke.

Ganz anders aber erscheint er uns zum z w e i t e n m a l in d e m s e l b e n; die Würze der Neuheit entbehren wir dann an seinen Späßen, und es geht uns mit ihnen wie jenem Könige mit der Blutsuppe –. Da nun Herrn Raimund's Komik allein in der Fertigkeit, uns seine längsterdachten, auch manchmal mit Haaren herbeigezogenen Witze (?) so vorzutragen, als seien sie ihm eben eingefallen, besteht, so können uns dieselben, wenn wir durch vorhergegangenes Anhören von ihrer l ä n g s t g e s c h e h e n e n Geburt die Ueberzeugung erlangt haben, nicht mehr ergötzen, ja kaum uns noch ein Lächeln abnöthigen – dies haben wir hier erfahren: Herr Raimund gefiel dem kunstsinnigen Publikum nicht – ja würde, in der zweiten Vorstellung ihm sogar mißfallen haben, wäre er nicht vom »hohen Alter« (Herr Heigel) und der »holden Jugend« (Mad. Hölken) welche beide ihn übertrafen, so vorteilhaft bestrahlt worden. Einen feinen komischen Charakter darzustellen, halte ich Herrn Raimund für ganz unfähig. Sein Mienenspiel ist zu einseitig, und seine bedeutende oder vielmehr n i c h t s bedeutende Monotonie, welche ich in dem langweiligen Gespräch, das er als Aschenmann mit der »Zufriedenheit« (Köchin) führt, besonders wahrnahm und rügen muß, mußte ihm eine solche Darstellung arg erschweren; seine Sprache aber, welche nur ganz gewöhnlicher Wiener-Dialekt ist, würde ihn vor je-

dem nothwendig zu mißlingenden Versuche, dräuend warnen.
Hieraus folgt, daß Hrn. Raimunds Spielschöne w i r k l i c h
eine Diotima ist, die in einer nur w e n i g vorgerückten Saison
an Anbetern (gewiß alle Kunstverständigen d. h. wenn sie solche je gehabt (?)) verlieren muß.
Fortsetzung folgt.

Die Fortsetzung (*Der Bazar für München und Bayern* Nr. 56, Sonntag, 6. März 1831, S. 222–224) lautet:

Münchner-Theater.
Ueber Herrn Raimunds Spielschöne, und
den Werth seines Stückes »der Bauer als
Millionär.«
(Fortsetzung.)
Wonnig aber fühle ich mich durchdrungen von der Anerkennung des dauernden Werthes seiner Dichtung. Die Eigenschaften, Laster und Leidenschaften a l l e r Menschen allegorisch personifizirt, treten hier auf, ganz so wirkend wie sie immer in unser Leben eingewirkt, und einwirken werden. Der Neid und der Haß; diesen stehen sie siegreich entgegen, die Zufriedenheit, die allesvermögende Liebe »Amor« und die ehrliche Gutmüthigkeit in der Gestalt des treuherzigen Schwaben »Ajaxerle.« Hier »Lacrimosa« das thränende Leid, daneben die gediegenste Freundschaft, die wie man sagt, kein Blatt vors Maul nimmt, aber kräftig und groß sich im Unglück bewährt; ich meine den biedern Ungar »Bustorius.« Da die Fee der Widerwärtigkeit *) mit ihrem verzogenen Söhnchen »Borax,« wie treffend personifizirt, so im Comödianten-Genre. Dort das liederliche Nichtsseyn, vereint mit dem sträflichen Uebermuthe eines durch Zufall bereicherten Dummkopfes in »Fortunatus Wurzel« umgeben von einem Heere schmeichelnder Schmarotzer; aber auch die ächte reine Freude fehlt hier nicht, sie thut sich kund im belehrenden Liede des »Musensohnes.« Gehen wir nun zur höhern Gestaltung über. Was empfinden

---

*) Wem fällt bei Anblick dieser nicht die Mutter einer unserer ersten Sängerinnen, und bei ihrem Söhnchen nicht die Tochter, oder sie selbst ein!

wir nicht Erhabenes, sehen wir die heilige Unschuld von dem frevelnden Uebermuthe hinausgestossen in die Irre? wenn dann durch die freundliche Sternnacht ein Genius, wie ewige Liebe durch das reine Gemüth, daherschwebt und jenen rettend leitet in die Arme der Zufriedenheit, wie stolz muß bei diesem hehren Anblick das Herz des Gerechten schlagen, wie reuig muß es erbeben in dem Busen des Schlechten! – In dem Auge, dem noch vor wenig Augenblicken Thränen der Lust enthüpften, glänzt nun die Thräne andächtiger Wehmuth und des f r e u d i g e n Mitleides. Aber der Frevel bleibt nicht ungestraft. Was ist aller Reichthum ohne freudenreiche lebenskräftige Tugend? – Ein Rezept, worauf der Apotheker »Gewissen« in der Oblatte der Bequemlichkeit die bittere Arznei ernstlichen und reuigen Nachdenkens gibt. Aber das Gift der Schuld hat bereits die gemarterte Seele zu heftig ergriffen, der Kranke ist inkurabel. Die holde Jugend, einmal geschieden, kehrt nicht wieder, das hohe Alter hält mit allen Plagen seinen Tod-machenden Einzug; es bringt seinem »liederlichen Vetter« den verdorbenen Magen, und seiner Cousine die Gicht; eine »unterhaltliche Person« u. dgl. m. mit sich.

Alle Glücksgüter erscheinen nun dem Wurzel, die vom Neid zum verderblichen Zwecke schadenfroh verliehenen Mittel, die ihn in Stand setzten allen Lüsten zu fröhnen, wodurch er in so qualvolles Elend gestürzt ist; ihr Flimmerglanz grinzt ihm aus allen Ecken: V e r g e l t u n g! Das Bewußtseyn durchrieselt ihn in der Krisis der Verzweiflung wie Schauer des Todes und ihre Convulsionen pressen ihm die Verwünschung seines Reichthums aus; nach den Seinigen wimmert sein Schmerz; alles wird ihm gewährt, der Saal wird zur Viehweide und er mit sammt seinem Bedienten »Lorenz« ehemals Kuhhirte, nehmen ihre ursprüngliche Gestalt wieder an. Daß gerade Ochsen und Kühe die S e i n i g e n sind, ist wohl nicht hoch poetisch, sondern ein ziemlich prosaisches Lachpülverchen, deren es sehr viele in diesem Stücke gibt. Mein Geschäft ist, den Leser auf das Schöne was darin ist aufmerksam zu machen, darum sei diese kleine Rüge genug.

(Schluß folgt.)

Zwei Tage später erschien der Schluss (*Der Bazar für München und Bayern* Nr. 57, Dienstag, 8. März 1831, S. 226–228):

> Ueber Herrn Raimunds Spielschöne, und den Werth seines Stückes »der Bauer als Millionär.«
> (Schluß.)
> Doch lange noch nicht alles ist ihm vergolten; die schnödeste Undankbarkeit muß er noch erfahren im Hohne seines Bedienten, der nur den einzigen Schmerz äußert, daß er ihn Jahre lang vergebens betrogen habe, und ihn dann spottend und fluchend im Elende verläßt. Nun kommt der »gelbgezipfete Galläpfellieferant« Neid, begleitet von seinem Milchbruder dem Haße, welchem er den Unglücklichen, der so kurz vor dem Gelingen seinen boshaften Plan vereitelt, für immer empfiehlt. Um nun dennoch die Lakrimosa durch ihre Tochter zu verderben, schmieden die beiden Milchbrüder einen neuen Plan. Das Herz ihres Geliebten soll durch Glanz und Reichthum vergiftet werden; aber auch dieser mißlingt; denn wahre Liebe und Zufriedenheit sind erhaben über Haß und Neid; nur in dem Wahne die Einzig-Geliebte mit seinen Schätzen beglücken zu können, erfreuen sie Carl einen Augenblick, aber kaum vom Gegentheile überzeugt, wirft er sie verachtend von sich; kein Glück geht ja über das treuer Liebe, darum wirft er sich selig in ihre Arme. Der Haß und Neid sind folglich wieder angeführt. Die Stunde der Erlösung für Lakrimosa ist gekommen, sie hat ihre alte Zaubermacht wieder; sie vereint die Liebenden und beschenkt sie mit einem schönen reichen Fischergute. Der bestrafte Wurzel, welchen wahrscheinlich der Haß zum Aschenmann erniedrigt, wird mit einmal wieder ein froher rüstiger Bauer, und nun in strenger Schule belehrt, wählt er sich die Zufriedenheit zur Lebensgefährtin; auf ihren Zauberschlag entspringt der Quell der Vergessenheit aus dem Alle Genesung vom Leide trinken, und hiemit schließt sich das Stück wie ein goldener Ring, auf dem eine diamantene Krone, die reinste und gelungenste Poesie herrlich glänzt.
> Und das wäre keine Volksdichtung! Freilich sind hier keine National-Charaktere aufgestellt, aber die, allen Völkern

der Erde gemeinschaftlichen Lebensprincipien sind hier schön und belehrend abgehandelt, wie es noch keiner gethan. Wo ist so Vieles, und so Gewichtiges, für so Viele, so lehrreich in **einem Stücke** gesagt und gezeigt als in diesem? Ich möchte es nicht Volksdichtung, sondern eine **moralischpoetische Pasigraphie** nennen; denn, wenn man in Deutschland den Werth dieser Poesie nicht anerkennen will, so darf Hr. Raimund das Stück nur in eine Pantomime umwandeln und damit zu den Chinesen oder den Hottentotten reisen, diese werdens gewiß verstehen und anerkennen. Schade daß das Schöne darin von unzähligen »Spaßlappen« so sehr verdunkelt wird daß es die Wenigsten zu Gesicht bekommen; darum hört man über Raimunds Stücke auch so häufig das Urtheil: dummes Zeug, aber unterhaltend. Dem Kunstrichter aber, der ihm so unverdienten Vorwurf: er habe den Grund zum Ruin der Volksdichtung gelegt, und das Publikum an leere Schauspiele gewöhnt; rufe ich zu: Schlage an deine Brust und bitte: Raimund, verzeihe mir, denn ich bereue was ich in der Uebereilung gethan! –

Raimunds zweites Gastspiel am Königlichen Hoftheater München

Der *Wanderer* (Nr. 309, Samstag, 5. November 1831, S. 522) berichtet aus München:

Hr. R a i m u n d, dessen phantasiereiche Dichtungen sowohl als originelles Spiel in H a m b u r g ausgezeichneten Beifall erhielten, befindet sich nunmehr wieder hier, und wir werden am 13. November das Vergnügen haben, ihn neuerdings auf unserm Theater und zwar im »Bauer als Millionär« auftreten zu sehen. 2

Am 24. November erschien der erste kurze Bericht im *Wanderer* (Nr. 328, Donnerstag, 24. November 1831, S. 562):

Am 13. November hat Hr. R a i m u n d seine Gastrollen mit dem »Bauer als Millionär« wieder eröffnet. Er wurde dreimal gerufen; das Aschenlied, und besonders die eingelegten Strophen über die Cholera, machten Furore. 9

Das Unterhaltungsblatt *Flora* (Nr. 132, Donnerstag 17. November 1831, S. 532) äußert sich über die Aufführung am 13. November ähnlich, erwähnt zwar nicht die Strophen über die Cholera, ergänzt jedoch: »Alle sehen seinen ferneren Darstellungen mit Freude und Erwartung entgegen.« Dasselbe Blatt (Nr. 8, Freitag, 13. Jänner 1832, S. 32) geht einige Wochen später auf das Zuschauergedränge und auf die Achtung, die Raimund als Künstler und Mensch genießt, ein:

München.
Königliches Hof- und Nationaltheater.
Dienstag, den 9. Jan.: das Mädchen aus der Feenwelt.« Hr. R a i m u n d den Wurzel als letzte Gastrolle. Das überfüllte Haus – es mußte bey geöffneter Thüre gespielt werden – war der sprechendste Abschiedsgruß für R a i m u n d. Wer, wie er, in dem Zeitraume eines kurzen Jahres zweimal in einer Stadt erschien, im Ganzen vielleicht vierzig Rollen gab, und bei der l e t z t e n noch eine solche Versammlung vorfindet, der überläßt der Kritik wenig mehr zu sagen – die Stimme des Publikums ist hier Referent geworden. R a i m u n d   v e r d i e n t die ausgezeichnete ehrenvolle Aufnahme im vollen Maaße, die ihm bei uns ward, und überall werden muß; er scheidet allgemein geachtet, nicht allein als Künstler und Dichter, auch als Mensch, und seine Wiederkehr wird zu allen Zeiten ein Freudenfest für seine zahlreichen Münchner Freunde seyn. Er ward heute wieder fünfmal gerufen, und als er am Schluße erschien, begrüßten ihn mehrere Kränze und Gedichte, die ihm entgegenflogen, der Beifallssturm folgte ihm bis in die Coulissen und der Wunsch, möge er freundlich der Tage in München gedenken. – Durch die Gefälligkeit der Dlle. H a g n, welche die Rolle der Zufriedenheit übernommen hatte, erfuhren wir heute zum erstenmal, was diese Zufriedenheit für allerliebste Sachen zu sagen hat, denn wir verstanden jedes Wort. Die Uebernahme dieser Rolle ist ein rühmlicher Beweis für die Bescheidenheit der Dlle. H a g n, und hätte um so mehr dankbare Anerkennung verdient, da sie für das Publikum den Reiz der Neuheit hatte. Dlle. S e n g e r ward für die Gefälligkeit, die J u g e n d übernommen und dadurch a l l e i n die Auffüh-

rung des Stückes möglich gemacht zu haben, schlecht belohnt. Wann wird doch endlich einmal dies empörende Kabalen- und Partheienwesen sein Ende erreichen? Uebrigens hat nur allein die Parthei der Dlle. S e n g e r ihr die Kränkung des Zischens bereitet, wäre nicht gleich nach dem ersten Vers des Duetts übermässiger Beifall gespendet, und dadurch die Gegenparthei erweckt worden, so würde die junge Künstlerin gewiß am Schluße des Duetts ermunternden Beifall ohne Kränkung erhalten haben. – Dies ist immer die Folge von Uebertreibungen, wodurch dann der Unschuldige leidet; denn wir wollen gerne glauben, daß Dlle. S e n g e r unschuldig an der unzeitigen Vergötterung ihrer Verehrer ist; aber heute konnte sie mit Wahrheit sagen:»Nicht der Feinde Haß, der Freunde Eifer etc.

Zeitverzögert druckte der *Sammler* (Nr. 11, Donnerstag, 26. Jänner 1832, S. 44) die gesamte Kritik als Korrespondenznachricht aus München ab. Die *Theaterzeitung* (Nr. 15, Samstag, 21. Jänner 1832, S. 60) brachte einige Tage davor etwa die erste Hälfte der Rezension der *Flora* als Zitat, allerdings mit dem Unterschied, dass Raimund »im Ganzen vielleicht zwanzig Rollen gab« (nicht »vierzig«).

Das *Münchner Tagsblatt* (Nr. 9, Montag, 9. Jänner 1832) verweist auf den kommenden letzten Auftritt Raimunds als WURZEL und geht auf Gerüchte über die plötzliche Abreise ein:

> Hr. R a i m u n d wird nächsten Dienstag im »Bauer als Millionär« zum letzten Male auftreten und am Donnerstag von hier abreisen. Es circuliren verschiedene Gerüchte über die plötzliche Abreise des Hrn. R a i m u n d . Einige meynen, es wären demselben allerley Schikanen von Seite des k. Hofpersonals gemacht worden, diesem aber kann man um so weniger Glauben beymessen, da man von der Achtung, welche die Herren Hofschauspieler dem Hrn. R a i m u n d zollten und von der Bereitwilligkeit, mit welcher sie bey der Aufführung seiner Stücke mitwirkten, hinlänglich überzeugt ist. Sapienti pauca! – [...]

Fortgesetzt wird diese Thematik im *Münchner Tagsblatt* Nr. 15, Sonntag, 15. Jänner 1832, S. 61 f.:

> Das Conversationsblatt sagt, Herr Eßlair habe Herrn Rai-

mund eingeladen (!), die in unserm Blatte als bloßes
Gerücht bezeichnete Mittheilung, öffentlich als Lüge (!!)
zu widerlegen. Herr Raimund hat dieses in der Gutmüthigkeit seines Herzens gethan, um vielleicht – blos in Frieden zu
scheiden. Wir wissen aber, auf welche robuste Weise der denkende Künstler Herr Eßlair bey der Hauptprobe des Stückes
»Der Bauer als Millionär« seinem Herzen Luft gemacht, daß
selbst die Statisten in eine seltne Art von Bewegung geriethen.
Es ist eine traurige, aber gewisse Ueberzeugung des gesammten Publikums, wie sehr oft ohne Verschulden der k. Direktion des Theaters dahin gewirkt wird, um diese großartige
Anstalt, die in Deutschland seines Gleichen sucht, wie man im
gewöhnlichen Leben zu sagen pflegt, herabzubringen. – Hr.
Raimund, meynen einige (wir sagen meynen) hätte Hrn.
Eßlair den Rang als Essighändler nicht streitig gemacht. – Dlle.
Senger, welche in der letzten Gast-Vorstellung des Hrn. Raimund die Rolle der Jugend mit vieler Bereitwilligkeit, und in
ihrer angebornen Herzensgüte übernommen hatte, hatte sich
dadurch den Dank und die Achtung des ganzen Publikums im
hohen Grade erworben. Der lauteste und aufrichtigste Beyfall wurde dieser achtungswerthen Schauspielerin in vollem
Maaße gezollt. Einigen einfältigen Partheygängern, welche
sich zu zischen erfrechten, wurde auf die ehrendste Weise für
Dlle. Senger, welche nach dem recht brav vorgetragenen Liedchen gerufen wurde, das Handwerk gelegt. Jeder partheylos
urtheilende Theaterfreund hat mit Vergnügen, die seit langer
Zeit herrschende Spannung zweyer Partheyen nunmehr verschwinden sehen, welches für Dlle. Hagn und Dlle. Senger
selbst, beyde gleich achtungswerthe Glieder der k. Hofbühne
nicht anders, als vortheilhaft seyn dürfte. –

Vgl. dazu auch die Auszüge aus Carl Ludwig Costenobles Tagebüchern in Franz Hadamowsky, *Ferdinand Raimund als Schauspieler* (SW Bd. 5/2), S. 569 f. (Nr. 812, 29. 5. 1831, Bd. II, S. 490a),
S. 580 (Nr. 832, 23. 1. 1832, Bd. III, S. 43b) und S. 582 (Nr. 838,
31. 1. 1832, Bd. III, S. 47a).
Der *Bayerische Landbote* (Nr. 14, Samstag, 14. Jänner 1832, S. 62)
urteilt zusammenfassend:

Ein Wort über Herrn Raymund als Künstler und als Mensch.
Herr Raymund ist in der That in der Dichter- und Kunstwelt eine herrliche Erscheinung. Nicht bloß die Virtuosität seines Spieles und die Originalität seiner poetischen Produktionen verdient die Bewunderung die sie findet, sondern das Merkwürdigste an ihm, und worauf eben jene wahre Originalität und zum Theil auch seine Virtuosität beruht, und woraus sie sich entwickelt, ist seine innerste Persönlichkeit selbst, sein edles, von wahrer Menschenliebe und vom Gefühl für ächte und heitere Moralität gleichsam überströmendes Gemüth. Seine Kunst ist demnach durchaus nicht etwas bloß Erworbenes, Angenommenes, sondern sie ist sein Wesen, ist – Er selbst, und eben deßhalb so tief ergreifend und durchaus lebendig. Herr Raymund gehört aus dem nämlichen Grunde zu jenen unendlich seltenen volksthümlichen Satyrikern, die nicht verwunden, sondern wahrhaft belehren und das Gemüth veredeln, und reihet sich dem herrlichen Justus Möser und dem unsterblichen J. M. Claudius an, welchen Beiden er seinem innersten Wesen nach verwandt, und von denen er nur durch die groteske, aber jederzeit sinnvolle Form seiner Produktionen verschieden ist. H.

Flora (Nr. 7, Donnerstag, 12. Jänner 1832, Titelseite) druckte einen »Abschiedsgruß an Ferdinand Raimund« ab. In der Fußnote dazu hieß es: »Dieses Gedicht flog Hrn. Raimund bei seinem letzten Auftreten entgegen.« Die *Münchener Politische Zeitung* (Nr. 8, Dienstag, 10. Jänner 1832, S. 59) informierte in einer Theateranzeige: »Dienstag: Der Bauer als Millionär. Hr. Raimund zum letztenmale als Gast.«

Raimunds erstes Gastspiel am Stadttheater Hamburg

Der *Wanderer* (Nr. 224, Freitag, 12. August 1831) berichtet:

– Gestern (den 11. August) ist Hr. Raimund mittelst Eilwagen von hier zu Gastrollen nach Hamburg abgereist, wo ihm selbst noch bedeutendere Vortheile als in München gebothen worden sind.   1

Die *Hamburger Nachrichten* Nr. 211 zum 1. September 1831 thematisieren das Befremdliche der wienerischen Art zu sprechen:

> Herr R a i m u n d aus Wien hat am 1sten September als Fortunatus Wurzel oder Bauer als Millionair die Reihe seiner Gastrollen eröffnet. Es war zu erwarten, daß Vielen, die mit dem Character der Süd-Deutschen nicht bekannt sind, diese Art der Komik, dieser Ton des Vortrags bis in den Dialect hinein etwas befremdlich vorkommen werde; aber nichts destoweniger brachte die ganze Eigenthümlichkeit, die Lebendigkeit, der gemüthreiche Humor des Künstlers eine sehr große Wirkung hervor. Herr Raimund spricht schnell und zieht, nach Wienerischer Art, die Endsylben rasch zusammen; dem also, der ihm nicht scharf folgen kann, geht freilich mancher drastischer Witz verloren, von welchen er übersprudelt; doch hören wir von Vielen, die ihn schon früher kennen gelernt haben, wie es ihnen sehr bald gelungen sey, sich ganz in das geistreiche Spiel hineinzufinden, und wir sind überzeugt, daß dasselbe auch hier der Fall seyn werde. Das Stück selbst erschien jetzt in viel anderer Gestalt, als wir es früher gesehen haben; so ist der Zusammenhang und mit demselben das Verständniß klarer und bündiger. In der dritten Abtheilung sang Herr Raimund das Aschenlied auf eine sehr wirksame Weise, indem mehrere für das Publicum ungemein verbindliche Couplets, besonders nachdem eine Wiederholung verlangt worden war, einen allgemeinen Jubel erregten. Auch die Art, wie Herr Raimund, am Schlusse gerufen, dem Publicum dankte, beurkundete den Mann von edler Bescheidenheit, Einsicht und Bildung. So viel für jetzt! denn wir werden Gelegenheit haben, auf ihn zurück zu kommen, und wollen in unserm Urtheil nicht vorgreifen.

Der *Sammler* (Nr. 119, Dienstag, 4. Oktober 1831, S. 476) schreibt in der Rubrik »Nachrichten von fremden Bühnen« auch über Probleme der Verständlichkeit im Norden Deutschlands und über die Kürzungen des Stücks unter Raimunds Abwesenheit:

Nachrichten von fremden Bühnen.
Hamburg.
Über Raimund's Auftreten melden die Originalien *[Nr. 108]* Folgendes: »Der sogenannte niedrige Komiker hat, wenn er seine Heimath verläßt, um sich auch in der Ferne als Künstler zu bewähren, in der That eine recht schwierige Aufgabe; denn da die Würze seines Spiels häufig auf Localverhältnissen beruht, so ist es ganz begreiflich, daß in der Fremde, wo diese der Menge unbekannt sind, seine Leistungen weniger ansprechen. Ganz besonders schwer aber wird es dem Schauspieler in diesem Genre, seine Kunst auch anderswo, als daheim, geltend zu machen, wenn er in seinem Vortrage an einen bestimmten Dialect und an Ausdrücke gewohnt ist, die dem fremden Ohre fast unverständlich bleiben müssen. Unter diesen Umständen nun gestehe ich es frey, daß ich trotz des guten Rufes, welcher Hrn. Raimund vorausging, mich dennoch bey seiner ersten Gastrolle keineswegs mit der festen Überzeugung einfand, das in Süddeutschland mit Recht so gewürdigte Talent dieses Mimen werde auch in unserm psychisch und physisch kälteren Norden die gebührende Anerkennung finden. Es hat sie gefunden, und diese Anerkennung bewahrheitet den alten Satz: daß das wahre Genie keine Gränzen kennt, daß es überall Verhältnisse und Umstände sich unterwürfig zu machen versteht. Raimund, von dessen Ruhme die süddeutschen Blätter längst wiederhallten, ist ein mit reichen Mitteln ausgestatteter, genialer Künstler. Durch seine romantischen, phantastischen Bühnenstücke hat er in der dramatischen Poesie gewissermaßen eine neue Epoche begründet, und sich als Dichter mit tief poetischem Gemüthe bewährt. Seine Werke sind nicht, wie andere Stücke ähnlicher Art, zusammengewürfelte Narrenspossen, nur an einander gereiht, um durch prachtvolle Verwandlungen die leere Schaulust zu befriedigen; sie haben sämmtlich eine tiefe, ernste Tendenz, und nahmentlich könnte sein: »Alpenkönig,« meiner Meinung nach die vorzüglichste und reifste seiner Dichtungen, mit allem Fug und Recht eine Tragödie im Gewande des Momus genannt werden. Der wahrhaft innere Gehalt dieses Drama's hat bey

unserm Publicum auch schon früher gebührende Anerkennung gefunden. Der »Bauer als Millionär« aber wollte nicht so gefallen, vielleicht weil man für die Darstellung auf der Bühne die Hinweglassung mehrerer genialer Ideen des Dichters für nothwendig erachtete. Bey der jetzigen Anwesenheit unsers verdienstvollen Gastes ward dieses Stück nunmehr gegeben, wie er es geschrieben, und ich gestehe, daß mir Vieles, was mir in den früheren Vorstellungen dunkel und verworren erschien, jetzt völlig klar geworden, so daß es diesem Werk nun durchaus nicht mehr an den gehörigen Motiven fehlt.«

»R a i m u n d trat hier als Fortunatus Wurzel zuerst vor einem n o r d d e u t s c h e n Publicum auf. Er hatte die Probe zu bestehen, ob sein Kunstgold auch hier gang und gebe seyn würde, und er wagte diese Probe, denn das w a h r e Verdienst ist ja stets bescheiden, wie in den ersten Scenen deutlich zu bemerken war, nicht ohne Schüchternheit. Es schien auch in der That, als ob sich die in großer Anzahl versammelten Zuschauer mit dem fremdartigen Dialecte und dem ihnen ungewohnten, etwas stark aufgetragenen Spiele sich anfangs nicht ganz befreunden könnten; so wie aber von dem ausgezeichneten Gaste die Befangenheit gewichen, und er nun zum vollen Bewußtseyn seines Werthes gelangt, mehr durch seinen meisterhaften Vortrag in Geberde, Miene und Wort seine hohe Künstlerschaft bewährte, da brachen die Schranken zusammen, welche Gewohnheit und Gebrauch zwischen dem Süden und Norden aufgestellt haben, und ein lauter Jubel und ein stürmischer Beyfall, welcher sich ganz vorzüglich nach dem mit unbeschreiblicher Vortrefflichkeit vorgetragenen Aschenliede darthat, verkündete dem Meister den Sieg, den sein Genius davongetragen. Auf einstimmiges Verlangen der begeisterten Menge mußte Hr. R a i m u n d das Aschenlied wiederhohlen; die sinnigen und rührenden Verse, welche er der lieblichen Melodie unterlegte, beurkundeten neuerdings das tiefe Gemüth dieses wahrhaft seltenen Künstlers, der auch am Schlusse des Stückes jubelnd und allgemein hervorgerufen wurde, damit man ihm noch einmahl Anerkennung beweise und Dank spende.«

Der *Wanderer* (Nr. 259, Freitag, 16. September 1831) veröffentlicht einen Theaterbrief aus Hamburg:

> Ihr Liebling der komischen Muse, Hr. Raimund, ist nun auch schon der unsrige geworden. Er ist bereits als Wurzel im »Mädchen aus der Feenwelt« aufgetreten, und ich kann Ihnen kaum beschreiben, wie enthusiastisch der Beifall während dem ganzen Stücke hindurch erscholl. Dichtung und Darstellung wurden wechselweise bewundert. Obgleich das Theater bei uns in letzterer Zeit nicht eben sehr besucht war, so ist es doch überflüßig, zu melden, daß an diesem Tage eine wahre Schwitzkur gegen etwaige Choleradispositionen in dem gefüllten Theaterraum Statt fand. (Wir freuen uns, berichten zu können, daß Hr. Raimund nun auch in dieser nördlichst gelegenen, teutschen, großen Stadt, wo vielleicht das National-Komische von dem unsrigen am meisten verschieden ist, den Sieg errungen hat, den seine Kunst verdient. Nun scheint sein Ruhm allenthalben gesichert. Anm. d. Red.) 1

Der *Freischütz* (Nr. 37, Samstag, 10. September 1831) bedient sich scherzhafter Briefform:

> Schreiben des Cousin Wahrlied. »Bitte schönstens, Vetter Freischütz, um eine herzliche Gratulation, denn mir ist urplötzlich ein halbes Saeculum von der Achsel genommen! Die weißen Haare, die schwerbeweglichen Füße sind wohl da; aber hier neben dem Busenstreif geht's wieder, wie vor 50 Jahren; meinte ich alter Thor doch oft, wenn ich heimschlich aus dem Dammthorhäusel, es sey für mich gesagt: »Dein Sinn ist verschlossen, dein Herz ist todt!« und eine Wehmuth über mich selbst faßte mich! Nein, Vetter, nein! Noch ist der Sinn mir offen, noch schlägt es warm mir in der Brust, noch zwingt mich die Laune zum herzlichen Behagen, noch ekelt mich die Leerheit eines wüsten Lebens an, noch rührt mich das Lied des armen Mannes, noch wird das Auge feucht, wenn eine milde Hand aus lichten Wolken dem Dulder seine Krone reicht! Ja, ja, Herr Vetter, ich bin noch jung! und kann noch fühlen, wie vor 50 Jahren! Wer mir die Überzeugung gab? Vetter – du

fragst? Der Bauer aus der Feenwelt! der mich wieder zu einem Millionair an Gefühlen machte. Der Mann von gutem Schrot und Korn, dessen Wiege alle Grazien umschwebten, bei dem der Ernst und Scherz die Pathenstelle vertraten. Vetter, wie kannst du heute von mir eine trockne Vergleichung zwischen dem Frühern und dem Jetzigen verlangen? Vollendung, Vetter, ist ein ganz besonderes Wort! Und wo die so vor den äußeren und innern Sinn hintritt – da nimmt sie uns, und wären wir schon seit einem halben Jahrhundert an die kritische Reflexion gewöhnt, ganz hin! Du magst selbst den kritischen Maaßstab anlegen und den Leuten der Länge und Breite nach vormessen, wie der Raimund gleich groß als Dichter und Darsteller stehe! nur von mir verlange das heute nicht.
Dein jugendlicher Siebziger.«
Wenn's ausgesprochen haben, junger Cousin, mit Vergunst auch mir das Wort. Ja wohl, Raimund, dieser Künstler, kann entzücken und beglücken; doch ist ein F. noch zu jung, sich so vom momentanen Eindruck hinreißen zu lassen, und ganz und gar die kritischen Brillengläser von der Nase zu verlieren. Und was er durch diese Gläser (er hält sie in seiner Einfalt für achromatische) erlugt, das muß er beschreiben; er kann's schon nit lassen. So waren ihm (durch die gewissen Gläser betrachtet) die ersten Scenen, wo Raimund als Millionair auftrat, nit durchaus genügend. Er glaubt da Übereilung (vielleicht der Befangenheit des ersten Auftretens vor einem ganz fremden und dem Südländer fremdartigen Publikum entsprungen), einige Unsicherheit, überhaupt aber in diesen ersten Scenen nur das zu erlugen, was andere minder Berühmte und minder Verdiente wohl eben so gut, wenn im Einzelnen nit gar besser, hätten produciren können. Aber nur Geduld, Sepperl! der Mann und Künstler entwickelt sich bald auf die überraschendste Weise. Da kömmt bald der Übergang von der Jugend ins gebrechliche Alter, und wie hohe Meisterschaft in diesem! Da kömmt nun gar der Aschenmann, der lebendigste Commentar zu dem Salomonischen: »Alles ist eitel.« Liebes Publikum ist begeistert, als wenn's mit dem Cousin schon 70 Jahr und dann wieder (umgekehrt wie der Millionair)

plötzlich jung geworden wär. Das Publikum ist weg, der Cousin sammt den F. dito. Da capo schallt's von allen Ecken, in dankbarer Rührung und wohlthätiger Wehmuth variirt R a i - m u n d sein Thema; es lautet: »doch nit alles ist eitel,« und er singt wie folgt:

Vom alten Isterland
Zieht still zum Elbestrand
Der Aschenmann von Wien
Gedankenvoll dahin.
Wie der Deutschlands Töchter sieht
Verstummt sein Aschenlied,
Sie lächeln hold ihn an:
Du armer Aschenmann!
Ein Aschen. – *)

Er zieht durch Wald und Feld
Von Frost und Hitz' gequält,
Gelangt an eine Mauth,
Wo Alles wird beschaut,
Da woll'ns ihn gleich plumbiren,
Doch wie's ihn visitiren,
Zeigt er sein Butten her
Und sagt Herr Comissair:
Ein Aschen!

Nun schleicht von Ort zu Ort
Ganz unbemerkt er fort,
Ein Mensch, dem Alles fehlt,
Zieht sicher durch die Welt.
Ermüdet ruht er kaum,
Umfließt ihn goldner Traum
Den nie erfüllt er sieht,
Er weint sein Schwanenlied:
Ein Aschen!

Des Tages Glut erbleicht
Als H a m b u r g er erreicht.
Thaliens Tempel glänzt
Vom Abendgold bekränzt.
Da bebt der Aschenmann
Im süßen Hoffnungswahn,
Blickt auf zu Sternennacht,
Frägt, ob sein Glück hier wacht.
Nur kein Aschen!

Da donnert auf die Pfort'
Drin tönt das holde Wort:
»Komm Fremdling nur herein.
»Du sollst willkommen seyn.«
Das freut den alten Mann,
Daß er kaum sprechen kann.
Wie rührt mich Ihre Gnad'
Hoch lebe diese Stadt!
Kein Aschen!
Kein Aschen!

Am Schlusse wendet er die personificirte »Zufriedenheit« im

---

*) Provinziell für »Asche!« d. F.

Stuckel auf die Zufriedenheit des lieben Publikums an, und wie
der begeisterte Ruf der Menge am Schlusse ertönt, da erscheint
er und spricht die Worte aus dem Herzen mit dem Tone der
Bescheidenheit und gemüthlichster Wahrheit. D e m Manne,
günstiger Leser, werden wir noch manche Thräne der Wonne
und Rührung zollen; d e n lieben Gast wollen wir halt vor
Allen hoch leben lassen. – –
»Es lebe R a i m u n d hoch!
Kein Aschen!«

Die *Originalien aus dem Gebiete der Wahrheit, Kunst, Laune und
Phantasie* (Jg. 1832, S. 856) kündigen für den 5. September FORTUNATUS WURZEL als Raimunds erste Gastrolle im Stadttheater an.
Eine Rezension folgt auf S. 880:

> F e r d i n a n d R a i m u n d , der liebe Aschenmann aus Wien,
> welcher uns, um nicht an der Erfüllung seiner in München
> eingegangenen Verpflichtungen verhindert zu werden, im ver-
> gangenen Jahre beim Erscheinen der Räthselhaften aus Asien,
> so schnell verlassen mußte, ist jetzt wieder zu uns zurückge-
> kehrt, und hat am Mittwoch den 5. dieses den Cyklus seiner
> Gastrollen als Fortunatus Wurzel im »Bauer als Millionair«
> unter lautem Jubel und herzlicher Begrüßung des gefüllten
> Hauses begonnen. Wir haben uns über diesen ausgezeichne-
> ten Künstler im vorigen Jahrgang dieser Blätter *) sowohl im
> Allgemeinen als im Besonderen so ausführlich ausgesprochen,
> daß wir hier nur Wiederholungen liefern würden, wollten wir
> seine seltenen Verdienste als dramatischer Dichter und Schau-
> spieler auf's Neue zergliedern. Der glänzende Erfolg, den
> dieser unvergleichbare Mime überall, wo er sich gezeigt hat,
> und trotz der mancherlei Hindernisse, die sich im in den Weg
> stellten, in der letzten Zeit, auch in Preußens Hauptstadt er-
> rungen hat, wo er auf dem Königstädter Theater siebenzehn
> Gastrollen mit immer steigendem Beifall gab, ist der sicherste
> Gewährsmann für die Wahrheit unseres rücksichtlich die-
> ses Künstlers ausgesprochenen Urtheils, dem wir, nachdem
> während seines jetzigen Aufenthaltes mehrere seiner neuen

---

*) Siehe Nr. 108. 113. 118. 125. 126. des vorigen Jahrgangs.

Geistes-Productionen zur Aufführung gebracht worden, späterhin noch einige Bemerkungen hinzufügen werden.

Was seine heutige Darstellung des Fortunatus Wurzel betrifft, so war derselbe, wo möglich, noch ergötzlicher und wahrheitsgetreuer als früher, eine natürliche Folge der Ruhe des trefflichen Künstlers, welcher jetzt überzeugt war, vor einem Publikum zu stehen, das sich mit seiner Spielweise schon befreundet hatte. Die Verse, welche der verdienstvolle Gast, als eine Wiederholung des Aschenliedes laut und einstimmig begehrt wurde, vortrug, waren der lieblichen Melodie recht passend untergelegt und konnten ihres Eindrucks nicht verfehlen. Nach dem Schlusse des Stücks ward Herrn R a i m u n d durch stürmisches Hervorrufen allgemeine Anerkennung gezollt.

Der liebe Gast ward von den Mitspielenden und namentlich von unserm Herrn J o s t als hohe Alter, und Herrn L e b r u n als Kammerdiener, wacker unterstützt; Herr D a h n dagegen zeichnete den Betrunkenen mit viel zu grellen Farben; und eine Rüge verdient die mangelhafte Verwandlung der Decoration im zweiten Acte, wo der gedeckte Tisch in der Mitte der Ochsengesellschaft stehen blieb, gleichsam als wäre er für dieselbe gedeckt worden.

Die *Originalien aus dem Gebiete der Wahrheit, Kunst, Laune und Phantasie*, Jg. 1832, S. 896, verweisen auf Mittwoch, den 12. September und auf Raimunds dritte Gastrolle als FLORIAN im *Diamant des Geisterkönigs*:

Das obengenannte Drama steht, was die Tendenz betrifft, allerdings hinter dem »Mädchen aus der Feenwelt,« ganz besonders aber hinter dem »Alpenkönig und Menschenfeind« zurück. [...]

Raimunds Gastspiel am Königstädtischen Theater Berlin

Die *Beilage zur Königlich privilegirten Berlinischen Zeitung* (Nr. 91, Montag, 16. April 1832) rezensiert *Das Mädchen aus der Feenwelt* und geht auf Raimunds Verbindung feinerer Nuancierung einerseits und bloßen Spaß andererseits ein. Auch hier wird auf die Tatsache von Streichungen im Text, die Raimund als Darsteller wieder rückgängig machte, und auf Zusatzstrophen hingewiesen.

Königsstädtisches Theater.
Am 13. April: »Das Mädchen aus der Feenwelt, oder: Der Bauer als Millionair; Zaubermährchen von Ferd. Raimund.« Hr. Raimund: »Fortunatus Wurzel,« als zweite Gastrolle. Wie wir in unserm ersten Bericht über diesen ehrenwerthen Gast gesagt, so zeigte es sich bei dieser Darstellung: Das Publikum verständigte sich schon bei weitem mehr mit einem Künstler, der den Ausdruck innerer Zustände meisterhaft in seiner Gewalt hat, und der es fordern darf, daß man auf nähere Erkenntniß seiner feinen Nüancirungen eingehe, während er es zugleich nicht verschmäht, im Interesse des größern Publikums auch den bloßen Spaß zu treiben. Seine Lebendigkeit im ersten Akt, wo der dargestellte Charakter, trotz innerer Hohlheit und äußerer Plumpheit, doch Ansprüche auf Verstand und Weltklugheit macht; seine nachherigen Stationen des Schmerzes bis zu der völligen Regeneration zu einem Philosophen für's Haus – dies alles will gesehen seyn, würde in der Beschreibung sich viel Raum anmaßen müssen, und doch könnte man damit nicht das Leben, wie es Raimund trifft, versinnlichen. So wie alle komischen Momente höchlichst zur Lust aufregten, eben so sehr ergriffen die tragischen, und das Lied des Aschenmanns war hier[von] die Krone, obwohl dabei wenig von Gesang zu sagen ist; es wirkte die Seele, die Raimund jedem Bilde, jedem Worte mitzugeben wußte. Das Lied wurde Dacapo gewünscht, und Raimund brachte nun andere Verse, seine Reise nach Berlin – versteht sich mit dem Gewande des Charakters umfaßt – und die mancherlei Empfindungen dabei andeutend. Der Künstler wurde sogleich und zum zweiten Mal nach dem Schluß der Vorstellung gerufen, in der er Manches wieder einfügte, was eine hiesige Scheere herausgenommen hatte. Er dankte mit der Darlegung: auf einen Hieb fällt kein Baum; so kann auch ich nur bei mehreren Rollen mich des Beifalls würdig zeigen, den das Publikum mir heut zu Theil werden ließ. – Die übrigen Mitspielenden strengten sich alle lobenswerth an, und vortrefflich waren besonders Hr. Schmelka (»das Alter«) und

Dem. Grünbaum (»die Jugend«). Mit dem Muthe wächst das Talent; die junge Künstlerin war heut voller Leben und Gewandtheit, und sang ihr Liedchen in sehr humoristischer und verständiger Modulation.

Die *Berlinischen Nachrichten von Staats- und gelehrten Sachen* (Nr. 87, Mittwoch, 11. April 1832) kündigen Raimunds zweite Gastrolle als »Longinus Wurzel« für den 13. April im Königsstädtischen Theater an. In der *Beilage zur Königlich privilegirten Berlinischen Zeitung* (Nr. 94, Samstag, 19. April 1832) heißt es bereits richtig »Fortunatus Wurzel«, diesmal als vierte Gastrolle am 21. April; und laut derselben Zeitung (Nr. 114, Dienstag, 15. Mai 1832) soll FORTUNATUS WURZEL auch Raimunds elfte Gastrolle gewesen sein. Die *Berlinischen Nachrichten von Staats- und gelehrten Sachen* (Beilage vom 16. April 1832, Nr. 91) weisen unter anderem auf den Gewöhnungsprozess hin. Diese Rezension wurde zur Gänze von der *Theaterzeitung* (Nr. 82, Dienstag, 24. April 1832, S. 328) als Meldung unter dem Autorenkürzel »-sch-« übernommen.

Königsstädtisches Theater.
Herr R a i m u n d , dessen Verdienste als volksthümlich dramatischer Dichter längst anerkannt sind und um so höher gelten, als seinen heitern Scherzspielen und romantischen Zaubergebilden stets ein reiner Sinn und moralische Tendenz zu Grunde liegt, wurde in seiner zweiten Gastrolle, als Fortunatus Wurzel in dem beliebten »Bauer als Millionair« schon weit allgemeiner verstanden und mit steigendem Beifall aufgenommen. Zeigte der gemüthliche überaus wahre Darsteller schon im ersten Akt den übermüthigen Parvenu und rein sinnlichen Menschen, dessen Mangel an geistiger Bildung nicht zu verbergen ist, so wurde die Verwandlung des lebenskräftigen Freudenschmeckers in den von körperlichen Schwächen geplagten Greis im zweiten Akt, noch kunstreicher und mit der höchsten Naturwahrheit dargestellt. Im dritten Akt aber erreichte die mimische Kunst des Aschenmanns, den höchsten Gipfel. Dieser rührende Ausdruck der Reue, diese gemüthvolle Schilderung des armen, schwachen Alten gränzte

an das Tragische, und ergriff allgemein. Am tiefsten wirkte
der Gesang des Aschenliedes, welches Hr. R a i m u n d mit
sehr ansprechenden Veränderungen der Worte wiederholen
mußte, und gleich darauf nochmals enthusiastisch, wie auch
nach der Vorstellung gerufen wurde. Auch der Schlußgesang
wurde von dem gewandten, geistreichen Humoristen mit Anspielungen auf die Zufriedenheit des Publikums verändert. In
seiner Danksagungs-Rede äußerte der geschätzte Gast, wie er
als Bauer es heute erfahren habe, daß ein Baum nicht auf den
e r s t e n Hieb falle, er aber an der Eiche des Beifalls sich immer mehr zu halten hoffe u. s. w. Die Anordnung des Ganzen
hatte durch den Verfasser des wohl unterhaltenden, hinsichts
seiner sittlichen Tendenz und treffenden Allegorien lobenswerthen Stücks sehr gewonnen. Ausgezeichnet waren neben
dem schaffenden Künstler Herr S c h m e l k a als »das hohe
Alter«, Frau v. H o l t e i als Lottchen, die Dlles. G r ü n -
b a u m und F e l s e n h e i m als Jugend und Zufriedenheit,
Herr B e c k m a n n als Lorenz nicht zu vergessen. Auch die
übrigen Rollen wurden gut und ergreifend gegeben. –

Der *Wanderer* (Nr. 123, Mittwoch, 2. Mai 1832) berichtet aus Berlin:

– Im Königstädtischen Theater hat Hr. R a i m u n d seine
Gastspiele mit immer erhöhtem Beifalle fortgesetzt. Sein Fortunatus Wurzel im »Bauer als Millionär,« und später mehrere
abgerissene Scenen, nur darauf berechnet, ihn in seiner Vielseitigkeit zu zeigen, haben ihn auch uns als den Künstler erkennen lassen, der seines Rufes vollkommen würdig ist. Man
gewahrt überall ein gutes Studium, und eben so wie der Geist,
ist ihm auch sein Körper zu dem schönsten Gepräge des Aus-
drucks dienstbar; wir wüßten in neuerer Zeit keinen Künstler
zu nennen, der sich als Mimiker mit ihm messen könnte, und
der bei beschränkten Mitteln sich das Gebieth seiner Darstellungen so zu erweitern verstand.   2

Der Hinweis auf »mehrere abgerissene Scenen« bezieht sich wohl
auf das Quodlibet *Der Carneval unter der Spree*, das am 17. April
zum ersten Mal in Berlin mit Raimund gegeben wurde.

Der *Sammler* (Nr. 53, Donnerstag, 3. Mai 1832, S. 212) brachte eine ausführliche Korrespondenznachricht aus Berlin, deren erste Hälfte (bis »vom Herzen zum Herzen«) in der *Theaterzeitung* (Nr. 88, Mittwoch, 2. Mai 1832, S. 352) zitiert wurde und dort als Zitat aus dem *Freymüthigen* ausgewiesen wurde:

> Herr R a i m u n d hat den »Bauer als Millionär« zu seiner zweyten Gastrolle gewählt. Es bleibe dahingestellt, ob er Recht that, sie nicht zu seiner ersten zu machen. Gewiß ist, daß, wenn das Resultat seines ersten Debüts hinsichts der Aufnahme zweifelhaft war, er hier entschieden gesiegt hat. Was von seinem »Florian« im »Diamanten« gesagt worden, gilt auch für die ernstere Parthie seines »Wurzel;« dieselbe durchgeführte Charakteristik, der Schauspieler blickt auch in keinem Momente vor, er ist aufgegangen in dem Charakter des tölpischen, übermüthigen, dumm-dreisten Bauern; dieselbe grotesk-feine (Gegensätze begegnen sich überall!) Komik. Ging auch wegen des Wiener Dialektes, dem der Gast hier freyen Lauf ließ, manches verloren, so wirkten dafür die aufgefangenen Witzesspiele desto stärker. Raimund gefiel in diesen komischen Parthien, der Beyfall wurde nur nicht so laut, als man hätte erwarten können, weil der Charakter selbst da noch nicht anspricht. Jetzt kommt der Übergang; die Jugend (sehr anmuthig durch Dlle. G r ü n b a u m) verläßt ihn, das hohe Alter kommt. Der Meister zeigt sich in den Übergängen, jede[r] Muskel, jede Sehne, jede Miene, jede Bewegung spielt mit, indem er altert. Der Greis ist fertig; aber ein eben so widerwärtiger Greis, als er ein unangenehmer Mann war. Man fühlt es in aller Wahrheit, aber diese Wahrheit zieht noch nicht an. Nun kommt das Unglück hinzu und die Zufriedenheit reicht dem armen Aschenmann die Hand. Er wird neu geboren, das Gefühl spricht aus dem Druck des Alters in der Noth, man sieht, es war etwas Besseres in ihm, das nur lange erdrückt und verborgen war. Es bekommt Luft und der Mann wird ein anderer, ein tief tragischer Charakter. Hier ist Raimund's Hauptstärke; das, wird jeder inne, ist Wahrheit, das spricht vom Herzen zum Herzen. Diese Töne des Aschenliedes berühren in ihren einfachen Worten, ihrer einfachen Weise, Schmerzen, die, durch

das ganze Weltall vibrierend, den Wiederhall in jeder Brust finden. Dazu diese rührende Gestalt, diese rührende Miene, es zittert Alles, und nur die Hoffnung hält wie ein letzter schwacher Faden das zerbrechliche Gebäude zusammen. Aber wir thun dem Darsteller damit Unrecht, daß er hier ein Anderer gewesen seyn soll! Auf schärfere Beobachtung erkennt man, daß der tragische Grundton sich überall durchzieht. Raimund ist als Dichter und Schauspieler durch und durch ernst. Die, die es selbst nicht sind, merken es nur nicht. Er ist nie ausgelassen; wo er es scheint, trennt nur eine dünne Florwand den Humor von der Aussicht auf das Ende aller Dinge, von denen der Humor eines ist. Die tiefe, rührende Wahrheit übermannte bey dieser Stelle das Publicum, der Applaus ging in Sturm über und Raimund wurde gerufen. Von allen Seiten wurde übrigens zu Ehren des Verfassers und Mitspielers wacker gespielt *).

Raimunds zweites Gastspiel am Stadttheater Hamburg

Raimunds zweites Gastspiel in Hamburg wurde in der Presse als freudiges Wiedersehen vermittelt. Der *Freischütz*, Beilage Nr. 19, schreibt zum 5. September 1832:

---

*) Besonders zeigte Hr. S c h m e l k a , der das hohe Alter übernommen, wie charakteristisch auch er in seiner Komik seyn kann, wenn er es der Mühe werth hält. So fein nuancirend, mit so launiger Ironie hat er lange keine Rolle aufgefaßt und durchgeführt. Die Kräfte dieses ausgezeichneten Komikers sind noch lange nicht erschöpft; ihm fehlte nur ein Rival, der ihn ansportnte, und ein Publicum, dessen schweres Gehör ihn nicht zum Schreyen verführte, wo er reden sollte. Versuche es Herr Schmelka nur einige Monathe dem Geschmack des Publicums zu trotzen und für die ersten Wochen, wo ihm die Bravos der Gallerie und das Klatschen der Sperrsitze abgehen, gewinnt er etwas, das mehr werth ist als Beydes, und etwas Reelles, denn es schallt länger nach, als auch der lauteste Jubel des Parterres. Das ganze Stück hatte ein anderes Ansehen gewonnen, d. h. Poesie.

Raimund!
Er ist wieder da, der Mann der genialen schöpferischen Komik, hat uns am Mittwochen begrüßt als **Fortunatus Wurzel** und sich vom ersten Augenblick seines Erscheinens überzeugen können, wie fest sein Andenken beim lieben Publikum **gewurzelt** hat. Begrüßung, Da Capo-Ruf des Aschenliedes, Hervorruf, kurz, Alles was liebes Publikum seinen Lieblingen auf den Bretern, die da die Welt bedeuten, zu geben hat, ist ihm in reichem und wohlverdientem Maaße geworden. Sehr glücklich und mit feinem Takte wußte der geniale Mann in den Strophen, die er der Wiederholung des Aschenliedes unterlegte, die Zeit und das Motiv zu berühren, die seine Abreise im vorigen Jahre so übereilt hatten.

»Ich liebe diesen Platz,
»Doch nicht die Contumaz«

war das Thema, das mit den niedlichsten Einfällen, Kinder des ächten Humors durchwebt, wahrhaft fanatismo erregte. Man lachte mit Thränen in den Wimpern. Die Hörer waren entzückt, und der liebe Aschenmann hoch beglückt. »**Kein Aschen, kein Aschen!!«**

Vgl. dazu die Wiedergabe der Zusatzstrophen S. 459 f.
Der *Hamburger Beobachter* Nr. 37 (zitiert in Franz Hadamowsky, *Ferdinand Raimund als Schauspieler*, SW Bd. 5/1, S. 350, Nr. 584), schreibt:

Stürmischer Beifall begrüßte beim Auftreten diesen Künstler, der uns im vorigen Jahre so lieb und teuer geworden und dem wir eine Reihe der seltensten Kunstgenüsse verdanken. Das bekannte Aschenlied wurde jubelnd da capo verlangt, und Herr Raimund benutzte diese Gelegenheit, um im Charakter der Rolle seinen Dank für die ihm früher gewordene gütige Aufnahme abzustatten und sich gleichsam wegen seines damaligen Abschiedes sans adieu zu entschuldigen. Am Schluß wurde der verehrte Gast einstimmig gerufen und empfahl sich in einfach bescheidenen Worten der ferneren Gunst des Publikums.

Der *Sammler* (Nr. 121, Dienstag, 9. Oktober 1832, S. 484) schreibt unter »Nachrichten von fremden Bühnen« über Hamburg:

Ferdinand Raimund, der liebe Aschenmann aus Wien, welcher uns, um nicht an der Erfüllung seiner in München eingegangenen Verpflichtungen verhindert zu werden, im vergangenen Jahr beym Erscheinen der Räthselhaften aus Asien, so schnell verlassen mußte, ist jetzt wieder zu uns zurückgekehrt und hat am 5. September den Cyclus seiner Gastrollen als Fortunatus Wurzel im Bauer als Millionär unter lautem Jubel und herzlicher Begrüßung des gefüllten Hauses begonnen. Der glänzende Erfolg, den dieser unvergleichbare Mime überall, wo er sich gezeigt hat, und trotz der mancherley Hindernisse, die sich ihm in den Weg stellten, in der letzten Zeit, auch in Preußens Hauptstadt errungen hat, wo er auf dem Königsstädtertheater siebzehn Gastrollen mit immer steigendem Beyfall gab, ist der sicherste Gewährsmann seiner Genialität als Dichter und Darsteller. Was seine jetzige Darstellung des Fortunatus Wurzel betrifft, so war dieselbe, wo möglich, noch ergötzlicher und wahrheitsgetreuer als früher; eine natürliche Folge der Ruhe des trefflichen Künstlers, welcher jetzt überzeugt war, vor einem Publicum zu stehen, das sich mit seiner Spielweise schon befreundet hatte. Die Verse, welche der verdienstvolle Gast, als eine Wiederhohlung des Aschenliedes laut und einstimmig begehrt wurde, vortrug, waren der lieblichen Melodie recht passend untergelegt und konnten ihres Eindrucks nicht verfehlen. Nach dem Schlusse des Stückes ward Hrn. Raimund durch stürmisches Hervorrufen allgemeine Anerkennung gezollt. – Der liebe Gast ward von den Mitspielenden und nahmentlich von unserm Hrn. Jost als hohes Alter, und Hrn. Lebrun als Kammerdiener, wacker unterstützt. Hr. Dahn hingegen zeichnete den Betrunkenen mit viel zu grellen Farben; und eine Rüge verdient die mangelhafte Verwandlung der Decoration im zweyten Acte, wo der gedeckte Tisch in der Mitte der Ochsengesellschaft stehen blieb, gleichsam als wäre er für dieselbe gedeckt worden. Raimund's zweyte Rolle war Rappelkopf in »Alpenkönig und Menschenfeind.« Wir haben dieses Drama bey unserer früheren Beurtheilung eine Tragödie im Gewande des Momus genannt, und wir haben, nachdem wir demselben jetzt neuerdings unsere ganze Aufmerksamkeit widmeten, diese Benennung auch jetzt noch höchst passend gefunden. Dieses Stück ist in der That eine der originellsten Dichtungen, welche die deutsche Bühne besitzt, und wir wüßten wahrlich fast keine zu nennen, die einen so wunderbar seltsamen Eindruck auf uns gemacht hätte. Das mit so großer Wahrheit hingestellte grauenvolle Bild des sich selbst und Andere folternden, und nur Gift und Galle athmenden Menschenfeindes, umgeben von phantastischen lieblichen Gebilden und humoristischen Gestalten, bewirkt einen Effect, den wir nicht zu beschreiben vermögen. Man fühlt sich zum Schaudern und Aufjauchzen, zum Lachen und Weinen zugleich hingerissen. Darin steckt eben das Talent dieses ausgezeichneten Mimen, darin gerade zeichnet er sich vor allen übrigen Künstlern aus, die wir gesehen. Gefühle, welche Andere nur nach einander bey dem Zuschauer zu erwecken vermögen, ruft der Meister Raimund in einem und demselben Augenblick hervor. Das gerade ist seine große, unvergleichbare Eigenthümlichkeit. Er setzt das Herz und das Zwerchfell zu gleicher Zeit in Bewegung; sein Aschenmann rührt uns bis zu Thränen, und doch verzieht sich dabey unser Mund zu heiterm Lächeln; sein Menschenfeind macht uns schaudern, ergreift unser tiefstes Gefühl – und doch fühlen wir uns zu gleicher Zeit zum Lachen hingerissen! – Die zweyte Leistung des Gastes fand bey dem gedrängt vollen Hause wieder eine laute, stürmische Anerkennung, und wir sind überzeugt, je öfter Raimund auftritt, je mehr und mehr wird das Publicum ihn verstehen und schätzen lernen. Er ward am Schlusse gerufen und erschien mit Hrn. Gloy, welcher den Doppelgänger des Menschenfeindes mit glücklichem Erfolg zur Anschauung brachte. Der verdienstvolle Gast ward überdem auch noch von Hrn. Lebrun als Habakuck und Dlle. Sutorius als Lieschen ganz vorzüglich gut unterstützt. Die vortreffliche Zeichnung des Erstern gehört unstreitig zu den ausgezeichnetsten Leistungen unsers wackern Lebrun, und unsere talentvolle Sutorius spielte und sang ihr Lieschen so allerliebst, daß sie keine Vergleichung mit ihren Vorgängerinnen, selbst nicht mit der trefflichen D e v r i e n t zu scheuen brauchte. Das niedliche Liedchen: »Wenn ich nur kein Mädchen wär',« wurde von der jungen Künstlerinn so gefällig und anmuthsvoll vorgetragen, daß sich das Wohlgefallen des Publicums laut und stürmisch aussprach, und sie auf lautes Verlangen dasselbe wiederhohlen mußte. Dlle. S u t o r i u s hat bey dieser Gelegenheit dargethan daß sie sich im Besitz einer recht hübschen Stimme befindet. – Maschinerien und Decorationen gelangen heute überaus gut; kurz, nichts störte den Genuß dieser heiteren, angenehmen Abendunterhaltung.

Am 12. September gab Hr. R a i m u n d den Florian im »Diamant des Geisterkönigs« zur dritten Gastrolle. Dieses Drama steht, was die Tendenz betrifft, allerdings hinter dem »Mädchen aus der Feenwelt,« ganz besonders aber hinter dem »Alpenkönig und Menschenfeind« zurück. [...]

Die Fortsetzung der Besprechung des *Diamants des Geisterkönigs* im *Sammler* findet sich textgleich in: *Hamburgische Theater-Zeitung*, September 1832, Sp. 986 (Band 1 dieser Ausgabe, S. 477 f.).

Raimunds Gastspiel im Theater in der Leopoldstadt 1834/35

Ankündigungen des Gastauftritts im *Mädchen aus der Feenwelt* finden sich im *Wanderer* (Nr. 13, Dienstag, 13. Jänner 1835; Nr. 17, Samstag, 17. Jänner 1835 sowie Nr. 24, Samstag, 24. Jänner 1835). Über die Neuinszenierung und Raimunds Gastspiel äußern sich drei Blätter ausführlicher, von denen der *Wanderer* und die *Theaterzeitung* die Einheit von Dichter und Darsteller sehen. Der *Wanderer* (Nr. 23, Freitag, 23. Jänner 1835):

V o r g e s t e r n sahen wir im Theater in der Leopoldstadt zum ersten Male im neuen Cyklus Raimundischer Gastvorstellungen den »Bauer als Millionär, oder das Mädchen aus der Feenwelt,« zur Aufführung gebracht. Das g e i s t -, g e m ü t h - u n d p h a n t a s i e r e i c h e Zaubermährchen hat auch an diesem Abende wie immer erheitert, gerührt und jedes Herz in die bunten Zaubernetze einer harmlosen Freude und in die lichtvollen Gefilde eines ernst-heitern Humors mit fortgerissen. Es ist jetzt ein Jahr, daß das Bild eines vergänglichen Menschenlebens, dieser stille Warner in der Maske des Scherzes, dieser Aschenmann mit seinem **An Aschen**, der Allegorie des Lebens, an unserm thränenfeuchten Blick vorüberzog, aber neuerdings hat uns sein Erscheinen Ueberraschung, Freude, Ernst, Trauer, Thränen der Wehmuth und des Mitgefühls bereitet; und das ist der Sieg des Dichters, der nicht für die **alternde Zeit**, sondern für das ewig **junge Herz** schreibt und dessen heiterer Zauberkranz nicht so leicht verblühen wird. Die Krone des Abends war **Raimund**; jedes Wort ist Dichter und Schauspieler verschmolzen und das Product davon entzückende Natur und Wahrheit. Die neuen Couplets des Aschenliedes sind ausgezeichnet. Hr. **Raimund** wurde enthusiastisch empfangen und im Ganzen sechs Mal gerufen. Hr. **Fermier** ist das beste hohe Alter, das wir je gesehen haben und uns nur wünschen können. Dlle. **Peroni**, die Jugend, gefällig in der Repräsentation, zu tragisch im Geiste. Ajaxerle, Hr. **Landner**, ein Bild ewiger Jugend und Frische im Geiste seiner Parthien; Hr. **Tomaselli**, Lorenz, ein köstliches Genrebild. Mad. **Scutta**, die Zufriedenheit, stets klar denkende Schauspielerinn, Dlle. **Altmutter**, Lacrimosa, manierirt. Das Zusammenspiel aller, selbst der minder bedeutenden Charaktere trug das Gepräge des Fleißes und eines gewissen Eifers, der von Seiten des Publikums volle Anerkennung fand, und den Beifall mit Recht erntete, der ihm zu Theil wurde. Dlle. **Peroni** wurde gerufen. Die Direction hat mit einer Eleganz und Anständigkeit das Ganze in die Scene gesetzt, die ihr, Hrn. von Marinelli, zur Ehre gereicht. Die Vorstellung wurde durch die Gegenwart Sr. Königl. Hoheit des Kronprinzen von Baiern beehrt. Das Haus war überfüllt. Wir sehen mit viel Theilnahme dem allgemein als trefflich anerkannten: »Verschwender« **Raimunds** entgegen, auf dessen Ausstattung die Direction das Außerordentliche verwenden soll. 23

In der *Theaterzeitung* (Nr. 17, Samstag, 24. Jänner 1835, S. 66 f.) schreibt F. C. Weidmann:

K. K. priv. Theater in der Leopoldstadt.
Ehevorgestern, am 21. Jänner, neu in die Scene gesetzt: »Das Mädchen aus der Feenwelt.« Original-Zaubermährchen mit Gesang von Ferd. Raimund. Der Verfasser setzte in der Rolle des Wurzel seine Gastspiele auf dieser Bühne fort. Bei dieser Reprise des »Mädchens aus der Feenwelt,« welche trotz des ungünstigsten Wetters bei vollem Hause statt fand, erlebte das Stück seine hundert sechzigste Wiederholung, und ward mit demselben regen Antheile gesehen, welche der echt poetische Geist, der in dieser Schöpfung Raimunds waltet, stets finden wird. Der Dichter selbst belebte die heutige Aufführung wieder durch sein meisterhaftes Spiel als Wurzel mit dem erfreulichsten Glanze. Jene tiefe, ergreifende Lebenswahrheit, welche Hr. Raimund in seinen Darstellungen, in allen Nüancen in denen sie geführt sind, nirgends vermissen läßt, wodurch sie ihren hohen Reiz erhalten, prägte sich auch heute in jeder Scene aus. Die übermüthige Heiterkeit des reich gewordenen Bauers, wie wirksam tritt sie in den Scenen des ersten Actes vor! Wie sinnig berechnet, und mit welcher vollendeter Herrschaft über den Stoff gestaltet der Meister den Uibergang der üppigsten Schwelgerei des Millionärs, erst zur Ahnung des siechen Alters, dann in den Zustand desselben selbst. Man muß diese Scene von Raimund selbst gesehen haben, um die reiche Fülle seines Darstellungsvermögens ganz zu erkennen. Endlich die Scene als Aschenmann, welche wir unter allen Leistungen des mit Recht so gefeierten Künstlers, als im eigentlichsten Sinne unübertrefflich nennen mögen, mit welcher ergreifenden Wirkung trat sie auch heute wieder ins Leben! Mit hinreißender Macht weis Raimund in dieser Scene, deren Schöpfung allein ihm auch das Diplom als echten Dichter sichert, auch als Darsteller die Thränen der Wehmuth, und das Lächeln der Lust zu erwecken. Der Vortrag der Couplets beschließt auf würdige Weise diesen glänzenden Erguß des Doppeltalentes des Künstlers. Hr. Raimund ward nach dieser Scene vier Mal gerufen und mit verdientem Beifall überhäuft. Die ganze Darstellung ging mit Fleiß und Eifer vor sich. Mit besonderer Auszeichnung darf Hr. Fermier

genannt werden, der die Scene als hohes Alter, trefflich gab.
Hr. To m a s e l l i, als Lorenz, war, wie allezeit sehr ergetzlich. Dem. A l t m u t t e r, gab die Fee Lacrimosa, eine ihrem
eigentlichen Fache ziemlich fremde Rolle, mit verständigem
Ausdruck, und führte die Exposition des Stückes in der großen
Erzählung mit Klarheit und zweckmäßiger Haltung durch, so
wie auch ihre äußere Erscheinung sich glänzend zeigte. Dem.
P e r o n i, gab die Jugend. Fleiß und Verstand in der Auffassung ließ diese Künstlerin, deren Talent wir achten, auch hier
nicht vermissen, doch scheint auch hier, wie oben bemerkt, der
Fall einzutreten, daß diese Rolle dem eigentlichen Wirkungskreise ihres Talentes nicht entspricht. Besonders ließ der Gesang zu wünschen übrig. Dem. P e r o n i ward übrigens nach
der Scene gerufen. Dem. S c h a d e t z k y, gab das Lottchen,
Mad. S c u t t a, die Zufriedenheit; Mad. S c u t t a, deren Talent in jeder Stellung sich behauptet, bewährte dasselbe auch
in der sinnigen verständigen Durchführung der heutigen Aufgabe, und wußte vollkommen zu genügen. Hr. B r a b b é e,
gab den Fischer, Hr. S c h a f f e r, den Haß, Hr. L u d o l f,
den Neid, und alle drei wirkten zu genügendem Einklang
des Ganzen. Für die äußere Ausstattung war würdig gesorgt.
Die neue Decoration, der Palast des Hasses, von den Herren
Stephan D o l l i n e r und M a y e r, ist gelungen zu nennen.
Die ganze Vorstellung griff gut zusammen, und bereitete dem,
wie bereits erwähnt, trotz des ungünstigen Wetters sehr zahlreich versammelten Publikum einen genußreichen Abend. Die
Zuschauer sprachen ihre Zufriedenheit und ihren Antheil an
dem Werke und der Darstellung, auf eine für den Dichter und
Darsteller gleich rühmliche Weise aus, und das »Mädchen aus
der Feenwelt,« wird auch in dieser neuen Reprise wieder gerne
und oft gesehen seyn.   F. C. W e i d m a n n.

Der *Sammler* (Nr. 13, Donnerstag, 29. Jänner 1835, S. 52):

Den 21. Jänner sahen wir im k. k. priv. Leopoldstädter Theater R a i m u n d 's »Bauer als Millionär,« (neu in die Scene
gesetzt.) Das zahlreich versammelte Publicum folgte der Darstellung, die im Ganzen eine gelungene genannt werden kann,

in bester Stimmung. Hr. R a i m u n d selbst, diese Krone aller Wurzel, entzückte durch sein characteristisches Spiel. Alle Übergänge aus der Jugend Rosentempel in des Alters dunkle Höhle, des Gesunden und Kranken und wieder Genesenden, – gab R a i m u n d mit alter Meisterschaft; stürmisch empfangen, wurde er bey Gelegenheit des Aschenliedes v i e r m a h l gerufen, und trug drey neue Strophen vor. Zunächst müssen wir Hrn. F e r m i e r erwähnen, der das hohe Alter s e h r g u t gab, und sich den unzweydeutigsten Beyfall errang. Dlle. P e r o n i gab die Jugend. Wenn uns auch das Spiel der talentvollen Schauspielerinn zufrieden stellen konnte, vermögen wir doch nicht, über den Gesang derselben stillschweigend hinauszugehen. Die Stimme an sich ist gerade nicht zu verwerfen; allein ein Dehnen und Ziehen, vorzüglich in den tieferen Tönen, besonders bey dem Worte: f e i n , wirkte unangenehm, ja störend. Eine Partey rief indessen Dlle. P e r o n i heraus. Dlle. A l t m u t t e r sprach ihre Erzählung im ersten Acte zu declamatorisch, zeigte aber in Spiel und Rede ein sonst beachtungswerthes Talent. Die HH. L a n d n e r und T o m a s e l l i wirkten sehr ergötzlich und mit Erfolg. Hr. B r a b b é e , Fischer Carl, und Dlle. S c h a d e t z k y , Lottel bilden sich immer erfreulicher heran, und genügten auch in ihren Rollen vollkommen. Mit der Z u f r i e d e n h e i t hatten wir vollkommene Ursache z u f r i e d e n zu seyn. Die übrigen untergeordneten Rollen waren zweckmäßig besetzt, so, daß keine Störung eintrat. Die Maschinen gingen, wie wir es in diesem Theater gewohnt sind, sehr gut; in der Decorirung hätten wir Einiges eleganter gewünscht; indessen ist nun, wo die sehr thätige Direction dieses Theaters in letzterer Zeit drey bis vier ältere gute Werke neu in die Scene gesetzt, auf dieses billige Rücksicht zu nehmen.   Soliny.

Der *Wanderer* (Nr. 27, Dienstag, 27. Jänner 1835) geht auf die Umbesetzung der Rolle der JUGEND von Adele Peroni, die nicht einhellig gefallen hatte, auf Madame Forster ein:

> – V o r g e s t e r n gab Mad. F o r s t e r im Theater in der Leopoldstadt anstatt Dlle. P e r o n i , in R a i m u n d ' s »Mäd-

chen aus der Feenwelt« die Parthie der Jugend. Außer einer kleinen Befangenheit war die Leistung in jeder Beziehung lobenswerth. Das artige Duettchen wurde von ihr, vorzüglich bei dem jedesmaligen Uebergang von »nein, nein,« mit einer sehr zarten Nuancirung gegeben. Mad. F o r s t e r erhielt viel Beifall, wurde gerufen und mußte die letzte Strophe wiederholen. Die ganze übrige Leistung war in jeder Beziehung gerundet. Hr. S c h a f f e r und Hr. L u d o l f waren jeder in seinem Genre ausgezeichnet. Das Haus war sehr voll. 23

Raimunds Gastspiel 1835 am Königlichen Hoftheater in München

Der *Bayerische Landbote* (Nr. 253, Donnerstag, 10. September 1835, S. 1081 f.) widmete Raimund ein Willkommensgedicht, dieselbe Zeitung (Nr. 309, Donnerstag, 5. November 1835, Titelblatt) druckte ein Gedicht ab und schrieb: »Dieses Gedicht wurde dem verehrten Künstler bei seinem letzten Auftreten unter dem lautesten Beifallsrufen zugeworfen.«

Abgesehen von den Pressemitteilungen, wann Raimund in welcher Rolle auftreten werde (wie *Münchener Tagblatt*, Nr. 239, Dienstag, 1. September 1835, S. 968, *Münchener Politische Zeitung*, Nr. 218, Dienstag, 15. September 1835, S. 1452, *Der Bayerische Landbote*, Nr. 260, Donnerstag, 17. September 1835, S. 1112, *Münchener Politische Zeitung*, Nr. 227, Freitag, 25. September 1835, S. 1504), ist in einigen Kurzberichten auch von seinem Erfolg die Rede: »[...] Vorgestern trat Raimund zum Erstenmal wieder in Bauer als Millionär auf und ärntete den stürmischsten Beifall« (*Bayerische National-Zeitung* Nr. 81, Sonntag, 20. September 1835, S. 328). Dieselbe Zeitung (Nr. 87, Donnerstag, 1. Oktober 1835, S. 350) verlautete:

> [...] Hr. R a i m u n d wird sich bei seinem ersten Auftreten im »Bauer als Millionär« überzeugt haben, welch willkommener Gast er dem Münchner Publikum ist. Er wurde stürmisch empfangen und mehreremal herausgerufen. Einen, wo möglich, noch ausgezeichneteren Beifall fand Hr. R a i m u n d als Hr. v. Rappelkopf im »Alpenkönig und Menschenfeind.« Dem »Verschwender« wurde mit allgemeiner Spannung entgegengesehen.

Auch in Wien blieb Raimunds Erfolg nicht unerwähnt. Der *Wanderer* (Nr. 275, Freitag, 2. Oktober 1835) schrieb:

> R a i m u n d ist bereits als Wurzel im »Bauer als Millionär« aufgetreten. Er wurde stürmisch empfangen und fünfmal gerufen. Er hatte, als er das erste Mal gerufen wurde, den Münchnern in schönen Versen seine Freude bezeugt, sie wieder zu sehen, und als er darauf abermals gerufen wurde, und wieder, und noch einmal die angenehmsten Improvisationen gegeben, da brach ein hier lange nicht erlebter Jubel aus. Ein Urtheil über sein Spiel ist bei der Meinungseinheit über diesen ausgezeichneten Schauspieler überflüssig. Von den übrigen Mitwirkenden sind die HH. H e i g e l und L a n g mit Auszeichnung zu nennen; Mad. D a h n (Jugend) hat ihr Liedchen recht hübsch gesungen und Hr. C. M e y e r den Zauberer Ajaxerle, recht gut behandelt, überhaupt konnten wir mit der Vorstellung wohl zufrieden seyn.
> (Corresp.)

Und später hieß es, wenn auch explizit nur den RAPPELKOPF in *Der Alpenkönig und der Menschenfeind* erwähnend, dass Raimund seine Gastrollen mit dem besten Erfolge fortsetze (*Wanderer*, Nr. 280, Mittwoch, 7. Oktober 1835). Eine längere Rezension gemeinsam über *Das Mädchen aus der Feenwelt* und *Der Alpenkönig und der Menschenfeind* findet sich nur in *Die Bayer'sche Landbötin*. Selbst gemacht, verlegt und expedirt von Dr. Karl Friedr. Aug. Müller, Nr. 118, Donnerstag, 1. Oktober 1835). Darin wird auch über den Erfolg der Raimund-Stücke in Warschau, St. Petersburg und London berichtet:

> R a i m u n d trat am 17. d. M. zur ersten Gastrolle in seinem Stück: »D e r B a u e r a l s M i l l i o n ä r« als F o r t u n a t u s W u r z e l auf. Das im gedrängtvollen Haus versammelte Publikum empfing den lieben, längst ersehnten Gast mit stürmischem, vielfach wiederholten Beyfallrufen. – Ueber R a i m u n d ' s Leistungen in dieser Rolle als S c h a u s p i e l e r etwas zu sagen, wäre überflüssig; eben so über seine am 25. und 27. d. M. vorgeführte Darstellung des H e r r n v o n R a p p e l k o p f in seinem herrlichen tiefgedachten Stück: »D e r A l p e n k ö n i g u n d d e r M e n s c h e n f e i n d.«

Die Stimme des Theater-Publikums in Wien, München, Berlin, Hamburg etc. hat darüber entschieden und R a i m u n d ist in diesen Rollen, so wie in jeder anderen von ihm dargestellten, längst als ein dramatischer Künstler ersten Grades erkannt worden, der die Charaktere mit bewundernswürdiger Wahrheit, mit allem Feuer der Kunst und mit allem Aufwand eines unversieglichen Humors und eines klassischen Geberdenspiels durchführt. – Bey seiner ersten Gast-Darstellung im »Bauer als Millionär« wurde er nach dem unübertrefflichen Vortrag seines allbeliebten Aschenliedes mit Jubel gerufen; er sang hierauf neue Strophen, worin er das Gefühl seiner Rückkehr nach München und seiner herzlichen Aufnahme dahier mit einer Gemüthlichkeit schilderte, wie sie von R a i m u n d zu erwarten ist. Bey der Schlußzeile: »D i e M ü n c h n e r S t a d t i s t g u t !« lag der volle Ausdruck der tiefsten Rührung und Freude in seinem Gesicht und seiner Stimme; ein Sturm von Beyfall brach los; er wurde zum zweyten, dann zum dritten Mal gerufen, und mit jedem Erscheinen riß er durch das Passende und herzlich Launigte neueingelegter Strophen zu immer steigendem Beyfall hin.

In dieser, so wie in den beyden Vorstellungen des Alpenkönigs, wurde Er auch am Schluß gerufen, und erschien, dankbar und bescheiden, mit den vorzüglichsten Mitgliedern der Hofbühne, die sein Gastspiel unterstützt hatten. – Die scenarische Ausführung der beyden Stücke in Dekoration, Maschinerien und Kostüm, dann im Zusammenwirken des Personals, kann man v o l l e n d e t nennen; sie macht der Bühne alle Ehre, und selbst der Neid würde hieran nichts auszusetzen haben. Hr. L a n g gab den L o r e n z im »Bauer als Millionär« und den H a b a k u k im »Alpenkönig« mit ächt komischer Kraft und feiner Laune, welche das Publikum unwiderstehlich zum Lachen reizt, ohne s e l b s t jede komische Wendung und Rede zu belachen. Hr. L a n g leistet in diesem Fach wirklich so viel, daß sich die Bühne zu seinem Besitz nur Glück wünschen darf. Er erntete in beyden Rollen den lautesten Beyfall. – Bekannt ist H e i g l s meisterhafte Darstellung d e s h o h e n A l t e r s im »Bauer als Millionär,« welche ihm allein schon die Achtung

des Publikums und einen künstlerischen Ruf sichern würde.
– Ganz ausgezeichnet und mit dem entschiedensten Beyfall
gekrönt war die Darstellung der Rolle des Alpenkönigs
durch unseren wackeren Hrn. Xaver Mayr, welcher diese
Rolle, besonders in der Partie des Doppelgängers, in den zwey
sich schnell folgenden Aufführungen des Stücks mit einer
Wahrheit, Kraft und Rundung gab, die ihm zur hohen künstlerischen Ehre gereichen muß. Diese Partie würde bey Gastspielen eine der glänzendsten Rollen des wackern Künstlers seyn.
– Mad. Fries gab die Rollen der »Zufriedenheit« und der
»Frau von Rappelkopf« mit der ihr so eigenen edlen Haltung
und sanften Würde und trug dadurch Vieles zur Rundung der
Darstellung bey. – Dem. Schöller spielte die Rolle der ersten Liebhaberin in beyden Stücken mit ungekünstelter Natur
und Lieblichkeit. – Dankenswerth war die Leistung des Hrn.
Dahn als »Fischer« und »Maler.« Besondere Erwähnung verdient die Art, mit welcher Mad. Dahn im »Bauer als Millionär« die Rolle der »Jugend« (in welcher sie ganz allerliebst aussah) auffaßte; ihr Spiel in dieser klassischen Scene mit Raimund
war bis ins Kleinste tadellos und wird im Publikum stets eine
der angenehmsten und bleibendsten Erinnerungen zurücklassen. – So verschafften diese beyden Stücke Raimund's unter
der lobenswerthesten Mitwirkung aller übrigen, hier nicht genannten, Bühnenmitglieder dem Publikum drey schöne und
herzlich vergnügte Theater-Abende.
Raimund's »Bauer als Millionär« ist, mit Hinweglassung aller komischen Partieen, in Warschau als ein ernstgehaltenes
Schauspiel mit immer steigendem Beyfall schon über
120mal gegeben worden; gleiches Glück macht dieses Stück,
so wie der »Alpenkönig« und »Moysasurs Zauberfluch« selbst
in Rußland, wo es zu Petersburg zu den beliebtesten Theaterstücken gehört; der »Alpenkönig« ist selbst, ins Englische
übersetzt, in London mit vollem Beyfall gegeben worden,
– ein Beweis mehr dafür, welcher tiefe Kern eigentlich in
Raimund's Stücken ruht, die mit einem unerklärlichen Zauber
gleich der einfachen und doch so großen Natur auf das Volk
von der gebildetsten bis zur untersten Klasse wirken, überall

einen bleibenden moralischen Eindruck zurücklassen, und nur von Genußjägern oder kalten Verstandesmenschen bloß rein von der »l u s t i g e n« Seite gewürdigt werden können. R a i m u n d gehört unter die ersten dramatischen Volksdichter, und dies Urtheil wird dann erst noch lauter werden, wenn kühle Erde den Leib dieses eben so genialen als bescheidenen Künstlers deckt und die Nachwelt sein Andenken mit tiefgerührtem Herzen ehrt. –

Raimunds Gastspiel am Ständischen Theater Prag 1836

Die *Theaterzeitung* (Nr. 32, Samstag, 13. Februar 1836, S. 128) schrieb über den höchst erfolgreichen ersten Tag des Gastspiels:

R a i m u n d i n P r a g.
Ist die Wiener Theaterzeitung das geschwindeste Blatt aller Blätter, so müssen auch ihre Correspondenten geschwind seyn, und so melde ich Ihnen denn, Hr. Redacteur, dass der treffliche R a i m u n d am 6. Februar bei uns in Prag zum ersten Male, und zwar nicht im »Alpenkönig,« wie ich früher irrig meldete, weil es so verlautete, sondern im »Mädchen aus der Feenwelt« als Wurzel erschienen ist. Gewiß hat Ihre Zeitung nicht zu viel von diesem wahrhaften Genie als Schauspieler und Dichter gesprochen, eben so hat die Theaterzeitung nicht geirrt, als sie von der Aufnahme R a i m u n d 's in Prag das Beste erwartete. Hr. R a i m u n d gefiel ganz außerordentlich. Nie ist ein Schauspieler in Prag z w ö l f M a l gerufen worden, nie hat ein Künstler bei seinem ersten Erscheinen einen solchen Erfolg erlebt. Ich erspare mir ein Detail auf meinen nächsten Brief; Hr. R a i m u n d muß die Darstellung noch oft wiederholen. Durch ihn haben wir ein g a n z n e u e s S t ü c k e r h a l t e n; oft ist das »Feenmädchen« hier gegeben worden, aber wie? – mit welchem Uibergewicht an Possenhaftigkeit. Jetzt ersehen wir, welchen tiefen Gehalt, welche ergreifende Bedeutung dasselbe besitzt.   K.

Der *Wanderer* (Nr. 46, Montag, 15. Februar 1836) zitiert in seinem Prag-Bericht den ersten Absatz und sinngemäß den letzten

Satz der folgenden Rezension der *Bohemia*, 9. Februar 1836. Wieder wird der Ernst des Stücks gewürdigt. Bezüglich Zusatzstrophen vgl. S. 356 f. und S. 464–466.

Theater und geselliges Leben
Theaterbericht vom 6. Februar.
Am 6. Februar trat Herr F e r d i n a n d R a i m u n d, den wir Prager bisher nur aus seinen dramatischen Zaubermährchen und aus Theaterberichten kannten und schätzten, einen Cyklus von Gastrollen in seiner eigenen Dichtung »das Mädchen aus der Feenwelt« an. Schon sein erstes Erscheinen im S c h a u p l a t z e brachte unter dem Publikum eine eigene Sensation hervor, und seit einer Woche war Herr R a i m u n d als Dichter und Schauspieler der Gegenstand mancher lebhaften Conversation in und außer dem Theater. Die ihn in Wien gesehen hatten, fürchteten, seine Komik oder vielmehr seine Darstellungsweise dürfte uns Prager in der ersten Gastrolle befremden, gerade dieß steigerte aber die Begierde, ihn zu sehen, und so war denn das Haus am 6. Februar in allen Räumen gedrängt voll. Der beste Beweis, daß wir Prager uns schon am 6. in seine Darstellungsweise gefunden haben, ist der ungewöhnliche Beifall, welcher dem achtbaren Gaste zu Theil ward. Herr R a i m u n d wurde zehnmal gerufen, und ich zweifle, ob sich das Bild des Aschenmannes, wie er ihn darstellt, leicht und nach Willkühr verlöschen lasse.
Vor Allem muß ich bemerken, daß auf dem Anschlagzettel statt des gewöhnlichen Titel-Nachsatzes »Zauberposse,« »Zaubermährchen« stand, und daß in Herrn R a i m u n d s Darstellung das Possenhafte ein untergeordnetes Element ist. Dieß und die neue, lobenswerthe Ausstattung gaben dem »Mädchen aus der Feenwelt« ein anderes Gesicht, welches jedoch gewiß nur Wenige befremdet, sich vielmehr wie aus dem außerordentlichen Beifalle zu schließen ist, mit den Meisten befreundet hat. Was Herr R a i m u n d mit seinem Zaubermährchen eigentlich wollte, wurde uns erst aus s e i n e r Darstellung des »Wurzel« recht klar. Wenn unser Publikum in der Vorstellung vom 6. ja etwas befremdete, so war es der ziemlich scharf hervortretende Ernst eines Stückes, welches wir uns als

Posse zu denken gewohnt waren. Daß nun Herr R a i m u n d in dieser ernsten Tendenz den Wurzel als ein abgeschlossenes Charakterbild darstellte, welchem er das Komische nur als Folie unterlegte, das ist das Charakteristische und Lobenswerthe seines Spieles. Man sah dem Wurzel im ersten Akte den Bauern an, und den Verwandlungen, die er zu seiner Strafe durchzugehen hat, lag ein bleibender Charakter zu Grunde, aus dem sich Vergeben und Reue gleich gut erklären konnte. Wenn man sich unter Komiker einen Schauspieler denkt, dessen letzter und höchster Zweck die Erschütterung des Zwerchfells ist, und Herrn R a i m u n d einen solchen Komiker nennt, so hat man das eigenthümliche seiner Darstellung nicht verstanden. Es wurde am 6. viel gelacht, und in der Regel dann am meisten, wenn Herr R a i m u n d den Spaß fallen ließ, unbekümmert ob ihn Jemand aufheben werde; aber sein letzter Zweck war durchaus nur, den Wurzel zu geben, nicht aber auf Unkosten des Charakters Spaß zu machen. Selbst in den viel belachten Gesten, als sich Wurzel nach einer durchschwärmten Nacht noch einige Flaschen Champagner bringen läßt, und als Herr R a i m u n d im Nachsatze die Worte »So 'ne Köchin ist eine wahre Perle, – wann's sauber ist« Ton und Miene änderte, fiel er nicht aus der Rolle, selbst nicht in den Couplets, die er als Aschenmann nach viermaligen Hervorrufen sang. Ich will die ausgezeichnetsten Momente seiner Darstellung zu schildern versuchen.

Im ersten Akte setzte er die Geschichte vom gefundenen Schatze so ruhig und mit so bezeichnenden Gebärden auseinander, als ob es einer Erzählung aus »Wilhelm Tell« oder »Wallenstein« gälte. Man hörte ihm aber auch mit so gespannter Aufmerksamkeit zu, als ob man das Unwichtige eines komischen Zauberspucks rein vergessen hätte. Da Herr R a i m u n d seine Aufgabe nach strengen Grundsätzen der Schauspielkunst löste, folglich jedes »Zuviel« vermied, und seine Laune nicht auf Unkosten einer zwanglosen Natürlichkeit spielen ließ: so schwankte Anfangs der Beifall. Aber das Befremdende einer eigenthümlichen Auffassung und Darstellung machte bald der besseren Einsicht Platz, und der werthe Gast wurde schon nach dem ersten Akte gerufen. Im zweiten Akte verfolgte man sein Spiel mit steigendem Beifalle, bis endlich das personificirte Alter ihn auf einen Stuhl drückte und sein dunkles Haupthaar verwandelte. Wie mit einem Blitzstrahle änderte sich nun sein Antlitz, und seine Haltung in das leibhafte Bild eines decrepiten Greises um. Ehe er noch, von dem Zauberschlage betäubt, zum vollen Bewußtseyn der verlorenen Jugendkraft gelangte, glich er in Stimme, Haltung und Bewegung einem bald Ohnmächtigen, bis seine Klage allmählich in Verzweiflung überging. Mußten wir schon darin den trefflichen Schauspieler ehren, so vergaßen wir über seinen Aschenmann alle Illusion. Eine reuige, aber ruhige Ergebung in ein hilfloses Greisenalter mit Zügen einer Gutmüthigkeit, die an das Kindische streift, und mit einigen Blitzen von Rückerinnerung an das lustige Leben der Jugend gaben seinem Aschenmanne eine ganz eigenthümliche rührende Bedeutung. Es ist bemerkenswerth, daß e i n Theil der Zuhörer durch das Lachen des andern gestört wurde, und seine Unzufriedenheit zu erkennen gab. Selten ist wohl ein Schauspieler so oft gerufen worden, als Herr R a i m u n d nach dem Liede des Aschenmannes. Er sang, nachdem er zum ersten Male gerufen worden, eine auf ihn bezügliche Romanze, die ich mit Erlaubniß des Dichters im nächsten Blatte mittheilen werde. Auf diese Romanze wurde er noch stürmischer gerufen. Hierauf trug er äußerst drollige Couplets vor, nach welchen eben so viel gelacht als geklatscht wurde. Umsonst mahnte er das Publikum an die nahe zehnte Stunde, bis er endlich zum vierten Male gerufen, in komischen Reimen gestand, daß ihm der Faden ausgegangen sey. Da Herr R a i m u n d noch einmal im »Mädchen aus der Feenwelt« auftreten wird, so will ich den Rest meiner Bemerkungen nach der zweiten Vorstellung folgen lassen. Ich kann aber nicht umhin, Herrn Direktor S t ö g e r für die glänzende Ausstattung des Stückes, und besonders dafür zu danken, daß er Herrn R a i m u n d für einen Cyclus von Gastrollen gewonnen hat.

Die *Bohemia* vom 12. Februar 1836 setzte fort:

Theater und geselliges Leben
Nachtrag zum Berichte vom 6. Februar.

Als Herr Raimund nach dem ursprünglichen Aschenliede gerufen wurde, trug er nach derselben Melodie folgende Romanze vor, bei welcher man jedoch einige Reime und Elisionen dem Dialekte zu gute halten wird, dessen er sich in Wurzels Charakter bedienen mußte.

Vom alten Isterland
Zieht nach der Moldau Strand,
Das Böhmerland im Sinn,
Ein grauer Wand'rer hin.
Wer mag es denn wohl seyn?
Er wandelt so allein,
Kein Mädchen sieht ihn an;
Ach, 's ist der Aschenmann!
Ein' Aschen!

Er zieht von Ort zu Ort
Ganz unbekümmert fort,
Und denkt, wem Alles fehlt,
Geht sicher durch die Welt.
Ein Räuber fällt ihn an,
Das freut den Aschenmann;
Er leert die Butten aus,
Sein Reichthum fällt heraus:
Ein' Aschen!

Er schläft an Waldes Saum,
Da täuscht ihn gol'dner Traum,
Die Jugend kehrt zurück,
Es krönt ihn neu das Glück;
Doch kaum ist er erwacht,
Deckt ihn die alte Nacht,
Da treibt's ihn durch den Wald,
Das Schwanenlied erschallt:
Ein' Aschen!

Des Tages Gluth erbleicht,
Als er erst Prag erreicht,
Thaliens Tempel glänzt,
Vom Abendstrahl bekränzt;
Da bebt der Aschenmann,
Im süßen Hoffnungswahn,
Blickt auf zur Sternennacht.
Fragt, ob sein Glück hier wacht?
Nur kein' Aschen!

Da donnert auf die Pfort',
D'rin tönt das holde Wort:
Komm, Fremdling, nur herein,
Du sollst willkommen seyn!
Das freut den alten Mann,
Daß er kaum sprechen kann:
Wie rührt mich diese Gnad'!
Hoch leb' die Pragerstadt!
Kein Aschen!

Wie sehr übrigens unser Publikum Herrn R a i m u n d nach einer einzigen Vorstellung schätzen lernte, bewies das volle Haus vom 10., an welchem Tage »das Mädchen aus der Feenwelt« wiederholt wurde. Der Beifall war eben so außerordentlich, als am 6., und so mag denn Herr R a i m u n d glauben, daß er für den Cyclus der noch übrigen Gastrollen bei uns vollkommen eingebürgert ist.
Ich sagte im letzten Berichte, daß »das Mädchen aus der Feenwelt« durch Herrn R a i m u n d s Darstellung und durch Herrn S t ö g e r s Ausstattung eine andere Gestalt gewonnen habe, muß aber noch hinzusetzen, daß der glückliche Erfolg dieses oft gegebenen Zaubermährchens am 6. und am 10. aller Wahrscheinlichkeit nach, einen dritten Grund in der Theilnahme des Dichters an den Proben hatte. Auch war Demoiselle B a y e r als Lotte eine liebliche Erscheinung. Herr D i e t z gab den Karl, und Herr S p i r o den Bedienten. Alle drei Charaktere wurden sehr gut dargestellt; versteht sich, daß

Herr Spiro in seiner Parthie die Lacher gewann, und somit den meisten Beifall erntete. Auch die Feen, Zauberer und Personifikationen wurden recht sorgfältig gegeben. Madame Allram, Demoiselle Frey und Demoiselle Schikaneder, besonders aber Herr Preisinger und Herr Walter (auch die kleine, muthige Gieb, dann Herr Bolze und Dem. Zöllner) trugen Alle zur guten Rundung des Zusammenspieles bei. Die Jugend erschien diesmal in Begleitung des gleichgekleideten Balletcorps, und das hohe Alter fuhr auf einer charakteristischen Equipage ein. Herr Mößner hat eine treffliche Dekoration (indischer Tempel mit Landschaft) geliefert; und auch die Maschinerie war auf neue Effekte berechnet.

Die Zusatzstrophen wurden von Raimund wohl autorisiert. Interessant ist auch der Hinweis auf die Teilnahme Raimunds an den Proben.

Die *Bohemia* vom 14. Februar 1836 vergleicht in einem Satz: »Herrn Raimunds Zauberspiel ›der Diamant des Geisterkönigs‹ ist weder in seiner Tendenz, noch in den einzelnen Charakteren und Situationen so ernst, als ›das Mädchen aus der Feenwelt.‹« (Siehe Band 1 dieser Ausgabe, S. 490 f.)

Raimunds Gastspiel am Stadttheater Hamburg 1836

Eine ausführliche Kritik erschien in den *Hamburger Nachrichten (Privilegirte wöchentliche gemeinnützige Nachrichten von und für Hamburg)* Nr. 83 (Donnerstag, 7. April 1836, S. 3):

Bei gedrängt vollem Hause hat Hr. F. Raimund aus Wien in dem von ihm selbst verfaßten Zaubermährchen: Das Mädchen aus der Feenwelt, oder: Der Bauer als Millionair, den Fortunatus Wurzel als erste Gastrolle gegeben. Unter einem Zaubermährchen pflegt man sich in der Regel ein freies Spiel der Phantasie zu denken, welches, uneingezwängt von den Schnürstiefeln der Moral, ganz in eigner willkührlicher Laune und Munterkeit sich bewegt. Hier aber bilden Allegorien, die mit ihren ernsten feierlichen Tendenzen den kaltbesonnenen

Verstand allein in Anspruch nehmen, die Hauptgrundlage. Der abstracte Begriff geht in verkörperter Form als Sittenprediger am Auge des Zuschauers vorüber, um zugleich sein Ohr mit Lehren der Weisheit zu erfüllen. Es personificiren sich das Alter und die Jugend, der Haß, der Neid, die Zufriedenheit etc. um, ihre speciellen Interessen verfechtend, theils der angenommenen natürlichen Maske die eben so schlichte Erläuterung beizugesellen, theils sich heroisch zu ereifern, theils mit idyllischer Schwärmerei die Anmahnungen zu häuslicher Solidität zu verbinden; während Briefbote und Kegelaufsetzer in idealisirter Gestalt erscheinen, um, was die Hauptsache anbelangt, mit jenen auf gleichen Zweck hinzuarbeiten. Mit dem Ganzen ist es, wie sowohl aus der Anlage und Durchführung der Handlung, als aus den Reden der auftretenden Personen deutlich genug hervorgeht, vorzugsweise darauf abgesehen, einen rührenden, das Gefühl zu mitleidiger Theilnahme stimmenden Eindruck hervorzubringen; dennoch mischt das Wesen der Travestie neckend und spottend selbst den ergreifendsten Situationen und Schilderungen sich bei, so daß Ernst und Scherz unablässig einander gegenseitig zerstören, und man irre wird, ob man dem einen oder dem andern mit vorherrschendem Interesse sich zuwenden soll. Was aber gleichsam als versöhnendes Princip jeden Streit der Empfindungen schlichtet und die R a i m u n d 'schen Stücke überhaupt mit einem ganz eigenthümlichen Reiz und Zauber ausrüstet, ist das Gemüthlich-Naive, das auch in der hier erwähnten dramatischen Arbeit auf anziehende Weise sich geltend macht; obwohl dieselbe, hinsichtlich des innern Werthes, mit manchen andern Productionen des nämlichen Vfs. keinen Vergleich aushält, am wenigsten mit dem Alpenkönig und Menschenfeind, der unter allen wohl den ersten und ehrenvollsten Rang behaupten dürfte. Daß es in diesen dramatischen Mährchen zugleich ganz besonders darauf angelegt ist, durch bunte Mannichfaltigkeit der scenischen Verwandlungen den überraschten Blick des Zuschauers ergötzlich zu unterhalten, und daß diese mithin einen sehr wesentlichen Theil des Ganzen bilden, braucht nicht erst ausdrücklich bemerkt zu werden.

Wie als Dichter, so kann Hr. R a i m u n d auch als practischer Darsteller füglich nur nach seinem eignen Maßstabe gemessen werden. In der ganzen Erscheinung des Mannes, in Haltung und Bewegung, in Blick und Mienenspiel, in Sprache und Ausdruck, in Rede und Gesang verräth sich eine durchaus originelle Manier, die mit der künstlerischen Art und Weise der übrigen Umgebungen in stetem Contrast sich befindet, aus welcher aber auch sich deutlich ergiebt, wie innig das Charakteristische seiner Dichtungen mit seinem persönlichen Wesen verschmolzen ist. Noch in den Ergießungen der heitersten, ausgelassensten Laune regt sich der Anklang des Ironisch-Wehmüthigen, so wie die Versinnlichung der tiefsten Trauer und des bittersten Schmerzes stets etwas Begütigendes, das seine nahe Verwandtschaft mit dem Drolligen nicht zu bergen vermag, schon in sich selbst enthält. Man denke z. B. nur an die Verwandlungsscene und den Ausdruck seines tiefempfundenen Jammers über die durch eine so unerwartete Metamorphose ihm urplötzlich geraubte Jugend, oder an sein Auftreten als Aschenmann, wo das schmerzliche Mitgefühl, welches sein Zustand erwecken soll, stets nur der Empfindung des schaulustigen Behagens untergeordnet bleibt; obwohl der rührend schöne Vortrag des Liedes als ein Muster gelten kann, wie dergleichen Sachen gesungen werden müssen.

Es wird sich nach den künftigen Darstellungen des geschätzten Gastes, der u. A. auch in seinem neuen, viel gerühmten Stück: Der Verschwender aufzutreten gewillt ist, die Gelegenheit finden, wieder auf ihn zurückzukommen. – Unter den Nebenpersonen zeichnete Hr. J o s t, der das hohe Alter repräsentirte, sowohl durch eine trefflich gewählte Maske, als durch ein ihr vollkommen entsprechendes, naturgetreues Spiel sich aus. – Als allegorisirte Zufriedenheit war Mad. L e b r ü n eine sehr anmuthige Erscheinung; nur sind die ihr in den Mund gelegten Reden und Sittensprüche theils zu lang, theils in einem zu ernsten, predigtartigen Tone abgefaßt. Allerdings wird niemand in Abrede stellen wollen, daß die Zufriedenheit als eine der wünschenswerthesten Gaben des Himmels zu betrachten ist. Wenn sie aber in eigner Person erscheint, um sich zu ihrer obligaten Lobrednerin aufzuwerfen, geräth sie leicht in Gefahr, gerade denjenigen, der bereits das Glück empfindet, das seinem Ohre geschildert wird, am allerersten zu ermüden. – Höchst belustigend war Hr. R ä d e r als Bedienter; so wie überhaupt seine Darstellungsform mit der des fremden Gastes noch am meisten übereinstimmt. Auch den übrigen Mitspielenden ist nachzurühmen, daß sie auf zweckgemäße Ausführung ihrer, wenn auch minder bedeutenden Rollen sämmtlich die größte Sorgfalt und Aufmerksamkeit verwandten. Sowohl nach dem Aschenliede als am Schlusse des Stückes wurde Hr. R a i m u n d stürmisch hervorgerufen.

Darüber hinaus finden sich nur wenige Kommentare. Die *Theaterzeitung* Nr. 82 (Samstag, 23. April 1836, S. 328) zitiert aus den *Originalien aus dem Gebiete der Wahrheit, Kunst, Laune und Phantasie*:

> B u n t e s a u s d e r T h e a t e r w e l t.
> [...]
> – Die Hamburger »Originalien« enthalten über R a i m u n d 's Gastspiele in Hamburg Folgendes: Am 4. April begann der treffliche R a i m u n d den Cyklus seines Gastspiels, als Wurzel in seinem beliebten Drama: »Der Bauer als Millionär.« Dieser ausgezeichnete Mime hat stets eine schwierige Aufgabe, wenn er nach einer mehrjährigen Abwesenheit auf einer Bühne wieder auftritt, von der herab er früher das Publikum entzückte. Seine Gebilde sind durchaus originell, s e i n e Gegenwart muß sie beleben, s e i n e geniale originelle Darstellungsweise muß und kann ihnen allein die Folie verleihen, durch welche sie so ergreifend hervortreten. Seine Zauberspiele werden auch oft während seiner Anwesenheit dargestellt, die Schauspieler, zum Theil außer Stande, den Geist R a i m u n d 's aufzufassen, und nicht durch seine Gegenwart angeregt, liefern eine werthlosere Darstellung, und schwächen so die Theilnahme, welche R a i m u n d 's Meisterspiel für seine dramatischen Gemälde bei den Zuschauern erregte. Dieser Künstler hat daher, will er sich der früheren a l l g e m e i n e n Anerkennung erfreuen, zuvörderst die Vorurtheile zu bekämpfen, welche durch die wäh-

rend seiner Abwesenheit stattgefundenen Darstellungen seiner Dichtungen, bei dem Publikum erweckt worden, und dasselbe wieder zu der Uiberzeugung zu führen, daß hier von keinen Kasparliaden, sondern von den originellen Geisteswerken eines w a h r h a f t e n D i c h t e r s die Rede ist, wie nach unserer Uiberzeugung Deutschland keinen gleichen aufzuweisen hat. Ist aber dieses Vorurtheil erst niedergekämpft, so strahlen Bild und Schöpfer wieder im herrlichsten Glanze, und alles zollt dem Genius Anerkennung, der etwas so Unvergleichbares schuf. Dies bewährte sich auch an dem ebengenannten Tage. R a i m u n d , dessen Meisterspiel wie ein leuchtender Funke sein dramatisches Gemälde belebte, weckte schnell für dasselbe wieder im vollen Maße die frühere Theilnahme, und errang sich dieselbe laute und stürmische Anerkennung, welche dem verdienstvollen Künstler bei seinen früheren Anwesenheiten so reichlich gespendet worden. Jede seiner Scenen erhielt den einstimmigsten Beifall; das von dem lieben Gaste so ergreifend vorgetragene Aschenlied mußte auf allgemeines Verlangen wiederholt werden, und nach dem Schlusse ward der Künstler jubelnd hervorgerufen.

Thalia Nr. 28 vom Montag, den 4. April 1836:

R a i m u n d ist im »B a u e r a l s M i l l i o n ä r« aufgetreten und von dem überfüllten Hause (die Vorstellung hatte am zweiten Oster-Festtage statt) auf das freudigste bewillkomnet worden. Vorzüglich wirkte der Moment des plötzlichen Altwerdens, den der Gast mimisch-vortrefflich gibt, und sein Aschenlied, welches er zu wiederholen aufgefordert wurde. Am Schlusse hervorgerufen sprach er ungesuchte und herzliche Worte.

Der *Freischütz*, Nr. 15 vom Samstag, 9. April 1836, Sp. 238 f.:

[...] – Am Montage, den 4ten April: »Das Mädchen aus der Feenwelt, oder der Bauer als Millionair«, von R a i m u n d . In dieser Vorstellung begrüßten wir wieder den trefflichen R a i m u n d , der als F o r t u n a t u s W u r z e l die Reihe seiner hier zu gebenden Gastrollen eröffnete. Unsere Theater-Freunde wissen längst, was der geschätzte Wiener Gast auch in dieser Rolle leistet, daher wir uns von jeder weiteren Auseinandersetzung dispensiren können. Sein Uebergang von der Frivolität der J u g e n d zum gebrechlichen A l t e r wirkte wieder electrisch; es bildet diese Modulation einen großartig tragischen Moment, der alle Schauer magisch ergreift, und zum lebhaftesten Beifall hinreißt. Die zweite große Station bildet die Stufe der tiefsten Erniedrigung, wo der Büßende als A s c h e n m a n n vor uns steht, und sein Aschenlied mit einem Ausdruck der W e h m u t h vorträgt, der das Lied zur höchsten Wahrheit stempelt. R a i m u n d musste den Gesang wiederholen, und that es mit verändertem Text, sein Verhältniss als wiederkehrender Gast in H a m b u r g , wo er schon so viele Liebe und Anerkennung seines seltenen Talents genossen, berührend. Wie diese Variante drastisch wirkte, braucht nicht erst gesagt zu werden. Auch die ersten Scenen hatte R a i m u n d gegen früher sehr verbessert. Bei seinem ersten Auftreten war indess eine gewisse Presshaftigkeit, wenn das Wort erlaubt ist, bemerkbar, und der r e c h t e Humor entwickelte sich erst im Fortgange des Spiels. Eins möchten wir noch für den ersten Act bis zur Verwandlung in das hohe Alter empfehlen, eine mehr jugendliche Maske. Auch schien unser lieber Gast sich nicht gleich wieder erinnert zu haben, was das hiesige Theater zum Behuf der D e u t l i c h k e i t erfordert, er sprach oft zu schnell, wodurch denn bei dem fremden Idiom, dem nicht ganz scharfen Gehör wohl Manches entging. R a i m u n d wurde am Schlusse hervorgerufen, und dankte mit der ihm eigenen Bescheidenheit. – Zwei Rollen waren neu besetzt in diesem Zauberspiel, die des L o r e n z durch Herrn R ä d e r , der mit köstlicher Laune seine Aufgabe löste, und die personificirte Jugend, als welche Madame D ö r i n g , im Spiele wie im Vortrage des Liedels allerliebst war. – Herr J o s t , als h o h e s A l t e r , hatte früher eine bessere Maske, und entwickelte auch die Gebrechen des Alters früher noch wirksamer, obgleich es auch diesmal seinem Spiele an Virtuosität nicht mangelte. Auch die Herren Trinkgäste waren in andere Hände gekommen. Herr B a i s o n spielte seinen Afterling sehr gut. – In der kleinen Singpartie des M u s e n s o h n s habe ich jedoch Hrn. K l e n g e l sehr vermisst. – Der kleine geistische B r i e f t r ä g e r blieb auch hinter dem frühern zurück. – Die Ensembles gingen diesmal nicht zum allerbesten, und auf den Verwandelungen im letzten Acte ruhte der alte Fluch. Die fatale Klingel schlief unglücklicherweise im Soufleur-Kasten, und so entstand eine störende Pause bei der letzten Verwandlung. Möchte die fatale Klingel doch auf immer verstummen, und dafür auf jeder Seite von den Inspicienten das Zeichen zur Verwandlung gegeben werden; so wäre die Illusion gerettet, und die Sicherheit der Changements befördert. Im Orchester ging es mitunter barbarisch genug her. Wenn's bei solchen Kleinigkeiten in einem so gut zusammengesetzten Orchester hapert, so weiß man in der That nicht, was man dazu sagen soll. Es muss da doch bei den Proben an jeder Bestimmung und Verabredung fehlen! – W.

2. Zur Interpretation

Die zeitgenössische Wiener Kritik stellte *Das Mädchen aus der Feenwelt* auf eine künstlerisch höhere Stufe als die beiden früheren Werke Raimunds *Der Barometermacher auf der Zauberinsel* und *Der Diamant des Geisterkönigs* und fand, dass dennoch der spezielle Charakter des Theaters in der Leopoldstadt getroffen und sein Publikum nicht überfordert worden wäre. Raimund habe »bey den ernsten Grundzügen seiner Dichtung die Anforderungen, welche das Publikum seit Jahren an diese Volksbühne zu machen gewohnt ist, keineswegs außer Acht gelassen. [...] Daher ist Sorge getragen, daß aus den ernsten Gruppen dieses Zaubermährchens abwechselnd komische Gestalten hervortreten, welche der Lachlust reichhaltigen Nahrungsstoff biethen.« (*Theaterzeitung*, 9. Dezember 1826, S. 599 f.) Mit dem *Mädchen aus der Feenwelt* »betrat Hr. Raimund eine neue Bahn. – Mitten in dem herrlichsten Gebilde des Witzes und Humors, mitten in einem ironischen Gewebe herber Satyre blüht die höchste Tendenz der Bühne: die Moral.« (*Theaterzeitung*, 10. März 1827, S. 121 f.)
Auch in einer Kritik der *Theaterzeitung* vom 12. Dezember 1826

(S. 603 f.) wird trotz der Anpassung an den Publikumsgeschmack die gelungene Verbindung der ernsten Grundzüge des Stückes mit den Forderungen des Leopoldstädter Publikums nach bloßer Erheiterung erwähnt und auf die Verbindung Dichter und Schauspieler in einer Person hingewiesen. Schließlich werden Raimunds Fähigkeiten als Regisseur sowie die Kostüme und Dekorationen gewürdigt.

Anlässlich des Erscheinens des ersten Raimund-Bändchens von Johann Nepomuk Vogl mit *Der Diamant des Geisterkönigs* und *Der Alpenkönig und der Menschenfeind* schrieb Franz Grillparzer 1837 eine Würdigung (Franz Grillparzer, *Sämtliche Werke*, Historisch-kritische Gesamtausgabe, hg. von August Sauer, Bd. 14, Wien 1925, S. 92–95). Ein wichtiger Punkt dieser Würdigung betrifft ebenfalls das Publikum: »Raimunds großes Talent ungeschmälert, hat das Publikum ebenso viel daran gedichtet als er selbst.« Grillparzer erkennt die damals im Zusammenhang mit Regie diskutierte Auffassung, der Schriftsteller sei nicht der einzige »Autor« eines dramatischen Werks auf der Bühne.

Auch in der Rezension des *Sammlers* vom 21. November 1826 (S. 555 f.) wird *Das Mädchen aus der Feenwelt* als großer Fortschritt im Vergleich zu den früheren Stücken Raimunds gesehen, der damit einen neuen Weg für die »Volkspoesie« beschritten habe. Der Rezensent würdigt die Vereinigung von Forderungen an ein Volkstheater mit denen des guten Geschmacks, registriert positiv das Fehlen von Zweideutigkeiten und z. B. von Quodlibets, und auch die Stärke einer Personalunion Autor und Darsteller in Raimund wird erkannt:

> Die sich zum Gegenstande genommene Aufgabe, daß Reichthum allein nicht glücklich mache, sondern Bescheidenheit und Zufriedenheit dieses Ziel leichter und sicherer erreichen, haben schon Manche vor Hrn. Raymund zu lösen versucht; aber wir zweifeln, ob es je einem so gelungen, die Forderungen einer Volksbühne an ein komisches Stück, mit jenen des guten Geschmackes so innig zu vereinen. [...] Hier muß besonders der Allegorien Erwähnung geschehen, unter welchen den Scenen der Darstellerinn der Zufriedenheit, und jener der Jugend, als sie von Wurzel (Hrn. Raymund) Abschied

nimmt, die Oberstelle gebührt. Die Scene des Aschenmannes ist mit psychologischer Wahrheit durchgeführt [...] (*Sammler*, 21. November 1826, S. 555 f.)

[...] Das ganze Gemählde besteht aus einer Reihe mannigfaltiger Situationen und Scenen, in welche der Dichter eine tiefe Bedeutenheit legte, und die einzeln als interessante Gegenbilder auftreten. Unter die wirksamsten Antithesen gehören: Hochmuth und Demuth; Haß und Liebe; Reichthum und Armuth; Neid und Zufriedenheit; Undankbarkeit und Freundschaft; das Alter und die Jugend; das Leben in seiner Nichtigkeit, und das Leben in seiner schönen Bedeutung. Alle Sinnbilder, die in diesem moralischen Gemählde zum Vorschein kommen, haben eine charakteristische Bezeichnung, und ein meisterhaftes Colorit. Das Unedle, Nichtige und Vergängliche ist in den Schatten gestellt, aber die gute Seite des Lebens zeigt sich hier im milden freundlichen Lichte. (*Theaterzeitung*, 9. Dezember 1826, S. 599 f.)

[...] Mit scharf markirenden Umrissen zeichnete er die verderbliche leichtsinnige Schwelgerey des Millionärs, die contrastirende Kraftlosigkeit und Grämlichkeit im Greisenalter, und vor Allem die bedauerungswürdige Gestalt des lebensmüden Aschenmanns. (*Theaterzeitung*, 12. Dezember 1826, S. 603 f.)

Als gute Zusammenfassung literaturwissenschaftlicher Interpretationszugänge sei hier dankbar auf folgendes Werk verwiesen, dem das nachfolgende Zitat sowie die Basis für die anschließende Bibliographie entnommen sind: Jürgen Hein / Claudia Meyer, *Ferdinand Raimund. Der Theatermacher an der Wien. Ein Führer durch seine Zauberspiele*, Wien 2004, S. 39–42:

Parodistische Verarbeitung (literarischer) Vorlagen und »Verwienerung« spielen in diesem Stück eine große Rolle. Raimund ist »bis in Kleinigkeiten der Tradition und den Zeitgenossen verpflichtet« (Helmensdorfer), aber er erfindet die Fabel mit der ernst gemeinten idealen Welt selbst. »Romantisch« bedeutet in der Gattungsbezeichnung »phantastisch« oder »stimmungsvoll«, verweist überdies auf die »Stilmischung« (Sengle).

Die zeitgenössische Theaterkritik attestiert dem Dichter, er habe »der Volkspoesie einen neuen Weg eröffnet«. Der Doppeltitel annonciert die beiden aufeinander bezogenen Bereiche des Dramas und macht das Ineinander von Geister- und Menschenwelt sichtbar, wodurch die traditionelle Zweiteilung des Zauberstücks teilweise überwunden wird. Sengle hebt mit Bauernfeld den »neue[n] anthropologische[n] Hintergrund« hervor; mit der Neuakzentuierung des Allegorischen nähere sich Raimund der »surrealistischen« Darstellungsform, die dem modernen Menschen das Biedermeier so vertraut werden lasse.

Der eigentliche Handlungsraum ist die menschliche Welt, an deren Schicksal die Erlösung der wegen Hochmuts bestraften Fee Lakrimosa gebunden ist. Drei Handlungsstränge sind aneinandergekettet: die Erlösungshandlung durch die Vereinigung der Liebenden und die beiden Besserungshandlungen Wurzels und Karls. Raimund verbindet hier zwei traditionelle Motive des Wiener Volkstheaters: Besserung und Geistererlösung. Für das Besserungsgeschehen greift er auf den Stoffkreis des »träumenden Bauern« zurück. Diese Figur, die noch Züge des Hanswurst trägt, wird aber zugleich in die Zeitwirklichkeit gestellt und zum Spiegel des Emporkömmlings (Katann). Auch neuere Deutungen heben die verschlüsselte zeitkritische Dimension hervor (Hassel, Klotz, Scheit). Die Feenwelt kann als »Spiegelbild des österreichischen Vielvölkerstaates nach dem Wiener Kongreß« (Schaumann, Holtz) betrachtet werden.

Zufall, Zauber und Wirklichkeit greifen im Spiel so ineinander, daß die realistischen Züge kaum zu einer Satire ausreichen, sondern immer wieder, wie an Fortunatus Wurzel sichtbar wird, in den großen Zusammenhang der Darstellung einer im Grunde guten Welt eingebettet werden, deren Harmonie nur durch individuelle Vermessenheit gestört wird. Die Gefährdung des Menschen durch Reichtum entzieht sich dem konkreten zeitkritischen Zugriff. Die Komödie ist kein kritisches Abbild der Wirklichkeit, sondern mündet in ein demonstrierendes Schau-Spiel des zeitlos gültigen Satzes »Reichtum bietet keine Zufriedenheit«. In der Figur des Aschenmannes Wurzel wird dieses verallgemeinernde, ›zeigende‹ Verfahren sichtbar. Raimund verwandelt einen zeitgenössischen Wiener Straßentypus in ein Sinnbild der Vergänglichkeit. Die Wirklichkeit ist im überzeitlich Exemplarischen integriert. Die Figur Wurzels gerät zu einer Art Allegorie der Vergänglichkeit, der die Allegorie der Zufriedenheit gegenübergestellt wird, deren zentrale Bedeutung in der Synthese von biedermeierlicher Weltanschauung und utopischer Dimension für das Werk Raimunds evident ist (Schaumann, Urbach).

Im dreiaktigen Aufbau ist das Schema der Reihung mit dem von Haupt- und Nebenhandlung verbunden, wobei die Funktion des Aktschlusses weniger im Strukturellen als im Theatralischen liegt (Wiltschko). Als Neben- und Rahmenhandlung kann die Erlösung der Fee durch die von Lottchen und Karl zu erfüllenden Bedingungen gelten, hier dominiert Reihungstechnik; um die Gestalt Wurzels dreht sich die Haupthandlung in kontrastierendem Stil. Besondere Hervorhebung verdienen das Lied der Jugend (»Brüderlein fein«) und das Lied Wurzels als Aschenmann, die als eigene Kompositionen Raimunds gelten. Man hat dieses Stück »Besserungsstück«, »Volksstück«, »Tragikomödie«, »soziales Drama« genannt und von der Verbindung des Phantastisch-Märchenhaften mit dem Realistischen gesprochen. Alle Elemente sind in einem spielhaften Schwebezustand, in den gerade auch der lehrhafte Zug und der Verweis auf den Wertewandel in der zeitgenössischen Wirklichkeit unter dem Einfluß des Frühkapitalismus hineingenommen werden.

Während Katann und Enzinger im Drama ein Gleichnis der katholischen Religion entdecken, hebt Kindermann die realistischen Elemente des Stücks hervor, möchte freilich – der NS-Ideologie verpflichtet – aus dem Zauberstück ein »völkisches« Drama der »entarteten Lebensform« machen. Magris sieht in Wurzel den »echteste[n] Vormärz-Mensch[en] [...]«, der zwischen Traum und Wachen den Faden seines Lebens sucht und am letzten Geheimnis der Dinge vorbeigeht«. Diederichsen erkennt den »volkstümlichen Gleichnischarakter eines naiven Spiels«, wenn auch die Diskrepanz der Stilebenen den märchenhaften Zusammenklang des Ganzen beeinträchtige. Olles sieht im Glückswechsel kein soziales Motiv, sondern ein rein menschliches, »arm« und »reich« seien im Sinne von »glücklich« und »unglücklich« zu verstehen. Das Stück präge noch der barocke Vergänglichkeitsgedanke; das Leid als Prüfung der Beständigkeit könne die Vergänglichkeit überwinden: An seinem Schicksal sei Wurzel etwas Allgemeines aufgegangen, er habe die Macht der Zeit begriffen. Meyer erkennt »in seiner Mischung von Groteske und Empfindsamkeit, von hoher Idealität und niederer Komik« Raimunds »erstaunliche Modernität«. Sengle findet in der theatralen Auseinandersetzung mit dem Ideal des Reichtums in der Zeit des aufsteigenden Kapitalismus, gegen den das Ideal des einfachen und zufriedenen Lebens gesetzt wird, einen der wenigen Höhepunkte der frühen Biedermeierdichtung. Klotz spricht in der Verbindung der Schemata »Standesanmaßung«, »Besserung« und »doppelstöckiges Theodizee-Modell« von »szenische[r] Großmetapher für zeitgenössische Erfahrungswelt«. Ob das Stück mit seiner »penetranten Moralität« (Müller) utopisches Potential enthält, die Hoffnung auf Verwirklichung irdischer Zufriedenheit, bedarf weiterer interpretatorischer Anstrengung.

Pia Janke konzentriert ihre Interpretation auf Gegenspieler und Spielverderber. Im *Mädchen aus der Feenwelt* werden die negativen überirdischen Wesen zu wirklichen Gegenspielern, die auch die Dramaturgie des Werkes mitbestimmen, in die Handlung eingreifen und gegeneinander kämpfen. NEID und HASS sind insofern Gegenspieler, als sie dem von der Feenkönigin vorgegebenen Ideal der Bescheidenheit entgegenarbeiten. Ihr Mittel, die Menschen und mit ihnen LAKRIMOSA zu verderben, ist der Reichtum. Raimund identifiziere wie auch in anderen seiner Stücke das Negative mit Kapital und Besitz. »Neid und Haß, die zu Allegorien geformten menschlichen Affekte, sind nicht nur die Verursacher von Kapital und Besitz, sondern auch deren Begleiter. [...] Die Menschen, besser gesagt: die Männer, verfallen ihm, und ganz so, als wäre es die einzig mögliche Konsequenz, werden sie durch das Geld korrumpiert, gehen ihrer Menschlichkeit verlustig.« (S. 101)

Die Spielverderber »operieren mit den ökonomischen Verhältnisse der Protagonisten und evozieren in den Männern das, was in ihnen schlummert: Machtansprüche, Arroganz, Gefühlskälte, Mitleidlosigkeit – mit einem Wort: Lieblosigkeit. Gegen dieses Böse, das auch sozialen Aufstieg mit sich bringt, der [...] immer ans Geld geknüpft ist, sind die Geister machtlos.« (S. 101 f.) Nur eine einzige Gestalt aus der Geisterwelt, die ZUFRIEDENHEIT, ist in der Lage, den Kampf gegen NEID und HASS aufzunehmen. Sie steht denn auch für all das, was durch Geld verloren zu gehen droht: für Bescheidenheit, für Natur, für das Bäuerlich-Ländliche.

Am Ende des *Mädchens aus der Feenwelt* lässt die ZUFRIEDENHEIT einen Wasserfall entstehen, von dem alle trinken. Es handelt sich um die »Quelle der Vergessenheit des Üblen« (79/16–18). Das Negative wird nicht verarbeitet und dadurch überwunden, sondern getilgt. Das Glück, das am Ende beschworen wird, kennt seine Widersacher nicht mehr. Die Schlüsse von Raimunds Stücken, Lobgesänge auf Bescheidenheit und Zufriedenheit, seien zugleich Bittgesänge: Der schöne Schein soll nie mehr von Spielverderbern infrage gestellt werden (S. 105 f.).

Es sei auch auf Ulrike Tanzer verwiesen (S. 134–137): Ein glückliches, zufriedenes Leben kann nur führen, wer sich von äußeren Gütern unabhängig macht; es findet die Rückkehr zum Leben mit bescheidenem Eigentum statt, das nicht erarbeitet werden muss, sondern von einer guten Fee gewährt wird (S. 136). Die Nähe zur Gattung der Idylle sei evident, die Metaphorik erinnere frappierend an antike Texte, die ein Lob der Selbstgenügsamkeit singen, wie etwa bei Lukrez (S. 136).

Literatur:

Bauer, Roger, *La réalité, royaume de Dieu. Etudes sur l'originalité du théâtre viennois dans la première moitié du XIXe siècle*, München 1965, S. 150–154.
Bertschik, Julia, »»Kleider machen Leute« – gerade auf dem Theater. Zu einem vernachlässigten Gegenstand des Volksstücks‹, in: *Zeitschrift für deutsche Philologie* 119 (2000), S. 213–244, hier S. 224 f.

Blümml, Emil Karl, ›Das Aschenlied von Ferdinand Raimund‹, in: ders. und Gustav Gugitz, *Altwienerisches. Bilder und Gestalten*, Wien 1920, S. 143–213 und 429–450.

Brody, Agnes, *Die Elemente des Stegreiftheaters bei Raimund*, Diss. (masch.) Wien 1953, S. 102–119.

Diederichsen, Diedrich, *Shakespeare und das deutsche Märchendrama*, Diss. (masch.) Hamburg 1952, S. 176–205, hier S. 187 ff.

Erdmann, Walter, *Ferdinand Raimund. Dichterische Entwicklung, Persönlichkeit und Lebensschicksal*, Würzburg 1943, S. 106–123.

Fuhrmann, Karl, *Raimunds Kunst und Charakter*, Berlin 1913, S. 33–39.

Hassel, Ursula, *Familie als Drama. Studien zu einer Thematik im bürgerlichen Trauerspiel, Wiener Volkstheater und kritischen Volksstück*, Bielefeld 2002, S. 127–133.

Hédrich, Dorothe, ›Raimund und die Kunst des Spektakulären‹, in: *Cahiers d'Études Germaniques* 20 (1991), S. 89–98.

Helmensdorfer, Urs, *Ferdinand Raimund: Das Mädchen aus der Feenwelt oder Der Bauer als Millionär*, Text und Materialien zur Interpretation besorgt von Urs Helmensdorfer (Komedia 11), Berlin 1966.

Holtz, Günter, *Ferdinand Raimund – der geliebte Hypochonder. Sein Leben, sein Werk*, Frankfurt/M., Berlin, Bern, Bruxelles, New York, Oxford, Wien 2002, S. 129–139.

Janke, Pia, ›Zauberbrut und Geistergesindel. Raimunds Spielverderber‹, in: *Raimund, Nestroy, Grillparzer. Witz und Lebensangst*, hg. von Ilija Dürhammer und Pia Janke, Wien 2001, S. 97–106.

Kahl, Kurt, *Ferdinand Raimund*, Velber b. Hannover 1967, S. 48–57.

Katann, Oskar, ›*Der Bauer als Millionär* von Ferdinand Raimund‹, in: ders., *Gesetz im Wandel*, Innsbruck, Wien, München 1932, S. 26–50.

Kindermann, Heinz, *Ferdinand Raimund. Lebenswerk und Wirkungsraum eines deutschen Volksdramatikers*, Wien, Leipzig 1940; 2. Aufl. 1943, S. 200–265.

Klotz, Volker, ›Raimunds Zauberspiele und seine Bedingungen‹, in: ders., *Dramaturgie des Publikums* [...], München 1976, S. 56–88.

de Laporte, Ernst, *Studien über die Beziehung Ferdinand Raimunds zur Romantik*, Diss. (masch.) Kiel 1953, S. 40 ff., 80 f. und 112 ff.

Magris, Claudio, *Der habsburgische Mythos in der österreichischen Literatur*, Salzburg 1966, S. 79–84; Neuaufl. Wien 2000, S. 98–103.

Meyer, Herman, ›Friede den Hütten, Krieg den Palästen. Zwischen Revolte und Resignation, 1789–1848‹, in: *Wien und Europa zwischen den Revolutionen*, hg. von Reinhard Urbach, Wien 1978, S. 120–132.

Müller, Gerd, ›Ferdinand Raimund: *Das Mädchen aus der Feenwelt oder Der Bauer als Millionär*‹, in: ders., *Das Volksstück von Raimund bis Kroetz. Die Gattung in Einzelanalysen*, München 1979, S. 17–26.

Müller-Guttenbrunn, Adam, ›Der Bauer als Millionär‹, in: ders., *Dramaturgische Gänge*, Dresden, Leipzig 1892, S. 7–12.

Obermaier, Walter, Ferdinand Raimund, »Aschenlied« aus *Das Mädchen aus der Feenwelt oder Der Bauer als Millionär* (1826), in: *Dichterhandschriften von Martin Luther bis Sarah Kirsch*, hg. von Jochen Meyer, Stuttgart 2. Aufl. 2003, S. 76–77.

Olles, Helmut, *Zerrissenheit bei Raimund und Nestroy*, Diss. (masch.) Frankfurt/M. 1954, S. 59 ff.

Pernerstorfer, Matthias Johannes, ›Von Fortunatus Wurzel und Julius Flottwell. Beobachtungen zu Ferdinand Raimunds »Verschwendern«‹, in: *Ferdinand Raimunds inszenierte Fantasien*, hg. von Hubert Christian Ehalt und Jürgen Hein (Wiener Vorlesungen. Konversatorien und Studien, 19), Wien 2008, S. 35–48, bes. S. 37–44.

Pötscher, Walter, Euripides' *Herakliden* und Ferdinand Raimunds *Der Bauer als Millionär*, in: *Literaturwissenschaftliches Jahrbuch* 17 (1976), im Auftrag der Görres-Gesellschaft, Berlin 1978, S. 343–347.

Prisching, Rudolf, *Raimunds Mädchen aus der Feenwelt*, Programm Mährisch-Ostrau 1900/01; erweitert in: *Alt-Wiener*

Kalender für das Jahr 1926, hg. von Alois Trost, Zürich, Leipzig, Wien 1926, S. 90–114.

Raimund, Ferdinand, *Brüderlein fein*, Faksimile des autographen Notenblattes. Zum 150. Todestag des Dichters für die Wiener Stadt- und Landesbibliothek hg. von Franz Patzer [Text: Walter Obermaier], Wien 1986, S. 31–42.

Schaumann, Frank, *Gestalt und Funktion des Mythos in Ferdinand Raimunds Bühnenwerken*, Wien 1970, S. 115–133.

Scheit, Gerhard, *Hanswurst und der Staat. Eine kleine Geschichte der Komik: Von Mozart bis Thomas Bernhard*, Wien 1995, S. 83–90.

Sengle, Friedrich, *Biedermeierzeit. Deutsche Literatur im Spannungsfeld zwischen Restauration und Revolution 1815–1848*, 3 Bände, Stuttgart 1971–1980, Bd. 3, S. 28–33.

Tanzer, Ulrike, ›»Elende Milionär's und glückliche Taglöhner«. Konzeptionen von Armut und Glück am Wiener Volkstheater: Ferdinand Raimund und Johann Nestroy‹, in: *Ökonomien der Armut*, hg. von Elke Brüns, München 2008, S. 127–141, zu Raimund S. 134–137.

Tanzer, Ulrike, ›Zufriedenheit als utopischer Gegenentwurf. Glückskonzeptionen in Raimunds »Das Mädchen aus der Feenwelt oder Der Bauer als Millionär«‹, in: *Ferdinand Raimunds inszenierte Fantasien*, hg. von Hubert Christian Ehalt und Jürgen Hein (Wiener Vorlesungen. Konversatorien und Studien, 19), Wien 2008, S. 17–34, bes. S. 23–28.

Urbach, Reinhard, ›Zufriedenheit bei Ferdinand Raimund‹, in: *Austriaca. Beiträge zur österreichischen Literatur*, Festschrift für Heinz Politzer, Tübingen 1975, S. 107–126.

Vancsa, Kurt, *Ferdinand Raimund. Ein Dichter des »Biedermeier«*, Innsbruck, Wien 1936, S. 35–39.

Wachsmann, Michael, *Spielebenen als Stilebenen in Ferdinand Raimunds Zauberspielen. Untersuchungen zur Sprachgestaltung und ihrem historischen Kontext*, Diss. München 1975, S. 92–105.

Wagner, Renate, *Ferdinand Raimund. Eine Biographie*, Wien 1985, S. 160–171.

VARIANTEN, ZUSATZ- UND REPETITIONSSTROPHEN

Aufgrund der großen Differenz zwischen der in diesem Band als Haupttext abgedruckten eigenhändigen Entwurffassung des *Mädchens aus der Feenwelt* und der bei der Uraufführung gespielten Fassung, die ungefähr den Theaterhandschriften T1 und T2 entsprochen haben muss, hat sich der Herausgeber entschieden, hier im Kapitel »Varianten« die Fassung von T1 ohne die darin enthaltenen Korrekturen vollständig wiederzugeben. Interessanterweise sind von Raimunds eigener Hand fünf Blätter erhalten, die genau dieser ursprünglichen Fassung von T1 entsprechen und die Vorlage für den Schreiber von T1 gebildet haben. Dabei handelt es sich um die Einlageblätter 12, 16, 23, 24 (nur Beginn) und 32 in HS; es kann vermutet werden, dass diese Blätter die letzten erhaltenen Fragmente von Raimunds Reinschrift des Stückes darstellen. Einlageblatt 30 ist zwar ohne genaue Entsprechung in T1, dafür gibt es dazu eine zweite eigenhändige Variante in H.I.N. 18.849 (siehe S. 473). Aufgrund ihres Stellenwerts in der Textgenese und weil sie in der Chronologie noch vor T1 einzuordnen sind, werden die Einlageblätter hier an erster Stelle noch vor T1 wiedergegeben.

1. Einlageblätter in HS und ursprüngliche Fassung von T1

Blatt 12:
Wurtzel trinkt aus einem Fläschchen. ‹Zeichen de in Tinte als auch Zeichen +de in rotbrauner Kreide›
Lorenz. Was trinken Aber müssen EG. den immer trinken? oZ ⌜naschen?⌝ ‹andere Tinte oder Bleistift?›
‹ab hier mit rotbraunem Querstrich gestrichen:› (× Wurz Still. ich nim ein. ‹andere Tinte oder Bleistift:› uZ ⌜zum Gscheid werden.⌝ Zu de(r); ‹»n« oder »r«, unter- oder durchgestrichen› wie heißt mans den, zu der Sophie!
Lorenz Zu was für einer Sophie?
Wurz. Nicht zu einer, sondern zu der großen oZ ⌜großen Gelehrsamkeit⌝ Gela Weisigkeit, weißt, wo so viele Sophien beyeinand seyn.

VARIANTEN, ZUSATZ- UND REPETITIONSSTROPHEN   375

~~Lor. A zu der Filisophie etwann.~~
Wurz. Ja ~~zu der{er}.~~ ~~Ich möchte~~ oZ ⌈halt⌉ ~~gern recht inpertinent gscheidt werden.~~ ×) ‹bis hier mit rotbraunem Querstrich gestrichen›
Lorenz. Und giebts oZ ⌈den⌉ da eine Medizin dafür.
Wurz Freylich, ich habe den Doctor so lang sekirt, bis er mir was ~~verschrieben~~ oZ ⌈geben⌉ hat, liR ⌈was mich ~~witzig~~ oZ ⌊gscheid⌋ macht.⌉ Da krieg ich alle Wochen so ein Flaschel voll, das kost 40 # das treibt den Kopf auseinander, daß soll ich nur ein paar Jahr fortnehmen, sagt er, und wenn ich einmahl ein paar tausend Ducaten ~~ausgeben~~ oZ ⌈drauf spendirt⌉ hab, so wird mir ~~schon~~ oZ ⌈auf einmahl⌉ ein Licht~~,~~ ‹Komma gestrichen?› aufgehn, und da werd ~~auf einmahl~~ oZ ⌈ich erst⌉ ‹Zusatz mit anderer Tinte› einsehen, ~~wie dum als ich war.~~ ⌈was ich für ein Esel war⌉. ‹gestrichener Zusatz mit anderer Tinte› uZ ⌈wie dum als ich war.⌉ ‹Zusatz mit anderer Tinte›
Lor. Ich wünsch ihnens, es ~~ist~~ wär die höchste Zeit, laßen mich E G. auch trinken, ich möcht auch recht abwixt werden.
Wuz Das kost ‹mit anderer Tinte korrigiert aus »komt«› ~~mich hoch.~~ oZ ⌈zu viel.⌉ ‹Zusatz mit anderer Tinte› Ich werd dich schon so einmahl recht abwixen, ~~daß du auf eine Weil gwitzigt bist, nicht, das giebt besser aus.~~ ‹»das giebt besser aus« mit anderer Tinte gestrichen› nachher wirst schon wissen wieviels gschlagen hat.

Blatt 16:
Nicht eh ~~soll~~ oZ ⌈darf⌉ diese Verbindung vollzogen werden. Bis aus dem Blut, das wie geschmolznes Eisen glüht. ein Himbeergefrornes wird. bis diese kräftgen Zwillingsbrüder. meine Fäust. so kraftlos sind, daß ich nicht eimahl einen Kapauner mehr transchiren. kann, bis dieses kien russchwarze Haupt sich in einen Gletscher verwandelt, kurz bis ich so ausschau daß ich auf den Aschenmarkt hinaus ghör, dann fragen sie sich wieder an, ~~mein~~ lieber Schnekensensal, dann ~~halt~~ halt ich ihren Fischer mein Wort.
‹auf der Rückseite auf den Kopf gestellt:› ~~Jubel rausche~~ oZ ⌈Schickt den Jubel⌉ durch die Lüfte,

Nach der Freude, Sonnenberg.
Streut des Lobes Schmeicheldüfte
Preiset hoch oZ ⌈laut⌉ oZ ⌈hoch.⌉ den grünen Zwerg.
Lebe hoch du

Blatt 23–25:
‹Blatt 23r› ‹Einfügezeichen und Zeichen X mit roter Kreide› Jug
oZ ⌈Ha ha⌉ Was fällt dir ein Brüderchen, oZ ⌈fehlgeschossen⌉
das endigt oZ ⌈endigt⌉ ja eben unsere Freundschaft, weil wir
uns schon oZ ⌈gar⌉ zu lange mit einander bekannt sind. Wir
sind ja schon zusammen auf die Welt gekommen, weißt du den
das nicht mehr?
Wurz Ja, ja, ich errinnere ‹sic!› mich schon, Nachmittag wars und
gregnet hats auch.
Jug Wir sind auch mit einander in die Schule gegang. Weißt du den
das auch nicht, wir sind ja auf einer Bank gesessen.
Wurz Ist richtig auf der Schandbank sind wir gesessen. (für sich)
Ich kenn ihn gar nicht.
Jug. Ja freylich,. Sie haben ja uns ja dadurch zwingen wollen, daß
wir etwas lernen sollen.
Wurz Jezt Nun ja, was das für dum G{e}s Sachen waren, aber
wir haben nichts derglechen ‹sic!› gethan. O wir waren ein oZ
⌈paar⌉ feine Kerls. (f s) Ich habe ihn mein Leben nicht gsehen
noch.
Jug Und wie wir beyde 20 Jahre alt{,} waren, haben wir die G gan-
ze Gemeinde geprügelt.
‹Blatt 23v› O das war ja prächtig.
Wurz O das war ein Hauptjux. (f s) Ich weiß kein Wort davon.
Jug. Und getrunken haben wir Bruder das war mörderisch.
Wurz O das war schändlich Bruder.
Jug Ja, und was wir alles getrunken haben.
Wurz oZ ⌈Nu,⌉ Freilich, einmahl haben wir glaub ich gar einen
Wein getrunken, das Verbrechen.
Jug. Ja und was für einen?
Wurz. Einen Luten sieben Kerl Wein. Lutenberger.
Jug Und einen Grinziger.

VARIANTEN, ZUSATZ- UND REPETITIONSSTROPHEN   377

<u>Wurz</u>. (f s.) ‹korrigiert aus anderem Buchstaben?› Ist alles nicht
wahr.
‹Blatt 24r› <u>Jug</u> oZ ⌈J̶u̶h̶u̶⌉ Du hast mich ‹»m« korrigiert aus »d«› ja
in alle Wirthshäuser, herumgeschleppt, wir waren ja alle Tage
sternhagelvoll besoffen. W̶u̶r̶z̶. Kurz, wir waren ein paar wahre
Lumpen
<u>Wurz</u> (<u>B S</u>) E̶r̶ h̶a̶t̶ oZ ⌈muß.⌉ doch eine Spur von mir haben er
kennt mich doch. (<u>laut</u>) Bruder wir wollen's noch seyn, schlag
ein Bruderherz.
Haha fehl{geschoßen} ‹Textverlust› der ist ja gerade {ins} ‹Blatt abgerissen, beschädigt, weiterer Text verloren›
‹Blatt 24v mit roter Kreide schräg gestrichen:› ‹Einfügezeichen und
Zeichen X› Wir sind ja m̶i̶t̶s̶a̶m̶m̶e̶n̶ oZ ‹andere Tinte› ⌈schon
zusammen⌉ auf die Welt gekommen, weißt du den das n̶i̶c̶h̶t̶
nimer ‹»nimer« dann mit roter Kreide korrigiert in »nicht«›
mehr?
<u>Wurzel</u>. Ja, ja ich errinnere mich schon, es war oZ ⌈ja Nachmittag⌉
e̶i̶n̶ s̶e̶h̶r̶ s̶c̶h̶ö̶n̶e̶r̶ T̶a̶g̶, und geregnet hat auch.
<u>Jugend</u>. Wir sind auch miteinander in die Schule gegangen, weißt
du das auch nicht, w̶i̶r̶ h̶a̶b̶e̶n̶ j̶a̶ b̶e̶y̶d̶e̶ n̶i̶c̶h̶t̶s̶ g̶e̶l̶e̶r̶n̶t̶. liR ⌈Wir
haben beyde nichts gelernt.⌉
zwZ reR ⌈Wir sind ja auf einer Bank gesessen. / <u>Wu</u> Ist richtig auf
der Schandbank. (<u>B S</u>) Ich kenn ihn gar nicht.⌉ ‹Zeichen vi›
<u>Wurz</u> I̶s̶t̶ r̶i̶c̶h̶t̶i̶g̶, w̶i̶r̶ s̶i̶n̶d̶ j̶a̶ m̶i̶t̶ e̶i̶n̶a̶n̶d̶e̶r̶ a̶u̶s̶g̶e̶s̶t̶o̶s̶s̶e̶n̶ w̶o̶r̶d̶e̶n̶
(<u>bey Seite</u>) Ich kenne ihn gar nicht.
‹dann Papier abgerissen und nur teilweise lesbar:› W m̶e̶i̶n̶e̶m̶ L̶e̶-
b̶e̶n̶ n̶i̶c̶h̶t̶ g̶e̶s̶e̶h̶e̶n̶.
‹Blatt 25r, Beginn eines Briefes, der nicht zum Stück gehört:›
Wohlgeborener Herr!
So schmeichelhaft,
‹Blatt 25v, einige Buchstaben und Zeichen, die nicht zum Stück
gehören:› T{r} T{s}. und {fee} o 6

Blatt 30:
Aber dich will ich rekommandieren du Galläpfellieferant, die
ganze Welt will ich aus kriechen und w̶i̶l̶l̶ mein Unglück erzählen. Ach ich war liR ⌈immer⌉ ‹nicht eindeutig, ob Einschub› ein

Esel, ~~aber~~ jetzt seh ichs ein. Aber ich war doch ein junger Esel und jetzt bin ich alter geworden,, ich war ein reicher und oZ ⌈jezt⌉ bin, ich ein armer geworden,. Ein armer Narr der nichts mehr hat als weiße Haar, und gar kein Kraft daß ~~ich~~ liR ⌈er⌉ dich nieder schlagen kann, du falsches Unthier du! Ah! dich sollen sie hinausjagen aus der Welt hernach wird alles gut. du Krokodill.

‹Rückseite mit Ziffernfolge und Bleistiftbeschriftung wohl von Archivar:› Mädchen aus der Feenwelt

Blatt 32:
Haß. (Fährt aus einem kurzen Nachdenken empor.) Triumph fertig ist der Plan. ‹Einfügezeichen und Einfügung mit Einfügezeichen von liR, gekreuzt gestrichene Passage:› (× liR ⌈Ich kann oZ ⌊ich⌋ als Haß nichts, gegen die große Liebe, dieses Fischers ausrichten, ~~er wer wenn er~~ oZ ⌊so soll er⌋ sich ~~nicht~~ freywillig in meine Hände liefern.⌉ ×) ‹Ende einer gekreuzt gestrichenen Passage› ~~Die Liebe des Fischers ist zu groß, als daß ich sie so schnell in Haß verwandeln könnte, darum will ich ihn durch seine Treue stürzen.~~ liR ⌈Seine Liebe ist zu groß, er muß, durch List in meine Hände fallen, sonst vermag ich nichts über ihn.⌉ (Schwingt seine Fackel) Erscheine Zauberhain. (Donnerschlag) (deutet in die Coullisse) Was siehst du dort?

Neid. Einen herrlichen Garten mitten im See, mit einem Lusthause und einer Kegelbahn.

Haß. Den laß ich oft erscheinen in der Welt, ~~wenn ich~~ er ist ein Geschenk des bösen Dämons, reR ⌈den wir beyde dienen.⌉ ‹Einschub?› In dem Lusthause {ih} ~~jenes~~ dieses Gartens, wird ein Brillantring, der unermessene Reichthümer gewährt, von neun bösen Geistern bewacht. ‹Komma korrigiert zu Punkt› ~~Deren~~ oZ ⌈Ihre⌉ Büsten liR ⌈aber sind,⌉ als Kegel aufgestellt. ~~sind.~~ Wer diese 9 Kegel trifft stürzt dadurch die 9 Geister, und gewinnt den Ring, den ihm keine Zaubergewalt entreissen darf. Doch Doch ~~fehlt er~~ trifft er weniger als 9, stürzt er todt zur Erde nieder.

Wenn er aber diesen Ring 9 Tage besitzt, erfüllen ihn die Geis-

ter mit dem höchsten Menschenhaß, und er ruhet nicht bis er
sich und ~~die~~ Tausende zu Grunde richtet. Nur wenn er ihn
vor dieser Zeit ⌈noch⌉ von sich wirft, ist er gerettet, doch ‹korrigiert aus anderem Wort› Macht und Reichthum ziehen als
Nebel fort.

Nun höre meinen Plan. Lakrimosens Tochter muß oZ ⌈bis⌉
morgen um Mitternacht, mit ~~einem~~ oZ ⌈diesem⌉ armen ‹korrigiert von »A« in »a« oder umgekehrt› liR ⌈Fischer⌉ vermählt
seyn, sonst bleibt ihre Mutter ewig verbannt.

Wir locken also den Fischer nach der Kegelbahn, fehlt er die
Kegel, ~~fehlt hat er sich freywillig getödtet, und der Hexenprozeß ist geendet~~ zwZ ⌈ist er verlohren und Lakrimosa mit ihm.⌉
und ~~die Hochzeit ist vorbey mit Lakrimosens Rettung ists vorbey.~~ Trifft er sie, ~~ist und ist er durch den~~ ist er von dem
Augenblick als ~~den~~ oZ ⌈er⌉ uZ ⌈meinen⌉ Ring am Finger trägt,
ein reicher Mann, und kein Armer mehr. liR ⌈Er ist, Dann ist
er in meiner Macht⌉ ~~Er ist dann Ich werde da{nn}~~ ‹unleserlich wegen Klecks› ~~von ihm weichen, und er muß entweder
sich als Besitzer des Ringes mit~~ oZ ⌈ihn und die⌉ liR ⌈Geister überlisten,⌉ und dann werd ich schon Mittel ~~finden~~ anwenden,
daß er entweder ~~als Besitzer~~ im Besitz ~~des Ringes~~ oZ ⌈seines
Reichthums,⌉ sich mit ihr vermählt, oder die Vermählung zu
verhindern suchen. In beyden Fällen ist Lakrimosa ~~wieder~~ gestürzt.

<u>Neid</u> (Fällt ihm um den Hals) Bruder, ~~ich~~ beneide dich um diesen
Plan, das ist der einzige Dank, den ich dir dafür geben kann.

<u>Haß.</u> So komm du ohnmächtiges Ungeheuer, ich will dich mit der
Rache vermählen, du bist ein seltner Bräutigam, dich führt der
Haß ins Brautgemach.

<u>(Beyde Arm in Arm ab)</u>

‹nicht zugeordnete gestrichene Einfügung mit Zeichen de:› ~~nun
triumphiren soll. So nahe am Ziele und nu{n} dieß Complott, und
wenn ich auch dagegen etwas~~ ‹wegen Tintenklecks kaum lesbar:›
~~{unter}nehmen wollte, so kann ich nicht es ist nur mehr der heutige
Tag~~

Nachfolgend die ursprüngliche Fassung von T1:

Das
Mädchen aus der Feenwelt,
oder:
Der Bauer als Millionär.
Romantisches Original Zaubermärchen
mit Gesang, in drey Aufzügen
<u>von</u>
Ferdinand Raimund.

Personen.

Lakrimosa, eine mächtige Fee, verbannt auf ihrem Wolkenschloße

Antimonia, die Fee der Wiederwärtigkeit.

Borax, ihr Sohn.

Bustorius, Zauberer aus Waresdin.

Ajaxerle, Lakrimosens Vetter und Magier aus Donaueschi[ngen.]

Zenobius, Haushofmeister und Vertrauter der Fee Lakrimosa.

Selima ⎱ Feen aus der Türkey.
Zulma ⎰

Hymen.

Amor.

Die Zufriedenheit.

Die Jugend.

Das hohe Alter.

Der Neid. ⎱ Milchbrüder.
Der Haß. ⎰

Lira, die Nymphe von Carlsbad.

Illi, Briefbothe, im Geisterreiche.

Tophan, Kammerdiener des Haßes.

Nigowitz, ein Genius des Haßes.

Ein Triton.

Erste ⎱ Furie ⎱ Tonkünstler.
Zweyte ⎰

Eine geistige Wache.

Ein Satir.

Der Morgen.

Der Abend.

Die Nacht.

Der Blödsinn.

Neun Geister als Wächter des Zauberringes.

Geister der Nacht.

Mehrere Zauberer und Feen.

Ein Genius, als Laternbube.

Ein Bedienter des Bustorius.

Ein Diener der Fee Lakrimosa.

Fortunatus Wurzel, ehemahls Waldbauer, jetzt Million{ä}[r.]

Lottchen, seine Ziehtochter.

Lorenz, ehemals Kuhhirte bey Wurzel, jetzt deßen erster Kammerdiener.

Habakuck, Bedienter.

Karl Schilf, ein armer Fischer.

Musensohn.
Schmeichelfeld. } Wurzels Zechbrüder.
Afterling.

Ein Schloßergeselle.

Ein Schreiner.

Mehrere Bediente bey Wurzel. Gesellen. Volk.

<u>(Die Handlung beginnt am Morgen des ersten Tages und endiget am Abende des Zweyten. Spielt theils im Feenreiche, theils auf der Erde.)</u>

Erster Aufzug.
1ter. Auftritt.

Großer Feensaal, mit magischen Lampen von verschiedenen Farben hell beleuchtet, welche auf Candelabern angebracht, die Coulissen zieren. Im Hintergrunde die Öffnung eines großen Bogenthores, welches durch einen schwalartigen mit Gold verbrämten Vorhange verdeckt ist. In der Mitte des Theaters spielen zwey Furien, ein Triton und der kleine Borax ein Quartett, von zwey Violinen, Viola und Violoncello. Die Stimmen des Quartett's wechseln mit Solo. Die Instrumente sind von Gold, die Pulte ideal. Im Kreise sitzen: Bustorius, Zenobius. Antimonia, Selima, Zulma, Lira. Der Morgen, der Abend, der Blödsinn, und mehrere andere allegorische Personen, Zauberer und Feen, die von Zeit zu Zeit von vier Genien, welche als geflügelte Livree B[e]diente gekleidet sind, auf silbernen Tassen mit Confecturen bedient werden. Das Ganze wird von folgenden Chor begleitet.

Chor.
Welch ein herrliches Concert,
Wo sich hoch die Kunst bewährt;
Was ist Amphions Geklimper?
Selbst Apollo ist ein Stümper,
Wenn man solche Künstler hört.
Bravo! Bravo! O, vortrefflich!
Bravo! Bravo! (verhallend) Bravo! Bravo!

Allgemeiner Applaus.
Alles erhebt sich von den Sitzen; die Spielenden legen ihre Instrumente weg und verneigen sich.

Zenobius. Bravissimo meine Herrn! Das haben sie gut gemacht. (zu dem Triton) Besonders Sie.

[Bu]storius. Istem nuzeck! Ist das schönes Quartett! von wem ist das componirt?

[Ze]nobius. Das Adagio ist von einem Delphin.

Bustorius. Und das Furioso?

Zenobius. Von einer Furie.

Borax. Aber Mama, mich lobens gar nicht.

Antimonia. Sey nur still!

Bustorius. Das kleine Bübel greift aber manchmal ein bißel falsch.

Antimonia. (Die während dem ihrem Sohne immer den Schweiß von der Stirne getrocknet hat.) Mein Herr! daß könnte mich beleidigen; er ist der erste Violinspieler im ganzen Feenreich; Er hat einen englischen Meister, der für jede Lection zweyhundert Schillinge beköbmt.

Zenobius. Ganz gut; aber überlaßen Sie sein Lob andern Leuten.

Antimonia. Wer kann ihn unpartheiischer beurtheilen als ich, seine Mutter? (Eitel) Obwohl mirs, meiner Jugend und meiner Reitze wegen, niemand ansieht, da{ß} ich seine Mutter bin.

Bustorius. Nein, hätt ich Ihnen für seine Großmutter gehalten.

Antimonia. O, sie einfältiger Zauberer!

Borax. (Weint laut)

Antimonia. Pfuy, mein Boraxy! mußt nicht weinen. Hörst? mußt gar nicht aufmerken auf die abscheulichen Leute da.

Borax. (weinerlich) Freylich! was liegt den mir an den Leuten; Die können Alle weniger als ich.

Antimonia. So, mein Bubi! so ists recht; jetzt bist brav.

Zenobius. (lachend) Bravißimo!

Bustorius. (lachend) Das ist gute Erziehung; Buben thut sie schön, und Meister gibt sie Schilling.

Antimonia. Beleidigen Sie mich nicht länger, oder ich verlasse die Gesellschaft. (will fort)

Zenobius. Bleiben sie. – Hat Lakrimosa sie darum zu sich gebethen, um zu streiten? Sie wird Augenblicklich erscheinen, und empfängt nur ihren Vetter den Sie aus Donaueschingen erwartet hat, und der wie sie alle im Hexenhof abgestiegen ist, weil im Pallast hier niemand wohnen darf.

Antimonia. Gut! Aus Höflichkeit will ich bleiben; aber schweigen kann ich nicht, durchaus nicht.

Bustorius. Wenn ich einmal heirath, nimm ich keine Andere, aber sie auch nicht.

Scen: 2.
Ein Feendiener. Vorige.

Diener. Die Fee.

Bustorius. Sie sieht noch gut aus.
Zenobius. Das Schicksal hat sie mit ewiger Jugend beschenckt, darum hat der Gram ihre Reitze geschont.

Scen: 3.
Lakrimosa erscheint mit betrübter aber doch höflicher Mine.
Ajaxerle im schwäbischen gestreiften Zauberhabit. Vorige.
Alle. Vivat! die Hausfrau!
Lakrimosa. Es freut mich meine werthen Gäste, wenn sie sich gut unterhalten haben.
Alle. Vortrefflich!
Lakrimosa. Hier stelle ich Ihnen meinen geliebten Vetter vor. Magier aus Schwabenland.
Ajaxerle. (im schwäbischen Dialecte) Freut mich, Sie {allerseits} kennen zu lernen.
Alle. Freut uns!
Bustorius. Was Teyxel, das ist ja der Ajaxerle?
Ajaxerle. Der Tausend! Wie kommen den Sie daher? Ach, Herrjegele, das freut mich! (Umarmt ihn)
Lakrimosa. Kennen sich die Herrn?
Ajaxerle. Das glaub ich. Wo haben wir den nur geschwind Freundschaft geschloßen?
Bustorius. Wißen sie nicht? Auf dem letzten Geister Dinée.
Ajaxerl. Ja richtig; wo sie mir die Bouteille Wein an Kopf g'worfen habe; Da habe ich die Ehr gehabt Sie kennen zu lernen.
Lakrimosa. (tritt zwischen Beyde) Genug meine Herrn. Diese schönen Erinnerungen ein andersmal. An mir ist die Reihe. (überblickt alle mit Wohlgefallen; dann spricht sie mit Gefühl) Ja, es ist keines ausgeblieben, Alle sind sie hier, die mein Schmerz zu sich bitten bitten ließ. Türkische, böhmische und ungarische Wolken haben sie zu mir getragen. Mein Bustorius aus Waresdin, meine Freundin, die Nymphe von Karlsbad, sogar Selima und Zulma, die Feen von der türkischen Gränze. Der {trübe} Morgen und der Abend, Blödsinn und Faulheit, und – etc. etc. Alle, alle sind sie hier.
Bustorius. Ist das Freud, seyn wir alle da.
Lakrimosa. Und nun hören sie die Ursache, warum ich sie auffor-

dern ließ, ihre Wolkenschlößer zu verlaßen, und mir in meiner
bedrängten Lage Beystand zu leisten.

Alle. Erzählen Sie.

Lakrimosa. Es sind nun volle achtzehn Jahre, als ich an einem heitern Juliustage auf einem Sonnenstrahl nach der Erde fuhr, und mich in Blitzesschnelle in einem angenehmen Thale befand. Vor mir stand ein junger blonder Mann, sein edler Anstand und sein gemüthliches Auge bürgten für die Aufrichtigkeit seines Herzens. Ihn zu sehen und zu lieben war das Werk eines Augenblicks. Er war der Director einer reisenden Seiltänzer Gesellschaft, die in diesem einsamen Orte Halt machte, und nicht mehr weiterziehen wollte, bis sie für 200 f: rückständige Gage augenblicklich gesichert wäre. Mein Entschluß war gefaßt; Er mein Gemahl, oder keiner. Ich zauberte ihm schnell einen Beutel Louisdors in die Tasche, und flog in eine girrende Taube verwandelt in mein Reich zurück. Mein Freund Zenobiu[s] sah mich kommen. Erinnerst du dich noch?

Zenobius. Ja; es war an einem Mittwoch, und den Tag vorher haben wir Holz bekommen.

Lakrimosa. Ihm übergab ich geschwinde die Schlüßel meines Pallastes, und um schneller die Erde zu erreichen, verwandelte ich mich in einen Pfeil, und Zenobius schoß ihn in das Dach des Wirthshauses, welches mein Geliebter indeßen bezogen hatte. – Ich stieg als reisende Schauspielerinn darin ab; und um kurz zu seyn, er sah mich, liebte mich, und ward mein Gemahl. Doch nach zwey glücklichen Jahren – wer hilft mir die Erinnerung dieses Schmerzes ertragen – stürzte er vom Seil, das er von einem Stadtthurm zum andern gespannt hatte, und verhauchte seinen stolzen Geist. (sie weint)

Alle (weinen mit)

Ajaxerle. Ja das Seiltanzen; ich habs auch einmal probirt; aber ich versichere sie, ich bin recht auf den Kopf g'fallen.

Bustorius. Das hab ich schon lang bemerkt; hab ich nur nicht gleich sagen wollen.

Lakrimosa. Von tiefer Trauer erschüttert, nahm ich mein Kind, ein Mädchen von zwey Jahren, und kehrte mit ihr ins Feenreich zurück. Bezahlte schnell die Schulden, die mein treuer Zenobius indeßen auf meinen Nahmen gemacht hatte, und nachdem mein Schmerz vertobt war, erbaute ich meiner Tochter einen Diamantenen Pallast, ließ sie in dem höchsten Reichthum erziehen, und schwur: ihre Hand nur dem Sohne der Feenkönigin selbst zu geben. Kaum hatte ich diesen unseligen Schwur gethan, so krachten die Säulen meines Pallastes, und vor mir stand die Königin der Geister. – Büße deine Frechheit, sprach Sie: übermüthiges Weib! Einem Sterblichen hast du dich vermählt, und deines Kindes Herz willst du durch Glanz vergiften? – So höre meinen Ausspruch. Entrißen sey dir auf Erden deine Feenmacht, so lange, bis die Bescheidenheit deiner Tochter deinen Übermuth mit mir versöhnt. In brillantene Wiegen hast du sie gelegt, darum sey Armuth ihr Loos, und deß Reichthums Glanz werde ihr zum Fluch. Meinem Sohne hast du sie bestimmt, dem Sohne des ärmsten Bauers werde sie angetraut. Auf die Erde setzest du {sie} aus, dem Irrdischen gehört sie an, dann kehrst du zurück in dein Wolkenhaus, und nur die Tugend deiner Tochter kann dich daraus erlösen. Wird sie allen Reichthum haßen, und vor ihrem achtzehnden Jahre mit einem armen Manne, der ihre erste Liebe seyn muß, sich verbinden, so ist dein Bann gelößt. Du darfst sie wieder sehen, doch nur in mäßigen Wohlstand versetzen. Erfüllt sie bis zu ihrem achtzehnten Frühlinge diese Bestimmung nicht, ist sie für dich verloren. Bescheidenheit heiße ihr Glück, denn sie ist nur eine Tochter der Erde. – Sie verschwand.

<u>Bustorius.</u> (nach einer Pause) Erdök! ist das schöne Geschichte!

<u>Ajaxerle.</u> So traurig, und so lang auch noch, daß ist das Schöne.

<u>Lakrimosa.</u> Ich sank mit meinem Kinde auf die Erde nieder, in einem dürstern Walde, und in der Gestalt eines alten Weibes pochte ich an eine niedre aber reinliche Hütte; Ein lustiger treuherziger Bauer, ihr einziger Bewohner sprang heraus, er hieß Fortunatus Wurzel. Ich sank zu seinen Füßen und beschwor ihn, er möchte sich des armen Kindes erbarmen, es gut und fromm erziehen, nie aus dem Walde laßen, und mit einen armen Jungen, den sie liebgewinnt verheyrathen. Wird er dieß befolgen, soll er mich am Tage der Heyrath wiedersehen, und ich werde ihn reichlich belohnen. Wer ich sey, dürfte ich ihm

nicht sagen. Er schwur meine Bitte zu erfüllen, und eilte mit dem Kinde in die Hütte. Langsam und trauernd schwang ich mich auf; Thränen entstürzten meinen Augen, wurden zu kostbaren Perlen, und fielen nieder auf das Strohdach seiner Hütte. (Nach einer Pause, seufzend) Ob er sie gefunden hat, weiß ich nicht.

Bustorius. (Gleichgiltig) Weiß ich auch nicht. (steht auf)

Lakrimosa. Jetzt kommt das wichtigste.

Bustorius. Also noch nicht aus? Bravo!

Lakrimosa. Sechzehn Jahre hat er sein Wort treu gehalten, doch über ein Jahr lebe ich schon in qualvoller Angst[.] Der mächtige Fürst d[er Galle,] der Neid, verliebte sich in mich, und warb um {meine} Hand. Doch da er von je[her] aus meinem Herzen verbannt war, wies ich ihn mit Ver[ach]tung ab. Um sich nun dafür zu rächen, schwur er, mi[ch durch] meine Tochter zu verderben, und ließ den Bauer ein[en großen] Schatz finden. Im Besitze dieses Reichthums ist dieser nun seit zwey Jahren, wie verwechselt, wohnt in der {Grätzer} Stadt, lebt auf dem größten Fuße, ergibt sich dem Trunke, mißhandelt meine Tochter, und will sie zwingen, einen reichen Freyer zu wählen, während ihr Herz an einen armen Fischer hängt. Morgen um Mitternacht zählt sie 18 Frühlinge, und wenn sie bis dahin nicht die Braut des Fischers ist, ist sie für ihre Mutter verlohren. – Ich muß hier müßig bleiben, und darf sie nicht beschützen. Alle Geister in der Nähe der Feenköniginn habe ich seit zwey Jahren vergebens um Hilfe angefleht; darum habe ich in meiner höchsten Noth nun sie versammeln laßen, und wenn sie nicht alles aufbiethen mein Kind zu retten, so bin ich die unglücklichste Fee, die je einen Zauberstab geschwungen hat.

Alle. (springen auf) Pereat der Neid! Pereat der Bauer!

Zenobius. Lakrimosa soll leben!

Alle. Hurrah!

Bustorius. Kommen sie Frau, seyn sie nicht traurig. Waren sie zwar stolzes Weibsbild, aber seyn sie bestraft. Seyn sie doch gute Person; haben ihr Kind gern, und das g'fallt mir. Geben sie mir Bußel. (nimmt sie beym Kopf und küßt sie) Nit wahr meine Freunde, wollen wir ihr alle helfen?

Alle. Alle! Alle!

Bustorius. Was wollen sie mehr? Seyn das nicht rare Geister? Verlaßen sie sich auf ungarische Zauberer. Was Ungar verspricht, das halt er! Hat er festes Blut in sich, wie Eisenbad in Mehadia. Wir wollen schon einheitzen dem verdrackten Purzel oder Wurzel, wie der Kerl heißt.

Ajaxerle. Ja, das wollen wir; und ich will die ganze Sache dirigiern. Jetzt lauf ich gleich ins Wirthshaus und laß mir ein Vieherle sattle, und reit in die Stadt hinunter, und werd alles Auskundschafte, und außer der Stadt draußen, steht ein verrufenes Bergle, a' hohes, das heißt der Geisterscheckle; da kommen wir in zwey Stunden in dem alten Schloß oben alle zusammen, und machen den [gan]zen Plan aus; und [heut A]bend müssen sie schon i[hr Töch]terle haben, und [wenn sie] auf dem Blocksberge v[ermäh]lt werden soll.

Alle. Ja, heute noch. Hurrah!

Lakrimosa. So sind sie, wie ich sie haben wollte; jetzt ist mein Mutterherz getröstet. – Ich verlaße mich ganz auf sie. (im ConversationsTone) Darf ich Ihnen {geschwind} noch mit einem Glasel Punsch aufwarten?

Bustorius. Was Ponsch? Nichts wird pontsch; ist schon Tag. Laß Wagen vorfahren. Wo ist mein Fiaker? Nr: 243.

Zenobius. Die Wägen herbey! Es ist ja noch stockfinster draußen. Heute muß ein trüber Tag seyn.

Alles. (bricht auf, nimmt die Mäntel etz. etz. Der mittlere Vorhang geht auf, man sieht in eine Wolkenstraße. In der Ferne sind die beleuchteten Fenster einiger Wolkenschlößer zu sehen. Die Wolkenwagen fahren vor, und gerade in die Coulisse ab, aber nicht in die Luft. Zwey Diener mit Fakeln leuchten.

Ein Feendiener. (ruft) Fiaker Nro: 234 vorfahren.

Fiaker (schreyt) Ja! (fahrt vor; Bustorius steigt ein, sein Diener springt hinten auf und ruft: Nach Haus!

(Ein anderer Wagen mit 2. Laternen folgt. Antimonia steigt ein und fahrt fort.)

Lakrimosa. (nachrufend) Kommens gut nach Haus. – Vergessens nicht auf mich. – Sie, Herr Vetter, ich laße Ihnen einspannen, und in den Gasthof führen.

Ajaxerle. Ey bewahre! ich hab ja mein Laternbüble da. (ruft) He! ruft ihn doch.

Ein Diener. He, Laternbub!

Ein kleiner Genius mit einer Laterne springt herein.) Hier E^r. Gnaden.

Ajaxerle. Voraus Spitzbüble!

(Unter allgemeinen Lärmen und Empfehlungen: Kommen sie gut nach Haus! u. s. w. fällt der Vorhang vor.)

Scen: 4.

(Nobles Gemach in Fortunatus Wurzels Hause.) an der Seite ein bronzirter Kleiderschrank. Rechts ein Fenster, neben dem Schlafgemache Wurzels. Auf der entgegengesetzten Seite der Eingang.

Lorenz. Haberkuck und andere Bediente.

Lorenz. (mit zwey andern Bedienten läuft zum Fenster und sieht hinaus)

Stimme von außen. Herr Lorenz! Der Wein ist da. Gehts einer herunter!

Lorenz. (ruft hinab) Gleich, gleich! nur nicht so schreyen; da ist dem Herrn sein Schlafzimmer. (zu den Bedienten) Gehts hinunter zum Wagen, der ächte Champaner ist kommen, tragts die Flaschen in Saal hinauf. Morgen ist Punschgesellschaft, da muß er ausgetrunken werden, aller, sonst wird er hin; er halt sich nur ein Paar Tage. (zwey Bedienten gehen ab) (zum dritten) Und du nimmst ein zehn Flaschen weg, und stellst mirs auf die Seite; ich brauchs für eine arme Familie, die gern trinkt.

Habakuck. Schon recht Mußi Lorenz. (geht ab)

Lorenz. (allein) Was man alles zu thun hat, wenn man erster Kammerdiener in einem Haus ist. Wie ich noch Halter bey ihm war, hab ich lang nicht so viel zu thun gehabt, als jetz. Ja, wenn wir auch vom Land seyn, deßwegen seyn wir doch nicht auf den Kopf g'fallen. – Wie ich Bedienter worden bin, hab ich nicht gwußt, warum die Schneider so große Säck in die Livreen machen; jetzt weiß ichs schon – weil die Bedienten von ihre Herrschaften so viel einstecken müssen. (sieht durch Schlüßelloch) Mir scheint, er steht schon auf. Daß war wieder ein Specktakel heute Nacht mit Ihm und seinen guten Freunden. Bis um drey Uhr habens trunken und g'sungen, über 80, Gläser zusammeng'schlagen, und so gehts alle Wochen viermal. Mich wunderts nur, daß ers aushalt. – Und seine guten Freunde halten ihn für ein Narren; sie sagen, er wär der gscheideste Mensch von ganz Botokudien, oder wie das Land heißt. Jetzt will er gar ein heimlicher Gelehrter werden, und ich hab schon was wispeln g'hört, ein Philosoph auch noch. Ein Bauer, es ist schrecklich! Und er laßt nicht nach; auf d'Wochen gehts schon los; da lernt er s'Lesen, und aufs Jahr Schreiben, und da hat er Recht. Wenn ein dummer Mensch nur wenigsten schreibt, so kann er sichs doch selber zuschreiben, daß er nichts gelernt hat. – Da kommt die Lottel, die därf ich gar nimmer zu ihm laßen; wenn die den Fischer Karl nicht laßt, so wirds eine schöne Metten absetzen.

Scen: 5.
Lottchen. Voriger.

Lottchen. (Einfach gekleidet) Guten Morgen lieber Lorenz. Ist mein Vater schon auf?

Lorenz. (sich ein Ansehen gebend) Guten Morgen, Fräulein Lottel!

Lottchen. Wie viel hundertmahl habe ich dich schon gebethen, du sollst blos Lottchen zu mir sagen. Ich bin nur ein armes Landmädchen.

Lorenz. Was sind sie? ein armes Landmädchen? Das bringt ja einen Tannenbaum um. Sie sind ja eine Millioneserinn.

Lottchen. Ich will aber keine seyn; den der Schatz, den der Vater gefunden, hat Unglück über unser ganzes Haus gebracht. Ach, wo ist die schöne Zeit, wo der Vater so gut mit mir war, wo ich täglich meinen Karl sehen durfte, wo noch Schwalben unter unserm Dache nisteten, und keine so hungrigen Raben, wie jetzt die falschen Freunde meines Vaters. Ach, wo bist du glückliche Zeit!

Lorenz. Ja, es kann halt nicht immer so bleiben hier unter dem wächsernen Mond!

Lottchen. Wo seyd ihr, ihr Nachtigallen im grünen Walde? ihr wir-

belnden Lerchen? ihr funkelnden Käfer? Ach, das ist alles vorüber! – Jetzt kommen keine Schwalben, keine Lerchen, keine
Käfer – und mein Karl kommt auch nicht mehr!

Lorenz. Und das wär ihnen halt der liebste Käfer – Dem haben wir
aber die Flügel g'stutzt.

Lottchen. Nein, noch heute will ich meinem Vater zu Füßen fallen,
und ihn bitten, das unglückliche Gold von sich zu werfen, seyd
deßen Besitz sich seines Herzens ein so böser Geist bemächti-
get hat. Ich will gleich zu Ihm! (will gehen)

Lorenz. (tritt vor die Thüre) Fräulein Lottel, thun sie das nicht. Ich
darf ihnen nicht hinein laßen.

Lottchen. Warum nicht?

Lorenz. Der Herr Vater ist kranck.

Lottchen. (erschrikt) Krank? mein Vater kranck? Himmel! und
bedeutend? –

Lorenz. Ja!

Lottchen. Ist das wahr?

Lorenz. Wollen sies nicht glauben? –

Scen: 6.
Habakuck. Vorige.

Habakuck. (Mit einer großen Taße, worauf eine große Gans liegt;
ein Teller voll Backwerk und eine große Flasche Wein steht, tritt
seitwärts ein, bleibt an der Thüre stehen, an der andern Thüre steht
Lorenz, in der Mitte einen Schritt zurück Lottchen.)

Habakuck. Dem Herrn sein Frühstück!

Lorenz. Nur hinein damit. (deutet auf das Schlafzimmer)

Habakuck. (trägt es hinein)

Lorenz. (zu Lottchen) Jetzt haben sies selbst gesehen, das er medi-
cinirt. (geht verlegen vor.)

Lottchen. (beleidigt und erstaunt, stellt sich vor ihn) Lorenz!
Also mein Vater ist kranck?

Lorenz. Nu, schon wie! – Bey ihm heißts: Vogel frieß, oder stirb!

Lottchen. Also, so kannst du mich hintergehen? Pfuy, das hätte ich
von dir nicht gedacht. Geh, du bist ein abscheulicher Mensch.
Doch nein – ich will dich nicht böse machen. Ich will dir
schmeicheln, ich will dir sagen – du bist der beste, der schönste

Lorenz auf der Welt, wenn es auch nicht wahr ist – aber laße mich zu meinem Vater!

<u>Lorenz.</u> Ich darf nicht. Er hats verbothen. Er sagt, sie sind nicht sein Kind; Ihre Mutter war ein Bettelweib! –

<u>Lottchen.</u> Himmel! Was ist das? – So weit ist es mit ihm gekommen, daß er sein Kind verläugnet? – Hat er mir nicht oft erzählt, meine Mutter wäre bald nach meiner Geburt gestorben, und ich wäre sein einziges Kind, von dem er einst Dankbarkeit hoft? Und nun verstoßt er mich? – Ach, du lieber Himmel, ich habe keine Verwandten, keine Freunde, keinen Vater mehr – wenn du dich nicht um mich annimmst, so muß ich zu Grunde gehen. <u>(geht weinend ab)</u>

<u>Lorenz.</u> Was Verwandte? Zu was braucht man die? hab ich auch keine, bis auf diese einzige Godel, und die ist mir lieber, als alle Verwandschaften auf der Welt. <u>(Geht ab)</u>

<u>Scen: 7:</u>
<u>Wurzel. (aus dem Kabinett.)</u>
<u>Arie.</u>

Ja ich lob' mir die Stadt,
Wo nur Freuden man hat!
Mich seh'ns nimmer auf'n Land,
Bey dem Volk ists a' Schand.
In aller Fruh treibt schon der Halter hinaus,
Und da findt man kein' einzigen Bauern mehr z'Haus.
Den ganzen Tag sitzt man auf'n Pflug,
Trinkt Bier aus dem steinernen Krug;
Und auf d'Nacht kommt man z'Haus, was ists gweßt?
Um acht Uhr liegt alles schon im Nest.
Drum lob' ich mir die Stadt,
Wo man Freuden nur hat!
Jetzt hab' ich so viel Bediente,
Steh' um halber zwölf Uhr auf,
Trink Kaffee und iß geschwinde,
Fünf bis sechs Polackel d'rauf.
Kurz, es kann kein schöners Leben,
Als mein jetzigers mehr geben,

Denn, wer mich ansieht, 's ist ein Spaß,
Fallt fast vor Ehrfurcht in die Fraß.

Wurzel. Was das für ein schönes Bewußtseyn ist, einen guten Magen zu haben. Ich bin mit dem meinigen recht zufrieden; ein fleißiger Kerl, alle Achtung für ihn. O, ein Magen zu seyn, ist eine schöne Charge. – Sultan über zwey Reiche: übers Thierreich, und übers Pflanzenreich. Ein wahrer Tyrann! Hendeln und Kapauner sind nur seine Sklaven, die drückt er zusammen, als wens nie da gewesen wären; und doch ein Ehrenmann, der keine Schmeicheleyen mag; mit Süssigkeiten darf man ihm nicht kommen, da verdirbt man ihn. – Sakerlot, ich bin der fiedelste Kerl auf der Welt! – Eine Freud hab ich manchmal in mir, da wird mir so wohl ums Herz, so gut, daß ich alles zusammen prügeln möcht! Und Geld hab ich, das mir Angst und Bang dabey wird. Jetzt hab ich das Haus gekauft, und jetzt kauf ich mir noch einen saubern Welttheil, wo ein kleiner Garten dabey ist; das wird ein Leben werden! Lenzl.

Scen: 8.
Lorenz. Voriger.

Lorenz. Was schaffens?

Wurzel. Wo steckst den, daß dich um mich nicht umschaust?

Lorenz. Grad bin ich hinausgangen. Die Fräule Lottel war vorher da, und hat mit Ihnen reden wollen.

Wurzel. Untersteh dich nicht ein Wort von ihr zu reden. Ich will nichts wißen von der Waßerprinzeßin. Ist das ein Betragen für ein Haus, wie das meinige? statt, daß ein vampirenes Kleid anleget, und mit ihrem Vater auf die Promenade hinaufgienge, bleibts das ganze Jahr zu Haus hocken, und geht in einem spinatfarben Überrock herum. Was ist den heute?

Lorenz. Sie taugt halt nur aufs Land. Sie will halt eine niedrige Person seyn.

Wurzel. Und doch redts hochdeutsch und hat ihrs kein Mensch g'lernt. Was ist denn heute für ein Tag?

Lorenz. Freytag.

Wurzel. Da freu ich mich wieder; da ist Fischmarkt, da kommt der Bursch wieder vom Lande herein, und wenn er seine Fisch verkauft hat, ist er nicht zufrieden; da setzt er sich da drüben auf den Stein und hat Maulaffen auch noch feil, schaut immer auf ihr Fenster herüber wie ein Aff – Mit der Wache laße ich ihn noch wegführen.

Lorenz. Das Sitzen kann man keinem Menschen verbiethen.

Wurzel. So laßt ihn sitzen; auf d Letzt sitzt er doch zwischen zwey Stühle auf der Erde. Aber s'Madel wird mir ganz verwirrt. – Ich laße ihr Zeichnen lernen, und sticken, nutzt nichts. Statt daß sie schöne Blumen stickt, – was zeichnets? was stickts? lauter Fisch. Zu meinem Namenstag stickt sie mir einen Kopfpolster, was ist darauf? ein großmächtiger Bachfisch, aber ohne Kopf: – wie ich meinen drauf lege, ist der Ganze fertig. – Sie muß den reichen Juwelier heyrathen?

Lorenz. Warum solls den aber just ein Juwelier heyrathen? Sie sind ja so ein steinreicher Mann.

Wurzel. Eben; damit ich das bleibe, darf sie den Fischer nie nehmen.

Lorenz. Ich bin ein g'scheidter Mensch, aber das versteh ich mich nicht; so wenig, als ich weiß, wo sie auf einmahl damahls das viele Geld hergenommen haben. Wie wir den Tag darauf die Hütten haben stehen laßen, das Vieh verschenckt, und sind über Hals und Kopf in die Stadt zogen.

Wurzel. Das werd ich dir jetzt alles erklären; weil ich durch so lange Zeit gefunden habe, das du ein treuer Kerl bist, der mich nie betrügen wird, (gutmüthig) nicht wahr, Lenzel?

Lorenz. (heuchlerisch) Hören Euer Gnaden auf, oder mir kommen die Thränen in die Augen.

Wurzel. Es war so: Vor zwey Jahren, da geh ich so in der Dämmerung, zwischen Acht und neun Uhr, ganz verdrüßlich von meinem Krautacker nach Haus. Auf einmal machts was: Pst! Pst! Ich schau mich um, so seh ich quer übern Acker einen magern Mann auf mich zueilen. Ein gelblicht grünes Gwandel an, mit goldenen Borten, so, daß ich ihn Anfangs hab für einen Leiblakey von einer Herrschaft g'halten. Er aber bittet mich, ich möchte niemanden etwas davon sagen, er wär ein Geist, und durch die Borten wollt er mir andeuten, wie außerordentlich er für mich bordirt ist. Kurz, er wäre der Neid, und wollt mich glücklich machen.

Lorenz. Das ist eine schöne Bekanntschaft!
Wurzel. Nur stille. Er sagte, er hätte einen alten Schatz, den er gern los seyn möchte, und den wollte er mir schencken; ich müßt aber in die Stadt ziehen und recht aufhauen damit, was ich nur kann; und besonders das Madel soll ich recht herausstaffiren, und solls ja nicht zugeben, daß sie den Fischer heyrathet. Soll mich aber nie unterstehen zu sagen, daß ich mein Glück verwünsche, sonst verschwindet alles, und ich müßt betteln gehen. Jetzt möcht ich aber gleich nach Haus gehen, der Schatz wird schon zu Haus seyn. Darauf ist er unter die Krauthappeln verschwunden, und ich habe ihn nimmer gesehen.
Lorenz. Nun, und wo war den der Schatz?
Wurzel. Ich gehe also nach Haus, suchs s'ganze Haus aus, – finde nichts. Endlich kommt mir der Gedanke, schau auf den Getreide Boden hinauf. Hörst, ist dir der ganze Boden voll, und mit was glaubst du?
Lorenz. Nu, mit.
Wurzel. Mit lauter Galläpfel. – Jetzt geschieht mir Recht; denk ich mir, was kann man vom Neid anders erwarten, als Gall und Verdruß. Komm in Zorn, und beiß einen auf. Was ist drinn? Ein Dukaten! Ich nimm noch einen, – noch einen – Ducaten. Lenzel, jetzt hättest du die Beißerey sehen sollen. Ich kann sagen, ich hab mir mein Vermögen bitter erworben. Vierzehn Tag nichts als Galläpfel aufbeißen, das wird doch eine hantige Arbeit seyn. Mordsakerlot!
Lorenz. Ah, das ist eine Unterhaltung. Nu, jetzt will ich den Fischer jagen, wenn sich der nocheinmal sehen läßt
Wurzel. Schau aufs Madel, und wie du was siehst, sagst mirs.
(trinkt aus einem Fläschchen)
Lorenz. Aber müssen Euer Gnaden den immer naschen?
Wurzel. Still! Ich nimm ein zum Gscheid werden.
Lorenz. Und gibts den da eine Medizin dafür?
Wurzel. Freylich; ich habe den Doctor so lang sekirt, bis er mir was geben hat, was mich g'scheid macht. Da krieg ich alle Wochen so ein Flaschel voll, das kost 40. Ducaten, das treibt den Kopf auseinander; daß soll ich nur ein paar Jahr fortnehmen, sagt er, und wenn ich einmal ein paar tausend Ducaten darauf

spendirt hab, so wird mir auf einmal ein Licht aufgehen, und
da werd ich erst einsehen, wie dum als ich war.
Lorenz. Ich wünsch ihnens, es wär die höchste Zeit. Laßen mich
Euer Gnaden auch trinken, ich möcht auch recht abgwixt werden.
Wurzel. Das kostet zu viel. Ich werd dich schon so einmahl recht
abwixen, daß du auf eine Weil gwixt bist[, nach]her wirst schon
wißen wieviels g'schlagen hat. Ich gehe jetzt aus. Ich muß mir
eine Reitgerten kaufen; und du gehst zum Tandler in die Vorstadt, und laßt die vielen Bücher hereinführen, die ich gestern
bey ihm gekauft habe. Sperrst dann das Zimmer auf, was ich
zur Biberlitheck bestimmt habe, und schüttest die Bücher ordentlich hinein auf einen Haufen, und zahlst ihn aus.
Lorenz. Schon recht!
Wurzel. Und daß er mich nicht betrügt, ordentlich meßen, ich hab
sie gleich Buttenweis gekauft; die Butten um 25 f. keinen
Kreutzer giebst mehr. Wennst unten durchgehst, sagst dem
Koch, daß die Tafel gut ausfällt; heute Mittag im Gartensaal
auf 20, Personen, und auf die Letzt soll er ein kleines Faßl
Punsch machen. Alleé!
Lorenz. (geht ab)
Wurzel. (allein) Ich mag halt reden, von was ich will, so komme ich
halt immer aufs Essen zurück; selbst, wie ich noch im Walde
war, wenns g'schneit hat, und ich bin auf dem Felde gestanden,
ist mir die ganze Erde vorkommen, als wenn sie ein großer
Tisch wäre, wo ein weißes Tischtuch darauf ist, und alle Leute
auf der Welt zum Essen eingeladen wären.

<u>Arie</u>

Die Menschheit sitzt um bill'gen Preis
Auf Erd' an einer Tafel nur,
Das Leben ist die erste Speis,
Und 's Wirthshaus heißt bey der Natur.
Die Kinder klein, noch wie die Puppen,
Die eßen Anfangs nichts als Suppen,
Und nur blos weg'n dem boef a la Mode
Schau'n d'jungen Leut sich um ein Brod,
Da springt das Glück als Kellner um,

Bringt öfters ganze Flaschen Rhum;
Da trinkt man meistens sich ein Rausch,
Und jubelt bey der Speisen Tausch.
Auf einmal läßt das Glück uns stecken,
Da kommen statt der Zuspeis Schneken;
Von Freunden endlich oft verrathen,
Riecht man von weitem schon den Braten,
Und bis' erst bringen das Confect,
G'schiehts oft, daß uns schon nichts mehr schmeckt.
Der Todtengräber, ach herje!
Bringt dann die Tasse schwarz Kaffee,
Und {wirft} die ganze G'sellschaft naus,
So endig't sich der Lebensschmaus. (geht ab)

Scen: 9.
Lottchen.

Lottchen. (kömmt) Der Vater ist an mir vorübergepoltert, ohne auf meinen guten Morgen zu hören. Er will in lauter glückliche Augen schauen. – Er geht aus. (geht an das Fenster – erschrickt.) Ach! dort ist Karl; er hat seine Fische schon verkauft. Wer ist den der fremde Mann, der bey ihm ist? sie werden doch nicht heraufkommen? Himmel, wenn ihn der Vater sieht! wie unvorsichtig. Hier sind sie schon.

Scen: 10.
Karl. Ajaxerle. Vorige.

Karl. (im Bauerkleide, stürzt auf Lottchen zu) Lottchen, liebes, gutes Lottchen! Sprech ich dich endlich!

Lottchen. (Ihre Freude zurückhaltend) Karl! ach, mein lieber lieber Karl!

Karl. Wie? so lange sind wir getrennt, und du empfängst mich so kalt, so herzlos?

Lottchen. Aber Karl, dieser Herr –

Karl. Ah, was liegt uns an dem Herrn; Das scheint gar eine ehrliche Haut zu seyn; nicht wahr lieber Freund, sie nehmens nicht übel?

Ajaxerl. (als schwäbischer Handelsmann, trägt einen Kaput mit zinnernen Knöpfen, dreyeckigten Hut.) Ah, freylich nicht; genieren sie sich nicht, deßwegen sind wir da.

Karl. Ja, wenn ich mein Lottchen sehe, da vergeße ich auf die ganze Welt. (umarmt sie) Ach Lottchen, was wird aus uns werden? Ich hätte mich noch nicht herauf gewagt, wenn du mich nicht durch diesen Herrn hättest rufen laßen.

Lottchen. Durch diesen Herrn?

Karl. Ja wohl! Er kam heute zu mir auf den Markt, und sagte: du hättest ihn geschickt, mich zu dir zu führen, wenn dein Vater ausgeht.

Lottchen. Aber Karl, was ist den das? Ich kenne ja diesen Herrn gar nicht.

Karl. Wie?

Ajaxerle. Ja, wißen sie, warum sie mich nicht kennt? Sie hat mich noch nie gesehen.

Karl. Herr! Wie können sie sich unterstehen, mit uns Spaß zu machen?

Ajaxerle. Ich will mir aber ein Spaß machen. Ich will euch glücklich machen ihr Tausendsapermenter. Schlagts ein, und verlaßt euch auf mich, ich bin ein ehrlichs Büberle. Ich will euch noch nicht sagen, was ich bin; aber unter uns gesagt, ich bin was. Erstens bin ich ein Schwabe, und dann bin ich noch was, und wenn binne zwey Tagen nicht Hochzeit wird, so könnts mir was anthue. Verlaßts euch nur auf mich, ich werd den Bauer schon herumkriege; und sagt er Nein, so ist bis heute Abend doch die ganze Pastete in Ordnung. (zu Karl) Gehen sie nur getrost nach Haus und warte sie auf mich in ihrer Hütte.

Lottchen. (springt vor Freude) Ists möglich? Ach Karl, wir wollen ihm vertrauen.

Wurzel. (Von innen) Aufdecken laßen!

Lottchen. Himmel! der Vater kömmt zurück. Ach, wenn er dich sieht, so ist alles verlohren.

Karl. Lebe wohl, ich entspringe. (will abgehen)

Lottchen. Du läufst ihm ja entgegen. Ich will sehen, ob er nach dem Garten geht; dann schnell hinab, sonst sind wir verlohren. (eilt schnell ab)

Ajaxerle. (Ihr nachrufend) Fürchte sie sich nicht. Bleibe sie da!

Karl. Verdammte Geschichte, der Alte kömmt ja herauf.
Ajaxerle. Das macht nichts; er wird uns nicht beiße. Aber weil ich das Ding gar fein anstelle will, so schlupfe sie derweile in den Kasten hinein.
Karl. (probirt am Kasten) Er ist ja verschloßen!
Ajaxerle. Warten sie, er wird gleich offen seyn. Ich habe ja meine Werkzeugle bey mir. (er zieht schnell einen Zauberkreis, ein kleines Buch und ein kurzes Stäbchen aus der Tasche; stellt sich in den Kreis und schnattert die Worte: Pitschili! Putschili! Frisili! Sauf! Kästerle! Kästerle! thu dich doch auf. (Schlägt mit dem Stabe auf das Buch. Der Kasten springt auf, und verwandelt sich dadurch in eine transparente Laube mit einem Rasensitze.)
Karl. (springt erstaunt hinein, die Flügel schließen sich, und der Kasten steht wieder wie vor da.)
Ajaxerle. (steckt seine Zauber-Requisitten ein)
Lottchen. (stürzt herein) Es ist umsonst; er folgt mir auf dem Fuße. Wo ist Karl?
Ajaxerle. Den hab ich aufgehoben, im Kasten da drinn.
Lotte. Unter der alten Wäsche?
Ajaxerle. Ja wohl, bey die Strümpf; damit ein neuer auch dabey ist
Lotte. Stille, der Vater kommt.

Scen: 11.
Wurzel. Vorige.

Wurzel. Nun, was ist das für ein Gejage über die Stiegen? (sieht Ajaxerle) Was ist das für eine Figur? Wer hat den das Gesicht hereinlaßen? Nun, was gibt es? Sind wir was? Wollen sie was, mit ihrer dreyeckigten Phisiognomie?
Ajaxerle. Könnt ich nicht die Ehre haben, mit Ihnen zu sprechen?
Wurzel. Nun, die Ehre hat er ja schon. Nur heraus mit der Katz aus dem Sacke.
Ajaxerle. Sie werden mich wahrscheinlich schon kenne?
Wurzel. Ich? Woher denn?
Ajaxerle. Ich bin der Martin Haugerle, und bin Schneckenhandler aus dem Reich.
Wurzel. Und wegen dem soll ich ihn kennen? Vielleicht weil er so

schlampicht ist wie ein Schneck? Hinaus mit Ihm, oder er wird mich kennen lernen.

Ajaxerle. O, ich habs schon gehört; sie sind ein Tiger, mir hatts mein Vetter geschrieben, der arme Fischer Karl, daß sie so unbarmherzig mit ihm umgehen, und darum bin ich herabgereiset.

Wurzel. Auf der Schneckenpost?

Ajaxerle. Und will für ihn um das Mädle anhalten. Sie haben ihm vor drey Jahren ihr Ehrenwort gegeben, und das müßen sie halten.

Wurzel. Was sind das für Keckheiten? Ich werd unsinnig! Erstlich untersteht er sich dem Taugenichts sein miserablicher Vetter zu seyn; und zweytens wagt er es, und halt um meine Tochter an, für den liederlichen Fischer?

Ajaxerle. Schimpfe sie nicht; er ist ein braves Männle, und ein Bürschle, wie die gute Stund.

Lottchen. Ach ja! er trübt kein Waßer.

Wurzel. Ein Fischer, und trübt kein Waßer? und pritschelt denn ganzen Tag darinn herum. (strenge zu Lottchen) Und [wenn] du dich nicht in meinen [Willen] fügst, mir nochei[nmal] dein] Bauerngwand heiml[ich anzie]hst, was dadrinn in [einem Bün]kel versteckt hast und [immer] vom Wald phanta[sirst, du] melancholische Wildente[, und] nichts als Fisch und [Waßer im] Kopf hast, so gib acht wie [ich dich] recht durchwaßern [werde; einen] Wolkenbruch laß ich [auf deinen] Buckel niedergeh[en, wannst] nicht den alten Million[air heyr]athest.

Lottchen. Ach, was bin ich für eine arme Närrinn.

Wurzel. Just, wenn man eine arme Närrin ist, muß man suchen auch Millionärrin zu werden, so verzeihen einem doch die Leute die Narrheit leichter. – Einen Fischer heyrathen wollen – dieses unsichere Metie; bis er Einen fangt kommen ihm Hundert aus. Da heyrath lieber einen von den seinen Schnecken, so kriegst doch einen Hausherr'n.

Lottchen. Vater, bringen sie mich nicht auf das Äuserste. Hören sie meinen Schwur: Ich verachte alle Reichthümmer ihrer Stadt, und werde nie, nie von meinem armen Karl laßen.

(Es donnert sehr stark.)

Ajaxerle. Haben sie gehört? –
Wurzel. War das ein Donner? Desto beßer; vielleicht schlagt der Donner drein, so darf ichs nicht thun. (zu Lottchen) Du willst also nicht von dem Fischer laßen?
Ajaxerle. Nein, und Recht hats! wißen sie das? – Und wenn sie ihr den Burschen nicht geben, so wird es ihnen reuen, so viele Haare sie auf ihren Strobelkopf haben, auf ihren bockbeinigen.
Wurzel. Nun gut. So hören sie denn auch meinen Schwur, Sie Vorsteher der würdigen Schneckenzunft. (In diesem Augenblicke kommt hinter Wurzel ein kleiner Satyr mit Pferdefüße auf einer abgebrochenen Säule aus der Versenkung. Er hat eine schwarze Tafel, und schreibt Wurzels Schwur darauf.) Nicht eh darf diese Verbindung vollzogen werden, bis aus dem Blut, das wie geschmolzenes Eisen glüht, ein Himbeergefrornes wird. Bis diese kräftigen Zwillingsbrüder, meine Fäust, so kraftlos sind, daß ich nicht einmahl einen Kapauner mehr tranchiren kann – bis dieses kienrußschwarze Haupt sich in einen Gletscher verwandelt – Kurz, bis ich so ausschau, daß ich auf den Aschenmarkt hinausgehör! – Dann fragen sie sich wieder an, mein lieber Schneckensensal, dann halt ich ihrem Fischer mein Wort.
Ajaxerle. (rasch) Schlage sie ein, es gilt! (Hält die Hand hin)
Wurzel. (schlagt ein) So wahr ich auf der Welt bin! und jetzt, (stark) Punktum!
Satyr. (mit kräftiger Schadenfreude) Satis! (Hat bey den Worten Wurzels: So wahr ich auf der Welt bin, geendet. Schlägt bey dem Worte Satis mit der flachen Hand auf die Tafel, macht dann schnell eine drohende Bewegung hinter Wurzel, und versinkt wieder.)
Ajaxerl. So; und jetzt leben sie wohl, sie Herr von Wurzle! vergeße sie nicht auf ihren Schwur; malträtiere sie nur das arme Mädle da; verachte sie den ehrlichen Bauernstand, halte sie sich an ihre Saufbrüderle. – Aber Weh ihnen, wenn sie den Schneckenhandler aus dem Reich wieder einmahl zu Gesicht kriege werde. Verstehe sie mich? Weh ihne! Das merke sie sich wohl – sie Hasenfuß. (läuft ab)
Wurzel. (ergreift im Zorn einen Stuhl, und eilt ihm nach) Wart, du schwäbische Krautstauden.

Scen: 12.
Lottchen. Karl im Kasten.

Lottchen. (die Hände ringend) Ach, was muß ich erleben!

Karl. (pocht heftig im Kasten) Auf, Lottchen! Auf!

Lottchen. Bleibe ruhig, ich bitte dich um alles in der Welt!

Karl. (sprengt den Kasten) Nein, ich kann nicht länger bleiben, es schlägt in mir, wie der Eisenhammer unsers Gebürges. – Seinen ehrlichen Namen so herabgesetzt zu hören, von diesem Faulenzer, und ruhig bleiben? Lebe wohl Lottchen, du siehst mich nie wieder. (will fort.)

Lottchen. Karl, wenn du mich liebst, so gehst du jetzt nicht durch diese Thüre.

Karl. So springe ich durch das Fenster!

Lottchen. Am hellen Tage?

Karl. Ich bleibe nicht länger hier. Lebe wohl! du siehst mich reich, oder nie wieder. (er steigt zum Fenster hinaus)

Lottchen. Karl! Wenn du fällst! – Halte dich an das Gitter.

(Es geschieht ein plötzliches Gekrache, ein Schrey, und zugleich ein Fall. Dann Geschrey von mehreren Stimmen.)

Lottchen. (sehr stark aufschreyend) Himmel! was ist das? (eilt schnell zur Thüre hinaus)

Scen: 13.

Sehr schnelle Verwandlung in einen großen schönen Platz der Stadt. Links Wurzels prächtiges Haus mit Schalougittern, wovon eines durch Karls Fall herabgerißen ist, und nebst einem Stück Gesimse, welches er herabgetretten, und das an seiner Seite liegt, aber sogleich von einem Zuschauer aufgehoben wird, der es den noch dazu kommenden zeigt. Karl liegt auf der Erde, und Wurzel hält ihn an der Brust. Zuschauer vollenden das Tableaux. Der Lärm, welchen man im Zimmer unter der Verwandlung schon hörte, dauert nach derselben einen Augenblick noch fort.)

Wurzel. Um die Wache fort. Der Bursche ist ein Räuber.

(Zwey Bediente lauffen ab)

Wurzel. Er ist in mein Haus eingebrochen! Ich maßakrire ihn.

Karl. (hat sich aufgerafft, und pakt Wurzel.) Spitzbube! willst du mir meinen guten Namen wieder geben?

Lottchen. (stürzt aus dem Hause, und ruft:) Himmel! Karl! was thust du? – Mein Vater!
Karl. (Im höchsten Zorn) Wart Schuft! Du sollst den Bauer kennen lernen. (eilt ab)
Alles ruft: Haltet ihn auf! (einige eilen ihm nach)
Lottchen. (stürzt in Verzweiflung zu Wurzels Füßen) Vater! was haben sie gethan?
Wurzel. (schleudert sie vom Thore weg) Fort! Satan! (er läuft schnell ins Haus, und schlägt das Thor hinter sich zu)
Lottchen. (eilt ihm nach, und will hinein.) Er hat das Thor abgeschloßen. Wie wird das enden? – Vater! Vater! Verzeihung! Hören sie mich! –
Wurzel. (erscheint am Fenster, mit dem Bündel in welchem sich Lottchens Bauernkleider befinden; außen ist der Strohhut aufgebunden.) Du bist nicht mein Kind, du bist eine angenommene Kreatur! Hinaus mit dir, zu deinen Gespielinen, zu die Wildgäns, wo ich dich gefunden habe, du Waldschnepf! (wirft ihr die Kleider herab) In mein Haus kommst du nimmermehr! (schlägt das Fenster zu)
Lottchen. (weint) Ich unglückliches Kind. (zu einem Schlößer) Ach, mein Herr, nehmen sie sich doch an um mich! –
Schlößer. (recht derb) Ja, da muß man halt gut thun, mein Schatz, wenn man von anderer Leute Gnade lebt. Was soll denn unser einer sagen, der vor Kummer nicht aus weiß? Da heißts fleißig seyn. (im nemmlichen Tone fort, zu einem vorübergehenden Tischlergesellen.) Franzel! wo gehst denn hin?
Tischler. (schon an der Coulißse) Ins Wirthshaus. (geht hinein)
Schloßer. Wart, ich geh auch mit. Leih mir zwey Gulden. (geht hinein)
Alle Zuschauer. (Lachen, und verlieren sich)
Lottchen (allein) Also so weit ist es mit mir gekommen? Gibt es denn kein Wesen, daß Erbarmen mit mir hat? O, daß die Nacht niedersinken möchte, um mich und meine Schande zu verhüllen.
Dumpfer Donner. Musik. Graue Wolkenschleyer senken sich langsamm über die ganze Bühne herab. Dann sinkt die Nacht personifizirt nieder. Eine kolosale gemahlte Figur, welche [an] Breite

den größten Theil der Mitte des [Theater]s einni[mmt.] Sie ist in graues faltiges Gewand [gehüll]t, mit ausgestreckten Armen, einen schwarzen Mantel ausbreitend. Bleiches Angesicht, und geschloßne Augen. Auf dem Haupte eine schwarze Krone, in der rechten Hand ein eisernes Zepter, deßen Knopf einen Mohnkopf bildet. Mit der Linken gebiethet sie Schweigen. Sie schwebt Ernst und feyerlich herab, und sinkt in das geöfnete Bodium. Die Nebel vergehen, und laßen die vorige Straße im Mondenglanz zurück. Die Luft ist rein, und mit transparenten Sternen besäet, auch die Mondessichel ist transparent auf der Kortine sichtbar. Während diesem [singen die Geister der] Nacht folgenden Chor.

> In dem finstern Reich der Klüfte,
> Die dem Glanz zum Hohn erbaut,
> Herrscht die Königinn der Grüfte,
> Sie, des Lichts verstoß'ne Braut;
> Nur, wenn durch der Unschuld Rufen
> Sich ihr düstrer Busen hebt,
> Kommts, daß über Tagesstufen
> Sie zu ihrer Rettung schwebt.

Auf dem vorderen Fluggange schwebt ein Genius nieder der mit einem Brilliantstern auf dem Haupte; er ergreift Lottchens Hand, und führt sie während dieses Chores ab, welcher gleich aus dem Ersten übergeht.

Chor.

> Darum folge ihren Sternen,
> Sie erglänzen dir allein,
> Führen dich in weite Fernen,
> In das Thal der Ruhe ein.

Der Genius führt sie fort. Der Sturm heult. Schreckliches Gewitter tritt ein. Die Sterne verlöschen. Der Mond wird roth. Unter folgenden Chor kommen zwölf Geister der Nacht in grauem Flor, das Haupt mit Schleyer verhüllt; Das Antlitz bleich, jeder einen transparenten Stern auf dem Haupte, sie lauffen auf der Bühne durcheinander, und Gruppiren sich endlich nach der Breite des Theaters, gegen Wurzels Haus, in drohender Stellung. Ober Ihnen fällt so breit als die Bühne ist, ein Chaos von Wolken ein, in welcher grau gemahlte Geister, den andern ähnlich schweben, und sich

so verschlingen, daß die Sterne auf ihren Häuptern die transparenten Worte bilden:)
>   Entfliehe nur der Pracht,
>   Dich rächet die Nacht.
>   (Während deßen folgen Chor.)
>   Doch ihn zu verderben,
>   Der Luft zu enterben,
>   Verschwört sich die Nacht;
>   Ergreifet die Freude,
>   Stürzt sie als Beute
>   In grundlosen Schacht!

Wenn die transparenten Worte erscheinen, singt der Chor die folgenden Worte: und läßt sie schauerlich verklingen.
>   Entflieh nur der Pracht,
>   Dich rächet die Nacht.

Auf Wurzels Fenster fliegt eine Nachteule mit glühenden Augen, und schlägt mit den Flügeln an die Glasscheibe.

Die Cortine fällt.

Ende des ersten Aufzuges

Zweyter Aufzug.

Scen: 1.

Die Decoration stellt nur zwey Coulißen tief ein angenehmes Thal vor, in welchen Sich die Natur einfach und kräftig ausspricht. Links eine practikable Hütte, auf deren Strohdache Tauben nisten. Die Hütte ist von einem kleinen Gärtchen umgeben, in welchem sich Lilien, aber keine bunten Blumen befinden. Die Cortine stellt hohes Gebirge vor. Die Hälfte dieser Hinterwand nimmt ein breiter in dem Vordergrund trettender Blumenberg mit vielen sich verschieden krümmenden Wegen ein, auf denen sich dort und da, wie in einem Garten, silberne Statuen befinden, und Rosenbrücken angebracht sind. Auf der andern Hälfte dieser Hinterwand sind in weiter Entfernung zwey ausgezeichnete Alpen zu sehen. Die niedere erglänzt silberartig, und ist mit goldenem Gesträuche bewachsen. Auf ihrem Gipfel erblikt man die Statue des Reichthums mit einem goldenen Füllhorn. Die noch höhere Alpe ist ein steiler Berg, mit Lorbeerbäumen bewachsen, auf deßen Spitze der goldene Tempel des Ruhmes steht, aus welchem eine Sonne strahlt, die den ganzen Horizont und das Haupt des ganzen Berges röthet. Zwischen diesen Gebirgen und dem Thale liegt ein dichter Wald, durch welchen sich ein steiler einsamer Weg in das Thal abwärts windet. Unter paßender Musik kömmt Illi, ein Genius, als Klapperpostillion angezogen, mit dem Klapperbrettlein lärmend durch die Luft auf einer großen Schwalbe geflogen, welche ein Paquet Briefe im Schnabel hält. Er steigt ab, nimmt einen Brief aus dem Paquet, und klappert vor der Hütte.)

Illi. He! Die Klapperpost ist da, aufgemacht. (Das kleine Fenster in der Hütte öffnet sich)

Illi. (spricht zum Fenster hinein) Ein Brief aus Wolkenhain vom Scheckel mit Rezepiße. Gleich unterschreiben. (Gibt den Brief hinein. Nach einer Pause, während er ein Paarmal ungeduldig auf und abgetreppelt.) Ein biß'l geschwind, ich muß wieder weiter! (Eine Hand gibt das Recepisse zurück) So. – Was? Nichts franco! 8, gute Kreutzer. (Die Hand gibt ihm das Geld.) So. – (sieht das Geld an) Keinen Pfenning gibts mehr, als acht Kreutzer, und kein neues Jahr auch nicht. Wenn ich nur da kei-

nen Brief herbringen dürfte, daß ist schon mein größter Zorn.
(indem er sich aufsetzt) Gar so eine Schmutzerey! (die Schwalbe schlagend) Nu, weiter! Wirst fliegen oder nicht? (die Schwalbe fliegt ohne Musik ab, und unter dem Fliegen raisonirt er noch immer fort) Da wollens Geister seyn, ja Bettelleut Umkehr. (Ab)

Scen: 2.
Lottchen.

(Sanfte Musik. Lottchen tritt auf, ihren Strohhut anhängend.) Wo befinde ich mich? Welch ein angenehmes Thal! Gehöre ich schon den Geistern an? Am Eingange des Waldes nahm mein freundlicher Führer von mir Abschied, und sprach: Weiter darf ich dich nicht geleiten, doch folge deinem Herzen, und du wirst mich nicht vermissen. Ich gieng, und gieng, und unwillkührlich hat es mich hierher gezogen. Dieses schöne Gärtchen, diese Hütte – wie wird mir so sonderbar bey ihrem Anblicke! Warum wird es auf einmal so stille, so ruhig in meiner Brust? Wer bewohnt sie? (über der Thüre erscheinen schnell die transparenten Worte:) Die Zufriedenheit. (in diesem Augenblicke ertönt ein sehr schmelzendes Adagio von einigen Takten) Die Zufriedenheit? Der Vater sagte ja, die wohne nur in der Stadt? Wie kommt sie hieher? – Ich weiß es schon; sie wird in der Stadt erkrankt seyn, und gebraucht jezt die Landluft. – Ich will anklopfen, und sie um Beystand bitten, vielleicht braucht sie ein Dienstmädchen, sie wird wohl eine vornehme Frau seyn! (klopft an) Euer Gnaden, ein armes Mädchen, möchte gern die Ehre haben.

Scen: 3.
Die Zufriedenheit. Lottchen.

Zufriedenheit. (mit innerer Ruhe und heiterem Gemüthe. Ihr Anzug ist griechisch, eine einfache graue Toga, unbedecktes Haupt. Sie tritt aus der Thüre, einen Brief in der Hand.) Was verlangst du von mir, mein Kind?

Lottchen. (erstaunt) Wer ist den das?

Zufriedenheit. Nur näher; ich bin die Dame die du suchst.

Lottchen. Wirklich? Sie sind eine rechte liebe Person; aber für eine Dame hätte ich sie nicht gehalten.

Zufriedenheit. Nicht? Und doch bin ich noch mehr. Ich bin die Königinn dieses Thales, und von meiner Stirne strahlt das Diadem der Heiterkeit.

Lottchen. (fällt ängstlich auf die Knie) Ach, so verzeihen mir Euer Hohheit; aber da wär ich in meinem Leben nicht darauf gekommen!

Zufriedenheit. Stehe auf. Du bist mir in diesem Briefe den ich vor kurzem erhielt, von mächtigen Geistern schon angekündigt, und ich will dich in meine Dienste nehmen; Du hast wenig Geschäfte; Das Aufbetten wirst du ersparren, den ich schlafe auf einem Stein. Küche und Keller werden dir wenig Mühe verursachen, denn mich nähren die Früchte des Bewußtseyns, mich tränkt die Quelle der Bescheidenheit.

Lottchen. Ach, ich bin ja mit allem zufrieden!

Zufriedenheit. Hast du den meine Hütte so leicht gefunden?

Lottchen. Ach ja, das ist ja nicht schwer!

Zufriedenheit. Glaubst du? – Viele tausende wandern nach mir aus, und finden mich nicht, denn der dürre Pfad, der zu mir führt, scheint ihnen nie der rechte zu seyn. – Siehst du dort oben die bunten Auen, wo des Glückes Blumen farbig winken? (deutet auf den Blumenberg) Dort wollen sie mich finden, und je reitzender der Pfad sie aufwärts lockt, desto tiefer entschwindet meine niedere Hütte aus ihrem getäuschten Auge. Denn wer mich ängstlich sucht, der hat mich schon verlohren.

Lottchen. Aber auf jenen hohen Bergen muß doch eine schöne Aussicht seyn?

Zufriedenheit. Nicht für dich mein Kind. Du gehörst ins Thal. – Siehst du dort den hohen flimmernden Berg? Das ist die Alpe des Reichthumes, und ihm gegenüber sein noch glänzenderer Nebenbuhler, der Großklokner des Ruhmes! – das sind schöne Berge, doch sende deine Wünsche nie hinauf; stark und erhebend ist die Luft auf ihren Höhen, aber auch der Sturmwind des Neides umsaußt ihre Gipfel, und kann er die Flamme deines Glückes nicht löschen, so löscht er doch den schönen Funcken des Vertrauens in deiner Brust auf immer aus.

Lottchen. Das verstehe ich nicht.
Zufriedenheit. Darinn besteht ja dein Glück; weil du mich nicht verstehst, bist du mit mir verwandt!
Lottchen. Verwandt? Und doch haben sich Euer Gnaden nie um mich bekümmert?
Zufriedenheit. Glaube das nicht. – Ich habe dich mir ja erzogen, und will nun deine Freundinn seyn. Der Mann, der heute dich verstieß, ist nicht dein Vater, sonst hätte er es nie gethan. Doch eine Mutter hast du noch, die dich innig liebt, und die du bald umarmen wirst. Bis dahin, reiche mir deine Hand, und nenne mich Schwester.
Lottchen. Recht gerne! Ach, was ist das schönes, wenn man eine Schwester hat. Aber da muß ich hernach auch Du, zu Euer Hohheit sagen, und bin so viel, als Euer Hoheit selbst?
Zufriedenheit. Allerdings. – Du sitzest neben mir, auf meinem moosbewachsenen Throne, und über uns spannt sich der schönste Baldachin, der heitere Himmel aus.
Lottchen. Ach, du liebe Schwester! Wie soll ich dir danken?
Zufriedenheit. Bleibe wie du bist, und du hast den Lohn schon abgetragen.
Lottchen. (freudig) Ach ja, wie ich bin, doch – nun ja – wie ich bin, nicht wahr?
Zufriedenheit. Nun ja!
Lottchen. Da muß ich aber auch immer ledig bleiben?
Zufriedenheit. (lächelnd) Ja so! – Und du hast den schönen Wunsch zu heirathen?
Lottchen. Ja freylich. Doch sey nicht böse liebe Schwester; seit ich bey dir bin, wünsche ich mir fast gar nichts mehr. Aber wenn ich an meinen Karl denke, da kann ich doch mit denn Wünschen nicht recht fertig werden.
Zufriedenheit. Das sollst du auch nicht liebes Lottchen! Tröste dich, ich werde dich mit deinem Karl vereinen. Er verdient dich, ich kenne ihn genau.
Lottchen. Du kennst ihn? Ist er vielleicht auch mit dir verwandt?
Zufriedenheit. Er war es. Ich war stets um ihn, wie noch der muntere Hirsch, das Sinnbild seiner kräftigen Freude war, und nur du hast uns etzweyt, du hast ihn mir entrißen.

Lottchen. Das ist mir unbegreiflich.

Zufriedenheit. Doch komm! Du wirst deinen Karl heute noch erhalten. Er soll uns Beyde wieder finden; dich, und mich, durch dich. Und hab ich euch vereint, geb ich auch meinem Herzen dann ein Fest; durchziehe froh die Welt, und wo ich einen Armen finde, der krank liegt am Verlust der Freude, will ich schnell die Hand ihm reichen, und sie überströmen laßen aus meinem Herzen, in das seinige. – Vielleicht gelingt es mir ein Bündniß mit der Welt zu schließen, die ich so innig liebe, und die so hart mich von sich stößt. (führt Lottchen ab)

Scen: 4.

Saal, mit Lustern und Wandleuchtern hell beleuchtet. Punsch Tableaux. Beym aufziehen der Cortine ein rauschender Tusch von allen Instrumenten. An der rechten Seite ein hohes Fenster, in der Mitte die Eingangsthüre.

Wurzel. Afterling. Musensohn. Schmeichelfeld.

Alle. (Übermüthig schreyend) Der Hausherr soll leben! (ein Paar werfen die Gläser an die Wand)

Wurzel. Schlagt nicht so viel Gläser zusammen, ich bin ja kein Glasfabrikant.

Musensohn. Aber jetzt ist es aus meine Herren! Es ist fünf Uhr, und ich muß heute Abends noch geschwinde den letzten Act von meinem Trauerspiele schreiben.

Schmeichelfeld. Was Trauerspiel! – Lustig wollen wir von unserem theuern Herrn von Wurzel scheiden, dem aimabelsten Mann in der ganzen Stadt. Singen wollen wir, und dazu machen sie uns Verse, wenn Sie Dichter seyn wollen.

Musensohn. Schön! Wir wollen die Freundschaft besingen.

Afterling. (der einen starken Rausch hat) Ja, singen; schön singen wollen wir, und hernach kerzengrad nach Haus. (er taumelt)

Alle. (Lachen)

Wurzel. Der hat ihn heut!

Afterling. Lachen? Ihr Spitzbuben! – Seyd nichts nütze – Alle sind nichts nutz. Herr von Wurzel, alle, bis auf den (auf den Dichter zeigend) und der ist auch nichts nutz. Aber Sie, Herr von Wurzel sind ein großer Mann. Aber sind sie aufrichtig Herr von

Wurzel! (beschwörend) Herr von Wurzel, sind sie aufrichtig! Haben sie keinen Punsch mehr?

Wurzel. Nu, so gebt ihm noch ein Glas, so fällt er gar unter den Tisch.

Afterling. Herr von Wurzel! (fällt ihm um den Hals) Sie sind unser Vater, und wie Sie sich heute auf mich stützen können, so können sie sich auf alle stützen. – Punsch her! Punsch! Der Herr von Wurzel soll leben. (Er taumelt gegen die Thüre, und fällt vor Rausch in einen Stuhl.)

Wurzel. Nu, der hats überstanden. (zu Habakuck) Führ ihn hinüber, in das rauschige Zimmer, und legts ihn in das Bett, was ich hab herrichten laßen, wenn einem von meinen guten Freunden übel wird.

Habakuck. Es liegen ja so schon drey drinnen, und einer vor der Thür; man kann gar nimmer hinein.

Wurzel. So legt ihn in das blaue Zimmer, wo der große Spiegel ist, und das Porzelain. Aber bindet ihn an, sonst schlagt er uns alles zusammen.

Lorenz, und zwey Bediente (tragen Afterling fort.) Nu! das sind schöne Herrschaften!

Musensohn. (hat bey einem Tisch mit Bleystift geschrieben, und springt auf) Fertig sind die Verse. Jetzt meine Herrn stimmen Sie sich.

Alle. Bravo! Bravo!

Musensohn. Die Phantasie hat mich begeistert. Herr von Wurzel! (schlägt ihn auf die Achsel) Wollen sie ihre Stimme hören?

Wurzel. Laßen sie sie los.

Trinklied.

[Musensohn. singt vor)]
Freunde hört die weise Lehre,
Die zu Euch Erfahrung spricht.
Schickt die Freude ihre Heere,
Öffnet alle Thore nicht;
Mann für Mann laßt nur herein,
Wollt ihr lang ihr Feldherr seyn.

Chor.
Mann für Mann laßt nur herein,

Wollt ihr lang ihr Feldherr seyn.

———

Wenn des Lebens Bajadere
Hält den gold'nen Wagen still,
Und für ihres Glücks Chimäre
Euern Frieden täuschen will,
Jagt die feile Dirne fort,
Denn Fortuna hält nicht Wort.
Chor.
Jagdt die feile Dirne fort,
Denn Fortuna hält nicht Wort.

———

Doch, wenn voll der Becher blinket,
Bachus Geist den Saal durchrauscht,
Euch die Freundschaft zu sich winket,
Und Gefühle mit euch tauscht,
Drückt sie Beyde an die Brust,
Sie gewähren Götterlust.
Chor.
Drückt sie beyde an die Brust,
Sie gewähren Götterlust. (Alle ab)

Scen: 5.
Wurzel. Habakuck und Bediente räumen die Tische ab.

Wurzel. Das war ein prächtiges Mittagmahl heut. Ich bin so gut aufgelegt; heut Nacht leg ich mich wieder nicht schlafen. Habakuck, bring einen Champagner herauf.

Lorenz. Allo! das ist ein Leben! Juhe!

Wurzel. Stoß an Lorenz! Alle Rauschigen sollen leben!

Lorenz. Hoch!

Donnerschlag. (Die Glocke schlägt 12 Uhr.)

Wurzel. Was ist den das? Zwölfe; hat den die Uhr einen Rausch? Es ist ja erst 6 Uhr, und der schönste Abend. (Alle sehen auf die Uhren, selbst auf die Stockuhr) Schauts auf euere Uhr.

Lorenz. Was ist den das? Es geht ja keine. Bey mir ist es 12 Uhr.

Alle Bediente. Bey uns auch.

Wurzel. Was ist den das? – Ich glaube gar, ihr macht euch einen Spaß mit mir? Redet. (Man hört von außen einen Bauernmarsch

und Gejauchze. Juhe! Man hört an der Thüre stark pochen.)
Was ist den das? Schau hinaus. (Es pocht stärker) Mir scheint,
man schikt die Grobheit voraus das statt ihm anklopfen soll.

Lorenz. (geht hinaus)

Wurzel. Jetzt weiß ich nicht, bin ich im Narrenthurm, oder zu Haus?

Lorenz. (kommt zurück) Euer Gnaden, ein junger Herr ist gefahren kommen, in einem goldenen Wagen, der voller Blumen ist, und zwey Rappen vorn, die er kaum erhalten kann, und hinter'n Wagen tanzen lauter Pagen und rosenfarbe Kammerjungfern. Er will mit Ihnen reden.

Wurzel. Wie heißt er denn?

Lorenz. Das weiß ich nicht; er sagt, er ist die Jugend.

Wurzel. Ah, ein Jugendfreund wird er gesagt haben. Gleich laßt ihn herein. Das ist eine prächtige Visitte. – Champagner tragt herauf, ihr verdammten Kerls. Ich bin doch ein glücklicher Mann, die schönsten Leute kommen zu mir.

Lorenz. (öffnet die Thüre)

Scen: 6.
Die Jugend. Wurzel.

Sechs Pagen und sechs Mädchen, weiß gekleidet, mit rosenrothen Leibchen welche sammt den Hüten mit blühenden Rosen verzieret sind, tanzen herein, und gruppiren sich auf beyden Seiten der Thüre. Dann hüpft die Jugend herein; weißes Trikot, rosenrothe Weste, am Kragen mit Rosen garnirt. Grünen Frack, dreyeckigten Hut, mit einer Rosenschleife. Das Beinkleid mit rosenrothen Bändern gebunden.)

Jugend. Grüß dich der Himmel Brüderchen! Du nimmst es doch nicht übel, daß ich dir meine persönliche Aufwartung mache?

Wurzel. Das ist ein prächtiger Mensch! Hundsjung und Gaißnarrisch. Hat mich noch nie gesehen, und gleich Brüderl.

Jugend. Ja. Bruder, ich komme in einer besonderen Angelegenheit!

Wurzel. Nun Bruder, mit was kann ich dir dienen? (für sich) Der braucht gewiß ein Geld!

Jugend. Ja, nimm es nicht übel Brüderchen, aber mit uns ist es aus.
– Ich bin hier, um dir meine Freundschaft aufzukündigen.

Wurzel. Nun, das wäre nicht übel; Bruder, jetz lernen wir uns erst kennen, Bruder, und sollen schon wieder böse aufeinander seyn; Bruder das wär g'fehlt.
Jugend. Ha ha! Was fällt dir ein Brüderchen? Fehlgeschoßen; das endigt ja eben unsere Freundschaft, weil wir schon gar zu lange mit einander bekannt sind. Wir sind ja schon zusammen auf die Welt gekommen, weißt du den das nicht mehr?
Wurzel. Ja, ja, ich erinnere mich schon; Nachmittag wars, und geregnet hats auch.
Jugend. Wir sind auch miteinander in die Schule gegangen. Weißt du den das auch nicht, wir sind ja auf einer Banck gesessen?
Wurzel. Ist richtig; Auf der Schandbank sind wir gesessen. (für sich) Ich kenn ihn gar nicht.
Jugend. Ja freylich. Sie haben uns ja dadurch zwingen wollen, daß wir etwas lernen sollen.
Wurzel. Nun ja, was das für Sachen waren; aber wir haben nichts dergleichen gethan. O, wir waren ein paar feine Kerls. (für sich) Ich habe ihn mein Leben nicht gesehen noch.
Jugend. Und wie wir beyde 20 Jahr alt waren, haben wir die ganze Gemeinde geprügelt. O, das war ja prächtig.
Wurzel. O, das war ein Hauptjux! (für sich) Ich weiß kein Wort davon.
Jugend. Und getrunken haben wir Bruder, das war mörderisch!
Wurzel. O, das war schändlich Bruder!
Jugend. Ja, und was wir alles getrunken haben.
Wurzel. Nu, einmahl haben wir glaub ich gar einen Wein getrunken, das Verbrechen.
Jugend. Ja, und was für einen.
Wurzel. Einen Lutenberger.
Jugend. Und einen Grinzinger.
Wurzel. (für sich) Ist alles nicht wahr.
Jugend. Du hast mich ja in alle Wirthshäuser herumgeschleppt, wir waren ja alle Tage sternhagelvoll besoffen; kurz, wir waren ein paar wahre Lumpen.
Wurzel. (bey seite) Er muß doch eine Spur von mir haben, er kennt mich doch. (laut) Bruder wir wollens noch seyn! schlag ein Bruderherz!

Jugend. Bruder, nein! Jetzt ist es gar. Du mußt jetzt solid werden. Du mußt dich um sieben Uhr zu Bette legen, darfst dir keinen Rausch mehr trincken; kurz, was du zu thun hast, das wirst du von einem Andern hören, der dir alles püncktlich auseinander setzen wird.

Wurzel. Bruder, was wär denn das? – Ich keinen Rausch – und das ist das Edelste an mir. Ich bin so gesund, daß ich mit einer Armee rauffen könnte.

Jugend. Ja, Brüderchen, jetzt, so lange <u>ich</u> noch bey dir bin. (stark) Doch den ersten Schritt, denn ich aus diesem Saal mache, wird dich die Lust verlaßen, auf eine so unedle Weise, dein Schicksal ferner zu versuchen.

Wurzel. Ich fange mich völlig zum Fürchten an. Auf die Letzt kann mich der Kerl verhexen! Das wäre eine hantige Bruderschaft.

Jugend. Also, Adieu! Lieber Bruder! Verzeihe mir, was ich dir Leides gethan habe, du lieber guter Kerl! Aber du bist in die Haut nichts nutz. Ich bin gewiß ein fiedeler Junge, habe es lange genug mit dir ausgehalten, du warst mein intimster Freund; aber du bist gar ein liederliches Tuch. darum lebe wohl Brüderchen! sey nicht böse auf mich, und sage mir nichts schlechtes nach.

<u>Duetto.</u>
<u>Jugend.</u>

Brüderlein fein, Brüderlein fein,
Mußt nur ja nicht harb jetzt sein!
Scheint die Sonne auch noch so schön,
Einmal muß s doch untergeh'n.
Brüderlein fein, Brüderlein fein,
Mußt nicht böse seyn!

<u>Wurzel.</u>

Brüderlein fein, Brüderlein fein,
Wirst doch nicht so kindisch seyn!
Gib zeh'ntausend Thaler dir,
Alle Jahr', bleibst du bey mir.

<u>Jugend.</u>

Nein, nein, nein, Nein!

Brüderlein fein, Brüderlein fein!
Sag mir nur, was fällt dir ein?
Geld kann vieles in der Welt,
Jugend kauft man nicht ums Geld,
Drum Brüderlein fein, Brüderlein fein,
S'muß geschieden seyn!

Beyde.

Jugend
 Brüderchen, bald flieh ich fort von dir!
Wurzel.
 Brüderchen halt, geh nur nicht von mir!
(Unter dem Rittornelle tanzt die Jugend und ihr Gefolge.)

2te Strophe.

Jugend.

Brüderlein fein, Brüderlein fein!
Wirst mir wohl recht gram jetzt seyn?
Hast für mich wohl keinen Sinn,
Wenn ich nicht mehr bey dir bin?
Brüderlein fein, Brüderlein fein,
Mußt nicht gram mir seyn.

Wurzel.

Brüderlein fein, Brüderlein fein!
Du wirst doch ein Spitzbub seyn!
Willst du nicht mit mir bestehen,
Nun, so kannst zum Teuxel gehen.

Jugend.

Nein, nein, nein, Nein!
Brüderl fein, Brüderlein fein!
Zärtlich muß geschieden seyn;
Denk manchmahl an mich zurück,
Schimpf nicht auf der Jugend Glück.
Brüderlein fein, Brüderlein fein,
Schlag zum Abschied ein!

Beyde.

Brüderlein fein, Brüderlein fein,
Ich schlag zum Abschied ein!
(Umarmen sich. Die Jugend tanzt ab, ihr Gefolge nach.)

Wurzel. (geht nach einer Flasche Wein, will trinken; stellt sie aber mißmuthig zurück, und setzt sich in einen Stuhl.)

Scen: 7.
Lorenz. Wurzel.

Lorenz. (nähert sich Wurzel langsamm) Wie ist denn Euer Gnaden?
Wurzel. Gar nicht gut, so gewiß dumm ist mir.
Lorenz. Ja, man sieht es Ihnen an; völlig vernagelt schauen sie aus.
Wurzel. Und warum ist denn so kalt herinn? Hab ich denn ein Fieber?
Lorenz. (sieht zum Fenster hinaus) Ja, ich glaubs, es fangt ja zum Schneyen an. Ah, das ist spaßig! Da schauen sie hinaus in den Garten; alles ist weiß, und die Bäume, alle Blätter werden gelb.
Wurzel. Ja, was ist denn das für eine Hexerey?
Habakuck. (bringt Champagner) Der Champagner ist da.
Wurzel. Marschierst! Einen Kamillenthee laß mir machen, und einheitzen, man möcht ja erfrieren. (es wird im Kamin eingeheitzt. Die ThurmUhr schlägt 11 Uhr.) Jetzt hat es Eilf geschlagen? Erst war es zwölf Uhr, jetzt ist es eilf Uhr. Hat denn die Zeit einen Krebsen verschluckt, daß sie zurück geht. Es wird ja stockfinster; bringts Lichter! (Es wird Nacht. von außen Katzengeschrey) So! jetzt singen die vierfüßigen Nachtigallen, das ist eine falsche Stund. (heftiges Pochen von außen) Ist schon wieder wer da? Verdammtes Gesindel! Ist denn keine Ruhe! Schau hinaus. (wird wieder geklopft) Und das Klopfen! Wollens denn aus meinem Haus eine Stampfmühle machen?
Lorenz. (hält den Kopf zur Thür hinaus) Ui je! Ui je! Ein alter Herr mit einem Leiterwagen ist draußen, er will mit Ihnen reden.
Wurzel. Wer ist er denn?
Lorenz. (ruft hinaus) Wo sind wir denn her?
Das Alter. (von innen) Aus Eisgrub.
Wurzel. Aus Eisgrub! Nein, was das für Visitten seyn; da kenne ich keinen Menschen.
Alter. (v innen) Nun, nur aufmachen. Ich bin das hohe Alter. Ich will hinein.
Wurzel. Das Alter! – Die Thür sperrst zu, und unterstehst dich nicht, daß du ihn hereinläßt.

Alter. (v innen) Nun, wird die Thüre aufgemacht, oder nicht?
Wurzel. Nein, Saperment!
Alter. (v. innen) Ahso! Nun so komme ich zum Fenster hinein.
(Die Fensterflügel werden vom Winde aufgerißen, daß die Scherben davon fliegen. Das Alter fliegt herein auf einem Wolkenleiterwagen; zwey Schimmeln alte Bauernpferde, sind vorgespannt. Der Wagen ist mit gelben Gesträuche ausgefüllt. Das Alter sitzt; einen alten Hausrock, der bis an die Knie reicht, den Kopf mit einer Pelzschlafhaube bedeckt, die Füsse in Pölster gewickelt. Auf den Schooß einen schlafenden Mops, und auf der Achsel eine Eule. Ein kleiner uralter Kutscher ist auf dem Bocke. Der Wagen etwas beschneyt.)
Alter. (mit kränklicher Freundlichkeit, und persiflirendem Wohlwollen, steigt aus dem Wagen, mit einem Krückenstocke.) Sie verzeihen, daß ich so frey bin, meine mühselige Aufwartung zu machen. Ich weiß nicht, ob Sie mir es ansehen werden, oder nicht? Ich bin das hohe Alter, Ihnen miserablichst zu dienen. Ich habe da einen EinquartierungsZettel bey Ihnen.
Wurzel. Bey mir? Glaubt der Herr, bey mir ist ein Spital?
Alter. Wird schon eins werden, wenn ich eine Weile da bin. Seyn Sie nicht bös, daß ich so unerwartet komme. Gewöhnlich correspondiern die Leute schon vorher mit mir; aber Sie haben ein braves Kind, die es mit Ihnen gut gemeint hat, aus dem Hause gejagt, und da habens mich dafür hergeschickt. Nehmens mich an Kindesstatt an.
Wurzel. Ja, aber zu Haus behalt ich ihnen nicht. Ich geb ihn in das Kadetenstift nach Ips. –
Alter. I, bewahre! wir werden uns schon miteinander vertragen; ich bin ein spaßiger Kerl. Ich mach noch an mancher Tafel, bey mannchem Hausball meine Lazzi. Ich hupf noch bey manchen Ecosees mit, bis es mir einen rechten Riß gibt, hernach setz ich mich g'schwind nieder.
Wurzel. Ja, ja gescheider ists.
Alter. Wenn wir eine Weile bekannt sind, werden meine Verwandten auch ihre Aufwartung machen. Mein liederlicher Vetter, der verdorbene Magen, das wird der erste seyn, der Ihnen die Honneurs machen wird; und meine Cousine, die Gicht, die hat mich schon versichert, sie kann es gar nicht erwarten, Sie an ihr

gefühlvolles Herz zu drücken. O, hören Sie, daß ist eine unterhaltliche Person; ich seh Ihnen schon ordentlich nach Biszan ins Baad mit ihr reisen, und treu ist sie –

Wurzel. Ich weiß, man bringts gar nicht los. Ein jeder sagt: Da hast du sie, ich mags nicht.

Alter. Und was thun Sie denn, mein lieber Herr von Wurzel? Was gehen Sie mir denn so kühl herumm? Werden sie gleich einen Schlafrock anziehen? Sapperment hinein! so schaut doch auf euren Herrn; ist ja ein alter Herr, müßt ja hübsch Acht geben auf ihn. Wenn er euch stirbt seyd ihr Brodlos. Gleich bringt ihm einen Schlafrock.

Bediente (wollen fort.)

Wurzel. Nicht unterstehen, oder ich schlage einen hinters Ohr!

Alter. Was? schlagen? Gleich niedersetzen. (Er nimmt ihn an der Hand, und setzt ihn in einen Stuhl)

Wurzel. Himmel! wie wird mir?

Alter. Nicht unterstehen, und schlagen. Die Pferd schlagen aus, nicht die Leut. Damit Sie aber nimmer ausschlagen – (berührt sein Haupt, Und Wurzel bekommt ganz weißes Haar.) So, jetzt ist aus dem Bräundl, ein Schimmel geworden – So, hato mein Schimmerl! Nun, nichts hato?

Wurzel. (weinend) Lorenz, meinen Schlafrock! (Man zieht ihm denselben an, und zwar so, daß er dadurch zugleich sein Bauernkleid anzieht, deßen Aermel in den Aermlen des Schlafrockes stecken. Er bekommt einen kaschirten Kropf.)

Alter. So, mein lieber Herr von Wurzel! Thun sie mich nur gut pflegen, damit wir lange beysammen bleiben; mit mir muß man gar haiglich umgehen.

Wurzel. Aber was soll denn das heißen?

Alter. Das sind die Wintertage.

Wurzel. Ah, ich hätte geglaubt, die Hundstage!

Alter. Wie man es nehmen will. Aber jetzt leben Sie wohl, ich habe meine Post ausgerichtet. Wenn sie mich auch nicht mehr sehen, sie werden mich schon spüren. Für 130, Jahrl können sie sich schon ausgeben. Adjeu! (umarmt ihn) Also schön merken. In der Früh, ein Schalerl Suppen, und ein Semmerl drinnen; und um 11, Uhr ein bißerl in der Sonne spatziern gehen; aber im-

mer ein Hafendekel auf den Magen legen, daß Sie sich nicht
erkühlen. Zu Mittag, ein eingemachtes Henderl, und ein halbes
Seiterl Wein, und auf die Nacht, eine halbete Biskoten, und
gleich in das Betterl gehen. So! Jetzt Pah, Pah! alter Papa, und
befolgen Sie meinen Rath. Keinen Thee müßens nicht trinken,
denn habens so schon. (Er steigt in den Wagen) Hansel, langsam fahren, daß wir kein Unglück haben, mit Teuferl von Ro-
ßen. (macht Pah aus dem Wagen) Gute Nacht, mein lieber
Herr von Wurzel! gute Nacht! (fliegt ab)

Scen: 8.
Wurzel. Lorenz.

Wurzel. Ja wohl gute Nacht. So weit hab ichs gebracht! Lorenz,
gib mir einen Spiegel. (Lorenz gibt ihm den Spiegel, er sieht
hinein) Ah, die Positur! Jetzt kann ich in der Häßlichkeit Lection geben. Nein, ich halts nicht aus. Ich gehe durch! – (will
fort) Es geht nicht, ich habs Podagra. (lacht verzweifelnd) Ha,
ha, nichts mehr Hato!

Lorenz. Freylich! lieber Tschihi ins Bett.

Wurzel. Was hängt denn da für ein Habersakel? Hab ich denn ein
Kropf?

Lorenz. Nu, und das was für ein; als wenns einen Suppentopf
g'schluckt hätten. Ui je, jetzt habens einen bukeligen Hals!
(lacht)

Wurzel. Ich glaub der Kerl lacht mich noch aus?

Lorenz. Nein; einen Neid werd ich haben, wegen dem. –

Wurzel. (auffahrend) Der Neid? Das ist ein schöner Spitzbub! Ja,
der ist an meinem Unglücke schuld, und jetzt läßt er mich sitzen. Was hab ich jetzt von dem verdammten Geld? Ich kanns
ja nicht genießen. Ich werfs zum Fenster hinaus, vielleicht
wird wieder alles wie vorhin.

Lorenz. So seyn Sie doch gescheid; Wanns ihren Reichthum verwünschen, so ist er ja hin. Sie haben mir es ja selbst erzählt.

Wurzel. Er soll hin seyn; ich will ihn nimmer haben. Ich will lieber
arm seyn und gesund. Hilf mir du verdammter Neid! Nimm
dein Gold, ich mag es nimmermehr. O, wäre ich nur, wo ich
hingehöre, wäre ich nur wieder bey die Meinigen!

(Ein Blitzstrahl fährt herab. Schnelle Verwandlung. Ein düsteres Thal; an der Seite eine halbverfallene Hütte Wurzels. Die vordere Gegend ist finster gehalten, und herbstlich mit gelben Blättern. Zwischen zwey sehr dunkle sich hereinlegenden Bergen, erhebt sich in der Mitte ein hoher Gletscher. Der Sitz von Samt, auf welchen Wurzel nach seiner Verwünschung zurück gesunken ist, verwandelt sich in einen Baumstamm. Er und sein Diener verwandeln sich in arme Bauern. Neben Wurzel liegen ein Par große Ochsen, worein sich zwey Seitenkredenzen verwandeln, und mehrere andere weiden auf dem Berge, und perspectivisch in den Wald hinein, daß es das Ansehen einer weidenden Heerde hat. Die Musik drückt das Brüllen der Ochsen aus.)

Lorenz. So, da haben Sie es, Sie übermüthiger Ding! Jetzt sind Sie bey die Ihrigen.

Wurzel. Die haben doch eine Freud über mich, wenns mich sehen; gelts meine Kinderl? (Ochsengebrüll; ein Gaisbock mekert auf einem Felsen) Das ist eine rührende Anhänglichkeit! Alle Ochsen weinen über mich!

Lorenz. Und ich wein doch nicht.

Wurzel. Hast denn gar kein Gefühl? schammst dich den nicht vor die Ochsen? Die werden sich was schönes denken von dir, du undankbarer Bursch du!

Lorenz. Was wär das? Kein Geld mehr haben, und grob auch noch seyn? Ah, jetzt muß ich andere Saiten aufziehen. Was glaubst den du grober Mensch? Du hast ja nichts mehr. Da schaue an deine verfallene Hütte. Da steht jetzt dein Pallast, wo die Mäus Frau G'vatterin leih mir d'Scheer spielen. Zu gut ists ihm gangen, zu übermüthig ist er geworden, und jetzt ist alles hin – aber Alles. Seine Sachen, und meine Sachen. (weinerlich) Ich bin nur ein armer Dienstboth, und er bringt mich um das Meinige. Ist den das eine Herrschaft? Jetzt hab ich Ihn drey Jahr lang betrogen, und jetzt hab ich nicht einmal was davon.

Wurzel. Weil dich der Himmel bestraft hat dafür.

Lorenz. Wenn du dich noch einmahl unterstehst, und kommst mir unter die Augen, so reiß ich einen Felberbaum aus, und wichse dich damit herum, du verdorbener millionistischer Waldhansel du. (geht ab)

Wurzel. Jetzt ist kein Mensch mehr da, der mir eine Grobheit sagt?

Scen. 9.

Wolken fallen. Der Neid kommt auf einer grünen Wolke, die sich an eine rothe schließt, worauf der Haß steht, aus den Coulißen gerollt. Diese Erscheinung muß äußerst schnell vor sich gehen.

Der Neid. Haß. Wurzel.

Der Neid ist römisch gekleidet, doch ganz gelb; Das Kleid hat eine Bortür von gestickten Schlangen, einen Turban mit Nattern umwunden. Der Haß in römischer rother Kleidung mit goldener Stikerey, Brustharnisch und Helm von rother Folio, auf dem Helm eine Spiritusflamme.

Neid. (antwortet schnell auf Wurzels Frage) Ich! Was hast du gethan? Schurke! warum hast du das Mädchen nicht schon lange vermählt, wie ichs befahl? Fort aus meinen Augen, Mißgestalt! oder ich schleudere dir eine Natter in deinen hohlen Schädel, daß dir der Wahnsinn zu allen Knopflöchern herausspringen soll.

Wurzel. (kann sich vor Zorn kaum faßen; ganz erschöpft) Gelt, jetzt hast leicht reden mit mir, du Jetzt kommst erst daher, du – du eyerschmalz Bruder du!

Neid und Haß. (lachen)

Wurzel. (verzweifelnd) Ja, lacht nur; ihr habt es nothwendig! Einer sieht aus, wie das gelbe Fieber, und der Andere, wie ein Gimpel, der den Rothlauf hat. Aber dich will ich recommandieren, du Galläpfellieferant. [Die] ganze Welt will ich [aus]kriechen, überall [will ich] [m]ein Schicksal erzähl[en (er) weint heftig) Druck[en laß] ich mein Unglück, u[nd lauf] selber damit herum [und] schrey: Einen Kreuzer die schöne Beschreibung, die wir erst kriegt haben, von dem armen unglücklichen Mann, (schluchzend) der aus einem jungen Esel, ein alter geworden ist. (geht heulend ab)

Scen: 10.
Neid und Haß.

Neid. Freund, ich bitte dich, verfolge mir diesen Dumm{kopf} so lang er lebt.

Haß. Sorge dich nicht; gegen wen der Neid auftritt, der hat auch den Haß gegen sich!

Neid. Was soll ich jetzt thun? Ich kann es nicht erdulden, daß diese Lakrimosa, die mir den Korb gegeben hat, nun triumphiren soll. So nahe am Ziele, und nun dieß Commplot.

Haß. Wenn wirs nur früher erfahren hätten?

Neid. Und wenn ich auch dagegen etwas unternehmen wollte, so kann ich nicht. Es ist nur mehr die heutige Nacht, und der morgige Tag; und ich muß nach England, dort ist eine große Kunstausstellung, wo wenigstens 500 Künstler um den Preis kämpfen, und da kann doch der Neid nicht wegbleiben. Ich habe auch schon eilf Zimmer gemiethet, damit man sich doch ein Bischen ausbreiten kann.

Haß. Der Neid ist doch ein ohnmächtiges Ungeheuer; Da ist der Haß ein anderer Mann. Will hier bleiben, ich will Ihnen einen Strich durch die Rechnung machen.

Neid. Bruder, wenn du daß im Stande wärst –

Haß. Warte; hier kommt mein Spürhund!

Scen: 11.
Tophan. Vorige.

Haß. Hast du etwas erfahren?

Tophan. (Geheimnißvoll) Alles. Die Geister haben heute Mittags auf der Spitze des Geisterscheckels folgendes beschlossen: – Sie werden sich an dem Bauer durch die Erfüllung seines frechen Schwures rächen. Er hat das Mädchen aus dem Hause gejagt, doch die Nacht hat sie in Schutz genommen, und sie in die Arme der Zufriedenheit geführt. Den Fischer hat der Magier Ajaxerle über sich; Der bestellte auf heute Abend eine geflügelte Wurst; damit wird er den Fischer und die beyden Weiber aus ihrer Wohnung abholen, und alle vier werden nach dem Scheckel fliegen, wo die Geister ihrer harren, und Hymen sie um Mitternacht verbinden wird. Dieß alles habe ich durch meine Geliebte erfahren, die Kammerjungfer bey der Fee Antimonia ist.

Neid. Das ist ein schändlicher Plan, so wahr ich Neid heiße, und ein ehrlicher Mann bin.

Tophan. Doch der Magier muß dem Fischer noch nichts davon
   entdeckt haben; Der Tag ist bald vorüber und er sitzt noch vor
   seiner Hütte und seufzt
Haß. (sieht durch ein Persp[ectiv)] Richtig. Nun ists gew[onnen.]
   Hurtig leg dich auf die Lauer, und suche den Magier nur noch
   eine Stunde abzuhalten. Halt. Ich muß ihnen etwas schenken.
   Hier hast du zwey Vipern für deine Nachricht.
Tophan. Ich küß die abgezehrte Hand dafür. (küßt ihm die Hand)
   (für sich) Was daß für liebe Narren sind. (geht ab)
Neid. Ich beneide ihn darum.
Haß. (der nachdachte, fährt plötzlich auf) Tryumph! Fertig ist der
   Plan. Nimm den Tubus und sieh nach jenem Waldsee hin.
Neid. (befolgt es)
Haß. Was siehst du dort?
Neid. Einen prächtigen Zaubergarten mitten im See.
Haß. Der gehört mir, und ich laße ihn nur zu gewißen Zeite auf
   dem See erscheinen; er ist eine Mausefalle, durch die ich Men-
   schen fange. In dem Lusthause dieses Gartens wird der Briliant
   des Menschenhaßes von neun bösen Geistern bewacht. Was
   siehst du vor dem Lusthause?
Neid. Eine Kegelbahn.
Haß. Auf dieser Kegelbahn sind die Büsten dieser neun Geister als
   Kegel aufgestellt. Wer den Ring, welcher ungeheure Reich-
   thümmer gewährt, gewinnen will, muß darum Kegeln, und alle
   Neun treffen. Trifft er sie nicht, sinkt er getödet in die Erde.
   Trift er sie, stürzt er auch die Geister, und erhält den Ring.
   Doch niemand weiß die List. Wer ihn ein Jahr am Finger trägt,
   wird von dem höchsten Menschenhaße ergriffen, und ruhet
   nicht, bis er sich selbst und Tausende zu Grunde richtet. Die
   Geisterköniginn hat zwar die Macht beschränckt; denn, wer
   ihn vor einem Jahre freywillig vom Finger zieht, ist gerettet,
   und Macht und Reichthum ziehen als Nebel fort, aus dennen
   sie gewebt. Tödten, gefangenhalten dürfen wir den Fischer
   nicht, das würde die Königinn rachen; doch arm muß er seyn,
   wenn sie ihn heyrathet, und Morgen Abends muß diese Verbindung vollzogen seyn; denn Morgen ist sie achtzehn Jahre
   alt, so ist der Spruch der Königinn[.] Wir laßen also den Buben

schnell den Ring gewinnen, der ihn durch seine Zauberkraft, reich und zugleich übermüthig macht. Ich will ihm versichern, daß er nur durch den Besitz des Ringes sein Mädchen erhalten kann. Darum wird er ihn treu bewahren; die Geister dürfen durch Gewalt ihm denselben nicht entreißen; es entsteht Verwirrung, die Verbindung kann nicht gehörig vollzogen werden; darüber geht der kurze Termin zu Ende, das Mädchen ist unvermählt, oder besitzt einen reichen Mann, Lakrimosa ist gestürzt und du gerächt. Warte, ich werde gleich einen meiner Geister absenden. (Er pfeift durch ein kleines silbernes Pfeifchen) Papageno! Ein großer Papagey kommt geflogen, und setzt sich auf seine {Ha}nd.) suche den Fischer nach dem Garten zu loken, aber schnell

Papageno. (Im Vogelton) Ganz recht! ganz recht! Paperl wirds schon machen. (fliegt ab)

Haß. {So Freund Neid nun bist du mit} der Rache verlobt. Glück auf, mein seltner Bräutigam! Dich führt der Haß ins Brautgemach. (gehen beyde Arm in Arm ab)

Scen: 12.

Verwandlung. Der Zaubergarten. Auf der Hinterwand, ein großes Lusthaus gemahlt. Quer über die Bühne, eine ideale Kegelbahn, mit Gold sehr verziehrt. Neun kleine ausgeschnitzte Büsten von Geistern, sieht man statt der Kegel, die auf Hermen stehen. Eine goldene Kugel. Der Stand für die Scheiber überall pompös und eine Art Rosenlaube. An beyden Seiten der Theaters stehen weiße Dencksteine mit schwarzer Schrift: (Schriften) Anton Prey, hatte Drey. Gottlieb Pracht, alle acht. Philipp Thier, schob nur vier.)

Nigowitz. Ein schlechteres Brod kann es schon nimmer geben, als einen Genius, der als Buchhalter bey einer Kegelstadt angestellt ist. Das Paßen, und es kommt Niemand. Da werden die Leute Narren seyn, und werden bey der Lotterie das Leben einsetzen, es ist oft um 10 f. schad. Keiner hats noch getroffen, so viele noch geschoben haben. Um den Letzten war mir gar leid, daß war ein Tischlerg'sell, der hat mir noch vorher seine letzten zwey Gulden geschenkt; hat sich angestellt, scheibt ein Loch, Pums! gar wars. Da steht er aufgeschrieben.

– Michel Koch, ein Loch. – Saperment, dort kommt einer, und unser Paperl voraus. Wer muß den der seyn? (zieht sich zurück.)

Scen: 13.
Voriger. Karl. Der Papagey.

Papagey. (fliegt vor Karl, und schreyt:) Bist schon da! bist schon da! (fliegt ab)

Karl. So warte doch, kleiner Spitzbube! Ist schon fort. Sonderbares Thier! Kommt zu meiner Hütte geflogen, verspricht mir Lottchens Hand; lockt mich hieher, und fliegt mir jetzt vor der Nase davon. – Wo bin ich denn? Ist vielleicht hier ein Schatz vergraben?

Nigowitz. (tritt vor) Nun, wenn der Herr was g'spannt! Wer auf der Pudel alle Neune scheibt, wird ein wilder Millionär.

Karl. Ein Millionär? Himmel! da kann ich mein Lottchen heyrathen. Her mit der Kugel.

Nigowitz. Nur langsam! Nicht so geschwinde. Gib mir der Herr zuerst meinen Neune Gulden.

Karl. Wenn ich gekegelt habe, Freund!

Nigowitz. Nichts; da ist der Herr schon lange hin. Da krieg ich nichts mehr.

Karl. Was?

Nigowitz. Freylich! Da muß man ja nicht so gäh seyn. Da lese der Herr zuerst.

Karl. (Lißt)
Wem der große Wurf gelungen,
Hier zu treffen alle Neun,
Hat den Zauberring errungen
Tritt zum Saal des Reichthums ein;
Doch der Freche, dem's mißlungen,
Daß, das Glück er neunfach zwingt,
Wird von einem Reif umschlungen,
Den der Todt ums Leben schlingt.

Nigowitz Das heißt: Der Herr ist hin! – Also, will der Herr, oder nicht?

Karl. Was liegt mir an dem Leben, wenn ich mein Lottchen nicht habe. Ich habe ja auf jeden Kirchtag die Neune getroffen! – Her mit der Kugel!

Nigowitz. Schreib sich der Herr ein.

Karl. (schreibt schnell sich in das Buch ein) So! Und nun Brillant, du sollst ihr Brautring seyn!

(Er stellt sich zum Scheiben, und Nigowitz zu den Kegeln. Die Cortine geht auf, man sieht einen Wolkensaal. Neun Geister stehen auf einer Stiege, die von Wolken umgeben ist; sie sind mit Pfeilen bewaffnet und das Haupt deckt ein Helm mit einer Spiritusflamme. Auf einem Postamente steht eine Kapsel, auf welcher das Wort: Zauberring geschrieben steht, diese bewachen sie, und drohen auf Karl mit geballten Fäusten herab.)

Chor.

Laß ab, laß ab!
Die Kugel rollt ins Grab!
Laß ab!

Karl. Lottchen heißt die Schnur? Mein muß sie seyn! (er scheibt hinaus, die Kegel fallen alle)

Nigowitz. (schreyt aus vollem Halse.) Alle Neune! (heftiger Donnerschlag. Bahn und Kegel verschwinden. Zwey Blitze fahren auf die Geister, welche von den Stufen stürzen, und in dieser Gruppe bleiben. Die Dencksteine verwandeln sich in goldene Vasen mit Blumen. Die Kapsel zerspringt, und hinter dem Postamente steigt ein ungeheurer blauer Adler auf, mit goldgesäumten Gefieder, welcher den Ring im Schnabel hält, und jetzt auf dem Postamente sitzt; Karl, steigt die Stufen hinan, nimt ihm den Ring aus dem Schnabel, Der Adler breitet die Flügel aus, welche fast so breit als das ganze Theater sind; schwingt sich über Karl auf, und reißt einen idealen Thron in seinen Krallen mit, deßen Breite sich nach der Breite der Stiege richtet, und Karln, der auf dem Postamente, welches sich jetzt in den Thronstuhl verwandelt sitzt, und deßen Kleid sich in ein glänzendes Changirte, überschattet. Die Geister huldigen ihm durch ein Tableaux. Genien machen die Gruppe voll, und so fällt der Vorhang.

Ende des zweyten Aufzuges.

Dritter Aufzug.

Scen: 1.

Das Äußere eines herrlichen Pallastes aus hellrothem Marmor, und mit Goldverzierten Säulen. In der Mitte eine Treppe, die zum Portal führt. An jeder Seite ein Sphinx. Der Hof welchen die Bühne hier vorstellt, ist mit Blumen geziert, und scheint von einem Gitter eingeschloßen zu seyn, wozu ein prächtiges Gitterthor an der Coulisse den Eingang bildet. Die Geister des Hasses sind theils in rothen Livreen gegenwärtig; theils sieht man sie als Furien gerade den Bau des Pallastes beenden. Die Musik drückt vor dem Aufziehen der Cortine, das Hämmern und Schlagen der Arbeiter aus. Beym Aufziehen hört man nur den Schluß des Chores, welcher vor dem Aufziehen schon hörbar war.)

Chor.

Jubelt hoch, des Hasses Geister!
Freue dich erhabner Meister!
(Nach dem Aufziehen der Cortine)
Fertig ist der Bau!

Scen: 2.
Der Haß. Tophan. Geister.

Haß. (Modern schwarz gekleidet. Federhut. Rothe Haare un[d] Bakenbart. Er tritt rasch ein) Bravo! Das heiße ich Temperament des Haßes. In einer Nacht und einem Tage haben meine Geister dieses Werk vollendet, und ehe noch um den Preis der schönern Röthe, der Abendstrahl mit den blutigen Streiffen dieses Marmors ringt, kann er einziehen in dieß glänzende Haus; der Dieb, der aus dem Reiche des Neptuns die floßbewachsenen Bewohner stiehlt. – Was ist sonst vorgefallen? Habt ihr den Magier nicht gesehen?

Tophan. Nein; auch keinen der Geister.

Haß. Merkt es euch, ich stelle seinen Haushofmeister vor. Was glaubst du wohl Tophan, wird uns der Streich gelingen?

Tophan. Ich hoffe es; wie benimmt er sich?

Haß. Sonderbar; als er gestern Abends des Ringes Eigenthümer wurde, befahl er den Furien schnell diesen Pallast zu erbauen, um seine Braut heute im Thryumphe einzuführen. Wir andern Geister aber mußten am frühesten Morgen mit ihm nach der Stadt, wo er Mittags in einer glänzenden Carosse mit sechs Rappen bespannt, nach dem Hause des stolzen Bauers fuhr, und um das Mädchen werben wollte. Doch als man ihm berichtete, das Bauernvolk wäre sammt dem Hause verschwunden, sah er lange starr auf einen Fleck; doch wie vom Blitz begeistert, fuhr er plötzlich freudig auf, und befahl uns schnell zurück zu reisen. Auf halbem Wege schickt er mich voraus, um hier alles zur Vermählung zu bereiten, [Kraft des Ringes muß ich seine Befehle erfüllen. Er scheint verwirrt zu seyn, gleichviel;] Daß er den Ring indeßen nicht vom Finger zieht, verhüthen neun Geister, als sein Gefolge; Und hier will ichs verhüthen, bis die Nacht erscheint, und der Streich gelungen ist. Jetzt an die Arbeit. Gehorcht ihm Antipoden der Liebe, denn auch der Haß gehorcht zum Schein, um desto sicherer zu verderben. (Alle gehen ab)

Scen: 3.
Amor. Die Zufriedenheit. Lottchen.
(Beyde sind in modester Kleidung als Bauernmädchen gekleidet. Alle drey schleichen herein.)

Amor. Wir sind am Ziele. Nun seyd vorsichtig, und verlaßt euch auf Amor und die Geister.

Zufriedenheit. Ich sehe den Magier auch hier nicht.

Amor. Er muß hier seyn. Ich will ihn suchen, vielleicht hat ihn sein Muth hinter eine Hecke getrieben. (geht ab)

Lottchen. Himmel, wie soll das enden? Gestern Abends versprachst du mir, daß mein Karl an des schwäbischen Kaufmanns Hand mich zur Vermählung holen würde. Den ganzen Abend und die lange Nacht warten wir vergebens; erst heute Mittag kömmt der kleine Knabe geflogen, bringt dir einen Brief, und ohne ein Wort zu sagen, verkleidest du dich, und ziehst an der Hand des Knaben mit mir bis hieher. – Ich kenne die Gegend; doch stand hier seine Fischerhütte, und kein Pallast. Was ist aus ihm geworden? Wo ist er?

Zufriedenheit. Behuthsam! Sey nur ruhig. Ich will dir den Brief lesen, den die Geister mir durch Amor gesendet haben. (Ließt)

Hochzuverehrendes Wesen!
Beneidenswerthe Zufriedenheit!
In größter Eile berichten wir Ihnen: Der Magier Ajaxerle hat durch Unvorsichtigkeit unsern Plan vernichtet, indem er die Zeit versäumte, Sie und den Fischer abzuholen. Wir müßen nun zu einem Neuen schreiten. Der Fischer befindet sich in der Gewalt des Haßes, der seine Hütte in einen Pallast umzauberte. Reisen sie daher schnell in Verkleidung an Amors Hand nach seiner neuen Wohnung; Vor dem Hause wird der Magier sie erwarten, und ihnen alles aufklären. Den Fischer werden wir sogleich nach Hause expediren. Wir Geister dürfen uns dem Haß nicht nähern, sonst entzweyt er uns, und wir kommen nicht zum Zweck; darum halten wir uns verborgen, und verlaßen uns ganz auf ihre Klugheit; denn nur die Zufriedenheit kanns mit dem Haß aufnehmen. Bis acht Uhr Abends muß die Sache beendet seyn. Mit ausgezeichneter Hochachtung und nahmenloser Verwirrung
Dero
ergebenster Geisterverein auf
auf dem Scheckel.
Ja wohl, Verwirrung. So viele Geister, und ein so Geistloser Plan. Welche Unsicherheit. Der Magier ist ja wieder nicht hier. Arme Lakrimosa, warum besitze ich keine Zauberkräfte? Was für armseligen Geistern hast du dein Glück vertraut! Doch stille, hier kömmt ein Diener. Wenn ich nur Karl sprechen könnt, dann würde ich mich schon in die Sache finden.

Scen: 4.
Tophan. Vorige.

<u>Zufriedenheit.</u> Pst! Freund! ist der Herr des Hauses nicht zu sprechen?

<u>Tophan.</u> (stolz) Er kommt erst heute Abend an;

<u>Zufriedenheit.</u> Wo ist er den?

<u>Tophan.</u> Er holt seine künftige Frau. Es ist schon alles zur Vermählung hergerichtet.

<u>Lottchen.</u> Himmel!

<u>Zufriedenheit.</u> Könnten wir nicht seinen Stellvertreter sprechen?

Tophan. Den Haushofmeister?
Zufriedenheit. Ja, ja!
Tophan. Nun, so wartet hier, vielleicht seh ich ihn. (geht ab)
Lottchen. Er hat mich vergeßen, und liebt vielleicht jetzt eine Königstochter.
Zufriedenheit. Nur [ruhig,] daß man uns nicht erkennt.

Scen: 5.
Vorige. Der Haß. Tophan[.] Diener.

Haß. Wo sind die Mädchen?
Tophan. Hier. Sie scheinen mir verdächtig!
Haß. Was wollt ihr?
Lottchen. (ängstlich) Ach! (zur Zufriedenheit) Was wollen wir denn?
Zufriedenheit. Euer Gnad verzeihen, wir sind zwey arme Verwandte des Herrn vom Hause, die zu ihm gereißt sind, ohne von seinem Reichthum noch unterrichtet zu seyn. Unser Bruder ist im nächsten Dorfe zurückgeblieben, und wird gleich nachkommen.
Haß. Das ist Betrug! Ergreift sie schnell!
Lottchen. O Himmel! Wer beschützet uns jetzt?
Amor. (springt aus dem Blumengebüsche und tupft schnell den Haß mit seinem Pfeile ans Herz, schalkhaft.) Stille, still! Ich hab ihn schon verletzt. (läuft ab)
Haß. (zu den Dienern) Haltet! – Ich war zu rasch! Hm! Ein hübsches Mädchen. (kneipt sie in die Wange) Ich vergeße beynahe, daß ich der Haß bin. – Nun, womit kann ich euch dienen?
Zufriedenheit. Wenn Sie uns nur ein kleines Plätzchen gönnen wollten, um dort die Ankunft des Herrn abzuwarten.
Lottchen. Wir bitten recht schön!
Haß. Nein! Zum fortjagen sind sie zu hübsch, und zum Betrug zu unschuldsvoll. (zu den Dienern) Zeigt ihnen das Domestiken Gebäude, dort können sie ihn erwarten. – Wo kommt ihr her?
Zufriedenheit. Aus dem Salzburgischen.
Haß. Wirklich? glückliches Salzburg. Ein zweytes Sachsen, Wo die hübschen Mädchen wachsen. (für sich) Das ist ein Kapital-Mädchen. – Wenn ich nur der Haß nicht wäre – das ist doch

fatal – <u>die</u> könnte mich glücklich machen. Denn wenn sie mich alle Tage mit ihren schönen Augen nur <u>hundertmahl</u> anblickt, so habe ich die Woche hindurch <u>siebenhundert</u> schöne Augenblicke. <u>(nachdenkend)</u> Das ist doch fatal, daß ich der Haß bin; jetzt wär ich viel lieber ein Salzburger. Adieu! Schöne Salzburgerinn! <u>(geht ab)</u>

Zufriedenheit. <u>(macht einen Knix nach)</u> Adieu, schöner Salzburger! vielleicht gelingt es uns, dir die Suppe zu versalzen. <u>(zu Lottchen)</u> Komm! <u>(geht mit ihr in das Nebengebäude ab)</u>
<u>(Die Bühne ist leer.)</u>

<u>Scen: 6.</u>
<u>Ajaxerle. im Zauberhabit.</u>
<u>(Er sieht zum Gitter herein, tritt dan vorsichtig ein, und sieht sich eben so überall um, schleicht dann bis auf den Zehen bis zur Stiege des Pallastes. Plötzlich hört man: Halt! Wer da? rufen. Er sieht in die Coulisse, erschrickt, schreyt: Gut Freund! und springt mehre Stufen zusammennehmend über die Stiege in den Pallast. Nachdem er darinnen ist, springt gleich eine Furie mit einer Keule, die ihn bemerckt hat, in großer Eile ihm nach, auf die nemliche Weise, wie Ajaxerle über die Stiege, und in das Thor.)</u> (Ab)

<u>Scen: 7.</u>
<u>(Man hört in der Coulisse Wurzels Stimme)</u>: Ein Aschen! Ein Aschen! <u>(Wurzel tritt ein als Aschenmann, mit einer Butte auf dem Rücken, und einer Aschenkrücke in der Hand)</u> Ein Aschen! Au weh! <u>(stützt sich auf die Krücke)</u> Was bin ich für ein miserabler Mensch! Ein Aschen! Was <u>war</u> ich, und was bin ich <u>jetzt</u>? Ein Aschen! Hört denn kein Mensch? Die Köchinn hat gewiß einen Amanten bey ihr, weil sie nicht hört. <u>(schreyt aus vollem Halse)</u> Ein Aschen!

<u>Scen: 8.</u>
<u>Die Zufriedenheit. Wurzel.</u>
Zufriedenheit. Wer lärmmt denn so entsetzlich?
Wurzel. Der Aschenmann ist da, Euer Gnaden Fräulein Köchinn. Sie werden noch nicht die Ehre haben, mich zu kennen? Ich

bin ein neuer, der Alte ist gestorben, ich hab es erst gestern übernommen. Ich bitte um Verzeihung, ich habe noch keine Visittkarten herumgeschickt. Ich heiße: Fortunatus Wurzel.

Zufriedenheit. Er ist mein einst so fröhlicher Bauer? Ich hätte ihn nicht erkannt.

Wurzel. Ich weiß; wenn man so ausschaut, kennen einem die Leute nicht mehr.

Zufriedenheit. (für sich) Nun, den haben die Geister schön zugerichtet. (laut) Du armer Narr!

Wurzel. Ja wohl bin ich arm, und ein Narr bin ich auch gewesen! Ja, meine liebe Köchinn, ich hab schön abgekocht, mit mir ists vorbey.

Zufriedenheit. Wie alt bist du denn?

Wurzel. Ich hätte sollen die Vierziger kriegen, aber die Zeit hat sich vergriffen, und hat mir ein Hunderter hinaufgemeßen, und den halt der Zehnte nicht aus. Die Zeit ist ein wahrer Korporal, der mit die Jahre zuschlägt. Im Anfange hats ein Rüthchen von lauter Mayblühmchen; da gibt sie einem alle Jahr so einen leichten Tupfer, das g'freut einen; da springt man wie ein Füllerl. Hernach kommts mit einem Besen von lauter Rosen, da sind schon Dornen dabey; nach und nach, schlagen sich die Rosen weg, ist der Haslinger da. Endlich kommts mit einem Tremmel daher, laßt ihn nur fallen, aus ists. Aber es geschieht mir recht, warum bin ich kein Bauer geblieben. Dem Fischer dadrinnen wird es akkurat so gehen.

Zufriedenheit. Kennst du den Fischer?

Wurzel. Freylich. Er hätte ja mein Schwiegersohn werden sollen, wenn ich ihms nur geben hätte. Vieltausendmahl hat mich das schon gereut.

Zufriedenheit. (für sich) Er dauert mich! (laut) Ist dir diese Äußerung Ernst?

Wurzel. O, meine liebe Jungfer Köchinn, wenn sie meine verwurlte Geschichte wüßten, so würden sie nicht so dum fragen.

Zufriedenheit. Ich weiß deine Geschichte, ich habe sie in dem Buche des Schicksals gelesen.

Wurzel. Sind sie auch eine solchene, die statt dem Kochen ließt?

Zufriedenheit. Bereust du, was du gethan hast?

Wurzel. Von ganzem Herzen.
Zufriedenheit. Beneidest du den Fischer um sein Glück?
Wurzel. Um kein Schloß nicht. Den wird es reuen; das ganze Dorf redt davon. Ich kenne schon die Geister, die einem solche Häuser schenken. Heute Nacht haben sie es ihm aufgebaut, von Diamanten und rothen Ruben glaub ich. Wie sie ihn erwischt haben weiß ich nicht.
Zufriedenheit. Würdest du ihm jetzt deine Ziehtochter geben?
Wurzel. Um keinen Preis. Erstens: weil ich sie nicht habe. Zweytens, weil sie mit dem Reichthum eine unglückliche Person würde.
Zufriedenheit. Wenn er aber wieder würde, wie er war?
Wurzel. Nachher soll er sie haben; aber suchen muß er sie zuerst; denn ist vielleicht gar in der chinesischen Schweitz.
Zufriedenheit. Er wird sie finden, und ist er ihrer Liebe würdig, so seyd ihr alle gerettet, und auch du wirst wieder glücklich werden.
Wurzel. Wär das möglich! Ausgestanden hätt ich mir schon genug. Aber was können Sie wißen? Reden wir von was Gescheiden. – Habens kein Aschen?
Zufriedenheit. Ich wollte ich könnte schon die Asche dieses Schloßes in deinen Kübel lehren.
Wurzel. O, meine liebe Mammsell Köchinn, das war eine schöne Gegend. Ein jedes Stammerl kenne ich davon, der einzige Baum da draußen ist stehen geblieben. Da ist die Fischerhütte gestanden; Da ist just ein Rosenberg darüber gezaubert; Der Gipfel ist gerade so hoch, als das Dach von der Hütte war.
Zufriedenheit. Gut. Auf die Spitze dieses Hügels setze dich, und erwarte meinen Wink. Siehst du die Sonne untersincken, und ich habe dich noch nicht gerufen, so siehe es als ein Zeichen an, daß dein und anderer Leute Glück mit ihr hinunter sinckt; doch wirst du sie in unserer Mitte schauen, so geht dir eine neue auf; dafür bürge ich dir mit meinem Worte.
Wurzel. O, du mein Himmel, was reden sie für eine schöne Sprache, als wie ein verkleideter Profeßor. Geltens, Sie sind keine Köchinn?
Zufriedenheit. Nein, das bin ich nicht!

Wurzel. Was sind sie denn?

Zufriedenheit. Das wirst du erfahren. Jetzt befolge, was ich dir befahl.

Wurzel. Ja, ich will es gern thun. Aber, wenn ich etwa ein paar Monath oben sitzen muß, bis sie mich rufen, so bringt mich der Hunger um. Haben sie den gar nichts für meinen aschgrauen Magen?

Zufriedenheit. (lächelnd) Nun, so warte. (Sie geht in die Thüre ab)

Wurzel. Daß ist eine gute Person. Wenn ein Herr so eine Köchinn hätte, wär es manchem lieber als der geschickteste Koch.

Zufriedenheit. (kommt zurük, und bringt eine Linzertorte, und eine Flasche Wein.) So, mein Alter, labe dich! (Sie hält ihm die Torte hin)

Wurzel. Werfens die Torten nur in die Butten hinein.

Zufriedenheit. Sie ist ja voll Asche.

Wurzel. Daß macht nichts, das ist gut für die Brust. Denn Wein schütten wir vorne hinein. So, ich danke.

Zufriedenheit. Nun, lebe wohl! Tröste dich und hoffe. (Sie geht in den Pallast, nicht in das Nebengebäude ab)

Wurzel. Ich habe die Ehre zu sehen. Wenn sie nur nicht auf mich vergißt, daß ich etwa aufs Jahr um die Zeit noch oben sitze. Wegen meiner; ich bleib halt oben sitzen, schau hinunter auf die Leute, und wenn ich was dalketes sehe, so schreye ich, einen Aschen.

Arie.

So mancher steigt herum,
Der Hochmuth bringt ihn um;
Trägt einen schönen Rock,
Ist dumm, als wie ein Stock.
Vom Stolz ganz aufgebläh't
O, Freundchen, daß ist öd
Wie lang steht's denn noch an,
Bist auch ein Aschenmann!
Ein Aschen! Ein Aschen!

Ein Mädchen kommt daher,
Von Brüßler Spitzen schwer,

Ich frag gleich, wer sie wär?
Die Köchinn vom Traiteur!
Packst mit der Schönheit ein,
Gehst gleich in d'Kuchel nein,
Ist denn die Welt verkehrt?
Die Köchinn g'hört zum Herd.
Ein Aschen! Ein Aschen!

Doch vieles in der Welt,
Ich mein' nicht etwa' s'Geld,
Ist doch der Mühe werth,
Daß man es hoch verehrt.
Vor alle braven Leut,
Vor Lieb' und Dankbarkeit,
Vor treuer Mädchen Gluth,
Da zieh ich meinen Hut.
(nimmt den Hut ab)
Kein Aschen! Kein Aschen! (geht ab)

Scen: 9.

(Verwandlung. Zimmer im Pallaste, mit grellrothen Tapeten, Ober der Thüre in der Supperporte, mitten in Lebensgröße, das Sinnbild des Haßes. In der Ecke, ein weißer schöner irdener Ofen, oben mit einer Vase. An der ersten Coulisse ein Fenster. Eine Seiten- und eine Mittelthüre mit Vorhang. Auf der anderen Seite, ein großer Alkoven mit einem Vorhang.)

Zufriedenheit.

Zufriedenheit. (tritt zur Mitte ein) Der Abend kommt, und er noch nicht. Wäre ich nicht die Zufriedenheit selbst, ich würde ihr schon nicht mehr angehören. Wo nur der unglückselige Magier weilt?

Ajaxerle.

(Öffnet ein Thürchen im Ofen, und sieht mit dem Kopfe heraus) Pst! Verzeihe Sie! sind sie die Zufriedenheit?
Zufriedenheit. Ja, mein Herr.
Ajaxerle. Warte sie, ich komm gleich. Friesele, sauf, Ofele thu dich g'schwind auf! (Donnerschlag. Der Ofen theilt sich in der Mitte

auseinander, so zwar, daß das rußige Innere des ganzen Ofens sichtbar wird. Der Heerd bleibt aber in der Mitte stehen, auf welchen Ajaxerle auf einem eisernen Dreyfuß sitzt, und das kleine Zauberbüchlein und den Stab in der Hand hält.) Nun, dem Himmel sey Dank, daß wir uns einmal sehe! Ich sitze schon über eine halbe Stunde da im Ofen, und thu auf sie paßa.

Zufriedenheit. Endlich einmahl! Sie sind doch?

Ajaxerle. Freylich! Ich bin ja der Magier Ajaxerle, und muß Ihnen Nachricht bringe.

Zufriedenheit. Sprechen sie schnell.

Ajaxerle. Ein schönes Kompliment von die Geister, und der Fischer Karl hat von dem Spitzbuben, dem Haß einen Ring bekommen, der ihn so reich macht; und sie sollen alles Aufbiethe, daß er ihn wegwerfe thut. Und dann sollen Sie, die zwey Leutle, gleich herunter vermähle, sonst ist alles verlohre. Sein Reichthum thut nur so lange dauern, als er den Ring am Finger hat. Kurz, wenn sie die Geister brauchen sollten, so möchten sie da die Schnur Perle von einander reiße; da sind zwölf Geister angefädelt, die werden alles vollbringen. Die andern stehen auch schon auf der Paß. (gibt ihr eine Schnur Perlen)

Zufriedenheit. Aber warum haben Sie uns denn nicht abgeholt?

Ajaxerle. Weil ich mich verschlafe hab. Ich hab mich über den Bauer so zürnt, daß mir völlig übel war, und da bin ich nach dem hohen Berg, nach dem Geisterscheckel, und hab mit die Geister erst den Plan abgemacht; bin wieder fortg'loffe und hab ein Würstle bestellt, und dann hab ich aus Müdigkeit mich auf ein paar Minutte niedergelegt, und bin erst heute in der Früh munter worde; und derweile hat der Haß den Fischer abg'fangt, und wie ich daherkomme bin, hab ich den Pallast gesehen, und er war mit dem Haß nach der Stadt g'fahren. Da bin ich gleich zu die Geister hinauf g'sprungen, und hab ihnen alles erzählt, da haben sie mich brav ausgemacht; haben Ihnen den Amor geschickt, und mich habe sie mit einem kleinen Scheckle über den großen herunter gepleschet, daß ich da auf Ihnen warte soll; sie haben zwar Anfangs durchaus wem anderen schiken wollen, aber ich hab mirs nicht nehme laße; <u>ich</u> muß mein Mahmerle retten.

Zufriedenheit. Und wie kommen sie den dort hinein. (auf den Ofen deutend)

Ajaxerle. Wie ich da über die Stiege herauf bin, ist mir einer mit einem Prügel nachgelauffe, und da bin ich geschwinde in den Ofen hineing'schlupft, und bin nimmer heraus. Ich hab mir gedacht, Sie müßen schon zufälliger Weise heraufkomme.

Zufriedenheit. Wenn ich aber nicht gekommen wäre?

Ajaxerle. Ja, da wär ich drinn stecke blieben; ich werd mich doch wegen Ihne nicht schlage laße.

Zufriedenheit. Wißen sie ihn denn nicht zu finden? Es ist die höchste Zeit.

Ajaxerle. Er muß gleich komme; Der Bustorius ist ihm schon nach in die Stadt, der wird ihn schon herprügle.

(Lermen von außen) Er komt! Vivat! Der gnädige Herr!

Zufriedenheit. Er kommt. Machen sie, daß sie fortkommen, und die Geister sollen in der Nähe seyn.

Ajaxerle. Ja, wie komm ich denn hinaus? Die Kerls paßen ja auf mich!

Zufriedenheit. So machen sie sich unsichtbar.

Ajaxerle. Daß kann ich ja nicht. – Ich bin nur ein Magier, ich bin ja kein Geist. Ich muß mich ja in etwas verwandle.

Zufriedenheit. Nun, so verwandeln sie sich, aber nur geschwinde.

Ajaxerle. Ja, das geht nicht so geschwinde, ich lerne ja die Zauberey erst drey Jahre; ich bin ja noch nicht frey gesprochen. – Ich muß erst nachdenken. – Wißen sie was? Ich gehe wieder hinein, (deutet auf den Ofen) und verwandle mich drinnen in ein Ofenruß. In einer halben Stund kommt der Rauchfangkehrer, und kehrt mich hinaus. So, jetzt leben sie wohl. (er steigt in den Ofen, welcher sich wieder schließt.)

Zufriedenheit. Endlich ist er fort!

(Man hört von Außen Böller abfeuern, und Vivat Geschrey)

Scen: 10.
Lottchen. Zufriedenheit.

Lottchen. (stürzt zur Mitte herein) Er kommt! Er kommt! (Sie öffnen hastig das Fenster) Er ist es! Er ist allein! (Sie streckt die Arme nach ihm aus) Ach Karl!

Zufriedenheit. (Zieht sie schnell vom Fenster zurück.) Du verdirbst alles! Folge mir. (Zieht sie schnell in den Alkoven, und läßt den Vorhang vor)

Scen: 11.
Karl. Der Haß. (zur Mitte herein)

Haß. Es ist alles besorgt!

Karl. (in sehr schönen Reisekleidern) Schweig, sag ich dir! Wer waren die Mädchen, welche hier am Fenster standen? Warum sind sie entflohen? Sprich!

Haß. Sie haben sich für höchst dero Verwandte ausgegeben.

Karl. Du lügst! Suche sie, ich will sie sehen. – Mir sagt mein Herz sie ists.

Haß. (für sich) Sollten mich die Weiber doch betrogen haben? (laut) Ich werde die Bedienten ruffen.

Karl. Nein, du selbst, und schnell.

Haß. Ja, ja! Nur erlauben mir Ihro Gnaden vorher, sie nocheinmahl zu warnen, diesen Ring ja nicht abzulegen, wenn sie nicht mit ihm ihre Geliebte und ihren Reichthum auf immer verlieren wollen.

Karl. Besorge es nicht, er macht mich klug; doch, um die Mädchen fort, und komme nicht ohne sie zurück, das rathe ich dir.

Haß. Ich bringe sie. Nun wartet ihr verdammten Weiber! (geht durch die Seitenthüre ab)

Karl. (allein) Nein, die Erscheinung hat mich nicht getäuscht. Als ich Verzweiflungsvoll den leeren Platz betrachtete, wo gestern Wurzels Haus noch stand, da füllte sich die Luft mit Dampf, und aus einer Rauchwolke von ächten Knaster trat, meinen Dienern unsichtbar ein ungarischer Geist, der mir befahl, ich möchte schnell nach Hause reisen, wo mein Lottchen mich erwartet, um heute noch mein Weib zu werden; und er hat wahr gesprochen; ich habe sie erkannt, es ist mein Lottchen.

Scen: 12.
Voriger. Lottchen. Zufriedenheit. (tretten aus der Alkove.)

Zufriedenheit. Ja, sie ist es!

Karl. Lottchen! (will ihr in die Arme stürzen.)

Lottchen. Karl! (eben so)
Zufriedenheit. (tritt zwischen beyde) Haltet!
Karl. Was soll das?
Zufriedenheit. Karl, aus meiner Hand nur, kannst du dein Lottchen erhalten; der Bauer hat sie nur erzogen. Ich bin die bevollmächtigte ihrer Mutter, und wenn du deinem Reichthume nicht entsagst, wirst du sie nicht erhalten.
Karl. Wie? Ich sollte wieder ein elender Fischer werden, da ich sie jetzt glücklich machen kann?
Zufriedenheit. Nie wird sie durch diesen Reichthum glücklich werden, denn ein böser Geist hat ihn geprägt.
Karl. Du lügst! Mit Gefahr meines Lebens habe ich ihn errungen. Du bist ein böser Geist, der mir mein Glück entreißen will. Fort! ich erkenne dich nicht.
Lottchen. Karl, sie meint es gut!
Karl. Glaube es nicht. Sie hat dich nur bethört. Lottchen wenn du mich liebst, so eilst du zur Vermählung; Alles ist bereitet. Sieh mich zu deinen Füßen; ich habe Jahrelang um dich gelitten. Kannst du mich verlaßen?
Lottchen. Nein, nein, das kann ich nicht. Verzeihe mir theure Freundin; aber mein Karl ist mir das Theuerste auf dieser Welt. Ich folge ihm.
Zufriedenheit. Du gehst in dein Unglück.
Lottchen. Sey es auch; es geschieht für ihn. (sie will auf Karl zu)
Zufriedenheit. (die noch immer in der Mitte steht) Nun denn, Geister sendet eure Macht. (sie zerreißt die Schnur Perlen)

Scen: 13.
Unter einem Trommelwirbel kömmt Bustorius aus der Versenkung. (Vorige.)
Bustorius. Sukkurs ist da! Da hab ich kleine Windbüchsen, seyn zwölf Geister drinnen; wie ich losschieß, fahrt einer nach dem Andern heraus. Du Baitasch, wirst parriren oder nicht? Was ist dir lieber, Geld, oder Madel?
Karl. Ich will beyde.
Bustorius. Ich glaub gern; So Narren gäbs mehr. Nichts da, kannst nur Eins haben.

Zufriedenheit. (sanft) Karl, gib mir den Ring, denn du am Finger trägst, und ich bürge dir für dein Glück.
Karl. Ha, Betrügerinn! Jetzt hast du dich entlarvt. Ich will den Ring und Sie. Du fängst mich nicht.
Bustorius. Das ist bockbeiniger Kerl.
Karl. Laßt sie los, oder ich rufe meine Geister!
Zufriedenheit. Du opferst ihr den Ring nicht?
Karl. Nein!
Zufriedenheit. (faßt plötzlich einen Gedanken, entreißt Bustorius seinen Zauberstab, und berührt damit Lottchens Herz.) So nimm sie hin!
Karl. Komm Lottchen!
Lottchen. (will freudig auf ihn zu, bleibt aber plötzlich stehen, und sieht ihn erst an) Ich kann dir nicht folgen. Fort von mir – ich liebe dich nicht – ich haße dich!
Karl. Wie, sprichst du irre? Mich deinen Karl! (er schlägt mit der rechten Hand, an welcher er den Ring hat, an die Brust.)
Lottchen. (erblickt den Ring, stößt einen Schrey aus, und fallt in Ohnmacht.)
Zufriedenheit. (fangt sie auf)
Karl. Was ist das? Hülfe! Hülfe! Zauberey!
(Bediente kommen.)
Karl. Entreißt ihr das Mädchen, und schützt mich vor der Macht dieser Zauberer!
Bustorius. Wie einer kommt her, schieß ich ihm ein paar Geister vor den Schedel.
Karl. Lottchen, was ist dir geschehen? (er naht sich ihr)
Lottchen. Fort! ich kann den Ring nicht sehen. (sieht den Ring, schreyt, und sinkt in Ohnmacht.)
Bustorius. Nutzt dir nichts; sie liegt schon wieder da.
Karl. Weh mir! (er will auf sie zu) Sie ist bezaubert.
Zufriedenheit. Ja, ich habe sie bezaubert! So lange sie lebt, wird sie keinen lieben, der auch nur Einen Edelstein besitzt; und beym Anblick eines jeden Brillantes wird sie Ohnmächtig zu Boden stürzen. Wirf den Ring von dir, wenn du sie erhalten willst, oder ich entziehe sie auf immer deinen Augen!

Scen: 14.
Der Haß. Vorige.

Haß. Was geht hier vor? Zurück von ihm, oder ich vernichte dich! Kennst du den Haß? (schlägt auf seine Brust.)

Zufriedenheit. (fest) Nein! Denn ich bin die Zufriedenheit!

Haß. (erschrickt) Pardonez Mademoiselle. Je suis d'esarmeé!
(Alle ihm Angehörigen ziehen sich demüthig zurück)

Zufriedenheit. Karl! du siehst unsere Macht! Zum letzten Mahl rufe ich dir zu: Wirf den Ring von dir, oder du siehst sie nie wieder! – du zauderst? – Wohlan, Lebe wohl! (Sie steht mit Lottchen auf der Seiten Versenkung. Aus dieser erhebt sich eine schmale Wolke, und geht mit Ihnen ohngefähr 4. Schuh hoch in die Höhe, so, das Lottchen ohnmächtig kniet, und die Zufriedenheit sie in den Armen hält. Wenn die Wolke zwey Schuh hoch aus der Versenkung sich erhoben hat, springen zwey Nebentheile hervor; so, das die Wolke eine breitere Form erhält, und das ganze ein Tableaux bildet.)

Karl. (heftig) Halt ein! Und wenn die Welt am Finger glänzte, ohne sie gilt sie mir nichts! Fort mit ihm! (er wirft den Ring weg. Blitzstrahl. Die Furien entfliehen.)

(Verwandlung in die Gegend der Fischerhütte.)

Haß. Verwünschtes Weibervolk! (versinckt)

Scen: 14.

Karl. (sein Kleid fällt ab; er steht als Fischer da.)

Wurzel. (sitzt auf dem Rosenhügel, welcher bey der Verwandlung, sich in die Fischerhütte changirt, so, daß Wurzel auf dem Dache sitzt.

(Wenn Lottchen und die Zufriedenheit herab sind verschwindet die Wolke.)

Lottchen. (erwacht.) Karl! Ich danke dir!

Karl. Lottchen, du bist mein!

Wurzel. (der eingeschlafen war, und durch den Donner erwachte, ruft:) Ein Aschen!

Karl.
Lottchen. } sehen sich um) Wer ist das?

Zufriedenheit. Der bestrafte Fortunatus.

Wurzel. Ich segne euch!

Zufriedenheit. Und Hymen soll euch verbinden. (winkt. Hymen kommt aus der Versenkung, mit einem kleinen Opferaltar, tritt in ihre Mitte, und spricht:) Auf ewig!

Wurzel. Ein Aschen!

Bustorius. Feuer! (schießt los)

(Donnerschlag. Alle Geister der Introduction kommen auf Seitenwolken und Versenkungen schnell herbey. Lakrimosa sinkt in einem Wolkenwagen nieder, über dem ein Genius schwebt, mit der Schrift: Erlösung.)

Lakrimosa. Dank euch meine Lieben! Ich bin glücklich!

Bustorius. Ist gern geschehen. Schaffen Sie ein anderes Mahl wieder!

Zufriedenheit. Dieß ist deine Mutter.

Lottchen. (sinkt zu ihren Füßen)

Lakrimosa. (hebt sie auf) An mein Herz!

Wurzel. Ein Aschen!

Lakrimosa. (sieht ihn) Du hast gebüßt. Sey, was du stets hättest bleiben sollen.

Wurzel. (verwandelt sich auf dem Dache in einen Bauer. er springt herab) Alloh! Jetzt bin ich wieder in meinem Element! Meine Schönheit war im Versatzamt, jetzt haben sie's ausgelößt.

Ajaxerle. (schlägt ihn auf die Achsel) Der Schnekenhändler ist da; was du geschworen hast, ist geschehen. Jetzt sind wir wieder gute Freund. Punktum!

Lakrimosa. Brillanten darf ich dir nicht zum Brautschatz geben. Aber das schönste Fischergut, mit ewig reichem Fange sey dein. (winkt)

(Verwandlung. Romantische Fischergegend, an einem reitzenden See. In der Ferne blaue Gebirge. Genien als Fischer gekleidet schiffen auf einem Kahn, werfen Netze aus, und formiren ein Tableaux)

Lakrimosa. Stets bleibt euch die Liebe eurer Mutter.

Zufriedenheit. Und die Freundschaft der Zufriedenheit.

Wurzel. Sind Sie die Zufriedenheit? Da laßen wir Sie heute nicht mehr aus.

Zufriedenheit. Dieß sey von mir zum Brautgeschenck. (Sie winkt, ein kleiner Waßerfall entsteht, worüber sich die Worte befinden: Quelle der Vergeßenheit des Üblen.) (1 Genius sitzt an der Quelle)

Wurzel. Da trinken wir gleich auf ihre Gesundheit, uns den Zufriedensten Rausch.

Schluß-Gesang.
Wurzel.

Vergeßen ist schön, und es
Ist gar nicht schwer,
Denn was man vergießt, von dem
Weiß man nichts mehr;
Und wer uns ein Geld leiht, den
Führt man schön an;
Man laßt ihn nur trinken, er
Weiß nichts davon.

Vergeßenheit trinket dem
Haß und dem Neid,
Damit uns das Leben blos
Liebend erfreu't.
Doch bringt man den Gönnern, der
Danckbarkeit Zoll,
Da senckt man die Becher, das
Herz nur ist voll.

Hier ist der Zufriedenheit
Herrlichste Perl,
Ich habs bey der Falten, ich
Glücklicher Kerl!
Doch kömmts mir allein nicht zu,
Glücklich zu seyn,
Wir nehmens in d'Mitten, und
Schließen sie ein.

(Er stellt die Zufriedenheit in die Mitte. Auf beyden Seiten schließt sich alles an sie an, umschlingt sich, und bildet einen Halbzirkel.)

Sie dürfen auf keinen Fall
Mehr von dem Ort;

Man läßt die Zufriedenheit
Nicht so leicht fort.
Und eine Gnad bitt ich mir
Heute noch aus –
Begleitens voll Achtung das
Publicum z'Haus.

Repetition.

Wir leb'n doch wahrhaftig in
Herrlichen Zeiten;
Jetzt kommt die Zufriedenheit
Von allen Seiten.
Hier steht noch die uns're, sie
Ist uns noch treu,
(an das Publikum)
Und Sie schenken uns Ihre jetzt
Hab'n wir gar zwey.

Erlaubens nur das beyde jetzt Hand
In Hand gehn,
Denn Uns're kann ja nur
Durch Ihre besteh'n.
Und dieß Kapital ist ein
Ewiger Kauf,
Den Sie sind zu gütig Sie
Kündens nie auf.

Ende

2. Zusatz- und Repetitionsstrophen zum Aschenlied (71/6–72/8)

Wiedergegeben werden hier Strophen, die von Raimund gesungen wurden. Es war dabei nicht wesentlich, ob sie in Raimunds Handschrift überliefert sind (vgl. dazu Kapitel »Überlieferung«). Bei mehrfachen Überlieferungen erfolgte die Wiedergabe in erster Linie auf Basis von Handschriften und Johann Nepomuk Vogl (ÖNB, Handschriftensammlung, Signatur: s.n. 3370), dann erst nach Drucken, SW Bd. 1 oder HA Bd. 2. Die verschiedenen Überlieferungsträger weisen oft Unterschiede in Rechtschreibung, Apostroph- und Zeichensetzung auf, die hier (so wie bei den Lesarten) nicht beachtet werden. Nur größere Abweichungen im Text wurden notiert.

Raimund arbeitete hier mit »Textbausteinen«; daher ist nicht ausgeschlossen, dass Strophen je nach Anlass untereinander ausgetauscht oder mit kleineren Änderungen an die jeweiligen Spielorte und Situationen angepasst wurden. Die Angaben bzw. Vermutungen, wann und wo die Strophen gesungen wurden, folgen SW Bd. 1, S. 270–294 bzw. HA Bd. 2, S. 205–220. Vgl. auch Belege, wie sie SW Bd. 1, S. 499–508 bekannt waren.

Gesungen etwa am 4. Jänner 1827 im Theater in der Leopoldstadt:
Nachtrag zu Raimunds Werken eingereicht von Johann Nepomuk Vogl (3. Juli 1837), S. 76–78 (ÖNB, Handschriftensammlung, Signatur: s.n. 3370).

(Neujahrstext)
Dem alten Jahr gehts schlimm,
Kein Mensch spricht mehr von ihm.
Ein neu's ist an der Tour
Dem macht man jetzt die Cour.
Man jubelt und traktirt,
Und Alles gratulirt,
Der Aschenmann sogar
Wünscht auch das neue Jahr!
Kein Aschen!

Er kaufte sich nicht los
Der Zulauf war nicht groß.
Ihm wünscht kein Domestick,
Zum neuen Jahr mehr Glück.
Es schaut ja nichts heraus
Da bleibt ein Jeder aus,
Denn käm auch Einer her
Was kriegt er zum Douseur –?
Ein Aschen!

Ja schwänd der Armuth Nacht
Beglückt ihn Zaubermacht
Dann schmückt' er jedes Haus
Mit goldnen Blumen aus.
Schenkt jedem Herzen Lust
Den Frieden jeder Brust!
Es gäbe keinen Feind
So weit die Sonne scheint.
Kein Aschen!

Doch dieß ist eitler Schaum
Des Wunsches leerer Traum
Er ist ein armer Mann
Der wenig biethen kann.
Er bringt zum neuen Jahr
Sein kleines Liedchen dar,
Blickt sich hier dankbar um
Ruft Heil dem Publikum!
Kein Aschen!

Gesungen etwa am 25. Februar 1827 im Theater in der Leopoldstadt:
Wiedergegeben nach Erstdruck in *Die Grenzboten*, 1890, 2. Vierteljahr, S. 278 f. (zitiert auch in SW Bd. 1, S. 272–275).

Oft herrscht in einem Haus
Im Fasching Saus und Braus,

Es staunt die ganze Welt,
's Versatzamt schießt das Geld.
Zum Fasching-Dinstag Ball,
Fliegt noch der letzte Shawl,
Da heißt's doch nachher g'wiß
Wann Aschermittwoch is –
Ein Aschen!

So nach der Faschingszeit
Werd'n d' liederlichsten Leut'
Auf einmahl oft solid,
Das kennt man etwa nit –
Is euer Beutel leer
Is 's Fasten a nit schwer,
Die Leut' wär'n gar nit dumm,
Kan Geld hab'ns, irzt seyn's frumm.
Ein Aschen!

So Manchem is nix recht,
Im Innland alles z' schlecht,
Haut auf, es is a Graus,
Jetzt gehn ihm d' Maxen *) aus. ‹Fußnote: »*) Gelder.«›
Z'erst war ihm 's Deutsche z' grob,
Aus Paris war sein Garderob',
Jetzt treibt er's nit so stark,
Er kauft's auf'n Tandelmark. **) ‹Fußnote: »**) Trödelmarkt.«›
Ein Aschen!

Man sieht im Gallakleid
Oft Madeln, 's is a Freud'
Das G'sicht wie Rosenblührt,
Um d' Mitten seyn's g'schnürt.
Doch sieht man's nacher z' Haus
Is 's mit der Schönheit aus,
Voll Rouge war's ganze G'fries,
Der Wachsthum von Paris:
Ein Aschen!

Oft thut auf alle Fraun
Ein matter Stutzer schaun,
Er schmacht mit 'n ganzen G'sicht,
Warum? Es reißt ihn d' Gicht.
Tragt unter'm Modeg'wand
Franell ‹sic!› und allerhand,
Und hat statt Schnupftaback
Schon d' Medizin im Sack –
Ein Aschen!

A Madl siech ich gehn,
A Pracht, 's bleibt alles stehn.
Wem mag die wohl g'hörn?
Wem sonst? An alten Herrn.
Für d' Jungen is irzt schwer,
Sie finden gar nix mehr,
Das ist a wahre Plag,
D' alten Herrn hab'n All's in Bschlag:
Ein Aschen!

Der ew'ge Aschenmann
I muß sag'n verdrießt mich schon,
Man kann mit'n besten Will'n
Nit wie der Anschütz spiel'n.
Die Butten wird mir z' schwar,
Jetzt spiel' i in Belisar, *) ‹Fußnote: »*) ›Belisar,‹ ein Trauerspiel in
fünf Aufzügen von Eduard Schenk, hatte am 27. Januar 1827 bedeutenden Erfolg. Belisar war eine Glanzrolle Anschützens, dem
Sophie Müller als Irene würdig zur Seite stand.«›
Da ruft dann rund herum
Statt meiner 's Publikum:
Ein Aschen!

Oft soll ein' Oper seyn,
Fallt einer Sängerinn ein,
S' hat just ein'n wichtigen Gang,
Jetzt wird s' a bisl krank;

Der Hals ist einer rauch,
Die andre zwickt's im Bauch,
Damit nur g'spielt werden kann
Ist halt der Aschenmann:
Ein Aschen!

Jüngst frag' ich in der Stadt
Ob wer ein Aschen hat,
Sitzt 's Kräutlerweib beim Stand,
Ein Büchel in der Hand:
Ich frag sie, was das wär,
Sie giebt mir 's Büchel her:
I glaub, ich bin schon todt:
Liest sie den Walter Scott!
Ein Aschen!

Ein Eh'mann schaut oft aus
Als wär' er Herr im Haus,
Er red't ganz streng und g'scheit,
Thut wichtig vor die Leut'.
Doch z' Haus, da sagt er nix,
Sonst kriegt er d' schönsten Wix:
Und sieht die Frau ihr'n Schön'n,
Darf er ins Wirthshaus gehn.
Ein Aschen!

Gesungen etwa am 25. August 1829 im Theater in der Leopoldstadt:
WBR, Handschriftensammlung, Signatur: H.I.N. 64.442.

Ich komm auf Ihren Wink
Ganz langsam und doch flink
Mit meiner Butten h'raus
Bedank mich für'n Applaus
~~Und~~ Weil ich den Gusto weiß
So sing ich halt was Neues
⌈Sonst⌉ ~~So~~ ruft mir rund herum

Statt meiner s Publikum
Ein Aschen!

2
Seit die Giraff ist todt
Sind ~~die~~ Schleifen in der Mod
Sechs Schleifen auf dem Hut
Es wird ei'm fast nicht gut
Und auf dem Hals ‹mit Bleistift:› ⌈,⌉ verdammt.
Ein~~e~~ Schleifen gar von Sammt
Oft führts ein junger Herr
Der auch zu schleifen wär
Ein Aschen!

3
Und jetzt hör ich daß' tragen
Von Felber einen Kragen
Und d Ärmel sind so weit
S' gibt Jeder noch ein Kleid.
Den Kopf ganz einfach nur
Alla Sapho die Frisur
Und d Ohring 's' ‹sic!› wird eim bang
Sind vierzehn Ellen lang
Ein Aschen! (ab)

‹Querstrich, ganze Strophe mit Schrägstrichen gestrichen:›
(× Ich sing halt fleißig drauf
Sie nehmens gütig auf
s Wird pascht im ganzen Haus
Da lauf ich schnell heraus,
Mir ists die größte Ehr
Allein ich weiß nichts mehr
Das ist der wahre Spaß
Wenn man dasteht und nichts waß. ×)

Vgl. dazu auch WBR, Handschriftensammlung, Signatur: H.I.N. 1376: »Von Hr. Raimund / gesungen an der <u>Wien</u> / im December

30.« Wesentliche Änderungen: In der 2. Strophe wird »Schleifen« durch »Maschen« ersetzt; das Ende der 2. Strophe lautet: »Oft führt's noch einer aus / Der a Maschen bringt nach Haus. / Ein Aschen!« In der 3. Strophe wird »Alla Sapho die Frisur / Und d Ohring s' wird eim bang« durch »Ein Hut à la Penjée, / Der Magen thut ein'm weh,« ersetzt.

Die gestrichene letzte Strophe »Ich sing ‹… bis› nichts waß.« fehlt in H.I.N. 1376, dafür ist dort zwischen 2. und 3. Strophe platziert:

4
Allein, was geht's mich an,
Ich bleib' der Aschenmann;
Kommt nur bis an mein Tod,
Mein Spiel nicht aus der Mod';
Hab' ich nur mein' Applaus,
Mach' ich mir gar nichts d'raus.
Schwing' lustig meinen Hut,
Und ruf' mit frohem Muth:
Kein Aschen!

Gesungen etwa am 26. Jänner 1831 im Theater an der Wien:
WBR, Handschriftensammlung, Signatur: H.I.N. 135.754.

1
Es ist halt so bestimmt,
Wie es der Mensch auch nimmt,
Die Welt könnt nicht bestehen
Wer kommt muß wieder gehen.
Bringt uns die Zeit auch Glück
Sie nimmt's gewieß zurück
Drumm sing ich ganz Alla dimid
Halt auch mein Abschiedslied
Ein Aschen!

2
Ich hab im lieben Wien
So oft ich auch erschien
Stets Gutes nur erlebt
Das freudig mich erhebt!
Mein Zweck war zwar nicht groß,

Vergnügen wollt ich bloß,
Doch manchmahl ists nicht leicht,
Hätt ich ihn doch erreicht!
Nur kein Aschen!

3
Dann klagt ich weiter nicht
Nach süß erfüllter Pflicht
Läßt man die Wimpel wehen
Es winkt ein Wiedersehen.
Drum schleicht der Aschenmann
Ganz still vergnügt davon
{Si} Blickt sich noch dankbar um
Ruft Heil dem Publikum
Kein Aschen!

Gesungen am 22. Februar 1831 in München:
WBR, Handschriftensammlung, Signatur: H.I.N. 1374.
<u>Repetition</u>
Vom alten Isterland
Zieht still zum Isarstrand
Der Aschenmann von Wien
Gedankenvoll dahin.
Wie er Bayerns Töchter sieht
Verstummt sein Aschenlied
Sie lächeln hold ihn an
O du armer Aschenmann
Ein Aschen~~mann~~ Ein Aschen!

2.
So wandert er durch Auen
Jetzt winterlich zu schauen
Gelangt an eine Mauth
Wo Alles wird beschaut.
Da wollns ihn gleich plompirn
Doch wies ihn visitirn
Zeigt er sein Butten her,
Und sagt Herr Comißär
Ein Aschen!

3
Nun schleicht von Ort zu Ort.
Ganz unbemerkt er fort
Ein Mensch dem Alles fehlt
Geht sicher durch die Welt.
Ermüdet ruht er kaum
Umfließt ihn goldner Traum
Den nie erfüllt er sieht.
Er weint sein Schwanenlied,
Ein Aschen.! E. –

4
Des Tages Glut erbleicht
Als München er erreicht.
Thaliens Tempel glänzt.
Vom Abendgold bekränzt,
Da wankt der Aschenmann
Die Marmortrepp hinan
Blickt auf zur Sternennacht
Fragt ob sein Glück hier wacht.
Nur kein Aschen!

5
Da donnert auf die Pfort
Drinn tönt das holde Wort:
Komm Fremdling nur herein,
Du sollst willkommen seyn!
Das freut den alten Mann
Daß er kaum sprechen kann.
Wie rührt mich diese Gnad
Hoch leb die Münchner Stadt.
Kein Aschen!

Vgl. Abdruck in *Der Bazar für München und Bayern. Ein Frühstücks-Blatt für Jedermann und jede Frau.* Herausgegeben von M. G. Saphir (Nr. 59, Donnerstag, 10. März 1831, Titelblatt und S. 234 f.). Die einzige größere Änderung im *Bazar* ist »So zieht durch Wald und Feld / So sehr ihn Frost auch quält« statt »So wandert er durch Auen / Jetzt winterlich zu schauen«.

Der obige Text deckt sich bis auf wenige Änderungen auch mit den Zusatzstrophen anlässlich des Hamburger Gastspiels. Diese finden sich in der Kreß-Abschrift (Signatur H.I.N. 18.851) auf den letzten beiden Seiten am Ende (vgl. SW Bd. 1, S. 495 f.) und fast textgleich in *Der Freischütz* (Nr. 38, Samstag, 17. September 1831). Geändert wurde für Hamburg in der ersten Strophe: statt »Isarstrand« »Elbestrand« und statt »Bayerns Töchter« »Deutschlands Töchter«; in der zweiten Strophe statt »So wandert er durch Auen / Jetzt winterlich zu schauen«: »Er zieht durch Wald u. Feld / Von Frost und Hitz gequält«; in der dritten Strophe statt »Geht«: »Zieht«; in der vierten Strophe statt »München er erreicht«: »Hamburg er erreicht« und statt »Da wankt der Aschenmann / Die Marmortrepp hinan«: »Da bebt der Aschenmann / Im süssen Hofnungswahn«; in der fünften Strophe statt »Hoch leb die Münchner Stadt«: »Hoch lebe diese Stadt«.

Auch die Zusatzstrophen anlässlich Raimunds Prager Gastspiels 1836 (siehe unten) zeigen die textliche Verwandtschaft.

Gesungen am 13. November 1831 in München:
Enthalten in einem Brief Raimunds an A. W. Just (?) in Hamburg, wiedergegeben in: SW Bd. 4, S. 410–413, Nr. 271. Vgl. Abdruck im *Humorist*, Nr. 116, Mittwoch 10. Juni 1840, S. 463.

Aschenlied.
Der Sommer ist dahin,
Der Herbst will auch schon ziehn,
Der Winter rückt heran,
Mit ihm der Aschenmann.
Hin ist die schöne Zeit,
Wo alles sich erfreut,
Ein jeder fürchtet ja
Die arge Cholera.
Ein Aschen!

Man liest an jedem Ort
Das abgeschmackte Wort,
Und theurer als Juwel

Verkaufen s' den Flanell.
Ein'n Cholera-Mann hab'n s' auch,
Da hält man sich den Bauch,
Der Witz, ich steh' dafür,
Ist sicher vom Saphir!
Ein Aschen!

Den Aschenmann sogar
Hab'n s' räuchern woll'n, fürwahr!
Doch lacht er zu dem Spaß,
Zeigt seinen G'sundheitspaß.
Sagt: Bitt' ihn zu visirn,
Ich möcht mich gern skisirn,
Denn hier ist nicht mein Platz –
Ich fürcht' die Kontumaz.
Ein Aschen!

Dann eilt er von der Grenz'
Zur schönen Residenz,
Käm' gerne als Prophet,
Daß es ihr wohl ergeht.
Frau Cholera, verzicht'!
Nach München darfst du nicht!
Dich jagt der Aschenmann
Mit seiner Krück' davon!
Kein Aschen!

Zweite Repetition
Wiedergegeben nach SW Bd. 1, S. 282.

Der Beifall wär schon recht,
Allein mir gehts schon schlecht,
Ich soll noch witzig sein,
Und 's fallt mir nichts mehr ein.
Und denk ich auch noch nach.
Mein Kopf ist schon zu schwach,
Drum küß ich bloß die Hand,

Das ist a schöne Schand!
Ein Aschen!

Gesungen am 10. Jänner 1832 in München:
J. N. Vogl, S. 66–68 (ÖNB, Handschriftensammlung, Signatur: s.n. 3370).

<u>Aschenlieder</u> (für München 1832.)
Nr 1.
Es ist halt so bestimmt,
Wie es der Mensch auch nimmt,
Die Welt könnt nicht besteh'n,
Wer kommt muß wieder gehn.
Drum schleich ich langsam vor,
Ich trag zwar keinen Flor,
Doch schwarz ist mein Gemüth,
Ich sing mein Abschiedslied.
Ein Aschen!

Zwey Mahl in dieser Stadt
Die mich umschirmet hat
Hab Gutes ich erlebt
Das freudig mich erhebt.
Mein Zweck war zwar nicht groß
Vergnügen wollt ich blos,
Doch manchmahl ists nicht leicht.
Hätt' ich ihn doch erreicht!
Nur kein Aschen!

Wenn man in's Leben tritt,
Bringt man den Wunsch stets mit
Ach könntest du vor All'n
Doch Jedermann gefall'n.
Da spricht das Schicksal, nein!
Mein Freund das kann nicht seyn.
Liebt Alles einen Mann,
Was blieb den Andern dann?
Ein Aschen!

Drum weil die Welt gewiß
Jetzt äusserst nobel is
Könnt Mancher wenden ein
Das Ding sey zu gemein.
Doch blickt er in mein Herz
Fänd harmlos er den Scherz.
Wie Manches ist gemein
Und trägt des Edlen Schein!
Ein Aschen!

Drum zieht der Aschenmann
Ganz still vergnügt davon
Mit Allem ausgesöhnt
Von Keinem wohl verhöhnt.
Beglückt durch Ihr'n Applaus
Schleicht er zum Thor hinaus
Sieht sich noch dankbar um,
Ruft: Heil dem Publicum!
Kein Aschen!

Gesungen am 5. September 1832 in Hamburg:
WBR, Handschriftensammlung, Signatur: H.I.N. 137.008; vgl.
WBR, Handschriftensammlung, Signatur: H.I.N. 33.316 und J. N.
Vogl, S. 68 f. (ÖNB, Handschriftensammlung, Signatur: s.n. 3370).

<u>Aschenlied.</u>
(In Hamburg 832.)
Ein Jahr ist es beynah,
Stand ich am Abend da
Am Morgen tönt das Wort:
Der Aschenmann ist fort.!
Da lachte Jedermann,
Ich war nicht schuld daran,
Ich liebte diesen Platz,
Doch nicht die Contumaz.
Ein Aschen!

2
O mißvergnügte Zeit
Wo niemand sich erfreut,
Den Aschenmann sogar,
Hab'n's räuchern woll'n fürwahr.
Der Flieder s war doch stark
Stieg s Loth auf 16 Mark
Und theurer als Juwel
Verkauftens den Flanel
Ein Aschen!
‹Rückseite:›

3
Doch nun ist Hamburg frei
Die Segel schwellen neu,
Ein Schifflein kommt heran
Drinn sitzt der Aschenmann.
Er kommt auf gutes Glück
Mit frohem Muth zurück,
Steigt hoffnungsvoll ans Land
Sein Lied ist ja bekannt:
Ein Aschen!

4
Und weil er mußte fort
Ganz ohne Abschiedswort
So zahlt er Ihrer Huld
Vor Allen seine Schuld.
Die Butten hier ganz voll
Und frei von jedem Zoll
Bringt reichlichen Gewinn
Den Dankbarkeit ist drinn

Gesungen am 10. Jänner 1833 im Theater in der Josefstadt:
WBR, Handschriftensammlung, Signatur: H.I.N. 137.011 (nahezu textgleich auch bei J. N. Vogl, ÖNB, Handschriftensammlung, Signatur: s.n. 3370, S. 75 f.; vgl. auch SW Bd. 1, S. 286 f., kleinere Varianten).

VARIANTEN, ZUSATZ- UND REPETITIONSSTROPHEN

~~Raimunds Aschenlied gesungen bei seinem ersten Auftritte im Josephstädter Theater~~ (Nach «»N« korrigiert aus »n«» längerer Abwesenheit von Wien. ~~(Am roten Jänner 833.)~~
oZ⌈833⌉

Es zieht auf stiller Haid'
Ganz winterlich beschneit,
Das Heimathland im Sinn,
Ein grauer Wandrer hin.
Wer mag es denn wohl seyn;
Er wandelt so allein,
Kein Mädchen blickt ihn an!
Es ist der Aschenmann!
An Aschen!

Er zieht von Ort zu Ort
Ganz unbekümmert fort,
Und denkt: Wem alles fehlt
Geht sicher durch die Welt.
Ein Räuber fällt ihn an,
Das freut den Aschenmann;
Er leert die Butten aus
Sein Reichthum fällt heraus,
An Aschen!

Er schläft an Waldes Saum,
Da täuscht ihn goldner Traum,
Die Jugend kehrt zurück
Es krönt ihn neu das Glück:
Doch kaum ist oZ⌈er⌉ erwacht
Deckt ihn die alte Nacht.
Da treibt's ihn durch den Wald
Sein Schwanenlied erschallt:
An Aschen!

Doch plötzlich hält er an
Es endet seine Bahn,

Er sieht das holde Wien
Im Morgenstrahl erglüh'n.
So nahe seinem Ziel
Ergreift ihn das Gefühl:
Die Stadt so reich beschenkt
Ob sie noch Dein gedenkt!
Nur kan Aschen!

Doch kaum tritt er herein,
Erkennt ihn Groß und Klein,
Und Mancher ruft ihn an:
Willkommen Aschenmann!
Erinnerung, die nie schlief
Ergreifet ihn nun tief
Er jauchzt mit trunk'nem Sinn:
Hoch leb' mein theures Wien!
Kan Aschen!

Gesungen anlässlich des ersten Gastspiels im Theater in der Josefstadt am 10. Jänner 1833:
J. N. Vogl, S. 70 (ÖNB, Handschriftensammlung, Signatur: s.n. 3370).

Bei Raimund's erstem Auftreten im Josephstädter Theater (1833).

Mich macht kein Beifall müd'
Ich wiederhohl' mein Lied.
Wenn ich damit gefall'
Wohl siebzehnhundertmal:
Ich sing ich ‹sic!› die ganze Nacht,
Wenn's Ihnen Freude macht,
Und bricht der Morgen an,
Kräh' ich noch statt'n Hahn.
⌈Ein⌉ A̶n̶' Aschen!

<u>Bei erneuertem Hervorrufen</u> s̶a̶n̶g̶ ̶e̶r̶ ̶f̶o̶l̶g̶e̶n̶d̶e̶ ̶S̶t̶r̶o̶p̶h̶e̶:̶

O überglücklich Loos!
Ihr Beifall ist zu groß,
Wir kommen vor Applaus
Vor zwölf Uhr nicht nach Haus.
Da heißt's dann: Ach Herr Je,
So spät erst das Souper
Geh' Lenerl richt' doch an
Der dumme Aschenmann!
⌈Ein⌉ A̶n̶' Aschen!

Die folgende Strophe in SW Bd. 1, S. 289, jedoch nicht bei Vogl,
S. 70; vgl. H.I.N. 64.442:

Sie hören noch nicht auf,
Drum sing ich fleißig drauf
Und komm auf Ihr'n Applaus
Zum vierten Mal heraus.
Mir ists die größte Ehr,
Doch jetzt weiß ich nichts mehr.
Das ist der schönste Spaß,
Wenn man dasteht und nichts waß.
Ein Aschen!

Gesungen am 27. Jänner 1833 im Theater in der Josephstadt:
J. N. Vogl, S. 74 (ÖNB, Handschriftensammlung, Signatur: s.n. 3370).
Vgl. Abdruck in der *Theaterzeitung* (Nr. 22, Mittwoch, 30. Jänner 1833, S. 86).

(Nach dem plötzlichen Tode der Dlle. Falkheim, welche im Josephstädter Theater die Rolle der Zufriedenheit gab.) 1833

Hier stand vor kurzer Zeit
Noch als Zufriedenheit
Ein Mädchen gut und werth,
Daß Jedermann es ehrt;
O eitler Lebenstraum

Betrügerischer Schaum!
Vier Sonnen sind hinab,
Das Mädchen deckt das Grab!
⌐Ein⌐ A̶n̶' Aschen!

Sie nahm sich meiner an,
Drumm weiht der Aschenmann,
Mit dankbarem Gemüth'
Ihr noch das letzte Lied.
Was sie hier kunstvoll schien,
Ist nun dem Geist verlieh'n;
Die Erde lebt l̶e̶b̶t̶ vom Streit,
Dort ist Zufriedenheit!
Kein ‹»Kein« korrigiert aus »Kan«› Aschen!

Gesungen anlässlich des Gastspiels in Prag 1836:
Bohemia, Nr. 19, Dienstag, 12. Februar 1836.

Vom alten Isterland
Zieht nach der Moldau Strand,
Das Böhmerland im Sinn,
Ein grauer Wand'rer hin.
Wer mag es denn wohl seyn?
Er wandelt so allein,
Kein Mädchen sieht ihn an;
Ach, 's ist der Aschenmann!
Ein' Aschen!

Er zieht von Ort zu Ort
Ganz unbekümmert fort,
Und denkt, wem Alles fehlt,
Geht sicher durch die Welt.
Ein Räuber fällt ihn an,
Das freut den Aschenmann;
Er leert die Butten aus,
Sein Reichthum fällt heraus:
Ein' Aschen!

Er schläft an Waldes Saum,
Da täuscht ihn gol'dner Traum,
Die Jugend kehrt zurück,
Es krönt ihn neu das Glück;
Doch kaum ist er erwacht,
Deckt ihn die alte Nacht,
Da treibt's ihn durch den Wald,
Das Schwanenlied erschallt:
Ein' Aschen!

Des Tages Gluth erbleicht,
Als er erst Prag erreicht,
Thaliens Tempel glänzt,
Vom Abendstrahl bekränzt;
Da bebt der Aschenmann,
Im süßen Hoffnungswahn,
Blickt auf zur Sternennacht,
Fragt, ob sein Glück hier wacht?
Nur kein' Aschen!

Da donnert auf die Pfort',
D'rin tönt das holde Wort:
Komm, Fremdling, nur herein,
Du sollst willkommen seyn!
Das freut den alten Mann,
Daß er kaum sprechen kann:
Wie rührt mich diese Gnad'!
Hoch leb' die Pragerstadt!
Kein Aschen!

WBR, Handschriftensammlung, Signatur: H.I.N. 244.173 (letzte Strophe ähnlich auch bei J. N. Vogl, ÖNB, Handschriftensammlung, Signatur: s.n. 3370, S. 70 f.).

Es ist der Aschenmann
Nicht gar so schlimm daran
Sein Herz schlägt lebenswarm

Auch ist er nicht so arm.
Sein Handel nährt ihn wohl
Die Butten hier ganz voll
Bringt reichlichen Gewinn
Den Dankbarkeit ist drinn.
Kein Aschen.

O überglücklich Loos
Ihr Beyfall ist zu groß
Wir kommen vor Applaus
Vor 12 Uhr nicht nach Haus
Da heißt es dann o weh
So spät erst das Soupé ‹»é« korrigiert aus »er«?›
Gehs Lenerl richts schon an
Ah der dumme Aschenmann.
Ein Aschen

Ein Stutzer spricht ganz schwach
Es läuft mir jede nach
Ich weiß daß ‹»ß« korrigiert aus »s«› alle Frauen
Auf mich allein nur schauen
Freund bild dir doch nichts ein
Das könnt ja gar nicht seyn
Liebt Alles einen Mann
Was blieb den andern dann
Ein Aschen.

WBR, Handschriftensammlung (Sammlung Otto Kallir / Kallir Family Collection), Signatur: H.I.N. 228.666 (zweite und dritte Strophe ähnlich auch bei J. N. Vogl, ÖNB, Handschriftensammlung, Signatur: s.n. 3370, S. 73).

‹Vorderseite mit Bleistift:›
(× Doch wenn ‹»w« korrigiert aus »W«?› eins was verspricht
Das halts ~~noch~~ ‹Tintenstreichung› deswegen ‹»en« mit Tinte »n« überschrieben› ‹Tinteneinschub:› ⌈noch⌉ nicht
~~Hat Schon So mancher hat getraut verhaut~~

VARIANTEN, ZUSATZ- UND REPETITIONSSTROPHEN 467

Manch ~~Manch Und~~ arme ‹»arme« korrigiert aus anderem Wort› ~~gute Haut~~
Hat ~~oft Weil~~ blos zu Viel vertraut
Oft ~~glaubt~~ ‹Bleistiftstrich und Zusatz› ⌈baut⌉ man auf ‹»auf« mit Tinte korrigiert aus »an«› die Treu
Als ob sie Marmor sey
~~Man glaubt s könnt gar nicht seyn~~
~~Am End steht man allein~~
Auf einmahl sieht mans ‹korrigiert aus »man«?› ein
Da steht ~~er jezt~~ uZ⌈man ganz⌉ allein
Ein Aschen. ×)
‹obige Strophe im Ganzen mit Tinte diagonal gestrichen›
‹folgender Text mit Tinte:›
1
Wenn Eines was verspricht
Das halts darum noch nicht.
Manch arme gute Haut
Hat blos zu viel vertraut
Oft baut man auf die Treu
Als ob's von Marmor sey
Auf einmahl sieht man's ein
Da steht man ganz allein.
Asch

‹Rückseite, mit Bleistift geschrieben, nur Strophennummern und Korrektur in 4. Zeile mit Tinte:›
2
Nicht jeder der es scheint
Ist auch ein ~~guter~~ ‹mit Bleistift korrigiert in »treuer«› Freund
Es gibt oft weit und breit
⌈{Kuriose}⌉ Entsetzlich ‹»Entsetzlich« nochmals mit Tinte überschrieben› falsche Leut
Wenn mancher oft aus List
Recht ~~sich~~ freundschaftlich ein küßt
Da stell ich mich so hin
Und denck in meinem Sinn
Ein Aschen.

3
Wie groß ist {nun} ‹oder »nur«?› mein Glück
In ‹»I« korrigiert aus »D«› meinem Mißgeschick
Bin nur ein Aschenmann
Und alles nimmt sich an
⌈Und⌉ ~~Doch~~ was das Schönste gar
Ihr Großmuth ist so wahr
Drum schwing ich meinen Hut
Und ~~rufe jauchz~~ oZ ⌈ruf⌉ mit frohem Muth
Kein Aschen

Johann Nestroy spielte den FORTUNATUS WURZEL ab Februar 1827 in Graz; die vermutlich von ihm stammenden Zusatzstrophen zum Aschenlied sind wiedergegeben in: Johann Nestroy, *Sämtliche Werke*, hg. von Fritz Brukner und Otto Rommel, 15 Bde., Wien 1924–1930, Bd. 15, S. 706–708, bzw. Johann Nestroy, *Gesammelte Werke*, hg. von Otto Rommel, 6 Bde., Wien 1948–1949, Bd. 6, S. 607 f.

3. Zusatz- und Repetitionsstrophen zum Schlussgesang

Zur 51. Vorstellung im Theater in der Leopoldstadt am 24. April 1827 sang Raimund neue Liedeinlagen (vgl. *Theaterzeitung* Nr. 55, Dienstag, 8. Mai 1827, S. 227, zitiert in Kapitel »Aufnahme«, dort ist vom 25. April die Rede), von denen das Schlusslied in der Kopie einer nicht inventarisierten Handschrift im ÖTM überliefert ist:

Gesänge / aus dem Feenmärchen, Das Mädchen / aus der / Feenwelt oder der Bauer als / Millionär / von / Ferdinand Raimund / Regisseur, des k.k. priv. Theaters in der / Leopoldstadt / 1827.

Neue Texte welche gesungen wurden zum 51zigstenmahle.
1
Es war einst ein Mädchen mit fröhlichen Wangen,
Das trug nach dem Beyfall der Hauptstadt Verlangen,
Doch kaum hatte es sich den Gönnern gezeigt,

Da waren ihm alle mit Nachsicht geneigt.

2

Gleich sagt man dem Mädchen, es war zu beneiden,
Da macht's gschwind ein Buckerl und sagt ganz bescheiden,
Ich bin zwar ein Dirndl von sauberer Gestalt,
Doch bleib' ich nur immer ein Kind aus dem Wald.

3

Der Wurzel ihr Vater vor Freuden ganz toll,
Laßt zweymahl um's Geld sehen und allemal ~~wird's~~ wird's voll,
Da tritt er entzückt vor das Publikum hin,
Und dankt Ihm mit festem und treulichem Sinn.

4

Ich hör wegen mein Kind mehr als fünfzigmahl paschen,
Da sollt man doch denken, jetzt wurds bald ein Aschen,
Und doch führt Ihre Huld noch die nähmliche Sprach,
Das macht Ihnen gar auf der Welt niemand nach.

5

Drum sey Ihr Vergnügen mein einziges Glück,
Entwischt auch die Jugend sie rufen's zurück,
Und flieht ⌈sie⌉ einst gänzlich, ⌈und⌉ kehrt nimmer um,
So schleich ich noch dankbar als Aschenmann um.

Drei Zusatzstrophen zum Schlusslied des 3. Aufzugs, anschließend Entwurf einer Abdankungsrede:
WBR, Handschriftensammlung, Signatur: H.I.N. 135.777.

<u>Repetition des Schlußliedes.</u>

<u>1</u>

Hoch leb der Vergessenheit liebliche Quelle
Sie netzt mir die Lippe mit magischer Welle
~~Und~~ Und all meine Sorge vergesse ich rein
Mir winkt nur die Lust, nicht vergessen zu seyn.

<u>2.</u>

Will mir einst die Zeit die Erinnerung ~~rauben~~ ⌈verwehren⌉
Vergessenheit all meine Freuden verzehren
Bewahr ich doch eine als dankbare Pflicht
Ihre heutige Güte vergesse ich nicht.

Chor detto.

3

Ich wünschte, doch fürcht ich, mein Wunsch ist vermessen
Sie möchten den heutigen Abend vergessen
Dann kämen Sie morgen aufs neue herein
Und würden sich wieder zum ersten Mahl freun!

Verehrungswürdige!
Nehmen Sie noch einmahl meinen innigsten Dank, und die Versicherung, daß ich tief empfinde, {indeß} ⌈wie⌉ Sie durch Ihre heutige Auszeichnung nur ‹Bleistiftzusatz:› ⌈längst⌉ verjährte Leistungen noch einmahl großmüthig belohnen wollen.

WBR, Handschriftensammlung, Signatur: H.I.N. 228.665:

Die Jugend will oft mit Erkennen sich messen
Die hat den Verstand schon mit Löffeln gegessen
Doch rückt nur das Alter einmal an die Reih'
Da kommt die Erkenntniß schon selber herbei.

Erkannt zu seyn wünscht sich vor Allem die Kunst
Die feine Cokotte bewirbt sich um Gunst,
Und wird sie auch heute mit Ruhm nicht genannt
So werde denn doch nicht ihr Wille verkannt.

Der Mensch soll vor Allem sich selber erkennen
Ein Satz den, die ältesten Weisen schon nennen,
D'rum forsche ein jeder im eigenen Sinn
Ich hab' mich erkannt heut' und, ich weiß wer ich bin –

4. Prosavarianten zu I, 8 (28/14 f.)

H.I.N. 18.849, auf S. 23 eingeklebt, von Raimunds Hand:
<u>Wurz</u> Was ist sonst noch Neues.?
<u>Lorenz</u> Ein Bild ist zu verkaufen.
<u>Wurz</u> Was stellts den vor

VARIANTEN, ZUSATZ- UND REPETITIONSSTROPHEN 471

<u>Lorz</u> Eine Trauerweide und darneben sitzt ein Aff
<u>Wurz</u> So? Eine schöne Idee. Aber ich mag diese Schmierereyen nicht. Wann ich Bäume sehen will, die kann ich in der Natur schönere sehen.
<u>Lorz</u> Ah man kann schon so mahlen, daß mans für Natur halt.
<u>Wurz</u> Ist nicht wahr. Soll mir einer einmahl Prügel malen, wenn sie noch so täuschend sind, wenn man sie halt in Natura bekommt, ‹»t« korrigiert aus »en«› so machen sie ganz eine andre Wirkung

Laut SW Bd. 1, S. 498, in Besitz Glossys:
WURZEL. Was gibts denn sonst Neues?
LORENZ. Ein Bild ist zu verkaufen.
WURZEL. Ein Bild? Was stellts denn vor?
LORENZ. Eine Trauerweide ist darauf, und daneben sitzt ein Aff.
WURZEL. Eine schöne Idee! Aber ich kaufs nicht. Ein Bild ist eine unnatürliche Sach.
LORENZ. Ah, man kanns schon so malen, als wenns Natur wär.
WURZEL. Ist ja nicht wahr! Soll mir einer einmal Prügel malen, wenn sie noch so täuschend sind, wenn man sie halt in Natura bekommt, ist ganz eine andere Wirkung.

Sammlung Bodmer, Signatur: R-7.1, von Raimunds Hand:
 ~~Und schütt~~ die Butten um 25 fl gibst ‹»g« korrigiert aus »k«› keinen ‹»en« gestrichen› Kreuzer mehr.
<u>Lorenz</u> Ein Bild ist zu verkaufen um 50 #. Stellt einen Baum vor und ein Aff oZ⌈sitzt⌉ darneben.
<u>Wurzel.</u> Eine schöne Idee. Aber ich mag's ‹»g« korrigiert aus anderem Buchstaben› nicht. In der Natur ist alles schöner. ‹mit Bleistift gestrichen:› ~~Gelt, Lorenz?~~
<u>Lorenz</u> Ah es gibt schon Maler, die so malen daß mans nicht zu unterscheiden weiß.
<u>Wurzl</u> Ist nicht wahr. Soll mir einer einmahl Prügel malen, und wenn sie noch so täuschend sind, wenn man sie in Natura bekommt,? – ganz eine andre Wirkung? (haut ihn) ‹mit Bleistift gestrichen:› ~~Nicht wahr Lorenz?~~

Lorenz oZ ⌈(Hält sich den Fuß)⌉ Nein, mir sind die gemalten lieber.
Wurzel Ich hab so gute Gedanken. Das ist einzig. Jetzt geh hinunter zum Koch, und sag daß ‹»ß« korrigiert aus »s«› er die Tafel herricht auf 50 Person

5. Prosavarianten zu II, 9 (Rede des LORENZ ab 57/1, oder möglicherweise als Ersatztext einer längeren Passage am Szenenbeginn)

H.I.N. 18.849, eingeklebtes Blatt 55, von Raimunds Hand:
Machts die Thüren zu. Feierabend ist bey uns ausgelebts ist. jetzt wollen gut tun. ~~Kindskoch essen.~~ Nichts Champagner mehr! Kindskoch ‹»koch« korrigiert aus anderen Buchstaben?› essen. Kamillenthee trinken. Das wird ein Leben werden. Pfui Teufel! Ich laß mir nichts abgehen, das sag ich gleich. ~~Wegen meiner soll er sich ins Bett legen wie er will, ich laß mir nichts abgehen.~~ Jetzt werd ich erst meine guten Freund tracktiren, jetzt bin ich der Herr, auf den Alten merken wir schon lang nicht auf, den legen wir ins Bett und decken ihn gut zu, und wir! Juhe! (Macht ein Rundsprung)

Sammlung Bodmer, Signatur: R-7.1, von Raimunds Hand:
Hollah! Jetzt ist Feierabend! Jetzt ~~werden~~ heißts gut thun! Nichts mehr Tafeln geben! Nicht mehr Champagner trinken! Kindskoch essen! Ins Betterl gehn. Aber der Lorenz wird nicht ins Betterl gehn! Der Lorenz wird aufbleiben. Der Lorenz wird der Herr im Haus seyn. Jetzt werd ich meine guten Freund tracktirn, jetzt werd ich Tafeln geben. Das wird eine oZ ⌈noble⌉ Unterhaltung seyn. ~~Juhe,~~ Aha! Er kommt schon! Hat ihn schon an sein Schlafrock! Ich bin froh! Ich bin noch ein stattlicher Mann!

H.I.N. 137.007, von Raimunds Hand:
Lorenz allein.
Holla! Feierabend ist's, aus ist's mit der Freud! ~~Jetzt heißt's~~ Nichts mehr Tafeln geben! Nicht mehr Champagner trinken. Jetzt heißt es: gut thun! in's Betterl gehen! Kindskoch ‹»koch« mit Bleistift korrigiert zu »brei«› essen! – Ja mein lieber Herr von Wurzel das

geht so nicht mehr, da haben Sie sich kurios verrechnet. Aber der Lorenz wird nicht ins Betterl gehn! Der Lorenz wird kein Kindskoch ‹»koch« mit Bleistift korrigiert zu »brei«› essen! Der Lorenz wird nicht gut thun! ~~Der Lorenz wird~~ oZ ⌈O! der Lorenz wird sehr nicht gut thun:⌉ uZ ⌈Wird⌉ den alten Herrn ins Bett bringen, wird seine guten Freund einladen, wird sehr viel Champagner aus dem Keller heraufholen lassen, ~~wird seine Gesundheit sehr oft trinken lassen,~~ oZ ⌈wird dadurch sehr beliebt werden⌉ uZ ⌈und dann wird es heißen⌉ Vivat Lorenz! Gute Nacht Herr von Wurzel! ⌈Sieht in die Scene)⌉ Kommt schon! H (Lacht verstohlen) Hat ihn schon an, den Schlafrock! Hat ihn schon an!

6. Prosavariante zu II, 10 (58/32–59/6)

H.I.N. 18.849, von Raimunds Hand:

<u>Wurz</u> Aber dich will ich rekomandiren du Galläpfellieferant. Die ganze Welt will ich auskriechen und will mein Unglück erzählen, drucken laß ichs gar und lauf überall damit herum

<u>Neid</u> Die Welt verlacht dich Dummkopf.

<u>Wurze</u> Ja ich war ~~immer~~ ein Esel, aber ich ~~war~~ war doch ein junger und jetzt bin ich ein alter, ich war ein reicher und jetzt bin ich ein armer, ich hab alles ghabt und jetzt gar nichts mehr als weisse Haar und kaum mehr Kraft daß ich dich verwünschen kann du ‹Rückseite:› falsches Krokodill, du schlechter Kerl du abscheulicher. (<u>ab</u>)

LESARTEN

1. Raimunds Manuskript (HS)

Die nachfolgend aufgeführten Lesarten verzeichnen alle Unterschiede zwischen Raimunds Originalhandschrift HS und dem auf S. 7–81 abgedruckten Haupttext. Als Erstes werden alle stillschweigenden Änderungen angegeben; sie betreffen die Unterscheidung von »denn« und »den«, Groß- und Kleinschreibung bei Personalpronomen, Abkürzungen (vor allem bei Namen der Dramatis Personae), einzelne Weglassungen von Wörtern sowie Änderungen bei Satzzeichen. Alle übrigen Eingriffe des Herausgebers sind im Haupttext mit eckigen Klammern gekennzeichnet und anschließend in den Lesarten einzeln verzeichnet.

»denn« statt »den«: 13/9, 14/18, 17/9, 21/28, 24/23, 25/28, 26/6, 27/8, 27/12, 27/24, 27/27, 29/24, 29/26, 29/30, 30/24, 31/7, 32/18, 32/19, 32/27, 34/7, 37/8, 37/10, 37/17, 41/20, 42/6, 42/20, 42/22, 42/25, 42/29, 43/2, 48/8, 48/11, 49/8 (2-mal), 49/12, 49/16, 49/17, 49/27, 51/6, 51/17, 53/9, 53/13 (2-mal), 53/18, 53/26, 54/3, 54/6, 54/7, 55/24, 55/25, 56/10, 57/14, 58/1, 58/7, 61/13, 61/23, 66/2, 66/23, 67/23, 68/3, 68/19, 69/25, 70/15, 70/20, 71/14, 71/24, 72/21, 72/27, 72/29, 73/25, 73/29, 74/3, 74/15, 76/23, 77/7, 79/25, 81/13, 81/18

»Er« statt »er«: 32/24, 33/8, 33/9 (»ers«), 58/5, 58/6, 58/9, 58/11, 58/12 (2-mal)

»Euer« statt »euer«: 42/15, 43/28 (2-mal)

»Ihm« statt »ihm«: 58/4

»Ihn« statt »ihn«: 32/30, 55/5 (2-mal), 58/8, 58/11, 68/11

»Ihnen« statt »ihnen«: 12/17, 12/26, 19/12, 19/28, 22/9, 22/16, 25/12, 28/1 (»ihnens«), 32/22, 34/4, 35/1, 35/3 (»ihne«), 47/16, 47/18, 49/26, 53/11 (»ihnens«), 54/5, 54/31, 54/32, 55/2, 55/16, 55/20, 67/7, 73/14, 79/14

»Ihr« statt »ihr«: 18/26, 33/5

»Ihre« statt »ihre«: 15/12, 19/6, 23/19, 34/35, 46/8, 47/17, 73/32, 79/19, 81/9

LESARTEN

»Ihren« statt »ihren«: 34/5 (2-mal), 34/23, 57/13, 73/33
»Ihrer« statt »ihrer«: 33/31
»Ihrigen« statt »ihrigen«: 57/32
»Sein« statt »sein«: 58/5
»Sie« statt »sie«: 12/1, 12/14, 12/15, 12/19, 12/28, 13/4, 13/6, 13/16,
13/18, 13/19, 13/21, 13/24, 14/10, 14/15, 14/18, 14/23, 15/11
(2-mal), 15/14, 16/13, 17/27, 18/16, 18/18, 18/24 (2-mal), 18/25
(3-mal), 18/26, 18/27, 18/30, 18/31, 19/6, 19/10 (2-mal), 19/11,
19/15, 20/1, 21/26, 21/27, 22/15, 22/23, 23/2, 23/18, 26/7,
26/11, 29/29, 30/12, 30/14, 31/10, 31/12, 31/33, 33/1, 33/3,
33/4, 33/11, 33/30, 33/31, 33/34, 34/3, 34/4, 34/5, 34/7 (2-mal),
34/16, 34/21, 34/22, 34/24, 34/33, 34/34 (2-mal), 34/35, 35/1,
35/2, 35/3 (2-mal), 36/24, 36/29, 37/5, 42/9, 42/10, 45/22 (2-mal), 45/31, 46/5, 46/7, 46/11, 46/12, 46/13, 46/16, 46/17,
46/18, 47/3, 47/8, 53/12, 54/29, 55/1, 55/3, 55/18, 55/24, 56/13,
56/15, 56/16, 56/19, 56/22, 57/31, 57/31 (»sies«), 69/5, 69/9,
69/30, 70/11, 70/12, 70/19, 70/30 (»sies«), 72/28 (»sies«), 73/6,
73/12, 73/17, 73/20, 73/24, 73/24, 73/25, 73/26 (2-mal), 73/29,
73/32, 73/34, 74/1, 74/3, 74/6, 74/13 (2-mal), 74/17, 74/24,
74/27, 78/28, 79/14, 81/18

Stillschweigend aufgelöste Abkürzungen von Personenangaben:

AFTERLING
Afterl: 45/29
Aftrl: 46/11, 46/16
Aftrli: 46/5

AJAXERLE
Aja: 34/24
Ajax: 16/13, 31/14, 31/33, 32/14, 33/34, 73/9, 73/11, 73/14, 73/18,
73/31, 74/18, 74/22
Ajaxe: 32/11, 74/10
Ajaxer: 34/33
Ajaxerl: 14/25
Ajaxrl: 74/15

BEDIENTEN
Bed: 55/29
Bediente: 49/14

BUSTORIUS
Bust: 12/12, 12/30, 17/35
Busto: 17/28
Bustor: 13/18, 17/26, 18/30, 19/14
Bustori: 16/11

DAS ALTER
Alte: 56/13
Alter: 54/11, 54/15, 54/17, 54/28, 54/34, 55/7, 55/13, 55/24, 55/31, 55/34, 56/11

DIE ZUFRIEDENHEIT
Die Zuf: 42/7, 42/11, 42/17, 65/31, 66/9, 70/27
Die Zufr: 66/6, 70/22
Die Zufried: 65/18, 65/24, 66/2, 78/29
Die Zufriedeh: 74/17
Zuf: 42/25, 42/28, 43/6, 43/17, 43/30, 43/34, 44/3, 44/5, 44/16, 44/21, 68/3, 68/14, 68/19, 69/7, 69/13, 69/19, 69/23, 69/32, 70/31, 70/34, 73/8, 73/10, 73/13, 73/29, 74/3, 74/8, 74/20, 76/22, 79/13, 79/16
Zufr: 43/21, 44/11, 66/27, 66/30, 68/10, 69/3, 69/11, 72/26, 72/29, 73/17, 74/29, 76/16, 77/3, 78/19
Zufri: 66/14, 66/24, 70/14, 78/3
Zufrie: 77/25
Zufried: 67/6, 68/32, 69/26, 70/5, 70/16, 74/13, 76/2, 76/5, 77/28, 77/35, 78/17
Zufriedenheit: 76/8, 77/6

HABAKUK
Hab: 46/26
Habak: 22/30, 49/15
Habuk: 46/31, 49/2

JUGEND
Jug: 50/13, 50/17, 50/21, 50/26, 50/30, 51/1, 51/10, 51/16, 52/3

KARL
Carl: 9/4, 36/16, 61/16, 61/18, 61/27, 62/1, 62/4, 62/7, 62/18, 62/22, 62/33, 63/7, 63/10, 63/12, 76/20, 76/24, 76/28, 77/10, 78/14

LAKRIMOSA
Lak: 17/27, 19/10, 78/31, 79/12
Lakri: 17/34, 78/33, 79/5
Lakrim: 14/13
Lakrimos: 14/10, 15/11, 15/34

LORENTZ
L: 25/12
Lenzel: 26/18, 26/31
Lo: 20/17
Lor: 28/1
Lorent: 23/6
Lorenz: 9/2, 21/21, 21/26, 23/28, 25/9, 25/10, 25/20, 25/26, 27/24, 27/27
Loretz: 49/19

LOTTCHEN
Lotchen: 35/8
Lott: 34/1, 44/14
Lottc: 36/18
Lottch: 30/10, 32/13, 33/23, 41/23, 42/9, 42/14, 42/24, 42/27, 43/4, 43/16, 43/19, 43/27, 43/33, 44/1, 44/4, 44/20, 76/12, 77/4
Lottche: 21/19, 33/13, 35/9, 35/17, 35/20, 77/22
Lotte: 22/5, 22/11, 22/29, 23/2, 37/16
Lotti: 22/17, 22/19, 22/22, 23/4, 23/8, 23/20

MUSENSOHN
M: 47/18
Mus: 47/8
Musens: 45/23, 46/33

Musensoh: 47/2

TOPHAN
Toph: 67/1

VORIGE
Vor: 53/20

WURZEL
W: 25/11, 46/14, 46/23, 47/10, 50/11, 69/21, 69/24, 69/29, 69/34
Wur: 51/6
Wurt: 79/19
Wurtz: 25/31, 27/9, 33/14, 33/35, 45/28, 46/28, 49/13, 49/16, 49/27,
    49/29, 50/15, 50/19, 50/29, 50/32, 51/14, 51/31, 52/23, 53/10,
    55/22, 55/33, 56/4, 56/10, 57/2, 57/4, 57/33, 68/4, 68/12, 68/16,
    68/20, 68/33, 70/24, 70/30, 70/32, 71/1
Wurtzel: 9/5, 9/7 (»Wurtzels«), 24/2, 25/13, 26/8, 26/15, 27/22,
    27/23, 28/13, 31/23, 32/18, 32/24, 32/27, 32/30, 33/7, 34/7,
    34/26, 34/32, 35/5, 36/9, 36/25, 36/30, 45/11, 46/21, 47/5,
    48/25, 48/27, 49/5, 49/8, 49/20, 53/7, 53/13 (»Wurtzels«),
    53/18, 53/22, 54/6, 54/9, 54/16, 54/33, 55/5, 55/12, 55/30,
    56/29, 56/30, 57/28, 58/13, 67/18 (»Wurtzels«), 78/32, 79/1
Wurz: 27/26, 27/28, 50/24, 56/12, 57/11, 57/15, 69/5, 69/9, 69/12,
    69/14, 70/11, 70/15, 70/18, 79/14
Wuz: 28/4

Klein- statt Großschreibung am Beginn von Regieanweisungen:
12/2, 17/26, 17/28, 18/27, 20/1, 20/12, 20/21, 22/31, 23/3, 23/27,
23/30, 29/16, 29/21, 29/25, 29/27, 30/18, 31/26, 31/29, 31/34, 32/3,
33/15, 34/26, 34/28, 35/4, 35/16, 35/22, 35/27, 36/25, 37/3, 37/11,
37/14, 38/26, 41/2, 44/27, 45/10, 45/25, 46/12, 46/19, 50/25, 51/11,
55/31, 56/27, 58/12, 61/13, 61/17, 62/33, 65/9, 65/11, 66/11, 66/20,
66/22, 66/26, 67/4, 67/5, 67/8, 67/25, 68/15, 70/22, 70/35, 72/7,
72/9, 72/30, 75/4, 75/7, 76/8, 77/4, 77/7, 77/21, 77/22, 77/24, 78/8

Groß- statt Kleinschreibung am Beginn von Regieanweisungen:
12/13, 19/22, 20/11, 30/6, 31/23, 34/9, 34/24, 35/5, 35/12, 35/26,

37/11, 37/13, 42/6, 45/27, 46/33, 59/15, 60/15, 67/6, 70/27, 72/29, 75/10, 76/7, 77/11

Beistrich stillschweigend weggelassen:
16/26 (nach »Königin«), 21/8 (nach »Gelehrter«), 33/9 (nach »Tochter«), 33/24 (nach »Närrin«), 41/13 (nach »Geistern«), 59/11 (nach »wen«), 73/24 (nach »auf«), 74/15 (nach »hinaus«)

Punkt stillschweigend weggelassen:
7/4 (nach »*Aufzügen*«), 11/16 (nach »GEISTER«), 12/23 (nach »mirs«), 13/6 (nach »Kind«), 14/7 (nach »LAKRIMOSA«), 17/7 (nach »ihrem«), 18/14 (nach »nicht«), 18/17 (nach »Feenköniginn«), 19/11 (nach »Mutterherz«), 21/18 (nach »*angezogen*«), 21/24 (nach »mir«), 22/27 (nach »HABAKUK«), 23/2 (nach »selbst«), 23/12 (nach »hast«), 23/13 (nach »vergessen«), 23/30 (nach »Verwandtschaften«), 26/12 (nach »Geld«), 27/2 (nach »heyrath«), 27/26 (nach »ein«), 31/6 (nach »Vater«), 33/7 (nach »sind«), 33/8 (nach »Vetter«), 33/22 (nach »Millioneur«), 33/27 (nach »Fisch«), 35/12 (nach »länger«), 40/28 (nach »ILLI«), 45/1 (nach »VERWANDLUNG«), 46/17 (nach »stützen«), 48/27 (nach »Unterhaltung«), 49/10 (nach »auf«), 54/29 (nach »Aufwartung«), 56/19 (nach »Magen«), 57/7 (nach »und«), 58/16 (nach » NEID«), 58/19 (nach » NEID«), 60/21 (nach »VERWANDLUNG«), 62/21 (nach »Herr«), 65/30 (nach »DIENER«), 67/21 (nach »*Krücke*«), 70/6 (nach »nieder«), 72/10 (nach »VERWANDLUNG«), 73/19 (nach »Fischerkarl«), 77/1 (nach »dieser«), 79/17 (nach »*steht*«), 81/7 (nach »Hier«), 81/11 (nach »2«)

Punkt vor Regieanweisung stillschweigend weggelassen:
12/13, 17/33, 19/22, 21/21, 22/19, 31/21, 31/23, 32/11, 36/16, 36/20, 37/6, 42/6, 44/5, 46/33, 56/4, 59/15, 70/14, 70/22, 70/27, 77/6, 78/19, 78/33

Punkt am Ende der Zeile im Personenverzeichnis stillschweigend weggelassen:
8/2, 8/3, 8/4, 8/5, 8/8, 8/10, 8/11, 8/12, 8/13, 8/15, 8/18, 8/22, 8/24, 8/25, 8/26, 8/27, 8/28, 8/29, 8/30, 8/31, 8/32, 8/33, 8/34, 9/1, 9/3, 9/4, 9/5, 9/7, 9/10

Stillschweigend weggelassene Wörter (im Haupttext nicht durch eckige Klammern gekennzeichnet):

13/16 durch das HS: durch daß das
14/29 ALLE *mit* HS: alle mit alle mit
17/10 Ich sank HS: Lakri Ich sank
17/14 ich sank HS: ihm ich sank
24/2 WURZEL HS: Vorige Wurzel
24/25 Was das in der Welt HS: Was das ist in der Welt
25/9 (LORENTZ; VORIGER.) HS: Lorenz. Voriger. oZ ⌈Wurtz⌉
25/16 anzög und HS: anzög und, und
25/32 ich laß ihr HS: ich laß ihr laß ihr
29/17 Sc[ena] 9. HS: Scen 9 Auftritt
34/5 Haarle HS: Haarle Haar
36/5 *einem Stük* HS: einem einem Stük
40/17 *ein steiler Berg* HS: ein ein steiler Berg
40/24 *durch die Luft auf einer großen Schwalbe* HS: durch die Luft auf einer großen Schwalbe durch die Luft
49/11 *auch* HS: auch auch
54/15 die Thür aufgmacht HS: die Thür nicht aufgmacht
59/14 Lakrimosa mir HS: Lakrimosa die mir
66/1 *(barsch)* HS: (u̶n̶a̶r̶t̶i̶g̶ und barsch)
68/2 [DER VORIGE;] DIE ZUFRIEDENHEIT. HS: Die Zufriedenheit. Wurzel.
75/9 KARL HS: Vorige Karl
75/17 KARL *(jagt ihn zur Thür hinaus)* HS: Karl W̶i̶r̶s̶t̶ ̶d̶u̶ ̶g̶e̶h̶e̶n̶, (er jagt ihn zur Thür hinaus) / Karl
78/31 LAKRIMOSA *(hebt sie auf)*. An mein Herzen HS: Lak reR ⌈Hebt sie auf,⌉ Lak An mein Herzen

Stillschweigend aufgelöste Abkürzungen im nicht gesprochenen Text:
»bey Seite«: 68/14 (HS: »b S.«), 72/29 (HS: »B S«)
»Bey Seite«: 69/3 f. (HS: »B S«)
»und so weiter« (HS: »un s w.«): 20/2

Punkt stillschweigend eingefügt (vor allem nach Sprecherangabe und Regieanweisung):

11/20, 11/31, 12/1, 12/2, 12/6, 12/12, 12/14, 12/18, 12/26, 12/35, 13/3, 13/5, 13/9, 13/13, 13/18, 14/8 (nach »Antlize«), 14/9, 14/12, 14/13, 14/16, 14/29, 15/10, 15/11, 15/14, 15/15, 16/9, 16/10, 16/13, 17/22, 17/24, 17/26 (nach »aufstehen«), 17/29, 17/33, 17/34, 18/22, 18/23, 18/27, 18/35, 19/9, 19/10, 19/14, 19/22 (nach »FEENDIENER«), 19/30, 19/32, 19/34, 20/8 (nach »HABAKUK«), 20/11, 20/12, 20/16, 20/22, 21/19, 21/21, 21/26, 21/28, 22/3, 22/5, 22/15, 22/18, 22/19, 22/30, 22/31 (nach »*Schlafzimmer*«), 23/1, 23/3, 23/4, 23/6, 23/27, 25/11, 25/12, 25/13, 25/20, 25/28, 25/31, 26/6, 26/8, 26/15, 26/18, 26/20, 26/31, 27/9, 27/20, 27/26, 27/28, 28/4, 28/12, 28/13, 28/20, 29/16, 29/17, 29/21, 29/25, 29/28, 30/4, 30/6, 30/8, 30/10, 30/18, 30/29, 31/3, 31/4, 31/7, 31/21, 31/23, 31/26 (nach »*ab*«), 31/27, 31/29, 31/32, 32/7, 32/8, 32/11, 32/13, 32/14, 32/18, 32/19, 33/13, 33/14, 33/24, 33/33, 34/1, 34/3, 34/7, 34/24, 34/25, 34/26 (nach »WURZEL«), 34/28, 34/33, 35/4, 35/5, 35/8, 35/9, 35/10, 35/12, 35/16, 35/20, 35/22, 35/26, 36/13, 36/16, 36/18, 36/20, 36/21, 36/22 (zweimal), 36/23, 36/25, 37/3, 37/6, 37/11, 37/12, 37/13, 37/16, 40/28, 40/31, 41/2 (zweimal), 41/8, 41/28, 42/6, 42/14, 42/17, 42/24, 42/27, 43/6, 43/16, 43/17, 43/19, 43/33, 43/34, 44/5, 44/16, 44/20, 44/27, 45/5, 45/9, 45/10, 45/11, 45/24, 45/26, 45/27, 45/28, 46/4, 46/10, 46/12, 46/14, 46/23, 46/26, 46/34, 47/1, 47/2, 47/5, 47/8, 47/18, 47/28, 48/9, 48/23, 49/2, 49/6 (nach »LORENTZ« und nach »Hoch«), 49/7, 49/8, 49/11, 49/12, 49/15, 49/16, 49/22, 49/28, 49/29, 50/11, 50/13, 50/15, 50/19, 50/24, 50/25, 50/26, 50/29, 50/30, 50/32, 51/6, 51/10, 51/11, 51/16, 52/3, 52/11, 52/15, 52/16, 52/23, 53/1, 53/8, 53/9, 53/10, 53/11, 53/13, 53/15, 53/18, 53/20 (nach »VORIGE«), 53/21, 53/22, 54/2, 54/4, 54/6, 54/9, 54/11, 54/13, 54/15, 54/16, 54/17, 54/28, 54/34, 55/13, 55/22, 55/29, 55/32, 55/33, 55/34, 56/10, 56/11, 56/12, 56/13, 56/24, 56/26, 57/2, 57/3, 57/4, 57/15, 57/31, 57/35, 58/12, 58/13, 58/21, 58/22, 58/30, 59/7, 59/11, 59/18, 59/19, 60/20, 61/14, 61/17, 61/18, 61/25, 61/27, 61/29, 62/2, 62/4, 62/7, 62/16, 62/18, 62/21, 62/21, 62/22, 62/29, 62/33, 62/34, 62/35, 64/15, 64/19, 65/9, 65/11, 65/13, 65/18, 65/25, 66/11, 66/12, 66/14, 66/19, 66/20 (zweimal), 66/22 (nach »ängstlich«), 66/24, 66/26 (nach »Wange«), 66/27, 67/1, 67/5, 67/6, 67/9 (nach »*ab*«), 67/21, 67/25, 68/3, 68/4, 68/12, 68/15, 68/16, 68/19, 68/32, 68/33, 69/19, 69/21, 70/11, 70/14, 70/16, 70/22, 70/23,

70/24, 70/29, 70/30, 70/31, 70/32, 70/34, 70/35, 72/7, 72/9, 72/14, 72/26 (nach »*Ofen*«), 72/29, 72/30, 73/8, 73/9, 73/10, 73/11, 73/13, 73/14, 73/31, 74/3, 74/12 (nach »*aussen*«), 74/17, 74/20, 74/28, 74/29, 74/30, 75/3, 75/5, 75/6, 75/7, 75/10, 76/3, 76/6 (zweimal), 76/7 (zweimal), 76/8, 76/9, 76/12, 76/13 (nach »*unwillig*«), 76/15, 76/22, 77/3, 77/4, 77/5, 77/6, 77/9, 77/12, 77/18, 77/20, 77/21 (zweimal), 77/22 (zweimal), 77/24, 77/25, 77/27, 78/1, 78/2, 78/6, 78/8 (zweimal), 78/13, 78/14, 78/16, 78/18, 78/19, 78/26, 78/32, 78/33, 79/5, 79/11, 79/13, 79/18, 79/19, 79/31, 80/10, 80/21

Beistrich stillschweigend eingefügt:
8/2, 8/3, 8/4, 8/5, 8/9, 8/10, 8/17, 8/18, 8/19, 8/20 (nach »BLÖD-SINN«), 8/24, 8/25, 8/34, 9/1, 9/2 (nach »LORENTZ«), 9/4, 9/5, 9/6, 9/7, 9/8, 9/10, 14/7, 21/18, 23/4, 29/21 (nach »*Fenster*«), 32/3, 32/6, 34/26, 36/18, 37/9, 40/30 (nach »*hinein*«), 41/7, 48/25 (alle drei), 56/1, 76/2 (zweimal), 77/15, 78/8, 79/1

Strichpunkt stillschweigend eingefügt:
30/2, 32/17, 59/19, 62/34, 77/7

Beistrich sieht in HS aus wie Punkt:
7/1, 8/6, 8/8, 8/20 (nach »Personen« und nach »Zauberer«), 8/21, 8/22, 8/23, 9/9 (dreimal), 11/3 (viermal), 11/4 (nach »Selima«, nach »Zulma« und nach »Nacht«), 11/5, 11/8 (nach »*angebracht*«), 11/11, 11/12, 11/17 (nach »*Violin*«), 11/18, 12/3 (zweimal), 12/16 (nach »Feenreich«), 12/18, 12/23, 12/31, 13/7 (nach »sie«), 13/24 (zweimal), 13/27 (zweimal), 14/17, 15/2 (nach »Deutschland«), 15/15, 15/26, 15/31, 15/32, 16/3 (nach »hatte«), 16/8 (nach »*weint*«), 16/29, 16/31 (nach »Loos«), 16/33, 17/2, 18/26 (nach »mir«), 18/29, 18/30, 19/2, 19/6, 19/11, 19/16, 19/18 (nach »*auf*«), 19/24, 20/1 (zweimal), 20/2, 20/5, 20/7, 20/15 (nach »Punschgesellschaft«), 20/20 (nach »Lorenz«), 23/16 (nach »ist«), 25/6 (nach »möcht«), 25/17 (nach »ging«), 25/22, 25/32 (nach »verwirrt«), 26/4 (nach »drauf«), 26/22, 27/26, 27/29 (nach »macht«), 28/11, 28/22, 30/9, 30/29, 31/33, 32/1, 32/2 (nach »Putschili«), 32/31, 33/4, 33/14, 33/18 (nach »Wildänten«), 33/20, 33/30, 34/14 (nach »fließt«), 34/15 (nach »Zwillingsbrüder«), 34/30, 34/35, 35/8,

LESARTEN 483

36/5, 36/13 (nach »Räuber«), 37/18, 37/21, 37/23, 37/24 (zweimal), 37/27 (zweimal), 37/28 (zweimal), 37/32, 38/29, 38/30, 39/1 (nach »ein«), 40/5 (nach »nisten«), 40/25, 40/27, 40/29, 41/5, 41/18 (nach »Hütte«), 42/2 (zweimal), 42/12, 42/15, 42/17, 43/10, 43/13, 43/18, 43/26, 44/12 (nach »vereinen«), 44/17, 45/5, 45/7 (dreimal), 45/11, 46/14, 46/23, 47/13 (nach »gmacht«), 48/6, 48/17, 48/27, 49/12, 49/18, 49/23, 49/24 (nach »kann«), 50/3 (zweimal), 50/6 (zweimal), 50/7, 50/26, 52/6, 53/4 (nach »sich«), 53/7, 53/11 (zweimal), 53/25 (zweimal), 54/4, 54/14 (nach »Hand«), 54/15, 54/19, 54/24 (zweimal), 54/25 (zweimal), 54/26 (zweimal), 55/16, 56/5, 56/17 (nach »drinn«), 56/18, 56/21, 56/29, 56/30, 57/7, 57/19, 57/35 (nach »seyn«), 59/2 (nach »kriechen«), 60/6, 60/10 (zweimal), 60/12 (nach »Reichthums«), 60/19 (nach »Bräutigam«), 60/25, 60/26 (nach »*Kugel*«), 60/27, 60/29, 60/30, 61/7 (nach »einsetzen«), 61/25, 61/29, 62/9, 62/20, 62/33, 63/2, 63/3, 63/6, 63/10, 63/12, 64/6, 64/8, 64/10, 64/28 (nach »einzuführen«), 65/9, 65/27 (nach »senden«), 66/12, 66/17 (zweimal), 66/19, 67/3 (nach »nachsehen«), 67/8, 67/11 (zweimal), 68/4 (nach »Gnaden«), 68/8, 68/17 (nach »abgekocht«), 68/21, 69/15 (nach »Geister«), 69/18, 69/25, 70/1 (nach »geblieben«), 72/13, 72/22 (nach »Herz«), 73/15 (nach »bringen«), 74/6 (nach »gedacht«), 74/14, 74/24 (nach »noch«), 74/26, 75/3, 75/9 (zweimal), 75/14 (nach »lügst«), 75/19 (nach »verschwunden«), 77/1 (nach »Freundinn«), 77/2, 77/17, 77/23 (nach »das«), 77/25 (nach »erhalten«), 78/7, 78/9, 78/27 (nach »euch«), 79/2 (nach »Element«), 79/8 (nach »Morgen« und nach »Abend«), 79/10 (zweimal)

Punkt sieht in HS aus wie Beistrich:
14/17 (nach »Ajaxerle«), 14/21 (nach »ich«), 15/26, 15/30, 18/2, 25/28 (nach »davon«), 26/11, 26/24, 29/21 (nach »aus«), 29/27, 30/5, 30/13, 32/12, 33/15 (nach »*Streng*«), 37/3 (nach »niemehr«), 39/7 (nach »*Glasscheibe*«), 40/32, 41/6 (nach »schlagend«), 41/18, 50/14, 57/19, 58/30 (nach »du«), 59/14, 66/26 (nach »Mädchen«), 73/22, 75/4 (nach »allein«), 77/24 (nach »gethan«)

Strichpunkt statt Punkt:
25/9, 61/16

Doppelpunkt statt Punkt (oder Beistrich?):
32/1

Punkt statt Fragezeichen:
72/28

Unmittelbar aufeinander folgende Regieanweisungen, die in HS durch Schrägstriche getrennt sind, wurden zu einer Regieanweisung verbunden, anstelle des Schrägstrichs steht ein Satzzeichen: 17/28 (Strichpunkt), 23/4 (Beistrich), 29/21 (Beistrich), 32/3 (Beistrich), 32/6 (Beistrich), 34/26 (Beistrich), 36/18 (Beistrich), 37/9 (Beistrich), 40/30 (Beistrich), 41/7 (Beistrich), 53/24 (Punkt), 56/1 (Beistrich), 59/19 (Strichpunkt), 62/34 (Strichpunkt), 67/9 (Punkt), 77/7 (Strichpunkt), 77/15 (Beistrich), 78/8 (dreimal, zweimal Punkt, einmal Beistrich), 79/1 (Beistrich)

7/1–9 DAS MÄDCHEN AUS DER FEENWELT ‹... bis› *Leopoldstadt*] HS: Das Mädchen aus der Feenwelt. / oder / Der Bauer als Millioneur. / Romantisches ~~Zauber~~ Original Zauberspiel in 3 Aufzügen von F Raimund.

8/1–9/10 Personen ‹... bis› WURZELS BEDIENTE HS: Personen
Lakrimosa eine mächtige Fee.
Antimonia die Fee der Wiederwärtigkeit.
Borax ihr Sohn.
Bustorius Zauberer aus Waresting.
Ajaxerle. Lakrimosens Vetter und Magier aus Donau Eschinge
Zenobius Haushofmeister und Vertrauter der Lakrimosa.
Selima ⎤
Zulma ⎦ uZ ⌈die⌉ Feen aus der Türkey.
Hymen.
Die Zufriedenheit.
Die Jugend.
Das hohe Alter.
Neid ⎤
Haß ⎦ Compagnions und Großhändler im Geisterreiche.
zwZ reR ⌈Lira die Nymphe von Karlsbad⌉
Der Morgen. Der Abend. Der ‹korrigiert aus »Die«› Blödsinn.

LESARTEN 485

die Fau Die Trägheit. und verschieden oZ ⌜mehrere ander{e}⌝
allegorische Personen. Zauberer. Feen.
Illi. Briefbothe im Geisterreiche
Nigowitz ein Genius des Hasses.
Tophan, erster Geist oZ ⌜Sécretair⌝ des Hasses.
Eine Furie Feuergeist geistige Wache.
Ein Triton.
Zwey Furien.
Neun Geister als Wächter des Zauberringes.
Ein Satir. Ein Diener.
Geister der Nacht. Geiste Furien des Hasses. Ge
Fortunatus Wurzel ehmahls Bauer jezt Millioneur.
Lottchen seine Ziehtochter.
Lorenz ehmahls Kuhhirt bey ihm, jezt sein erster Kammerdiener.
liR ⌜Carl Schilf⌝ Carl, ein armer Fischer.
Habakuk Bedienter bey Wurtzel.
Musensohn ein Dichter ⎫
Schmeichelfeld ⎬ Wurtzels Sauffreunde oZ ⌜Zechbrüder⌝ uZ Saufbrüder
Afterling ⎭
Ein Schloßer. Ein Schreinergeselle. Volk. Viele Gesellen Wurtzels Bediente.
nach 9/10 HS: ‹am Seitenende 2 Zeilen auf den Kopf gestellt:›
  In meinem Gärtchen ist gar fein.
  O Freunde kehrt doch bey mir ein
‹Personenverzeichnis 1. Fassung:›
Fee Lakrimosa ‹Beginn einer schräg gestrichenen Passage:›
(× Pan Pferdehändler im Feenreich.
Luli sein Sohn. 15 Jahr.
reR ⌜Zenobius.⌝
reR ⌜Ajaxerle Magier aus Donaueschingen.⌝
reR ⌜Bustorius Zauberer aus Warestin⌝
Atrizia, die Fee der Eitelkeit.
reR ⌜Antimonia die Fee der Wiederwärtigkeit.⌝
Borax ihr Söhnchen
Ajaxerle Magier der von oZ ⌜Lakrimosens⌝ Vetter und Magier aus DonauEschingen

Bustorius. Zauberer aus Warestin.
Zenobius. ~~Ein Befehlshaber der Luftgeister.~~ uZ ⌈Haushofmeister und Vertrauter der Fee⌉
Fortunatus Wurzel. Ehmahls Bauer, jezt Capitalist.
Lottchen seine Ziehtochter.
Lorenz ~~seinen als ehe~~ ehmahl Kuhhirt bey ihm jezt ~~sein Factotum.~~ sein erster Bedienter. x) ‹Ende der schräg gestrichenen Passage›

9/11–13 [*(Die Handlung* ‹...bis› *Erde.)*] HS: ‹fehlt, Text nach T3›
11/1 [ACTUS 1.] HS: ‹fehlt›
11/2 [Scena 1.] HS: Erster Auftritt.
11/3–6 *(BUSTORIUS* ‹...bis› *PERSONEN.)* HS: reR ⌈Bustorius. Ajaxerle. Zenobius. ~~Atrizia~~ oZ ⌊Antinomia⌋ Borax. Selima. Zulma.⌉ zwZ ⌈Die Nacht. Der Morgen. Der Abend. mehrere andere allegorische Personen.⌉ ‹von Raimund nach 11/29 eingefügt›
11/10 *Sch[aw]lartigen* HS: Schwalartigen
11/12 *die von* HS: die ~~in welche~~ von
11/13 *herab kommen,* HS: herab ~~die Gäste~~ oZ ⌈kommen,⌉
11/14 *werden, worauf* DIE GENIEN HS: werden, ~~und~~ oZ liR ⌈worauf die Genien⌉
11/16 f. *bey idealen* HS: ~~idealen~~ oZ ⌈bey⌉ ⌈bey⌉ idealen
11/17 f. *und Baß. Die* HS: oZ ⌈und⌉ Baß. ~~und~~ Die
11/18 f. *spielt der junge* [BORAX]. 2 FURIEN *und* HS: spielt ~~ein~~ oZ ⌈der junge ~~Pan~~⌉ uZ Atrizia. 2 Furien ~~eine~~ und
11/19 *wird von* HS: wird ~~durch~~ oZ ⌈von⌉
11/20 *Chor begleitet.)* HS: Chor ~~unter~~ begleitet
11/23 *Wo* HS: ~~Wie~~ oZ ⌈Wo⌉
11/24 *Was ist* HS: ~~Was ist Was~~ oZ ⌈~~Nichts~~⌉ liR ⌈Was⌉ ist
11/29–31 *Applaus.)* ‹...bis› *getragen.)* HS: Applaus. reR ⌈Bustorius. Ajaxerle. Zenobius. ~~Atrizia.~~ oZ ⌊Antinomia⌋ Borax. Selima. Zulma.⌉ Die 4 Geister legen die Instrumente ~~von sich~~ weg und verneigen sich. Die Noten werden fort getragen zwZ ⌈Die Nacht. Der Morgen. Der Abend. mehrere andere allegorische Personen.⌉. ‹vgl. 11/3–6›
12/1 *da[s]* HS: daß

12/2 besonders Sie. *(Zu dem* TRITON.*)* HS: besonders die 3 Herren Sie. reR ⌐(zu dem Triton)⌐
12/3 Quartett, vom HS: Quartett. ist mir nicht leid vom
12/8 f. Furie kann am Besten machen Furioso. HS: Furie macht oZ ⌐muß machen⌐ oZ ⌐kann am Besten machen⌐ Furioso.
12/10 Mama mich lobens gar nicht. HS: rR ⌐Ajax. Mama mich lobens gar nicht.⌐
12/11 [ANTIMONIA.] Sey nur still. HS: rR ⌐Atr Sey nur still.⌐
12/13 [ANTIMONIA] *(die* HS: Atrizia. Das will (Die
12/14 *hat).* Nicht übel,? verzeihen HS: hat) Das will ich hoffen, Nicht übel,? welche Sottise, verzeihen
12/15 f. magnifick, [er] ist HS: magnifick. das ist der wahre Ausdruck. Erst ist
12/19 [*(Bey Seite.)*] HS: ‹fehlt›
12/19 f. Die Eitelkeit dieser Frau ist unerträglich HS: Die Eitelkeit dieser Frau ist unerträglich ‹wie Regiebemerkung unterstrichen›
12/21 ANTIMONIA. HS: Atrizia oZ ⌐Antimonia⌐
12/21 sag[en] i c h HS: sag. oZ ⌐ich⌐
12/23 als ich, HS: als ich, oZ ⌐als ich.⌐
12/23 Mutter. HS: Mutter. Meinen
12/24 da[ß] HS: das
12/26 sein[e] Großmutter HS: seine Vatern oZ ⌐Großmutter⌐
12/28 [ANTIMONIA.] HS: ‹Name fehlt wegen Einfügung›
12/28–30 Seite, was glauben ‹... bis› für ihn[.] HS: Seite, ‹Einfügezeichen› was glauben sie was mich ‹Einfügung mit Zeichen von reR unten:› ⌐was glauben sie was mich dieser Bub kostet. Bust. Gieb ich nicht acht Groschen für ihn⌐ ‹Textverlust›
12/31 [ANTIMONIA.] Er hat einen der ersten Meister der Erde, den HS: Atrizia. Er hat Er hat einen oZ ⌐der ersten⌐ Meister aus W{ien} oZ ⌐der Erde.⌐ den
12/32 f. gar von Hezendorf [herauf]hohlen HS: oZ ⌐gar von Hezendorf⌐ oZ ⌐von der Ro{ss}au⌐ {herauf}hohlen ‹erste Hälfte des Wortes mehrfach korrigiert›
12/35–13/1 Jezt wollen wir sie recht ärgern. Das nutzt alles nichts[.] HS: oZ ⌐Jezt wollen wir sie recht ärgern. Das nutzt alles nichts⌐

13/4 [ANTIMONIA.] Was falsch, falsch, HS: <u>Atrizia</u> Was falsch, oZ ⌈falsch,⌉
13/5 Ohren. HS: Ohren. ‹Einfügezeichen› reR ⌈D̶a̶s̶ ̶m̶u̶ß̶ ̶i̶c̶h̶ ̶b̶e̶s̶-̶ s̶e̶r̶ ̶w̶i̶s̶s̶e̶n̶ ̶i̶c̶h̶ ̶v̶e̶r̶s̶t̶e̶h̶ ̶d̶e̶n̶ ̶G̶e̶n̶e̶r̶a̶l̶b̶a̶ß̶.̶⌉
13/5 f. [U]nd beleidigen Sie mein Kind nicht länger. HS: b̶e̶ und beleidigen sie mein oZ ⌈gutes⌉ Kind. nicht uZ ⌈länger.⌉ N̶i̶c̶h̶t̶ Nicht mein
13/7-14 weinen, ‹... bis› Schilling. HS: weinen, ‹Einfügezeichen› ‹weiterer Text eingefügt mit Zeichen von rechts Mitte›
13/7 mu[ß]t HS: must
13/9 den Leuten die HS: d̶e̶n̶ oZ ⌈den⌉ Leuten d̶i̶e̶ ̶s̶i̶n̶d̶ ̶m̶i̶r̶ ̶v̶i̶e̶l̶ ̶z̶u̶ w̶ die
13/11 [ANTIMONIA.] HS: <u>Atrizia</u>
13/12 da[s] HS: daß
13/13 Da[s] ist gute Erziehung[,] HS: Daß ist gute Erziehung ‹Textverlust›
13/15-17 [ANTIMONIA.] Und du lernst ‹... bis› heben. HS: i̶c̶h̶ ̶i̶c̶h̶ l̶a̶ß̶ ̶d̶i̶r̶ oZ ⌈Und du lernst⌉ auch Klarinett blasen und P̶i̶c̶c̶o̶l̶o̶.̶ oZ ⌈englisches Horn⌉ Just. w̶a̶r̶t̶e̶n̶ ̶s̶i̶e̶,̶ ̶w̶e̶n̶n̶ ̶e̶r̶ ̶a̶u̶c̶h̶ ̶s̶c̶h̶ö̶n̶ oZ ⌈K̶l̶a̶r̶i̶n̶e̶t̶t̶.̶⌉ {die} b̶l̶a̶ß̶t̶ ̶d̶a̶n̶ ̶w̶i̶r̶d̶ ̶s̶i̶c̶h̶ oZ ⌈er⌉ s̶e̶i̶n̶e̶ ̶M̶u̶t̶t̶e̶r̶ ̶e̶r̶s̶t̶ r̶e̶c̶h̶t̶ ̶e̶r̶h̶e̶b̶e̶n̶ Warten sie nur, d̶a̶s̶ ̶B̶l̶a̶s̶e̶n̶ oZ ⌈durch⌉ daß zwZ ⌈das Blasen wird i̶h̶n̶ ̶e̶r̶s̶t̶ ̶r̶e̶c̶h̶t̶ ̶h̶e̶b̶e̶n̶⌉ oZ ⌈er {ein}⌉ blasen er mich erst h̶e̶ recht heben.
13/18 BUSTORIUS HS: {Ver} Bustor
13/18 nothwendig Sie sind aufgeblasen genug. HS: nothwendig er ‹korrigiert aus »sie«?› s̶i̶n̶d̶ ̶a̶u̶f̶g̶e̶blasen er mich erst h̶e̶ recht heben. g̶e̶n̶u̶g̶ sie sind aufgeblasen genug.
13/19 [ANTIMONIA.] HS: <u>Atrizia</u>
13/19 f. [ver]lasse HS: v̶e̶r̶s̶a̶m̶m̶lasse
13/21 Sie. HS: sie. {‹ein oder zwei gestrichene Buchstaben›}
13/23 den sie HS: den s̶c̶h̶w̶ä̶b̶i̶s̶c̶h̶e̶n̶ ̶Z̶a̶u̶ ̶d̶e̶n̶ ̶s̶i̶e̶ sie
13/24-26 und der wie Sie ‹... bis› wohnen darf. HS: W̶o̶l̶l̶e̶n̶ ̶s̶i̶e̶ i̶h̶r̶e̶ ̶B̶e̶t̶r̶ü̶b̶n̶i̶ß̶,̶ ̶u̶m̶ ̶d̶e̶r̶e̶n̶t̶w̶i̶l̶l̶e̶n̶ ̶s̶i̶e̶ ̶u̶n̶s̶ ̶v̶e̶r̶s̶a̶m̶l̶e̶n̶ ̶l̶i̶e̶ß̶ ̶n̶o̶c̶h̶ v̶e̶r̶m̶e̶h̶r̶e̶n̶.̶ ‹korrigiert aus »vermehrte«?› oZ ⌈und der wie sie alle in Hexengasthof abgestiegen weil im Pallast hier niemand wohnen darf.⌉
13/27 [ANTIMONIA.] HS: <u>Atrizia.</u>

13/27 f. bleiben, aber schweigen kann ich nicht HS: oZ ⌈bleiben⌉ schweigen, aber gestehen sie das mein ‹Beginn einer schräg gestrichenen Passage:› (× beruhige dich mein Sohn, du bist doch das geschickteste Kind in der ganzen Welt. ×) ‹Ende der schräg gestrichenen Passage› ⌈aber schweigen kann ich nicht.⌉

13/29 f. BUSTORIUS. Das ist ‹... bis› auch nicht. HS: reR ⌈Bust Das ist liebenswürdige Frau wenn ich einmahl heyrathe, nimm ich keine andere, aber sie auch nicht.⌉

14/1 [Scena 2.] HS: 2ter Auftritt.

14/2 [(VORIGE; EIN FEENDIENER.)] HS: ‹fehlt›

14/4 f. [ZENOBIUS. Geschwind ‹... bis› kan ich nicht.] HS: ‹schräg gestrichene Passage:› (× Zenobius Geschwind ein freundliches Gesicht allerseits. / Bustorius. Bin ich verdrüßlich kan ich nicht. ×)

14/6 [Scena 3.] HS: 3ter Auftritt.

14/7 [VORIGE;] HS: ‹fehlt›

14/8 *Später* 2 DIENER, EIN GENIUS.] HS: ‹fehlt›

14/10 Sie HS: sie ‹korrigiert aus »sich«?›

14/13 f. geliebten Vetter vor, Magier aus Schwabenland. HS: oZ ⌈geliebten⌉ Vetter vor, Magier aus Schwaben und B Magier aus Schwabenland.

14/17 der Ajaxerle. HS: oZ ⌈der⌉ Ajaxerle,

14/21 f. glaube ich ‹... bis› gesehen. HS: glaube ich, viele tausend Jahr. ‹Beginn einer schräg gestrichenen Passage:› (× Wo haben wir uns Wissen sies wo wir uns das letzte Mahl sehehe habe. ×) ‹Ende der schräg gestrichenen Passage› zwZ reR ⌈Wo haben wir uns geschwind nur das letztemahl gesehen.⌉

14/23 f. Waren Sie ‹... bis› Temeswar. HS: Waren Sie nicht auf letzte Mahl bey auf der Geisterversamlung ⌈Redout Dinee⌉ in Mochadia Temeswar.

14/25 f. Versteht sich ‹... bis› unterhalten HS: Da Versteht sich oZ ⌈da haben wir uns prächtig unterhalten⌉ ‹Beginn einer schräg gestrichenen Passage:› (× ich bin ja hinaus geworfen worden wissen sies nicht mehr. zwZ reR ⌈Richtig wo sie mir die Flasche Wein an den Kopf gworfe habe, da hab ich die Ehr ghabt, sie kenne zu lerne⌉ / Bustorius. Ja meiner Seel. Ma Das {war} Spaß. machen sie sich nichts drauß. / Axerl Ah ha beyleib, das

490   DAS MÄDCHEN AUS DER FEENWELT

   ist mein größts Vergnügen es ist mir seit der oZ ⌈Zeit⌉ schon
   wieder gschehen. x) ‹Ende der schräg gestrichenen Passage›
14/26 f. Erinrung[en] HS: Erinrung{e} ‹Textverlust›
14/28 mahl. An HS: mahl. J~~Mächtige Geister und~~ An
14/29 ALLE *mit* HS: alle mit alle mit ‹versehentlich wiederholt›
15/1 sie hier HS: sie ~~da~~ oZ ⌈hier⌉
15/2 Deutschland, preußische, HS: Deutschland. ~~deutsche~~ liR
   ⌈preußische⌉,
15/4 Warestin[,] meine HS: Warestin ~~mein Zenobius aus den
   Thälern~~ oZ ⌈Wolkenthal⌉ ~~von Piemont~~ meine
15/5 Karlsbad, du HS: Karlsbad, ~~sogar~~ du
15/5 deren HS: deren ‹»n« korrigiert aus »m«?›
15/8 f. Armuth[,] Blödsinn und Faulheit ezetera ezetera, a l l e
   a l l e HS: Armuth Blödsinn und Faulheit ~~und~~ ezetera ezetera,
   alle ~~sehe ich~~ liR ⌈alle⌉
15/12 auffordern ließ IhreWolkensch[l]ößer HS: ~~von ihren Wol-
   kenschlößern~~ oZ ⌈auffordern ließ⌉ ihre Wolkenschößer
15/15–21 jezt volle ‹... bis› blonder Mann, HS: jezt ~~ohngefähr~~
   volle {‹eine Zahl, verdeckt von Gekritzel›} 18 Jahre sein. ~~als an~~
   oZ ⌈als ich an⌉ uZ ⌈als an⌉ einem heitern Juliustag ~~die Sonne~~
   ‹Beginn einer schräg gestrichenen Passage:› (× ~~besonders schöne Strahlen auf die Erde warf; ich setzte~~ oZ ⌈mich⌉ auf einen
   davon, und ~~befand mich im Augen~~ liR ⌈blicke befand ich⌉ oZ
   ⌈{mich}⌉ ~~blicke auf der Erde~~. und rutschte ~~so auf~~ oZ ⌈auf ihm⌉
   die Welt liR ⌈hinab.⌉ ~~die Sonne~~ sich der Sonne schönste Strahlen ~~gleich goldenen Seilen nach~~ nach der Erde zogen ~~Die Erde
   besuchte; ich suchte mir einen festen~~ der Sonne heiße Strahlen
   nach der Erde zogen, ich setzte mich auf einen davon, und
   rutschte darauf hinunter, und ~~ich~~ saß plötzlich unsichtbar, ~~auf
   eine{m}~~ in einem angenehmen Thale Ostereichs auf einen
   Haufen glänzender Kleider in deren Flittern sich der Sonnenstrahl gebrochen hatte, x) ‹Ende der schräg gestrichenen Passage› oZ ⌈und⌉ vor mir stand ein oZ ⌈junger blonder⌉ ~~schön~~
   Mann ~~in spanischer Kleidung~~, oZ ⌈mit {einem rothen} Backen-
   bart⌉ ‹»der Sonne« bis »in deren« aus obiger gestrichener Passage ergänzt›
15/22 Augenblickes[.] HS: Augenblickes

15/24 Halt machte und HS: Halt machte und eben im ganzen Kostüm eine Probe hielt. und
15/25 bis sie HS: bis oZ ⌈bis sie⌉
15/25 [Gulden] HS: f
15/26–16/9 wäre. Mein Entschluß ‹... bis› ALLE *mit ihr.*) HS: wäre, und er der Edle, in der linken Hand die uZ reR ⌈Mein Entschluß ward gefaßt, er oder mein Gemahl oder keiner –⌉ ‹Beginn einer schräg gestrichenen Passage:› (× leere Brieftasche haltent, giebt ihnen durch ihnen durch seine{r} Worte Schmelz mit der Rechten oZ ⌈Hand⌉ auf die Garderobe deutent, und in der Linken die mit unendlicher Grazie die leere Brieftasche haltent, opfert mit nach opfert er unendlichem oZ ⌈{ohne}⌉ Kampf, das einzige oZ ⌈glänzendste⌉ was er besitzt, dieser geldgierigen Rotte auf. ×) ‹Ende der schräg gestrichenen Passage› Sie weint, alle weinen mit ihr in diesem entscheidenden Augenblick, oZ ⌈ergriffen von dieser Heldenthat,⌉ verwandle oZ ⌈verzaubr{e}⌉ ich die uZ ⌈meinen⌉ Kleidersitz in ein Haufen oZ ⌈ich zauberte ihm schnell einen Beutel⌉ Luidors oZ ⌈in die Tasche⌉ und ent{schwebte} oZ ⌈{fl}og⌉, mit verwundeten Herzen als g{irren}de oZ ⌈in der Gestalt einer girrenden Taube verwandelt⌉ schnell in mein Reich. / Ungar. Weiße F{i}sse. Weiß ich recht gut, Ist wahr, ich hab sie fliegen Mein Freund Zenobius sah mich kommen, / liR oZ ⌈Zenobius. Ich weiß es noch als wenn es heute wäre, es war just Sonntag, und den Tag vorher haben wir Holz bekomme⌉ ‹Textverlust› Zenobius ‹Beginn einer schräg gestrichenen Passage:› (× Ja Ich hätt sie aber oZ ⌈bald⌉ für einen andern größeren Vogel ghalten, weils just so um Martini herum war. ×) ‹Ende der schräg gestrichenen Passage› / Lakrimosa. Ihm übergab auch ich schnell oZ ⌈geschwind alles von Werth, meinen⌉ {‹ein gestrichenes Wort unleserlich›} Schmuck, oZ ⌊meine⌋ Obligation⌉ die Schlüßel meines Pallastes. ‹Beginn einer schräg gestrichenen Passage:› (× Und die strengen Gesetze unseres Feenreiches vergessend, that ich den Schwur, daß wenn die Nächste Sonne sinkt, will auch ich sinken, in die Arme meines oZ ⌈dieses⌉ Geliebten. Einen einzigen {‹ein gestrichenes Wort unleserlich›} nahm ich mit, oZ ⌈mitnehmend⌉ verwandelt ‹Textverlust› liR oZ ⌈ich mich in

einen Pfeil,⌉ mit und Zenobius schoß mich auf die Erde hinab in die Gegend die ich ihm beschrieb, ich fuhr in das ‹korrigiert aus »die«› Thür{e} ⌈Thor Dach⌉ des Gasthofes. ‹Einfügezeichen› wo er oZ ⌈mein Geliebter⌉ er jezt wohnte, x) ‹Ende der schräg gestrichenen Passage› ‹Einfügung mit gestrichenem Einfügezeichen vom unteren Seitenende hieher:› und um schll schneller die Erde zu erreichen, ward ich zum Pfeil und Zenobius schoß mich ins ‹korrigiert aus »in«› das Hausthor oZ ⌈Dach⌉ des Wirthshauses, liR ⌈zum goldenen Bären wo er N 47⌉ daß mein Geliebter unterdessen bezogen hatte. in der Hauptstrasse N 47, zum goldenen Löwen ‹Ende des Einschubs von Seite unten› ich trat oZ ⌈stieg⌉ als reisende liR ⌈Schauspier⌉ ‹sic!› Dann darinn ab, und um kurz zu seyn, er sah, ward er sah mich, liebte mich, und ward mein Gemahl. ‹Beginn einer schräg gestrichenen Passage:› (× wir durchreisten ganz Italien, zwey glückliche Jahre ganz Italien,, oZ ⌈doch nach zwey glüklichen Jahren⌉ doch i{m} von seinen unglüklichen Ehrgeitz getrieben, engagirte er eine neue Gesellschaft, gab i{n} {‹ein gestrichenes Wort unleserlich›} Vorstellungen {und} x) ‹Ende der schräg gestrichenen Passage› wer hilft oZ ⌈{mir}⌉ diesen Schmertze ‹Textverlust› er die Errinerung dieses Schmertzes ertragen, stürtzte oZ ⌈er⌉ vom Seil, und verhauchte Seil daß er von einem Kirchthurm zu den ander gespannt hatte, und verhauch ‹Textverlust› seinen hohen oZ ⌈stolzen⌉ Geist. {w} (Sie weint. alle mit ihr)

‹Beginn einer mit Wellenlinie gestrichenen Passage:› (× Lak. Ein andres Tuch. / Bustori. Mir auch. / Ajaxerle oZ ⌈(wei{ne}nd⌉ Mir auch a bisserle uZ ⌈eins.⌉ ×) ‹Ende der mit Wellenlinie gestrichenen Passage›

16/10 AJAXERLE. Ja auf ‹... bis› Sach. HS: zwZ ⌈Ajaxerle Ja Seiltanzen auf den Seil tanzen ist eine gefährliche Sach.⌉

16/11 f. BUSTORIUS. Hätt er ‹... bis› nichts geschehen. HS: zwZ ⌈Bustori. Hätt er den Leuten auf der Nasen herumgetanzt wär ihm nichts geschehen.⌉

16/13–16 AJAXERLE. Ich habs ‹... bis› sagen wollen. HS: ‹Einfügung mit Einfügezeichen von Seite links:› ⌈Ajax. Ich habs ein mahl probiert aber ich versichere sie, ich bin recht auf den

Kopf gfalle / Bust. Das hab ich schon lang bemerkt hab ich nur nicht gleich sagen wollen.⌉
16/17 Von HS: ~~Weinen~~ Von
16/19–27 zu rück ‹… bis› Königin der Geister. HS: zu rück. Bezahlte oZ ⌈schnell⌉ die Schulden die ~~meinen Bust~~ mein treuer Zenobius oZ ⌈indessen⌉, auf meinen Nahmen gemacht hatte, ~~lößte meinen Schmuck aus.~~ und nachdem ~~die Zeit~~ meinen Schmerz ~~gelindert~~ oZ ⌈vertobt⌉ erbaute ich meinem Kinde einen ~~herrlichen~~ oZ ⌈di brilliantenen⌉ Pallast ~~und versprach ihre Hand dem Sohne eines der mächtigsten Geister, und ließ sie~~ ließ sie in den höchsten Reichthum erziehen, und liR ⌈schwur⌉ ~~beschloß~~ ihre Hand nur dem Sohne der Feenköniginn oZ ⌈selbst⌉ zu geben. Kaum hatt ich diesen unseligen Schwur oZ ⌈gethan⌉ so krachten die Säulen meines Pallastes ‹Beginn einer schräg gestrichenen Passage:› (× und ~~er~~ mit zornblitzender Miene, das Haupt ~~in ein~~ zwZ ⌈mit glühenden Korallen⌉ {mit} einen ~~he~~ in Lava getauchten Schwal umwunden ~~stand~~ ×) ‹Ende der schräg gestrichenen Passage› vor mir, oZ ⌈stand⌉ die Königin, der Geister.
16/27 sie[,] HS: sie
16/28–17/10 du dich ‹… bis› verschwand. HS: du dich vermählt, uZ ⌈und selbst ~~Kind willst~~ oZ {‹ein Wort in Streichung unleserlich›} deines⌉ ‹korrigiert aus »dein«› oZ ⌈Kindes Herz willst⌉ uZ ⌈du verderben⌉. so höre meinen ~~Spruch~~ liR ⌈~~weisen~~ oZ ⌊wohlthätigen⌋ Fluch.⌉ In brilliantene Wiegen hast du ~~dieses Kind,~~ uZ ⌈~~gelegt~~⌉ sie liR ⌈gelegt⌉ oZ ⌈darum ~~darum werde ihr~~ {‹zwei gestrichene Wörter unleserlich›} ~~zum Fluch⌉~~ {diese} oZ ⌈werde⌉ Armuth ~~sey~~ {‹ein gestrichenes Wort unleserlich›} oZ ⌈ihr⌉ Loos. liR ⌈~~Sey~~ entrissen sey dir deine Feenmacht, ~~wenn nicht~~ oZ ⌊so lange bis⌋ die Bescheidenheit ~~deines~~ oZ ⌊dieses⌋ Kindes, deinen ~~Übermuth.~~ oZ ⌊~~Stolz~~ Ubermuth⌋ mit mir versöhnt. ~~Weit glücklicher will ich⌉~~ meinem Sohne ~~wolltest du~~ hast du sie bestimmt, dem oZ ⌈Sohn des⌉ ärmsten Bauers werd sie angetraut, auf die Erde setz~~est~~ du sie aus, ~~ihr gehört sie an,~~ oZ ⌈dem Irrdischen gehört sie an⌉ dann kehrst du zurück in ~~dein Exil, und~~ dein Wolkenhaus, und nur die Tugend deiner Tochter kann dich daraus erlösen. ~~wird sie~~ wird sie ~~bis aus~~

{eigenem} Antrieb allen Reichthum hassen, und sich vor ihrem 18ten Jahre mit einem armen oZ ⌈Manne⌉, der ihre oZ ⌈erste⌉ Liebe seyn muß, sich vermählen oZ ⌈binden⌉, in de{m} Augenblick als dieß geschieht oZ ⌈so ist⌉ dein Bann gelöst, und du darfst sie wieder Tochter nennen oZ ⌈sehen.⌉ ‹Einfügezeichen› ‹Einfügung ohne Zeichen› liR ⌈doch nur oZ ⌊und⌋ in mäßigen Wohlstand sie oZ ⌊sie⌋ versetzen.⌉ ‹Ende der Einfügung› ‹Beginn einer schräg gestrichenen Passage:› (× Bis zu diesem Augenblick wagst du es nicht sie ‹»s« korrigiert aus »z«› zu sehen, oder durch eigne Macht ihr zu helfen {T} oder sie durch irgend zu warnen. ×) ‹Ende der schräg gestrichenen Passage› Erfüllt sie bis zu ihrem 18ten Frühling diese Bestimung nicht, ‹Einfügezeichen› liR ⌈‹schräg gestrichen:› (× schenkt sie ihre Hand, gar einem reichen Mann, ×)⌉ ist sie für dich verlohren liR ⌈und ihr Reichthum werde ihr zum Verderben oZ ⌊Fluch⌋.⌉ Bescheidenheit heiße ihr Glück, den sie ist nur eine Tochter der Erde. Sie verschwand. ‹Beginn einer schräg gestrichenen Passage:› (× sie {w} (sie seufs{e}t seufzt ‹korrigiert aus »seufszt«› alle seufzen ‹korrigiert aus »seufszen«› nach.) A ja / Luli ein Glas Limonade. / Bustorius Mir auch eine Halbe. (Man bringt Limonade) ×) ‹Ende der schräg gestrichenen Passage›

17/10 Ich HS: A Lakri Ich
17/11 nieder, in einem HS: nieder, und sie in einem
17/11 f. in der Gestalt eines alten Weibes HS: oZ ⌈in der⌉ liR ⌈Gestalt eines alten Weibes⌉
17/13 [t]reuherzig Bauer HS: Mann liR ⌈reuherzig Bauer⌉ ‹Textverlust›
17/14 Bewohner sprang heraus HS: Bewohner trat sprang heraus ihm über ga
17/14–16 Wurtzel, ich ‹... bis› sie gut HS: Wurtzel, ihm ‹irrtümlich nicht gestrichen› übergab ich {mein} Kind, mit der in der mit der Bitte er möchte zwZ ⌈ich sank zu seinen Füßen beschwor ihn er möchte sich des armen Kindes erbarm ‹Textverlust›⌉ sie gut
17/17 mit 17 HS: mit {ein gestrichenes Wort oder Wortteil unleserlich} vo{r} 17
17/17 armen HS: oZ ⌈armen⌉

17/18 verheurathen[,] HS: verheurathen ‹vielleicht Textverlust›
17/19 Tag der HS: Tag nach der
17/20–23 belohnen, wer ‹... bis› schöne Geschichte. HS: belohnen, ‹Einfügezeichen› ‹Einfügung von Seite unten:› ‹Beginn einer schräg gestrichenen Passage:› (× Zu ihrer Ernährung durfte ich ihm ja nichts zurücklassen, als einige Thränen oZ ⌜eine⌝ oZ ⌜eine Thräne.⌝ die ich auf mein Kind fallen ließ, und die sich zu ‹korrigiert aus »in«?› guten Perlen verwande ‹Textverlust› ×) ‹Ende der schräg gestrichenen Passage und Ende der Einfügung von Seite unten› wer ich sey dürfte ich oZ ⌜ihm⌝ nicht sagen, er versprachs schwurs und ich verschwand. zwZ ⌜eilte mit dem Kind in die Hütte.⌝ Nun kommt die ‹irrtümlich nicht gestrichen› Bustorius oZ ⌜(der schon eingeschlumert war)⌝ Das war schön von ihnen, das macht ihnen Ehr ‹Zeichen »vi«, Einfügung mit Zeichen »de« befindet sich auf Folgeseite unten, reicht von 17/31 »Langsam schwang« bis 18/1 »Bravo.« Davor Einfügung von sechs Zeilen zwischen zwei Strichen auf der Seite unten (oberhalb der gestrichenen Einfügung mit Einfügezeichen) bezieht sich auf 17/23–17/30, könnte auch woanders im Text platziert werden›
17/24 Ja. So HS: ⌜Ja.⌝ So
17/24 und so lang auch noch HS: und oZ ⌜doch⌝ so lang oZ ⌜auch noch⌝
17/27 Bleiben Sie. HS: oZ ⌜Bleiben sie.⌝
17/28 Aha, HS: Ja so oZ ⌜Aha⌝,
17/29 halt wieder nieder. HS: oZ ⌜halt⌝ wieder nieder.
17/30 [LAKRIMOSA.] HS: ‹fehlt wegen Einfügung›
17/30 auf, meine HS: auf, und meine
17/31 f. und verwandelten sich in gute Perl [–] HS: oZ ⌜und verwandelten sich in gute Perl⌝
18/1 [LAKRIMOSA.] 14 Jahre HS: ‹Name fehlt wegen Einfügung› Hauptsache. 14 Jahre
18/1–3 gehalten, doch ‹... bis› mächtige Fürst HS: gehalten, da meine Toch doch seit 3 Jahre durchlebe ich liR ⌜ich schon⌝ in qualvoller Angst, Ein oZ ⌜Der⌝ mächtiger Fürst
18/4 und warb um HS: und hielt um warb um
18/5 da er HS: oZ ⌜da⌝ er

18/7 mich durch HS: oZ ⌈mich durch⌉
18/9 Jahren HS: oZ ⌈Jahren⌉
18/9 zieht HS: zieht ‹korrigiert aus »zog«?›
18/9 f. ergiebt sich dem Trunke lebt auf den größten Fuß HS: uZ
 ⌈ergiebt sich dem Trunke lebt auf den größten Fuß⌉
18/12 f. hängt. [In] zweymahl sieben HS: hängt. in zwey oZ ⌈8⌉
 uZ ⌈zweymahl sieben {Ta}⌉
18/14 f. sie ihrer HS: oZ ⌈sie un⌉ ihrer ‹korrigiert aus »ihre«›
18/15 Ich muß HS: Ich darf muß
18/16–18 helfen, darum ‹… bis› aufbiethen, HS: helfen, aber oZ
 ⌈alle Geister oZ ⌊in⌋ der Feen Königi{n} {Feen} die {‹ein oder
 zwei gestrichene Wörter unleserlich›}⌉ aber darum habe ich sie
 versammeln ‹korrigiert aus »versammelt«› liR ⌈lassen⌉ ‹zwei
 Zeilen am unteren Seitenende ohne Einfügezeichen eingefügt›
 ⌈Alle Geister in der Nähe der Feenköniginn haben mir ihre
 Hülfe versagt –⌉ wenn sie nicht alles aufbiethen,
18/21 Pereat der Neid, Pereat der Bauer. HS: Pereat d Pereat der
 Neid, Pereat der ‹korrigiert aus »dem« oder »den«?› Bauer. La
18/25 zwar HS: oZ ⌈zwar⌉
18/25 bestraft, seyn HS: bestraft, ich {‹ein gestrichenes Wort unleserlich›} b{e} seyn
18/26 Ihr Kind gern, das gfallt mir, HS: oZ ⌈ihr⌉ Kind gern, schön
 von ihnen, oZ ⌈das gfallt mir⌉
18/30 BUSTORIUS. HS: Bustor. Bustor. ‹irrtümlich zweimal›
18/33 f. den vertrakten Purzel oder Wurzel HS: den ver-
 dammte{n} vertrakten Wurzel Purzel oder Wurzel
19/2–8 und ausser ‹… bis› vermählt werde soll HS: du sollst uns
 schon kenne lerne du Teuxelspätzle du. / Lak Alle Ja, ja, ja. und
 wenn da{s} {‹ein oder zwei gestrichene Wörter unleserlich›}
 Donnerwetter drein schlagen soll. ⌈und ausser der Stadt draus-
 sen steht ein verrufenes Bergle der Geisterschekel. da kommen
 wir alle in einer Stund oben zusammen und machen den Plan
 aus und die Nacht. muß voraus fliegen, daß die Sach kein Aufsehen macht, und⌉ ‹zweimal Zeichen X als Verbindungszei-
 chen der beiden auseinandergerissenen Satzteile› zwZ ⌈und
 ‹irrtümlich doppelt› übermorge müsse sie ihre Tochter schon
 habe und wenn sie auf den Bloksberg vermählt werde soll⌉

19/9 ALLE. Ja [ü]bermorgen HS: <u>Alle</u> ‹darüber Einfügezeichen ohne entsprechender Einfügung› Ja Ubermorgen

19/10 Sie haben HS: Sie ~~wir~~ haben

19/11 getröstet, ich HS: getröstet. ~~Nun wohlan so brechen sie auf~~, ich

19/12 gschwind noch mit ein HS: liR⌈gschwind⌉ noch ~~nicht noch mit einen~~ oZ⌈mit ein⌉

19/14 f. ist schon 8 Uhr Früh[.] HS: oZ⌈ist schon 8 Uhr Früh⌉

19/15 243. HS: oZ⌈243.⌉

19/16 ZENOBIUS. Die Wägen herbey, die Mäntel HS: reR⌈<u>Zenobius</u>. Die Wägen herbey. die Mäntel⌉

19/18 f. *Wolkenstraße[,]* ‹… bis› *Fee[n]schlößer.* HS: <u>Wolkenstraße in der Ferne ~~ill~~ sind die beleuchtete Fenster einiger Feeschlößer.</u>

19/22 *ruft* HS: (Ruft) ‹korrigiert von »r« auf »R« oder umgekehrt›

19/23 ZENOBIUS. Es ist noch stokfinster drauß HS: zwZ⌈<u>Zenobius</u>. Es ist noch stokfinster drauß⌉

19/24 *hint auf,* HS: <u>hint{erher} auf,</u>

19/25 *zweyter* HS: <u>zweyter</u> ‹korrigiert von »Z« auf »z« oder umgekehrt›

19/25 *Wagen mit* HS: <u>Wagen ~~in den~~ mit</u>

19/25 f. [ANTIMONIA] HS: <u>Atrizia</u>

19/27 *(ruft nach)* HS: oZ⌈<u>ruft nach</u>⌉

19/28 Ihnen einspannen HS: ihnen {ei} einspannen

19/33 *mit einer* HS: <u>mit ~~er~~ einer</u>

20/1 *(Unter allgemeinen* HS: unter ~~dem~~ allgemeinen ‹nicht unterstrichen›

20/2 *und so weiter* HS: und s w. ‹nicht unterstrichen›

20/4 S[cena 4.] HS: ‹fehlt›

20/5 *(Nobles* HS: <u>S Nobles</u>

20/7 entgege[n]gesetzten HS: <u>entgege gesetzten</u>

20/8 f. 2 BEDIENTE[N], HABAKUK. [LORENTZ] *läuft* HS: <u>2</u> ‹korrigiert aus »3«, wohl weil Habakuk namentlich eingeschoben wurde› <u>Bediente,</u> oZ⌈<u>Habakuk</u>⌉ <u>läuft</u>

20/9 H[err] HS: HE

20/11 LORENTZ *(ruft* HS: <u>Lorenz</u> ~~Gehts~~ (Ruft

20/13 hinunter zum Wagen HS: hinunter ~~und~~ oZ⌈zum Wagen⌉

20/13 f. kommen, tragts HS: kommen, ‹Beginn einer schräg gestrichenen Passage:› (× ⌈den wir alleweil von Gumpendorf kriegen,⌉ ×) ‹Ende der schräg gestrichenen Passage› tragts

20/14 f. Punschgesellschaft, da muß er austrunken werden, HS: Punschgesellschaft, da muß er ~~werdens gleich müssens aus~~ oZ ⌈muß er⌉ austrunken oZ ⌈werden⌉,

20/17 ein zehn HS: ein ~~Stüker~~ zehn

20/20 f. schon machen, das Sachen *(Ab.)* HS: schon ~~recht~~ uZ ⌈machen.⌉ ‹darunter:› ⌈das Sachen (ab)⌉

20/23 noch Halter HS: noch ~~Ochsenknecht hab ich lang~~ oZ ‹mit Bleistift› ⌈Halter⌉

20/27 seyn, deswegen sind wi[r] HS: seyn, ~~seyn~~ deswegen ~~seyn~~ uZ ⌈sind⌉ wird

20/30–21/1 weil ‹… bis› einstecken müssen. HS: weil ~~ein~~ oZ ⌈die⌉ Bedienter von ~~seiner~~ oZ ⌈der ihre⌉ Herrschaften ‹korrigiert aus »Herrschaft«› ~~allerhand~~ oZ ⌈so viel⌉ einstecken müßen ‹korrigiert aus »muß«›.

21/2 Speckta[ke]l HS: Specktal

21/5 aushalt[.] Und HS: aushalt ~~er hat doch schon seine~~ Und

21/7 f. wi[e] das Land heißt, HS: wies das Land heißt~~en,~~

21/10 nach, auf HS: nach, ~~das~~ auf

21/15 lassen, wenn HS: lassen, ~~er~~ wenn

21/17 [Scena 5.] HS: ‹fehlt›

21/18 *(Einfach angezogen* LOTTCHEN, LORENZ.*)* HS: Einfach angezogen. <u>Lottchen Lorenz.</u> 5. Auft

21/19 Guten Morgen HS: Guten ~~Lor~~ oZ ⌈Morgen⌉

21/21 LORENTZ *(giebt* HS: <u>Lorenz.</u> ~~Gut~~ (giebt

21/27 eine Millionistin. HS: eine ~~Millio millionäri~~ Millionistin.

21/28 f. seyn, denn ‹… bis› Unglück HS: seyn, ‹Beginn einer schräg gestrichenen Passage:› (× ⌈sey nur nicht so närrisch. / <u>Lorenz</u> Daß ist ja eben der unglükliche Unterschied zwischen uns, daß ich nur närrisch bin und sie sind millionärisch. ×) ‹Ende der schräg gestrichenen Passage› ~~den auf de{m}~~ liR ⌈den der⌉ Schatz den ~~mein~~ oZ ⌈der⌉ Vater gefunden, oZ ⌈hat⌉ ~~liegt der Fluch~~ hat Unglück

21/31 mir war, wo HS: mir oZ ⌈war⌉, wo

21/31 sehen durfte, HS: sehen ~~konnte, durfte, konnte,~~ oZ ⌈durfte⌉

21/32 so hungrigen HS: so h̶ä̶ß̶ hungrigen
22/3 f. Ja es kann ‹… bis› wächsernen Mond. HS: F̶r̶e̶u̶l̶e̶i̶n̶ ̶L̶o̶t̶t̶e̶l̶,̶ ü̶b̶e̶r̶n̶e̶h̶m̶e̶n̶ ̶s̶i̶e̶ ̶s̶i̶c̶h̶ ̶n̶i̶c̶h̶t̶. oZ ⌈Ja es kann halt nicht immer so bleiben hier⌉ uZ ⌈unter den w̶e̶c̶h̶s̶e̶l̶n̶d̶e̶n̶ uZ ⌊wächsernen {‹ein gestrichenes Wort unleserlich›}⌋ Mond.⌉
22/5 Wo seyd ihr, ihr Nachtigallen HS: A̶c̶h̶ Wo seyd ihr, ihr H̶i̶r̶s̶c̶h̶l̶e̶i̶n̶ oZ ⌈Nachtigallen⌉
22/6 Lerchen, ihr funke[ln]den HS: Lerchen, a̶c̶h̶ ̶j̶e̶z̶t̶ ̶i̶s̶ ̶a̶l̶l̶ ihr funkenlden ‹sic!›
22/7 alles HS: oZ ⌈alles⌉
22/7 Schwalben[,] HS: Schwalben ‹Textverlust›
22/9 das HS: oZ ⌈das⌉
22/12 bitten, das unglückliche HS: bitten s̶e̶i̶n̶e̶ ̶L̶e̶b̶e̶n̶s̶a̶r̶t̶ ̶z̶u̶ ‹Beginn einer schräg gestrichenen Passage:› (× ändern, das un ×) ‹Ende der schräg gestrichenen Passage› das unglückliche
22/13 Besitz sich HS: Besitz e̶i̶n̶ ̶s̶o̶ ̶b̶ö̶s̶e̶r̶ ̶G̶e̶i̶s̶t̶ sich
22/24 Scen[a] 6. HS: Scen S. 6. ‹korrigiert aus »4«›
22/25 [VORIGE;] HS: ‹fehlt›
22/26 *voll Bakerey* HS: voll K̶i̶p̶f̶e̶l̶ Bakerey
22/27 HABAKUK *tritt* HS: Habakuk. D̶e̶{̶n̶}̶ ̶H̶ tritt
22/28 *steht* LORENTZ *in der Mitte ein* HS: steht h̶ Lorentz in der Mitte e̶t̶w̶a̶s̶ ein
23/4 LOTTCHEN *(beleidigt* HS: Lotti h̶a̶l̶b̶e̶r̶ (beleidigt
23/4 erstaunt, HS: ‹»erstaunt« korrigiert aus »erstaut«›
23/4 f. *ihn). Lorentz!* HS: ihn) A̶l̶s̶o̶. Lorentz!
23/5–7 krank? ‹… bis› oder stirb. HS: krank? e̶r̶ ̶n̶i̶m̶m̶t̶ zwZ ⌈‹schräg gestrichen:› e̶i̶n̶,̶ ̶n̶i̶c̶h̶t̶ ̶w̶a̶h̶r̶,̶?̶⌉ Lorentz. oZ ⌈‹schräg gestrichen:› (̶v̶e̶r̶l̶e̶g̶e̶n̶)̶⌉ I̶c̶h̶ ̶g̶l̶a̶u̶b̶ ̶s̶c̶h̶w̶e̶r̶l̶i̶c̶h̶,̶ ̶d̶a̶ß̶ ̶e̶r̶ ̶a̶u̶f̶k̶o̶m̶m̶t̶.̶ zwZ ⌈Loret Nun ich glaubs, bey ihm heißts frieß Vogel, oder stirb.⌉
23/9 von dir geglaubt. Hast HS: oZ ⌈von dir⌉ geglaubt. I̶c̶h̶ ‹schräg gestrichen:› W̶i̶e̶ ̶o̶f̶t̶ ̶h̶a̶b̶ ̶i̶c̶h̶ ‹mit Wellenlinie gestrichen:› d̶i̶r̶ ̶W̶e̶i̶ß̶t̶ ̶d̶u̶ ̶n̶o̶c̶h̶ ̶w̶i̶e̶ ̶i̶c̶h̶ Hast
23/13 so etwas HS: so w̶i̶c̶h̶t̶i̶g̶e̶ ̶D̶i̶n̶g̶e̶ oZ ⌈etwas⌉
23/13–17 kannst. ‹… bis› zu meinen Vater. HS: kannst. ‹Einfügezeichen› ‹Einfügung von Seite unten, Einfügezeichen erst am Ende der Einfügung:› ⌈Doch nein, ich will d̶i̶r̶ ̶n̶i̶c̶h̶t̶ ̶b̶ö̶s̶e̶ ̶a̶u̶f̶

dich seyn, dich nicht böse machen, du bist ich will dir recht schmeicheln, ich will dir sagen du bist der beste, der schönste Lorentz auf der Welt, wenn es auch nicht wahr ist, aber laß mich zu meinen Vater.⌝

23/18 LORENTZ. Und ich darf nicht, HS: ‹Beginn einer schräg gestrichenen Passage:› (× Lorentz. Sie dürfen den HE Vatern nicht vor die Augen kommen, bis sie andre oZ ⌜noble⌝ Kleider anziehen, und sagen daß sie den reichen Juwelier heyrathen, der um sie angehalten hat und der, im Ratzenstadtl allein oZ ⌜drauß⌝ uZ ⌜allein⌝ 17 Häuser hat. ×) ‹Ende der schräg gestrichenen Passage; von »und sagen« bis »Häuser hat« wohl vorher separat gestrichen› / Lotti. Nun, so sag den meine{n} Vater, Was sagst du, – / Lotti du,– Und ich muß meinen Vater sprechen, ‹Einfügezeichen› / ‹Einfügung mit Einfügezeichen von zwei Zeilen am Seitenende:› Lorentz ⌜Und⌝ ich ‹»i« korrigiert aus »I«› darf nicht,

23/21 er sein Kind verläugnet, HS: er sein Kind verläugnet, mir dieß sein Kind verläugnet,

23/22 [nach] HS: ‹fehlt›

23/23 einzige[s] HS: einzige

23/23 [er] HS: ‹fehlt›

23/24 nun HS: nun - ‹Bindestrich, mit Wellenlinie gestrichen?›

23/25 f. Freunde keinen HS: Freunde kei keinen

23/29 kein, bis HS: kein, ich h{a} bis

23/30 der Welt. *(Geht ab.)* HS: der Welt. Aha jezt ist er Kommt er einmahl. (geht zurük. oZ ⌜ab⌝)

24/1 [Scena 7.] HS: liR ⌜7. Auftritt⌝

24/2 (WURZEL *aus dem Kabinet.*) HS: Vorige Wurtzel aus dem Kabinet.

24/3 [WURZEL.] HS: ‹fehlt›

24/8 Schand. HS: Schand. / ‹Beginn einer schräg gestrichenen Passage:› (× Nur vom Land sey alls stad. / Auf den Land ists gar fad. ×) ‹Ende der schräg gestrichenen Passage›

24/9 In aller Früh treibens schon die Ochsen hinaus, HS: In der oZ ⌜aller⌝ Früh treibens ‹korrigiert aus »treibt«› der Halter oZ ⌜schon⌝ die Lamperln oZ ⌜Kühe⌝ oZ ⌜Ochsen⌝ hinaus,

24/15 f. Drum lob ‹... bis› Freuden hat. HS: ‹Zeichen X und Einfügung mit Zeichen X:› liR⌈Drum lob ich mir die Stadt / Wo man nichts als Freuden hat.⌉

24/17 Jezt hab ich so HS: ~~Doch~~ Jezt ‹»J« korrigiert aus »j«?› hab ich ~~so~~ oZ⌈so⌉

24/21 kann HS: oZ⌈kann⌉

24/25 das in der Welt für ein sch[ö]ns HS: das ~~für ein schönes~~ ist ‹»ist« irrtümlich nicht gestrichen› in der Welt {~~um~~} ~~das~~ oZ⌈für ein schons⌉

24/26 haben, ich HS: haben. ~~d und~~ ich

24/27 f. Magen zu seyn ist eine schöne Charge[.] Herrscher HS: Magen oZ⌈zu seyn⌉ist eine schöne Charge ~~Tyrann~~. Herrscher ‹Durchstreichung bzw. Unterstreichung, um Präferenz zu kennzeichnen?›

24/29 f. Ein wahrer Tirann[.] HS: zwZ⌈Ein wahrer Tirann{.}⌉

25/1 doch HS: oZ⌈doch⌉

25/1 Schmeichelein mag, HS: Schmeichelein ~~ertragt, süß darf~~ mag,

25/2 Süßigkeiten HS: Süßigkeit⌈en⌉

25/3 man ihn. Ist HS: man ihn. ~~Sak~~ Ist

25/3 Sakerlot, HS: ‹»k« korrigiert aus »ck«?›

25/4 Welt, ein HS: Welt, ~~eine~~ ein

25/4–6 in mir, ‹… bis› zusammprügeln möcht, HS: in mir, ~~und ein Vergnügen,~~ daß wird mir so – oZ⌈so⌉ wohl ums Herz, ~~da möcht~~ so gut, daß ~~möcht~~ ich alles zusammprügeln. oZ⌈möcht⌉ ~~was mir unterkömmt;~~

25/8 [Scena 8.] HS: 8 Auftritt

25/9 (LORENTZ; VORIGER.) HS: Lorenz. Voriger. oZ⌈Wurtz⌉ ~~Ist schon eingespannt~~

25/10 schaffens? HS: schaffens? ~~Ich bitt doch gar schön laß dich prügeln.~~

25/11 f. [WURZEL. Wer war ‹… bis› mit Ihnen reden] HS: ‹Beginn einer in mehreren Schritten schräg gestrichenen Passage:› (× reR ‹mit Bleistift vermutlich als Ersatztext:›⌈W Wer war voher im Zimer da? / L Die Freulein Lottel will mit ihnen reden⌉/ Wurtzel. Thu mir einen Gefallen, magst? / Lorentz Was den Lor Ja. / Wurtz. Laß dich ein wenig schlagen. / Lorentz. Schlagen, jetzt? oZ⌈Ah hören auf⌉/ Wurtzel. ~~Um hun~~ oZ⌈Ja, geh!⌝ J̶a̶ nur ein bißel, ich bitte dich, oZ ⌜gar schön⌝ oZ ⌜ich schenk dir was⌝ ich hab so eine Passion ich kanns gar nicht sagen. / <u>Lorentz.</u> Ah gehens, jezt aufs Essen, thut ihnen ja nicht gut. / <u>Wurtzel.</u> G̶l̶a̶u̶b̶s̶t̶ ̶n̶i̶c̶h̶t̶,̶ ̶n̶u̶n̶ ̶s̶o̶ ̶l̶a̶ß̶e̶n̶ ̶w̶i̶r̶s̶ ̶d̶e̶r̶w̶e̶i̶l̶ ̶g̶e̶h̶e̶n̶ ̶h̶e̶u̶t̶.̶ Aber das glaubt man nicht was das ist, wenn der Mensch eine Leidenschaft hat. / <u>Lorentz</u> Ja s̶i̶e̶h̶t̶ ̶d̶e̶r̶ ̶H̶e̶r̶r̶ ̶/̶ ̶w̶i̶l̶l̶ ̶i̶c̶h̶ ̶s̶a̶g̶e̶n̶ sehens E̶G̶.̶ drum sollen sie auch nicht hartherzig seyn, gegen die liR ⌜F̶r̶e̶⌝ Lottel, ihr Leidenschaft ×) ‹Ende der schräg gestrichenen Passage›

25/14 ihr, ist HS: ihr, v̶o̶n̶ ̶d̶i̶e̶ ̶{̶m̶e̶i̶n̶e̶n̶}̶ ̶H̶a̶u̶s̶ ̶d̶i̶e̶ ̶S̶c̶h̶a̶n̶d̶ ̶a̶n̶t̶h̶u̶t̶,̶ ̶s̶i̶c̶h̶ ̶s̶o̶ ̶z̶u̶ ̶b̶e̶t̶r̶a̶g̶e̶n̶,̶ ist

25/15 meinige, statt HS: meinige, ‹mit Wellenlinie gestrichen:› w̶a̶s̶ ̶s̶o̶ ̶e̶i̶n̶e̶ ̶s̶c̶h̶ö̶n̶e̶ ̶A̶l̶t̶a̶n̶e̶ ̶h̶a̶t̶,̶ statt

25/15 f. da[ß] ein Vampire[ns] Kleid anzög und HS: das ein Vampire ‹Textverlust› Kleid anzög und, und

25/16 f. mit ihren Vatern auf d Promenad ging HS: i̶h̶r̶e̶n̶ ̶V̶a̶t̶e̶r̶n̶ ̶a̶u̶f̶ ̶d̶ ̶R̶e̶d̶o̶u̶t̶ ̶f̶ü̶h̶r̶e̶t̶ oZ ⌜mit ihren Vatern auf d Promenad ging⌝

25/17 ganze HS: 3̶ oZ ⌜ganze⌝ ‹Streichung bzw. Ergänzung mit Bleistift›

25/18 spinatfa[r]ben [Ü]berock herum[,] was ist heut HS: spinatfaben F̶ü̶r̶t̶u̶c̶h̶ uZ ⌜Uberock⌝ herum,. U̶n̶d̶ was ist d̶e̶n̶ heut

25/21 WURZEL. Da HS: <u>Wurtzel.</u> ⌜N̶u̶n̶⌝ Da ‹»D« korrigiert aus »d«›

25/23 dah[i]nüber HS: dahnüber

25/24 auf ihr HS: auf ‹korrigiert aus »aufs«› oZ ⌜ihr⌝

25/26 LORENTZ. Das Sitzen HS: <u>Lorenz.</u> d̶a̶s̶ ̶S̶i̶t̶z̶e̶n̶,̶ Das Sitzen

25/28 f. Was hat [er] ‹... bis› doch nichts. HS: Was hat e̶r̶ oZ ⌜man⌝ den oZ ⌜e̶i̶n̶ ̶M̶e̶n̶s̶c̶h̶.̶⌝ davon, ‹Beginn einer mit Tinte schräg gestrichenen Passage:› (× wenn man einen halben Tag auf einen Stein sitzt? / <u>Lorenz.</u> Doch noch mehr, als wenn man zwischen zwey Stühl auf der Erde sitzt. / <u>Wurtzel.</u> Wenn er aufsteht, weiß s̶o̶ ̶v̶i̶e̶l̶ er doch nichts. ×) ‹Ende der mit Tinte schräg gestrichenen Passage, Streichung nachträglich mit Bleistift korrigiert bis vor »Wann er aufsteht«›

25/31–26/5 WURZEL. Und ich leids ‹... bis› Kopf drauf. HS: <u>Wurtz</u> Und ich leids nichts, s̶i̶e̶ ̶d̶a̶r̶f̶ ̶k̶e̶i̶n̶ ̶F̶i̶s̶c̶h̶e̶r̶ ̶h̶e̶y̶r̶a̶t̶h̶e̶n̶,̶ sondern einen oZ⌈sie muß den reichen Juwelier heyrathen⌉uZ⌈der i{n} Ratzenstadel allein 17 Häuser hat⌉‹mit Bleistift gestrichen› das Madel wird ja ganz verwirrt. ich laß ihr laß ihr ‹»laß ihr« irrtümlich zweimal› zeichnen lernen und sticken, was nutzts, oZ⌈nichts⌉statt daß sie Blumen schöne Blumen macht und Vasen und solche Sachen, ‹zunächst gestrichen, dann mit Vermerk »bleibt« versehen, außer »und« (in »macht und Vasen«), das wohl schon vorher gestrichen worden war› was zeichnets sie, was stickt sie, – lauter Fisch. Zu meinen Nahmenstag stikt sie einen Hosen mir ein KopfPolster ‹»P« korrigiert aus »p«› oZ⌈Hosentrager⌉was ist drauf. ein großmächtiger {Karpfen} uZ⌈Heufisch.⌉uZ⌈Backfisch.⌉da lieg ich mit den Kopf drauf. zwZ⌈2 Karpfen auf einer jeden Achsel einer, die schlep ich den ganzen Tag mit mir herum.⌉‹Einfügungen »Hosentrager« und ab »2 Karpfen« wohl als möglicher Alternativtext gedacht›

26/6 LORENTZ. Warum HS: Lorentz {‹ein gestrichenes Zeichen unleserlich›} Sie sind aber ein steinreicher Mann, Was oZ⌈Warum⌉

26/6 denn aber just ein HS: den aber den oZ⌈just ein⌉

26/10 LORENTZ. Ich HS: Lorentz. Das versteh. Ich

26/12 f. drauf die Hütten HS: drauf alles liegen und liR⌈die Hütten⌉

26/13 lassen, das HS: lassen, und seyn {n} das

26/16 da[ß] HS: das

26/16 f. bist, der mich HS: bist, der mich der mich

26/18 H[ö]ren E[uer] G[naden] HS: Horen E.G.

26/19 Augen. HS: Augen. Es

26/21 8 und 9 HS: ‹Ziffern »8« und »9« korrigiert aus anderen Ziffern›

26/23 sieh ich ‹... bis› magern HS: sieh ein ich quer übern Acker einen ansehn{li}chen oZ⌈magern⌉

26/24 zueilen. Ein gelblichtgrünes HS: zueilen, der mit stolzen Schritten, ein Hapel um ‹»um« korrigiert in »und« oder umgekehrt› das andere niedertritt mir nichts dir nichts, niedertritt Ein grün gelblichtgrünes

26/24 f. mit goldenen HS: mit go goldenen

26/27 möchte niemand HS: möchte so gut seyn, {nie} möchte niemand
26/27 f. und er wär HS: und {er er} er wär
26/28 Borten will er HS: Borten wäre ein Beweis, {we} will er
26/29 ist[,] HS: ist
26/31 Da[s] HS: Daß
26/35–27/1 recht herausstaffiren, HS: recht aufhauen, oZ liR ⌈herausstaffiren,⌉
27/3 daß ich mein Glück verwünsche, HS: daß mich oZ ⌈ich⌉ mein Glück nicht freut, uZ ⌈verwünsche⌉
27/4 m[ö]cht HS: mocht
27/8 war denn HS: war er den
27/10 nichts[.] HS: nichts
27/11 ganze HS: ganzen
27/11 Galläpfel. HS: ‹Punkt korrigiert aus Komma?›
27/14 und zerbeiße HS: und beiß zerbeiße
27/16 [sollen] HS: ‹fehlt›
27/20 ein Unterhaltung, jezt HS: ein Jux. Unterhaltung. Ah das ist jezt ein andrer Kaffee, jezt
27/22 [S]chau HS: Also drum schau
27/23–26 (WURZEL trinkt ‹... bis› Gscheid werden. HS: ‹Zeichen vi in rotbrauner Kreide, verweist auf angeklebtes Einlageblatt:› Wurtzel trinkt aus einem Fläschgen. ‹Einfügung sowohl mit Zeichen de in Tinte als auch Zeichen +de in rotbrauner Kreide bezieht sich auf gesamtes Einlageblatt› / Lorenz. Was trinken Aber müssen EG. den immer trinken? oZ ⌈naschen?⌉ ‹andere Tinte oder Bleistift?› / ‹ab hier mit rotbraunem Querstrich gestrichen:› / Wurz Still. ich nim ein. ‹andere Tinte oder Bleistift:?› uZ ⌈zum Gscheid werden.⌉ Zu de{r}; ‹»n« oder »r«, unter- oder durchgestrichen› wie heißt mans den, zu der Sophie! / Lorenz Zu was für einer Sophie? / Wurz. Nicht zu einer, sondern zu der großen oZ ⌈großen Gelehrsamkeit⌉ Gela Weisigkeit, weißt, wo so viele Sophien beyeinand seyn. / Lor. A zu der Filisophie etwann. / Wurz. Ja zu der{er}. Ich möchte oZ ⌈halt⌉ gern recht inpertinent gscheid werden. ‹bis hier mit rotbraunem Querstrich gestrichen›
27/27 denn da HS: oZ ⌈den⌉ da

27/29 was geben hat, was mich gscheid macht, HS: was ~~verschrieben~~ oZ ⌈geben⌉ hat, liR ⌈was mich ~~witzig~~ oZ ⌊gscheid⌋ macht.⌉
27/30 [Ducaten] HS: #
27/31 da[s] HS: daß
27/33-35 Ducaten drauf ‹... bis› dum als ich war. HS: Ducaten ~~ausgeben~~ oZ ⌈drauf spendirt⌉ hab, so wird mir ~~schon~~ oZ ⌈auf einmahl⌉ ein Licht; ‹Komma gestrichen?› aufgehn, und da werd ~~auf einmahl~~ oZ ⌈ich erst⌉ ‹Zusatz mit anderer Tinte› einsehen, ~~wie dum als ich war.~~ ⌈was ich für ein Esel war⌉. ‹gestrichener Zusatz mit anderer Tinte› uZ ⌈wie dum als ich war.⌉ ‹Zusatz mit anderer Tinte›
28/1 es wär HS: es ~~ist~~ wär
28/2 E[uer] G[naden] HS: E G.
28/4 kost zu viel. HS: kost ‹mit anderer Tinte korrigiert aus »komt«› ~~mich hoch.~~ oZ ⌈zu viel.⌉ ‹Zusatz mit anderer Tinte›
28/5 abwixen, nachher HS: abwixen, ~~daß du auf eine Weil gwitzigt bist, nicht, das giebt besser aus.~~ ‹»das giebt besser aus« mit anderer Tinte gestrichen› nachher
28/6 hat. [I]ch geh HS: hat. ‹Ende des Einlageblatts, ab hier weiter auf voriger Seite bei Zeichen v› ich ~~geh~~ oZ ⌈fahr geh⌉
28/7-10 Und du gehest zum Tandler ‹... bis› zur Bibliothek HS: ~~Wen{n} der~~ oZ ⌈Und du gehest zum⌉ Tandler ~~aus~~ oZ ⌈in⌉ die ‹korrigiert aus »der«› Vorstadt ~~kommt;~~ uZ ⌈hinaus⌉ ‹Einfügezeichen und Einfügung mit Einfügezeichen am Seitenende unter dem Strich› ⌈und ~~bringt~~ oZ ⌊laßt⌋ die vielen Bücher oZ ⌊hereinführen⌋ die ich gestern bey ihm kauft hab⌉ uZ reR ⌈Mordsaperment,⌉ ‹mit Wellenlinie gestrichen› ~~so~~ sperrst oZ ⌈dann⌉ das Zimmer auf was ich zur ~~Bedient~~ Bibliothek
28/13 da[ß] er HS: das ~~gmessen~~ er
28/14 f. [Gulden] HS: f
28/15 giebst HS: oZ ⌈giebst⌉
28/16 f. gschrieben, und wenns unten durchgehst sagst den HS: gschrieben, ~~und jezt hinunter hinunter mit dir und auf den Wagen aufistellen~~ und ~~jezt hinunter zum~~ oZ ⌈wenns unten durchgehst sagst den⌉
28/18 Tafel auf HS: Tafel f auf
28/19 er ein HS: er ein ‹korrigiert aus »einen«?› ~~halben E~~

28/20 *ab.)* Ich ma[g] halt HS: <u>ab)</u> M̶e̶i̶n̶ ̶l̶i̶e̶b̶s̶t̶e̶r̶ ̶D̶i̶s̶k̶u̶r̶s̶ Ich mach halt

28/21 noch HS: a̶u̶f̶n̶'̶ ̶L̶a̶n̶d̶ ̶w̶a̶ ̶i̶m̶ ̶W̶a̶l̶d̶ ̶n̶o̶c̶h̶ ̶w̶a̶r̶,̶ ̶i̶m̶ ̶W̶e̶ noch

28/23 vorkommen als wenns ein HS: vorkommen w̶i̶e̶ oZ ⌈als wenns⌉ ein

28/33 Und nur bloß wegn dem Boef, a là Mode HS: ⌈Und⌉ nur ‹korrigiert aus »Nur«› oZ ⌈bloß⌉ wegn ‹korrigiert aus »wegen«› dem Boef, j̶a̶,̶ ̶a̶ ‹mit Bleistift gestrichen› oZ ⌈a⌉ là Mode / S̶u̶c̶h̶t̶ ̶j̶e̶d̶e̶r̶ ̶j̶u̶n̶g̶e̶ ̶M̶e̶n̶s̶c̶h̶ ̶s̶e̶i̶n̶

29/3 Bring[t] HS: Bring

29/17 Sc[ena] 9. HS: Sc̶e̶n̶ <u>9 Auftritt</u>

29/19 [LOTTCHEN.] HS: ‹fehlt›

29/20 hören, er HS: hören, u̶n̶d̶ ̶s̶e̶i̶t̶ ̶m̶i̶r̶ ̶L̶o̶r̶e̶n̶z̶ er

29/22 f. verkauft, Himmel HS: verkauft, m̶i̶t̶ ̶{̶e̶i̶} oZ ⌈Himmel⌉

29/24 denn, jezt HS: den, e̶r̶ jezt

29/26 nicht, den HS: nicht, u̶m̶ ̶a̶l̶l̶e̶s̶ ̶i̶n̶ ̶d̶e̶r̶ ̶W̶e̶l̶t̶,̶ ̶E̶r̶ den

29/28 ach nein HS: oZ ⌈ach nein⌉

29/29 doch HS: oZ ⌈doch⌉

29/29 hinein. Nein diese Kühnheit, mir HS: hinein. d̶a̶ Nein diese K̶e̶c̶k̶h̶e̶i̶t̶, uZ ⌈Kühnheit⌉ ‹Zusatz mit Bleistift› i̶c̶h̶ ̶s̶o̶l̶l̶ ̶d̶a̶v̶o̶n̶l̶a̶u̶f̶e̶n̶,̶ ̶e̶s̶ ̶s̶c̶h̶i̶[̶e̶]̶k̶t̶, mir

30/1 [Scena 10.] HS: ‹fehlt›

30/2 (VORIGE; AJAXERLE *als schwäbischer Hande[ls]mann.* HS: <u>Vorige</u> Ajaxerle als reR ⌈schwäbischer Hande[ls]mann. ‹Textverlust›⌉ ‹Zusatz mit Bleistift›

30/3 *zu.)* HS: <u>zu..{a}</u>

30/4 gutes Lottchen, HS: gutes t̶h̶e̶u̶r̶e̶s̶ oZ ⌈braves⌉ ‹»braves« mit Wellenlinie gestrichen› Lottchen,

30/8 KARL. Wie HS: <u>Karl</u> W̶a̶s̶ Wie

30/9 an die Brust, HS: an d̶e̶n̶ ̶H̶a̶l̶s̶ die Brust,

30/11 f. das scheint gar eine ehrliche Haut[,] HS: oZ ⌈das scheint gar eine ehrliche Haut⌉

30/13 übel. HS: übel, ‹Einfügezeichen›

30/14–16 AJAXERLE. Ah freylich ‹... bis› [KARL.] Ja! HS: ‹Einfügung mit Einfügezeichen vom Seitenende› ⌈<u>Ajaxerle</u> ⌊Ah⌋ freylich ‹korrigiert aus »Freylich«› genieren sie sich nicht, deswegen sind wir ja da. ‹Einfügezeichen› Ja!⌉

30/16 [KARL.] Ja! wenn HS: ‹Name fehlt wegen Einfügung› Ja! aber wenn
30/16 sehe, HS: sehen,
30/18 f. sie.) Hundertmahl hab ich seit drey ewig HS: sie) ‹Verweiszeichen 2.)› Karl. ‹Verweiszeichen 2.)› Hundertmahl {hi} oZ⌈hab⌉ich seit drey {J} ewig
30/20 das Hirn HS: das Herz Hirn
30/21 zu kommen, HS: zu gerathen, oZ⌈kommen⌉
30/23 verzweifelt. HS: verzweifelt. ‹Verweiszeichen 3.)›
30/24 LOTTCHEN. HS: Lottchen. ‹Verweiszeichen 3.)›
30/24 dir denn HS: dir nicht den
30/25 Küchenju[n]g HS: Küchenjug
30/27 ein kleiner, lieber Knabe, HS: oZ⌈seit {einen} Vierteljahr⌉ ein gu kleiner, schöner, Bursche, oZ⌈lieber Knabe,⌉
30/29 ja HS: oZ⌈ja⌉
30/32 f. gehalten. Ach Lottchen was wird aus uns werden. HS: gehalten. Ach Lottchen was wird aus uns werden, Lottchen uZ⌈Ach Lottchen was wird aus uns werden.⌉
30/33–31/1 herauf getraut, HS: herauf, oZ⌈getraut⌉ ‹Zusatz mit Bleistift›
31/7 denn das, HS: oZ⌈den⌉das,
31/10 AJAXERLE. Ja, HS: Ajaxerle. Nun wissen sie, weil Ja,
31/12 f. mit uns Spaß zu machen. HS: mit uns oZ⌈mit⌉uns zum Narren zu halten. ⌈Spaß zu machen.⌉
31/14 AJAXERLE. Ich HS: Ajax. Ich habe sie Ich
31/14–20 euch glüklich ‹... bis› was anthuen. HS: euch beyde glüklich machen. Verlasse sie {sich} oZ⌈Ihr Tausendsaper-{menter}⌉ Schlagts ‹korrigiert aus »Schlagen«› sie ein, verlaßt euch ‹korrigiert aus »verlassen sie«› sich auf mich, ich bin ein ehrlichs deutsches Büble, und wenn sie ich kann oZ⌈darf⌉ ihnen oZ⌈euch⌉nicht sagen was ich bin, aber oZ⌈unter uns gesagt⌉ich bin was, ists es jezt auf Ehr, uZ⌈erstens bin ich ein Schwabe und dann bin ich noch was⌉und wenn sie in 3 Wochen ihren uZ⌈ihre⌉liR⌈Bräutigamle⌉Goldfischele Fischerle da nicht heyrathen, so will ich nicht ein Amerikaner seyn ehrlich seyn. {pocht} oZ⌈Hochzeit wird⌉uZ⌈so könnts mir was anthuen.⌉

31/22 wolle[n] ihm vertrauen HS: wolle[n] ‹Textverlust› ihm vertrauen – ‹Bindestrich oder Streichung von etwas Unleserlichem›
31/27 f. er nach den Garten geht HS: er ~~nicht in der Küche {g} nachsicht,~~ oZ ⌈nach den Garten geht⌉
31/28 sonst sind wir HS: sonst ~~bin ich~~ oZ ⌈sind ‹korrigiert aus »bin«› wir⌉
31/31 gsch[w]ind HS: gschind
31/33 AJAXERLE. Warten Sie HS: Ajax. ~~W~~ oZ⌈Warten sie⌉
31/33 f. ich hab ja mein Werkzeugle bey mir. HS: uZ⌈ich hab ja mein Werkzeugle bey mir.⌉
31/34 *schnell* HS: oZ⌈schnell⌉
31/35 *ein kleines* HS: ein {sch} kleines
31/35 *Stäbchen[,]* HS: Stäbchen
32/1 Pitschili HS: Pitschili ‹korrigiert aus »Pickschili«?›
32/2 Frisili, Sauf, HS: oZ⌈Frisili, Sauf,⌉
32/2 dich doch HS: dich ~~gschwind~~ liR⌈doch⌉ ‹Zusatz mit Bleistift›
32/4 *und verwandelt [sich] dadurch* HS: und ~~er~~ verwandelt dadurch
32/5 *einen Rasensitz.)* HS: eine{n} Rasensitz.) / ~~Ajaxerle. Nu hinein mit ihne.~~
32/11-15 Den hab ich ‹… bis› Vater kommt. HS: ~~Da drinn~~ oZ ⌈Den hab ich aufgoben, im Kasten da drinn,⌉ / Lottchen ~~Im Wäschkasten~~ reR⌈Lottch Unter der älten ‹sic!› Wäsche.⌉ / ‹Beginn einer schräg gestrichenen Passage:› (× ~~Lottchen.~~ oZ ⌈Nicht möglich⌉ Da ist ja die Wäsche, wie ist darinn. Im Kasten, oZ⌈unmöglich⌉ der ist oZ⌈ja⌉ voll mit Wäsche. / Ajaxerle. ~~Na weg~~ Das macht nichts. / Lottchen. Aber wo ist er den. / Ajaxerle Wo er hinhört. unter die Strümpf. Still ~~der~~ {euer} ‹korrigiert zu »der«?› Vater kommt. ×) ‹Ende der schräg gestrichenen Passage› / reR⌈Ajax Ja wohl ~~unter~~ oZ⌊bey⌋ die Strümp[f,] ‹Textverlust› ~~Eben deßwege, unter die Strümpf~~ damit oZ⌊doch⌋ ein neuer auch dabey ist / Still der Vater kommt.⌉ ‹der gesamte Zusatz am rechten Rand›
32/16 [Scena 11.] HS: ‹fehlt›
32/17 [*Später* EIN SATIR.] HS: ‹fehlt›

32/19 AJAXERLE.) Was ist das HS: <u>Ajaxerle</u>) ~~Was ist das„~~? Was ist das
32/19 Visit? Wer HS: Visit? ~~Was will der Herr?~~ Wer
32/20 hereingelassen[.] HS: hereingelassen
32/25 dem HS: de{m} ‹oder »den«?›
32/30 Und wegen dem [soll] HS: Und ~~da soll~~ oZ ⌜wegen de{m}⌝ ‹»soll« irrtümlich gestrichen›
32/31 und ich iß das ganze Jahr keine Schneke[n.] HS: reR ⌜und ich iß das ganze Jahr keine Schneke{n}⌝
33/3 so unbarmherzig HS: so ~~grau~~ unbarmherzig
33/3 umgehen, HS: umgehen„ ‹zweimal Komma›
33/4–6 Sie haben ‹... bis› müssens halten[.] HS: zwZ ⌜sie haben ihm vor drey Jahren, ihr Ehrenwort gegeben und müssens halten⌝ ‹möglicherweise Textverlust›
33/7 werd unsinnig, HS: ~~fall aus den Wolken,~~ oZ ⌜werd unsinnig⌝
33/8 f. dem Taugenichts sein Vetter zu seyn, und 2tens, HS: ~~ein Schneckenhändler zu seyn, zweytens ist~~ dem ‹»dem« korrigiert aus »der«?› Taugenichts sein Vetter, liR ⌜zu seyn,⌝ und ~~er drittens,~~ oZ ⌜2tens.⌝
33/10 liederli[c]hen HS: liederlihen
33/11 bravs Männle, HS: bravs ~~Bürschle,~~ oZ ⌜Männle⌝
33/16 in 8 HS: in ~~meinen~~ 8
33/16–22 fügst, und ‹... bis› heurathst. HS: fügst, ‹Einfügezeichen› ~~und dein Wald du~~ {‹ein gestrichenes Wort unleserlich›} ~~und ein einzigs Mahl nur das Wort Wald, aussprichst,~~ liR ‹mit Schrägstrichen:› ⌜~~und dein Waldgsang nicht aufgiebst.~~⌝ / liR ‹darunter mit Schrägstrichen:› ⌜~~und du deine große Sehnsucht nach die Wildschwein und Holzbirn im Wald nicht aufgiebst.~~⌝ / liR ‹darunter Einfügung mit Einfügezeichen› ⌜und immer vom Wald phantasierst, ~~und von lauter Wildschwein~~ und deinen Gespielinen ~~den, die~~ den Wildschwein und Wildänten.⌝ da drinn in ~~ein~~ oZ ⌜einen⌝ Pünkel ~~hab~~ liegt dein Bauerngewand, oZ ⌜was du dir so gut aufg'hoben hast⌝ das laß ich dir anziehen und sperr dich ins {d} Holzgwölb. ~~bey Wasser und Brodt.~~ oZ ⌜und traktier dich mit Holzäpfel so lang bis⌝ du ~~heurathst~~ den alten Millioneur. uZ ⌜heurathst.⌝
33/23 bin ich HS: oZ ⌜bin ich⌝

33/24 WURZEL. Just, HS: Wurzl Eben oZ ⌈Just,⌉
33/24 arme HS: oZ ⌈arme⌉
33/25 auch Millioneurinn HS: auch noch eine Millioneurinn
33/25 doch HS: oZ ⌈doch⌉
33/26 f. wollen dieses HS: wollen so dieses
33/31 Schwur, ich HS: Schwur, ich {we} ich
33/31 f. Ihrer Stadt und werde HS: oZ ⌈ihrer Stadt⌉ und will werde
33/34–34/1 AJAXERLE. Habens Sie ‹… bis› gfallen. HS: ‹Beginn einer schräg gestrichenen Passage:› (× Ajaxerle Hören sie? W Freylich hab ichs gehört ‹Zeichen X ohne entsprechende Einfügung› / Wurtzel (Zur Thür) Nu ‹Einfügezeichen ohne entsprechende Einfügung› warts oZ ⌈nur⌉ wenn ich hinaus komm, die Bediente die Hallunken. pumpern schon wieder an die Bodenthür an ×) ‹Ende der schräg gestrichenen Passage› ‹Einfügezeichen ohne entsprechende Einfügung› liR ‹von oben nach unten› ⌈Ajax. Habens sie ghort, den Pumperer? / Wurtz. Weils halt nicht acht geben, die Bedienten, ist wieder einer über die Bodenstiegen gfallen.⌉
34/3 und Recht hats, – HS: oZ ⌈und⌉ Recht hats, – ‹korrigiert aus »thats«›
34/5 viel Haarle HS: viel Haarl oZ ⌈Haarle⌉ Haar
34/10 f. *abgebrochenen Säul[e]* HS: abgebrochenenen ‹»en« am Ende zu viel, irrtümlich nicht unterstrichen› Säul[e] ‹Textverlust›
34/12 *steinern[e]* HS: steinern
34/12 *Wurzels Schwur* HS: Wurzels Worte Schwur
34/13 da[s] HS: ‹»ß« korrigiert aus »s«›
34/14 bringt, wie HS: bringt, daß mich der Schlag treffen könnt, wie
34/14 f. mein[e] Adern fließt, [b]is HS: mein Adern fließt. ‹Beginn einer schräg gestrichenen Passage:› (× bis diese Faust, welche die Ehre haben wird sie hinauszubegleiten. ×) ‹Ende der schräg gestrichenen Passage› Bis
34/15 Fäuste, diese HS: Fäuste, {n} diese
34/17 entnervt HS: entnervt ‹korrigiert aus »entnevt«?›
34/18 k[ö]nnen, HS: konnen,

34/18 f. dieses Schokoladefarbn[e] HS: dieses H̶a̶u̶p̶ {schirt}
Schokoladefarbn

34/20 Person schon HS: Person u̶n̶d̶ ̶B̶ schon

34/22 Schnekenhändler. Dann HS: Schnekenhändler. h̶e̶r̶n̶a̶c̶h̶
h̶a̶l̶t̶ ̶i̶c̶h̶ ̶m̶e̶i̶n̶ Dann

34/23 Wort. HS: Wort. ‹danach nachträgliche Fassung laut Einfügungsblatt› ⌈Nicht eh s̶o̶l̶l̶ oZ ⌊darf⌋ diese Verbindung vollzogen werden. Bis aus dem Blut, das wie geschmolznes Eisen glüht. ein Himbeergefrornes wird. bis diese kräftgen Zwillingsbrüder. meine Fäust. so kraftlos sind, daß ich nicht eimahl einen Kapauner mehr transchiren. kann, bis dieses kien russchwarze Haupt sich in einen Gletscher verwandelt, kurz bis ich so ausschau daß ich auf den Aschenmarkt hinaus ghör, dann fragen sie sich wieder an, m̶e̶i̶n̶ lieber Schnekensensal, dann h̶a̶l̶t̶ halt ich ihren Fischer mein Wort.⌉
‹auf Rückseite des Einfügungszettels kopfstehend:› J̶u̶b̶e̶l̶ ̶r̶a̶u̶-̶
s̶c̶h̶e̶ oZ ⌈Schickt den Jubel⌉ durch die Lüfte, / Nach der Freude, Sonnenberg. / Streut des Lobes Schmeicheldüfte / Preiset
h̶o̶c̶h̶ oZ ⌈l̶a̶u̶t̶⌉ oZ ⌈hoch.⌉ den grünen Zwerg. / L̶e̶b̶e̶ ̶h̶o̶c̶h̶ ̶d̶u̶

34/24 AJAXERLE *(rasch).* HS: Aja S (Rasch)

34/28 DER SATIR *(mit kräftiger* HS: d̶e̶r̶ (Der Satir) (mit hö{h}
kräftiger

34/30 geendet, schlägt HS: geendet. d̶e̶n̶ ‹»n« oder »r«› {stark} be
schlägt

34/31 *schnell damit* HS: schnell m̶i̶t̶ damit

34/32 *hinab.)* HS: hinab.) E̶i̶n̶ ̶k̶l̶e̶i̶n̶e̶r̶ ̶F̶e̶

34/33 je[zt] HS: oZ ⌈je⌉

34/33 wohl Sie. HS: wohl s̶i̶e̶ ̶H̶a̶s̶e̶n̶f̶u̶ß̶. oZ ⌈Sie⌉

34/33 H[er]r HS: Hr

34/35 ehrlichen HS: oZ ⌈ehrlichen⌉

35/3 da[s] HS: da

35/5 WURZEL *(ergreift* HS: Wurtz W̶i̶r̶f̶t̶ ̶i̶h̶m̶ (Ergreift

35/7 Sc[ena 12]. HS: Sc.

35/11 LOTTCHEN. Bleib ‹... bis› um alles HS: Lottchen. I̶c̶h̶ Bleib
d̶o̶c̶h̶, oZ ⌈ruhig ich bitte dich⌉ um alles

35/14 Nahmen herabzusetzen zu hör[en] HS: Nahmen s̶o̶ herabzusetzen zu hör ‹Textverlust›

35/15 Faulenzer und ruhig bleiben, HS: Faulenzer, oZ ⌈und ruhig bleiben⌉
35/16 mich nie HS: mich ~~nicht~~ nie
35/20 LOTTCHEN. Am hellen Tag. HS: oZ ⌈Lottche Am hellen Tag.⌉
35/21 KARL. HS: oZ ⌈Karl⌉
35/21 hier, du HS: hier, ~~leb wohl~~, du
35/24 *plötzliche[s] Gekrache, ein Schrey zugleich* HS: plötzliche Gekrache, oZ ⌈ein Schrey⌉ ~~da~~ zugleich
36/1 [Scena 13.] HS: 13. Auf
36/2 [VERWANDLUNG] HS: ‹fehlt›
36/3 *einen großen* HS: einen ‹korrigiert aus »den«?› ~~groß~~ liR ⌈großen⌉
36/4 *Stadt.* HS: Stadt. R
36/5 *durch Karls Fall* HS: liR ⌈durch Karls Fall⌉
36/5 *einem Stük* HS: einem einem ‹irrtümlich zweimal› Stük
36/7 *vo[n] einem* HS: vom einem
36/7 f. *den noch* HS: den ~~U da~~ noch
36/9 *hält i[h]n* HS: hält in
36/9 ZUSCHAUER *vollenden* HS: Zuschauer ~~umgebe~~ vollenden
36/10 *Tableaux.* HS: Tableaux ‹korrigiert aus »Tablau«?›
36/10 f. [*Später* LOTTCHEN, ‹... bis› GENIUS.] *Der* HS: ~~Gleich~~ Der
36/16 *packt* [WURZEL]). *Spit[z]bube* HS: packt). Spitbube
36/18 LOTTCHEN *(stürtz[t]* HS: Lotti stürtz
36/24 *gethan?* HS: ‹Fragezeichen korrigiert aus Rufzeichen?›
36/25 *Wart Satan!* HS: ~~von meiner Seite, du~~ oZ ⌈Wart⌉ Satan!
36/25 f. *(Er läuft schnell ins* HS: er ~~eilt~~ läuft schnell ~~gegen das~~ ins
36/27 *nach und* HS: nach ~~da~~ und
36/30 f. *die Bauernkleider Lottchen[s] befinde[n,]* HS: die ~~Kle~~ Bauernkleider Lottchen befinde ‹Textverlust›
36/32 *aufgebunden).* HS: aufgebunden!) ‹Rufzeichen ergibt wenig Sinn, möglicherweise nur Punkt und senkrechter Strich als Ende der Regieanweisung›
36/32–37/1 *eine angenomme[ne] Kreatur!* HS: eine ‹korrigiert aus »ein«› angenomme~~ner Bastard~~, Kreatur!
37/2 f. *hinab) in mein Haus* HS: hinab) ~~in mein Haus~~ in mein Haus

37/3 f. *zu.)* / LOTTCHEN *(weint).* HS: zu uZ ⌈Die Zuschauer⌉ /
  Lottchen. oZ⌈(weint)⌉
37/5 sich doch HS: sich hel doch
37/8 vor Kummer HS: vor Kummer ‹korrigiert aus »Sorgen«›
37/10 hin. HS: hin. De
37/11 Ins HS: I Ins
37/15 *lache[n]* HS: lache ‹Textverlust›
37/16 f. giebt HS: verstossen von Vater um giebt
37/17 kein Wesen HS: kein {er} Wesen
37/17 f. o daß die Nacht HS: liR⌈o daß die⌉ o die Nacht
37/18 *mein[e]* HS: mein ‹Textverlust›
37/20 *(Dumpf[er]* HS: oZ⌈Dumpf⌉
37/20 *Musik[.] Graue Wolkenschleyer senken* HS: oZ⌈Musik⌉
  Graue ‹korrigiert aus »Grauer«?› Wolkenschleyer {en} senken
37/21 *langsam nieder, dan sinkt* HS: oZ⌈langsam⌉ nieder. dan erscheint oZ⌈sinkt⌉
37/22 *kolossal gemahlte* HS: kolossal ‹korrigiert aus »kolossale«›
  oZ⌈gemahlte⌉
37/22 *sie an* HS: sie an {mit} an
37/23 f. *in graues faltiges* HS: in graues ‹korrigiert aus »grauer«›
  oZ⌈{lan}⌉ Toga. faltiges
37/24 f. *ausgestreckten Armen, einen* HS: ausgebreiteten oZ⌈gestreckten⌉ Armen, d einen
37/26 *Auge. Eine* HS: Auge. In der re Eine
37/27 *Rechten Hand* HS: Rechten {ein} ‹oder »neu«?› Hand
37/28 *ist, mit der* HS: ist. die oZ⌈mit der⌉
37/29 *in* HS: ‹korrigiert aus »ins«›
37/30 *Bodium.* HS: Bodium. ‹Einfügezeichen›
37/30–33 *Die Nebel vergehen ‹... bis› sichtbar.* HS: ‹Einfügung
  mit Einfügezeichen von rechter Spalte unterhalb:›⌈Die Nebel
  vergehen Während dem und ‹»dem« korrigiert in »und«› {lößen} die oZ⌊lassen⌋ die vorige Straße im Mondenglanz zurük
  Die Luft ist rein und mit transparenten Sternen besäet. auch
  die transparente Mondessichel ist wie die Sterne an der Hinterkortine sichtbar.⌉
37/34 *folgen[den]* HS: folgen ‹irrtümlich nur »folgen« geschrieben›

38/1 [CHOR.] HS: ⟨fehlt⟩
38/2–10 In dem finstern ⟨... bis⟩ Fluggang HS: ⟨Text in linker Spalte⟩
38/5 Licht[s] HS: Licht
38/8 da[ß] HS: das
38/8 f. Stufen / Sie HS: Stufen / Sie zur Sie ⟨»S« korrigiert aus »R«⟩
38/10 (Auf HS: ⟨gestrichener Großbuchstabe oder Zeichen⟩ Auf
38/11 einem glänzende[n] Brillant Stern HS: einem transparenten Sterne glänzende ⟨Textverlust⟩ Brillant ⟨wollte Raimund ursprünglich »Brilant« schreiben? Sofortkorrektur⟩ Stern
38/15–25 Darum ⟨... bis⟩ Schacht. HS: ⟨Text in linker Spalte⟩
38/19 fort.) HS: fort. nun fällt dieser Chor ein
38/26 (Unter diesem HS: Nun fällt unter diesem
38/27 gehüllt, solche HS: gehüllt, auf solche
38/28 tran[s]parenten HS: tranparenten
38/28 Haupte[,] HS: Haupte
38/28 f. Sie laufen HS: Sie halten laufen
38/30 da[ß] HS: das
38/31 Häupte[rn] HS: Häupte
38/31 f. [.] Von oben, HS: Von oben, ⟨ab hier Text wieder über volle Zeilenlänge⟩
39/1 gemahlte[n] Geister[n] HS: gemahlte Geister
39/1 da[ß] HS: das
39/3 Pra[cht] HS: ⟨Textverlust⟩
39/5 verklingen[,] HS: verklingen
39/6 f. Augen, ⟨... bis⟩ Vorhang.) HS: Augen, ⟨Einfügezeichen⟩ liR ⟨von oben nach unten geschrieben:⟩ ⌈und schlägt mit den Flügel an die Glasscheibe. So fällt der Vorhang.⌉
40/2 Sc[ena] 1. HS: Sc. 1.
40/4 f. Links eine HS: Links an eine
40/7 Blumen[.] HS: Blumen ⟨kein Punkt, aber danach neue Zeile⟩
40/9 nimmt ein HS: nimmt sich ein
40/11 sich hie HS: sich zerst hie
40/12 Rosenbrücken. Auf HS: Rosenbrücken. Die Auf
40/13 aus[ge]zeichnete HS: auszeichnete
40/14 Die niederere HS: Die kle{i}n niederere
40/14 bewachsen[,] HS: bewachsen und

40/15 *Postament die Statue des* HS: Postament der ‹korrigiert aus »die«› oZ ⌈Stat⌉ liR ⌈die Statue des⌉

40/16 *Füllhorn*[.] HS: Füllhorn ‹kein Punkt, aber danach neue Zeile›

40/17 *ein steiler Berg* HS: ein ein ‹irrtümlich doppelt› steiler glänzen Berg

40/17 *nur* HS: oZ ⌈nur⌉

40/18 *der goldene* HS: der Tem goldene

40/19 *eine Sonne* HS: eine St Sonne

40/19 *den ganzen* HS: oZ ⌈den⌉ ganzen

40/20 f. *lieg*[*t*] *ein dichter* HS: lieg ein {düstrer} dichter

40/24 *durch die Luft auf einer großen Schwalbe* HS: durch die Luft auf einer Schwa großen Schwalbe durch die Luft ‹irrtümlich doppelt›

40/27 [ILLI.] HS: ‹fehlt›

40/30 f. *hinein, nach* ‹... bis› *trippelt.*) HS: hinein) ein {P} (nach einer Pause, während er wartet uZ ⌈ein paarmahl ungeduldig auf und ab trippelt)⌉

40/32 *giebt* HS: giebt ‹oder »Giebt«?›

41/3 *giebts* HS: oZ ⌈giebts⌉

41/3 *als* HS: oZ ⌈als⌉

41/4 *das* HS: ‹korrigiert aus »daß«›

41/6 *Schmutzer*[*e*]*y‹* HS: Schmutzery

41/7 *oder nicht?* HS: oder nicht? ‹ursprünglich unterstrichen und als szenische Bemerkung klassifiziert, dann aber Unterstreichung korrekterweise gestrichen›

41/7 *ohne Musik* HS: oZ ⌈ohne Musik⌉

41/8 *Fl*[*u*]*ge* HS: Fl{e}ge

41/8 f. *Teuxel da wollens Geister seyn ja – Betteleut* HS: Teuxel Geist - oZ ⌈{Wenn ihr}⌉ uZ ⌈da wollens Geister seyn⌉ ja – Betteleut

41/10 [Scena 2.] HS: 2ter Auftritt.

41/11 (*Sanfte* HS: Kurtzes Melodra{m} / Sanfte

41/11 f. *anhängend.*) / [LOTTCHEN.] *Wo* HS: anhängend. ‹Beginn einer schräg gestrichenen Passage:› (× Wo befinde ich mich, wa warum hat mein Herz so mächtig hirher gezogen? Am Eingange des ‹korrigiert aus »dieses«› Thals oZ ⌈Waldes⌉ verließ mich mein strahlend Führer, und sagte sprach: Geh deinem Herzen nach, es ist der beste Führer x) ‹Ende der schräg gestrichenen Passage› / Wo

41/14 Waldes nahm HS: Waldes blieb mein strahlender Führer st vor mir nahm

41/15 nicht HS: oZ ⌈nicht⌉

41/17 unwillkührlic[h] HS: unwillkührliche

41/18 schön[e] Gärtchen, HS: schönes Th Gärtchen,

41/20 wohl so HS: oZ ⌈wohl so⌉

41/20 meiner Brust, HS: meiner Brust, Innern oZ ⌈Brust,⌉

41/20 f. denn? ([Ü]ber der [Hütte] erscheinen HS: den? Auf (Uber der ‹nachfolgendes Wort fehlt: »Hütte«? »Thür«?› erscheinen

41/23 f. Zufriedenheit? ‹... bis› nur in HS: Zufriedenheit? Die wohnt Der Vater sagte ja, sie oZ ⌈die⌉ wohnt nur ihn in

41/24 Ich weiß es schon, HS: liR ⌈Ich weiß es⌉ Schon, oZ ⌈schon⌉

41/26 anklopfen, und HS: anklopfen, {un} und

41/27 ein Dienstmädchen, HS: ein ‹korrigiert aus »einen«› Dienstmädchen, ‹»mädchen« korrigiert aus »bothen«›

41/28 ein[e] HS: ein

41/29 armes Mädchen, HS: armes ‹»s« korrigiert aus »r«?› Dienstboth, liR ⌈Mädchen⌉

42/1 3 HS: ‹korrigiert aus »2«?›

42/2 ([VORIGE;] HS: ‹fehlt›

42/2 *griechisch,* HS: oZ ⌈griechisch,⌉

42/5 mein Kind? HS: mein He Kind?

42/10 eine Dame hätt ich Sie nicht gehalte[n.] HS: eine gnädige Frau, oZ ⌈Dame⌉ hätt ich sie nicht gehalten. ‹Einfügezeichen› kommen sie mir sehr kurios vor hätt ich sie nicht gehalte ‹Textverlust› ‹Einfügezeichen und Einfügung des nachfolgenden Textes bis 42/17 (»Steh auf«) mit Einfügezeichen vom Seitenende›

42/11 Nicht,? Und doch bin [ich] noch HS: Nicht,? ich oZ ⌈Und doch⌉ bin noch ‹»ich« fehlt›

42/14 f. mir Euer Hohheit, aber da HS: oZ ⌈mir⌉ euer Majestät, ‹mit Schrägstrichen gestrichen› oZ ⌈Hohheit⌉ daß aber ich ‹mit Schrägstrichen gestrichen› da

42/17 DIE ZUFRIEDENHEIT. Steh auf[.] Du bist HS: <u>Zuf.</u> Steh auf
– ‹Ende der Einfügung von Seitenende› <u>Die Zuf</u> oZ ⌈Steh auf⌉
Du bist

42/18 Kurzem HS: ‹»K« oder »k«?›

42/19 nehmen, du hast HS: nehmen, ~~du hast du wirst recht verzei~~
du hast

42/20 Aufbetten wirst du ersparen, HS: Aufbetten ~~hast du Rath~~,
oZ ⌈wirst du ersparen⌉

42/22 denn mich nähren die HS: den ~~ich nähre~~ mich ~~von den~~ oZ
⌈nähren die⌉

42/22 f. Bewußtseyns, mich tränket HS: Bewußtseyns, ~~und l{a}bt~~
~~hohle~~ liR ⌈mich tränket⌉

42/24 LOTTCHEN. Ach ich bin ja mit allem zufrieden. HS: reR
⌈Lotth Ach ich bin ja mit allem zufrieden.⌉ ~~Lottch. Und sie~~
~~sind nicht mager, auf Ehre nicht.~~ oZ ⌈E. {Hoheit} ~~sehen doch~~
~~recht vergnügt aus.⌉ sind nicht mager, wahrhaftig nicht.~~

42/25 DIE ZUFRIEDENHEIT. Hast HS: <u>Zuf.</u> ‹korrigiert aus?› ~~Willst~~
~~du also bey mir bleiben?~~ Hast

43/2 denn HS: den ‹»n« korrigiert aus »r«›

43/9 Großklockner HS: ‹»ß« korrigiert aus »s«›

43/9 f. Ruhmes, das HS: Ruhmes, {sein} ~~schöne~~ das

43/11 Luft HS: oZ ⌈Luft⌉

43/11 Höhen, aber HS: Höhen, ~~doch~~ aber

43/16 LOTTCHEN. Das versteh HS: <u>Lottch.</u> ~~Ich verstehe dich~~
~~nicht.~~ Das versteh

43/18 mich nicht HS: mich ~~mich~~ oZ ⌈daß⌉ uZ ⌈mich⌉ nicht

43/19 LOTTCHEN. Verwandt. HS: <u>Lottch</u> ~~Ach ich habe ja keinen~~
~~Verwandten~~ oZ ⌈Verwandt.⌉

43/19 haben sich E[uer] Hohheit HS: haben ~~sie~~ sich oZ ⌈E. Hoh-
heit⌉

43/22–27 Freundin ‹... bis› Recht HS: Freundin ~~deine Schwester~~
seyn. ‹Einfügezeichen› ‹Einfügung mit Einfügezeichen vom
Seitenende, abgetrennt durch Strich:› ~~Bleibe wie du~~ Der Mann
der heute dich verstieß, ist nicht dein Vater, sonst hätt ‹»er«
fehlt› es nie gethan. Doch eine Mutter hast du noch die dich
innig liebt und oZ ⌈die⌉ du bald umarmen wirst, bis dahin ‹Zeichen X zur Kennzeichnung des Endes der Einfügung und des

Anschlusses im ursprünglichen Textverlauf› (× ~~Reiche mir deine Hand~~ ×) ‹Streichung von »Reiche« bis »Hand« danach wieder rückgängig gemacht?› oZ⌈~~Komme {mein} Herz~~⌉ ~~und gelobe mir zu bleiben wie du bist,~~ ‹oZ Zeichen X› oZ⌈Reiche mir deine Hand.⌉ und nenne mich Schwester. / Lottch. ~~Ach das will ich ja eben, aber ich fürchte immer es nicht Recht~~ Recht
43/27 her[n]ach HS: herach
43/31 meinem moosbewachsenen HS: meinem {M} moosbewachsenen
43/32 Baldachin der heitre Himmel HS: Baldachin {ein} der ~~heitre heit blaue~~ oZ⌈heitre⌉ Himmel
43/33 LOTTCHEN. Ach HS: Lottch. ~~Ach mein~~ ‹kurze Schrägstriche, Striche dann wieder ausgestrichen?› Ach
43/33 wie soll ich HS: wie ~~ich~~ soll ich
43/34 und du HS: und ~~ich~~ du
44/1 *(freudig).* Ach ja – wie ich bin [–] doch HS: oZ⌈*(freudig)*⌉ Ach ja – oZ⌈wie ich bin⌉ doch
44/4 auch immer ledig HS: auch oZ⌈immer⌉ ledig
44/8 bin wünsche ich HS: oZ⌈bin⌉ ~~wünsche ich~~ wünsche ich
44/9 denke, kann HS: denke, ~~da~~ kann
44/10 nicht recht HS: nicht ~~rech~~ recht
44/11–13 Lottchen, tröste ‹... bis› verdienet HS: Lottchen, ~~reiche mir deine Hand,~~ oZ⌈tröste dich⌉ ich werde ~~dir~~ oZ⌈dich mit⌉ deinem ‹»m« korrigiert aus »n«?› Karl ~~verschaffen,~~ oZ⌈vereinen,⌉ er verdienet ‹korrigiert aus »verdient«?›
44/14 ihn.? Ist er HS: ihn.? ~~Ist das wahr? Bist du~~ oZ⌈Ist er⌉
44/14 mit dir HS: mit ~~ihm~~ oZ⌈dir⌉
44/16 Er war es, HS: oZ⌈Er war es.⌉
44/21–29 Du wirst ‹... bis› von sich stößt. HS: oZ⌈Du wirst deinen Karl erhalten⌉ ‹Beginn einer mit rötlicher Kreide schräg gestrichenen Passage:› (× ~~Doch komm wir wollen ihn~~ oZ⌈erst⌉ ~~aufsuchen,~~ ‹»auf« möglicherweise zuerst gestrichen, dann durch kurze Schrägstriche Streichung wieder rückgängig gemacht?› er soll uns beyde wieder finden, ~~zu erst~~ dich, und mich durch dich. ~~Ja ich reise mit~~ ‹letzte 4 Wörter zusätzlich mit kleinen Querstrichen gestrichen› dir in die ~~Welt, große Welt~~ Welt, ~~die sonst ich nur~~ oZ⌈wir wollen deinen Karl suchen⌉ ~~und wo~~

i̶c̶h̶ ̶e̶i̶n̶e̶n̶ ̶A̶r̶m̶e̶n̶ ̶f̶i̶n̶d̶e̶,̶ ̶d̶e̶n̶ oZ ⌈reicher⌉ {‹ein gestrichenes Wort unleserlich›} d̶i̶e̶ {‹ein gestrichenes Wort unleserlich›} und die bessere Zahl {der} M̶e̶n̶s̶c̶h̶e̶n̶ {reicher} oZ ⌈w̶o̶h̶l̶h̶a̶b̶e̶n̶d̶e̶r̶⌉ ‹»wohlhabender« mit kurzen Schrägstrichen zur Rückgängigmachung einer Streichung.› Menschen, die nur ein falscher Wahn, bey ihres Reichthums Glanz so arm an Freuden läßt, oZ ⌈D̶⌉ ‹oder Einfügezeichen?› j̶e̶d̶e̶{m} oZ ⌈allen ‹Wortbeginn korrigiert, »a« oder »A«?› diesen⌉ will i̶c̶h̶ ̶m̶e̶i̶ die Hand h̶{in} oZ ⌈i̶c̶h̶⌉ reichen, u̶n̶d̶ damit die Freude oZ ⌈wieder⌉ überströme, ×) ‹Ende der mit rötlicher Kreide schräg gestrichenen Passage› liR ⌈und hab ich euch vereint, geb ich auch meinem Herzen dann ein Fest, durch ziehe, froh ‹korrigiert aus »frohe«› die Welt, und wo ich einen Armen⌉ ‹Fortsetzung am Seitenende, 3 Zeilen über ganze Breite geschrieben:› ⌈finde, der krank liegt am Verlust der Freude, will ich schnell die Hand ihm reichen und sie überströmen lassen⌉ ‹Fortsetzung im ursprünglichen Manuskript:› aus meinen Herzen in das S̶e̶i̶n̶e̶. oZ ⌈Ihre Seinige⌉ (geht mit ihr in die Hütte) Komm, vieleicht gelingt es mir, ein Bündniß mit der Welt zu schließ ‹Textverlust› d̶i̶e̶ ̶m̶i̶c̶h̶ s̶o̶ ̶l̶a̶n̶g̶ ̶v̶e̶r̶k̶{a}n̶n̶t̶,̶ ̶u̶n̶d̶ {d̶}i̶e̶ {‹ein gestrichenes Wort unleserlich›} liR ⌈und die ich so innig liebe⌉ oZ ⌈und die⌉ m̶i̶c̶h̶ ̶g̶r̶a̶u̶s̶a̶m̶ oZ ⌈so hart⌉ uZ ⌈mich von sich stoßt⌉. ‹ganz unten links, waagrecht mit roter Kreide gestrichen:› (× ach was ist das schön, wen man eine Schwester hat. ×)

45/2 *(Hell mit Lustern und Wandleuchtern* HS: liR ⌈H̶e̶l̶l̶⌉ Hell oZ ⌈mit Lustern und Wandleuchtern⌉

45/6 [Scena 4.] HS: ‹fehlt›

45/7 f. [*Später* HABAKUK, BEDIENTE.] HS: ‹fehlt›

45/9 *(mit übermüthigen* HS: (mit w̶i̶l̶d̶e̶{n̶} oZ ⌈übermüthigen⌉

45/10 Hoch – *(Ein* HS: Hoch – m̶a̶n̶ ̶h̶ö̶r̶t̶ ̶e̶i̶n̶i̶g̶e̶ ̶z̶e̶r̶s̶c̶h̶ (ein

45/11 Schlagts HS: Schlagt{s}

45/13 *(etwas angestochen).* HS: oZ ⌈(etwas angestochen)⌉

45/13 da, man HS: da, h̶e̶u̶t̶ man

45/14 Uhr, wenn HS: Uhr s̶c̶h̶l̶a̶g̶e̶n̶,̶ wenn

45/16 MUSENSOHN. HS: W̶u̶r̶t̶ Musensohn.

45/16 5 HS: ‹mit Bleistift korrigiert aus »4«›

45/17 noch geschwind HS: noch d̶i̶e̶ ̶z̶w̶e̶y̶ geschwind

45/20 H[errn] HS: HE
45/23 MUSENSOHN. Schön, wir wolln die Freundschaft besingen HS: zwZ ⌈Musens. Schön, wir wolln oZ ⌊die Freundschaft⌋ ‹»die Freundschaft« mit Bleistift eingefügt› besingen⌉
45/24 AFTERLING *(der einen* HS: oZ ⌈A̶f̶t̶e̶r̶l̶i̶n̶g̶⌉ Afterling J̶a̶h̶ s̶i̶{n̶} *(der einen*
45/24 f. singen, schön singen HS: singen, w̶o̶l̶l̶e̶n̶ schön singen
45/25 her[n]ach HS: herach
45/28 WURZEL. Der hat ihn heute. HS: reR ⌈Wurtz Der hat ihn heute.⌉
45/29 f. nutz, H[err] HS: nutz, b̶i̶s̶ ̶a̶u̶f̶ ̶m̶e̶i̶n̶e̶n̶ HE
45/31 H[err] v[on] HS: HE v
46/5 H[err] v[on] W[urtzel], sagen HS: HE v W. sagen
46/8 H[err] v[on] W[urtzel] wir HS: H v W. wir
46/11 sind Sie aufrichtig H[err] v[on] W[urtzel]. HS: sind sie ‹»sie« korrigiert aus »ein«?› aufrichtig H v W.
46/12 H[err] v[on] W[urtzel] – HS: H̲ ̲v̲ ̲W̲. – ‹unterstrichen›
46/16 [um] HS: ‹fehlt›
46/17 stützen HS: stützen.
46/18 können, HS: können{,}
46/19 H[err] v[on] Wurtzel HS: HE v Wurtzel
46/20 *Rausch in* HS: Rausch n̶i̶e̶d̶e̶r̶ in
46/23 WURZEL. [F]ührts ihn HS: W. T̶r̶a̶g̶t̶s̶ oZ ⌈führts⌉ ihn
46/23 ins rauschige HS: ins b̶l̶a̶u̶e̶ oZ ⌈rauschige⌉
46/25 gut[en] Freund nicht HS: oZ ⌈gut⌉ Freund e̶i̶n̶ ̶k̶l̶e̶i̶n̶e̶n̶ R̶a̶u̶s̶c̶h̶ nicht
46/28 hi[n]über wo HS: hiüber H̶a̶b̶ ̶A̶ ̶h̶{a̶} wo
46/29 Porzelain,? HS: Porzelain,? s̶o̶ ̶i̶s̶t̶ ̶d̶o̶c̶h̶ ̶h̶i̶n̶ ̶m̶o̶r̶g̶e̶n̶s̶ ̶a̶l̶s̶o̶
46/30 uns HS: oZ ⌈uns⌉
46/32 [HABAKUK.] Nu das sind schöne Herrschaften. HS: reR ⌈Nu das sind schöne Herrschaften.⌉ ‹Einschub mit Bleistift›
47/2 f. H[err] v[on] W[urtzel] *(schlägt i[h]n* HS: HE v W. *(schlägt in*
47/10 erzählt, da HS: erzählt, {das} e̶r̶ ̶e̶i̶n̶ da
47/11 [sie] HS: ‹fehlt›
47/14 gar keinen HS: gar keinen ‹oder »garkeinen« in einem Wort?›

47/16 sie Ihnen HS: oZ ⌈sie⌉ ihnen
47/17 f. mit Ihre Verse. / [MUSENSOHN.] Was fällt Ihnen ein. HS: reR ⌈mit ihre Verse⌉ ‹Einschub mit Bleistift› / ⌈{M} Was fällt ihnen ein,⌉ ‹Einschub mit Bleistift›
47/21 [MUSENSOHN.] HS: ‹fehlt›
47/24 Freude ihre HS: Freude ihre ihre
47/25 [Ö]ffnet alle HS: Offnet alle ‹»e« korrigiert aus »es«?›
47/27 lang ihr Feldherr HS: lange oZ ⌈ihr⌉ Feldherr
47/29 f. Mann für Mann [laßt nur herein / Wollt ihr lang ihr Feldherr seyn]. HS: Mann oZ ⌈Mann⌉ für Mann ‹Rest fehlt›
48/1 [2] HS: ‹fehlt›
48/2 [MUSENSOHN.] HS: ‹fehlt›
48/10 f. [Jagt die feile Dirne fort, / Denn Fortuna hält nicht Wort.] HS: ‹fehlt›
48/13 [MUSENSOHN.] HS: ‹fehlt›
48/18–23 Brust ‹... bis› [GÄSTE] ab.) HS: Brust. Das ist echt{e} Götterlust. / (alle ab) Und genießt die Götterlust. / Nun Sie ‹»S« korrigiert aus »s«› gewähren Götterlust.
48/24 S[cena 5]. HS: S.
48/25 (WURZEL, LORENTZ, HABAKUK, BEDIENTE rä[u]men HS: Wurzel oZ ⌈Lorentz⌉ Habakuk Bediente rämen
49/2 noch HS: {noch}
49/5 Stoß an HS: Stoß an ‹oder »Stoßan« in einem Wort?›
49/6 LORENTZ. Hoch. (Donnerschlag, Stille[.] HS: Lorentz ‹korrigiert aus einem anderen Wort› (hoch) ‹irrtümlich in Klammer und unterstrichen wie Regiebemerkung› Donnerschlag. ‹irrtümlich wie Sprechtext ohne Klammer und Unterstreichung› oZ ⌈Stille⌉
49/6 f. schlägt draußen zwölf.) HS: schlägt 12. draußen zwölf)
49/9 Nacht. HS: zwölfe. oZ ⌈Nacht⌉
49/9 6 Uhr und HS: 6 Uhr in der früh ‹»früh« kurze Schrägstriche, Durchstreichung wieder rückgängig gemacht?› und
49/11 auch HS: auch ‹irrtümlich zweimal geschrieben›
49/13 WURZEL. Bey HS: oZ ⌈W⌉ Wurtz. Bey
49/13 ists 12 HS: ists Mitterna 12
49/15 HABAKUK. Und drauß ist auf einmahl stokfinster. HS: reR ⌈Habak Und drauß ist auf einmahl stokfinster.⌉

49/16 Was HS: Was ‹»W« korrigiert aus anderem Buchstaben›
49/16 das, das habts mit Fleiß gethan, wieviel HS: das oZ ⌈das habts mit Fleiß gethan⌉ Ich wieviel
49/17 *Thür sehr* HS: Thür dreymahl sehr
49/20 f. WURZEL. Mir scheint ‹... bis› anklopfen soll. HS: Wurzel. Nach den Anklopfen. kann das F der Fasziehr seyn. der ums Trinkgeld kommt. oZ ⌈Mir scheint der schickt ist das ein Sesselträger oder ein⌉ reR ‹ungestrichener Einschub mit hellerer Tinte und anderer Feder:› ⌈die Grobheit voraus daß sie statt ihm anklopfen soll.⌉
49/22 E[uer] G[naden]. Ein junger HS: E G. Ein oZ ⌈junger⌉
49/23 f. zwey Rappen HS: zwey Rapp feurige Rappen
49/24 und hintern HS: und um den vor hintern
49/25 rosenfarb[ne] Kamerjungfern HS: liR ⌈rosenfarbn⌉ ‹Einschub mit Bleistift› Kam Kamerjungfern
49/27 Wie heißt er HS: Wie ‹korrigiert aus »Wer«› ist er oZ ⌈heißt er⌉
49/28 LORENTZ. Das HS: Lorentz Das ‹vor »D« anderer Buchstabe?›
49/29 Ah ein ‹... bis› haben[.] HS: zwZ ⌈Ah ein Jugendfreund wird er gsagt haben⌉ ‹Einschub mit hellerer Tinte und anderer Feder›
49/32 Mann[,] HS: Mann ‹Textverlust›
50/1 S[cena] 6. HS: S. 6.
50/2 [VORIGE;] HS: ‹fehlt›
50/5 *Dann hüpft* HS: Dann tritt hüpft
50/6 *Weste am* HS: Weste mit am
50/8 *Bände[rn]* HS: Bände ‹Textverlust›
50/9 [JUGEND.] HS: ‹fehlt›
50/9 Brüderchen HS: ‹ursprünglich »Brüdchen«›
50/10 da[ß] HS: das
50/10 mache. HS: mache, aber sey nicht böse lieber Freund
50/15 ich dienen.? HS: ich ihnen dienen.?
50/15 f. Der braucht gwieß ein Geld. HS: reR ⌈Der braucht gwieß ein Geld.⌉
50/20 sollen HS: sollen ‹oder »solten«?›
50/20 seyn. HS: ‹Zeichen X mit roter Kreide; Einfügung mit Zei-

chen de X mit roter Kreide von Lage im Briefpapierformat:›
‹Seite 1:› Jug oZ ⌈Ha ha⌉ Was fällt dir ein Brüderchen, oZ ⌈fehl-
geschossen⌉ das ~~endigt~~ oZ ⌈endigt⌉ ja eben unsere Freundschaft, weil wir ~~uns~~ schon oZ ⌈gar⌉ zu lange mit einander bekannt sind. Wir sind ja schon zusammen auf die Welt
gekommen, weißt du den das nicht mehr? / Wurz Ja, ja, ich
errinnere ‹sic!› mich schon, Nachmittag wars und gregnet hats
auch. / Jug Wir sind auch mit einander in die Schule gegang.
Weißt du den das auch nicht, wir sind ja auf einer Bank gesessen. / Wurz Ist richtig auf der Schandbank sind wir gesessen.
(für sich) Ich kenn ihn gar nicht. / Jug. Ja freylich,. Sie haben ~~ja~~
uns ja dadurch zwingen wollen, daß wir etwas lernen sollen. /
Wurz ~~Jezt~~ Nun ja, was das für ~~dum G{e}s~~ Sachen waren, aber
wir haben nichts dergleichen ‹sic!› gethan. O wir waren ein oZ
⌈paar⌉ feine Kerls. (f s) Ich habe ihn mein Leben nicht gsehen
noch. / Jug Und wie wir beyde 20 Jahre alt{,} waren, haben wir
die ~~G~~ ganze Gemeinde geprügelt.
‹Seite 2:› O das war ja prächtig. / Wurz O das war ein
Hauptjux. (f s) Ich weiß kein Wort davon. / Jug. Und getrunken haben wir Bruder das war mörderisch. / Wurz O
das war schändlich Bruder. / Jug Ja, und was wir alles getrunken haben. / Wurz oZ ⌈Nu,⌉ ~~Freilich,~~ einmahl haben
wir glaub ich gar einen Wein getrunken, das Verbrechen. /
Jug. Ja und was für einen? / Wurz. Einen ~~Luten sieben Kerl
Wein.~~ Lutenberger. / Jug Und einen Grinziger. / Wurz. (f s.)
‹korrigiert aus anderem Buchstaben:› Ist alles nicht wahr.
‹auf Seite 3 dieser eingeschobenen Lage nicht dazugehöriger
Text, wohl unabhängig auf dem Einfügeblatt notierter Beginn eines Briefes:› Wohlgeborener Herr! / So schmeichelhaft,
‹Seite 3, darauf eingeklebt kleineres Blatt, Vorderseite:› Jug oZ
⌈Juhu⌉ Du hast mich ‹»m« korrigiert aus »d«› ja in alle Wirthshäuser, herumgeschleppt, wir waren ja alle Tage sternhagelvoll
besoffen. ~~Wurz.~~ Kurz, wir waren ein paar wahre Lumpen / Wurz
(B S) Er ~~hat~~ oZ ⌈muß.⌉ doch eine Spur von mir haben er kennt
mich doch. (laut) Bruder wir wollen's noch seyn, schlag ein
Bruderherz. / Haha fehl{geschoßen} ‹Textverlust› der ist ja gerade {ins} ‹Blatt abgerissen, beschädigt, weiterer Text verloren›

‹Einschubzettel klebt auf Einlageblatt im Brieformat: Rückseite mit roter Kreide schräg gestrichen:› ‹Einfügezeichen und Zeichen X› / Wir sind ja ~~mitsammen~~ oZ ‹andere Tinte› ⌜schon zusammen⌝ auf die Welt gekommen, weißt du den das ~~nicht~~ nimer ‹»nimer« dann mit roter Kreide korrigiert in »nicht«› mehr? / Wurzel. Ja, ja ich errinnere mich schon, es war oZ ⌜ja Nachmittag⌝ ~~ein sehr schöner Tag~~, und geregnet hat auch. / Jugend. Wir sind auch miteinander in die Schule gegangen, weißt du das auch nicht, ~~wir haben ja beyde nichts gelernt.~~ liR ⌜~~Wir haben beyde nichts gelernt.~~⌝ / zwZ reR ⌜Wir sind ja auf einer Bank gesessen./ Wu Ist richtig auf der Schandbank. (B S) Ich kenn ihn gar nicht.⌝ ‹Zeichen vi› / ~~Wurz Ist richtig, wir sind ja mit einander ausgestossen worden~~ (bey Seite) Ich kenne ihn gar nicht. / ‹dann Papier abgerissen und nur teilweise lesbar:› W ~~meinem Leben nicht gesehen.~~ ‹Ende der Rückseite des in das Einlageblatt eingeklebten Zettels› ‹auf Seite 4 des Einlageblatts einige Buchstaben und Zeichen, die nicht zum Stück gehören:› T{r} T{s}. und {fee} o 6

50/24   Richtig HS: ~~Ja~~ Richtig ‹»R« korrigiert aus »r«?›

50/24 f.   miteinander ‹… bis› gesessen[.] HS: oZ ⌜miteinander⌝ auf der Eselsbank gesessen ‹Textverlust›

50/26   und wie [wir] beyde zwanzig Jahre alt HS: und {erst} wie ‹»e« oder »r«?› oZ ⌜beyde⌝ {~~Zw~~} zwanzig Jahre oZ ⌜alt⌝

50/27   ganze HS: oZ ⌜ganze⌝

50/29   WURZEL. HS: ~~Ju~~ Wurtz

50/29   getrunken haben wir, HS: getrunken, oZ ⌜haben wir⌝

50/30   Wirth[s]häuser HS: Wirthhäuser

51/1   solid werden, HS: solid. oZ ⌜werden⌝

51/3   trinken, – was HS: trinken, – ~~kurz~~ was

51/4 f.   du von ‹… bis› auseinander setzen wird. HS: du ‹korrigiert aus »dir«› {einem} von einen anderem {‹mehrere gestrichene Buchstaben unleserlich›}{pli}ziren, ‹vielleicht: »explizieren«?› oZ ⌜hören.⌝ der {immer} ‹oder: »einen«› ~~bald her{na}ch~~ zwZ ⌜der dir {‹ein oder zwei gestrichene Wörter unleserlich›} oZ ⌊alles pünktlich⌋ auseinander setzen wird.⌝

51/6 f.   Ah was ‹… bis› ich keinen Rausch, und das HS: oZ ⌜Ah⌝ was ‹»w« korrigiert aus »W«› ~~ist~~ oZ ⌜war den⌝ das, um 7 Uhr

LESARTEN   525

niederlegen, kein Rausch mehr, trinken, nu{n} sie könten wenigstens reden, sie Schulkamerad, meiner oZ ⌈ich keinen⌉ Rausch haben, und das

51/10   dir bin. HS: dir {bin}. ‹»bin« liest sich wie ein zweites »dir«›
51/11 f. mache, wird HS: mache, hat oZ ⌈wird⌉
51/12   [un]edle HS: {un}edle
51/14 f. Lezt kann der Kerl hexen, HS: Letzt hat er doch Recht,. {E} vieleicht ist das Weingeist, liR ⌈Lezt kann der Kerl hexen Was das auch etwa ein Geist wär.⌉
51/16–19 JUGEND. Also adieu ‹... bis› aber du bist HS: Jug. Also L = zwZ ⌈Und nun leb wohl oZ ⌊Also adieu⌋ Herzensbruder lieber, {li}{lieber} Bruder oZ ⌊lieber Bruder⌋ mein Zeit ist ge{m}essen, verzeihe mir was ihr ‹ich« fehlt› dir was Leids gethan hab, ich g{ern} ein du lieber guter Kerl du, aber ich kann dir nicht helfen, den sich ich bin gewiß oZ ⌈auch⌉ ein guter Junge, habs lang genug mit dir ausgehalten, oZ ⌈du⌉ aber jezt muß ich scheiden sey {aber nur} nicht bös auf mich, du warst mein allerdümster oZ ⌈intimster⌉ Freund, ‹Zeichen X und Einfügung mit Zeichen X von liR› ⌈ich blieb gerne noch bey dir⌉ ‹Ende der Einfügung mit Zeichen X› aber, oZ ⌈du bist⌉
51/20   sage mir HS: sage rede mir
51/23   [1.] HS: ‹fehlt›
51/29   Br[ü]derlein HS: Bruderlein ‹ü-Stricherl vergessen›
52/2   Alle Jahr bleibst du bey mir HS: Bleib nur noch recht lang bey mir. reR ⌈Alle Jahr bleibst du bey mir⌉
52/13   halt[.] HS: halt
52/15   (JUGEND tanzt unter dem Ritornell.) HS: reR ⌈Jugend tanzt unter dem Ritornell⌉
52/25   Spitz[b]ub HS: Spitzub
52/32   Denk HS: 1 ‹1 dreimal unterstrichen› Denk
52/33   Schimpf nicht auf der Jugend [G]lück. HS: Blüht dir auch im Alter Glück zwZ ⌈2) Schimpf {nie} nicht auf der Jugendglück.⌉
53/4 f. tanzt ab[,] ‹... bis› nach.) HS: tanzt ab alle nach. ‹nicht unterstrichen›
53/6   S[cena 7]. HS: S. ‹linke obere Ecke des Blattes:› Hundstag. ‹vgl. 56/15›

53/7 [LORENTZ;] HS: ‹fehlt›

53/9 E[uer] G[naden]. HS: E. G.

53/11 sieht HS: sieht ‹»t« korrigiert aus »s«?›

53/11 v[ö]llig HS: vollig

53/13 denn so HS: oZ⌈so⌉den ‹sollte wohl heißen: »den so«›

53/16 spaßig, da HS: spaßig, ~~alles ist weiß~~ da

53/16 f. in den Garten HS: oZ⌈in den Garten⌉

53/17 und die Bäume, alle Blätter werden gelb. HS: und die reR ⌈Bäume, alle Blätter werden gelb.⌉

53/19 [Scena 8.] HS: ‹fehlt›

53/20 (HABAKUK; ‹... bis› BEDIENTE.]) HS: Habakuk Vore

53/22 Kamillenthee, laßt HS: Kamillenthee, ~~ein~~ laßt

53/24 Eilf.) Jezt HS: Eilf.) {(M} ~~Die Katze miaut)~~ Jezt

53/25–27 erst wars 12 ‹... bis› Miau Miau. HS: ~~die Uhr hat den~~ oZ⌈muß ein⌉~~Krebsen~~ uZ⌈geschli{e}kt haben⌉ liR⌈vor erst wars ~~vorher wars~~ 12 jezt ists wieder 11 Uhr. ~~warum wirds den~~ immer weniger? Hat den die Zeit einen Krebsen verschluckt, daß die Stunden rückwärts gehen.⌉ ~~Was wird den {da} draus werden.~~ uZ⌈Die Katze.⌉ Miau Miau.) ~~(Heftiges Pochen)~~

53/28–54/1 gegen mich HS: oZ⌈gegen mich⌉

54/1 einmahl HS: ~~schon~~ uZ⌈einmahl⌉

54/4 Oi HS: ‹»O« korrigiert aus anderem Buchstaben›

54/7 LORENTZ. Wo HS: Lorentz. ‹»L« korrigiert aus »W«› ~~Wer sind wir den?~~ Wo

54/9 nein was für Visiten seyn HS: oZ⌈nein was für Visiten seyn⌉

54/10 Menschen. HS: Mensch⌈en⌉‹korrigiert aus »Mensch.«›

54/11 hohe HS: oZ⌈hohe⌉

54/11 ich will HS: ich ~~muß~~ oZ⌈will⌉

54/14 wie er HS: wie ~~er~~ er

54/15 aufgmacht, oder nicht? HS: nicht aufgmacht. reR⌈oder nicht?⌉

54/17 Ah so? HS: oZ⌈Ah so?⌉

54/19 da[ß] die Scherb[en] HS: das die Scherb

54/20 Wolkenleiterwagen[,] HS: Wolkenleiterwagen ‹kein Satzzeichen›

54/22 sitzt darin HS: sitzt uZ⌈darin⌉

54/22–24 alten Hausrock ‹... bis› Pelzschlafhaube, HS: alten

Schlafrock ‹Einfügezeichen und Einfügung mit Zeichen vom liR:› ⌈Hausrock der bis an die Knie geht⌉ ‹nicht unterstrichen› den Kopf eingebunden. oZ ⌈mit einer⌉ ‹Zeichen X und Einfügung mit Zeichen X vom liR:› ⌈Pelzschlafhaube.⌉

54/25 *und auf* HS: und hin auf
54/28 *da[ß]* HS: das
54/31 *miserablicht* HS: miserablichts
54/32 *bey* HS: an bey
54/35 *ich so* HS: ich ohn in aller so
54/35 *komm,* HS: kommen,
55/2 *ein braves Kind* HS: ein bra braves junge Person oZ ⌈Kind⌉
55/5 *Ja, aber* HS: Ja, ich werd aber
55/8 *bin ein* HS: bin ich ein
55/20 *Pis[y]an* HS: Piszan
55/21 *ist[s].* HS: ist.
55/24 *was thun Sie* HS: w{a}s ‹»a« oder »e«?› thuns oZ ⌈sie⌉
55/27 *ein alter* HS: ein Her alter
55/30 *Nicht* HS: Jezt Nicht
55/30 *oder ich schlag einen nieder.* HS: reR ⌈oder ich schlag einen nieder.⌉
55/31 *Was, schlagen?* HS: Was, raisoniren? oZ ⌈niederschlagen?⌉
55/33–56/3 WURZEL. *Himmel* ‹... bis› *nichts Hato,?* HS: zwZ ⌈Wurtz Himmel wie wird mir.⌉ Wurtzel Himel wie wird mir? Ja was ist / Alter Nicht unterstehn, ‹Beginn einer schräg gestrichenen Passage:› (× in mein Stall seyn lauter ruhige gute Pferd, da wird nichts mehr herum gschlagen, Da werden wir gleich helfen mein liebes Bräunl, ×) ‹Ende der schräg gestrichenen Passage› oZ ⌈und aus schlagen⌉ reR ⌈die Pferd schlagen aus⌉ liR ⌈nicht die Leut.⌉ liR ⌈Damit aber nimmer ausschlagt. so machen wir Verwandl.⌉ er berührt sein Haupt und er hat oZ ⌈bekommt⌉ ganz weißes Haar.) liR ⌈So jezt ist aus de{n} ‹oder »dem«?› Bräunl ein Schimel worden.⌉ liR ⌈So.⌉ Nu Hato mein Schimmerl. Nicht? Nu, nichts Hato,?
56/4 *(weinend).* HS: oZ ⌈(weinend)⌉
56/4 *(Man* HS: ‹»M« korrigiert aus?›
56/5 *an,* HS: ‹»n« korrigiert aus »b«›
56/5 *zugleich sein* HS: zugleich i{n} ‹»n« oder »m«› sein

56/6 *dem des* HS: dem ‹auf Seite links oben, kein Zusammenhang mit dem sonstigen Text:› ~~Altenburg~~ des
56/7 [DAS ALTER.] HS: ‹fehlt›
56/7 H[err] HS: HE
56/12 hätt HS: ‹korrigiert aus »hab«›
56/14 f. nicht mehr sehen, HS: nicht ~~sehen,~~ mehr sehen,
56/15 spüren, HS: ~~spüren,~~ oZ ⌈empfinden spüren⌉
56/16 Wort. Adieu[,] *(umarmt ihn)* HS: Wort. ~~Also gebens acht auf~~ oZ ⌈Adieu (umarmt ihn)⌉
56/17 ein Semerl drinn, und [um] HS: ein ~~bisserl ein~~ Semerl drinn, und ein
56/18 f. gehen, aber imer ‹... bis› erkühlen[,] HS: gehen. ‹Einfügezeichen› liR ⌈aber imer ein Haferdeckl auf den Magen. legen ~~habe~~ das sie sich nicht erkühlen⌉
56/20 ha[l]bes HS: habes
56/22 So jezt Pa alter Papa HS: So ~~jezt leben sie wohl~~ oZ ⌈jezt Pa alter Papa⌉
56/24 da[ß] HS: das
56/25 mit die Teufeln von Rossen. HS: ~~mit~~ oZ ⌈mit die {schlimmen} ~~Roß~~ Teufeln von Rossen.⌉
56/26 Nacht mein HS: Nacht ~~Pa~~ mein
56/26 f. H[err] von Wurzel, gute Nacht. *(Fliegt ab.)* HS: HE von Wurzel, ~~Pa~~ oZ ⌈gute Nacht.⌉ (fliegt ab).
56/28 [Scena 9.] HS: ‹fehlt›
56/30 gebracht. Nein HS: gebracht, ~~das ich aussch wie eine alte Baumwanzen.~~ ‹gestrichen mit Bleistift› Nein
56/31 ich geh HS: ich ~~lauf~~ geh
56/31 *fort)* es HS: fort (es ~~(giebt ihm einen Riß) Oha~~ es
57/1 LORENTZ. Freilich lieber Tschihi ins Bett. HS: Lorentz. ~~Lieber~~ oZ ⌈Freilich lieber⌉ Tschihi ins Bett.
‹Beginn einer schräg gestrichenen Passage:› Wurzel (× Schweig (stampft mit dem Fuß) Ah, (er fühlt einen Riß) ⌈Na⌉ herein. ‹»h« korrigiert aus »H«› / Lorentz Wer hat den angeklopft? / Wurtz Die Gicht. / Lorentz ~~Hörns auf.~~ Habens sies schon.? ~~(freudig)~~ Ich bin froh ich habs nicht. ×) ‹Ende der schräg gestrichenen Passage›
57/4 WURZEL *(auffahrend).* Der Neid? Ja der ist HS: Wurtz S

(auffahrend). Der ‹»Der« korrigiert aus anderen Buchstaben›
Neid? Ja der N̶e̶i̶d̶ ist
57/5-7 schuld, und ‹... bis› abscheulige HS: schuld, d̶i̶e̶s̶e̶r̶ ̶K̶e̶r̶l̶
d̶e̶{r̶}̶ ̶a̶l̶l̶e̶ ̶e̶h̶r̶l̶i̶c̶h̶e̶n̶ ̶W̶u̶r̶t̶z̶e̶l̶n̶ ̶a̶u̶s̶r̶e̶i̶ß̶t̶,̶ ̶i̶s̶t̶ ̶i̶s̶t̶ ̶ü̶b̶e̶r̶ ̶m̶i̶c̶h̶ ̶a̶u̶c̶h̶
g̶e̶k̶o̶m̶m̶e̶n̶.̶ oZ ⌈und jezt laßt er sich nicht sehen,⌉ I̶c̶h̶ ̶w̶i̶l̶l̶ ̶a̶b̶e̶r̶
a̶l̶l̶e̶s̶ liR ⌈was für ein elendiger Mensch muß ich seyn weil sich
so gar der Neid nicht mehr um mich bekümmert. und. alles
durch⌉ M̶i̶t̶ dieses »s« korrigiert aus »m«› v̶e̶r̶m̶a̶l̶e̶d̶e̶i̶t̶e̶n̶ oZ
⌈abscheulige⌉
57/9 vieleicht ‹... bis› vorher. HS: oZ ⌈vieleicht wird wieder alles
wie vorher.⌉
57/16 [ich] HS: ‹fehlt›
57/17 arm seyn und gsund. HS: liR ⌈arm seyn und gsund.⌉
57/18 f. Neid, nims ‹... bis› nimmer mehr. HS: Neidh̶a̶m̶m̶e̶l̶.,
nims dein Geld, i̶c̶h̶ ̶b̶r̶a̶ ich mags nimmer mehr, i̶c̶h̶ ̶w̶i̶l̶l̶ ̶w̶i̶e̶d̶
d̶o̶r̶t̶ ̶s̶e̶y̶n̶,̶ ̶w̶o̶ ̶i̶c̶h̶ ̶h̶i̶n̶ ̶g̶h̶ö̶r̶ ̶u̶n̶t̶e̶r̶ ̶m̶e̶i̶n̶e̶s̶ ̶G̶l̶e̶i̶c̶h̶e̶n̶.̶
57/19 ich hingehör, HS: ich e̶i̶g̶e̶n̶t̶l̶i̶c̶h̶ hingehör,
57/23 *vordere* HS: {v}ordere ‹»v« oder »V«›
57/23 *herbstlich mit* HS: herbstlich i̶n̶ ̶e̶i̶n̶e̶m̶ mit
57/28 *arme* HS: oZ ⌈arme⌉
57/28 *liegt* HS: ‹»gt« korrigiert aus anderen Buchstaben›
57/35-58/2 kein Geld mehr ‹... bis› schaus an HS: kein Geld h̶a̶t̶
e̶r̶ mehr oZ ⌈haben⌉ und grob w̶ä̶r̶ ̶e̶r̶ ̶a̶u̶c̶h̶ ̶n̶o̶c̶h̶.̶ oZ ⌈seyn.⌉ liR
⌈ah jezt muß ich andere Saiten aufziehen⌉ oZ ⌈was⌉ d̶u̶ ̶d̶u̶m̶e̶r̶
B̶a̶u̶e̶r̶ ̶d̶u̶, was glaubst den du, oZ ⌈grober Mensch⌉ du hast liR
⌈ja nichts mehr,⌉ d̶a̶ schaus an
58/3 jezt, dein HS: jezt, w{o} dein
58/4 Fenster aussischaun. HS: Fenster a̶u̶s̶s̶e̶ ̶r̶a̶u̶s̶ aussischaun.
58/5 hin, HS: oZ ⌈hin,⌉
58/6-9 ich bin ein armer ‹... bis› was davon. Wenn HS: liR ⌈ich
bin ein armer Dienstboth, und er bringt mich um das Meinige⌉
u̶n̶d̶ ̶d̶a̶ ̶s̶o̶l̶l̶ ̶m̶a̶n̶ ̶e̶i̶n̶e̶n̶ ̶R̶e̶s̶p̶e̶c̶t̶ ̶h̶a̶b̶e̶n̶, ist den das eine
Herrschaft, w̶e̶n̶n̶ jezt hab ich s̶o̶ ̶s̶c̶h̶ö̶n̶ ihn drey Jahr betrogen,
und jezt hab ich n̶i̶c̶h̶t̶s̶ nicht eimahl was davon, d̶a̶ ̶s̶o̶l̶l̶ ̶m̶a̶n̶
e̶i̶n̶e̶n̶ ̶R̶e̶s̶p̶e̶c̶t̶ ̶h̶a̶b̶e̶n̶,̶ ̶P̶f̶u̶i̶ ̶T̶e̶u̶x̶e̶l̶.̶ Wenn
58/12 vertra[ck]ter. HS: vertrater. ‹Textverlust›
58/15 S[cena 10]. HS: S.

58/16 [DER VORIGE;] HS: ⟨fehlt⟩
58/16–19 DER NEID ⟨... bis⟩ *auf dem Haupte.* HS: liR ⌈Der Neid und Haß beyde ~~griechische~~ oZ ⌊ideale⌋ Kleidung mit Mänteln stark mit Goldborten verbrämt der eine roth der andere gelb gekleidet. Der Haß Flammen der Neid Nattern auf dem Haupte.⌉
58/19 [*vor.*] HS: {vor.} ⟨oder »ein«?⟩
58/19 f. *einer grünen* HS: einer ~~gelben~~ oZ ⌈grünen⌉
58/22 gethan? HS: gethan? ⟨Beginn einer schräg gestrichenen Passage:⟩ (× ~~Hab ich dich denn darum beglückt darum in den Stix~~ ⟨»in den Stix« korrigiert aus »ins Meer«⟩ ~~des Reichthums getaucht, damit du wie Achill an der Ferse, an der Spitze deiner~~ ×) ⟨Ende der schräg gestrichenen Passage⟩
58/23 *des Wohlebens* HS: des ~~Reichthums~~ oZ ⌈Wohlebens⌉
58/25–28 Schwachkopf, fort ⟨... bis⟩ springen soll. HS: Schwachkopf, ~~aus meinen~~ fort aus meinen Augen {ein gestrichenes Wort unlesbar} oZ⌈Mißgeburt⌉, oder ich schleudre dir ~~so viele~~ uZ ⌈eine⌉ Nattern ~~ins Herz~~ in deinen hohlen Schädel ~~die dir~~ daß ~~dich kuranzen soll bis~~ oZ ⌈dir⌉ der Wahnsinn zu allen Knopflöchern heraus springen ⟨korrigiert aus »springt«⟩ soll. ⟨Klecks, daher nicht klar, ob Satzzeichen am Ende⟩ ⟨Beginn einer schräg gestrichenen Passage:⟩ (× ~~Wurtzel. Zeigst dich jezt wie du bist,~~ / Wurtzl / ~~Ariette~~ / Zeigst dich jezt in deiner Wahren ⟨»W« in »w« korrigiert?⟩ Gestalt, du gelbzipfeter Betrüger, du, da stehns jezt alle zwey, und schauen aus, ~~als wenns~~ liR ⌈der eine wies⌉ gelbe Fieber und der ~~Rothlauf miteinander in Compagnie wären~~ andre wie ein Gimpel der den Rothlauf hat, ich geh, aber ~~wenn ich wieder einmahl auf die Welt~~ {dan} ~~komm,~~ {dan} ⟨»dan« oder »da«⟩ ~~alle Leut~~ eine Explication will ich den Leuten von dir machen, ~~daß~~ den du nur allein bist daran Schuld. oZ ⌈(weinend)⌉ daß ich das Unglück ghabt hab, aus ein jungen Eselskopf ein alter zu werden. (geht ab) ~~Neid Wart Schuft, du sollst mich kennen lernen.~~ ×) ⟨Ende der schräg gestrichenen Passage⟩
⟨Beginn einer Variante auf eingeklebtem Einfügeblatt:⟩ Aber dich will ich rekommandieren du Galläpfellieferant, die ganze Welt will ich aus kriechen und ~~will~~ mein Unglück erzählen.

Ach ich war liR ⌈immer⌉ ‹nicht eindeutig, ob Einschub› ein
Esel, aber jetzt seh ichs ein. Aber ich war doch ein junger Esel
und jetzt bin ich alter geworden,, ich war ein reicher und oZ
⌈jezt⌉ bin, ich ein armer geworden,. Ein armer Narr der nichts
mehr hat als weiße Haar, und gar kein Kraft daß ich liR ⌈er⌉
dich nieder schlagen kann, du falsches Unthier du! Ah! dich
sollen sie hinausjagen aus der Welt hernach wird alles gut. du
Krokodill. ‹Ende der Variante auf eingeklebtem Einfügeblatt›
‹Rückseite des eingeklebten Zettels mit Ziffernfolge und Bleistiftbeschriftung wohl von Archivar:› Mädchen aus der Feenwelt
58/29 reden mit mir du HS: reden zu oZ ⌈mit⌉ mir gu du
58/30 *lachen.)* HS: lachen ‹korrigiert aus »lacht«›
59/2 mein Schicksal HS: mein Eiszapfenes Schicksal
59/3 selber damit HS: selber liR ⌈selber⌉ überall damit
59/4–6 Beschreibung, die ‹... bis› *heulend ab.)* HS: Beschreibung,
‹Einfügezeichen› liR ⌈die mir erst krigt haben⌉ von dem oZ
⌈unendlich⌉ unglücklichen Mann, der aus einen jungen Esel ein
alter worden ist liR ‹schräg gestrichen:› ⌈der das entsetzliche
Schicksal ghabt hat und in der Blüthe seiner Jahre aus einen
jungen Esel ein alter worden ist. (geht heulend ab)⌉
59/7 Sc[ena 11]. HS: Sc – 10 ‹doppelt unterstrichen›
59/9 Freund ich bitte dich HS: Freund ve oZ ⌈ich bitte dich⌉
59/11 der HS: oZ ⌈der⌉
59/13 f. diese Lakrimosa HS: diese Person oZ ⌈Lakrimosa⌉ die
‹irrtümlich nicht gestrichen›
59/14 gegeben hat. HS: ‹Nach »gegeben hat« Streichung durch
langen senkrechten Strich:› (× je mehr gegen meinen Willen
einen frohen Augenblick genießt, so nahe am Ziel, und es ist
di{e} ‹»e« oder »r«?› nun – / Haß Ja oZ ⌈was⌉ willst du machen,
sie hat durch ihre Heulerey alle Geister auf ihrer Seite gebracht. Die Zufriedenheit hat sich um das Mädchen angenommen, und wird sie dem Burschen zuführen, zwZ ⌈Sie werden
die jungen Leute noch heute zusamenführen verbinden⌉ der B
Bauer ist auf dem Hund, gieb ‹»gieb« bereits vor dem langen
Strich durchgestrichen› spricht mit seinem zahnlosen Mund
die Einwilligung aus{;} und ihr Arrest ist aufgehoben. Übrigens

ist die Sache nicht der Mühe werth, sich darüber zu ärgern. Set in Bagatelle. Nes pa{z} ‹mögliches weiteres Zeichen wegen dickem Tintenstrich nicht sichtbar› {?} / Neid. Oui Monsieur, vous ave{z} Raison. Es ist nur blos der E̶h̶r̶e̶ oZ ⌈Ambition⌉ wegen. Wenn ich auch wirklich etwas unternehmen wollte, so kann ich nicht. m̶i̶r̶ ̶f̶e̶h̶l̶t̶ ̶d̶i̶e̶ ̶Z̶e̶i̶t̶, es ist nur mehr {8} oZ ⌈{1}⌉ T̶a̶g̶e̶ ̶Z̶e̶i̶t̶ ̶ü̶b̶r̶i̶g̶, oZ bzw. reR ⌈die heutige Nacht und der morgige Tag übrig⌉ und ich muß nach England, da ist eine große Kunstausstellung, wo wenigsten 500 Künstler um den Preis kämpfen, und da kann i̶c̶h̶ doch der Neid nicht wegbleiben. ‹korrigiert von Komma in Punkt› Ich habe auch schon s̶i̶e̶b̶e̶n̶ liR ⌈Eilf⌉ Zimer gemiethet a̶u̶f̶ ̶d̶e̶n̶ ̶g̶r̶o̶ß̶ ̶d̶e̶r̶ oZ ⌈auf den großen Platz⌉ d̶e̶r̶ ̶U̶n̶i̶v̶e̶r̶s̶i̶t̶ä̶t̶ ̶g̶e̶g̶e̶n̶ü̶b̶e̶r̶ damit man sich doch ein Bischen ausbreiten kann. / Haß. N̶u̶n̶ ̶g̶u̶t̶ weißt du was ich werde für mich, einen Substituten hin schicken, und will n̶o̶c̶h̶ {ein} M̶i̶t̶t̶e̶l̶ ̶v̶e̶r̶s̶u̶c̶h̶e̶n̶,̶ ̶o̶b̶ hier bleiben, und versuchen ob ich d̶i̶c̶h̶ ̶n̶i̶c̶h̶t̶ ̶d̶o̶c̶h̶ ̶n̶o̶c̶h̶ ̶r̶ä̶c̶h̶e̶n̶ ̶k̶a̶n̶n̶ zwZ bzw. rR ⌈ihnen nicht doch noch einen Strich durch die Rechnung machen kann.⌉ / Neid. Bruder, wenn du das im Stande wärst, du würdest mich zu deine{m} ‹»m« oder »n«› ewigen Schuldner machen. / Haß. Aber das sag ich dir gleich, wenn es mir nicht gelingt, und du kömst ‹oder »kommst«› zurük, so s̶p̶r̶i̶c̶h̶s̶t̶ ärgerst du dich nicht, und wir sprechen keine Sylbe mehr davon. Darauf deine abgezehrte Hand. / Neid. Ich gelobe dirs b̶e̶y̶ so wahr ich Neid heiße, und ein rechtschaffer Mann bin. / Haß Nun gut. Ich habe i̶n̶ seit mehreren Jahren, unter die vielen Maußfallen, die ich als Haß oZ ⌈seit Anbeginn der Welt⌉ den Menschen stelle, auch eine angebracht, die sich d̶o̶r̶t̶ ̶i̶n̶ ̶d̶e̶m̶ ̶g̶a̶n̶g̶b̶a̶r̶e̶n̶ ̶W̶a̶l̶d̶ oZ ⌈nahe an dem Waldchen⌉ befindet, w̶e̶l̶c̶h̶e̶r̶ ̶i̶{m} ‹»n« oder »m«?› in ‹»i«› korrigiert aus anderem Buchstaben› welchem der Fischer seine Hütte hat ‹Textverlust› Es ist ein oZ ⌈moderner⌉ Zaubergarten, welcher nur zu gewießen Zeiten sichtbar ‹»bar« korrigiert aus anderen Buchstaben› wird. Es befindet sich darinn, eine Kegelbahn, wo die Büsten von meinen bösen Geistern als Kegel aufgestellt sind. In dem Garten oZ ⌈saal⌉ aber oZ ⌈ist⌉ b̶e̶f̶i̶n̶d̶e̶t̶ sich der Brilliantring des Menschenhaßes. W̶e̶r̶ ̶D̶a̶d̶u̶r̶c̶h̶ uZ ⌈Dahin⌉ such ich die Leute zu locken, wer diesen Ring der ungeheure Macht und Reichthum verspricht x) ‹Ende des senkrechten Strichs, ab hier drei senkrechte Tintenstriche:› (× haben will, muß darum kegeln und alle neune treffen. trifft er sie nicht, sinkt er todt, getödet in die Erde. trifft er sie, so hat er neun Geister gestürzt, die den Ring bewachen, er erhält ihn, und ‹gestrichen?› wird Mill der reichste Mann des ganzen Landes, doch wenn er ihn ein Jahr am Finger trägt, ergreift ihn der höchste Menschenhaß, und er ruht nicht eher bis er sich und seine Umgebungen zu Grunde richte gerichtet hat. Diesen Punct weiß keiner vorher, doch die GeisterKöng ‹»K« oder »k«?› meine Macht in so fern beschränkt, daß wenn er ihn fre einer je wieder selbst zwZ ⌈vor einem Jahr durch Zufall oder nicht⌉ vom Finger zieht, ist der Mamon verschwunden, und der Mensch gerettet. Ans Leben dürfen wir ihm nicht oZ ⌈den Fischer⌉ nicht, ‹Einfügezeichen› Gewalt ist uns verbothen ‹Einfügung mit Einfügezeichen von liR:› ⌈besonders nach dem letzten Mandat das würde die Geisterköniginn strafen, und oZ ⌊den⌋ warum, sich dieß Bagatells wegn mit ihr verfeinden.⌉ Diesen Ring oZ ⌈darum⌉ will ich den Fischer oZ ⌈ihm ‹»n« oder »m«?› den Ring⌉ gewinnen lassen, ‹gestrichenes Einfügezeichen› dann ist er reich, oZ ⌈wird⌉ das Mädchen wird ihn finden, oZ ⌈und de{n} Alten⌉ die Zufriedenheit hat nicht viel Verstand, durchsieht meine List nicht, zwZ ⌈ist ein bischen dum⌉ verbindet sie beyde, aufsuchen lassen, und wenn die Geister den Augenblick vieleicht übersehen, und der Alte sie mit einander verbindet so ist zwZ bzw. liR ⌈oder ihm seinen Reichthum nicht schnell genug abnehmen und sie verbinden so vergeht die bestirnte Zeit so ist⌉ die Sache aus, beyde sind verloren und du gerächt. Es ist zwar keine Wahrscheinlichkeit für den guten Ausgang da, aber doch eine Möglichkeit, und ists nicht, so ists nicht Punktum. Warte ich werde dir gleich einen meiner Geister absenden, (er pfeift durch die Finger) Singsang uZ ⌈Papageno!⌉ ‹eingekringelt:› liR ⌈schöner Seelen Arm in Arm ab⌉ (Ein Pa großer Papagey kommt geflogen und setzt sich auf seine Hand) Suche den Fischer nach den Garten zu locken, aber (schnell) / Papagey zwZ ⌈(im Vogelton)⌉ Ganz recht. ganz recht, Paperl wirds schon machen. (fliegt ab) / Neid. Bruder wie soll ich dir danken, du bist ein herrlicher Kerl, ich beneide dich um deinen Verstand. ‹Einfügezeichen› Er {s}ey dein und bin ewig der deinige. Hand in Hand, nie wollen wir uns trennen. ‹Einfügung mit Einfügezeichen von liR:› ⌈Bey uns kann man sagen ein Herz und ein Sinn!⌉ / Haß Laß es gut seyn Brüderchen, oZ ⌈Nun{!} Brüderchen⌉ wir werden noch eimahl unter die Sterne versetzt, wie Castor und Pollux. oZ ⌈Neid.⌉ Umarme mich. oZ ⌈Bruder⌉ (es geschieht) oZ ⌈Sie küssen sich⌉ ‹Einfügezeichen› liR ⌈Neid⌉ oZ ⌈Haß⌉ Ach Ha! Es geht doch nichts über die Freundschaft in der Welt oZ ⌈{auf der} ‹Einfügezeichen› Welt⌉ uZ ⌈schöner, Seelen.⌉ / Neid. Haß Mundus vult decipi, ergo dezipiatur{.} (Beyde Arm in Arm ab) ×) ‹Ende der mit drei Senkrechtstrichen gestrichenen Passage›

59/16—18 Plan. Seine Liebe ‹... bis› über ihn. HS: Plan. ‹Einfügezeichen und Einfügung mit Einfügezeichen von liR, gekreuzt gestrichene Passage:› (× liR ⌈Ich kann oZ ⌊ich⌋ als Haß nichts, gegen die große Liebe, dieses Fischers ausrichten, er wer wenn er oZ ⌊so soll er⌋ sich nicht freywillig in meine Hände liefern.⌉ ×) ‹Ende der gekreuzt gestrichenen Passage› Die Liebe des Fischers ist zu groß, als daß ich sie so schnell in Haß verwandeln könnte, darum will ich ihn durch seine Treue stürzen. liR ⌈Seine Liebe ist zu groß, er muß, durch List in meine Hände fallen, sonst vermag ich nichts über ihn.⌉

59/22 Welt, er HS: Welt, wenn ich er
59/23 den wir beyde dienen. HS: reR ⌈den wir beyde dienen.⌉ ‹Einschub?›
59/24 Lusthause dieses HS: Lusthause {ih} jenes dieses
59/26 bewacht. Ihre ‹... bis› aufgestellt. Wer HS: bewacht. ‹Komma korrigiert zu Punkt› Deren oZ ⌈Ihre⌉ Büsten liR ⌈aber sind,⌉ als Kegel aufgestellt. sind. Wer
59/29 Doch trifft er HS: Doch fehlt er trifft er
60/1 und Tausende HS: und die Tausende
60/2 noch HS: oZ ⌈noch⌉
60/3 doch HS: doch ‹korrigiert aus anderem Wort›
60/5 bis HS: oZ ⌈bis⌉
60/5 mit diesem a r m e n Fischer HS: mit einem oZ ⌈diesem⌉

armen ‹korrigiert von »A« in »a« oder umgekehrt› liR ⌈Fischer⌉
60/8 Kegel, ist er ‹... bis› mit ihm. HS: Kegel, fehl hat er sich freywillig getödtet, und der Hexenprozeß ist geendet zwZ ⌈ist er verlohren und Lakrimosa mit ihm.⌉ und die Hochzeit ist vorbey mit Lakrimosens Rettung ists vorbey.
60/9 sie, ist HS: sie, ist und ist er durch den ist
60/9 als er meinen HS: als den oZ ⌈er⌉ uZ ⌈meinen⌉
60/10 f. mehr, und dann HS: liR ⌈Er ist, Dann ist er in meiner Macht⌉ Er ist dann Ich werde da{nn} ‹unleserlich wegen Klecks› von ihm weichen, und er muß entweder sich als Besitzer des Ringes mit oZ ⌈ihn und die⌉ liR ⌈Geister überlisten,⌉ und dann
60/11 Mittel anwenden HS: Mittel finden anwenden
60/11 f. entweder im Besitz seines Reichthums, HS: entweder als Besitzer im Besitz des Ringes oZ ⌈seines Reichthums,⌉
60/14 Lakrimosa gestürzt. HS: Lakrimosa wieder gestürzt.
60/15 [ich] HS: ich
60/19 dich HS: {d}ich ‹»D« oder »d«?›
nach 60/20 ‹nicht zugeordnete gestrichene Einfügung mit Zeichen de:› nun triumphiren soll. So nahe am Ziele und nu{n} dieß Complott, und wenn ich auch dagegen etwas ‹wegen Tintenklecks kaum lesbar› {unter}nehmen wollte, so kann ich nicht es ist nur mehr der heutige Tag
60/22 Zaubergarten[.] HS: Zaubergarten
60/23 gemahlt. Quer übe[r] HS: gemahlt. In der Quer übe ‹Textverlust›
60/24 verziert[.] HS: verziert ‹Textverlust›
60/24 [Büs]ten HS: Büsten
60/26 goldene HS: goldene ‹»g« korrigiert aus »G«›
60/27 Rosenlaube. An HS: Rosenlaube. Um de Um An
60/29 f. Anton Prey, ‹... bis› Vie[r].) HS: oZ zwZ ⌈Anton Prey. hatte ‹»hatte« korrigiert aus anderem Wort› drey.⌉ zwZ reR ⌈Gottlieb Pracht Alle Acht. Phillipp⌉ ‹»Phillipp« korrigiert aus anderem Wort› uZ ⌈Thier, schob nur Viel.⌉
61/1 [Scena 12.] HS: ‹fehlt›
61/2 [(NIGOWITZ.)] HS: ‹fehlt›

61/3 kan[n]s HS: kans
61/4 Genius d[er] als Buchhalter HS: Genius d[er] ‹Textverlust› der liR ⌈als Buchhalter⌉
61/7 f. schad, so viel ‹...› troffen HS: schad, ~~es kanns doch nur~~ so oZ ⌈wär⌉ ‹eingeringelt› viel noch gschoben haben, ~~da liegens jezt, nach aller Längst,~~ zwZ ⌈keiner hats troffen⌉
61/9 f. hat mir HS: oZ ⌈hat mir⌉
61/10 [v]o[r]her HS: woher
61/10 f. hat sich ‹... bis› gar wars. HS: ~~nachher hat~~ hat sich angstellt, ~~hat~~ oZ ⌈scheibt⌉ ein Loch ~~gschoben, aus~~ oZ ⌈gar⌉ wars.
61/13 vora[us,] HS: vora{u} ‹Textverlust›
61/15 [Scena 13.] HS: ‹fehlt›
61/16 ([DER] VORIGE; HS: Vorige
61/17 [*Später* 9 GEISTER, GENIEN.] HS: ‹fehlt›
61/19 spricht deutlicher als HS: spricht ~~wie so~~ deutlich⌈ er⌉ ~~wie~~ als
61/20 f. geflogen, wie ‹... bis› springen soll HS: geflogen, ‹Zeichen X, Einfügung mit Zeichen X von liR:› ⌈wie ich gerade überlege ob ich meines Lottchens wegen hinein springen soll⌉
61/25 gespannt HS: gespannt ‹korrigiert aus »gspannt«?›
61/26 ein wilder Millioneur[.] HS: ein ~~wilder Millione~~ ‹Textverlust› uZ ⌈wilder Millioneur ~~und bekommt einen Ring.~~⌉
61/27 Millioneur, Himmel da HS: Millioneur, ~~da~~ Himmel da
61/29 so gschwind, HS: so gä{e}h. oZ ⌈gschwind⌉
62/5 Da HS: {D}a ‹»D« oder »d«›
62/6 *ein großes Buch.)* HS: ein ‹korrigiert aus »eine«› großes ‹korrigiert aus »große«› ~~Tafel~~ ⌈Buch.)⌉
62/10 Hat den Zauberring erungen HS: Hat den ~~Zauberring~~ uZ ⌈Brilliant⌉ erungen oZ ⌈Zauberring⌉ erungen ‹sic!› ~~Kann als Millioneur sich freuen.~~
62/11–13 Tritt zum ‹... bis› neunfach zwing[t] HS: ~~Doch~~ Tritt ~~in~~ oZ ⌈den⌉ uZ ⌈zum⌉ Saal des Reichthums ein. / Doch der Freche dems reR ⌈mißlungen⌉ / ‹korrigiert aus »mißlinget«, Wort durch größeren Zwischenraum abgesetzt› ~~Und der fehlet diese neun~~ reR ⌊Daß ‹korrigiert aus »Der«?› das Glück ~~nicht~~ oZ ⌊er⌋ neunfach zwing⌉ ‹Textverlust›
62/14 Reif HS: ~~Ring~~ oZ ⌈Reif⌉

62/15 Den der HS: ~~Womit das Grab~~ Den der
62/16 NIGOWITZ. Das heißt: der Herr ist hin. Also HS: Nigowitz ~~Ha~~ zwZ ⌈Das heißt: der Herr ist hin.⌉ Also
62/19 f. habe, ich habe ja ‹... bis› getroffen, HS: habe, zwZ ⌈ich habe ja auf jedem Kirchtag die neun getroffen.⌉
62/21 f. schnell.) / KARL. So und HS: schnell) / Nigowitz. ‹Einfügezeichen, textliche Entsprechung fehlt› ‹Beginn einer schräg gestrichenen Passage:› (× ~~So, da drinn ist ein Ring, wenn der Herr den gwint. darf er nur Haferl sagen, so bringens ein Reindel und da ist eine Million drin~~ ×) ‹Ende der schräg gestrichenen Passage› Carl So und
62/23 Kegeln[,] HS: Kegeln ‹Textverlust›
62/24 auf[,] man sieht einen goldenen Saal[,] HS: auf oZ ⌈man sieht einen goldenen Saal⌉
62/26 eine Kapsel HS: eine ~~goldene~~ {‹ein gestrichenes Wort unlesbar›} oZ ⌈Kapsel⌉
62/26 f. geschrieben ist die HS: liR ⌈geschrieben ist⌉ ~~steht und~~ die
62/27 steht. Die HS: steht. ~~welche~~ {spat} ~~zugleich einen Thronsitz vorstellt.~~ Die
62/33 Schur, mein muß sie seyn! HS: Schur, ~~neun oder nichts.~~ oZ ⌈mein muß sie seyn!⌉
62/35 NIGOWITZ (schreit HS: (Nigowitz ~~sprin~~ schreit
63/1 Donnerschlag, Pudel HS: Donnerschlag, ~~de~~ Pudel
63/2 welche von HS: welche ~~von über~~ von
63/4 f. hint[er] HS: ‹Textverlust›
63/7 steigt die HS: steigt ~~auf~~ die
63/7 nimt HS: nimt ‹liest sich wie »mit«›
63/8 Adler breitet HS: Adler ~~schwingt~~ breitet
63/9 so [w]eit HS: so {so}weit
63/10 KARL HS: Carl ‹»C« korrigiert aus »K«?›
63/10 idealen HS: liR ⌈idealen⌉
63/11 sich nach HS: ~~sich so~~ {‹ein gestrichener Buchstabe unlesbar›} sich {ga} ‹»ga« oder »ge«› nach
63/12 sitzt, und HS: sitzt, ~~überschattet~~ und
63/13 ein glänzendes HS: ein {‹ein gestrichener Buchstabe unlesbar›} glänzendes
63/13 verwandelt überschattet. HS: verwandelt ~~do~~ überschattet.

64/1 [3]. HS: <u>drey.</u>
64/2 [Scena 1.] HS: ‹fehlt›
64/3 [(DER HASS ‹... bis› GEISTER DES HASSES.)] HS: ‹fehlt›
64/4 *Das Äussere eines herrlichen Pallast* HS: ~~Ein herrlicher~~ <u>Das Äussere eines herrlichen Pallast</u> ‹nach Streichung von »Ein herrlicher« sollte wohl auf »Pallastes« korrigiert werden›
64/4 *hellrothen* HS: hell~~hoch~~rothen
64/5 *Säulen[,]* HS: <u>Säulen</u>
64/6 *führt, an* HS: <u>führt,</u> ~~an~~ an
64/6 f. *welchen die Bühne vorstellt* HS: oZ ⌈welchen die Bühne vorstellt⌉
64/7 *Blume[n]* HS: <u>Blume</u>
64/8 *von welchen* HS: oZ ⌈<u>von</u>⌉ welchen ‹»n« korrigiert aus »s«›
64/12 *i[n]* HS: <u>im</u>
64/13 *drückt* HS: dr{ü}ckt ‹»ü« oder »u«›
64/14 f. *kurze[n]* HS: uZ ⌈kurze⌉
64/16 [CHOR.] HS: ‹fehlt›
64/21 *Da[s]* HS: {D}aß ‹»D« oder »d«›
64/23 *Preis* HS: Preis ‹»s« korrigiert aus »ß«›
64/26 *floßbewachs[n]en* HS: floßbewachsen ‹»en« oder »ne«?›
65/5 *d[i]e* HS: de
65/9 *Meine Fackel! (Man reicht sie ihm.)* HS: liR ⌈meine Fackel! (man reicht sie ihm)⌉
‹auch folgende Reihenfolge wäre aufgrund der Einschubpositionen denkbar: »... gelaufen ist. Adieu Kinder. (<u>Die Geister küssen ihm beyde Hände und das Kleid.</u>) Führt euch gut auf. Meine Fackel! (<u>man reicht sie ihm</u>) (er schwingt die Fakel und versinkt)«›
65/11 *schwingt die Fackel und* HS: uZ ⌈schwingt die Fakel und⌉
65/14 *Sc[e]n[a 2.]* HS: 2te Scn
65/17 [*Später* EIN DIENER.] HS: ‹fehlt›
65/21 *sprach von* HS: liR ⌈sprach⌉ ~~scheint~~ von
65/22 *war seine* HS: war ~~die~~ oZ ⌈seine⌉
65/23 *Pallast, was* HS: Pallast ~~wie ist er dazu gekommen~~, was
65/27 f. *welch neuer Zauber waltet in der* HS: welch ~~ein~~ oZ ⌈neuer⌉ Zauber ~~liegt auf dieser~~ uZ ⌈waltet in der⌉
65/29 *ver[li]eren* HS: ver{i}eren

66/1 *(barsch)*. HS: oZ ⌈(unartig und barsch)⌉
66/6 nicht, seinen HS: nicht, ~~den~~ seinen
66/7 sprechen. HS: sprechen.. ‹versehentlich 2 Punkte?›
66/8 Den Haushofmeist[er]? HS: ~~Den Haushofmeister? Den Arseniko vieleicht.~~ oZ ⌈den⌉ Haushofmeist ‹Textverlust› uZ ⌈und Edler von Giftnickel.?⌉
66/10 hier geht aber ja nicht fort, HS: hier oZ ⌈geht aber oZ ⌊ja⌋ nicht fort⌉,
66/12 f. vieleicht jezt eine HS: vieleicht ~~die~~ jezt ~~die nächste beste~~ oZ ⌈eine⌉
66/16 [Scena 3.] HS: ‹fehlt›
66/17–19 ([DIE VORIGEN;] TOPHAN, ‹... bis› BEDIENTE.) HS: Tophan. aus den Pallast. zwZ bzw. reR ⌈rothes Haar und Bakenbart, das Gesicht ist bey allen Dienern durch Röthe ausgezeichnet,⌉ Bediente
66/20 *(Erblikt sie.)* HS: oZ ⌈(erblikt sie)⌉
66/22 LOTTCHEN. HS: ~~Zuf~~ ⌈Lottchen.⌉
66/25 Dienstmädchen HS: Dienst~~bothen~~ oZ ⌈mädchen⌉
66/26 Mädchen. *(Kneippt* HS: Mädchen, ~~ich ve~~ (kneippt
66/27 DIE ZUFRIEDENHEIT *(ironisch)*. Ein liebenswürdiger Mann. HS: reR ⌈Zufr (ironisch) Ein liebenswürdiger Mann.⌉
66/28 [TOPHAN.] HS: ‹fehlt wegen Einfügung›
66/30 DIE ZUFRIEDENHEIT. HS: Zufr. ‹korrigiert aus »~~Tophan~~«›
66/30 f. sie ist HS: sie ~~ist~~ ist
66/31 ich bestelle die Küche. HS: ich ~~stelle~~ oZ ⌈bestelle⌉ die ~~Köchinn vor.~~ oZ ⌈Küche.⌉
67/1 aufgenommen, dieses HS: aufgenommen, ~~ich führt sie in den Palla~~ dieses ‹»s« korrigiert aus »r«› ~~Tem Theil~~
67/3 nachsehen, und HS: nachsehen. {V} und
67/4 f. würtzen. ‹... bis› [g]*eht ab.)* HS: würtzen. (Geht ab) ~~Komt.~~ ~~(zu den Bedienten.)~~ Komt! ‹uZ, mit Schleife verbunden mit »Geht ab«:› (macht ihr ein Kompliment und ‹intendierte Reihenfolge daher wie Lesetext›
67/6 f. Ihre Dienerinn! HS: oZ ⌈Ihre Dienerinn!⌉
67/7 geling[t] es mir Ihnen HS: gelingts es mir ihnen ‹korrigiert aus anderem Wort›
67/10 [Scena 4.] HS: reR ⌈3. Auftr⌉

67/11 *im Zauberhabit,* HS: oZ ⌈im Zauberhabit.⌉
67/16 *in größter Eile* HS: in ‹korrigiert aus »ihn«› größter G̶e̶s̶c̶h̶ Eile
67/18 *Thor. Man* HS: Thor. K̶u̶r̶z̶e̶ ̶M̶u̶s̶i̶{e}k̶.̶ Man
67/21 *stütz[t]* HS: stütz
68/1 [Scena 5.] HS: ‹fehlt›
68/2 ([DER VORIGE;] DIE ZUFRIEDENHEIT.) HS: Die Zufriedenheit. Wurzel.
68/4 da, Euer HS: da, F̶r̶e̶u̶l̶e̶i̶n̶ ̶K̶ö̶c̶h̶i̶n̶n̶.̶ Euer
68/5 [noch] HS: nich
68/10 ist mein HS: ist d̶e̶r̶ mein
68/10 fröhlicher Bauer, HS: fröhlicher W̶ Bauer,
68/12 man einmahl HS: man {einm} ‹»einm« oder »einen«› einmahl
68/13 keiner HS: keine{r} ‹oder: »keine«?›
68/14 *(bey Seite).* HS: oZ ⌈(b S.)⌉
68/15 *(Laut.)* HS: oZ ⌈(laut)⌉
68/18 mit mir ists vorbey. HS: uZ ⌈mit mir ists g̶a̶r̶ vorbey.⌉
68/24 Mayblümeln, da HS: Mayblümeln, h̶e̶r̶ da
68/27 dabey, nach HS: dabey, u̶n̶, nach
69/3 f. Ernst. *(Bey Seite.)* Er dauert mich. HS: Ernst. oZ ⌈(B S.)⌉ Er dauert mich.⌉
69/5 f. mein verwurlte Geschichte HS: mein verwurlte ‹»e«› korrigiert aus »es«› S̶c̶h̶i̶c̶k̶s̶a̶l̶ liR ⌈Geschichte⌉
69/7 deine Geschichte, ich habe sie HS: deine ‹korrigiert aus »dein«› S̶c̶h̶i̶c̶k̶s̶a̶l̶ Geschichte, ich habe sie ‹korrigiert aus »es«›
69/9 f. die nach den Abwaschen HS: die s̶t̶a̶t̶t̶ oZ ⌈nach⌉ den K̶o̶c̶h̶e̶n̶ oZ ⌈Abwaschen⌉
69/12 Herzen[.] HS: Herzen?
69/17 f. erwischt haben, weiß ich nicht. HS: zwZ ⌈erwischt haben. weiß ich nicht.⌉
69/19 DIE ZUFRIEDENHEIT. HS: W̶u̶r̶z̶ oZ ⌈Zuf⌉
69/23 aber wieder HS: aber a̶r̶m̶ ̶w̶ü̶r̶d̶e̶,̶ ̶u̶n̶d̶ ̶s̶i̶c̶h̶ ̶l̶o̶s̶s̶a̶g̶t̶e̶ wieder
69/24 [ers] HS: erst ‹fälschlich mit »t«›
69/29 f. Aber was HS: Aber w̶i̶e̶ ̶k̶ö̶n̶n̶e̶n̶ ̶s̶i̶e̶ ̶d̶a̶s̶ was
69/34 f. das war ein schöne Gegend. Ein HS: d̶a̶ ̶w̶ä̶r̶ ̶e̶i̶n̶ ̶G̶l̶ü̶c̶k̶ ̶f̶ü̶r̶ ̶i̶h̶n̶.̶ oZ ⌈das war ein schöne Gegend⌉ S̶e̶h̶e̶n̶s̶ Ein

69/35 ich davon, der HS: ich ~~von der Gegend~~ davon, ~~seh~~ der
70/1 f. da dran HS: da ~~ist~~ dran
70/3 f. zaubert, der Gipfel ‹... bis› Hütten war. HS: zaubert, ~~so hoch als sie wars, als wenn sie noch darunter war schauts aus.~~ ⌈der Gipfel ist ~~just~~ uZ ⌊grad⌋ so hoch, als das Dach von der Hütten war.⌉ ‹Einschub mit anderer Feder geschrieben›
70/5 die HS: ‹korrigiert aus »der«›
70/6 erwarte meinen HS: erwarte ~~mich~~ meinen
70/8 f. hinunt[er]sinkt HS: hinuntsinkt
70/10 dir eine neue auf, dafür bürge HS: dir ~~eine neue Lebens~~ eine ~~andre~~ oZ⌈neue⌉auf, ~~verlasse dich auf mein~~ dafür bürge ‹korrigiert aus »bürget«›
70/24–26 wenn ein Herr ‹... bis› gschickteste HS: wenn ~~mancher~~ oZ⌈ein⌉Herr so eine Köchinn hätte, wär manchen oZ⌈braver⌉ ‹Einschub steht über »manchen«, gehört aber wohl vor »Köchinn«› lieber als der ~~beste~~ gschickteste
70/31 voll Asche. HS: voll ~~mit~~ ‹sehr dick gestrichen› Asche.
70/32 nichts, das HS: nichts, ~~verz~~ das
70/33 danke. HS: danke. ~~So! vergessens nur nicht daß sie mich rufen, daß ich etwas den ganzen Winter oben sitzen bleib.~~
70/34 wohl, tröste HS: wohl, ~~und~~ tröste
70/34 f. hoffe. *(Geht in* HS: hoffe. (~~geht in~~ (geht in
70/35 *zum Nebengebäude.)* HS: zum ‹korrigiert aus »zur«› ~~vorigen~~ Nebengebäude
71/1 WURZEL. Ich HS: Wurtz. ~~I~~ Ich
71/3 f. hinunter auf HS: hinunter, ~~und~~ auf
71/6 *Arie* HS: Arie. / Arie ‹zweimal›
71/7–72/9 1 / So mancher ‹... bis› *(Ab.)* ‹erste und zweite Strophe in linker Spalte, dritte Strophe in rechter Spalte neben der ersten, ab 72/10 wieder ganze Breite›
71/13 O Freundchen da[s] ist öd. HS: O ~~Himmel~~ oZ⌈Freundchen⌉daß ist öd. ‹»ö« korrigiert aus anderem Buchstaben›
71/25 Die Köchinn HS: ~~Die~~ ‹»Die« korrigiert aus »A«› uZ⌈Die⌉ Köchinn
72/14 *Fenster. Seitenthür.)* HS: Fenster. ~~Seitenthür~~ uZ ⌈Seitenthür)⌉
72/15 [Scena 6.] HS: ‹fehlt›

72/16 [(DIE ZUFRIEDENHEIT ‹... bis› LOTTCHEN.)] HS: ‹fehlt›
72/17 f. *Fenster.)* ‹... bis› noch nicht. [W]är HS: Fenster.) ~~Schon Sch{on} Bald fächelt der Ab sanfte Abendwind die Gluthen von des Tages Wangen, und noch kömmt er nicht, {gu} das könte die Zufriedenheit,~~ liR ⌈Umsonst, ~~ich sehe ihn noch nicht kommen,~~ der Abend kömmt und er noch nicht.⌉ wär
72/23 f. wenn sie ‹... bis› Königinn. HS: zwZ bzw. reR ⌈wenn sie nur standhaft bleibt, daß sie ihre Mutter rettet, darf ich ihr nicht entdeken nach den Spruch der Königinn.⌉ ‹vermutlich Einschub›
72/25 Pst. Hm! HS: Pst. ~~und H{u}~~ ‹»u« oder »o«?› Hm!
72/28 *Ofen)*. HS: Ofen? ‹versehentlich Fragezeichen›
72/29 *(bey Seite).* HS: oZ ⌈(B S)⌉
72/30 *(Laut.)* HS: oZ ⌈(laut)⌉
73/1 f. *sich in der* ‹... bis› *sichtbar wird* HS: sich ~~und man sieht~~ in der Mitte, aus ‹»aus« korrigiert aus anderem Wort› einander, so das ~~sich~~ das Innere ~~von beyden Hälften sichtbar ist~~ oZ ⌈des ganzen Ofens sichtbar wird⌉
73/3 *Der ge[m]auerte* HS: Der ~~h~~ genauerte
73/3 *in der Mitte* HS: i{n} ~~Innern~~ oZ ⌈der Mitte⌉
73/11 über andert halbe HS: über {mehr} oZ ⌈andert⌉ ‹mit Bleistift› halbe
73/14 der Magier HS: der ~~Zaub~~ Magier
73/14 und muß HS: und ~~ich~~ muß
73/15 bringen, wegen dem Fischerka[rl], HS: bringen, ~~ich~~ wegen dem ‹»m« korrigiert aus »n«› Fischerkal,
73/25 nur, denn HS: nur, ~~und~~ den
73/26 Sch[n]ur HS: Schur
73/32 heut gleich HS: heut ~~ich~~ gleich
73/33 hat eine von Ihren HS: hat ‹korrigiert aus »habe«› eine von ihren ‹korrigiert aus »ihre«?›
73/34 gsagt, Sie sind mit der Lottle HS: ~~gfragt,~~ oZ ⌈gsagt⌉ ‹Beginn einer schräg gestrichenen Passage:› (× wo sie wären, und die Taube sagt: Den Augenblick seind sie fort gegangen, wenns nur ein wenig früher oZ ⌈kommen⌉ wärn hätten sies angetroffen. ×) ‹Ende der schräg gestrichenen Passage› liR ⌈~~sind,~~ sie sind oZ ⌈mit der Lottle⌉⌉

LESARTEN 543

73/35 Hütte, da HS: Hütte, ~~und wolle ihn aufsuchen.~~ da war da
73/35 her, und HS: her, ~~und sich den Pallast,~~ und
74/2 gschlichen. HS: gschlichen, reR ⌈damit ich mit ihnen reden kann.⌉
74/12 Er kommt. HS: zwZ⌈Er kommt.⌉
74/12 Gutsherr!) HS: <u>Gutsherr!</u>) ~~man hört Beller~~
74/15 AJAXERLE. Ja HS: <u>Ajaxerl.</u> ~~Ja wo soll ich den hin~~ Ja
74/19 verwandelen. HS: verwandelen{.} ‹Punkt durch G-Schleife verdeckt›
74/23 ja HS: oZ⌈ja⌉
74/26 drinnen HS: drin{nen} ‹möglicherweise auch »drinen« oder »drinne«›
74/27 mich hinaus. HS: mich ~~herau~~ hinaus.
74/28 *Ofen welcher* HS: <u>Ofen ~~und~~ welcher</u>
74/30 *(Vivat[!] man* HS: (<u>Vivat man</u>
75/1 [Scena 7.] HS: ‹fehlt›
75/2 [(VORIGE, LOTTCHEN.)] HS: ‹fehlt›
75/4 Er allein. HS: Er ~~ist~~ allein,
75/6 DIE ZUFRIEDENHEIT *(reißt* HS: <u>Zufriedenheit</u> ~~schlagt~~ reißt
75/6 *zu rück).* HS: zu rück ‹versehentlich nicht unterstrichen, als wäre es Dialog›
75/8 [Scena 8.] HS: ‹fehlt›
75/9 *(KARL in* ‹... bis› *DER HASS.)* HS: <u>Vorige Karl in sehr schönem Reisekleid. Bediente. ~~Tophan.~~ Der Haß.</u>
75/10 waren die Mädchen, welche hier HS: waren ‹korrigiert aus »war«› ~~das~~ oZ⌈die⌉ Mädchen, ~~daß hier~~ oZ⌈welche hier⌉
75/12 HASS. HS: ~~Tophan~~ oZ⌈Haß⌉
75/12 f. verzeihen ‹... bis› ausgegeben. HS: verzeihen ~~es –~~ zwZ ⌈sie haben sich für höchst dero Verwandte ausgegeben.⌉ / ~~Karl. Geschwind. / Tophan Ich habe in ihrer Abwesenheit zwey Dienstmädchen mädchen aufgenomen.~~
75/14 du lügst, HS: oZ⌈Du lüg{st}.⌉
75/15 f. HASS. Ich werde ‹... bis› betrogen haben HS: ~~Tophan~~ oZ ⌈Haß.⌉ ~~Aber –~~ zwZ⌈Ich werde die Bedienten rufen. Sollten mich die Weiber doch betrogen haben⌉
75/17 KARL *(jagt* HS: <u>Karl</u> ~~Wirst du gehen,~~ (er jagt
75/17 *hinaus).* Täuschen HS: <u>hinaus)</u> Karl. Täuschen

75/17 Augen, HS: Sinne, oZ ⌈Augen,⌉
75/18 vergebns HS: oZ ⌈vergeb{n}s⌉
75/19 leer, beyde HS: leer, beyde si{n} ‹oder »sie«?› vertrieben, beyde
75/19 verschwunden, ich fahre in die Welt[,] HS: verschwunden. oZ ⌈ich fahre in die Welt⌉
75/20 erscheinet HS: erscheinet ‹korrigiert aus »erscheint«›
75/21 möchte schnell HS: möchte meine schnell
75/23 i s t mein HS: ist war mein
76/1 [Scena 9.] HS: ‹fehlt›
76/2-4 ([DIE VORIGEN;] TOPHAN, ‹... bis› GENIEN.]) HS: liR ⌈Tophan⌉ Zufried Lottchen treten ein
76/6 Lottchen! HS: oZ ⌈Lottchen!⌉
76/10 Karl, entferne die Diener HS: Karl, laß die Diener entferne die Diener
76/11 KARL. Warum? HS: oZ ⌈K ‹korrigiert aus anderen Buchstaben› Warum?⌉
76/12 LOTTCHEN. Ich bitte dich. HS: oZ ⌈Lottch Ich bitte dich.⌉
76/15 (TOPHAN horcht an der Thür.) HS: reR ⌈(Tophan horcht an der Thür)⌉ ‹Einschub mit Bleistift›
76/17 Bauer hat HS: Bauer ist hat
76/21 sie glücklich HS: sie mein Lottchen glücklich
76/22 wir[d] sie HS: wirst ‹hätte richtigerweise in »wird« korrigiert werden sollen› du sie
76/23 hat ihn HS: hat {ihres} oZ ⌈ihn⌉
76/22 Welt, ich folge ihm. HS: Welt. Car ich folge dir. ihm
77/6 DIE ZUFRIEDENHEIT (die HS: Zufriedenheit. W{o} ‹oder »We«› (die
77/6 f. Nun ‹... bis› eure Macht. HS: liR ⌈Nun⌉ Wohlan oZ ⌈den⌉! ihr Geister sendet euere Macht oZ ⌈erfüllet den Wunsch {mehrere gestrichene Buchstaben unlesbar}⌉ uZ ⌈sendet eure Macht⌉
77/7 f. Perlschnur; sie zereißt HS: Perlschnur) Jezt ist sie dein, (sie zereißt
77/12 folgen, fort von mir[,] HS: folgen, ‹Komma verdeckt› oZ ⌈fort von mir⌉
77/21 dir? (Er HS: dir? er naht (er

LESARTEN

77/28 DIE ZUFRIEDENHEIT. Ich habe sie bezaubert ja! HS: Zufried. Höre meinen Spruch, oZ ⌈Ich habe sie bezaubert ja!⌉
77/29 lebt, wird sie k e i n e n HS: lebt, darf sie wird sie keinen
77/31 wiederhohle[n,] HS: wiederhohle ‹Textverlust›
78/1 Jai suis desar[mé] HS: Jai vou oZ ⌈suis⌉ desar ‹Textverlust›
78/3–5 Macht – Halt ein – ‹... bis› Wohlan – HS: Macht, wirf den Ring weg und sie ist dein, zum letzten mahle – Halt ein – liR ⌈zum letzten mahl ruf ich dir zu wirf den Ring weg oder du siehst sie nie wieder – du zauderst? Wohlan – b{e}⌉
78/6 (heftig). Und HS: oZ ⌈(heftig)⌉ Und
78/7 nichts, fort mit ihm. HS: nichts. oZ ⌈fort mit ihm.⌉
78/8 weg. Blitzstrahl, HS: weg) {D} Blitzstrahl,
78/10 als Fischer HS: als Ba Fischer
78/11 in welche sich der Rosenhügel verwandelt HS: zwZ ⌈in welche sich der Rosenhügel verwandelt.⌉
78/11 f. und erwacht HS: und schlu erwacht
78/12 Schlag[,] HS: Schlag
78/13 LOTTCHEN (erwacht). HS: Carl Lottchen erwacht).
78/22 Auf HS: Auf ‹andere Buchstaben überschrieben›
78/27 Erlösung.) HS: Erfüllu uZ ⌈Erlösung⌉ Hoffnung.
78/28 [LAKRIMOSA.] HS: ‹fehlt›
78/28 euch, HS: oZ ⌈euch,⌉
78/29 BUSTORIUS. Ist gern ‹... bis› Mahl. HS: liR ⌈Bustorius. Ist gern geschehen, schaffen sie ein anders Mahl.⌉
78/32 LAKRIMOSA (hebt sie auf). An mein Herzen HS: oZ ⌈Lak⌉ reR ⌈Hebt sie auf,⌉ Lak An mein Herzen
78/34 hast gebüßt, HS: hast be gebüßt,
78/34 f. hättest bleiben HS: hättest seyn bleiben
79/1 sich auf HS: sich in eine auf
79/2 All[o]h HS: Allah
79/5 f. LAKRIMOSA. Brillanten ‹... bis› geben. HS: Lakri Schätze darf ich euch nicht hinterlassen. oZ ⌈Brillanten darf ich dir nicht zum Brautschatz geben.⌉
79/8 eine romantische HS: eine reitzende oZ ⌈romantische⌉
79/12 LAKRIMOSA. Stets bleibt euch HS: Lak. oZ ⌈Nehmt⌉ Und oZ ⌈Stets bleibt euch⌉
79/16 Brautgeschenk. (Ein HS: Brautgeschenk. Der Ein

79/17 *steht Quelle* HS: steht Fluß oZ ⌈Quelle⌉
79/19 WURZEL. HS: W ‹korrigiert aus anderen Buchstaben›
79/19 f. wir gleich jezt auf Ihre Gesundheit den zufriedensten Rausch HS: wir alle Tag oZ ⌈gleich jezt⌉ auf ihre Gesundheit. reR ⌈den⌉ Aja. Und ich heb das erste Fischerbüble aus der Taufe. uZ ⌈zufriedensten Rausch⌉
79/22–31 1/ Vergessen ‹… bis› *repetirt.*) HS: ‹Beginn einer schräg gestrichenen Passage:› (× Das Wasser ist prächtig / Doch trink ich{s} nicht heut / liR ⌈Macht glückliche Leut⌉ reR ⌈Es macht frohe Leut.⌉ / Hätt uZ ⌈{‹mehrere Buchstaben unleserlich›}⌉ mancher das Wasser / Hätt mancher a Freud. / liR ⌈Das wär halt⌉ reR ⌈Daß wär schon sein Freud.⌉ ×) ‹Ende der schräg gestrichenen Passage› ‹ursprünglich 79/11–15 vor 79/7–10, geändert durch »1)« und »2)«›
79/22 1 HS: ‹korrigiert aus »2«›
79/24 Es HS: Unds liR ⌈Es⌉
79/27 Und wer HS: oZ ⌈Und⌉ wen wer oZ ⌈+⌉
79/28 Den HS: liR ⌈2)⌉ Den
79/30 Er weiß nichts davon. HS: Er denkt {nimm} er dran. uZ ⌈weiß nichts davon⌉
nach 79/31 ‹Beginn einer schräg gestrichenen Passage:›
(× Zwar mancher vergießt / Was er merken sich soll / Drum kann am oZ ⌈im⌉ Theater / Oft mancher kein Roll. / Oft einer kein' Roll / reR ⌈Chor –⌉ / Das Uble vergessen / Das mag wohl bestehn / Dochs Gute nicht merken / Das wär ja nicht schön. / Drum giebt unser Dankbarkeit / Niemahls ein Fried / Doch Ob liR ⌈Daß⌉ sie uns vergessen / Das wissen uZ ⌈hoffen⌉ wir nit. / reR ⌈Chor –⌉ ×) ‹Ende der schräg gestrichenen Passage› / Gruppe Ende
‹danach Text, der sich sich auf eine nicht verwendete Variante zum Dialog Haß–Neid gegen Ende des zweiten Akts bezieht:› und doch müssen wir die Verbindung verzögern, ‹Beginn einer schräg gestrichenen Passage:› (× liR ⌈also⌉ und doch müßen wir ihnen ein oZ ⌈anderes⌉ Hinderniß in den Weg legen, mein soll der Bursche seyn, den sie heyrathe, also laße ich ihm den Ring gewinnen, dann oZ ⌈der zu⌉ ist er reich, dieser Reichthum wird ihn blenden, übermüthig machen, den der ‹»›der« wohl

bereits vorher separat gestrichen› so er lang er den de{n} ‹»n«
oder »m«?› der Besitz des Ringes macht übermüthig, er wird
ihn nicht mehr von sich lassen wollen, die Geister haben keine
Macht, gegen den Besitzer dieses Ringes{,} dadurch entsteht
ein Streit, die kurze Zeit vergeht, der Traum ist aus,. ×› ‹Ende
der schräg gestrichenen Passage›

80/2 f. dem / Haß HS: dem H̶a̶ß̶ / Haß

80/5 Liebend erfreut. HS: B̶l̶o̶ß̶ ̶k̶o̶s̶e̶n̶d̶ oZ ⌈liebend⌉ erfreut.

80/6 Doch bringt HS: Doch t̶r̶i̶n̶k̶e̶t̶ ̶d̶e̶s̶ {‹mehrere gestrichene
Buchstaben unlesbar›} bringt

80/6 f. der / Dankbarkeit HS: der / D̶e̶r̶ Dankbarkeit

80/14 Und ic[h] habs HS: W̶e̶n̶n̶ ̶j̶e̶d̶e̶r̶ oZ ⌈Und ichs⌉ habs

80/15 Glü[c]klicher HS: Glü{c}klicher

80/16 Doch ziemts mir allein HS: Doch w̶o̶l̶l̶e̶n̶ ziemts mir vo{n}
‹»n« oder »r«› allein

80/18 Mitten und HS: Mitten {‹ein gestrichenes Wort unlesbar›}
oZ ⌈und⌉

80/20 Kreise[,] DIE HS: K̶r̶e̶i̶s̶e̶ ̶u̶n̶d̶ ̶d̶i̶e̶

80/22 4 HS: 4 ‹korrigiert aus »3«›

80/23 dürfen auf keinen HS: dürfen a̶u̶f̶ ̶i̶n̶ ̶d̶i̶e̶s̶e̶r̶ oZ ⌈auf keinen⌉

80/24 Von dem HS: Von h̶i̶e̶r̶ ̶f̶o̶r̶t̶ dem

80/27 ich mir HS: ich {f̶r̶e̶y̶l̶i̶c̶h̶} oZ ⌈mir⌉ mir h̶e̶r̶

80/29 f. das / Publikum HS: das P̶u̶b̶l̶i̶k̶u̶m̶ / Publikum

80/30 z Haus. HS: z Haús ‹Apostroph über »u«, sollte wohl nach
»z« sein?›

81/5 kommt die HS: kommt vo{n} ‹»n« oder »r«?› e̶i̶n̶e̶r̶ ̶S̶ die

81/9 uns Ihre HS: uns a̶u̶c̶h̶ ihre

81/10 haben [wir] gar HS: haben ‹korrigiert aus anderem Wort›
w̶i̶r̶ gar

81/12 daß beyde jezt HS: daß u̶n̶s̶e̶r̶e̶ ̶m̶i̶t̶ oZ ⌈beyde jezt⌉

81/14 f. kann ja nur durch / Ihre HS: kann s̶t̶e̶t̶s̶ uZ ⌈ja⌉ nur durch
I̶h̶r̶e̶ / Ihre

81/18 f. Denn Sie ‹... bis› nie auf HS: W̶i̶r̶ ̶s̶i̶n̶d̶ ̶z̶u̶ ̶p̶o̶l̶i̶t̶i̶s̶c̶h̶ ̶w̶i̶r̶ oZ
⌈W̶i̶r̶ ̶s̶⌉ oZ reR ⌈den sie sind zu gütig⌉ / K̶ü̶n̶d̶e̶n̶s̶ ̶n̶i̶c̶h̶t̶ ̶a̶u̶f̶ reR
⌈Sie kündens nie auf⌉

2. Theaterhandschriften, Zensurhandschriften, Erstdruck

Ein gravierendes Problem stellt beim *Mädchen aus der Feenwelt* der große Sprung von Raimunds Originalhandschrift HS zu den Theaterhandschriften dar. T1 als älteste erhaltene Theaterhandschrift enthält wohl ziemlich genau den Text der Uraufführung von 1826, unklar ist dabei nur, welche Korrekturen davor bzw. danach eingetragen wurden. Diese Korrekturen in T1 erscheinen aber im Vergleich zur tiefgreifenden Umarbeitung von HS zu T1, die zwischen Abschluss von HS und Uraufführung stattgefunden haben muss, als marginal. Wie diese Umarbeitung vorgenommen wurde, kann derzeit nicht genau beantwortet werden. Nur die in HS enthaltenen Einlageblätter mit den Blattnummern 12, 16, 23, 24 und 32 dürften Bestandteile jener zwischen HS und T1 liegenden Textfassung gewesen sein, denn sie weisen fast wortwörtlich den Text von T1 auf und waren somit wohl die direkte Vorlage für deren Schreiber. Aufgrund ihrer besonderen Bedeutung sind diese Blätter daher in den Varianten S. 374–379 vollständig wiedergegeben.

Zwar ist die ›Nachbearbeitung‹ von HS auch an Raimunds früheren Stücken *Der Barometermacher auf der Zauberinsel* und *Der Diamant des Geisterkönigs* sowie im nachfolgenden Stück *Die gefesselte Fantasie* zu erkennen, aber die Veränderungen sind bei diesen drei Stücken bei Weitem geringer. Bei der Präsentation der Lesarten zum *Mädchen aus der Feenwelt* musste daher eine andere Vorgangsweise gewählt werden: Da eine Auflistung der Lesarten der Theaterhandschriften gegenüber HS vom Umfang her den Rahmen einer sinnvollen Darstellung gesprengt hätte, wird im Apparat S. 380–446 der Text von T1 (in ursprünglicher Fassung) vollständig wiedergegeben und die Lesarten von T2, Z und VO werden auf T1 bezogen (und dadurch wesentlich klarer erkenntlich). Auch die Korrekturen innerhalb von T1 sind in den Lesarten berücksichtigt. Eine Besonderheit stellen in diesem Zusammenhang in T1 eingeklebte Zettel unterschiedlicher Größe dar, die den ursprünglichen Text überdecken. Abgesehen von einer einzigen kurzen Ausnahme (430/10 f.) hat man aber den Kleber nachträglich so weit gelöst, dass der ursprüngliche Text wieder lesbar wurde; der Textverlust war dabei so gering, dass alle Lücken durch Rekonstruktion geschlossen werden konnten.

Wiedergabe von T1, T2, Z und VO

In den nachfolgend angeführten Lesarten zu T1, T2, Z und VO müssen reine Rechtschreibvarianten und Abkürzungen (insbesondere von Personennamen) unberücksichtigt bleiben. Enthalten mehrere Überlieferungsträger grundsätzlich dieselbe Lesart, erfolgt die Wiedergabe in der Orthographie des ältesten Überlieferungsträgers (in der Reihenfolge T1, T2, Z, VO). Von den Korrekturen in den Handschriften werden nur jene berücksichtigt, die mit der ursprünglichen Niederschrift zusammenhängen, nicht aber Eintragungen, die mit der Einrichtung der Manuskripte für spätere Aufführungen zusammenhängen oder theatertechnischer Natur sind und zumeist Einträge von Souffleuren oder Inspizienten darstellen (im Fall von T1 oft mit Bleistift oder rotem Farbstift).

Die Chronologie der Handschriften lässt sich anhand der Lesarten klar bestimmen: T1 steht Raimunds Originalhandschrift HS am nächsten und enthält an einigen Stellen Entsprechungen, die in den nachfolgenden Handschriften nicht mehr zu finden sind (z. B. 20/30 f. in HS und 390/34 f. in T1). T2 wurde möglicherweise direkt von T1 abgeschrieben, wobei Korrekturen in T1 vielfach bereits berücksichtigt sind; in einigen Fällen wurden die gleichen Korrekturen parallel in T1 und T2 eingetragen (z. B. 384/28). T1 und T2 stehen zeitlich im Umfeld der Uraufführung des Werkes 1826; T1 weist als Souffleurbuch des Theaters in der Leopoldstadt intensive Gebrauchsspuren auf. Bei T2 dürfte es sich um Raimunds eigenes Exemplar gehandelt haben (vgl. SW Bd. 1, S. 490); die Notiz »Erste Abschrift« auf der Titelseite und die Schauspielernamen im Personenverzeichnis stammen vermutlich von seiner Hand. Im eigentlichen Dramentext dürften sowohl T1 als auch T2 eigenhändige Korrekturen Raimunds enthalten, allerdings nur zu einem geringen Teil (vgl. auch SW Bd. 1, S. 483–490); dies betrifft insbesondere Stellen, wo Formulierungen des Dialogtextes stärker verändert wurden (z. B. Ergänzung zu 403/34 in T1).

Die Zensurhandschrift Z wiederum beruht möglicherweise direkt auf T2, deren Korrekturen an vielen Stellen bereits in die Abschrift eingegangen sind. Z wurde für Raimunds Gastspiel im Theater an der Wien 1830 angefertigt und trägt den entsprechenden Zensurvermerk. Auch die Imprimatur des Zensors für Vogls Druck von 1837 ist in Z enthalten. Somit ist die Entstehung von VO aus Z in diesem Fall eindeutig nachvollziehbar. In Z wurde insbesondere ab der 11. Szene des 2. Aktes die Groß- und Kleinschreibung am Beginn von Regieanweisungen nachträglich korrigiert, weiters wurden in diesem Bereich viele Apostrophe eingefügt oder aus »e« korrigiert, dasselbe betrifft Korrekturen von »y« zu »i«. Da diese Änderungen sehr genau dem gedruckten Text von VO entsprechen, könnten sie mit dessen Druckvorbereitung in Zusammenhang stehen und vielleicht von Vogl selbst stammen. In den nachfolgenden Lesarten sind diese nachträglichen Korrekturen in Z nicht berücksichtigt.

380/2 Feenwelt, T1: Feenwelt, ⌈Feeenwelt⌉ Z: Feeenwelt
380/4 Millionär Z: Millionnair
381/2 ihrem Wolkenschloße T1: ihrem Wolkenschloße T2, Z, VO: ihr Wolkenschloß
381/5 Waresdin T2, Z, VO: Warasdin
381/6 Donaueschi[ngen.] T1: Donaueschi[ngen.] ‹Textverlust›
381/20 Genius T2: Genius ⌈dienstbarer Geist⌉ Z, VO: dienstbarer Geist
381/25 Satir T2, Z, VO: Satyr
381/29 Der Blödsinn T2: Der Blödsinn Z, VO: ‹fehlt›
381/31 Geister der Nacht. T2: Geister der Nacht. ⌈Ein Genius der Nacht.⌉ Z, VO: Ein Genius der Nacht. / Geister der Nacht.
381/36 Fortunatus T2: Fortunatus ‹»Fortunatus« korrigiert aus »Furtunatus«?›
381/36 Million{ä}[r.] T1: Million{ä} ‹Textverlust›
382/1 deßen Z, VO: sein
383/2 1ter. Auftritt Z: Scena 1 VO: Erste Scene
383/5 Hintergrunde T2: Hintergrund
383/6 schwalartigen Z, VO: Shawlartigen

LESARTEN 551

383/7 Vorhange verdeckt ist T2, Z, VO: Vorhang gedeckt wird
383/10 Instrumenten T2, Z, VO: Instrumente
383/11 Bustorius T2: B̶u̶s̶t̶o̶r̶i̶u̶s̶ Z, VO: ‹fehlt›
383/12 Der Morgen, T1: Der Morgen, ⌈die Nacht⌉ T2, Z, VO:
     Der Morgen, die Nacht,
383/12 der Blödsinn T2: d̶e̶r̶ ̶B̶l̶ö̶d̶s̶i̶n̶n̶ Z, VO: ‹fehlt›
383/13 andere VO: ‹fehlt›
383/14 B[e]diente T1: B diente ‹Textverlust›
383/15 Confecturen Z, VO: Confitüren
383/16 folgenden Z, VO: folgendem
383/22 Künstler T2: Künst⌈l⌉er
383/28 Herrn Z, VO: Herren
383/29 zu dem Triton Z, VO: zum Triton
383/30 [Bu]storius T1: storius ‹Textverlust› T2: Bustorius. ⌈(tritt
     vor)⌉⌈einen Czakan in der Hand⌉⌈im ungarischen Dialect.⌉ Z,
     VO: Bustorius. (tritt hervor, einen Czakan in der Hand, im
     ungarischen Dialekt)
383/30 Istem nuzeck Z, VO: Istén utzék
383/32 [Ze]nobius T1: nobius ‹Textverlust›
384/1 Bübel Z, VO: Büberl
384/2 ihrem Sohne T2: ihren Sohn Z, VO: ihrem Sohn
384/3 getrocknet hat Z, VO: getrocknet hatte
384/6 bekömt T2, Z, VO: bekommt
384/19 Bubi T2: Bübi VO: Bube
384/28 Hexenhof T1, T2: Hexen⌈gast⌉hof Z, VO: Hexengasthof
384/32 Bustorius. Wenn ich T1: Bustorius. ⌈Das ist eine liebens-
     würdige Frau.⌉ Wenn ich T2, Z, VO: Bustor. Das ist eine lie-
     benswürdige Frau, wenn ich
384/32 heirath T2: heurath
384/34 Scen: 2. VO: Zweite Scene.
385/1 gut aus T1: gut aus ⌈von Weitem⌉ T2: gut aus vom Wei-
     ten Z, VO: gut aus von Weiten
385/4 Scen: 3. T1: ⌈Scen: 3.⌉ VO: Dritte Scene.
385/6 Zauberhabit. T2: Zauberhabit. ⌈Er ist sehr geschäftiger,
     gutmüthiger Natur. Trippelt gerne herum, und sagt Alles mit
     ⌈dum⌉ lachender Miene als freute ihn alles was er spricht.⌉ Z:
     Zauberhabit. Er ist sehr geschäftiger, gutmüthiger Natur; trip-

pelt gerne herum, und sagt Alles mit dumm lachender Miene, als freute ihn Alles, was er spricht. VO: Zauberhabit. (Er ist sehr geschäftiger, gutmüthiger Natur; trippelt gerne, und sagt Alles mit dumm lachender Miene, als freute ihn Alles, was er spricht.)

385/14 kennen zu lernen Z, VO: kenne zu lerne
385/16 Teyxel T2, Z, VO: Teuxel
385/17 kommen VO: komme
385/17 f. Herrjegele T2, Z, VO: Herrjegerle
385/19 Herrn VO: Herren
385/20 haben Z, VO: habe
385/21 geschloßen Z, VO: geschlosse
385/22 Geister Dinée. T1: Geister Dinée. ⌈in Orschowa⌉ T2: Geister-Dinée in ~~Orschowa~~. ⌈Temeswar⌉ Z, VO: Geister-Dinér in Temeswar.
385/23 g'worfen T2: geworfen Z, VO: geworfe
385/24 Ehr Z, VO: Ehre
385/24 kennen zu lernen T2: ~~zu~~ kennen zu lernen Z, VO: kenne zu lerne
385/25 Herrn T2, Z, VO: Herren
385/26 andersmal Z, VO: anderes Mahl
385/30 sie T2: sie ~~hieher~~
385/30–33 getragen ‹... bis› Morgen T1: getragen. ⌈{(Jedem} die Hand reichend.)⌉ Mein Bustorius aus Warasdin, ‹»Warasdin« korrigiert aus »Waresdin«› meine Freundin, die Nymphe von Karlsbad, sogar Selima und Zulma, die Feen von der türkischen Gränze. ⌈Du, stille ~~Du,~~ Nacht, an deren Busen ich so oft, mein sinnend Haupt gelegt.⌉ Der {trübe} Morgen T2, Z, VO: getragen. (Jedem die Hand reichend) Mein Bustorius aus Warasdin, meine Freundin die Nymphe von Karlsbad, sogar Selima und Zulma, die Feen von der türkischen Gränze. Du, stille Nacht, an deren Busen ich so oft mein sinnend Haupt gelegt. Der Morgen
385/31 Waresdin T2: Warasdin
385/34 und – etc. etc. Z: ~~und etc. etc.~~ VO: ‹fehlt›
386/3 Erzählen Sie. T1, T2: Erzählen Sie. ⌈(Alle setzen sich)⌉ Z, VO: Erzählen Sie. (Alle setzen sich)

386/5–17 fuhr ‹... bis› Zenobiu[s] T1: fuhr, und mich in Blitzesschnelle in einem angenehmen Thale befand. Vor mir stand ein junger blonder Mann, sein edler Anstand und sein gemüthliches Auge bürgten für die Aufrichtigkeit seines Herzens. ‹Einfügung auf eingeklebtem Zettel über dem ursprünglichen Text:› ⌈Ihn zu sehen und zu lieben war das Werk⌉ eines Augenblicks. Er war der Director einer reisenden Seiltänzer Gesellschaft, die in diesem einsamen Orte Halt machte, und nicht mehr weiterziehen wollte, bis sie für 200 f: rückständige Gage augenblicklich gesichert wäre. Mein Entschluß war gefaßt; Er mein Gemahl, oder keiner. Ich zauberte ihm schnell einen Beutel Louisdors in die Tasche, und flog in ⌈als⌉ eine girrende Taube verwandelt in mein Reich zurück. Mein Freund Zenobiu

386/6 Thale T2: Thale Z: Thal'
386/7–9 sein edler ‹... bis› Herzens T2: sein edler Anstand und sein gemüthliches Auge bürgten für die Aufrichtigkeit seines Herzens Z, VO: ‹fehlt›
386/10 der Z, VO: ‹fehlt›
386/18 f. haben Z, VO: hatten
386/26 f. wer hilft mir die Erinnerung dieses Schmerzes ertragen T1: wer hilft mir die Erinnerung dieses Schmerzes ertragen
386/29 sie weint Z, VO: weint
386/31 Seiltanzen VO: Seiltanze
386/32 g'fallen Z, VO: gefalle
387/8 Einem Sterblichen T2: Einen Sterblichen
387/12 versöhnt T1: versöhn⌈e⌉t
387/12 brillantene Wiegen Z, VO: brillant'ne Wiege
387/21 wieder sehen Z, VO: wiedersehn
387/23 Frühlinge T2, Z, VO: Frühling
387/26 Geschichte Z, VO: Geschicht
387/29 dürstern T1, Z, VO: düstern
387/30 niedre T2, Z, VO: niedere
387/32 Fortunatus T2: Furtunatus
387/32 f. beschwor T2, Z: beschwur
387/34 mit einen Z, VO: mit einem
387/35 verheyrathen T2: verheurathen

387/36 Heyrath T1: ̶H̶e̶y̶r̶a̶t̶h̶ ⌈Hochzeit⌉
388/5–7 ⟨Nach ‹… bis› auch nicht. Z: ‹ab hier bis »auch nicht«
 nachträglich mit Schrägstrichen gestrichen, Streichung ging
 ursprünglich eine Zeile weiter bis »Wichtigste.«, wurde dann
 wegradiert› (× (Nach einer Pause seufzend) Ob er sie gefunden
 hat, weiß ich nicht. / Bustor. (gleichgültig) Weiß ich auch
 nicht. ×) VO: ‹fehlt›
388/7 (steht auf) T1: (will aufstehen) ‹»will aufstehen« korrigiert
 zu »steht auf«› T2, Z, VO: ‹fehlt›
388/8 Lakrimosa. Jetzt kommt das wichtigste. VO: ‹fehlt›
388/9 Bravo! T1: ⌈A,⌉ Bravo! ⌈(setzt sich wieder nieder)⌉
388/10 Sechzehn Jahre T1: Sechzehn ⌈V̶i̶e̶r̶z̶e̶h̶n̶⌉ ‹Korrektur wieder rückgängig gemacht› Jahre T2: S̶e̶c̶h̶z̶e̶h̶n̶ ⌈Vierzehn⌉ Jahre Z, VO: Vierzehn Jahre
388/11–16 Angst ‹… bis› Schatz T1: Angst ‹Einfügung auf eingeklebtem Zettel über dem ursprünglichen Text:› ⌈die mißgünstigen Gesinnungen meiner Dienerschaft verschaften dem Neid
 Eintritt in mein Exil, und dieser ⌈ein⌉ mächtige Fürst der Galle,
 verliebte sich in mich, und warb um meine Hand. Doch da er
 von jeher aus meinem Herzen verbannt war, wies ich Ihn mit
 Verachtung ab. Um sich nun dafür zu rächen, schwor
 ‹»schwor« korrigiert aus »schwur«› er mich durch meine
 Tochter zu verderben, und ließ den Bauer einen groß ‹Textverlust› ⌉ Schatz T2: Angst ⌈die mißgünstigen Gesinnungen meiner Dienerschaft verschaften dem Neid Eintritt in mein Exil,⌉
 d̶e̶r̶ ⌈und dieser⌉ mächtige Fürst der Galle d̶e̶r̶ ̶N̶e̶i̶d̶, verliebte
 sich in mich, und warb um meine Hand, doch da er von jeher
 aus meinem Herzen verbannt war, wies ich ihn mit Verachtung
 ab. Um sich nun dafür zu rächen, schwur er, mich durch meine
 Tochter zu verderben, und ließ den Bauer einen grossen
 Schatz Z, VO: Angst. Die mißgünstigen Gesinnungen meiner
 Dienerschaft verschafften dem Neid Eintritt in mein Exil, und
 dieser mächtige Fürst der Galle verliebte sich in mich, und
 warb um meine Hand; doch da er von jeher aus meinem Herzen verbannt war, wies ich ihn mit Verachtung ab. Um sich
 nun dafür zu rächen, schwur er, mich durch meine Tochter zu
 verderben, und ließ den Bauer einen großen Schatz

388/18 {Grätzer} Stadt T1: {G̶r̶ä̶t̶z̶e̶r̶} Stadt T2, Z, VO: Stadt
388/21 an einen T2: ⌈an⌉ einen Z, VO: an einem
388/26 Hilfe T2, Z, VO: Hülfe
389/7 dirigiern Z, VO: dirigiren
389/10 draußen Z, VO: drauße
389/11 a' hohes, T1: a̶'̶ ̶h̶o̶h̶e̶s̶, T2, Z, VO: ‹fehlt›
389/11 kommen Z: komme
389/12 zusammen, und T2: zusammen, u̶n̶d̶ Z, VO: zusamme,
389/13-15 [gan]zen ‹... bis› werden soll. T1: ‹Einfügung auf eingeklebtem Zettel über dem ursprünglichen Text:› ganzen Plan aus, und die ⌈stille⌉ Nacht da, die muß vorausfliegen; so macht die Sach nicht so viel Aufsehen und heut Abend müß Sie schon ihr Töch ‹Textverlust› le haben, und wenn Sie auf dem Bloksbergle vermählt werden soll. T2: ganzen Plann aus ⌈und die Nacht da (auf die Nacht zeigend) die muß vor uns herfliegen, damit die Sach kein Aufsehen macht.⌉ und heut Abend müssen sie schon ihr Töchterle haben, und wenn sie auf den Blocksbergle vermählt werden soll. Z, VO: ganzen Plan aus, und die Nacht da, (auf die Nacht zeigend) die muß vor uns herfliege, damit die Sach kein Aufsehe macht, und heut Abend müsse Sie schon ihr Töchterle habe, und wenn sie auf dem Blocksberg vermählt werde soll.
389/19 f. {geschwind} noch mit einem Glasel T2, Z, VO: geschwinde noch mit einem Glas
389/21 pontsch Z, VO: Ponsch
389/21 Laß T2, Z, VO: Laßt
389/22 Nr: 243. T1: Nr: 2̶4̶3̶. ⌈234⌉ ‹vgl. 389/30› T2: Nro 243. Z: No 243. VO: Nr. 243.
389/23 f. stockfinster draußen. Heute muß ein trüber Tag seyn. T1: stockfinster d̶r̶a̶u̶ß̶e̶n̶.̶ ̶H̶e̶u̶t̶e̶ ̶m̶u̶ß̶ ̶e̶i̶n̶ ̶t̶r̶ü̶b̶e̶r̶ ̶T̶a̶g̶ ̶s̶e̶y̶n̶.̶ ⌈in den Wolken. Es muß ein Wetter am Himmel seyn.⌉ T2, Z, VO: stockfinster in den Wolken, es muß ein Wetter am Himmel seyn.
389/30 Fiaker Nro: 234 vorfahren T1: Fiaker ⌈Fiaker⌉ Nro: 234 ‹»234« später korrigiert zu »243« und wieder rückgängig gemacht› vorfahren T2: Fiaker Nro 243 vorfahrn Z, VO: Fiaker No 243 vorfahren

389/31 fahrt VO: Fährt
389/34 fahrt fort.) T2: fahrt fort. ⌈Zulezt erscheint eine Wurst, mehrere Zauberer und Feen setzen sich auf und fahren fort.⌉ Z, VO: fährt fort. Zuletzt erscheint eine Wurst, mehrere Zauberer und Feen setzen sich auf und fahren fort)
390/2 ruft ihn doch. T1: ruft ihn ⌈mir⌉ doch. ⌈mein Laternbübel.⌉
390/7 allgemeinen Z: allgemeinem
390/9 Scen: 4. VO: Vierte Scene.
390/10 Fortunatus T2: Furtunatus Z, VO: ‹fehlt›
390/21 in Saal T2, Z, VO: in den Saal
390/23 Tage VO: Tag'
390/27 Mußi Lorenz. (geht ab) Z, VO: Musje Lorenz. (ab)
390/29 Haus T2, Z: Hause
390/29 Halter T2: Halter ‹Kreuzchen, aber ohne Entsprechung›
390/30 gehabt, als jetz T2, Z, VO: g'habt, als jezt
390/32 g'fallen T2: g'fall'n
390/34 f. Bedienten von ihre Herrschaften so viel einstecken müßen T1: Bedienten ⌈so viele Grobheiten einstecken⌉ von ihre Herrschaften so viel einstecken müßen T2: Bedienten so viele Grobheiten einsteken müssen Z, VO: Bedienten so viel Grobheiten einstecken müssen
390/35 durch T2, Z, VO: durchs
390/36 er steht schon auf. T1: er steht schon auf. ‹»steht schon auf« nachträglich korrigiert zu »ist schon angezogen«›
391/1 heute VO: heut'
391/2 f. zusammeng'schlagen Z, VO: zusamg'schlagen
391/4 aushalt T2, Z: aushält
391/5 ein Narren T2: einen Narren
391/5 wär der gscheideste Z: wäre der g'scheuteste VO: wäre der g'scheiteste
391/6 Botokudien T1, T2: B̶o̶t̶o̶k̶u̶d̶i̶e̶n̶, ⌈Mamelukien⌉ Z, VO: Mamelukien
391/11 wenigsten T2, Z, VO: wenigstens
391/12 gelernt VO: g'lernt
391/13 därf T2, Z, VO: darf
391/13 nimmer Z, VO: nicht mehr
391/16 Scen: 5. VO: Fünfte Scene.

391/17 Lottchen. Voriger. Z, VO: Voriger. Lottchen.
391/28 gefunden T2, Z, VO: gefunden hat
391/31 unserm Dache T2: unsern Dache
392/1 Ach, T2, Z, VO: ‹fehlt›
392/4 wär VO: war
392/5 g'stutzt T2: gestuzt Z: gestutzt
392/10 Thüre T2, Z, VO: Thür
392/19 Scen: 6. VO: Sechste Scene.
392/22 ein Teller T2, Z: einen Teller
392/23 seitwärts ein T2: seitwarts herein Z, VO: seitwärts herein
392/25 Frühstück Z: Frühstuck ‹ursprünglich »Fruhstuck«›
392/26 deutet auf das Schlafzimmer Z, VO: aufs Schlafzimmer deutend
392/30 beleidiget T2, Z, VO: beleidigt
392/30 ihn Z, VO: ihm
392/32 Vogel frieß, oder stirb! T1: Vogel frieß, ⌈friß Vogel⌉ oder stirb! T2: frieß Vogel! oder stirb! Z, VO: Friß Vogel, oder stirb!
393/4 Bettelweib T2: Bettlweib ‹korrigiert aus »eine Bettlerinn«?›
393/13 f. hab ich auch keine, bis auf diese einzige Godel, und die ist mir lieber T1: hab ich auch keine, bis auf diese einzige Godel, und die ⌈ein saubers Schatzerl⌉ ⌈unser schwarzaugigtes ‹Textverlust› uben ‹Textverlust› ädel⌉ ist mir lieber T2: Unser ‹»Unser« korrigiert aus »unser«› schwarzaugigtes Stubenmädel ist mir lieber Z: Unser schwarzaugigtes Stubenmädel ist mir lieber VO: Unser schwarzaugiges Stubenmädel ist mir lieber
393/15 Geht ab VO: Ab
393/16 Scen: 7: VO: Siebente Scene.
393/17 Kabinett T2, Z, VO: Kabinette
393/23 Fruh treibt schon der Halter hinaus T2: Fruh treibt schon der Halter ⌈man die Ochsen⌉ hinaus Z, VO: Früh treibt man die Ochsen hinaus
393/36 jetzigers T2: jetzigers Z, VO: jetziges
394/3 f. einen guten Magen zu haben T1: einen ⌈wenn der Mensch einen⌉ guten Magen zu haben ⌈t⌉
394/4 recht Z, VO: sehr

394/7 Ein wahrer Tyrann! T1: ~~Ein wahrer Tyrann!~~ ⌈Ein grausammer Kerl⌉ T2, Z, VO: ⟨fehlt⟩
394/8 drückt er zusammen VO: druckt er z'sammen
394/9 da gewesen VO: dag'wesen
394/11 verdirbt man ihn T1: verdirbt man ihn ⌈ganz⌉ T2, Z, VO: verdirbt man ihn ganz
394/14 möcht T2, Z: möchte
394/18 Scen: 8. VO: Achte Scene.
394/21 dich VO: d'Dich
394/26 f. daß ein vampirenes Kleid anleget Z, VO: daß sie ein vampirenes Kleid anlegt
394/27 hinaufgienge VO: hinauf ging'
394/28 f. spinatfarben T2: spinatfarbnen Z, VO: spinatfarbenen
394/29 Was ist den heute? T1: ~~Was ist den heute?~~ T2, Z, VO: ⟨fehlt⟩
394/33 heute Z, VO: heut
394/36 Lande Z, VO: Land
395/3 Wache laße Z, VO: Wach lass'
395/5 Das Sitzen T1: ⌈aber⌉ Das Sitzen
395/5 keinem Menschen T2: keinen Menschen Z, VO: kein Menschen
395/6 f. zwischen zwey Stühle auf der Erde T2, Z: zwischen zwey Stühlen auf der Erde VO: zwischen zwei Stühlen auf der Erd'
395/7 Madel T2, Z, VO: Mädel
395/8 laße ihr Z: lasse ihr's VO: lass' ihr s'
395/8 sticken VO: s'Sticken
395/11 darauf Z, VO: drauf
395/13 reichen Juwelier T1: ~~reichen Juwelier~~ ⌈alten Millionair⌉
395/13 heyrathen? T2: heurathen.
395/14 ein Juwelier heyrathen T1: ein⌈en⌉ ~~Juwelier~~ ⌈Millionair⌉ heyrathen T2: einen Juwelier heurathen Z, VO: einen Juwelier heyrathen
395/16 bleibe VO: bleib'
395/17 g'scheidter Z: gscheuter
395/17 versteh ich mich T2, Z, VO: versteh ich
395/19 hergenommen VO: herg'nommen
395/19 darauf T2, Z, VO: drauf

LESARTEN 559

395/21 in die Stadt zogen T1: in die Stadt ~~zogen~~ ⌈fahren⌉ Z, VO: in die Stadt gezogen

395/23 habe VO: hab'

395/24 betrügen T1: ~~betrügen~~ ⌈verlaßen⌉ VO: betriegen

395/24 nicht wahr, Lenzel? T2, Z: Nicht Lenzl? VO: Nicht, Lenzel?

395/28 verdrüßlich VO: verdrießlich

395/29 Krautacker nach Haus T1: Krautacker ⌈weg und⌉ nach Haus

395/31 gelblicht VO: gelblich

395/33 Leiblakey T1: ~~Leiblakey~~ ⌈Bedienten⌉⌈Leibhussaren⌉ T2: ~~Bedienten~~ ⌈Leibhussaren⌉ Z, VO: Leibhusaren

395/33 bittet Z, VO: bitt'

395/34 niemanden etwas davon sagen, er wär Z, VO: Niemand etwas davon sagen, er wäre

395/36 bordirt ist T2: bordirt wär Z, VO: portirt wär

395/36 wollt Z, VO: wollte

396/2 f. Nur stille. Er sagte, er hätte einen alten Schatz, den er gern los seyn möchte VO: Nur still'. Er sagte, er hätt' einen alten Schatz, den er gerne losseyn möcht'

396/2 gern Z: gerne

396/3 müßt T2, Z: müßte

396/6 heyrathet T2: heurathet

396/8 f. müßt betteln gehen T2, VO: müßte betteln geh'n Z: müßte betteln gehen

396/9 möcht ich aber gleich nach Haus gehen Z, VO: möchte ich aber gleich nach Haus geh'n

396/11 habe ihn nimmer gesehen Z: hab' ihn nimmer gesehen VO: hab' ihn nimmer g'seh'n

396/13 gehe Z, VO: geh'

396/13 finde VO: find'

396/14 Gedanke VO: Gedanken

396/14 f. Getreide Boden Z, VO: Getreidboden

396/16–18 was glaubst du? / <u>Lorenz.</u> Nu, mit. / <u>Wurzel.</u> Mit lauter Galläpfel. T1: was ~~glaubst du?~~ ⌈?⌉ / <u>~~Lorenz. Nu, mit.~~</u> / <u>~~Wurzel.~~</u> Mit lauter Galläpfel. T2, Z, VO: was? – Mit lauter Galläpfel.

396/21 noch einen – Ducaten T1: noch einen – ⌈lauter⌉ Ducaten T2, Z, VO: noch einen – lauter Dukaten
396/22 Lenzel, jetzt hättest du die Beißerey sehen sollen Z: Lenzl jetzt hättest du die Beißerey sehen sollen VO: <u>Lenzl</u>, jetzt hätt'st Du die Beißerei seh'n sollen
396/23 ich hab T2: ich habe
396/23 bitter T2: bitter ‹»r« korrigiert aus »t«›
396/24 Galläpfel T2: Gallapfel
396/26 Ah T2: Ach
396/26 Nu Z, VO: Nun
396/27 jagen T1: jagen, ‹korrigiert aus anderem Wort?›
396/27 sehen läßt VO: seh'n laßt
396/28 Madel T2, Z, VO: Mädel
396/30 den immer naschen? T1: den immer naschen? ⌈Was sauffens den schon wieder?⌉ Z, VO: immer naschen?
396/31 Gscheid Z: G'scheut
396/33 so lang T2, Z, VO: so lange
396/34 geben hat, was mich g'scheid Z: gegeben hat, was mich g'scheut VO: gegeben hat, was mich g'scheit
396/35 kost Z, VO: kostet
396/36 Jahr Z: Jahre
397/1 hab Z: habe
397/1 aufgehen VO: aufgeh'n
397/2 einsehen VO: einseh'n
397/6–8 recht abwixen ‹... bis› jetzt aus. T1: ‹Einfügung auf eingeklebtem Zettel über dem ursprünglichen Text:› ⌈recht abwixen, daß du auf eine Weil g'wixt bist, nachher wirst sch ‹Textverlust› wissen wie viels g'schlagen hat. W̶a̶s̶ ̶g̶i̶e̶b̶t̶s̶ ̶d̶e̶n̶ ̶s̶o̶n̶s̶t̶ ̶N̶e̶u̶e̶s̶?̶⌉ ⌈Ich geh⌉ jetzt aus.
397/8 gehe Z, VO: geh
397/8 f. Ich muß mir eine Reitgerten kaufen; T1: ⌈M̶e̶i̶n̶ ̶H̶u̶t̶ Ich muß mir e̶i̶n̶e̶ ̶R̶e̶i̶t̶g̶e̶r̶t̶e̶n̶ ⌈Sporn⌉ ⌈eine neue Reitgerten⌉ kaufen; T2: Ich muß mir e̶i̶n̶e̶ ̶R̶e̶i̶t̶g̶e̶r̶t̶e̶ ⌈Sporn⌉ kaufen, Z, VO: ich muß mir Sporn kaufen,
397/9 f. in die Vorstadt VO: in der Vorstadt
397/11 habe VO: hab'
397/12 habe VO: hab'

397/15 betrügt VO: betriegt
397/17 f. dem Koch T2: den Koch
397/18 ausfällt; heute VO: ausfallt, heut'
397/19 kleines Faßl Z, VO: kleins Faßel
397/21 geht ab T2, Z, VO: ab
397/22 komme VO: komm'
397/23 aufs Z, VO: auf das
397/23 Walde VO: Wald'
397/24 Felde gestanden Z: Felde g'standen VO: Feld' g'standen
397/25 vorkommen Z, VO: vorgekommen
397/26 wäre VO: wär'
397/30 Auf Erd' VO: Allhier
397/33 noch T2, Z, VO: so
397/36 Leut T2, Z, VO: Herrn
398/7 von weitem T2: von weiten
398/12 {wirft} T1: {wirft} ‹»wirft« korrigiert zu »schaft«› ⌈wirft⌉
398/13 der Lebensschmaus. (geht ab) T2: des Lebensschmaus. / (geht ab) Z: des Lebensschmaus. (ab) VO: des Lebens Schmaus. (Ab.)
398/14 Scen: 9. VO: Neunte Scene.
398/16 Lottchen. (kömmt T2: Lottchen kommt Z, VO: kommt
398/18 schauen T2: schau'n
398/18 f. – erschrickt T2, Z, VO: und erschrickt
398/23 Scen: 10. VO: Zehnte Scene.
398/27 Karl! T1: Karl! ‹Rufzeichen korrigiert aus Beistrich›
398/29 Wie? so T1: Wie? ‹Fragezeichen korrigiert aus Beistrich› so T2: Wie⌈?⌉ So ‹»So« korrigiert aus »so«›
398/32 Ah Z, VO: Ach
399/1 dreyeckigten VO: dreieckigen
399/1 Ah T2, Z, VO: Ach
399/8 kam T2: komme
399/14 wißen Z, VO: wisse
399/15 gesehen T2: geseh'n Z, VO: gesehe
399/16 unterstehen T2: untersteh'n
399/18 ein Spaß Z, VO: einen Spaß
399/20 Büberle Z, VO: Büble
399/21 sagen VO: sage

399/23 binne zwey Tagen Z, VO: binnen 2 Tage
399/24 anthue T2, Z: anthun
399/24 ich werd T2, Z, VO: ich werde
399/31 kömmt T2, Z, VO: kommt
400/1 kömmt Z, VO: kommt
400/3 derweile Z, VO: derweil
400/4 Kasten VO: Kaste
400/6 Warten sie T2, Z, VO: Warte sie
400/7 f. ein kleines Buch und ein kurzes Stäbchen VO: nimmt dann ein kleines Buch
400/9 Pitschili VO: Pitschile
400/10 Frisili! T1: Frisili! ‹»e« durch Rufzeichen überschrieben›
400/10 Kästerle! thu T2, Z, VO: Kasterle! thu
400/11 Stabe T2: Stabe
400/12 eine transparente Laube T2, Z, VO: eine Laube
400/12 f. Rasensitze.) T2: Rasensitze.) ‹hier Einfügezeichen, aber ohne entsprechenden Text›
400/14 schließen T2: schlüssen
400/19 aufgehoben Z, VO: aufgehobe
400/21 Strümpf T2: ⌈alten⌉ Strümpf Z, VO: alte Strümpf
400/23 Scen: 11. VO: Eilfte Scene.
400/27 gibt es T2: was giebts Z, VO: gibts
400/28 dreyeckigten VO: dreieckigen
400/30 f. mit der Katz aus dem Sacke Z: ~~mit der Katz aus dem Sacke~~ VO: ‹fehlt›
400/32 werden Z, VO: werde
400/34 Schneckenhandler T2, Z, VO: Schneckenhändler
401/3 O, ich habs schon gehört; T1: O, ~~ich habs schon gehört;~~ ⌈kenn sie schon⌉
401/5 umgehen Z, VO: umgehe
401/7 Wurzel. Auf der Schneckenpost? T2: ~~Wurzel. Auf der Schneckenpost?~~ Z, VO: ‹fehlt›
401/8 Ajaxerle. Z, VO: ‹fehlt›
401/8 ihn VO: ihm
401/8 anhalten Z, VO: anhalte
401/9 Jahren ihr Ehrenwort gegeben, und das Z: Jahre Ihr Ehrenwort gegebe, das VO: Jahre Ihr Ehrenwort gegeben, das

401/10 halten VO: halte

401/12 dem Taugenichts sein miserablicher Vetter T1: dem T̶a̶u̶-̶ g̶e̶n̶i̶c̶h̶t̶s̶ ̶s̶e̶i̶n̶ ⌈Fischer sein noch miserabliger⌉ miserablicher Vetter T2, Z, VO: dem Taugenichts sein miserabler Vetter

401/14 für den liederlichen Fischer T1, Z: f̶ü̶r̶ ̶d̶e̶n̶ ̶l̶i̶e̶d̶e̶r̶l̶i̶c̶h̶e̶n̶ ̶F̶i̶-̶ s̶c̶h̶e̶r̶ VO: ‹fehlt›

401/17 Ach ja! T1: Ach ja! ‹Rufzeichen korrigiert aus Beistrich›

401/19-26 Und [wenn] ‹… bis› heyr]athest. T1: Und ‹Einfügung auf eingeklebtem Zettel über dem ursprünglichen Text:› ⌈wenn du dich nicht in meinen Willen fügst, und immer vom Wald phantasirst, du melancholische Wildanten, und mir nocheinmahl dein Bauerngwand heimlich anziehst, was dadrinn in einem Bünkel versteckt hast, und nichts als Fisch und Waßer im Kopf hast, so gib acht ‹nach »a« ein Buchstabe gestrichen› wie ich dich r̶e̶c̶h̶t̶ durchwäßern werde; einen Wolkenbruch laß ich auf deinen Buckel niedergehen, wannst nicht den alten Millionair heyrathest.⌉ T2: Du schweigst! und wenn du dich nicht in meinen Willen fügst, mir noch einmal dein Bauerngewand heimlich anziehst, was dadrin in einem Pünkel versteckt hast, nichts als Fisch und Wasser im Kopf hast, und immer vom Wald phantasirst du melancholische Wildenten, so gib Acht ‹»A« korrigiert aus »a«› wie ich dich recht durchwassern werde, einen Wolkenbruch laß ich auf deinen Buckel niedergehen wannst nicht den alten Millionär heurathest. Z: Du schweigst, und wenn du dich nicht in meinen Willen fügst, mir noch einmahl dein Bauerngewand heimlich anziehst, was du da drin in einem Bünkel versteckt hast, nichts als Fisch und Wasser im Kopf hast, und immer vom Wald phantasirst, du melancholische Wildenten, so gib Acht, wie ich dich recht durchwassern werde, einen Wolkenbruch laß ich auf deinen Buckel niedergehen, wannst nicht den alten Millionär heyrathest. VO: Du schweigst, und wenn Du Dich nicht in meinen Willen fügst, mir noch einmal Dein Bauerngewand heimlich anziehst, was Du da drin in einem Bünkel versteckt hast, nichts als Fisch und Wasser im Kopf hast, und immer vom Wald phantasirst, Du melancholische Wildänten, so gib Acht, wie ich Dich recht durchwassern werde, einen Wolkenbruch laß' ich auf Deinen

Buckel niedergeh'n, wannst nicht den alten Millionär heirath'st.
401/30 heyrathen T2: heurathen
401/31 bis er Einen fangt T1: bis er E̶i̶n̶e̶n̶ ⌈Fisch⌉ T2: bis er einen ‹»einen« korrigiert aus »Einen«› ⌈Fisch⌉ fangt Z: Einen Fisch VO: Bis er einen Fisch fangt
401/32 heyrath T2: heurath
401/34 auf Z, VO: bis auf
401/36 von meinem armen Karl T2: von meinen armen Karl
402/3 ichs nicht T2: ich nichts
402/4 Fischer T1: F̶i̶s̶c̶h̶e̶r̶ ⌈Burschen⌉ T2, Z, VO: Burschen
402/5 das? T2: was? ‹»was« korrigiert aus »das«›
402/6 nicht geben T1: nicht ⌈zum Mann⌉ geben
402/6 f. viele Haare sie auf ihren Strobelkopf haben, auf ihren Z, VO: viel Haare Sie auf Ihrem Strobelkopf habe, auf Ihrem
402/10 mit Pferdefüße T2, Z, VO: mit Pferdefüssen
402/11 abgebrochenen Säule T1: abgebrochenen ‹»abgebrochenen« korrigiert aus »abgestochenen«› Säule ⌈sitzend⌉ T2, Z, VO: abgebrochenen Säule sitzend
402/12 Nicht eh darf T1: Nicht eh ⌈verstehen sie⌉ darf
402/14 wird. T2: wird; ⌈(hier droht der Satyr jedesmahl mit den Finger, und schreibt dann wieder fort.)⌉ ‹ganze Regieanweisung vom unteren Seitenrand mit Einfügezeichen eingefügt› Z, VO: wird! (Satyr droht mit dem Finger und schreibt dann wieder fort)
402/15–20 so kraftlos ‹... bis› Schneckensensal T1: so k̶r̶a̶f̶t̶l̶o̶s̶ ⌈entnervt⌉ sind, daß ich nicht einmahl einen Kapauner⌈flügel⌉ mehr tranchiren kann – bis dieses kienrußschwarze Haupt sich in einen Gletscher verwandelt – Kurz, bis ich so ausschau, daß ich ⌈h̶i̶n̶a̶u̶s̶g̶h̶ö̶r̶⌉ auf den Aschenmarkt hinausgehör! ‹»hinausgehör« gestrichen und Streichung wieder rückgängig gemacht› – Dann fragen sie sich wieder an, mein lieber Schneckensensal, ⌈dann haben sie mich geangelt⌉
402/16 kann – T2: kann; ‹Einfügezeichen für Wiederholung der vorherigen Regieanweisung› Z, VO: kann! (Satyr droht wie oben)
402/17 f. verwandelt – T2: verwandelt; ‹Einfügezeichen für Wie-

derholung der vorherigen Regieanweisung› Z, VO: verwandelt, (Satyr wie oben)
402/18 ausschau Z, VO: ausschaue
402/19 hinausgehör! – T2: hinausgehör! ‹Einfügezeichen für Wiederholung der vorherigen Regieanweisung› Z, VO: hinausgehör! (Satyr wie oben)
402/22 schlagt Z, VO: schlägt
402/24 Satis! (Hat T2: ⌈halblaut⌉ Satis! (er hat Z, VO: hat
402/25–28 Schlägt ‹... bis› wieder. T2: Schlägt Bey ‹»Bey« korrigiert aus »bey«› dem Worte: Satis ⌈Punctum⌉ « mit der flachen Hand auf die Tafel, macht ⌈er⌉ dann schnell eine drohende Bewegung hinter Wurzel ⌈und ruft. Satis.⌉ und versinkt wieder Z, VO: ruft: Satis! nach dem Worte Punctum mit drohender Bewegung hinter Wurzel, und versinkt
402/29 leben Z, VO: lebe
402/29 Wurzle! T1: Wurzle! ‹Rufzeichen korrigiert aus Beistrich› Z, VO: Wurzel.
402/32 ihnen Z, VO: Ihne
402/33 f. werde T2, Z, VO: werden
402/35 Hasenfuß Z, VO: Hasefuß
402/36 Zorn Z, VO: Zorne
402/37 schwäbische Krautstauden. T1: schwäbische ⌈buckelige⌉ ⌈schwäbische⌉ Krautstauden. T2, Z, VO: Krautstauden! (ab)
403/1 Scen: 12. VO: Zwölfte Scene.
403/7 Gebürges T2, Z, VO: Gebirges
403/12 Thüre T2, Z, VO: Thür
403/15 Lebe wohl! T1: Lebe wohl! ‹Rufzeichen korrigiert aus Beistrich›
403/16 er steigt Z, VO: steigt
403/21 schnell T1: ⌈sehr⌉ schnell T2: sehr schnell
403/21 Thüre Z: Thür
403/22 Scen: 13. VO: Dreizehnte Scene.
403/32 Räuber. T1: Räuber. ⌈er hat {einbrochen}⌉
403/34 Wurzel. T2, Z, VO: ‹fehlt›
403/34 maßakrire ihn. T1: maßakrire ihn. ⌈Fallt mir der Kerl auf den Kopf.⌉ T2, Z, VO: masakriere ihn! fällt mir der Kerl auf den Kopf.

403/36 guten Namen T1: ~~guten~~ ⌈ehrlichen⌉ Namen
404/5 Alles ruft: T1: ~~Alles ruft~~ ⌈Wurzel⌉:
404/8 er T2: Wurzel
404/10 f. abgeschloßen Z, VO: zugeschlossen
404/13 in welchem T2: in welchen
404/16–19 Hinaus ‹... bis› Fenster zu) T1: Hinaus mit dir ⌈in den Wald, ~~wo ich dich gefunden hab~~⌉, zu deinen Gespielinnen, zu die Wildgäns, wo ich dich gefunden habe, ~~du Waldschnepf!~~ (wirft ihr die Kleider herab) In mein Haus kommst du nimmermehr! (schlägt das Fenster zu) ⌈du Waldschnepf!⌉
404/16 zu deinen Gespielinnen T2, Z, VO: in den Wald, zu deinen Gespielinnen
404/17 habe Z, VO: hab
404/20 zu einem Schlößer T2: zu einem Schlosser Z, VO: zum Schlosser
404/22 Schlößer Z, VO: Schlosser
404/23 Gnade VO: Gnaden
404/24 f. der vor Kummer nicht aus weiß? Da heißts fleißig seyn. T1: der ⌈sich⌉ vor Kummer nicht aus weiß? Da heißts fleißig seyn. ⌈und arbeiten⌉
404/26 Franzel Z, VO: Franzl
404/27 (geht hinein) T2: ⌈geht hinein⌉
404/36–405/2 Dann ‹... bis› [gehüll]t T1: Dann sinkt die ‹hier Zettel eingeklebt, der zwar ohne Relevanz für den Text ist, aber bei einigen Wörtern zu Textverlust führt:› Nacht personifizirt nieder. Eine kolosale gemahlte Figur, welche ‹Textverlust› Breite den größten Theil der Mitte des ‹Textverlust› s einni ‹Textverlust› Sie ist in graues faltiges Gewand ‹Textverlust› t
405/3 f. geschloßne VO: geschlossene
405/10 Kortine VO: Courtine
405/10 f. Während diesem [singen die Geister der] Nacht T1: Während diesem ‹die Wörter »singen die Geister der« überklebt und nicht sichtbar› Nacht
405/11 Chor. T2: Chor ⌈zwischen den Coulissen)⌉ / Chor. Z, VO: Chor zwischen den Coulissen. / Chor.
405/20 Auf dem vorderen Fluggange T1: Auf dem vorderen Flug~~angange~~ VO: Nach diesem Chore

405/20 der T2, Z, VO: ‹fehlt›
405/22 dieses VO: des nachfolgenden
405/27 weite T2: weite⌈n⌉ Z, VO: weiten
405/30 f. Unter folgenden Chor kommen zwölf Geister der Nacht in grauem Flor T2: Unter folgendem Chore kommen zwölf Geister der Nacht im grauen Flor Z: Unter folgendem Chore kommen 12 Geister der Nacht im ‹»im« korrigiert aus »in«› grauen Flor VO: Unter folgendem Chore kommen zwölf Geister der Nacht im grauen Flor
405/32 Schleyer Z, VO: Schleyern
405/37–406/2 und sich ‹... bis› bilden:) T2: ~~und sich so verschlingen, daß die Sterne auf ihren Häuptern~~ ⌈ein Nebelband ober ihren Haupten halten, worauf⌉ die transparenten Worte bilden: Z: ein Nebelband ober ihren Häuptern halten, worauf die transparenten Worte: VO: ein Nebelband ober ihren Häuptern haltend, worauf die transparenten Worte:)
406/3 Entfliehe T1: Entfliehe⌈'⌉ T2, Z, VO: Entflieh'
406/5–11 (Während ‹... bis› Schacht! T1: (Während deßen folgen Chor.) / ~~Doch ihn zu verderben, / Der Luft zu enterben, / Verschwört sich die Nacht; / Ergreifet die Freude, / Stürzt sie als Beute / In grundlosen Schacht!~~ T2: ~~Während dessen folgender Chor:~~ Z, VO: ‹fehlt›
406/18 Die Cortine fällt T2, VO: Die Courtine fällt schnell Z: Die Cortine fällt schnell
407/2 Scen: 1. VO: Erste Scene.
407/4 welchen Z, VO: welchem
407/5 Strohdache VO: Strohdach
407/6 welchem T2: welchen
407/7 Cortine VO: Courtine
407/8 hohes VO: ein hohes
407/9 in dem Vordergrund T2: in den Vordergrund
407/13 weiter Entfernung T1: weiter⌈er⌉ Entfernung T2, Z, VO: weiterer Entfernung
407/15 Reichthums T2: ~~Glücks~~ Reichthums
407/16 f. ein steiler Berg T2, Z, VO: steil
407/17 f. auf deßen Spitze der goldene Tempel des Ruhmes steht T2: auf ~~dessen~~ ⌈ihrer⌉ Spitze ⌈steht⌉ der goldene Tempel

des Ruhmes ~~steht~~ Z, VO: auf ihrer Spitze steht der goldene Tempel des Ruhms
407/19 des ganzen Berges T2, VO: des Berges
407/22 kömmt T2, Z, VO: kommt
407/24 auf einer großen Schwalbe geflogen, welche T2, Z, VO: auf einen großen Stieglitz geflogen, welcher
407/26 Paquet T2: Paquette Z, VO: Paquete
407/30 Scheckel mit Rezepiße T1: ⌈Geister⌉Scheckel mit Rezepiße T2, Z, VO: Geistersscheckel mit Rezepiß
407/32 abgetreppelt.) Ein biß'l Z, VO: niedergetrippelt) Ein Bißel
408/1 dürfte VO: dürft'
408/2–4 (die Schwalbe ‹... bis› fliegt T1: (die ~~Schwalbe~~ ⌈Stieglitz⌉ schlagend) Nu, weiter! Wirst fliegen oder nicht? (die ~~Schwalbe~~ ⌈Stieglitz⌉ fliegt T2, Z, VO: (den Stieglitz schlagend) Nu, weiter! wirst fliegen oder nicht? (der Stieglitz fliegt
408/4 und T2, Z: ‹fehlt›
408/4 f. unter dem Fliegen raisonirt er Z, VO: unterm Fliegen raisonnirt Illi
408/6 Umkehr. T2: Umkehr! ⌈Schmutziges Volk! Pfuy!⌉ Z, VO: Umkehr! Schmutziges Volk! Pfuy!
408/7 Scen: 2. VO: Zweite Scene.
408/14 f. hierher T2, Z, VO: daher
408/17 Thüre Z, VO: Thür
408/21 hieher Z, VO: hierher
408/23 f. ein Dienstmädchen T2: ~~einen Dienstboten~~⌈mädchen⌉
408/25 gern T2, Z, VO: gerne
408/26 Scen: 3. VO: Dritte Scene.
408/30 Thüre T2, Z, VO: Thür
408/30 Hand.) Z, VO: Hand). / Zufried.
408/34 rechte Z, VO: recht
409/4 f. Euer Hohheit T2, Z: eure Hoheit
409/5 wär Z, VO: wäre
409/7 Stehe auf T1: ~~Stehe~~ auf T2, Z, VO: Steh' auf
409/7 f. Du bist mir in diesem Briefe den ich vor kurzem erhielt T1: Du bist mir ~~in diesem~~⌈in ~~durch~~ einen⌉Briefe den ich vor kurzem ~~erhielt~~⌈erhielt⌉
409/8 angekündigt Z, VO: angekündiget

409/11 auf einem Stein T2: auf einen Stein
409/16 ja Z, VO: gar
409/28 Thal T2: Thall
409/30 Reichthumes Z, VO: Reichthums
409/31 Ruhmes Z, VO: Ruhms
410/12 gerne VO: gern
410/16 moosbewachsenen Throne T1: moosbewachsenen Throne Z, VO: Moosbewachsnen Throne
410/26 heirathen T2: heurathen
410/29 denn Z, VO: dem
410/34 Ist er vielleicht auch mit dir verwandt? T1: ~~Ist er vielleicht auch mit dir verwandt?~~ T2, Z, VO: ‹fehlt›
410/35 Er war es. T1: ~~Er war es.~~ T2, Z, VO: ‹fehlt›
410/37 etzweyt T2, Z, VO: entzweyt
411/9 schließen T2: schlüssen
411/10 stößt. T1: stößt. ‹»stößt« korrigiert aus »stößt«› T2: stoßt.
411/11 Scen: 4. VO: Vierte Scene.
411/12 hell beleuchtet T1: ~~hell beleuchtet~~ T2, Z, VO: ‹fehlt›
411/13 Cortine VO: Courtine
411/14 f. ein hohes Fenster, in der Mitte die Eingangsthüre. T1: ein⌈e⌉ hohes ⌈Glasthür⌉ ~~Fenster, in der Mitte~~ die Eingangsthüre. ⌈gegenüber.⌉ {an der andern} T2: eine hohe Glasthür, ~~gegenüber die Eingangsthür.~~ Z, VO: eine hohe Glasthüre.
411/19 Schlagt Z, VO: Schlagt's
411/22 Abends T2, Z, VO: Abend
411/24 Lustig wollen wir von unserem T1: Lustig wollen wir ⌈sein und lustig⌉ von unserem Z, VO: Lustig wollen wir von unserm
411/25 theuern Z: ‹fehlt›
411/30 kerzengrad Z: kerzengerad
411/33 sind T2, Z, VO: seyd
412/1 sind T2, Z, VO: seyn
412/3 Nu Z, VO: Nun
412/3 unter den Z, VO: untern
412/7 auf alle T2, Z, VO: auf uns alle
412/8 Er taumelt gegen die Thüre T2: er taumelt gegen die Thür Z, VO: taumelt gegen die Thüre

412/10 Nu T2, Z, VO: Nun
412/10 Führ ihn T1: ⌈Habakuk!⌉ Führ ihn
412/12 f. wenn einem von meinen guten Freunden übel wird. T1: einer ‹»einer« korrigiert aus »einem«› von meinen guten Freunden übel wird. ⌈nimmer z'Haus gehen kann.⌉
412/14 so schon T2, Z, VO: schon
412/17 Porzelain T2: Porzlain
412/17 schlagt T2, Z: schlägt
412/19 Lorenz, und zwey Bediente (tragen Afterling fort.) Nu! T2: L̶o̶r̶e̶n̶z̶ ⌈Habakuk⌉ und zwey Bediente tragen Afterling fort) Nun Z, VO: Habakuk. (und 2 Bediente tragen Afterling fort) Nun,
412/22 Herrn Z, VO: Herren
412/29 [Musensohn. singt vor)] T1: ⌈Musensohn. singt vor)⌉
413/1 seyn. Z, VO: seyn. / Musensohn.
413/5 Euern Frieden täuschen T2, Z: Euern Frieden tauschen VO: Euren Frieden täuschen
413/10 Wort. Z, VO: Wort. / Musensohn.
413/20 Scen: 5. VO: Fünfte Scene.
413/21 Habakuck T2: ⌈Lorenz⌉ (Habakuk Z, VO: Lorenz. Habakuk
413/25 Allo! T1: Allo! ‹Rufzeichen korrigiert aus Beistrich›
413/28 Donnerschlag Z: D̶o̶n̶n̶e̶r̶s̶c̶h̶l̶a̶g̶ VO: ‹fehlt›
413/29 Was ist den das? T1: W̶a̶s̶ ̶i̶s̶t̶ ̶d̶e̶n̶ ̶d̶a̶s̶?̶
413/31 selbst auf die Stockuhr T2, Z, VO: ‹fehlt›
413/31 euere T2, Z, VO: eure
413/34 Was ist den das? – T2, Z, VO: ‹fehlt›
413/35–414/1 Man hört von außen einen Bauernmarsch und Gejauchze. Juhe! T1: M̶a̶n̶ ̶h̶ö̶r̶t̶ ̶v̶o̶n̶ ̶a̶u̶ß̶e̶n̶ ̶e̶i̶n̶e̶n̶ ̶B̶a̶u̶e̶r̶n̶m̶a̶r̶s̶c̶h̶ ̶u̶n̶d̶ ̶G̶e̶j̶a̶u̶c̶h̶z̶e̶.̶ ̶J̶u̶h̶e̶!̶ T2, Z, VO: ‹fehlt›
414/3 man T1, T2: m̶a̶n̶ ⌈der⌉ Z, VO: der
414/3 das Z, VO: daß sie
414/4 Lorenz. (geht hinaus) VO: ‹fehlt›
414/5 f. Wurzel. Jetzt weiß ich nicht, bin ich im Narrenthurm, oder zu Haus? Z: W̶u̶r̶z̶e̶l̶.̶ ̶J̶e̶t̶z̶t̶ ̶w̶e̶i̶ß̶ ̶i̶c̶h̶ ̶n̶i̶c̶h̶t̶,̶ ̶b̶i̶n̶ ̶i̶c̶h̶ ̶i̶m̶ ̶N̶a̶r̶-̶ r̶e̶n̶t̶h̶u̶r̶m̶,̶ ̶o̶d̶e̶r̶ ̶z̶u̶ ̶H̶a̶u̶s̶?̶ ‹gestrichen mit Schrägstrichen› VO: ‹fehlt›

414/8 in einem T2: in einen
414/10 rosenfarbe Z, VO: rosenfarbene
414/14 Ah, ein Jugendfreund T2: Ach, mein Jugendfreund
414/16 herauf VO: auf
414/18 Thüre T2, Z, VO: Thür
414/19 Scen: 6. VO: Sechste Scene.
414/20 Die Jugend. Wurzel. T2, Z, VO: Die Jugend und Wurzel
414/22 Leibchen T2: ~~Leibchen~~ ⌈Spensern⌉ Z: Spensern
414/22 verzieret T2, Z, VO: verzirt
414/23 f. Thüre T2: Thüre
414/24–27 weißes Trikot ‹... bis› gebunden. T2: ⌈eine weiß kasimirne kurze Hose⌉, ~~weißes Trikot, rosenrothe~~ ⌈weiß atlasne⌉ Weste ⌈mit silbernen Knöpfchen,⌉ am Kragen mit Rosen garnirt. ~~Grünen~~ ⌈Rosenrothes⌉ Fräck⌈chen⌉. ⌈Weiß atlasnen⌉ runden »runden« korrigiert aus »Runden« Hut, mit einem Rosenband. Das Beinkleid ⌈am Knie⌉ mit ⌈silbernen Knöpfen und⌉ rosenrothen Bändern gebunden. ⌈Sie spricht im hochdeutschen Dialekten mit einem Anklange des preusischen⌉ Z: eine weiß kasimirne kurze Hose, weiß atlaßne Weste mit silbernen Knöpfen, am Kragen mit Rosen garnirt. Rosenrothes Fräckchen, weiß atlaßnen runden Hut mit einem Rosenband. Das Beinkleid am Knie mit silbernen Knöpfen und rosenrothen Bändern gebunden. Sie spricht im hochdeutschen Dialecte, mit einem Anklange des preußischen. VO: eine weiß kasimirnes kurzes Beinkleid, weiß atlaß'ne Weste mit silbernen Knöpfen, am Kragen mit Rosen garnirt. Rosenrothes Fräckchen, weiß atlaß'nen runden Hut mit einem Rosenband. Das Beinkleid am Knie mit silbernen Knöpfen und rosenrothen Bändern gebunden. Sie spricht im hochdeutschen Dialecte, mit einem Anklange des preußischen.
414/30 f. Gaißnarrisch Z, VO: gaisnärrisch
414/31 gesehen T2, Z, VO: gesehn
414/32 besonderen Z, VO: sonderbaren
415/1 Nun, das wäre nicht übel; Bruder T1: ~~Nun,~~ ⌈Bruder⌉ das wäre nicht übel; ~~Bruder~~
415/1 wäre T2, Z, VO: wär
415/19 Jahr Z, VO: Jahre

415/20 prächtig. T1: prächtig. ⌈Brüderchen⌉ T2, Z, VO: prächtig Brüderchen!
415/23 wir Bruder T1: w̶i̶r̶ ̶B̶r̶u̶d̶e̶r̶
415/26 Nu VO: Nun
415/29 Lutenberger. T2: Lutenberger.* ‹Sternchen für Erläuterung am Seitenende, aber nicht eingetragen›
415/30 Grinzinger. T2: Grinzinger.** ‹Sternchen für Erläuterung am Seitenende, aber nicht eingetragen›
416/6 das Z: ⌈das⌉
416/8 könnte VO: könnt'
416/10 den ersten T1: d̶e̶n̶ ⌈beym⌉ ersten Z, VO: bey dem ersten
416/13 zum Fürchten T2, Z, VO: zu fürchten
416/17 f. Aber du bist in die Haut nichts nutz. T1: A̶b̶e̶r̶ ̶d̶u̶ ̶b̶i̶s̶t̶ ̶i̶n̶ ̶d̶i̶e̶ ̶H̶a̶u̶t̶ ̶n̶i̶c̶h̶t̶s̶ ̶n̶u̶t̶z̶.̶ ⌈du nichtsnutziger⌉ T2, Z, VO: du!
416/20 f. Brüderchen! T1: Brüderchen! ‹Rufzeichen korrigiert aus Beistrich›
416/23 <u>Duetto.</u> VO: <u>Duett</u>.
416/26 nur ja nicht harb jetzt T1: nur ja nicht h̶a̶r̶b̶ ̶j̶e̶t̶z̶t̶ ⌈böse⌉ T2, Z, VO: nur ja nicht böse
416/27 auch T2, Z, VO: ‹fehlt›
416/28 muß s doch untergeh'n T1: muß s̶ ̶d̶o̶c̶h̶ ⌈sie⌉ untergeh'n T2, Z, VO: muß sie untergeh'n
417/12 <u>Rittornelle</u> Z, VO: <u>Rittornell</u>
417/13 <u>2te Strophe.</u> VO: ‹fehlt›
417/24 bestehen VO: besteh'n
417/25 gehen VO: geh'n
417/28 Brüderl fein, Brüderlein fein! T1: Brüderl⌈ein⌉ fein, Brüderlein fein! T2, Z, VO: Brüderlein fein, Brüderlein fein
418/3 <u>Scen: 7.</u> VO: Siebente Scene.
418/8 ist T2, Z, VO: ist's
418/11 Ah T2: Ach
418/12 Bäume VO: Bäum'
418/17 <u>11 Uhr</u> Z, VO: <u>Eilf</u>
418/17 Eilf geschlagen VO: Elf g'schlagen
418/18 eilf Uhr T2: wieder Eilf Uhr Z: wieder 11 Uhr VO: elf Uhr
418/19–21 Es wird ‹... bis› <u>Katzengeschrey)</u> T1: Es w̶i̶r̶d̶ ⌈ist⌉ ja

stockfinster; ⌈heut wird es zweymal finster⌉ bringts Lichter! (Es wird Nacht. von außen Katzengeschrey ⌈Miau. Miau.⌉) T2: Es wird ja stockfinster bringts Lichter! (Es wird Nacht! ‹am unteren Seitenrand mit Einfügezeichen eingefügt:› ⌈Jezt ists z'Mittag schon finster geworden, ohne das wer g'wußt hat warum, und jezt wieder. Das ist heute schon die zweyte Sonnenfinsterniß⌉ von Aussen Katzengeschrey: Miau! Miau!) Z: Es wird ja stockfinster. Bringts Lichter! (Es wird Nacht) Jetzt ists zu Mittag schon finster geworden, ohne daß man g'wußt hat, warum, und jetzt wieder. Das ist heute schon die 2te Sonnenfinsterniß. (Katzengeschrey von außen: Miau, Miau) VO: Es wird ja stockfinster. Bringt's Lichter! (Es wird Nacht) Jetzt ist's zu Mittag schon finster geworden, ohne daß man g'wußt hat, warum, und jetzt wieder. Das ist heut' schon die zweite Sonnenfinsterniß. (Katzengeschrei von Außen.)

418/25 Stampfmühle VO: Stampfmühl'

418/26 Lorenz. (hält den Kopf zur Thür hinaus) T1: ⌈Bedienter mit Lichter ab⌉ / Lorenz. (hält den Kopf zur T̶h̶ü̶r̶ ⌈Glasthür⌉ hinaus) T2, Z, VO: Bediente bringen Lichter. / Lorenz (hält den Kopf zur Glasthür hinaus)

418/30 innen VO: Außen

418/32 keinen Z, VO: gar keinen

418/33 innen VO: Außen

418/35 Das Alter T1: Das ⌈hohe⌉ Alter

418/35 sperrst T2, Z, VO: sperrst du

419/1 f. Alter ‹... bis› Saperment! T2, Z, VO: ‹fehlt›

419/3 innen VO: Außen

419/3 f. Ahso ‹... bis› aufgerißen, T1: A̶h̶s̶o̶!̶ Nun so komme ich z̶u̶m̶ ̶F̶e̶n̶s̶t̶e̶r̶ ⌈schon mit Gewalt,⌉ hinein. ‹»hinein« korrigiert aus »herein«› / (D̶i̶e̶ ̶F̶e̶n̶s̶t̶e̶r̶f̶l̶ü̶g̶e̶l̶ ̶w̶e̶r̶d̶e̶n̶ ⌈Glasthür wird⌉ vom Winde aufgerißen, T2, Z, VO: Ah so! Nun so komme ich schon mit Gewalt hinein! / Die Glasthür wird aufgerissen vom Winde, so

419/7 gelben Z, VO: gelbem

419/9 Auf den Schooß Z, VO: auf dem Schooß

419/11 Bocke VO: Bock

419/12 persiflirendem T2: persiflirenden

419/13 Krückenstocke. T2: Krückenstocke ⌈hält einen Zettel in der Hand⌉ Z, VO: Krückenstocke, hält einen Zettel in der Hand
419/14 verzeihen VO: verzeih'n
419/16 nicht? T1: nicht? ‹Fragezeichen korrigiert aus Beistrich›
419/19 Weile VO: Weil'
419/20 bös T2, Z, VO: böse
419/20 komme VO: komm'
419/20 f. correspondiern T2, Z, VO: korrespondiren
419/21 Leute VO: Leut'
419/22 die Z, VO: das
419/23 gejagt VO: g'jagt
419/23 hergeschickt VO: herg'schickt
419/24 an Kindesstatt T2: ans Kindesstatt
419/25 f. in das Kadetenstift T1: ~~in das Kadetenstift~~ ⌈in die Kost Kost⌉ T2, Z, VO: in die Kost
419/27 bewahre VO: bewahr'
419/29 f. bey manchen Ecosees Z: bey manchem Eccossais
419/31 g'schwind T2, Z: geschwind
419/33 Weile VO: Weil'
420/1 Herz zu drücken. T1: Herz zu drücken. ⌈die Gicht⌉ VO: Herz zu drucken.
420/2 Biszan Z: Pištyan ‹oder »Pistyan«?, korrigiert aus »Pöstyan«?› VO: Pöštyan
420/4 nicht Z, VO: nicht mehr
420/8 anziehen VO: anzieh'n
420/8 hinein! T1: hinein! ‹Rufzeichen korrigiert aus Beistrich›
420/13 unterstehen, oder ich schlage VO: untersteh'n, oder ich schlag'
420/14 Er nimmt Z, VO: nimmt
420/16 Himmel! T1: ~~Himmel!~~
420/17 unterstehen VO: untersteh'n
420/17 Pferd Z: Pferde
420/20 f. So, hato mein Schimmerl! Nun, nichts hato? T2: So! hotto! mein Schimmel! Nun, nichts hotto? Z, VO: So! Hotto, mein Schimmel! Nu, nichts hotto?
420/22–25 (Man zieht ‹… bis› Kropf.) T2: ~~Man zieht ihm densel-~~

~~ben an, und zwar so, daß er dadurch zugleich sein Bauernkleid anzieht, dessen Ärmel in den Ärmeln des Schlafrocks stecken. Er bekommt einen kaschirten Kropf.~~ Z, VO: ‹fehlt›

420/28 umgehen VO: umgeh'n

420/30 Wintertage VO: Wintertag'

420/31 Ah, ich hätte geglaubt, die Hundstage! T1: ~~Ah~~, ich hätte geglaubt, die Hundstäg! ‹»Hundstäg« korrigiert aus »Hundstage«› Z: Ach, ich hätt' geglaubt, die Hundstäge. VO: Ach, ich hätt' geglaubt, die Hundstäg'.

420/32 Wie man es nehmen will T1: ~~Wie man es nehmen will~~ VO: Wie man's nehmen will

420/32 f. habe meine Post ausgerichtet VO: hab' meine Post ausgericht't

420/33 sehen VO: seh'n

420/34 130, VO: hundert und dreißig

420/37 spatziern gehen T2, Z: spatzieren gehen VO: spazieren geh'n

421/1 ein Hafendekel T2: einen Hafendekel Z, VO: ein Hafendeckerl

421/4 in das Betterl gehen Z, VO: ins Betterl gehn

421/4 Pah, Pah! Z, VO: ba, ba, ba!

421/7 mit Teuferl T1: mit ⌈die⌉ Teuferl T2: mit die Teuferl Z, VO: mit die Teuferln

421/8 Pah T2: Pah's Z, VO: Ba's

421/10 Scen: 8. T1: Scen: 8. ⌈Wurzel. Lorenz.⌉ VO: Achte Scene.

421/13 f. einen Spiegel. (Lorenz gibt ihm den Spiegel, er sieht hinein) T1: ⌈den Schlafrock und⌉ einen Spiegel. (Lorenz gibt ihm den ⌈Schlafrock und⌉ Spiegel, er sieht hinein) T2: ⌈den Schlafrock und⌉ einen Spiegel! (Lorenz gibt ihm den ⌈Schlafrock und⌉ Spiegel, ⌈man zieht ihm den Schlafrock so an, daß er zugleich sein Bauernkleid anzieht, dessen Aermel in den Aermeln des Schlafrocks stecken.⌉ er sieht ⌈in den Spiegel⌉ hinein Z: den Schlafrock und einen Spiegel. (Lorenz gibt ihm den Schlafrock und den Spiegel; man zieht ihm den Schlafrock so an, daß er zugleich sein Bauerkleid anzieht, dessen Ärmeln in den Ärmeln des Schlafrocks stecken) VO: den Schlafrock und einen Spiegel. (Lorenz gibt ihm den Schlafrock und den Spiegel; man zieht ihm den Schlafrock an.)

421/15 gehe Z, VO: geh

421/17 Hato VO: hotto

421/18 ins Bett. T1: ins Bett. ⌈(lacht)⌉ T2: ins Bett. ⌈(lacht laut mit)⌉ Z, VO: ins Bett. (lacht laut mit)

421/19–23 Wurzel ‹... bis› (lacht) T2: W̶u̶r̶z̶e̶l̶.̶ ̶W̶a̶s̶ ̶h̶ä̶n̶g̶t̶ ̶d̶e̶n̶ ̶d̶a̶ ̶f̶ü̶r̶ ̶e̶i̶n̶ ̶H̶a̶b̶e̶r̶s̶a̶k̶e̶l̶?̶ ̶H̶a̶b̶ ̶i̶c̶h̶ ̶d̶e̶n̶ ̶e̶i̶n̶ ̶K̶r̶o̶p̶f̶?̶ / L̶o̶r̶e̶n̶z̶.̶ ̶N̶u̶,̶ ̶u̶n̶d̶ ̶d̶a̶s̶ ̶w̶a̶s̶ ̶f̶ü̶r̶ ̶e̶i̶n̶,̶ ̶a̶l̶s̶ ̶w̶e̶n̶n̶s̶ ̶e̶i̶n̶e̶n̶ ̶S̶u̶p̶p̶e̶n̶t̶o̶p̶f̶ ̶g̶'̶s̶c̶h̶l̶u̶c̶k̶t̶ ̶h̶ä̶t̶t̶e̶n̶.̶ ̶U̶i̶,̶ ̶j̶e̶!̶ ̶j̶e̶z̶t̶ ̶h̶a̶b̶e̶n̶s̶ ̶e̶i̶n̶e̶n̶ ̶b̶u̶k̶e̶l̶i̶g̶e̶n̶ ̶H̶a̶l̶s̶!̶ ̶(̶l̶a̶c̶h̶t̶)̶ Z, VO: ‹fehlt›

421/26 Spitzbub T2: Spitzbube

421/27 Unglücke schuld, und jetzt läßt T2, Z, VO: Unglück schuld, und jezt laßt

421/31 gescheid T2: g'scheid Z: gescheut VO: g'scheit

421/34 gesund VO: g'sund

421/35 f. wäre ich nur, wo ich hingehöre, wäre ich nur wieder bey die Meinigen VO: wär' ich nur, wo ich hingehör', wär' ich nur wieder bei den Meinigen

422/4 dunkle T2: dunklen Z, VO: dunkeln

422/5 Sitz von Samt T2, Z, VO: Sitz

422/8 ein Par T2: ein Paar ⌈sechs⌉ Z: 6 VO: sechs

422/9 worein sich zwey Seitenkredenzen verwandeln T2: worin sich ein Paar Seitenkredenzen verwandelten Z: worein sich ein Paar Seitenkredenzen verwandelten VO: ‹fehlt›

422/11 daß T2, Z, VO: so, daß

422/14 bey die Ihrigen T2, Z, VO: bey den Ihrigen

422/16 f. meine Kinderl? (Ochsengebrüll; ein Gaisbock mekert auf einem Felsen) T2: meine Kinder? (̶O̶c̶h̶s̶e̶n̶g̶e̶b̶r̶ü̶l̶l̶.̶ ̶E̶i̶n̶ ̶G̶a̶i̶s̶b̶o̶c̶k̶ ̶m̶e̶k̶e̶r̶t̶ ̶a̶u̶f̶ ̶e̶i̶n̶e̶n̶ ̶F̶e̶l̶s̶e̶n̶)̶ Z, VO: meine Kinder?

422/17 Anhänglichkeit! T1: Anhänglichkeit! ⌈Die Thränen stehen ihnen in den Augen⌉

422/20 Hast denn gar kein Gefühl? schammst dich T2: Hasten den kein Gefühl? Schämmst du dich Z, VO: Hast denn kein G'fühl? Schämst du dich

422/24 Ah, jetzt muß ich andere Saiten aufziehen VO: Ach, jetzt muß ich andere Saiten aufzieh'n

422/25 Mensch T1: M̶e̶n̶s̶c̶h̶ ⌈Bauer⌉

422/25 f. schaue an deine verfallene Hütte Z, VO: schau an deine verfallene Hütten

422/27 G'vatterin leih mir d'Scheer T2: Gvatterinn leih mir d'Scheer Z: Gevatterinn leih' mit die Scheer VO: Gevatterinn leih' mir die Scheer

422/27 f. gangen Z: gegangen VO: g'gangen

422/28 geworden VO: worden

422/31 f. drey Jahr lang betrogen T2: 3 Jahre lang ~~papirlt~~ ⌈betrogen⌉

422/33 f. Wurzel. Weil dich der Himmel bestraft hat dafür. / Lorenz. T2: ~~Wurzel. Weil dich der Himmel bestraft hat dafür!~~ / Lorenz. Z: ‹fehlt›

422/35 wichse VO: wichs'

422/36 damit herum, T2: herum damit, ⌈daß d'an mich denken sollst⌉ Z: herum damit, daß d'an mich denken sollst, VO: herum damit, daß Du an mich denken sollst,

423/1 Jetzt ist T1: ⌈Ist⌉ jetzt ‹»jetzt« korrigiert aus »Jetzt«› ~~ist~~ T2, Z, VO: Ist jezt

423/3 Scen. 9. VO: Neunte Scene.

423/4 fallen Z: fallen ein VO: fallen nieder

423/7 Haß T2, Z, VO: der Haß

423/9 Bortür T2: Bortur Z, VO: Bordure

423/10 goldener Z, VO: goldner

423/11 rother Folio Z: rothem Folio VO: rother Farbe

423/12 Spiritusflamme VO: Flamme

423/13 f. Ich! Was hast du gethan? Schurke! T2: ⌈Schurke!⌉ Was hast du gethan? ‹Fragezeichen korrigiert aus Beistrich› ~~Schurke~~ Z, VO: Schurke! Was hast du gethan?

423/15 Mißgestalt! T1: Mißgestalt! ‹Rufzeichen korrigiert aus Beistrich›

423/16 schleudere T2, Z, VO: schleudre

423/19 mit mir, du T1: mit mir, ⌈~~du gelbzipflete~~⌉⌈du gelbzipfete Ding⌉ ~~du~~ T2, Z, VO: mit mir.

423/20 eyerschmalz Bruder T2: eyerundschmalz Bruder Z, VO: Eyerundschmalzbruder

423/22 ihr T1: ~~ihr~~ ⌈es zwey⌉

423/25–28 [Die] ganze ‹... bis› schrey T1: ‹Einfügung auf einge-

klebtem Zettel über dem ursprünglichen Text:⟩ ⌈Die ganze
Welt will ich auskriechen, und mein Unglück erzählen; Dru-
ken laß ichs, und schrey selber damit herum:⌉ schrey T2, Z,
VO: (weint heftig) Drucken laß ich mein Unglück, und lauf
selber damit herum, und schrey

423/30 geworden VO: worden
423/31 heulend Z, VO: schluchzend
423/32 Scen: 10. VO: Zehnte Scene.
424/12 habe Z, VO: habe ja
424/14 ohnmächtiges Ungeheuer T1: ohnmächtiges Ungeheuer ⌈erbärmlicher Wicht⌉ T2, Z, VO: erbärmlicher Wicht
424/15 Will T1: ⌈Ich⌉ will ⟨»will« korrigiert aus »Will«⟩ T2, Z, VO: Ich will
424/19 Scen: 11. VO: Eilfte Scene.
424/31 Hymen T2: Hymen ⟨ein gestrichenes Wort unleserlich, vielleicht »das«?⟩
424/32–34 Dieß alles ⟨... bis⟩ Antimonia ist. T1: Dieß alles habe ich durch meine Geliebte ⌈den Kammerdiener⌉ erfahren, die Kammerjungfer bey der Fee Antimonia ist ⌈erfahren⌉. T2: ⌈Dieß alles habe ich durch meine Geliebte erfahren den ⟨»den« korrigiert aus »die«⟩ Kammerjungfer ⌈diener⌉ bey der Fee Antimonia ist ⌈erfahren⌉.⌉ Z, VO: Dieß Alles habe ich durch den Kammerdiener der Fee Antimonia erfahren.
424/36 ehrlicher T1, T2: ehrlicher ⌈rechtschaffener⌉ Z, VO: rechtschaffener
425/1 dem Fischer T2: den Fischer
425/2 bald vorüber T2, Z, VO: vorüber
425/3 seufzt T1: seufzt ⌈weint.⌉ T2: weint ⌈verzweifelt⌉ Z, VO: verzweifelt
425/4–7 Haß ⟨... bis⟩ Nachricht. T1: ⟨Einfügung auf eingeklebtem Zettel über dem ursprünglichen Text:⟩ ⌈Haß. Ha, nun ists gewonnen! Hurtig, lege dich auf die Lauer, und suche den Magier abzuhalten. / Neid. Halt! Du hast reichen Lohn verdient. Hier hast du zwey Vipern für deine Nachricht.⌉ T2: Haß. Ha! Nun ists gewonnen. Hurtig leg dich auf die Lauer, und suche den Magier abzuhalten. / Neid. Du hast reichen Lohn verdient, hier hast du zwey Vipern für deine Nach-

richt. Z, VO: Haß. Ha! Nun ists gewonnen. Hurtig lege dich
auf die Lauer, und suche den Magier abzuhalten. / Neid. Du
hast reichen Lohn verdient. Hier hast du 2 Vipern für deine
Nachricht.
425/9 (für sich) Was daß für liebe Narren sind. (geht ab) T1: (für
sich) Was daß für liebe Narren sind. (geht ab) ⌈Vergiften könnt
ich ihn damit. (geht ab)⌉ T2, Z, VO: dan im Abgehen für sich)
Vergiften könnt ich ihn damit! (geht ab)
425/10–426/18 Neid ‹... bis› ab) T1: ‹Beginn einer langen Überklebung auf zwei Blättern:› ⌈Haß (fährt aus einem kurzen
Nachdenken empor.) Triumph! fertig ist der Plan. Seine Liebe
ist zu groß ⌈heftig⌉, er muß durch List in meine Hände fallen,
sonst vermag ich nichts über ihn. (schwingt seine Fakel.) Erscheine Zauberhain. (Donnerschlag) (deutet in die Coulisse)
Was siehst du dort? / Neid. Einen herrlichen Garten mitten im
See, mit einem Lusthause und einer Kegelbahn. / Haß. Den laß
ich oft erscheinen in der Welt; er ist ein Geschenk des bösen
Dämons, dem wir beyde dienen. – In dem Lusthause dieses
Gartens, wird ein Brillantring, der unermessene Reichthümer
gewährt, von neun bösen Geistern bewacht; Ihre Büsten aber
sind als Kegel aufgestellt. Wer diese neun Kegel trifft, stürzt
dadurch die neun Geister, und gewinnt den Ring, den ihm keine Zaubergewalt entreißen darf. Doch trifft er weniger als
neun, stürzt er todt zur Erde nieder. – Wenn er aber diesen
Ring neun Tage besitzt, erfüllen ihn die Geister mit dem
höchsten Menschenhaß, und er ruhet nicht, bis er sich und
Tausende zu Grunde richtet. Nur, wenn er ihn vor dieser Zeit
⌈freywillig⌉ von sich wirft, ist er gerettet; doch Macht und
Reichthum ziehen als Nebel fort. Nun höre meinen Plan. – Lakrimosens Tochter muß bis morgen um Mitternacht, mit diesem armen Fischer vermählt seyn, sonst bleibt ihre Mutter
ewig verbannt. – Wir locken also den Fischer nach der Kegelbahn; fehlt er die Kegel, ist er verloren, und Lakrimosa mit
ihm. – Trifft er sie, ist er von dem Augenblick als er meinen
Ring am Finger trägt, ein reicher Mann, und kein Armer mehr;
⌈selbst die Geister haben ihre Gewalt über ihn verlohren⌉ und
dann werd ich schon Mittel anwenden, daß er entweder im Be-

sitz seines Reichthums, sich mit ihr vermählt, oder die Vermählung zu verhindern suchen. In beyden Fällen ist Lakrimosa gestürzt. / Neid. (fällt ihm um den Hals) Bruder, ich beneide dich um ~~deinen~~ ⌈diesen⌉ Plan; das ist der einzige Danck, den ich dir dafür geben kann. / Haß. So komm du ohnmächtiges Ungeheuer, ich will dich mit der Rache vermählen! du bist ein seltner Bräutigam; dich führt der Haß ins Brautgemach. (beyde Arm in Arm ab)⌉ ‹Ende der langen Überklebung auf zwei Blättern› T2: Haß (fährt aus einem kurzen Nachdenken empor) Thriumph! fertig ist der Plann. Seine Liebe ist zu heftig, er muß durch List in meine Hand fallen, sonst vermag ich nichts über ihn! (schwingt seine Fakel) Erscheine Zauberhayn! (Donnerschlag. Der Haß deutet in die Coulisse) / Haß. Was siehst du dort? / Neid. Einen herrlichen Garten mitten im See, mit einem Lusthause und einer Kegelbahn. / Haß. Den laß ich oft erscheinen in der Welt, er ist ein Geschenk des bösen Dämons dem wir beyde dienen. – In dem Lusthause dieses Gartens wird ein Brillantring, der unermessene Reichthümer gewährt, von 9 bösen Geistern bewacht. Ihre Büsten aber sind als Kegel aufgestellt. Wer diese neun Kegel trifft, stürzt dadurch die neun Geister, und gewinnt den Ring, den ihm keine Zaubergewalt entreissen darf. Doch trifft er weniger als neun, stürzt er todt zur Erde nieder. Wenn er aber diesen Ring neun Tage besizt, so erfüllen ihn die Geister mit den höchsten Menschenhaß, und er ruhet nicht, bis er sich und Tausende zu Grunde richtet. Nur wenn er ihn vor dieser Zeit freywillig von sich wirft, ist er gerettet, doch Macht und Reichthum ziehen als Nebel fort. – Nun höre meinen Plann. – Lakrimosens Tochter muß bis morgen um Mitternacht mit diesem armen Fischer vermählt seyn, sonst bleibt ihre Mutter auf ewig verbannt. – Wir locken also den Fischer nach der Kegelbahn, fehlt er die Kegel ist er verloren, und Lakrimosa mit ihm; trifft er sie, ist er von dem Augenblick an, als er meinen Ring am Finger trägt, ein reicher Mann, und kein armer mehr, selbst die Geister haben ihre Gewalt über ihn verloren, und dann werde ich schon Mittel anwenden, daß er entweder im Besitz seines Reichthums sich mit ihr vermählt, oder die Vermählung zu verhindern suchen. In beyden Fällen ist Lakrimosa gestürzt. / Neid. (fällt ihn um den Hals) Bruder ich beneide dich um diesen Plann, das ist der einzige Dank, den ich dir dafür geben kann. / Haß. So komm du ohnmächtiges Ungeheuer, ich will dich mit der Rache vermählen! Du bist ein seltner Bräutigam, dich führt der Haß ins Brautgemach! / (Beyde Arm in Arm ab) Z, VO: ‹gleich wie E, Unterschiede nur in Rechtschreibung und zweimal in Grammatik; Z, V: »mit dem höchsten Menschenhaß« und »fällt ihm um den Hals«›

426/19 Scen: 12. VO: Zwölfte Scene.

426/20 Verwandlung. Der Zaubergarten. Auf der Hinterwand VO: Der Zaubergarten. / (Im Hintergrunde

426/20 ein Z: ist ein

426/21 gemahlt VO: ‹fehlt›

426/22 sehr VO: ‹fehlt›

426/22 ausgeschnitzte T2, Z, VO: ausgeschnittene

426/23 die auf Hermen stehen. T1: ~~die auf Hermen stehen.~~ ‹Einfügung am unteren Seitenrand, aber ohne Einfügezeichen:› ⌈Den Kopf der Büste ziert ein Helm, auf welcher wie bey den Geistern eine verhältnißmäßige kleine Spiritusflamme brennt. Der mitterste Kegel hat eine kleine Krone auf dem Helm.⌉ T2: stehn, den Kopf der Büste ziert ein Helm, auf welcher wie bey den Geistern ein verhältnißmäßige kleine Spiritusflamme brennt. Der mitterste Kegel hat eine kleine Krone auf den Helm. Z: stehn, den Kopf der Büste ziert ein Helm, auf welchem, wie bey den Geistern, eine verhältnißmäßig kleinere Spiritusflamme brennt. Der mitterste Kegel hat eine kleine Krone auf dem Helm. VO: steh'n, den Kopf der Büste ziert ein Helm, auf welchem, wie bei den Geistern, eine verhältnißmäßig kleine Flamme brennt. Der mittelste Kegel hat eine kleine Krone auf dem Helm.

426/24 goldene T2: goldne

426/24 Scheiber VO: Schieber

426/26 schwarzer Schrift: (Schriften) Z: schwarzen Schriften VO: schwarzen Inschriften:

426/26 f. hatte Drey T1: ~~hatte~~ ⌈traf nur⌉ Drey T2, Z: traf nur drey VO: traf nur

426/27 nur vier.) T2: nur vier«. ⌈Michael Koch. Ein Loch.⌉ Z, VO: nur vier. »Michael Koch. Ein Loch.«
426/31 Leute Z, VO: Leut
426/33 noch VO: schon
426/34 Tischlerg'sell T2, Z, VO: Tischlergesell
426/34 noch VO: ‹fehlt›
427/2 Paperl T1: Paperl ⌈der die Leut herlokt⌉ T2, Z, VO: Paperl der die Leut herlokt
427/4 Scen: 13. VO: Dreizehnte Scene.
427/5 Voriger. Karl. Der Papagey. T2: Papagey. Karl, und Voriger. Z, VO: Papagay. Karl. Voriger.
427/10 hieher Z, VO: hierher
427/14 alle Neune Z, VO: alle 9
427/15 f. heyrathen T2: heurathen
427/17 geschwinde VO: geschwind'
427/23 lese VO: les'
428/1 auf jeden Kirchtag Z, VO: auf jedem Kirchtag
428/4 schnell sich Z, VO: sich schnell
428/7 Cortine T2, VO: Courtine
428/8 die von Wolken umgeben ist; T1: die von Wolken umgeben ist; ⌈mit sehr breiten Stufen.⌉ T2, Z, VO: mit sehr breiten Stufen
428/9 f. Spiritusflamme VO: Flamme
428/10–12 steht ‹... bis› herab.) T1: steht eine Kapsel, auf welcher das Wort: Zauberring geschrieben steht, diese⌈s⌉ bewachen sie, und drohen auf Karl mit geballten Fäusten herab.) / ⌈Auf jeder Seite stehen 4. der Kegelkönig auf dem Postamente.⌉ T2, Z, VO: steht das Wort: »Zauberring« geschrieben, dieses bewachen sie, und drohen auf Karl. Auf jeder Seite stehen vier, der Kegelkönig auf dem Postamente.
428/17 f. er scheibt hinaus, die Kegel fallen alle T2, Z, VO: er schiebt hinaus, die Kegel fallen alle um
428/19 Neune VO: Neun'
428/21 stürzen, und T2: stürzen ⌈weh rufen⌉ und Z, VO: stürzen, weh! rufen, und
428/22 Die Dencksteine T1: ⌈Weh!⌉ Die Dencksteine
428/22 goldene T2, Z, VO: goldne

LESARTEN 583

428/23 Die Kapsel zerspringt, und hinter T1: Die Kapsel zerspringt, und Hinter ‹»Hinter« korrigiert aus »hinter«› T2, Z, VO: Hinter

428/27 Schnabel, T1: Schnabel, ⌜und ruft. Mein ist der Ring⌝ T2, Z, VO: Schnabel, und ruft: Mein ist der Ring!

428/28 fast T1: fast ⌜halb⌝ T2, Z, VO: halb

428/31–35 und Karln ‹... bis› Vorhang. T2: und Karln, der ⌜sizt⌝ auf dem Postamente, welches sich jezt in den Thronstuhl verwandelt, ‹Einfügung mit Einfügezeichen:› ⌜Genien erscheinen mit Blumentopfen. Andere bringen einen kostbar gestickten Mantel hängen ihn Karl um, und bilden mit noch andern die ihm ‹»ihm« korrigiert aus »ihn«› ein reich mit Schmuck und Federn geziertes Barett über das Haupt halden ein Huldigungs Tableaux. Alles huldigt ihm⌝ sizt, und dessen Kleid sich in ein glänzendes changirte, überschattet. Die Geister huldigen ihm durch ein Tableaux. Genien machen die Gruppe voll, und so fällt der Vorhang langsam zu. Z: Karl sitzt auf dem Postamente, welches sich jetzt in den Thronstuhl verwandelt; Genien erscheinen mit Blumentöpfen; andere bringen einen kostbar gestickten Mantel, hängen ihn Karl um, und bilden mit noch andern, die ihm ein reich mit Schmuck und Federn geziertes Barett über das Haupt halten, ein Huldigungstableau. Alles huldiget ihm, und so fällt der Vorhang langsam zu. VO: Karl sitzt auf dem Postamente, welches sich jetzt in den Thronstuhl verwandelt; Genien erscheinen mit Blumentöpfen; andere bringen einen kostbar gestickten Mantel, hängen ihn Karl um, und bilden mit noch andern, die ihm ein reich mit Schmuck und Federn geziertes Barett über das Haupt halten, ein Huldigungstableau. Alles huldigt ihm, und so fällt langsam der Vorhang.

429/2 Scen: 1. VO: Erste Scene.

429/3 hellrothem T2: hellrothen

429/4 In der Mitte T2: Auf der Mitte ⌜lin linken Seite⌝ Z, VO: Auf der linken Seite

429/4 f. Portal Z, VO: Portale

429/5 ein Sphinx VO: eine Sphynx

429/6 hier T2, Z, VO: ‹fehlt›

429/10 drückt T2: druckt
429/11 Cortine T2, VO: Courtine
429/12 hört man nur T2, Z, VO: hört man
429/13 dem Aufziehen VO: demselben
429/17 Cortine T2, VO: Courtine
429/19 Scen: 2. VO: Zweite Scene.
429/21 un[d] T1: un
429/23–26 und einem ‹... bis› einziehen T1: und einem Tage haben meine Geister dieses Werk vollendet, und ehe noch um den Preis der höhern ‹»höhern« korrigiert aus »schönern«› Röthe, der Abendstrahl mit den blutigen Streiffen dieses Marmors ringt, ⌈und er⌉ kann er einziehen T2: haben wir ⌈meine⌉ Geister dieses Werk vollendet, und ehe noch um den Preis der schönern ⌈höheren⌉ Röthe, der Abendstrahl mit den blutigen Streifen dieses Marmors ringt, kann er einziehen Z, VO: haben meine Geister dieses Werk vollendet, und ehe noch um den Preis der höhern Röthe der Abendstrahl mit den blutigen Streifen dieses Marmors ringt, kann er einziehen
429/27 des Neptuns T2: des Neptuns Z, VO: Neptuns
429/29 gesehen Z, VO: gesehn
429/30 auch keinen der Geister. T1: auch keinen der Geister. ⌈verhaßten Brut.⌉ T2, Z, VO: Keinen der verhaßten Brut.
429/33 Ich hoffe es; T1: Ich hoffe es; ⌈Die Hölle gib's.⌉ T2: Die Hölle gibs! Z, VO: Die Hölle gebs!
429/34 des T1: des ‹»des« korrigiert aus »der«›
430/1 Thryumphe T2: Thriumpf
430/9 schickt T2, Z, VO: schikte
430/9 hier T1: hier ⌈doch⌉ T2, Z, VO: hier doch
430/10 bereiten, T2, Z, VO: bereiten, und
430/10 f. [Kraft des Ringes muß ich seine Befehle erfüllen. Er scheint verwirrt zu seyn, gleichviel;] T1: ‹Einfügung auf eingeklebtem Zettel über dem ursprünglichen Text:› ⌈und Kraft des Ringes muß ich seine Befehle erfüllen. Er scheint verwirrt zu seyn, gleichviel;⌉
430/12 neun Geister T1: ⌈die⌉ neun Geister T2, Z, VO: die 9 Geister
430/17 Scen: 3. VO: Dritte Scene.

430/18 Amor. Die Zufriedenheit. Lottchen. T2, Z, VO: Amor, die Zufriedenheit und Lottchen.

430/19 Beyde sind in modester Kleidung als Bauernmädchen gekleidet. T2: Leztere Beyde sind in modester Kleidung als Bauernmädchen gekleidet. ~~Amor als Bauernjunge.~~ Z, VO: Beyde Letztern sind als Bauernmädchen modest gekleidet.

430/20 herein.) T1: herein.) ⌈Amor als Bauernjunge.⌉

430/24 f. sein Muth T2: ~~der~~ sein Muth

430/29 die lange Nacht T2, Z, VO: die ganze Nacht

430/30 kömmt T2, Z, VO: kommt

430/32 hieher Z, VO: hierher

431/4 Plan VO: Plane

431/14 ganz T1: gänz⌈lich⌉ ‹korrigiert aus »ganz«›

431/15 acht Uhr Abends T1: ~~acht Uhr Abends~~ ⌈Mitternacht⌉ T2, Z, VO: Mitternacht

431/16 beendet seyn T2: beendet ⌈seyn⌉

431/16 f. Hochachtung T1: ~~Hoch~~Achtung ‹»A« korrigiert aus »a«› T2, Z, VO: Achtung

431/19 f. auf auf T2, Z, VO: auf

431/21–25 So viele ‹... bis› Diener. T1: ~~So viele Geister, und ein so Geistloser Plan. Welche Unsicherheit. Der Magier ist ja wieder nicht hier. Arme Lakrimosa, warum besitze ich keine Zauberkräfte? Was für armseligen Geistern hast du dein Glück vertraut! Doch stille, hier kömmt ein Diener.~~ T2: ⌈Arme Lakrimosa warum besitze ich keine Zauberkrafte⌉ Z, VO: Arme Lacrimosa! Warum besitze ich keine Zauberkräfte!

431/26 könnt Z, VO: könnte

431/27 Scen: 4. VO: Vierte Scene.

431/31 (stolz) T1: ~~(stolz)~~ ⌈(trotzig) ~~Nein!~~⌉ ⌈Nein!⌉ T2, Z, VO: (trotzig) Nein,

431/32–432/6 Zufriedenheit ‹... bis› erkennt. T1: er holt seine ‹Einfügung auf eingeklebtem Zettel über dem ursprünglichen Text:› ⌈künftige Frau. Es ist schon alles zur Vermählung bereitet. / Lottchen. Himmel! / Zufriedenheit. So führ uns zu dem Hausinspector. / Lottchen. Ach ja! Wenn du deinen Herren liebst, so – / Tophan. Schweigt! Ich liebe Niemand; ich kann mich selbst nicht leiden, und mein Handwerk ist der Haß. /

> Zufriedenheit. So melde uns aus Haß. / Tophan. Das will ich
> thun; aus Mißgunst melde ich an, aus Liebe nicht (ärgerlich)
> Wenn es nur keine Frauenzimmer auf der Welt gäbe. (geht
> ab) / Lottchen. Er hat mich vergeßen, und liebt vielleicht jetzt
> eine Königstochter. / Zufriedenheit. Nur ruhig, daß man uns
> nicht erkennt.⌉ T2: Er hollt seine künftige Frau, es ist schon
> alles zur Vermählung bereitet. / Lottch. Himmel! / Zufried. So
> führ' uns zu den Hausinspektor. / Lottch. Ach ja, wenn du
> deinen Herrn liebst, so – / Tophan (wild) Schweigt! – Ich liebe
> ~~mich selbst~~ Niemand, ich kann mich selbst nicht leiden. Mein
> Handwerk ist der Haß. / Zufr. So melde uns aus Haß. / Tophan. Das will ich thun, aus Mißgunst meld' ich an, aus Liebe
> nicht. (ärgerlich) Wenn es nur keine Frauenzimmer auf der
> Welt gäbe. (ab) / Lottch. Er hat mich vergessen, und liebt villeicht jezt eine Königstochter. / Zufr. Nur ruhig, daß man uns
> nicht erkennt. Z, VO: Er holt seine künftige Frau; es ist schon
> alles zur Vermählung bereitet. / Lottchen. Himmel! / Zufried.
> So führ' uns zu dem Hausinspector. / Lottch. Ach ja, wenn du
> deinen Herren liebst, so – / Tophan. (wild) Schweigt! Ich liebe
> Niemand, ich kann mich selbst nicht leiden. Mein Handwerk
> ist der Haß. / Zufried. So melde uns aus Haß. / Tophan. Das
> will ich thun. Aus Mißgunst meld' ich euch an, aus Liebe nicht.
> (ärgerlich) Wenn es nur keine Frauenzimmer auf der Welt
> gäbe. (ab) / Lottchen. Er hat mich vergessen, und liebt vielleicht jetzt eine Königstochter. / Zufried. Nur ruhig, daß man
> uns nicht erkennt.

432/7 Scen: 5. VO: Fünfte Scene.
432/8 Tophan[.] T1: Tophan ⟨In lez⟩
432/14 Euer Gnad T2, Z, VO: Euer Gnaden
432/16 Reichthum T2: Reichthume
432/22 Stille VO: Still
432/31 f. das Domestiken Gebäude T1: ~~das~~ ⌈die⌉ Domestiken ~~Gebäude~~ ⌈Zimmer⌉
432/35 f. ein KapitalMädchen T1: ⌈ein⌉ KapitalMädchen
432/36 wäre T2: wär
433/2 schönen VO: ⟨fehlt⟩
433/3 habe VO: hab'

433/4 fatal, daß T2: fatall, die konn daß
433/5 wär Z, VO: wäre
433/6 (geht ab) T1: (geht ab ⌈und wirft ihr im Abgehen Küsse zu.)⌉ T2, Z, VO: (geht ab, und wirft ihr im Abgehen Küsse zu)
433/7 macht Z, VO: macht ihm
433/9 ab) T1: ab) ⌈Tophan. Wenn sich der Haß verliebt, da schlag der Donner drein. (geht dem Haß nach)⌉
433/11 Scen: 6. VO: Sechste Scene.
433/14 dann bis T1: dann bis T2, Z, VO: dann
433/15 Pallastes. T2, Z, VO: Pallastes, und,
433/16 mehre T2, Z, VO: mehrere
433/18 darinnen Z, VO: drinnen
433/21 Scen: 7. VO: Siebente Scene.
433/30 Scen: 8. VO: Achte Scene.
433/31 Die Zufriedenheit. Wurzel. T2, Z, VO: Die Zufriedenheit und Wurzel
434/1 gestorben VO: g'storben
434/1 gestern T1: gestern ⌈heute⌉ T2, Z: heute VO: heut'
434/2 bitte um Verzeihung, ich habe VO: bitt' um Verzeihung, ich hab'
434/3 herumgeschickt Z, VO: herumg'schickt
434/3 heiße: Fortunatus T2: heiße Furtunatus VO: heiß' Fortunatus
434/6 f. kennen einem die Leute T1: ⌈da⌉ kennen einem die Leute ⌈Weibsbilder⌉ T2: kennen einem die Leute ⌈Weibsbilder⌉ Z: kennen einen die Weibsbilder VO: kennen einem die Weibsbilder
434/10 gewesen VO: g'wesen
434/11 liebe VO: ⟨fehlt⟩
434/11 abgekocht Z, VO: abkocht
434/14 hätte VO: hätt'
434/14 Vierziger T2: Vierziger* ⟨dazu Fußnote vorhanden, aber ohne Erklärung⟩
434/15 ein Z, VO: einen
434/15 hinaufgemeßen T2: aufgemessen VO: aufg'messen
434/17 Jahre zuschlägt Z, VO: Jahr zuschlagt
434/17 f. Im Anfange hats ein Rüthchen von lauter Maybluhm-

chen VO: Im Anfang hat's ein Rütherl von lauter Maiblümerln
434/18 alle Jahr T2, Z: alle Jahre
434/19 g'freut einen T1: g'freut ‹»g'freut« korrigiert aus anderem Wort› einen T2: g'freut einem
434/22 Haslinger T2: Haslinger** ‹dazu Fußnote vorhanden, aber ohne Erklärung›
434/23 Tremmel daher, laßt ihn nur fallen T1: daher, laßt ihn nur ⌜um⌝fallen T2: ~~Tremmel~~ ⌜Wisbaum⌝ daher, laßt ihn nur ⌜um⌝fallen Z, VO: Wiesbaum daher, laßt ihn nur umfallen
434/23 geschieht VO: g'schieht
434/24 geblieben VO: blieben
434/25 wird es akkurat so gehen VO: wird's acurat so geh'n
434/27 Freylich. Er hätte T1: ⌜Ey⌝ Freylich. Er hätte VO: Freilich. Er hätt'
434/28 hätte VO: hätt'
434/28 hat mich das T2, Z, VO: hats mich doch
434/33 Geschichte wüßten T2, Z: Geschichte wußten VO: G'schicht' wußten
434/36 ließt VO: lest
435/1 Von ganzem Herzen T2, Z: Vom ganzem Herzen
435/3 wird es VO: wird's
435/4 kenne VO: kenn'
435/5 Heute Nacht haben sie es ihm aufgebaut VO: Heut' Nacht haben sie es ihm aufbaut
435/7 nicht T2, Z, VO: noch nicht
435/9 habe VO: hab'
435/11 würde VO: würd'
435/14 ist T2, Z, VO: die ist
435/18 Ausgestanden VO: Ausg'standen
435/18 genug T2, Z, VO: gnug
435/19 von was Gescheiden T1: ⌜von⌝ was Gescheiden T2: von etwas Gescheidten Z: von etwas Gescheuten VO: von etwas G'scheiten
435/24 kenne VO: kenn'
435/25 f. stehen geblieben. Da ist die Fischerhütte gestanden VO: steh'n blieben. Da ist die Fischerhütten g'standen

435/27 gerade so hoch, als das Dach von der Hütte   VO: g'rad' so hoch, als das Dach von der Hütten
435/30 siehe   T2: sehe   Z, VO: sieh
435/31 anderer Leute Glück   T1: anderer ~~Leute~~ Glück   T2, VO: Anderer Glük
435/33 Worte   T2, Z, VO: Wort
435/34 f. Sprache, als wie ein verkleideter   VO: Sprach', als wie ein verkleid'ter
435/37 Nein,   T1: Nein, ⌈(lächelnd)⌉   T2, Z, VO: (lächelnd) Nein,
436/4 will es   VO: will 's
436/5 Monath   Z: Monate
436/6 der Hunger   T1: ⌈ja⌉ der Hunger
436/6 f. aschgrauen   VO: aschengrauen
436/8 lächelnd   Z, VO: lächelt
436/8 Sie geht in die Thüre   T2: sie geht in die Thür   Z, VO: geht in die Thür
436/9 f. Wenn ein ‹... bis› Koch.   T1: ~~Wenn ein Herr so eine Köchinn hätte, wär es manchem lieber als der geschickteste Koch.~~ ⌈So a' Köchinn ist a Perl, wenns sauber ist, heißt das!⌉   VO: So eine Köchin ist eine Perl, eine wahre Perl, das heißt, wenn's sauber ist. Wenn ein Herr so eine Köchin hätt', wär' es manchem lieber, als der g'schickteste Koch.
436/17 vorne hinein. So, ich danke   VO: vorn hinein. So! Ich dank'
436/20 Ehre zu sehen   Z: Ehr' zu sehen   VO: Ehr' zu seh'n
436/21 sitze   VO: sitz'
436/23 Leute, und wenn ich was dalketes sehe   VO: Leut', und wenn ich was Dalketes seh'
436/24 einen Aschen   VO: Ein Aschen
436/28 Trägt   VO: Tragt
436/31 öd   T1: öd* ‹dazu Fußnote am unteren Seitenrand: »* Öde.«›   T2: öd! (öde)
436/35 Mädchen   VO: Madel
437/2 Traiteur   VO: Tracteur
437/4 nein   VO: h'nein
437/6 g'hört   T2: kehrt
437/12 braven   VO: brave

437/14 Mädchen VO: Madeln
437/17 Kein Aschen! Kein Aschen! (geht ab) T2: ~~Ein~~ ⌜Kein⌝ Aschen! ~~Ein~~ ⌜Kein⌝ Aschen! (ab) Z, VO: Kein Aschen! Kein Aschen! (ab)
437/18 Scen: 9. VO: Neunte Scene.
437/19 Verwandlung. VO: ⟨fehlt⟩
437/19 f. Ober der Thüre in der Supperporte T1: ~~Ober der Thüre in der Supperporte~~ T2, Z, VO: ⟨fehlt⟩
437/22 f. Eine Seiten- und eine Mittelthüre mit Vorhang T1: ~~Eine~~ ⌜2⌝ Seiten- ~~und eine Mittel~~thüre mit Vorhang T2, Z, VO: Zwey Seitenthüren mit Vorhang
437/23 anderen T2, Z, VO: andern
437/25 f. Zufriedenheit. / Zufriedenheit. (tritt zur Mitte ein) T1: Zufriedenheit. / Zufriedenheit. (tritt zur ~~Mitte~~ ⌜Seite⌝ ein) T2: Zufriedenheit / (tritt ⌜zur Seite⌝ ein) Z, VO: Die Zufriedenheit. (tritt zur Seite ein)
437/27 die VO: ⟨fehlt⟩
437/28 f. unglückselige Magier weilt? T2: unglückselge Magier ~~steckt.~~ ⌜weilt?⌝ Z, VO: unglücksel'ge Magier weilt?
437/32 Sie! T1: Sie! ⟨Rufzeichen korrigiert aus Beistrich⟩
437/34 Ofele T2, Z, VO: Öfele
438/3 welchen Z, VO: welchem
438/6 Ofen, und thu auf sie paßa Z: Ofen, und thu auf Sie passe VO: Ofe, und thu' auf Sie passe
438/8 Ich bin ja T2, Z, VO: ja, ich bin
438/13 sollen VO: solle
438/14 sollen Z, Z, VO: solle
438/15 Leutle, gleich herunter T2: Leute gleich herunter Z, VO: Leute gleich herunten
438/17 brauchen sollten, so möchten Z, VO: brauche sollten, so möchte
438/19 vollbringen Z, VO: vollbringe
438/22 verschlafe T2: verschlafen
438/24 Geisterscheckel Z, VO: Geisterscheckle
438/25 fortg'loffe T2: fort g'loffen
438/28 worde Z, VO: geworde
438/28 abg'fangt Z, VO: abg'fange

438/29 gesehen Z: gesehe VO: g'sehe
438/30 g'fahren Z: gefahre VO: g'fahre
438/31 hinauf g'sprungen Z, VO: hinauf g'sprunge
438/32 haben Z, VO: habe
438/33 habe T2: haben
438/34 herunter geplescht VO: heruntergepeitscht
438/34 warte T2: warten
438/35 f. wem anderen schiken wollen T2: wem andern schicken wollen Z, VO: einen andern schicke wolle
438/36 f. Mahmerle retten T2: ~~Mahmerle~~ ⌜Bäsle⌝ retten Z, VO: Bäsle rette
439/5 hineing'schlupft T2, VO: hineingeschlupft Z: hineingeschlupt
439/8 stecke blieben T2: stecken bliebe Z, VO: stecke bliebe
439/9 Ihne Z, VO: Ihnen
439/12 komme Z, VO: kommen
439/23 geschwinde VO: geschwind
439/24 gesprochen Z, VO: gesproche
439/25 nachdenken. – Wißen Z: nachdenke. – Wisse VO: nachdenke. – Wissen
439/27 Stund VO: Stunde
439/27 Rauchfangkehrer T2: ~~Rauchfangkehrer~~ ⌜Schornsteinfeger⌝ Z: Schornsteinfeger
439/28 leben sie wohl. (er steigt Z, VO: lebe Sie wohl. (steigt
439/32 Scen: 10. VO: Zehnte Scene.
439/33 Lottchen. Zufriedenheit. T2, Z, VO: ⟨fehlt⟩
439/34 f. öffnen Z, VO: öffnet
440/3 läßt T2: laßt
440/4 Scen: 11. VO: Eilfte Scene.
440/10 Verwandte VO: Verwandten
440/11 Mir sagt T1: ⌜(f. s.)⌝ Mir sagt T2, Z, VO: (für sich) Mir sagt
440/23 Seitenthüre T2, VO: Seitenthür
440/27 ächten Z: ächtem VO: echtem
440/28 ungarischer Geist T1, T2: ~~ungarischer~~ Geist ⌜in Ungarischer Kleidung⌝ Z, VO: Geist in ungarischer Kleidung
440/32 Scen: 12. T1: Scen: 12. ‹»12« korrigiert aus »11«› VO: Zwölfte Scene.

440/33 Voriger VO: Vorige
440/33 der Alkove T2: den Alkoven Z, VO: dem Alkoven
441/4 meiner Hand T2, Z, VO: meinen Händen
441/26 Schnur Perlen T2, Z, VO: Perlenschnur
441/27 Scen: 13. T1, T2: Scen: 13. ‹»13« korrigiert aus »12«› VO: Dreizehnte Scene.
441/28 kömmt T2, Z, VO: kommt
441/28 f. Versenkung. (Vorige.) T1: Versenkung. (Vorige.) ⌈(Bustorius mit einer Windbüchse.)⌉ Z, VO: Versenkung mit einer Windbüchse. Vorige.
441/30 Sukkurs T1: Sukkurs ‹»Sukkurs« korrigiert zu oder aus »Sükkurs«› T2: (mit einer Windbüchse) Sukurs
441/31 drinnen Z, VO: darinnen
441/32 Baitasch Z, VO: Paidàs
441/33 Madel T2: Madl
441/34 beyde VO: Beides
442/3 Betrügerinn VO: Betriegerin
442/5 bockbeiniger VO: bockbaniger
442/6 Laßt VO: Laß
442/14 erst VO: ernst
442/14 Ich kann dir nicht folgen. Fort von mir T1: ⌈Fort von mir!⌉ Ich kann dir nicht folgen. Fort von mir
442/17 welcher Z, VO: der
442/18 fallt T2, Z: fällt
442/20 fangt T2, Z, VO: fängt
442/21 Karl. Was ist das? Hülfe! Hülfe! VO: Was ist das? Hilfe! Hilfe! ‹Rede irrtümlich Zufriedenheit zugeordnet›
442/23 Karl. T2: ‹fehlt›
442/34 Brillantes VO: Brillant's
443/1 Scen: 14. T1, T2: Scen: 14. ‹»14« korrigiert aus »13«› VO: Vierzehnte Scene.
443/4 schlägt auf seine Brust T2: schlagt auf die Brust Z, VO: schlägt auf die Brust
443/5 (fest) Nein Z, VO: Nein
443/12 ohngefähr T2, Z, VO: ungefähr
443/14–17 Wenn die ‹... bis› bildet. VO: ‹fehlt›
443/16 Nebentheile T2, Z: Nebenwolken oder Nebentheile

443/20 entfliehen T2, Z, VO: entfliehn
443/21 f. (Verwandlung ‹... bis› versinckt) Z, VO: Haß. Verwünschtes Weibervolk! (versinkt) / Verwandlung / in die Gegend der Fischerhütte.
443/23 Scen: 14. T2: Scena 15. ‹»15« korrigiert aus »14«› Z: Scena 15. VO: Fünfzehnte Scene.
443/24 Karl. (sein Kleid T2, Z, VO: Karls Kleid
443/26 changirt T2, Z, VO: changirte
443/36 Fortunatus T2: Furtunatus
444/1 segne VO: segn'
444/6 schießt T2, Z, VO: er schießt
444/8 Versenkungen VO: aus der Erde
444/12 gern geschehen T2, Z: gerne geschehen VO: gerne g'schehen
444/12 anderes Mahl Z, VO: andersmahl
444/19 sollen. T2, Z, VO: sollen. (winkt)
444/20 er springt T2, Z, VO: springt
444/22 ausgelößt T2, Z, VO: ausglöst
444/23 (schlägt ihn auf die Achsel) T1: ⌜mit ihm der kleine Satyr, mit der schwarzen Tafel, worauf Wurzels Schwur steht. Ajaxerle nimmt ihm dieselbe aus der Hand⌝ (schlägt ihn auf die Achsel) T2: (mit ihm der kleine Satyr mit der schwarzen Tafel worauf Wurzels Schwur steht Ajaxerle nimmt ihm dieselbe aus der Hand, und hält sie Wurzel vor) Z, VO: (mit ihm der kleine Satyr mit der schwarzen Tafel, worauf Wurzels Schwur steht. Ajaxerle nimmt ihm selbe aus der Hand, und hält sie Wurzel vor)
444/24 geschworen hast, ist geschehen T2, Z: g'schworen hast, ist geschehen VO: g'schworen hast, ist g'schehe
444/25 Punktum! T1: Punktum! ⌜Löscht den Schwur von der Tafel.⌝ T2, Z, VO: Punctum! (Löscht den Schwur von der Tafel)
444/27 f. reichem Fange sey dein. (winkt) T2, VO: reichem Fang sey dein. Z: reichen Fang sey dein.
444/29 Verwandlung. VO: ‹fehlt›
444/34 heute VO: heut'
445/2 Quelle) T1: Quelle ⌜, und reicht ihr, allen, Becher.⌝) T2, Z, VO: Quelle und reicht allen Becher.)

445/3 Gesundheit VO: G'sundheit
445/11 f. den Führt man schön an; VO: Der krieg schon sein'n Lohn,
445/27 kömmts VO: kommt's
446/1 läßt VO: laßt
446/7–25 Repetition ‹... bis› Ende VO: ‹fehlt›
446/17 Erlaubens Z: Erlaub'ns

ERLÄUTERUNGEN

8 2 *LAKRIMOSA*: weibl. Form von lat. ›lacrimosus‹, ›die Tränenreiche‹. – 3 *ANTIMONIA*: Antimon, für den Menschen giftiges Element; hier wohl auch wegen des Anklangs an ›Antinomie‹ (›Widerspruch‹, ›Unvereinbarkeit‹). – 4 *BORAX*: »zur Herstellung von temperaturbeständigen Glassorten u. a. verwendete Borverbindung« (Wahrig). – 5 *BUSTORIUS, Zauberer aus Waresting*: möglicherweise wegen des Anklangs von ›Bustorius‹ an ›Puszta‹ (zu Raimunds Schreibweise »Busta« siehe *Der Barometermacher auf der Zauberinsel*, Bd. 1 dieser Ausgabe, 24/1) als Name für den ungar. Zauberer gewählt; innerhalb der Habsburgermonarchie gehörte die Stadt Warastin zum Königreich Kroatien und lag unweit der Grenze zum Königreich Ungarn. – 6 *AJAXERLE*: Ajax Telamonius war einer der Haupthelden des Trojanischen Krieges; sein Name wird ironisch für den ängstlichen Magier verwendet; die Diminutivendung ›-le‹ zeigt seine schwäbische Herkunft an. – 6 f. *Donau Eschinge[n]*: Stadt in Baden-Württemberg, hier entspringt eine Hauptquelle der Donau. – 8 *ZENOBIUS*: der heilige Zenobius (337–407 oder 424) war Bischof von Florenz und wird als Patron dieser Stadt verehrt; der Name scheint keine spezielle Anspielung in Raimunds Stück zu enthalten. – 9 *SELIMA*: Name mit hebräischer Wurzel: ›die Friedliche‹. – 10 *ZULMA*: abgeleitet aus dem hebräischen oder arabischen Wort für ›Frieden‹. – 11 *HYMEN*: in der griech. Mythologie der Gott der Hochzeit. – 19 *LIRA*: Name in Anspielung auf ›Lyra‹, harfenartiges Zupfinstrument. – 19 *Nymphe*: in der griech. Mythologie weibliche Naturgottheit; Nymphen gehörten zum festen Personal der Zauberstücke. – 19 *Karlsbad*: heute Karlovy Vary, berühmter Kurort mit warmen Heilquellen im Westen Tschechiens; bei LIRA handelt es sich also um eine Quellnymphe (Najade). – 22 *GENIEN*: lat. ›genius‹, ›Schutzgeist‹. – 25 *TOPHAN*: hier vermutlich Anspielung auf das Gift Aqua Tofana: »Das Mittel bewirkte keine Zufälle, die den Verdacht einer Vergiftung hätten erregen können, tödtete auch nicht schnell, sondern langsam und allmälig« (*Brock-*

haus Bilder-Conversations-Lexikon, Bd. 1, Leipzig 1837, S. 102 f.). – 27 TRITON: »ein Sohn des Neptun und der Amphitrite, der diesem Gotte zum Herold diente und auf seinem Muschelhorne blies, um Neptun's Ankunft zu verkündigen« (*Neuestes Conversations-Lexicon*, Bd. 17, S. 406). – 28 FURIEN: griech. Rachegöttinnen. »Schlangenhaarig, mit häßlichem Gesichte, schwarz, mit Krallen, blutigen Augen werden sie von den Dichtern beschrieben. Aus jeglichem Gliede der Verbrecher, welche sie ereilen, schlürfen sie Blut, und wenn sie sich vollgesogen, entfließt es tropfenweise wieder ihren Hälsen. Diese Tropfen ertödten jeden Keim, wohin sie fallen. Ihre Zahl ist verschieden, bis fünfzig« (*Neuestes Conversations-Lexicon*, Bd. 6, S. 629 f.). – 30 SATIR: »Satyr, Dämonen oder Halbgötter, welche Bacchus (nach And. Merkur) mit einer Nymphe erzeugt hatte, waren Götter des Feldes und der Wälder, u. werden daher oft mit den Faunen verwechselt; auch ist ihre Abbildung so wie die der Faunen, nur haben sie Ziegenfüße. Die von den Dichtern ihnen beygelegte Neigung zu Wein und Liebe machte sie zu Begleitern des Bacchus; und ihre muthwilligen Spöttereyen gaben Anlaß, Spottgedichte mit dem Nahmen der Satyren zu belegen« (*Neuestes Conversations-Lexicon*, Bd. 16, S. 101). – 34 FORTUNATUS: eines der bedeutendsten Volksbücher der frühen Neuzeit, erstmals gedruckt 1509; von lat. ›fortunatus‹, dt. ›gesegnet‹, ›glücklich‹, ›wohlhabend‹, ›reich‹. Die Fortunatus-Sage spielte für den Stoff von Raimunds erstem Stück *Der Barometermacher auf der Zauberinsel* eine größere Rolle, allerdings über Vermittlung seiner Vorlage aus Christoph Martin Wielands Sammlung *Dschinnistan* (vgl. Bd. 1 dieser Ausgabe, S. 194). Hinausgehend über den Vornamen der Hauptperson und das allgemeine Thema des Auf- und Abstiegs scheint es im *Mädchen aus der Feenwelt* keine detaillierteren Zusammenhänge mit dem Volksbuch zu geben.

9 5 HABAKUK: Name eines Propheten aus dem 7. Jahrhundert v. Chr., hier in komischem Kontrast zur einfachen Dienergestalt. – 8 AFTERLING: sprechender Name, ›Schmeichler‹ (»Arschkriecher«).

11 14 *Confecturen*: das seltene Wort ›Confectur‹ (statt ›Confect‹) kannte Raimund vielleicht aus der Zeit seiner Konditorlehre. – 17 *idealen*: in Raimunds Zeit auch in der Bedeutung von ›ästhethisch‹ (vgl. z. B. *Der Diamant des Geisterkönigs*, Bd. 1 dieser Ausgabe, 81/20 und Erläuterung dazu S. 591). – 19 *accompagniren*: ›akkompagnieren‹, ›begleiten‹. – 24 *Amphions*: Amphion, Gestalt der griech. Mythologie, Sohn der Antiope und des Zeus oder des Epopeus; widmete sich besonders der Musik und dem Lyraspiel. – 25 *Apollo*: griech. Gott des Lichtes, der Dichtkunst und der Musik.

12 3 *Isten nuzek*: ungar. ›Isten uccse‹, dt. ›bei Gott!‹. – 5 *Adagio*: musikalische Tempobezeichnung bzw. Musikstück in diesem Tempo; ital. ›adagio‹, dt. ›langsam‹, ›behutsam‹; »Musikstück, das in langsamem Tempo zu spielen ist« (Wahrig). – 5 *Delphin*: zur Musikalität des Delfins vgl. *Neuestes Conversations-Lexicon*, Bd. 5, S. 129: »ist wahrscheinlich für Musik empfänglich«; auch in der griech. Mythologie stand der Delfin in Zusammenhang mit Apollo und der Musik (vgl. ebd. S. 129 f.). – 6 *Furioso*: ital. ›furioso‹, dt. ›sehr heftig‹, ›rasend‹; in der Musik: »wild u. leidenschaftlich (zu spielen)« (Wahrig). – 15 f. *magnifick*: frz. ›magnifique‹, dt. ›prächtig‹, ›großartig‹. – 30 *Groschen*: Münze von geringem Wert: »Den täglichen Kleinverkehr beherrschte das Drei-Kreuzer-Stück oder der *Groschen*, der immer aus Silber bestand. 20 Silbergroschen bildeten einen Gulden von 60 Kreuzern, der als Münze und Rechnungseinheit bis 1857 bestand« (*Österreich-Lexikon*, Bd. 1, S. 380). – 32 *Hezendorf*: »Hetzendorf, kaiserl. Lustschloß bey Wien, [...] eine halbe Stunde hinter Schönbrunn, in einer sehr gesunden Gegend; ist klein und wird nur selten vom Hofe bewohnt« (*Neuestes Conversations-Lexicon*, Bd. 8, S. 522). – 34 *Schilling*: Münze, die damals in verschiedenen Teilen Deutschlands und in anderen europäischen Ländern verwendet wurde, aber nicht in Österreich; bezüglich seines unterschiedlichen Werts siehe *Neuestes Conversations-Lexicon*, Bd. 16, S. 197; im anschließenden Dialog wird in 13/14 ›Schilling‹ im übertragenen Sinn von ›Prügel bekommen‹ (vgl. Reutner, S. 119) verwendet.

13 1 *Aplicatur*: ›Applikatur‹: »Fingersatz beim Instrumentalspiel« (Wahrig).
14 17 *Teuxel*: euphemistisch für ›Teufel‹. – 18 f. *Herr jegerle*: Ruf des Schreckens, der Angst oder der Verwunderung. – 23 f. *Temeswar*: »Festung und königliche Freystadt im Königreiche Ungarn (Kaiserth. Österr.)« (*Neuestes Conversations-Lexicon*, Bd. 17, S. 248); heute Timișoara, im westlichen Rumänien.
15 21 f. *ihn zu sehen und zu lieben war das Werk eines Augenblickes*: vermutlich eine stehende Wendung, begegnet auch in anderen zeitgenössischen Werken, z. B.: »Sie zu sehen und zu lieben, war das Werk eines Augenblicks!« (Friederike Brun, *Wahrheit aus Morgenträumen und Idas ästhetische Entwickelung*, 1824, S. 155). »Sie zu sehen und zu lieben, war das Werk eines Augenblicks« (Karl Friedrich Hensler, *Die Teufelsmühle am Wienerberg*, Wien 1799, I, 9). – 23 *Seiltänzer*: zu Raimunds Zeit gastierte die Wiener Seiltänzertruppe von Friedrich Knie (1784–1850) in vielen Städten Österreichs und Deutschlands; vor allem dessen Sohn Karl Knie (1813–1860) galt als herausragender Seiltänzer. – 25 *200 [Gulden]*: ein Gulden (zu 60 Kreuzer) hatte etwa den Wert von 15 Euro. – 28 *Luidors*: ›Louisdor‹, französische Goldmünze, »zuerst 1640 von Ludwig III. geprägt [...] jedoch dem Cours sehr unterworfen« (*Neuestes Conversations-Lexicon*, Bd. 11, S. 465). – 32 f. *haben wir Holz bekommen*: die Art der Belieferung der Wiener Haushalte mit Brennholz für den Winter und die manuelle Zerkleinerung der Buchen- und Eichenscheiter in den engen Straßen war in den 1820er Jahren zum Ärgernis geworden, 1824 wurde daher eine maschinelle Holzzerkleinerungsanstalt in der Vorstadt Margareten eingerichtet (vgl. Czeike, *Historisches Lexikon Wien*, Bd. 3, S. 261).
16 21 *vertobt*: ›sich ausgetobt‹ (Grimm).
17 22 *Erdök*: ungar. ›ördög‹, dt. ›Teufel‹. – 30–32 *meine Thränen ‹... bis› verwandelten sich in gute Perl*: vgl. zu diesem Motiv auch ALZINDE in *Moisasurs Zauberfluch* (Bd. 3 dieser Ausgabe), die dazu verurteilt ist, diamantene Tränen zu weinen (I, 3).

18,3 *Galle*: sprichwörtlich für ›Bitterkeit‹, ›Ärger‹ (z. B. »Gift und Galle spucken«). – 21 *Pereat*: lat., ›er gehe unter‹, ›nieder mit ihm‹. – 32 *Eisenbad*: »Eisenbäder (Stahlbäder, Med.), Bäder von eisenhaltigen Mineralwassern oder auch künstliche Bäder, wozu man gewöhnlich die Eisenweinsteinkugeln, auch Eisenschlacken gebraucht« (*Neuestes Conversations-Lexicon*, Bd. 5, S. 467). – 33 *Mehadia*: »Marktflecken (Dorf) im illyrisch-walachischen Regimente der österreichischen Banatgrenze; [...] hat altes Schloß, berühmte Warmbäder (Herkulesbäder), an der Zahl 10« (*Neuestes Conversations-Lexicon*, Bd. 12, S. 289 f.); die Stadt liegt heute in Rumänien.

19,3 *Geisterschekel*: um den Schöckl, den Hausberg von Graz, ranken sich zahlreiche volkstümliche Sagen. – 7 *Bloksberg*: »Brocken (Blocksberg, Geogr.), höchste Spitze des Harzgebirges; liegt bey Wernigerode im preuß. Regierungsbezirke Magdeburg; seine Spitze [...] besteht aus Granit (Brockenstein), [...] sein Gipfel hat Stoff zu manchem Aberglauben gegeben, wie z. B. daß die Hexen auf der Höhe am 1. May ihren Tanz halten sollen u. s. w.« (*Neuestes Conversations-Lexicon*, Bd. 3, S. 471 f.). – 12 *Punsch*: »Getränk aus einem Aufguß von Wasser oder gewöhnlichem Thee, mit Arak, Citronensaft mit dem Öhl aus Citronenschale und Zucker bereitet; wird gewöhnlich warm und in geselligen Zirkeln getrunken; macht und erhält munter« (*Neuestes Conversations-Lexicon*, Bd. 14, S. 516). – 14 *Pontsch, nichts Ponsch*: das *Neueste Conversations-Lexicon* (Bd. 14, S. 516) kennt auch die Nebenform »Ponche« zu »Punsch«. – 15 *Fiaker*: nummerierte Lohnkutschen. »Fiaker. Die bekannten Lohnkutscher mit ihren Wagen, welche in großen Städten an öffentlichen Plätzen halten und Jedermann für einen bestimmten Preis von einem Orte der Stadt zum andern, oder auch in die Umgegend befördern. Gewöhnlich sind es mehr Bequemlichkeits- als Gallawagen; doch gibt es viele in Paris und Wien, die an Pracht und Eleganz mit den schönsten Equipagen wetteifern« (*Damen Conversations Lexikon*, Bd. 4, S. 118). – 21 DIENER *mit Fakeln*: siehe nachfolgende Erläuterung zu »Laternbube«. – 30 *Laternbube*: der bürgerliche Ersatz für den herrschaftlichen Fackelträger, bei der mangelhaften Straßenbeleuchtung unentbehrlich; sie boten den Theaterbesuchern nach Ende der Vorstellung ihre Dienste an (vgl. Prohaska, S. 64 und 92).

20 6 *bronzirter*: ›bronzieren‹, »mit Bronzefarbe überziehen« (Wahrig). – 13 *der ächte Champagner*: laut *Neuestem Conversations-Lexicon* (Bd. 4, S. 223) war der Handel mit echtem Champagner vor allem »mit England, Holland und dem Norden bedeutend«; ansonsten sei es »nicht schwer, champagnerartige Getränke (künstlichen Champagner) zu bereiten«. – 20 *Mußi*: aus frz. ›monsieur‹, als Anrede meist für einen jungen Mann in untergeordneter Stellung gebraucht. – 20 f. *werdens schon machen, das Sachen*: vermutlich stehende Wendung; wortwörtlich auch in der Zauberposse *Amosa oder Bald Zauberer, bald Schuster* (1825) von Friedrich Josef Korntheuer (9. Szene). – 23 *Halter*: ›Hirte‹, ›Hüter‹ (Schmeller/Frommann, Bd. 1, Sp. 1100). – 24 f. *wenn der Bauer aufs Pferd kommt*: nach dem Sprichwort »Wenn der Bauer aufs Pferd kommt, reitet er schärfer als der Edelmann« (Karl Simrock, *Die deutschen Sprichwörter*, Nr. 806). – 29 *Säk*: ›Säcke‹, hier in der Bedeutung von ›Taschen‹ (»Hosensack«); vgl. *Die gefesselte Fantasie*, 92/23.

21 2 *Speckta[ke]l*: lat. ›spectaculum‹, dt. ›Tribüne‹, ›Schauspiel‹; hier: ›Krach‹, ›Lärm‹, ›Trubel‹ (vgl. Reutner, S. 215). – 16 *Metten*: hier: ›unangenehmer Auftritt‹, ›Streit‹ (vgl. Reutner, S. 62, 114, 199 und 295). – 21 *giebt sich ein Ansehen*: hier im Sinn von ›wirft sich in Positur‹. – 21 *Freulein*: ›Fräulein‹, ursprünglich Bezeichnung für adelige Mädchen, später auch für Töchter aus bürgerlichen Familien; von Lottchen, die sich als »armes Landmädchen« versteht, daher als unpassend zurückgewiesen. – 27 *Millionistin*: vermutlich keine Wortschöpfung Raimunds; »Millionist« findet sich auch bei Jean Paul (*Jean Pauls Sämtliche Werke*, hist.-krit. Ausgabe, Abt. 2, Bd. 5, Weimar 1936, S. 267) und bei Nestroy, *Der Zerrissene* (HKA-Nestroy, *Stücke 21*, S. 43).

22 3 f. *es kann halt nicht immer so bleiben hier unter den wächsernen Mond*: Anspielung auf den Beginn des Lieds *Trost beim Scheiden* von Friedrich Heinrich Himmel, Text von August

von Kotzebue (1802): »Es kann ja nicht immer so bleiben / Hier unter dem wechselnden Mond«; der Ausdruck wurde sprichwörtlich dafür, dass jede glückliche oder unglückliche Phase irgendwann endet. – 25 *Tasse*: hier im Sinn von ›Tablett‹.

23 6 f. *frieß Vogel, oder stirb*: bereits seit Martin Luther verwendete Redensart im Sinn von ›man muss das nehmen, was einem geboten wird‹. – 10 *Schweizerkuh*: das *Neueste Conversations-Lexicon* (Bd. 15, S. 306) bezeichnet unter dem Stichwort ›Rindvieh‹ das »Schweizervieh« als »die eigentliche Bergrace, von mittlerer Größe, nicht zum Fettwerden geneigt, aber sehr gute fette Milch gebend, meistens schwarz«. – 29 *Godel*: ›Patin‹ (vgl. Reutner, S. 48, 104, 175 und 276).

24 2 *Kabinet*: ›Kabinett‹, ›kleines Zimmer‹, ›Nebenraum‹; »Cabinett, ein abgesondertes, geheimes Zimmer« (*Wiener Secretär*). – 20 *Polakel*: »gemästetes, kastriertes Huhn; [...] Verballhornung von franz. *poularde*« (Hornung, S. 171). – 24 *Fraß*: »Fraisen, eine gefürchtete Kinderkrankheit mit Krämpfen« (Hornung, S. 365). – 28 *Charge*: frz. ›charge‹, dt. ›Last‹, ›Bürde‹, ›Amt‹, ›Dienst‹. – 30 *Hendeln und Kapauner*: Hendl: junges Huhn, Brathuhn; Kapaun: kastrierter gemästeter Hahn.

25 3 *Sakerlot*: aus älterem frz. ›sacrelote‹, Ausruf des Erstaunens, des Zorns oder der Begeisterung. – 6 *Lenzel*: Koseform für ›Lorenz‹. – 10 *Was schaffens?*: ›schaffen‹: ›befehlen‹, ›anschaffen‹. – 15 f. *Vampire[ns]*: möglicherweise bewusste Verballhornung aus »Vapeur« (leichter Musselin aus feinem Kammgarn); Vapeurspitzen zierten in der Biedermeierzeit u. a. teure Damenkleider (vgl. *Bürgersinn und Aufbegehren*, S. 336).

26 4 *Polster*: ›Kissen‹. – 24 *gelblichtgrünes Gwand*: symbolische Anspielung auf Neid (Redensarten »gelb vor Neid«, »grün vor Neid«). – 29 *bordirt*: ›eingefasst‹, ›besetzt‹, ›gesäumt‹; hier im übertragenen Sinn: ›günstig gestimmt‹, ›zugeneigt‹. – 34 *aufhauen*: hier: ›übermütig sein‹, ›Geld verprassen‹ (vgl. Reutner, S. 27, 89, 142 und 253).

27 6 *Krauthappeln*: »Graudhappe, das Krauthäuptel, Krautkopf« (Hornung, S. 412). – 10 *Treitboden*: ›Getreideboden‹. – 15 *Dukaten*: Goldmünzen im Wert von 3 Gulden und 30 Kreuzern.

– 18 *Galläpfel aufbeißen*: die im Gallapfel enthaltene Säure hat bitteren Geschmack, sie wurde in der Gerberei und zur Herstellung von Tinte verwendet. – 19 *hantige*: ›hantig‹, »herb, bitter, zänkisch, streng« (Hornung, S. 451). – 28 *sekirt*: ›sekkieren‹: ›belästigen‹, ›quälen‹, ›hänseln‹.

28 3 *abwixt*: ›abgewixt‹: ›listig, schlau« (Hornung, S. 36). – 5 *abwixen*: ›durchhauen‹ (Reutner, S. 25). – 15 *Kreutzer*: ›Kreuzer‹: Münze, sechzigster Teil eines Guldens; zu seinem Wert siehe Erläuterung zu 15/25. – 18 *Tafel*: »eine feyerliche Mahlzeit, besonders bey vornehmen Personen« (*Neuestes Conversations-Lexicon*, Bd. 17, S. 202). – 19 *Allo*: frz. ›allons‹, dt. wörtlich ›gehen wir‹; ›vorwärts!‹, ›auf!‹. – 33 *Boef, a là Mode*: »Bœuf à la mode, gespicktes, auf Wurzeln oder Speck gedämpftes Rindfleisch, das offenbar E. 17. Jh. aus der franz. Küche Eingang in die Wr. Küche gefunden hat« (Czeike, *Historisches Lexikon Wien*, Bd. 1, S. 413). Ein Rezept findet sich z. B. in *Mein eigenes geprüftes Kochbuch, dritter Theil*, von Maria Anna Rudisch, Wien 1810, S. 38.

29 7 *Schnecken*: hier doppeldeutig: Schnecken als Speise, die vor allem in der Fastenzeit genossen wurde, und im Sinn von »nichts da!, da täuschst du dich! (höhnische Ablehnung, auch wenn etwas Erwartetes nicht eintritt« (Hornung, S. 660). – 29 f. *mir wird völlig schlimm*: im Sinne von ›übel werden‹, ›sich nicht wohl fühlen‹.

31 15 *Tausendsapermenter*: ›Teufelskerle‹, ›Draufgänger‹; abgeleitet von ›sapperment‹ (vgl. *Die gefesselte Fantasie*, 119/9 und Erläuterung dazu).

32 1 f. *Pitschili Putschili*: ›Pitschili‹ erscheint als Name eines Schildknappen im Singspiel *Das Zauberschwert* von Karl Friedrich Hensler, Musik von Joseph Eybler, gedruckt Wien 1802; auch ›Putschili‹ wurde als Name in einem Singspiel verwendet: *Philibert und Kasperl oder Weiber sind treuer als Männer* von Joachim Perinet, Musik von Ferdinand Kauer, auszugsweise gedruckt Breslau 1805. – 19 *Visit*: ›Visite‹, ›Besuch‹ (*Wiener Secretär*). – 28 f. *Schnekenhändler*: Über Zucht, Handel und Konsum von Schnecken vermerkt das *Neueste Conversations-Lexicon* (Bd. 16, S. 255): »Sie werden in Schneckengär-

ten gehegt, und besonders mit angefeuchteter Weitzenkleye gefüttert. Gegen den Winter zu überziehen sie ihr Gehäuse mit einem Deckel u. werden so fäßerweise verschickt. Sie werden gerne gegessen, erfordern aber eine gute Verdauungskraft, und sind, in ziemlicher Anzahl genossen, sehr schädlich.« Einen ausführlichen Bericht über den zu Raimunds Zeit noch bedeutenden Schneckenhandel von Schwaben nach Wien enthält *Der aufrichtige und wohlerfahrne Schweizer-Bote* (Nr. 50, Aarau, 11. Dez. 1828, S. 397 f.). Bereits 1795/96 stand das Lustspiel *Der Schneckenhändler aus Schwaben* von Emanuel Schikaneder auf dem Spielplan des Freihaustheaters in Wien. – 31 *Schneck*: hier wohl im Sinn von »liebes, hübsches Kind, Mädchen, auch Bursche« (Hornung, S. 660).

33 12 *wie die gute Stund*: stehende Wendung, bereits seit dem 16. Jahrhundert überliefert: »Eyn freundlicher gütiger mensch / der da thut was man wil / eyn mensch wie die gute stunde« (*Lexicon trilingue, ex thesauro Roberti Stephani, et dictionario Ioannis Frisii*, 1537). – 14 *pritschelt*: ›plantscht‹. – 18 *Pünkel*: ›Binkel‹, ›Bündel‹. – 21 *traktier*: ›traktieren‹, ›bewirten‹, ›misshandeln‹ (Hornung, S. 236). – 21 *Holzäpfel*: »Holzapfel, Frucht des wilden Apfelbaumes (Holzapfelbaum); schmeckt sehr herb, ist klein, wird zum Futter für Zuchtvieh und Wild, so wie zur Zubereitung von Essig und Branntwein gebraucht« (*Neuestes Conversations-Lexicon*, Bd. 9, S. 44). – 28 *Stockfisch*: »1) auf Stöcken getrockneter Kabeljau; 2) übertr.: geistig nicht beweglicher Mensch« (Hornung, S. 629).

34 5 *Strobelkopf*: ›Strubbelkopf‹. – 5 f. *bokbeinigen*: »bockig, störrisch« (Wahrig). – 14 *Himbeergfrornes*: Eisgenuss war zu Raimunds Zeit »mehr ein Gegenstand des luxuriösen Lebens«, der sich aber »in neuerer Zeit immer mehr verbreitet hat« (*Neuestes Conversations-Lexicon*, Bd. 5, S. 462). – 18 *Kaupaunerbiegel*: ›Biegel‹: ›Geflügelschenkel‹. – 20 *Aschenmarkt*: »ursprüngliche Bezeichnung des späteren ›Naschmarkts‹ an der Grenze zw. 5. und 6. Gemeindebezirk. [...] Der spätere Name ›Naschmarkt‹ erscheint zum ersten Mal in einer behördlichen Verordnung des Jahres 1812. Nichtsdestoweniger lebte das Wort ›Åsch'nmårkt‹ noch lange fort« (Schuster/

Schikola, S. 20 f.). – 27 *Punctum*: lat., ›Punkt‹, im übertragenen Sinn für ›Schluss‹. – 28 *Satis*: lat., ›genug‹.

35 6 *Schnekenhansel*: ›Hansel‹: Koseform von ›Hans‹, hier abwertend: ›unbedeutende männliche Person‹. – 13 f. *Eisenhammer unseres Gebürgs*: im 19. Jahrhundert befanden sich viele Hammerwerke zur Eisenverarbeitung im Gebiet nördlich des Erzbergs (»Eisenwurzen«).

36 4 *Schalou Gitter*: ›Jalousien‹. – 10 *Tableaux*: frz. ›tableau‹, ›Gemälde‹, ein wirkungs- und eindrucksvolles Bild am Ende eines Aktes oder einer Verwandlung; in der Theatersprache »ein durch Gruppen und Figuren der Schauspieler (oder Tänzer im Ballet) gleichsam im erstarrten Zustande sich darstellendes Bild« (Jeitteles). – 27 f. *Schloß abgelassen*: »Ein Schloß ablassen, dessen Feder abgehen lassen« (Adelung).

37 2 *Bauernzolbel*: »Zolpl, [...] derbes, klotziges (auch sittenloses) Weib« (Schuster/Schikola, S. 194).

38 10 *Fluggang*: »technische Vorrichtung im Theater, ›Zug‹, womit Personen und Gegenstände von oben auf die Bühne gesenkt und von der Bühne nach oben gehoben werden können« (Helmensdorfer, S. 111). – 27 *Flor*: »dünnste Art durchsichtiger Zeuge von Seide, Leinen, Wolle, Baumwolle« (*Neuestes Conversations-Lexicon*, Bd. 6, S. 368).

40 5 *practicable*: Bühnenausdruck für ›real benutzbare‹, ›nicht bloß gemalte‹. – 7 *Lilien ‹... bis› doch keine bunten Blumen*: seit der Antike gilt die weiße Lilie (*Lilium candidum*) als Symbol für Reinheit, Schönheit, Keuschheit und Hoffnung. – 13 *aus[ge]zeichnete*: hier ›fertig gezeichnete‹ (nicht ›angedeutete‹). – 23 *Klepperpostillion*: »Klapperpost – Eine in Wien für die Innere Stadt, für Vorstädte und Vororte im Jahre 1772 eingerichtete Kleine Post, deren Boten sich durch Klappern ankündigten« (HA, Bd. 2, S. 284). – 23 *Klapperbretlein*: ›Klapperbrett‹, ›Ratsche‹. – 29 *Rezepisse*: ›Rezepiss‹, ›Empfangsschein‹.

—41 1 *franco*: ›kostenfrei‹, ›portofrei‹. – 2 f. *Pfennig*: »sehr kleine Münze überhaupt« (Hornung, S. 148). – 3 *kein neues Jahr*: »Neben den laufenden ›Trinkgeldern‹ gab man zu Neujahr üblicherweise ein Geldgeschenk an die Angehörigen von

Berufen persönlicher Dienstleistung, wie Postboten, Rauchfangkehrer (als Glücksbringer), Hausmeister u. dgl. Die Gegengabe des Beschenkten bestand meist in einem Kalender oder einer kleinen Broschüre (›Postbüchel‹); auch die Neujahrsgaben der Wiener komischen Person und anderer untergeordneter Theaterdienste (Souffleure, Logenschließer, Zettelträger) gehören in diese Kategorie« (HA, Bd. 2, S. 284); vgl. *Die gefesselte Fantasie*, 101/35 f. – 8 *raisonirt*: »Raisonniren, 1) vernünftig urtheilen; 2) klügeln, schwätzen; 3) widersprechen; 4) ein unüberlegtes Gerede über etwas führen« (*Neuestes Conversations-Lexicon*, Bd. 15, S. 39). – 9 *Betteleut Umkehr*: »Ausdruck der Verachtung« (HA, Bd. 2, S. 284).

42 10 *Dame*: »jetzt ein vornehmes Frauenzimmer, besonders wenn es verheirathet ist (vgl. Madame)« (*Neuestes Conversations-Lexicon*, Bd. 5, S. 43). – 19 *wenig Geschäfte*: ›wenig zu tun‹, ›wenig Aufgaben‹.

43 9 *Großklockner*: »Großglockner, ein 11,982 Fuß hoher Berg, an der Grenze von Salzburg, Kärnthen und Tyrol […] Derselbe wurde zuerst im Jahre 1799 erstiegen […] Die letzte Besteigung ward […] am 18. Sept. 1819 unternommen« (*Neuestes Conversations-Lexicon*, Bd. 7, S. 610 f.); höchster Berg des heutigen Österreich.

45 20 f. *aimabelsten*: von frz. ›aimable‹, dt. ›liebenswürdig‹, ›reizend‹, ›anziehend‹.

48 3 *Bajadere*: indische Tempeltänzerin. – 4 *den goldnen Wagen*: Sonnenwagen des Apollo, metaphorisch für ›Zeit‹. – 8 *Fortuna*: die Glücks- und Schicksalsgöttin der römischen Mythologie. – 15 *Bachus*: ›Bacchus‹, lat. Bezeichnung des griech. Weingottes Dionysos.

49 5 *Rauschigen*: von ›rauschig‹, ›betrunken‹. – 11 *Stockuhr*: kurze Standuhr ohne herabhängende Gewichte, typisch für die Wiener Uhrenmanufaktur der Biedermeierzeit, vgl. Heinrich Lunardi, *Alte Wiener Uhren und ihr Museum*, Wien 1973 (Abb. 16). – 16 *mit Fleiß*: ›mit der Absicht, jemanden zu ärgern oder zu schädigen‹.

50 11 *hundsjung*: »sehr jung und täppisch« (Hornung, S. 474). – 11 f. *gaißnärrisch*: »närrisch wie eine Ziege« (Hornung,

S. 378). – 24 *Eselsbank*: »früher abw. für letzte Bank in der Schulklasse, auf der die faulsten Schüler saßen« (Hornung, S. 324).

51 1 *gar*: »zu Ende, aus« (Hornung, S. 373). – 19 f. *liederliches Tuch*: »nichtsnutziger Schlingel« (Hügel); mehrfach auch bei Nestroy, z. B. *Heimliches Geld, heimliche Liebe*, HKA-Nestroy, *Stücke 32*, S. 89.

52 1 *Thaler*: Silbermünze zu zwei Gulden. – 15 *Ritornell*: »wiederkehrendes instrumentales Zwischenspiel zw. Lied- und Arienstrophen« (Wahrig).

53 10 *dumm*: hier ›schwindlig‹, ›sonderbar‹.

54 8 *Eisgrub*: Eisgrub (heute Lednice), Ort bzw. Schloss im südlichen Mähren; Eisgrube: »Raum, in dem man früher Blockeis zum Verkauf gelagert hatte; sehr kalter Raum überhaupt« (Hornung, S. 319). – 16 *saperment*: Ruf des Schreckens, der Angst oder der Verwunderung, verstümmelt aus ›Sakrament‹. – 24 *Pölstern*: ›Kissen‹. – 31 *miserablicht*: Nebenform zu ›miserabel‹, auch bei Nestroy, *Der Zerrissene*, HKA-Nestroy, *Stücke 21*, S. 74. – 31 f. *Einquartirungszettel*: »In Ö[sterreich] bestand bis 1918 für auf dem Marsch befindliche Einheiten E[inquartierungs]-Pflicht der Gemeinden« (*Österreich-Lexikon*, Bd. 1, S. 258). – 33 *Spital*: ›Hospital‹, ›Versorgungshaus‹ (*Wiener Secretär*).

55 5 f. *ins Kadetenstift nach Ibs*: Ybbs: »Ips. Stadt im V[iertel] o[ber dem] W[iener] W[ald], des österreichischen Landes unter der Enns, am Flusse gleichen Nahmens; hat 900 Einwohner, Versorgungsanstalt für Arme und Schmelztiegelfabrik« (*Neuestes Conversations-Lexicon*, Bd. 9, S. 288). – 9 *Lazzi*: »Lazzi (ital.), 1) lächerliche Geberden; 2) die Possen, womit Harlekin in der italienischen Komödie die Scene selbst unterbricht; 3) ähnliche Späße und Witze« (*Neuestes Conversations-Lexicon*, Bd. 11, S. 109). – 10 *Ecosen*: ›Ecossaise‹, »(im 19. Jh.) lebhafter Gesellschaftstanz« (Wahrig). – 20 *Pis[y]an ins Bad*: Pistyan, heute Piešťany im Westen der Slowakei, bekanntes Heilbad.

56 3 *Hato*: siehe Erläuterung zu 56/32. – 9 *haiglich*: ›heikel‹ (vgl. Hornung, S. 446); auch bei Nestroy in dieser Form, z. B. *Der Talisman* (HKA-Nestroy, *Stücke 17/1*, S. 44). – 14 *Post ausge-*

ERLÄUTERUNGEN 607

richtet: ›Nachricht überbracht‹; mehrfach auch bei Nestroy, z. B. *Der Zerrissene* (HKA-Nestroy, *Stücke* 21, S. 87). – 18 f. *Haferdeckl*: »Topfdeckel, Sturz« (Hornung, S. 446). – 22 *Pa*: »meist ba-bá! oder ba-pá! Ausdr. kindlichen oder familiär vertrauten Grüßens« (Hornung, S. 101). – 23 *Kein Thee müßens nicht trinken, den habens so schon*: Sie sind »(verdientermaßen) übel zugerichtet« (Mautner); vgl. auch *Die Gefesselte Fantasie*, 96/5 oder bei Nestroy z. B. *Zu ebener Erde und erster Stock* (HKA-Nestroy, *Stücke* 9/II, S. 109). – 32 *Hoto*: »Hot! Rechts! Ein Ruf der Fuhrleute, um die Pferde anzutreiben« (Hügel, S. 84); zur Ableitung »Hottó« vgl. Hornung, S. 471.

57 1 *Tschihi*: »dschi-hü! nach links!, antreibender Zuruf (Fuhrmannsspr.)« (Hornung, S. 467).

58 10 *Felberbaum*: ›Weidenbaum‹ (Hügel, S. 58). – 23 *Stix*: ›Styx‹: in der griech. Mythologie Fluss der Unterwelt und eine Flussgöttin. Im Wasser des Styx wurde Achilles gebadet, was ihn bis auf die Ferse, an der er festgehalten wurde, unverwundbar machte. – 29 f. *gelbzipfeter Ding*: »dsipfad zipfig, mit einem ›Zipf‹ versehen« (Hornung, S. 279); Ding: hier »Ersatz für ein entfallenes Wort, einen entfallenen Namen« (Hornung, S. 228). – 31 *gelbe Fieber*: Gelbfieber, die aus den Tropen stammende Krankheit trat seit dem 17. Jahrhundert auch in Europa auf und galt im 19. Jahrhundert als eine der gefährlichsten Infektionskrankheiten; vgl. auch *Die gefesselte Fantasie*, 102/12. – 32 *Gimpel der den Rothlauf hat*: Rotlauf tritt bei auch bei Geflügel auf, ist aber bei Singvögeln sehr selten. – 32 f. *rekomandiren*: hier ›empfehlen‹.

59 1 *Neidhammel*: »neidischer Mensch« (Hornung, S. 563). – 2–4 *drucken laß ich sogar, und lauf selber damit herum und schrey: Einen Kreutzer die schöne Beschreibung, die mir erst krigt haben*: »besondere Ereignisse, vor allem die Übeltaten der zur Hinrichtung Verurteilten wurden gern in Einblattdrucken beschrieben, die um einen Kreuzer (kleinste österreichische Währungseinheit vor 1890) verkauft wurden« (HA, Bd. 2, S. 285). – 20 f. *Lusthause*: »Gartenhaus zu vergnügl. Aufenthalt« (Wahrig).

60 28 *Denksteine*: ›Gedenksteine‹ (Wahrig).
61 4 f. *Kegelstadt*: »Kegelstätte, Kegelbahn« (Hornung, S. 502).
 – 5 *Passen*: »warten, lauern« (Hornung, S. 122). – 13 *Paperl*: ›Papagei‹ (vgl. Hornung, S. 116). – 25 *was gespannt*: »spannen [...] ahnen, vorhersehen, erfassen, begreifen« (Hornung, S. 609). – 26 *Pudel*: ›Kegelbahn‹ (vgl. Hornung, S. 193).
62 2 *hin*: ›tot‹ (vgl. Hornung, S. 465). – 5 *gäh*: »gach (Adj., Adv.) schnell, abschüssig, heftig, zornig« (Hornung, S. 374).
 – 8 *Wem der große Wurf gelungen*: Anspielung auf den Schlusschor in Beethovens 9. Sinfonie, die 1824 im Wiener Kärntnertor-Theater uraufgeführt wurde, bzw. an Schillers *Ode an die Freude*. – 33 *Schur*: hier ›Einsatz‹ (Prohaska, S. 57).
64 6 *Sphinx*: in der griech. Mythologie ein Ungeheuer mit Frauenkopf und Löwenleib, das jeden tötete, der sein Rätsel nicht lösen konnte.
65 16 *modesten*: ›maßvollen‹, ›bescheidenen‹ (Wahrig).
66 26 *Kneippt*: ›kneift‹ (Wahrig).
67 19 *Aschenmann mit einer Butte*: Der Aschenmann entsorgte die Asche aus den Holzöfen und trug sie in seiner hölzernen Butte auf dem Rücken zur Weiterverwertung, etwa bei den Seifensiedern. – 20 *Aschenkrücke*: zugleich Stütze beim Gehen und Werkzeug zum Sammeln der Asche aus den Öfen (vgl. HA, Bd. 2, S. 285).
68 28 *Haßlinger*: ›Haslinger‹, Stock aus dem Holz der Haselstaude, wurde zur Züchtigung verwendet. – 29 *Tremmel*: »kurzes Holzstück, Prügel« (Schuster/Schikola, S. 35).
69 5 f. *verwurlte*: ›verworrene‹, ›verwickelte‹; auch bei Nestroy kommt dieser Ausdruck vor: *Das Gewürzkrämer-Kleeblatt* (HKA-Nestroy, *Stücke* 22, S. 127). – 25 *chinesischen Schweitz*: vergleichbar den Ausdrücken »fränkische Schweiz« und »sächsische Schweiz« wurde mit »chinesischer Schweiz« der gebirgige Südosten Chinas bezeichnet, heute in den Provinzen Yunnan und Guizhou. – 34 *Mamsel*: ›Mamsell‹, von frz. ›mademoiselle‹, ›Fräulein‹.
70 12 *Geltens*: zur Abwandlung der Interjektion ›gelt‹ in Zusammenhang mit einem Plural vgl. Hornung, S. 402. – 27 *Linzertorte*: beliebte Wiener Mehlspeise.

ERLÄUTERUNGEN 609

71 4 *dalkets*: ›dalket‹: »ungeschickt, töricht« (Wahrig). –
19 *Brüßler Spitzen*: unter dem Stichwort ›Spitzen‹ vermerkt
das *Neueste Conversations-Lexicon* (Bd. 17, S. 4): »Sie werden
entweder mit der Nadel verfertiget (points) oder geklöppelt
(dentelles). Unter den ersteren haben bisher die Brüßler Sp.
wegen ihrer Feinheit, inneren Güte, Dauerhaftigkeit und Geschmack den ersten Rang in Europa behauptet«. – 21 *Traiteur*:
›Speisewirt‹.

72 12 *Supperborten*: ›Sopraporte‹, ein über einer Zimmertür angebrachtes, mit dieser gleich breites Wandfeld mit Malerei,
Stuck, Weberei etc.

73 25 *auf der Paß*: ›bereit‹, ›auf der Lauer‹; vgl. »Passen« (61/5).

74 23 *freygesprochen*: ›nach der Lehrzeit zum Gesellen erklärt‹;
in dieser Bedeutung auch bei Nestroy, *Eulenspiegel* (HKA-Nestroy, *Stücke* 9/1, S. 41). – 27 *Rauchfangkehrer*: ›Schornsteinfeger‹.

78 1 *Pardon Madmoiselle, Jai suis desar[mé]*: frz. ›Pardon, mademoiselle! Je suis désarmé‹, ›Verzeihung, Fräulein! Ich bin
entwaffnet‹.

79 2 *All[o]h*: siehe Erläuterung zu 28/19. – 3 *Versatzamt*: ›Pfandleihanstalt‹. – 28 *führt man schön an*: ›jemanden anführen‹,
»listig hintergehen […] zum besten haben, foppen« (Wahrig).

80 14 *habs bey der Falten*: »bei der Falten ham: festhalten, erwischen« (Jakob); auch bei Nestroy, z. B. *Martha* (HKA-Nestroy, *Stücke* 25/1, S. 73).

Zu den Varianten, Zusatz- und Repetitionsstrophen:

391 6 *Botokudien*: »Botocuden, […] Volk im nördlichen Brasilien, fast ohne alle Bildung« (*Neuestes Conversations-Lexicon*,
Bd. 3, S. 349), vgl. auch Bd. 1 dieser Ausgabe, S. 303.

441 30 *Windbüchsen*: »ein Schießgewehr, welches durch stark verdichtete Luft statt des Pulvers die Kugel forttreibt« (*Neuestes
Conversations-Lexicon*, Bd. 18, S. 211). – 32 *Baitasch*: von ungar. ›pasas‹, ›Bursche‹, ›Kerl‹.

448 8 *Douseur*: von frz. ›douceur‹, hier: ›Trinkgeld‹.

452 4 *Giraff ist todt*: »Am 7. August 1828 traf die erste lebende

Giraffe in Wien ein und erregte größtes Aufsehen. [...] Unglücklicherweise litt das Tier [...] an Rachitis der Hinterbeine und verendete [...] am 20. Juni 1829« (*Bürgersinn und Aufbegehren*, S. 457). – 15 *Felber*: »sammtartiges Gewebe von Seide und Garn« (Schmeller/Frommann, Bd. I, Sp. 711).
457 12 *skisirn*: von frz. ›s'excuser‹, ›sich entschuldigen‹, ›sich entfernen‹.

Zitierte Literatur zu den Erläuterungen:

Adelung, Johann Christoph, *Grammatisch-kritisches Wörterbuch der Hochdeutschen Mundart, mit beständiger Vergleichung der übrigen Mundarten*, 4 Bände, Leipzig 1793–1801; Wien 1808, 5. Aufl., Wien 1846; Neudruck der 2., vermehrten und verbesserten Ausgabe, Hildesheim 1970.

Bilder-Conversations-Lexikon für das deutsche Volk. Ein Handbuch zur Verbreitung gemeinnütziger Kenntnisse und zur Unterhaltung, 4 Bände, Leipzig: Brockhaus 1837–1841.

Bürgersinn und Aufbegehren. Biedermeier und Vormärz in Wien 1815–1848 (Katalog der 109. Sonderausstellung des Historischen Museums der Stadt Wien), Wien, München 1988.

Neuestes Conversations-Lexikon, oder allgemeine deutsche Real-Encyclopädie für gebildete Stände, von einer Gesellschaft von Gelehrten ganz neu bearbeitet, 18 Bände und 1 Suppl., Wien 1825–1835.

Czeike, Felix, *Historisches Lexikon Wien*, 5 Bände, Wien 1992–1997.

Damen Conversations Lexikon, hg. im Verein mit Gelehrten und Schriftstellerinnen von C. Herloßsohn, 10 Bände, Leipzig 1834–1838.

Engelhart, Andreas, *Allgemeiner österreichischer oder neuester Wiener Secretär für alle im Geschäfts- und gemeinen Leben, so wie in freundschaftlichen Verhältnissen vorkommenden Fälle*, Wien 1826.

Grimm, Jacob und Wilhelm, *Deutsches Wörterbuch*, 16 Bände und Quellenverzeichnis, Leipzig 1854–1971, Nachdruck in 33 Bänden, München 1984.

Hornung, Maria, *Wörterbuch der Wiener Mundart*, Wien 1998.
Hügel, Fr. S., *Der Wiener Dialekt. Lexikon der Wiener Volkssprache (Idioticon Viennense)*, Wien, Pest, Leipzig 1873; Neudruck Wiesbaden 1979.
Jean Pauls Sämtliche Werke, Historisch-kritische Ausgabe, hg. von der Preußischen Akademie der Wissenschaften, Weimar 1927 ff.
Jeitteles, Ignaz, *Aesthetisches Lexikon*, 2 Bände, Wien 1839.
Lexicon trilingue, ex thesauro Roberti Stephani, et dictionario Ioannis Frisii, Argentorati 1609.
Heinrich Lunardi, *Alte Wiener Uhren und ihr Museum*, Wien 1973.
Nestroy, Johann, *Sämtliche Werke*, Historisch-kritische Ausgabe, hg. von Jürgen Hein, Johann Hüttner, Walter Obermaier und W. Edgar Yates, Wien, München 1977–2012.
Österreich Lexikon in zwei Bänden, hg. von Richard und Maria Bamberger, Ernst Bruckmüller und Karl Gutkas, Wien 1995.
Prohaska, Dorothy, *Raimund and Vienna. A Critical Study of Raimund's Plays in their Viennese Setting*, London 1970.
Raimund, Ferdinand, *Das Mädchen aus der Feenwelt oder Der Bauer als Millionär*, romantisches Original-Zaubermärchen mit Gesang in drei Aufzügen. Text und Materialien zur Interpretation besorgt von Urs Helmensdorfer, Berlin 1966.
Raimunds Werke in zwei Bänden, hg. von Franz Hadamowsky, 2 Bände, Salzburg, Stuttgart, Zürich 1971.
Reutner, Richard, *Lexikalische Studien zum Dialekt im Wiener Volksstück vor Nestroy. Mit einer Edition von Bäuerles »Die Fremden in Wien«*, Bern, Berlin, Frankfurt a. M. [...] 1998.
Rudisch, Maria Anna, *Mein eigenes geprüftes Kochbuch, dritter Theil*, Wien 1810.
Schmeller, Johann Andreas, *Bayerisches Wörterbuch*, 2., vermehrte Aufl., bearbeitet von G. Karl Frommann, 2 Bände, München 1872–1878; Neudruck Aalen 1973.
Schuster, Mauriz / Schikola, Hans, *Das alte Wienerisch. Ein kulturgeschichtliches Wörterbuch*, Wien 1996.
Simrock, Karl, *Die deutschen Sprichwörter*, Frankfurt a. M. 1846.
Wahrig. Deutsches Wörterbuch, hg. von Renate Wahrig-Burfeind, 8. Aufl., Gütersloh, München 2006.

MUSIK

Ebenso wie für Raimunds vorhergehendes Stück *Der Diamant des Geisterkönigs* schrieb Joseph Drechsler (vgl. Band 1 dieser Ausgabe, S. 611) die Musik für *Das Mädchen aus der Feenwelt*. Er war 1822–1830 Kapellmeister am Theater in der Leopoldstadt, wo das Stück am 10. November 1826 uraufgeführt wurde. Doch wissen wir von Raimund selbst, dass er »bei Verfassung vieler Lieder gleich die Melodien mit hinschrieb« (Selbstbiographie, SW Bd. 5/2, S. 725). Derartige Melodieentwürfe Raimunds zum *Mädchen aus der Feenwelt* sind in der Musiksammlung der WBR unter den Signaturen MHc 10.677, MHc 21.050, MHc 21.051, MHc 21.052 und MHc 21.053 erhalten. Raimunds Autograph zu »Brüderlein fein« hat Franz Patzer in Zusammenarbeit mit Walter Obermaier ediert (vgl. Ferdinand Raimund, *Brüderlein fein*, Faksimile des autographen Notenblattes. Zum 150. Todestag des Dichters für die Wiener Stadt- und Landesbibliothek hg. von Franz Patzer [Text: Walter Obermaier], Wien 1986), aus musikwissenschaftlicher Sicht hat sich Thomas Aigner eingehend mit Raimunds musikalischen Entwürfen beschäftigt (vgl. Thomas Aigner, ›Musikhandschriften Ferdinand Raimunds‹, in: *Jahrbuch der Österreich-Bibliothek in St. Petersburg*, Bd. 8, 2007/2008, S. 58–72). Die nachfolgende Abhandlung widmet sich aber ausschließlich der Partitur Joseph Drechslers.

Zum *Mädchen aus der Feenwelt* haben sich im Bestand der WBR zwei Partiturhandschriften erhalten: Die Handschrift mit der Signatur MH 21.271 ist auf 1898 datiert und kommt daher als Grundlage für das vorliegende Kapitel nicht in Frage. Dieses beruht auf der Partiturhandschrift mit der Signatur MH 2017 (vgl. auch Kapitel »Überlieferung«, S. 173). Das Titelblatt lautet: »Das Mädchen / aus der Feenwelt. / Großes Zauberspiel mit Gesang in 3. Acten. / von / Ferdinand Raimund. / Die Musik von Kapellmeister Jos. Drechsler.« Querformat, ca. 19 x 24 cm; 125 Blatt (mit Titelblatt, beidseitig beschrieben; vorhandene Zählung laut Katalog der WBR: 250 Seiten); 12-liniges Notenpapier; Tinte (Reinschrift), keine Benützungsspuren.

Diese Partitur ist vollständig und vermutlich zu Raimunds Lebzeiten entstanden, allerdings wohl nicht von Drechslers eigener Hand (vgl. SW Bd. 6, S. 286). In der von Anton Diabelli herausgegebenen Reihe »Neueste Sammlung komischer Theater-Gesänge« sind bald nach der Uraufführung sämtliche Vokalnummern mit Ausnahme der Chöre auch als Klavierauszüge gedruckt erschienen (vgl. Kapitel »Überlieferung«, S. 173). Derartige Druckerzeugnisse gelten als wichtige Quelle für die Rezeption zu Raimunds Lebzeiten; sie dokumentieren nicht nur die Publikumsakzeptanz – üblicherweise waren die beliebtesten Lieder eines Bühnenstücks unmittelbar nach ihrer Uraufführung als gedruckte Klavierauszüge erhältlich –, sondern ebenso den wachsenden Bedarf an Materialien für das häusliche Musizieren, das sich damals als beliebter Trend etablierte. Genau diese Entwicklung macht die Introduktion (I, 1) zum Thema.

Das Mädchen aus der Feenwelt ist als Singspiel ausgestattet; die umfangreiche Partitur enthält neben der obligatorischen genretypischen Ouvertüre auch Melodramen oder Tänze als handlungsgebundene Instrumentalmusik sowie vor allem Vokaleinlagen (Chöre, Sololieder und Duette).

Im ersten Akt wird in der instrumentalen Introduktion das Thema der damals beliebten Hausmusik aufgenommen (»ein Quartett, von 2 Violin, Bratschen und Baß«, 11/17 f.). Es folgen ein Chor, zwei Lieder für die Hauptperson FORTUNATUS WURZEL, ein Melodram sowie das Aktfinale, ähnlich wie die Introduktion in Verbindung mit einem Chor.

Der zweite Akt beginnt mit melodramatischer Musik, die im Verlauf der ersten drei Szenen an verschiedenen Stellen bis zur Verwandlung in der 4. Szene erklingt. Wie üblich enthalten die Regieanweisungen keine genauen Vorgaben zur musikalischen Gestaltung, sondern nur ungefähre Anhaltspunkte, wie »passende« (40/22) oder »sanfte« (41/11) Musik. Es folgen in der traditionellen Form eines »Trinkliedes« eine Arie mit Männerchor, ein Tanz, das berühmt gewordene Duett JUGEND–WURZEL sowie ein kurzer Chor und melodramatische Musik am Aktschluss.

Der dritte Akt wird von einem weiteren kurzen Chor eröffnet, der die Arbeit der Geister des HASSES begleitet; der musikalische Charakter dieser Nummer ist in der Regieanweisung beschrieben:

»Die Musick drückt vor dem Aufziehen der Cortine das Hämern und Schlagen aus« (64/12–14). Am Schluss der 5. Szene erklingt WURZELS »Aschenlied«. Instrumentale Musik untermalt danach an ausgewählten Stellen die dramatische Begegnung zwischen KARL und LOTTCHEN; den Stichworten in der Partitur zufolge setzt sie z. B. markant ein, als AJAXERLE im Ofen verschwindet und draußen Böller geschossen werden (74/28–30). Mit einem traditionellen mehrstrophigen Schlussgesang endet das Stück.

Die Orchesterbesetzung umfasst laut Partitur Piccoloflöte, Flöten, Oboen, Klarinetten, Fagotte, Hörner, Trompeten, Pauke, Trommel, Violinen, Bratschen, Celli und Kontrabass. Der gemischte Chor besteht aus Sopran-, Tenor- und Bassstimme. Es gibt nur drei solistische Gesangsrollen: WURZEL und MUSENSOHN (beide Tenor) sowie die JUGEND (Sopran).

Bei der folgenden Auflistung, die dem Wortlaut der Partitur MH 2017 folgt, werden die Überschriften, Tempi, Takt- und Tonarten angegeben, ebenso die Anzahl der Takte bzw. Dauer der Musikstücke. Wenn nicht anders vermerkt, entsprechen die Liedtexte ungefähr ihren jeweiligen Stellen im Haupttext dieser Ausgabe. Insgesamt entspricht aber die Partitur mehr der Textfassung der Theaterhandschriften T1 und T2 (vgl. die vollständige Wiedergabe von T1 S. 380–446), also jener Fassung, die auch bei der Uraufführung gespielt wurde, besonders deutlich etwa bei den Dialogstichwörtern im Melodram N° 4 und im Finale zum 1. Akt. Die Zählung der Musiknummern folgt der Partitur. Die Nummer 8 ist darin irrtümlich doppelt vergeben (Tanz bzw. Duett).

Overtur
Adagio, 4/4-Takt, D-Dur, 37 Takte. Allegro, 4/4-Takt (alla breve), D-Dur, 189 Takte.
Aus Platzgründen wurden in der Partitur einige Orchesterstimmen (Posaune, Triangel, Große Trommel und Tschinellen) in einem Anhang unter der Überschrift »Anhang zur Ouvertur« gesondert notiert.
Im Unterschied zu romantischen Potpourriouvertüren verzichtete Drechsler in diesem Fall auf die Verwendung oder Verarbeitung von Melodien aus dem Stück selbst. Dies geschah möglicherweise

aus theaterpraktischen Gründen, um einen eventuellen Austausch zwischen verschiedenen Stücken zu ermöglichen.

N° 1. Introdu[c]tion
Andante non molto, 4/4-Takt, G-Dur, 59 Takte (I, 1; 11/15–19).
Musikalische Eröffnung der allerersten Szene im Stück. Für die Gestaltung des instrumentalen Teils gibt die Regieanweisung ein »Quartett, von 2 Violin, Bratschen und Baß« vor. »Die Violine hat Solo« (11/15–18). Der darauffolgende Chor (11/21–28) übernimmt die Rolle eines Publikums, dessen wohlwollender Kommentar sich dann doch zu einer hitzigen Debatte über die angeblich zweifelhafte Qualität der musikalischen Darbietung durch den Feensohn gestaltet (»In der Aplicatur greift er doch manchmal ein wenig falsch«, 13/1 f.).

N° 2. Aria
WURZEL (Tenor): »Ja ich lob mir die Stadt«.
Allegretto, 3/8-Takt, G-Dur, 40 Takte. Andantino, 6/8-Takt, 12 Takte. Allegretto, 3/8-Takt, 15 Takte. Alla polacca, 3/4-Takt, 30 Takte (I, 7; 24/4–24).
Das Auftrittslied WURZELS ist wie viele andere Lieder dieses Typs zurückhaltend nur mit Holzbläsern und Streichern instrumentiert. Bei der Melodiebegleitung wechseln Flöte und 1. Violine einander ab oder kommen unisono zum Einsatz, während die tieferen Streicher ein schlichtes rhythmisch-harmonisches Gerüst rund um den Vortrag der Singstimme bilden, deren Text mit einfachen Mitteln musikalisch abgebildet wird (z. B. rhythmisch durch den dreimaligen Wechsel von Tempo und Taktart).
Sein fröhliches Bekenntnis »Ja ich lob mir die Stadt« lässt WURZEL im flott beschwingten 3/8-Takt in der für Lieder dieses Genres so beliebten auf- und absteigenden Dreiklangsmelodik erklingen. Der Wechsel zum 6/8-Takt ermöglicht es, in Anpassung an Raimunds Text für die aufzählende Beschreibung des bäuerlichen Alltags mehr Worte bzw. Noten unterzubringen. Nach einer Wiederholung des ersten Liedteils wechseln Melodie und Rhythmus zu einem neuen Abschnitt (alla polacca), dessen leichter, ›tändelnder‹ Charakter zusammen mit der Melodieführung der überheblichen

Genugtuung WURZELS entspricht (Quartsprung auf die letzten beiden eigentlich unbetonten Silben von »Bediente« und »geschwinde«).
Alfred Orel hat in Wurzels Auftrittslied ein Zitat aus Schuberts Deutschen Tänzen, op. 9 entdeckt: »Ob das Zitat [...] ›In aller Früh treib'n s' schon die Ochsen hinaus ...‹ Absicht ist oder eine unbewußte Reminiszenz vorliegt, ist nicht zu entscheiden« (SW Bd. 6, S. XXXII).

N° 3. Aria
WURZEL (Tenor): »Die Menschheit sitzt um bil'gen Preiß«.
Moderato, 2/4-Takt, D-Dur, 70 Takte (I, 8; 28/26–29/15).
Das Thema dieses Situationslieds (in Orels Ausgabe in SW Bd. 6 als »Ariette« bezeichnet) ergibt sich aus WURZELS Auftrag, alles für eine »große Tafel auf 40 Personen« (28/18) vorzubereiten. Das Lied beginnt in ruhig fließenden Achteln (moderato) und einfacher Harmoniefolge; die Melodiegestaltung erfolgt in typisierter Weise (etwa Sextsprung zu Beginn des zweiten Verses: »Auf Erd«). Auch bei diesem Lied versucht die Musik mit einfachen Mitteln den Text abzubilden. So ist die melodisch wörtliche Wiederholung ganzer Verse nicht immer nur eine stereotype Floskel, sondern erzeugt bewusst Gleichförmigkeit und Banalität, hier durch die Imitation eines naiven Tonfalls (28/31 f.: »Die Kinder klein noch wie die Puppen [...]«). Der triolisch punktierte Rhythmus der Instrumentalbegleitung nach 29/2 (»Da springt das Glück als Kellner um«) macht das Herumspringen geradezu hörbar.

N° 4. Melodram
Allegro moderato, 4/4-Takt, D-Dur, 6 Takte bis »Sie Vorsteher der würdigen Schneckenzunft.« Allegro, 4/4-Takt (alla breve), 2 Takte bis »und itzt Punktum. Satyr / Satis!« 2 Takte bis »Himmel was ist das?« Allegro moderato, d-moll, 6 Takte (I, 11; 33/33–34/27).
Die kurzen, häufig nur wenige Takte umfassenden Melodiefolgen bestehen in der Regel aus rasch auf- und absteigenden Tonfolgen oder Repetitionen auf einer Tonhöhe. Für eine Weile begleiten sie den Handlungsverlauf, um ihn zurückhaltend zu untermalen oder drastisch zu illustrieren; Dialogstichworte in der Partitur helfen

bei der mehr oder weniger eindeutigen Zuordnung zum Text. Dieses den herkömmlichen Charakteristika entsprechende Melodram beginnt, nachdem LOTTCHEN sämtlichen Reichtümern und den entsprechenden Heiratsplänen, die ihr Ziehvater WURZEL für sie vorgesehen hatte, entsagt hat; starker Donner (33/33) markiert den Spannungshöhepunkt. Auch nach »Punctum« (34/27) unterstreicht die Musik den von WURZEL geleisteten Schwur.

N° 5. Finale
Allegro, 2 Takte, Moderato, 27 Takte, 4/4-Takt, d-moll. Adagio non tanto, 4/4-Takt, G-Dur, 21 Takte. Allegro, d-moll, 46 Takte (I, 13; 37/20–39/7).
Chor: »In dem finstern Reich der Klüfte«. Am Schluss: »Fine dell'Atto 1mo«.
Ebenfalls im Stil eines Melodrams wird die dramatisch bildhafte Gestaltung der Szenerie vor dem Einsatz des unsichtbaren Chors (38/1–25) in der langen Aktschlussszene untermalt. Anders als 38/20–25 endet der Text in der Partitur wie in den Theaterhandschriften mit: »Entflieh nur der Pracht, Dich rächet die Nacht.«

2ter Act

N° 6
Ohne Tempoangabe, 3/4-Takt, F-Dur, 31 Takte (II, 1–4; 40/22–45/3).
Die Holzbläser, zum Teil rhythmisch unterstützt von leisen Sechzehnteln der Triangel, spielen einen Walzer, dessen Melodie in Flöte und Piccoloflöte liegt. Nach überleitendem Streicher-Pizzicato (3 Takte) folgen 8 Takte (wiederum ohne Tempoangabe) im 3/4-Takt und in B-Dur, instrumentiert für Oboen, Klarinetten, Fagotte, Hörner und Streicher. Hierbei handelt es sich um eine Art musikalischer Überleitung, an deren Ende die Stichworte »Rede! etc. / Wer bewohnt / sie?« notiert stehen (vgl. 41/20). Bei gleicher Taktart folgt ein kurzes Adagio (Klarinettensolo) in Es-Dur, an dessen Ende steht: »Verwandlung / <u>Tusch</u>«. Darauf folgt ein Allegro von 6 Takten im 4/4-Takt (alla breve), D-Dur. Die-

ser kurze Teil verlangt neben Holzbläsern (in der üblichen Besetzung von 2 Flöten, Piccoloflöte, je 2 Oboen, Klarinetten, Fagotten und Hörnern) sowie Streichern (2 Violinen, Viola und Bass) auch Trompeten und Schlagwerk (Timpano); mit seinen aufsteigenden Dreiklangsfolgen (Violinen) und Tusch (Bläser) hat er den Charakter eines kurzen Finales (siehe die Verwandlung vor II, 4, 45/3 f.: »rauschender Tusch von allen Instrumenten beym Aufziehen der Cortine«).

N° 7. Arie con Chor
Ohne Tempoangabe, 4/4-Takt, D-Dur, 57 Takte (II, 4; 47/19–48/22).
MUSENSOHN (Tenor): »Freunde hört die weise Lehre«. Männerchor. Diese Arie steht für den in der Operntradition verbreiteten und beliebten Typus einer anscheinend spontan entstandenen Einlage (vgl. 47/34 f.: »Fertig sind die Verse, jezt meine Herrn stimmen sie«), die in diesem Fall als »Trinklied« auf ausdrückliche Aufforderung der Gesellschaft vorgetragen wird (»Nu jetzt lassens uns hören«, 47/15 f.). Der beteiligte Männerchor hat lediglich repetierende Funktion, instrumentiert ist das strophisch gegliederte Lied für Holzbläser (mit Piccoloflöte), Hörner, Posaune, Streicher, Triangel und Pauke.

N° 7½
3 Takte, 4/4-Takt, D-Dur, auf das Stichwort »Alle Rauschigen soll leben! hoch.« (vgl. 49/5 f.).

N° 8. Tanz
Allegretto, 3/8-Takt, C-Dur, 55 Takte (II, 6; 50/2–5).
Dieser Tanz ist für Holzbläser, Trompeten, Pauken und Streicher instrumentiert. Die Melodie wird auf simple Art mehrmals variiert, wodurch das Stück ohne großen kompositionstechnischen Aufwand eine für den dramaturgischen Kontext erforderliche Länge erhält.

N° 8. Duetto
Andante, 6/8-Takt, G-Dur, 74 Takte (II, 6; 51/22–58/14).

JUGEND (Sopran), WURZEL (Tenor): »Brüderlein fein« (Schrift und Tinte der Textierung des Duetts unterscheiden sich teilweise von der übrigen Partitur).

Es folgen 6 Takte rein instrumental für Holzbläser (mit Oboensolo), Glocken und Streicher: Andante, 4/4-Takt, d-moll (wobei die Tonart taktweise zwischen Moll und Dur wechselt und in A-Dur vor dem eingetragenen Handlungsstichwort »bringt Lichter, es / ist stock finster. / von Außen Katzen / geschrey.« endet; vgl. 53/27). Dieses »Katzengeschrey« wird durch abwärts geführte Glissandi der Violinen (in der Partitur dazu die Anmerkung: »mit einem Finger«) illustriert, unterstützt durch Holzbläser: 3 Takte bis zu dem Stichwort: »so komm ich schon / mit G'walt / hinein« (vgl. 54/17). Es folgen, bei gleicher Takt- und Tonart, drei Takte eines Allegro (mit Großer Trommel), danach 8 Takte eines Andante (3/4-Takt, Es-Dur; die beliebte charakteristisch gebrochene Dreiklangsmelodik wird von Streichern und Fagott unisono vorgetragen) bis zu dem Stichwort: »wäre ich nur wieder bey den Meinigen« (vgl. 57/19 f.); danach 5 Takte bei gleicher Takt- und Tonart (Allegro, zu Holzbläsern und Streichern kommen Trompeten und Pauken) bis »der mir eine Grobheit sagt.« (58/13 f.), 3 Takte (Allegro moderato) bis »Verwandlung« und abschließend Andante (4 Takte, 6/8-Takt, G-Dur).

Unter der Signatur MHc 15.357 verwahrt die Musiksammlung der WBR eine zeitgenössische Abschrift des Duetts, Tinte, ohne Benützungsspuren, übertitelt: »Duett der Dem. Krones und des / Herrn Raimund / Brüderlein fein«. Es handelt sich um einen in der Mitte gefalteten Bogen (2 Blatt, 3 beschriebene Seiten). Notiert wurde die Singstimme des Duetts, der die Texte für beide Rollen unterlegt sind. Die Abschrift des Textes ähnelt der Textabschrift unserer maßgeblichen Partitur MH 2017. Raimunds eigenhändiger Entwurf zu diesem Duett befindet sich unter der Signatur MH 10.677 in der gleichen Sammlung. Hierbei handelt es sich um ein mit Tinte beschriebenes Blatt im Querformat (ca. 24 x 31,5 cm, 10-linig), das oberflächlich (und rhythmisch nicht immer korrekt) die Singstimmen des Duetts enthält, auf der Rückseite Teile der Singstimme für die »Arie des Wurtzel als Aschenmann«.

N° 11. Chor
Allegro molto, 4/4-Takt (alla breve), e-moll (Finale des 2. Aktes, II, 12; 62/23–63/1; oben links das Stichwort »ihr Brautring seyn«, 62/22).
Besetzt für Holzbläser und Streicher. Männerchor (»Laß ab«). Nach 12 Takten: »Lottchen heißt die Schnur, mein muß sie seyn.« Allegro (5 Takte). Allegro moderato, 4/4-Takt, C-Dur (das Orchester wird um Trompeten und Gran Tamburo erweitert), 12 Takte bis »Karl – Mein ist der Ring.« Im Partitursystem steht bei »Clarini« (d. h. den Trompeten) »Nigow. Alle Neun.« (vgl. 62/35). Es folgen 5 weitere Takte (tutti), dann Andante, 3/4-Takt, C-Dur, 13 Takte, mit denen der 2. Akt ausklingt. Die Gestaltung ist kammermusikalisch, aber wie zuvor unter Anwendung einfacher kompositorischer Mittel, mit denen durchwegs versatzstückartig gearbeitet wird.

Atto 3zo

N° 12. Coro
Allegro, 4/4-Takt, D-Dur, 26 Takte (III, 1; 64/12–20).
»Jubelt hoch des Hasses Geister«.
Der Marschrhythmus passt zum Charakter der Introduktion. Der gemischte Chor ist mit Streichern, Holz- und Blechbläsern sowie Schlagwerk mit Tamburo und Triangel groß orchestriert.

N° 13 Arie
Andantino, 4/4-Takt, G-Dur, 22 Takte (III, 5; 71/6–72/8) (mit anderer Tinte, möglicherweise auch anderer Schreiber).
WURZEL (Tenor): »So mancher steigt herum«.
Wie das Duett »Brüderlein fein« erlangte auch WURZELS »Aschenlied« große Bekanntheit. Die schlichte, durchwegs in Achteln gehaltene Melodie dieses Strophenlieds entspricht der Einfachheit der vortragenden Figur. Jede Strophe gliedert sich in zwei Teile von je vier Versen und schließt mit einem Refrain, der in der letzten Strophe abgewandelt wird. Die Konformität der Aufzählung, die im zweiten Strophenteil dadurch erzeugt wird, dass für jede Zeile dreimal hintereinander genau die gleiche Melodie verwendet wird

(»Von Stolz ganz aufgebläht / O Freundchen das ist öd. / Wie lang stehts denn noch an«), weicht in der jeweils letzten Zeile vor dem abschließenden Refrain jeder Strophe einer gewissen Genugtuung (»Bist auch ein Aschenmann«). Durch einfache Umspielung derselben melodischen Phrase wird der Tonfall komplett verändert.

N° 14
Allegro moderato, 4/4-Takt, D-Dur, Beginn mit Stichwort »sendet eure Macht« (77/7), 2 Takte groß besetzt, mit Trompeten und kleiner Trommel, bis »Wohl an / lebe wohl.« (vgl. 78/5). Allegro moderato, 4 Takte bis »Verwünschtes Weibervolk«. 6 Takte: »Auf ewig! ein / Aschen, / Feuer« (vgl. 78/22). Andante, 7 Takte bis: »mit ewig reichem / Fange sey / dein!« (vgl. 79/6 f.). 2 Takte. Allegretto, 3/4-Takt, G-Dur, 8 Takte.

N° 15. Schlußgesang
Allegro, 4/4-Takt, d-moll, 2 Takte. Moderato, 3/4-Takt, F-Dur, 72 Takte (III, 8; 79/21–81/19).
»Vergessen ist schön«.
Groß orchestrierter, traditioneller Schlussgesang für WURZEL (Tenor) und gemischten Chor.

Dagmar Zumbusch-Beisteiner

Theaterzettel der Uraufführung am 10. November 1826 im Theater in der Leopoldstadt (Reproduktion nach SW Bd. 1, vor S. 177)

DIE GEFESSELTE FANTASIE

EINFÜHRUNG

Die gefesselte Fantasie, als viertes dramatisches Werk Raimunds laut Konzept (siehe Kapitel »Lesarten«, S. 814) am 24. September 1826 beendet, kam erst am 8. Jänner 1828 (wie gewohnt als Benefiz für Raimund) zum ersten Mal auf die Bühne des Theaters in der Leopoldstadt, während bereits am 25. September 1827 die Uraufführung von *Moisasurs Zauberfluch* im Theater an der Wien stattgefunden hatte.

Das Werk wurde als Original-Zauberspiel angekündigt, mit Ferdinand Raimund als Harfenist NACHTIGALL. Die Musik stammt von Wenzel Müller und basiert ähnlich wie beim *Mädchen aus der Feenwelt* zum Teil auf Melodieentwürfen Raimunds.

Der Versuch, Elemente des ›hohen‹ Dramas ins Lokalstück einzubringen, war der Popularität, wie man sie von den bisherigen Raimund-Stücken gewohnt war, nicht zuträglich, und die zeitgenössische Wiener Kritik fand, dass *Die gefesselte Fantasie* weder für die Darsteller noch für das Publikum des Theaters in der Leopoldstadt passe. Für geeigneter hielt man dafür zum Beispiel das teilweise konkurrierende Theater an der Wien.

Auch hier, wie schon beim *Mädchen aus der Feenwelt*, lieferte Raimund eine umfangreiche Inhaltsangabe, die im *Sammler* vom 17. Jänner 1828 veröffentlicht wurde (siehe S. 644–653).

Gegen Gerüchte, er sei nicht der alleinige Verfasser seiner Stücke, versuchte sich Raimund auch öffentlich zu wehren. In seiner posthum von der *Theaterzeitung* (15. September 1836) veröffentlichten Selbstbiographie gibt er an, mit der *Gefesselten Fantasie* beweisen zu wollen, dass man »ein unschuldiges Gedicht ersinnen könne«, auch ohne Gelehrter zu sein (vgl. S. 642).

Ein Dichterwettkampf soll dazu führen, dass die Königin HERMIONE und ihr geliebter Schäfer AMPHIO, eigentlich Sohn des Königs von Athunt, vereint werden können. Um diese Liebesverbindung zu vereiteln, wird die FANTASIE von den Zauberschwestern VIPRIA und ARROGANTIA gefangengenommen, denn dadurch würde der Harfenist NACHTIGALL mit seinen niedrig-komischen Gesängen

als erfolgreicher Preisträger hervorgehen. Doch die FANTASIE wird durch JUPITER befreit und verhilft so AMPHIO zum Sieg.
Die Diskrepanz zwischen ›hoher‹ und ›niederer‹ Kunst zeigt sich an AMPHIOS Preisgedicht und NACHTIGALLS Liedern.
Komik wird in der *Gefesselten Fantasie* in episodische Szenen verwiesen. Die Notwendigkeit, einerseits die Lachlust des Publikums zufriedenzustellen, andererseits aber Raimunds Streben nach ›Höherem‹ darzustellen, zeigt sich in diesem Stück besonders deutlich.
»Die Phantasie wird zu einer nicht nur die Kunst, sondern das ganze Leben umfassenden Kraft, die auch die beiden Handlungsebenen zusammenhält.« (Hein/Meyer, siehe S. 717)
Fantasie müsse frei sein, wenn sie dichten soll, ist das Thema. Der Zwang der Theaterverhältnisse aber zeigt sich am Schlusswort der FANTASIE, an das Publikum gerichtet:
»Wenn sie auch kleines euch gebar,
So denkt daß sie gefesselt war.«
VIPRIA, eine der Zauberschwestern, macht indirekt klar, dass Wien die Entsprechung der Halbinsel Flora ist (siehe S. 720).

ÜBERLIEFERUNG

1. [*Die gefesselte Fantasie. Original-Zauberspiel in zwei Aufzügen.*]
   Eigenhändige Handschrift Raimunds. Tinte, ca. 41 x 26,5 cm, Blattzählung mit Bleistift und unterstrichen von 1 bis 48; Blatt 1 bis 4 enthalten die Inhaltsangabe des Stücks (siehe unten), Blatt 46 bis 48 die Inhaltsangabe zum *Mädchen aus der Feenwelt* (siehe Kapitel »Überlieferung« zum *Mädchen aus der Feenwelt*); Blatt 5 enthält das Personenverzeichnis, auf Blatt 6 beginnt der 1. Akt. Titelblatt ist nicht vorhanden. Auch alle Einlagezettel sind in der Blattzählung berücksichtigt. Eine zusätzliche nicht unterstrichene Blattzählung mit Bleistift beginnt beim Personenverzeichnis mit 1 und berücksichtigt die Einlagezettel nicht.
   WBR, Handschriftensammlung, Signatur: H.I.N. 11.228

   (HS)

Die Bibliotheksbindung wurde aufgelöst und die Handschrift restauriert. Dadurch gibt es leichte Schwankungen bei den Maßen der einzelnen Bogen bzw. Blätter und fallweise geringe Textverluste. Das vorgesetzte gedruckte Titelblatt liegt bei: »Die gefesselte Phantasie / Original-Zauberspiel in zwei Aufzügen. / (34 beschriebene Blätter.) / Im Anhange drei beschriebene Blätter mit den Bruchstücken des Programmes für dieses Stück. ‹handschriftliche Korrektur: »Mädchen in der Feenwelt«› / (Zum ersten Male aufgeführt im Theater in der Leopoldstadt am 8. Jänner 1828.)«
Das Manuskript beginnt mit 7 Einzelblättern, auf die Inhaltsangabe (Blatt 1 bis 4) folgt das Personenverzeichnis (Blatt 5, Rückseite vakat), dann der Beginn des Stücks auf den Blättern 6 und 7; Blatt 8 ist ein Einlageblatt (ca. 24,5 x 19,5 cm), darauf folgt das Einzelblatt 9. Blatt 10 bildet mit Blatt 44 einen gemeinsamen Bogen, in den der Großteil der weiteren Blätter bzw. Bogen eingelegt ist. Auf das Einzelblatt 11 folgen ineinandergelegte Bogen mit den Blättern 12/13, 14/39, 15/38, 16/37, 17/36, 18/35, 19/33, 20/32, 21/31, 23/30, 24/29, 25/26

und 27/28. Blatt 24 ist unten großteils abgeschnitten und dadurch nur ca. 16,5 cm hoch, Blatt 22 (ca. 25 x 21 cm) und Blatt 34 (ca. 14 x 22 cm) sind Beilageblätter. Blatt 40 ist ein normales Einzelblatt, Blatt 41 ein Beilageblatt (ca. 13 x 24,5 cm), Blatt 42 ein etwas kleineres Einzelblatt (ca. 37,5 x 25 cm), Blatt 43 ein Beilageblatt (ca. 17,5 x 24,5 cm), Blatt 44 ist mit Blatt 10 zu einem Bogen verbunden, dann folgt auf Blatt 45 der Schluss des Stückes, seine Rückseite ist vakat. Auf den Blättern 46 bis 48 schließt sich das Fragment der Inhaltsangabe zum *Mädchen aus der Feenwelt* an.

Das Manuskript ist sehr stark durchgebessert. Zu den Papiersorten, die vor allem in Farbtönen variieren, und Beschreibungen der Wasserzeichen siehe SW Bd. 1, S. 472–476.

2. *Inhalt des Zauberspieles Die gefesselte Phantasie.*
Eigenhändige Handschrift Raimunds. Tinte, 4 Einzelblätter, ca. 41 x 26,5 cm.
WBR, Handschriftensammlung, Signatur: H.I.N. 11.228

(Inhaltsangabe)

Der Abdruck der Inhaltsangabe erfolgte in der Zeitschrift *Der Sammler* (Nr. 8, Donnerstag, 17. Jänner 1828). Raimunds Originalhandschrift und die leicht redigierte Druckfassung des *Sammlers* sind im Kapitel »Inhaltsangabe« (S. 644–653) wiedergegeben.

3. *Die / gefesselte Fantasie. / Original-Zauberspiel / in / Zwey Aufzügen. / von / Ferdinand Raimund.* Handschrift unbekannter Hand. Tinte, 47 Blatt, ca. 21 x 15,5 cm.
WBR, Handschriftensammlung, Signatur: H.I.N. 226.039

(T1)

Grüner Einband mit aufgeklebtem Schild: »Die gefesselte Fantasie.« (möglicherweise eigenhändig von Raimund). Innen einheitlich gelbliches Papier, ausgenommen Einlagezettel. Titelseite unpaginiert, unterhalb des Titels: »Soufl Schack«; auf der Rückseite bibliothekarischer Eintrag: »Vom Sekretär Löwe

des Carltheaters im Oktober 1928 zum Geschenk erhalten.«
Danach unpaginiertes Blatt mit dem Personenverzeichnis.
Auf dem 3. Blatt beginnt der eigentliche Stücketext, paginiert
mit 1. Die weiteren Seiten sind fortlaufend durchpaginiert bis
89, die letzte Seite ist vakat und unpaginiert. Auf S. 57 ist ein
vermutlich von Raimund geschriebener Einlagezettel angeklebt (bläuliches Papier, 21 x 15,5 cm) mit dem Lied »Daß 's
Glück mit mir abscheulich ist« als Ersatztext zur gestrichenen
Arie 123/23–124/22; seitlich mit Bleistift von anderer Hand
geschrieben: »singt Findeisen«. Auf S. 78 eingeklebtes Blatt
(gleiches Papier wie erster Einlagezettel, 24,5 x 21 cm) mit
Text eines Melodrams als Ersatz für das Quodlibet 139/19–
140/16, vermutlich ebenfalls eigenhändig von Raimund. Der
aus dem übrigen Manuskript um ca. 2 cm herausragende Teil
des Einlageblatts ist großteils abgerissen, dadurch teilweise
Textverluste. Auf S. 88 kleiner eingeklebter Zettel (bläuliches
Papier, 5 x 17,2 cm) mit Ersatztext zu 148/1–7, eher nicht von
Raimunds Hand. Die Handschrift weist insgesamt zahlreiche
Korrekturen und Streichungen auf, für die Tinte, Rotstift
und Bleistift verwendet wurden, dazu kommen Zeichen und
Anweisungen theatertechnischer Natur. Die mit Tinte eingetragenen Korrekturen dürften teilweise von Raimund selbst
stammen.

4. *Die / gefesselte Fantasie / Original Zauberspiel / in / Zwey
Aufzügen / von / Ferdinand Raimund.* Handschrift unbe-
kannter Hand. Tinte, 42 Blatt, ca. 25,5 x 20 cm.
WBR, Handschriftensammlung, Signatur: H.I.N. 142.425
(Ib 149.375)

(T2)

Ursprünglicher Einband fehlt, einheitlich gelbliches Papier.
Blattzählung von 1 bis 42 mit färbigem Stift (gleicher Stift wie
für die Signatur auf der Titelseite). Zusätzlich Paginierung des
Schreibers mit Tinte, beginnend auf Blatt 3 mit 1, endend daher auf Blatt 42 mit 80. Blatt 1 ist das Titelblatt, Blatt 2 enthält
das Personenverzeichnis. Auf dem Titelblatt »Zur Vorstellung

für das K. K. {pr.} Theater / in der Leopoldstadt den ‹Textverlust durch Kleber› {zem} 827 / Sartory«. Auf der letzten Seite Zensurfreigaben mit Siegel: »Die Aufführung wird gestattet / Von der kk PolizeyHofstelle / Wien den 27. December 827 / Zettler« und »Die Aufführung wird gestattet. / Von der K. K. Polizeydirection / Lemberg d 1. April 832 / Hofmann«. Fast frei von Korrekturen; lediglich in 96/10 und 138/22 f. nachträgliche Korrekturen (siehe dazu die entsprechenden Einträge im Kapitel »Lesarten«). Das Quodlibet 115/1–10 fehlt, ein Einfügezeichen an dieser Stelle (S. 38) verweist auf den Nachtrag H.I.N. 3524 (siehe unten Nr. 10).

5. *Die gefesselte Fantasie / Original-Zauberspiel in zwey / Aufzügen / von / Ferdinand Raimund.* Handschrift unbekannter Hand, 62 Blatt, Tinte; ein auf S. 25 eingeklebter Zettel (ca. 4 x 18 cm) vermutlich eigenhändig von Raimund.
ÖNB, Handschriftensammlung, Signatur: s.n. 3375

(T3)

Steifer, späterer Einband, darunter älterer blau-grau marmorierter Umschlag mit der Aufschrift »Raimund«. Gelbliches Papier, ca. 25 x 19,5 cm, vermutlich nachträglich an den Rändern beschnitten. Blatt 78a/b mit aufgeklebtem Zettel 78c nachträglich eingefügt, dünneres Papier.
124 Seiten (zuzüglich Blatt 78a/b), großteils mit Tinte paginiert, vereinzelt mit Bleistift, letzte Seite ohne Pagina. Auf der Hinterseite des vorderen Umschlagblatts ist der Theaterzettel der Aufführung im Theater an der Wien vom 28. Oktober 1830 eingeklebt.
Auf Seite 1 am oberen Rand: »{praes.} am 22. Oktob. 830. / Letocha / Theat{‹Rest des Wortes unlesbar›}«; am unteren Rand: »eingereicht für das kk pr. Theater a. d. Wien, / mit dem censurirten Buch d. Leopold Stadt / ganz gleich lautend. / 22^t Octob 830 / Carl«
Auf Seite 123: »Am 18ten Junius 830 / Die gleichlautende Abschrift / mit dem censurirten / Buche, des kk pr Theaters der / Leopoldstadt. / Raimund Director«; auf Seite 124 mit

Zensursiegel: »Die Aufführung dieses Stückes / im Theater an der Wien wird gestattet. / Von der kk PolizeyHofStelle / ad mandat. Excel{eni} / Wien am 25. Oktob. 1830 / Mährenthal«.
Die Handschrift weist nur wenige Korrekturen auf, die alle im Kapitel »Lesarten« verzeichnet sind; kurze technische Eintragungen und Symbole deuten auf theaterpraktische Verwendung, ohne dass stärkere Gebrauchsspuren erkennbar sind.
Die größte nachträgliche Veränderung betrifft die Einfügung des Lieds »Daß 's Glück mit mir abscheulich ist« anstelle von NACHTIGALLS Arie »Der Zufall der sendet viel Vögelchen um« (123/23–124/22) auf dem Zusatzblatt 78a/b, das eine eigene Zensurgenehmigung trägt: »Admittitur. k.k. PHSt. Wien den / 25 Oktob 830. Vogel / {ges.} Letocha«. Darauf klebt wiederum der kleinere Zettel 83c mit einem Repetitionstext (siehe Kapitel »Lesarten« zu 123/21–124/23). Auf Seite 78a in der rechten oberen Ecke von Raimunds Hand: »Einlage zu gefessel ‹Textverlust› / Fantasie. Actus ‹Textverlust› / Scena. 3«. Seite 78 ist großteils überklebt, um das Ende von NACHTIGALLS Monolog an die eingefügte Arie anzupassen.
Auf Seite 59 ist ein nachträglicher Verweis auf das Lied »Ich bin ein armer Tischler{‹Rest des Wortes unlesbar›}« eingefügt, aber ohne weiteren Text.
Auf Seite 25 klebt ein Einfügezettel mit Ersatztext vermutlich von Raimunds Hand: »Wann hast du je uns in dein Königshaus geladen, und Feste uns gegeben, die dich allein nur unsers Schutzes würdig machen können.« (siehe Kapitel »Lesarten« zu 96/1 f.).

6. *Die / gefesselte Fantasie. / Original-Zauberspiel in zwei Aufzügen von / Ferdinand Raimund.*
Handschrift unbekannter Hand, durchgehend Tinte, 61 Blatt, davon 58 beschrieben; Umschlag ca. 22,5 x 20 cm, innen ca. 22 x 19 cm, gelbliches Papier. Blau-schwarz marmorierter Umschlag mit weißem Schildchen: »Die / gefesselte Fantasie«, darunter klein: »Inspi Buch«.
Theatertechnische Einträge mit Bleistift und Tinte. Auf dem 1. Blatt (nicht paginiert) steht die Titelei, auf dem 2. Blatt das

Personenverzeichnis; die Pagina beginnt auf dem 2. Blatt mit 1, auf dessen ursprünglich leerer Rückseite sind die Namen von Komparsen eingetragen. Auf S. 3 beginnt der Text und endet auf S. 113. Danach: »Kann aufgeführt werden / {Kohn} / d. 12 5 32«. Die Handschrift weist einige Dutzend Korrekturen auf, die von Ferdinand Raimund selbst stammen dürften und großteils genau mit Korrekturen in T1 übereinstimmen (siehe Kapitel »Lesarten«, S. 815–818). Das Quodlibet der FANTASIE (139/19–140/18) ist in T4 (S. 98 f.) vollständig gestrichen, im Unterschied zu T1 enthält T4 hier keinen Einfügezettel.

WBR, Handschriftensammlung, Signatur: H.I.N. 18.853 (Ia 38.605)

(T4)

7. *Die / gefesselte Fantasie / Original Zauberspiel in zwey Aufzügen / von / Ferd. Raimund.*
   Handschrift unbekannter Hand, Tinte, 58 Blatt, ca. 22 x 18,5 cm. Grün marmorierter Umschlag mit Schildchen: »Die gefesselte Fantasie / v. Raimund.«
   So gut wie keine Korrekturen oder Benützungsspuren. Auf der nicht paginierten Titelseite: »Kaisl. königl. priv. Theater in der Leopoldstadt. / Die / gefesselte Fantasie / Original Zauberspiel in zwey Aufzügen / von / Ferd. Raimund / Aufgeführt im K. K. priv. Theater in der Leopoldstadt, und im K. K. priv. Theater an der Wien. / praesent. 26 September 1836.« Der untere Teil der Titelseite ist durch einen großen Tintenfleck verschmiert. Auf der ebenfalls nicht paginierten Rückseite der Titelei folgt das Personenverzeichnis. Ab Blatt 2 (Beginn des Textes) durchgehend von 1 bis 113 paginiert. Auf der letzten Seite (S. 113) Zensurbewilligung vom 7. Oktober 1836 mit Siegel und Unterschrift.

WBR, Handschriftensammlung, Signatur: H.I.N. 18.854 (Ia 38.606)

(T5)

8. *Die / gefesselte Fantasie / Original Zauberspiel in 2 Aufzügen / von / Ferdinand Raimund / Soufleur und Censour.*

Handschrift unbekannter Hand, durchgehend Tinte, 66 Blatt, ca. 21,5 x 17,5 cm, bis S. 102 gelbliches Papier, danach bläuliches Papier; vollständig mit Tinte durchpaginiert (S. 1–132), grün marmorierter Umschlag.
Auf S. 1: »Die gefesselte Fantasie. / Original-Zauberspiel in 2 Akten, von / Ferd. Raimund.« Darunter: »eingereicht zur Wieder-Aufführung im / k. k. p. Theat. a. d. Wien. / Wien 1t July 837 Carl«.
Unter den im Personenverzeichnis eingetragenen Schauspielernamen ist auch Johann Nestroy als NACHTIGALL, auf S. 60 ist Nestroy nochmals erwähnt. Die Handschrift enthält zahlreiche theatertechnische Eintragungen mit Tinte und Bleistift sowie kleinere Textkorrekturen und Kürzungen. Auf der letzten Seite Zensurgenehmigung vom 25. Juli 1837 mit Siegel.
WBR, Handschriftensammlung, Signatur: H.I.N. 18.852 (Ia 38.604)

(T6)

9. *Die gefesselte Fantasie. / Zauberspiel in 2 Akten von / F. Raimund.*
Handschrift unbekannter Hand, Tinte, 68 Blatt, Umschlag ca. 24 x 20,5 cm, innen ca. 23,8 x 19,5 cm, gelbliches Papier. Hellblauer Einband mit Schildchen: »Die gefesselte Fantasie. / Zauberspiel in 2 Akten von / F. Raimund.« Darunter mit blauem Farbstift: »Altes Soufflierbuch. Ganz unbrauchbar.« Blattzählung mit Rotstift 1–68; die Pagina beginnt auf dem 2. Blatt mit 1 und endet auf dem letzten Blatt entsprechend mit 134. Auf der Titelseite: »Die gefesselte / Phantasie / Zauberspiel in 2. Aufzügen / von / F. Raimund«; ganz oben: »Aufgeführt im k. k. p. Theater in der Leopoldstadt.« Unter der Titelei: »Praesentirt den 12te Januar 1839.« In der rechten unteren Ecke: »Kress« und Stempel »K. k. p. Theater i. d. Josephstadt«. Die Abschrift enthält zahlreiche sinnstörende Fehler, die teilweise mit Bleistift ausgebessert wurden; auf 2 eingeklebten Zetteln Text, der offenbar vom Abschreiber irrtümlich ausgelassen wurde. Einige theatertechnische Eintragungen mit Bleistift sowie Kürzungsstriche.

WBR, Handschriftensammlung, Signatur: H.I.N. 142.426
(Ib 149.376)

(T7)

Es existieren noch andere Theatermanuskripte, die für die Textgrundlage heranzuziehen nicht nötig war, so zum Beispiel ein Regie- und ein Soufflierbuch zu Aufführungen in München 1831–1835: Bibliothek des Residenztheaters München, Signatur: R 6 6/4 und 6/5. Der von Johann Nepomuk Vogl 1837 bei der Zensur eingereichte »Nachtrag zu Raimunds Werken« (siehe Kapitel »Überlieferung« zu *Das Mädchen aus der Feenwelt*, S. 170) enthält auf S. 62–66 das »Tischlerlied« (siehe Kapitel »Varianten«, S. 726–729).

Liedtexte

10. *He Brüder, wollts recht lustig seyn.*
    Handschrift mit eigenhändigem Namenszug Raimunds, 2 Blatt (1 Bogen), ca. 23 x 19 cm, 3 Seiten beschrieben. Oben links Einfügezeichen und Hinweis »Pag. 38«, oben mittig Überschrift: »Einlage zur gefesselten / Fantasie Actus 1 Scena 15«. Diese Einlage mit dem sogenannten »Paganinilied« war für die Theaterhandschrift T2 bestimmt und ersetzte das ursprünglich in HS geplante Quodlibet in I, 20 (115/1–10) bzw. das vermutlich bei der Uraufführung gesungene »Heurigenlied«. Vgl. dazu Kapitel »Varianten« und »Lesarten«.
    WBR, Handschriftensammlung, Signatur: H.I.N. 3524

11. *Ich bin ein fremder Dichtersmann.*
    Eigenhändige Handschrift Raimunds, 2 Blatt (1 Bogen), gelbliches Papier, ca. 25,5 x 20 cm, nur 1 Seite beschrieben. Variante zu NACHTIGALLS Serviteur-Arie (II, 9), siehe Kapitel »Varianten«, S. 730 f.
    WBR, Handschriftensammlung, Signatur: H.I.N. 1377

Musik

12. *Die / gefesselte Fantasie.*
    Partitur, Handschrift unbekannter Hand (Reinschrift), Tinte, 76 Blatt, 24 x 31 cm, 14-zeiliges Notenpapier, Blattzählung von 1 bis 76 mit Bleistift oben rechts. Marmorierter blauer Einband mit aufgeklebtem weißem Schildchen: »Die / gefesselte Fantasie«. Innen ohne Titelblatt, beginnt auf Seite 1 sofort mit der Introduktion. Die rein instrumentalen Stücke fehlen in dieser Partitur und sind auch sonst nicht überliefert. Benützungsspuren mit Bleistift und Rotstift.
    ÖNB, Musiksammlung, Signatur: Suppl. Mus. 25.254
    (P)

13. *Der Heurige ist ja ein Göttergetränk.*
    2 Blatt (1 Bogen), ca. 28 x 21,5 cm, Notenpapier, Tinte, 3 beschriebene Seiten mit der Überschrift »Nr 10½ Nachtigall«. Handschrift unbekannter Hand mit Singstimme und Melodie, auf der Vorderseite 1. und 2. Strophe, auf der Rückseite 3. und 4. Strophe. Vgl. Kapitel »Varianten«, S. 723 f.
    WBR, Musiksammlung, Signatur: MHc 21.054

14. *Der Zufall der sendet viel Vögelchen um.*
    8 Blatt, 21 x 29,7 cm, Xerokopien einer zeitgenössischen Partiturabschrift. Text und Melodieführung sind gleich wie in P.
    WBR, Musiksammlung, Signatur: MHc 12.007

15. *Die gefesselte Fantasie.* In: *Neueste Sammlung komischer Theater-Gesänge*, Nr. 151–156 und 209–210, Wien: Diabelli und Comp., o. J.
    Nr. 151 *Ich bin ein Wesen leichter Art*, Nr. 152 *Nichts Schöners auf der ganzen Welt, als wie ein Harfenist*, Nr. 153 *Der Zufall, der sendet viel Vögelchen um*, Nr. 154 *Serviteur! Serviteur!* Nr. 155 *Ha, was ist das, die Stunde schlägt*, Nr. 156 *Liebe Leutchen, kommt zu mir*, Nr. 209 *Ich bin ein armer Tischlerg'sell*, Nr. 210 *Dass's Glück mit mir abscheulich ist*.

16. Eigenhändige Melodieentwürfe Ferdinand Raimunds in der Musiksammlung der WBR:

MHc 21.055, 1 Blatt, ca. 24,5 x 31 cm, Tinte, nur eine Seite beschrieben: »Arie. Nachtigall als Minstrell« (»Serviteur Serviteur«, II, 9).

MHc 21.056, 1 Blatt, ca. 25 x 31 cm, Tinte, beidseitig beschrieben, Vorderseite: »Zufallsarie« (II, 2) und »Liebe Leutchen« (II, 21); Rückseite mehrere Notenzeilen mit Hinweisen auf Instrumente (»Tuba«, »Flöte«), sonst ohne Text.

MHc 21.057, 1 Blatt, ca. 21,5 x 32 cm, Tinte, beidseitig beschrieben, nur Melodieentwürfe ohne Text, auf einer Seite 4 Zeilen, auf der anderen 3 Zeilen.

Für die Texterstellung dieser Ausgabe waren die musikalischen Entwürfe nicht relevant; aus musikwissenschaftlicher Sicht siehe: Thomas Aigner, ›Musikhandschriften Ferdinand Raimunds‹, in: *Jahrbuch der Österreich-Bibliothek in St. Petersburg*, Bd. 8 (2007/2008), S. 58–72, sowie das Kapitel »Musik« in diesem Band, S. 897 f.

Zu Details der Handschriftenbeschreibung, vor allem der Wasserzeichen, vgl. generell SW Bd. 1, S. 472–510 und zur Musik SW Bd. 6, S. 157–193 und 286–288.

TEXTGRUNDLAGE

Grundlage des edierten Textes ist die Originalhandschrift Ferdinand Raimunds (HS; vgl. Kapitel »Überlieferung«, S. 625 f.), die in einer möglichst diplomatischen Wiedergabe geboten wird, wobei sich die editorischen Eingriffe auf ein Minimum beschränken (vgl. Kapitel »Zur Wiedergabe der Texte«, Bd. 1 dieser Ausgabe, S. 151–154).

Seitenwechsel in HS

Blatt 1r: Personen ‹... bis› Spengler. (84/1–84/15)
Blatt 1v: ‹vakat›
Blatt 2r: Erster Aufzug. ‹... bis› Geist in dieser Nacht gebaar (85/1–24 f.)
Blatt 2v: Mehrere Auch wir haben welche fertig, oZ ⌈Hier sind noch mehr.⌉ ‹... bis› der Orcus ausgespien. (85/26–86/16)
Blatt 3r: Disti. Ja wohl den Ihre oZ ⌈Den ihre⌉ Zaubermacht ‹... bis› Kapital beisammen haben (86/16–28)
Blatt 3v: Narr Nu das will ich hoffen. oZ ⌈Auf alle Weis.⌉ ‹... bis› (× Die dich gebar du bewohnest ×) (86/29–87/3)
Einlageblatt 8r: Narr Aha, der fürchtet sich ‹... bis› Ich will dir ein Mittel ‹darunter 2 Zeilen Einfügetext wieder gestrichen› (87/4–25)
Einlageblatt 8v: sagen {zur} für Unsterblichkeit. oZ ⌈das dich unsterblich macht.⌉ ‹... bis› Odi So hört den – (87/25–88/3)
Blatt 4r: (× Hermione / Zur ungewöhnlichen Stunde begehrt ×) ‹... bis› Charakter muß man haben. ‹vollständig gestrichen, daher nicht im Haupttext, vgl. Lesarten zu 88/3›
Blatt 4v: (× bey allen Göttern laß ich mich beschwören ×) ‹... bis› mehr als zwanzig mahl geküßt. (88/3–10 f.)
Blatt 5r: Distich oZ ⌈Distih (seufzend.)⌉ ‹... bis› wirft doch alle Jahr seine Intressen ab (88/12–89/2)
Blatt 5v: Odi oZ ⌈Nun stellt euch vor⌉ Von Dankbarkeit ‹... bis› uZ ⌈Sprecht⌉⌈aus⌉ was ihr begehrt (89/3–26)
Blatt 6r: Aff. Auf dein Geheiß ‹... bis› Tanz, und das uZ ⌈der⌉ rauhe (89/27–90/26)

Blatt 6v: liR ⌈Klang⌉ der Waffen ist uns ‹... bis› von Athunt.
(90/26–91/13)

Blatt 7r: Hermione. Als vor ‹... bis› Heil Hermione. (91/14–92/3)

Blatt 7v: liR Hermione. Bis dahin ‹... bis› Nein er läuft. (92/4–32)

Blatt 8r: {noch} ~~schneller als vorher.~~ Hier ist er schon. / ~~Her~~ ‹... bis›
oZ ⌈braucht man⌉ zum Tanzen. / ~~Odi Die Zauberschwestern.~~
(92/32–93/16 f.)

Blatt 8v: Vipr. oZ ⌈(persiflierend)⌉ Wo ~~ist~~ weilt ‹... bis› (küssen ihr
heuchlerisch die Hände) (94/5–10 f.)

Blatt 9r: Vorige Arogantia Vipria. ‹... bis› ~~ist der Antwort Tod~~ uZ
⌈ist der Antwort Tod.⌉ (93/19–94/4)

Hermion. ~~Auf euer Haupt zur~~ ‹... bis› uZ ⌈~~Bl.~~ Laß deinen⌉ oZ
⌈Zevs zu Haus.⌉ (94/12–25)

Blatt 9v: Hermione ~~Auf euer Haupt. zurück den Spott.~~ (F. s.) ‹...
bis› Mont Planc. (94/26–95/15)

Blatt 10r: Vip In Wien ‹... bis› du freches Weib! (95/16–96/11 f.)

Blatt 10v: Hermione ~~Ha~~ oZ ⌈~~Beym Ju~~ Halt ein⌉ ‹... bis› oZ ⌈Ihr
niedern⌉ Zauberdirnen! (96/13–97/9 f.)

Blatt 11r: ~~en entweihet nicht den~~ oZ ⌈entweicht oZ ⌊auch ihr⌋⌉ ‹...
bis› Arogantia. ~~gutes Kind.~~ (geht gestützt auf Arogantia ab)
(97/10–98/7 f.)

Blatt 11v: Hermione allein. ‹... bis› dieser Flur. (98/10–99/11)

Blatt 12r: Alle (sehen hin) ‹... bis› jezt gilts! (99/12–100/3)

Blatt 12v: Distichon (Mit Etase) ‹... bis› ihr auf die Welt (100/4–
101/1)

Blatt 13r: gekommen ‹... bis› (× will ihnen oZ ⌈durch euch⌉ einen
Neujahrswunsch ~~br~~ fluchen ×) (101/1–34)

Blatt 13v: tiefbeleidigten Jahres ‹... bis› ~~fallen auch~~ uZ ⌈fallen⌉ uZ
⌈brechen⌉ ihre Zähne aus. / ~~Novem fällt –~~ (101/34–102/28)

Blatt 14r: November fällt ‹... bis› und nur dein (102/29–103/29)

Blatt 14v: liR ⌈Rath⌉ darf oZ ⌈~~muß~~ soll⌉ ‹... bis› nein, ich (103/29–
104/28)

Blatt 15r: entdecke mich ‹... bis› ~~Da gehn sie hin die blinden Hechten, und keiner hat ihr~~ (104/28–105/31)

Blatt 15v: ~~bemerkt. Nun? etwa ich? Leporello.!~~ ‹... bis› liR: ⌈Vip
Da hätt er sich in uns verlieben sollen nicht in sie. / Ar Der
Meynung bin ich auch.⌉ (106/1–12 f.)

Blatt 16r: ~~Vipr Ah. das wär was anders.~~ ‹... bis› an ihrer vorigen Stelle) ‹darunter 4 Zeilen Einfügetext› (106/14–107/9 f.)

Blatt 16v: (Das Ritornell ‹... bis› wenig aufziehen. (107/12–108/17)

Einlageblatt »ad bl 17.22« ‹Rückseite vakat›: Ich armes ‹... bis› niemals leuchten. (108/24–25 f.)

Was kümmern ‹... bis› zur ew'gen Wonne wird. (109/5–18)

Blatt 17r: Amphio. Die Phantasie ‹... bis› das kindische Gedicht. (108/19–24, 108/27–109/5 und 109/19–110/14)

Blatt 17v: Amphio. Und wird ‹... bis› Arog. ~~Fort mit dir!~~ uZ ⌈Folge mir!⌉ (110/15–111/23)

Einfügezettel »ad bl. 18.24«, Vorderseite: Nachtigal Allemahl ‹... bis› (× ich ein Ganzer. ×) (114/34–115/10)

Rückseite: Vipria allein. ‹... bis› (fliegt ab) (111/25–112/7)

Blatt 18r: Verwandlung. ‹... bis› (× so schlaft er {an der Luft} ×) (112/8–113/26)

Blatt 18v: Wirth Aber warum den ‹... bis› (× Dudeli. de. ×) (114/1–33)

Blatt 19r: Fremd. (lacht laut) ‹... bis› sind ein Sänger (115/11–116/14 f.)

Blatt 19v: der Vorzeit ‹... bis› finster bleibt. (116/15–117/21)

Blatt 20r: Actus 2. ‹... bis› aus ~~mich~~ mir machen. (118/1–30)

Blatt 20v: Vipria. Ein Bettler ‹... bis› als du es wähnst (118/31–119/27)

Blatt 21r: Hier athmen Tausende ‹... bis› und er ist so impertinent geworden (119/28–120/23 f.)

Blatt 21v: ~~Grobheiten angethan hat, und die schönsten~~ oZ ⌈alle armen⌉Leut oZ ⌈daß er die schönsten Leut⌉‹... bis› zu den Menschen,? (120/24–121/22 f.)

Blatt 22r: Nacht. Da haben wirs ‹... bis› (× Freyheit ~~machen~~, setzen, unterdessen ×) (121/24–122/16)

Blatt 22v: (× soll sich dieser im Pallaste Hermionens presentiren. ×) ‹... bis› (Beyde ab in ihren Pallast) (122/17–123/3)

Blatt 23r: Nachtigall allein. ‹... bis› jezt ~~pack dich~~ oZ ⌈~~flattre~~⌉ uZ ⌈pack dich⌉ hinaus. (123/5–124/13)

Blatt 23v: 3 / Die Treue darf ‹... bis› ~~O Weisheits Millionär~~ (124/14–125/20)

Blatt 24r: Alle ‹Streichung mit Bleistift:› ~~O weh. o weh, o weh.~~ uZ

⌈Hermione ist für uns verloren⌉ ‹... bis› Füssen sterben. ‹darunter 2 Zeilen Einfügetext› (125/21–127/1)

Blatt 24v: <u>Herm</u> Stirb im Gedicht ‹... bis› es zu ~~denken~~ uZ ⌈ersinnen⌉ seyd. (127/2–26)

Blatt 25r: <u>Dist</u> So leb den wohl ‹... bis› alle Neun. (127/27–129/8)

Blatt 25v: <u>Nacht</u> Hab ich die Ehre ‹... bis› (× aufs Gedankenstehlen aus gehn. ×) (129/9–130/4)

Blatt 26r: (× <u>Nacht</u>. Manchmahl, aber ~~gar~~ sehr ×) ‹... bis› mir ihre Hand (130/5–16) ‹darunter 2 Zeilen Einfügetext zu 131/1 f.›

Blatt 26v: versprochen, und den heutigen ~~Tag~~, ‹... bis› deines. uZ ‹mit Bleistift:› ⌈zu seyn⌉ Und seine ~~V~~ (130/16–131/10)

Einfügezettel »ad bl. 27.34« ‹Rückseite vakat›: O undankbare Welt ‹... bis› mach ein Narr'n ‹ein gestrichenes Wort unleserlich› wer will. (siehe Lesarten zu 131/12–18)

Blatt 27r: Laune könnte ‹... bis› Grund mich reißt. (131/10–132/21 f.)

Blatt 27v: <u>Herm</u>. Bist du ‹... bis› Erfüllung heißt. (132/23–133/22)

Blatt 28r: <u>Her</u> ~~Ich eile mich zu schmüken jetzt,~~ oZ ⌈Ich will noch vor dem Fest,⌉ ‹... bis› sind ihr abgeschnitten (133/23–135/3)

Blatt 28v: <u>Arog</u>. ~~Siehst du den Adler hier, sie hat zum Geyer fliegen,~~ oZ ⌈Hier bring⌉ ‹... bis› an ihre Stelle hin. (135/4–136/11 f.)

Blatt 29r: In der Gestalt ‹... bis› ~~Das nannt sich~~ oZ ⌈Man hieß es⌉ uZ ⌈Das nannt sich⌉ Phantasie. (136/12–137/20)

Blatt 29v: <u>Nacht</u>. Was ist den das ‹... bis› boshaft in den Tisch trommelnd (137/21–138/20 f.)

Blatt 30r: <u>Hermion</u>. Sie hört ‹... bis› ist verloren. (138/21–139/23)

Blatt 30v: Wenn Apoll du ‹... bis› <u>Priester des Apol</u> (139/24–140/27)

Blatt 31r: <u>Chor der eben endet</u> ‹... bis› Feyer auf ‹darunter 3 Zeilen Einfügetext wieder gestrichen› (140/27–141/8 und 141/15–19)

Blatt 31v: ~~Vi~~ <u>Arog</u>. Halt ein ‹... bis› den frechen Buben. (141/20–143/29)

Blatt 32r: liR ⌈~~Es zieht~~⌉ Die Nacht ~~zieht~~ ‹... bis› ~~um euch ihr Zauberband~~ (144/30–145/27)

Blatt 32v: <u>Hermione</u>. Bin ich ~~ein Spott~~ zum Spotte ‹... bis› wir preisen dich. (143/30–144/27)

Einfügezettel »ad 33.41«, Vorderseite: Es wird Nacht, ~~zwisch~~ zwischen ‹... bis› Aussicht auf das Meer.

Rückseite: ~~So~~ Manch~~es~~ oZ ⌈trübes⌉ Herz ‹... bis› die Flamme
lodert. (siehe Lesarten zu 144/27)
Einfügeblatt »ad bl. 33.42« ‹Rückseite vakat›: (× So spricht die
Fantasie ×) ‹... bis› will sie sich verbinden{?} (145/28–146/11)
kleineres Einfügeblatt »43« ‹Rückseite vakat›: ⌈~~Weil stolz~~⌉ oZ ⌈So
~~Und~~ wie⌉ der Fels im Meer ‹... bis› des Königs von Athunt.
(146/12–20)
Blatt 33r: <u>Alles</u> <u>freudig</u>) Heil ‹... bis› haben sies überstanden.
‹darunter 3 Zeilen Einfügetext wieder gestrichen› (146/21–
147/24)
Blatt 33v: <u>Apoll</u> / Ich war es selbst ‹... bis› dem König von Athunt.
(147/25–148/18 f.)
Blatt 34r: <u>Fantasie</u> tritt vor. ‹... bis› Ende am 24ten »24« korrigiert
aus »23‹›« September 1826. (148/20–149/6)
<u>Hermione</u> Sind das die Weisen ‹... bis› nur der Phönix Phanta-
sie. (Einfügung 141/9–14)

Szenenkonkordanz

1. Akt

		HS	T1	T2	T3	VO	GS	SW	HA
85/2	[Scena 1]	Erster Auftritt.	1	1	1	1	1	1	1
85/18	[Scena 2]	‹fehlt›	2	2	2	2	2	2	2
86/22	[Scena 3]	‹fehlt›	3	3	3	3	3	3	3
89/16	[Scena 4]	‹fehlt›	4	4	4	4	4	4	4
93/1	[Scena 5]	‹fehlt›	5	5	5	5	5	5	5
93/18	[Scena 6]	‹fehlt›	6	6	6	6	6	6	6
97/1	[Scena 7]	‹fehlt›					7		
98/9	[Scena 8]	‹fehlt›					8		
99/1	[Scena 9]	‹fehlt›	7	7	7	7	9	7	7
100/3							10		
101/14							11		
103/15	[Scena 10]	‹fehlt›		8	8	12	8		
104/5	[Scena 11]	‹fehlt›	8	8	9	9	13	9	8
105/14	[Scena 12]	‹fehlt›	9	9	10	10	14	10	9
106/1	Scena [13]	Scena.	10	10	11	11	15	11	10
107/11	[Scena 14]	‹fehlt›	11**	11**	12**	12**	16**		11**

	HS	T1	T2	T3	VO	GS	SW	HA
108/18 [Scena 15]	‹fehlt›	12	12	13	13	17	12	12
110/21 [Scena 16]	‹fehlt›							
111/1 [Scena 17]	‹fehlt›	13	13	14	14	18	13	13
111/24 [Scena 18]	‹fehlt›							
112/9 [Scena 19]	‹fehlt›	14	14	15	15	19	14	14
113/5 [Scena 20]	‹fehlt›	15	15	16	16	20	15	15
117/11		16	16	17	17	21		16

2. Akt

	HS	T1	T2	T3	VO	GS	SW	HA
118/2 [Scena 1]	‹fehlt›	1	1	1	1	1	1	1
121/17 [Scena 2]	‹fehlt›	2	2	2	2	2	2	2
123/4 [Scena 3]	‹fehlt›					3		
125/1 [Scena 4]	‹fehlt›	3*	3*	3*	3*	4*	3*	3*
125/16 [Scena 5]	‹fehlt›	4	4	4	4	5	4	4
126/1 [Scena 6]	‹fehlt›	5	5	5	5	6		5
126/24 [Scena 7]	‹fehlt›	6	6	6	6	7	5	6
128/5 [Scena 8]	‹fehlt›	7	7	7	7	8	6	7
128/15 [Scena 9]	‹fehlt›	8	8	8	8	9	7	8
131/3 [Scena 10]	‹fehlt›					10		
131/19 [Scena 11]	‹fehlt›							
132/1 [Scena 12]	‹fehlt›	9	9	9	9	11	8	9
134/1 [Scena 13]	‹fehlt›							
134/10 [Scena 14]	‹fehlt›	10*	10*	10*	10*	12*	9*	10*
134/16 [Scena 15]	‹fehlt›	11	11	11	11	13	10	11
135/1 [Scena 16]	‹fehlt›	12	12	12	12	14		12
135/14						15		13
136/4 [Scena 17]	‹fehlt›	13	13	13	13	16	11	
136/24 [Scena 18]	‹fehlt›					17		
139/16 [Scena 19	‹fehlt›					18		
140/20 [Scena 20]	‹fehlt›	14*	14*	14	14	19**	12**	14*
141/24 [Scena 21]	‹fehlt›	15	15	15	15	20		15
144/19 [Scena 22]	‹fehlt›	16	16	16	16	21		16
147/12 [Scena 23]	‹fehlt›	17	17	17	17	22		17

* Szenenbeginn bereits vor der Verwandlung (124/24, 134/7 und 140/19)
** Szenenbeginn zwei Zeilen später (107/13 und 117/13) bzw. 7 Zeilen später (140/27)

ENTSTEHUNG UND VORLAGE

Ähnlich wie beim *Mädchen aus der Feenwelt* lassen sich literarische Einflüsse konkret nicht nachweisen, auf eine mögliche Anregung sei aber hingewiesen. Im Brief Nr. 145 von 1825 (ohne Datum) an Toni Wagner erwähnt Raimund: »[...] ich übersende dir hier einen Almanach lese das Gedicht d i e b e z a u b e r t e R o s e es ist so schön geschrieben das ich es dir senden muß« (SW Bd. 4, S. 205). Der Verfasser ist Ernst Conrad Friedrich Schulze (1789–1817), Sieger eines Preisausschreibens des Verlags Brockhaus für die *Urania*, wo dieses »romantische Gedicht in drei Gesängen« 1818 erschienen ist. Auch in SW Bd. 4, S. 533 wird eine Anregung für die *Gefesselte Fantasie* vermutet. In Wiener Künstlerkreisen dürften Schulzes Gedichte, die auch vertont wurden, durchaus bekannt gewesen sein. *Die bezauberte Rose* wurde nach 1818 mehrfach aufgelegt, so auch in Wien bei Schade 1825 in der Reihe »Classische Cabinets-Bibliothek oder Sammlung auserlesener Werke der deutschen und Fremd-Literatur«, S. 93–160.

Die gefesselte Fantasie wurde laut Konzept (siehe Kapitel »Lesarten«, S. 814) »am 24ten September 1826« beendet. Aber erst am 8. Jänner 1828 kam das Stück zum ersten Mal auf die Bühne des Theaters in der Leopoldstadt, während bereits am 25. September 1827 die Uraufführung von *Moisasurs Zauberfluch* im Theater an der Wien stattgefunden hatte. Am 15. September 1827 schrieb die *Theaterzeitung* (Nr. 111, S. 455): »Personen, welche beyde neueste Arbeiten gelesen haben, versichern, daß sie das ›Mädchen aus der Feenwelt‹ weit übertreffen.«

Gegen Gerüchte, er sei nicht der alleinige Verfasser, versuchte sich Raimund auch öffentlich zu wehren. So berichtete die *Wiener Zeitschrift für Kunst, Literatur, Theater und Mode* vom 26. Jänner 1828:

> Besonders wirksam zeigte sich eine (nur am ersten Abend gegebene) Stelle, wo Hr. R a i m u n d eine sehr schickliche Gelegenheit fand, sich über das Gerücht auszusprechen, als ob er zu seinen Werken nur den N a m e n hergäbe, und dieselben nicht von ihm seyen.

In derselben Nummer der *Wiener Zeitschrift für Kunst, Literatur, Theater und Mode* wird die Meinung vertreten, das *Mädchen aus der Feenwelt* sei für das Publikum des Theaters in der Leopoldstadt der Höhepunkt gewesen, »bis zu welchem die Veredlung eines Volks-Spectakels sich erheben darf«. *Die gefesselte Fantasie* passe weder für die Darsteller noch für das Publikum des Theaters in der Leopoldstadt. Besonders Krones und Korntheuer wurden als Fehlbesetzungen gesehen. Ähnlich schrieb Raimund selbst über ein Jahr später in einem Brief vom 26. Juni 1829 an Johann Nepomuk Štěpanek (SW Bd. 4, S. 371):

> [...] Was die gefesselte Fantasie betrifft, [...] so ist es mir nicht in den Sinn gekommen, sie umzuarbeiten, und ihr durch eingelegte Narredeyen und episodische Scenen die Einfachheit zu rauben, welche ich bey ihrer Verfassung im Auge hatte. Das Stück erfreut [sich] in Wien bey jedesmahliger Aufführung eines enthusiastischen Beyfalles nur der Zuspruch ist nicht so groß wie bey den andern Stücken. Die Ursache liegt eines Theiles in der fatalen Ehre welche man mir erweiset, zu sagen: das Stück wäre zu gut für die Leopoldstädter Bühne, anderseits in der nicht glücklichen Besetzung bey der ersten Aufführung. [...]

Zusammenfassend heißt es in Raimunds »Selbstbiographie« (*Theaterzeitung*, Nr. 186, Donnerstag, 15. September 1836):

> Bei seinem Erscheinen [*Der Bauer als Millionär*, J. H.] hatte er das Glück, so sehr zu gefallen, daß mich meine Neider gar nicht als den Verfasser wollten gelten lassen. Da ich nun in dieser Hinsicht mit der gewissenhaftesten Strenge verfuhr, ja selbst bei Verfassung vieler Lieder gleich die Melodien mit hinschrieb, so kränkte und ärgerte mich diese Ungerechtigkeit so sehr, daß sie mich auf die Idee der »gefesselten Fantasie« brachte, durch welche ich beweisen wollte, daß man auch, ohne ein Gelehrter zu seyn, ein unschuldiges Gedicht ersinnen könne. Dieses Stück wurde zwar belobt, konnte sich aber keines solchen Zulaufs erfreuen, wie die früheren. Was ich schon früher befürchtete, traf hier ein. Es war dem Publikum nicht komisch genug und die Idee nicht populär. Diesem folgte ein tragisches

Original-Märchen »Moisasurs Zauberfluch,« welches noch ernster war, aber einen größern Zulauf hatte, weil ich die Vorsicht gebrauchte, es in dem Theater an der Wien aufführen zu lassen, wo man den Ernst gelten ließ.

RAIMUNDS INHALTSANGABE

Es folgt der gesamte Text der Inhaltsangabe nach Raimunds Handschrift (WBR, Handschriftensammlung, H.I.N. 11.228, beiliegend dem Originalmanuskript des Stückes, Blatt 1–4) sowie anschließend die leicht redigierte Fassung, die in der Zeitschrift *Der Sammler* (Nr. 8, Donnerstag, 17. Jänner 1828) abgedruckt wurde.

Inhalt des Zauberspieles
die gefesselte Phantasie.

Hermione die Königinn der Halbinsel Flora, welche unter dem oZ ⌈göttlichen⌉ Schutze des Apollo steht, und deren Bewohner weil nicht nur ihre Beherrscherinn, sondern auch alle Bewohner derselben, von der Natur mit poetischem Gemüthe beschenkt, und durch die unverwelklichen Reitze des Landes begeistert, mit edler Leidenschaft der Poesie obliegen; läßt das Orackel dieses Gottes befragen, durch welche Mittel die Verheerungssucht zweyer Zauberschwestern zu bändigen sey, welche sich in ihrem oZ ⌈friedlichen⌉ Lande niedergelassen, und es gänzlich zu vernichten oZ ⌈verwüsten⌉ drohen. Das Orackel spricht: Wenn Hermione {am} sich vermah mit einem würd vermählt, und dem Lande einen würdigen König schenkt, wird oZ ⌈sie⌉ die Macht der Zauberschwestern dadurch gelähmt, liR ⌈dadurch⌉ lähmen; auch prophez{eiet} oZ ⌈zeihet⌉ es ihr, einen dem Reiche einen Herrscher aus dem Hause von Athunt. Athunt Das krieg liR ⌈gesinnte⌉ Königreich Athunt grenzt an Hermionens Reich, und sein Herrscher, erschien vor 4 Jahren dem jetzigen Zeitpunkte ‹»Zeitpunkte« korrigiert aus anderem Wort?› mit seinem 16jährigen Sohn an dem Hof der Hermionens, und warb für sich um ihre Hand. Hermione erwiderte entschuldigend, sie hätte im Tempel des Apollo ein Gelübde abgelegt, ihren Thron nur mit einem Dichter zu theilen, und wenn er auch der Aermste ihres Volkes wäre.

‹Blatt IV› Der König von Athunt, oZ ⌈dem Poesi ganz fremd ist und⌉ dessen Leidenschaften mehr dem Kriege als der Liebe angehören, ehrt diesen Schwur, dem und dem Reiche seinen Schutze versprechend, verläßt er es. Doch Amphio sein Sohn, wird von heftiger Liebe gegen Hermione ergriffen, und irrt oZ ⌈durchirrt⌉

verzweifelnd über den Schwur der Königinn, in den die Wäldern von Athunt. Da sinkt die Phantasie auf goldnen Wolken zu ihm nieder, gesendet vom Apoll, der sein die Prophezeihung seines Orakels erfüllen will. Sie weihet ihn zum Dichter ein, und schwebt mit ihm nach Flora hin, wo er als Hirte verkleidet, durch die Gedichte, welche die Macht der Fantasie gebildet oZ ⌈ihr in ihm geschafft⌉, der liR ⌈in ihm erzeugt,⌉ und s durch seine edle Gestalt, das Herz der Königinn erringt, welche ihm ihre Liebe gesteht. Das Volk Die Ersten des Volkes, werfen sich nun vor den Thron Hermionens, um und bitten s beschwören sie, sich zu vermählen, und dadurch, nach des Orakels Spruch, den Übermuth der Zaubernimphen zu f bändigen. Da begeister[t] ‹Textverlust› die Phantasie Hermione zum zu der Erklärung: Sie wolle sich noch heute Abend {‹einige gestrichene Buchstaben unlesbar›} den zum Gemahl ⌈er⌉wählen, der ihr in oZ ⌈bis⌉ der zur siebenten Stunde liR ⌈die beste Dichtung⌉ ein das beste Gedicht liefert, und bestimmt zum Orte der Entscheidung, den Tempel des Apoll wohin sie alle Dichter ihres Landes ladet. und überläßt oZ ⌈es⌉ den Ausspruch des ‹»des« korrigiert aus »den«› Orakelpriesters, den Stoff des Gedichtes zu besti bestimmen.

‹Blatt 2r› Priester und Volk verfügen oZ ⌈begeben⌉ sich nach dem {At} Tempel. Nun berichtet Hermione ihrem Geliebten wa das erst Ausgesprochene, mit der Versicherung daß er, der durch seine Gedichte {‹einige gestrichene Buchstaben unlesbar›} {dem bekannt} alle Dichter ihres Landes übertrifft, oZ ⌈überträfe⌉ den Preis und ihre Hand erringen müsse; und daß nur diese Gewißheit sie begeisterte, liR oZ ⌈ihr den Muth gab gegeben,⌉ das Preisgedicht zu fordern[.] ‹Textverlust› Amphio halb entzükt halb ängstlich schwärmerisch entzückt, durch oZ ⌈von⌉ dem Gedanken, der durch oZ ⌈nur⌉ seinem Geiste Hermionens Besitz zu verdanken, verschweigt seinen Rang, der oZ ⌈den⌉ er heute in dem Augenblick im Begriffe war zu entdecken. Und begibt Hermionens Narr stört liR ⌈Der Oberpriester Affriduro stört⌉ diese Unterredung, sie oZ ⌈Hermione⌉ begibt sich oZ ⌈mit ihm⌉ nach dem Tempel, um dort den Schwur zu leisten, und den Stoff des Gedichtes aus dem Munde des Orakelsprechers ist es zu vernehmen, und Amphio verbirgt oZ ⌈sich⌉ unterdessen schnell. Dieses Gespräch belauschen die Zauberschwestern Vipria und Arogantia und schwor sinnen Hermionens Absicht uZ ⌈Plan⌉ zu vereiteln, Vipria befrägt ihren diamantnen oZ ⌈christallnen⌉ Zauberstern, und es spiegelt sich au auf ihm, der das Bild der Fan Fantasie, welche personifizirt aus der im blauen Aether liR ⌈aus den Lüften⌉ niedertaucht um Amphio zu begeistern. Schnell ergreift sie der Gedanke, die Fantasie zu fangen, zu fesseln, und durch diesen Ge dadurch sowohl Amphio als allen Dichtern in Hermionens Reich, die Fähigkeit oZ ⌈zu rauben⌉ poetische Gedanken oZ ⌈Ideen⌉ zu ersinnen, zu zu rauben, ‹Blatt 2v› damit jed nach sie verbergen sich, und nachdem oZ ⌈da⌉ Amphio, welchen die Phantasie nach dem Tempel sendet, um den Stoff des Preisgedichtes zu erfahren nach dem Tempel sende sich entfernt, treten sie {der Phantasie} oZ ⌈{ihr dieser}⌉ oZ ⌈der Phantasie⌉ mit gespanntem Bogen, und gezücktem Pfeile rasch entgegen, diese entreißt Vipria den Pfeil und verwundet sie, während dem oZ ⌈schnell⌉ lähmt ihr Arogantia durch einen Schuß den Flügel, und führt sie gefesselt fort fesselt sie, und führt sie nach dem Zauberschloß. Vipria wel aber, welche Hermionens {‹einige gestrichene Buchstaben unlesbar›} dadurch {die} Rache schwor, {wi} will ihr Glück ganz vernichten oZ ⌈will⌉, und beschwört den Zauberstern, ihr den gemeinsten und häßlichsten Menschen abzuspiegeln, und er oZ ⌈dieser⌉ zeigt ihr {da} eines das Bild eines Bierhausharfenisten in aus Wien. Diesen entführt nun Vipria, im liR ⌈schnellen Fluge,⌉ aus der Mitte seiner, durch ihn erlustigten {Zore} Zuhörer, und eilt mit ihm nach ihrer Zauberburg auf Flora. Verspricht ihm dort die Hand der Königinn, welche sie ihm durch das Erdichten des Preisgedichtes verschaffen hofft, oZ ⌈will⌉ da indem sie die Phantasie zu zwingen hofft, diesen unpoetische[n] ‹Textverlust› Klotz, durch die Kraft ihrer Begeisterung, zum Dichter umzuschaffen oZ ⌈wandeln⌉. ‹Punkt korrigiert aus Beistrich› sie Sie hüllt daher den Harfner durch ihres Zaubersterns Berührung in goldgewebte Kleider, schenkt liR ⌈reicht⌉ ihm eine goldene Harfe, und befiehlt ihm sich als Minstrell liR ⌈sich nach Hermionens Pallaste zu begeben verfügen und sich dort für einen berühmten Minsterell auszugeben⌉, der Apoll zum Liebling sich oZ ⌈sich⌉ erkoren, und aus England hiehergesandt hätte um die Hand durch seiner Dichtung ‹Blatt 3r› Werth die Hand der Königinn zu erringen. Dieß befolgt der Harfner. Doch ‹»Doch« korrigiert aus anderem Wort?› möchte er um die 6te Stunde wieder nach dem Zauberschloß zurückkehren um das durch Hülfe der Phantasie das Preisgedi[cht] ‹Textverlust› zu verfertigen. Der Harfner eilt nach dem Pallas uZ ⌈Pallast⌉ liR ⌈durch⌉ Seit oZ ⌈Seit⌉ der Gefangenschaft der Phantasie, hatte um die ‹»die« korrigiert aus »den«?› {begei} dichterisch begeisternde Kraft, das Gehirn der Poeten verlassen, und vergebens vergebens beschwören sie die Musen, und die Verzweiflung ihrer ‹»ihrer« korrigiert aus »ihres«› Geistesohnmacht treibt sie nach Hermionens Pallast. Dort ‹Punkt korrigiert aus Beistrich und »Dort« korrigiert aus »dort«› fordern sie von der Königinn Aufschub bis zur ‹»zur« korrigiert aus »zum«?› nächsten Sonne. Hermione verweigert diesen, sich auf ihren Schwur berufend, und triumphirt im voraus ‹»voraus« korrigiert aus »Voraus«› über den sichern Sieg ihres Geliebten. Doch nun erscheint Amphio und erklärt verzweiflungsvoll, daß auch er unfähig wäre, Hermione zu besingen, (den so heißt der Stoff des Preisgedichts, ⌈)⌉ der durch des Orakels Mund verkündet.⌈)⌉ Hermione hält dieß ‹»dieß« korrigiert aus anderem Wort, vielleicht »des«› für einen Spuck der Zauberdirnen, und beschwört Amphio, sich in dem Tempel einzufinden, da ihr Schwur unauflösbar sey, und sie hoffe, daß im Tempel des Apollo der Zauber schwinden werde. Doch begibt sie sich nach dem Tempel oZ ⌈dahin⌉ um das Orackel zu befragen, warum die Geistesnacht auf ihren Dichtern ruht. Dieß vernimmt oZ ⌈vernimmt⌉ Arogantia und er berichtet es schnell ihrer Schwester Vipria, welche eben im Begriffe ist, die Phantasie, der die flügelberaubten oZ ⌈e⌉ Phantasie, dem Harfner an ein Schreibepult anzu oZ ⌈zu⌉ schmieden, ‹Blatt 3v› damit sie seinem Geist oZ ⌈Hirn⌉ als Sclavin diene. Durch ‹»Durch« korrigiert aus »durch«› Arogantias Nachricht erschreckt, faßt sie den Entschluß die beyden Orakelpriester in Stein zu verwandeln, und ein oZ ⌈das⌉ falsches liR ⌈Hermione⌉ ein falsches Orackel zu verkünden Hermionen, unter der Gestalt dieser beyden Sprecher, das falsche Orackel zu verkünden: »Daß ein Fremdling von Apoll bestimmt sey, Hermionens Hermionen als Gemahl zu umarmen.« Sie lassen den Harfner mit der Phantasie allein, und befehlen ihm das Gedicht liR ⌈welches den Nahmen Hermione führen müße⌉

oZ ⌈welches den⌉ schnell zu verfertigen, und vor Ablauf der siebenten Stunde im Tempel damit zu erscheinen. Dieser quält nun die Phantasie auf komische Weise ihn zu inspiriren, und da sich oZ ⌈die Liebe⌉ dieser freyen Göttinn nicht erzwingen läßt, ~~so erfaßt~~ liR ⌈macht⌉ er in der größten Angst, den Plan, er wolle ein altes Lied ~~auf ein~~ zum Lob einer Prinzessinn gedichtet, absingen, und ~~nur~~ Hermionens Nahmen hineinverflechten liR ⌈und⌉ so eilt oZ ⌈nun⌉ er die Phantasie verwünschend nach dem Tempel. Diese ~~über Amphios (en)~~ bringt die Gefahr welche ~~in diesem Augenblike Am~~ die Liebenden bedroht zur Raserey, sie beschwört den Jupiter, ~~welcher~~ liR ⌈der⌉ durch ~~sein~~ einen Blitzstrahl ihre Fessel zertrümmert, und ~~mit freudig~~ mit freudigem Entzüken eilt sie zu ~~Amphios~~ Hermionens Rettung.

‹Blatt 4r› Im Tempel des Apollo, welcher am Gestade des Meeres prangt, sind um Hermione sammt ihrem Hofstaat, die Zauberschwestern als Orakelpriester und alle Dichter des Reiches versammelt; Auch Amphio lehnt in verzweifenlder ‹sic!› Atitüde an einer Säule. Der Oberpriester fordert ~~das~~ oZ ⌈die⌉ Gedicht ⌈e⌉, und alle Dichter erklären einstimmig, daß sie trotz all ihrer Gelehrsamkeit, heute nicht im Stande wären, ~~eines zu ein poetisches~~ Verse zu machen. Da erscheint der ~~athem~~ Harfner, athemlos und singt mit der Harfe ~~g~~ begleitend, ~~seine~~ liR ⌈sein⌉ elendes Lied, empört will ihn Hermione aus dem Tempel jagen lassen, da errinert sie Vipria an ihren Schwur, den zu wählen, der das Beste liefert, fordert die Dichter nochmahls auf und da keiner das Geringste ~~liefert~~, oZ ⌈bringt⌉ besteht sie darauf, ~~daß des Harfners~~ oZ ⌈Lied⌉ ~~das Beste schon darum sey weil es das Einzige wäre, und~~ daß Hermione dem »dem« korrigiert aus »den« Harfner, dessen Gedicht das Beste sey, weil es das Einzige wäre, ihre Hand reichen müsse, in dieser peinigenden Verlegenheit, erscheint die Fantasie, ergreift Amphios Hand, und ermuthiget ihn, um den Preis zu kämpfen, dieser tritt begeistert vor, ~~und~~ erzählt in einem kleinen Gedichte die Fabel des Stükes in Bezug auf sein und Hermionens Schicksal, und endet mit dem Ausruf: »Er sey der Sohn des Königs von Athunt.[«] Alles bricht in Jubel aus. ‹Blatt 4v› Die Zauberschwestern verwandeln sich wüthend in ihre wahren Gestalten, und ihre Rachsucht will ~~Hermione~~ und ihr Volk unter den Trümmern des Tempels begraben[.] Da ‹»Da« korrigiert aus »da«› tritt die Stunde der Dämmerung ein, und ~~sink~~ Apoll ~~will~~ oZ ⌈und der⌉ mit den ermüdeten Sonnenrossen, in den Schoos der Thetis sinken will, erschaut die Entweihung seines Tempels. Die ‹»Die« korrigiert aus »die«› Fantasie sinkt zu seinen Füssen, er verbannt die Zauberschwestern in des Orkus Schlund, ~~und~~ verbindet die Liebenden, welche nun den Spruch des Orakels erfüllt sehen, ~~sendet die Fantasie~~ und nachdem er der Phantasie ihr goldnes Flügelpaar ersetzt, und Hermionens Land zur Dichterinsel geweiht, taucht er mit dem Sonnenwagen oZ ⌈majestätisch⌉ in ~~das Meer, welches im Abendroth erglüht~~ die Fluth. Tempel und Meer erglühn im Abendroth, Venus glänzt am Himmel und ein feierlicher Chor schließt das Ganze.

Ferdinand Raimund

Der Sammler, Nr. 8, Donnerstag, 17. Jänner 1828:

Schauspiele.
(Theater in der Leopoldstadt.) Am 8. Jänner zum Vortheil des Regisseurs Hrn. Ferdinand Raymund das von ihm selbst verfaßte Original-Zauberspiel in zwey Aufzügen: Die gefesselte Phantasie. Musik von Hrn. Kapellmeister W. Müller; Gruppirungen vom Pantomimenmeister Rainoldi; die neuen Decorationen von Dolliner und Mayer; Maschinen von Lebesnier.
Hermione, Königinn der Halbinsel Flora (Dlle. Heurteur) steht unter Apoll's Schutze, weil nicht nur sie, sondern alle Bewohner ihrer Insel, von der Natur mit poetischem Gemüte beschenkt, der Poesie mit edler Leidenschaft obliegen. Hermione läßt das Orakel dieses Gottes befragen, durch welche Mittel die Verheerungssucht zweyer Zauberschwestern zu bändigen sey, welche sich in ihrem friedlichen Lande niedergelassen haben, und es gänzlich zu verwüsten drohen. Das Orakel spricht: Wenn Hermione sich vermählt, und dem Lande einen würdigen König schenkt, wird sie dadurch die Macht der Zauberschwestern lähmen. Auch prophezeit es dem Reiche einen Herrscher aus dem Hause von Athunt. Das Königreich Athunt liegt in der Nähe von Hermionens Inselstaat, und sein Herrscher war vier Jahre vor Beginn des Stückes mit

seinem sechszehnjährigen Sohne an Hermionens Hofe erschienen, und hatte für sich um ihre Hand geworben. Hermione erwiederte entschuldigend, sie hätte im Tempel des Apollo ein Gelübde abgelegt, ihren Thron nur mit einem Dichter zu theilen, und wäre er auch der Ärmste aus dem Volke. Der König von Athunt, kein Poet, aber ein tapferer Krieger, ehrt diesen Schwur, und verläßt das Reich, demselben seinen Schutz versprechend. Doch Amphio, sein Sohn (Herr L a n g), wird von heftiger Liebe gegen Hermionen ergriffen und durchirret, verzweifelnd über den Schwur der Königinn, die Wälder von Athunt. Da senkt sich die P h a n t a - s i e (Dlle. K r o n e s), gesendet von Apoll, zu ihm nieder, weiht ihn zum Dichter, und schwebt mit ihm nach Flora's Reiche, wo er als Hirte verkleidet, durch seine Gedichte und edle Gestalt das Herz der Königinn gewinnt, welche ihm ihre Liebe gesteht. Die Ersten des Volks beschwören nun Hermionen, sich zu vermählen, um den Uebermuth der Zauberschwestern (Dlles. E n n ö k l und G ä r b e r) zu bändigen. Da begeistert die Phantasie Hermionen zu der Erklärung: Sie wolle sich noch heute abends d e n zum Gemahl erwählen, der ihr bis zur siebenten Stunde die beste Dichtung überreichen würde, und überlässt es dem Ausspruch des Orakelpriesters, den Stoff des Gedichtes zu bestimmen.

Nun berichtet Hermione dem Geliebten ihren Ausspruch, mit der Versicherung, daß er, der trefflichste Dichter in ihrem Lande, den Preis und ihre Hand erringen müsse; nur diese Gewißheit habe ihr den Muth gegeben, das Preisgedicht zu fordern. Dieses Gespräch wurde von den Zauberschwestern belauscht, welche Hermionens Plan zu vereiteln sinnen. Sie befragen ihren krystall'nen Zauberstern, und es spiegelt sich auf demselben das Bild der Phantasie ab, welche personifizirt aus den Lüften niedertaucht, um Amphio zu begeistern. Schnell ergreift sie der Gedanke, die Phantasie zu fangen, zu fesseln, und dadurch sowohl Amphio als allen Dichtern in Hermionens Reich die Fähigkeit zu rauben, poetische Ideen zu erhalten. Sie verbergen sich; und da Amphio, welchen die Phantasie nach dem Tempel sendet, um den Stoff des Preisgedichtes zu erfahren, sich entfernt, treten sie der Phantasie mit gespannten Bogen und gezücktem Pfeile rasch entgegen. Diese entreißt Vipria den Pfeil und verwundet sie; schnell lähmt ihr Arrogantia durch einen Schuß den Flügel, fesselt sie, und führt sie nach dem Zauberschloß. Vipria aber, welche Hermionens Glück ganz vernichten will, beschwört den Zauberstern, ihr den gemeinsten und häßlichsten Menschen abzuspiegeln, und dieser zeigt ihr das Bild des Bierhaus-Harfenisten Nachtigall (Hrn. R a y m u n d). Diesen entführt nun Vipria in schnellem Fluge aus der Mitte seiner durch ihn erlustigten Zuhörer, und eilt mit ihm nach ihrer Zauberburg auf Flora. Dort verspricht sie ihm die Hand der Königinn, welche sie ihm durch Erfindung des Preisgedichtes verschaffen will, indem sie die Phantasie zu zwingen hofft, diesen unpoetischen Klotz durch die Kraft ihrer Begeisterung zum Dichter umzuwandeln. Sie hüllt daher den Harfner durch ihres Zaubersterns Berührung in goldgewebte Kleider, reicht ihm eine goldene Harfe, und befiehlt ihm, nach Hermionens Pallast zu gehen, und sich dort für einen berühmten Minstrel auszugeben, den Apoll zum Liebling erkoren und aus England hieher gesandt hätte, um durch seine Dichtung die Hand der Königinn zu erringen. Doch müsse er um die sechste Stunde wieder nach dem Zauberschloß zurückkehren, um durch Hülfe der Phantasie das Preisgedicht zu verfertigen.

Seit der Gefangenschaft der Phantasie, hatte nun die dichterisch begeisternde Kraft das Gehirn der Poeten verlassen; vergebens beschwören sie die Musen, und die Verzweiflung ihrer Geistesohnmacht treibt sie nach Hermionens Pallast, die Königinn um Aufschub zu bitten, welchen diese, im Voraus über den sichern Sieg ihres Geliebten triumphirend, versagt. Doch nun erscheint Amphio selbst, und erklärt verzweiflungsvoll, daß auch e r unfähig sey, Hermionen zu besingen (sie selbst war nähmlich der Stoff des Preisgedichtes). Hermione hält dieses geistige Unvermögen für einen Spuk der Zauberschwestern, und beschwört Amphio, sich in dem Tempel einzufinden, wo der Zauber durch Apoll's Macht schwinden werde. Sie selbst begibt sich dahin, um das Orakel zu befragen, warum Geistesnacht auf ihren Dichtern ruhe?

Dies vernimmt Arrogantia und berichtet es schnell ihrer Schwester Vipria, welche eben im Begriff ist, die flügelberaubte Phantasie an des Harfners Schreibepult anzuschmieden, damit sie seinem Hirn als Sclavinn diene. Durch Arrogantia's Nachricht erschreckt, faßt sie den Entschluß, die beyden Orakelpriester in Stein zu verwandeln, und Hermionen unter der Gestalt dieser beyden Sprecher, das falsche Orakel zu verkünden, »daß ein Fremdling von Apoll bestimmt sey, Hermionen als Gemahl zu umarmen.« Die Schwestern lassen den Harfner mit der Phantasie allein und befehlen ihm, das Gedicht, welches den Nahmen Hermione führen müsse, schnell zu verfertigen, und vor Ablauf der siebenten Stunde im Tempel damit zu erscheinen. Dieser quält nun die Phantasie auf komische Weise, ihn zu inspiriren, und da sich die Liebe jener freyen Göttinn nicht erzwingen läßt, macht er in der größten Angst den Plan: er wolle ein altes Lied, zum Lob einer Prinzessinn gedichtet, absingen und Hermionens Nahmen hinein verflechten. So eilt er nun, die Phantasie verwünschend, nach dem Tempel. Diese bringt die Gefahr, welche die Liebenden bedroht, zur Raserey; sie beschwört Jupiter'n, der durch einen Blitzstrahl ihre Fesseln zertrümmert, und freudigen Entzückens voll eilt sie zu Hermionens Rettung.

Im Apollstempel sind nun Hermione mit ihrem Hofstaat, die Zauberschwestern als Orakelpriester, und alle Dichter des Reichs versammelt. Auch Amphio lehnt, in düsterer Verzweiflung, an einer Säule.

Der Oberpriester fordert die Gedichte; alle Dichter erklären ihr Unvermögen. Da erscheint atemlos der Harfner, und singt sein elendes Lied. Empört darüber will ihn Hermione aus dem Tempel jagen lassen; da erinnert sie Vipria an ihren Schwur, d e n zu erwählen, der das B e s t e geliefert, und der Harfner, dessen Gedicht als das e i n z i g e auch das b e s t e sey, müsse ihre Hand erhalten. In dieser peinigenden Verlegenheit erscheint die Phantasie, ergreift Amphio's Hand, und ermuthigt ihn, um den Preis zu kämpfen. Dieser tritt begeistert vor, erzählt in einem Gedichte die Fabel des Stückes in Bezug auf sein und Hermionens Schicksal, und endet mit dem Ausruf: »Ich bin der Sohn des Königs von Athunt!« Alles bricht in Jubel aus. Die Zauberschwestern verwandeln sich in ihre wahren Gestalten; ihre Rachsucht will Hermionen und ihr Volk unter den Trümmern des Tempels begraben. Da tritt die Dämmerung ein. Apoll, im Begriff, mit seinen ermüdeten Sonnenrossen in Thetis Schooß zu sinken, erschaut die Entweihung seines Tempels. Die Phantasie sinkt zu seinen Füßen; er verbannt die Zauberschwestern in den Orkus, und verbindet die Liebenden, welche nun den Spruch des Orakels erfüllt sehen. Nachdem er der Phantasie neuerdings ein goldenes Flügelpaar gegeben, und Hermionens Land zur Dichterinsel geweiht, taucht er mit dem Sonnenwagen in die Fluth; Tempel und Meer erglühen im Abendroth, Venus glänzt am Himmel, und eine feierliche Anbethung der Überirdischen schließt das Ganze.

AUFNAHME

1. Zeitgenössische Kritiken

Die nachfolgenden zeitgenössischen Kritiken wurden nach denselben Kriterien zusammengestellt wie beim *Mädchen aus der Feenwelt* (siehe S. 199).

Uraufführung im Theater in der Leopoldstadt

Bereits am Samstag, den 15. September 1827 verweist die *Theaterzeitung* (Nr. 111, S. 455) auf die kommende Uraufführung von *Moisasurs Zauberfluch* (25. September 1827) sowie die Lektüre der *Gefesselten Fantasie* (die laut Raimunds Eintrag in HS am 24. September 1826 beendet wurde) und die qualitativen Fortschritte im Vergleich zum *Mädchen aus der Feenwelt* (siehe S. 222).

Die *Theaterzeitung* (Nr. 3, Samstag, 5. Jänner 1828, S. 12) kündigt die Uraufführung mit einer Benefizvorstellung für Ferdinand Raimund im Theater in der Leopoldstadt an:

> Benefiz-Anzeige.
> Die Direction des k. k. priv. Theaters in der Leopoldstadt hat des Unterzeichneten Benefiz auf Dinstag, den 8. Jänner 1828, festgesetzt. Es wird an diesem Abende gegeben, und zwar:
> Zum ersten Mahle:
> »Die gefesselte Fantasie.«
> Original-Zauberspiel in zwey Aufzügen, von dem Unterzeichneten. Musik vom Kapellmeister Wenzel Müller. Gruppirungen vom Pantomimenmeister Rainoldi. Die neuen Decorationen von Dollinger und Mayer. Die Maschinen von Lebesnier.
> Das Costüm neu.
> Dem Antheile und der Huld des verehrungswürdigen Publikums empfiehlt sich
> Ferdinand Raimund,
> Regisseur dieser Bühne.
> Logen und Sperrsitze sind in seiner Wohnung, in der Prater-

straße Nr. 503 zur Weintraube, im 2. Stocke, die Thür rechts
zu erhalten.

Ausführliche Rezensionen der Uraufführung im Theater in der
Leopoldstadt vom 8. Jänner 1828 erschienen erst mit kleiner Verzögerung. Auffallend ist, dass sich die *Theaterzeitung* nicht äußerte. Der *Sammler* (Nr. 8, Donnerstag, 17. Jänner 1828, S. 31 f.)
begann mit der Inhaltsangabe (siehe S. 649–653), der dieselben Angaben wie in der Ankündigung der *Theaterzeitung* vorangestellt
wurden. Im zweiten Teil der Rezension (*Sammler*, Nr. 9, Samstag,
19. Jänner 1828, S. 35 f.) wird darauf hingewiesen, dass sich die
Gefesselte Fantasie würdig neben die früheren Werke Raimunds
stelle, jedoch das Theater in der Leopoldstadt dafür (noch) nicht
die geeignete Bühne sein dürfte, wo doch Veredelung Bedingung
für jedes Kunstinstitut sein müsse. Die Besetzung mancher Rollen
lasse zu wünschen übrig, Therese Krones und Korntheuer werden
hier erwähnt. Nach Meinung des Rezensenten war zumindest bei
der Uraufführung die Aufnahme geteilt. Die Diktion Raimunds
wurde gelobt, möglicher Humor wurde manchmal vermisst:

Schauspiele.
Die gefesselte Phantasie.
(Beschluß.)
Den aufmerksamen Lesern des Programms wird, so wenig als
den Besuchern dieser dramatischen Neuigkeit, entgangen seyn,
daß dem Verfasser neben dem unbestreitbaren Verdienste der
Originalität, auch noch die Erfindung einer einfachen, interessanten Handlung, die regelmäßige Führung und Entwickelung
derselben, eine schöne Charakterzeichnung und eine edle Diction nachgerühmt werden müssen. In allen diesen Beziehungen
steht Raymund's neueste Schöpfung seinen frühern so
wenig nach, daß es eben keine schwierige Arbeit wäre, nachzuweisen, wie die Reise seines Geistes mit der Fruchtbarkeit
seiner Productionskraft gleichen Schritt halte. Dennoch schien
es, am ersten Abende wenigstens, daß es der Dichter dießmahl
nicht Allen recht gemacht habe. Die Einen bemängelten die zu
ernste Tendenz des Ganzen; Andern war der Komiker zu wenig beschäftiget; Viele f[a]nden die Rollen nicht zweckmäßig

besetzt; und noch mehrere hielten dieses Zauberspiel, als sich außer dem Kreise dieser Schaubühne bewegend, für dieselbe nicht geeignet. Die letzten und die ersten Widersacher kann man leicht damit abfertigen, daß eine allmählige Fortschreitung und Veredelung unerläßliche Bedingung jedes Kunst-Institutes seyn müsse; sonst hätten wir auf diesem Theater noch immer Kaspars Lustbarkeiten oder die Prinzessinn Evakathel zu belachen. Dichter, welche Sinn für das Bessere hatten, verdrängten mit ihren Producten jene jämmerlichen Fratzen, ohne daß man sie einer schädlichen Neuerungssucht beschuldigte, und ohne daß das Theater aus der Veränderung Nachtheile erfuhr. Nunmehr blüht uns aber an Hrn. R a y m u n d ein gemüthlicher, reichbegabter Dichter, der im Stande ist, seine eigene Bahn zu wandeln, und das Publicum in die von ihm gezogenen Kreise zu ziehen. Soll er, voll Rücksichten auf Nebendinge, die Hauptsache aufopfern, seine schöne Originalität und den Funken des Genius, der seine Gebilde durchzuckt? – Die Rolle des Harfenisten ist gerade so umfangreich, als sie nach der Anordnung des Ganzen werden konnte. Im ersten Act mußte sie nothwendig untergeordnet bleiben; im zweyten tritt sie in lebendiger komischer Kraft hervor. – Daß bey Besetzung mancher Rollen zu wünschen übrig blieb, hat seine Richtigkeit; dieß wird aber bey allen Stücken der Fall seyn, die aus dem gewöhnlichen Geleise heraustreten, und dessen Rollen höhere Anforderungen an die Darsteller machen. Soll der Bildhauer seine Statue zerschlagen, weil einige unvollkommene Werkzeuge ihn hinderten, ihr jene Vollendung zu geben, die sein Verstand erdachte? – In Betreff der Diction gebührt Hrn. R a y m u n d auch dießmahl großes Lob. In den ernsten Stellen ist sie fast durchaus edel, feurig, bilderreich; in den heitern, voll komischer Pointen und witziger Calembourgs, worin er eine eigene Stärke besitzt. Wäre etwas zu tadeln, so möchte es vielleicht der Mangel an Humor seyn, den wir dießmahl ungern vermißten. Einiges brachte er auch der Eigenthümlichkeit der Darsteller zum Opfer, wie dieß die Scenen der Phantasie, des Narren und der Zauberschwestern darthun.

Die erste Aufführung, zum Vortheile des Verfassers, erfolgte vor einem überaus angefüllten Hause, und bey so hoch gesteigerten Erwartungen, daß es nicht befremdend war, hie und da über Nichtbefriedigung klagen zu hören. Die Hauptidee des Ganzen schien am ersten Abende weniger anzusprechen, als bey den folgenden Vorstellungen, welche auch durch eine größere Harmonie der Darstellung gewannen. Die Schönheiten in der Behandlung des Stoffes treten seitdem immer sichtbarer hervor, und das Urtheil, daß auch dieses neueste Product ein würdiger Nebenmann der vorausgegangenen sey, wird immer allgemeiner.

Hr. Raimund zeigte sich in der Rolle des Harfenisten Nachtigall in seiner vollen Bedeutenheit. Einer Analyse ist sein Spiel nicht fähig; es dringt durch Augen und Ohren dergestalt in das Gemüth, daß es nur durch dasselbe begriffen werden kann. Dlle. Heurteur und Hr. Lang zeichneten sich in den ernsten Hauptrollen aus. Dlle. Krones (die Phantasie) war eine recht liebliche Erscheinung. Die Rolle selbst aber steht in Opposition mit ihrer Spiel-Methode, und so konnte sie nur in einigen Momenten ihr Talent recht wirksam machen. Auch Hr. Korntheuer gab der Rolle des Narren nicht die nöthige Färbung. Dlles. Ennökl und Gärber (die Zauberschwestern) befriedigten. War auch die Darstellung im Ganzen nicht vorzüglich, so zeigte sie doch unverkennbaren Fleiß und Willen, das Mögliche zu leisten. – Die Musik des Hrn. Müller ist eine gewöhnliche Arbeit. Die Couplets sprachen nicht an. Decorationen und Garderobe waren hübsch; die wenigen Maschinerien gingen exact.

Hr. Raymund, welcher bey seinem Auftritte mit Enthusiasmus bewillkommt und öfters vorgerufen wurde, sprach am Schlusse folgende mit großem und verdienten Beyfalle aufgenommene Dankrede:

Ganz trunken, doch von Wonne nur,
Erscheinet der Minstrel;
Die Stirne trägt der Freude Spur,
Das Aug' erglänzt ihm hell.
Denn wenn das Lied beendet ist,
Des Beyfalls Fittich rauscht,
So weiß man, daß ein Harfenist

> Mit keinem König tauscht.
> Ich bin zwar, wie's im Sprichwort heißt,
> Nur noch ein Dichterwurm;
> Und wenn's mich auch nach Höher'm reißt,
> Ist's nur ein flücht'ger Sturm.
> Ich stelle ja nichts Neues auf,
> Ich armer Leyersmann;
> Die Phantasie hemmt' ich im Lauf
> Und fesselte sie an.
> Da ist doch wohl nichts Neues d'rin,
> Daß Phantasie versagt,
> Und daß voll Unmuth fleiß'ger Sinn
> Begeisterung verklagt? –
> Dafür geht's mir vielleicht noch schlecht;
> Die Zeit schleicht lauernd nach,
> Wo einst die Phantasie sich rächt
> Für ihre heut'ge Schmach. –
> Viel selt'ner ist, was S i e vollbracht,
> Viel höher steht es auch.
> Weil es gemüthlich-reicher macht,
> Und lehrt moral'schen Brauch.
> Nur I h n e n sey der Preis geweiht!
> O edle Sclaverey!
> S i e fesselten die D a n k b a r k e i t, –
> Und nie wünscht sie sich frey.

Die *Wiener Zeitschrift für Kunst, Literatur, Theater und Mode* (Nr. 12, Samstag, 26. Jänner 1828, S. 93–96) erkennt Raimunds Veredelung des Zaubermärchens in eine Form, die den Forderungen einer fortgeschrittenen Zeit genüge. Auch hier wird angedeutet, dass dieses Werk für das Theater an der Wien oder größere Bühnen mit höheren Anforderungen geeigneter wäre, während das *Mädchen aus der Feenwelt* für das Publikum des Theaters in der Leopoldstadt der Höhepunkt gewesen sei, »bis zu welchem die Veredlung eines Volks-Spectakels sich erheben darf«. Die *Gefesselte Fantasie* passe weder für die Darsteller noch für das Publikum des Theaters in der Leopoldstadt. Besonders Krones und Korntheuer werden als Fehlbesetzungen gesehen. Gegen Ende der Rezension wird das Gerücht erwähnt, Raimund habe seine Werke nicht selbst verfasst (vgl. Kapitel »Entstehung und Vorlage«, S. 641–643), zu dem sich dieser bei der ersten Aufführung geäußert habe.

K. K. priv. Theater in der Leopoldstadt. Am 8. Jänner zum ersten Male: Die gefesselte Phantasie, Original-Zauberspiel in zwey Aufzügen von Ferd. Raimund.
Hermione Königinn der Halbinsel Flora, eine leidenschaftliche Freundinn der Poesie, erklärte auf das Bitten ihrer Unterthanen, sich einen Gemahl zu erwählen, daß sie nur demjenigen ihre Hand reichen werde, welcher ihr das beste Gedicht bringen würde. Amphio, ein Königssohn, welcher aus Liebe zu ihr sein väterliches Reich verließ, um als Hirte ihre Lieblingsheerde zu hüten, hat durch sein Flehen an Apollo, ihm die Gabe des Gesanges zu verleihen, den Gott bewogen ihm die Phantasie zu senden. Sie senkt sich alle Morgen zu ihm herab, ihm Lieder zu lehren, durch die es ihm auch geglückt ist, bereits das Herz der Königinn zu rühren. Vipria und Arrogantia, zwey der Königinn feindlich gesinnte Zauberschwestern, setzen indessen ihre ganze Macht in Bewegung diese Fürstinn zu verderben. Sie belauschen die Zusammenkunft des Hirten mit der Phantasie, und bemächtigen sich derselben. Sie fesseln sie, und bringen sie in ihren Zauberpallast. Dadurch wissen sie vor der Hand alle Dichter der Insel unfähig den Preis zu erringen, und suchen nun ein Ideal von Gemeinheit und Hässlichkeit, um selbes mit Hülfe der in ihrer Macht befindlichen Phantasie zu einem guten Gedicht zu begeistern und auf solche Weise die Königinn, welche durch ihren Eid gebunden ist, demjenigen, der das beste Gedicht bringt, sich zu vermählen, unglücklich zu machen. Sie finden ein solches Ideal in der Person des Wiener Harfenisten Nachtigall, entführen ihn, unterrichten ihn von ihren Absichten, und lassen ihn nun mit der, an sein Pult gefesselten Phantasie allein, um das verlangte Gedicht zu verfertigen. Allein die Phantasie erklärt, sie diene nur frey, und bleibt stumm. Nachtigall in der größten Angst, daß ihm nichts einfällt, indeß die bestimmte Stunde bereits herangerückt ist, wo sich alle Dichter im Tempel versammeln müssen, um den

Preis zu erringen, eilt endlich auch dahin, entschlossen eins seiner früheren Wirthshauslieder zu bringen, mit welchem ihm, nach seiner Meinung, ebenfalls der Preis nicht entgehen kann, da durch Hülfe der Zauberschwestern, er der einzige seyn wird, der ein Gedicht bringt, welches als das e i n z i g e , nothwendig auch das beste seyn wird. Kaum hat er sich aber entfernt, als Jupiter durch das Flehen der Phantasie bewogen, seinen Blitz herabschleudert, die Ketten der Phantasie sprengt, und diese sofort schnell in den Tempel eilt, ihren Liebling Amphio zu begeistern, welcher nun das beste Gedicht recitirt, sich zu erkennen gibt, und den Preis erringt. Die tückischen Zauberschwestern entschwinden beschämt, und mit allgemeinem Jubel schließt das Ganze.

Wir wollen unsere Kritik über dieses neueste Product des genialen R a i m u n d mit einigen allgemeinen Bemerkungen eröffnen, welche zugleich als Einleitung über unsere Ansicht der Einzelnheiten derselben dienen mögen. Hr. R a i m u n d hat sich durch seine früheren Producte als einen der begabtesten und sinnigsten Dichter in jener Gattung bemerkbar gemacht, welche dieser Bühne vorzugsweise zusagt. Sein Fortschreiten war unverkennbar, und wurde von dem Publicum, welches das Talent eines der ausgezeichnetsten und beliebtesten Komiker auch im Gebiete der Dichtung mit Freude und Liebe begrüßte, auf die entschiedenste Weise gewürdigt und ausgezeichnet. Sein Streben, das Zaubermährchen zu veredeln, und in einer Gestalt auf der Bühne wirksam zu machen, wie sie den Forderungen einer fortgeschrittenen Zeit genügen kann, ist unverkennbar. So hoben sich seine Leistungen in schnellen Zwischenräumen mit jeder neuen Erscheinung auf einen höhern Standpunct. Wir bemerkten dieß in dem Diamant des Geisterkönigs, und im Mädchen aus der Feenwelt, so wie im Moisasur, welcher als Dichtung betrachtet, nach unsrer Meinung auf dem vorzüglichsten Puncte steht, und seiner Natur mehr zusagend, auch auf einer Bühne erschien, wo die Forderungen höher gestellt werden dürfen. Für das Theater in der Leopoldstadt möchte die Art und Weise, wie das »Mädchen aus der Feenwelt« gestaltet ist, der Culminationspunct seyn, bis zu welchem die Veredlung eines Volks-Spectakels sich erheben darf, ohne sich aus jener Sphäre zu schwingen, in welche ihr dieses Publicum folgen k a n n , oder w i l l . Das Leopoldstädter Theater hat seinen eigenen schätzbaren Wirkungskreis, entschiedener und schärfer bezeichnet, als jener irgend einer andern Bühne Deutschlands, vielleicht selbst Europas. In diesem muß es erhalten werden; alles was darüber hinaus schreitet, ist vom Übel. Der Geist, der in diesem Gebiete walten mag, sey kein schmutziger Satyr in der Hannswurstiade, aber eben so wenig ein süßelnder Zephyr mit Irisflügeln, sondern ein tüchtiger Jocus im buntscheckigen Gewande volksthümlichen Humors, mit nerviger Hand die Schellengeißel rüttelnd, und auf der Folie des kräftigen Scherzes den Edelstein der Moral zum schimmerndsten Glanze erhebend. In diesem Geiste zum Leben gerufen, wirkten bisher R a i m u n d s geniale Schöpfungen. Steigender Beyfall begleitete ihr Erscheinen, und das Mädchen aus der Feenwelt erlebte in dem kurzen Zeitraume eines Jahres hundert Wiederholungen, eine, selbst in den Annalen dieser Bühne beyspiellose Erscheinung; ein Beweis, wie volksthümlich und mächtig ihre Wirkung war.

Wenn wir nun »die gefesselte Phantasie« in Beziehung auf die eben gegebenen Sätze betrachten, so ergibt sich, daß Hr. R a i m u n d dießmal auf einen Pfad gerathen ist, welcher nicht zu dem Ziele führt, welches das vorherrschende Princip alle Schöpfungen dieser Bühne seyn soll: B e l e h r u n g durch U n t e r h a l t u n g . Zwar ist auch in dieser seiner neuen Schöpfung der Adel der Idee, die Lauterkeit des bessern Wollens nicht zu verkennen, aber der Standpunct, auf welchen er die Totalität der Dichtung stellen wollte, ist zu erhaben für ihre Bestimmung. Der Apoll vom Belvedere und die medicäische Venus auf die Spitze eines Thurmes gestellt, verlieren alle Wirksamkeit, und werden zu gestaltlosen Puncten, indessen ein K o l o ß von minderer Meisterhand sich in deutlichen Conturen dem Auge darstellt. Über der Zierlichkeit der Ausarbeitung und dem Streben nach höherer poetischer Tendenz, ist die Kraft des Humors verdunstet, und das mit allem Fleiße ausgemalte Miniaturbild in dem Rahmen einer Theater-Decoration vermag nicht zu wirken; dieß wolle Hr. R a i m u n d , dessen schönes und seltenes Talent niemand herzlicher würdigen mag als Referent, beherzigen. Er kehre zurück auf den Standpunct den er seinen frühern Dichtungen anzuweisen wußte, und wir dürfen dann gewiß von seinem genialen Wirken die erfreulichsten Resultate hoffen. Denn alles, wodurch die geringere Wirksamkeit dieses Stückes im Vergleiche gegen die früheren Werke des Hrn. R a i m u n d herbeygeführt wurde, entspringt aus dem Streben, es höher zu stellen, als die Forderungen, welche man an diese Bühne macht. Eine der ersten derselben ist und bleibt indessen s i c h z u u n t e r h a l t e n . Nun ist aber die Leopoldstädter Bühne ein eigentliches V o l k s t h e a t e r , und das V o l k will auch im Einklang seiner B e g r i f f e unterhalten seyn. Die Unterhaltung ist aber eine andere in der Stube des Schweizers, und eine andere im Salon. Damit ist gar nicht gesagt, daß die erstere g e m e i n seyn muß, aber eine Vorlesung Shakespears oder Schillers wäre dort darum noch nicht am rechten Platze. Das eben ist die große Aufgabe, welche der Volksdichter dieser Bühne zu lösen hat, daß er die edleren Begriffe geistiger Ausbildung mit jenem allgemein faßlichen und allgemein ansprechenden Gewande zu bekleiden wisse, wodurch sie die beabsichtigte moralische Wirkung erzeugen, und daß Hr. R a i m u n d diese Aufgabe zu lösen wisse, wie keiner besser, hat er uns zur Genüge bewiesen. Warum also abgehen von einer Bahn, auf welcher man so erfreulich und so nützlich werden kann?

Wir wissen wohl, daß Hr. R a i m u n d uns entgegnen kann, ein Dichter könne sich nicht durch solche Rücksichten fesseln lassen: er müsse seinen Stoff nun eben gestalten, wie es die Natur desselben, und die Begeisterung des schaffenden Augenblickes erheische, ohne auf örtliche Verhältnisse zu denken. Wir achten ein solches Streben, doch können wir es unter d i e s e n Umständen nur mit gewissen Modificationen zugestehen. Hr. R a i m u n d ist nun einmal an der Leopoldstädterbühne angestellt. Zwar nur als Schauspieler, nicht als Dichter, aber das Publicum, welches seine Entwicklung mit solcher Liebe und Theilnahme beobachtete, hat auch gewisser

Maßen ein Recht sein poetisches Talent für ihren Genuß in Anspruch zu nehmen, und ihm steht daher die Bahn offen eine achtungswerthe und bedeutende Wirksamkeit auf dasselbe zu behaupten. Eine solche zu erringen soll und muß nun aber stets das Ziel jedes Schriftstellers seyn, und in so fern darf auch Hr. Raimund es nicht verschmähen. Es dürfte indessen sich auch hier ein Ausweg finden lassen. Fühlt Hr. Raimund die Glut und das Vermögen in sich, seinem Genius die Schwingen des Edelsten und Höchsten zu verleihen, so schüttle er die Fessel jeder Berücksichtigung örtlicher Bestimmung vollends ab, versuche seine Kraft in freyer Entwicklung für Gebilde auf allgemeine Standpuncte, und eigne sie somit zur Darstellung für größere Bühnen. Glücken diese Versuche, so sieht Hr. Raimund eine neue offene Bahn vor sich, seinem Genius zu folgen; so lange aber seine Schöpfungen durch das Medium dieser Bühne anschaulich gemacht werden sollen, so lange wolle er ihre Natur berücksichtigen und achten. Wir lassen der Dichtung der gefesselten Phantasie ihr unbestrittenes Verdienst, aber wir sprechen es unumwunden aus, daß sie weder für die Darsteller noch für das Publicum dieser Bühne passe. Auch können wir übrigens die Überzeugung nicht verhelen, daß selbst die Natur dieser Dichtung sich mehr den eigentlichen Principien eines Volksstückes hätte zuneigen lassen, und sowohl durch Änderung der Besetzung, welche fast ohne Ausnahme unpassend genannt werden mag, als durch etwas veränderte Stellung an Wirkung im größern Maßstab gewonnen haben dürfte. Wenn z. B. Dlle. Heurteur statt Dlle. Krones die Rolle der Phantasie, Dlle. Ennökl jene der Königinn (statt Dlle. Heurteur) gegeben hätte, und Dlle. Krones in einer Localrolle, etwa als Gattinn oder Geliebte Nachtigalls, ihm entgegengestellt worden wäre, dürfte hiedurch nicht das Ganze, ohne an seinem phantastischen Grundton zu verlieren, an Wirkung bedeutend gewonnen haben? Wir kommen durch diese Bemerkung auf die natürlichste Weise auf die Besetzung und Darstellung des Stückes zu sprechen. Wir schätzen die an dieser Bühne beschäftigten Talente nach ihrer ganzen Bedeutsamkeit, wir würdigen und erkennen den Fleiß und Eifer, welcher jede ihrer Leistungen begleitet, aber die Unparteylichkeit eines öffentlichen Urtheils macht uns zur Pflicht es unverhohlen auszusprechen, daß die Auffassung und Darstellung solcher Gattung Dichtungen außer dem Bereiche ihrer Wirkungsmittel liege. Dlle. K r o n e s, ausgezeichnet und anerkannt als treffliche Mime in ihrer Sphäre, fand in Sprache, Vortrag, Gesang und Spiel unübersteigliche Hindernisse in dieser mit Wieland zu sprechen »aus Rosenduft und Lilienschnee« gewobenen Rolle. Hr. K o r n t h e u e r, mit Recht geschätzt als wissenschaftlich gebildeter Künstler, und einer der glücklichsten und wirksamsten Darsteller dieser Bühne, vermochte sich dennoch ebenfalls nicht mit der Natur der Rolle des Narren zu befreunden. Zwar glauben wir, daß auch seine Individualität nicht zu derselben passe, die Phantasie denkt sich diesen tückischen Witzbold gerne in einer verschrobenen Gnomengestalt, aber auch das geistige Hauptprincip der Rolle, der ironische Groll, die humoristische Bosheit fanden in der Darstellung nicht den zweckmäßigen Ausdruck. Mit Lob darf Hr. L a n g als Amphio erwähnt werden, welcher mit Gefühl und Klarheit wirkte, so wie dasselbe Lob zweckmäßigen Vortrags auch in untergeordneter Sphäre Hrn. K e m e t e r als Oberpriester gebührt. Auch Hr. F e r m i e r als Hofpoet Distichon genügte. Dlle. H e u r t e u r erschien als Königinn Hermione, und wirkte sehr angenehm durch den Wohlklang ihres Sprachorgans, die Sittigkeit der Rede, und das Gemüth und Gefühl des Vortrags. Im Spiele war jedoch die Anfängerinn noch sichtbar, vorzugsweise in der Befangenheit des Armspiels und manchen stets wiederkehrenden Bewegungen, z. B. einem gewissen Aufschnellen des Oberleibes bey jenen Stellen, worauf besonderer Nachdruck gelegt werden sollte. Dlle. H e u r t e u r wird diese unvermeidlichen Klippen des Kunstbeginnes, unter der Leitung eines so ausgezeichneten Künstlers wie ihr Vater, bald vermeiden lernen, und ihr Talent schnell und kräftig entwickeln.

Wir versparten es von der Darstellung des Hrn. R a i m u n d als Harfenist Nachtigall zuletzt zu sprechen, weil sie die vorragendste und bedeutsamste Parthie dieser Vorstellung bildete, nicht ihrer Natur und Anlage nach, aber durch die Wirksamkeit, welche der Darsteller ihr zu verleihen wußte. Mit seinem Erscheinen weht ein neuer frischer Geist über die Bühne, und das Leben der wahren und echten Komik strömt in die Glieder des ehevor nur ephemer in einzelnen Regungen athmenden Körpers. Die Wirthshausscenen, in welcher Nachtigall zuerst auftritt, war bereits von der größten Wirkung. Das Publicum begrüßte seinen Liebling mit Enthusiasm, und begleitete die mit reger Komik fortschreitende Entwicklung der Rolle mit anerkennender Theilnahme. Besonders wirksam zeigte sich eine (nur am ersten Abend gegebene) Stelle, wo Hr. R a i - m u n d eine sehr schickliche Gelegenheit fand, sich über das Gerücht auszusprechen, als ob er zu seinen Werken nur den N a m e n hergäbe, und dieselben nicht von ihm seyen. Die große Scene im zweyten Acte, wo Nachtigall, mit Hülfe der an sein Pult gefesselten Phantasie, das Preisgedicht verfertigen soll, wurde von Hrn. R a i m u n d mit der vollendetsten Meisterschaft gegeben, und reiht sich den ausgezeichnetsten Leistungen der komischen Bühne an. Das Publicum sprach sich auch mit der regsten Theilnahme aus. Hr. R a i m u n d wurde sowohl nach mehreren Scenen, als am Schlusse der Darstellung gerufen, und brachte seinen Dank in einem trefflichen kleinen Gedichte.

Die Leipziger *Allgemeine Musikalische Zeitung*, Nr. 13, vom 26. März 1828, S. 203 f., bezieht sich in einer ausführlichen Rezension der *Gefesselten Fantasie* auf die Uraufführung und findet ebenfalls beim *Mädchen aus der Feenwelt* den kaum zu übertreffenden Kulminationspunkt, die *Gefesselte Fantasie* bezüglich des Publikums aber als Irrrweg; fast keiner der Schauspieler bewegte sich »in seiner eigenthümlichen Sphäre«. Die Haupttendenz überschreite die scharf bezeichneten Grenzen eines Volkstheaters.

Im Jänner 1828 notierte Eduard von Bauernfeld in sein Tagebuch (WBR, Signatur H.I.N. 13.004, Blatt 43v):

> Raimunds gefesselte Phantasie. Tolle Verse! Der komische Theil vortrefflich. Die Krones ausgezeichnet.

Umbesetzungen im Theater in der Leopoldstadt

Das Stück lief im Theater in der Leopoldstadt bis zum 13. Februar 1828 und wurde dann ab 23. Mai mit Umbesetzungen wieder aufgenommen. Die *Theaterzeitung* (Nr. 71, Donnerstag, 12. Juni 1828, S. 283) betont die hervorragende Qualität des Stücks und geht kurz auf die Umbesetzungen der FANTASIE und des NARREN durch die Gäste Schreiber und Ludolf ein.

K. K. pr. Theater in der Leopoldstadt.
Der 23. May brachte nach langer Abwesenheit ein Stück wieder auf das Repertoir, von dem ein wässeriges Mischmasch von Duodez-Romantik und Sedez-Komik, es wie so manches Andere und Bessere sans rime et sans raison verscheucht hatte. Wir meinen Raimunds »gefesselte Fantasie,« die heute neu in die Scene ging. Da schon so vieles zum Lobe, zur Würdigung und Vertheidigung dieser Dichtung raisonnirt und kritisirt wurde, so hält es Ref. für das Beste, wenn er sich kurz faßt und sagt: daß dieses neueste Erzeugniß Raimunds in dramatischer Hinsicht zu den bessern, in ästhetischer Hinsicht aber zu den besten gehört, die wir in diesem Genre besitzen. Zur Rechtfertigung dieser ersten Meinung erinnert Ref. an den höchst wirksamen contrastirenden Scenenwechsel, indem bald der Ernst, bald der Scherz das Gemüth anzieht; an die originell drastischen Situationen, wie die im Wirthshause, an die sehr effektuirenden Actschlüsse, die nicht, wie es bey vielen Stücken der Fall ist, mit Haaren herbeygezogen, sondern streng motivirt sind. Zum Belege der zweyten Behauptung theilt Ref. einige Stellen daraus mit, die tüchtige Zeugen einer kräftigen Fantasie, einer bilderreichen Diction und eines petillirenden Witzes im strengsten Sinne des Wortes sind.
Wie schön ist nicht die Idee durchgeführt: der Dichter Distichon: »Das ist mein Stolz, daß einer lebt, der mir noch borgt. Wer borgt denn nicht? Alles ist auf dieser Welt geborgt, das Leben selbst ist nur gelieh'ne Waare; die Erd', auf der wir wandeln, ist nicht schuldenfrey, der Raum, in dem sie schwebt, gehört der Luft, sie wäre blind, wenn ihr die Sonn' den Staar nicht stäch'; und auch die Sonne, die Verschwenderinn, die

ein zu glänzend Haus mir führt, bezieht ganz sicherlich, ihr leuchtend Gold aus einer Wucherwelt.« Schöner noch ist der Vergleich: »So fordr' ich in die Schranken eure Poesie, weil ihr nicht kämpfen könnt um mich durch eurer Sehnen Kraft, so kämpft um mich mit kräftigen Gedanken, die Fantasie trag euch die Fahne vor, Vernunft steckt auf den Helm, der Witz sey euer Pfeil, die Verse stellt in dichte Reihen, statt der Trompete laßt den Reim erklingen, so rücket vor und kämpfet um den Preis; drey Kronen biethet er zugleich: Mein Herz, den Lorbeer und dieß Reich.« – Wahr und schön ist auch die Comparation: »Es ist die Fantasie ein tiefer Zauberbrunnen, aus dem wir der Gedanken Nectar schöpfen, er reichet vom Olymp bis in des Orkus tiefsten Schlund, mit seinem Ring umschließet er die Welt und unausschöpfbar ist sein ewiger Born, denn alle Ströme der Verhältnisse ergießen sich auf seinen Grund.«

Wie alles auf der Welt hat aber auch diese Dichtung ihre Flecken, und wiewohl Ref. kein Mikrolog ist, so muß er gestehen, daß ihm einige doch sehr aufs Herz fielen. Der Narr sagt einmahl: Kammerdiener eines s p a n i s c h e n Lords; er wollte damit nichts Lächerliches sagen, deßhalb ist hier »Lord« nicht an seinem Platz, da es nur spanische Grands und englische Lords gibt.

In dem Satze: »das Unglück hascht nach jedem Hoffnungswahn, so will ich mein Vertraun mit deinem Hoffen denn vermählen, und einen S o h n erwarten der Erfüllung heißt,« ist diese Allegorie wahr und schön bis auf das Wort: Sohn. Personifiziren wir abstrakte Dinge, so müssen wir uns nach dem Sprachgebrauch richten, und deßhalb ist es ein Verstoß, wenn wir d i e E r f ü l l u n g einen Sohn nennen, was eben so unrichtig wäre, als den Muth eine Tochter.

Der Raum dieser Blätter gestattet es nicht, uns in ein Detail einzulassen, wiewohl wir es gewiß der Mühe werth halten, und deßhalb bey einer andern Gelegenheit wieder darauf zurück kommen wollen. –

Nun zu den Gästen die in der heutigen Darstellung mitwirkten. Dem. S c h r e i b e r und Hr. L u d o l f debutirten darin, erstere war die Fantasie, letzterer der Narr.

Die Fantasie haben wir früher von Dem. K r o n e s gesehen. Diese Rolle will nicht allein gesprochen, sondern auch durchdacht seyn, und verlangt ein schönes dialektfreyes Deutsch. Dem. S c h r e i b e r hatte diese Rolle richtig aufgefasst, sie mit Gefühl und Wahrheit nach außen gestaltet, und somit bis auf den Gesang das Publikum dergestalt befriedigt, daß sie nach dem Quodlibet, im zweiten Act, und am Schlusse des Stücks hervorgerufen ward.

Hr. L u d o l f gab den Narren. Da wir ihn bisher immer nur in dieser einzigen Rolle gesehen, behalten wir uns eine nähere Beurtheilung auf ein ander Mahl auf.   Oe – r.

Ähnlich äußert sich auch der *Sammler* (Nr. 71, Donnerstag, 12. Juni 1828, S. 284) zu den Umbesetzungen. Auch wird auf eine neue Liedeinlage Raimunds hingewiesen. Die erste Hälfte der Rezension bezieht sich u. a. auf das *Mädchen aus der Feenwelt* (siehe oben S. 235 f.).

(K. K. priv. Theater in der Leopoldstadt.)
[...]
Am 23. May gab Dlle. S c h r e i b e r die Titelrolle in der »Gefesselten Phantasie.« Diese Rolle ist unstreitig die schwierigste, die vielleicht je für dieses Theater geschrieben wurde. Dlle. S c h r e i b e r that, was in ihren Kräften stand, und war dieses gleich zu wenig, um ihre gefeyerte Vorgängerinn zu erreichen, so ist dieß um so mehr zu entschuldigen, als die Rolle keinesweges ihr Fach ist; sie spielt sonst nur Liebhaberinnen (man erinnere sich an ihre lobenswerthen Leistungen der Bettina, Melitta etc. auf den Bühnen in der Josephstadt und an der Wien), und gab diese beyden Debutrollen hier, wo sie ihr von der Direction zugetheilt worden waren, zum ersten Mahl. Eben so wenig soll Hr. L u d o l f Hrn. K o r n t h e u e r s Fach übernehmen (denn er spielt das Liebhaberfach), und wenn er den »Narren« in der gefesselten Phantasie, der vom gewöhnlichen Rollen-Typus des Hrn. K o r n t h e u e r himmelweit entfernt ist, zur allgemeinen Zufriedenheit durchführte, so kann dieß zwar ein Beweis für sein Talent und sein fleißiges Studium seyn, spricht aber keinesweges gegen unsere Bemerkung.

Er wurde gerufen und dankte s e h r b e s c h e i d e n, indem er in gewählten Worten den erhaltenen Beyfall nicht seinem Spiele, sondern dem Werke des Dichters zuschrieb. Hr. R a i m u n d, der in der gefesselten Phantasie ein neues, sehr komisches Lied eingelegt hatte, wurde in beyden Stücken wiederhohlt gerufen. Hr. F e r m i e r als h o h e s A l t e r (im Feenmärchen) und Hr. L a n g als A m p h i o n verdienen rühmliche Erwähnung. Hr. T o m a s e l l i gab im »V e r w u n s c h e n e n P r i n z e n« den Sandelholz, den Gesang abgerechnet, recht brav. Alle Übrigen spielten in den besprochenen drey Stücken mit vielem Fleiß und gutem Erfolg.

Ein Jahr später wird wieder eine Umbesetzung besprochen, diesmal ein junger Anfänger, Herr Grutsch, als AMPHIO (*Theaterzeitung*, Nr. 67, Donnerstag, 4. Juni 1829, S. 274), wohl mit Bezug auf die Aufführung am 3. Juni 1829:

> – * Im Theater in der Leopoldstadt sucht sich ein junger Anfänger, Hr. G r u t s c h, durch Fleiß und Eifer immer mehr in die Gunst des Publikums festzusetzen. Hr. G r u t s c h betrat zum ersten Mahle die Bühne in R a i m u n d s »gefesselter Fantasie« als Amphion. Eine gewisse unsichre Haltung des Körpers abgerechnet, fanden wir Hrn. G r u t s c h nicht im mindesten unbeholfen. Gefälliges Aeußere, Feuer des Vortrags und richtiges Mimenspiel *[sic!]*, angenehme Deklamation, eignen sich besonders für diese Rolle. Das Publikum würdigte sein Talent. Er wurde drey Mahl hervorgerufen. [...] Möge Hr. G r u t s c h den Beyfall des Publikums als Aufmunterung hinnehmen, und nicht verabsäumen, da er ohnehin ästhetische Kenntnisse zu besitzen scheint, seine Anlagen immer mehr und mehr auszubilden. G. P.

Der *Sammler* (Nr. 76, Donnerstag, 25. Juni 1829, S. 304), der auf die personellen Veränderungen im Schauspielpersonal des Theaters in der Leopoldstadt hinweist, äußert sich ebenfalls lobend über Grutsch:

> (K. K. priv. T h e a t e r i n d e r L e o p o l d s t a d t.) Bey dieser Bühne sind seit Ostern manche Veränderungen vorgefallen.

Hr. Lang ist nach Ostern abgegangen; Dlle. Ennökl hat aber die Bühne ganz verlassen, und ihr Rollenfach ist bis jetzt noch immer unbesetzt. Indessen hat die Direction an einem jungen Anfänger, Hrn. Grutsch, eine gute Acquisition gemacht. Nachdem dieser Jünger der Kunst mit vielem Beyfall und Erfolg in Raimund's »gefesselter Phantasie,« als Amphion, und in den »Fremden in Wien,« als Gustav von Rosen, seine ersten Versuche gewagt hatte, sahen wir ihn schon zu unserem Vergnügen im »Nebelgeist,« im »Mann mit Millionen,« und im »Alpenkönig« als engagirtes Mitglied. Es dürfte uns wohl in letzterer Zeit nicht so leicht ein junger Mann erschienen seyn, der mehr Talent und Fähigkeit für die Bühne gezeigt hätte, als Hr. Grutsch. Ein helltönendes Organ, schönes Äußere und richtige Declamation, verbunden mit einem ihm eigenen Feuer und Liebe zur Kunst begünstigen ihn, und verschafften ihm schon bey seinem ersten Auftreten wohlverdienten Beyfall und wiederhohltes Hervorrufen, welche Ehre ihm auch in der Folge, besonders im Mann mit Millionen, zu Theil ward. Am schönsten entwickelte sich Hrn. Grutsch's Talent im letztgenannten Stücke, so daß wir gestehen müssen, daß er auf die kurze Zeit, als er bey der Bühne ist, wirklich Bedeutendes geleistet habe. Wir wollen uns weiter nicht ins Detail einlassen, und fügen nur noch bey, daß Hr. Grutsch die rühmlich betretene Kunstbahn mit dem bis jetzt an den Tag gelegten Fleiß und Eifer verfolgen, und unsere wenigen Worte als Anerkennung seines Talents und Aufmunterung hinnehmen möge.

Ab 14. März 1830 wurde nach längerer Pause, davor zuletzt am 3. Juni 1829, die *Gefesselte Fantasie* an drei Tagen hintereinander gespielt. Der *Sammler* (Nr. 35, Dienstag, 23. März 1830, S. 140) bezieht sich auf eine abermalige Umbesetzung und führt die Anerkennung beim Publikum unter anderem auf diese neue Besetzung zurück. Die Damen Planer und Rohrbeck werden besonders hervorgehoben, Raimund als NACHTIGALL war nach Meinung des Rezensenten »unvergleichlich« und erlangte besonderen Beifall:

(K. K. priv. Theater in der Leopoldstadt.)
Den Schätzern Raimund'scher Muse wurde den 14. d. M.

der herrliche Genuß zu Theil, dessen Originalzauberspiel in zwey Aufzügen: »Die gefesselte Phantasie« mit neuer Besetzung in die Scene gebracht zu sehen. Uns ist es hier nicht darum zu thun, die poetischen Schönheiten dieser wirklich zarten, mit treffendem Witz und schalkhafter Ironie, die sich oft bis zur beißenden Satyre potenzirt, verflochtenen Dichtung, welche seiner Zeit ohnedem in unsern Blättern gewürdigt wurde, anzuführen, sondern wir bemerken nur, daß die gefesselte Phantasie, welche eine geraume Weile vom Repertoire abwesend war, nun im höchsten Grade bey dem Publicum Anerkennung und Applaus findet, wozu aber auch die accurate und präcise Darstellung, vorzüglich aber die neue Besetzung viel beyträgt. – Dlle. Planer Josephine gab die Königinn Hermione mit einem Reichtum von Gefühl, das sich in ihrem vom Herzen zum Herzen dringenden Vortrage, in ihrem fehlerfreyen Mienenspiele, so wie in regelrechter Haltung auf das erfolgreichste entwickelte. Mad. Rohrbeck, als personificirte Phantasie, ist unstreitig die beste Phantasie, die uns auf diesem Theater vorgeführt wurde. Eine niedliche Figur und eine wohltönende Stimme, welche besonders in dem wunderschönen Quodlibet im zweyten Act sich siegreich zu entfalten wußte, kommt ihr bey dieser Rolle besonders gut zu Statten. Die Dlles. Zöllner und Schreiber spielten die Zauberschwestern, und Dlle. Richter gab den goldlockigen Apollo. In der Darstellung des Harfenisten Nachtigall ist Hr. Raimund unvergleichlich. Der Charakter selbst ist so wahr aus dem Wiener Volksleben gegriffen, daß er stets zu enthusiastischem Beyfalle hinreißt. Die Scene im Wirthshause, so wie die vorletzte, unläugbar gelungenste Scene im zweyten Act, könnte Hr. Raimund nicht effectvoller geben. Gerechtes Lob verdient aber auch Hr. Schaffer als Narr. Er hat den Charakter ganz im Sinne des Verfassers aufgefaßt, und kann die Parthie des Narren der des Alpenkönigs, in welcher Rolle er immer mehr gefällt, nebenan stellen. Er wurde gerufen. Den Hofpoeten Distichon gab Hr. Roll, den Hirten Amphio Hr. Grutsch. Erstgenannter ist ein tüchtiger und denkender

Schauspieler; letzterwähnter ein junger Priester im Tempel der
Thalia, der im Besitze eines herrlichen Organs und einer ein-
nehmenden Gestalt nur noch mehr Rundung in verschiedenen
Stellungen des Körpers zu wünschen übrig läßt. Die Declamation des Preisgedichtes war voll Phantasie und Gefühl, und
hatte den Beyfall eines jeden Kenners.
[...] Sincerus.

Raimunds Gastspiel im Theater an der Wien 1830

Als erste Rolle bei seinem Gastspiel im Theater an der Wien gab
Raimund den NACHTIGALL bei außerordentlichem Andrang und
stürmischem Applaus, so die *Theaterzeitung* (Nr. 136, Samstag,
13. November 1830, S. 556 f.). Abgedruckt wird auch ein Lied des
NACHTIGALL für diese Vorstellungen und Raimunds Abdankungsrede am ersten Abend:

> Der geniale Komiker R a i m u n d , dessen Gastspiele im k. k.
> pr. Theater an der Wien, wir schon früher annoncirten, ist be-
> reits n e u n Mahl in diesem Theater bey außerordentlichem
> Zudrang und stürmischem Applaus aufgetreten. Seine erste
> Rolle war der Harfenist Nachtigall in der »gefesselten Fanta-
> sie« welche er fünf Mahl bey sehr vollen Häusern gab; seine
> zweyte Rolle war Storch im »Eheteufel auf Reisen,« wobey
> es abermahls nicht an außerordentlichem Besuch fehlte, sei-
> ne dritte Rolle in »Moisasurs Zauberspruch,« worin er drey
> Mahl erschien, und abermahls durch bedeutende Einnahmen,
> welche er dem Theater verschaffte und durch einen enthusias-
> tischen Beyfall, der ihm zu Theil wurde, bewies, welch schätz-
> barer Künstler er sey. Da er auch größtentheils seine eigenen
> Stücke zur Darstellung bringt, so ruft er auch seine Verdienste
> als Dichter wieder ins Gedächtniß, welche Stücke von jeher zu
> den beliebtesten und besten Werken gehörten, so die Volks-
> bühne aufzuweisen hat. Wir werden nächstens in einem beson-
> dern Aufsatz auf ihn ausführlich zurück kommen. Vorläufig
> ein Lied, das er als Harfenist sang, und das er eigends für die
> neuen Vorstellungen der »gefesselten Fantasie« verfasste; zum
> Schlusse die Abdankung, welche er am ersten Abend seines

Wiedererscheinens, seit dem Abgang vom Theater in der Leopoldstadt, gesprochen.

Lied des Herrn Raimund, von ihm verfasst und vorgetragen als Harfenist Nachtigall.

Ich bin ein armer Tischlerg'sell
Hab Tag und Nacht kei Ruh,
Der Meister geht nicht von der Stell'
Ich arbeit' fleißig zu.
Nur alle Sonntag geh' ich aus,
Da ist mir was passirt,
Da hat vor'm Kärntnerthor sich d'raus
A Köchinn attachirt.
Sie sagt, wie ich's beym Stand siech steh'n;
Gut'n Morgen, Mussie Hansel. –
Ich sag' zu ihr: was kaufens denn?
Sagt sie: ich kauf a Gansel.
A Gansel kaufens? O charmant!
Das sieht ja aus wie g'mahl'n!
Na führn's mich Nachmittag aufs Land,
So können's mir eins zahl'n.
Aha, denk' ich, die möcht' zum Tanz:
Und war etwas frappirt,
Ich schau bald sie an, bald die Gans,
Dann frag' ich's, wo's logiert.
Beym Winterfenster heißt das Haus,
Ein Kind kann Ihnen's nennen,
Und rückwärts schaut ein Aff' heraus,
Sie werd'n sich gleich erkennen.
Gut Köchinn, sag' ich, 's bleibt dabey,
Ich führ' sie heut' noch aus,
Erwarten's mich um halber Drey,
Ich lauf nur g'schwind nach Haus.
Z'haus zieh' ich mein Kaputrock an
Und mei manschestne Hosen,
Mein Ulmerkopf mit Quasteln d'ran,
Und auf der Brust a Rosen.

D'rauf schau ich in mei Kassa 'nein,
Ich hab' nicht viel zu eigen,
Drum steck' ich nur zwey Gulden ein
Und sieb'ne nimm ich z'leichen.
Ich hol's, da hat sie sich just g'schminkt,
Ich frag's, wo fahr'n wir 'naus?
Da sagt's, indem sie zärtlich winkt:
O führ'ns mich doch zum Strauß!
Zum Strauß, sag' ich, das kost' nicht viel,
Da fahr'n wir auf Schönbrunn
Da sieht man Straußen, wenn man will,
Allein was thun wir nun?
Da lacht sie schrecklich über mi,
Und sagt: seyns nicht so dumm,
Der Strauß spielt ja im Tivoli,
Das bringt ein völlig um.
Der Strauß ist gar a g'schickter Mann,
Der Alles unterhalt
Und der in Wien hier Jedermann
Mit seinen Tänzen g'fallt.
Ich nimm 'n Wagen, wir steigen ein,
Der Fiaker schreyt: Hi!
Er haut in seine Rössel h'nein,
Wir fahr'n nach Tivoli.
Das ist a Garten nach der Mod',
Vor Freuden war ich b'sessen,
Der Strauß hat geigent wie a Gott,
Und d'Leut hab'n schrecklich g'essen.
Wir seh'n 'n Wagen der war leer,
Ein' nagelneue Kutschen,
Da sagt sie zu mir: Lieber cher
Der Wagen g'hört zum rutschen.
Wir sitzen ein, das war a Graus!
Sie schreyt: mir wird nicht gut!
Aus Furcht bleibt ihr der Athem aus,
Und ich verlier' den Hut.
Wie's aussteigt, weint's als wie a Kind,

Mei Angst wird immer größer,
Ich zahl' a Halbe Ofner g'schwind,
D'rauf wird ihr etwas besser.
Ich führ's nach Haus auf'n Zeiselwag'n,
Und hab' nur mehr zwey Groschen,
Die Schand', was wird der Kutscher sag'n:
Die Kerl'n hab'n ka Goschen!
Ich küß' ihr d'Hand, es war a Pracht,
Wie kann ein Kuß doch laben!
Auf einmahl hör' ich, daß was kracht,
Und Alles liegt im Graben.
Heut' seyn wir im Malheur schon drin,
Voll Schmutz seyn alle Kleider,
Den Hut verlor'n, die Pfeifen hin,
Sie flucht, als wie ein Reiter.
Ich zieh's heraus, will zärtlich seyn,
Und lispel: Liebe Rösel! –
Da schlagt's mich fast in's G'sicht hinein,
Und sagt: marschiern's Sie Esel! –
Beym Hausthor endlich küßt's mich noch,
Und sagt: mir war's 'n Ehr'!
Ich denk' mir: geh zum Teuxel doch,
Du siehst mich nimmermehr.
So renn' ich voller Gall nach Haus,
Bin giftig über mi:
Kein Köchinn führ ich nimmer aus
Verflixtes Tivoli!

Dankrede des Herrn Raimund.
Verehrungswürdige!
Der heutige Abend ist in vielfacher Hinsicht einer der wichtigsten meines theatralischen Lebens. Er gewährt mir das Glück, neuerdings vor dem gütigen Publikum von Wien zu erscheinen, welches mich durch 13 Jahre in dem Theater der Leopoldstadt mit so großer Auszeichnung beehrte, dass ich dieselbe nie ganz zu verdienen im Stande war, und das mich bey meinem heutigen Wiederauftritt mit eben solcher Huld e m p f ä n g t, als es mich vor einigen Monathen gütig e n t -

l a s s e n hat. Und so fordert mich Vergangenheit und Gegenwart zum feyerlichsten Danke auf; – Ich gleiche einem Wanderer, der aus einem schönen Lande, in dem er Ehr' und Liebe geärntet, in ein neues zieht, und der, weil es ihm nicht gegönnt war, an der Gränze preisend niederzusinken, aus dem fremden Reiche noch dankend zurückruft nach der goldenen Wiege seines Glücks. – Darum Verehrungswürdigste, nehmen Sie die innigste Versicherung, daß ich tief empfinde, wie sehr ich all' mein Glück Ihrer Güte nur zu danken habe, und daß, wenn mich auch nach Beendigung meiner Gastrollen Verbindungen auf einige Zeit von Wien entfernen, ich doch nie aufhören werde, nach der Huld meiner Vaterstadt zu ringen und sie als mein höchstes Gut zu achten.

Der *Sammler* (Nr. 136, Samstag, 13. November 1830, S. 546) findet in der *Gefesselten Fantasie* zu wenig Humor und zu lange ernste Szenen und erwähnt einige Abänderungen für diese Inszenierung. Raimund spielte in seiner gewohnten Meisterschaft, Madame Kneisel als FANTASIE und Herr Ludolf als NARR werden speziell gelobt.

(K. K. priv. Theater an der Wien.) Unter den Neuigkeiten, welche diese Bühne in letzterer Zeit brachte, waren die erste Vorstellung des Grafen »Lucanoro« zum Benefice der Mad. P a n n und jene der »gefesselten Phantasie,« zum ersten Debüt des Hrn. F e r d i n a n d   R a i m u n d, die bemerkenswerthesten. [...] Eine sehr erfreuliche Erscheinung auf dieser Bühne war am 28. October F e r d i n a n d   R a i m u n d s erster Auftritt in dem von ihm selbst verfaßten Originalzauberspiele: »Die gefesselte Phantasie.« Über den Werth oder Unwerth dieses Stückes ist von den enthusiastischen Verehrern und von den gallsüchtigen Neidern des Dichters schon so viel gestritten worden, daß man darüber kaum zu einem gemäßigten Endresultate gelangen konnte, und die minores gentes, welche doch sonst das jurare in verba magistri nicht verlernen zu können scheinen, hier eine Ausnahme von der Regel machen, ihren Geschmackstyrannen endlich einmahl untreu wurden, und sich selbst ein Urtheil erlaubten, das zum Glücke des Dichters und seines Werkes sehr günstig, und zwar um so erwünschter ausfiel, als es nicht nur im Stillen, sondern auch öffentlich in vollen Häusern sich aussprach. Gegenwärtiger Referent bemerkt als Hauptfehler dieses Zauberspiels den Mangel an Humor und das etwas zu lange Ausdehnen einiger ernster Scenen, von welchen Fehlern der zweyte leicht verbessert werden kann, der erste aber vor den vielen darin enthaltenen Vorzügen: der interessanten Handlung, dem schönen Dialoge, den häufigen und höchst überraschenden Calembourgs u.s.w. beynahe durchaus verschwindet. So sprach denn auch die hier in Rede stehende Vorstellung dieses Stückes sehr an. Hr. R a i m u n d hatte recht passend einige Abänderungen getroffen, wie z. B. statt des den Gästen in der Wirthsstube vorgesungenen Harfenistenliedleins ein neue mit unterhaltender Beziehungen auf den neuen Belustigungsort der frohen Wiener, auf das allerliebtste Tivoli, u. dgl. m.; er selbst spielte mit seiner gewöhnlichen Meisterschaft, und wurde von den Mitgliedern dieser Bühne auf das Beste unterstützt. Vorzügliche Erwähnung darunter verdienen die Darstellerinnen der Phantasie, Mad. K n e i s e l, welcher in der That vor allen in dieser Rolle in Wien noch gesehenen Schauspielerinnen der Vorzug gebührt, und welche nur dieß zu wünschen übrig ließ, daß sie dieselbe nicht so seriös genommen, sondern auch den ihr, obwohl vom Dichter nur spärlich beygemischten Humor besser markirt haben möchte; dann der Darsteller des Narren, Hr. L u d o l f, welcher für diese Rolle, an welcher selbst ein K o r n t h e u e r scheiterte, ausschließlich geschaffen zu seyn scheint. Mad. P a n n gab die Königinn Hermione mit Wärme, schien indeß heute nicht ganz Herrinn ihres Organs zu seyn; Mad. L u c a s und Dlle. Z e u n e r als Zauberschwestern genügten vollkommen. Der Darsteller des Hirten der Lilienheerde war, ungeachtet seines ätherischen Anzugs, doch mehr rüstiger, als poetischer Natur. Ausstattung und Arrangement befriedigten. – Hr. R a i m u n d wurde auf das günstigste empfangen, und ein stürmischer Applaus erfolgte auf seine nach geendigter Vorstellung gesprochene, äußerst bescheidene Dankrede, in der er zur Freude der ganzen Versammlung das Versprechen machte, von Wien nie ganz ferne bleiben zu wollen. Möge dieser gleich ausgezeichnete Dichter und Schauspieler noch oft so wohlverdiente Lorbeern einernten, und uns noch lange mit den herrlichen Productionen seines schaffenden und darstellenden Genius erfreuen! Eucharis.

Die *Wiener Zeitschrift für Kunst, Literatur, Theater und Mode* (Nr. 142, Samstag, 27. November 1830, S. 1151 f; zur *Gefesselten Fantasie* nur S. 1151) liefert einen nostalgischen Rückblick auf die Leistungen des Theaters in der Leopoldstadt und findet bestätigt, dass der Grund für die anfangs dort geringe Teilnahme die Unzweckmäßigkeit des Theaters für dieses Stück war. Im Theater an der Wien waren die Rollen im Gegensatz zu früher angemessen besetzt, Raimund als Harfenist wie immer trefflich, insbesondere in der Szene mit der gefesselten FANTASIE. Auch auf das neue Lied wird hingewiesen:

> Der Abgang des berühmten und beliebten Komikers Hrn. Raimund vom Theater in der Leopoldstadt hat alle Freunde der komischen Muse mit Bedauern erfüllt. Als Dichter und Darsteller gleich ausgezeichnet, ist dieser wackere Künstler mit Recht zum Liebling des Publicums geworden. Mit Schmerz sah man ihn, den letzten eines Vereins, welcher diesem Theater einen, so zu sagen, europäischen Ruf als deutsche Volksbühne, wie keine zweyte existirt, erschafft hatte, scheiden. Nur dort erblickten wir jene volksthümliche Heiterkeit, welche in dem Spiele eines Korntheuer, Schuster, Raimund, einer Krones, Huber und Ennöckl so ansprechende Repräsentation fand. Die Freude war daher um so größer, als die Gastspiele des Hrn. Raimund an der Wien angekündigt wurden, und das Publicum also die Gewissheit erhielt, sich an dem Meisterspiele dieses ausgezeichneten Künstlers vor seiner Abreise (er folgt einem Rufe nach München) noch erfreuen zu können. Wirklich hat Hr. Raimund diese Gastspiele bereits begonnen, und sich schon mehrere Male in der »gefesselten Phantasie,« im »Eheteufel auf Reisen,« in »Moysasur's Zauberfluch« und dem »Alpenkönig« gezeigt. Seine Darstellungen in diesen Stücken sind bekannt, bis auf jene des Gluthahn im »Moysasur,« in welcher Rolle er

sich hier zuerst zeigte. – Auch die Dichtungen selbst haben wir bereits in diesen Blättern zur Zeit ihrer ersten Erscheinung besprochen, und dürfen uns daher in dieser Hinsicht auf unser früheres Urtheil berufen. Der außerordentliche Andrang des Publicums bey bereits so oft gesehenen Stücken bewies auf das unzweydeutigste die Theilnahme und Liebe, welche es dem Künstler widmet. Was die »gefesselte Phantasie« betrifft, so bestätigte sich ganz, was wir bereits in der früheren Beurtheilung dieser Dichtung aussprachen, daß nemlich die geringere Theilnahme, welche es anfangs fand, weniger in den Mängeln des Stückes, als in der Unzweckmäßigkeit seiner Form für das Leopoldstädter Theater begründet sey. Hier fand es ganz die volle Anerkennung, welche es ansprechen darf. Die Rollen des Prinzen, der Phantasie und des Narren (durch Hrn. K u n s t, Mad. K n e i s e l und Hrn. L u d o l f dargestellt) fanden in dem Spiele hier ihr volles Recht, was damals bey weitem nicht der Fall war; Dlle. Z e i n e r und Mad. L u c a s als die beyden bösen Zauberschwestern genügten vollkommen und so gestaltete sich alles zum besten Einklange. Hr. R a i m u n d selbst als Harfenist war wie immer trefflich. Er ward mit einem wahren Beyfallsjubel empfangen, und erhielt im Laufe der ganzen Darstellung gleiche Beweise der lebendigsten Anerkennung seines seltenen Talentes als Dichter, wie als Darsteller. Das neu eingelegte Lied in der Weinschenke ist ächt komisch gedacht und fand die meisterhafteste Ausführung. Gesten und Gesang war ganz der Natur abgelauscht und voll treffender Wahrheit. Die große Scene mit der gefesselten Phantasie (auch ein wahres Meisterstück als Dichtung), glauben wir nie so gelungen von Hrn. R a i m u n d dargestellt gesehen zu haben, als dießmal. Hr. Raimund ward am Schlusse stürmisch gerufen und sprach eine Dankrede in gewählten Worten.

In den Beziehungen der Darstellung läßt sich vom »Eheteufel auf Reisen« das Entgegengesetzte von der »gefesselten Phantasie« sagen; diese Piece eignet sich mehr zur Aufführung auf dem Volkstheater, und fand in den dortigen Mitteln eine glücklichere und lebendigere Repräsentation als hier; Hr. R a i m u n d aber war unübertrefflich. Die Vielseitigkeit

dieses Künstlers zeigt sich hier von der glänzendsten Seite. Welche Verschiedenheit in der Charakteristik des kranken alten Herrn, des Landstreichers, des Zerstreuten und des mürrischen, eifersüchtigen Hausmeisters! Und alles gleich wahr, gleich lebendig aus der Tiefe des Lebens geschöpft, und mit ächter Komik zur Anschauung gebracht! – Das treffliche Spiel des Hrn. R a i m u n d fand auch hier die allgemeinste Anerkennung, obschon, wie gesagt, die Darstellung im Übrigen minder ansprach, als auf dem heimischen Boden.
[...]

Carl Ludwig Costenoble notiert am 14. November 1830 in sein Tagebuch (WBR, Handschriftensammlung, Signatur H.I.N. 17.337, Bd. 2):

> Raimund gastirt jezt an der Wien bey Carl mit Glück; doch erheben sich auch Zischlaute gegen ihn. Was will das Volk nur? Schwerlich wird ihm je etwas Beßeres in diesem Genre gereicht werden. Aber es ist beinahe, als ob die Menschen eine Lust daran haben durch das Vergnügen zu verkümmern und die genialsten Darsteller zu maltraitiren. Daß Uebrigens Raimund mit seiner gefesselten Fantasie begonnen hat an der Wien, u. auch seinen Zauberfluch Moisasurs vor[be]reitet, ist eine Marotte dieses Künstlers. [...]

Aufführungen in anderen Städten ohne Raimund als Schauspieler

Ein Bericht der *Theaterzeitung* (Nr. 61, Donnerstag, 21. Mai 1829, S. 249) erwähnt Johann Nestroy vom Grazer Theater als Gast in Pressburg, unter anderem als WURZEL im *Bauer als Millionär* und als NACHTIGALL in der *Gefesselten Fantasie* (vgl. hier S. 269). Über die Aufführung in Linz ist in der *Theaterzeitung* (Nr. 12, Donnerstag, 28. Jänner 1830, S. 52) zu lesen:

> – Den 16. [November 1829] R a i m u n d s »gefesselte Phantasie,« wozu an szenischer Ausstattung von Seite der thätigen Direktion B e d e u t e n d e s gethan wurde. Der Darstellung selbst gebührt vieles Lob, nahmentlich Hr. R e m m a r k als Nachtigall, und Hr. H ö r t l als Narr, Dem. R o l a n d als Fan-

tasie war besonders im Gesange zu loben. Dem. S c h w a r z
als Hermine erschien uns abermahls sehr lieblich, und war sehr
sinnig kostümirt. Das Haus war das erste Mahl voll, doch bey
der Wiederholung ü b e r a u s – l e e r.

1830 übernimmt die *Theaterzeitung* (Nr. 36, Donnerstag, 25. März
1830, S. 148) einen Beitrag aus den Prager Unterhaltungsblättern.
Darstellung und Inszenierung mit Franz Feistmantel als NACHTI-
GALL werden teilweise stark kritisiert. Auch dem Stück selbst steht
der Rezensent eher distanziert gegenüber.

– Die Prager Unterhaltungsblätter vom
16. März enthalten Folgendes: Das Pensions-Institut für die
Mitglieder der hiesigen Bühne[1]) hat bey all seinem sonstigen
Gedeihen nicht das beste Glück mit seinen Einnahmen. So viel
sich Referent zu erinnern weiß, waren die groß gedruckten
Worte »Zum Vortheile des Pensions-Institutes« gewöhnlich
ein Prognostikon leerer Häuser. Bey dem bekannten Eifer,
mit welchem die Bewohner dieser Hauptstadt jede nützliche
Anstalt fördern, liegt der Grund jener Erscheinung schwerlich
anderswo, als in der Wahl der Stücke, und es wäre an der Zeit,
den Benefize-Vorstellungen für den Pensionsfond von dieser
Seite mehr Kredit zu verschaffen. Dießmahl hatte die Wahl
R a i m u n d s »g e f e s s e l t e F a n t a s i e« getroffen, und es
war die Vorstellung, da der beliebte Kunstreiter und Komiker A r m a n d an dem festgesetzten Tage seine Einnahme im
Zirkus hatte, auf den 14. März verschoben worden; dennoch
wollte sich das Haus nicht füllen, und so leer es war, so lau war
auch der Beyfall, mit welchem jenes »O r i g i n a l - Z a u b e r -
s p i e l« aufgenommen wurde.

– Nach dem Titel sollte man glauben, dass im Verlaufe der
Handlung die Phantasie eines Dichters durch Gram oder Sorge gefesselt, und in der Folge einer glücklichen Wendung wieder entfesselt werde. Dieß ist aber nicht der Fall, sondern die
Gefangennehmung der Phantasie ist der Grund aller Klagen,
und das Glück kommt der Befreyten nachgelaufen. Auf der

---

1) Referent behält sich vor, einige gewiß nicht uninteressante und
authentische Notizen über dieses Institut mitzutheilen.

Halbinsel Flora treiben zwey böse Zauberschwestern ihr Unwesen. Der Zauber soll in dem Augenblicke gebrochen seyn, als die Beherrscherin der Halbinsel, Hermione, einem Manne die Hand reicht. Diese aber hat ein Gelübde gethan, daß sie nur das Weib dessen werden will, welcher das beste Preisgedicht an sie liefern werde. Prinz Amphio, der in der Verkleidung eines Schäfers um sie wirbt, wird von der personificirten Phantasie begünstigt, und hat allem Anscheine nach die meiste Hoffnung auf die Hand der schönen Hermione. Aber die Zauberschwestern lauern der Phantasie auf, schlagen sie in Fesseln, und schleppen sie als Gefangene in ihr Zauberschloß. Auf einmahl sind die Köpfe des dichterischen Hofstaates hohl und leer geworden. Selbst Amphio ist desto mehr in Verzweiflung, je näher die Stunde des verhängnißvollen Sängerstreites heranrückt. Nicht genug! Eine der Zauberschwestern greift einen hässlichen Harfenisten von Wien auf, macht ihn in ihre Pläne eingehen, und kettet die Phantasie an den Tisch, wo er mit ihrer Hülfe das Preisgedicht schreiben soll. Allein die Phantasie versagt ihm ihre Dienste, ruft als er in Verzweiflung abgegangen und auf seine Knittelverse reduzirt ist, die Rache des Donnerers zu Hülfe, und wird durch einen Blitzstrahl ihrer Bande los. Die poetische Werbung beginnt. Das Gedicht des Harfenisten ist das beste, weil es das einzige ist; Hermione und Amphio sind in der höchsten Verzweiflung, denn die Zauberschwestern dringen, als Priester vermummt, auf die Erfüllung des Gelübdes. Da tritt unvermerkt die Fantasie h i n - t e r Amphio, und begeistert ihn zu einem Gedichte, dessen Preis Hermione wird. Wir sehen zum Beschluße den Gott der Dichter mit den Musen im bengalischen Feuer; Apollo ist mit der Heirath einverstanden, und das Stück hat ein Ende. Fast scheint dieses sonderbare Gemische von Allegorie und nackter Wirklichkeit, von Olymp, Hexenschloß und Wirthsstube, von Sentimentalität und kecker Laune, von hochtönenden Phrasen und Kalembourgs darauf angelegt zu seyn, einen Einbruch durch den andern zu schwächen und aufzuheben. Für die Lachlustigen bleibt fast nichts zur Ergötzung übrig, als einige angebrachte (alte) Wortspiele, (»z. B. wodurch unterscheidet sich ein Dichter von einem Baumeister? Daß es dem Dichter Ehre macht, wenn ihm was einfällt und dem Baumeister Schande!«) und die Verlegenheiten und Manieren des Harfenisten, den Hr. F e i s t m a n t e l mit gewohnter Sorgfalt und Laune gab. Im Grunde aber wiedert »Nachtigall« mehr an, als er unterhält, weil es ihm an jener drolligen Gutmüthigkeit fehlt, welche die komischen Helden der Lokalposse auszuzeichnen pflegt. Auch die Witzpfeile des Narren könnten dichter fallen und besser treffen; wenigstens hat der Dichter den Vortheil eines Organs, die Lauge des Spottes über einen Schwarm von Dichterlingen auszugießen, nur bald benützt. Hr. E r n s t spielte den Narren mit ausgezeichnetem Fleiße, und der Beyfall, den er nach dem Verwünschungskalender des ersten Actes ärntete, wurde durch kein Zeichen des Missfallens unterbrochen. Am störendsten wirkt wohl der hohe Ernst, mit welchem die Liebesgeschichte der Hermione und des Amphio gehalten und geführt wird. Ein Mädchen, welches nur den heirathen will, der sie am schönsten besingen kann, ist ein lächerliches Sujet, und ein Jüngling, der sich halbtodt grämt, weil er wegen e i n e r N ä r r i n n keinen Reim auftreiben kann, ist eben a u c h e i n N a r r. Hätte der Dichter das ganze Liebesverhältniß von der lächerlichen Seite dargestellt: so zerfiele sein Werk nicht in sich selbst. Auch die Phantasie ist viel zu sentimental gehalten, und es werden dadurch einige Späße mit welchen sie aus der Rolle fällt n u r n o c h w i d r i g e r. Mad. B i n d e r gab sie mit so viel Fleiße und so erfolgreich, als es sich von ihr erwarten lässt; dennoch setzten sich die Hände erst nach ihrem Quodlibet in Bewegung. Hr. M o r i t z (Apollo) hatte statt kostümgemäßer Sandalen zu meiner Verwunderung rothe Halbstiefeln an. Hr. H e l n i s c h (Amphio) wäre überhaupt zu wünschen, dass er seinen Kopf ruhiger hielte. Uebrigens spielte und sprach er sehr sorgfältig, mit Ausnahme einiger Deklamations-Gewohnheitssünden, die er als ein junger Mann gewiß ablegen wird, z. B. »wehrd'n« statt »werden« und ein zu kräftiges Ausstoßen betonter Sylben. Dem. Nina H e r b s t gab die Hermione, und machte aus der Rolle, was sich aus ihr machen lässt.

In einem kurzen Korrespondentenbericht berichtet der *Sammler* (Nr. 42, Donnerstag, 8. April 1830, S. 168) positiv über die Aufführungen in Prag:

> »Die gefesselte Phantasie« ist in Prag, wie uns ein unpartheyischer Correspondent geschrieben, dreymahl nach einander bey übervollem Hause und mit Applaus gegeben worden, und hat, wenn auch nicht in demselben Grade, wie in frühern Arbeiten des Verfassers, dem kunstsinnigen Publicum Prags gefallen.

Die *Theaterzeitung* (Nr. 75, Donnerstag, 24. Juni 1830, S. 304) bringt eine Rezension der *Abendzeitung* vom 8. Juni 1830:

> – Die Abendzeitung Nr. 136 vom 8. Juny enthält Folgendes aus Prag: Raimunds »gefesselte Fantasie« hat auch hier, wie in Wien, nicht die glänzende Aufnahme gefunden, wie etwa sein »Bauer als Millionär.« Er stellt darin nämlich wieder zwey unvereinbare Elemente, allegorische Ideal-Gestalten neben die Wirklichkeit, und verfehlt selbst mit großem Aufwande von Geist und Wissen seinen Zweck. Die Hauptperson, um derentwillen eigentlich die arme Fantasie sich fesseln lassen muß, die Fürstinn der Halbinsel Flora, Hermione, die sich immerfort in Infektiven gegen ihre Feindinnen ergießt, ihnen alle Augenblicke befiehlt, sich zu entfernen, ohne doch die geringste Macht gegen sie zu besitzen, ist so wenig interessant als der verkappte Hirte der Lilienheerde, der sich umsonst abmüht, ein Gedicht zu machen. Arrogantia und Vypria sind eigentlich der Haß und Neid aus dem »Millionär,« die in die Leiber der Zauberschwestern übergegangen sind, und selbst der Wiener Lyrant ist nicht sehr interessant. Eine sonderbare Eigenheit Raimunds, welches eines Theils Monotonie in seine Stücke bringt, andern Theils das Interesse mindert, und sich hier vorzüglich auffallend ausspricht, ist es, daß seine komischen Charaktere – wenigstens der letztern Stücke, wo er sich dem allegorischen Genre gewidmet hat – mehr oder minder bösartig sind, und keinen Zug jener Bonhommie an sich tragen, die in andern Volkschauspielen eine freundlichere Gemüthstimmung in den Zuschauern hervorbringen.

Der Rezensent beobachtet also eine Bösartigkeit der komischen Charaktere, etwas, das später zum Nestroy-Klischee gehören sollte. In der Rubrik »Notizen« stellt der *Sammler* (Nr. 88, Samstag, 24. Juli 1830, S. 354) unter dem Titel »Leistungen der königl. Ständischen Bühne zu Prag, vom 1. Jänner bis 30. Juny 1830.« rückblickend fest:

> 14. März: »die gefesselte Phantasie,« von Raimund, gefiel weniger als sie verdient (drey Mahl).

Vier Jahre später gab es eine Aufführung in Brünn. Der *Wanderer* vermerkte am Sonntag, den 19. Oktober 1834 (Nr. 292):

> Am 15. Oct. wurde zum Vortheile des Schauspielers Hrn. Niklas zum ersten Male Raimund's Original-Zauberspiel: »Die gefesselte Phantasie,« gegeben. 7

Gut eine Woche später erschien eine Kurzkritik dieser Aufführung (*Wanderer*, Nr. 300, Montag, 27. Oktober 1834):

> Brünn.
> – Zum Benefice des Hrn. Niklas, Regisseurs und Komikers unserer Bühne, wurde Raimund's »gefesselte Fantasie« in einer sehr gelungenen Darstellung zur Aufführung gebracht. Diese schöne Dichtung Raimund's, dem Brünner Publikum bisher noch gänzlich unbekannt, hatte sich des größten Beifalls zu erfreuen. Die Besetzung war eine sehr glückliche zu nennen. Mad. Kunert (Fantasie), Dlle. Stoll (Hermione), Hr. Korner (Amphio), Hr. Vanini (Narr) und der Beneficiant (Harfenist Nachtigall) waren höchst lobenswerth und erhielten wiederholte Zeichen des Beifalls. Das Arrangement war zweckmäßig. 6

Raimunds Gastspiel in München 1831/32

Eine positive Besprechung der erfolgreichen Erstaufführung in München am 26. Dezember 1831 bringt das *Münchener-Conversations-Blatt. Mitgabe zum Bayer'schen Beobachter* (Nr. 362, Mittwoch, 28. Dezember 1831, S. 1459):

Königl. Hof- und Nationaltheater.
(Zum Erstenmale.) Die gefesselte Fantasie, oder: der Harfenist. Original-Zauberspiel in 2 Aufzügen, von Ferdinand Raimund. Musik vom Kapellmeister Wenzel Müller.

Zwei Zauberschwestern, Vipria und Arrogantia, haßen Hermione, Königin der Halbinsel Flora, welche den Amphio, Hirt der Lilienheerde, einen Königssohn, liebt, der ein vortrefflicher Dichter ist. Dieß weiß sie, und verspricht daher ihrem Hofe, denjenigen zu heirathen, der das beste Gedicht machen werde. Die beiden Zauberschwestern hören dieß, und bestimmen Hermione zum Opfer ihres Hasses. Sie fangen die Fantasie, fesseln sie, und übergeben sie dem alten häßlichen Harfenisten Nachtigall, der sie an ein Schreibpult kettet, wo sie ihm das Gedicht in die Feder sagen soll. Die Fantasie entsetzt sich über diese Mißhandlung, und weicht der Gewalt nicht; auf ihr dringendes Flehen zerschmettert Jupiter ihre Kette; sie flieht zur Halle des Wettkampfes in der Dichtkunst, als dort eben der alte Harfenist für sein schlechtes Lied, weil er keinen Mitbewerber hatte, die Hand der Königin erhalten soll, begeistert den Amphio zu einem herrlichen Gedichte, nach dessen Schluße er sich als Königssohn zu erkennen giebt, und mit Hermionens Hand beglückt wird. Apollo erscheint im Hintergrunde auf seinem Sonnenwagen und verkündet seinen Willen. Die Zauberschwestern versinken in den Orkus, und der Harfenist wird zweiter Hofnarr.

Die Grund-Idee, daß die Fantasie sich nicht mit Gewalt zwingen lasse, ist sehr sinnig durchgeführt, und sehr wahr schon in der ersten Zeile des Liedes, womit sie auftritt, ausgesprochen, also lautend: »Ich bin ein Wesen leichter Art, u.s.w.«

Herr Raimund war als alter, versoffener Harfenist ein ächtes Charakterbild; er wurde nach dem ersten und letzten Akte mit rauschendem Beifalle gerufen. Besonders ansprechend schien uns sein Liedchen, als er vor Hermione erschien, nach der Melodie einer neuen allgemein beliebten Wiener-Walzers.

Dem. Senger, welche allerliebst aussah, spielte die Königin Hermione mit großer Würde.

Sehr lobenswerth waren: die Zauberschwester Vipria – Mad.
Schneider, – der Narr – Herr Vespermann, und
der Hirt Amphio, – Herr Urban, – und einen komischen
Anblick gewährte der Hofpoet Distichon, – Herr Meyer.
Die kraftvolle Stimme des Herrn Mayr – Apollo – in der
Schlußscene aus der ganzen Tiefe des Hintergrundes der Bühne ließ Niemand unbefriediget; jede Sylbe wurde verstanden.
Das Haus war so voll, daß bei offenen Thüren gespielt werden
mußte.

Zwei Tage später erschien eine kurze Einschätzung der zweiten
Aufführung mit Hinweis auf die leichten Unterschiede zur ersten
(*Münchener-Conversations-Blatt*, Nr. 364, Freitag, 30. Dezember
1831, S. 1467):

> Königl. Hof- und Nationaltheater.
> Dienstag den 27. Dez. wurde das neue Zauberspiel »die
> gefesselte Phantasie« oder der Harfenist, von
> Raimund bei vollem Hause wiederholt, und Herr Raimund
> (Harfenist Nachtigall) zwei Mal gerufen. Die Darstellung ging
> noch besser, als am vorhergehenden Abende zusammen, nur
> war das Aechzen eines Flugwerks sehr störend. Das Sparsystem
> der Hoftheater-Oekonomie hat vermuthlich die Anschaffung
> der zu den Flugwerken nöthigen Seife nicht zugelassen.
> Die Phantasie, welche bei der ersten Darstellung mit den
> Worten: »Ich bin ein Wesen leichter Art« auftrat, sagte
> heute: »Ich bin ein Wesen seltner Art.« Beide Ausdrücke
> lassen sich in der Natur der Phantasie rechtfertigen; da kehren
> wir die Hand nicht um. Wir leben ja selbst mit der Phantasie
> auf vertrautem Fuße und kennen sie also genau.
> Die Aeußerung der Phantasie, bei der ersten Darstellung,
> daß der Punsch begeistere, wurde heute viel passender in
> Champagner getaucht, der das Publikum zu so heiterm
> Lachen stimmte, als hätte es den edlen Göttertrank den Vater
> des Frohsinns wirklich in vollen Zügen getrunken.

Am Sonntag, den 1. Jänner 1832 schreibt die Münchner Zeitschrift
Flora über die Aufführung (*Flora. Ein Unterhaltungsblatt*, Nr. 1,
S. 3 f.):

München.
Königliches Hof- und Nationaltheater.
Am 26. December zum erstenmal: »die gefesselte
Phantasie,« Zauberspiel von Ferdinand Raimund. Allen Arbeiten dieses Meisters liegt eine schöne und ächt poetische Idee zum Grunde. Das ist auch hier der Fall. Es war bei einem vorliegenden Stoffe ohne Zweifel eine sehr schwierige Aufgabe, die zauberische Phantasiewelt mit dem wirklichen Leben zu verbinden, besonders da die Lösung des Knotens das Schicksal der mythologischen Personen entscheidet, die uns immer ferner stehen, und nicht so leicht unsre Theilnahme in Anspruch nehmen können. Am vorzüglichsten sind auch die Scenen aus dem wirklichen Leben gelungen, besonders die Scene im Kaffeehause, wo der Harfenist Nachtigall, rein aus der Natur gegriffen und von Raimund vortrefflich dargestellt, uns ein wahres und ächtes Tenierbild vorführt. Im zweiten Akte ist die Scene, wo Nachtigall aus der gefesselten Phantasie kein Gedicht zu erpressen vermag, und daher mit einem ordinairen Bänkelsängerliede sich zum Wettgesange einfinden muß, sehr geistreich durchdacht und gut ausgeführt. Das Ganze wurde vom Publikum sehr günstig aufgenommen, und Hr. Raimund nach dem ersten Akte und am Schluße gerufen.

Dieser Artikel wird dann praktisch unverändert in Wien von der *Theaterzeitung* (Nr. 9, Donnerstag, 12. Jänner 1832, S. 36) und vom *Wanderer* (Nr. 14, Samstag, 14. Jänner 1832, S. 24) übernommen. Das *Münchner Tagsblatt* (Nr. 179, Mittwoch, 28. Dezember 1831, S. 744 f.) geht ebenfalls auf die *Gefesselte Fantasie* ein, konzentriert sich aber auf die Darstellerin der FANTASIE Hagn, die in den vorher angeführten Rezensionen nicht erwähnt wurde.

Theater. Herrn Raimunds neues Zauberspiel »Die gefesselte Phantasie« wurde gestern und vorgestern mit vielem Beyfall gegeben. Die Dichtung desselben hat vielen Werth, und schien von Wenigen verstanden worden zu seyn. Dlle. Hagn gab die Rolle der Phantasie und Herr Raimund die des Harfinisten *[sic!]* Nachtigal ausgezeichnet. Das Stück hätte mehr gewonnen, wenn eine unsrer stets kranken ersten Sängerinnen die Rolle der ersteren zu übernehmen sich bewogen gefunden hätte, da alle für den Gesang bestimmten Stellen blos gesprochen werden mußten. – Hr. R a i m u n d wurde gerufen. –

Münchner Tagsblatt, Nr. 180, Donnerstag, 29. Dezember 1831, S. 748:

T h e a t e r. Dlle. H a g n wurde bey der ersten Aufführung des Zauberspiels »Die gefesselte Phantasie« wegen der »Leichtigkeit« ihres Erscheinens aus den höhern Regionen, theilnehmend begrüßt. Bey der zweyten Vorstellung hat man auf s e l t n e A r t diese Leichtigkeit vermißt.

Münchner Tagsblatt, Nr. 12, Donnerstag, 12. Jänner 1832, S. 50 f.:

Als in, »Der gefesselten Fantasie von Raimund,« Dem. H a g n auftrat.
(Eingesandt.)

Leg' in Fesseln, was vom Himmel stammet
Und die Seele hoch entzückt;
Das Gefühl mit Innigkeit entflammet,
Und dem Irdischen entrückt.
Leg' in Fesseln himmlische Gestalten,
Du zerstörst die Sehnsucht nicht;
Mächtig wird Empfindung sich entfalten
Nach dem ewig geist'gen Licht.
Mit Entzücken sah ich niederschweben
Einen Engel, Fantasie,
Und mit solcher Huld umgeben,
Die ihr mehr als Zauber lieh.
Wenn mit Anmuth und mit Geist und Würde
T h a l i e n ihren Liebling schmückt
Wird zu ihres Tempels größrer Zierde
Auch die Kunst dadurch beglückt.
O wen dann, ein Herz im warmen Busen
Für das Göttliche beseelt,
Bringet freudig euch, ihr holde Musen,
Tausend Opfer ungezählt.

….y.

Raimunds Gastspiel in Berlin 1832

In der Wiener Presse informiert der *Wanderer* (Nr. 155, Sonntag, 3. Juni 1832) über die Erstauffführung der *Gefesselten Fantasie* in Berlin:

> Am 26. wurde auf dem Königstädtischen Theater zum ersten Male »die gefesselte Phantasie« gegeben, worin Hr. R a i - m u n d als Harfenist Nachtigall erschien.

Die *Theaterzeitung*, unter Hinweis auf den *Freymüthigen* vom 21. Mai 1832, berichtet über ungerechtfertigte Meldungen bezüglich angeblicher Preiserhöhungen bei Raimunds Berliner Gastspiel (*Theaterzeitung*, Nr. 111, Dienstag, 5. Juni 1832, S. 448):

> – Bevor ein Aufsatz über die »gefesselte Phantasie« erscheint sagt der Freymüthige vom 21. May, sehen wir uns genöthigt, in einer Angelegenheit für Hrn. R a i m u n d die Feder zu ergreifen, die zu den u n a n g e n e h m s t e n M i ß d e u - t u n g e n (!) führen und dem immer fertigen N e i d (!) ein schönes Feld öffnen könnte. Aus diesen Blättern nämlich ist in die Wiener Theaterzeitung die Bemerkung übergegangen: Die Direktion des Königstädtischen Theaters habe sich veranlaßt gefunden, die früher angekündigten hohen Preise bey Hrn. R a i m u n d s Gastspiel zurück zu nehmen. Diese Bemerkung stand dort unmittelbar hinter der Anzeige von dem ersten Auftreten des Künstlers und U e b e l w o l l e n d e (!) möchten nicht ermangeln, aus dieser Zusammenstellung herauslesen zu wollen; dass die Herabsetzung der Preise durch eine laue Aufnahme unsres Gastes veranlaßt worden sey. Dem ist nicht so. K a u m w a r H e r r R a i m u n d i n B e r l i n a n g e l a n g t , s o e r k l ä r t e e r , d a ß e r g a r n i c h t a u f t r e t e n w ü r d e , w e n n n i c h t d i e P r e i s e r h ö - h u n g e n w e g f i e l e n . Er selbst bestand darauf, e r a l - l e i n , denn die Direktion ging nur ungern in seine Wünsche ein. A c h t T a g e v o r s e i n e m A u f t r i t t f a n d d i e - s e A e n d e r u n g s t a t t . Sie macht der Bescheidenheit des Künstlers Ehre, aber sie wäre nicht nöthig gewesen, denn das Publikum, welches R a i m u n d ins Theater zieht, würde

sich durch jene Steigerung der Eintrittspreise nicht haben abschrecken lassen. Wenn jemahls ein Gast die vornehme, gebildete Welt interessirte, so ist es Raimund, und seitdem die Sontag auf diesen Brettern geglänzt, hat man niemahls eine so lange Reihe von eleganten Equipagen auf dem Alexanderplatz vorfahren sehen, als bey der zweyten und dritten Aufführung des »Alpenkönigs« oder des »Bauer als Millionair.« (Die Redaktion der Theaterzeitung beeilt sich diese Erklärung alsogleich aufzunehmen. So wie sie seit Jahren und nahmentlich seit Raimunds Kunstreisen nur alles Gute verbreitete, was ihr über ihn zugesendet wurde, und was sie in Hamburger, Mannheimer und Berliner Blättern aufgefunden, so nimmt sie nicht den geringsten Anstand auch diese Eröffnung abzudrucken. Dabey kann sie nicht unterlassen zu bemerken, daß die Ausdrücke Neid, Mißgunst, Uebelwollen hier nicht an ihrer Stelle seyn dürften. Wer wird Raimund um das beneiden, was ihm vor aller Welt gebührt, wer ihm seine Lorbern mißgönnen, wer wird sein Streben mit Uebelwollen belohnen?! Wer so viele Verdienste hat, wie Raimund, muß nicht gleich jede zufällige Aneinanderstellung in einem Blatte für Beeinträchtigung seines Ruhmes ansehen. Wer nur wenig Ruhm besitzt, der mag ängstlich sorgen, daß der nichts davon verliere, der Reiche aber mag lächeln wenn ihm ein Brosamen entfällt! Bey Raimunds Ueberfluß an Lorbern hätte es daher jener Erklärung im Freymüthigen nicht bedurft!)

Die *Berlinischen Nachrichten* Nr. 124 vom Montag, den 28. Mai 1832 berichten über die Vorstellung vom 26. Mai mit einem vollen Haus sowie guten schauspielerischen und technischen Leistungen; kein anderes Zaubermärchen von Raimund habe einen so »poetischen Grund« und einen so gediegenen Inhalt:

Königstädtisches Theater.
Die gefesselte Phantasie, Original-Zauberspiel von Ferd. Raimund mit Musik von W. Müller, war ein so vielversprechender Titel, daß sich ein sehr zahlreiches Publikum zu der Darstellung dieses Stücks erwarten ließ. In der That war auch

das Haus gedrängt voll und sehr gern berichten wir, daß alle Erwartungen befriedigt wurden. Das Stück ward unter vielfachen Anerkennungen gegeben, und am Ende der Dichter, welcher selbst eine Haupt-Parthie des Dramas übernommen hatte, herausgerufen und mit rauschendem Beifall belohnt. Vielleicht hat kein einziges der Raimundschen Zaubermährchen e i n e n s o p o e t i s c h e n G r u n d und ist so gediegenen Inhalts, als diese gefesselte Phantasie. Die Fabel ist in wenigen Worten folgende. Die Königin Hermione aus der alten Heroenzeit Griechenlands/Mme. L a d d e y schwört, nur Demjenigen ihre Hand zu reichen, welcher in einer bestimmten Zeit das beste Gedicht verfertigen wird. Böse Geister des Orkus bezaubern alle poetische Köpfe des Landes, indem sie die Himmelstochter P h a n t a s i e einfangen und fesseln: zugleich schleppen sie einen Wiener Bänkelsänger (den Harfenisten N a c h t i g a l l herbey, welcher durch ein altes Lied auf die schöne Magelone, worin er nur diesen Namen, so oft er vorkommt, in Hermione umwandelt, bei der, durch die G e f a n g e n s c h a f t d e r P h a n t a s i e veranlaßten Unfruchtbarkeit aller übrigen Dichter, den Preis zu erringen droht, als noch eben die, von Zeus aus ihren Fesseln erlöste, Phantasie herbeieilt und den, längst Geliebten der Königin, Amphion, begeistert, so daß er den Sieg davonträgt. Der Stoff ist recht anmuthig verarbeitet; Laune hat dem Stück die spaßhafte Figur eines witzigen Narren verliehen, und die Musik, ist angenehm und heiter. Das Stück unterhält und erfreut. Als die vorzüglichsten unter den darstellenden Personen erwähnen wir die Herren R a i m u n d (Nachtigall), R ö s i c k e, L a d d e y und Q u a n d t, und die Damen L a d d e y, H ü r a y, F e l s e n h e i m und G r ü n b a u m; die letztere als Phantasie. Das Ensemble war gut. Unter den Leistungen des Maschinenmeisters gedenken wir nur des schönen Hinabsinkens des Sonnengotts Helios.

Die *Vossische Zeitung* Nr. 124 vom Montag, den 28. Mai 1832 äußert sich ähnlich positiv über Werk und Aufführung in Berlin und verweist auf den angeblich beim Wiener Publikum damals weniger großen Erfolg des Stücks:

Am 26sten Mai: »Die gefesselte Phantasie,« Original-Zauberspiel in zwei Akten von Ferdinand Raimund. – Hr. Raimund: Nachtigall, Harfenist aus Wien. – In Wien hat vor ein Paar Jahren dies phantastische Spiel weniger als die übrigen Raimundschen Stücke dem Volke gefallen, doch sprach sich die Kritik sehr günstig darüber aus. So sandte z. B. damals der kürzlich verstorbene junge Dichter Ludwig Halirsch dem »Gesellschafter« einen Bericht aus Wien, worin er, hinsichtlich der poetischen Elemente, dieses dramatisch-allegorische Mährchen als die bedeutendste Gabe Raimunds schildert, und sein Urtheil umständlich belegt und begründet. Seitdem ward es in München und Hamburg mit dem entschiedensten Erfolg aufgeführt; jetzt hat es in Berlin den lebhaftesten Beifall gefunden, und so werden wohl die Wiener dem Stück künftig etwas näher gehen, und in ihrer Gutmüthigkeit nicht verkennen, daß es in seiner Art von bedeutendem Werthe ist. Für die Königstädtische Bühne ist es eine wahre Zierde und die Rolle Raimunds, wenn er uns verlässt, wird auch hier gut zu besetzen seyn. Der erste Akt hat den Charakter der Tieckschen Zaubermährchen und ergeht sich in geistvollen Beziehungen und humoristischen Sarkasmen, wobei die Gegensätze des Erhabenen und Niederen, der Bildung und Rohheit sich sehr unterhaltend personifiziren. Der zweite Akt wird lebendiger noch in der Handlung und führt die Poesie in die höheren Ideen des Lebens im Kampf gegen rohe Barbarei, welche selbst die Phantasie zu fesseln versuchte, zu einem entschiedenen Siege; – freilich nur auf einer der glückseligen Inseln. Das versammelte Publikum – Kopf an Kopf – ergötzte sich ungemein und zeigte die vollste Empfänglichkeit auch für die feineren Züge des Gemäldes, dem es an starken Druckern und obenaufliegenden Späßen ebenfalls nicht fehlt. Hr. Raimund spielte – trotz einer Heiserkeit – vortrefflich, und besonders trat die Scene, wo die Phantasie an seinem Schreibtisch gefesselt ist, bedeutsam hervor. Dem. Grünbaum, »die Phantasie«, zeigte sehr bemerkenswerthe Anlagen zu einer Schauspielerin, und ist in der Erscheinung attherisch-anmuthig *[sic!]*. Ueberhaupt ging die schwierige Darstellung, in der Herrn Rollers Künste sich zugleich von Neuem glänzend darthun, schon gerundet genug, und es zeichneten sich dabei noch besonders aus: Hr. Rösike (»Hofnarr«), Mad. Huray (»Vipria«), wie denn auch Hr. Quandt (»Amphio«) und Hr. und Mad. Laddey (»Distichon,« »Hermione«) ihre Rollen gut ausfüllen, bis auf den Umstand, daß Letztere diesmal ihre hohen Töne noch monotoner hören ließ als sonst. Hr. Raimund (er und »Alle« wurden gerufen), dankte recht sinnig in folgenden, vielleicht hier nicht ganz genauen Worten:

»Ich hab's gewagt, die Phantasie zu fesseln,
Doch Jupiter kam rettend ihr herbei;
S i e fesselten heut meine Dankbarkeit,
Und niemals wünschet sie sich wieder frei.«

Wir sind überzeugt, daß diese Neuigkeit das Haus oft füllen und sich auf dem Repertoire erhalten wird.

Auf den Beitrag von Halirsch verweist auch der *Wanderer* (Nr. 160, Freitag, 8. Juni 1832):

Berlin.

– Im Königstädtischen Theater hat R a i m u n d ' s Zauberspiel: »Die gefesselte Phantasie,« Glück gemacht. Der »Gesellschafter« gab früher, als das Stück in Wien zur Aufführung kam, einen ausführlichen Bericht (von L. Halirsch) darüber, worin die Aufgabe des Drama: die Poesie und das Streben des Gemüths im Kampfe mit der Wirklichkeit und roher Gewalt darzuthun, betrachtet und die Ausführung näher beurtheilt wurde. Zu einem, mit dem Wiener Spaß umkleideten Schauspiel scheint die Tendenz allerdings zu großartig, doch bewies Hr. R a i m u n d dabei viel tüchtigen Sinn und Geschicklichkeit, so dass wir nicht anstehen, die damalige Aeußerung: es sei dieß die beste seiner dramatischen Arbeiten, zu bekräftigen. Er selbst spielte den »Wiener Harfenist Nachtigall« mit seinem anerkannten Humor, den sogar starke Heiserkeit nicht störte; auch im Zusammenspiel ist die Darstellung zu loben. Wir glauben, die Kasse werde gute Geschäfte bei dieser Neuigkeit machen.

Die *Theaterzeitung* (Nr. 186, Montag, 17. September 1832, S. 744) zitiert aus der Dresdner *Abendzeitung*:

– In der Abendzeitung Nro. 173 wird aus Berlin gemeldet: »Die gefesselte Phantasie,« ein hier noch nicht gesehenes Zauberspiel des Hrn. R a i m u n d , wurde beyfällig aufgenommen; die Idee ist ziemlich artig, wenn ich auch in die e x a l t i r t e n L o b s p r ü c h e , welche ihr von m a n c h e r Seite gemacht wurden, eben so wenig einstimmen, als mich mit der Darstellung des Harfenisten Nachtigall befreunden kann. Uebrigens zeigte sich das Publikum, einige mißlungene Vorstellungen – »Doktor Kramperl« und der »lustige Fritz« – ausgenommen, sehr wohlwollend gegen Hrn. R a i m u n d , und es ist zu vermuthen, daß Hr. R a i m u n d mit dem Publikum zufriedener ist, als die Theater-Direktion, deren große Hoffnungen k e i n e s w e g s realisirt wurden.

Raimunds Gastspiel in Hamburg 1832

Anlässlich des Gastspiels im Stadttheater Hamburg würdigt der *Freischütz* (Samstag, 29. September 1832, Nr. 40, Spalte 318–320) Werk und schauspielerische Leistung Raimunds und weist auch auf das Verkennen seiner Werke hin:

D i e T h e a t e r - W o c h e .
D o n n e r s t a g der vorigen Woche und 20ster Sept.: Zum Benefiz der Herrn R a i m u n d , zum ersten Male: »Die gefesselte Phantasie« Original-Zauberspiel in 2 Akt. von F. R a i m u n d . Musik von W. M ü l l e r . – Die Phantasie wie sie unsern Natur-Dichter R a i m u n d begeistert, trägt wahrlich k e i n e Fesseln; – gefesselt oder doch beschränkt zeigt sich hier nur die Form, in welcher die Gaben fruchtbarer Phantasie künstlerisch gebildet werden sollen, und dieser Zwiespalt zwischen Stoff und Form führt allerdings, wie jeder Zwiespalt, der moralische, wie der ästhetische, seine Gefahren mit sich. In R a i m u n d s dichterischen Gebilden offenbaren sich köstliche Ideen, sonderbarste Spiele der Phantasie, schönste Personen-Dichtungen und Verkörperungen der Idee, letztere zuweilen nur über die Gränze der Dichterwelt hinausgetrieben bis zu dem Punkt, wo das Reich der Caricatur beginnt. Und wirklich ist auch »die gefesselte« Phantasie in einigen

Scenen bis zu diesem Punkte vorgeschoben. Wie viel Boden bleibt z. B. wohl zwischen einer Verkörperung, wo die Phantasie in leibhafter Figur gefesselt am Schreibtisch des Dichters lagert, und einem Bilde, auf welchem die Flachsenfinger Soldaten eine Festung einseifen und mit dem Scheermesser über den Boden fahren, mit der Unterschrift: »Wie die Flachsenfinger eine Festung rasiren!« – Der kleinste Schritt vorwärts, und wir befinden uns auf dem Terrain, das die Flachsenfinger Figur einnimmt. In Personendichtungen kann allerdings, wie die Benennung andeutet, das Leibliche, Materielle nicht fehlen; doch müßte das, was mit der verkörperten Idee geschieht, so viel nur immer es geschehen kann, g e i s t i g vermittelt werden. Wohl darf uns die Phantasie unter dem Bilde eines in voller Jugend blühenden Mädchens dargestellt werden; ihre Fesseln aber sollen nimmer von Schmiedearbeit sein, und Fesselung, wie Entfesselung auf rein g e i s t i g e Weise vor sich gehen. Nehmen wir an – um unsere Einfalt durch ein Beispiel recht augenfällig unter die lieben Leute zu bringen – die lieben holdseligen Zauberschwestern bannen die holde Phantasie durch ihre Zaubermacht in die Gewalt einer niedern Leidenschaft, z. B. der H a b s u c h t, oder in die unumschränkte Gewalt einer wissenschaftlichen Disciplin, die alle Phantasie ausstößt, wie z. B. der M a t h e m a t i k, die gleichfalls als ernste Beherrscherin eines Reiches der Nothwendigkeit verkörpert werden könnte, so wäre die Phantasie auf eine geistige Weise um ihr »Ich« um ihr Selbst gebracht. Die Entzauberung könnte immerhin, wie bei R a i m u n d, durch einen B l i t z geschehen, aber nur nicht durch einen materiellen aus der Fabrik des Theatermeisters, selbst nicht durch einen aus der Werkstatt des olympschen Donnerers, sondern durch einen G e i s t e s - b l i t z, der der holden Phantasie das Dunkel ihrer geistigen Gefangenschaft beleuchtet, ihr Wesen durchzuckt, und sie der dämonischen Gewalt des Zaubers auf wahrhaft olympsche Weise entrückte. – Abgesehen von dem allerdings misverstandenen, oder doch viel zu weit ausgedehnten Begriff der Personen-Dichtung, ist R a i m u n d s Zauberspiel eine Gabe, die in Allewege die dankbarste Anerkennung verdient. Es werde wiederholt, die Grundidee ist vortrefflich. R a i m u n d giebt uns hier nichts Zusammengewürfeltes, etwa um, wie es nur allzuhäufig geschieht, den Maschinenmeister seine Kunst bewähren zu lassen, und das Auge der Zuschauer durch bunte und flimmernde Decorationen zu ergötzen. Hier ist das Außenwerk reines Außenwerk, erlaubtes und wirksames M i t t e l zum Zweck, der Z w e c k selbst ein rein ästhetischer, die Behandlung sehr geschickt, wenn gleich nicht überall der reinen Kunstregel analog. Es gehen noch gar zu viele Leute in R a i m u n d s Stücke, selbst zum »Bauer als Millionair« und »Alpenkönig,« die n u r lachen wollen, und gerade da, wo uns das Weinen näher ist, verkennen's nicht selten die Stufe, auf welcher R a i m u n d sowohl als Dichter, wie als Mime steht. Ein F[reischütz] getraut sich zu behaupten, daß, was »die gefesselte Phantasie« betrifft, gar Viele von der ernst würdigen Tendenz der Dichtung – überrascht worden sind, und einen Eindruck davon getragen haben, den sie nicht erwarteten, und nun erst verarbeiten müssen, um bei einer Wiederholung, die, so viel wir wissen, von sehr vielen Seiten lebhaft gewünscht wird, zu einem reinen, ungetrübten Genuß zu gelangen. Nicht minder als die Tendenz der D i c h t u n g scheint uns die Tendenz der R a i m u n d ' s c h e n D a r s t e l l u n g verkannt zu seyn, die einem F[reischütz] – so sonderbar geht's der Einfalt zuweilen – als eine ganz ausgezeichnete, ächt dichterische Leistung erschienen ist. Der Harfenist N a c h t i g a l l ist der Repräsentant der unverhüllten G e m e i n h e i t, im Gegensatz zu dem Erhabensten, was Poesie und Phantasie zu schaffen vermögen. Er ist das leibhafte Zerrbild künstlerischer Eifersucht in der niedrigsten Region, die leibhafte Ironie edelster Bestrebungen und Leidenschaften. Und wie hat R a i m u n d hier die Farben meisterlich gemischt und aufgetragen. Schaut doch auf den Mann in der elenden Kneipe, unter den rohen Gesellen, wie er voll Ingrimms gegen den Mann, der ihm mit dem Nebenbuhler aus L i n z droht, sein Bänkelsängerlied abjodelt, wie er bei jedem Anlaß zornsprühend auf den Brodtverderber hinblickt. Ein F[reischütz] hätte in diesem Augenblick ein H o g a r t h und L i c h t e n b e r g zugleich seyn mögen, um diese Scene durch Wort und Grabstichel zu fesseln. Das L i e d e l an sich hätte nach Wort und Ton allerdings entsprechender und der Situation angemessener seyn können. R a i m u n d s Behandlung dieser Scene, so wie so mancher folgenden, bleibt über alles Lob erhaben. Der Vorwurf, der dieses Lied trifft, trifft übrigens fast alle, die R a i m u n d in diesem Stücke vorzutragen hat, es fehlt ihnen allen an Farbe und Charakter, sowohl in dichterischer wie in musikalischer Beziehung. [...]

Wahrlieb.

Und unter der Rubik »Briefkasten« heißt es in derselben Nummer des *Freischütz* (Nr. 40, Samstag, 29. September 1832, Spalte 320):

B r i e f k a s t e n. 14 Zuschriften, sage vierzehn, sind bei dem F[reischütz] angelangt, sämmtlich unterschrieben: »Mehre Theaterfreunde« und sämmtlich des wesentlichen Inhalts: »Löbl. Direction des Stadt-Theaters möge doch dem Publikum das weitere Gastspiel des wackern R a i m u n d s, der seit beinahe acht Tagen die Bühne nicht betreten, nicht länger vorenthalten.« In den meisten dieser Zuschriften wird ersucht »die gefesselte Phantasie« wo möglich am Sonntage zu wiederholen. Bestellt und selbst unterschrieben. – [...]

Eine Woche später wird die Rezension vom *Freischütz* (Nr. 41, Samstag, 6. Oktober 1832, Spalte 327 f.) fortgesetzt und hauptsächlich auf die Darstellung der anderen Rollen und die Inszenierung eingegangen:

Die gefesselte Phantasie.
(Wo sie vor acht Tagen unterbrochen wurde.)
Werfen wir jetzt einen Blick auf die Darstellung im Ganzen, so kann man nur Gutes berichten. Herr L e b r ü n, der die Rolle des Narren auszuführen hat, hilft dem Dichter wacker. Der Narr hat nit eben allzuviel Gescheidtes zu sagen, wie sonst die Narren wohl pflegen; Herr L e b r ü n sagt auch das Närrische gescheidt, kurz hat viel Verdienst um diese Rolle. Die Flüche, die der Narr den Zauberschwestern nachruft, haben keine Poesie und verletzen daher. – Mamsell L e G a y e als P h a n t a s i e gewährt frei, wie in Fesseln, eine sehr liebenswürdige

Erscheinung. Überhaupt gehts seit einiger Zeit bedeutend zum Bessern mit dieser jungen Schauspielerin. Das Eckige, Schroffe, das Spielen auf H a n d l o h n vermindert sich zusehends, und das Talent macht sich allgemach freie Bahn. Nur müssen wir keine sentimentalen Charakterrollen spielen, sonst wird ein – F e h l t r i t t daraus. Die heutige Phantasie war eine recht s c h ö n e, z a r t e, b g e i s t e r n d e; alles Dankes und Lobes werth. Liebes Publikum war nur gerecht im Beifall. Sehr hübsch senkt sich die Phantasie aus ihren Höhen zur Erde nieder, die sie a l l e i n zum Himmel erheben kann. – Mamsell W a n t u c h als Blumen-Königin H e r m i o n e sehr brav. Wir sprechen jetzt mehr im Mezzo-Sopran, und das Falsettel wird, dem Himmel sei Dank, nur sparsam angebracht. Die Königin wurde sehr gut gesprochen und behandelt, und der Hirt der weißen Lämmer hat sich ein schönes H o n o r a r erdichtet an dieser Prinzessin. – Diesen A m p h i o (nach der Prosodie auf der Insel Flora wird die penultima, allen griechischen Ohren zum Trotz, kurz gesprochen: ländlich sittlich!) giebt Herr D a h n ganz vorzüglich, nicht widerlich schmachtend, aber zart, feurig, mit schönem Affect und Effect. Das Gedicht, das ihm die Königin sammt der Blumen-Insel einträgt, spricht er ganz trefflich. Der Hofpoet D i s t i c h o n ist eine undankbare theatralische Person, immer das Stichblatt jedes Witzes und Nichtwitzes, und dabei ganz ohne komische Zuthat, die hier doch wohl am Platze wäre. Herr B u r m e i s t e r thut für die spröde Rolle, was nur möglich ist. – Die Zauberschwester No. 1, V i p r i a, Madame M ä d e l, machte ihre Sachen recht b ö s, d. h. recht g u t. Aber No. 2, Fräulein A r r o g a n t i a, Mamsell L i c h t e n h e l d, hätte arroganter seyn, stärker auflesen, kräftiger färben müssen; die Striche waren allzufein; es fehlte an dämonischer Kraft. A r r o g a n t i a ist eine kecke Mamsell, und will sich machen, will Ernst und Kraft und dergleichen mehr. Ohne B a r t, waren beide Schwestern bei weitem liebenswürdiger als später, wo sie m i t dem Bart der Königin und den Florantinern einen machen. – Trefflich macht sich A p o l l o auf seinen Sonnenwagen, mit dem er ins Meer sich versenkt. Die Erscheinung hat etwas Großes, Ergreifendes. Herr F e h r i n g e r sprach den S o n n e n g o t t comme il faut. – Herr J o s t giebt den A f f r i d u r o mit aller Weihe des Priesterthums auf der Insel – F l o r a. – Vom Harfenisten N a c h t i g a l, wie ihn R a i m u n d giebt, ist schon gesprochen, und schon zu viel, denn man kann hier mit e i n e m Wörtel ausreichen, welches heißt: »meisterlich!« Sein Spiel »à la Hummer« bei der Königin, am Schreibtisch, die Phantasie zu seinen Füßen und ihm völlig dienstbar – »meisterlich!« Freischütz. Mein alter W. M ü l l e r, dessen Phantasie nie Fesseln trug, war recht glücklich im Tonsatz zu diesem Zauberspiel. Es scheint aber schon nicht Alles aus seiner Feder geflossen zu seyn; wenigstens trägt Einiges eine ganz andere Farbe und zwar nicht zum Nachtheil der Wirkung. Ein paar Liedel scheinen auch anderer Composition zu seyn; wenigstens haben sie nicht M ü l l e r s ansprechende Melodien. Die Chöre gingen ziemlich; nur wurde in dem Chor aus a-dur das zweigestr. A zu tief intonirt. Der Solist im Orchester ließ bei seinem Violin-Solo zu Anfange etwas Unsicherheit gewahren, befestigte sich aber bald und trug dann recht brav vor. – Mit dem Maschinenwesen ging es schon ganz erträglich, bis auf den Einsturz der Wirthsstube, der besser von Statten gehen konnte. Die Schluß-Decoration, wie gesagt, vortrefflich. – P. S. Haben mit Satisfaction gehört, daß am Sonntage »die Phantasie« bei e n t - f e s s e l t e m Beifall wiederholt worden, und der Künstler wie sein Werk den verdienten Kranz empfangen haben.

»Wer das Dichten will verstehen,
Muß in's Land der Dichtung gehen;
Wer den Dichter will verstehen,
Muß in Dichters Lande gehen.« W a h r l i e b.

Für die als aufgehender Stern gefeierte Constanze Le Gaye in der Rolle der FANTASIE hatte Raimund in der Hamburger Inszenierung eine Änderung vorgenommen, wie den Erinnerungen des Komponisten Heinrich Dorn (Heinrich Dorn, *Aus meinem Leben. Erinnerungen*, Bd. 2, Berlin o. J. [1871], S. 149) zu entnehmen ist:

> [...] für das Zauberspiel »Die gefesselte Phantasie« übergab mir Raimund die melodramatische Composition einer neuen

Scene, welche er für die schöne le Gai (spätere Frau Dahn in München) hinzugedichtet hatte. Was er selbst und namentlich in seinen eigenen Bühnenstücken geleistet, das ist über alles Lob erhaben; man durfte buchstäblich behaupten, daß bei einer Vorstellung Raimund's das Publikum fortwährend Thränen vergoß, entweder vor Lachen oder vor Rührung. Denn dieser Künstler hatte eine wahre Proteusnatur, wie sich ja auch in seinen dramatischen Schöpfungen neben den ausgelassensten komischen Situationen die ergreifendsten tragischen Momente vorfinden. Freilich durfte er nur in Verbindung von beiden gesehen und gehört werden, weil sein Wiener Dialect – besonders wenn er ihn (obwol vergeblich) abzustreifen bemüht war – bei isolirter nicht launiger Recitation unwillkürlich zur Heiterkeit reizte; [...]

Die *Originalien aus dem Gebiete der Wahrheit, Kunst und Phantasie* bringen eine Rezension in drei Lieferungen. In der ersten (Jg. 1832, Spalte 936) wird die *Gefesselte Fantasie* als eine der vorzüglichsten Dichtungen Raimunds bezeichnet, in der zweiten geht der Rezensent auf den Inhalt ein und in der dritten wird die Darstellung beschrieben:

[...]
Nachdem der geniale R a i m u n d seine Vielseitigkeit am Sonntag den 16. September in mehreren Scenen bewährt hat, als Herr von Schneeweiß in den »Modethorheiten,« als Ydor im »Geizhals,« Wastel in der »Brunnenkur,« Thomas im »Doctor Kramprle,« *[sic!]* u.s.w. ward am 20. dieses ein neues Zauber-Drama dieses wahrhaft originellen Dichters: D i e g e f e s s e l t e P h a n t a s i e, in 2 Aufzügen, auf die Bretter gebracht, welches wenn gleich der durch die folgenden Worte ausgesprochene Grundgedanke desselben:
»Verzeih, o Königin! G e l e h r s a m k e i t allein, verfasset kein Gedicht, W i s s e n ist ein goldner Schatz, der auf festem Grunde ruht, doch in das holde Reich der Lieder trägt uns nur der Phönix P h a n t a s i e «
nicht ganz so populair ist, wie die Ideen, welche den übrigen Dramen dieses geschätzten Dichters zum Grunde liegen,

doch für jeden Gebildeten zugänglich und in ein so anmuthsvoll poetisches Gewand gekleidet ist, daß die Wirkung, wenn man dem Stücke die gehörige Aufmerksamkeit widmet, nicht ausbleiben kann; ja, wir möchten selbst behaupten, daß diese Dichtung zu den allervorzüglichsten des Herrn Raimund gehört, und möchten sie, wenn von der Qualität seiner Productionen die Rede ist, gleich nach dem Alpenkönige und Menschenfeinde seinen übrigen Bühnendichtungen voranstellen. Die höchst anziehende und interessante Handlung ist folgende:
(Die Fortsetzung folgt.)

Originalien aus dem Gebiete der Wahrheit, Kunst und Phantasie, Jg. 1832, Spalte 943 f.:

Die gefesselte Phantasie, Zauberdrama von Ferd. Raimund.
(Fortsetzung.)
Hermione, die Beherrscherin der, dem Apoll geweihten, Halbinsel Flora, deren Bewohner nur der Poesie und den schönen Künsten huldigen, wird von Amphio, dem Sohne ihres kriegerischen Nachbars, des Königs von Athunt, mit schwärmerischer Leidenschaft geliebt. Er wirbt um ihre Hand und Hermione erwiedert: »Sie hätte, vom Werth der Poesie begeistert, im Tempel des Apollo ein Gelübde abgelegt, ihre Hand nur einem großen Dichter zu reichen, und wenn er auch der Aermste ihres Volkes wäre.« Amphio, dem das Genie der Dichtkunst mangelt, irrt nun verzweifelnd in den Wäldern seines väterlichen Reiches umher, und beschwört die Götter, seine Qual zu enden. Da beschließt der Dichtergott die Vereinigung dieses Paares, und sendet Amphio die Phantasie. Diese schwebt mit ihm nach Hermionens Land, wo er, als Hirt verkleidet, durch herrliche Gedichte, zu welchen ihn die Phantasie begeistert, das Herz der Königin erringt. Doch Hermionens Reich ist durch böse Zauberschwestern hart bedroht, die sich dieses arkadische Land zu ihrem Aufenthalt gewählt, und aus gekränktem Stolze, weil Hermione ihrer Macht nicht huldigt, es verwüsten und zerstören wollen. Die Priester

befragen das Orakel des Apollo, und der Gott bestimmt: Es könne sich die Macht der Zauberschwestern nur besiegen lassen, wenn Hermione sich vermählt, und einen Gatten wählt, der gleich ihr zu herrschen würdig ist. Auch prophezeihen ihr die Sterne einen Herrscher aus dem Hause von Athunt. Darauf bestürmt das Volk die Königin, sich zu vermählen, und Hermione, welche auf Amphios Geist vertraut, gelobt, daß sie nur mit dem ihren Thron theilen wolle, der, bis die siebente Stunde tönt, das beste Gedicht zu ihrem Lobe verfaßt habe. Diesen Ausspruch behorchen die Zauberschwestern, und um Hermionens Plan zu vereiteln, nehmen sie die Phantasie gefangen, berauben sie ihrer Flügel und bewahren sie gefesselt in ihrem Zauberschlosse. Dadurch ist der Erfindungsgeist der Dichter, welcher personifizirt in der Phantasie erscheint, gehemmt, und seines Schwunges beraubt, und die begabtesten Männer sind unfähig, ein Gedicht zu ersinnen. Um aber Hermione ganz zu demüthigen, fragen die Zaubernymphen das Orakel ihres Zaubersterns, an welchem Orte der gemeinste und häßlichste aller Sänger zu finden sey, und dieser zeigt ihnen das Bild eines niedrigen Bänkelsängers, des Harfenisten Nachtigall, in einem weit entfernten Lande. Dahin eilen sie auch schnell, entführen ihn in dem Augenblick, da sein Uebermuth sich eben über seine Sphäre erheben will, und schmieden ihm in ihrem Zauberpallaste die Phantasie mit goldenen Ketten an den Schreibtisch, mit dem Bedeuten: »Er wäre ihr Herr und könne sie zwingen, ihm ein Preisgedicht zu dictiren, welches ihm die Hand der Königin von Flora erobern muß. Doch müsse er es bis zur siebenten Stunde in dem Tempel des Apollo, mit Begleitung seiner Harfe vortragen. Darauf begeben sie sich in den Tempel des Apoll, wo Hermione, durch Amphios verzweiflungsvolles Bekenntniß, er fühle, wie alle Dichter Floras, seinen Geist unfähig, ein Preisgedicht zu erschaffen, die Götter beschwört, ihr das Geheimniß zu enthüllen, warum die Geistesnacht auf ihren Dichtern ruht. Dort verwandeln sie die zwei vornehmsten Priester in Stein und verkünden in Priestergestalt Hermionen und der versammelten trostlosen Dichterschaar den Orakelspruch: ein Fremdling würde erscheinen und Hermione müsse ihm ihre Hand reichen. In diesem Augenblick kömmt Nachtigall athemlos. Er hatte die Phantasie, welche nur aus freier Liebe begeistert, aber gefesselt niemals wirken kann, auf die gemeinste Weise durch Drohungen, Flüche und Bitten, zu der Erzeugung des Preisgedichts zwingen wollen, aber die hehre Göttin verweigerte dem Unwürdigen ihre Hülfe, und mit Zorn und Schaam kämpfend erscheint er nun im Tempel und singt ein altes Loblied auf die schöne Magelone, mit dem veränderten Namen Hermione. Mit Gelächter und empörtem Gemüthe hört es die Versammlung, da aber keiner der Dichter im Stande ist, ein anderes zu ersinnen, so sprechen die verkleideten Zauberschwestern dem triumphirenden Bänkelsänger Hermionens Hand zu. In diesem entscheidenden Moment erscheint die entfesselte Phantasie, deren Ketten Jupiters Blitz auf ihr heißes Flehen zertrümmert hatte, und begeistert ihren Liebling Amphio, welcher nun improvisirend seine Liebe zu Hermione schildert, Florens Thron fordert und sich als den Sohn des Königs von Athunt zu erkennen giebt. Die Königin erklärt sich als seine Gemahlin und das Volk huldigt ihm. Nun legen die Zauberschwestern ihre erborgte Priestergestalt ab, wollen wüthend das Heiligthum zerstören und die Versammlung tödten, doch ihre finsteren Nebel zerrinnen und auf der Oberfläche des Meeres, an welcher der Tempel erbaut ist, schwebt, die Sonnenrosse lenkend, der hehre Dichtergott Apoll. Er bestätigt Amphios Vermählung und verbannt die Zauberschwestern in den Orkus, dann ersetzt er die geraubten Flügel der Phantasie durch goldene, und sendet sie als Verkünderin von Amphios Glück an den König von Athunt. Alles huldigt ihm betend, er sinkt mit den Sonnenrossen in das weithin glühende Meer und am Himmel leuchtet freundlich der Abendstern.

(Der Beschluß folgt.)

Originalien aus dem Gebiete der Wahrheit, Kunst und Phantasie, Jg. 1832, Spalte 960:

Die gefesselte Phantasie, Zauberdrama von Ferd. Raimund.

(Beschluß.)

Die Darstellung dieses interessanten Dramas kann mit Fug und Recht eine vollkommen gelungene genannt werden. Der Harfenist Nachtigall des genialen Raimund war ein dem Leben abgestohlenes Bild jener gemeinen Bänkelsänger, welche man in den österreichischen Schenken und Kneipen so oft antrifft. Die Erscheinung hatte für uns Norddeutsche zwar etwas Fremdartiges, aber das vermindert ihren Werth keineswegs, denn die Kunst führte hier die Natur mit der größten Wahrheit an uns vorüber, und die Künstleraufgabe ward also würdig gelöst.

Nächst unserm verdienstvollen Gaste verdienen den Preis des heutigen Abends unser wackerer Lebrun, welcher in der Rolle des Narren neuerdings seine ächte Künstlerschaft bewährte, und die liebliche Demoiselle Le Gaye als Phantasie. Wahrlich, die kühnste Phantasie kann sich keine Phantasie so reizend denken, als die Phantasie, welche uns heute durch diese junge Künstlerin personificirt wurde. Aber nicht bloß ihre äußere Erscheinung war es, was ihr heute Beifall erwarb, ihr Spiel und ihr Vortrag verdienen ebenfalls unbedingtes Lob. Demoiselle Wantuch als Hermione und Herr Dahn als Amphio standen sich als liebendes Paar einander würdig gegenüber. Das Gedicht, durch welches der Letztere, von der Phantasie begeistert, den Preis erringt, ward von dem jungen wackeren Künstler ganz vorzüglich gut vorgetragen.

Die beiden Zauberschwestern, Madame Mädel und Demoiselle Lichtenheld, genügten vollkommen, so auch die übrigen Mitspieler, deren Rollen weniger bedeutend sind.

Ueber den Maschinisten haben wir manches auf dem Herzen, es sey indessen bis auf eine andere Gelegenheit verschoben, uns darüber ausführlich auszusprechen.

Aus der zu Anfange dieses Berichtes angeführten Ursache, daß nämlich der Grundgedanke dieses Dramas weniger populair sey, als die Ideen, welche den übrigen Stücken des originellen Dichters zur Basis dienen, ist es natürlich, daß die erste Darstellung der gefesselten Phantasie nicht ganz so allgemein ansprach, als die zweite, wo das Stück von der zahlreich versammelten Zuhörerschaft mit der freudigsten Stimmung aufgefaßt ward, wo dem geschätzten Gaste schon bei seinem Auftreten der lauteste Beifall gespendet, jede seiner Scenen applaudirt und er am Schlusse einstimmig und stürmisch hervorgerufen wurde.

Schließlich erscheint noch folgende Notiz in den *Originalien aus dem Gebiete der Wahrheit, Kunst und Phantasie* (Jg. 1832, Spalte 1008):

> Raimunds liebliches Drama: Die gefesselte Phantasie, ist am Sonnabend den 7. October zum Drittenmale gegeben und neuerdings sehr beifällig aufgenommen worden. Am Donnerstag den 18. dieses, wollte der geschätzte Gast als Florian im »Diamant des Geisterkönigs« für diesesmal von unserm Publikum, was ihn so liebreich aufgenommen, Abschied nehmen. Eine Unpäßlichkeit des verdienstvollen Künstlers aber hat es nöthig gemacht, diese seine letzte Gastrolle noch hinauszuschieben.

Im *Sammler* (Nr. 132, Samstag, 3. November 1832, S. 528) findet sich ein Korrespondenzbericht vom 15. Oktober 1832 aus Hamburg, dem zu entnehmen ist, dass die zweite Vorstellung besonders erfolgreich war:

> Hamburg, den 15.Oct. 1832.
> Zu den wenigen wahrhaft poetischen Schauspielern, die noch an Deutschlands Bühnenhorizonte glänzen, gehört unstreitig Ferdinand Raimund. – Der Ruf, der diesem ausgezeichneten Künstler bey seinem ersten Gastspiele auf hiesiger Bühne voranging, war so groß, daß es eine schwierige Aufgabe für denselben wurde, die gespannten Erwartungen gänzlich zu befriedigen, und die Vorurtheile Mancher, die sich in Raimund einen Localkomiker oder Buffo dachten, zu bekämpfen. Und dennoch, wie hat Raimund diese Aufgabe so schnell gelöst! – Wurde er uns längst schon durch Reisende, die ihn in Wien gesehen, als ein deutscher Potier geschildert, so wollte man doch selbst sich überzeugen, prüfen und vergleichen; doch nur wenige Vorstellungen waren hinrei-

chend, ihn zu dem Liebling eines ihm ganz fremden Publicums zu machen.

Die Wahrheit und Natürlichkeit behalten stets die Oberhand, und deßhalb wird R a i m u n d ü b e r a l l denselben Triumph feyern, den ihm Wiens kunstsinniges, gerechtes Publicum zollt. Ein Charaktermahler wie er, in dessen Bildern wir nur Wahrheit, Tiefe, Humor, Gemüth und Genialität erblicken, muß im Norden wie im Süden bald einheimisch werden.

Was ich von seinem Spiele sagte, findet sich in seinen Dichtungen wieder, humoristisch, heiter, sittlich, allegorisch und poetisch sind diese Gebilde, aus denen der Genius eines r e i - n e n Gemüthes leuchtet.

Dieselbe wohlwollende Theilnahme, denselben freundlichen Empfang und rauschenden Applaus fand R a i m u n d wieder bey seinem dießmahligen Gastspiele, welches wir, trotz des inhaltsschweren Jahres, das zwischen diesem und seinem ersten lag, nur als eine Fortsetzung desselben betrachten.

R a i m u n d gab bis jetzt Fortunatus Wurzel (einmahl), Rappelkopf (zweymahl), Quodlibet (einmahl), Florian Waschblau (zweymahl), und Nachtigall (dreymahl). So oft er auftritt, ist die Theatercasse und das Haus gefüllt.

»Die gefesselte Phantasie,« welche R a i m u n d zu seinem Benefice vor einem brechensvollen Hause gab, wollte das erste Mahl nicht allgemein ansprechen, und erhielt nicht d e n Beyfall, dessen sich seine übrigen Dichtungen erfreuten. Das Stück fand mehrere Gegner, obgleich die Recensionen, worunter auch die des geistreichen Dramaturgen Z i m m e r m a n n , sich offen für dasselbe erklärten. – Es wurde so viel dafür und dagegen geredet, daß erst die zweyte Vorstellung als entscheidend gelten konnte, wenn man von dem Grundsatz ausgeht, daß das Publicum der competenteste Richter ist. – Ein zahlreiches Auditorium fand sich bey dieser Wiederhohlung ein, das Haus war sehr voll, doch nicht überfüllt, man war sehr aufmerksam, und was vorauszusehen war, traf ein: jede Scene wurde applaudirt, R a i m u n d bey seinem Auftreten mit Beyfall überschüttet, der gar nicht aufhören wollte und erst mit dem stürmischen Hervorrufen endete. – Über die Dichtung herrscht jetzt nur e i n e Stimme, daß sie eines solchen Meister würdig sey.

R a i m u n d ' s Gastspiel wird leider bald beendet seyn, da anderweitig eingegangener Verpflichtungen ihm ein längeres Verweilen bey uns nicht mehr erlauben.

Dankbar für die vielen genußreichen Abende, die der liebe Gast uns bereitet hat, werden wir R a i m u n d nie vergessen, möge auch e r in der Heimath zuweilen noch an das ferne Hamburg denken, wo ihm treue Freunde leben, und er durch sein seltenes Talent und seinen bewährten Ruf und Ruhm als Künstler und als Mensch sich ein bleibendes Denkmahl gegründet hat.
B. A. H.

Auch dem *Wanderer* (Nr. 300, Freitag, 26. Oktober 1832) ist zu entnehmen, dass die erste Vorstellung in Hamburg weniger erfolgreich war:

Hamburg.
R a i m u n d gab zu seinem Benefice, bei gedrängt vollem Hause, die »gefesselte Phantasie,« welche das erste Mal nicht allgemein ansprechen wollte. Die Wiederholungen wurden jedoch sehr aufmerksam angehört, Dichtung und Spiel besser gewürdigt, und nun herrscht über beide nur Eine Stimme: daß sie eines solchen Meisters würdig seien. 2

Raimunds Gastspiel im Theater in der Leopoldstadt 1834/35

Die *Theaterzeitung* (Nr. 254, Montag, 22. Dezember 1834, S. 1017) lobt die Besetzung im Vergleich zu früher und stellt fest, dass die *Gefesselte Fantasie* erst jetzt nach ihrem Wert gewürdigt werde:

K. K. priv. Theater in der Leopoldstadt.
E h e v o r g e s t e r n , am 19. December, neu in die Scene gesetzt: »Die gefesselte Phantasie.« Original-Zauberspiel von R a i m u n d . Der Verfasser setzte in dieser Vorstellung seine Gastspiele auf dieser Bühne in der Rolle des Harfenisten Nachtigall fort, so wie auch Hr. Q u a n d t als Amphio.
»Die gefesselte Phantasie« nimmt unter den Werken des geachteten Dichters, ohne Zweifel in vieler Beziehung einen

ausgezeichneten Platz ein. Die Vorzüge dieser geistreichen Dichtung fanden auch allezeit Würdigung, wenn schon die Richtung, welche R a i m u n d in diesem Werke zuerst auf solche Weise wahrnehmen ließ, auf dem Platze, auf welchem sie zur Anschauung gebracht wurde, als eine, der eigentlichen Natur und Bestimmung desselben, so wie eine, mit dessen Mitteln nicht leicht vereinbare, angesehen ward. Diese Umstände, und besonders der letzte, haben sich seit dieser Periode glücklich verändert. »Die gefesselte Phantasie« entbehrt, trotz ihres höhern, poetischen Aufschwungs, des Princips der wirksamen Komik nicht, und wird bei zweckmäßiger Besetzung, welche freilich bei diesem Werke mehr, als bei irgend einem dieses Dichters erheischt wird, seine Wirkung nicht leicht verfehlen, wie sich dies bei den Kunstreisen des Verfassers überall bewährte. Was die gegenwärtige Darstellung betrifft, so können wir ihr in allen Theilen nur den Vorzug einräumen vor jener, in welcher das Stück uns früher zur Anschauung gebracht ward. Wir werden von Hrn. Raimund selbst zuletzt sprechen, und erwähnen vorerst die übrigen Partien. Hr. Q u a n d t erschien als Amphio in der zweckmäßigsten Haltung. Unterstützt von seinen schönen äußern Mitteln, bewährte der Künstler auch sein Verdienst in der geistigen Auffassung der Rolle. Er sprach mit Verstand, Gefühl und Feuer, und fand verdienten Beifall. Dem. P e r o n i zeigte sich als Phantasie, und erntete ebenfalls Anerkennung. Ihre Vorgängerin in dieser Rolle, ohne Zweifel eine der ausgezeichnetsten Lokalkomikerinnen, trug von dem Geiste dieser Partie, (vielleicht nach der Cheristane das zarteste Gebilde, welches R a i m u n d schuf), nicht die Erkenntnis in sich. Dem. P e r o n i leistete Verdienstliches, und entwickelte in mehreren Momenten Kraft und Zartheit. Besonders gelungen nennen wir die Scene mit Nachtigall, welche die Schauspielerin, obschon durch Heiserkeit etwas befangen, dennoch mit der vollsten Wirkung sehr verständig durchführte. Dem. S c h a d e t z k y gab die Rolle der Vipria, und wir stehen nicht an, diese Leistung als eine der gelungensten in der bisherigen Wirksamkeit derselben zu bezeichnen, und Dem. S c h a d e t z k y zeigte hier auf anerkennenswürdige Weise die fortschreitende Entwicklung ihres Talentes. Der Ausdruck, den sie der Rolle gab, war scharf, kräftig, und ganz im Geiste der Dichtung. Minder wirksam ihrer Stellung nach, aber in gutem Einklange mit dem Ganzen, gab Dem. Altmutter die Arrogantia. Mad. S c u t t a bewährte wie allezeit und in jeder Stellung, so auch als Hermione ihre Wirksamkeit als umsichtige, verständige Künstlerin. Die Klarheit und Besonnenheit des Vortrages fand gerechte Würdigung. Hr. L u d o l f gab den Narren mit Auszeichnung. Die Auffassung war höchst verständig, ganz im Geiste des Dichters, der diese Rolle mit besonderer Vorliebe ausstattete. Hr. L u d o l f wusste ihr in allen Theilen ihr Recht zu verschaffen, und fand entscheidenden Beifall, wie er sich denn überhaupt als ein sehr fleißiger Künstler bei allen Gelegenheiten bewährt. Die Herren F e r m i e r, T o m a s e l l i, B r a b b é e, C a t t e r f e l d, B l a n k o w s k y, wirkten in ihren Stellungen genügend, und der Einklang des Ganzen ward durch nichts gestört. Hr. R a i m u n d erschien als Nachtigall wieder ganz als jener ausgezeichnete, geistvolle Darsteller, wie wir ihn stets zu sehen gewohnt sind. Das Publikum rief seinem Liebling ein ehrendes Willkommen bei seinem Auftritte entgegen, und begleitete seine meisterhafte Darstellung mit dem regsten Antheile. Hr. R a i m u n d erntete als Dichter wie als Schauspieler den rauschendsten Beifall, und ward nach beiden Acten gerufen. Am Schlusse erschien er mit den vorzüglichst beschäftigt gewesenen Mitgliedern. Der geniale Künstler führte heute wieder seine Rolle mit dem wirkendsten Humor durch. Seine Erscheinung im Bierhause, und der Vortrag des Bänkelsänger-Liedes ist voll Wahrheit und Leben. Die Scene mit der gefesselten Phantasie ward meisterhaft gegeben. Das Ganze gestaltete sich wieder, von dem Geiste des Meisters belebt, in voller Anziehungskraft. Für die äußere Ausstattung war sehr anständig gesorgt. Das Haus war überfüllt, und man darf von dem Erfolge sagen, dass die geistvolle Dichtung erst jetzt nach ihrem wahren Werthe gewürdigt wird.

F. C. W e i d m a n n.

Auch im *Wanderer* (Nr. 358, Mittwoch, 24. Dezember 1834) urteilt der Rezensent ähnlich, was den Vergleich der Besetzungen betrifft:

– Am 19. December gab man in Leopoldstädter Theater neu in die Scene gesetzt R a i m u n d ' s Original-Zauberspiel: »Die gefesselte Fantasie.« Hr. R a i m u n d (Harfenist) und Hr. Q u a n d t (Amphio) gastirten. Als Hr. R a i m u n d vor ungefähr sieben Jahren mit dieser Dichtung erschien, ließ er den Adel der Ideen, die Lauterkeit des bessern Wollens erkennen; denn der Standpunct, auf welchen er diese theatralische Schöpfung stellen wollte, ist erhoben. Die Allegorie findet hier die trefflichste und glücklichste Anwendung; gesunder Witz und höchst gelungene Wortspiele zieren das Ganze. Die damalige Besetzung war in einzelnen Parthien minder entsprechend, gegenwärtig aber müssen wir sie recht zweckmäßig nennen, daher sich auch dieses Stück eines dauernden Eindruckes erfreute und noch viele volle Häuser herbeizuführen vermag. Hr. R a i m u n d als Harfenist wirkte äußerst ergetzlich; die große Scene im zweiten Acte, wo Nachtigall mit Hülfe der an seinen Pult gefesselten Fantasie das Preisgedicht verfassen soll, verschaffte Hrn. R a i m u n d stürmischen Beifall. Er ward sowohl während der Vorstellung als am Schlusse gerufen, wo er mit den Hauptpersonen erschien. Hr. Q u a n d t (Amphio) spielte mit Gefühl und Klarheit. Dlle. P e r o n i (Fantasie) gab uns nicht bloß ausgezeichnete Momente, sondern ein schön durchgeführtes Ganzes. Mad. S c u t t a erschien als Königinn Hermione: sie brachte ein durchdachtes Spiel zur Anschauung. Hr. L u d o l f (Narr) hat dieses Charakterbild ganz nach der Idee des Dichters repräsentirt. Hr. F e r m i e r (Hofpoet) genügte. Dlle. S c h a d e t z k y (Vipria) zeigte sich vorzüglich. Dlle. A l t m u t t e r (Arrogantia) minder verdienstlich. Dichtung und Darstellung, wie das geschmackvolle Arrangement hatten den allgemeinen Beifall errungen. Das Haus war gedrängt voll. 8

Am 1. Jänner 1835 musste die *Gefesselte Fantasie* abgesagt werden (*Wanderer*, Nr. 3, Samstag, 3. Jänner 1835):

V o r g e s t e r n wurde im Leopoldstädter Theater wegen plötzlicher Unpässlichkeit der Mad. S c u t t a statt des angekündigten Stückes: »Die gefesselte Fantasie,« der beliebte

»Diamant des Geisterkönigs« gegeben. Hr. R a i m u n d gastirte als Florian.　　　　　　　　　　　　　　　　　　　8

Danach machte das Stück in der neuen Besetzung wieder »volle Häuser« (*Wanderer*, Nr. 4, Sonntag, 4. Jänner 1835):

> – R a i m u n d ' s »gefesselte Fantasie« macht in der neuen Zusammenstellung in der Leopoldstadt volle Häuser. In dieser g e f e s s e l t e n Fantasie ist R a i m u n d ' s Genius am e n t f e s s e l t s t e n. Das Spiel des Dichters ist entzückend; Dlle. P e r o n i ist eine liebenswürdige Fantasie; Hr. Q u a n d t wie immer ausgezeichnet brav. Das ganze Stück ist überhaupt sehr gut b e s e t z t, und so kann es nicht fehlen, daß auch bei der jedesmaligen Aufführung desselben das Haus voll und stark b e s e t z t ist.　　　　　　　　　　　　　　　　　888

Mehrfach findet sich die *Gefesselte Fantasie* in den Repertoireankündigungen des Theaters in der Leopoldstadt, so in *Theaterzeitung*, Nr. 2, Samstag, 3. Jänner 1835, S. 8:

> R a i m u n d s »gefesselte Fantasie« kommt am 4. und 6. [Januar] zur Darstellung.

Im *Wanderer*, Nr. 17, Samstag, 17. Jänner 1835, heißt es:

> [Am] 18. [Jänner:] »Die gefesselte Fantasie.« (Hr. R a i m u n d als Gast.)

In der *Theaterzeitung*, Nr. 82, Samstag, 25. April 1835, S. 328 findet sich die Ankündigung:

> Dinstag den 28. [April] zum Vortheil des Veteranen Wenzel M ü l l e r, R a i m u n d s »gefesselte Fantasie,« [...]

Im September 1835 nimmt Moritz Gottlieb Saphir in einer Betrachtung über die »Volksbühne« und Nestroys *Zu ebener Erde und erster Stock* u. a. auch auf Raimund und seine Nachahmer Bezug (*Theaterzeitung*, Nr. 195, Mittwoch, 30. September 1835, S. 779):

> [...] Es gibt kein V o l k s t h e a t e r, es gibt keine V o l k s d i c h t e r mehr bei unsern sogenannten Volkstheatern. R a i m u n d muß einen großen Theil dieser Schuld tragen. Er hat

Talent, ein ausgezeichnetes Talent, zuweilen ein poetisches Talent, ich achte ihn in seinem dramatischen Streben, ich liebe ihn als Darsteller, aber den Weg der Volkpoesie hat er verlassen, und hat ein neues Genre erschaffen: die Allegorienspiele. Es ist alles gut, es ist alles mit Geist und Geschick gemacht, es ist alles lobenswerth, aber es sind keine Volksstücke, und sind auch keine idealen Stücke: »Hier geboren, dort erzogen!« Alle Allegorien lassen kalt, die Ansichten des Lebens, seine Zwischen- und Wechselfälle von Licht und Schatten sind nur gewaltsam gepfropfte Früchte auf dem Allegorienbaum. Hr. Raimund zäumt seinen Pegasus im Aether auf, und führt ihn dann ins Lerchenfeld zur Tränke. Ich hätte aus der Haut fahren mögen, als ich in seinem schönen Erzeugnisse: »die gefesselte Phantasie« die Phantasie sagen hörte:
»Ich steck' die Sonne auf den Hut,
Und würfle mit den Sternen,
Doch vor des Beifalls Harmonie
Beugt sich selbst die Phantasie!!!«
Zwei Ohrfeigen thuen nicht so weh, als dieser Ikarussturz!
Allein Hr. Raimund hat bei seiner Leidenschaft für Allegoristik Genialität, Geschick, poetisches Gefühl, ja zuweilen poetische Aeußerungen, und seine Stücke bleiben immer vorzüglich und angenehm. Allein er hat, wie jede eigenthümliche Erscheinung, ein Heer von Nachahmern hervorgerufen, die den Allegorienbaum abraupen, und wie die Blattläuse jedes mythologische Blättchen zernagen, die den Winter in einen Pelz stecken und den Frühling in einen Fächer, und dann poetisch zu seyn glauben. Dieses Heer talentloser Nachahmer haben das Volkstheater vollends aus seinen ursprünglichen Angeln gehoben, und es querüber in den verderblichen Luftzug zwischen poetische Genreklauberei und allegorischen Firlefanz hineingedreht.

[...]

Andere berichtete Aufführungen ohne Raimund vor dessen Tod

Der *Wanderer* (Nr. 137, Montag, 16. Mai 1836) geht auf eine Neuinszenierung im Theater in der Leopoldstadt ein:

K. K. priv. Theater in der Leopoldstadt.
Vorgestern wurde zum Vortheile des Hrn. Ludolph, neu in die Scene gesetzt, gegeben: »Die gefesselte Fantasie,« von Ferdinand Raimund. Da Hr. Ludolph erkrankte, so übernahm Hr. Schaffer die Rolle des Narren, und führte sie, die kurze Zeit der Uebernahme bedenkend, zur vollen Zufriedenheit durch. Mad. Auguste Ribics, geb. Schreiber, gastirte als Fantasie, und brachte uns jene liebliche Erscheinung, die sie vor einigen Jahren in derselben Rolle war, getreu in's Gedächtniß zurück; sie gab ihre Rolle sehr durchdacht und war ganz in den Geist der herrlichen Dichtung unseres genialen Raimund eingedrungen. Ihr Costume war nett und sinnig, und das Aeußere ihrer Erscheinung höchst interessant. Das sehr zahlreich versammelte Publikum nahm Mad. Ribics wohlwollend und freundlich auf, und lohnte ihr Bestreben mit ehrendem Beifalle. Mad. Scutta (Hermione) spielte mit Gefühl und Anstand. Hr. Weiß (Nachtigall) öffnete die Quelle seines unversiegbaren Humors und erheiterte durch seine vis comica. Die ganze Vorstellung ging gerundet zusammen. 14

Drei Tage später wird berichtet (*Wanderer*, Nr. 140, Donnerstag, 19. Mai 1836):

Der durch sein Engagement bei der Leopoldstädter Bühne und durch seine Leistungen im Intriguantenfache bekannte Schauspieler F. W. Hatscher, welcher noch am 14. in Raimund's »gefesselter Fantasie« spielte, ist am 17. d. M. nach einer kurzen Krankheit mit Tode abgegangen. 38

Der *Sammler* (Nr. 61, Samstag, 21. Mai 1836, S. 244) schreibt:

(K. K. priv. Theater in der Leopoldstadt.)
Samstag den 14. wurde zum Vortheile des Schauspielers Carl Ludolph im Leopoldstädtertheater Raimund's »Gefesselte Phantasie« größtentheils mit neuer Besetzung gegeben.
Es zeugt von der Sterilität der neuen Productionskraft, daß in kurzer Zeit drey Beneficianten an dieser Bühne es vorgezogen, Raimund'sche so oft gesehene Stücke, zu ihren

Beneficen zu wählen, als es mit modernen, zweifelhaften Erzeugnissen der jetzigen sogenannten Localdichter zu versuchen. Die »gefesselte Phantasie« ist mit ihrem Inhalte und mit ihren Schicksalen hinlänglich und allgemein bekannt, – und wenn dieses – von so wenigen ganz begriffene Zauberspiel nicht eines ähnlichen Totaleffectes, wie die andern R a i m u n d 'schen Dichtungen, sich zu erfreuen hatte, so wird es doch jederzeit den gebildeten Theil des Publicums ergötzen, und es reiht sich den mit mehr Furore aufgenommenen ganz würdig an. Die Wahrheit dieser Behauptung liegt in der neuesten Erfahrung, denn es wird wohl Niemanden beykommen, die gegenwärtige Besetzung, mit wenigen Ausnahmen, mit der ursprünglich Statt gehabten in eine Parallele setzen zu wollen! R a i m u n d war Nachtigall, Dlle. H e u r t e u r war Hermione, in voller Jugendfülle. – Dlle. E n n ö k e l (unvergeßlichen Andenkens) und Dlle. G ä r b e r, beyde dermahlen verehlicht, waren die Zauberschwestern! – K o r n t h e u e r gab den Narren; Dlle. K r o n e s die Phantasie! Die HH. G r u t s c h und L a n g waren die ursprünglichen Amphios! Doch wozu noch weitere Rückerinnerungen suchen? Sie liegen in gefeyerten, größtentheils der Bühne abgeschiedenen Nahmen! Und doch verfehlt auch bey der gegenwärtigen Reprise dieses Product eines ächten Dichtertalentes seine Wirkung nicht; obgleich wir die Darstellerinn der Zauberschwester: Vipria (Dlle. A l t m u t t e r) darauf aufmerksam machen müssen, daß Mäßigung des Organs und sorgsames Streben nie die Gränze der Natur zu überschreiten, wichtige Bedingnisse der Darstellung sind, und daß man durch Überbiethung der Stimme leicht das Publicum zum Unwillen reizen kann; – obgleich von Odi dem Höflinge (Hrn. B r a b e e), selbst von dem großen Apollo (Hrn. B l a n k o w s k y) die Bescheidenheit mehr zu sagen verbiethet, und nur des Hrn. W e i ß als Nachtigall, und des Hrn. S c h a f f e r s als Narr, der an des plötzlich schwer erkrankten Beneficianten Stelle diese schwierige Rolle vortrefflich und zur allgemeinen Zufriedenheit gab, dann des weiblichen Gastes, der Mad. Auguste R i b i c s , geb. S c h r e i b e r, als Phantasie, die durch Aussehen und Richtigkeit des Vortrags eine sehr angenehme Erscheinung war, mit geziemendem Lobe erwähnt werden kann. Überhaupt strebt Hr. W e i ß rastlos dahin, mit naturgetreuer Wahrheit die komische Wirksamkeit zu vereinen; dieser Künstler copirt nirgends, er findet in seinem reichen Talente den rechten Weg, und es gereicht ihm wahrlich zur großen Ehre, daß seine Repräsentation des Nachtigall mit jener R a i m u n d s eine günstige Vergleichung aushält. Hr. K r o l l war Amphio; obgleich wir die Anfängerschaft des Hrn. K r o l l stets berücksichtigen, und an seine Leistungen nur einen glimpflichen Maaßstab anlegen, so konnten wir uns dießmahl mit seinem Amphio durchaus nicht befreunden. Vor allem empfehlen wir Hrn. K r o l l Klarheit, Ruhe und Deutlichkeit der Rede, und wünschen, daß er sich in Zukunft nicht bloß mit dem Memoriren seiner Rolle begnüge, sondern Gefühl walten lasse. Die Darstellung ward von einem zahlreichen Publicum besucht. A. J. S c h u l z.

2. Zur Interpretation

In der zeitgenössischen Tagespresse wurde beim Erscheinen der *Gefesselten Fantasie* der höhere poetische Wert im Vergleich zum *Mädchen aus der Feenwelt* gewürdigt, zugleich aber die Entfremdung von den Anforderungen des Theaters in der Leopoldstadt und seines Publikums festgestellt und seine Eignung eher für ein Theater wie dem Theater an der Wien gesehen (*Theaterzeitung*, 15. September 1827, S. 455, *Sammler*, 19. Jänner 1828, S. 35 f., *Wiener Zeitschrift für Kunst, Literatur, Theater und Mode*, 26. Jänner 1828, S. 93–96, vgl. in diesem Band S. 659–665). In derselben Nummer der *Wiener Zeitschrift für Kunst, Literatur, Theater und Mode* wird die Meinung vertreten, *Das Mädchen aus der Feenwelt* sei für das Publikum des Theaters in der Leopoldstadt der Höhepunkt gewesen, »bis zu welchem die Veredlung eines Volks-Spectakels sich erheben darf«. *Die gefesselte Fantasie* passe weder für die Darsteller noch für das Publikum des Theaters in der Leopoldstadt. Harfenisten standen an unterster Stufe der ästhetisch und gesellschaftlich gesehenen Unterhaltungsangebote. Ein Vergleich mit

dem Nestroy-Stück *Weder Lorbeerbaum noch Bettelstab* von 1834 bietet sich an. Vielleicht könnte man *Die gefesselte Fantasie* als Poetik Raimunds sehen.
Wie beim *Mädchen aus der Feenwelt* sei auch hier als gute Zusammenfassung literaturwissenschaftlicher Interpretationszugänge verwiesen auf Jürgen Hein / Claudia Meyer, *Ferdinand Raimund. Der Theatermacher an der Wien. Ein Führer durch seine Zauberspiele*, Wien 2004, S. 46–48. Das nachfolgende Zitat sowie die Basis für die anschließende Bibliographie sind daraus entnommen.

Das »Künstlerdrama« ist Raimunds »Programmstück« (Rommel) und enthält seine dichterische Selbstrechtfertigung. Das Komische wird ganz in episodische Szenen verwiesen. Ebenso werden das Zauberwesen und das allegorische Geschehen nicht mehr parodistisch gezeichnet. Raimund trachtet mit der selbsterfundenen Fabel, die er im »Original-Zauberspiel« (im Gegensatz zum parodistischen Zauberspiel) darstellt, mittels Verbindung der heterogensten Stilelemente (von volkstümlich-derben bis zu mythologischen und solchen der klassischen und romantischen Dichtung) sich vom bloß Lokalen zu lösen und den Weg zum hochsprachlichen ernsten Drama einzuschlagen. Das Erreichen dieses Ziels wurde von der Kritik verneint; man warf ihm falschen Ehrgeiz vor, das Stück passe nicht für das Volkstheater. Das »unschuldige Gedicht« (Raimund) ist ein Ideenstück, das mit mythisch-allegorischen Mitteln die Verbindung von Kunst und Leben durch die Liebe im Vordergrund zur Anschauung bringt, während im Hintergrund das sinnbildliche Geschehen von der nur in Freiheit schöpferischen Phantasie entfaltet wird. Die Phantasie wird zu einer nicht nur die Kunst, sondern das ganze Leben umfassenden Kraft, die auch die beiden Handlungsebenen zusammenhält.
Nach Schaumann kommentieren Vipria und Arrogantia die Liebeshandlung; der Prozeß des Erkennens in Amphio und Hermione werde durch die allegorische Handlung gespiegelt. Zum einen ist die Phantasie Verkörperung der hohen und edlen Kräfte, zum andern verdeutlicht sie die psychologische

Entwicklung des Liebespaares, schließlich kommt ihr die Vermittlerrolle zum Publikum zu. Als Medium der dichterischen Selbstdeutung ist sie in den dramatischen Ablauf einbezogen. Amphio, Distichon und auch Nachtigall sind Spielarten des Dichterischen; Nachtigall und der Narr repräsentieren die episodenhafte Komik. Nachtigall und sein handwerkliches »Kunstverständnis« des Bänkelsängers stellen ein satirisches Gegenbild zu den Dichterlingen der Halbinsel Flora dar. Konfrontiert mit der von außen hereinbrechenden Wirklichkeit, gerät das in der Isolation gepflegte Dichter-Ideal zum bloßen Wortfassadentum und verfällt der Satire. Das leere Anspruchsvolle wird vor dem bewußt Anspruchslosen zunichte. Allerdings können die Entschuldigung der Phantasie, daß sie nur »Kleines« habe hervorbringen können, da sie »gefesselt« war (II, 12), und die Ernennung Floras zur »Dichterinsel« durch Apoll über die Brüchigkeit der Aussage nicht hinwegtäuschen. Der Karikatur des Volkskomikers Nachtigall, durch die Raimund seinen Weg aus dem bloßen Lachtheater zum volkstümlichen Bildungstheater demonstrieren wollte, kann er keine ebenbürtige, lebendige Figur entgegensetzen. Das als Zerrbild Konzipierte ist authentischer, realistischer und trug wesentlich zur günstigen Aufnahme des Stückes bei.

Allegorisches ist mit burlesker Realistik verbunden. Der antikisierende Stil, die zahlreichen mythologischen Anspielungen verfremden die lokale Grundlage Wiens, das in vielen Anspielungen erkennbar ist. Die Synthese aus ernsten und komischen Szenen, aus verschiedenen dramatisch-theatralischen Darstellungsmustern (u. a. Märchendrama, Zauberspiel, Lokalstück) führt auf den verschiedenen Sprach- und Spielebenen zu einer Neubestimmung der Funktion des Komischen, das episodisch, die Szenen gegeneinander sperrend, aber auch verbindend, überleitend, ferner versöhnlich, aber auch kritisch wirken kann. Die Lieder und Verseinlagen haben eine wichtige Funktion in der Abgrenzung oder Verknüpfung der komischen und der ernsten Partien, indem sie Thematik und Geschehen auf eine andere ästhetische Ebene verlagern. Der allegorische Apparat macht nach Schaumann komplizierte

Seelenvorgänge sichtbar und setzt sie in Handlung um. Die Fesselung der Phantasie ist auch eine Strafe für Amphios bzw. Hermiones anmaßendes Verhalten. Erst in der Ausweglosigkeit erkennen beide ihren Irrweg, und Apollo kann helfend und die Konflikte lösend eingreifen.

Das Stück zeichnet sich durch eine einfache Handlung aus, die sich an die »Einheit der Zeit« hält und in der sich Allegorisches und Menschliches, Liebeshandlung und Sieg der Poesie wechselseitig durchdringen. Im Blick auf die Stellung des Stücks in Raimunds Entwicklung, erscheint der Autor und Schauspieler unter der Doppelperspektive von Amphio und Nachtigall, von ehrgeizigem Dichtertum und gelungener Volkskomik. Er selbst spielte die Rolle des Harfenisten Nachtigall. Es stellt sich die Frage, ob nicht die allegorische dichterische Selbstdeutung in Widerspruch mit der handfesten Komik Nachtigalls gerät? Raimund verweist mit der allegorischen Verkleidung auf die ›fesselnden‹ Bedingungen des Vorstadttheaterbetriebs, die ihn als Dichter behindern, aber er hat sich in diesem Stück selbst auch Fesseln angelegt. Die Doppelexistenz von Amphio und Nachtigall löst das Dilemma nicht; den Sieg der Komik trägt Nachtigall davon, Amphio den Sieg der Poesie. Dem Publikum bleibt die Wahl der Gewichtung.

Pia Janke, die ihre Interpretation auf Gegenspieler und Spielverderber abstellt, sieht in der *Gefesselten Fantasie* (S. 102–105) die Spielverderber von Anfang an als Teil dieser Welt, während beim *Mädchen aus der Feenwelt* die irdische Welt zum Schauplatz überirdischer Kämpfe wird. Die beiden Zauberschwestern haben sich »in der Idylle der Halbinsel, die nur Poesie, Gesang und Tanz zu kennen scheint, eingenistet und bedrohen die Bewohner und ihren Müßiggang. [...] Das Böse, das Maßlose, das Triebgesteuerte ist in dieser Idylle nicht inexistent, sondern wurde nur ausgegrenzt« (S. 102 f.). »Die Zauberschwestern veröden den gepflegten Garten, zerstören die Schönheit und die Harmonie. Nimmt man diese Verwüstung als allegorischen Vorgang, so zeigt er die Sichtbarmachung dessen, was hinter der Fassade versteckt ist: das Chaos, das Grauenvolle, das Tote« (S. 103). Nicht nur das Land, sondern auch die Poesie wird von den Schwestern verwüstet, und sie entlarven die hohe Kunst als gipsernen Klassizismus (S. 104).

In der *Gefesselten Fantasie* sind Frauen, denen die wahre Weiblichkeit abgesprochen wird, und nicht wie in den anderen Stücken Männer die Spielverderber (S. 104). »Raimunds Theaterstücke enden in der (Re-)Installation einer Harmonie, die vom Chaos, das sie bedrohte, nichts mehr wissen will« (S. 105). »Das Negative wird nicht verarbeitet und dadurch überwunden, sondern getilgt« (S. 105). VIPRIA macht indirekt klar, dass Wien die Entsprechung der Halbinsel Flora ist (S. 104).

Literatur:

Bauer, Roger, *La réalité, royaume de Dieu. Etudes sur l'originalité du théâtre viennois dans la première moitié du XIXe siècle*, München 1965, S. 154–156.

Brody, Agnes, *Die Elemente des Stegreiftheaters bei Raimund*, Diss. (masch.) Wien 1953, S. 120–133.

Diederichsen, Diedrich, *Shakespeare und das deutsche Märchendrama*, Diss. (masch.) Hamburg 1952, S. 191 ff.

Erdmann, Walter, *Ferdinand Raimund. Dichterische Entwicklung, Persönlichkeit und Lebensschicksal*, Würzburg 1943, S. 124–134.

Fuhrmann, Karl, *Raimunds Kunst und Charakter*, Berlin 1913, S. 46–52.

Hein, Jürgen, *Das Wiener Volkstheater*, Darmstadt 3. Aufl. 1997, S. 117–133.

Ders., ›Gefesselte Komik und entfesselte Lachlust: Ferdinand Raimund und Johann Nestroy‹, in: *Raimund, Nestroy, Grillparzer. Witz und Lebensangst*, hg. von Ilija Dürhammer und Pia Janke, Wien 2001, S. 31–48.

Holtz, Günter, *Ferdinand Raimund – der geliebte Hypochonder. Sein Leben, sein Werk*, Frankfurt/M., Berlin, Bern, Bruxelles, New York, Oxford, Wien 2002, S. 168–178.

Janke, Pia, ›Zauberbrut und Geistergesindel. Raimunds Spielverderber‹, in: *Raimund, Nestroy, Grillparzer. Witz und Lebensangst*, hg. von Ilija Dürhammer und Pia Janke, S. 97–106.

Kahl, Kurt, *Ferdinand Raimund*, Velber b. Hannover 1967, S. 57–63.

Kilian, Eugen, ›Raimunds *Gefesselte Phantasie* in neuem musikalischen Gewande [Franz Schubert *Die Zauberharfe*]‹, *Jahrbuch der Grillparzer-Gesellschaft* 12 (1902), S. 191–198.

Kindermann, Heinz (Hg.), Ferdinand Raimund: *Die gefesselte Phantasie*, Graz 1957, S. 5–27.

de Laporte, Ernst, *Studien über die Beziehung Ferdinand Raimunds zur Romantik*, Diss. (masch.) Kiel 1953, S. 43 ff., 83 ff. und 118 ff.

Michalski, John, *Ferdinand Raimund*, New York 1968.

Müller-Guttenbrunn, Adam, *Die gefesselte Phantasie*, Wien 1893; im Anhang: Karl Glossy, ›Zur Geschichte des Zauberspieles: *Die Gefesselte Phantasie*‹, S. 22–27.

Nash, Martin A., ›*Die gefesselte Phantasie* and F. Raimund‹, *German Quarterly* 36 (1963), S. 14–23.

Prisching, Rudolf, ›Die gefesselte Phantasie. Eine Studie‹, in: *Ein Wiener Stammbuch. Carl Glossy zum 50. Geburtstage*, Wien 1898, S. 120–138.

Ders., ›Ferdinand Raimunds Anfänge‹, *Jahresbericht des Kommunal-Gymnasiums Mährisch-Ostrau*, 1901/02, S. 4–35.

Roe, Ian F., ›Ferdinand Raimund's Poetry‹, *Modern Language Revue* 81 (1986), S. 912–929.

Rommel, Otto, ›Ferdinand Raimunds Original-Zauberspiele‹, in: ders., *Die Alt-Wiener Volkskomödie. Ihre Geschichte vom barocken Welt-Theater bis zum Tode Nestroys*, Wien 1952, S. 886–927.

Schaumann, Frank, *Gestalt und Funktion des Mythos in Ferdinand Raimunds Bühnenwerken*, Wien 1970, S. 100–115 und 146 f.

Scheit, Gerhard, ›Die Komik des Traurigen: Ferdinand Raimund‹, *Informationen zur Deutschdidaktik* 19 (1995), Heft 2, S. 46–57.

Schott, Georg, ›Wagner und Raimunds *Gefesselte Phantasie*. Eine stoffliche Parallele zur Meistersinger-Dichtung‹, *Signale für die musikalische Welt* 92 (1934), S. 617 f.

Sengle, Friedrich, ›Ferdinand Raimund‹, in: ders., *Biedermeierzeit. Deutsche Literatur im Spannungsfeld zwischen Restauration und Revolution 1815–1848*, 3 Bände, Stuttgart 1971–1980, Bd. 3, Stuttgart 1980, S. 34 f.

Sonnleitner, Johann: ›Sentimentalität und Brutalität. Zu Raimunds Komödienpoetik des Indirekten‹, in: *Raimund, Nestroy, Grillparzer. Witz und Lebensangst*, hg. von Ilija Dürhammer und Pia Janke, Wien 2001, S. 81–96.

Urbach, Reinhard, ›Ferdinand Raimund‹. In: *Bürgersinn und Aufbegehren. Biedermeier und Vormärz in Wien 1815–1848*, Katalog der 109. Sonderausstellung des Historischen Museums der Stadt Wien, Wien, München 1988, S. 418–421.

Vancsa, Kurt, *Ferdinand Raimund. Ein Dichter des »Biedermeier«*, Innsbruck, Wien 1936, S. 39 f.

Wachsmann, Michael, *Spielebenen als Stilebenen in Ferdinand Raimunds Zauberspielen. Untersuchungen zur Sprachgestaltung und ihrem historischen Kontext*, Diss. München 1975, S. 105–108.

Wagesreither-Castle, Edith, ›Schillersche Züge in Raimunds Dichterantlitz‹, Österreich in Geschichte und Literatur 19 (1975), S. 257–288.

Wagner, Renate, *Ferdinand Raimund. Eine Biographie*, Wien 1985, S. 192–199.

VARIANTEN

1. »Heurigenlied« / »Paganinilied« / »Tischlerlied« (I, 10; 115/1–10)

Raimund sang anstelle des ursprünglich vorgesehenen Quodlibets für NACHTIGALL in I, 20 (115/1–10) bei der Uraufführung der *Gefesselten Fantasie* am 8. Jänner 1828 vermutlich das sogenannte »Heurigenlied«, das hier nach ÖNB, Handschriftensammlung, Signatur s.n. 3370, S. 61 f. wiedergegeben wird:

> Lied des Harfenisten aus der gefesselten Fantasie in der Wirthshausscene.
>
> Der Heurige ist ja ein Göttergetränk,
> Er wirft oft die schönsten Leut unter die⌈'⌉ Bänk,
> Und wer bey der Nacht will die Sonn' scheinen sehn,
> Der darf nur recht spot noch zum Heurigen gehn.
> Drum Brüderln ich rath engs zum uZ ⌈ein⌉ Heurigen geht's.
> ⌈trinkt's!⌉
>
> Der Heurige gibt einem Menschen erst Lust
> Er stärkt ihm die Leber und frießt ihm die Brust,
> Er bringt die Leut früher in Himmel hinein
> Denn mancher, der'n trunken hat, wird schon dort seyn.
> Drum Brüderln ich rath engs, ein Heurigen trinkts.
>
> Der Heurige kennt kein' Partheilichkeit nicht,
> Er laßt sich nicht spicken, er thut seine Pflicht,
> Sey's Graf oder Bettler, da schützt gar kein Nahm',
> Der Heurige packt ihn, und reißt ihn zusam'm,
> Drum Brüderln ich rath engs, ein Heurigen trinkts.
>
> Und wollts nicht viel zahlen, so macht es nur fein
> Und duselts den Wirth an mit Heurigem Wein.
> Im Rausch sieht er doppelt, da zahlts ihn g'schwind aus,
> So schlupfts bei der Zech' mit der Hälfte hinaus.
> Drum Brüderln, ich rath engs, ein Heurigen trinkts.

Die Musikhandschrift MHc 21.054 aus der Musiksammlung der WBR weist abgesehen von kleinen Unterschieden, die nur die

Aussprache von Wörtern betreffen, fast den gleichen Wortlaut auf. Der Refrain lautet dort: »Darum Brüderln ich raths euch ein Heurigen trinkts / ja ihr Brüderln ein Heurigen trinkts la la«; außerdem fehlt in der 1. Strophe das Wort »noch«, in der 3. Strophe steht statt »spicken« das Wort »gwinnen« und in der 4. Strophe statt »macht es nur«: »machts nur recht«.

Ab der Aufführung am 23. Mai 1828 im Theater in der Leopoldstadt ersetzte Raimund das »Heurigenlied« durch das »Paganinilied«. Wiedergegeben wird es hier nach Raimunds eigenhändigem Blatt H.I.N. 3524, das als Einfügeblatt in T2 gedient hatte. Mit Bleistift gestrichen ist auf diesem Blatt die 2. Hälfte der 3. Strophe und die 1. Hälfte der 4. Strophe. In der in VO enthaltenen Fassung (siehe Kapitel »Lesarten«, S. 843 f. zu 115/1–10), die sonst nur geringfügige Unterschiede aufweist, fehlen ebenfalls genau diese acht Zeilen.

> Einlage zur gefesselten Fantasie Actus 1 Scena 15
> Lied.
>
> He Brüder, wollts recht lustig seyn,
> Es kost euch nicht viel Geld,
> Da spannts nur eure Rappeln ein,
> Und fahrt's ins Lerchenfeld.
> Da ist ein neues Wirthshaus draus,
> Das heißt beym gold'nen Affen,
> Da schaut der Wirth beym Fenster raus,
> Und fragt uns, was wir schaffen.
>
> Die Wirthinn hat gar feinen Sinn,
> Und heißt die schöne Franzel,
> Geboren ist sie in Berlin,
> Erzogen ist's beym Schanzel;
> Der Wirth ist gar ein flinker Mann,
> Bedient die Gäst' gar schleuni,
> Schaff Einer was um 7 Uhr an,
> So bringt er's erst um Neuni.
>
> Der Wirth, der halt aufs Wasser viel,
> Er sagt, das macht recht munter,

Und weil ein Jeder Bier hab'n will,
So schütt' er g'schwind eins drunter.
‹8 Zeilen mit Bleistift gestrichen:›
(× Die Semmeln sind schon der Müh' werth,
Besonders gute Wecken,
Doch wenn ein Gast ein Wein begehrt,
So hol'n sie'n erst beym Becken.

Die Kost, die ist schon gar subtil,
Besonders d' Savalati,
Und wenn ein Gast ein Bratel will,
So kriegt er bloß ein Rati. ×)
Ein Extrazimmer haben's a schön's,
Das braucht der Wirth alleini,
Da futterns Hendeln und die Gäns,
Kein Gast darf gar nicht eini.

Auch stellt ein Harfenist sich ein,
Der singt die schönsten Lieder,
Und kommt ein schöne Köchinn rein
Schlägt er sie auf das Mieder.
Und setzt es eine Rauferey,
Die Leut hab'n z'viel Courage,
Da singt der Harfenist halt glei:
Ah das ist a Bagage.

Drauf spielt er aus ein andern Ton,
Gar à la Paganini,
Jetzt geht erst der Spektakel an,
Die Gäst' schreyn glei unsinni.
Um zwölf Uhr, da heißts umgesteckt,
Und Alles muß nach Haus,
Da kommt der Kellner voll Respekt,
Und wirft die Gäst hinaus.

Ab seinem Gastspiel im Theater an der Wien, das am 28. Oktober 1830 begann, ersetzte Raimund das »Paganinilied« durch das »Tischlerlied«. Es wird hier nach Diabellis *Neuester Sammlung komischer Theater-Gesänge*, Nr. 209, wiedergegeben, in der es bereits im Jänner 1831 erschien. Die wenigen nennenswerten Unterschiede gegenüber dem Manuskript s.n. 3370 (ÖNB, Handschriftensammlung), das Johann Nepomuk Vogl für seine Ausgabe 1837 verwendete, sind am Ende aufgelistet. Auch die *Theaterzeitung* (Nr. 136, Samstag, 13. November 1830, S. 556 f.) druckte den vollständigen Text ab (siehe Kapitel »Aufnahme«, S. 673–675).

»Tischlerlied«

1.

Ich bin ein armer Tischlerg'sell,
hab Tag und Nacht kei Ruh,
der Meister geht nicht von der Stell'
Ich arbeit fleissig zu,
Nur alle Sonntag geh' ich aus,
da ist mir was passirt,
da hat vor'm Kärnerthor sich d'raus
a Köchinn attachirt.

2.

Sie sagt, wie ich's beim Stand siech steh'n:
Gut'n Morgen, Mussie Hansel.«
Ich sag' zu ihr: Was kaufen's denn?
sagt sie: »ich kauf a Gansel.«
A Gansel kaufens? o charmant!
das sieht ja aus wie g'mahl'n!
na führn's mich Nachmittag aufs Land,
so können's mir eins zahlen.«

3.

Aha, denk' ich, die möcht' zum Tanz:
und war etwas frappirt,
ich schau bald sie an, bald die Gans,
dann frag' ich's, wo's logiert.
Beim Winterfenster heisst das Haus,
ein Kind kann Ihnen's nennen,
und rückwärts schaut ein Aff' heraus,
sie werd'n sich gleich erkennen.

4.
Gut, Köchinn, sag' ich, 's bleibt dabei,
ich führ' sie heut' noch aus,
erwarten's mich um halber Drei,
ich lauf' nur g'schwind nach Haus.«
Z'Haus zieh' ich mein Kaputrock an
und mei manschestne Hosen,
mein Ulmerkopf mit Quasteln d'ran,
und auf der Brust a Rosen.

5.
D'rauf schau ich in mein Cassa 'nein,
ich hab nicht viel zu eigen,
drum steck' ich nur zwei Gulden ein
und sieb'ne nimm ich z'leichen.
Ich hohl's, da hat sie sich just g'schminkt,
ich frag's, wo fahr'n wir 'naus?
da sagt's, indem sie zärtlich winkt:
»O führn's mich doch zum Strauss!«

6.
Zum Strauss, sag' ich, das kost' nicht viel,
da fahr'n wir auf Schönbrunn,
da sieht man Straussen, wenn man will,
allein was thun wir nun?
Da lacht sie schrecklich über mi,
und sagt: seyn's nicht so dumm,
der Strauss spielt ja in Tivoli,
das bringt ein' völlig um.

7.
Der Strauss ist gar a g'schickter Mann,
der Alles unterhalt
und der in Wien hier Jedermann
mit sein'n Tänzen g'fallt.
Ich nimm 'n Wag'n, wir steigen ein,
der Fiacker schreit: »Hi!
Er haut in seine Rössel h'nein,
wir fahr'n nach Tivoli.

8.
Das ist a Garten nach der Mod',
vor Freuden war ich b'sessen,
der Strauss hat geigent wie a Gott,
und d' Leut hab'n schrecklich g'essen.
Wir seh'n 'n Wagen, der war leer,
ein' nagelneue Kutschen,
da sagt sie zu mir: »Lieber cher«
der Wagen g'hört zum rutschen.

9.
Wir sitzen ein, das war a Graus,
sie schreit: »mir wird nicht gut!«
Aus Furcht bleibt ihr der Athem aus,
und ich verlier' den Hut.
Wie's aussteigt, weint's, als wie a Kind,
mei Angst wird immer grösser,
ich zahl' a halbe Ofner g'schwind,
d'rauf wird ihr etwas besser.

10.
Ich führ's nach Haus auf'n Zeiselwag'n,
und hab' nur mehr zwei Groschen,
die Schand', was wird der Kutscher sagen,
die Kerl'n hab'n ka Goschen!
Ich küss' ihr d'Hand; es war a Pracht,
wie kann ein Kuss doch laben!
Auf einmahl hör' ich, dass was kracht,
und Alles liegt im Graben.

11.
Heut' seyn wir im Malheur schon drinn,
voll Schmutz seyn alle Kleider,
den Hut verlor'n, die Pfeifen hin;
sie flucht als wie ein Reiter.
Ich zieh's heraus, will zärtlich seyn,
und lispel': »Liebe Rösel!
Da schlagt's mich fast in's G'sicht hinein,
und sagt: marschiern's, Sie Esel!«

12.
Beim Hausthor endlich küsst's mich noch,
und sagt: »Mir war's 'n Ehr'!
ich denk' mir: Geh zum Teuxel doch,
du siehst mich nimmermehr.
So renn' ich voller Gall nach Haus,
bin giftig über mi:
Kein Köchinn führ' ich nimmer aus:
Verflixtes Tivoli!

Unterschiede in ÖNB, Handschriftensammlung, Signatur s.n. 3370:
1. Strophe, letzte 2 Zeilen: »Da hat vor'm Kärnerthor ~~sich~~ ⌈mich⌉ draus / A Köchinn ~~attachirt~~ ⌈quirt.⌉«
3. Strophe, 5. Zeile bis 4. Strophe, 4. Zeile in s.n. 3370 mit Bleistift gestrichen
3. Strophe, 6. Zeile: »kanns Ihnen«
5. Strophe, 4. Zeile: »sieben«
5. Strophe, 6. Zeile: »fahr'n mir«
6. Strophe, letzte Zeile: »bringt ~~mi~~ ⌈ein'⌉«
8. Strophe, 4. Zeile: »hab'n ~~prächtig g'essen.~~ ⌈schrecklich g'fressen⌉«
8. Strophe, letzte Zeile: »der ~~thut~~ ⌈ghört zum⌉ rutschen«
10. Strophe, 4. Zeile: »Die Leut' hab'n oft«
11. Strophe, 4. Zeile: »Sie schimpft«
12. Strophe, 3. Zeile: »geh zum Teufel«
12. Strophe, 6. Zeile: »~~Bin giftig~~ ⌈Springgiftig⌉«
12. Strophe, 7. Zeile: »Mich bringt kei Teuxel mehr hinaus«
In T4 findet sich das »Tischlerlied« mit Adaptierungen für München (z. B. »Hessalloh« statt »Tivoli«), siehe Kapitel »Lesarten«, S. 817.

»Zufallsarie« / *»Glücksarie«* (II, 3; 123/23–124/22)

Die Arie des NACHTIGALL in II, 3: »Der Zufall der sendet viel Vögelchen um« ersetzte Raimund ebenfalls bei seinem Gastspiel im Theater an der Wien 1830 durch die »Glücksarie«: »Dass 's Glück mit mir abscheulich ist«. T1 und T3 weisen an dieser Stelle jeweils

Einlageblätter mit dem neuen Text auf, die im Kapitel »Lesarten«, S. 854–859, wiedergegeben sind. T4 weist auf S. 73 eine schwer leserliche, mit Bleistift am Rand notierte und wieder gestrichene Zusatzstrophe auf:

> Ich hab in München nicht Applaus
> Das erste Mal nur gfunden
> Es ist auch 's zweite Mal nicht aus,
> Mir winken frohe Stunden.

»Serviteurarie« (II, 9; 128/18–129/8)

Auch die »Serviteurarie« weist in T1 und T3 zahlreiche oft gleichlautende Korrekturen auf (siehe Kapitel »Lesarten«, S. 863 f.). Zusätzlich ist die gesamte Arie in T1 gestrichen; als Ersatz war vermutlich Raimunds eigenhändiges Blatt H.I.N. 1377 (WBR, Handschriftensammlung) gedacht, das einen Verweis auf die entsprechende Stelle trägt und folgenden Text enthält:

> <u>Nachtigal</u>. Actus 2 <u>Scen</u> 8.
> 1)
> Ich bin ein fremder Dichtersmann
> Sieht's jeder Narr mir an.
> Und schwimm von England übers Meer
> Als goldner Fisch daher.
> Apoll ist mein Vetter
> Im Himmel sprech ich zu
> Und mit die andern Götter
> Bin ich gar du und du.
> 2)
> Ich bin hieher gekommen
> Weil wers Preisgedicht ersinnt
> So hab ich es vernommen
> Auch sogleich die Braut gewinnt.
> ╪ Drum lach ich mir voll den Bukel
> Der Sieg ich wett ist mein
> Ich stiehl Fortunens Kugel
> Scheib als Dichter alle Neun. ‹»N« korrigiert aus oder zu »n«?›

Auch die Änderung der »Serviteurarie« könnte mit Raimunds Gastspiel im Theater an der Wien 1830 zusammenhängen, der Druck in Diabellis *Neuester Sammlung komischer Theater-Gesänge* von 1828 enthält jedenfalls noch die ursprüngliche Fassung.

LESARTEN

1. Raimunds Manuskript (HS)

Die nachfolgend aufgeführten Lesarten verzeichnen alle Unterschiede zwischen Raimunds Originalhandschrift HS und dem auf S. 83–149 abgedruckten Haupttext. Als Erstes werden alle stillschweigenden Änderungen angegeben; sie betreffen die Unterscheidung von »denn« und »den«, Groß- und Kleinschreibung bei Personalpronomen, Abkürzungen (vor allem bei Namen der Dramatis Personae), einzelne Weglassungen von Wörtern sowie Änderungen bei Satzzeichen. Alle übrigen Eingriffe des Herausgebers sind im Haupttext mit eckigen Klammern gekennzeichnet und anschließend in den Lesarten einzeln verzeichnet.

»denn« statt »den«
86/16, 87/7, 88/3, 89/6, 90/6, 90/9, 90/18, 91/11, 94/5, 94/6, 95/32, 96/13, 97/7, 98/2, 101/25, 101/27, 106/7, 106/30, 107/28, 108/11, 110/7, 110/10, 110/11, 112/16, 114/1, 114/17, 125/8, 125/22, 127/27, 129/25, 130/29, 132/25, 133/8, 133/12, 133/17, 133/21, 133/26, 135/9, 135/17, 137/5, 137/12, 137/21, 138/1, 138/5, 144/16, 146/20, 147/5 (nur 87/19: »denn«)

»Er« statt »er«: 114/26, 114/29, 115/25, 116/4, 116/32, 116/32
»Eurem« statt »eurem«: 90/2
»Ihm« statt »ihm«: 116/28, 114/23 (»Ihms«)
»Ihnen« statt »ihnen«: 116/7, 128/20
»Ihr« statt »ihr«: 97/9, 116/31, 130/7, 130/22
»Ihre« statt »ihre«: 116/6, 130/16
»Ihrer« statt »ihrer«: 117/1
»Seine« statt »seine«: 116/32
»Sie« statt »sie«: 112/17, 115/26, 116/6, 116/6, 116/8, 116/12, 116/13, 116/14, 116/16, 116/18, 116/19, 116/25, 116/29, 116/29, 116/30, 117/1, 117/2, 117/4, 118/20, 118/22, 118/24, 118/30, 119/1, 119/2, 119/3, 119/4, 119/13, 119/14, 120/1, 122/4, 130/18, 130/18, 130/26, 130/32, 131/1, 134/21

Stillschweigend aufgelöste Abkürzungen oder Vereinheitlichungen von Personenangaben:

AFFRIDURO
Aff: 86/31, 89/27, 90/23
Affr: 86/19, 90/2, 96/28
Affri: 91/1
Affrid: 86/27, 87/29, 92/14, 94/24
Affridu: 88/7, 89/15, 91/29

AMPHIO
Amph: 104/12, 104/18, 104/26, 105/1, 109/25, 110/18, 132/3, 132/7, 132/10, 132/18, 132/20, 132/25, 132/29, 132/33, 133/10, 133/20, 141/8, 144/14, 144/24
Amphi: 104/16

APOLLO
Apoll: 147/14, 147/17, 147/23, 147/25, 147/29, 148/5, 148/16

AROGANTIA
Ar: 98/3, 106/13, 107/7
Ari: 96/23
Aro: 95/22, 96/9, 106/33
Arog: 94/22, 94/33, 95/13, 95/15, 95/17, 95/19, 95/25, 95/31, 96/4, 96/7, 96/30, 97/2, 97/7, 97/13, 97/28, 97/32, 98/7, 106/9, 106/15, 106/24, 106/28, 111/18, 111/23, 121/19, 122/8, 122/19, 122/26, 134/15, 135/4, 135/7, 135/12, 141/20, 144/9
Arogan: 93/29, 94/16, 135/2
Arogant: 93/25, 94/18, 94/20, 95/3, 95/10, 96/1, 97/4, 122/1, 134/13, 147/3
Arogat: 106/21

DISTICHON
Dist: 87/3, 87/16, 87/21, 88/16, 93/7, 93/10, 93/14, 96/25, 126/9, 126/12, 126/16, 126/20, 127/1, 127/4, 127/11, 127/16, 127/27, 143/32
Disti: 86/16

Distch: 90/16
Distich: 90/20, 92/17
Disticho: 90/10, 142/4
Distih: 88/12, 88/34, 96/17
Distihon: 100/17

FANTASIE
F: 111/22, 135/24, 147/19
Fant: 135/10, 144/22
Fantasi: 111/7
Pantasie: 111/15, 111/17
Ph: 137/18, 137/22, 137/27, 137/29, 137/32, 137/35, 138/7, 138/16, 138/27, 138/31, 138/34, 139/3, 146/31
Phant: 108/24, 108/28, 109/21, 110/16, 136/26, 137/9, 137/16, 147/22
Phanta: 137/25
Phantasi: 136/19, 137/4
Phantasie: 107/12, 108/19, 108/20, 109/27, 111/10, 111/12, 136/25

FREMDER
Fremd: 114/15, 114/17, 115/11, 115/15 (FREMDEN), 115/17, 115/25, 115/27, 116/3, 116/11, 116/16
Frmd: 115/23

HERMIONE
He: 144/4
Her: 92/12, 92/26, 92/31, 132/5, 132/19, 132/28, 132/31, 133/15, 133/23
Herm: 92/10, 92/16, 92/28, 93/5, 93/8, 94/29, 95/23, 95/28, 97/9, 105/6, 105/29, 126/26, 127/2, 128/12, 129/27, 130/24, 130/28, 131/4, 131/5, 131/9, 132/17, 132/23, 133/1, 141/15, 141/22, 144/16, 146/25, 148/11
Hermi: 92/20, 126/29, 129/24, 141/19
Hermin: 127/20
Hermio: 95/33, 97/6, 132/9
Hermion: 94/12, 95/5, 97/2, 104/17, 104/30, 128/3
Hermn: 127/10

NACHTIGALL

N: 138/17

Nach: 119/19, 137/28, 138/32

Nacht: 114/2, 114/14, 114/16, 114/19, 114/24, 114/27, 114/30, 115/5, 115/18, 115/21, 115/24, 115/26, 115/28, 115/32, 116/5, 116/12, 116/18, 116/22, 116/25, 116/29, 116/34, 117/4, 117/10, 118/19, 119/8, 119/24, 119/30, 120/1, 120/7, 120/14, 120/18, 121/1, 121/7, 121/20, 121/24, 121/28, 122/3, 122/12, 129/11, 129/15, 129/19, 129/23, 129/25, 129/28, 129/33, 130/6, 130/11, 130/26, 130/32, 134/17, 134/18, 135/16, 135/20, 135/32, 136/2, 136/15, 136/21, 137/5, 137/12, 137/17, 137/21, 137/23, 137/26, 137/30, 137/33, 138/1, 138/8, 138/28, 139/1, 139/4, 142/1, 142/5, 144/11, 144/17, 146/27, 148/1, 148/3, 148/6, 148/9, 148/12, 148/14

Nachti: 136/28

Nachtig: 118/28, 118/32

Nachtigal: 114/34, 115/13

SCHUSTER

Schust: 112/23, 114/9, 115/19, 115/29, 116/27

VIPRIA

Vip: 94/30, 95/16, 95/18, 95/32, 96/8, 106/7, 106/10, 106/12, 106/16, 106/22, 106/25, 107/1, 107/8, 111/9, 111/20, 118/18, 119/17, 119/26, 119/34, 121/5, 122/6, 122/11, 122/17, 122/23, 134/12, 135/8, 136/1, 141/23, 144/12

Vipr: 94/5, 95/6, 95/14, 95/21, 95/26, 95/30, 96/3, 96/6, 96/19, 97/3, 97/5, 97/8, 106/14, 119/23, 120/3, 120/16, 120/27, 121/26, 121/30, 134/14, 134/17, 135/6, 135/14, 135/19, 135/23, 136/10, 144/6, 147/4

Vipri: 93/24, 94/14, 94/17, 94/19, 94/21, 95/34, 96/11, 97/14, 98/1, 98/5, 118/27, 119/6

VORIGE

Vor: 136/5

Vorig: 128/6

ZAUBERSCHWESTERN
Zaubers: 146/24
Zaubersch: 147/16

Kleinschreibung statt Großschreibung am Beginn von Regieanweisungen:
86/24, 89/5, 90/12, 90/16, 91/27, 91/32, 92/8, 92/11, 92/17, 92/19, 93/4, 93/10, 93/12, 93/25, 94/21, 94/26, 94/31, 96/8, 96/16, 96/23, 96/30, 97/6, 97/7, 97/32, 100/33, 100/34, 104/9, 104/17, 106/21, 108/24, 110/19, 111/4, 111/15, 111/16, 114/21, 119/19, 119/26, 122/29, 125/18, 126/18, 127/13, 131/12, 132/7, 132/9, 132/31, 134/13, 135/10, 136/6, 136/28, 137/4, 137/16, 137/22, 137/23, 138/28, 138/31, 141/3, 141/15, 144/24, 146/31

Großschreibung statt Kleinschreibung am Beginn von Regieanweisungen:
92/18, 94/6, 94/10, 96/19, 96/21, 96/22, 96/25, 96/29, 97/30, 98/5, 98/6, 98/7, 99/33, 101/18, 103/8, 104/26, 105/12, 105/13, 105/30, 106/18, 108/8, 110/18, 110/26, 112/7, 115/14, 116/3, 116/24, 118/8, 121/12, 125/14, 127/34, 129/11, 130/23, 131/2, 131/18, 132/15, 132/16, 132/18, 133/30, 134/6, 135/8, 135/13, 135/23, 137/6, 137/7, 138/2, 138/19 (2-mal), 138/20, 138/29, 139/2, 139/14, 140/14, 141/23, 141/27

Beistrich stillschweigend weggelassen:
86/18 (nach »wachen«), 87/3 (nach »wird«), 90/19 (nach »Weisheit«), 97/20 (nach »*Bäum*e«), 102/22 (nach »bleib«), 103/3 (nach »speien«), 104/1 (nach »Schleier«), 108/11 (nach »Pärchen«), 110/5 (nach »mancher«), 112/26 (nach »Gäst«), 134/3 (nach »will«), 138/10 (nach »Prag«), 144/24 (nach »Halt«)

Punkt stillschweigend weggelassen:
86/25 (nach »dabey«), 88/6 (nach »dich«), 88/8 (nach »sie«), 91/24 (nach »niemahls«), 94/31 (nach »NARR«), 102/25 (nach »September«), 106/11 (nach »Lippen«), 109/4 (nach »Heirathen«), 112/8 (nach »VERWANDLUNG«), 114/19 (nach »Herrn«), 114/24 (nach »ein«), 115/29 (nach »Herr«), 125/10 (nach »Dichtkunst«), 128/8

(nach »Apollo«), 131/17 (nach »wollt«), 132/2 (nach »AMPHIO«), 134/9 (nach »*Schreibepult*«), 134/11 (nach »AROGANTIA«), 140/19 (nach »VERWANDLUNG«), 141/13 (nach »Reich«), 141/16 (nach »Hermiones«), 147/4 (nach »Vipria«), 147/23 (nach »sie«), 148/3 (nach »Nachtigalleninsel«), 148/31 (nach »*Phöbus*«)

Punkt vor Regieanweisung stillschweigend weggelassen:
85/26, 86/24, 89/5, 91/27, 93/5, 94/12, 95/25, 95/26, 95/27, 97/24, 100/33, 101/7, 101/11, 104/7, 111/15, 114/21, 125/14 (nach »ODI«)

Punkt am Ende der Zeile im Personenverzeichnis stillschweigend weggelassen:
84/2, 84/3, 84/4, 84/5, 84/7 (nach »Zauberschwestern«), 84/8, 84/9, 84/10, 84/11, 84/12, 84/15

Stillschweigend weggelassene Wörter (im Haupttext nicht durch eckige Klammern gekennzeichnet):

85/19 *(VORIGE; DISTICHON* HS: (Vorige; Distichon., / Distichon

94/7 f. du bist das Kammerkätzchen HS: du bist du das Kammerkätzchen

97/2 *(AROGANTIA, VIPRIA, HERMIONE.)* HS: Vorige. Arog. Vipria. Hermion.

107/12 f. *mit ausgespreiteten* HS: mit aus ausgespreiteten

114/6 auf eimahl macht HS: auf eimahl mahl macht

122/31 Und ich schenk HS: Vip Und oZ ⌈ich schenk⌉

127/20 HERMIONE. Die Furcht HS: Hermin W ‹Einfügung mit Einfügezeichen› liR ‹mit Bleistift:› ⌈Hrm⌉ Die Furcht

129/9 Hab ich die Ehre HS: Nacht Hab ich die Ehre

131/12 auf seine[r] Höhe HS: auf seine liR ⌈in seinem Glük,⌉ Höhe

141/6 zu deinem Lob HS: zu ~~sinnen, schreiben,~~ zu deinem Lob

145/7 2. HS: 2 / ~~O nim mich auf in deiner Dichter Schaar Kreis~~ / 2.

147/7 *(Die hintere Wand* HS: Alles (Die hintere Wand

Stillschweigend aufgelöste Abkürzungen im nichtgesprochenen Text:

»bey Seite«: 88/16 (HS: »b Seite«), 90/33 (HS: »b. S.«), 119/26 (HS: »B S.«)
»Bey Seite«: 114/13 (HS: »b S.«), 129/11 (HS: »b S«)
»für sich«: 91/32 (HS: »F s«), 94/26 (HS: »F. s.«), 125/14 (HS: »f s«), 136/26 (HS: »f. s«)
»Für sich«: 141/23 (HS: »f. s«)

Punkt stillschweigend eingefügt (vor allem nach Sprecherangabe und Regieanweisung):
85/6, 85/12, 85/14, 85/15, 85/20, 85/21, 85/26 (2-mal), 86/24, 86/28, 87/1, 87/4, 87/6, 87/15, 87/21, 88/1, 88/3, 88/12, 88/13, 88/16, 88/34, 89/1, 89/3, 89/5, 89/15, 90/4, 90/6, 90/7, 90/12, 90/14, 90/17, 90/23, 91/27, 91/28, 91/29, 91/34, 92/3, 92/8, 92/11, 92/13, 92/18, 92/26, 92/27 (2-mal), 92/32, 93/2, 93/3, 93/5, 93/8, 93/12, 93/14, 93/23, 93/24, 94/5, 94/6, 94/11, 94/12, 94/20, 94/21, 94/23, 94/25, 94/26, 94/30, 94/31, 94/33, 94/34, 95/5, 95/7, 95/13, 95/14, 95/15, 95/16, 95/17, 95/18, 95/19, 95/21, 95/22, 95/25, 95/27, 95/31, 96/4, 96/6, 96/7, 96/8, 96/9, 96/11 (2-mal), 96/13, 96/15, 96/16, 96/17, 96/18, 96/20, 96/21 (2-mal), 96/22 (2-mal), 96/23, 96/25 (2-mal), 96/26, 96/29, 96/31 (3-mal), 97/3, 97/6, 97/7, 97/16, 97/23, 97/24, 97/28, 98/1 (nach »*Heimlich*«), 98/3, 98/5 (2-mal), 98/6, 98/7, 98/8, 98/26, 99/9, 99/12, 99/13, 99/33, 100/2, 100/4, 100/19, 100/29, 100/30, 100/33, 100/34, 101/7, 101/9, 101/11, 101/12, 101/13 (2-mal), 101/18, 103/8, 104/7, 104/9, 104/17, 104/26 (nach »*schnell*«), 105/12, 105/13 (nach »*schnell*«), 105/21, 105/22, 105/29 (nach »*ab*«), 105/31, 106/4, 106/7, 106/10, 106/12, 106/13, 106/14, 106/19, 106/21, 106/22, 106/24, 106/33, 107/7, 107/10, 107/23, 108/8, 108/19, 108/24, 109/21, 110/18 (nach »*Füssen*«), 110/19, 110/20, 110/22, 110/26 (2-mal), 111/9 (nach »*Arm*«), 111/15, 111/16, 111/18, 111/19, 111/20, 111/21, 111/22, 111/23, 112/7, 112/16, 112/23, 114/1, 114/21, 114/22, 114/30, 114/32, 114/34 (nach »*Harfe*«), 115/4, 115/11, 115/13, 115/15, 115/18, 115/23, 115/24, 115/26, 115/32, 116/3 (nach »*hin*«), 116/20, 116/24 (nach »*Thür*«), 116/25, 116/29, 116/32, 117/3, 117/4, 117/9, 117/10, 117/15, 118/8, 118/9, 118/23, 119/10, 119/19, 119/24, 120/3, 120/7, 120/27, 121/1, 121/5, 121/10, 121/13, 121/16, 121/18, 121/19, 121/20, 121/26, 121/30, 122/3, 122/17, 122/19, 122/23, 122/26, 123/3, 124/23,

125/2 (2-mal), 125/13, 125/14 (2-mal), 125/18, 125/21, 125/23, 126/2, 126/8, 126/10, 126/14, 126/16, 126/20, 126/25, 127/1, 127/2, 127/10, 127/11, 127/15, 127/20, 127/27, 127/34, 127/35 (nach »*nach*«), 128/12, 129/10, 129/11 (nach »*Seite*«), 129/13, 129/14, 129/15, 129/18, 129/19, 129/21, 129/27, 129/32, 129/33, 130/6, 130/10, 130/11, 130/23, 130/26, 130/28, 131/2, 131/4, 131/7, 131/12, 131/18, 131/20, 132/3, 132/5, 132/7, 132/9, 132/10, 132/13, 132/15, 132/16, 132/18 (2-mal), 132/20, 132/25, 132/28, 132/29, 132/31, 133/10, 133/15, 133/20, 133/23, 133/30, 134/12, 134/13, 134/14, 134/15, 134/18, 135/3, 135/6, 135/7, 135/8 (nach »*Höhnisch*«), 135/10, 135/13, 135/17, 135/19, 135/20, 135/23 (2-mal), 135/32, 136/1, 136/2, 136/6, 136/10, 136/19, 136/21, 136/23, 136/25, 136/26, 136/28, 137/4, 137/5, 137/6, 137/8, 137/12, 137/13, 137/16, 137/17, 137/26, 137/28, 137/29, 137/30, 137/32, 137/33, 137/35, 138/1, 138/2, 138/7, 138/8, 138/13, 138/16, 138/17, 138/19, 138/20, 138/21, 138/27, 138/29, 138/31, 138/32, 138/34, 139/2, 139/3, 139/4, 139/7, 139/15, 139/26, 140/27, 140/28, 141/3, 141/9, 141/11, 141/15, 141/19, 141/23 (2-mal), 141/27, 142/1, 142/2, 142/3, 142/4, 142/5, 142/8, 142/10, 142/20, 143/1, 143/14, 144/1, 144/2, 144/5, 144/10, 144/11, 144/12, 144/13, 144/14, 144/15, 144/16, 144/17, 144/22, 144/24, 144/27, 146/21, 146/23, 146/24, 146/25, 146/27, 146/28, 146/30, 146/31, 147/3, 147/10, 147/14, 147/16, 147/19, 147/23 (2-mal), 147/24, 147/25, 147/28, 147/29, 148/1, 148/3, 148/5, 148/6, 148/8, 148/9, 148/11, 148/12, 148/13, 148/16, 148/20, 149/1

Beistrich stillschweigend eingefügt:
84/4, 84/5, 84/6, 84/7, 84/8, 84/10, 84/11, 84/12, 93/19, 131/4, 134/11, 134/17

Strichpunkt stillschweigend eingefügt:
86/23, 93/2, 93/19, 99/2, 105/15, 111/2, 113/6, 121/18, 125/17, 126/25, 128/6, 128/16, 132/2

Beistrich sieht in HS aus wie Punkt:
85/3, 85/4 (nach »AFFRIDURO«), 85/5, 85/8, 86/24 (nach »sie«), 87/10 (nach »Luft«), 87/27 (nach »zurück«), 87/29 (nach »wa-

gen«), 89/17, 89/19, 89/28, 90/8, 90/17, 91/6, 91/10, 91/11, 91/21 (nach »Schwur«), 92/17 (2-mal), 92/24 (nach »dort«), 93/5, 93/19 (nach »VIPRIA«), 93/20 (2-mal), 94/22, 95/24 (nach »den«), 96/3, 96/18, 97/2 (2-mal), 97/15, 97/18, 97/31, 98/16, 98/24, 98/25 (nach »siegen«), 99/4, 99/5 (nach »fort«), 99/14 (2-mal), 100/4, 101/20 (nach »Hals«), 101/31 (nach »Himmels«), 102/2 (nach »Kartharr«), 102/5 (nach »sind«), 102/15, 103/3 (nach »Graus«), 103/22, 104/13, 104/14 (nach »selbst«), 104/19 (nach »ruhig«), 104/26 (nach »Ha«), 104/28 (nach »erringen«), 104/30 (nach »Lüften«), 105/7 (nach »wohl«), 105/11, 105/25, 106/25, 106/28, 107/2, 107/20, 108/3, 108/19, 109/9, 109/13 (nach »aus«), 109/28, 109/30, 110/10, 110/12 (2-mal), 110/16, 112/5, 112/11 (2-mal), 112/24, 112/27 (nach »sich«), 113/12, 114/1, 114/8, 114/16, 114/22, 116/5 (2-mal), 116/24, 116/34, 117/18 (nach »*sie*«), 117/19 (nach »*ein*«), 118/3, 118/12 (nach »find«), 119/9, 119/20 (2-mal, nach »Hand« und »blumenreich«), 119/24 (nach »gut«), 119/33, 120/1 (nach »mich«), 120/22, 121/5, 121/30, 122/15, 122/17, 122/24, 124/1, 124/12, 124/20, 125/20, 127/8, 127/12 (nach »gesagt«), 128/19, 130/14, 130/27, 131/17, 133/15 (nach »Hoffnungsstrahl«), 134/3 (nach »wohl«), 134/4, 134/19 (nach »aus«), 135/10 (nach »wollen«), 135/27, 136/2, 136/9, 136/10, 136/11, 136/12, 136/22 (nach »liebst«), 136/25, 136/29, 137/1, 137/7, 138/1, 138/3 (2-mal), 138/12, 138/28, 138/33, 139/10, 139/12 (nach »gfallt«), 139/14 (nach »um«), 139/22, 140/1 (nach »bringt«), 140/5 (nach »gebarst«), 140/30, 141/5, 142/7, 142/27, 142/30, 143/32, 144/17, 144/20 (2-mal), 144/24 (nach »ein«), 144/26, 144/30, 144/31, 145/3 (nach »durchweint«), 145/9, 145/10, 146/9, 146/14, 147/9, 147/16, 147/20 (nach »hier«), 147/31, 148/9, 148/31, 149/3

Punkt sieht in HS aus wie Beistrich:
96/19 (nach »schnell«), 97/12 (nach »verlassen«), 97/15 (nach »seyn«), 111/16 (nach »ihr«), 117/12 (nach »*tritt*«), 118/17 (nach »hör'«), 118/22 (nach »nicht«), 118/28 (nach »Erhebung«), 121/24 (nach »gwußt«), 122/20 (nach »durcheinander«), 124/13 (nach »hinaus«), 126/3 (nach »Verath«), 127/17 (nach »erringen«), 140/11 (nach »frey«), 141/4 (nach »an«), 141/22 (nach »bezaubert«), 147/24 (nach »überstanden«), 148/17 (nach »zieren«)

Strichpunkt statt Punkt:
89/17, 104/6, 136/5

Unmittelbar aufeinander folgende Regieanweisungen, die in HS
durch Schrägstriche getrennt sind, wurden zu einer Regieanweisung verbunden, anstelle des Schrägstrichs steht ein Satzzeichen:
98/5 (Punkt), 100/4 (Beistrich), 104/26 (Beistrich), 106/19 (Beistrich), 122/27 (Beistrich), 125/14 (Beistrich), 135/10 (Beistrich),
144/10 (Punkt)

83/1–9 [DIE GEFESSELTE ‹... bis› *Leopoldstadt*] HS: ‹fehlt›
84/1–20 Personen ‹... bis› GÄSTE] HS: Personen
 Apollo.
 Die poetische Fantasie Dm Krones.
 Hermione Königinn der Halbinsel Flora.
 Affriduro Oberpriester des Apollo.
 Vipria ⎤
      Die Zauberschwestern.
 Arogantia ⎦
 Distichon Hofpoet.
 Muh H̶o̶f̶n̶a̶r̶r̶ Hermionens Hofnarr. ‹»Hofnarr« korrigiert
 aus »Narr«› ⌈Hofnarr.⌉
 A̶m̶p̶
 O̶d̶ Odi ein Höfling.
 Amphio Hirt der Lilienheerde. (S̶o̶h̶n̶ ̶d̶e̶s̶ ̶K̶ö̶n̶i̶g̶s̶ ̶v̶o̶n̶ ̶A̶t̶h̶u̶n̶t̶)̶
 Nachtigall. e̶i̶n̶ Harfenist aus Wien.
 Der Wirth zum Hahn.
 Ein Schuster
 Ein Spengler.
85/2 [Scena 1] HS: Erster Auftritt.
85/4 f. AFFRIDURO, [ODI,] HS: Affriduro. ‹»A« in »Affriduro«
 korrigiert aus »I«?›
85/10 erhab'nen HS: erhab'nen ‹Apostroph korrigiert aus »e«›
85/12–14 Habt ‹... bis› geschehen. HS: Habt i̶h̶r̶ ̶u̶n̶s̶e̶r̶e̶ ̶g̶ü̶t̶i̶g̶e̶
 B̶e̶h̶e̶r̶r̶s̶c̶h̶e̶r̶i̶n̶n̶ ̶b̶e̶n̶a̶c̶h̶r̶i̶c̶h̶t̶i̶g̶e̶t̶, oZ⌈Hermionen ihr berichtet⌉
 daß i̶h̶r̶ wir s̶i̶e̶ ̶e̶i̶l̶i̶g̶s̶t̶ ̶z̶u̶ ̶s̶p̶r̶e̶c̶h̶e̶n̶ ̶b̶i̶t̶t̶e̶n̶ reR⌈um ihr⌉ u̶m̶ ̶i̶h̶r̶
 E̶r̶ ̶e̶r̶h̶a̶b̶e̶n̶e̶s̶ Erscheinen bitten.
 reR⌈Odi Es ist geschehen.⌉

85/15 Frechheit HS: Mißhandlungen oZ ⌈Frechheit⌉
85/16 dulden ‹... bis› uns! HS: mehr erdulden. ‹mit Schrägstrichen gestrichene Passage:› (× ich habe das ‹»das« korrigiert aus »die«› Sterne oZ ⌈Orakel⌉ befragt und es hat ‹»es hat« korrigiert aus »sie haben«› mir ein Mittel gezeigt, dem Untergange dieser unseres Glückes vorzubeugen. ×) reR ⌈Apollo selbst befieht es uns!⌉
85/17 Hofpoet. HS: Hofpoet. ‹mit roten Schrägstrichen gestrichene Passage:› (× Affriduro. Zur rechten Zeit, der {Schw} Flug seiner Muse oZ ⌈Jauchtzet ihm entgegen seiner Muse Flug⌉ soll euch oZ ⌈uns⌉ begeistern. ×)
85/18 [Scena 2] HS: ‹fehlt›
85/19 DISTICHON ‹... bis› Rollen.) HS: Distichon einen Pack Schriften auf dem Kopfe ein {ka} D caschirtes Dintenfaß mit Schreibfedern besteckt. oZ ⌈mit einer Menge Gedichte in Rollen⌉
85/20 ALLES ‹... bis› Distichon! HS: ‹nachfolgende Streichung zusätzlich auch mit Rotstift:› Alles (ruf applaudirt und ruft. oZ ⌈applaudirt und ruft⌉ Es lebe die Poesie. oZ ⌈Alles ruft Willkommen Distichon!⌉ ‹reR mehrzeiliger Block senkrecht und mit rotem Schrägstrich gestrichen:› (× Alles ruft Willkommen Distichon was bringst du uns? / Distichon Wer bringt den ruft die Welt um {‹ein gestrichenes Wort unlesbar›} Wer suchet damit {‹zwei gestrichene Wörter unlesbar›} Nie {‹ein gestrichenes Wort unlesbar›} sie finden {‹ein gestrichenes Wort unlesbar›} ich bringe {‹ein gestrichenes Wort unlesbar›} / Alle Vivat! Vivat! ×)
85/21 f. DISTICHON ‹... bis› geraset HS: Distichon oZ ⌈(feyerlich)⌉ Diesen Empfang hat ‹»hat« korrigiert aus »habe«› ich oZ ⌈meine Bescheidenheit⌉ nicht erwartet. Die Poesie bedankt sich. ⌈Verderben diesen Zaubernimpfen.⌉ ‹reR 5-zeiliger Block senkrecht gestrichen:› (× Bescheidenheit gebührt uZ ⌈du zierst⌉ den Mann (nobel) ich nehme euren Beyfall an ×) Die ganze Nacht hatte ich meine Phantasie ‹zwZ ein eingefügtes Wort unlesbar, vermutlich Teil der Streichung› geraset
85/23 f. geritten ‹... bis› die HS: geritten, ‹zusätzlich mit Rotstift gestrichen:› um auf diese bis ‹zusätzlich mit Rotstift gestri-

chen:⟩ ~~endlich~~ Aurora 40 Schmähgedichte {geba} oZ ⟨zusätzlich mit Rotstift gestrichen:⟩ ⌈auf sie⌉ beleuchtete, die

85/26 Hier sind noch mehr HS: ~~Auch wir haben welche fertig,~~ oZ ⌈Hier sind noch mehr.⌉

85/27 glaub es euch HS: glaub oZ ⌈es⌉ euch

86/1 f. Flora ⟨... bis⟩ hat, HS: Flora heißet sie, weil sie oZ ⌈~~die Göt~~⌉ mit Blümlein aller oZ ⌈Art⌉ ~~bestreuet ist,~~ ⌈bedeckt⌉ zwZ ⟨Einfügezeichen und entsprechende Einfügung liR:⟩ ⌈die Göttinn hat⌉

86/2–4 als ⟨... bis⟩ Priestern HS: als ⟨»⟩als⟨«⟩ korrigiert aus anderem Wort?⟩ wenn oZ ⌈und⌉ ~~der Baum die Bäu~~ uns Zephir oZ ⌈weiße⌉ Blüthen streut, ~~und unter~~ {⟨ein gestrichenes Wort unlesbar⟩} ~~Jahreszeiten Wechsel besteht~~ oZ ⌈entsteht nur⌉ bey uns aus oZ ⌈durch⌉ Floras und aus liR ⌈durch⌉ Zephirs Neckerey. oZ ⌈darum⌉ ~~Dadurch~~ oZ ⌈und so⌉ begeistert uns der ewige Blumenduft, ~~zu Dichtern~~ liR ⌈und weihet⌉ ~~aller Art~~ oZ ⌈uns⌉ zu Priestern

86/5–9 Hand ⟨... bis⟩ bespannt. HS: Hand oZ ⌈nur⌉ seine Stiefel schafft, und in der liR ⌈andern⌉ hält er hoch die oZ ⌈~~goldne~~⌉ goldene⌉ Leyer, ~~und singt~~ liR ⌈dichtet kühn⌉ ~~kühn~~ oZ ⌈rasch⌉ ~~drauflos mit~~ {⟨ein gestrichenes Wort unlesbar⟩} ~~schusterischem Feuer.~~ ⟨liR mehrzeilige Einfügung:⟩ ~~Er ist durch seinen~~ oZ ⌈Sein ~~kühner~~⌉ oZ ⌈kühner⌉ Geist ist ~~selbst~~ oZ ⌈doch⌉ mit Apoll verwandt / Ist seine Lyra gleich, mit Schustergarn bespannt.

86/12 DISTICHON ⟨... bis⟩ Jahr HS: Distichon. ~~Aber wer soll~~ oZ ⌈wird es wagen⌉ ~~ihnen den Fuß unterzusetzen~~ reR Ich werfe sie mit Knittelreimen todt. ⟨mehrere Zeilen mit rotem Schrägstrich gestrichen:⟩ (× Weißt du etwas besseres? / Affriduro. ~~Ich~~ ⟨die folgenden fünf Wörter gestrichen und mit »{die Siebe..} bleibt« Streichung rückgängig gemacht:⟩ Das Siebengestirn hat mich erleuchtet / ~~Dichstichon. Ja das Siebengestirn das kann~~ oZ ~~auch einen Menschen erleuchten.~~ / Odi Wo ⟨»Wo« korrigiert aus »Was«⟩ ist den das Siebengestirn H Hofpoet.? / Distichon. ~~Ein Weinhaus~~ uZ ⌈Ein⌉ Im ⟨»Im« korrigiert aus »im«?⟩ Olymp. ~~das zu~~ oZ ⌈bey⌉ den sieben Sternen heißt, ~~und wo man heurigen Nectar schenkt.~~ ×) ⟨liR mit Rotstift schräg gestrichen:⟩ (× ~~Ein Weinhaus ist es~~ oZ ⌈welches⌉ zu den sieben Ster-

nen. Ein Weinhaus allgemein bekannt / Beym ~~Sie~~ sieben Sternen ists genannt. x) / ~~Affrid~~ oZ ⌈Distichon⌉ Ein Jahr
86/13 da[ß] HS: das
86/14 2 weiße Löwen HS: 2 ‹»2« korrigiert aus »3«› oZ ⌈weiße⌉ Löwen
86/15 die Götter hätten HS: ~~der Himmel~~ oZ ⌈die Götter⌉ hätte⌈n⌉
86/16 f. Denn ihre Zaubermacht HS: Disti. ~~Ja wohl den Ihre~~ ‹»Ihre« korrigiert aus »ihre«› oZ ⌈Den ihre⌉ Zaubermacht
86/17 f. 2 weiße Löwen wachen. HS: ~~die~~ 2 weiße Löwen wachen, ~~die jeden zerrei während sie~~ oZ ⌈die⌉ ~~den dritten als~~ oZ ‹die folgenden fünf Wörter mit Rotstift gestrichen:› ⌈~~sie zur Hirschenjagd gebrauchen.~~⌉ ~~Jagdhund gebrauchen, damit er~~ oZ ⌈~~um~~⌉ ~~täglich ein um Duzend Insulaner~~ oZ ⌈‹ein gestrichenes Wort unlesbar› Hirschen⌉ ~~zerreißen zu tödten. Ja täglich wächst ihr Übermuth.~~
86/19 f. und ‹... bis› Tempels. HS: und ~~man stellt man werden sie boshaft so vergiften sie die Quellen. Pfeile und schießen nach uns.~~ reR ⌈und ‹»und« nach Streichung irrtümlich doppelt› mit vergifteten Pfeilen, schießen sie nach den Dienern des Tempels.⌉
86/22 [Scena 3] HS: ‹fehlt›
86/24 NARR *(mit Pathos)*. HS: Narr. oZ ⌈(Mit Pathos)⌉
86/26 Weh, über euch alle HS: Weh, über ~~einen Jeden~~ oZ ⌈euch alle ~~von euch~~⌉
86/27 f. daß du ‹... bis› Gleichen. HS: ~~daß wir dich~~ oZ ⌈uns⌉ uZ ⌈dich⌉ ~~sehen.~~ reR ⌈daß du so fröhlich bist.⌉ / ‹x Narr. Nehmt meinen Dank. ~~Auch~~ Mich erfreut es euch zu sehen, den ich bin oZ ⌈für mein Leben⌉ ~~gerne~~ unter meines Gleichen. x› reR ⌈Narr Das bin ich immer unter meines Gleichen.⌉
86/29–87/3 [DISTICHON ‹... bis› laden? HS: ‹mit roten Schrägstrichen gestrichene Passage:› (x Distich. ~~Du komst~~ Die Beherrscherin hat ~~dich~~ wieder einmahl ~~Freund~~ wahrscheinlich über dich gelacht. Das merkt man an deinem Übermuthe. / Narr. ~~Die Gebietherinn~~ oZ ⌈Im Gegentheil sie⌉ ist seit einiger Zeit schon sehr traurig und nachdenkend. / Affridur. Das soll sie nicht, Nachdenken schwächt, und ihr Leben ist uns heilig. / Narr. Ja du glaubst sie soll lieber gar ~~keine Gedanken haben.~~

oZ ⌜nichts thun⌝ wie du. / <u>Affridur</u> Frecher Bube hältst du mich für ~~tr träge~~. oZ ⌜träge. ~~faul~~⌝. / <u>Narr</u> ~~Untherthänigst aufzuwarten, ich glaube das heißt ich halte dich für einen sehr~~ oZ ⌜in dieser Hinsicht⌝ reichen ~~Mann~~, den wenn man die Zeit, in der man faulenzt, so auf die Seite legen kann, wie das Geld, so mußt du oZ ⌜schon⌝ ein schönes Kapital beisammen haben / ‹auf nächster Seite liR neun Zeilen senkrecht gestrichen:› (× <u>Narr</u> ~~Nu das will ich hoffen~~. oZ ⌜~~Auf alle Weis.~~⌝ Wenn du die Zeit, die du dein Leben verfaulenzest ‹»verfaulenzest« korrigiert zu »verfaulenzt«?› hast, so zurück legen könntest wie das Geld, du müßtest schon ein schönes Kapital beysammen haben. ×) ‹Fortsetzung der senkrecht rot gestrichenen Passage auf nächster Seite:› <u>Affrid</u> Du kannst mich nicht beleidigen. / <u>Narr</u>. Das ist die ~~beste Antwort~~, oZ ⌜wahre Großmuth⌝ wenn ~~einem keine andere einfällt~~. einem aus lauter Kleinmuth nichts einfällt. / <u>Distichon</u>. Sprich vernünftig, wird die Beherrscherinn erscheinen? <u>Aff</u>. ~~Wir erwart~~ / Wir haben ~~ihr~~ große Dinge vorzutragen. / <u>Narr</u>. ‹die folgenden fünf Wörter mit Wellenlinie gestrichen:› ~~Sie kommt sogleich ihre Aufwartung~~ ‹Einfügezeichen und entsprechende Einfügung liR:› ~~Dist~~ oZ ⌜Narr⌝ Sie kömt sogleich Sie ~~gibt heute~~ {‹ein gestrichenes Wort unleserlich›} oZ ⌜~~Befehl~~⌝ ⌜ordnet⌝ ~~zu~~ {‹ein gestrichenes Wort unleserlich›} oZ ⌜nur ein⌝ Fest, wozu nicht ~~nur~~ lauter Dichter eingeladen sind, gemeine ~~Leute~~ liR ⌜Geister⌝ auch. / <u>Dist</u>. ~~Nu~~ Sie wird doch nicht ~~etwa~~ oZ ⌜gar⌝ Handwerksleute ‹»Handwerksleute« korrigiert aus »Handwerker«?› ~~eingeladen haben?~~ ~~das wäre doch~~ ‹Ende der Einfügung liR› – <u>Narr</u>. ‹ab hier fünf Zeilen mit schwarzen Schrägstrichen gestrichen:› ~~Sie kömt sogleich, sie ist nur im Begriff~~, ein oZ ⌜poetisches⌝ Fest ~~anzuschaffen~~, oZ ⌜verkünden zu lassen⌝ ~~daß sie heute Abends in ihrem Pallaste halten wollte~~, oZ ⌜wird⌝ und wozu ~~alle~~ nicht nur alle ~~ersten~~ oZ ⌜ersten⌝ Poeten ~~dürfen~~ sondern auch Künstler von zweitem Range eingeladen worden sind. / <u>Dist</u>. ~~Das beleidigt mich.~~ oZ ⌜~~Warum zweiten Ranges?~~⌝ (Spöttisch) ~~Hat sie nicht vieleicht auch gar~~ oZ ⌜gar⌝ ~~artige Handwerker~~ dazu ~~eingeladen?~~ / <u>Narr</u>. ~~Nein;~~ oZ ⌜{‹ein gestrichenes Wort unleserlich›}⌝ ~~das hat sie ausdrüklich verbothen~~. / <u>Distichon</u> oZ

⌈(Schnell und freudig)⌉ Wirklich. warum? / zwZ ⌈Narr. Das
hat sie nicht.⌉ / ‹ab hier zusätzlich mit Bleistift senkrecht und
schräg durchgestrichen:› Narr. Weil sie oZ ‹mit Bleistift:› ⌈be⌉
fürchtet, es möchten oZ ⌈daß doch⌉ einige dabey seyn, oZ ⌈bin
möchten⌉ denen du etwas schuldig bist. ‹Verweiszeichen »vi«
ohne entsprechende Einfügung auf diesem Blatt, bezieht sich
vielleicht auf Einlageblatt, auf dem die Fortsetzung neu geschrieben ist, vgl. 87/4–88/3› / ‹ab hier 16 Zeilen mit Bleistift
schräg gestrichen:› Dist. Du wirst doch nicht glauben, oZ ⌈die
an dich zu fordern haben⌉ daß ein Poet Schulden haben kann. /
Narr. Ah, ist ja gar kein Beyspiel {den} überhaupt möcht ich
den kennen den das Schicksal bestimmt hätte, so lang herum
zu gehen, bis er alle Schulden ausgeglichen hätte, die die schönen Geister in der Welt schon gemacht haben das wurd der
zweite Theil vom ewigen Juden. / Da mach ichs gscheider ich
bin mit meinen Gläubigern schon einig, ich zahl meine Schulden in zwey Raten, die erste nach meinem Tode und die zweyte wenn ich wieder auf die Welt kome. / Aff. Doch. Still die
Fürstinn nahet sich. ‹Ende des mit Bleistift schräg gestrichenen
Textes› / Vorige Hermione mit Gefolge / Chor. / ‹die folgenden
drei Zeilen mit Wellenlinie ausgeringelt:› Heil Hermione /
Glückliche Zone / Die dich gebar du bewohnest x) ‹Ende des
mit Rotstift schräg oder senkrecht gestrichenen Textes›
87/4–88/3 NARR ‹... bis› denn – HS: ‹Text auf eigenem kleinerem
    Blatt als Ersatz für mit Rotstift gestrichenen Text›
87/4 sich, HS: sich⌈,⌉ ‹Beistrich mit Bleistift ergänzt?›
87/5 schuldig HS: etwas schuldig
87/6 da[ß] HS: das
87/8–10 Alles ‹... bis› schwebt HS: oZ ⌈Alles ist auf dieser Welt
    geborgt.⌉ Das Leben selbst oZ ⌈auch⌉ uZ ⌈selbst⌉ ist nur gelie-
    henes Kapital. ⌈Waare.⌉ ‹reR Kreuzchen mit Rotstift, entspre-
    chende Einfügung am Seitenende wieder gestrichen:› (× Das
    Niederste erborgt den Nahmen von dem Höchsten, wenn Eins
    nicht wär gäbs auch das Andre nicht ×) ‹danach Zeichen, um
    Fortsetzung im Text zu markieren› Und unsere Erde selbst, oZ
    ⌈Die Erd auf der wir wandeln⌉ ‹»wandeln« korrigiert aus ande-
    rem Wort› ist die größte Schuldenmacherinn oZ ⌈nicht schul-

denfrey.⌉ der Raum in dem sie schwebt ‹»schwebt« korrigiert aus »hängt«?›

87/11 wäre HS: wär⌈e⌉ ja

87/12 f. auch ‹... bis› führt HS: oZ ⌈auch⌉ die Sonne? die Verschwenderinn? liR ⌈die ein zu ‹»zu« korrigiert aus anderem Wort› glänzend Haus stets uZ⌊nur⌋ führt⌉

87/15 Socrates HS: Buch in Kalbfell eingebunden oZ⌈Socrates⌉

87/16 f. Beneid' ‹... bis› Höheres HS: Beneide⌈'⌉ nicht mich nicht um mein⌈en⌉ Genius. Wem ‹»Wem« korrigiert aus »wem«, auch Punkt davor vermutlich korrigiert aus Beistrich› Höheres ‹»Höheres« korrigiert aus »höheres«?›

87/20 dir ‹... bis› wenig HS: dir ‹»dir« korrigiert aus »die«?› hat die Natur geliehen, wirst du oZ⌈ihr⌉ wenig

87/21 an andern niemahls HS: an andern ‹»a« in »andern« korrigiert aus »A«?› niehmahls

87/22 Äestethisch HS: Äestethisch ‹»e« nach »t« korrigiert aus »a«?›

87/24 ihr betriebsamen HS: ihr ihr ‹»ihr« korrigiert aus »du«?› betriebsame⌈n⌉ ‹oder »n« korrigiert aus »r«?›

87/24 euer HS: euer ‹»euer« korrigiert aus »dein«?›

87/25 f. sagen ‹... bis› macht. HS: sagen {zur} für Unsterblichkeit. oZ⌈das ‹»das« korrigiert aus »daß«› dich unsterblich macht.⌉

87/29 f. Gegenwart, solch HS: Gegenwart, solch ‹ursprünglich Fragezeichen nach Beistrich, überschrieben durch »s« von »solch«›

87/31 [nicht] HS: ‹fehlt›

87/32 Korn, er HS: Korn, drum er

88/1 Neuigkeit ‹... bis› unte[r]dessen HS: Neuigkeit? ‹anderes Wort durch »Neu« überschrieben?› Waffenstillstand untedessen

88/2 neuen HS: an neuen

88/3 ODI. So hört denn – HS: Odi ‹»S« durch »Odi« überschrieben› So hört den – ‹danach längere Linie zur Kennzeichnung der Fortsetzung im ursprünglichen Text; vgl. 87/4–88/3›

88/3 Unsere Fürstinn, ist verliebt. HS: ‹davor mit Rotstift schräg gestrichener Text von eineinhalb Seiten Länge:› (× ‹18 Zeilen in linker Spalte, zusätzlich mit senkrechten Wellenlinien gestrichen:› Hermione / Zur ungewöhnlichen Stunde begehret ihr zwar meine Gegenwart. Doch es giebt keine Zeit in der ich euch nicht angehörte. Hand in Hand sind eure ~~Wünsche Bitten mit meinem Willen~~ Wünsche mit den meinen stets gegangen und ich hoffe nicht daß sie sich dießmahl feindlich trennen werden. Was ~~habt ihr mir vorzutragen.~~ verlanget ihr. / Afffrid. / Große Fürstinn, das Heil der ganzen Insel hängt deiner ~~Güte ab. Weisheit ab.~~ Herzen ab. ‹daneben vier Zeilen in rechter Spalte, zusätzlich mit schwarzer Tinte schräg gestrichen:› Sprich vernünftig, warum ist sie so düster? / Narr. Freunde, mir scheint sie ist verliebt. ‹untere Blatthälfte, rechte Spalte:› ~~Distichon~~ / ~~Freund du kenst die Geheimniße der Poesi~~ oZ ⌈~~O sie Welch eine poetische Ahndung.~~⌉ / ~~Distichon Freund du berührst meine schwache Seite~~ / ~~Auf unserer Insel werden schöne~~ Verse geschrieben, aber wenn man so einen Schneider Konto in Versen {be} erhält, ‹Einfügezeichen mit entsprechender Einfügung in linker Spalte:› ⌈dann lernt man ihren Werth erst kennen.⌉ ~~das thut weh.~~ ‹oberhalb in linker Spalte andere Fassung:› Dist Welch eine oZ ⌈ächt⌉ poetische Ahndung. ~~O Narr,~~ die Fantasie ist eine hohe Frau doch wenn sich ihr der Schneider überläßt wenn er den Conto schreibt. ‹in der Mitte:› O ~~Freund,~~ uZ ⌈Narr⌉ es ›»es« korrigiert aus »Es«‹ werde Hohn / ‹rechte Spalte:› Narr oZ ⌈Oh!⌉ Mir hat der ~~meinige~~ oZ ⌈mein Verse⌉ ~~eine~~ oZ ⌈eine⌉ ‹nachfolgende Zeilen schräg gestrichen:› ~~Ode geschickt~~ oZ ‹ein gestrichenes Wort unleserlich, danach Einfügezeichen, Entsprechung dazu fehlt, betrifft aber wohl Text der linken Spalte› ~~daß ist ein effectueller~~ uZ ⌈trauriger⌉ ~~Schluß~~ oZ ⌈Dedication⌉ »Nicht länger kann ich mich gedulden / Ich bitt um vierzehnHundert Gulden« ~~Da liegt ein tiefer Sinn da dahinter, den versteh ich noch ein halbes Jahr nicht.~~ / ‹linke Spalte:› ~~Ode gschickt. in Spondäen.~~ oZ ⌈{‹zwei gestrichene Wörter unlesbar›} Vers gebracht.⌉ ~~Da ist ein Vers dabey, der hat Gewicht.~~ / »Nicht länger kann ich mich gedulden / »Ich bitt um 400 Gulden. ~~Das ist einer~~ der hat ~~ein~~ Gewicht. / Distich. ~~Ja wohl da liegt ein tiefer Sinn dahinter~~ oZ ⌈Ein tiefer Sinn liegt hinter ihm⌉. uZ ⌈diesem Vers ihm.⌉ ‹in der Mitte:› Dist Ein dunkler Sinn liegt hinter ihm. ‹linke Spalte:› ~~Narr~~ Ich glaubs Ich ‹»Ich« korrigiert aus »ich«› versteh ihn noch ein halbes Jahr nicht, den Sinn. ‹über ganze Breite geschrieben:› Narr Ich versteh {ihn} oZ ⌈ihn⌉ noch ein halbes Jahr nicht, diesen Sinn. ‹linke Spalte:› Dist. Recht so. Nichts wird bezahlt. oZ ⌈Sey fest Gemüth⌉ uZ ⌈Nur festen Sinn.⌉ ‹mit Bleistift:› ⌈Muth.⌉ Charakter muß man haben. / ‹Rückseite, ab hier nicht mehr zweispaltig, sondern wieder über ganze Breite geschrieben:› bey allen Göttern laß ich mich beschwören / kein Kreuzer uZ ⌈Heller⌉ zahl ich aus. / Narr. ϴ Welch ‹»W« korrigiert aus »w«› ein Gemüth, einen solchen Freund hab ich oZ ⌈schon lang⌉ gesucht. Komm in meine Arme. ⌈Umarme mich.⌉ / Distch ‹»D« in »Distch« korrigiert aus »O«?› So finden sich getrennte Brüder wieder. (umarmen sich) / ‹folgende Rede mit Wellenlinie ausgeringelt:› Narr. Wenn das mein Schneyder sicht ⌈wüßt,⌉ / So schlag⌈e⌉t er uns nieder. (Alles weint) reR ⌈Narr / Wenn das ein Schneide säh / Er schlüg uns beyde nieder. / Dist Geschlossen seyn des Schuldenmachens Bund.⌉ ‹Kreuzchen, um Anschluss im ursprünglichen Text zu kennzeichnen, und Fortsetzung im ursprünglichen Text:› Odi. So oZ ⌈So⌉ nehmt auch mich zum Genossen oZ ⌈den⌉ an. / Ich sey, gewährt mir die Bitte, / In eurem Bunde der Dritte. / Distich ϴ Schöner ‹»Schöner« korrigiert aus »schöner«› Bund. / Odi. Drey Schuldenmacher. beysammen. / Narr Da können die Götter a Freud haben reR ⌈sich freuen.⌉ ‹Streichung mit »bleibt« rückgängig gemacht› / Odi. Und oZ ⌈Un⌉ Nun oZ ⌈Doch⌉ höret, ‹»höret« korrigiert aus »hört« oder umgekehrt?› was ich euch entdecke. oZ ⌈zu entdecken habe.⌉ x) ‹Ende des eineinhalb Seiten langen mit roten Schrägstrichen gestrichenen Textes› Unsere Fürstinn, ist verliebt.

88/4 In wen? HS: In wen? ‹»wen« korrigiert aus »wem«›
88/5 Ja seht, [d]as HS: ⌈Ja seht,⌉ Das
88/6 Ich ‹... bis› Geheimniß. HS: Wir danken dir: oZ ⌈Ich bitte dich.⌉ So Bewahre dein Geheimniß.
88/7–9 Wort? ‹... bis› nach HS: Wort? / Es ist bedeutungs / ‹die folgende Passage mit Rotstift schräg gestrichen:› (× Das darf sie nicht, den die Götter müßten ihre Wahl bestimmen. / Odi. Als sie den oZ ⌈gestern das⌉ einsamen Hain oZ ⌈Thal⌉ wieder

betrat, den oZ ⌈in⌉ den sie das sie oZ ⌈oft⌉ jezt stets durchwandelt, ihr kennt ihn ja,? den roman oZ ⌈poe⌉tischen oZ ⌈jezt so oft durchwandelt⌉/ Narr. Wo so viel gelbe Ruben wachsen, ich weiß schon. x) / Odi. Da schlich ich ihr nach. Da oZ ⌈Odi Als gestern sie den stillen Hain betrat wo sie so gerne weilt, schlich ich ihr nach⌉

88/10 ZOG HS: zieht zog, das oft

88/12 DISTICHON *(seufzend)*. HS: Distich oZ ⌈Distih (seufzend.)⌉

88/13 NARR. Dann hät HS: Narr oZ ⌈Narr⌉ Dann häts

88/14 f. ODI ‹... bis› werth. HS: Odi. oZ ⌈Distich⌉ Dann ‹ab hier bis 88/25 Streichungen großteils mit Rotstift nachgezogen› sprang sie auf, und rief, oZ ⌈rief sie gle begeistert, sie, ein⌉ nur dieß ein Genie ist meiner Liebe werth, daß so ‹»so« mit Bleistift unterstrichen› die Liebe schildern kann ⌈ist meiner Liebe werth.⌉

88/16 DISTICHON ‹... bis› ich HS: Dist Ha das oZ ⌈(B Seite)⌉ Wars mein Gedicht? ‹Fragezeichen über Beistrich geschrieben› ich bin oZ ⌈ich⌉

88/18 f. kam ‹... bis› verscheucht. HS: kam dann der Fremde Fremdling den als Hirten sie zu ihrer Lieblings Heerde aufgenommen hat, Amphio der Hirte mit ihrer Lilien Heerde, uZ ⌈mit ihrer Lieblin Lilienheerde⌉ und ich ward verscheucht.

88/20-22 wie ‹... bis› bewachen. HS: wa wie kömt den Amphio ein Fremdling in unserem oZ ⌈hier im⌉ Lande zu der Ehre, der Herrscherinn liR ⌈Hermiones⌉ Lieblingsheerde Lämmer zu bewachen.

88/23 ODI. Das HS: Odi. Ja, die Lilienheerde oZ ⌈meinst du⌉ die so heißt weil sie oZ ⌈so gern⌉ das Bild der Unschuld {sie} hat? Das

88/24-31 Heerde ‹... bis› hat[.] HS: Heerde. schlief ein ward von vor einem Jahr ‹»Jahr« korrigiert aus »Jahre«› {ungefähr} von einer giftigen {Raupe} Schlange überfallen, die ihn getödtet hätte, wenn nicht plötzlich ein junger Wanderer aus einem Busche springt, und sie erschlägt. Dieser Kühne, war oZ ⌈Amphio war der kühne⌉ Jüngling war Amphio, der nur oZ ⌈er forderte⌉ keinen Dank forderte als, der Aufseher möchte ihm einen kleinen Dienst in unsern Land. verschaffen, seine er kön-

ne aus {seinen Eltern} Er ‹»Er« korrigiert aus »er«› wäre eine
Waise oZ ⌈sagte er⌉ und suchte unter uZ ⌈unter⌉ fremden Völkern nun sein Glück zu finden, liR ⌈versuche⌉ da es ihm in oZ
⌈er es in⌉ seiner Heimath nicht zu gefunden ‹»gefunden« überschrieben aus »gelungen«› wäre ist hat

88/32–35 Stier ‹... bis› Kapital. HS: Lieblings Stier hätte der oZ
⌈besässe welcher⌉ goldne Hörner trug, oZ ⌈trägt.⌉ und ein
prächtiges Thier ist / liR ⌈Narr oZ⌊Distih⌋ Goldene Hörner?⌉/
Narr Der oZ ⌈Stier⌉ wird einen Stolz haben. / Dist. oZ ⌈Od⌉
Das Gold ziert doch jeden Stand. uZ ⌈Das ist ein Kapital Stier.⌉
zwZ Θ Hätt ‹»Hätt« korrigiert aus »hätt«› ich diesen Stier, er
wär hätt ich oZ ⌈das wär⌉ ein Kapital. oZ ⌈zu Recht⌉ / Odi.
Sogar den Ochsenstand {ein gestrichenes Wort unleserlich}
Ochsenstier {einige gestrichene Buchstaben unleserlich} oZ
⌈Stier⌉ liR ⌈er ist⌉ ein kleines Kapital. oZ ⌈ja {auch} ein⌉

89/1 f. Hirsch ‹... bis› ab HS: Hirsch lieber oZ ⌈eine⌉ mit goldnem Geweih, liR ⌈G'weih⌉ oZ ⌈viel viel lieber⌉ der wirft doch
alle Jahr ‹»doch alle Jahr« mit Tinte nochmals nachgezogen›
seine Intressen ab

89/3 f. ODI ‹... bis› ihn HS: Odi oZ ⌈Nun stellt euch vor⌉ Von
Dankbarkeit oZ ⌈durchdrungen⌉ macht er ihn zum der Aufseher, oZ ⌈bewegt, ernennt er ihn⌉

89/5–10 edler ‹... bis› Welt. HS: du edler Mann, da sagt man hernach es giebt keine Dankbarkeit in der Welt oZ ⌈o schöne Vormundschaft herrische Dankbarkeit⌉ Also er hat auf den Ochsen achtgegeben.? / ‹die folgenden zwei Sätze mit Rotstift
schräg gestrichen› (× Jezt wie war den das. Hat er auf den
Ochsen acht gegeben, oder der Ochs auf ihn. ×) liR ‹unterhalb:› Narr. Wie war den das? Hat der Ochsen ihm befohlen
oder er dem Ochsen? / reR Also der Ochs hat auf ihn Also er
hat {mehrere gestrichene Wörter unleserlich} gehabt. / Narr.
Das ist doch noch schöner als wenn der Ochs auf ihn hätt aufmerken uZ ⌈acht geben⌉ müssen. oZ Odi. Das Erstere. ⌈Lezte-
re⌉ Narr. Das ist oZ ⌈doch⌉ noch ein Glück. / Ich hab aber das
verwechselt. / Ich hab das Lezte oZ ⌈Erste⌉ auch in der Welt so
leicht. uZ ⌈erlebt schon in der Welt.⌉

89/11–15 ODI ‹... bis› zurück. HS: Odi. Doch oZ ⌈Und⌉ da er seinen Dienst so treu versah, so beförderte er ihn in kurzer Zeit oZ ⌈schwang er sich⌉ zum Hirten der oZ ⌈so unserer⌉ Lieblings oZ ⌈Lilien⌉heerde. oZ ⌈auf.⌉ Doch es liegt etwas sehr geheimnißvolles in diesem oZ ⌈dem⌉ Jungen, sein Auge verräth Geist, oZ ⌈hohen⌉ und daß er zum Hirten oZ ⌈er⌉ geboren, ist glaub ich nimmermehr. / ‹ganze folgende Rede mit Wellenlinie gestrichen:› (× Odi. Die Beherrscherinn oZ ⌈Hermione⌉ besucht täglich ihre Lämmer, und da bläst er auf seiner Flöte so rührend daß ihr die Thränen in die Augen treten. ×) / Affridu ‹ganze folgende Rede mit Schrägstrichen gestrichen:› (× Es macht dem Gef Herzen der Beherrscherinn Ehre, daß Poesi und Musick so tiefen Eindruck auf sie machen. Doch still sie nahet sich. Zieht euch zurück. ×) liR ⌈Hermione naht, zieht euch zurück.⌉

89/16 [Scena 4] HS: ‹fehlt›
89/19–21 Heil ‹... bis› thront. HS: ‹in allen 3 Zeilen Schrift nochmals nachgezogen› Heil Hermione. / Preiset / Glücklich die Zone / In der sie trohnt. ‹überschrieben aus »Die sie bewohnt«›
89/22 Ganz ungewöhnlich HS: ‹davor 6 Zeilen mit Schrägstrichen gestrichen:› (× Zur ungewöhnlichen Stunde begehrt ihr zwar meine Gegenwart, doch es giebt keine Zeit, in der ich euch nicht angehörte. Stets waren haben unsere oZ ⌈eure⌉ uZ ⌈unsere⌉ Wünsche mit den euren fest sich freundlich begrüßt – und ich hoffe nicht daß sie sich heute feindlich trennen werden. Was verlanget ihr? ×) Ganz ungewöhnlich
89/24 angehörte HS: ‹mit Bleistift korrigiert aus »angehöre«›
89/26 werd[e]n ‹... bis› aus HS: werdn hoff ich nicht. Sprecht Sagt an uZ ⌈Sprecht⌉ ‹»p« in »Sprecht« überschrieben aus »a«?› ⌈aus⌉
89/27 f. AFFRIDURO ‹... bis› Apoll, HS: Aff. Auf dein Geheiß erhabene oZ ⌈o Königinn⌉ befragt ich das Orakel des Apoll. Gebietherinn, habe Jupiters oZ ⌈Appollos⌉ Orakel ich befragt,
89/29 f. durch ‹... bis› droht HS: in durch sie, in ihrem Schooß, die dunkle Zukunft droht. unserem Lande droht
90/1 des HS: ‹korrigiert aus »das«›
90/2–5 AFFRIDURO ‹... bis› mir? HS: Affr. oZ ⌈Krieg⌉ Verderben, oZ ⌈Krieg Krieg droht⌉ ‹»droht« korrigiert aus »drohen«?› un-

LESARTEN   753

~~serem~~ oZ ⌈eurem⌉ Blumen⌈reiche⌉ ~~lande~~, wenn ~~man~~ oZ ⌈du
die⌉ uZ ⌈ihr die⌉ Zauberschwestern, nicht ~~aus ihm vertrieben
werden.~~ uZ ⌈daraus verjagt.⌉ Alles Wehe uns! / Hermione.
~~Und~~ Was ‹»Was« korrigiert aus »was«› rathen meine Weisen
mir⌈?⌉ ~~zu ihrem Sturz zu unternehmen.~~

90/6 mich denn HS: mich ~~erhab~~ den

90/7 f. verg[i]ßt HS: vergießt

90/12 Du hast mich eben HS: ~~Nein,~~ Du ‹»Du« korrigiert aus
»du«› hast mich oZ ⌈eben⌉

90/17 Da hältst HS: ~~Nun!~~ Da ‹»Da« korrigiert aus »da«› hältst

90/18 Für HS: ~~Verzeihe mir (küßt ihm die Hand)~~ Für

90/19 trau ich dir nicht zu. HS: ~~hätt ich nicht hinter dir ich nicht
gesucht~~ ⌈trau ich dir nicht zu.⌉ / ~~Hermion. Schweig Freund
Sohn~~

90/21–27 Sprich ‹... bis› jezt. HS: Sprich oZ ⌈du⌉ Affriduro. Kann
~~Soll~~ Gewalt uns retten? ~~oder Lißt~~ / liR ‹mit Bleistift:› ⌈Aff⌉ ‹mit
Tinte:› ⌈Gewalt? zum erstenmahl hör ich dieß Wort von dir.⌉
Aff ~~Mit Sanftmuth Eine würdige Nachfolgerin~~ oZ ⌈Tochter⌉
uZ ⌈~~Gewalt zum erstenmahl ertönt dieß~~ Entsprossen aus dem
Stamme deines gütigen⌉ Vaters ~~leitest, du~~ herrschest du durch
Sanftmuth ~~nur~~ stets. Wir kennen hier nur Poesi, Gesang und
Tanz, und ~~das~~ uZ ⌈der⌉ rauhe liR ⌈Klang⌉ der Waffen ist uns
unbekannt, ~~bis jezt,~~ oZ ⌈nur⌉ oZ ⌈~~der Witz ist unser Pfeil, und~~⌉
ein arkadisch Leben ~~Leben~~, führten wir bis jezt.

90/28 schützt HS: ~~ist~~ schützt

90/29–31 Berge ‹... bis› List. HS: Berge {einen} oZ ⌈~~ihn~~ uns.⌉ von
unserm ~~friedlichen~~ oZ ⌈mächtgen⌉ Nachbar dem König von
Athunt. liR ~~der uns aus Edelmuth so lang den Frieden schenkt.~~
‹mehrzeilige Passage mit Schrägstrichen gestrichen:› (× ~~Überm
Doch nicht mehr lange wirds so währen, die~~ Zauberschwestern ~~haben schon~~ oZ ⌈werden auch⌉ in seinem ~~Land~~ oZ ⌈Reich⌉
der Zwietracht ~~der~~ Fackel ~~angesteckt,~~ oZ ⌈schwingen,⌉ ~~und
über unsere Grenzen sehen wir Spione schleichen.~~ oZ ⌈und
sind die~~ sie werden uns ~~unterjo~~ bekriegen, unterjochen⌉ den
die Sterne, prophezeihen oZ ⌈{mir}⌉ unserem Lande einen
Herrscher aus dem ~~Land~~ oZ ⌈Stamme⌉ von Athunt. Darum
mußen wir uns ~~sicher stählen erinnern~~ oZ ⌈sicher stellen,⌉ die

Feder mit dem Schwert vertauschen, oZ ⌈den⌉ nur Gewalt kann uns erretten. Die Zauberschwestern müssen vertrieben überfallen werden und getödtet. ×) reR ⌈Die Waffen sind uns fremd / wir kennen nur die List.⌉ ‹mit Wellenlinie gestrichen:› Der Zauberschwestern Gewalt soll mit Gewalt vertrieben werden, doch wir besitzen ja kein Heer, uns bleibt ja nur die List, nicht einmahl Waffen.

90/32–35 NARR ‹... bis› hinein. HS: <u>Narr.</u> Das sag ich auch, oZ ⌈Her Ich rathe auch zur List⌉ sie machen sich oZ ⌈zu⌉ mausig, man fange, oZ ⌈hier⌉ liR ⌈drum muß man sie wie Mäusch⌊e⌋en fangen⌉ oZ ⌈(b. S.)⌉ ich richte eine große oZ ⌈brillantene diamantne⌉ MauseFalle ‹»Falle« korrigiert aus »falle«› auf und statt dem Speck häng ich ein paar türkische uZ ⌈zwey⌉ liR ⌈türksche⌉ Schwals hinein.

91/1 Doch höre des Orackels Schluß HS: Darum oZ ⌈Nun Doch⌉ höre des Orackels Rath. reR ⌈Schluß⌉

91/3 Hermione HS: sie Hermione

91/4–6 herrschen ‹... bis› wähle HS: herrschen würdig ist. Ist d In diesem Augenblick liR ⌈Wenn das geschieht⌉ wird sie oZ ⌈jene Macht⌉ verschwinden. Drum ‹»Drum« korrigiert aus »Darum«› höre ‹»höre« überschrieben aus »erhöre«› die Bitte deines ganzen Reiches. und höre die Bitte deines gan liR ⌈und⌉ wähle

91/8–11 Erwähle ‹... bis› entrinnen, HS: Erwähle ‹»Erwähle« durch Überschreibung von »Wähle«› ihn, ich bevor die Zauberschwestern noch in seinem Land des Zietracht Brust des Hasses Saamen streuen, und er mit Gewalt er fordert ‹»er fordert« durch Überschreibung aus »erobert«› was du seinem Edelmuth verweigert hast. liR ⌈du wirst dem Schicksal nicht entrinnen.⌉

91/13 Haus[e] HS: Haus ‹Textverlust›

91/14 f. 2 Jahren ‹... bis› für HS: 2 ‹»2« korrigiert aus »3«?› Jahren er der König von Athunt an mit seinem Edlen Edelsten an oZ ⌈Sohn an⌉ meinem Hof erschien, um für ‹»für« korrigiert aus »führ«›

91/16–20 daß ‹... bis› Geist. HS: daß oZ ⌈ich⌉ ‹Einfügezeichen mit Einfügung reR:› ⌈vom Werth der Poesi begeistert⌉ im Tem-

LESARTEN

pel des Apollo ein Gelübde abgelegt ‹zuerst »ausgesprochen«, dann mit Bleistift überschrieben durch »abgelegt«› reR ⌈als Gemahl oZ ⌊nur einen⌋ Sänger hoher Lieder⌉ hätte, daß ich meine Hand nur ich nur einen Dichter einem Dichter geben werde, schenken werde als Gemahl ‹fünf Zeilen mit Schrägstrichen und zusätzlich drei weitere Zeilen vollständig gestrichen:› (× der durch die Übermacht seines Geists mir bürgt, daß er der Würdigste in meinem Lande sey, und wenn es auch der Ärmste sey, ihn wird mein Herz erwählen. / Der König von Athunt gestand daß ihm die Dichtkunst fremd, ja lächerlich selbst selb erschiene, er verließ dann meinen Hof. oZ ⌈ja unnütz⌉ ×) reR ⌈zu umarmen wollte, wenn auch ‹mit Bleistift:› ⌊sey er⌋ selbst der Ärmste meines Volkes ist oZ ⌊sey⌋ uZ ⌊wäre⌋ ist wär seyn oZ ‹mit Bleistift:› ⌊auch⌋, wenn er nur reich ist oZ ⌊wäre⌋ oZ ⌊ist⌋ uZ ⌊ist⌋ ‹mit Bleistift:› ⌊ist an⌋ Gemüth und hohem Geist.⌉

91/22–24 Er ‹... bis› wolle. HS: Er oZ ⌈und⌉ liR ⌈Er⌉ zog von meinem Hof und oZ ⌈doch⌉ hinterließ mir oZ ⌈er⌉ das Versprechen, oZ ⌈mir⌉ daß er den schönen Frieden meines Landes niemahls stören wolle. ‹»werde« mit Bleistift durch »wolle« überschrieben›

91/26 Sohn der Musen HS: Dichter oZ ⌈Sohn der Musen⌉

91/27 *(stolz).* Mein HS: Wohl mir oZ ⌈*(Stolz)*⌉ Mein

91/28 kahlen Berg HS: kahlen ‹»kahlen« mit Bleistift korrigiert aus »kalten«› Bergeldörfel

91/29 Erwäge HS: Be Erwäge

91/30 rette dadurch HS: rette oZ ⌈dadurch⌉

91/32 Peinliche HS: ‹»P« korrigiert aus »H«›

91/33 mein Herz ist ja nicht frey. HS: zwZ ⌈mein Herz ist ja nicht frey.⌉

91/34 Herrscherinn. HS: Herrscherinn. / Narr. Ich beschwöre dich bey dem Andenken meines theuren Vaters. Affridur Wer war dein Vater? Narr (kniet nieder) Ich bes Narr. Er war Hanswurst. ‹Einfügung mit Einfügezeichen:› liR ⌈Affrid Gemeiner Narr⌉

92/1 Sichel HS: Sichel Sichel

92/4–7 HERMIONE ‹... bis› hin HS: Affridu Hermi Bis dahin will ich ‹Einfügung mit Einfügezeichen:› liR Hermione. Bis dahin

will ich meines Stolzes Panzer mit geschmeidgen Sammt, der
Klugheit überziehen und ‹Einfügezeichen mit Einfügung am
oberen Seitenrand, aber diese wieder gestrichen:› (× ⌈euch zum
Heil, mit klugen {klugen} oZ⌊der Klugheit⌋Sammt geschmeid-
gem Sammt, verhüllen meines Grolles ‹ein nicht lesbares Wort
durch »Grolles« überschrieben› Panzer und durch sänftig-
lich⌉ ×) ‹Fortsetzung liR:› ⌈durch sanfte Worte die Zauberschwestern zu gewinnen suchen.⌉ ‹Kreuzchen zur Markierung
der Fortsetzung im ursprünglichen Text› ‹Fortsetzung im ursprünglichen Text:› die Zauberschwestern zu besänftigen suchen Meiner oZ ⌈und⌉, ‹Kreuzchen zur Markierung des Anschlusses, Text aber mit Bleistift in Wellenlinien gestrichen:›
Ich will auf einen Augenblick, vergessen, daß ich hier herrsche
und nicht sie. Eilet nach hin
92/8 f. erschrikt) ‹... bis› Raben. HS: Ha erschrikt) Ha, oZ ⌈Göt-
ter.⌉ dort sind sie. / ‹Streichung mit Bleistift in Wellenlinien:›
Herm. Wer? Odi Die zwey saubern Schwestern Sie eilen oZ
⌈streifen⌉ durch die Flur und jagen weiße Hasen. uZ ⌈weiße
Raben.⌉
92/12 f. du,! ‹... bis› nicht. HS: du,! vermehr der Hasen Zahl. / oZ
⌈Odi Verzeih, ich trau mich oZ ⌊wag es⌋ nicht.⌉
92/14 f. AFFRIDURO ‹... bis› Hasenfuß. HS: Narr Ja w Er ist ja
nicht einmahl ein Haas oZ ⌈Affrid. So bist du ja ein ganzer
Hase.⌉ liR ⌈Narr. Ah oZ ⌊O⌋ nein, ⌈er ist ja nur ein oZ ⌈er ist
ja nur⌉ uZ ⌈ein blosser⌉ ein Hasenfuß. / Odi.⌉ Verzeih ich wag
es nicht.
92/16–18 HERMIONE ‹... bis› ab.) HS: Herm. Beschämet ‹»Beschämet« korrigiert aus »Beschämt«› ihn keiner ihn. ‹Fragezeichen vermutlich durch »ihn« überschrieben› / Distich. (Kühn.)
Ich. Wen keiner Muth hat. Ego sum. oZ ⌈aut Caesar aut nihil.⌉
oZ ⌈Muth Nein steh mir bey. Distichon, du stiehlst ihr Herz.⌉
Wie kann dein Auftrag nur diesen Zwerg berühren liR ⌈da du⌉
‹»es« durch »du« überschrieben› ⌈noch Männer giebt⌉ zählst
Der einen Mann gebiert, den ‹»den« korrigiert aus »die«?› solche Muskel zieren, / Ich hohle. Sie. (eilt ab)
92/19 f. NARR ‹... bis› Narr? HS: Narr. Hebt (Thut als hebt etwas
von der Erde auf.) zwZ ⌈Pst. winkt ihm) He, der Herr hat was

verlohren⌉ Hermi. Was ~~machst~~ oZ ‹ein gestrichenes Wort unlesbar, danach Fragezeichen› oZ ‹mit Bleistift:› ⌈treibst⌉ ~~du Narr?~~ ‹Streichung mit »bleibt« rückgängig gemacht›

92/21 Furcht HS: ~~beym Fortgehen seine~~ ‹»bleibt« gilt wohl auch für diese drei Wörter, also Streichung rückgängig gemacht› oZ ⌈~~die~~⌉ Furcht

92/24 Sie drohen HS: ~~d~~ Sie drohen

92/27 senden Pfeile HS: ~~senden~~ oZ ⌈senden⌉ ihm Pfeile

92/28 *(ängstlich). Götter!* HS: oZ ⌈(ängstlich)⌉ ~~Himmel.~~ oZ ⌈Götter!⌉

92/29 ODI. In dem Waden steckt ein Pfeil. HS: reR ⌈Odi. ~~Der Pfeil steckt~~ In ‹»In« korrigiert aus »in«› dem Waden uZ steckt ein Pfeil.⌉

92/30 NARR. ‹... bis› auch. HS: ~~Odi Mitten durch den Waden drang der Pfeil. Na~~ oZ ⌈Narr Jezt haben wir doch ‹»doch« korrigiert aus »auch«› einen gespickten Hasen auch.⌉

92/32 Hier ist er schon. HS: {noch} ~~schneller als vorher.~~ Hier ist er schon. / ~~Her~~

93/1 [Scena 5] HS: ‹fehlt›

93/4 [DISTICHON] *(athemlos). Es* HS: Athemlos. ~~Ich~~ Es

93/5 f. [Du] bist verwundet, Unglücksohn. HS: ~~Unglücklicher du~~ bist verwundet. reR ⌈Unglücksohn.⌉

93/8 Nicht doch, im Fuß. HS: ~~Nein~~ oZ ⌈Nicht doch.⌉ im Fuß. ~~Distichon~~ ‹danach 6 Zeilen mit senkrechten Wellenlinien gestrichen:› (× Distich (Stampft mit dem Fuß) Wer sagt das? / Odi Der merkt gar nichts? – / Herm. Lacht Bist du Achill? Hohlt den Wundarzt. / Narr. (Zieht ihm den Pfeil heraus) Nein, nur einen Schneider, ~~der~~ damit er ihm die Wunde wieder zunäht. {Alles lacht. Ha ha ha. ×) ‹danach 4 weitere Zeilen mit Schrägstrichen gestrichen:› (× Distich. Ein kluger Feldherr weiß sich zu verschanzen / Der Arm ~~nur~~ {befreit} ~~kühn~~ gehört der Schlacht / Die Füß braucht man zum tanzen. / Odi Die Zauberschwestern nahn. ×) / ~~Vorige~~

93/10 *erstaunt). Nicht möglich!* HS: erstaunt) oZ ⌈~~Im Ernst?~~⌉ oZ ⌈~~Wahrhaftig, Ists wahr?~~ Nicht möglich! ~~meiner~~⌉ uZ ⌈Seel⌉

93/12 Was das ein Glück HS: ~~Was das für~~ liR ⌈~~Ein großes ein~~⌉ oZ ⌈Was das ein⌉ Glück

93/16 f. Den ‹... bis› Tanzen. HS: Den ‹»Den« korrigiert aus »Der«› Arm gehört oZ ⌈weiht man⌉ der Schlacht, den ‹»den« korrigiert aus »der«› Fuß gehört oZ ⌈braucht man⌉ zum Tanzen. / Odi Die Zauberschwestern.
93/18 [Scena 6] HS: ‹fehlt›
93/19 f. VIPRIA ‹... bis› Kleidern, HS: Vipria. fantatisch gekleidet oZ ⌈gleich gekleidet, tiegerartig ‹Textverlust?› Kleidern.⌉
93/21 Allgemeiner Schreckensausruf HS: Allgemeiner ‹korrigiert aus »Allgemeines«› Schreckensausruf ‹»ck« und »a« korrigiert aus anderen Buchstaben›
93/22 ALLE (mit Entsetzen). HS: Alle. ‹»A« korrigiert aus »H«?› oZ ⌈(mit Entsetzen)⌉ liR oZ Arogant.
93/24 VIPRIA ‹... bis› angemeldet. HS: Arogant. Wir sind gemeldet. oZ ⌈Vipri Ha ha ha ma seur. Hast dus angehört!?⌉ Wir sind ⌈an⌉gemeldet.
93/25 furchtsam' HS: ‹korrigiert aus »furchtsames«, Streichung der zwei Buchstaben mit Rotstift›
93/29 zur ‹... bis› Tab[l]eaux HS: wir zur Komödie oZ ⌈wir⌉ geladen? daß ein Tabeaux ‹andere Buchstaben durch »au« überschrieben?›
94/3 f. Frag ‹... bis› Tod. HS: Wenn du in diese Sprach mich / S Frag sanfter wenn dus Ant zu erfahren wünschest, solche Frage, ist der Antwort Tod uZ ⌈ist der Antwort Tod.⌉ ‹danach vier Zeilen gestrichen:› (× Vipri. Mit falscher oZ ⌈höhnischer⌉ Sanftheit) Nun wo ist die hohe Frau, die unsere niedre Gegenwart begehrt.? Führt uns zu ihr. du niedlichs Kammerkätzchen du. Narr (leise) Miau, du {siehst} alle zwey! / Narr O du (im gleichen Ton) O du alte Hauskatz du! ×) ‹Ersatztext dazu ist auf eigenem Blatt notiert, 94/5–11›
94/5–11 [VIPRIA ‹... bis› Hände.)] HS: ‹Rückseite des vorhergehenden Blattes, das nur im untersten Viertel beschrieben ist, mit senkrechten Wellenlinien über das ganze Blatt, unklar, ob diese als Streichung aufzufassen sind:› Vipri oZ ⌈(persiflierend)⌉ Wo ist weilt den die gestrenge, gnädge Frau. oZ ⌈(befehlend)⌉ Wer bist den du. Bist du die Magd vom Haus so lös den die Riemen auf an meinem Schuh. / Vipri. oZ ⌈Nun wo ist den schöne Frau die gestrenge oZ ⌊gnädge⌋ Frau?⌉ Aha, du bist du

das Kammerkätzchen hier, du willst ge{strichen} oZ ⌈streichelt⌉ seyn, so meld uns {doch du} schönes Kind, oZ ⌈an theil Gnaden aus,⌉ wir bitten dich, wir sind 2 arme Zauberschwestern sag, wir küssen dir die Hand. (küssen ihr heuchlerisch die Hände)

94/12 HERMIONE *(erzürnt)*. Laßt ab. HS: Hermion. Auf euer Haupt zur oZ ⌈So wisset denn (erzürnt) Laßt ab.⌉

94/14–16 VIPRIA ‹... bis› wohl.] HS: A Vipri. Ach Nicht ‹»Nicht« korrigiert aus »nicht«› möglich?! ‹Rufzeichen und Fragezeichen übereinander geschrieben› Verzeihen sie Madam oZ ⌈Ach verzeih⌉ ich hab {euch} sie oZ ⌈dich⌉ wirklich, nicht erkannt, daß thut uns unendlich leid. Nicht wahr? Ma Seur. mein Schatz? oZ ⌈ich wir haben dich ‹»dich« korrigiert aus »sie«› ganz anders⌉ liR ⌈uns gedacht⌉ / Arogan. Oui Oui ma scher. Ja wohl. ‹»Ja wohl.« mit Bleistift gestrichen, ohne Ersatztext› mein Schatz.

94/17 hat ja HS: ‹»hat ja« korrigiert aus »haben«›

94/18 Eine gewöhnliche Gestalt. HS: So Eine ‹»Eine« korrigiert aus »eine«› gewöhnliche Turnüre Gestalt.

94/20 Einfältig fast. HS: Und so stupid. reR Einfältig fast.

94/21–25 VIPRIA ‹... bis› Haus. HS: Vipri Ө (Sie heuchlerisch umarmend) Ach das freut uns Unendlich ‹großes »U« aus kleinem »u« korrigiert› ⌈freut uns das.⌉ / Arog. oZ ⌈(ebenso)⌉ Ich bin entzückt. sie kennen zu lernen oZ ⌈im höchsten Grad.⌉ / Narr Das sind ja ganz liebe {Men} Hertzerl oZ ⌈{Brutscherl}⌉ oZ ⌈Ah das ist eine Freud!⌉ uZ ⌈O Schierlingskraut, mit Zucker überstreut⌉ / Distich. liR ⌈Affrid.⌉ Ө Jupiter oZ ⌈Zevs⌉ Kannst ‹großes »K« korrigiert aus kleinem »k«› du dieß dulden Zevs. / Narr Jezt kommt der wieder mit seinem Jupiter oZ ⌈Zevs⌉ daher oZ ⌈Bleib er mit seinem⌉ uZ ⌈Bl. Laß deinen⌉ oZ ⌈Zevs zu Haus.⌉

94/26 HERMIONE *(für sich)*. HS: Hermione Auf euer Haupt. zurück den Spott. (F. s.)

94/27 meines Landes Glück. HS: dieser meines Landes Glück. / (laut) (× Ich habe euch zu mir bitten lassen, um euch um ein freundliches Wort, mit euch zu wechseln. ×)

94/28–30 VIPRIA ‹... bis› Dienerschaft. HS: Vipria. (Mit Verbeugung) Ihre Dienerin Madam. Wer Sie sind oZ ⌈Du bist ⌊wohnst⌋⌉ ‹»wohnst« mit Bleistift› hier allerliebst logirt. oZ ⌈logirt⌉ ‹»logirt« mit Bleistift gestrichen› Was ist oZ ⌈Ein schöner Blumenhain.⌉ ‹Einfügezeichen und entsprechende Einfügung liR:› ⌈Herm. Es ist mein liebstes liebster Garten.⌉ ‹Kreuzchen als Anschlusszeichen und entsprechender Anschluss im ursprünglichen Text› zwZ das {ein} Vip Und diese nette Dienerschaft.

94/32—35 VIPRIA ‹… bis› verscheut. HS: Vipria. Was ist den das für eine excenable oZ ⌈Quelle⌉ Figür.? ‹»Figür« in Lateinschrift überschrieben aus »Figur« in Kurrentschrift› / zwZ ⌈Arog Der ist ja gebaut oZ ⌊als⌋ wie ein Telegraphe.⌉ / Vipria Ist ‹anderes Wort durch »Ist« überschrieben?› der zum Schrecken, im Garten hier, bestimmt, daß er die Vögel dir verscheuht.

95/1 f. heut ‹… bis› hereinkommen. HS: heut ⌈sind mir doch⌉ ein Paar hab ich doch hereinlassen müssen oZ ⌈heut⌉ uZ ⌈hereinkommen.⌉

95/3 AROGANTIA ‹… bis› Freund. HS: Arogant. ‹»Hermion« durch »Arogant« überschrieben› Wer bist du oZ ⌈keker⌉ Freund.

95/7 f. deutent) ‹… bis› auf. HS: deutent) Hier hab ich die Ehr noch einen aufzuführen. liR ⌈das ist der ernsthaft⌉ / Vipria. Stets so schlimm um ‹»um« korrigiert aus »und«› deinen Verstand. oZ ⌈Narr Hier führ dir noch einen auf.⌉ ‹reR Einfügezeichen »vi«, entsprechende Einfügung mit »de« liR, wieder gestrichen› (× Vipr oZ ⌈(zu Dist)⌉ Du scheinst im Ernst ein Narr zu seyn und er im Scherz. ×) / ‹rotes Kreuzchen als Anschlusszeichen, bezieht sich auf Streichung des folgenden Absatzes und dessen Ersatz› (× Narr. Oja, nur 2 oZ ⌈gar⌉ liebe Narren nur ist der immer der ernsthafte und ich immer oZ ⌈der⌉ spassige / Arog Wie kömmt das? ×) ‹Einfügezeichen rotes Kreuzchen als Anschlusszeichen für Ersatztext, der aber auch wieder gestrichen ist:› (× Narr Du Ich bin oZ ⌈Weil ich⌉ im Faschingsdienstag oZ ⌈bin⌉ geboren und er am faden Donnerstag. ×) ‹darunter in eigenem Block rot gestrichen:› (× Ich soll die Fledermäus verjagen, doch heut sind mir ein paar hereingewischt. x) ‹weitere fünf Zeilen im ursprünglichen Text schräg gestrichen:› (× Vipria. Stets so schlimm um deinen Verstand. Vipria Ihr seit zwey ~~nette~~ oZ ⌈zarte⌉ Jungens.? / ~~Wer ist der Ältere? Seyd ihr in gleichem Alter. / Dist Nein er is um eine halbe viertel Stunde~~ oZ ⌈5 Minuten⌉ ~~älter als ich~~. / Heil dem Tag der euch gebar x) ‹Einfügezeichen, das sich auf die Stelle oben, die auch mit rotem Kreuzchen markiert ist, bezieht›

95/9 VIPRIA ‹... bis› Reich. HS: ~~N~~ Vipria. Nun, Hermione uns gefällts oZ ⌈es sehr⌉ in deinem ~~Reiche.~~ ~~Lande.~~ Reich.

95/10 durchreist. Wir HS: durchreist ‹»durchreist« korrigiert aus »durchreiset«?›. {Wir} / ~~Vipria.~~ Wir

95/11 Flure[n,] die Ketskemeter Haide HS: Flure{n} uZ ⌈die Ketskemeter Haide⌉

95/12 Gefielde HS: Gefielde ‹»e« nach »i« nachträglich eingefügt›

95/13 Egy[p]tens HS: Egytens

95/14 Die Spinnerinn HS: ~~Un~~ Die Spinnerinn

95/17 Arabiens HS: ~~A~~brabiens

95/23 die Insel HS: ~~unsere~~ ~~meine~~ oZ ⌈die⌉ Insel

95/24 [Ü]bermuth HS: Ubermuth

95/25–27 (auffahrend) ‹... bis› sich) HS: (auffahrend) ‹»au« korrigiert aus »W«› Wer? ‹»Wer« korrigiert aus »Wie«› ⌈Vipr oZ ⌊(steigend)⌋ Wie?⌉ / Narr. ~~(grell)~~ ~~W~~ (grell für sich)

95/28 f. daß ‹... bis› Landes HS: daß ‹»daß« korrigiert aus anderem Wort› ich ~~im~~ den ~~harten~~ oZ ⌈bittern⌉ oZ ⌈harten⌉ Ausdruck hab gewählt, {er} ich bitte euch schont ~~meines~~ dieses Landes

95/30 Nicht HS: Nicht ‹»N« korrigiert aus anderem Buchstaben?›

95/30 rufen? HS: rufen? ‹Fragezeichen möglicherweise gestrichen›

95/31 Mentor hier HS: ~~Hofmeister~~ oZ ⌈Mentor hier⌉

95/32 VIPRIA ‹... bis› Schlangengift. HS: ~~Hermion.~~ oZ ⌈Vipr⌉ So wisse den wir hassen dich ~~und wie Antimonium~~. oZ ⌈wie Schlangengift.⌉ ‹»Gift« durch »Schlangengift« überschrieben›

95/34 VIPRIA. Als HS: ~~Arogant.~~ oZ ⌈Vipr⌉ ~~Als~~ Als

95/35 flehen sollen, doch HS: ~~flehen~~ uZ ⌜bitten⌝ oZ ⌜flehen⌝ sollen, ‹Beistrich aus Punkt korrigiert?› ~~Doch du hast uns~~ doch
96/1–5 AROGANTIA ‹... bis› Thee. HS: Arogant. ⌜Ja ~~Nicht einmahl~~ oZ ⌜Selbst nicht⌝ zum ~~Kaffeh~~ oZ ⌜Thee⌝ hast ‹»hast« korrigiert aus »hat«› ~~man~~ oZ ⌜du⌝ uns eingeladen, das ~~allein~~ hat ~~meine~~ oZ ⌜die⌝ Schwester so empört. / Vipr. ~~Du lügst. Narr. Also sind~~ reR Sprich nicht so albern. schweig. / zwZ ⌜Arog Warum? ~~für mehr~~ Der Thee ist ~~deine~~ uZ ⌞ihre⌟ deine schwache Seite⌝ ‹Einfügezeichen und entsprechende Einfügung liR:› ⌜Narr. Sie ~~haben~~ oZ ⌞hat⌟ ja so schon ihren Thee.⌝ / (× Arog. Ja ja der Kaffee ist ihre schwache Seite. / zwZ Narr Also sind das 2 Kaffeeschwestern? / Vip ~~Wie (leise)~~ oZ ⌜(erbost)⌝ Wenn nur du nichts reden wolltest, du sprichst wie eine Gans. zwZ Vipr Du Jezt schweigest ~~du still~~ still, den ich befehl es dir. ×)
96/6–9 VIPRIA ‹... bis› nicht. HS: ~~Arogant (boshaft) Und just, ich spreche nur weil dus nicht haben willst~~ ‹Text teilweise überschrieben durch folgende Zeilen:› oZ ⌜Vipr Erzürn mich nicht und schweig. ~~Ich spreche nur~~⌝ / ⌜Arog Was hast du zu befehlen mir?⌝ / ~~Vipr. (Stampft mit dem Fuß)~~ oZ ⌜(Heftig)⌝ ⌜So Schweige doch.⌝ oZ ⌜Vip⌝ Ich wills. / ~~Arog. (Ebenso) Nein, nein! Ich schweige nicht.~~ oZ ⌜Aro Ich nicht.⌝
96/10 raufen an. HS: raufen an. ~~Führen wirs ein.~~ ⌜Das ist eine Bagage⌝
96/11 VIPRIA ‹... bis› dir HS: Vipri ~~Nun wart!~~ oZ ⌜Ein andermahl.⌝ (Zu Hermion) ~~Doch jezt~~ Zu ‹»Zu« korrigiert aus »zu«› dir
96/13 Halt ein HS: ~~Ha~~ oZ ⌜Beym Ju Halt ein⌝
96/16 *Bogen schnell* HS: Bogen oZ ⌜schnell⌝
96/18 NARR ‹... bis› Obers. HS: Narr oZ ⌜(schnupt Taback)⌝ uZ ⌜(auch)⌝ Detto. mit Obers.
96/19 f. Wir ‹... bis› *Bogen.)* HS: ~~Wem ist sein Leben theuer?~~ oZ ⌜ihr feigen Leute Merkt auf.⌝ oZ ⌜ihr ‹mehrere gestrichene Wörter unlesbar›⌝ Wir lizitiren euer Leben. / ~~Arog.~~ oZ ⌜(mit gespannten Bogen)⌝ ~~Zum erstenmahl.~~ / ~~Vipria. Zum zweyten~~
96/22–31 Ich ‹... bis› *ab.)* HS: Ich ~~geh~~ oZ ⌜geh schon⌝ auf den ersten Ruf. ‹folgende Streichung rot nachgezogen:› ~~Ein Narr~~

macht zehn, ich bin der zweyte. reR ⌈(läuft ab)⌉ / Dist / Ari. Zum zweitenmahl (Zu Distichon) oZ ⌈Nun?⌉ Was zahlst du für das deine? uZ⌈schnell!⌉ / Alle. Halt ein. Dist. (erschrocken ab) Das Fersengeld. (laufen ab) ‹rotes Einfügezeichen› / Distich Das Leben ist der Güter höchstes folget mir, (alles ab) liR ‹mit Rotstift schräg gestrichene Passage:› (× Vipria (Zu Affrid) Und was spricht deine Weisheit? / Affr. Das Leben ist der Güter höchstes oZ ⌈höchste Preis.⌉ Lebt ‹»Lebt« korrigiert aus »Fahrt«?› wohl (ab) / Beyde. oZ ⌈Und ihr?⌉ Zum letzten mahl. / Alle Halt ein. (laufen schnell ab.) ×) / ‹liR rotes Einfügezeichen mit Ersatztext:› Vipria. oZ ⌈(zu Affriduro)⌉ Wie stehts mit dir? Hast du ein Leben für unser für unsern Pfeil ein überflüßig Leben? / Affr. Ich hab nur eins, das brauch ich selbst. Leb wohl (ab) / Arog oZ⌈(Zum allen)⌉ Und ihr? / Alles Gnade, Wir laufen schon (alles in Verwirrung ‹»Verwirrung« korrigiert aus »Verwillung«› ab)

97/1 [Scena 7] HS: ‹fehlt›

97/2 AROGANTIA, HS: Vorige. Arog.

97/4 AROGANTIA *(tri[u]mphirend)*. Verlassen stehst HS: Arogant. ‹»A« korrigiert aus »He«› oZ ⌈(trimphirend)⌉ Verlassen stehst ‹»stehst« korrigiert aus »stest«›

97/5 Erkenne unsere Macht. HS: Erkenne ‹»Erkenne« korrigiert aus »Erkennst«› du unsere Macht.?

97/6 Wehe HS: ‹Streichung mit Bleistift:› Ө Wehe ‹»Wehe« mit Bleistift aus »wehe« korrigiert›

97/7 Was HS: Was ‹»Was« korrigiert aus »Warum«›

97/8 *(ebenso)*. Du zartes HS: oZ ⌈(ebenso)⌉ Du zartes ‹»Du« möglicherweise nachträglich eingefügt, »zartes« korrigiert aus »Zartes«?›

97/9–11 ihr ‹... bis› Hauch. HS: oZ⌈Ihr niedern⌉ Zauberdirnen! ‹am oberen Seitenrand eingefügt:› en entweihet nicht den oZ ⌈entweicht oZ ⌊auch ihr⌋ vergiftet nicht den⌉ Hain, durch euren Hauch.

97/12 So ‹... bis› verlassen. HS: So höre mich den, So komm! Wir ‹Rufzeichen wohl nachträglich eingefügt und »Wir« aus »wir« korrigiert› wollen dich oZ⌈sie⌉ verlassen,

97/13 AROGANTIA ‹... bis› zurück. HS: Arog. ‹»A« aus »V« korri-

giert?› Doch unser Haß bleibt ihr ‹»ihr« korrigiert aus »dir«› zurück.
97/14 Und ‹... bis› die HS: Und noch ein Angedenken solle. Und diese Flur, des ‹Streichung mit Rotstift nachgezogen:› schönen Auftritts oZ ⌈Streites bunter⌉ Zeuge, soll die oZ ⌈die⌉ ‹»die« korrigiert aus »den«›
97/15–18 seyn ‹... bis› pflanz HS: seyn, oZ ⌈(Nimmt einen Stern hervor)⌉ Du Zauberstern, der liR ⌈finstern⌉ Hekate entwendet, jezt steh mir, oZ ⌈bey⌉ du ‹»du« korrigiert aus »die«?› liebest diesen ‹»diesen« korrigiert aus »diesem«› Blumentempel,? ‹Fragezeichen vermutlich nachträglich eingefügt› So stürze ich seine Säulen ein? und eine Blume oZ ⌈einzige Ne Distel⌉ pflanz
97/19 her HS: ‹korrigiert aus »hin«›
97/20–23 Sumpf ‹... bis› gräßlich.) HS: verödet ist Sumpf und verdorrte Bäume, zieren ihn oZ ⌈zeigen sich.⌉ Raben oZ ⌈Raben⌉ sitzen auf den Asten, Raben flattern in der Luft finstern Luft. Das Ganze ist ein grauser Anblick. uZ ⌈Der Wind heult gräßlich⌉
97/25 f. Unersättlich ‹... bis› verfolgen, HS: Nicht genug, Unersättlich ‹»Unersättlich« korrigiert aus »unersättlich«› bleibe oZ ⌈werde⌉ meine Rache, gleich dem Hunger des Erisychtons ‹»Erisychtons« mit Bleistift korrigiert aus »Erichsytons«?›, überall will ich {neken und} oZ ⌈dich neken und⌉ verfolgen, überall dich belausch aus
97/28 Aus ‹... bis› Hals. HS: aus Aus jedem Unkraut streck ich meinen Kragen oZ ⌈Hals.⌉
97/29 die Verzweiflung HS: die ‹»die« korrigiert aus »du«› verzwei Verzweiflung
97/30 f. (Erschöpft ‹... bis› Grimm. HS: Leb wohl (ermattet) Komm Arogantia ich bin (erschöpft.) ‹»erschöpft« vermutlich nachträglich von Sprechtext in Regieanweisung umgewandelt› Ha, wie wird mir. oZ ⌈jezt⌉ ich bin zu zart, oZ ⌈schwach⌉ für solchen meinen Grimm.
97/32–98/4 AROGANTIA ‹... bis› auch. HS: Arang. oZ ⌈(Sanft)⌉ Du hast dich angegriffen theures Schwester oZ ⌈liebes Schwesterchen⌉ O, stütze dich auf meinen Arm. Du bist zu zart. ‹Fortsetzung liR mittels Einfügezeichen:› Vipri. oZ ⌈(höhnisch)⌉ Ich

danke dir. ~~Du treue Seele.~~ (Heimlich) Wie kommst den du zu dieser ‹von »Wie« bis »dieser« gestrichen und mit »bl« Streichung wieder rückgängig gemacht› Zärtlichkeit? / Arog ~~Das macht die~~ ‹Einfügung mit Kreuzchen von unten:› ⌜Ar Aus Bosheit ~~sie zu ärgern.~~ weil sies ärgert. Das macht die⌝ Eintracht unsrer ~~Hand~~ Herzen. Wenn du leidest leid ich auch.

98/5–8 VIPRIA ‹... bis› *ab.)* HS: Vipri. ~~Ach du gutes Wesen liebst du mich mein sanftes Seelchen.~~ oZ ⌜~~Ich danke dir du liebes mein sanftes Mädchen~~⌝ uZ ⌜wo schlägt ein Herz wie deines ist⌝ / ~~Arog. V. Liebst du mich, du gutes Wesen Vipria.~~ / zwZ ⌜Vipri (zart) O gutes Kind. (umarmt sie zärtlich)⌝ / ~~Vipri. Wer sollte dich nicht lieben.~~ ‹»lieben« korrigiert aus »liebend«› (Mit durchbohrenden Blick auf Hermione) Wart Schlange! ~~zart~~ (~~weich~~ oZ ⌜matt⌝ zu Arog) ~~Komm!~~ oZ ⌜Leit mich⌝ Arogantia. ~~gutes Kind.~~ (geht gestützt auf Arogantia ab)

98/9 [Scena 8] HS: ‹fehlt›

98/11–15 [HERMIONE] ‹... bis› gleich HS: O ihr Götter ~~könnt ihr dieß erdulden wie soll ich erdulden diese Schmach.~~ oZ ⌜~~womit hab ich verdient~~ oZ ‹Korrektur mit Bleistift:› ⌊wodurch verdient⌋ euren Fluch.⌝ ~~Bese~~ Ernidrigt, und vor wem, ‹Einfügung mit Kreuzchen:› ⌜vor meinem eigenen Geschlecht,⌝ ~~von meinem diesen von 2 Weibern~~, wenns noch ein mächtger ~~der mich~~ Zauberer, wär, ~~ach~~ oZ ⌜{‹mehrere gestrichene Buchstaben unlesbar›}⌝ ~~was vermag ein~~ ‹»ein« korrigiert aus »auch«?› ~~holder Zauberer~~ oZ ⌜nicht⌝ doch ~~nein~~ daß es Weiber sind, oZ ⌜die mich besiegt⌝ daß kränkt mich gar so tief, und wenn ich ~~so~~ gleich

98/17 Amphio ‹... bis› tragen HS: Amphio, ~~was dulde~~ oZ ‹mit Bleistift:› ⌜o⌝ könntest du ~~meinen~~ oZ ⌜den⌝ Schmerz ~~mit~~ mir ~~empfinden~~ tragen

98/19 G[a]tten HS: Gätten

98/20 ist.? Doch darf ich meinem HS: ~~ist wird.~~? oZ ⌜ist.⌝ Doch darf ich meinem ‹»meinem« korrigiert aus »meinen«›

98/21–23 Und ‹... bis› binden HS: Und ~~soll~~ oZ ⌜kann⌝ ich einen andern wählen? ‹Beistrich durch Fragezeichen überschrieben› Ich ~~kann~~ oZ ⌜vermag⌝ es nicht, es sind oZ ⌜nicht⌝ Amors Rosen~~bande~~ ketten die mich an ihn binden

98/24 f. Doch ‹... bis› es[,] HS: Doch wie? H̶a̶l̶t̶, – Hat Minerva mich berührt. so g̶e̶h̶t̶ ̶e̶s̶ oZ ⌈gelingt es⌉
98/26 f. vertraun ‹... bis› hier? HS: vertraun. reR ⌈(Narr sieht zur Koulisse herein)⌉ Was suchst du hier? ‹zunächst »Narr« durch »hier« überschrieben, darüber mit Bleistift nochmals »hier«›
99/1–3 [Scena 9 ‹... bis› Scena 4].) HS: <u>Narr Vorige.</u>
99/4 f. sich nicht herein. Nur herein HS: sich nicht ‹Einfügezeichen, aber ohne entsprechenden Text› herein. oZ ⌈Nur⌉ herein ‹»herein« korrigiert aus »Herein«›
99/9 f. besiegt ‹... bis› auf HS: besiegt, j̶e̶z̶t̶ sie ist vorbey, jezt baue g̶a̶n̶z̶ auf
99/13–18 Ein ‹... bis› bescheint. HS: Ein oZ ⌈blühend⌉ Bild d̶a̶s̶ e̶u̶r̶e̶m̶ ‹»eurem« korrigiert aus »eurer«› T̶r̶e̶u̶e̶ oZ ⌈von eurem⌉ Muth.e̶ ̶g̶l̶e̶i̶c̶h̶t̶,̶ ̶w̶e̶r̶ ̶s̶i̶e̶ ̶b̶e̶t̶r̶i̶t̶t̶,̶ ̶d̶e̶r̶ ̶v̶e̶r̶s̶ ̶s̶i̶n̶c̶k̶t̶,̶ ̶S̶o̶ Er ist so treu wie dieser Sumpf. ‹Einfügung mit Einfügezeichen liR:› ⌈wer auf ihn baut sinckt ein.⌉ darum will ich nicht liR ⌈länger⌉ ihm mein Wohl vertrauen. Ich ‹»Ich« korrigiert aus »ich«?› befolge des Orakels. S̶c̶h̶l̶u̶ß̶,̶ ̶b̶i̶s̶ oZ ⌈Winck⌉ ⌈noch⌉ heute Abend, s̶o̶l̶l̶s̶ ̶e̶n̶t̶s̶c̶h̶i̶e̶d̶ soll mein Land gerettet seyn, ich will ‹Einfügung mit Einfügezeichen liR:› ⌈noch heute mich vermählen. damit die morgige Sonne, der Zauberinnen Ohnmacht schon bescheint.⌉
99/20 f. versammelt ‹... bis› »Dem HS: versammelt. D̶o̶r̶t̶ ̶l̶e̶g̶ ̶i̶c̶h̶ ̶n̶i̶e̶d̶e̶r̶ ̶e̶i̶n̶e̶n̶ ̶S̶c̶h̶w̶u̶r̶.̶ oZ ⌈und höret uZ ‹mit Bleistift gestrichen:› ⌊v̶e̶r̶n̶e̶h̶m̶e̶t̶⌋ meinen Eid:⌉ ‹nachfolgende Zeilen mit senkrechten Wellenlinien gestrichen:› (× Weil ihr nicht kämpfen könnt, um mich d̶u̶r̶c̶h̶ durch oZ ⌈eure⌉ Muskelkraft, so kämpft mit eurem Geist. Wer bis heute Abend, bevor ×) / ⌈»⌉Dem ‹»Dem« korrigiert aus »dem«›
99/22 siebente Stunde HS: S̶t̶u̶n̶d̶e̶ siebente Stunde
99/22–27 das ‹... bis› Gedanken. HS: das ‹»das« korrigiert aus »daß«› an Werth d̶i̶e̶ ̶a̶n̶d̶ hoch über alle andern steht. Es gelte ‹»gelte« korrigiert aus »gilt«› m̶i̶r̶ gleich, welch Land a̶l̶s̶ ihn oZ ⌈auch⌉ gezeugt ‹Textverlust› oZ ⌈s̶o̶ ̶f̶o̶r̶d̶r̶e̶ ̶i̶c̶h̶ ̶e̶r̶⌉ ob ihn ein Lorbeer schmückt, ob er den Hirtenstab erwählt. ‹Punkt korrigiert aus Beistrich?› s̶e̶i̶n̶ / W̶e̶r̶ So fordre ich n̶u̶n̶ in die Schranken eure F̶a̶n̶t̶a̶s̶i̶e̶, oZ ⌈Poesi⌉ weil i̶h̶r̶ ̶k̶a̶ ihr nicht m̶i̶c̶h̶

nach kämpfen könnt, um mich durch eurer Sehnen Kraft, so kämpft um mich, mit eures Geistes kräftigen Gedanken.
99/29 Helm ‹... bis› Verse HS: Helm, oZ ⌈der Witz sey euer Pfeil⌉ die Verse
99/31 Preis. HS: Preis. {‹ein oder zwei gestrichene Buchstaben unleserlich›}
99/33 Reich.[«] HS: Reich.
100/4 E[ks]tase HS: Etase
100/5 Dichter HS: Dichter ‹liR mit Einfügezeichen und »de« vier Zeilen, die sich auf 101/34–36 beziehen, aber mit Rotstift schräg gestrichen sind:› (× tiefbeleidigten Jahres, ich will einen Kalender, zusammenfluchen uZ ⌈zusammenfluchen⌉ und ihnen ein Neujahrs Geschenk machen damit machen. ×)
100/16 freß dich. Ha HS: freß ‹»freß« korrigiert aus »frieß«?› oZ ⌈dich⌉ dich oder ich steck dich gar in Sack. Ha
100/17 du Schaafskopf, Kalb HS: du, oZ ⌈Schaafskopf⌉ Kalb
100/20–22 weil ‹... bis› euch HS: weil ihr zu zu euch oZ ⌈zu so⌉ furchtsam seyd oZ ⌈furchtsam seyd⌉ auf eine oZ ⌈auf eine⌉ todte Gans mit einem Bratspieß loszugehen. oZ ⌈Fliege⌉ {‹einige gestrichene Wörter unlesbar›} ⌈Fliege zu erschlagen.⌉ liR ⌈Spinne zu befreien⌉ liR ⌈daß ihr beym Anblick einer Spinne lauft.⌉ O ihr der Heroen der Vorzeit! Nehmt euch doch ‹»doch« korrigiert aus »euch«›
100/22 f. dem Theseus, von Canova, HS: dem ‹»dem« korrigiert aus »den«?› Theseus, von Canova, in Wien,
100/23 f. beym Schopf HS: lang am oZ ⌈beym⌉ Schopf
100/24 noc[h] HS: nocht
100/27 ihnen HS: ‹korrigiert aus »ihn«?›
100/29 DISTICHON HS: Distichon oZ ⌈Dist⌉
101/4 da[s] wird HS: daß ist wird
101/5 schlagt HS: haut uZ ⌈schlagt⌉
101/6 *prügeln* HS: s prügeln
101/7 schreiben sie HS: schreiben oZ ‹mit Bleistift:› ⌈sie⌉
101/9 besiegt HS: besiegt ‹korrigiert aus »besitzt«›
101/14–16 (seinen ‹... bis› dem HS: Die Hauptschlacht ist vorbey. Also die Schläg hätten wir auch. oZ ⌈(seinen Rüken reibend) Das Schlachtfeld ist leer. Ah! Das nenn ich ein Treffen, uZ ⌊s

hat⌋ jeder getroffen ‹»getroffen« korrigiert aus »hatroffen«?› Keiner hat gefehlt.⌉ Aber {‹ein gestrichener Buchstabe unlesbar›} dem

101/17 Wann HS: der Wann

101/19 [Ö]stereichs fetten Triften HS: Ostereichs schönen oZ ⌈fetten⌉ Triften

101/20 vom HS: nun durch oZ ⌈vom⌉

101/23-36 Witz ‹... bis› machen. HS: Hirn oZ ⌈Witz⌉ in meinen Hühneraugen oZ ⌈meinem Finger Daumen⌉ hab, als alle Köpfe dieses Fabellands ⌈seit 100 000 Jahr.⌉ ‹Einfügezeichen, entsprechende Einfügung liR, mit Schrägstrichen wieder gestrichen:› (× Nur Hermione nehm ich aus, daß ist eine vernünftige, edle Frau die einen Narren zu schätzen weiß ×) ‹Fortsetzung mit Einfügung im ursprünglichen Text:› ⌈Und nun zu euch ihr giftigen Zauberkröten.⌉ Ha wies hier aussieht welche Verwüstung. Der {Hofgarten} ein {‹mehrere gestrichene Wörter unlesbar›} Was diese 2füßigen Zauberkröten {‹ein gestrichenes Wort unlesbar›} diese bezaubernden Weibsbilder Weiber uZ ⌈Den Frauenzimmer seyd ihr nicht.⌉ Allen Respect vor den allen andern Frauenzimern: den ⌈»⌉Ehret die Frauen, sie flechten und weben ‹Textverlust›⌉ Punctum, das andre fällt mir nicht mehr ein – ‹»ein,« überschrieben durch »mehr ein –«› aber daß sind keine Frauenzimmer ‹»z« überschrieben mit »en«›, das sind Töchter des ‹anderes Wort durch »des« überschrieben› Zer vom Herrn Zerberus und {‹zwei gestrichene Wörter unlesbar›} Hydra oZ ⌈liebenswürdigen Cerberus und der reitzenden Hidra.⌉ ‹vier Zeilen mit (teilweise roten) Schrägstrichen gestrichen:› (× {‹zwei oder drei gestrichene Wörter unlesbar›} schicke {‹ein gestrichenes Wort unlesbar›} Krankheiten, mir, ich will über sie, oZ ⌈zur Disposition⌉ den ich will ihnen ein Tableaux ihr 12 Monathes des Jahres, ich will ihnen oZ ⌈durch euch⌉ einen Neujahrswunsch br fluchen ×) ‹reR rotes Kreuzchen und Verweiszeichen »vi«, entsprechender Ersatztext mit »de« liR:› ⌈Ich oZ ⌊Darum⌋ beschwöre oZ ⌊ich⌋ euch ihr ⌊4⌋ Winde, des Hi oZ ⌊des Himmels.⌋ ihr 4 aufgeblasen Bengels, blaßt mir alle Krankheiten ⌊dieses schwindsüchtigen Jahrhunderts⌋ auf einen Haufen zusammen, und überlaßt sie mir zu meiner Disposition. Herbey ihr 12 Monate dieses⌉ ‹darunter kreuzweise durchgestrichener Block von 9 Zeilen:› (× und auch ihr steht mir {‹ein gestrichenes Wort unleserlich›} bey, ihr 12 Monate dieses Jahres tiefbeleidigten dieses tiefbeleidigten Jahres des beleidigten Jahres durch euch will ich uZ⌈der Narr⌉ ihnen liR⌈das⌉ ein Neujahrsgeschenck fluchen. ×) ‹Fortsetzung am oberen Rand der Rückseite:› ⌈tiefbeleidigten Jahres, ich will ~~ihnen durch euch ein~~ einen Kalender, zusammenfluchen und ihnen ein Neujahrsgeschenk damit machen.⌉

102/2 Mit Schnupfen, Halsweh HS: ~~Mit Halsweh Schn~~ / Mit Schnupfen, Halsweh

102/4 Daß HS: ~~Bis~~ liR⌈Daß⌉

102/8 rother HS: ~~farbne~~ oZ⌈rother⌉

102/10 sinnen HS: ~~finden~~ oZ⌈sinnen⌉

102/11 Gicht ‹... bis› lieber HS: Gicht {war} s wär oZ⌈ist⌉ schön, doch ~~mir wär~~ oZ⌈wünscht ich⌉ reR⌈lieber⌉

102/13 f. März ‹... bis› rächen. HS: ~~Ist aber~~ oZ⌈März⌉ und Aprill ~~der sucht mich zu rächen,~~ oZ⌈ihr bringt Seitenstechen⌉ / Der ‹»Der« korrigiert aus »Du«› May ~~bring ihnen Seitenstechen~~ uZ ⌈muß mich durch Krämpfe rächen.⌉

102/18–20 freut ‹... bis› Spital HS: ~~zw~~ freut / ~~Doch träf s~~ / ~~Doch für sie gibts~~ oZ⌈blüh⌉ liR⌈Nur ihnen blüh⌉ kein ~~scho~~ schönes Thal / Die ganze Welt, sey ihr Spital / ~~Die Welt sey für sie ein Spital~~

102/28 brechen ihre Zähne aus. HS: ~~fallen auch~~ uZ ⌈fallen⌉ uZ ⌈brechen⌉ ihre Zähne aus. / ~~Novem fällt~~

102/32 Sind HS: ~~Liegens~~ liR⌈Sind⌉

103/1 ist nicht der Spaß verdorben HS: ist {‹zwei gestrichene Wörter unlesbar›} oZ⌈nicht der⌉ Spaß ~~vorbey~~ uZ⌈ver⌉ verdorben

103/3 So speien HS: ~~So speien sie zwey alte Drache~~ / So speien

103/5 Qual HS: ~~Qu~~ Qual

103/7 froh HS: ~~ihnen~~ oZ⌈froh⌉

103/11 *sitzt* HS: ~~bläst ein~~ sitzt

103/12 *Im Vordergrunde* HS: liR⌈~~Auf b~~ Im Vordergrunde⌉

103/13–17 *auf Wasserurnen* ‹... bis› [AMPHIO.] HS: oZ⌈auf Wasserurnen ~~unter~~ ruhen⌉

103/17 f. daß sich [dein] holdes HS: oZ ⌈an deren Hand ich dieses Land betrat⌉ daß sich holdes
103/18 blauem HS: ‹korrigiert aus »blauen«›
103/20 jeden Tag HS: ta jeden Tag
103/21 liebekrank[en] HS: liebekrank ‹Textverlust›
103/22 dich HS: ‹korrigiert aus »die«›?
103/23 verdanke HS: verdanken
103/24 auf ‹... bis› herrschen HS: durch oZ ⌈auf⌉ Hermionens Hand, der Herrsche zu herrschen
103/27 hohe Phantasie, HS: hohe Mutter meines Geistes, Phantasie,
103/29 Rath soll HS: liR ⌈Rath⌉ darf oZ ⌈muß soll⌉
104/4 Schritte HS: Flügel Schritte
104/5 [Scena 11] HS: ‹fehlt›
104/7 f. Gebietherinn! HS: O Gebietherinn!
104/9 *spricht die ganze Scene schnell* HS: oZ ⌈Spricht die ganze Scene⌉ schnell
104/10 die Zeit HS: die die Zeit
104/12 dich. Was kämpft HS: dich. ‹»dich« korrigiert aus »dir«› Was treibt dein schönes Aug im wirren Kreis? Was kämpft
104/13 Vertrauen gegen Furcht HS: Es ist die Furcht Vertrauen ist es, kämpfend ‹»kämpfend« korrigiert aus »kämpfet«?› mit gegen ‹»gegen« korrigiert aus »der«› Furcht
104/15 noch heute binden muß. HS: ver noch heute binden muß. an
104/17 *(sanft). Du weißt es ja.* HS: oZ ⌈(Sanft) Du weißt es ja.⌉
104/20 Von dem Gedicht da[s] HS: Durch dein Gedicht was Von ‹»Von« korrigiert aus »Vom«› dem Gedicht daß
104/20 f. übereicht HS: übereichtest
104/22 f. hab ich, dich heute Abend noch HS: hab ich oZ ⌈hab ich,⌉ den kühnen Entschluß, dich heute Abend nennen noch
104/23 f. gewagt HS: gesprochen liR ⌈gewagt⌉
104/24 f. mir, die schönste Dichtung liefert HS: liR ⌈mir, die⌉ das schönste Dichtung liefert ‹»liefert« korrigiert aus »liebert«›
104/25 dieses Reich. HS: dieses Reich. ‹»Reich.« korrigiert aus »Reiche«› Mein Amphio wird mich dein Geist betrügen oZ ⌈Dir ist⌉

104/26 *schnell* HS: oZ ⌈schnell⌉
104/27 die Dichtkunst HS: oZ ⌈sie⌉ du wi die Dichtkunst
104/28 da[s] HS: daß
104/30 dein[e] HS: dein
105/1 Verzeih, die Freude, tanzt HS: Ver{m} Verzeih, die Freude, waltzt oZ ⌈tanzt⌉
105/2 meiner Liebe HS: meiner ewigen Liebe
105/6 dir HS: dir ‹korrigiert aus »diese«?›
105/8–13 den ‹... bis› mich. HS: den ‹korrigiert aus »dem«› Schwur. Und wie oZ ⌈wenn⌉ die Sonne sinket ‹»sinket« korrigiert aus anderem Wort?› heute in sinkt in oZ ⌈den⌉ Wellenschoos des Meeres, oZ ⌈sinkt⌉ so Silberschoos ‹»Silberschoos« überschrieben aus »sink so«› liR ⌈so⌉ sink ich dir, {dem} oZ ⌈dem⌉ Sieger, dankkend an die Brust. Doch oZ ⌈jezt⌉ entflieh, man suchet mich.. ‹Einfügung mit Einfügezeichen:› liR ⌈Dann eile nach dem Tempel hin, dort wird durch des Orakels Mund, des Preisgedichtes Stoff dir kund. (ab)⌉ In einer Stunde oZ ⌈Und⌉ misch dich unters Volk. Wenn ich aus dem Tempel gehe, damit meine Liebe liR mein Anblick dich begeistert / Amphio uZ ⌈Amphio⌉ Leb wohl, vertrau auf mich uZ ⌈mich.⌉
105/14 [Scena 12] HS: ‹fehlt›
105/15 f. [; *später* ‹... bis› INSELBEWOHNER] HS: ‹fehlt›
105/17 f. NARR ‹... bis› abzuhohlen. HS: Narr. (bemerkt Amphio und verbirgt es) Verzeih, ich bin voraus geeilt, dir zu berichten, daß Ap dich in den Tempel oZ ⌈gnädigst tief ergebenst⌉ abzuhohlen.
105/20 O nein[.] HS: oZ ⌈O⌉ nein
105/22 AFFRIDURO HS: Odi oder. Affriduro
105/23 (kl[eine] Pause) HS: (kl. Pause)
105/25 9 HS: 9 ‹korrigiert aus »8«›
105/25–27 *und stellen* ‹... bis› *ist.*) HS: zwZ ⌈und stellen sich auf eine Seite 5 auf der andern 4, daß Affriduro der 5te ist.⌉
105/28 Ich halte Wort, HS: Du siehst, oZ ⌈Ich halte Wort,⌉
105/29 So folget HS: So folget ‹»So« mit Bleistift unterstrichen, »f« mit Bleistift nachgezogen›
105/30 f. Ihr ‹... bis› *nach.*) HS: Der Narr Der Ihr ‹»Ihr« überschrieben aus »Die«› Narren geht ‹»geht« korrigiert aus

»gehn«› voraus, der Weise folget ‹»folget« korrigiert aus »folgt«› nach (ab) / N̶a̶r̶r̶ ̶a̶l̶l̶e̶i̶n̶ ⌈(geht gravitätisch nach)⌉ D̶a̶ g̶e̶h̶n̶ ̶s̶i̶e̶ ̶h̶i̶n̶ ̶d̶i̶e̶ ̶b̶l̶i̶n̶d̶e̶n̶ ̶H̶e̶c̶h̶t̶e̶n̶,̶ ̶u̶n̶d̶ ̶k̶e̶i̶n̶e̶r̶ ̶h̶a̶t̶ ̶i̶h̶r̶ oZ ⌈f̶r̶a̶g̶t̶:̶⌉ ‹Rückseite, fast ganze obere Hälfte mit roten Schrägstrichen gestrichen:› (× b̶e̶m̶e̶r̶k̶t̶.̶ N̶u̶n̶?̶ ̶e̶t̶w̶a̶ ̶i̶c̶h̶?̶ ̶L̶e̶p̶o̶r̶e̶l̶l̶o̶.̶!̶ ̶H̶a̶s̶t̶ ̶i̶h̶n̶ n̶i̶c̶h̶t̶ ̶g̶s̶e̶h̶e̶n̶?̶ (l̶a̶c̶h̶t̶) oZ ⌈(plötzlich ernst)⌉ (a̶u̶f̶w̶a̶r̶t̶e̶n̶t̶) H̶a̶b̶ i̶h̶n̶ ̶s̶c̶h̶o̶n̶ ̶g̶s̶e̶h̶e̶n̶?̶ ̶L̶e̶p̶o̶r̶e̶l̶l̶o̶?̶ Gehts dich was ‹»was« korrigiert aus »wann«› an? E̶n̶t̶s̶ (g̶e̶h̶e̶i̶m̶n̶i̶ß̶v̶o̶l̶l̶) (v̶o̶l̶l̶ ̶R̶e̶s̶p̶e̶c̶k̶t̶) (m̶i̶t̶ ̶V̶e̶r̶b̶e̶u̶g̶u̶n̶g̶) (mit Kopfnicken) Was mich nicht brennt, daß blas ich nicht / Aber – der ist kein Narr – A revoir. a̶b̶) (v̶e̶r̶s̶c̶h̶m̶i̶t̶z̶t̶ ̶a̶b̶) / (Narr allein geheinmißvoll) Was man alles sieht, wenn man gute Augen hat. Freund Amphio, wärst du so vorsichtig, als ich scharfsichtig bin, ich hätt dich g'wieß nicht gsehen. Gehts d̶e̶ mich was an? Nein. Was dich nicht brennt, das blas du nicht. Jedoch, der Gusto wär nicht schlecht. Der Kerl ist kein Narr. A revoir. (ab) / Vôtre Sèrvict. ×)

106/1 Scena [13] HS: Scena.
106/4 *und ab* HS: und ‹»und« korrigiert aus »ab«› ab
106/6–13 [AROGANTIA.] ‹... bis› auch. HS: A̶r̶o̶g̶.̶ ̶H̶a̶s̶t̶ ̶d̶u̶s̶ ̶g̶e̶h̶ö̶r̶t̶?̶ / V̶i̶p̶.̶ B̶i̶n̶ ̶i̶c̶h̶ ̶t̶a̶u̶b̶?̶ / A̶r̶o̶g̶ Einen Hirten liebt sie. / Vip E̶i̶n̶e̶n̶ ̶Z̶i̶g̶o̶s̶c̶h̶.̶ ̶W̶i̶e̶ ̶k̶a̶n̶n̶ ̶m̶a̶n̶ ̶s̶i̶c̶h̶ ̶s̶o̶ ̶h̶e̶r̶a̶b̶w̶ü̶r̶d̶i̶g̶e̶n̶:̶ / A̶r̶o̶g̶ Das hat die Sonne nicht erlebt. Ist er den h̶ü̶b̶s̶c̶h̶ oZ ⌈wirklich schön? h̶ü̶b̶s̶c̶h̶?̶⌉ ‹ab hier mit Rotstift senkrecht gestrichen:› (× A̶h̶ ̶e̶i̶g̶e̶n̶t̶l̶i̶c̶h̶ ̶i̶s̶t̶ ̶d̶e̶r̶ ̶H̶i̶r̶t̶e̶ ̶n̶i̶c̶h̶t̶ ̶s̶o̶ ̶ü̶b̶e̶l̶.̶ oZ ⌈i̶c̶h̶ ̶h̶a̶b̶ ̶i̶h̶n̶ ̶n̶u̶r̶ v̶o̶n̶ ̶r̶ü̶k̶w̶a̶r̶t̶s̶ ̶a̶n̶g̶e̶s̶e̶h̶n̶⌉. uZ ich hab ihn nicht genau betrachtet / Arog. Er hat ein s̶c̶h̶ö̶n̶e̶s̶ oZ ⌈glänzend⌉ Aug. Vip Im Ernst? / V̶i̶p̶ Und p̶u̶r̶p̶u̶r̶r̶o̶t̶h̶e̶ oZ {‹ein gestrichenes Wort unleserlich›} Lippen. wie Rubin. oZ ⌈b̶l̶e̶i̶b̶t̶⌉ ×) / ‹5 Zeilen mit roten Schrägstrichen kreuzweise gestrichen:› (× Arog Ich bin ihm gar nicht feind / Vip Nein, er gefällt mir selbst. / Ar Ja, hätt er sich in dich verliebt. / Arog. Oder in dich. Vip {‹ein gestrichenes Wort unleserlich›} da hätt er sich {ja} in {eine von} uns {verlieben} sollen nicht in sie / Arog. Der Meynung bin ich auch. ×) liR: ⌈Vip Da hätt er sich in uns verlieben sollen nicht in sie. / Ar Der Meynung bin ich auch.⌉
106/14–18 VIPRIA. ‹... bis› *(Zieht* HS: V̶i̶p̶r̶ ̶A̶h̶.̶ ̶d̶a̶s̶ ̶w̶ä̶r̶ ̶w̶a̶s̶ ̶a̶n̶d̶e̶r̶s̶.̶ ̶l̶i̶e̶ß̶ ̶i̶c̶h̶ ̶m̶i̶r̶ ̶g̶e̶f̶a̶l̶l̶e̶n̶ ̶V̶i̶p̶ Ich auch / Arog. N̶u̶r̶ oZ ⌈Aber⌉

~~von ihr ist das schlecht.~~ reR ⌈Vipr ~~Den soll sie~~ oZ ⌊Sie darf ihn⌋ nicht besitzen, ~~das vereitel ich ihr.~~ ⌉ / uZ ⌈einer ~~duld ich ließ~~ / wie verhindre ich es?⌉ / Vip ~~O von ihr~~ oZ ⌈Aber in sie⌉ ist das oZ ⌈ist⌉ abscheulich. ~~das muß vereitelt werden. O das muß vereitelt werden.~~ / Arog. Ach sinne ~~nach,~~ oZ ⌈mein⌉ Schwesterchen, ich bitte dich. ~~das~~ / ~~das kann einen herrlichen Spaß geben.~~ / Vip. ~~So w~~ Geduld. oZ ⌈Durch⌉ ein ‹»ein« korrigiert aus »Ein«› Gedicht soll ihre Hand ihm ~~schaffen~~ oZ ⌈werden?⌉ Ist es nicht so? ‹»Ist es nicht so?« mit Bleistift überschrieben aus »Nicht wahr?«› Das Dichten muß man ihm verleiden. liR ⌈Doch wie?⌉ Ich frag dich ~~Z Ste~~ Zauberstern. fährt (zieht

106/20 dir HS: ~~ihm~~ oZ ⌈dir⌉
106/21 Ein Adler ists. HS: Ein ~~bunter Ad bunter Vogel~~ oZ ⌈Adler⌉ ists.
106/22 Sie kömt zu Amphio. HS: oZ ⌈Sie kömt zu Amphio.⌉
106/23 gelobt. HS: ~~gelobt. versprochen?~~ ‹mit Bleistift:› ⌈gelobt.⌉
106/24 So sagte er. HS: So sagte er. ~~Darum erscheint sie jezt.~~ uZ ⌈Sie suchet ihn.⌉
106/25 mein ‹... bis› fangen HS: ~~Ja mehr Jezt kommt mein~~ oZ ⌈reift mein⌉ Plan ~~zur Welt.~~ oZ ⌈ist reif.⌉ Wir fangen
106/26 [sie] HS: ‹fehlt›
106/27 hier HS: ~~ihr~~ oZ ⌈hier⌉
106/28 Wozu ‹... bis› Verstand, HS: Wozu? ~~Ich habe Viel Verstand~~ oZ {‹ein gestrichenes Wort unleserlich›} uZ ⌈Ich habe viel Verstand. {Verst}⌉
106/30–107/3 Wer ‹... bis› der HS: Wer dichtet? uZ ⌈den?⌉ Die Phantasie. oZ ⌈ists⌉ ‹Einfügung mit Einfügezeichen:› liR ⌈die Gedanken schafft. Wir halten sie gefangen, ~~darum drum~~ dann ~~und von dem fällt~~ oZ ⌊fällt⌋ keinem ‹»keinem« korrigiert aus »keinen«› Dichter etwas ein.⌉ ‹Fortsetzung mit »vi« und »de« am unteren Seitenrand:› Aro Also wird auch kein Preisgedicht gemacht? Vip. Es wird gemacht. oZ ⌈heut Abend noch {~~noch heute do~~}⌉ ~~Doch ich werde ihn~~ oZ ⌈den⌉ ~~wählen der es machen wird.~~ oZ ⌈Doch zwingen werde ich⌉ die Phantasie ~~zwingen es~~ den zu begeistern. den ich ~~Her~~ für Hermione zum Gemahl bestimmt ‹»bestimmt« korrigiert aus »bestimmen«› ~~werde,~~ ‹weiter im ursprünglichen Text, vier Zeilen rot gestrichen:› (× Ist

sie in unsrer Macht. ~~So~~ oZ⌈so⌉ fällt keinem Dichter etwas ein. Wir bringen sie ~~dan~~ oZ⌈dann schnell⌉ dazu, den zu begeistern ~~der~~ oZ⌈zu den Preisgedicht⌉ den ~~ich für sie wählen werde den ich für Hermionen wählen werde~~ ×) ‹Fortsetzung mit Kreuzchen als Anschlusszeichen markiert› und wie der

107/4 f. ihn, wenn er HS: ‹überschrieben aus »den, der heut«›
107/5 schwörts HS: {spricht} schwörts
107/7 f. AROGANTIA. ‹… bis› Flieg HS: ~~Arog. Und wird sie ihn /~~ Aro. ‹rot gestrichen:› ~~Ich habe Viel Verstand doch dich versteh ich nicht.~~ uZ ‹rot gestrichen:› ⌈~~Ah so ists. Jezt versteh ichs wieder nicht.~~⌉|⌈Arogant⌉/⌈Ar Ein schöner Plan.⌉/~~Vipr. So ka so will ich~~ {‹mehrere Wörter durch Überschreibung unleserlich›} Verbergen wir uns jetzt. oZ⌈Vip.⌉ ~~fl~~Flieg ‹»Flieg« korrigiert aus »flieg«›
107/9 sich[,] HS: sich
107/11 [Scena 14] HS: ‹fehlt›
107/12 f. mit ‹… bis› aus HS: mit aus ausgespreiteten ~~ih~~ Iris farbigen Flügeln, auf ‹»auf« korrigiert aus »aus«›
107/14 [FANTASIE.] HS: ‹fehlt›
107/17 Ein Kind mit HS: ~~Ein Kind mit~~ Ein Kind ~~von~~ mit
107/23 Ans HS: ‹korrigiert aus anderem Wort?›
107/24 Wirklichkeit auch gleich HS: ~~Wir~~ Wirklichkeit ‹»rk« korrigiert aus »rr«› auch {fall} gleich
107/28 Denn alles Glück HS: ~~An all jede Glück so sehr~~ liR⌈Den alles Glück {‹ein gestrichenes Wort unlesbar›}⌉
108/2 In HS: ~~Mein~~ In ‹»In« korrigiert aus »Im«?›
108/4 steck HS: ~~steck~~ steck
108/5 würfle mit den Sternen[.] HS: ~~sch~~ würfle mit den Sternen
108/6 vor HS: ‹»v« korrigiert aus »f«›
108/7 Phantasie HS: Phantansie
108/10 als HS: als liR⌈zur⌉
108/11 Pärchen HS: ~~Leut~~ Pärchen
108/12 unter uns gesagt HS: unter oZ⌈uns⌉ gesagt
108/12–17 viele ‹… bis› aufziehen. HS: ~~alle~~ oZ⌈viele⌉ Dichter, oZ⌈ist⌉ ~~oder wie~~ und Hermiones ~~Gelübde,~~ liR ‹mit Bleistift:› ⌈Schwur⌉ nur einem ~~Poeten zu ge nehmen,~~ oZ ‹mit Bleistift:› ⌈Dichter⌉⌈zu gehören,⌉ hat ihn so entzückt, daß er mir befahl,

die ihr einen Würdigen oZ ⌜wür⌝ Gemahl, zu suchen, oZ ⌜bilden⌝ liR ⌜zu bilden –⌝ weil gewöhnlich die besten oZ ⌜besten⌝ oZ ⌜genialsten⌝ uZ ⌜geschicktesten⌝ Dichter, die fatalsten oZ ⌜unerträglichsten⌝ uZ ⌜ungeschicktesten⌝ Ehmänner sind. Nun so wollen wir den unser Glück probieren. Hier gebildetsten Dichter, die ungebildetsten Ehmänner sind. ‹4 Zeilen mit roten Schrägstrichen gestrichen:› (× Ich bin nur die poetische Fantasie, darum hab ich Hermione zu den genialen Entschluß begeistert, ein Preisgedicht zu verlangen, damit nur dieser langweilige Liebeshandel einmahl sein Ende erreicht. ×) Hermione Hir kömt mein Canditat, ich will ihn doch ein wenig aufziehen.

108/18 [Scena 15] HS: ‹fehlt›
108/20 Nun HS: Nun wie stehts oZ ⌜ists⌝ ‹mit Bleistift:› ⌜stehts⌝
108/21 f. Gedicht, Amors Bande fester geknüpft? HS: Gedicht, Bey Liebes Beyfall uZ ⌜Amors Bande fester geknüpft?⌝
108/23–26 Auf ‹... bis› leuchten. HS: Ja, dank dir holde Phantasie, ich oZ ⌜O Freude, daß ich dich gefunden⌝ Auf ewig sie ‹»sie« korrigiert aus anderem Wort?› zu binden, steht in deiner Macht. / Phant. (Sich ironisch verbeugend) Ach diese Galantrie entzückt mich. (Weint kindisch) ‹mit Schrägstrichen gestrichene Passage:› (× ich unglücklichseeliges Mädchen, jezt soll ich andere verbinden, oZ ⌜vermählen⌝ {und} oZ ⌜und⌝ habe selbst noch keinen Mann. (verbirgt das Gesicht) / Amphio Θ (besorgt) O weine nicht. / Phantastie (Lacht laut auf) Was liegt mir an euch Männern allen oZ ⌜Glaubst du das ist mein Ernst. Was liegt mir⌝ uZ ⌜an dem Männervolk. Was brauch ich einen Bräutigam.⌝ Ich bin die Phantasie ich kann mir einen machen. ×) ‹Ersatztext mit Einfügezeichen auf Einlageblatt:› Ich armes Kind soll andere vermählen, und für mich selbst wird Hymens Fackel niemals leuchten.
108/28–109/5 Ach ‹... bis› geneigt. HS: Ach du lieber Himmel, oZ ⌜ihr gütgen Götter,⌝ die Männer, laufen oZ ⌜fliehen⌝ ja schon heut zu Tage schon, ⌜in jetger Zeit⌝ wenn ihnen ein Mädchen gesteht daß sie oZ ⌜schon⌝ 20 Jahre alt sey. was würden wie oZ ⌜würden sie⌝ erst wettrennen wenn ich gestehen müßte, das ich schon schon oZ ⌜so⌝ viele tausend Jahre alt bin

oZ ⌈auf der Welt herumfliege.⌉ Nichts, nichts, ich bin eine Tochter ~~Jupiters~~, oZ ⌈der Luft⌉ ~~ich heirathe einen alten Fixstern~~ (oder) und lüftige Personen. sind nicht zum Heirathen, geneigt.

109/5–18 Was ‹... bis› wird. HS: ‹ganze Stelle mit Verweis »vi« und Einfügezeichen auf Einfügeblatt unterhalb der Zeilen 108/24–26›

109/6 menschlicher HS: ~~menschlicher~~ menschlicher

109/9 mir HS: {mir} oZ ⌈mir⌉

109/10 leg HS: ~~hauch~~ oZ ⌈leg⌉

109/11 ihm HS: ihm ‹korrigiert aus »ein«›

109/13 so ‹... bis› Ideal HS: ~~so~~ oZ ⌈so bild⌉ aus ‹»aus« korrigiert aus »Aus«› Götterkräften ~~bild~~ ich ~~mir~~ mein Ideal

109/14 unbekannte HS: unbekannt~~en~~

109/15 f. glänzendem ‹... bis› bestrahlen. HS: glänzendem ‹»glänzendem« korrigiert aus »glänzenden«› Rubin, oZ ⌈und laß⌉ von Tausend Sonnen ~~laß ich~~ ihn bestrahlen.

109/19 wie poetisch HS: wie {wa} poetisch

109/21 Beleidige mich HS: Beleidige~~n sie~~ ‹Streichung von »n sie« mit Bleistift› mich

109/22 begeistert HS: ‹korrigiert aus anderem Wort?›

109/27 doch noch bescheiden, du nimmst meine HS: oZ ⌈doch⌉ noch bescheiden, du nimmst ~~doch~~ meine

109/28 manche HS: ~~wen die~~ oZ ⌈manche⌉

109/31 f. daß ‹... bis› Einladung HS: ~~so lange bis~~ oZ ⌈daß⌉ ich erscheine⌈n⌉ oZ ⌈soll,⌉ ~~den ich bin ein Mädchen und~~ oZ ⌈kann⌉ oZ ⌈und wer kann~~ kann~~⌉ der Einladung

109/33 wiederstehen HS: ~~nicht~~ wiederstehen

110/8 ich HS: ‹mit Bleistift unterstrichen›

110/10 zu HS: zu ‹danach mit Bleistift gestrichene Buchstaben unlesbar, teilweise Textverlust durch Klebestreifen›

110/11 banqueroutt HS: ‹korrigiert aus anderem Wort?›

110/12 und ‹... bis› zurück HS: und ~~hör lasse deine~~ oZ ⌈hohle den Stoff. die⌉ Fantasie oZ ⌈bleibt hier⌉ zurück

110/15 es HS: ~~es~~ oZ ⌈es⌉ oZ ⌈{mirs}⌉

110/16 f. Haupt ‹... bis› gewohnt. HS: Haupt. ‹nachfolgende Streichung mit Rotstift› ~~Ein deutscher Sänger,~~ oZ ⌈wars⌉ du kennst

ihn nicht, doch glaube mir ein großer Geist. ich hab ihn hoch
geliebt. ‹wohl in Streichung einzubeziehen:› oZ ⌈du kennst ihn
nicht⌉ oZ ⌈Drum trau nur⌉ in dem ich lang gewohnt.
110/21 [Scena 16] HS: ‹fehlt›
110/23–27 [FANTASIE.] ‹... bis› Geschöpf. HS: ⌈Heute habe ich
einen fröhlichen Tag.⌉ ⌈Ach Wie wohl ist der Fantasie wenn
sie⌉ ⌊von Versemachen ruhn⌋ ‹»ruhn« korrigiert aus »ruht«›
⌊und⌋ ungezwungner Prosa sprechen kann.⌉ ‹Punkt korrigiert
aus Beistrich› bald, bald wird / So jetzt waren wir ernsthaft,
jezt sind wir wieder bester lustig. liR ‹mit Bleistift:› ⌈fröhlich⌉
(Singt oZ ⌈den die⌉ eine lustige Rossinische Melodie) Die
Phantasie kann alles, (wild) Sie ist stürmisch (mit großem
Blick) oZ ⌈(hüpft herum)⌉ Geschwinde (Leise) Sie ist sanft, oZ
⌈(traurig)⌉ sie weint, und sie lacht, und wird belacht. Die Phantasie oZ ⌈Sie⌉ ist ein närrisches ein uZ ⌈Mädchen⌉ uZ ⌈muthwil-
liges Geschöpf.⌉
111/1 [Scena 17] HS: ‹fehlt›
111/2 VIPRIA *mit Pfeil* HS: Vipria oZ ⌈mit Pfeil⌉
111/4 f. VIPRIA ‹... bis› die Fantasie. HS: Vipria oZ ⌈(Tritt ihr in
den Weg.)⌉ Und arretirt. oZ ⌈Halt an!⌉ Wer da. Qui vi? oZ
⌈Qui vi?⌉ / Fantasie. Die Gut Freund, oZ ⌈Bon Ami⌉ die oZ
⌈die⌉ Fantasie.
111/6 bunter Adler. HS: Nimphe! ⌈uZ bunter Adler.⌉
111/7 Doch nicht so leicht. HS: Doch lebend nicht oZ ⌈so leicht.⌉
111/10 FANTASIE. HS: Phantasie. oZ ⌈Ha ha!⌉ So rächet sich die
Phantasie, Lebt wohl
111/10 f. *und* ‹... bis› mich. HS: und will macht Miene au zum
auffliegen. Ihr oZ ⌈Du⌉ Hexen uZ ⌈denkt an mich.⌉ lebet wohl
schlecht⌉
111/12–14 d[er] FANTASIE ‹... bis› mich! HS: d{er} ‹»der« korrigiert aus »die« oder anderem Wort?› Phantasie in einen Flügel
Achsel an der der Flügel verwundet wird. Herab mit dir! uZ
⌈Und du an mich!⌉
111/15 FANTASIE ‹... bis› traf. HS: Phantasie. W (Sinkt) weh oZ
⌈mir⌉ ich oZ ⌈bin⌉ verwundet treuloses Flügel. oZ ⌈du⌉ {‹ein
gestrichenes Wort unlesbar›} ⌈schießt zu früh⌉ uZ ⌈getroffen
bin ich.⌉ uZ ⌈Das traf.⌉

111/16–20 VIPRIA ‹... bis› auf. HS: ~~Arrogant~~ uZ ⌈Vipria.⌉ (Schadenfroh) ~~Hat ihn schon~~ uZ ⌈Fort mit ihr,⌉ / Pantasie. ~~Treuloses Gefieder.~~ uZ ⌈O unglückseeliges Loos. Arog. {‹2 gestrichene unterstrichene Wörter unlesbar›} ~~Das war des Tells~~⌉ uZ ⌈Jetzt kennst du mein Geschoß!⌉ ~~{ins Vogel}~~ (Beyde fesseln sie) liR ‹mit Bleistift:› ⌈Vip Sperr ~~sie ins Vogelhaus~~⌉ ~~bewach sie wohl.~~ uZ ⌈in den Käfig sie.⌉ Ich such ihr einen Dichter ~~auf~~. zwZ ⌈auf.⌉

111/22 f. FANTASIE ‹... bis› mir. HS: oZ ⌈F⌉ Apollo oZ ⌈!⌉ ~~kannst du dieß dulden.~~ / Arog. ~~Fort mit dir!~~ uZ ⌈Folge mir!⌉

111/24 [Scena 18] HS: ‹fehlt›

111/25–112/7 (VIPRIA ‹... bis› ab.) HS: ‹auf Rückseite eines zugeschnittenen Bogens, dessen Vorderseite den Text 114/34–115/10 enthält›

111/26 [VIPRIA.] ‹... bis› Finsterniß. HS: Umhülle mich magische Finsterniß. ~~Du Zauber~~

111/28 Nacht.) Jezt HS: ~~finster Nacht.~~ Jezt ‹»Jezt« aus Überschreibung von »Du«›

111/28 f. strahl Gemeinheit ab, und Häßlichkeit wie sie HS: ~~und~~ strahl ~~ein Bild der Gemeinheit~~, oZ ⌈mir Gemeinheit ab⌉ und ~~der~~ Häßlichkeit ~~mir ab~~ wie sie ‹»sie« korrigiert aus »es«›

112/3–6 willkomen ‹... bis› Werk HS: willkomen ~~Freund, lust'ger Freund lust'ges~~ Fratzengesicht, ~~ich begnü~~ dich ernenne ich, zu ~~Her~~ ihrem Gemahl. / Ein Wagen mit ~~geflügelten Faunen~~ oZ ⌈6 Raben⌉ bespannt ~~welche Fackeln in den Händen halten~~ oZ ⌈statt den Laternen 2 Fackeln.⌉ erscheint. / Durch die Lüfte fort, damit ich ~~dich~~ oZ ⌈es schnell⌉ entführe, oZ ⌈dieß Werk⌉ ~~Sohn,~~

112/9 [Scena 19] HS: ‹fehlt›

112/10 Das Innere HS: ~~Bie~~ Das Innere

112/11 f. SPENGLER ‹... bis› Seitwärts HS: ~~Spengler. Ein Fremder~~ / der Wirth. Seitwärts

112/13 Kastel HS: ~~tr~~ Kastel

112/16 MEHRERE ‹... bis› Wirth? HS: ~~Alle~~ oZ ⌈Mehrere⌉ Gäste Aber was ‹mit Bleistift:› ⌈ist den das HE Wirth?⌉

112/17 Ich HS: ‹korrigiert aus anderem Wort?›

112/17 nicht HS: nichts

112/21 recht HS: j̶e̶z̶t̶ oZ ⌈recht⌉
112/22 f. er ‹... bis› Herrn HS: liR ⌈er hat gute Einfälle.⌉ {‹ein gestrichenes Wort unlesbar›} oZ ⌈Schust⌉ uZ ⌈Den Herrn⌉ oZ ⌈den⌉
112/24 und so wahr! HS: liR ⌈und so wahr!⌉
112/30 der kann ja gar nichts HS: d̶a̶n̶ der kann ja oZ ⌈gar⌉ nichts
113/1 H[er]r HS: Hr
113/3 E[uer] G[naden]. HS: E G.
113/5 [Scena 20] HS: ‹fehlt›
113/7 [NACHTIGALL.] HS: ‹fehlt›
113/12 Gästen HS: ‹korrigiert aus anderem Wort, vielleicht »Gönnern«›
113/14 Trinkt HS: ‹davor 4 Zeilen mit Schrägstrichen gestrichen:› (× Drum springt er zu jeder Frist, / O seelenvoller Tausch / Wenn in der Früh er nüchtern ist / A̶u̶f̶ ̶A̶u̶f̶ ̶d̶ ̶N̶a̶c̶h̶t̶ ̶h̶a̶t̶ ̶e̶r̶ ̶e̶i̶n̶ ̶R̶a̶u̶s̶c̶h̶. ×) / Trinkt
113/18–26 2 ‹... bis› Haupt Adut. HS: ‹ganze 2. Strophe rechts neben der 1. Strophe:› 2 / Er hat nur für sein Harfen Gfühl / S̶e̶i̶n̶ ̶H̶a̶r̶f̶e̶n̶ ̶i̶s̶t̶ ̶s̶e̶i̶n̶ ̶A̶u̶f̶ ̶u̶n̶d̶ Um, / oZ ⌈Sie ist sein Weib sogar⌉ / D̶a̶s̶ ̶z̶e̶i̶g̶t̶ ̶v̶o̶n̶ ̶s̶e̶i̶n̶e̶m̶ ̶K̶ü̶n̶s̶t̶l̶e̶r̶t̶h̶u̶m̶ oZ ⌈Die kann er schlagen wie er will⌉ / D̶i̶e̶ ̶K̶u̶n̶s̶t̶ ̶h̶a̶t̶ ̶n̶i̶e̶ ̶e̶i̶n̶ ̶G̶e̶l̶d̶. oZ ⌈Die fahrt ihm nicht in d Haar.⌉ / So singt er sich durchs Leben⌈s⌉ h̶i̶n̶ oZ ⌈joch⌉ / E̶i̶n̶m̶a̶h̶l̶ ̶w̶i̶r̶d̶ ̶a̶l̶l̶e̶s̶ ̶g̶a̶r̶ oZ ⌈Und wird er einst caput⌉ / U̶n̶d̶ ̶i̶s̶t̶ ̶e̶r̶ ̶t̶o̶d̶t̶,̶ ̶s̶a̶g̶t̶ ̶m̶a̶n̶ ̶v̶o̶n̶ ̶i̶h̶m̶ uZ ⌈So sagn die werthen Gäste noch⌉ / Er war e̶i̶n̶ ̶g̶u̶t̶e̶r̶ ̶N̶a̶r̶r̶. oZ ⌈ein Haupt Adut⌉ / ‹darunter 2 Zeilen mit Wellenlinie gestrichen:› (× Er trinkt bis auf den letzten Mann, das Trinken macht ihm Lust / Und wenn er nimmer z Haus gehn kann so schlaft er {an der Luft} ×)
114/1 spat, H[err] Nachtigall? HS: spat. ‹mit Bleistift:› ⌈HE Nachtigall?⌉
114/2–4 Kopfweh ‹... bis› Hausmeister HS: Kopfweh ghabt. oZ ⌈ich hab mich angschlagen⌉ Ich b̶i̶n̶ oZ ⌈hab⌉ gestern s̶p̶a̶t̶ ̶z̶ ̶H̶a̶u̶s̶ ̶g̶a̶n̶g̶e̶n̶. uZ ⌈einen Rausch ghabt.⌉ Und unser Hausmeister b̶r̶a̶u̶c̶h̶t̶
114/5 er erst HS: er oZ ⌈erst⌉
114/6 eimahl HS: eimahl mahl ‹»mahl« irrtümlich doppelt›
114/8 Mich ‹... bis› nieder. HS: S̶c̶h̶l̶a̶g̶ ̶m̶i̶c̶h̶ ̶r̶e̶c̶h̶t̶ ̶a̶u̶f̶ und i̶h̶m̶

liR ⌈den Hausmeister⌉ oZ ⌈ihm⌉ schlag ich nieder. ‹mit Bleistift:› Ich schlage mich auf und ⌈uZ Mich schlag ich auf.⌉ ‹mit den Ziffern »1)« und »2.)« hat Raimund an dieser Stelle die Satzteile umgestellt auf »Mich schlag ich auf, ihm schlag ich nieder.«, hat aber wohl irrtümlich die Ziffern verkehrt eingetragen›

114/9 Rausch HS: Affen oZ ‹mit Bleistift:› ⌈Rausch⌉

114/11 Gleich, Hansel. Mein HS: Gleich, gleich. wer Hansel. oZ ⌈Mein⌉

114/13 Weiß schon. *(Bey Seite.)* HS: Weiß ‹»Weiß« korrigiert aus »Was«?› schon. (f s) (b S.)

114/15 Kellner HS: H Kellner

114/16 Heut HS: Heut ‹korrigiert aus »Heiß«?›

114/17 Wan[n] HS: Wan

114/21 *das* HS: ‹korrigiert aus »den«›

114/22 H[err] HS: HE

114/24 Herr Wirth, mit den HS: Laß mich der Herr Wirth, heut mit den

114/30–34 warum ‹… bis› Allemahl HS: warum oZ ⌈Schust⌉ Nu wird einmahl angfangt. oZ ⌈Fiaker (mit der Peitsche)⌉ reR ⌈Anfangen einmahl und a bißel was neues singen.⌉ / Alle Gast. Nu ‹»Nu« korrigiert aus »He« oder »Ha«?› Anfangen einmahl. He.! Anfangen! / Nacht. ‹mit Bleistift gestrichen:› Angfangt wird. Hi! uZ ‹mit Bleistift:› ⌈Kommt schon was.⌉ reR ⌈Allemahl.⌉ oZ vi 3 / ‹6 Zeilen mit Schrägstrichen gestrichen:› (× Nachtigall. Spielt einige Tackte und singt. Was macht den der Prater sag blüht er recht schön. / Bürschel magst ‹»magst« korrigiert aus »machst«?›, nit auf den Kürichtag gehn. / Ein lustiger Bu, der braucht zreißt oft ein paar Schuh / Und ein trauriger Narr der braucht selten ein Paar. / Dudeli. de. ×) liR ‹mit Bleistift:› Schuster. Ah gebts Acht. Heut singt er was neus.

114/34–115/10 NACHTIGALL ‹… bis› Ganzer.] HS: ‹Einfügung mit Verweis »vi 3« und »de 3.)«:› Nachtigal. Allemahl. (Singt und spielt Harfe) ‹die folgenden Zeilen mit Wellenlinie bzw. Schrägstrichen gestrichen, am Ende mit Anschlussziffer »4« Verweis auf Fortsetzung des Textes mit 115/11› (× Quodlibet. / Jezt wollen wir etwas Neues singen. / Wenn die Lieserl nur wollt, und die Lieserl nur – / Alle O Jegas! Nacht. oZ ⌜spricht⌝ Jezt ist das auch wieder nicht recht. / Ach das Gfrieserl, von der Lieserl / Ist so mollig / Madel wannst willst kannst mit aun Kirchtag gehn. / Ich bin liR ⌜Das⌝ oZ ⌜ist⌝ mein ‹»mein« korrigiert aus »dein«› Leyrer und du oZ ⌜ich⌝ sein Tanzer / Ich bin ein halbeter Narr und / Das ist mein Leyrer und ich sein Tanzer / Ich Er ist ein halbeter Narr und ich ein Ganzer. ×)

115/11 FREMDER. ‹... bis› [n]icht HS: ‹Anschlussziffer 4, vgl. Eintragung zu 114/34–115/10› Fremd. (lacht laut) Das oZ ⌜Das ‹»Das« korrigiert aus »Daß«› ist nicht⌝ Nicht

115/13 f. NACHTIGALL. ‹... bis› aus. HS: Nachtigal oZ ⌜Ah⌝ (Hört plötzlich auf oZ ⌜A du oZ ‹mit Bleistift:› ⌊heut⌋ kommst mir nicht aus.⌝

115/15 de[m] HS: den

115/17 Was ‹... bis› hat HS: Was ‹Streichung und Korrektur mit Bleistift:› will der Herr, oZ ⌜giebts⌝ der Herr oZ ⌜Er⌝ hat

115/21–24 gestern ‹... bis› imperti[ne]nt. HS: gestern auch nichts oZ ⌜2 Lieder bestellt⌝ und hat nichts zahlt. Fried Impertint. Nacht Sie sind impertint.

115/25 mir nicht HS: nicht mir nicht

115/27 Just nicht. HS: Nichts da. oZ ⌜Just nicht da⌝

115/29 Ruhig HS: Nichts Ruhig

115/30 Ich trag HS: Ich krieg mein Geld Ich trag

116/5 f. halt, wird kommandirt. D[a] haben HS: halt. oZ ‹mit Bleistift:› ⌜wird kommandirt.⌝ Das haben

116/8 [Ü]ber HS: Uber

116/12 deutschen Gesang HS: ‹mit Bleistift gestrichen:› meinen deutschen Gesang

116/13 f. gschickter ‹... bis› heraus, HS: gsch ‹Streichung und Korrektur mit Bleistift:› gschickterer oZ ‹mit Bleistift:› ⌜recht gschickter⌝ liR ⌜gschickter⌝ Harfenist seyn, so schlagen sie ihre Harfen aber nicht mich, liR ⌜so lassen sie ein paar tüchtige Triller heraus.⌝

116/20 red aus HS: laß den red aus

116/22 einen an, ich red eimahl HS: oZ ⌜einen⌝ an, ich red oZ ⌜eimahl⌝

116/25–27 A ‹... bis› auch. HS: reR ⌈A jezt muß ich als Harfenist andre Saiten aufzi⌉ ‹Textverlust› zwZ ⌈Schust. So, jezt geht er übern Wirth auch.⌉

116/28 ganz. HS: ganz. ‹darunter »ganz« nochmals mit Bleistift wiederholt und etwas links davon Einfügezeichen, aber ohne Entsprechung›

116/30–33 schuldig ‹... bis› g l e i c h . HS: schuldig seyn. oZ reR ⌈Ubrigens sind sie in meine Augen ein braver Mann aber ihr Bier ist nichts nutz⌉ / Wirth Er grober oZ ⌈schwacher⌉ Mensch Jetzt gleich oZ ⌈Wirth Weil er seine Grobheiten nicht aufgibt so⌉ geh er gleich. ‹Unterstreichung mit Bleistift›

116/34 Weil HS: Ich Weil

116/35 g l e i c h HS: gleich ‹Unterstreichung mit Bleistift›

117/1 f. aber ‹... bis› nachsagen. HS: aber reR ⌈aber⌉ können, liR ⌈Meine Herren ich fordere sie bey ihrer Ehr auf,⌉ aber können sie mich mir etwas höfliches nachsagen.

117/4 Sehen Sie. HS: oZ ⌈Sehen sie.⌉

117/6 ich wei[ß] schon warum[,] HS: oZ ⌈ich wei{ß} ‹»ß« überdeckt durch Buchstaben aus oberer Zeile› schon warum⌉

117/9 E r HS: Er ‹Unterstreichung mit Bleistift›

117/10–14 bringt ‹... bis› Erde. HS: bringt. / zwZ ⌈Nacht. Vipria aus der Versenkung.⌉ / Donnersch. Unsichtbare Stimme durchs Sprachrohr. Ich.! / Nacht. Die Kellnerey verschwindet und hinter ihr durch oZ ⌈verwandelt sich in eine finstre Wolke, aus der Vipria⌉ / Viprias Wolkenwagen / sie winkt Nachtigall ganz artig hinein und fliegt mit ihm durch die Luft Nacht O Jegerl der Mon Mon! liR ⌈tritt,⌉ Vipria. Ich. (stark) Ich! Sie verschwindet mit Nachtigall / Feuer strömt aus der Erde. ‹schwach mit Bleistift darüber geschrieben:› ⌈Sie kann mir ihr Haus nicht ganz verbiethen⌉

117/17 Donnerschlag[,] HS: Donnerschlag

117/18 da[ß] HS: da{ß}

118/1 [ZWEITER AUFZUG.] HS: Actus 2. reR nim doch Raison an / ich raisonir ja so – ‹vgl. 118/19›

118/2 [Scena 1] HS: ‹fehlt›

118/3 vor dem kolossalen HS: In der N vor dem kollossalen

118/5 leiser HS: passen oZ ⌈leiser⌉

118/6 *während des Niedersinkens.* HS: während des ‹»des« korrigiert aus »dem«› Nieder uZ ⌈sinkens.⌉
118/7 NACHTIGALL ‹... bis› nicht. HS: V̶i̶p̶r̶i̶a̶. Nachtigall. I̶c̶h̶ l̶e̶i̶d̶s̶ a̶b̶e̶r̶ e̶i̶m̶a̶h̶l̶ n̶i̶c̶h̶t̶. oZ ⌈Lassens still halten ich bleib eimahl nicht.⌉
118/10 [NACHTIGALL.] ‹... bis› Da HS: D̶e̶r̶ oZ ⌈Wann ich aber nicht will.⌉ Da
118/12 da muß ich verhungern, HS: liR ⌈da muß⌉ ich m̶u̶ß̶ verhungern, w̶
118/14 braucht.? HS: braucht.? oZ ‹Einfügezeichen, doch ohne Entsprechung›
118/15 VIPRIA ‹... bis› besorgen. HS: Vipria. (̶Z̶u̶ d̶e̶n̶ R̶a̶b̶e̶n̶)̶. S̶u̶c̶h̶t̶ oZ ⌈Beruhige dich,⌉ I̶c̶h̶ ‹korrigiert zu »du«› oZ ⌈ich⌉ werde d̶i̶c̶h̶ b̶e̶w̶i̶r̶t̶h̶e̶n̶ schon uZ ⌈deine Tafel besorgen.⌉
118/16 ich schon gegessen HS: ich oZ ⌈schon⌉ gegessen
118/17 Sie führen mich nimmer an. HS: S̶o̶ s̶c̶h̶a̶u̶e̶n̶s̶ j̶a̶ a̶u̶s̶ d̶i̶e̶ s̶i̶c̶h̶ m̶i̶c̶h̶ m̶i̶t̶ d̶e̶r̶ K̶o̶c̶h̶e̶r̶e̶y̶ a̶b̶g̶e̶b̶e̶n̶. Sie führen ‹»führen« mit Bleistift korrigiert aus anderem Wort› mich nimmer an. uZ ⌈I̶h̶n̶e̶n̶ g̶l̶a̶u̶b̶ i̶c̶h̶ s̶c̶h̶o̶n̶ l̶a̶n̶g̶ n̶i̶c̶h̶t̶s̶⌉
118/18 VIPRIA ‹... bis› an. HS: Vip. M̶ä̶s̶s̶i̶g̶e̶ d̶e̶i̶n̶e̶ Z̶u̶n̶g̶e̶ Die Zunge halt im Zaum, d̶u̶ k̶e̶n̶n̶s̶t̶ m̶i̶c̶h̶ n̶i̶c̶h̶t̶ oZ ⌈Raison nimm an.⌉
118/19 Was ‹... bis› Wie HS: E̶r̶l̶a̶u̶b̶e̶n̶ s̶i̶e̶ liR ⌈Was Raison? Ich raisonir genug⌉ Wie ‹»Wie« korrigiert aus »wie«›
118/20 f. gehen ‹... bis› Husar[,] HS: z̶i̶e̶h̶e̶n̶ oZ ⌈gehen⌉ ‹mit Bleistift korrigiert aus »kommen«› ganz allein ins Wirthhaus, uZ ⌈wie ein Husar⌉
118/21 entführen HS: entführen ‹korrigiert aus »entführt«›
118/22 mich unschuld[s]vollen Mann HS: oZ ⌈mich⌉ unschuld̶i̶g̶e̶n̶ oZ ⌈vollen⌉ Mann
118/22 nicht. HS: nicht, o̶ p̶f̶u̶i̶, F̶i̶. oZ ⌈das ist⌉ v̶o̶n̶ i̶h̶n̶e̶n̶. P̶f̶u̶i̶. S̶i̶e̶ s̶i̶n̶d̶ e̶i̶n̶e̶ F̶e̶e̶, aber das ist Fi
118/24 So,? HS: So,⌈?⌉
118/27 Und HS: I̶c̶h̶ w̶e̶r̶d̶e̶ d̶i̶c̶h̶ Und
118/29 Wann ich in der Luft HS: Wanns m̶i̶c̶h̶ oZ ⌈ich⌉ in der ‹korrigiert aus »die«› Luft h̶i̶n̶a̶u̶f̶z̶i̶e̶h̶e̶n̶
118/30 ein Rabenbratel aus mir HS: einen̶ Rabenbratel aus m̶i̶c̶h̶ mir

118/31 Ein Bettler bist du jezt HS: Ein Bettler bist du jezt oZ ⌈warst du einst,⌉ oZ ⌈bist du jezt⌉
118/32 jezt HS: ich jezt
119/6 Den HS: D Den
119/6 f. dich nicht HS: nicht dich nicht
119/9–16 erzittert ‹... bis› Leben. HS: erz oZ ‹Einfügezeichen› erzittert reR ‹Einfügezeichen mit gestrichener Passage:› (× Er schaut oZ ⌈koketirt⌉ schon auf mich {‹mehrere gestrichene Wörter unleserlich›} oZ ⌈wie er⌉ Fuß das Maul aufreißt, so reißt mich aus Angst, schon in der Mitten voneinander. ×) O du lieber Himmel, das heißt liegen ein paar oZ ⌈Saprement daß⌉ {‹drei gestrichene Wörter unlesbar›} ⌈sind⌉ ein paar ⌈zwey⌉ Bologneserl. Ich bitt um Verzeihung oZ {‹ein gestrichenes Wort unleserlich›} ‹Einfügezeichen› reR ‹Einfügung mit Einfügezeichen› ⌈Auf einen Löwen deutet Ujeges In das muß Das eine muß ein Weibel seyn, sie koketirt schon auf mich. Jezt zieh ich andere Saiten auf. Verehrteste⌉ (fällt auf die Knie) Ich »Ich« korrigiert aus »ich« bin oZ ⌈bin jezt⌉ alles oZ ⌈was sie⌉ wollen, ich bin ein Bettelmann, ich bitt gar schön um nur um ein bissel ein Leben. auch ein Bettelweib, eine ganze Bettlerfamilie. wenn sie befehlen ‹»befehlen« überschrieben aus anderem Wort, vielleicht »wollen«›, ich bitt gar schön {‹ein gestrichenes Wort unlesbar›} oZ ⌈schenkens⌉ uZ ⌈schenkens mir⌉ nur nur ein bissel mein Leben.
119/17 Steh auf, gieb HS: Steh auf, und gieb
119/18 Vaterland HS: Heymaths oZ ⌈Vater⌉ land
119/19–21 (bleibt ‹... bis› gfallen HS: Ich oZ ⌈(Bleibt knien)⌉ Ich weiß ⌈es,⌉ ich bin voll Respekt, ich bitt küß dem ganzen Land die Hand. ⌈oZ ein schönes Land, ich küß ihm d Hand.⌉ So viele Blumen oZ ⌈und gleich wieder Blumen⌉ uZ ⌈und blumenreich.⌉ liR ⌈mir hats von⌉ oben reR ⌈weiten⌉ schon gfallen
119/23 Entzückt ‹... bis› Wohlgeruch? HS: Darum begeistert dich der Woll oZ ⌈Und Entzückt dich nicht der⌉ Wohlgeruch?
119/24 riecht HS: riecht oZ ⌈riecht⌉
119/25 Pomadetigel. HS: Pomadetigel. ‹korrigiert aus »Pomaadetigel«› / Vipr. So wisse, Steh auf und höre mich. / Nacht. Ich steh nicht auf und höre dich. Ich bin unwürdig dich von Oben

anzusehen. / ~~Vipr Soll dir der Löwe helfen?~~ / ~~Nacht (Springt schnell auf) Bin schon da.~~ /
119/26 f. Steh auf[.] HS: oZ ⌈Steh auf⌉ ‹Einfügung irrtümlich nach »*(bey Seite)*«›
119/27 wähnst[.] HS: wähnst ‹möglicherweise Textverlust›
119/28 f. junge ‹... bis› Königinn. HS: ~~schöne~~ junge, reR ⌈und⌉ liR ⌈eine schöne⌉ Königinn.
119/30–33 Junge ‹... bis› könnt HS: Junge ‹»Junge« korrigiert aus »junge«›, und eine Schöne? ‹»Schöne« korrigiert aus »schöne«, Fragezeichen korrigiert aus Beistrich› ‹Einfügung mit »vi«, »de« und Einfügezeichen:› reR ⌈Nu wenn die Junge auch schön ist, und die Schöne auch jung ~~ist~~, da muß einem schön die Wahl weh thun.⌉ ~~da thät~~ ‹»thät« korrigiert aus »thut«› ~~einen die Wahl weh.~~ Das wär ein Glück. ~~wenn man~~ wenn ich da ~~Hof~~ Harfenist werden könnt ~~und durft mitten in Hof sitzen und singen?~~
119/34 f. VIPRIA ‹... bis› schon. HS: Vip. oZ ⌈Vipria.⌉ ~~Sie selbst kannst~~ oZ ⌈~~sollst~~⌉ ~~du besitzen~~ oZ ⌈O du bescheidner Wurm!⌉ An ‹»An« korrigiert aus anderem Wort› ihrer Seite ~~kannst~~ oZ ⌈wirst⌉ du herrschen, ~~wenn du~~ morgen schon.
120/1 f. Hörens ‹... bis› vieleicht. HS: Hörens auf. Sie ‹»Sie« korrigiert aus »sie«›, G'Spassige, sie ~~wollen mich foppen,~~ oZ ⌈foppen mich ~~nicht~~⌉ eine ~~Ki~~ Kiniginn soll ich erhaschen, oZ ⌈ich⌉ ~~Kein~~ oZ ⌈ein⌉ reR ⌈Kinigelhasen vieleicht.⌉ ~~da bin ich schon lang zu dumm dazu.~~
120/3 Werkzeug HS: ~~Werkzeug~~ Werkzeug
120/4 du hier ein Preisgedicht verfassen HS: du oZ ⌈hier⌉ ein ~~Gedicht verfassen,~~ Preisgedicht verfassen
120/7 f. NACHTIGALL ‹... bis› Lieferanten[.] HS: ‹Einfügung mit Einfügezeichen› reR Nacht Das Beste liefern? Seltne Tugend eines Lieferanten ‹möglicherweise Textverlust›
120/9–13 [VIPRIA.] ‹... bis› Stolz. HS: ‹gestrichene Passage:› (× Nacht Ich? oZ ⌈das ist eine seltene Sach für einen Liefrer.⌉ Du eilst jezt hin, und meldest dich in jener herrlichen Herrinn Pallast. Einen hohen Dichter einen Sänger nennst ‹»nennst« korrigiert aus »nennen«› du dich, ×) ‹gestrichene Passage reR:› (× ~~Nacht. Ich? Ich? Ach wenn ich das gliefert~~ hab, das müssen sie mir oZ ⌈auch⌉ lesen lassen {hernach}. Da freu ich mich ~~da-~~

rauf, das wird aber drauf. Nacht Ich? Da bin ich kurios wie ich das anstellen werd. Das muß ich auch lesen, wenn ichs fertig hab. ×) Dort gibst du vor, ‹liR Einfügezeichen »de«, aber ohne Entsprechung› Du ‹»Du« korrigiert aus »du«› wärest ein Minstrell, ein Sänger aus dem fernen Engeland, und was du von der dir wär Apoll erschienen, im poetischen uZ ⌈Begeistrungs⌉ Traum, und hätte dir befohlen, dieses heut in diesem Lande einzut nach diesem oZ ‹mit Bleistift:› ⌈in dieß⌉ Land zu segeln, und oZ ⌈um⌉ der Dichtkunst Ehre hier zu retten, und und eine Würde zu erringen die deinem Geist gebührt ‹»g« korrigiert aus »b«› und deinem Stolz.

120/14 f. ein‹... bis› Rock. HS: ein stolzer Einzug oZ ⌈ungeheurer ‹mit Bleistift:› Triumph⌉ werden, wenn ich mit den zerrissenen Hut komm, und mit den gflickten Rock. Da dürfen sie nur

120/16 wird dich HS: wird dich reich kleiden.

120/18–26 NACHTIGALL. ‹... bis› vorher. HS: Ncht. ‹»Ncht« korrigiert aus »Vipr«› Ah da werd ich eine oZ ⌈goldene⌉ Schneid haben, da gebens Acht, Gold stärkt ‹»r« korrigiert aus »k«› weiter nicht, das ist jezt bey uns die neueste Erfindung in der Medizin, das Gold die Nerven rasend stärkt. Und durch einen uZ ⌈Und wie habens⌉ liR ⌈das entdeckt.⌉ Zufall ist das entdekt worden. Da habens einen armen liR ⌈miserablen Teufel⌉ Teufel uZ ⌈Kerl, der vor Hunger kaum mehr gehn hat können⌉ alle Säk voll mit Dukaten angefüllt ‹»gefüllt« korrigiert aus anderem Wort?›. und auf einmahl hat sich eine uZ ⌈solche⌉ oZ {‹mehrere gestrichene Wörter unlesbar›} Kraft an ihm geäussert daß er allen Leuten oZ ⌈eine Force⌉ uZ ⌈und er ist so inpertinent geworden⌉ Grobheiten angethan hat, und die schönsten oZ ⌈alle armen⌉ Leut oZ ⌈daß er die schönsten Leut⌉ bey bey der Thür hinaus gworfen hat, pums habens ihm das Gold oZ ⌈wieder⌉ weggenommen, ‹mit Wellenlinie gestrichene Passage:› (× und da ist er wieder oZ ⌈wieder augenblicklich⌉ so matt worden. daß er auf oZ ⌈in⌉ die Knie gsunken ist und hat um alles in der Welt gebethen oZ ⌈sie möchten ihm⌉ nur nicht verhungern lassen, ×) uZ ⌈und er war wieder so miserabel wie vorher.⌉

120/27 wills HS: ‹korrigiert aus »will«›

120/27 Geh hin du HS: oZ ⌈Geh hin⌉ du ‹»du« korrigiert aus »Du«›
120/28 Spotts. Zu HS: Spotts. Zu ‹Punkt korrigiert aus Beistrich, »Zu« korrigiert aus »zu«›
120/29 dort bläh HS: und quäle sie durch Prahlerey und dein dort bläh
120/30 Prahlerey HS: ‹korrigiert aus »Prahley«›
120/31 verliehn ‹... bis› vergifte. HS: geschenkt oZ ⌈verliehn⌉ damit dein Anblick ihr eine heitere oZ ⌈der⌉ Stunde ihr liR ⌈ihre Heiterkeit⌉ vergifte.
120/33–35 hier ‹... bis› Reitze. HS: hier wirst oZ ⌈durch fremde Phantasie⌉ du das Gedicht erschaffen, daß dich ⌈zu⌉ Hermionens ewger Qual, zum Herrscher macht und zum Gehmahl stempelt, dieses ihres Reichs und ihrer halbverloschnen ‹korrigiert aus »halbverloschen«› Reitze.
121/2–4 das ‹... bis› nicht. HS: das laß ich bleiben. oZ ⌈das laß ich bleiben⌉ Wenn die oZ ⌈einer⌉ unrecht versteht ‹»versteht« korrigiert aus »verstehn«› so macht ‹»macht« korrigiert aus »machens«› oZ ⌈er er⌉ statt der Thür den Rachen auf. ‹Einfügung mit Einfügezeichen:› liR ⌈Da geh der Aken Teuxel hinein. hinein, ich nicht.⌉
121/5 VIPRIA. ‹... bis› Maus HS: Vip ‹»Vip« nochmals überschrieben mit »Vip«› Den Löwen kümert keine oZ ⌈nicht die⌉ Maus
121/7–10 Jezt ‹... bis› los. HS: Was für Hat der Löw oZ ⌈Jezt haben die Löwen⌉ eine Schwester, auch noch mir ists recht. aber wanns oZ ⌈ich probirs⌉. Wenigstens in die Wadel könnens mich nicht kneifen oZ ⌈nicht⌉ beissen weil ich keine oZ ⌈mehr⌉ hab. (G Geht hin klopft an) Was ist zu zu ‹»zu« irrtümlich doppelt› thun? Hier 2 mänliche Löwen, der (auf Vipria deutent) ‹»t« in der Mitte von »deutent« korrigiert aus anderem Buchstaben› dort ein weiblicher Tieger. Wer ist jezt bissiger? ‹Einfügung mit Einfügezeichen:› liR aufs Beissen geht einmahl los. Das ist eine Aufgab?
121/12 Muth Richard Löwenherz! HS: Muth ‹Einfügung mit Einfügezeichen:› liR ⌈Richard Löwenherz⌉!
121/13 f. Getroffen HS: Ah! liR Pum! Getroffen ‹»G« korrigiert aus anderem Buchstaben, vielleicht »I«›

121/17 [Scena 2] HS: ‹fehlt›
121/21 Qual ‹... bis› heraus. HS: Quall, oZ ⌈Qual,⌉ jezt kommt ein zweyter Theil oZ ⌈die Fortsetzung kommt⌉ auch noch heraus.
121/24 Der zweite HS: die Fortsetzungen Der zweite
121/26 f. den ‹... bis› erkohren. HS: den sich mein Herz ich zum Glück sich mein meine Wahl oZ ⌈das Glück mein Blick⌉ aus Millionen hat getroffen. sich zum Liebling oZ ‹mit Bleistift:› ⌈Werkzeug⌉ hat erkohren.
122/1 f. Karrikatur ‹... bis› Mißgestalt HS: Karrikatur. oZ ⌈Hahaha⌉ Freund du bist die schönste oZ ⌈schönste⌉ Mißgestalt ‹»Mißgestalt« korrigiert aus »Mißgeburt«›
122/3 f. sehr ‹... bis› Sie HS: sehr oZ ⌈meine schöne Bella Donna⌉ – Sie
122/4 f. gütig ‹... bis› schandvoll. HS: gütig. zu {effront} Nein was die ‹»die« korrigiert aus »ich«› für ein⌈e⌉ Aufsehen mache mit meiner Figur, liR ⌈Beschreibung von mir herausgibt⌉ das ist schandvoll. ‹mit roten Schrägstrichen gestrichene Passage:› (× Arogantia. Nein Schwester dafür muß ich dich umarmen (küßt sie) (lacht ausgelassen) O du glückliche Hermione. Ich kann ihr ‹»ihr« korrigiert aus »sie«› nicht genug ansehe uZ ⌈beneiden⌉ (lacht.) ha ha ha. / Nacht. Das ist gar ein lieber Narr, was sie für eine unschuldige Freud hat. ×)
122/6 f. VIPRIA ‹... bis› zertrümmert. HS: ‹Streichung mit Rotstift:› Vipr. Sey ruhig jezt, liR ‹mit Rotstift:› ⌈Vip.⌉ was schafft. macht die Phantasie Hat sie den Käfig nicht zerissen. zertrümmert.
122/8 Verzweiflung HS: Kann sie die Fessel brechen, die Fese {sie schme} Verzweiflung
122/8–10 doch ‹... bis› ihm. HS: doch still liR ⌈blickt sie⌉ ruhig ist sie jezt und nagt sie weint, blickt sie jezt um sich, es glänzt ihr Auge und bald erglänzt liR ⌈‹mit Bleistift gestrichen:› von Stolz ihr Aug⌉ ihr von Stolz. ⌈bald spiegelt eine Thräne sich⌉ {‹ein oder zwei gestrichene Buchstaben unlesbar›} uZ ⌈in ihm.⌉
122/16 zu klein. HS: zu klein. / ‹gestrichene Passage:› (× Vipr So kom ich will ihr die Bedingung ihrer Freyheit machen, setzen, unterdessen soll sich dieser im Pallaste Hermionens presentiren. ×)

122/17 Wie ‹... bis› wirkt HS: Wie stehts mit ~~un ihrem~~ unserem Dichterschwarm. / ~~Arog Vortrefflich wirkt die wirket die Gefang~~ wirkt

122/19–21 Insel ‹... bis› Vers HS: Insel, ~~treibt die Verzweiflung, ihres~~ rennen in {~~verw~~} geistloser Verwirrung durcheinander, Auch nicht ein oZ ‹mit Bleistift:› ⌈hoher⌉ Vers

122/22 entfernt. HS: entfernt. ~~Die Sache geht vortrefflich.~~ uZ ⌈Alles steht vortrefflich.⌉ / ~~Nacht.~~ oZ ⌈Nur ich⌉ {Ich} ~~steh da wie eine~~ {‹ein gestrichenes Wort unlesbar›} oZ ⌈Ja. da Esel da.⌉ ~~Narr.~~

122/24 erringen HS: ~~erhalten~~ oZ ⌈erringen⌉

122/25 zeigen HS: ~~presentiren~~ reR ⌈zeigen.⌉

122/26 Erglänze HS: ~~V~~ Erglänze

122/28 *Staatskleid an.)* HS: Staatskleid an. ~~Sie und eine goldne Harfe~~

122/31–123/2 Und ‹... bis› Brust. HS: Vip Und oZ ⌈ich schenk⌉ diese Harfe ~~schenk ich~~ dir, / Geh hin und lasse sie erklingen. / ~~Hast du Oft hast du~~ / ~~Viele Herzen hast du oft durchdrun~~ / ~~Harfe erfreut.~~ / Durch Harfenton erfreutest du, so manches trübe Herz. / Doch heute bring ein fröhliches durch ihren Klang zum Schmerz. / {‹mehrere gestrichene Wörter unlesbar›} oZ ⌈Erring durch sie⌉ oZ ⌈{mit ihr}⌉ das Preisgedicht, {‹einige gestrichene Buchstaben unlesbar›} ~~hoher~~ oZ ⌈du Sänger froher⌉ uZ ⌈Lust,⌉ / ~~Ich bohr dadurch den Rachespe~~ liR ⌈Und bohr⌉ oZ ⌈~~Du bohrst~~ dadurch den Rachepfeil⌉ in Hermiones Brust.

123/4 [Scena 3] HS: ‹fehlt›

123/6 [NACHTIGALL.] Jezt HS: ~~So? – Jezt weiß~~ oZ ⌈Das sind ein Die⌉ oZ ⌈Bisgurn⌉ Jezt

123/7 nu HS: oZ ⌈nu⌉

123/8 [ich] HS: ‹fehlt›

123/9 da HS: oZ ⌈da⌉

123/9 lieber in meinen HS: lieber ‹anderes Wort überschrieben, vielleicht »nur«› in mein⌈en⌉

123/15 machen. Um HS: machen. ‹korrigiert aus »macht«› ~~das~~ Um

123/16 Lieder, hab HS: Lieder, ~~hab ich schon genug gemacht, ich~~

war einer der liederlichsten, liR ⌈lustige,⌉ hab ich (ärgere) gemacht hab

123/16 sehr HS: sehr {‹ein oder zwei gestrichene Buchstaben unleserlich, vielleicht »lu«›}

123/19 meine HS: die meine

123/20 entw[e]der HS: entwender

123/22 Kerl HS: Patron uZ⌈Kerl⌉ ‹Bleistiftkorrektur›

123/25-28 Der ‹... bis› Weh. HS: Der Zufall geht mit einer Butten herum oZ⌈der sendet viel Vögelchen⌉ liR⌈Freud'.⌉uZ⌈Vögelchen um⌉ / Darinn hat er zweyerley Flöh uZ⌈Von zweyerley Farb⌉oZ⌈Gattung⌉uZ⌈per se⌉ / Die hupfen uZ⌈flattern⌉der Welt auf uZ⌈um⌉ die ‹»die« korrigiert aus »der«?› / Nase ‹»Nase« korrigiert aus »Nasen«?› schön herum uZ⌈herum⌉ / Und bringen ihr Ach oZ⌈Glück⌉uZ⌈Wohl Weh⌉oder Weh.

124/1-4 Die ‹... bis› Thalab. HS: Die Glücklichen hab'n ‹»hab'n« korrigiert aus »haben«› oZ⌈eine⌉rothe Muntur oZ⌈Bortur.⌉/ Die Bösen oZ⌈Schlimmen⌉sind schwarz wie ein Raab / Die rothen die springen oZ⌈singen⌉oZ⌈Doch streifen die rothen⌉ auf rosiger oZ⌈blumigter⌉Flur / Die Schwarzen die hupfen uZ ⌈fliegen⌉Bergab.⌈Thalab.⌉uZ Thalab.

124/6-13 Drum ‹... bis› hinaus. HS: ‹rechts neben 1. Strophe› Drum bitt ich dich Zufall oZ⌈Drum send mir o Zufall, vergesse nicht mein⌉oZ⌈ich bitte dich fein⌉⌈Ein rosiges⌉‹»g« korrigiert aus anderem Buchstaben›⌈Vögelchen heut⌉ / gedenke heut mein oZ⌈Das flieg in den Saal meiner Zuhörer⌉uZ ⌈h'nein⌉ / Schick einen rosenfarben Floh uZ⌈Und stimm sie zur Nachsicht und Freud⌉/ Der hupf in die Herzen der Gönner und Zuhörer h'nein / Und stimme sie {gütig} ‹korrigiert aus oder zu »glü«› glücklich und froh / Dann schwing ich die Harfe erobre ‹»erobre« korrigiert aus »erober«› die Braut / Und führ sich oZ⌈sie⌉im Jubel nach Haus. / Doch bin ich verheurath oZ⌈Doch ist sie mein Weibchen⌉dann rufe ich laut. / Freund Zufall, jezt pack dich oZ⌈flattre⌉uZ⌈pack dich⌉ hinaus.

124/16 Chapeau HS: Chapeau ‹»au« korrigiert aus »u«›

124/17 dritten HS: dritten oZ⌈solchen⌉⌈dritten⌉

124/18 nur selten uns HS: uns oZ⌈nur⌉selten recht oZ⌈uns⌉

124/19 fatale HS: ~~entsetzliche~~ oZ ⌜fatale⌝
125/1 [Scena 4] HS: ‹fehlt›
125/2 ODI HS: ~~Der Narr~~ oZ ⌜Odi⌝
125/3 (zu ODI). HS: uZ ⌜(zu Odi)⌝
125/4 Laß uns vor. Eile hin HS: Laß ‹»Laß« korrigiert aus »Laßt«?› uns vor. ~~laßt uns vor vor hin~~ oZ ⌜~~Eile eilet~~⌝ reR ⌜Eile hin⌝
125/5 Rufe HS: Rufe ‹korrigiert aus »Rufet«›
125/6 Wir ‹... bis› Qual HS: ~~Länger duldet nicht Q die Qual~~ / Wir erdulden nicht die Qual
125/8 Seyd ‹... bis› Dichten HS: ~~Ist die~~ Seyd ihr den ~~Söhne des Wahnsinns~~ oZ ⌜unsinnig⌝ geworden, Hat das ~~Gedicht~~ oZ ⌜Dichten⌝
125/12 wenn ‹... bis› bist. HS: wenn du ~~nicht von meiner~~ oZ ⌜unserer⌝ ~~Hand nicht sterben willst.~~ oZ ein Freund ~~bist~~ zu deinem Rücken bist.
125/13 Ja HS: ~~Ja schnell~~ Ja
125/14 *für sich* HS: oZ ⌜(fs)⌝
125/16 [Scena 5] HS: ‹fehlt›
125/18 [NARR] HS: ‹fehlt›
125/19 f. die ‹... bis› o weh. HS: die oZ ⌜ganze⌝ Dichtkunst ‹»Dichtkunst« korrigiert aus »Dichterey«?› sizt auf ~~troknen~~ oZ ⌜dem.⌝ uZ ⌜dürren⌝ Sand. ~~O weh, o Weh.~~ O weh o weh. o weh. / ~~Distichon. verstört~~ / ~~Es ist umsonst Seyd ihr hier, ich bin es auch.~~ / ~~Narr O~~ (sinkt auf die Knie vor ihm) ~~O~~ Weisheits Millionär
125/21 Hermione ist für uns verloren. HS: ‹Streichung mit Bleistift:› ~~O weh. o weh, o weh.~~ uZ ⌜Hermione ist für uns verloren⌝
125/22 euc[h] HS: euc
125/24 NARR. O arme HS: Narr. liR ~~Narr Die~~ O ~~armes~~ arme
126/1 [Scena 6] HS: ‹fehlt›
126/2 [VORIGE;] HS: ‹fehlt›
126/3 DISTICHON. HS: Distichon. oZ ~~Narr.~~
126/4 f. gedankt ‹... bis› WeisheitsMillionär HS: gedankt ‹überschrieben aus »Dank«›, hier ist der ~~Haupt~~ – ~~Dichter~~ oZ ⌜WeisheitsMillionär⌝

126/7 mich ‹... bis› an. HS: mich ‹»uns« überschrieben durch »mich«› verflucht, ich bin sein Sohn nicht mehr. uZ ⌈Verzweiflung nimm als Sohn mich an.⌉

126/9 find HS: such oZ ⌈find⌉

126/10 f. NARR. ‹... bis› nichts. HS: ‹Einfügung mit Einfügezeichen vom unteren Seitenrand:› ⌈Narr Ich trommle ihn dir aus, dein Geist ist ein verlorner Schlüssel, dir geht er ab und andern nützt er nichts.⌉ O Gieb Laß ihn austrommeln, {‹einige gestrichene Buchstaben unleserlich›} kriegst ihn gwieß er nüzt ja so kein Menschen was.

126/12 f. ein ‹... bis› erringen. HS: ein. reR ⌈Und oZ ⌊heut⌋ ich soll den Preis erringen.⌉

126/14 ich HS: ‹korrigiert aus anderem Wort?›

126/16 *verzweifelnd* ‹... bis› *schlagend* HS: verzweifelnd mit dem Fuß stampfend oZ ⌈sich vor die Stirne schlagend⌉

126/17 bewahrt HS: aufbewahrt

126/18 *(ebenso)* HS: oZ ⌈(Ebenso)⌉

126/19 verschenkt. HS: verpachtet verschenkt.

126/20 So ‹... bis› erleben HS: So dürfte ich nicht die Schmach oZ ⌈nicht⌉ erleben

126/22 f. ich ‹... bis› üben. HS: ich ihm nicht die Schande erleben oZ ⌈ihm nicht thun⌉ oZ ⌈anthun⌉ ihn an euch ‹»euch« korrigiert aus »mich«?› auszulassen. ⌈ihn zu üben.⌉

126/24 [Scena 7] HS: ‹fehlt›

126/27 mir. HS: hier ⌈mir.⌉ ‹Fragezeichen durch »mir« überschrieben›

126/28 Verzweiflung ‹... bis› hier. HS: Dumheit oZ ‹mit Bleistift:› ⌈Verzweiflung⌉ hält ihren Triumpheinzug hier. oZ ⌈hier⌉

126/29 f. Platz ‹... bis› Geist. HS: Platz. um oZ ⌈ihn⌉ die siebente Stunde könt ihr erwarten nicht, zu prahlen durch uZ ⌈durch⌉ euer Werk oZ ⌈im Tempel sehn wir uns⌉ Zu flink ist oZ war euer Geist.

127/2 f. Wirklichkeit ‹... bis› enden. HS: Wirklichkeit. Was führet dich zu mir. Was suchst du hier. Was oZ ⌈{S}⌉ sucht ihr hier. Ein Distichon soll liR ⌈darf⌉ nur in Versen enden. Erhebe deinen Geist.

127/4–9 DISTICHON. ‹... bis› zusammen. HS: Dist. Das ist es Da

In edlen kann ichs immer An ‹»An« korrigiert aus anderem
Wort, vielleicht »In« Knittelversen› kann ichs nur, oZ ⌈werd
ich noch ersticken.⌉ sind nicht würdig sind wir alle oZ ⌈Unmöglich ists uns⌉ heut, dich Hohe zu besingen. ‹Einfügung mit
»vi« und »de« von linker unterer Ecke:›⌈Er ist alle als hätten
alle wir, wir einen großen oZ ⌊nur nur einen einzgen⌋ hohlen
Schädel aus dem ein böser D der Dämon oZ ⌊die Dumheit
selbst⌋ alter Esel mit einem ungeheuen Besen der Gott oZ ⌊der
Geist⌋ der Dummheit Meister die Gedanken ausgefegt die Vernunft hinausgefegt.⌉ ein Zauberkrampf zieht unser liR ⌈uns
das⌉ oZ ⌈unsern⌉ Hirn zusamm auf oZ ‹mit Bleistift:›⌈in⌉ einen
oZ ⌈dichten ‹Streichung und Ergänzung mit Bleistift:› dichten⌉
uZ ⌈dichten⌉ Knaul zusammen.

127/11–15 Das ‹... bis› auch. HS: Das ist Schönste oZ ⌈Schönste⌉
noch, was ich oZ ⌈noch⌉ den ganzen Tag gesagt. ich kann
nichts Edles denken, oZ ⌈mehr⌉ und wo ich hinseh grinzt
mich eine Fratze an. (Sieht auf den Narren) seh ich ein
Fratzengesicht. / Singe ich das Lob der Frauen / ‹mit Rotstift
gestrichene Passage:› (× Wimmelt es von stolzen Pfauen reR
⌈Will ich dich Hermione preisen.⌉/ / Spring ich von der Treuheit Schatze / Seh ich Schild're ich treuer Liebes Wahl ‹»Wahl«
korrigiert zu »Qual« oZ ⌈Mädchen⌉ ⌈Liebe⌉. oZ ⌈Gluth⌉
Qual / Seh ich Katzen, Katzen ohne Zahl. / Laß ich liR ⌈Denk
ich⌉ Riesen oZ ⌈bilder⌉ oZ ⌈thaten⌉ aufmarschiren oZ ⌈aus⌉ /
Sah ich meine Mäuse oZ ⌈her⌉ spatzieren / Mahl liR ⌈Mahl ich
ein⌉ ein zartes Bild ich aus / Tritt Kömt liR ⌈Kömt⌉ ein
Elephant heraus / Will die ‹»die« korrigiert aus »der«› Schönheit Lob ich schaffen oZ ⌈ich besingen.⌉ / Hindern mich Millionen uZ ⌈abscheulge⌉ Affen / Und wenn ich oZ ⌈ich⌉ von
oZ zu mir ich phantasir parlir oZ ⌈selbst⌉ ‹»selbst« korrigiert
aus »selber«?›⌈sprich⌉ oZ parlir / liR ‹mit Bleistift:›⌈So⌉ steht
‹»steht« mit Bleistift korrigiert aus »Steht«› ein großer Ochs
vor mir. / Narr Vor mir auch, ich seh eine ganze Heerde (auf
den Chor) ×) uZ ⌈Narr Ich auch.⌉

127/16–19 verschieb ‹... bis› willst. HS: la verschieb die den heutgen Preis, wenn nicht wir können dich heut nicht erringen,
vers Laß uns bis morgen Zeit, wenn du die Schand Schmach

vermindern willst, das dich liR ⌈nicht⌉ unbesungen aus dem
Tempel eilen willst.

127/20 f. HERMIONE ‹... bis› hier HS: Hermin W̶ ‹Einfügung mit
Einfügezeichen› liR ‹mit Bleistift:› ⌈Hrm⌋ Die Furcht ist es,
die euren Geist bestrikt.⌉ Wie? Wagt ‹»Wagt« korrigiert aus
»wagt«?› ihrs zu behaupten, daß h̶ a̶u̶f̶ i̶m̶ R̶e̶i̶c̶h̶e̶ hier

127/22 ich halte HS: ich liR ⌈s̶c̶h̶w̶u̶r̶s̶⌉, b̶i̶s̶ 7̶ S̶i̶e̶b̶e̶n̶ k̶l̶i̶n̶g̶ halte

127/23 ein Bettler HS: d̶e̶r̶ A̶r̶m̶s̶t̶e̶ ein Bettler

127/24 [ich] HS: ‹fehlt›

127/25 erjammert HS: ⌈er⌉jammert

127/26 es zu ersinnen HS: es ‹»es« korrigiert aus anderem Wort,
vielleicht »zu«› zu d̶e̶n̶k̶e̶n̶ uZ ⌈ersinnen⌉

127/27–31 DISTICHON ‹... bis› d a s . HS: Dist So leb den wohl du
stolze Dichtersfrau uZ ⌈braut⌉. K̶o̶m̶m̶t̶t̶ i̶h̶r̶ P̶r̶o̶f̶e̶s̶s̶o̶r̶e̶n̶ h̶ö̶-
h̶e̶r̶e̶r̶ U̶n̶w̶i̶s̶s̶e̶n̶h̶e̶i̶t̶. Kommt, ihr enterbten Kinder der lirischen ‹Einfügung mit »vi« und »de«:› ⌈Muse erleichtern wir
durch Schimpfen unser edles Herz.⌉ D̶i̶s̶t̶: oZ liR ‹eingeringelt,
Zuordnung unklar› ⌈zärtlicher⌉ S̶o̶ k̶o̶m̶m̶t̶ d̶e̶n̶ B̶r̶ü̶d̶e̶r̶, S̶o̶ l̶e̶b̶
d̶e̶n̶ w̶o̶h̶l̶ d̶u̶ s̶t̶o̶l̶z̶e̶ D̶i̶c̶h̶t̶e̶r̶s̶f̶r̶a̶u̶ uZ ⌈Wir sind doch Genies⌉
i̶c̶h̶ w̶ü̶n̶s̶c̶h̶e̶ d̶i̶r̶ d̶a̶ß̶ K̶o̶m̶m̶t̶ B̶r̶ü̶d̶e̶r̶ w̶i̶r̶ b̶i̶l̶ s̶c̶h̶l̶i̶e̶ß̶e̶n̶ e̶i̶n̶e̶n̶
B̶u̶n̶d̶ g̶l̶ü̶c̶k̶l̶i̶c̶h̶e̶r̶ {der höchsten} oZ ⌈höherer⌉ Unwissenheit.
W̶i̶r̶ s̶i̶n̶d̶ d̶o̶c̶h̶ G̶e̶n̶i̶e̶s̶ oZ ⌈der Welt zum Trotz⌉ und wenn oZ
⌈wir⌉ gar nichts wissen, wissen wir doch das. U̶n̶d̶ oZ ⌈Kom⌉
uZ ⌈Kommt⌉ ein Genie-Chor bilden wir. / N̶u̶{r̶}̶ w̶e̶n̶n̶ u̶n̶s̶ n̶i̶e̶
e̶i̶n̶ V̶e̶r̶s̶ f̶ä̶l̶l̶t̶ e̶i̶n̶, / D̶a̶n̶n̶ w̶e̶r̶d̶e̶n̶ w̶i̶r̶ s̶t̶e̶t̶s̶ F̶r̶e̶u̶n̶d̶e̶ s̶e̶y̶n̶.

127/32 sich ‹... bis› lichtet HS: d̶i̶e̶s̶e̶ U̶n̶f̶ oZ ⌈sich⌉ die Zaubernacht, in unseren Köpfen lichtet ‹»lichtet« korrigiert aus
»dichtet«›

127/33 f. daß ‹... bis› Echo HS: daß b̶l̶o̶s̶ z̶i̶t̶t̶e̶r̶n̶t̶, oZ ⌈sie erzittert⌉
s̶e̶l̶b̶s̶t̶ d̶e̶r̶ G̶r̶ oZ ⌈und unser eignes b̶l̶o̶s̶⌉ Echo

127/35 (ALLE ihm nach.) HS: (A̶l̶l̶e̶ a̶b̶.) (Alle ihm nach)

128/2 Bettelhunde. HS: uZ ⌈Bettelhunde.⌉ ‹korrigiert aus »Bettler«?›

128/5 [Scena 8] HS: ‹fehlt›

128/7 er richtet HS: e̶r̶ A̶p̶o̶l̶ er richtet

128/8 Er ist HS: Er ‹»Er« korrigiert aus »er«?› ist

128/10 schwimmt er HS: schwimmt oZ ⌈er⌉

128/11 NARR. HS: Narr. oZ H̶e̶r̶m̶.
128/12 Ist es HS: Ist es ‹korrigiert aus »Ists«›
128/14 magst du selbst ihn hier HS: {wirst} oZ ⌈magst⌉ du selbst ihn hier ‹»hier« korrigiert aus »dir«?›
128/15 [Scena 9] HS: ‹fehlt›
128/17 [NACHTIGALL.] HS: ‹fehlt›
128/20 allerseits HS: ‹korrigiert aus anderem Wort?›
129/3 Nachricht HS: Nachricht ‹»N« korrigiert aus anderem Buchstaben, vielleicht »B«›
129/5–8 Drum ‹... bis› Neun. HS: ‹alle vier Zeilen reR:› Drum oZ ⌈lach⌉ ich mir voll an den Bugel ‹»Bugel« korrigiert aus »Bukel«› / Der Sieg ich wette drauf ist mein / (× F̶o̶r̶t̶u̶n̶a̶ uZ ⌈Fortuna⌉ Leiht mir ihre Kugl / I̶c̶h̶ scheib oZ ⌈ich⌉ als Dichter alle Neun. / o̶d̶e̶r̶ ×) / Ich stehl Fortunen ihre Kugl / Und scheib als Dichter alle Neun.
129/9 zu HS: zu ‹»zu« durchgestrichen und Streichung wieder rückgängig gemacht›
129/11 f. Ah ‹... bis› die HS: O̶ ̶s̶c̶h̶ö̶n̶e̶ ̶P̶e̶r̶s̶o̶n̶,̶ ̶w̶e̶n̶n̶ oZ ⌈Ah das ist eine liebe Person⌉ wenn i̶c̶h̶ die
129/15 leicht HS: f̶l̶ü̶s̶s̶i̶g̶ leicht
129/16 aussprechen. Vieleicht HS: aussprechen. N̶a̶r̶r̶ ̶I̶c̶h̶ ̶h̶ ̶R̶i̶c̶h̶-̶ t̶i̶g̶.̶ ̶e̶i̶n̶ ̶i̶c̶h̶ ̶h̶a̶t̶ ̶s̶o̶ ̶i̶h̶n̶ ̶s̶o̶g̶a̶r̶ ̶e̶i̶n̶ ̶E̶s̶e̶l̶ ̶g̶s̶a̶g̶t̶ ‹Einfügung mit Einfügezeichen, mit Schrägstrichen gestrichen, dann mit »bleibt« Streichung rückgängig gemacht, danach auch »bleibt« gestrichen:› liR (× Narr Ich hab ihn auch schon aus aus Esels Mund gehört. ×) (× Oha Es sprechen ihn auch noch andre Thiere aus ×) / N̶a̶c̶h̶t̶ Vieleicht
129/19 da gehört HS: D̶e̶r̶ ̶E̶r̶ da gehört
129/21 so ein Tag HS: So ein oZ ⌈N̶a̶r̶r̶⌉ Tag
129/22 wärst du HS: wärst ‹»wärst« mit Bleistift korrigiert aus »wären«› {wir} oZ ‹mit Bleistift:› ⌈sie du⌉ ‹»du« mit Bleistift›
129/23 steht[s] HS: steht
129/25 Ja, wer HS: Ja, {wa} wer
129/26 heut HS: {hir} heut
129/28 Gar kein Zweifel HS: N̶u̶r̶ ̶w̶e̶n̶n̶s̶ ̶w̶a̶s̶ ̶N̶u̶ Gar kein Zweifel
129/28 f. der ausgesungen ‹... bis› Dichter HS: der ausgedichtet

oZ ⌈sungen⌉ wird, und ich bin ~~Engla~~ der ~~größte~~ oZ ⌈entsetzlichste ‹mit Bleistift:› der⌉ Dichter

129/30 f. wie ‹... bis› Verschiede[ne]m. HS: ~~nun ja.~~ oZ ⌈wie sagt man nur⌉ – nun, ~~halt~~ an Verschiedem.

129/34 da[s] HS: daß

130/1 [Ü]brigens HS: Ubrigens

130/2 f. 500 Trauerspiel geschrieben HS: 500 ‹korrigiert aus »200«› Trauerspiel, oZ ⌈geschrieben⌉

130/4 Publikum. HS: Publikum. / ‹mit roten Schrägstrichen gestrichene Passage:› (× Narr Wenn ~~sie~~ oZ ⌈du⌉ so viel schreibst ‹»schreibst« korrigiert aus »schreiben«›, so ~~werden~~ oZ ⌈wirst⌉ ~~sie~~ reR ⌈du⌉ doch manchmahl ein wenig aufs Gedankenstehlen aus gehn. / Nacht. Manchmahl, aber ~~gar~~ sehr nobel, von den größten Dichtern. Den ich denk mir wenn man oZ ⌈~~schon fest~~⌉ ~~Gedanken stiehlt~~ ‹Einfügung mit Einfügezeichen, wieder gestrichen:› liR ⌈~~schon aufs Gedankenstehlen ausgeht~~⌉ so ists doch besser wenn man in einer ~~poetischen~~ oZ ⌈poetische⌉ Gallantriehandlung einbricht als bey einem Schloßer. ×)

130/5 du den Homer HS: du oZ ‹mit Bleistift:› ⌈den⌉ uZ ‹mit Rotstift:› ⌈den⌉ Homer

130/11–23 Nein ‹... bis› ab.) HS: Nein, ~~ich~~ oZ ⌈der Reiche,⌉ ~~ich habe ich soll doppelten Witz.~~ oZ ⌈aber es sind nicht alle so ~~glucklich~~⌉ oZ ⌈reich⌉ Es gibt geschikte Dichter ‹Einfügung in Bleistift mit Einfügezeichen:› ⌈wenn den Mund aufthun, machen sie⌉ oZ ⌈~~wenn sie das Maul aufmachen haben sie~~⌉ ~~die~~ sehr {ent} witzige Ausfälle ~~haben~~, aber wenn sie den Sack ~~aufmachen~~ machen fällt ihnen f nie was heraus. ~~Da bin ich ein ein anderer Kerl, ich Aber~~ ‹Einfügung mit »vi« und »de« von unten:› ⌈doch zur Sache jezt. Mein ~~lieber~~ Herr Vetter ~~der gute~~ oZ ⌊ein gewisser⌋ Apollo, ist mir die vorige ~~Wochen~~ Nacht ~~in Träumen~~ liR ⌊~~in verschiedenen~~⌋ liR uZ ⌊als Harfenist⌋ uZ ⌊im Traum⌋ erschienen, und hat mir ihre Hand ‹Fortsetzung auf nächster Seite oben:› versprochen, und den heutigen ~~Tag~~, oZ ‹mit Bleistift:› ⌊Abend.⌋ zur Vermählung bestimt, machen sie also keine Umstände, und ~~lassen sie~~ fügen sie sich in seinen ‹»seinen« mit Bleistift überschrieben aus »den«› Willen ~~des Himmels~~. reR ⌊Apollo.⌋ zwZ ⌊Meine Aufwartung hab ich gmacht.⌋ Ich werde jezt ein {bi} {s} kleines oZ ⌊Jausen⌋ Schlaferl machen, und dann zum dichten gehts übers Dichten los, oZ ⌊fang ich zum dichten an⌋ daß es eine Schand und ein Spott ist. oZ ⌊alles raucht⌋ ⌊das der Rauchen aufgeht.⌋ ‹Einfügung mit Einfügezeichen:› liR ⌊und eh die Sonne in das Meer neinplumpft bin ich so glücklich ihr Gemahl zu seyn (will ab)⌋ O ich bin⌉ ‹ab hier mit langen roten Schrägstrichen gestrichene Passage:› (× ein pfiffiger oZ ⌈lustiger⌉ Kerl, sie werden zufrieden seyn {und} wenn ich das Glück ich übernimm oZ ⌈ihr Mann zu seyn⌉ zwZ ⌈Nacht⌉ O da muß man fein seyn⌉ nicht, wie dieser Freund dahier. Das Glück ist wie ein großer Redutensaal, ‹Einfügung mit Einfügezeichen:› liR in den die Fortuna auf einen Ball oZ ⌈einen Piccnic gibt⌉ oZ ⌈und⌉ wo die Glücklichen ‹Einfügung mit Einfügezeichen:› liR ⌈auf einen gewixten Boden ihre⌉ herumspatziren. ‹Einfügung mit Einfügezeichen, alles mit schwarzen Schrägstrichen gestrichen:› liR (B S.) Jezt freut mich die Gschicht erst ver ich fang an verliebt zu werden mir oZ ⌈wird⌉ völlig Bon Bon. Also leben sie wohl. und {wenn} oZ ⌈bald⌉ {‹ein gestrichenes Wort unleserlich›} liR ⌈hab ich⌉ das Glück hab ihr Gemahel zu seyn, ‹2 gestrichene Wörter unleserlich› Wer recht f bescheiden in einer oZ ⌈soliden⌉ Mask herumgeht, und höchstens höchstens ‹»höchstens« überschrieben aus anderem Wort› mit der Vorsicht eine kleine Menuet tanzt, der kann durch sein ganzes Leben darin herumgehn. Aber wie einer einen rechten G Gstrampften uZ ⌈Aufhauer⌉ macht pums liegt holla mich daß alles auf ihm schaut, uZ ⌈schauts alle auf⌉ pums liegt er auf der Nasen da, auf {den} oZ ⌈wird⌉ gewixten {‹ein gestrichenes Wort unleserlich›} auf dem gewixten Boden oZ ⌈muß hinaus⌉ {‹mehrere gestrichene Wörter unleserlich›} Wix, oZ ⌈kriegt seine Wix ist⌉ liR {‹einige gestrichene Wörter unlesbar›} dann geht er hinaus, nimmt seine Wix mit mit der steht er an der Stiege unten und puzt den Leuten die Stiefel ab die oben eingeladen sind. das glauben sie mir der ich die Ehre habe mich ihnen unterthänigst oZ ⌈auf das verliebteste⌉ zu empfehlen ×) ‹Ende der mit roten Schrägstrichen gestrichenen Passage› liR ‹mit roter Welle gestrichen:› (× Hrm Bau nicht zu viel aufs

Glück. Fortuna täuscht oft. ×) ‹Fortsetzung im ursprünglichen Text, mit Rotstift gestrichen:› Aber ich bin auch ein kurioser Kerl nur Haferl sagen, ist ein Vers da.

130/24 f. So ‹... bis› dem HS: Nun wohl, oZ ⌈So lebe wohl⌉ beweise heut, oZ ⌈bald,⌉ ob du ein Meister in dem dem

130/26 f. Was ‹... bis› gleich. HS: Was Bau? oZ ⌈Verzeihen sie da muß ich nochmahl umkehren⌉ Ein Baumeister bin ich nicht. das. ‹»das« gestrichen?› ⌈das sag ich gleich.⌉

130/28 f. Ist ‹... bis› wie HS: Doch ist oZ ⌈Ist nicht⌉ die Dichtkunst mit der Baukunst formverwandt, und oZ ⌈den⌉ wie

130/30 reihet HS: bindet uZ ⌈reihet⌉

130/32 Sie irren ‹... bis› ein HS: Der Himel bewahr, das Sie irren sich, wissen sie, was für ‹die nächsten 4 Wörter mit Bleistift gestrichen:› einer einmahl gsagt hat, was für ein

130/33 f. Baumeister: Wenn HS: Baumeister: Wenn ‹Doppelpunkt korrigiert aus Beistrich, »Wenn« korrigiert aus »wenn«›

131/1 f. Schand ‹... bis› Ab.) HS: Schand. ‹Einfügung mit Einfügezeichen von unten:› ⌈Das glauben sie mir. der ich die Ehre habe, mich auf das verliebteste zu empfehlen⌉ (.ab) Doch ich habe mich

131/3 [Scena 10] HS: ‹fehlt›

131/5 f. Mensch ‹... bis› mich. HS: Mensch, ‹»Mensch« korrigiert aus »Mann«?› doch er {‹einige gestrichene Buchstaben unlesbar›} oZ ⌈ein Abentheurer⌉ zwZ ⌈ists, der hier sein Glück versucht doch er⌉ erheitert mich.

131/7 *(neidisch)* HS: oZ ‹mit Bleistift:› ⌈*(neidisch)*⌉

131/9 Narr, ein Dichter ist er nicht HS: Narr, er ist ein schlecht ein Dichter ist er nicht

131/10 deines zu seyn. Und seine HS: deines. uZ ‹mit Bleistift:› ⌈zu seyn⌉ Und seine V

131/12–18 So ‹... bis› will[.] HS: ‹Alternative zu dieser Stelle in Prosa auf Einlageblatt:› O undankbare Welt, da glaubt so mancher oft, er wär allein der Narr im Haus, da komt ein andrer her, und sticht ihn wieder nau's, und dieser andre wird von einem andern Andern dann verdrängt, und so zerstreiten sich die armen Narren, ums traur'ge Narrenthum; ein jeder möcht der Größere seyn, und jeder narrt sich selbst. O eitle Narrethey, o närrsche Eitelkeit, ich wollt ich hätt ~~kein~~ Geld, dann mach ein Narr'n {‹ein gestrichenes Wort unleserlich›} wer will.

131/12 sogar HS: ~~den selbst~~ oZ ⌈sogar⌉
131/12 seine[r] HS: seine liR ⌈in <u>seinem Glük,</u>⌉ ‹Zuordnung der Ergänzung nicht eindeutig, möglicherweise als Alternative zu »auf seine[r] Höhe«›
131/14–15 Da ‹... bis› her HS: Da glaubt so mancher oft, er wär ~~in einem Haus ganz a so ganz~~ allein oZ ⌈der⌉ Narr, oZ ⌈im Haus⌉ futsch, kommt ein größerer oZ ⌈her⌉
131/18 will[.] HS: will
131/19 [Scena 11] HS: ‹fehlt›
131/21 [HERMIONE.] HS: ‹fehlt›
131/22 beneiden wenn dich die HS: beneiden oZ ‹Streichung und Beistrich mit Bleistift:› ⌈erst⌉ ⌈,⌉ wenn ~~du~~ dich ~~dich~~ liR ⌈~~zugleich~~⌉ die
132/1 [Scena 12] HS: ‹fehlt›
132/2 [ver]stört HS: <u>ver</u>stört ‹Unterstreichung zu hoch angesetzt?›
132/4 gütig HS: f gütig
132/5 j e z t HS: <u>jezt</u> ‹mit Bleistift unterstrichen›
132/7 (starr) HS: ~~La~~ (Starr)
132/8 sich HS: ~~sich~~ uZ ⌈sich⌉
132/9 i[h]n HS: in
132/10 Er HS: (~~F~~ Er
132/12 daher HS: ‹korrigiert aus anderem Wort?›
132/13 nach[d]enkend HS: <u>nachdendenkend</u>
132/14 gehn HS: gehn ‹korrigiert aus »gehen«›
132/14 f. Gemüth flamm auf. HS: oZ ⌈Gemüth⌉ flamm auf ~~mein Geis~~ Gemüth.
132/15 f. sie ‹... bis› ab.) HS: ~~ich bin ver~~ sie ist für mich verloren. uZ ⌈(will ab)⌉
132/18 (lacht ‹... bis› weihn. HS: ~~Ich will~~ (lacht wild) Ich will Neptun ~~besuchen~~. mich weihn.
132/19 Doch seiner ungetreuen Tiefe nicht? HS: ~~In~~ oZ ⌈~~Und~~ Doch⌉ seiner ungetreuen Tiefe ⌈nicht?⌉ ‹Fragezeichen nach »Tiefe« durch »nicht« überschrieben›
132/20 Sie HS: ~~Es~~ oZ ⌈Sie⌉

132/21 vertraun HS: vertraun ‹korrigiert aus »vertrauen«?›
132/23 sey HS: ~~heißt~~ oZ ⌈sey⌉
132/26 f. seit ‹... bis› mehr. HS: ~~ich~~ seit ~~ich dich sah~~ du mich sprachst, ~~bin ich ein Anderer geworden.~~ uZ ⌈bin ich nicht Amphio mehr.⌉
132/29 f. sie [ist] ein Weib HS: sie ein Weib
132/31 f. um dir zu beweisen HS: um ~~zu~~ oZ ⌈dir zu⌉ beweisen ~~dir~~ ‹Korrekturen mit Bleistift›
133/1 sagst HS: sagst ‹»korrigiert aus »sage«?›
133/5 f. Er ‹... bis› Welt HS: ~~Sie~~ liR ⌈Er⌉ reichet vom Olymp bis ~~zu~~ oZ ⌈in⌉ des Orkus oZ ⌈tiefsten⌉ Schlund / ‹Einfügung mit Einfügezeichen:› liR ⌈Mit seinem Ring umschließet er die Welt⌉
133/7 Und unausschöpfbar ist sein HS: Und {‹ein oder zwei gestrichene Buchstaben unlesbar›} unausschöpfbar ist ~~ihr~~ oZ ⌈sein⌉
133/8 sich HS: sich ‹korrigiert aus »Sich«›
133/9 Grund.[«] HS: Grund.
133/16 ein Spuck HS: ein ~~bös~~ Spuck
133/23–28 Ich ‹... bis› du HS: ~~Ich eile mich zu schmüken jetzt,~~ oZ ⌈Ich will noch vor dem Fest, schnell das Orakel fragen, mehr darf ‹»darf« korrigiert aus »kann«?› ich nicht⌉ uZ ⌈für ~~den~~ unsere Ruhe thun⌉ nicht mir gehör ich an, liR ⌈nein,⌉ ich gehör Apoll, mein höchst Vertrauen setz ich auf oZ ⌈ihn⌉ den Weltbestrahlenden, den eine Ahndung ~~hat der Gott~~ oZ ⌈hat er mir⌉ in meine Brust gelegt, daß mich ~~kein~~ andrer oZ ⌈nicht⌉ erringen darf, als du
134/1 [Scena 13] HS: ‹fehlt›
134/3 [AMPHIO.] HS: ‹fehlt›
134/4 und konnte mich die Fantasi[e] HS: und ~~mich r~~ konnte mich die Fantasi ‹Textverlust›
134/5 dann HS: ~~so~~ oZ ⌈dann⌉
134/6 trügt ‹... bis› (Ab.) HS: trügt ‹Punkt nach »trügt« gestrichen?› und nur Gemeines sich ~~erfüllt.~~ uZ ⌈bewährt.⌉ (ab).
134/7 VERWA[NDLUNG] HS: Verwadl
134/8 Zauberschwestern[.] An HS: Zauberschwestern / An
134/9 griechisches Schreibepult auf einer Stufe.) HS: griechisches Schreibepult. uZ ‹mit Bleistift:› ⌈auf einer Stufe.⌉ ~~Ein Fenster mit~~

134/10 [Scena 14] HS: ⟨fehlt⟩
134/11 *treten rasch ein.)* HS: ~~sehn~~ treten rasch ein.) / ~~Wie konntest, Vernünftig wars~~ oZ ⌈es nicht⌉ ~~daß du die der Fantasie die Flügel hast beschnitten.~~ / ~~Arogantia Hast du nicht selbst gesehen daß, daß~~ {⟨ein gestrichenes Wort unlesbar⟩}
134/14 bring HS: ~~ho~~ bring
134/16 [Scena 15] HS: ⟨fehlt⟩
134/19 aus HS: ~~jezt~~ aus
134/20 wirs zusammen HS: wir⌊s⌉ z{w} zusammen
134/21 die Königinn HS: ~~ich bin in sie~~ die Königinn
134/22 si[e] HS: si
135/1 [Scena 16] HS: ⟨fehlt⟩
135/2 [VORIGE;] AROGANTIA *zerrt* HS: Aroga ~~F~~ zerrt
135/4 f. Hier ‹... bis› öffnete. HS: ~~Siehst du den Adler hier, sie hat zum Geyer fliegen,~~ oZ ⌈Hier bring ~~die Taube ich,~~ ich sie, sie hat entfwischen⌉ wollen, als ⟨anderes Wort mit »als« überschrieben?⟩ ich den ⟨»den« korrigiert aus anderem Wort?⟩ Käfig ~~auf~~ öffnete.
135/6 Wo hast du deine Flügel? HS: ~~Wer Hast du sie so verstümelt.~~ uZ ⌈Wo hast du dein⌊e⌉ ⟨»e« mit Bleistift ergänzt⟩ ~~Gefieder.?~~ ⌊Flügel?⌉⌉ ⟨Bleistiftkorrektur⟩
135/7 Ich hab sie ihr beschnitten. HS: Ich ⟨anderes Wort mit »Ich« überschrieben, vielleicht »Doch«⟩ hab ~~es~~ oZ ⌈sie⌉ ⟨Bleistiftkorrektur⟩ ihr beschnitten.
135/8 *(Höhnisch.)* HS: ~~W~~ (höhnisch)
135/10 *(eben so* HS: ~~Ich hab~~ (Eben so
135/11 weils ‹... bis› mißfiel. HS: ~~er ist mir {be} lieber als ihr nächtgen Eulen.~~ oZ ⌈weils bey der Eule mir mißfiel.⌉ uZ ⌈~~weils mir bey euch ihr Uhus nicht gefällt~~ der Eule mir mißfällt⌉
135/16 f. Ah ‹... bis› VIPRIA.) HS: ~~Was ist den das,?~~ oZ ~~Die da. ist das ein Mandel oder ein Weibel~~ oZ ⌈Ah das freut mich das ich die Ehr hab kennen zu lernen.⌉ liR ⌈(heimlich zu Vipria)⌉ ~~Aha Aha sind Sies?~~
135/21 f. ihnen ‹... bis› Köpf. HS: ~~denen~~ oZ ⌈ihnen⌉ rappelt, drum sagt liR ⌈man⌉ ~~sagens~~ die Dichter sind ~~damische~~ oZ ⟨mit Bleistift:⟩ ⌈närrische⌉ Köpf.
135/23–27 dir ‹... bis› [S]ey HS: dir an deiesen Schreibtisch an

⟨Einfügung mit Einfügezeichen⟩ liR ⌜sie hängt die Fessel der F. in einen Ring der an der Seite des Schreibepultes angebracht ist ein, so daß die Fantasie an der Seite oZ ⌞des Tisches⌟ gegen die Mitte der Bühne ~~auf dem Boden sitzt~~ {auf} auf der breiten Stufe sitzt oZ ⌞doch ja⌟ nicht etwa auf dem Boden.⌝ sey

135/29 f. zeichne emsig auf HS: ~~schreibe~~ oZ ⌜zeichne⌝ emsig ~~hin~~ oZ ⌜auf⌝

135/31 Den schreibst du oben hin. HS: ~~Du schreibst~~ {nu} uZ ⌜das⌝ uZ ⟨mit Bleistift:⟩ ⌜Den⌝⌜schreibst du oben hin.⌝ ⟨»hin« mit Bleistft gestrichen und ersetzt durch »auf«, aber Korrektur wieder ausradiert⟩

135/32 Also ich bin HS: Also ~~denken~~ ich bin

135/33 da[ß] HS: das

136/4 [Scena 17] HS: ⟨fehlt⟩

136/6 [AROGANTIA.] HS: ⟨fehlt⟩

136/7 2 Oracelpriestern, um vor der Wahl noch HS: 2 ⟨vermutlich anderer Buchstabe durch »2« überschrieben⟩ Oracelpriestern, um ⟨»um« korrigiert aus »ein«⟩ vor der Wahl noch ~~noch~~

136/11 Stein HS: ~~Stelle~~ uZ ⌜Stein.⌝

136/13 habe HS: ⟨korrigiert aus »hat«⟩

136/15 muß. HS: muß. ~~Un~~

136/16 schreibest HS: ~~ende~~ schreibest

136/19 doch HS: ~~stets~~ oZ ⌜doch⌝

136/19 (Zur HS: (Zur ⟨»Z« korrigiert aus »d«⟩

136/21 Laß sie nicht frey wenn du HS: ~~Du lasstest sie~~ Laß sie ~~ja~~ nicht frey wenn du ⟨»du« korrigiert aus »dir«⟩

136/22 du HS: du ⟨korrigiert aus »durch«⟩

136/24 [Scena 18] HS: ⟨fehlt⟩

136/26 f. FANTASIE ⟨... bis⟩ erretten. HS: zwZ ⌜Phant. (f.s.) O Amphio! ~~wie elend bist du~~ {ohne die} {kannst du} {⟨ein gestrichenes Wort unlesbar⟩} {mich} oZ ⌞welch schrecklich Loos. ich kann dich⌟ uZ ⌞erretten.⌟⌝

136/28 NACHTIGALL (sezt HS: ~~Na Richtet~~ ⟨mit Bleistift:⟩ ⌜Nacht⌝ (Sezt

137/3 anfangen HS: ~~ein wenig~~ anfangen

137/7 f. Nu? (Er rüttelt sie.) HS: zwZ ⌜Nu? (er rüttelt sie)⌝

137/9 Phant[a]sie HS: Phantansie

137/12 Was HS: Was ‹»Na« durch »W« überschrieben›
137/15 wird er wo anders aufgelegt. HS: {lang} wird er ~~werd wo er~~ wo anders aufgelegt.
137/18 *(wie wahnsinig)* HS: oZ ⌜(wie wahnsinig)⌝
137/20 Das nannt sich Phantasie. HS: ~~Das nannt sich~~ oZ ⌜~~Man hieß es~~⌝ uZ ⌜Das nannt sich⌝ Phantasie.
137/33 f. Was ist das für ein Vers.? HS: ~~Ah das ist ein curiose~~ oZ ‹mit Bleistift:› ⌜Was ist das für ein⌝ Vers. ⌜?⌝ ‹Fragezeichen mit Bleistift›
137/35 zweymahl HS: ~~nochmahl~~ oZ ‹mit Bleistift:› ⌜zweymahl⌝
138/1 f. Was ‹... bis› Liest HS: Was die als zusammdicktirt. oZ ⌜was hab ich den da gschrieb{e}⌝ ‹möglicherweise Textverlust› (liest ‹»s« korrigiert aus »ß«›?
138/2 f. nicht – Ihr HS: nicht – ‹Beistrich durch Gedankenstrich überschrieben› Ihr
138/4 schweig.[«] HS: schweig.
138/5 für HS: für ‹überschrieben aus Fragezeichen›
138/9 f. Wann ‹... bis› Prag HS: Wann nur ~~eine von die Prager Schwestern~~ die 2 Schwestern von Prag
138/13 [*aus*] HS: ‹fehlt›
138/16 FANTASIE ‹... bis› Tropf. HS: zwZ ⌜Ph Du zwingst nicht du feiger Tropf.⌝
138/17 NACHTIGALL HS: N ‹korrigiert aus »Ph«›
138/19 f. *(Ließt den Titel.)* HS: liR (ließt den Titel)
138/21 f. Sie ‹... bis› ich HS: Sie hört oZ ⌜~~lo~~ (lokal)⌝ mich uZ ⌜mi⌝ halt nit an. ~~Dann marter.~~ oZ ⌜Ich fahr durch die Luft⌝ Jezt hab ich ~~von~~
138/23 *zeigend* HS: ~~deut~~ zeigend
138/25 f. Da kann ich doch HS: Da ‹korrigiert aus »Das«› kann ich oZ ⌜doch⌝
138/27 freut HS: freut ‹zwei andere Buchstaben überschrieben durch »fr«›
138/29 f. Ich ‹... bis› phantasier. HS: Ich ~~bitt~~ oZ ⌜beschwore⌝ dich ~~um alles in der~~ oZ ⌜bey allen⌝ liR ⌜Narren⌝ ~~Welt dicktir~~ phantasier.
138/31 Ich dich bey alle HS: Ich ~~bitte~~ dich ~~um~~ oZ ⌜bey⌝ ~~15 Welten~~ alle

138/32 griechischen HS: ~~russischen~~ oZ ‹mit Bleistift:› griechischen
139/5 Wen[n]s HS: Wens
139/7 Gl[ö]cklein HS: <u>Glocklein</u>
139/9 f. komm ‹... bis› Stirn[.] HS: komm. ‹Einfügung mit Einfügezeichen› reR ‹5 Zeilen tiefer:› ⌈O Todesschweiß, du stehst mir an der Stirn⌉
139/12 ich HS: ~~ich~~ ich
139/16–18 [Scena 19 ‹... bis› FANTASIE.] HS: ‹fehlt›
139/20 *beginnt*[,] *es* HS: <u>beginnt es</u>
139/22 tönt HS: ~~sch~~ tönt
139/24–140/18 [Wenn ‹... bis› *ab.*)] HS: ‹ganze Stelle mit langem senkrechtem Strich gestrichen, aber kein Ersatztext, daher gestrichenen Text beibehalten›
139/27 den HS: ‹korrigiert aus »die«›
139/28 Schwebt ich leichten Flugs dahin. HS: ~~Schwang ich~~ oZ ⌈Schwebt ich⌉ leichten Flugs dahin. / ~~Und jezt bin ich verlassen~~ liR ⌈D⌉
140/3 f. Doch ‹... bis› nicht. HS: Doch mir leuchtet ~~die Hoffnung sie täuschet mich nicht~~ reR ⌈am Himel ein tröstendes⌉ ‹»tröstendes« korrigiert aus »tröstender«› ~~Stern~~ ⌈Licht⌉ / ~~Der Höchste der Götter verlasset mich nicht~~ reR ⌈Ich fleh zu den Götte ~~den sie~~ sie täuschen uns nicht.⌉
140/7 Kannst du die Tochter, hier HS: Kannst {deine} oZ ⌈du die⌉ Tochter, ~~du~~ oZ ⌈hier⌉
140/9 O Jupiter erh[ö]re mich, höre HS: ~~Ein Blist~~ O Jupiter erhore mich, ~~erhöre~~
140/11 f. frey ‹... bis› Seyn HS: frey, ~~Da~~ oZ ⌈Hohen Dank euch⌉ ihr Götter / ~~Strahlt durch die~~ oZ ⌈Ha wie durchströmt oZ ⌊welche Wonne⌋ {‹ein gestrichener Buchstabe unlesbar›} mich dieß freudige Seyn⌉
140/13 f. Fort ‹... bis› befrein HS: ~~Ha~~, Fort sind von mir jetzt die lästigen Ketten / Fort ~~zu~~ ‹»zu« korrigiert aus »jetzt«› oZ ⌈schnell hin⌉ zu Amphio, ~~schnell~~ ihn zu ~~retten~~ uZ ⌈befrein⌉
140/15–18 Amphio halt Amphio halt ‹... bis› *ab.)* HS: reR Amphio halt Amphio halt. / <u>Die Fantasie ist frey. (~~läuft~~ Sie wirft einen griechischen Mantel der Zauberschwestern und eilt ab.</u>

140/20 [Scena 20] HS: ‹fehlt›
140/21 *Das Innere des Apollo Tempels*[.] HS: S̶a̶a̶l̶ Das Innere des Apollo Tempels
140/22 *Vorder*[*grund*] *ein Seitenthron* HS: Vorder- ein Seitenthron ‹»Seitenthron« korrigiert aus »Seitentrohn«›
140/23 f. Neben ‹... bis› DICHTER HS: I̶h̶r̶e̶ Neben i̶h̶r̶ Hofleute ihr gegenüber d̶e̶r̶ die Schaar der Dichter. D̶i̶s̶t̶i̶c̶h̶o̶n̶
140/26 VIPRIA[,] AROGANTIA *als Opferpriester* HS: Vipria Arogantia als P̶r̶ Opferpriester
140/27 *Apol*[*l.*] HS: Apol{l}
141/1 f. Und ‹... bis› hier HS: A̶p̶o̶l̶l̶o̶ ̶s̶e̶l̶b̶s̶t̶ ̶b̶e̶g̶e̶i̶s̶t̶e̶r̶t̶ ̶n̶i̶c̶h̶t̶ / W̶i̶r̶ l̶i̶e̶f̶e̶r̶n̶ ̶h̶e̶u̶t̶ ̶k̶e̶i̶n̶ ̶P̶r̶e̶i̶s̶g̶e̶d̶i̶c̶h̶t̶. reR ⌈Und beschämt e̶r̶k̶l̶a̶r̶e̶n̶ uZ ⌊gestehen⌋ wir / Unsere Geistes Ohnmacht hier⌉
141/3 Verhülle HS: D̶u̶ ̶h̶ö̶r̶s̶t̶ ̶e̶s̶ ̶s̶e̶l̶b̶s̶t̶ ̶j̶e̶z̶t̶ ̶H̶e̶r̶m̶i̶o̶n̶e̶, Verhülle ‹»Verhülle« korrigiert aus »Verhüllt«›
141/4 Alle HS: {‹einige gestrichene Buchstaben unleserlich›} Alle
141/6 f. zu ‹... bis› kann. HS: zu s̶i̶n̶n̶e̶n̶,̶ ̶s̶c̶h̶r̶e̶i̶b̶e̶n̶, zu deinem Lob zu schreiben, und oZ ⌈sie⌉ selbst A̶ ̶j̶e̶z̶t̶ oZ ⌈hier⌉ Apollos h̶o̶h̶e̶r̶ hehrer Anblick, oZ ⌈sie⌉ nicht dazu ‹»dazu« korrigiert aus »duzu«› {‹ein gestrichener Buchstabe unlesbar›} begeistern kann. ‹mit Bleistift Ziffern »1« und »2«, um »kann« vor »sie« zu verschieben›
141/8 AMPHIO. Hörst du es Nemesis? HS: ‹Einfügezeichen, Einfügung einige Zeilen tiefer:› Amph. O̶r̶k̶u̶s̶ ̶ö̶f̶f̶n̶e̶ ̶d̶i̶c̶h̶. uZ ⌈Hörst du es Nemesis?⌉
141/9–14 HERMIONE ‹... bis› Phantasie. HS: ‹Einfügung mit Einfügezeichen sowie »vi« und »de«, Verweisstelle auf allerletzter Manuskriptseite unten› Hermione Sind das die Weisen meines Landes, die gehrten Männer? / Ein Dichter Verzeih o Königinn, Gelehrsamkeit allein s̶c̶h̶r̶e̶i̶b̶t̶ oZ ⌈verfasset⌉ kein Gedicht. Wissen ist ein S̶c̶h̶a̶t̶z̶ goldener Schatz, der auf festem B̶o̶d̶e̶n̶ oZ ⌈Grunde⌉ ruht, doch liR ⌈a̶u̶f̶w̶ä̶r̶t̶s̶ in⌉ das oZ ⌈holde⌉ Reich. der holden Lieder, tragt uns a̶u̶f̶ ̶g̶o̶l̶d̶ nur der Phönix Phantasie.
141/15 f. HERMIONE ‹... bis› kann? HS: ‹8 Zeilen mit roten Schrägstrichen gestrichen:› (× Narr Kniet nieder Auch ich gestehe {h̶i̶e̶r̶} oZ ⌈sogar⌉ das m̶i̶c̶h̶ oZ ⌈mir⌉ mein h̶o̶h̶e̶r̶ ̶G̶e̶i̶s̶t̶ e̶n̶t̶w̶i̶c̶h̶e̶n̶ ̶i̶s̶t̶,̶ ̶d̶e̶r̶ ̶s̶i̶c̶h̶ hoher Geist zu deinem Lob nicht die-

nen will. weil er von jeher oZ ⌈sich⌉ zum Schimpfen mehr als stets als zum nur zum schimpfen zu gebrauchen war liR ⌈weil er das Schimpfen so gewohnt daß er das ihm das Lob ganz fremd geworden ist⌉ / zwZ ⌈Vip Schweig Narr, was verkündet⌉ / Herm Sie ‹Einfügezeichen› Entsetzlich die einzige Gabe, die ihr noch besaßt, und jezt.– reR ⌈Hermion⌉ / Narr. Jezt sinds zu gar nichts nutz. Ins Meer damit. ×) / Herm. oZ ⌈(Sieht auf Amphio)⌉ So mahnt sie ist lebt auf Flora, keiner mehr der Hermiones Ehre retten kann? ‹»retten kann?« korrigiert aus »rettet«› reR Narr. In einem Lobgedicht, gewin ich keinen Preis, ich bin zum schimpfen auf die Welt gekommen.

141/19 HERMIONE HS: ‹davor 10 Zeilen mit roten Schrägstrichen gestrichen:› (× Odi. Haltet dort kommt Distichon. / Alle Vieleicht ist er der Glückche. / Distichon stützt sich auf einen Diener oZ ⌈Höfling⌉, er hat das Haupt mit einem Tuch verbunde / Vipr Nun Dististon. Hast du ein Le schon ein Gedicht im Kopf. / Dist Matt und zerknirscht) Ein Loch hab ich ihm im Kopf, doch kein Gedicht, ich {den} bin meinem Kopf um zu bestrafen mein Gehirn, bin ich mit meinem Kopf gegen jene Säule dort gerannt. / Narr O Großer Mann und doch so wenig Hirn. oZ ⌈Nar Das heißt auf einen Tapfern treffen die⌉ oZ ⌈die Säule dauert mich⌉ ×) ‹Einfügung mit Einfügezeichen vom unteren Seitenrand:› Narr Da ghört ein tüchtiger Kopf. dazu. Nimm dich in Acht, so mancher Kopf blieb schon an einer Säule hängen. oZ ⌈Gegen hohe Säulen rennen, ist nicht gut sonst seh ich dich einmahl oZ ⌊sonst bleibst am End du noch⌋ an einer Säule hängen⌉ ‹Ende der Einfügung am unteren Seitenrand› Herm

141/20 AROGANTIA HS: Vi Arog.
141/21 kennst des HS: kennst ⊖ des ‹»des« korrigiert aus »den«›
141/23 bleibet HS: ‹korrigiert aus »bleibt«?›
141/24 [Scena 21] HS: ‹fehlt›
141/25 [VORIGE;] HS: ‹fehlt›
141/26 [NACHTIGALL.] Hehe Halt ein, HS: Hehe Halt ein halt halt,
141/27 Gedicht HS: Mord Gedicht
142/1 schrekliches HS: mordionisches oZ ⌈schrekliches⌉

142/3 f. So ‹... bis› lies. HS: So ~~so lese~~ oZ ⌈lies⌉ es vor. reR ~~Alle Ja lies~~ ‹»lies« mit Bleistift korrigiert aus »lese«› ~~es~~ oZ ⌈Disticho Ja lies.⌉

142/5 f. Das ‹... bis› Ich HS: ~~Nicht glesen wird, gesungen wirds,~~ Das kann ich nicht. oZ ⌈das hab ich nicht g'lernt⌉ ‹»g'lernt« korrigiert aus »gelernt«› Ich

142/7 mein ist der Preis. HS: uZ ⌈und mein ist der Preis.⌉

142/9 *stellt* ‹... bis› [*s*]*pielt* HS: stellt ‹korrigiert aus »geht«?› sich in die Mitte / Spielt

142/24 [NACHTIGALL.] HS: ‹fehlt›

142/29 auch HS: auch ‹korrigiert aus »sie«›

142/30 Ganz ohne Laterne HS: ~~Braucht sie kein~~ uZ ⌈Ganz ohne⌉ Laterne ‹»Laterne« korrigiert aus »Laternlein«›

142/32 2 Sterne HS: 2 Sterne ‹korrigiert aus »die Sternlein«›

143/3 Das HS: ~~Doch~~ Das

143/4–29 3 ‹... bis› Buben. HS: ‹dritte und vierte Strophe rechts neben erster und zweiter›

143/5 [NACHTIGALL.] HS: ‹fehlt›

143/9 herbey HS: ~~da~~ herbey

143/15 Hört den Wicht HS: ~~Will der Wi~~ Hört den Wicht

143/17–26 [4. ‹... bis› Hermione.] HS: ‹mit roten Schrägstrichen gestrichen, aber kein Ersatztext, daher beibehalten›

143/18 [NACHTIGALL.] HS: ‹fehlt›

143/25 Und i bin HS: ~~Ich~~ Und ~~ich~~ bin

143/30 zum Spotte HS: ~~ein Spott~~ zum Spotte

143/32 DISTICHON. HS: ~~Alle Odi~~ oZ ⌈Dist.⌉

144/2 Erfüllen ‹... bis› Schwur. HS: Erfüllen ‹korrigiert aus »Erfülle«?› oZ ⌈mußt du⌉ Hermione ~~des Orakels Spru~~ ‹Textverlust› deinen Schwur. ~~Das Beste, sprachst~~

144/4 HERMIONE. Unmöglich[.] HS: ~~Herm O wehe mir.~~ Hr. Unmöglich ‹Textverlust›

144/5 zu schlecht HS: ~~es ist das~~ oZ ⌈zu⌉ schlecht

144/7 AMPHIO *(leise)*. Wehe mir. HS: zwZ ⌈Amphio⌉ oZ ⌈(leise).⌉ Wehe mir.⌉

144/9 [VIPRIA.] HS: ‹fehlt›

144/9 f. [AROGANTIA] *winkt*[.] *Es donnert* HS: oZ ⌈{Arog} winkt⌉ (Es donnert)

144/11 NACHTIGALL ‹... bis› mir. HS: reR ⌈Nacht Jezt donnerts gar wegen mir.⌉

144/13 ALLE *(langsam).* HS: Alle oZ ⌈(langsam)⌉

144/15 je größer sein HS: je größer ‹»g« korrigiert aus »j«› d̶a̶s̶ oZ ‹mit Bleistift:› ⌈sein⌉

144/16 mehr? HS: mehr? reR ⌈N̶a̶c̶h̶t̶ ̶(̶s̶p̶r̶i̶c̶h̶t̶ ̶k̶i̶n̶d̶i̶s̶c̶h̶)̶ ̶I̶c̶h̶ ̶w̶e̶r̶d̶ K̶ö̶n̶i̶g̶⌉ uZ ⌈ich w⌉

144/17 f. NACHTIGALL ‹... bis› König HS: Nacht oZ P̶a̶n̶t̶ (trippelt kindisch) oZ ⌈Ich werd König, ich werd König⌉

144/19 [Scena 22] HS: ‹fehlt›

144/20 f. ([VORIGE;] ‹... bis› *Hand.)* HS: Die Phantasie tritt ein {‹ein oder zwei gestrichene Buchstaben unlesbar›} uZ ⌈in Mantel gehüllt.⌉ ergreifet Amphios Hand.

144/22 FANTASIE ‹... bis› *Ohr)* HS: Fant oZ ⌈(leise ihm ins Ohr)⌉

144/24 f. *springt* ‹... bis› Gedicht. HS: H̶a̶l̶ Springt auf {‹ein gestrichener Buchstabe unlesbar›} plötzlich inspirirt) Halt, ein. ich rett A̶p̶o̶l̶l̶o̶s̶ ̶E̶h̶r̶e̶ des Tempels Ehre, oZ ⌈hier⌉ i̶c̶h̶ ̶l̶i̶e̶f̶r̶e̶ oZ ⌈wage⌉ ein Gedicht. A̶l̶l̶e̶.̶ ̶S̶a̶g̶ ̶a̶n̶,̶ ̶s̶a̶g̶ ̶a̶n̶ oZ ⌈O̶ ̶G̶l̶ü̶c̶k̶ ̶A̶p̶o̶l̶l̶ A̶p̶o̶l̶l̶⌉ w̶i̶r̶ ̶b̶i̶t̶t̶e̶n̶ uZ ⌈p̶r̶e̶i̶s̶e̶n̶ ̶d̶i̶c̶h̶.̶⌉

144/27 Apoll, wir preisen dich. HS: Apoll ‹korrigiert aus »Apollo«›, wir preisen dich.

‹Es folgt in HS ein kleinerer, beidseitig beschriebener Einlagezettel mit der Blattnummer 41 bzw. »ad 33«, dessen Text jedoch nicht zu HS gehört, sondern ziemlich genaue Entsprechungen zu T1 und T2 aufweist; vgl. Lesarten T1 und T2 zu 122/33–123/4, 140/21 f. und 147/7 f. Der Text des Einlagezettels lautet:› Es wird Nacht, z̶w̶i̶s̶c̶h̶ zwischen dem Tempel und dem Meer s̶i̶n̶k̶t̶ ̶e̶i̶n̶e̶ ̶W̶o̶l̶k̶e̶n̶ sinken finstre Wolkenschleyer ein, Donner und Blitz.

Die Statue des Apoll samt dem Opferaltar versinckt Vipria. W̶e̶r̶ ̶s̶t̶ä̶h̶l̶e̶t̶ ̶h̶e̶u̶t̶ ̶u̶n̶s̶r̶e̶ ̶M̶a̶c̶h̶t̶,̶ ̶w̶e̶r̶ warum trotzen diese Hallen, wer verhindert ihren Sturz. (Heftiger Donnerschlag Die Bühne wird licht der W̶o̶l̶k̶e̶n̶s̶c̶h̶l̶e̶y̶e̶r̶ oZ ⌈Nebel⌉ liR ⌈verrinnt zu beyden⌉ h̶e̶b̶t̶ ̶s̶i̶c̶h̶.̶ oZ ⌈Seiten⌉ man hat die vor'ge Aussicht auf das Meer.

‹Rückseite:› S̶o̶ Manches ‹»M« korrigiert aus »m«› oZ ⌈trübes⌉ Herz erfreutest du durch H̶a̶r̶f̶e̶n̶t̶o̶n̶ oZ ⌈deiner Harfe Ton,⌉

Bring heut ein fröhliches durch ihren Klang zum Schmerz. A̶u̶f̶ d̶u̶r̶ D̶u̶ v̶e̶r̶s̶e̶r̶ü̶s̶t̶g̶e̶r̶ H̶e̶l̶d̶, Erring den Preis, – liR ⌈du Sänger Albions⌉ und bohr oZ ⌈dadurch⌉ den Rachepfeil in Hermione⌈n⌉s Brust.

Der geöffnete Hintergrund s̶t̶e̶l̶l̶t̶ oZ ⌈biethet⌉ die Aussicht auf das Meer dar. ‹»dar« korrigiert aus »vor«› in der Mitte die Statue des Apoll, vor ihr ein Opferaltar auf dem die Flamme lodert.

144/28 f. [AMPHIO.] / [1.] HS: ‹fehlt›

144/30–145/2 Die Nacht ‹... bis› gramerfüllt. HS: liR ⌈E̶s̶ z̶i̶e̶h̶e̶t̶⌉ Die Nacht z̶i̶e̶h̶t̶ i̶n̶ z̶i̶e̶h̶t̶ h̶e̶i̶m̶ i̶n̶s̶ oZ ⌈zieht h̶e̶i̶m̶ z̶i̶e̶h̶t̶ ihren⌉ oZ ⌊S̶o̶ s̶c̶h̶a̶u̶t̶ d̶e̶n̶ e̶i̶n̶ B̶i̶l̶d̶⌋ oZ ⌊fort⌋ ins⌉ ewig finstre L̶a̶n̶d̶. oZ Heimathsland. / D̶i̶e̶ W̶e̶l̶t̶ oZ ⌈Die Welt⌉ umkränzt i̶h̶r̶ oZ ⌈ihr⌉ Haupt mit S̶ s̶e̶i̶n̶e̶m̶ uZ ⌈Phöbus⌉ Strahlenband. / ‹Einfügezeichen, Einfügung liR senkrecht geschrieben› ⌈Und wie Auror die Erd' in Purpur hüllt⌉ / ⌈Entdekt sie einen Jüngling gramerfüllt.⌉

144/30–145/15 HS: ‹Streichungen großteils mit Rotstift nachgezogen›

145/4 mit HS: d̶ mit

145/5 f. Aurora ‹... bis› Schmerz. HS: liR ⌈Aurora⌉ D̶e̶r̶ M̶o̶r̶g̶e̶n̶ l̶ä̶c̶h̶e̶l̶t̶ s̶a̶n̶f̶t̶, oZ ⌈D̶o̶c̶h̶ a̶l̶s̶ d̶e̶s̶ M̶o̶r̶g̶e̶n̶s̶ B̶l̶i̶k̶⌉ oZ ⌈D̶o̶c̶h̶⌉ {‹mehrere gestrichene Wörter unlesbar›} oZ ⌈grüßt ihn sanft⌉ e̶r̶ oZ ⌈und⌉ strahlt ihm Trost ins Herz / Da fleht ‹»fleht« korrigiert aus anderem Wort› er zum Apoll, gibt Worte seinen Schmerz.

145/7 2. HS: 2̶ / O̶ n̶i̶m̶ m̶i̶c̶h̶ a̶u̶f̶ i̶n̶ d̶e̶i̶n̶e̶r̶ D̶i̶c̶h̶t̶e̶r̶ S̶c̶h̶a̶a̶r̶ K̶r̶e̶i̶s̶ / 2.

145/8 meines Vaters HS: {‹ein gestrichener Buchstabe unlesbar›} meines Vaters

145/9 f. Wo die Natur ‹... bis› Königinn, HS: Wo die Natur im tausendfarbgem S̶c̶h̶i̶m̶m̶e̶r̶ oZ ⌈Schmuk er⌉glänzt. / T̶r̶o̶h̶n̶t̶ H̶e̶r̶r̶s̶c̶h̶t̶ oZ ⌈Trohnt H̶e̶r̶r̶s̶c̶h̶t̶⌉ meiner heißen Liebe Königinn. / U̶n̶d̶ a̶l̶l̶e̶s̶ s̶i̶n̶k̶t̶ z̶u̶ i̶h̶r̶ U̶n̶d̶ z̶i̶e̶h̶t̶ m̶e̶i̶n̶ H̶e̶r̶z̶ z̶u̶ i̶h̶r̶e̶r̶ S̶c̶h̶ö̶n̶h̶e̶i̶t̶ h̶i̶n̶ / M̶i̶t̶ h̶o̶h̶e̶m̶ R̶e̶i̶t̶z̶ u̶n̶d̶ e̶d̶l̶e̶m̶ H̶e̶r̶r̶s̶c̶h̶e̶r̶s̶i̶n̶n̶. / D̶o̶c̶h̶ {‹ein gestrichenes Wort unlesbar›} oZ ⌈n̶u̶r̶⌉ uZ ⌈dir⌉

Apoll und deinen Musen lebt {‹2 gestrichene Wörter unlesbar, vielleicht »So hören«›}, / Und deinem liR ⌈Ihr⌉ Geist, in hohen uZ ⌈höhren Sphären⌉ oZ ⌈der nur in des⌉ oZ ⌈nur in⌉ Himmels Räumen oZ ⌈Sphären⌉ schwebt. /

145/11–13 Mit ‹... bis› Busen HS: ‹liR senkrecht geschrieben eingefügt:› Mit zartem Reitz, vereint sie hohen Sinn. / Es haben sich die anmuthsvollen Musen / Zum Sitz erkohren ihren holden Busen / ‹liR waagrecht geschrieben:› (× Doch dir Appoll / Doch nur der M / den Musen weihet / sie ihr ganze ×)

145/14 Und wie ‹... bis› entwand HS: Und wie einst sich Daphne dir oZ ⌈einst⌉ dem Dichtergott entwand ‹»entwand« korrigiert aus »endwand«›

145/16 f. 3 ‹... bis› schnell HS: Drum kannst Nur du Apoll. oZ ⌈Drum kanst⌉. so sinnet er, kanst nur uZ ⌈nur du mein Leiden enden⌉. / 3 / Darum oZ ⌈Nur⌉ magst du Apoll oZ ⌈magst du⌉ nur schnell

145/19 und fluchet seinem Leben HS: verwünschet Thron und {L} uZ ⌈und fluchet seinem Leben⌉

145/27 wirst ‹... bis› Götterfreuden HS: soll wirst du sie. mit Hymens Götterfreuden / Ich führe dich in Hermionens Land Reich / Die Phantasie / Die Dichtkunst schlingt um euch ihr Zauberband / (× So spricht die Fantasie und schwingt sich auf oZ ⌈und⌉ uZ ⌈und sch⌉ / Wie kühne Adler durch die Lüfte hin ×)

145/28 ergreifet HS: ergreifet uZ ⌈erfa⌉

145/29 schwebt ‹... bis› Hermionens HS: schwebt oZ ⌈fliegt schwebt⌉ mit ihm, nach Hand Hermionens

146/1 Aare HS: Adler Aare

146/2 rauschen HS: schweben oZ rauschen uZ ⌈sinken⌉

146/3 Dort wandelt HS: Dort lebt / Dort wandelt

146/4 Und sucht durch HS: liR ⌈Doch⌉ Nur seinen Geist doch umschlingt / Und sucht ‹»sucht« korrigiert aus »suchet«› nur durch

146/6–19 Ihn ‹... bis› Bund HS: liR ⌈Dieß⌉ Ihn sieht die Königin, und und {lieset} höret sein Gedicht. oZ ⌈er weiht ihr sein Gedicht⌉ / Da greift oZ ⌈faßt⌉ sie ein Gefühl, ihr Herz erklärt sichs nicht. / Es oZ ⌈Die⌉ kämpft ihr Stolz, er will den Kühnen hassen oZ ⌈Befiehlt ihr zu entfliehen⌉ uZ ⌈Sie will den Kühnen bleibt hassen.⌉ / Doch siegt die Phantasie, sie kann ihn nimmer lassen / liR ⌈Da⌉ Doch spricht die Phantasie du darfst ihn nicht verlassen, uZ Doch Amor oZ ⌈Venus⌉ uZ ⌈Eros spricht.⌉ oZ ⌈du darfst ihn nimmer lassen⌉ uZ ⌈O ich O könnt ich mit ihm ziehn⌉. / (× Ein Preisgedicht sezt sie auf ihre Hand oZ ⌈muß ihr ⌊der⌋ Gemahl ihr bringen⌉ / Der Sieger nur, umschling der Liebe Band. / Nur dadurch ×) / Ein Preisgedicht, läßt sie im Land verkünden. / (× Dem G Geister Fühlendsten will sie sich nur verbinden. ×) / liR ⌈Nur⌉ Und oZ ⌈Dem ge besten Dichter⌉ mit dem Sieger will sie sich verbinden{?} / O ‹»O« korrigiert aus »Weil«› stolz ‹»stolz« korrigiert aus einem anderen Wort?› uZ ⌈Den den⌉ oZ ⌈So Und wie⌉ der Fels im Meer trotzt sturmbewegten Wellen / liR ⌈Und⌉ Und wie dem Sturme trotzen hochempörte Wellen / So Will ‹»Will« korrigiert aus »will«› sie seinen M oZ ⌈sie des Hirten Geliebten⌉ Geist auf feste oZ ⌈gleiche⌉ Probe oZ ⌈sie⌉ stellen. / ‹gestrichene Passage von mehreren Zeilen:› (× Versammelt schnell ihr Volk, und spricht / Wer mich reR ⌈Versammelt ist das Volk. Der Hirt erscheint⌉ / Da tritt der Jüng Hirte vor / Versammelt ist oZ ⌈Es harrt⌉ das Volk, da tritt oZ ⌈kommt⌉ der Hirte hin herein / 2 Jahre oZ Spricht Wahrheit aus, nicht was die Dichtung sann / Und spricht mit hohem oZ ⌈festem⌉ Muth und freiem Männersinn ×) liR ⌈Es ⌊Schon⌋ harrt das Volk. da komt der Hirt heran / Trägt Wahrheit vor uZ ⌊vor⌋ / Nicht was die Dichtung sann / Dann tritt er auf und Herm fordert seinen Lohn / Die Hand der Königin und Florens Thron.⌉ / 2 Jahre sinds es nun daß ihr mich saht uZ ⌈daß eure Königinn⌉ / Glaubt ihr / So reR ⌈Wagt kühn den Kauf und⌉ / {‹einige gestrichene Buchstaben unlesbar›} oZ ⌈Drum⌉ nicht mich oZ ⌈Sie⌉ O wagt es kühn und / So rufet laut, ihr und schließt mit ihr ‹»ihr« korrigiert aus »ihm«› den Herrscher Bund / liR (× Ist in den Sternen lange schon beschlossen uZ ⌈bestimt.⌉ {‹einige gestrichene Wörter unlesbar, vielleicht »Drum freut mich«›} ×)

146/23 f. DISTICHON ‹... bis› Verdammt. HS: zwZ ⌈Distichon Das Gedicht hat eine Menge Fehler.⌉ reR ⌈Zaube. Verdammt.⌉

146/25 O Am[p]hio – HS: Amphio. uZ ⌈O Amhio –⌉

146/26 nehmt mein Herz HS: nehmt ‹»nehmt« korrigiert aus »nehmet«› mein Herz und

146/27 NACHTIGALL. Jezt steh ich frisch. HS: ⌈Nacht Jezt steh ich frisch. Mein⌉

146/28 Nur ihr HS: Sie{h} O meine Retterin. Nur ihr

146/31 *(wirft* ‹... bis› *holde* HS: oZ ⌈(Wirft den Mantel ab)⌉ Ich bin schöne holde

147/3 AROGANTIA. HS: Vipria oZ ⌈Arogant⌉ Du

147/4–6 athmet ‹... bis› Hochzeitnacht. HS: athmet Vipria. Zertrümmere Tempel {‹ein gestrichenes Wort unlesbar›} und ihre Zaubermuth. Du Tempe ‹Einfügung mit Einfügezeichen:› liR ⌈Dem Tod send ich als Braut dich zu.⌉ So stürz den dieser Tempel ein, und unter seinem Schutt, euch begrab euch oZ ⌈dich⌉ eine ew'ge Hochzeitnacht.

147/7 *(Die hintere* HS: Alles ‹irrtümlich nicht gestrichen, vgl. 147/11› (die hintere

147/8 *mit* HS: sinkt mit

147/9 *der Thetis* HS: der ‹»der« korrigiert aus »des«› Meeres oZ ⌈Thetis⌉

147/12 f. [Scena 23 ‹... bis› APOLLO.)] HS: ‹fehlt›

147/15 f. ALLES. ‹... bis› selbst. HS: Alles Ach Appoll{!} Die Zaubersch Weh uns Apoll. er selbst.

147/17–20 [vor.] ‹... bis› mich. HS: {vr} ‹Blatt beschädigt, dadurch auch in den folgenden Wörtern einige schwer erkennbare Buchstaben› ‹Einfügung mit Einfügezeichen:› liR ⌈Die Fantasie sinkt zu seinen Füssen. F Um Schutz fleht dich die Fantasie für deine I{n}sel an, 2 Zauberinnen {r}asen hier, gefangen nahm mich.⌉

147/20 [r]asen HS: {r}asen ‹Textverlust›

147/21–23 [APOLLO.] ‹... bis› *versinken.)* HS: Wer hats gewagt die Phantasie zu fan fesseln? ‹»fesseln« korrigiert aus »fesselt«› ‹danach Einfügung mit »vi« und »de« vom unteren Seitenrand, aber ganze Einfügung wieder gestrichen:› (× ⌈Ich sah es nicht, weil eine Wolk mich barg, denn / Apollo {‹einige gestrichene Buchstaben unleserlich›} wenn die Sonne alles sehen müßt, was diese Welt beginnt, so müßte oZ ⌊würde⌋ sich ihr oZ ⌊Strahl⌋ oft kummervoll betrüben, wer war es⌉ ×) Pha{n}t. Die-

se hier. / ~~Apoll.~~ Apoll Der Orkus strafe sie. uZ ⌜dafür.⌝ (Beyde versinken)
147/25 der HS: der ~~euch~~
147/26 Herrscher aus HS: ~~König~~ Herrscher aus ‹über »aus« Kreuzchen, möglicherweise als Einfügezeichen, aber ohne Entsprechung›
147/30 Phantasie[.] Sie wird HS: Phantasie Sie oZ ⌜wird⌝ ~~vereint~~
148/1 Den HS: ~~Da~~ Den
148/3 Nachtigalleninsel HS: ~~Stockfischinsel~~ oZ ⌜Nachtigalleninsel.⌝
148/6 f. Das wird a schöne Wäsch HS: ~~Das wird a schöne Soß. Herr Vetter kanns~~ oZ ⌜{Da wird mir der Herr Vetter geben}⌝ oZ ⌜Das wird a schöne Wäsch⌝ uZ ⌜~~Jezt giebts eine~~⌝ reR ⌜{lern ich mir}⌝
148/11 zum zweyten Narren auf. HS: ~~als~~ uZ ⌜zum⌝ zweyten Narren. reR ⌜auf.⌝
148/14 f. [der] ‹... bis› seyn. HS: ‹»der« fehlt› rede{nd}e, ‹Blatt beschädigt› ich hoff ~~sie werden~~ oZ ⌜das man⌝ mit ~~uns~~ be{yd}en ‹Blatt beschädigt› wird ~~gleich~~ zufrieden seyn. ~~Narr~~
148/16 APOLLO (zur PHANTASIE). Die HS: Apoll. oZ ⌜(zur Fantasie)⌝ (× Du hast Du bey dies{em} ‹Blatt beschädigt› Kampf die Flügel eingebüßt ich schenk dir goldene dafür, du {dann} ‹Blatt beschädigt› fliegst du nach Athunt, und berichtest dort dein Werk, Amphios Glück. dem alten König dort. ×) / ~~Phant. Gerettet Mit Apoll. Büßet~~ Die
148/17 dich ‹... bis› Zu HS: ~~in es soll~~ dich werden künftig goldne zieren. Zu ‹»Zu« korrigiert aus »zu«›
148/18 dein ‹... bis› Glück HS: ~~ihr~~ liR ⌜dein⌝ erster Flug. bericht des ~~S Prinzen~~ oZ ⌜Sohnes⌝ Glück
148/22 O lohnt HS: O lohnt ‹»O lohnt« korrigiert aus »Belohnt«›
148/27 Mir ‹... bis› Schoos. HS: ~~So~~ ‹»So« korrigiert aus oder zu »Nun«› ~~Lebet Wohl~~, ‹»Wohl« korrigiert aus oder zu »wohl«› liR ⌜Mir winkt die Nacht⌝ in sink in ~~Thetis~~ oZ ⌜Tethys⌝ Schoos.
148/28 f. *langsam untersinkt. Ein*[e] HS: oZ ⌜langsam⌝ untersinkt. Ein
148/30 *erglänzen* HS: {sind fest} oZ ⌜erglänzen⌝

148/31 *ganz im Meere* HS: ~~unter dem~~ uZ ⌈ganz im⌉ Meere
148/32–34 *Die Hinterkortine* ‹... bis› *Abendröthe.*) HS: ‹ganzer Satz nachträglich eingefügt, das Wort »Chor« (149/1) dadurch überschrieben›
149/2 Sink hinab, HS: Sinke hin⌈ab,⌉
149/6 *Ende* HS: Ende am 24ten ‹»24« korrigiert aus »23«› September 1826.

2. Theaterhandschriften, Zensurhandschriften, Erstdruck

In den nachfolgend angeführten Lesarten zu T1, T2, T3 und VO müssen reine Rechtschreibvarianten unberücksichtigt bleiben. Die Korrekturen in T1 stammen vermutlich teilweise von Ferdinand Raimund, sie werden daher auch in den Lesarten wiedergegeben; auch die Korrekturen in T2 und T3 werden in den Lesarten berücksichtigt, außer es handelt sich um spätere Eintragungen, die zumeist Vermerke des Souffleurs oder der (späteren) Regie darstellen bzw. mit der Einrichtung der Manuskripte für andere Bühnen zusammenhängen oder theatertechnischer Natur sind. Tritt die gleiche Lesart in mehreren Überlieferungsträgern auf, erfolgt die Wiedergabe nach der erstgereihten, eventuelle Rechtschreibvarianten der anderen werden dabei nicht berücksichtigt.
T3 hat sowohl der Theaterzensur wie der Buchzensur vorgelegen und enthält am Schluss den eigenhändigen Vermerk Raimunds: »Am 18ten Junius 830 / Die gleichlautende Abschrift / mit dem censurirten / Buche, des kk pr Theaters der / Leopoldstadt. / Raimund Director«.
Die Tintenkorrekturen in T4 stammen wohl von Raimund selbst und entsprechen ziemlich genau seinen Korrekturen in T1; aufgrund dieser Sonderstellung werden sie nachfolgend in einer eigenen Auflistung wiedergegeben, sonst wird T4 in den Lesarten nicht berücksichtigt. Ohne Pendant in T1 sind die T4-Korrekturen in 115/1–3, 117/19, 119/22, 119/25, 122/15, 129/8, 140/25 und 148/9 sowie einige kleine Ausbesserungen.
Sperrdruck in VO wird hier unterstrichen wiedergegeben.

Tintenkorrekturen in T4 (H.I.N. 18.853):

86/5–7 So daß ‹... bis› Leyer T4: so, daß der Schuster selbst oZ ⌈der⌉ mit Einer Hand nur seinen Stiefel schafft, und oZ ⌈hält⌉ in der andern hält oZ ⌈hoch⌉ er hoch die goldne Leier

88/32 f. besässe T4: besäße oZ ⌈besitze⌉ uZ ⌈besitze⌉

90/32 sich zu mausig hier T4: sich so machen oZ ⌈mausig⌉ ‹Schreibfehler korrigiert› hier

91/28 Ich bin vom kahlen Berg zu Haus. T4: Ich bin vom kahlen Berg zu Hause.

92/24 spricht mit ihnen T4: spricht auf sie; oZ ⌈an⌉

92/29 In dem Waden T4: In dem oZ ⌈der⌉ Waden

94/6 die Magd T4: die Magd reR ‹mit Bleistift, eher nicht von Raimund› ⌈Dienerin⌉

94/17 gesunde Backen T4: gesunde Backen reR ‹mit Bleistift, eher nicht von Raimund:› ⌈gesunde Wangen⌉

94/32 Quelle Figür.? T4: Welch häßliche Gestalt! oZ ⌈sonderbare⌉ reR ⌈eine Mißgestalt?⌉ oZ ⌈häßliche Gestalt?⌉

95/18 Nußdorfs schöne Auen T4: Frankreichs oZ ⌈Galliens⌉ England⌉ schöne Auen

95/35–96/6 empfangen ‹... bis› schweig. T4: empfangen. Wann hast du je uns in dein Könighaus geladen und Feste uns gegeben, die dich allein nur unsers Schutzes würdig machen können. reR ⌈um zu beweisen daß du unsere Macht erkennst⌉ / Arrog: Sprich nicht so albern, schweig! / Vipr: Erzürn mich nicht! und Schweig! ‹»S« korrigiert aus »s«, Rufzeichen überschrieben› ⌈du!⌉

96/28 das brauch ich selbst T4: das brauch ich selbst oZ ⌈die Götter schützen es!⌉

97/28 f. streck ich meinen Hals. / VIPRIA. Bis die Verzweiflung T4: strecke ich mein Haupt. / ‹Streichung mit Tinte, Stelle auch mit Bleistift umrahmt:› (× Vipr: Ich dank', euch Götter, daß ihr auf die frost'ge Erde voll lauer Tändelei auch Rache habt gesendet, damit ihr glühender Hauch mein starres Herz entflamme; ich schenk' der Welt die girrenden Freuden, läßt sie die wollustsüße Rache mir; d'rum hohe Hermione, ×) Nur ‹»N« korrigiert aus »n«› wenn Verzweiflung

98/25 f. so wird er mein, ich kann auf seinen Geist vertraun T4:

⟨Streichung mit Bleistift:⟩ ~~so wird er mein!~~ – ⟨ab hier Streichung durch Pünktchen unter der Zeile wieder aufgehoben, alles mit Bleistift:⟩ ~~Ich kann auf seinen Geist vertrauen.~~

101/2 schliefts T4: schlüpft ⟨korrigiert aus »schlieft«⟩

102/7 f. Und ihre niedlichen Gefriesel / Bedeck ein scharlach rother Riesel. T4: Und ihre ~~niedlichen Gefriesel~~ reR ⌈Gesicht, voll Trug und Spott.⌉ / Bedeck' ~~ein scharlachrother Riesel~~. reR ⌈Bedeck der Scharlach blutig roth.⌉

102/24 f. Vieleicht frießt eine, d'andre auf. / September streu vergiften Thau T4: Vielleicht frießt Eins das Andre ⟨korrigiert aus »Eine d' Andre«⟩ auf. / September streu'⌈e⌉ ~~vergift'gen~~ ⟨»gen« korrigiert aus »ten«⟩ Thau

104/14 f. mein Herz noch heute binden muß T4: oZ ⟨mit Bleistift:⟩ ⌈über⌉ mein Herz noch heute ~~binden muß~~ ⟨mit Bleistift:⟩ ⌈entscheide.⌉

106/5–7 VIPRIA. Nein das ist zu Viel. ⟨... bis⟩ erlebt. T4: Vipria: Nein, das ist zu viel! Den ~~Schäfer~~ oZ ⌈Hirten⌉ liebt sie! oZ ⌈Das hat die Sonne nicht erlebt.⌉

107/20 f. Kurz um ich bin ein Kraftgenie, / Sie sehn in mir die Phantasie. T4: Ich bin ein göttliches Genie, ⟨»göttliches Genie« korrigiert aus »göttlich Kraftgenie«⟩ / {~~Sie sehn in mir die Phantasie.~~} uZ ⌈Die ewig glühende Fantasie⌉

108/7 f. Verbeugt sich tief, die Phantasie. / *(Sich tief verneigend.)* T4: ~~Verbeugt sich tief die Fantasie (sie verneigt sich)~~ uZ ⌈Beugt sich der Stolz der Fantasie⌉

108/9–12 wahrlich ⟨... bis⟩ viele Dichter T4: warlich ⟨Streichung mit Bleistift:⟩ ~~eine Schande~~, oZ ⟨Bleistift, mit Tinte nachgezogen:⟩ ⌈zu erniedrigend⌉ daß die Fantasie, ~~die von oben~~ oZ ⟨Bleistift, mit Tinte nachgezogen:⟩ ⌈aus den Wolken⌉ stammt, ⟨»stammt« korrigiert aus »kommt«⟩ als Unterhändlerin in einem Liebesroman erscheint. Apollo selbst will dieses Pärchen einen, denn ~~– unter uns gesagt – er ist ein eitler Mann~~, oZ ⌈dieser Gott er ist eitel auch⌉ wie ~~viele~~ oZ ⌈alle⌉ Dichter

108/17 kömt mein Candidat T4: kommt mein junger ~~Fant~~ uZ ⌈Freund⌉

108/21 Amors Bande fester T4: Cytherens Bande ~~ster~~ oZ ⟨Bleistift, mit Tinte nachgezogen:⟩ ⌈fester⌉ ⟨Schreibfehler korrigiert⟩

109/18 damit mir jeder Kuß T4: damit {ew'ger} oZ ⌈sein⌉ Kuß ‹nur Korrektur eines Schreibfehlers›

112/25 Narrendattel T4: ~~Narrendattel~~ oZ ⌈Hans Wurst⌉

115/1–3 Quodlibet ‹... bis› Lieserl nur – T4 enthält statt dessen das Tischlerlied (siehe Kapitel »Varianten«, S. 726–729) mit folgenden Korrekturen: 7. Zeile: Da hab ‹»hab« mit Bleistift korrigiert aus »hat«, nachfolgende Streichung ebenfalls mit Bleistift:› ~~vor'm Karner Thor sich~~ oZ ‹Bleistift mit Tinte nachgezogen:› ⌈ich gleich⌉ ‹mit Bleistift:› ⌈Tal da⌉ draus, 71. Zeile: Ich zahl' a halbe ~~Ofner~~ oZ ⌈Rothwein⌉ g'schwind, 86.–88. Zeile: Und lisp'l: »liebe⌈r⌉ {Rösel}!« – ⌈Engel⌉ / ~~Da schlagt's mich~~ liR ‹mit Bleistift:› ⌈springts mir⌉ fast in's G'sicht hinein, / ~~Und sagt: »marschiern's Sie Esel!«~~ – uZ ⌈Und heißt mich einen Bengel.⌉ 94.–96. Zeile: ‹Streichung mit Bleistift:› ~~Bin giftig über mi.~~ reR ‹mit Bleistift:› ⌈Das war mal a pro po⌉ / Mich bringt kein Teuxel mehr hinaus, / Verflixtes ‹Streichung mit Bleistift:› ~~Tivoli!~~ ‹mit Bleistift:› ⌈Hessalloh.⌉

115/19 f. SCHUSTER ‹... bis› angfangt hat. T4: ‹Streichung mit Rotstift› ~~Schust:~~ ‹mit Rotstift überschrieben zu:› ⌈Wirth⌉ ‹Streichung mit Bleistift:› ~~Ja, aber der Herr hat ja schon eher aufg'hört, eh der Herrn ang'fangen hat.~~ oZ ‹mit Bleistift:› ⌈wegen ein Lied ist es.⌉

116/11 ich nimm T4: ich ‹Streichung mit Bleistift:› ~~nimm~~ oZ ‹mit Bleistift:› ⌈nehm⌉

117/19 stürzt ein T4: stürzt ein. – ‹Streichung mit Bleistift:› ~~Es wird ganz Tag.~~ ‹mit Bleistift:› ⌈Nacht.⌉

119/22 Gartengschirr T4: ~~Garteng'schirr~~ oZ *Blumentopf*

119/25 völliger Pomadetigel T4: völliger Pomade~~tiegel~~ ⌈büchse⌉

122/15 Nirschel T4: ~~Nirschel~~ liR ⌈Vogelnapf⌉

123/23–124/22 Arie ‹... bis› dich ein. T4 enthält statt dessen wie T1 das Lied »Daß's Glück mit mir abscheulich ist« (siehe Kapitel »Lesarten«, S. 855 f.) mit folgenden Korrekturen: 27. Zeile: Nur wenn ich ~~um den Beifall~~ oZ ⌈auf der Harfe⌉ spiel', ‹danach ganze 4. Strophe gestrichen›; 13.–14. Zeile der Repetition: (× Mein Herz ist ~~Ihnen nur~~ oZ ⌈meiner Kunst⌉ bescheert, ×) reR ⌈den Gönnern ist mein Herz verehrt⌉ / So wie mein ganzes ~~Leben~~ ⌈Streben⌉

127/4 An Knittelversen werd ich noch ersticken. T4: ‹Streichung mit Bleistift:› An Knittelversen werd' ich noch ersticken.
127/29 Schimpfen T4: ‹Streichung mit Bleistift:› Schimpfen oZ ‹mit Bleistift:› ⌈mähen⌉
127/32 Zaubernacht T4: ‹Streichung mit Rotstift:› Zaubernacht
128/2 Bettelhunde. T4: Bettelhunde! ⌈Bettler⌉
129/8 Und scheib T4: Scheib' liR ⌈Schieb⌉
131/18 dann mach ein Narren wer will T4: dann mach' ein' oZ ⌈sey der⌉ Narren, wer will
139/22–140/16 Ha was ist das ‹... bis› Fantasie ist frey. T4: vollständig gestrichen ohne Ersatztext
140/25 Postamente T4: Postament rechts oZ ⌈links⌉ ‹Sofortkorrektur des Schreibers›
142/1 NACHTIGALL. Ein schrekliches Gedicht. T4: reR ⌈Nacht Ja ein schreckliches Gedicht⌉ ‹»Ja ein schreckliches« zuerst mit Rotstift, dann mit Tinte überschrieben›
144/23 nur dich begeistert sie. T4: und dich begeistert sie! ⌈dich!⌉
146/2 in dem Reich der Düfte T4: in das ‹»das« korrigiert aus »dem«› Reich der Düfte
148/5 der Fremdling T4: der edle Fremdling
148/9 Harfenist aus Wien T4: Harfenist aus ‹Streichung mit Bleistift:› Wien oZ ‹mit Bleistift:› ⌈München⌉

Lesarten in T1, T2, T3, VO

83/5 f. von / Ferdinand Raimund] VO: ‹fehlt›
83/7–9 [Musik ‹... bis› Leopoldstadt] T1, T2, T3: ‹fehlt›
84/3 POETISCHE T1: poetische VO: ‹fehlt›
84/5 Oberpriester des Apollo T1, T2, T3, VO: ‹fehlt›
84/9 MUH, Hofnarr T1: Muh Der Narr T2, T3, VO: Der Narr
84/10 Höfling VO: Höfling. / Ein Dichter.
84/11 Hirt T1: Hirte T3, VO: Hirte
84/16 EIN FREMDER T3, VO: ‹andere Reihenfolge, »Ein Fremder.« vor »Der Wirth zum Hahn.«›
84/18 EIN FIAKER T1: Ein Dichter T2, T3, VO: ‹fehlt›
84/19 f. VOLK, GÄSTE T1, T3, VO: Inselbewohner Verschiedene Gäste Volk

85/2 [Scena 1] T1, T2, T3: 1ᵗᵉʳ Auftritt. VO: Erste Scene. ‹in VO andere Reihenfolge: nach 85/4 »Blumenstufen.«›
85/3 *Pallast, in der Mitte* T3: Pallaste. Links
85/5 [ODI,] GÖTZENDIENER T1: oZ ⌈Odi⌉ Götzendiener, ‹»Götzen« überschrieben aus »Opfer«› T2, T3: Opferdiener VO: Odi. Opferdiener
85/14 geschehen VO: gescheh'n
85/17 kömt T1, T3, VO: kommt
85/18 [Scena 2] T1, T2, T3: 2.ᵗᵉʳ Auftr. VO: Zweite Scene.
85/19 (VORIGE ‹... bis› *Rollen.*) T1, T2, T3, VO: Distichon. Vorige.
85/20 alles *(ruft)* VO: Alle (rufen)
85/21 Zaubernimpfen T3: Zaubernymphen
85/22 geraset T1, T2, T3, VO: gerast
85/27 unserer T1, T2, VO: uns'rer
86/1 f. heißet ‹... bis› hat T1: heißet ‹»et« korrigiert aus »t«› sie, weil sie die Göttin hat mit Blümlein aller Art bedeckt T2: heißt sie, weil sie die Göttinn mit Blümlein aller Art bedeckt hat T3: heißt sie, weil sie die Göttinn hat mit Blümlein aller Art bedeckt VO: heißet sie, weil sie die Göttin hat mit Blümlein aller Art bedeckt
86/4 ewige T1, T2, T3: ew'ge
86/5–7 So daß ‹... bis› Leyer T1: ~~So daß~~ der Schuster selbst oZ ⌈der⌉ mit einer Hand nur seinen Stiefel schafft, ~~und in der andern~~ hält oZ ⌈in der andern⌉ er hoch die goldne Leyer
86/5 f. seine T2, T3, VO: seinen
86/6 und VO: ‹fehlt›
86/6 goldene T2, VO: goldne
86/10 Leyer T1: ~~Leyer~~ oZ ⌈Lira⌉
86/12 Ein Jahr ists T1, T2, VO: Affr. Ein Jahr ists
86/13 beyden T1: ~~beyden~~
86/13 unsere VO: uns're
86/14 weiße T1: ~~weiße~~ oZ ⌈weiße⌉
86/15 gesendet T1, T2, T3, VO: gesandt
86/17 f. 2 weiße Löwen wachen T1: die beyden Löwen wachen, und Jeden ‹»J« korrigiert aus »j«› tödten, der sich oZ ⌈ihnen⌉ naht T2: die beyden Löwen wachen und jeden tödten der sich

naht T3, VO: die beyden Löwen wachen, und jeden tödten, der sich ihnen naht
86/19 AFFRIDURO. T1, T2, VO: ⟨fehlt⟩ ⟨Rede bereits ab 86/12 AFFRIDURO zugeordnet⟩
86/21 Wehe, wehe VO: Weh'! Weh'
86/22 [Scena 3] T1, T2, T3: 3ter Auftr. VO: Dritte Scene.
86/24 Wehe, Wehe VO: Weh'! Weh'
86/25 über wem, aber ich bin ein Narr ich muß T1, VO: über wen, aber ich bin ein Narr, ich muß T3: über wen, aber ich bin ein Narr, und muß
86/28 immer unter meines Gleichen. T1: ~~immer~~ unter Meinesgleichen ⌈immer.⌉
86/29 Sprich vernünftig T1, T2, T3, VO: Vernünftig sprich
87/1 f. kömt ⟨... bis⟩ auch. T1, T2, T3, VO: kommt sogleich, sie ordnet nur ein allgemeines Fest, wozu dießmahl, nicht so, wie sonst, nur Dichter eingeladen sind, gemeine Leute auch. Verstanden, Distichon?
87/4 f. Aha ⟨... bis⟩ ist. T1: Aha, du fürchtest, Freund, daß ⟨»ß« korrigiert aus »s«⟩ welche darunter sind, dennen du schuldig bist. T2: Aha, du fürchtest, daß welche darunter sind, denen du schuldig bist. T3, VO: Aha! Du fürchtest, Freund, daß welche darunter sind, denen du schuldig bist?
87/6 deß rühm ich mich T1, T2, T3, VO: das ist mein Stolz
87/9 geliehene T1, T2, T3, VO: geliehne
87/11 sticht T1: ~~stäche;~~ oZ ⌈sticht⌉
87/13 mir VO: nur
87/16–22 Wem ⟨... bis⟩ vermißt. T1, T2, T3, VO: ⟨fehlt⟩
87/22 Flora T1, T3, VO: Flora hier
87/23 ringen T1, T3, VO: ringen unermüdet
87/24 f. O ihr ⟨... bis⟩ sagen T1, T2, T3, VO: Du bist ein wackrer Bürger dieses Landes, dein Gewerb heißt: Müssiggang. Geh her, ich sag ein Mittel dir
87/25 das T1: was
87/26 müssig gehst T1, T2, T3, VO: gar nichts thust
87/27 lumpicht T1, T2, T3, VO: ⟨fehlt⟩
87/30 ungeschliffenen T2, T3, VO: ungeschliff'nen
87/32 andersmahl VO: andermal

87/35 Versöhnet T2, T3: Versöhnt
88/2 Vieleicht gibts neuen Stoff zum schimpfen. T1, T2, T3, VO: ‹fehlt›
88/3 Unsere VO: Uns're
88/6 bitte dich: Bewahre VO: bitt' Dich, bewahr'
88/9 sehe T1, T2, T3, VO: sah
88/12 *(seufzend)* T1, T2, T3, VO: ‹fehlt›
88/16–18 DISTICHON *(bey Seite)*. Wars mein Gedicht? bin ich der Glückliche? / ODI. T1, T2, T3, VO: ‹fehlt›
88/20 kömt T1, T2, T3, VO: kommt
88/21 Hermiones T1, T2, T3, VO: Hermionens
88/23 Hirt T2: Hirte
88/27 einem Busche T1: ~~einem~~ oZ ⌈dem⌉ Busche T3: dem Busche
88/27 springt, und sie erschlägt T1: sprängt, ‹»ä« korrigiert aus »i«› und sie erschlägt oZ ⌈en hätte⌉ VO: sprang und sie erschlagen hätte
88/28 forderte T1: fordert⌈e⌉ T2: fordert
88/29 in unsern Land T1, T2, VO: in unserm Lande T3: in unserem Lande
88/29 wäre VO: wär'
88/30 suchte T1: suchte
88/30 er es T1, T2, T3, VO: ers
88/31 gefunden hat T1, T2, T3, VO: gefunden hätte
88/32 besässe T1: ~~besäße~~, uZ ⌈besitze⌉ VO: besitze
88/33 goldne T3: goldene
88/34 Goldene T1, T2, T3, VO: Goldne
89/1 goldnem G'weih T3: goldenem Geweih VO: gold'nem Geweih
89/2 alle Jahr Intressen ab T1, T3, VO: alle Jahr Interessen ab. (macht die Pantomime des Geweih Abwerfens) T2: alle Jahre Interessen ab. (macht die Pantomime des Geweih Abwerfens)
89/5–10 O ‹... bis› Welt. T1, T2, T3, VO: O zartes Wachen! Schöne Vormundschaft.
89/12 zum Hirten so unserer T1: bald zum Hirten unserer T2, VO: bald zum Hirten unsrer
89/16 [Scena 4] T1, T2, T3: 4ter Auftr VO: Vierte Scene.

89/17 *(VORIGE; HERMIONE, GEFOLGE.)* T1, T2, T3, VO: <u>Hermione. Gefolge. Vorige.</u>
89/24 unsre T1, T3: unsere
89/30 unserem T3, VO: unserm
90/4 ALLES. Wehe uns! VO: <u>Alle.</u> Weh' uns!
90/6 *(tritt vor)* T1, T2, T3, VO: ‹fehlt›
90/10 f. Narren T2: Narrn
90/16 *(unwillig)* T1, T2, T3, VO: ‹fehlt›
90/17 Narren T1: Narrn
90/19 andre T3: andere
90/19 trau T1, T2, VO: traut'
90/23 zum erstenmahl T3: Zum Erstenmahle
90/24 gütigen T2, VO: güt'gen
90/26 Tanz, und T3, VO: Tanz;
90/28 unsern T1, T2, T3, VO: den
90/31 rathe VO: rath'
90/32 zu T1: ~~zu~~ oZ⌈so⌉
90/33 richte T2, VO: stelle
90/33-35 ich richte ‹... bis› hinein. T1: ~~Ich stelle eine diamantne Falle auf, und statt den Speck häng ich zwey türksche Shawls hinein~~ T3: Ich stelle eine diamant'ne Falle auf, und statt dem Speck, häng' ich zwey türkische Schawls hinein. ‹in T3 Streichung durch Pünktchen und »bleibt« rückgängig gemacht›
90/35 türksche VO: türkische
90/35 Schwals T2, VO: Schawls
91/5 höre T1, T2, T3, VO: hör
91/6 Reiches T1, T2, T3, VO: Reichs
91/8 Muth und Macht T3, VO: Macht und Muth
91/8 Erwähle VO: erwähl'
91/9 Hassens Saamen T3, VO: Hasses Samen
91/9 streuen T1, T2: streu'n
91/15 Sohn T3: Sohne
91/22 wüßte. Er zog T1, T2, T3, VO: wüßte, und zog
91/28 Ich ‹... bis› Haus. T1: ‹dieser Satz gestrichen, dann mit »bleibt« Streichung rückgängig gemacht›
91/32 f. Was beginn ich.? – T1, T2, T3, VO: ‹fehlt›
91/34 ALLES *(kniet)* T3, VO: <u>Alle. (knien)</u>

91/35 HERMIONE T1: <u>Herm.</u> oZ ⌈(steigt vom Thron)⌉
91/35 f. wiederum der Mond uns seine Sichel T1, T2, T3, VO: wieder uns der Mond die goldne Sichel
92/1 so werd ich T1: ~~so~~ werd' ich
92/4 f. geschmeidgen T1: geschmeid'gem ‹»m« korrigiert aus »n«› T3, VO: geschmeid'gem
92/5 überziehen VO: überzieh'n
92/7 bescheidet sie hieher T1, T3, VO: ladet sie hierher T2: ladet sie hieher
92/8 *(sieht ‹... bis› sie* T1: <u>(sieht hinaus und erschrickt)</u> Götter⌈!⌉ Seht, ‹»S« korrigiert aus »s«› dort sind sie schon T2: <u>(sieht hinaus, und erschrickt)</u> Götter seht, dort sind sie schon T3, VO: <u>(sieht hinaus)</u> Götter, seht, dort sind sie schon
92/15 O nein, er ist ein blosser Hasenfuß. T1, T2, VO: Ach nein, er ist ein bloßer Hasenfuß. T3: Ach nein, er ist bloßer Hasenfuß.
92/16 Beschämet T1, T2, T3, VO: Beschämt
92/17 *(kühn)* ‹... bis› Ich T1, T2, T3, VO: <u>(kühn, für sich)</u> Muth, Distichon! du stiehlst ihr Herz. <u>(laut)</u> Ich
92/19 *(thut* ‹... bis› Pst. T1: <u>(thut als hebe er etwas von der Erde auf)</u> Bst! Bst! <u>(winkt Distichon zurückzukehren)</u> Freund! T2: <u>(thut als hebe er etwas von der Erde auf)</u> Bst! Bst! <u>(winkt Distichon zurükzukehren)</u> Freund! T3: <u>(thut, als hebe er etwas von der Erde auf)</u> Bst! Bst! Freund! <u>(winkt Distichon zurück)</u> VO: (thut, als hebe er etwas von der Erde auf). Pst! Pst! Freund! (Winkt <u>Distichon</u> zurück).
92/20 machst T1, T2, T3, VO: treibst
92/21 Fortgehen T3, VO: Fortgehn
92/21 verlohren VO: verlor'n
92/22 heb ‹... bis› *stekt* T1: heb⌈'s⌉ ihms unterdessen auf. <u>(thut als stecke er sie in den Sack)</u> T2: heb' ihms unterdessen auf. <u>(thut als steckte</u> T3: hebs ihm unterdessen auf. <u>(thut als stecke</u> VO: heb' sie ihm unterdessen auf. (Thut, als steckte
92/24 f. mit ihnen. Sie drohen, ihm, er läuft davon. T1: ~~auf~~ sie oZ ⌈an⌉, – sie drohen ihm – er läuft davon. T2: auf sie, – sie drohen ihm, er lauft davon. T3, VO: auf sie; sie drohen ihm – er läuft davon.

92/26 Pfui! T1: H̶a̶ oZ⌈Ha!⌉ Pfuy! ‹»P« korrigiert aus »p«› T3: Ha, pfuy!

92/29 In dem Waden T1: In der ‹›r« korrigiert aus »n«› Wa-de̶n̶ T3: In den Waden VO: In der Wade

92/30 doch T1: d̶o̶c̶h̶

93/1 [Scena 5] T1, T2, T3: 5ter Auftr. VO: Fünfte Scene.

93/2 f. (VORIGE ‹... bis› gesteckt.) T3, VO: Distichon (einen Pfeil mitten durch die Wade gesteckt) Vorige.

93/5 f. (verhüllt ‹... bis› Unglückssohn. T1, T2: Du bist verwundet, Unglückssohn? (verhüllt sich das Antlitz) T3, VO: Du bist verwundet, Unglückssohn. (verhüllt das Antlitz)

93/9 ALLES (lacht). Ha ha ha. T1, T2, T3, VO: ‹fehlt›

93/10 (besieht ‹... bis› möglich! T1, T2, T3, VO: Nicht möglich! (besieht sich, und erstaunt) Ha, das

93/12 ein Glück T3, VO: für ein Glück

93/18 [Scena 6] T1, T2, T3: 6ter Auftr VO: Sechste Scene.

93/19 f. AROGANTIA ‹... bis› Pfeil T1, T2, T3, VO: Die Zauberschwestern. Vipria und Arogantia in tiegerartigen Kleidern mit Bogen und Pfeilen

93/23 (ALLES steht erstarrt in Gruppen.) T3: (alles erstarrt in Gruppen stehend)

93/24 Hast dus gehört!? Wir sind angemeldet. T1: Hast du gehört? Wir ‹›? W« korrigiert aus », w«› sind gemeldet! ‹Rufzeichen korrigiert aus Fragezeichen› T2, T3, VO: Hast du gehört wir sind gemeldet?

93/25 (mit Verachtung) T1, T2, T3, VO: ‹fehlt›

94/3 Frag T2, T3, VO: Frage

94/4 Frag T1: Frage

94/7 Haus T3: Hause

94/10 sag, T1: sag, oZ⌈- h̶a̶h̶a̶!̶ -⌉

94/10 f. die Hand ‹... bis› Hände.) T1, T2: den Staub an deines Kleides Saum. (küssen ihr heuchlerisch die Hände) T3: den Staub aus deines Kleides Saum. (sie thun es heuchlerisch) VO: den Staub an Deines Kleides Saum. (Sie thun es heuchlerisch.)

94/12 (erzürnt). Laßt ab. T3, VO: Laßt ab! (erzürnt)

94/16 f. AROGANTIA. [Ja wohl.] / VIPRIA. T1, T2, T3, VO: (zu Arogantia)

94/17 so gesunde Backen T1: ~~so gesunde Backen.~~ ⌜Wangen⌝ VO: so gesunde Wangen

94/21 *sie heuchlerisch* T1, T3, VO: Hermionen T2: Hermione

94/22 Grad T3: Grade

94/23 O Schierlingskraut, mit Zucker überstreut T1, T2, T3, VO: O Schierlingskraut! O Schierlingskraut!

94/24 AFFRIDURO ‹... bis› Zevs. T1: ~~Affrid. Kannst du dieß dulden, Zevs.~~ oZ ⌜Kannst du dieß dulden Zeus?⌝

94/25 NARR. Laß deinen Zevs zu Haus. T1: ~~Narr. Jezt kommt der mit sein Zeus daher.~~ T2: Narr Jetzt kommt der mit sein Zevs daher. T3: ~~Narr Jetzt kommt der mit seinem Zevs daher!~~ VO: Narr. Jetzt kommt der mit seinem Zevs daher.

94/26 *(für sich)* T1, T2, T3, VO: ‹fehlt›

94/32 VIPRIA. Quelle Figür.? T1: ~~Quelle Figure! (sieht durch einen Stecher)~~ oZ ⌜Welch häßliche Gestalt!⌝ T2: Vipr. Quelle Figûr! (sieht durch einen Stecher) T3: ~~Vipr. Quelle Figure!~~ oZ ⌜Vipr. Welch häßliche Gestalt!⌝ VO: Vipria. Welch' sonderbare Gestalt!

94/33 Telegraphe T1: Thelegraph T3, VO: Telegraph

94/35 verscheut T1, T2, T3, VO: verscheucht

95/1 heut T1, T2, VO: heute

95/2 hereinkommen T1, T2, T3, VO: hereingekommen

95/6 Bravissimo T1: oZ ⌜Ha! ha! ha!⌝ Bravissimo

95/6 einzige T1, T2, T3, VO: einz'ge

95/7 f. *(auf* ‹... bis› *auf.* T1, T2: (auf Distichon deutend) Hier hab' ich die Ehre, dir noch einen aufzuführen. T3, VO: (er steht am Proscenium und deutet auf Distichon, der neben ihm steht) Hier hab' ich die Ehre, dir noch Einen aufzuführen.

95/10 durchreist T1, T2, T3, VO: durchreiset

95/11 die Ketskemeter Haide T1, T2, T3, VO: ‹fehlt›

95/12–18 VIPRIA ‹... bis› Auen. T1: ~~Vipr. Und Matzleinstorfs Gefielde.~~ / ~~Arog.~~ oZ ⌜Vipr.⌝ Egiptens Piramiden – / ~~Vipr. Die Spinnerinn am Kreutz.~~ / Arog. Die Höhe des Mont-Blank – / ~~Vipr. In Wien den tiefen Graben.~~ / Arog. oZ ⌜Vipri.⌝ Arabiens Wüsteney.⌜Und ~~Oesterreichs~~ oZ ⌞Englands⌟ schöne Auen.⌝ / ~~Vipr. Und Nußdorfs schöne Auen.~~ T3: Vipr. Ägiptens Piramiden – / Arr. Die Höhe des Montblank – / Vipr. Und Frankreichs schö-

ne Auen – VO: Vipria. Aegyptens Pyramiden – / Arrogantia.
Die Höhe des Montblanc. / Vipria. Und Galliens schöne Auen.
95/19 Welten T1: ~~Welten~~ oZ ⌈Ländern⌉
95/19 f. zwey Lieblingsinseln uns erwählt T2: nur zwey Lieblingsinseln auserwählt
95/21 Donaustrom T3, VO: Donaustrome
95/24 euren [Ü]bermuth T1, T2: frechen Uibermuth
95/25 f. AROGANTIA ‹... bis› Wie? T1: ~~Arog.~~ oZ ⌈Vipr.⌉ (auffahrend) ~~Wer?~~ ⌈Wie?⌉ / ~~Vipr.~~ oZ ⌈Arog.⌉ (steigend) Wer? ‹»Wer« korrigiert aus »Wie«› VO: Vipria (auffahrend). Wie? / Arrogantia (steigend). Wer?
95/27 *(grell für sich)* T1, T2, T3: (für sich, grell) VO: (für sich schnell)
95/29 schont T1: schonet
95/34 VIPRIA VO: Arrogantia
96/1 AROGANTIA. VO: ‹fehlt, Rede schon ab 95/34 AROGANTIA zugeordnet›
96/1 f. AROGANTIA ‹... bis› empört. T1: ~~Arog. Selbst nicht zum Thee hast du uns eingeladen, das hat die Schwester so erzürnt.~~ T3: ‹ca. 2 Zeilen überklebt, Darunterliegendes nicht lesbar, Tinte:› ⌈Wann hast du je uns in dein Königshaus geladen, und Feste uns gegeben, die dich allein nur unsers Schutzes würdig machen können.⌉
96/3 VIPRIA T2, VO: Vipr. (zu Arogantia)
96/3 VIPRIA. Sprich nicht so albern, schweig. T1: ~~Vipr. (zu Arogantia) Sprich nicht so albern, schweig!~~ / ‹mit Einfügezeichen als Rede von Arogantia:› ⌈Wann hast du je uns in dein Königshaus geladen und Feste uns gegeben zu beweisen daß du unsere Macht erkennst. / Vipr. Sprich nicht so albern schweig!⌉ T3: Vipr. ~~(zu Arog)~~ Sprich nicht so albern, schweig! ‹»schweig!« korrigiert aus anderem Wort oder nur nachgezogen›
96/4 f. AROGANTIA ‹... bis› ihren Thee. T1: (× Arog. Warum? Der Thee ist deine schwache Seite. / Narr (bey Seite) ~~Sie hat ja~~ oZ ⌈Ich wollt ihr⌉ schon ~~ihren~~ oZ ⌈einen⌉ Thee. ⌈geben, wenn ich nur dürfte.⌉ ×) T3: ~~Arog. Warum? Der Thee ist deine schwache Seite. / Narr. Ich wollt ihr schon ihren Thee geben, wenn ich nur dürfte.~~

96/5 NARR. Sie hat ja so schon ihren Thee. T2: <u>Narr. (bey Seite)</u> Sie hat ja schon ihren Thee. VO: <u>Narr.</u> Ich wollt' Ihr schon einen Thee geben, wenn ich nur dürfte.

96/6 VIPRIA. Erzürn mich nicht und schweig. T1: <u>Vipr. (zu Arogantia)</u> ~~Erzürn' mich nicht und schweig!~~ T2, VO: <u>Vipr. (zu Arrog)</u> Erzürn' mich nicht und schweig T3: <u>Vipr ~~(zu Arrog)~~</u> Erzürn' mich nicht und schweig!

96/8 *(heftig)* T3: ~~(heftig)~~

96/9 AROGANTIA T1, T2, VO: <u>Arog. (eben so)</u> T3: <u>Arrog. ~~(eben so)~~</u>

96/10 zum raufen an T1: zum Raufen an, ~~das schlechte Gsind~~. oZ ⌈die Damen!⌉ T2: zum raufen an, die Damen ‹»die Damen« korrigiert aus »das schlechte G'sind«› T3: zum Raufen an, die Damen VO: zu raufen an, die Damen

96/11 VIPRIA T1, T2, VO: <u>Vipr. (zu Arogantia)</u> T3: <u>Vipr. ~~(zu Arrog)~~</u>

96/11 f. freches Weib VO: Freche

96/13 ein, das geht zu weit, soll T1: ein, ~~das geht zu weit!~~ Soll T3, VO: ein! Soll

96/14 gegen T3, VO: über

96/15 *sie* T3: sie ein VO: sie zu

96/16 BEYDE *(spannen ihre Bogen schnell)* T1, T2: <u>Arog und Vipr. (spannen ihre Bogen)</u> T3: <u>Beyde. ~~(spannen ihre Bögen)~~</u> VO: <u>Beide</u> (spannen ihre Bogen)

96/18 NARR *(auch)*. Detto, mit Obers. T1, T2, VO: <u>Narr (eben so)</u> Ich detto nicht. T3: <u>Narr. ~~(eben so)~~</u> Ich detto nicht.

96/19 f. *(Mit gespannten Bogen.)* T1, T2: (mit gespannten Bogen drohend) T3, VO: (mit gespanntem Bogen drohend)

96/21 *(Er läuft davon.)* T1, T2, T3: (lauft davon) VO: (Läuft davon.)

96/22 *(Läuft ab.)* T1, VO: (ab) T2: ‹fehlt›

96/23 f. Nun? Was zahlst du für das deine? schnell! T1, T2, T3, VO: Was zahlst du für das Deine?

96/25 *(erschrocken ab)*. Das Fersengeld. *(L[äuft] ab.)* T1, T2, T3, VO: (schnell) Das Fersengeld. (erschrocken ab)

96/28 das brauch ich selbst. T1: ~~das brauch ich selbst~~. oZ ⌈die Götter schützen es⌉

96/30 *(z[u]* ALLEN*)* T3: ~~(zu Allen)~~
96/31 laufen schon. (ALLES *in Verwirrung ab.*) T1, T2: fliehen schon! (Alles in Verwirrung ab) T3: fliehen schon! ~~(Alles in Verwirrung ab)~~ VO: flieh'n schon. (Alles in Verwirrung ab.)
97/1 f. [Scena 7] ‹... bis› HERMIONE.) T1, T2, T3, VO: ‹fehlt›
97/3 VIPRIA T1, T2, VO: Vipr. (triumphirend) T3: Vipr. ~~(triumphirend)~~
97/4 *(tri[u]mphirend)* T1, T2, T3, VO: ‹fehlt›
97/5 unsere T1, T3, VO: unsre
97/6 Wehe T2, VO: Weh
97/11 durch euren Hauch T1, T2, T3: durch euerm Hauch
97/14 f. Streites bunter Zeuge, die ihr mit farb'gen Aug T1, T2, T3, VO: Zwistes bunter Zeuge, die ihn mit farb'gem Aug
97/17 bey T1, T2, T3, VO: bey. (zu Hermione)
97/18 seine Säulen T1: ~~seine Säulen~~
97/18 f. und eine ‹... bis› her. T1: (× und eine ~~welke Distel pflanz~~ oZ ⌈schlammbedeckte Nessel setz⌉ ich dafür hin. ~~Verwesung heißet sie. Schau hin.~~ oZ ⌈Verwesung heißt sie.⌉ ×) reR ⌈Blick auf!⌉ T2: und eine schlammbedekte Nessel setz ich dafür hin. Blick auf. T3: und eine Schlammbedeckte Nessel setz' ich dafür hin. ‹oZ Tinte, andere Hand:› ⌈Verwesung heißt sie;⌉ Blick auf! VO: und eine schlammbedeckte Nessel setz' ich dafür hin, Verwesung heißt sie; blick' auf!
97/21 f. *flattern in der finstern* T3, VO: und flattern in der
97/24–98/9 HERMIONE ‹... bis› [Scena 8] T1: Herm. (schaudernd) Entsetzlich! / Vipr. (× Unersättlich werde meine Rache, gleich dem Hunger ~~des~~ Erysichton⌈s⌉; ×) überall will ich dich necken und verfolgen, in jedem Grashalm will ich dich belauschen – / Arog. Aus jedem Unkraut strecke ich mein Haupt – / Vipr. ~~Bis die~~ oZ ⌈Nur wenn⌉ Verzweiflung bittend dich zu meinen Füssen reißt, ~~dann erst ist Vipria~~ oZ ⌈bin ich v⌉ versöhnt oZ ⌈mit deinem frechen Stolz⌉ ‹Fortsetzung der Einfügung mit Einfügezeichen vom unteren Seitenrand:› ⌈bis dahin schützen die Götter dich schöne Königinn; bring Opfer, flehe sie an du demuthreiches Kind, doch fürchte Vipria und ihre Wuth. (Ab)⌉ ‹mit Schrägstrich gestrichene Passage:› (× (erschöpft) Ha wie wird mir ~~jezt~~, ich bin zu schwach für meinen Grimm. / Arog.

(sanft) Du hast dich angegriffen liebes Schwesterchen. o stütze dich auf meinen Arm. / Vipr. Ich danke dir! (heimlich) Wie kommst den du zu dieser Zärtlichkeit? / Arog. (heimlich) Aus Bosheit, weil sies ärgert (laut) Das macht die Eintracht unsrer Herzen, wenn du leidest leid auch ich. / Vipr. (zart) O gutes Kind! (umarmt sie zärtlich, dann mit durchbohrenden Blick auf Hermione) Wart Schlange! (matt zu Arogantia) Leit' mich Arogantia. (geht auf oZ ⌈mit⌉ Arogantia gestüzt reR ⌈rasch⌉ ab) ×) T3: ‹ab hier überklebt, Darunterliegendes nicht mehr lesbar, Tinte, andere Hand:› Hermione. Entsetzlich! / Vipr. Überal will ich dich necken und verfolgen, in jedem Grashalm will ich dich belauschen. / Arrog. Aus jedem Unkraut strecke ich mein Haupt. / Vipr. Ich dank Euch Götter, daß ihr auf die frost'ge Erde voll lauer Tändeley auch Rache habt gesendet, damit ihr glühender Hauch mein starres Herz entflamme ‹korrigiert aus »entflammete«?› ich schenk der Welt die girrenden Freuden, läßt sie die wollustsüße Rache mir, drum hohe Hermione, nur wenn Verzweiflung bittend dich zu meinen Füßen reißt, bin ich oZ ⌈ist Vipria⌉ versöhnt mit deinem frechen Stolz; bis dahin schützen die Götter liR ⌈dich⌉ schöne Königinn; bring Opfer, fleh' sie an, du demuthsreiches Kind, doch fürchte Vipria und ihren Muth. ‹»Muth« mit Bleistift korrigiert in »Wuth«› (ab) VO: Hermione (schaudernd). Entsetzlich! / Vipria. Unersättlich werde meine Rache, gleich dem Hunger Erisichton's, überall will ich Dich necken und verfolgen, in jedem Grashalm will ich Dich belauschen. / Arrogantia. Aus jedem Unkraut strecke ich mein Haupt. / Vipria. Ich dank' Euch Götter, daß Ihr auf die frost'ge Erde voll lauer Tändelei auch Rache habt gesendet, damit ihr glüh'nder Hauch mein starres Herz entflamme, ich schenk' der Welt die girrenden Freuden, läßt sie die wollustsüße Rache mir! Darum, hohe Hermione, nur wenn Verzweiflung bittend Dich zu meinen Füßen reißt, ist Vipria versöhnt mit Deinem frechen Stolz; bis dahin schützen die Götter Dich, schöne Königin, bring' Opfer, fleh' sie an, Du demuthreiches Kind, doch fürchte Vipria und ihre Wuth. (Ab.) / Arrogantia (folgt ihr).

97/26 des Erisychtons T2: Erysichtons VO: Erisichton's

97/28 streck ich meinen Hals T1, T2, VO: strecke ich mein Haupt
97/31 jetzt T2: ‹fehlt›
98/1 *(höhnisch)* T2: ‹fehlt›
98/3 AROGANTIA. Aus Bosheit weil sies ärgert. Das T2: <u>Arog (heimlich)</u> Aus Bosheit, weil sie's ärgert. <u>(laut)</u> Das
98/4 leid ich auch T2: leid auch ich
98/5 f. *Mit durchbohrenden Blick* T2: <u>dann mit durchbohrenden Blick</u>
98/7 f. *(Geht gestützt auf* AROGANTIA *ab.)* T2: <u>(geht auf Arogantia gestützt ab)</u>
98/9 [Scena 8] T2: ‹fehlt›
98/11 [HERMIONE.] O ihr Götter T1, T2, T3, VO: Ihr Götter
98/12 vor wem, vor T1: von ‹»n« korrigiert aus »r«› wem? Von ‹»n« korrigiert aus »r«› T2: von wem? Von T3: von ‹»von« korrigiert aus »vor«?› wem? Von ‹»Von« mit Bleistift korrigiert aus »Vor«?›
98/13 Zauberer T2: Zaubrer
98/17 O Amphio, o könntest du T1, T2, VO: O Amphio, könntest du
98/19 ein G[a]tten T1, T3, VO: einen Gatten
98/23 eherne Bande T1: oZ ⌈nein⌉ ehrne Bande T3: eh'rne K̶e̶t̶-̶ t̶e̶n̶ ‹oZ Tinte, andere Hand:› ⌈Bande⌉ VO: eh'rne Bande
98/24 berührt, so T2, T3, VO: berührt? Ja, so
98/25 f. siegen ‹... bis› NARR T1: siegen, s̶o̶ ̶w̶i̶r̶d̶ ̶e̶r̶ ̶m̶e̶i̶n̶!̶ ̶I̶c̶h̶ ̶k̶a̶n̶n̶ ̶a̶u̶f̶ ̶s̶e̶i̶n̶e̶n̶ ̶G̶e̶i̶s̶t̶ ̶v̶e̶r̶t̶r̶a̶u̶e̶n̶.̶ (Narr VO: siegen! – (Der Narr
98/26 vertraun T2, T3: vertrauen
98/27 du hier T1, T2, VO: du, Narr
99/1–3 [Scena 9] ‹... bis› *Scena* 4].) T1, T2: <u>7ter Auftr / Vorige. Narr, dann Distichon, Odi, Volk.</u> T3: <u>7ter Auftr. / Narr, dann Distichon. Affriduro, Odi, Volk. Vorige.</u> VO: <u>Siebente Scene. / Narr. Dann Distichon. Affriduro, Odi, Volk. Vorige.</u>
99/5 florianschen T1, T3, VO: florianischen
99/7 kömt T1, T2, T3, VO: <u>kommt</u>
99/8 ewige VO: ew'ge
99/10 baue T1, T2, T3, VO: bau
99/12 ALLE *(sehen hin).* Ha was ist das? T1: <u>Distich. (sieht hin) V̶e̶r̶f̶l̶u̶c̶h̶t̶e̶ ̶Z̶a̶u̶b̶e̶r̶e̶y̶!̶</u> oZ ⌈Ha! was seh ich?⌉ Die p̶r̶a̶n̶g̶e̶n̶d̶e̶ oZ

⌈blühende⌉ Natur in ~~schmutzgen Schlamm~~ ‹mit Bleistift oZ:›
⌈{Fels u Schut}⌉ verwandelt! ⌈(Alles blickt hin)⌉ T2: Distich.
(sieht hin) Verfluchte Zauberey die prangende Natur in
schmutz'gen Schlamm verwandelt. T3, VO: Distich. (sieht
sich um) Ha! Was seh' ich? Die blühende Natur in schmutzgen
Schlamm verwandelt? / Alles. (blickt hin)

99/13–15 Ein blühend ‹... bis› vertrauen. T1: ‹gestrichen›
99/15 vertrauen T3, VO: vertrau'n
99/16 Winck T1: ~~Wink~~; oZ ⌈Wunsch⌉ T3, VO: Wunsch
99/16 heute T1: ~~heute~~ oZ ⌈diesen⌉ VO: diesen
99/22 siebente T1, T2: sieb'nte
99/22 ersinnt T1: ersinn⌈e⌉t
99/23 hoch über alle andern T1: hoch über allen andern
99/23 welch Land T1: welch ‹»welch« korrigiert aus »weß«›
Land T2: weß Land
99/25 fordre ich T1, T2, T3, VO: fordr' ich
99/30 Reihen T3: Reih'n
100/1 f. (AFFRIDURO ‹... bis› ab.) T1: (Affriduro mit den Opfer-
dienern ‹»Opfer« korrigiert aus »Götzen« zur entgegengesetzten Seite ebenfalls ab) T3, VO: (Affriduro mit den Priestern nach.)
100/4 E[ks]tase T1, T2, T3, VO: Emphase
100/5 Dichter Geister T1, T2, T3, VO: Dichtergeister
100/15 f. Jezt ‹... bis› Ha, ha ha. T1: ~~jezt wirds mir~~ oZ ⌈nun
kommts⌉ zu ‹»u« korrigiert aus Apostroph› dick! Jezt fängt er
in abscheulichen ~~Jamben~~ oZ ⌈Versen⌉ an. T2: jezt wirds mir
z'dick! Jetzt fängt er in abscheulichen Jamben an. T3, VO: nun
kommt's zu dick. / Jetzt fängt er in abscheulichen Versen an.
100/20 Herrscherinn T3, VO: Königinn
100/23 halt den Minotaurus schon 10 Jahr T1: hält den Minotaurus schon 20 ‹»20« korrigiert aus »10«› Jahre
100/23 f. Jahr beym Schopf T1, VO: Jahre am Schopf T2: Jahr
am Schopf
100/24 laßt ihn noc[h] nicht aus T1: läßt ihn noch nicht aus VO:
läßt ihn noch nicht los
100/25 Gedichte, voll Gewinsel, T3: Gedichte! ‹zwZ wohl selbe
Hand:› ⌈Voll Gewinsel⌉

100/31 geprügelt T1, T2, T3, VO: geschlagen
100/32 ODI T1: <u>Odi.</u> oZ⌈<u>Alle</u>⌉ T3, VO: <u>Mehrere</u>
100/34 *(will erschrocken davon laufen)* T3: ~~(will erschrocken davonlaufen)~~
101/2 bauen ‹... bis› schliefts T1: baun, so groß, wie das trojanische Pferd, und schlüpft ‹»schlüpft« korrigiert aus »schlieft«› T2: bau'n, ~~so groß~~ so groß wie das trojanische Pferd, und schlieft T3: bauen, so groß, wie das trojanische Pferd, und schlieft VO: bauen, so groß, wie das trojanische Pferd, und schlüpft
101/5 schlagt T1, T2, T3: Werft
101/6 (ALLE *prügeln auf ihn.*) T1, T2: (alle prügeln auf ihn los) T3: (Alles prügelt auf den Narren los)
101/7 f. Vers, auf meinen Bukel T3, VO: Verse auf meinen Rücken VO: (Alles prügelt auf den Narren los.)
101/10 ihm T2, T3, VO: ihn
101/12 DISTICHON. Wir lassen uns in Kupfer stechen. T1, T2, T3, VO: ‹fehlt›
101/14 *seinen Rüken* VO: allein, seinen Rücken
101/14 Ah! T1, T2, T3, VO: ‹fehlt›
101/15 f. s hat jeder getroffen Keiner hat gefehlt T2: jeder hat getroffen, keiner gfehlt T1, T3, VO: jeder hat getroffen, keiner gefehlt
101/17 Wann T2, T3, VO: wenn
101/17 f. schakespaersche Kraft T1, T2, VO: Shakespearische Kraft
101/19 [Ö]stereichs fetten Triften T1: liR ⌈üppig⌉ ~~Österreichs~~ oZ ⌈Deutschlands⌉ fetten Triften T2: üppich fetten Triften T3: ~~Östreichs~~ oZ ⌈üppig⌉ fetten Triften VO: üppig fetten Triften
101/20 spanischen T1: ~~spanischen~~ oZ ⌈reichen⌉ T3: ~~spanischen~~ VO: span'schen
101/22 Ochserie T1, T2, T3, VO: Asthenie
101/24 hab ‹... bis› 100 000 Jahr. T1: hab, als alle Köpfe dieses Fabellands seit hundert tausend Jahren. oZ ⌈(Rabengeschrey)⌉ T2: hab, als alle Köpfe dieses Fabellands seit hunderttausend Jahren. T3: habe, als alle Köpfe dieses Fabellandes seit

hundert tausend Jahren. VO: hab', als alle Köpfe dieses Fabellandes seit hunderttausend Jahren. (Rabengeschrei)
101/25 giftigen T1, T2, T3, VO: gift'gen
101/27 denn T1, T3, VO: ‹fehlt›
101/28 andre T1, T2, T3, VO: Andere
101/30 Hidra. Darum beschwöre T1: Hydra; ‹Strichpunkt korrigiert aus Punkt?› ⌈–⌉ Darum beschwöre T2, VO: Hydra. Darum beschwör' T3: Hydra. Darum beschwöre
101/32 dieses T1: irgend eines T2, T3, VO: irgend eines
101/32 ihnen VO: euch
102/2 Kartharr VO: Katharr
102/3 Am Abend T1, T2, T3, VO: Des Abends
102/7 f. Und ihre ‹... bis› Riesel. T1: Und ihre niedlichen Gefriesßel oZ ⌈Gesicht voll Trug und Spott⌉ / Bedeck ein oZ ⌈der⌉ Scharlachrother ‹»S« korrigiert aus »s«› Rießel! oZ ⌈blutig roth.⌉ ‹Korrekturen in diesen 2 Zeilen durch »bl« wieder rückgängig gemacht›
102/11 Gicht VO: Gicht liR ⌈Migraine⌉
102/13 bringt VO: bring'
102/14 mich T2, T3, VO: sich
102/16 haben's die Wassersucht T2, T3: habens d'Wassersucht T1, VO: hab'ns die Wassersucht
102/23 Eßsucht T1, T2, T3, VO: Eßlust
102/24 eine, d'andre T1: Eins ‹»s« korrigiert aus »e«› die ‹»die« korrigiert aus »d'«› Andre
102/25 streu vergiften T1: streu⌈e⌉ vergifttten oZ ⌈giftgen⌉ VO: streue gift'gen
102/28 brechen VO: fallen
102/29 fällt T1: fällt ‹überschrieben:› ⌈{sey}⌉ oZ ⌈bringt⌉ VO: sei
103/1 noch ist nicht T1: noch ist nicht oZ ⌈wär' leicht⌉
103/2 glauben sie, T1: glauben sie, oZ ⌈wir⌉
103/5 so drück T1: So liR ⌈Dann⌉ drück
103/9 VERWANDLUNG VO: Achte Scene. / (Verwandlung.
103/13 *Wassernimphen* T1, T2, T3, VO: Wassernymphen T2: Wassernympfen
103/15 [Scena 10] T1, T2, VO: ‹fehlt› T3: 8ter Auftr. ‹»8« mit Bleistift korrigiert in »9«›

103/17 [AMPHIO.] T2, T3, VO: ⟨fehlt⟩
103/18 holdes T1, T2, T3: ⟨fehlt⟩
103/24 auf T2, T3, VO: an
103/25 gestand es mir T1: gestand⌈s⌉ es mir T3: gestand's
103/26 heimzuführ'n T3, VO: heimzuführen
103/27 Phantasie T1, T2, T3, VO: Mutter Phantasie
104/2 andre T1, T2: andere
104/4 so VO: ⟨fehlt⟩
104/5 [Scena 11] T1, T2: 8ter Auftr. T3: 9ter Auftr. ⟨»9« mit Bleistift korrigiert in »10«⟩ VO: Neunte Scene.
104/6 VORIGER VO: Vorige
104/7 *eilt ihr entgegen und sinkt zu ihren Füßen* T1: eilt ihr entgegen und sinkt zu ihren Füssen T2: eilt ihr entgegen, sinkt zu ihren Füssen
104/9 *spricht die ganze Scene schnell und unruhig* T1: spricht die ganze Scene schnell und unruhig VO: schnell und unruhig
104/13 f. Zaubernimphen T1, T3, VO: Zaubernymphen T2: Zaubernympfen
104/14 f. mein Herz noch heute binden muß. T1: reR ⌈über⌉ mein Herz noch heute binden muß. reR ⌈entscheide.⌉ VO: über mein Herz noch heut' entscheide. ⟨Streichung von »binden muß« wieder rückgängig gemacht⟩
104/17 *(sanft)* T1, T2: ⟨fehlt⟩
104/21 gegen T1, T2, T3, VO: 'gen
104/22 hab T3: hab ⟨dann reR mit Tinte wieder eingefügt:⟩ ⌈hab⌉
104/23 Abend T1: oZ ⌈Abend⌉ T2: ⟨fehlt⟩
104/26 *schnell* T1, T2, T3, VO: ⟨fehlt⟩
105/4 deines Landes, T1: deines Landes oZ ⌈nur⌉ VO: dieses Landes nur
105/8 um T3: ⟨fehlt⟩
105/10 entflieh T1, T2, T3, VO: verbirg dich schnell
105/12 *(Ab.)* T1, T2, T3, VO: ⟨fehlt⟩
105/13 *(Entfernt sich schnell.)* T1, T2, T3, VO: (eilt ab)
105/14 [Scena 12] T1, T2: 9ter Auftritt. T3: 10ter Auftritt. ⟨»10« mit Bleistift korrigiert in »11«⟩ VO: Zehnte Scene.
105/15 f. *(VORIGE ⟨... bis⟩ INSELBEWOHNER].)* T1: Vorige. Der Narr, später Affriduro. Inselbewohner. T2: Vorige. Narr, spä-

ter Affriduro und Inselbewohner. T3, VO: Der Narr, dann Affriduro, dann Odi und Inselbewohner. Vorige.

105/19 Kömmst T1, T2, T3, VO: Kommst

105/22 f. Z w e i t e , – *(kl[eine] Pause)* der T1, T2, VO: Zweyte – der T3: Zweyte – der dir

105/24 erwartet. T1: erwartet. / Odi. ~~Wir sind die Andern, und erscheinen dich zu holen.~~ oZ ⌈Auch wir erscheinen dich zum Fest zu holen.⌉ T2: erwartet. / Odi. Wir sind die andern und erscheinen dich zu hohlen.

105/25-27 (9 INSELBEWOHNER ‹... bis› ist.) T1: (8 Inselbewohner treten auf und verbeugen sich, stellen sich dann auf einer Seite 4, auf der andern 4, auf, so daß Affriduro oZ ⌈wie Odi⌉ der 5. ist.) T2: 8 Inselbewohner treten auf und verbeugen sich, stellen sich dann auf eine Seite 5 auf der andern 4 auf, so daß Affriduro der 10te ist. T3, VO: Odi. (und 8 Inselbewohner treten auf und verbeugen sich) Wir sind die Andern, und erscheinen dich zu holen.

105/29 mir *(ALLES ab.)* T1, T2: mir. (ab) (Alles ihr nach) VO: mir. (Alle ab.)

105/31 *gravitätisch nach.)* T1, T2: gravitätisch ab, ihnen nach) T3: gravitätisch ihnen nach ab) VO: gravitätisch ihnen nach.)

106/1 Scena [13] T1, T2: Scena 10. T3: 11ter Auftritt. ‹»11« mit Bleistift korrigiert in »12«› VO: Eilfte Scene.

106/2 *liegenden* VO: ‹fehlt›

106/2 *ihnen* T1, T2: ihrer

106/3 f. *auf den Postamenten und springen* T1: auf den Postamenten, springen T3: auf dem Postamente, springen VO: auf dem Postamente, springen dann

106/4 *ab.)* T3, VO: ab. / Vipria. Arrogantia.

106/5-7 Viel. ‹... bis› erlebt. T1: viel! ~~Einen~~ oZ ⌈den⌉ Hirten liebt sie – ‹Gedankenstrich korrigiert aus Beistrich› das hat die Sonne nicht erlebt. T2, VO: viel, einen Hirten liebt sie das hat die Sonne nicht erlebt. T3: viel! ~~Einen Hirten~~ oZ ⌈den Schäfer⌉ liebt sie! ‹gestrichen, dann Streichung durch Pünktchen rückgängig gemacht:› ~~Das hat die Sonne nicht erlebt.~~ –

106/12 f. VIPRIA. Da ‹... bis› auch. T1: (× Vipr. ~~Da hätt er sich in uns verlieben sollen, nicht in sie.~~ oZ ⌈Warum hat er nicht uns gewählt, wir hättens nicht verschmäht.⌉ / Arog. Der Meinung bin ich auch. x) ‹zuerst Korrektur des vorhergehenden Satzes durch »gilt« wieder rückgängig gemacht, dann ganze Passage gestrichen› T3: Vipr. Da hätt' er sich in uns verlieben sollen, nicht in sie. / ‹zwZ Tinte, andere Hand:› ⌈Warum hatt er nicht uns gewählt, wir hättens nicht verschmäht.⌉ / Arog. Der Meinung bin ich auch.

106/14 ich es T1, T2, T3, VO: ichs
106/15 sinne T1: sinne oZ ⌈sinne⌉
106/16 Geduld. T1: Geduld! oZ ⌈Halt⌉ T3: Geduld: ‹oZ Tinte, andere Hand:› ⌈Halt!⌉
106/19 *und sieht hinein, fährt auf* T1, T2: sieht hinein, fährt dann auf T3: und sieht hinein, fährt dann auf VO: und sieht hinein, dann fährt sie auf
106/22 kömt T1, T2, T3, VO: kommt
106/23 Hermiones T1, T2, T3, VO: Hermionens
106/28 Wozu? T1, T2, T3, VO: ‹fehlt›
106/30 f. Gedanken T1: oZ ⌈poetische⌉ Gedanken T2: poetische Gedanken
107/2 f. Hermione T1, T2, T3: Hermionen
107/3 aussehen VO: aussehʼn
107/11 [Scena 14] T1, T2, T3, VO: ‹fehlt, Szenenbeginn erst 2 Zeilen später nach 107/13›
107/12 f. *ausgespreiteten* T3: ausgebreiteten
107/13 *Iris farbigen* T1: irisfarbigen
107/14 [FANTASIE.] T1, T2: 11ter Auftr. / Die Phantasie (allein) T3: 12ter Auftr. ‹»12« mit Bleistift korrigiert in »13«› / Die Fantasie (allein) VO: Zwölfte Scene. / Die Fantasie (allein).
107/15 1 T1, T2, T3, VO: ‹fehlt›
107/16–20 Ich bin ‹… bis› erstaunen. T1: ‹mit Schrägstrich gestrichen, dann mit »Gilt« Streichung rückgängig gemacht›
107/19 f. Sʼ Ist ‹… bis› Kraftgenie, T1: S ist wirklich zum uZ ⌈Mein Witz erregt⌉ Erstaunen. / Kurzum ich bin ein Kraftgenie, / Sie sehʼn in mir die Phantasie! / ‹am oberen Seitenrand:› ⌈Ich bin ein göttliches Genie⌉ T3: Mein Witz erregt Erstaunen: / Kurzum ‹mit Tinte gestrichen, vorher Bleistiftkorrektur nicht lesbar› ich bin ein ‹oZ Tinte, andere Hand:› ⌈göttlich⌉

Kraftgenie, VO: Mein Witz erregt Erstaunen, / Ich bin ein göttliches Genie:

107/21 Sie sehn in mir die Phantasie. T1: S̶i̶e̶ ̶s̶e̶h̶'̶n̶ ̶i̶n̶ ̶m̶i̶r̶ ̶d̶i̶e̶ P̶h̶a̶n̶t̶a̶s̶i̶e̶!̶ / ‹am oberen Seitenrand:› ⌈Die ewig glüh'nde Fantasie!⌉ T2: Man sieht in mir die Phantasie. VO: Die ewig glüh'nde Fantasie!

107/22 f. 2 / (Ans Publikum.) T1: ‹am oberen Seitenrand:› ⌈(̶A̶n̶s̶ P̶u̶b̶l̶i̶k̶u̶m̶)̶⌉ T2, T3, VO: ‹fehlt›

107/24 auch T1: a̶u̶c̶h̶ oZ⌈oft⌉ T3, VO: oft

107/25 Ihre T1: i̶h̶r̶e̶ oZ⌈zarte⌉ T2: edle T3, VO: zarte

107/26 Sie sich T2: sie schnell T3: sie sich

107/27 Ihre T3: ihre

108/1 3 T2, T3, VO: ‹fehlt›

108/2 In dichterischem T3, VO: Im dichterischen

108/3 weite Fernen T3, VO: Himmelsfernen

108/6 Melodie T1: M̶e̶l̶o̶d̶i̶e̶ ‹mit Bleistift:› ⌈Harmonie⌉ T3: M̶e̶-̶ l̶o̶d̶i̶e̶ ‹reR Tinte, andere Hand, vorher Bleistift:› ⌈Harmonie⌉ VO: Harmonie

108/7 Verbeugt sich tief, die T1: V̶e̶r̶b̶e̶u̶g̶t̶ ̶s̶i̶c̶h̶ ̶t̶i̶e̶f̶ ̶d̶i̶e̶ oZ⌈Beugt sich der Stolz der⌉ VO: Beugt sich der Stolz der

108/8 (Sich tief verneigend.) VO: ‹fehlt›

108/9 eine Schande T1: e̶i̶n̶e̶ ̶S̶c̶h̶a̶n̶d̶e̶, oZ⌈zu erniedrigend⌉ VO: zu erniedrigend

108/9 f. von Oben komt T1: v̶o̶n̶ ̶o̶b̶e̶n̶ ̶k̶o̶m̶m̶t̶, oZ⌈aus den Wolken kommt⌉ VO: aus den Wolken stammt

108/10 Liebesroman T3: Liebesromane

108/11 f. denn ‹... bis› Dichter T1: d̶e̶n̶n̶ ̶u̶n̶t̶e̶r̶ ̶u̶n̶s̶ ̶g̶e̶s̶a̶g̶t̶: uZ ⌈dieser Gott er ist eitel auch⌉ e̶r̶ ̶i̶s̶t̶ ̶e̶i̶n̶ ̶e̶i̶t̶l̶e̶r̶ ̶M̶a̶n̶n̶,̶ wie v̶i̶e̶l̶e̶ oZ ⌈alle⌉ Dichter

108/13 f. Hermiones ‹... bis› so T1, T2, T3, VO: Hermionens Schwur nur einen Dichter zu erwählen, hat ihn so sehr

108/14–17 ihr ‹... bis› kömt T1: ihr d̶i̶e̶s̶e̶n̶ oZ⌈Amphio {stöst}⌉ z̶a̶r̶t̶e̶n̶ ̶J̶ü̶n̶g̶l̶i̶n̶g̶ schnell zum Dichter und oZ⌈artigen⌉Gemahl zu bilden; zu bilden, wohlgemerkt; weil gewöhnlich die gebilde⌈t⌉sten Dichter die ungebilde⌈t⌉sten Ehemänner sind. ⌈–⌉ Hier kommt T2: ihr Amphio zum Dichter und artigem Gemahl zu bilden, zu bilden wohlgemerkt, weil gewöhnlich die gebildesten Dichter, die ungebildesten Ehemänner sind. Hier kommt T3: ihr Amphio schnell zum Dichter und Gemahl zu bilden, zu bilden – wohlbemerkt! weil gewöhnlich die gebildet'sten Dichter die ungebildet'sten Ehemänner sind. Hier kommt VO: ihr Amphio schnell zum Dichter und artigen Gemahl zu bilden, zu bilden, wohlbemerkt: weil gewöhnlich die gebildet'sten Dichter die ungebildetsten Ehemänner sind. Hier kommt

108/17 Canditat ‹... bis› aufziehen. T1: C̶a̶n̶d̶i̶t̶a̶t̶, oZ ⌈junger Freund⌉ ich will ihn doch ein wenig aufziehen. T3: C̶a̶n̶d̶i̶t̶a̶t̶, oZ ⌈holder Freund⌉ ich will ihn doch ein wenig a̶u̶f̶z̶i̶e̶h̶e̶n̶. reR ⌈necken.⌉ VO: junger Freund, ich will ihn doch ein wenig aufziehen.

108/18 [Scena 15] T1, T2: 12ter Auftr. T3: 13ter Auftr. ‹»13« mit Bleistift korrigiert in »14«› VO: Dreizehnte Scene.

108/19 (AMPHIO, DIE FANTASIE.) T2: Amphio. Vorige

108/21 Gedicht, Amors Bande T1: Sonnet⌈t⌉ Zytherens Bande T2, T3, VO: Sonnet Zytherens Bande

108/24 (weint kindisch) T1, T2, T3, VO: ‹fehlt›

108/27 verschmähen T2: verschmäh'n

108/28–109/5 Ach ihr ‹... bis› Was T1, VO: Meinst du, ich spräch im Ernste so? Was T2: Meinst du ich sprech' im Ernste so? was

109/7 f. mir selbst erschaffen. Nach T1, T3, VO: durch eigne Macht erschaffen; denn nach T2: durch eigne Macht erschaffen, den nach

109/9 f. seine Muskeln stähl ich durch die Kraft des Herkules, T1, T2, T3, VO: ‹fehlt›

109/12 Selenens T2, VO: Latonas T1, T3: Latonens

109/17 unserer T1, T2, T3, VO: unsrer

109/18 mir jeder T1: m̶i̶r̶ ̶j̶e̶d̶e̶r̶ oZ ⌈sein⌉ VO: mir sein

109/19 Du scherzest T1, T2, T3, VO: Ach, du scherzest noch

109/21 f. habe heute Hermione T1, T2: habe heute Hermionen T3: habe heute Hermionen VO: hab' heute Hermione

109/26 heutge T1, T2: heutige

109/28 Hilfe nur bey Tage T1, T3, VO: Hülfe nur bey Tage T2: Hülfe nur beym Tag

109/30 auf dem Tintenfaß T1, T3, VO: auf dem Tintenfasse T2: auf den Tintenfasse
109/35 In jenen Tempel, schwört die Herscherrinn T1: In jenem ‹»m« korrigiert aus »n«?› Tempel schwört die Königinn T2, T3, VO: In jenem Tempel schwört die Königinn
110/2 bebe T1: bebe⌈'⌉
110/5 recht T1: ~~recht~~
110/6 Handelshaus T1, T2, T3, VO: Wechselhaus
110/12 hohle T1: hol'
110/12 die Fantasie bleibt T1, T2, T3, VO: ich bleibe
110/15 Hermiones T1, T2, T3, VO: Hermionens
110/17 lang gewohnt T1, T2, T3, VO: stolz gethront
110/21 [Scena 16] T1, T2, T3, VO: ‹fehlt›
110/22–27 *(FANTASIE* ‹... bis› *Geschöpf.* T1: <u>Phant. (allein)</u> Wie wohl ist ~~mir~~ oZ⌈der Fantasie⌉ wenn ~~ich~~ oZ⌈sie⌉ vom Versemachen ruhen und in leichter Prosa sprechen kann. <u>(sie singt eine lustige Rossinische Melodie)</u> T2: <u>Fant. (allein)</u> Wie wohl ist mir, wenn ich vom Versemachen ruh, und in leichter Prosa sprechen kann. <u>(sie singt eine lustige Rossinische Melodie)</u> T3: Wie wohl ist mir, wenn ich vom Versemachen ruh', und in leichter Prosa sprechen kann. <u>(sie singt eine lustige Rossinische Melodie)</u> VO: <u>Fantasie.</u> Wie wohl ist der <u>Fantasie</u>, wenn ich vom Versemachen ruh'n, und in leichter Prosa sprechen kann. (Sie singt eine lustige Rossinische Melodie.)
111/1 [Scena 17] T1, T2: 13ter <u>Auftr.</u> T3: 14ter <u>Auftr.</u> ‹»14« mit Bleistift korrigiert in »15«› VO: <u>Vierzehnte Scene.</u>
111/2 f. *(VORIGE* ‹... bis› *Pfeil.)* T1, T2: <u>Vorige. Vipria und Arogantia, erstere mit Pfeil, Letztere mit Bogen und Pfeil bewaffnet.</u> T3, VO: <u>Vipria und Arrogantia, erstere mit Pfeil, letztere mit Bogen und Pfeil. Vorige.</u>
111/4 VIPRIA ‹... bis› Qui vi? T1: <u>Vipr. (der Fantasie in den Weg tretend)</u> Halt an! ~~Qui vive?~~ ‹»vive« korrigiert zu »vit«, dann gestrichen› oZ⌈Wer wandelt hier?⌉ T2: <u>Vipr. (der Fantasie in den Weg tretend)</u> Halt an, ~~qui vi!~~ T3: <u>Vipr. ~~(tritt der Fantasie in den Weg) Halt an! Qui vit?~~</u> ‹reR Tinte, andere Hand:›⌈Halt an! Wer wandelt hier?⌉ VO: <u>Vipria</u> (tritt der <u>Fantasie</u> in den Weg). Halt an! Qui vive?

111/5 FANTASIE. Bon Ami, die Fantasie. T1, T2, T3: Phant. Bon ami! Die Phantasie.
111/6 VIPRIA ‹... bis› Gib T1: Vipr. Nichts passirt, oZ ⌈Zurück!⌉ Gib ‹»G« korrigiert aus »g«› T3: Vipr. Nichts passirt! ‹oZ Tinte, andere Hand:› ⌈Zurück!⌉ Gib
111/6 Adler T1, T2, T3, VO: Rabe
111/7 f. *(Entreißt ihr den Pfeil und verwundet sie.)* T3: (entreißt ihr den Pfeil und verwundet sie)
111/9 *(Hält sich den Arm.)* T3: (hält sich den Arm)
111/10 f. *(Sie ‹... bis› Hexe* T1: (macht Miene zum Auffliegen) Du, Hexe uZ ⌈Furie⌉ T2, VO: (macht Miene zum auffliegen) Du Hexe T3: (macht Miene zum Auffliegen) Du Hexe, ‹liR Tinte, andere Hand:› ⌈Furie,⌉
111/12 f. *(hat ‹... bis› wird)* T3: (hat den Bogen gespannt, und schießt die Fantasie in die Achsel, an der der Flügel verwundet wird)
111/12 d[er] FANTASIE T1, T2, VO: die Phantasie
111/13 *eine* Achsel T1, T2, VO: die Achsel
111/16 Fort mit ihr. T1: Fort mit ihr. oZ ⌈Fort mit ihr.⌉ (Beyde fesseln sie) T2, T3: Fort mit ihr. (Beyde fesseln sie) VO: Beide fesseln sie ‹vgl. 111/19›
111/19 *(BEYDE fesseln sie.)* T1, T2, T3, VO: ‹fehlt›
111/23 Folge mir! T1: Folge mir. oZ ⌈mir⌉ (Arogantia mit der Phantasie ab) T2, T3, VO: Folge mir! (Arogantia mit der Fantasie ab)
111/24 [Scena 18] T1, T2, T3, VO: ‹fehlt›
111/26 [VIPRIA.] Umhülle mich magische T1, T2, T3: Umhülle mich jezt, mag'sche VO: Umhülle mich magische
111/27 *fallen ein* VO: senken sich nieder
111/28 Glanz, strahl T1, T2, T3, VO: Glanz und strahl
112/1 f. *sieht ‹... bis› Harfenisten* VO: sieht in einem farbigen Transparentbild den Harfenisten
112/3 Fratzengesicht T1, T2, VO: Fratzenbild
112/5 *statt den Laternen* T2, VO: statt der Laternen
112/7 hipokondrischen T1, T2, T3, VO: hypochondrischen
112/7 *(Fliegt ab.)* T1, T2: (ab)
112/8 VERWANDLUNG VO: ‹fehlt, vgl. 112/10›

112/9 [Scena 19] T1: <u>Scen. 14:</u> T2: Sc. 14 T3: <u>15ᵗᵉʳ Auftritt.</u> ‹»15«
mit Bleistift korrigiert in »16«› VO: <u>Fünfzehnte Scene.</u>
112/10 *(Das Innere* VO: (Verwandlung. Das Innere
112/11 [EIN FIAKER,] T1, T2, T3, VO: ‹fehlt›
112/12 [, EIN KELLNER] T1, T2, T3, VO: ‹fehlt›
112/13 *Kastel* T1, T2: <u>Kasten</u> VO: Kästchen
112/13 *schwarzen* T1, T3, VO: <u>schwarzem</u>
112/16 MEHRERE GÄSTE. Aber T1, T2: <u>Chor:</u> / Herrlich, prächtig,
delikat / Sind die Speisen, in der That. / Und der einz'ge Fehler
ist, / Daß noch fehlt der Harfenist. / Sagt uns doch Herr Wirth
einmahl, / Wo bleibt denn der Nachtigall? / <u>Mehrere Gäste.</u>
Aber
112/17 Herren T1: Herrn
112/17 sinds T3: seyn's VO: sind sie
112/17 bös T2: böse
112/22 Einfälle. T1, T2, T3: Einfälle. / <u>Wirth.</u> Und so wahr. VO:
Einfäll'. / <u>Wirth.</u> Und so wahr.
112/23 den hat er neulich ein T1, T2, T3, VO: hat er neulich einen
112/24 und so wahr! T1, T2, T3, VO: ‹fehlt, vgl. 112/22›
112/25 Narrendattel T1: N̶a̶r̶r̶e̶n̶d̶a̶t̶t̶e̶l̶, oZ ⌈Hanswurst⌉
112/25 f. habe eine Menge Gäst T1, T2, VO: hab eine Menge
Gäst T3: hab' ein Menge Gäst
112/26 sein T1, T2, T3, VO: seine
112/28 wem T1, T2, T3, VO: wen
112/29 DER FREMDE VO: <u>Fremder</u>
112/30 andrer T1, T2, T3, VO: anderer
113/1 f. H[er]r Kellner eine Portion Schaafköpfel. T1, T2: He,
Kellner, eine Portion Schafköpfl! T3, VO: He, Kellner, eine
Portion Schafköpfel!
113/4 Nu endlich eimahl T1, T2, T3: Nu, endlich einmahl VO:
Na, endlich einmal
113/5 [Scena 20] T1, T2: <u>15ᵗᵉ Auftr.</u> T3: <u>16ᵗᵉʳ Auftr.</u> ‹»16« mit Bleistift korrigiert in »17«› VO: <u>Sechzehnte Scene.</u>
113/6 VORIGE T1: <u>Voriger</u>
113/6 f. *mit der Harfe.) / [*NACHTIGALL.] T1, T2, T3: <u>mit der</u>
<u>Harfe komt.</u> VO: mit der Harfe).
113/9 1 T1, T2, T3, VO: ‹fehlt›

113/10–26 Nichts schöner's ‹... bis› Haupt Adut. T1: ‹ganzes Lied mit Bleistift gestrichen, liR: »bleibt wenn Hr Findeisen spielt«›
113/14 Räuschel T3, VO: Räuscherl
113/17 fallt T1, T2: fällt
113/18 2 T1, T2, T3, VO: ‹fehlt›
113/22 fahrt T1, T2: fährt
113/23–26 Lebensjoch ‹... bis› Haupt Adut. T1, T2: Leben hin, / Einmahl wird alles gar, / Und ist er todt, sagt man von ihm: / Er war ein guter Narr. T3: Leben hin, / Einmahl wird Alles gar, / Und ist er todt, sagt man von ihm: / Er war ein guter Narr. / ‹zwZ Tinte, andere Hand:› ⌈(Man gibt ihm einen Stuhl)⌉ VO: Leben hin, / Einmal wird Alles gar; / Und ist er todt, sagt man von ihm: / Er war ein guter Narr. / Kellner (setzt ihm einen Stuhl in die Mitte der Bühne).
114/1 gar so spat T2: gar so spät VO: so spat
114/3 einen T1, T3, VO: ein
114/6 eimahl T1, T2, T3, VO: einmahl
114/7 Längst VO: Längs
114/7 f. drinn. Mich schlag ich auf, und ihm schlag ich nieder. T1, T2, T3, VO: drin. Ihn schlag ich nieder, und mich schlag ich auf.
114/9 ein T1, T3: einen
114/11 f. Kolifoni zun Halsschmiern T1, T3, VO: Kolofoni zum Halsschmieren T2: Kolifoni zum Halsschmieren
114/14 das Zinnteller VO: den Zinnteller
114/16 bist‹... bis› was T1, T3: bist du schon da, Vogel, heut sezt es was VO: Bist Du schon da, Vogel? Heut' setzt's was ab
114/17 f. Wan[n] krieg ich denn eimahl meinen Schaafskopf T1, T3: Wann krieg ich denn einmahl mein Schafkopf T2: Wenn krieg ich den einmahl mein Schafskopf VO: Wann krieg' ich denn einmal mein Schafskopf
114/19 den Herrn sein Schaafkopf, laßts T1, T3: dem Herrn sein Schafkopf, laßt's VO: dem Herrn sein Schafskopf, laßt
114/21 *Schaafköpfel* VO: Verlangte
114/22 fangt T1, T3: fängt
114/24 den T1, T2, T3, VO: dem
114/27 streitbarer T1: ~~streitbarer~~ oZ ⌈aufbrausender⌉ oZ ⌈streitbarer⌉

114/28 gstritten T2: gestritten
114/29 ein T1, T2, T3, VO: einen
114/32 FIAKER *(mit der Peitsche)* T1, T2, T3, VO: <u>Schuster.</u>
114/32 f. a bißel ‹... bis› singen. T3: ein bissel was Neu's singen; ‹reR Tinte, andere Hand:› ⌜vom Tischlergesellen.⌝ VO: ein Bißel was Neu's singen.
114/34 *spielt Harfe* T1: <u>spielt die Harfe)</u> oZ ⌜Nr. 10½. Arie Einlag Text⌝ T2, VO: <u>spielt die Harfe</u>
115/1-10 *Quodlibet* ‹... bis› Ganzer.] T1, T2: ‹fehlt, T1 hat in 114/34 den Verweis auf eine Einlage, T2 hat an dieser Stelle ein Einschubzeichen ohne dazugehörigen Text; vgl. dazu Kapitel »Varianten«, S. 723 f.› T3: ‹reR Tinte, andere Hand:› Lied. ⌜Ich bin ein armer Tischler{gsell}⌝ VO: <u>Lied.</u>

He! Brüderln, wollt's recht lustig seyn,
Es kost' Euch nicht viel Geld,
Da spannt's nur Eure Rappeln ein,
Und fahrt's in's <u>Lerchenfeld</u>.
Da ist ein neues Wirthshaus drauß,
Das heißt beim gold'nen Affen,
Da schaut der Wirth beim Fenster 'raus,
Und fragt gleich, was wir schaffen?
He! Brüderln, wollt's etc.
<u>Chor.</u> Bravo, Harfenist! O bravo, Harfenist! —
Die Wirthin hat gar feinen Sinn,
Und heißt die schöne <u>Franzel</u>,
Geboren ist sie in <u>Berlin</u>,
Erzogen ist's beim <u>Schanzel</u>.
Der Wirth ist gar ein flinker Mann,
Bedient die Gäst' gar schleuni,
Schafft Einer was um sieb'n Uhr an,
So bringt er's erst um Neuni.
Die Wirthin hat gar etc.
<u>Chor.</u> Bravo, Harfenist! O bravo, Harfenist! —
Der Wirth, der halt auf's Wasser viel,
Er sagt: das macht recht munter,
Und weil ein Jeder Bier hab'n will,
So schütt' er g'schwind eins d'runter.

Ein Extrazimmer hab'n's, a schön's,
Das braucht der Wirth alleini,
Da füttern's Hendl und die Gäns',
Ein Gast darf gar nicht eini.
Der Wirth, der halt etc.
Chor. Bravo, Harfenist! O bravo, Harfenist! –
Auch stellt ein Harfenist sich ein,
Der singt die schönsten Lieder,
Und kommt ein' schöne Köchin 'rein,
Klopft er sie gleich auf's Mieder.
Und setzt es eine Rauferei,
Die Leut' hab'n z'viel Courage:
Da singt der Harfenist halt glei,
Ah, das ist a Bagage!
Auch stellt ein Harfenist etc.
Chor. Bravo, Harfenist! O bravo, Harfenist! –
D'rauf spielt er aus ein' ander'm Ton,
Gar à la Paganini,
Jetzt geht erst der Spectakel an,
Die Gäst' wer'n völlig wini.
Um zwölf Uhr, da heißt's umgesteckt,
Und Alles muß nach Haus,
Da kommt der Kellner voll Respekt,
Und wirft die Gäst' hinaus.
D'rauf spielt er aus ein' etc.
Chor. Bravo, Harfenist! O bravo, Harfenist! –

115/13 f. Ah ‹... bis› *Sammelteller* T1: Ah, heut kommst mir nicht aus. (hat plötzlich aufgehört, nimmt den Sammelteller T2: Ah, heut kommst mir nicht aus. (hat plötzlich aufgehört) (nimmt das Sammelteller T3: Ah! Heut kommst mir nicht aus. (hat plötzlich aufgehört, VO: Ah, heut' kommst Du mir nicht aus. (Hat plötzlich aufgehört, nimmt den Sammelteller
115/14 f. Haben Sie Güte meine Herren. *(Zu de[m]* T1: Haben sie die Güte, meine Herren. (zu dem T3: Haben's die Güte, meine Herren! (zum VO: Haben's die Güte, meine Herr'n! (Zum
115/17 noch nichts T1: ~~noch nichts~~ oZ ⌈erst ein Liedl⌉ oZ ⌈noch nichts⌉

115/18 NACHTIGALL ‹... bis› aufghört. T1: ‹diese Zeile gestrichen, mit »gilt« Streichung wieder rückgängig gemacht›
115/18 just VO: eben
115/19 f. SCHUSTER ‹... bis› angfangt hat. T1: (× Schuster. Ja, aber der Herr hat ja schon eher aufg'hört, eh der Herr ang'fangt hat. ×) ‹Rede mehrfach gestrichen, Ersatztext am oberen Rand ebenfalls gestrichen, aber Streichung mit »bl« wieder aufgehoben:› ⌈W̶i̶r̶t̶h̶ oZ ⌊Schuster⌋ W̶e̶g̶e̶n̶ ̶e̶i̶n̶ ̶L̶i̶e̶d̶ ̶i̶s̶t̶ ̶e̶s̶ ̶g̶a̶r̶ ̶n̶i̶c̶h̶t̶ ̶d̶e̶r̶ ̶M̶ü̶h̶e̶ ̶w̶e̶r̶t̶h̶⌉
115/19 hat schon T1, T3: hat ja schon VO: hat ja fast
115/20 angfangt hat. T3: ang'fangen hat. VO: ang'fangen hat. / Wirth. Ja, wegen einem Lied –
115/22 bestellt und hat nichts zahlt T3: bestellt, und hat nichts bezahlt VO: b'stellt, und hat nix bezahlt
115/30 die Waar T1: die Waare T3, VO: meine Waar'
115/31 vielweniger vorhinein T1: v̶i̶e̶l̶w̶e̶n̶i̶g̶e̶r̶ ̶v̶o̶r̶h̶i̶n̶e̶i̶n̶
115/33 Herr sein Waar treten die Leut T1, T2: Herrn sein Waar treten die Leut T3: Herrn sein Waar treten d' Leut VO: Herrn seine Waar' treten die Leut'
116/3 Stückel T1, T3, VO: Stück T2: Stückchen
116/6 haben Sie Ihre zwey Groschen mit denen kaufen Sie T3: haben' s ihre zwey Groschen; mit denen kaufen's
116/8 Stimme haben Sie gschimft, Sie habn T1, T2, T3, VO: Stimm haben sie g'schimft, sie haben
116/9 die Leut VO: d'Leut'
116/11 nimm T1: n̶i̶m̶m̶ oZ ⌈nehm⌉ VO: nehm'
116/12 deutschen Gesang T1: deutschen Ge⌈'⌉sang T2: deütschen ‹sic!› Gsang VO: deutschen G'sang
116/13–15 Wenn ‹... bis› kann. T1: ‹mit roten Schrägstrichen gestrichen:› (× Wenn sie ein geschickter Harfenist seyn wollen, so lassen sie ein Paar tüchtige Triller heraus, ‹mit Bleistift gestrichen:› a̶b̶e̶r̶ ̶s̶i̶e̶ ̶s̶i̶n̶d̶ ̶e̶i̶n̶ ̶S̶ä̶n̶g̶e̶r̶ ̶d̶e̶r̶ ̶V̶o̶r̶z̶e̶i̶t̶,̶ ̶d̶e̶r̶ ̶i̶n̶ ̶d̶e̶r̶ ̶j̶e̶z̶i̶g̶e̶n̶ ̶n̶i̶c̶h̶t̶s̶ ̶m̶e̶h̶r̶ ̶k̶a̶n̶n̶.̶ ×) T3: ‹gestrichen mit Schrägstrichen, Tinte:› W̶e̶n̶n̶ ̶S̶i̶e̶ ̶e̶i̶n̶ ̶g̶e̶s̶c̶h̶i̶c̶k̶t̶e̶r̶ ̶H̶a̶r̶f̶e̶n̶i̶s̶t̶ ̶s̶e̶y̶n̶ ̶w̶o̶l̶l̶e̶n̶,̶ ̶s̶o̶ ̶l̶a̶s̶s̶e̶n̶ ̶S̶i̶e̶ ̶e̶i̶n̶ ̶P̶a̶a̶r̶ ̶t̶ü̶c̶h̶t̶i̶g̶e̶ ̶T̶r̶i̶l̶l̶e̶r̶ ̶h̶e̶r̶a̶u̶s̶;̶ ̶a̶b̶e̶r̶ ̶S̶i̶e̶ ̶s̶i̶n̶d̶ ̶e̶i̶n̶ ̶S̶ä̶n̶g̶e̶r̶ ̶d̶e̶r̶ ̶V̶o̶r̶z̶e̶i̶t̶,̶ ̶d̶e̶r̶ ̶i̶n̶ ̶d̶e̶r̶ ̶j̶e̶t̶z̶i̶g̶e̶n̶ ̶n̶i̶c̶h̶t̶s̶ ̶m̶e̶h̶r̶ ̶k̶a̶n̶n̶.̶
116/13 seyn T2, VO: seyn wollen

116/15 nichts VO: nix
116/16 Meine Herren T2: Meine Herrn
116/19 gereist T3, VO: g'reist
116/20 einen T3, VO: einem
116/22 eimahl aus den T1: einmahl aus den T3, VO: einmahl aus dem
116/24 Ich sag drauf T1, T3, VO: Ich sag darauf T2: Und ich sag drauf
116/26 andre Saiten T2: andere Seiten T1, T3: andere Saiten
116/27 übern T1, T2, T3, VO: über den
116/28 verbieth T1, T2, T3: verbiethe
116/29 f. nicht ‹... bis› seyn T1: nicht ganz, oZ ⌐Sie können mir ihr Haus nicht ganz verbiethen.⌐ ‹Einfügezeichen und Fortsetzung am unteren Rand:› ⌐Wirth. Warum? Nacht⌐ Weil ‹»W« korrigiert aus »w«› sie noch die Hälfte darauf schuldig sind T3: nicht ‹mit Bleistift gestrichen:› ganz. / ‹reR Tinte, andere Hand, dabei »weil« überschrieben:› ⌐Wirth. Warum?⌐ liR ⌐Nachtigal. weil⌐ Sie noch die Hälfte darauf schuldig sind VO: nicht ganz, weil Sie noch die Hälfte d'rauf schuldig sind
116/30 seyn T2, VO: sind
116/30 meine T1, T2, T3, VO: meinen
116/31 nichts VO: nix
116/35 f. meine verehrten Gäst T1, T2, T3, VO: meinen verehrten Gästen
117/1 aber Meine Herren, ich fordere Sie bey Ihrer Ehr T1: aber meine Herrn, ich fordere sie bey ihrer Ehre T2: aber meine Herrn ich fordre sie bey ihrer Ehre T3: aber meine Herren, ich fordere Sie bey Ihrer Ehre VO: aber meine Herr'n, ich ford're Sie bei Ihrer Ehr'
117/2 mir etwas höfliches nachsagen VO: mir was Höfliches nachsag'n
117/4 Sehen ‹... bis› gerader VO: Seh'n's, nur Eine Stimm'. Ich bin ein g'rader
117/5 kerzengrad T3: kerzengerad
117/6 ich wei[ß] schon warum[,] VO: ‹fehlt›
117/7 einen T1, T2, T3, VO: einem
117/10 sehen wer mich aus den T1: oZ ⌐doch⌐ sehen wer mich aus

dem T3: sehen, wer mich aus dem VO: seh'n, wer mich aus dem

117/11–14 *(Donnersch[lag.]* ‹... bis› *Staunen.)* T1: 16ᵗᵉʳ Auftr. / Vorige. Vipria aus der Versenkung. / Vipr. (ruft) Ich! / Nachtig. O Jegerl, der Mon Mon! (Beyde versinken) / (Alles in Staunen) T2: 16ᵗᵉʳ Auftritt / Vorige. Vipria aus der Versenkung. / Vipr. (ruft) Ich! / Nacht. O Jegerl, der Mon Mon! (Beyde versinken) / (Alles in Staunen) / Chor: / O Spektakel, welch Gebraus / Es erbebt das ganze Haus / Güt'ger Himmel steh uns bey / Das ist Satans Hexerey. T3: 17ᵗᵉʳ Auftr. ‹»17« mit Bleistift korrigiert in »18«› / Vorige. Vipria (aus der Versenkung) ! / Vipr. (ruft) Ich! / Nacht. O Jegerl, der Momon! (Beyde versinken) / (Allgemeines Staunen) VO: Siebzehnte Scene. / Vorige. Vipria (aus der Versenkung). / Vipria (ruft). Ich! / (Beide versinken.) / Allgemeines Staunen. / Chor. / O Spectakel, welch' Gebraus! / Es erbebt das ganze Haus! / Güt'ger Himmel, steh' uns bei, / Das ist Satan's Hexerei.

117/16 O Spectakel, was ist das? T1, T2, T3: O Spektakel welch Gebraus? / Es erbebt das ganze Haus! / Güt'ger Himmel steh' uns bey, / Das ist Satans Hexerey!

117/18 *Hinterwand* ‹... bis› *Art* T1: Bühnenwand, und spaltet sie so daß die untere Hälfte eine Art T3, VO: Bühne und spaltet die Hinterwand, so, daß die untere Hälfte eine Art

117/20 f. *den Wolkenwagen* ‹... bis› *bleibt.)* T1: den Wolkenwaagen mit Nachtigall und Vipria schweben. Während es vorne finster bleibt ist der Hintergrund mit griechischem Feuer beleuchtet. / ‹mit rotem Schrägstrich gestrichen:› (× Chor: / Wehe, weh, wir sind verloren, / Seht, die Hexe und der Schuft / Fliegen pfeilschnell durch die Luft. ×) / Die Courtine fällt. / Ende des ersten Aufzuges. T2: den Wolkenwagen mit Nachtigall und Vipria schweben. Während es vorne finster bleibt ist der Hintergrund mit griechischem Feuer beleuchtet. / Chor: / Weh, weh, wir sind verloren, / Seht die Hexe, und der Schuft / Fliegen pfeilschnell durch die Luft. / Die Courtine fällt. / Ende des ersten Aufzuges. T3: Viprias Wolkenwaagen mit 6 Raben bespannt über die Bühne fahren, Nachtigall und Vipria, die sich darinn befinden, werden durch Kinder dargestellt. Auch die eine Hälfte der Coulissen stürzt zusammen, und bildet Schutt. Während es vorne finster bleibt, ist der Hintergrund mit griechischem [Feuer beleuchtet.] Die [Courtine fällt. / Ende] des e[rsten Aufzuges.] ‹einige Wörter nicht lesbar, da überklebt› VO: Vipria's Wolkenwagen mit sechs Raben bespannt über die Bühne fahren, in welchem sich Nachtigall und Vipria befinden. Auch die eine Hälfte der Coulissen stürzt zusammen und bildet Schutt. Während es vorne finster bleibt, ist der Hintergrund mit griechischem Feuer beleuchtet. / (Die Courtine fällt.) / (Ende des ersten Aufzuges.)

118/2 [Scena 1] T1, T2, T3: 1te Auftr. VO: Erste Scene.

118/6 *während des Niedersinkens* T1, T2, VO: während dem Niedersinken

118/7 eimahl T1, T2, T3, VO: einmahl

118/10 Wann ich aber nicht will. Da habens T1: ~~Wenn ich aber nicht will.~~ uZ ⌈Wenn ich aber nicht will⌉ Da haben T2: Wenn ich aber nicht will. Da habens T3, VO: Wenn ich aber nicht will! Da haben

118/11 in einem Land T1: in ein Land

118/12 f. da muß ‹... bis› Insel, wo T1: ~~da muß ich verhungern. Das ist eine unwirthbare Insel~~, oZ ⌈da muß ich verhungern.⌉ wo T3: da muß ich verhungern. ~~Das ist eine unwirthbare Insel~~, Wo ‹»Wo« korrigiert aus »wo«›

118/15 schon deine Tafel T1, T3, VO: deine Tafel T2: deine Tafel schon

118/16 Nun T1: Nu

118/16 gegessen VO: g'gessen

118/19 genug T2, T3, VO: g'nug

118/20 gehen T1, T2, T3, VO: kommen

118/21 Wirthhaus T3, VO: Wirthshaus

118/22 unschuld[s]vollen T1: unschuldvollen

118/22 schamen T1, T2: Schämen

118/24–27 VIPRIA ‹... bis› erheben. T1: ‹Rede Nachtigalls und Antwort Viprias mit Bleistift gestrichen und Streichung mit »bl« rückgängig gemacht›

118/29 Wann T1, T2, T3, VO: wenn

118/29 die Raben VO: d'Raben

118/32 Ah T3: Ach
118/32 einen VO: ein'
119/2 ghört T1, T2: gehört
119/3 hergestellt hat. Jezt werdens Sie gleich mit mir gehen T1, T2, T3: hergestellt hat. Jezt werden sie gleich mit mir gehen VO: herg'stellt hat? Jetzt werden Sie gleich mit mir geh'n
119/4 ein T1, T2, T3: einen
119/9 *erzittert.)* O Saperment T1, T2, T3, VO: und zittert) O Sapperment
119/10 f. Bologneserl ‹... bis› Jezt T1, T2: Bologneserl! Jezt
119/12 andere VO: and're
119/12 Verehrteste *(fällt auf die Knie)* T1, T2, T3, VO: (fällt auf die Kniee) Verehrteste
119/14 Bettlerfamilie T1, T2, VO: Bettelfamilie
119/20 ihm d Hand T3, VO: die Hand
119/25 ein völliger Pomadetigel VO: eine völlige Pomadebüchsen
119/26 f. Plan. Steh auf. T1, T2, T3, VO: Plan. (laut) Steh auf.
119/29 und eine T1: und eine T3: ‹mit Bleistift gestrichen:› und eine
119/31 Nu T3, VO: Nun
119/32 da T3, VO: so
119/33 könnt T3: könnte
119/34 bescheidner T3: bescheidener
120/2 Kiniginn soll ich erhaschen, ein Kinigelhasen T1, T2, T3, VO: Königinn soll ich erhaschen? – einen Kiniglhasen
120/3 hab T1, T3: habe
120/5 Herscherrinn T3, VO: Königinn
120/7 Seltne Tugend eines T1: schöne oZ ⌈Seltne⌉ Tugend bey einem T2: schöne Tugend bey einem T3: Seltene Tugend bey einem VO: Selt'ne Tugend bei einem
120/9 [VIPRIA.] T1: Vipr. Jezt eilst du hin, und meldest dich in jenem herrlichen Pallast⌈.⌉; Dort ‹»D« korrigiert aus »d«?› gibst du vor, T2, T3, VO: Vipr. Jetzt eilst du hin, und meldest dich in jenem herrlichen Pallast, dort gibst du vor,
120/14 f. ungeheurer ‹... bis› Rock T1: pompöser Einzug werden, mit dem ‹»dem« korrigiert zu »die« und wieder rückgängig

gemacht› zerrissenen ~~Hut~~ oZ ⌈Strümpf Hut⌉ und mit dem geflickten Rock T2, T3: pompöser Einzug werden mit dem zerrissenen Hut, und mit dem geflickten Rock VO: pompöser Einzug werd'n mit die z'rriss'nen Strümpf und mit dem g'flickten Rock

120/16 Winck T1: ~~Wink~~ oZ ⌈ort⌉ T2: Wort
120/16 g o l d e n e T1, T2, T3, VO: goldne
120/17 g o l d e n e T1, T2, T3, VO: goldne
120/18 Ah T3: Ach
120/18 goldene T2, VO: goldne
120/19 neueste VO: neu'ste
120/20 da[ß] Gold T3: daß s'Gold
120/21 einen VO: ein'
120/22 gehn hat können alle Säk voll mit Dukaten gefüllt T3: hat gehn können, alle Säck' voll mit Dukaten g'füllt VO: geh'n hat können, alle Säck' voll mit Dukaten g'füllt
120/23 f. geäussert und er ist so impertinent geworden T1, T2: geäußert, daß er impertinent g'worden ist, und T3: geäußert, daß er impertinent worden ist, und VO: g'äußert, daß er impertinent worden ist, und
120/25 hinaus gworfen hat, pums habens ihm das Gold T1: hinausgworfen hat. Pums⌈!⌉ – habens ihm das Geld T2: hinaus geworfen hat. Pums, habens ihm das Geld T3: hinaus g'worfen hat. Pums, haben's ihm das Geld VO: 'nausg'worfen hat. Pums, haben's ihm das Geld
120/26 weggenommen VO: wegg'nommen
120/26 miserabel VO: miserabl
120/26 wie T3, VO: als
120/27 wills T1, T2, T3, VO: will
120/29 Hermionen T3, VO: Hermione
120/32 dieses Thor T1: ~~dieses~~ oZ ⌈jenes⌉ Thor
120/33 durch fremde Phantasie T1: durch ~~Hülf der~~ ‹Streichung danach wieder rückgängig gemacht› oZ ⌈~~fremde~~⌉ Phantasie T2: durch Hülf der Phantasie
121/4 Da geh ‹... bis› nicht T1: ⌈Da geh der Aken hinein ich nicht⌉
121/7 Löwen T3, VO: 2 Löwen

121/8 zu thun? Hier 2 mänliche VO: z'thun? Hier
121/8–11 2 mänliche ‹... bis› Löwen T1: 2 männliche Löwen, dort
ein weiblicher Tieger – (auf Vipria deutend) wer ist jezt bis‐
siger? Aufs Beißen gehts einmahl los! (entschlossen) Ich halt's
mit die 2 Löwen, oZ ⌈bey die 3 Löwen wärs mir freylich lie‐
ber⌉ T3: zwey ~~männliche~~ Löwen, dort ein weiblicher Tieger –
(auf Vipria deu / ‹Tinte, andere Hand:›⌈tend) Wer ist jetzt bis‐
siger. Aufs Beißen geht's amal los. – (entschlossen) Ich halts
mit die zwey Löwen; bei die drey Löwen wärs mir freilich
lieber⌉ / ‹mit Tinte gestrichen:› ~~tend) Wer ist jetzt bissiger?~~
~~Aufs Beißen geht's einmahl los! (entschlossen) Ich halt's mit~~
~~die~~ ‹mit Bleistift:›⌈2⌉ ~~Löwen~~ VO: Löwen, dort ein Tiger. (Auf
Vipria deutend) Wer ist jetzt bissiger? Auf's Beißen geht's ein‐
mal los! (Entschlossen) Ich halt's mit die zwei Löwen. Bei die
drei Löwen wär's mir freilich lieber. Doch,
121/8 f. *(auf* VIPRIA *deutent)* dort ein weiblicher Tieger T2: dort
ein weiblicher Tieger – (auf Vipria deutend)
121/10 geht T2: gehst
121/11 Löwen T2: 2 Löwen
121/12 *Lauft* T3, VO: läuft
121/14 troffen hab T1, T2, T3: getroffen habe VO: getroffen hab'
121/16–18 *(Die Thorflügel* ‹... bis› AROGANTIA.*)* T1: 2ter Auftr /
Vorige. Arogantia / (die Thorflügel springen auf, Arogantia
tritt heraus) T2: 2ter Auftritt / Vorige. Arogantia. / (Die Thor‐
fliegel springen auf, Arogantia tritt hervor) T3: 2ter Auftr. / Vo‐
rige. Arrogantia (tritt aus den aufspringenden Thorflü‐
geln) VO: Zweite Scene. / Vorige. Arrogantia (tritt aus den
aufspringenden Thorflügeln).
121/20 genug T2, VO: gnug
121/21 auch T1, T2, T3, VO: auch noch
121/22 f. den Menschen T1, T2, T3: dem Menschen
121/30 dieses Tags T1, T2, T3: dieses Tages
122/2 erblickt noch hab VO: noch erblickt
122/4 f. für eine Beschreibung von mir T1, T2, T3, VO: von mir
für eine Beschreibung
122/12 drinn T1, T2, T3, VO: drinnen
122/12 eine VO: ein'

122/13 gehn T1, T2, T3: gehen
122/13 f. die Nachtigallen zusamm VO: d'Nachtigallen z'samm
122/14 die Lezt VO: d'Letzt
122/15 einen T1, T2, T3, VO: einem
122/16 zu klein VO: z'klein
122/17 unserem T1, T3, VO: unserm T2: unsern
122/20 hoher T1, T2, T3, VO: ‹fehlt›
122/27 *Sie berührt* T1, T2: berührt
122/27–30 *goldgestiktes ‹... bis› daran).* T1: oZ ⌈rothes⌉ goldgesticktes S̶t̶a̶a̶t̶s̶Kleid ‹»K« korrigiert aus »k«› an) ⌈und in denselben Augenblik erscheint auf einer Rasenbank unterm Baum der Federhut den sie ihm gibt)⌉ ‹Einfügezeichen und Einfügung am unteren Seitenrand, danach mit Bleistift wieder kreuzweise gestrichen:› (× ⌈Nacht. (wie er verwandel ist) A la Krebs? (wenn er danach den Hut erhält) Wollens denn a Schlittage geben?⌉ ×) / Vipr. (berührt einen Baum, es hängt augenblicklich eine goldene Harfe daran) T3: rothes Kleid an, zu gleicher Zeit erscheint auf der Rasenbank unterm Baum d̶e̶r̶ H̶u̶t̶ m̶i̶t̶ F̶e̶d̶e̶r̶n̶ g̶e̶s̶c̶h̶m̶ü̶c̶k̶t̶,̶ d̶e̶n̶ i̶h̶m̶ A̶r̶r̶o̶g̶a̶n̶t̶i̶a̶ g̶i̶b̶t̶.̶) / Vipr. (berührt den Baum, es hängt augenblicklich eine goldene Harfe daran) VO: mit Gold gesticktes rothes Kleid an; zu gleicher Zeit erscheint auf der Rasenbank unterm Baum ein Hut mit Federn geschmückt, den ihm Arrogantia gibt.) / Vipria (berührt den Baum, es hängt augenblicklich eine goldene Harfe daran).
122/29 f. *goldne* T2: goldene
122/33–123/4 *Durch ‹... bis›* [Scena 3] T1: Manch trübes Herz erfreutest du durch deiner Harfe Ton, / Bring heut ein fröhliches durch ihren Klang zum Schmerz; / Erring' den Preis, du Sänger A̶l̶b̶i̶o̶n̶s̶ oZ ⌈hoher {Lust}⌉ reR ⌈froher Lust⌉ / Und bohr' dadurch den Rachepfeil in Hermionens Brust. / (Beyde in den Pallast ab) T2: Manch trübes Herz erfreutest du durch deiner Harfe Ton, / Bring heut ein fröhliches, durch ihren Klang zum Schmerz. / Erring den Preis du Sänger Albions, / Und bohr' dadurch den Rachepfeil in Hermionens Brust. / (Beyde in den Pallast ab) T3: Manch trübes Herz erfreutest du / durch deiner Harfe Ton, / Bring' heut ein fröhliches durch

ihren / Klang zum Schmerz, / Erring' den Preis, du Sänger A̶l̶-̶ b̶i̶o̶n̶s̶ ‹oZ Tinte, andere Hand:› ⌈froher Lust⌉ / Und bohr' dadurch den Rachepfeil / in Hermionens Brust. / (Beyde in den Pallast ab) VO: Manch' trübes Herz erfreutest Du, durch Deiner Harfe Ton, / Bring' heut' ein fröhliches durch ihren Klang zum Schmerz. / Erring' den Preis, Du Sänger froher Lust, / Und bohr' dadurch den Rachepfeil in Hermionen's Brust! / (Beide in den Palast ab).

123/6 [NACHTIGALL.] T1, T2, T3, VO: ‹fehlt›

123/7 da stehn. Wenn ich nu T1, T2, T3: allein da stehen. Wenn ich nur VO: allein dasteh'n. Wenn ich nur

123/8 so T2: ‹fehlt›

123/9 was T1: was ⌈'s⌉ T3, VO: was sie

123/10 meinen Biershaus wär, mir wird mein Lungenbratel T1: meinem Bierhaus wär, mir wird mein Lungenbratel T2: meinem Bierhaus wär mir wird mein Lungenbratl T3: meinem Bierhaus wär', mir wird mein Lungelbratel VO: mein' Bierhaus wär', mir wird mein Lungenbratel

123/11 was ich mir VO: das ich

123/11 f. schaffen ‹... bis› Bisgurn T1, T2: wollen, so bringen sie mich am Ende gar um, die 2 Basilisken T3: wollen, so bringen sie mich am End gar um, die zwey Basilisken VO: wollen, so bringen s' mich am Ende gar um, die zwei Basilisken

123/13 hättens VO: hätten sie

123/13 schön T3: schön, ‹reR Bleistift:› ⌈á la {Krebs}⌉

123/15 keinen VO: kein'

123/16 genug gemacht T2: genug g'macht T3: gnug gemacht VO: g'nug g'macht

123/17 sagen VO: sag'n

123/17 andere T1, T2, T3, VO: trauervolle

123/17 gerührte VO: g'rührte

123/18 Ach T1, T2, T3, VO: Ah

123/18 verlasse VO: verlass'

123/19 ich geh jezt eimahl T1, T2, T3: Ich geh jezt einmahl VO: Jetzt geh' ich einmal

123/20 hohl VO: hohle

123/20 einen VO: ein'

123/21 Schläg T2: Schläge
123/21–124/23 Schläg ab ‹... bis› *(Geht ab.)* T1: Schläge ab. ‹mit Rotstift schräg gestrichen:› ~~Der Zufall ist ein kurioser Patron, der hat schon Manchem herausgeholfen.~~ ‹Ersatztext am unteren Seitenrand, fortgesetzt am oberen Seitenrand der nächsten Seite:› ⌈Ich will sehen wie sich das Glück aufführt, a dato bin ich nicht zufrieden damit. Nur s Bier reißt mich heraus, und das ist ein Beweis, daß Hopfen und Malz noch nicht verloren an mir ist. Aber sonst geht mir allerhand ab.⌉ ‹ganze folgende Arie mit Bleistift gestrichen, Ersatztext auf Einlageblatt›
(× <u>Arie.</u>
Der Zufall der sendet viel Vögelchen um,
Von zweyerley Gattung per se,
Die flattern der Welt auf der Nase herum
Und bringen ihr Wohl oder Weh.
~~Die glücklichen hab'n eine rothe Montour,~~
~~Die schlimmen sind schwarz wie ein Rab,~~
Dochen streifen die rothen auf blumiger Flur,
Die schwarzen, die fliegen bergab.

Drum send mir, o Zufall, ich bitte dich fein,
Ein rosiges Vögelchen heut,
Das flieg in den Saal meiner Zuhörer 'nein,
Und stimm' sie zur Nachsicht und Freud.
Dann schwing ich die Harfe, erob're die Braut
Und führ' sie in Jubel nach Haus,
Doch ist sie mein Weibchen, dann rufe ich laut
Freund Zufall, jezt pack dich hinaus.

Die Treue darf nie bloß durch Zufall bestehn
Der Zufall bringt oft ein Chapeau,
Und Zufälle, die ~~durch~~ oZ⌈wir⌉ mit ‹»mit« überschrieben aus »ein«› oZ⌈Eifersucht⌉ ~~Dritten entst~~ s⌉ehn
Die machen ~~nur selten~~ oZ⌈fürwahr⌉ uns oZ⌈nicht⌉ froh.
Doch stürbe mein Weibchen, fatale Geschicht,
Mein Wunsch wird es niemahls zwar seyn,

Dann, glücklicher Zufall, vergesse mich nicht,
Find mit einer andern dich ein. (ab) ×)

‹Einlageblatt mit Ersatztext, seitlich mit Bleistift: »Singt Findeisen«›
⌜Daß 's Glück mit mir abscheulich ist,
Weiß ich nicht erst seit heut;
/: S' thut grad, als g'hört ein Harfenist,
Fast gar nicht unter d'Leut:/
Das Heirathen nutzt auch nit viel,
/:Der Sechs'ger ist nicht weit:/
/:Wenn ich a Madel küssen will
So sagt's: sie hat kein Zeit:/

Auch macht's mir oft sehr viele Qual
Daß ich kein Stimm' nicht hab!
/:Was nutz's mich ich heiß' Nachtigall
Und sing als wie ein Rab:/
Mein Aug', daß ist a wahre Plag
/:Ist's schlechteste auf der Welt,:/
/:Denn schau' ich noch so tief in Sack
Ich seh' halt nie a Geld.:/

Mir ist auch um die Ohren bang
Es ist kein kleine Sach
/:Mir scheint, sie sind etwas zu lang
Und's Trommelfell zu schwach:/
‹Rückseite:› Denn fragt mich einer Lump wie steht's,
/:Bist du zu zahlen capabel?:/
/:Versteh ich immer Freund wie gehts?
Und sag: Ich dank', passabel:/

Doch nun muß ich zur Königinn,
Gequält von Liebesschmerzen,
/:Das macht, daß ich verlegen bin
Jetzt bräuchet ich zwey Herzen:/
Den Gönnern ist mein Herz verehrt

/:So wie mein ganzes Streben:/
/:Und wenn sie nun mein Herz begehrt,
So kann ich ihr's nicht geben.:/ <u>(ab)</u>
<u>Repetition.</u>
Doch weiß ich schon was ich beginn,
Ich gräm' mich nicht zu Tode,
/:Ich schließ mit meiner Königinn
Ein Eh'band nach der Mode
Ich kümm're mich um sie nicht viel,
/Laß sie mit Andern scherzen,/
/:So thut ein jedes was es will
Da braucht man keine Herzen:/⌉

T3: ⟨ab hier ursprünglicher Text überklebt, Tinte, andere Hand:⟩ ⌈Schläge ab. Ich will sehen wie sich das Glück aufführt. A datto bin ich nicht zufrieden damit. Nur s' Bier reißt mich heraus, und das ist ein Beweis, daß Hopfen und Malz noch nicht verloren an mir ist. Aber sonst geht mir allerhand ab.⌉

<u>Lied / Einlagen.</u>
Das Glück mit mir abscheulich ist
u.s.w.
<u>nebst Repetition</u>
<u>dann (ab)</u>
⟨Ende des Überklebten⟩

⟨Seite 78a/78b ganzes Blatt eingeklebt:⟩
⟨reR Tinte:⟩ Einlage zur gefessel[ten] Fantasie. Actus [2] ⟨Textverlust⟩ Scena. 3.

⟨Tinte, andere Hand:⟩
1.
Daß's Glück mit mir abscheulich ist,
Weiß ich nicht erst seit heut,
<u>'S thut g'rad, als g'hört ein Harfenist,</u>
Fast gar nicht unter d'Leut'.
Das Heirathen nutzt auch nicht viel,

<u>Das Alter ist nicht weit,</u>
Wenn ich a Mädel küssen will,
So sagt's: sie hat ka Zeit.

2.

Auch macht's mir oft sehr viele Qual,
Daß ich ka Stimm' nicht hab';
<u>Was nutzt's mich, ich heiß Nachtigall</u>
Und sing' als wie a Raab.
Mein Aug', das ist a wahre Plag',
<u>Ist's schlechteste auf der Welt,</u>
Denn schau ich noch so tief in Sack,
Ich seh' halt nie a Geld.

3.

Mir ist auch um die Ohren bang,
Es ist ka kleine Sach',
<u>Mir scheint, sie sind etwas zu lang</u>
Und's Trommelfell zu schwach;
Denn fragt mich Einer: Lump, wie steht's,
<u>Bist du zu zahl'n kapabel?</u>
Versteh' ich immer: Freund, wie geht's?
Und sag: »Ich dank, passabel.

4.

Im Spiel wird's Unglück mir schon z'viel;
Jetzt könnt's mich bald verschonen,
<u>Nur wenn ich um den Beifall spiel',</u>
Hab' ich schon manchmahl g'wonnen.
D'rum werd' die Frau Fortun durch mich
<u>Nicht länger persiflirt,</u>
Denn laßt das Glück mich heut' im Stich,
So bin ich ganz ruinirt.
<u>Ab.</u>
‹Seite 78b:›
<u>Repetition.</u>
Wie schön klingt doch des Beifalls Schall,
Mein Glück ist unermessen,
<u>Ich seh's, der alte Nachtigall</u>
Ist doch nicht ganz vergessen.

Ich hab' ‹mit Bleistift gestrichen:› in ein' mir werthen Haus
‹reR mit Bleistift:› ⌈nicht an der Donau draus⌉
<u>Nicht nur mein Glück gefunden,</u>
Es ist auch an der Wien nicht aus,
Mir winken frohe Stunden.
2.
Doch nun muß ich zur Königinn,
Gequält von Liebesschmerzen,
<u>Das macht, daß ich verlegen bin,</u>
Jetzt brauchet ich zwei Herzen,
Mein Herz ist <u>Ihnen</u> nur bescheert,
<u>So wie mein ganzes Leben,</u>
Und wenn sie nun mein Herz <u>begehrt</u>
So kann ich Ihr's nicht geben.

‹S. 78b unten:›
Admittitur. k.k. PHSt. Wien den 25 Oktob 830.
Vogel

‹kleiner aufgeklebter Zettel:›
N° 3. <u>Repetition</u>.
Doch weiß ich schon was ich beginn
Ich gräm mich nicht zu Tode
<u>Ich schließ mit meiner Königin</u>
Ein Eh'band nach der Mode
Ich kümmre mich um sie nicht viel
<u>Laß sie mit Andern scherzen</u>
So thut ein Jedes was es will
Da braucht man keine Herzen.
‹Ende Seite 78b›
‹Fortsetzung im ursprünglichen Text:›
Dann schwing' ich die Harfe, erobre die Braut,
Und führ' sie im Jubel nach Haus;
Doch ist sie mein Weibchen, dann rufe ich laut:
Freund Zufall, jetzt pack' dich hinaus.

Die Treue darf nie bloß durch Zufall besteh'n,

~~Der Zufall bringt oft ein'n Chapeau,~~
~~Und Zufälle, die durch ein'n Dritten entsteh'n,~~
~~Die machen nur selten uns froh.~~
~~Doch stürbe mein Weibchen, fatale Geschicht',~~
~~Mein Wunsch wird es niemals zwar seyn,~~
~~Dann glücklicher Zufall vergesse mich nicht,~~
~~Find' mit einer andern dich ein. (ab)~~
VO: Schläg ab'. Ich will seh'n wie sich das Glück aufführt, a Dato bin ich nicht zufried'n damit. Nur 's Bier reißt mich heraus, und das ist ein Beweis, daß Hopfen und Malz noch nicht verloren an mir ist. Aber sonst geht mir allerhand ab.

<u>Lied.</u>
Daß 's Glück mit mir abscheulich ist,
Weiß ich nicht erst seit heut',
's thut grad', als g'hört ein Harfenist
Fast gar nicht unter d'Leut' –
Das Heirathen nutzt auch nicht viel,
Das Alter ist nicht weit,
Wenn ich ein Madel küssen will,
So sagt's: sie hat nicht Zeit.

Auch macht's mir oft sehr viele Qual,
Daß ich kein' Stimm' nicht hab',
Was nützt's mich, ich heiß' <u>Nachtigall</u>,
Und sing' als wie ein Rab.
Mein Aug', das ist 'ne wahre Plag,
Ist's schlecht'ste auf der Welt;
Denn schau' ich noch so tief in Sack,
Ich seh' halt nie ein Geld.

Mir ist auch um die Ohren bang,
Es ist kein' kleine Sach' –
Mir scheint, sie sind etwas zu lang,
Und 's Trommelfell zu schwach;
Denn fragt mich Einer: Lump, wie steht's?
Bist Du zu zahl'n kapabel? –

Versteh' ich immer: Freund, wie geht's?
Und sag: Ich dank', passabel!

Doch nun muß ich zur Königin,
Gequält von Liebesschmerzen,
Das macht, daß ich verlegen bin,
Jetzt brauchet ich zwei Herzen.
Mein Herz ist meiner Kunst beschert
So wie mein ganzes Streben,
Und wenn sie nun mein Herz begehrt,
So kann ich ihr's nicht geben.

Doch weiß ich schon, was ich beginn',
Ich gräm' mich nicht zu Tod,
Ich schließ mit meiner Königin
Ein Eh'band nach der Mod';
Ich kümm're mich um sie nicht viel,
Laß sie mit Andern scherzen;
So thut ein Jedes, was es will,
Da braucht man keine Herzen. (Ab.)

123/22 Kerl T2: Patron
123/24 1 T2: ⟨fehlt⟩
123/27 um die T2: auf der
124/1 Bortur T2: Montour
124/3 blumigter T2: blumiger
124/4 Thalab T2: bergab
124/5 2 T2: ⟨fehlt⟩
124/8 h'nein T2: 'nein
124/11 im Jubel T2: in Jubel
124/14 3 T2: ⟨fehlt⟩
124/17 durch ein dritten entstehn T2: wir mit Eifersucht seh'n
124/18 nur selten uns froh T2: fürwahr uns nicht froh
124/23 *(Geht ab.)* T2: (ab)
124/24–125/2 VERWANDLUNG ⟨... bis⟩ ODI T1, T2: 3ter Auftritt /
   Verwandlung. Hermionens Pallast. / Odi T3: Verwandlung. /
   3ter Auftr. / Hermionen's Pallast. / Odi und VO: Dritte Scene. /
   (Hermionen's Palast.) / Odi (und

125/10 mit T1, T2, T3, VO: mit der
125/11 f. Hermione bitt hieher T1: Hermione⌈n⌉ bitt⌈'⌉ hieher T3, VO: Hermionen bitt' hierher
125/14 f. Ich höre schon. *(Geht ab, für sich.)* Du grobes Dichtervolk. T1: Ich höre schon. (im Abgehen für sich) D̶u̶ grobes Dichtervolk! (ab) T2: Ich hör schon. (im Abgehen für sich) Du grobes Dichtervolk. (ab) T3: Ich höre schon. (im Abgehen für sich) Du grobes Dichtervolk! (ab) VO: Ich höre schon. (Im Abgehen für sich) Grobes Dichtervolk! (Ab.)
125/16 f. [Scena 5] / *(NARR; VORIGE.)* T1: 4ter Auftr. / Voriger Narr. T2: 4ter Auftritt. / Voriger. Narr. T3: 4ter Auftritt. / Vorige. Narr. VO: Vierte Scene. / Vorige. Narr.
125/18 Hiprocrene T1: Hyprokrene T2, T3, VO: Hypokrene
125/19 ganze Dichtkunst sizt auf dürren T1: Dichtkunst sitzt auf dürrem ‹»m« korrigiert aus »n«› T2: Dichtkunst sitzt auf dürren T3: Dichtkunst sitzt auf dürrem VO: Dichtkunst jetzt auf dürrem
126/1–3 [Scena 6] ‹... bis› DISTICHON T1, T2: 5ter Auftr. / Vorige. Distichon rasch eintretend. / Distich (verstört) T3: 5ter Auftritt. / Vorige. Distichon. / Distich. (verstört) VO: Fünfte Scene. / Vorige. Distichon. / Distichon (verstört)
126/4 Den T1, T2, T3, VO: Dem
126/8 saubers T1, T2, VO: saubres T3: sauberes
126/10 f. dein ‹... bis› nichts T1, T2, T3, VO: es bringt ihn jeder gern, er nüzt so Niemand was
126/12 Und heut ich soll den T1, T2, T3, VO: und ich soll heut den
126/15 Unwissenheit T1, T2, T3, VO: Unfähigkeit
126/16 *verzweifelnd sich* T3, VO: *sich verzweifelnd*
126/16 *Stirne* T1, T2: *Stirn*
126/17 bewahrt T1, T2, VO: aufbewahrt
126/18 *(ebenso)* T1, T2: ‹fehlt›
126/19 verschenkt T1, T2: verkauft
126/20 dürft T1, T2, T3, VO: dürfte
126/24 [Scena 7] T1, T2, T3: 6ter Auftr. VO: Sechste Scene.
126/25 *(VORIGE; HERMIONE schnell.)* T1, T2: Hermione. Vorige. T3, VO: Vorige. Hermione.

126/26 Wer ists der mich begehrt T1: Wer ists, der mich begehrt? oZ ⌈Was ists? –⌉ VO: Wer ist's?
126/26 bunte T1: bunte T2, T3, VO: ‹fehlt›
126/30 flink T1: flink oZ ⌈rasch⌉ T2, T3, VO: rasch
127/4 An Knittelversen werd ich noch ersticken T1: An Knittelversen werd ich noch ersticken T2, T3, VO: An Knittelreimen werd ich noch ersticken
127/5–9 E[s] ‹... bis› Knaul T1: ‹mit verschiedenen Schrägstrichen gestrichen:› (× Es ist als hätten alle wir nur einen einz'gen hohlen Schädel, aus dem die Dumheit selbst mit einem ungeheuren Besen die Vernunft hinausgefegt. ×) Ein Zauberkrampf zieht unser Hirn in einen Knäul T2, VO: Ein Zauberkrampf zieht unser Hirn in einen Knäul T3: ein Zauberkrampf zieht unser Hirn in einen Knaul
127/10 was T1, T3, VO: und
127/11 Schönste noch T1, T2, T3, VO: Schönste
127/13 f. hinseh *(sieht auf den* NARREN*)* seh ich ein Fratzengesicht. T1: hinseh, seh ich eine Fratze. (sieht auf den Narrn) T2, T3, VO: hinseh, seh ich eine Fratze. (sieht auf den Narren)
127/18 f. aus dem Tempel eilen willst T1: oZ ⌈willst⌉ aus dem Tempel eilen⌈.⌉ willst
127/20 euren VO: Euern
127/23 ist T1: ⌈wär⌉ ist T2: wäre
127/28 Kinder der lirischen Muse T1, T2, T3, VO: Söhne lyr'scher Muse
127/29 Schimpfen T1: Schimpfen oZ ⌈Schmähen⌉ VO: Schmählen
127/29 edles T1: edles oZ ⌈wundes⌉
127/29 doch T1: oZ ⌈doch⌉ T2: ‹fehlt›
127/30 nichts wissen, T1: nichts wüßten, so T3, VO: nichts wüßten, so
127/32 Zaubernacht T1: ZauberNacht «»N« korrigiert aus »n«» VO: Nacht
127/32 unseren T1, T2, T3, VO: unsern
127/33 f. erzittert und unser eignes Echo uns den Preis entgegenruft. *(Läuft ab.)* T1: erdröhn⌈e⌉t, und unser eignes oZ ⌈unser

ihr dreifach ⌉ Echo uns den Preis entgegen ruft. (stürzt ab) T2:
erdröhnt und ihr dreyfach Echo, uns den Preis entgegen ruft.
(stürzt ab) T3, VO: erdröhnt, und unser dreyfach Echo uns
den Preis entgegen ruft. (stürzt ab)
127/35 (ALLE *ihm nach.*) T3, VO: (ihm nach)
128/1 Jezt habens ihms geben. T1: ~~Jezt habens ihm~~⌈²⌉s geben. T3:
~~Jetzt habens ihms geben.~~
128/2 Bettelhunde. T1: ~~Bettelhunde.~~ oZ⌈Bettler.⌉ VO: Bettler!
128/3 f. leichters T1, T2, T3: leichtres VO: leichteres
128/5 [Scena 8] T1, T2, T3: 7ᵗᵉʳ Auftr. VO: Siebente Scene.
128/8 vom T3, VO: von
128/15–17 [Scena 9] ‹... bis› [NACHTIGALL.] T1, T2: 8ᵗᵉʳ Auftr /
Vorige. Nachtigall (mit der goldenen Harfe) T3: 8ᵗᵉʳ Auftritt. /
Vorige. Nachtigall (mit der goldnen Harfe) VO: Achte Scene. / Vorige. Nachtigall (mit der goldenen Harfe).
128/18 *Arie.* T1: ‹ganze Arie 128/18–129/8 mit Bleistift gestrichen; war auch durch Einlageblatt überklebt, das aber abgetrennt wurde und nicht mehr beiliegt; seitlich mit Bleistift:
»Aus bei Findeisen« und »Bleibt«› T3: Arie. ‹reR Tinte: »bleibt
ganz.«› ‹alle Korrekturen in der Arie 128/18–129/8 mit Tinte,
andere Hand› VO: Arie. / Nachtigall.
128/21 großer T1, T3: ~~großer~~ oZ⌈fremder⌉ VO: fremder
128/22 Das sieht mir jeder Narr gleich an T1: ~~Das sieht~~⌈s⌉ ~~mir~~
jeder Narr ~~gleich~~⌈mir⌉ an T3: ~~Das~~ Sieht⌈s⌉ ‹»Siehts« korrigiert
aus »sieht«› ~~mir~~ jeder Narr ~~gleich~~ oZ⌈mir⌉ an, VO: Siehts jeder Narr mir an
128/23 f. Und schwimme ‹... bis› England her. T1: Und schwimme ~~übers rothe Meer, / Als goldner Fisch aus England her.~~ /
⌈von England über's Meer / Als goldner Fisch daher⌉ T3: Und
schwimme ~~übers rothe~~ oZ⌈von England übers⌉ Meer / Als
goldner Fisch ~~aus England her.~~ oZ⌈daher⌉ VO: Und schwimm
von England über's Meer / Als gold'ner Fisch daher. –
128/25 Apollo selbst ist mein Herr Vetter T1, T3: Apollo ~~selbst~~
ist mein ~~Herr~~ Vetter VO: Apoll' ist mein Vetter
128/26 lauf ich ab und zu T1: ~~geh ich auf und zu~~, oZ⌈sprech⌉ reR
⌈sprech ich zu⌉ T2: lauf ich auf und zu T3: ~~geh~~ oZ⌈sprech⌉
ich ~~auf und~~ zu, VO: sprech' ich zu,

128/27 erst mit alle andern T1: ~~erst~~ mit ~~die~~ oZ⌈den⌉ andern T3: ~~erst mit alle~~ oZ⌈mit die⌉ andern VO: mit die andern
128/28 Da bin ich gar auf T3: ~~Da~~ Bin ‹korrigiert aus »bin«› ich gar ~~auf~~ VO: Bin ich gar
129/1 Kurzum ich bin hiehergekommen T1: ~~Kurzum~~ Ich ‹»I« korrigiert aus »i«› bin hieher gekommen⌈,⌉ T3: 2te ~~Kurzum,~~ Ich ‹korrigiert aus »ich«› bin hieher gekommen, VO: Ich bin hierher gekommen,
129/2 wer ein T1, T3: wer oZ⌈s⌉ ~~ein~~ VO: wer's
129/3 hab die Nachricht ich T1: ~~hab die Kunde~~ ich oZ⌈es⌉ T2: hab die Kunde ich T3: hab ~~die Kunde~~ ich oZ⌈es⌉ VO: hab' ich es
129/4 Am ersten Ruf T3: ~~Am ersten Ruf~~ oZ⌈Auch sogleich⌉ VO: Auch gleich
129/5 voll an den Bugel T1, T2: voll an den Buckel T3: ~~voll an~~ den Buckel, VO: ein' Buckel,
129/6 wette drauf T3: wette⌈'⌉ ~~drauf,~~ VO: wett',
129/7 stehl Fortunen ihre Kugl T1: stiehl Fortunen ihre Kugel, T2: stihl' Fortuna ihre Kugel, T3: stiehl Fortunen⌈s⌉ ~~ihre~~ Kugel, VO: stehl' Fortunen's Kugel,
129/8 Und scheib T3: ~~Und~~ scheib' ‹korrigiert in »Scheib'«› VO: Scheib'
129/9 Ehre VO: Ehr'
129/11 erfreut. *(Bey Seite.)* Ah T1: erfreut. oZ⌈ungemein erfreut! (den Narren erblickend) ~~Das ist ein schöner Mann.~~⌉ (bey Seite) Ah, VO: erfreut! Ungemein erfreut! (Den Narren erblickend) Das ist ein schöner Mann! (Bei Seite) Ach,
129/12 mein Frau T1, T2, T3: meine Frau
129/13 kein andre an. *(Zum NARR.)* T1: kein' andere an. (oZ ‹mit Bleistift› ⌈schaut⌉ zum Narr) T2: kein' andere an. (zum Narr) T3: keine andre an. (zum Narren) VO: kein' And're an. (Zum Narren)
129/15 Ein T1: oZ⌈Muh!⌉ ein ‹»e« korrigiert aus »E«› VO: Muh? Ein
129/15 flüssig T2: fließig ‹sic!›
129/16 aussprechen. Vieleicht T1, T3, VO: aussprechen. / <u>Narr.</u> Ich habe ihn auch schon aus eines Esels Mund gehört. / <u>Nacht.</u>

Vielleicht T2: aussprechen. / <u>Narr</u>. Ich hab ihn auch schon aus eines Esels Mund gehört. / <u>Nacht.</u> Vielleicht
129/19 Fidon,! T1: F̶i̶d̶o̶n̶e̶! T3: ‹mit Bleistift gestrichen:› F̶i̶-̶ d̶o̶n̶e̶!̶ VO: ‹fehlt›
129/19 da gehört er in den Hof hinunter VO: g'hört er in den Hof n'unter
129/20 Freund, und nicht im Saal herauf T1: Freund, und nicht in Saal herauf T2: und nicht in Saal herauf T3: Freund, und nicht in den Saal herauf
129/28 f. ausgesungen VO: ausg'sungen
129/31 an Verschiede[ne]m T1: a̶n̶ ̶V̶e̶r̶s̶c̶h̶i̶e̶d̶e̶n̶e̶n̶.̶ ⌈an der – –⌉ T3: an Verschiedenen VO: an –
129/33 gefüllten VO: g'füllten
129/34–130/1 ungefüllten, da[s] ist so, wie mit den Krapfen. [Ü]brigens hab T1: ungefüllten, d̶a̶s̶ ̶i̶s̶t̶ ̶s̶o̶ ̶w̶i̶e̶ ̶m̶i̶t̶ ̶d̶i̶e̶ ̶K̶r̶a̶p̶-̶ f̶e̶n̶.̶ Uibrigens habe T2: ungefüllten, das ist so wie mit den Krapfen. Uibrigens habe T3: ungefüllten. D̶a̶s̶ ̶i̶s̶t̶ ̶s̶o̶ ̶w̶i̶e̶ ̶m̶i̶t̶ d̶i̶e̶ ̶K̶r̶a̶p̶f̶e̶n̶ Übrigens habe VO: ung'füllten, das ist so wie mit die Krapfen. Uebrigens hab'
130/2 f. Trauerspiel geschrieben T3: Trauerspiele geschrieben VO: Trauerspiel' g'schrieben
130/3 schreibe VO: schreib'
130/10 vom Kozebue T1, T2, T3, VO: von Kozebue
130/11–14 Nein, der Reiche ‹... bis› jezt T1: N̶e̶i̶n̶ ̶d̶e̶r̶ ̶R̶e̶i̶c̶h̶e̶,̶ a̶b̶e̶r̶ ̶e̶s̶ ̶s̶i̶n̶d̶ ̶n̶i̶c̶h̶t̶ ̶a̶l̶l̶e̶ ̶s̶o̶ ̶r̶e̶i̶c̶h̶.̶ ̶E̶s̶ ̶g̶i̶b̶t̶ ̶g̶e̶s̶c̶h̶i̶c̶k̶t̶e̶ ̶D̶i̶c̶h̶t̶e̶r̶,̶ w̶e̶n̶n̶ ̶s̶i̶e̶ ̶d̶e̶n̶ ̶M̶u̶n̶d̶ ̶a̶u̶f̶t̶h̶u̶n̶ ̶m̶a̶c̶h̶e̶n̶ ̶s̶i̶e̶ ̶w̶i̶t̶z̶i̶g̶e̶ ̶A̶u̶s̶f̶ä̶l̶l̶e̶;̶ ̶a̶b̶e̶r̶ w̶e̶n̶n̶ ̶s̶i̶e̶ ̶d̶e̶n̶ ̶S̶a̶c̶k̶ ̶a̶u̶f̶t̶h̶u̶n̶ ̶f̶ä̶l̶l̶t̶ ̶i̶h̶n̶e̶n̶ ̶n̶i̶e̶ ̶w̶a̶s̶ ̶h̶e̶r̶a̶u̶s̶.̶ oZ ⌈Nein, nein lieber Muh!⌉ Doch zur Sache jezt T3: Nein, mein lieber Muh. Doch zur Sache jetzt VO: Nein, mein lieber <u>Muh</u>. Doch zur Sach' jetzt
130/12 [die] T2: sie
130/13 sehr T2: ‹fehlt›
130/14 aufmachen T2: aufthun
130/15 gewisser VO: g'wisser
130/17 heutgen Tag T1, T2, T3: heutigen Abend
130/17 bestimmt VO: b'stimmt
130/18 Umstände VO: Umständ'

130/19 seinen VO: sein'

130/19 f. gmacht. Ich werde jezt ein kleines T1, T2: g'macht. Ich werde jezt noch ein kleines T3: gemacht, ich werde jezt noch ein kleines VO: g'macht, ich werd' jezt noch ein klein's

130/21 Rauchen aufgeht, und eh T1, T2: Staub davon fliegt. (mit dichterischer Begeisterung) Und eh T3, VO: Staub auffliegt. (mit dichterischer Begeisterung) Und eh'

130/22 neinplumpft T1, T2, T3, VO: noch plumpft

130/24 beweis T1, T2, T3, VO: Beweise

130/26 Verzeihen VO: Verzeih'n

130/27 umkehren VO: umkehr'n

130/29 Stein an Stein aus edlem T1: Stein an Stein aus edlen T2: Stein aus edlen T3, VO: Stein auf Stein aus edlem

130/32 wissen Sie VO: Wiss'n's

130/33 ist zwischen ein Dichter und einem Baumeister: T1, T2, T3: zwischen einem Dichter und einem Baumeister ist? VO: zwischen ein' Dichter und ein' Baumeister ist?

130/34 Wenn einen Dichter etwas einfällt T1, T2, T3: Wenn einem Dichter etwas einfällt VO: Wenn ein' Dichter was einfallt

130/34 ists ihm eine Ehr T1, T2, VO: ist es ihm eine Ehr T3: ist es ihm eine Ehre

130/35 einem Baumeister etwas einfällt T1, T2, T3: einem Baumeister etwas einfällt VO: ein' Baumeister was einfallt

130/35 eine VO: ein'

130/35 schöne T1: schöne

131/1 f. glauben ‹... bis› empfehlen VO: glaub'n Sie mir, der ich die Ehr' hab' mich zu empfehl'n

131/3 f. [Scena 10] / (HERMIONE, NARR.) T1, T2, T3, VO: ‹fehlt›

131/7 (neidisch) T1, T2, T3, VO: ‹fehlt›

131/10 scheint sein Gemüth als deines T1, T3, VO: scheinet sein Gemüth als deins T2: scheint sein Gemüth als deins

131/12–18 Höhe zittern ‹... bis› (Ab.) T1: Höhe zittern. O undankbare Welt! Da glaubt[,] so mancher oft, er wär allein der Narr im Haus, da kommt ein andrer her, und sticht ihn wieder 'naus, und dieser and're wird von einem andern Andern dann verdrängt, und so zerstreiten sich die armen Narren ums traur'ge Narrenthum. Ein jeder möcht der größre seyn, und jeder narrt sich selbst. O eitle Narredey, o närr'sche Eitelkeit! Ich ‹»! I« korrigiert aus », i‹› wollt, ich hätt' brav Geld, dann ~~mach ein~~ reR ⌈sey der⌉ Narrn, wer will. (ab) T2: Höhe zittern. O undankbare Welt! Da glaubt so mancher oft, er war allein der Narr im Haus, da kommt ein And'rer her, und sticht ihn wieder 'naus, und dieser Andre wird von einem andern Andern dann verdrängt; und so zerstreiten sich die armen Narren ums traur'ge Narrenthum. Ein jeder möcht der größre seyn, und jeder narrt sich selbst. O eitle Narredey, o närrsche Eitelkeit, ich wollt ich hätt brav Geld, dann mach ein Narrn wer will. (ab)

131/15–17 futsch ‹… bis› das T3: da kommt ein and'rer her, und sticht ihn wieder n'aus, und dieser Andre wird von einem andern Andern dann verdrängt, und so zerstreiten sich die armen Narren um's traur'ge Narrenthum. Ein jeder möcht der größ're seyn, und jeder narrt sich selbst. O eitle Narredey, o närr'sche Eitelkeit, ich wollt', ich hätt' brav Geld VO: da kommt ein And'rer her und sticht ihn wieder aus; und dieser And're wird von einem andern Andern dann verdrängt, und so zerstreiten sich die armen Narren um's traur'ge Narrenthum. Ein Jeder möcht' der größ're seyn, und Jeder narrt sich selbst. O eitle Narrethei, o närr'sche Eitelkeit, ich wollt', ich hätt' brav Geld

131/18 mach ein Narren T1: ~~mach ein~~ oZ ⌈sey der⌉ Narrn T3: mach ein Narr'n VO: sei der Narr

131/19 [Scena 11] T1, T2, T3, VO: ‹fehlt›

131/20 (HERMIONE *allein.*) VO: ‹fehlt›

131/21 [HERMIONE.] T2, T3: ‹fehlt›

131/23 Mirthe T1, T2, T3, VO: Myrthe

132/1 [Scena 12] T1, T2, T3: 9ter Auftr. VO: <u>Neunte Scene.</u>

132/3 O T1, T2, T3, VO: Ach

132/6 hieher T1, VO: hierher

132/8 ihren T1, T2, T3, VO: ihrem

132/10–13 (*Er* ‹… bis› *schauend.*) T3: ‹ganze Regieanweisung gestrichen und mit »bleibt.« Streichung wieder rückgängig gemacht›

132/10 f. *als wollt er sich durch ihren Anblick zum dichten begeistern* T1, T3: als wollte er sich durch ihren Anblick zum Dichter begeistern T2: als wollte er sich durch ihren Anblik begeistern zum dichten VO: als wollte er sich durch ihren Anblick zum Dichten begeistern
132/13 gegen VO: 'gen
132/14 gehn T3, VO: gehen
132/21 nur vertraun T1: ~~mich~~ oZ ⌈nur⌉ vertrauen T2, T3, VO: nur vertrauen
132/30 nie getraut T1, T2, T3, VO: nicht vertraut
132/31 *(empört)* T1, T2: ‹fehlt›
132/31 f. dir zu beweisen T1, T2, T3, VO: zu beweisen dir
133/1 dein T1, T2, T3, VO: ein
133/4 den T1, T2, T3, VO: dem
133/8 seinen T3, VO: seinem
133/14 untergehn T1: untergehen
133/18 Apolls T1, T3, VO: Apoll
133/24 unsere T1, T2, T3, VO: unsre
133/25 Vertrauen T1: Vertrau'n T2, T3, VO: Vertrau'n
133/26 f. Ahndung hat er mir T1: Ahnung hat ~~er mir~~ oZ ⌈der Gott⌉ T2: Ahnung hatt er mir T3, VO: Ahnung hat der Gott
133/28 den T1, T2, T3, VO: dem
134/1 [Scena 13] T1, T2, T3, VO: ‹fehlt›
134/3 [AMPHIO.] T1, T2, T3, VO: ‹fehlt›
134/4 konnte T2: könnte
134/5 täuschen T2: tauschen ‹sic!›
134/5 ziehen VO: zieh'n
134/7 VERWA[NDLUNG] T1, T2, T3: 10ter Auftr. VO: Zehnte Scene.
134/8 f. *An der Seite ein griechisches Schreibepult auf einer Stufe.* T1, VO: an der Seite ein griechisches Schreibepult auf einer Stufe stehend. T2: (auf der Seite ein griechisches Schreibpult auf einer Stufe stehend)
134/9 *Schreibepult* T3: Schreibpult
134/10 [Scena 14] T1, T2, T3, VO: ‹fehlt, vgl. 134/7›
134/11 VIPRIA, AROGANTIA T1, T2: Vipria und Arogantia T3, VO: Arrogantia u. Vipria
134/15 (AROGANTIA *ab.*) T3: Arrog (geht ab)

134/16 [Scena 15] T1, T2, T3: 11ᵗᵉ Auftr. VO: <u>Eilfte Scene.</u>
134/19 gemacht, nun wie schauts jezt mit den Gedichten aus T1: Nun⌈,⌉ wie schauts jezt mit dem Gedicht aus? ‹Fragezeichen korrigiert aus Beistrich› T2: gemacht. Nu wie schauts mit dem Gedicht aus VO: g'macht. Nun, wie schaut's jetzt mit dem Gedicht aus
134/19 den T3: dem
134/20 gschwind T3: ge⌈'⌉schwind? ‹Sofortkorrektur›
134/21 nichts VO: nix
135/1 [Scena 16] T1, T2, T3: 12ᵗᵉ Auftr. VO: <u>Zwölfte Scene.</u>
135/2 f. ([VORIGE;] AROGANTIA *zerrt die* FANTASIE *in Ketten herein, die Flügel* T1, T2, T3: <u>Vorige. Arogantia zerrt die Phantasie herein. Die Phantasie ist in Ketten, die Flügel</u> VO: <u>Vorige. Arrogantia</u> (zerrt die <u>Fantasie</u> herein, welche in Ketten ist, die Flügel
135/10 *leis* T1, T2, T3, VO: ‹fehlt›
135/14 VIPRIA T1, T2, T3, VO: <u>Vipr.</u> (zu Nachtigall)
135/16 f. Ah das freut mich da[ß] ich die Ehr hab kennen zu lernen T1: Ah, das freut mich⌈,⌉ daß ich die Ehre habe⌈,⌉ sie kennen zu lernen T2: Ah das freut mich daß ich die Ehre habe sie kennen zu lernen T3: Ach, das freut mich, daß ich die Ehr hab, Sie kennen zu lernen VO: Ah! das freut mich, daß ich die Ehr' hab', Sie kennen z'lernen
135/20 Gehirn VO: G'hirn
135/21 da ist kein Wunder wenns bey ihnen rappelt, drum T1: Da ists kein Wunder⌈,⌉ wenns bey ihnen rappelt; darum T2: da ists kein Wunder wenns bey ihnen rappelt, darum T3, VO: Dann ists kein Wunder, wenn's bey ihnen rappelt. Darum
135/25 *Schreibepultes* T1, T2, T3: <u>Schreibpultes</u>
135/26 *der Bühne* T3, VO: <u>des Theaters ist, und</u>
135/27 *doch ja nicht etwa auf dem Boden* VO: ‹fehlt›
135/27 *dem* T1: <u>den</u>
135/30 als schriebst du Diamanten hin T1, T2, T3, VO: ‹fehlt›
135/32 ich bin T1, T3: bin ich
135/33 Da bin ich nicht der Einzige T1, T2, T3: Das wird eine schöne Dichtung werden VO: Das wird eine schöne Dichtung werden

136/2 a VO: eine

136/3 aus. T1: aus. ‹mit Bleistift oZ:› ⌈{wundert mich das so molled aus}⌉

136/4 [Scena 17] T1, T2, T3: 13ter Auftr. VO: Dreizehnte Scene.

136/6 f. zu den 2 Oracelpriestern T1: (× zu den zwey Orakelsprechern, oZ ⌈Priestern⌉ ×) T2: zu den zwey Orakelsprechern

136/10 verwandeln T1: ⌈ver⌉wandeln

136/11 Priester T1: Sprecher oZ ⌈Priester⌉ T2: Sprecher

136/17 den T1: dem ‹»m« korrigiert zu »n«?› T2, T3, VO: dem

136/19 wenn T1, T2, T3, VO: weil

136/24 f. [Scena 18] / (DIE FANTASIE, NACHTIGALL.) T1, T2, T3, VO: ‹fehlt›

136/28 f. werden ‹... bis› zusammendichten VO: werd'n wir halt schau'n, daß wir was z'sammen dichten

136/29 f. ein Arbeit werden T1, T2, T3: eine Arbeit werden VO: eine Arbeit werd'n

137/1 und eine rothe Tinte T1: oZ ⌈jetzt weiß ich nicht schreibt man Hermione mit S oder mit F!⌉ – Und ‹»U« korrigiert aus »u«› eine rothe Tinte T3, VO: jetzt weiß ich nicht, schreibt man Hermione mit S oder mit F? – Und eine rothe Tinten

137/2 hergestellt T3, VO: herg'stellt

137/3 gschwind T1, T2, T3: geschwind

137/3 Kommt was oder nicht? T1: kommt was, oder nicht? ‹mit Bleistift uZ:› ⌈Wirds a mal⌉

137/4 (seufzt) T3, VO: (seufzend)

137/5 denn T1, T2: ‹fehlt›

137/5 Gedanken T1: Gedanken

137/6 dabey T1: dabey. oZ ⌈Ach! das sag ich wenn ich kein Geld hab.⌉ T3, VO: dabey. Ach, das sag' ich, wenn ich kein Geld hab

137/7 Stell. Nu? (Er T2: Stelle. Nu? (er T3: Stelle. Nu? VO: Stell'. Nun?

137/10 seyn, wenn sie dichten soll T2: in blauer Luft sich schwingen

137/13 *einen Tirsusstab* T1, T3, VO: den Thyrsusstab T2: einen Thyrsusstab

137/14 den T1: dem ‹»m« korrigiert aus »n«?› T3, VO: dem

LESARTEN   871

137/15 aufgelegt T1, T2, VO: aufg'legt
137/17 Wie dum als sie lacht T1, T2: Wie dumm sie lacht
137/23 *tunkt* T2: trunkt ‹Schreibfehler?›
137/23 Nu T3, VO: Nun
137/27 glühenden T1, T2, T3, VO: glühnden
137/28 Hallo hast es nicht gsehen. T2: Holla, hast es nicht g'sehen. T3, VO: Holla, hast es nicht g'sehn.
137/29 Drückt T1, T3: Drück'
137/30 Die freche Stirn. T1, T2, T3, VO: ‹fehlt›
137/32 *(toll).* Du Schaafskopf T1, T2: Du Flachkopf T3: (toll) Du Schwachkopf
137/33 Was ist das T1: Was ist den⌈n⌉ das T2: Was ist den das
138/1 al[l]s zusammdicktirt T1, T2: als zusamm dichtet T3: alles zusamm dichtet VO: alles z'samm' dicht't
138/2 gschrieb[en.] T1, T2, T3: geschrieben. VO: g'schrieben
138/3 Blützer stürzt herab, und euren glühenden Fuß T1, T2, T3: Blitze stürzt herab – und euren glüh'nden Kuß VO: Blitze stürzt herab, und euren glühenden Kuß
138/4 Schaafskopf T1, T2, T3, VO: Schwachkopf
138/6 ich das T3, VO: ich's
138/8 halt mich für einen Narren T1, T2, T3, VO: hat mich zum Besten
138/9 Wann T1, T2, T3, VO: Wenn
138/10 waren, die ganze Sach T1: wären! ‹Rufzeichen korrigiert aus Punkt› ⌈–⌉ Die ganze Sach T2, VO: wären. Die ganze Sach T3: wären. Die ganze Sache
138/11 angestellt VO: ang'stellt
138/11 andrer T1, T2, T3: Anderer
138/13 *(Er zieht den Rock [aus].)* T1: Ich krieg schon alle Hitzen. oZ ⌈Ich zieh mich aus!⌉ (zieht den Rock aus) T3: (zieht den Rock aus) ‹oZ Tinte, andere Hand:› ⌈Ich zieh' mich aus!⌉ VO: (Zieht den Rock aus)
138/14 ein Marter T1, T2, T3, VO: eine Marter
138/14 f. einen Dichter dem nichts einfällt VO: ein' Dichter, dem nichts einfallt
138/15 verzweifele T1, T2, T3: verzweifle VO: verzweifl'
138/19 *den Tisch.)* Ich setz mich nochmahl T1: dem ‹»m« korri-

giert aus »n«?⟩ Tisch) Ich setz' mich nochmahl T3: dem Tisch)
Ich setz' mich nochmahls VO: dem Tische) Ich setz' mich
nochmal

138/20 Dictir weiter. *(Boshaft* T1: oZ ⌈Das hab ich gedichtet⌉ uZ
⌈Das ist Alles nichts nutz⌉ – Diktir weiter. – (boshaft T3: das
hab' ich gedichtet, dictir' weiter – (streicht alles durch) Das ist
Alles nichts nütze. (boshaft VO: das hab' ich gedicht't. Dictir'
weiter. (Streicht Alles durch) Das ist Alles nichts nutz. (Boshaft

138/21 H e r m i o n . Sie hört *(lokal)* mi halt nit an T1, VO: »Hermione« – sie hört mich halt nicht an T2: Hermion – sie hört
mich nicht an T3: Hermion – sie hört mich halt nicht an

138/22 f. die Gedanken von allen Dichtern in der Welt T1, T2,
T3, VO: hier eine personifizirte Gedankenfabrick

138/23 f. in diesem Bünkel da beysamm T1, T2, T3, VO: ⟨fehlt⟩

138/24 den T3, VO: dem

138/24 einzige VO: einz'ge

138/24 verzweifel VO: verzweifl'

138/29 *sich* T1, T2, T3, VO: ⟨fehlt⟩

138/29 beschw[ö]re VO: beschwör'

138/30 Narren T1, T3, VO: Sternen

138/31 bey alle Sonnen T1, T2, T3, VO: bey allen Sonnen

138/32 f. griechischen und wallachischen T1, T2: ~~griechischen und wallachischen~~

139/4 *(weinend)* T2, T3, VO: ⟨fehlt⟩

139/4 zum weinen VO: z' weinen

139/5 f. weinte um des T3: weinte – um's VO: weinet, um's

139/7 *(Ein sanftes Gl[ö]cklein läutet in der Ferne.)* T3, VO: ⟨fehlt⟩

139/8 f. siebene ⟨... bis⟩ komm. T1: siebne im Apollosaal – ⟨Gedankenstrich corrigirt aus Beistrich⟩ ~~du g'freu dich, wenn ich wieder komm!~~ T2: sieben im Apollosaal. Du g'freu dich, wenn ich wieder komm. T3: sieb'ne im Apollosaal! ~~(zieht schnell seinen Rock an)~~ Du g'freu dich, wenn ich wieder komm! VO: Siebne im Apollosaal! (Zieht schnell seinen Rock an)

139/10 anders T1, T2, T3: anderes VO: and'res

139/11 Magelona T3, VO: Magelone

139/11 ändre T1, T2: ändere VO: ändr'
139/12 wans nicht gfallt T2, T3: wenns nicht g'fallt VO: wenn's nicht gefallt
139/14 aller Fantansie. T1: alle Phantasie! ⌈Du g'freu dich wann ich wieder komm⌉ T2: alle Fantasie! T3: aller Fantasie. VO: alle Fantasie. (Zur Fantasie) Du freu' Dich! wenn ich wieder komm'!
139/14 f. *(Rennt verzweiflend ab.)* T2, VO: (rennt verzweiflend ab) T3: ~~(rennt verzweiflend ab)~~ ‹Tinte, andere Hand:› ⌈Du gf'reu' dich, wenn ich wieder komm! (ab)⌉
139/16–19 [Scena 19 ‹... bis› *Quodlibet* T1: (× Quodlibet. / Phantasie allein ×) ‹ganzes Quodlibet mit Bleistift gestrichen, als Ersatz Einfügeblatt mit Melodram, siehe 139/19–140/18› T2: Quodlibet. / Fantasie (allein) T3: Quodlibet. VO: Melodram.
139/19–140/18 *Quodlibet* ‹... bis› *eilt ab.)*] T1: ‹Einfügeblatt mit Melodram als Ersatz für mit Bleistift gestrichenes Quodlibet:› ⌈Melodram.
Weh mir! die Stunde naht und Amphio ist verloren
O beschütze mich Apoll.
(Verzweiflungsvoll) Denn es wagt der Wahnsinn sich
An ein göttliches Gehirn.
(rührende Klage.) Ew'ge Heimath, Götterschloß
Kühner Bau auf goldnen Wolken
Nimmer werd ich dich erschauen!
Aus den diamantnen Thoren
Schwebte ich im Morgenglanz
Badete im Himmelsthau!
Scheidend lächelten die Sterne
Und des Sonnengottes Gruß
Streute Gold auf mein Gefieder
(rasend). Und nun ist es mir geraubt,
Ist den Winden preisgegeben
Und mich hält die freche Erde
Hier an goldnen Ketten fest.
‹mit Bleistift zwZ:› ⌊Entsetzlich – Entsetzlich⌋
(freudig) Doch noch blinkt der Hofnung gigantische{r}

[Anker] ⟨Textverlust⟩
Begehrend umklammert die Menschheit ih[n fest] ⟨Textverlust⟩
Ich will ihn erfassen in heißem Gebet
(kniet feyerlich)
O Jupiter, der du mich einst aus deinem Haupt [gebarst] ⟨Textverlust⟩
Der du mir stets ein güt'ger Vater warst
Kannst du die Tochter hier gefeßelt sehn
⟨Rückseite:⟩ Schleudre deinen Blitz und laß mich untergehn
O Jupiter! o Jupiter! erhöre mich!
(Ein Blitzstrahl zertrümmert ihre Feßeln)
(in höchster Begeisterung)
Ha nun bin ich frey, ihr unendlichen Götter
Bin frey durch den Blitz des allmächtigen Zeus
Strömmt aus ihr Gedanken, wie Wogen des Meeres
Und brechet die Schranken der geistigen Nacht.
Mein ist die Welt, ich verberg sie im Haupte,
Schnell hin zu Amphio, ihn zu f befreien.
⟨Textverlust⟩ [G]lücklicher Dichter du feierst den Sieg.
Ich bin ja frey! Götter! Ich bin ja frey!
Amphio! Sieg! Amphio! Sieg!
Die Fantasie ist frey, die Fantasie ist frey!
(eilt rasch und freudetrunken ab)]

139/22 Ha was ist das. Die Stunde tönt T3: Ha! Was ist das? Die Stunde tönt ⟨reR Tinte, andere Hand:⟩ ⌈schlägt⌉ VO: Weh' mir, die Stunde naht

139/23 verloren. VO: verloren! (Aengstlich)

139/24–140/18 [Wenn ⟨... bis⟩ eilt ab.)] VO: O beschütze mich, Apollo!
(Verzweiflungsvoll)
Denn es wagt der Wahnsinn sich
An ein göttliches Gehirn!
(Rührende Klage)
Ewige Heimat! Göterschloß!
Kühner Bau auf gold'nen Wolken,
Nimmer werd' ich Dich erschauen!

Aus den diamant'nen Thoren
Schwebte ich im Morgenglanz,
Badete im Himmelsthau;
Scheidend lächelten die Sterne,
Und des Sonnengottes Gruß
Streute Gold auf mein Gefieder!
(Rasend)
Und nun ist es mir geraubt,
Ist den Winden Preis gegeben,
Und mich hält die freche Erde
Hier an gold'nen Ketten fest!
(Freudig)
Doch noch blinkt der Hoffnung gigantischer Anker,
Begehrend, umklammert die Menschheit ihn fest!
Ich will ihn erfassen im heißen Gebet.
(Kniet; feierlich)
O <u>Jupiter</u>! der du mich einst aus deinem Haupt gebarst,
Der du mir stets ein güt'ger Vater warst, –
Kannst du die Tochter hier gefesselt seh'n?
O, schleud're deinen Blitz und laß mich untergeh'n!
O <u>Jupiter</u>! O <u>Jupiter</u>! Erhöre mich! –
(Ein Blitzstrahl zertrümmert ihre Fessel. – In höchster Begeisterung)
Ha, nun bin ich frei, ihr unendlichen Götter!
Bin frei durch den Blitz des allmächtigen <u>Zeus</u>!
Strömt aus, ihr Gedanken, wie Wogen des Meeres,
Und brechet die Schranken der geistigen Nacht!
Mein ist die Welt; ich verberg' sie im Haupte!
Schnell hin zu <u>Amphio</u>, ihn zu befreien!
<u>Amphio</u>, Sieg! <u>Amphio</u>, Sieg! Die <u>Fantasie</u> ist frei!
Die <u>Fantasie</u> ist frei!
(Eilt rasch und freudetrunken ab.)

139/30 wärt T1, T3: wart
140/1–3 wenn ‹... bis› leuchtet T3: ~~Wenn Fantasie so weit es bringt, / Daß sie ein Quodlibet gar singt. / Doch mir leuchtet~~ ‹oZ Tinte, andere Hand:› ⌈Doch mir leuchtet⌉ ‹uZ einige gestrichene Buchstaben unlesbar›

140/4 uns nicht. T1: uns nicht. / ⟨kniet⟩ T3: mich nicht. / ⟨kniet⟩
140/9 erh[ö]re mich, höre mich. T1, T2: erhöre mich! Erhöre mich! T3: erhöre mich! ⟨Rufzeichen korrigiert aus Beistrich⟩ ~~erhöre mich!~~
140/14 Fort schnell hin zu Amphio, ihn zu befrein *(Repetirt.)* T1, T2, T3: Schnell hin zu Amphio, ihn zu befrey'n
140/17 f. *(Sie wirft einen griechischen Mantel der Zauberschwestern und* T1: ⟨sie ~~wirft einen griechischen Mantel der Zauberschwestern um und~~ T3: ⟨fehlt⟩
140/19 VERWANDLUNG VO: ⟨fehlt⟩
140/20 [Scena 20] T1, T2: ⟨fehlt, vgl. 140/28 f.⟩ T3: 14^(ter) Auftritt. VO: Vierzehnte Scene.
140/21 f. *Im Hintergrunde die Statue des Apolls. Im Vorder-[grund] ein Seitenthron* T1: Der geöffnete Hintergrund biethet die Aussicht auf das Meer. In der Mitte die Statue des Apoll, vor ihr ein Opferaltar, auf dem die Flamme lodert. Im Vordergrunde ein ~~Seitenthron~~ oZ⌈erhabener Sitz⌉ T2: Der geöffnete Hintergrund biethet die Aussicht auf das Meer. In der Mitte die Statue des Apoll, vor ihr ein Opferaltar auf dem die Flamme lodert. Im Vordergrunde ein Seitenthron T3: Im Hintergrunde ein Seitenthron
140/20–27 *Im Hintergrunde* ⟨... bis⟩ *endet.)* VO: (Im Vordergrunde rechts ein Seitenthron für Hermione, links ein hervorragendes Postament einer Säule für Amphio. Im Hintergrunde, in der Mitte der Bühne die Statue des Apollo. Im Zug rechts kommen: Hermione, Odi, Narr, Vipria und Arrogantia, als Oberpriester verkleidet, Distichon, Hofleute, alle Dichter, Jungfrauen, Pagen, Opferdiener, Volk. Amphio kommt ganz zuletzt, traurig, und setzt sich in verzweifelnder Stellung auf das Postament. Hermione besteigt den Thron, neben demselben reihen sich die Pagen, Hofleute und Jungfrauen, neben Amphio stehen die Dichter. In der Mitte Vipria und Arrogantia, neben ihnen links Narr und Distichon, Kinder halten Opfergeräthschaften und stehen rechts.)
140/24 *einem* T3: dem
140/26 *Atitüde* T1: Attitüd
140/26 VIPRIA[,] T3: Vipria und

140/26 *Opferpriester* T1, T2: Opferdiener des Apoll
140/27 MEHRERE PRIESTER *des Apol[l]. Chor der eben endet.)* T1, T2: <u>Mehrere Diener des Apoll. Dichter.</u> T3: <u>Mehrere Opferdiener. Narr und Distichon</u>
140/28 f. ALLE DICHTER. / *Chor* T1, T2: <u>14ter Auftr</u> / <u>Chor der Dichter</u> T3: <u>Chor: aller Dichter.</u> VO: <u>Chor</u> (der <u>Dichter</u>)
140/30–141/2 Vergebens ‹... bis› Ohnmacht hier T1: ‹ganzer Chor mit Bleistift gestrichen›
141/2 Unsere T2, T3, VO: Uns're
141/3 Verhülle T1, T2, T3, VO: Verhüll'
141/5 wären T1: wären⌈,⌉ oZ⌈sind⌉ VO: sind
141/11 EIN DICHTER T2, T3, VO: <u>Distich.</u>
141/12 goldener T1, T2, T3, VO: goldner
141/14 tragt T1, T2, T3, VO: trägt
141/16 Hermiones T1, T2, T3, VO: Hermionens
141/17 In T2: Zu
141/19 *(steht auf)* VO: ‹fehlt›
141/23 bleibet VO: bleibt
141/23 nur T1, T2, VO: ‹fehlt›
141/24–26 [Scena 21] ‹... bis› [NACHTIGALL.] T1, T3: <u>15ter Auftr</u> / <u>Vorige. Nachtigall.</u> / <u>Nacht. (von innen)</u> T2: <u>15ter Auftritt</u> / <u>Nacht. (von innen)</u> VO: <u>Fünfzehnte Scene.</u> / <u>Vorige. Nachtigall.</u> / <u>Nachtigall</u> (von Innen)
141/26 f. Halt ‹... bis› herein.) VO: ‹fehlt›
142/1 NACHTIGALL. Ein schrekliches Gedicht. T3: ‹fehlt›
142/3 es T2: ‹fehlt›
142/5 das hab ich nicht g'lernt[.] T1, T2, T3, VO: ‹fehlt›
142/9 *mit der* VO: die
142/11 1 T1, T2, T3, VO: ‹fehlt›
142/12 Leutchen VO: Leuteln
142/13 Will euch T1: ‹mit Bleistift liR:› ⌈{Laßt}⌉ W̶i̶l̶l̶
142/23 2. T1, T2, T3, VO: ‹fehlt›
142/24 [NACHTIGALL.] T1: ‹fehlt›
142/27 Blümchen VO: Blümeln
142/29 Wandelt T2: Wandelts
142/31 Äuglein T3: Auglein
143/4 3 T1, T2, T3, VO: ‹fehlt›

143/5 [NACHTIGALL.] T1: ⟨fehlt⟩
143/10 Kurz T3: ~~Kurz~~ ⟨reR Tinte, andere Hand:⟩ ⌜Kurz⌝
143/12 den T1, T3, VO: dem
143/17–27 [4. ⟨... bis⟩ CHOR. T1, T2, T3, VO: ⟨fehlt⟩
144/2 Halt T1, T2, T3, VO: Haltet
144/4 Unmöglich[.] T1, T2, T3, VO: Unmöglich! Nein!
144/6 ein Bessers hier. Ich fordre T1, T2: ein Besseres hier? Ich fordere T3, VO: ein beß'res hier? Ich ford're
144/7 Wehe mir T1, T2, T3, VO: Weh mir! Ich vermag es nicht
144/9 Dieß T1, T2: Das
144/10 Und VO: Vipria. Und
144/11 Jezt donnerts gar wegen mir. T1: ~~Jetzt donnerts gar wegen mir.~~ oZ⌜Jetzt donerts gar wegen mir.⌝ reR⌜~~Das wird ein schönes Wetter werden, jetzt donnerts.~~⌝ VO: Das wird ein schön's Wetter werd'n, jetzt donnert's.
144/13 *(langsam)* T3: *(~~langsam~~)* ⟨überschrieben, Tinte, andere Hand:⟩ ⌜langsam⌝
144/15 NARR. T3: Nacht.
144/15 dummer T1: dümer ⟨»ü« korrigiert aus »u«?⟩
144/15 sein Glück T1, T2, T3, VO: das Glück
144/19 [Scena 22] T1, T2, T3: 16ter Auftr. VO: Sechzehnte Scene.
144/20–23 *(*[VORIGE;] ⟨... bis⟩ begeistert sie. T1: Vorige. Die Phantasie. / Phant. (tritt ein⌜,⌝ ~~in Mantel gehüllt,~~ ergreift Amphios Hand, und spricht leise ihm ins Ohr) Amphio, die Phantasie ist frey, ~~und dich~~ begeistert sie.⌜dich.⌝ T2: Vorige. Die Fantasie. / Fant. (tritt ein in Mantel gehüllt, ergreift Amphios Hand, und spricht leise ihm ins Ohr) Amphio, die Fantasie ist frey, nur dich begeistert sie. T3, VO: Vorige. Die Fantasie. / Fant. (tritt ein, ergreift Amphios Hand, und spricht ihm leise ins Ohr.) Amphio, die Fantasie ist frey, und dich begeistert sie.
144/24 *(springt auf plötzlich inspirirt).* Halt T3: *(plötzlich inspirirt, springt auf)* Halt VO: *(plötzlich inspirirt, springt auf).* Haltet
144/27 ALLE. Apoll, wir preisen dich. T1: ~~Alle. Apoll wir preisen dich!~~ reR⌜Jeder Dichter. ~~Auch mein Geist regt die Schwingen~~ Auch mich durchglüht Begeisterung⌝ T3: Jeder Dichter. Auch mich durchzuckt Begeisterung. / ~~Alle:~~ Apoll, wir preisen

dich! VO: <u>Jeder Dichter.</u> Auch mich durchzuckt Begeisterung. / <u>Alle. Apoll,</u> wir preisen Dich.

144/28 f. [AMPHIO.] / [1.] T1: <u>Amphio.</u> T2: <u>Amphio: Gedicht.</u> T3, VO: <u>Amphio's Gedicht.</u>

144/30 Heimathsland T1, T2, T3, VO: Heimathland

145/6 seinen T1, T3, VO: seinem

145/7 2. T2, T3, VO: ⟨fehlt⟩

145/9 im tausenfarbgem T1: in ⟨»n« korrigiert aus »m«⟩ tausendfarb'gem T3, VO: im tausendfarb'gen

145/12 anmuthsvollen T1: anmuthsvollen

145/14 einst T1: ~~erst~~ oZ ⌈einst⌉

145/16 3 T1, T2, T3, VO: ⟨fehlt⟩

145/18 f. enden. / So jammert er, und fluchet seinem Leben T3: ~~enden;~~ ⟨reR Tinte, andere Hand:⟩ ⌈enden;⌉ / ⟨zwZ Tinte, andere Hand:⟩ ⌈So jammert er und fluchet seinem Leben⌉

145/22 In Wolken T1: liR ⌈In⌉ ~~In~~ oZ ⌈~~Aus~~⌉ Wolken

145/23 Rosennebel VO: Rosennebeln

145/25 4. T2, T3, VO: ⟨fehlt⟩

146/1 Aare T1: Aar's T2, VO: Aars T3: Aar

146/2 dem T1: ~~dem~~ oZ ⌈das⌉ VO: das

146/4 sucht durch Poesi VO: suchet durch Gesang

146/5 5. T2, T3, VO: ⟨fehlt⟩

146/17 Florens VO: <u>Flora's</u>

146/18 ihr T1, T2, T3: ihm

146/21 f. Es lebe unser neuer Herrscher. T1: ~~Es lebe unser neuer Herrscher!~~ ⟨Rufzeichen korrigiert aus Punkt⟩

146/23 f. DISTICHON ⟨... bis⟩ Verdammt. T1: ~~Zauberschwest. Verdammt!~~ ⟨reR mit Bleistift »Gilt«, Streichung damit wieder aufgehoben⟩ / ~~Distichon. Das Gedicht hat eine Menge Fehler.~~ oZ ⌈Distich Das Gedicht hat eine Menge Fehler.⌉ T2: <u>Zaubersch.</u> Verdamt! / <u>Distich.</u> Das Gedicht hat eine menge ⟨sic!⟩ Fehler. T3, VO: <u>Zauberschw.</u> Verdammt! / <u>Distich.</u> Das Gedicht hat eine Menge Fehler!

146/25 *(stürzt in seine Arme)* T1, T2: *(in Amphios Arme stürzend)* VO: (stürzt in <u>Amphio's</u> Arme)

146/27 NACHTIGALL. Jezt steh ich frisch. T1: <u>Nacht.</u> ~~Jezt steh ich frisch!~~ ⌈Jezt pack ich ein mit meiner Krone⌉ T3: <u>~~Nacht. Jetzt~~</u>

steh' ich frisch! ‹reR Tinte, andere Hand:› ⌐Nachtigal. Jetzt pack ich ein mit meiner Kron!⌐ VO: Jetzt pack' ich ein mit meiner Kron'.

146/28 *(stürzt zu den Füssen der* FANTASIE*)* T3: (stürzt zu den Füßen der Fantasie)

146/31 *(wirft den Mantel ab)* T1: (wirft den Mantel ab) T3, VO: ‹fehlt›

146/31 holde Phantasie T1: die holde Phantasie T2: die holde Fantasie T3, VO: die Fantasie

147/2 *Gestalten* VO: Gestalten um

147/4 ihr Zaubermuth T1, T2, T3, VO: ihre Zauberwuth

147/5 Braut T2: Beut

147/7 f. *(Die hintere ‹... bis› Apoll* T1: (winkt mit dem Zauberstern, es wird Nacht, zwischen dem Tempel und dem Meere sinken finstre Wolkenschleyer ein, Donnern und Blitz. Die Statue des Apoll sammt dem Opferaltar versinkt) / Vipr. Warum trotzen diese Hallen? Wer verhindert ihren Sturz? / (Heftiger Donnerschlag die Bühne wird licht; der Nebel verrinnt zu beyden Seiten, man hat die vorige Aussicht auf das Meer. Apoll T2: (winkt mit dem Zauberstern, es wird Nacht, zwischen dem Tempel und dem Meere sinken finstre Wolkenschleyer ein, Donner u Blitz, die Statue des Apoll samt dem Opferaltar versinkt.) / Vipr. Warum trotzen diese Hallen, wer verhindert ihren Sturz. / (heftiger Donnerschlag, die Bühne wird licht, der Nebel verrinnt zu beyden Seiten, man hat die vorige Aussicht auf das Meer. Apoll T3: ({winkt} mit dem Zauberstern, es wird Nacht, zwischen dem Tempel und dem Meere sinken finstre Wolkenschleier ein. Donner und Blitz. Die Statue des Apoll sammt dem Opferaltar versinkt) / Vipr. Warum trotzen diese Hallen? Wer verhindert ihren Sturz? (heftiger Donnerschlag, die Bühne wird licht, der Nebel verrinnt von beiden Seiten, man hat die vorige Aussicht auf das Meer. Apoll VO: (Winkt mit dem Zauberstern, es wird Nacht, zwischen dem Tempel und dem Meere sinken finst're Wolkenschleier nieder. Donner und Blitz. Die Statue des Apoll sammt dem Opferaltar versinkt.) / Vipria. Warum trotzen diese Hallen? Wer verhindert ihren Sturz? (Heftiger Donnerschlag, die

Bühne wird licht, der Nebel verrinnt zu beiden Seiten, man hat
die vorige Aussicht auf das Meer. Apollo
147/9 *der Thetis* T1, T2, T3, VO: des Meeres
147/10 *Meers* T1, T2, T3, VO: Wassers
147/11 f. ALLES. Weh uns. / [Scena 23] T1, T2, T3: 17ter Auftr. VO: Siebzehnte Scene.
147/16 DIE ZAUBERSCHWESTERN VO: Vipria und Arrogantia
147/17 *steigt aus tritt* [*vor.*] DIE T1, T2: steigt aus und tritt vor / Die T3, VO: steigt aus, und tritt vor)
147/19 FANTASIE. T2, T3, VO: ⟨fehlt⟩
147/23 BEYDE T1, T2, T3: Zauberschwestern VO: Die Zauberschwestern
147/25 APOLLO T1, T2, T3, VO: Apoll (zu Hermione)
147/28 ALLES. Heil Apollo dir. T1: Alle. Heil dir⌐,⌐ Apollo! T2: Alle. Heil dir Apoll. T3: Alles. Heil dir Apoll!
147/29 *zerstört baut einen neuen auf* T1, T2: entweiht, baut einen neuen T3, VO: entweiht, baut einen neuen auf
147/30 *weihet* VO: heiligt
147/30 *mit mir* T1, T2, T3, VO: vereint mit mir
148/1–7 NACHTIGALL ⟨... bis⟩ Wäsch. T1: ⟨diese Stelle nur teilweise lesbar wegen Überklebung, die aber großteils wieder abgelöst wurde⟩ (× ~~Nacht. Den Nahmen kriegts nicht wegen mir.~~ / Narr. Ich such mir jezt ein Land wo lauter Narren sind. ⌐Distichon. Dann hoher Musengott ver⌐ ⟨Rest der Zeile überklebt⟩ / Apoll. Wer ist der Fremdling ~~hier~~? / Nacht. ~~Jezt kommt er über mich.~~ ×) ⟨Ersatztext auf eingeklebtem Zettel:⟩ ⌐~~Narr. Ich such mir jetzt ein Land, wo lauter Narren sind.~~ / Distichon. Dann, hoher Musengott, verbann' den niedern Sänger hier, oZ ⌊dort⌋ der edle Kunst entweiht. / Apoll. Wer ist der Fremdling wohl?⌐ T3: Distich. Dann, hoher Musengott, verbann' den niedern Sänger hier, der edle Kunst entweiht. / Apoll. Wer ist der Fremdling wohl? / ~~Nacht. Jetzt kommt er über mich; das wird a schöne Wäsch.~~ VO: Distichon. Dann, hoher Musengott, verbann' den niedern Sänger hier, der edle Kunst entweiht. / Apollo. Wer ist der Fremdling? / Nachtigall. Jetzt kommt er über mich, das wird eine schöne Wäsch'.
148/2 *Narrn* T2: Narren

148/3 f. NACHTIGALL. Und ich schau, daß ich eine Nachtigallen-
    insel findt. T2: ‹fehlt›
148/9 f. Rabenschwestern T3, VO: Zauberschwestern
148/11 ihn T2: dich
148/14 f. NACHTIGALL ‹... bis› seyn. T1, T2, T3, VO: ‹fehlt›
148/20 *(tritt vor)* T1: (tritt vor) T2: ‹fehlt› T3, VO: (gemüthlich)
148/22 lohnt mit T1: lohnte mit
148/23 euch T1: euch oZ ⌈nur⌉ T2, T3, VO: nur
148/27 Tethys T1, T2, T3, VO: Thetis
148/28 *zurük* VO: zurück und
148/28 *welchen* T1, T3: welchem
148/30–34 *die Meereswellen* ‹... bis› *Abendröthe.* T3: Die Son-
    nenstrahlen, welche auf der Hinterkourtine gemahlt sind, sin-
    ken mit dem Sonnenwagen in das Meer. Hesperus schwebt mit
    dem Abendstern auf dem Haupte in den Wolken. Diese Figur
    ist auf die Hintercourtine gemahlt. Rothes griechisches Feuer.
    Der Chor dauert so lange, bis Phöbus ganz im Meere ist. VO:
    Die Sonnenstrahlen im Hintergrunde sinken mit dem Sonnen-
    wagen in das Meer. Hesperus schwebt mit dem Abendstern auf
    dem Haupte in den Wolken.
148/30 f. *mit rother Folio* T1, T2: durch rothe Folio
148/32–34 *Die Hinterkortine* ‹... bis› *Abendröthe.* T1: ⌈Am Him-
    mel glänzt der Abendstern.⌉ T2: Am Himmel glänzt der
    Abendstern
149/3 dir dein T1: unser oZ ⌈dir dein⌉
149/6 *Ende* VO: (Der Vorhang fällt.)

ERLÄUTERUNGEN

84 2 *APOLLO*: griech. Gott des Lichtes, der Dichtkunst und der Musik. – 3 *DIE POETISCHE FANTASIE*: Raimunds Personifizierung der poetischen Schaffenskraft orientiert sich an der Gestalt des Genius, der in der römischen Kunst mit Flügeln dargestellt wurde. – 4 *HERMIONE*: Name aus der griech. Mythologie (Tochter des Menelaos), von Raimund vielleicht auch wegen des Anklangs an ›Harmonie‹ gewählt. – 4 *Flora*: weibl. Form von lat. ›florus‹, ›die Blühende‹. – 6 *VIPRIA*: abgeleitet von ›Viper‹, Giftschlange. – 7 *AROGANTIA*: abgeleitet von ›arrogant‹. – 8 *DISTICHON*: antike Versform, bestehend aus Hexameter und Pentameter. – 10 *ODI*: lat. Verb (dt. ›hassen‹), hier aber eher wegen Anklang an ›Ode‹, antikes Lied. – 11 *AMPHIO*: Amphion, Gestalt der griech. Mythologie, Sohn der Antiope und des Zeus oder des Epopeus; widmete sich besonders der Musik und dem Lyraspiel. – 12 *NACHTIGALL*: Singvogel, bekannt für ihren schönen Gesang, hier ironische Bezeichnung für einen schlechten Sänger. – 12 *Harfenist*: Volkssänger und Musiker, der in Gasthäusern (teilweise mit einer kleinen Truppe) aufspielte und sich selbst auf der Harfe begleitete.

85 9 *Eumeniden*: die drei Rachegöttinnen in der griech. Mythologie. – 21 *Zaubernimpfen*: Nymphen, in der griech. Mythologie weibliche Naturgottheiten; sie gehörten zum festen Personal der Zauberstücke. – 22 f. *den geflügelten Gaul*: das geflügelte Pferd Pegasos in der griech. Mythologie, Sinnbild der Dichtkunst. – 23 *Aurora*: lat., ›Morgenröte‹.

86 3 *Zephir*: Windgottheit aus der griech. Mythologie, die den (milden) Westwind verkörpert; in der Antike als Frühlingsbote verehrt. – 9 *Lyra*: harfenartiges Zupfinstrument. – 12 *Knittelreimen*: Knittelvers, dt. Versform seit dem 15. und 16. Jahrhundert mit Paarreim; ab der Barockzeit wegen seiner Kunstlosigkeit geringgeschätzt. – 16 *Orcus*: in der römischen Mythologie einer der Namen für den Gott der Unterwelt, mit Betonung der bösen, bestrafenden Seite, auch als Synonym für ›Unterwelt‹.

87 11 *wenn ihr die Sonn den Staar nicht sticht*: nach der Re-

densart ›den Star stechen‹; der Graue Star wurde bis in das 18. Jahrhundert durch Aufstechen der Hornhaut behandelt. – 26 f. *Leg du die Zeit in der du müssig gehst als Kapital zurück*: das Motiv der ›aufgesparten‹ Lebenszeit findet sich auch in Raimunds *Verschwender*: CHERISTANE erbettelt vom Verschwender FLOTTWELL ein Jahr seines Lebens und rettet ihn damit später aus seinem Elend.

88 18 f. *Lilienheerde*: Lilie, jahrhundertealtes Symbol für Jungfräulichkeit, Reinheit und Unschuld.

89 2 *Intressen*: ›Interessen‹, ›Zinsen‹.

90 20 *Jocus*: lat. ›iocus‹, dt. ›Scherz‹, ›Spott‹, ›Witz‹; als Personifikation Gott des Scherzes. – 32 *sie machen sich zu mausig*: ›sich mausig machen‹: sich frech und vorlaut äußern, benehmen. – 35 *türksche Schwals*: türkische Schals; das aus dem Orient stammende Kleidungsstück wurde ab dem 18. Jahrhundert in Europa modern.

91 27 *Parnaß*: Gebirgsstock in Zentralgriechenland, in der griech. Mythologie dem Gott Apollo geweiht und die Heimat der Musen. – 28 *kahlen Berg*: Kahlenberg, am nördlichen Rand von Wien gelegener Berg, auch als Weinbaugebiet bekannt.

92 14 *Hase*: sprichwörtlich für seine Ängstlichkeit (»Angsthase«, »Hasenfuß«). – 23 *Sack*: hier in der Bedeutung von ›Tasche‹ (»Hosensack«); vgl. *Das Mädchen aus der Feenwelt*, 20/29.

93 13 *falsche Waden*: Beinschienen (ocreae) waren bei den Römern Teil der Rüstung von Soldaten und Gladiatoren. – 13 *Achill*: in der griech. Mythologie ein beinahe unverwundbarer Heros der Griechen vor Troja, Hauptheld der *Ilias* des Homer. – 27 *Medusenhaupt*: Medusa: in der griech. Mythologie eine der drei Gorgonen; ihr schreckenerregender Anblick mit Schlangenhaaren am Haupt ließ jeden zu Stein erstarren. – 29 *Tab[l]eaux*: frz. ›tableau‹, ›Gemälde‹, ein wirkungs- und eindrucksvolles Bild am Ende eines Aktes oder einer Verwandlung; in der Theatersprache »ein durch Gruppen und Figuren der Schauspieler (oder Tänzer im Ballet) gleichsam im erstarrten Zustande sich darstellendes Bild« (Jeitteles).

94 7 *so lös die Riemen auf an meinem Schuh*: Anspielung auf Neues

ERLÄUTERUNGEN 885

Testament, Markus 1, 7: »des ich nicht wert bin, daß ich seine Schuhriemen auflöse«. – 17 *so gesunde Backen*: im Gegensatz zur Blässe, die jahrhundertelang als adeliges Kennzeichen und Schönheitsideal galt. – 23 *Schierlingskraut*: Schierling, eine der giftigsten einheimischen Pflanzenarten. – 24 *Zevs*: Zeus, der oberste olympische Gott in der griech. Mythologie, mächtiger als alle anderen Götter zusammen. – 32 *Quelle Figür.* frz. ›quelle figure‹, dt., ›was für eine Gestalt‹, möglicherweise Zitat aus Molière, *Der Geizige* (III, 4): »Ah Frosine, quelle figure!« – 33 *gebaut als wie ein Telegraphe*: »Zur Zeit Raimunds gab es nur optische Telegraphen, auf Anhöhen aufgestellte hohe Maste mit einem dreiteiligen Querbalken an der Spitze zum Signalisieren der einzelnen Zeichen. Die erste Telegraphenlinie dieser Art von Paris nach Lille (1794) wurde von Claude Chappe, der 1789 diese neue Art der Nachrichtenübermittlung erfunden hatte, eingerichtet« (HA, Bd. 2, S. 287).

95 11 *Ketskemeter Haide*: »Die Haide von K[ecskemet] [...] ist ohne Bäume, hat [...] viele Viehzucht und große Herden von Trappen« (*Neuestes Conversations-Lexicon*, Bd. 10, S. 74). – 12 *Matzleinsdorfs Gefielde*: Matzleinsdorf, eine der ältesten bekannten Vorstädte Wiens, heute Teil des 5. Wiener Gemeindebezirks Margareten. – 14 *Spinnerinn am Kreutz*: gotische Steinsäule am Wienerberg, noch im 19. Jahrhundert weithin sichtbarer Orientierungspunkt im Süden von Wien; bis 1868 befand sich die Hinrichtungsstätte unweit davon. – 16 *In Wien den tiefen Graben*: Straße in der Wiener Innenstadt. – 18 *Nußdorfs schöne Auen*: Nußdorf, nahe der Donau gelegener Vorort im Norden von Wien, heute Teil des 19. Wiener Gemeindebezirks Döbling. »Ab dem 18., insbes. aber im 19. Jh. ließen sich begüterte Wiener hier Sommerhäuser err.« (Czeike, *Historisches Lexikon Wien*, Bd. 4, S. 425).

96 5 *Sie hat ja so schon ihren Thee*: Sie sind »(verdientermaßen) übel zugerichtet« (Mautner); vgl. auch *Das Mädchen aus der Feenwelt*, 56/23 oder bei Nestroy z. B. *Zu ebener Erde und erster Stock* (HKA-Nestroy, Stücke 9/II, S. 109). – 18 *Detto, mit Obers*: auch bei Nestroy vorkommende Redensart für ›ebenso‹: *Nagerl und Handschuh* (HKA-Nestroy, Stücke 2,

S. 113), *Nur Ruhe! (Stücke 20,* S. 33). – 22 *auf den ersten Ruf*: Begriff aus dem Zahlenlotto: »als erste Nummer gezogen« (Hornung, S. 593).

97 3 *Virtuosen*: das Virtuosentum erlebte durch das Auftreten von Niccolò Paganini (1782–1840) einen Höhepunkt (›Paganini-Fieber‹); 1828 gab Paganini 14 Konzerte in Wien. – 16 *Hekate*: in der griech. Mythologie die Göttin der Magie, Theurgie und Nekromantie, die auch die Tore zwischen den Welten bewachte. – 26 *Erisychton*: Erysichthon, Gestalt der griech. Mythologie, wegen Fällung einer heiligen Eiche von Demeter mit unstillbarer Fressgier bestraft.

98 15 *Argus*: riesiges Ungeheuer in der antiken Mythologie mit Augen am ganzen Leib. – 24 *Minerva*: römische Göttin, Beschützerin der Handwerker und des Gewerbes, Schutzgöttin der Dichter und Lehrer, Göttin der Weisheit, der taktischen Kriegsführung und des Schiffbaus.

99 4 *recognosciren*: ›erkunden‹.

100 7 *Spornt den Gaul*: Anspielung auf Pegasos, vgl. Erläuterung zu 85/22 f. – 13 *Fortunens Blick*: Fortuna, die Glücks- und Schicksalsgöttin der römischen Mythologie. – 15 *Auweh zwick. Jezt wirds mir z'dick*: auch von Nestroy verwendete Redensart; vgl. HKA-Nestroy, *Stücke 25/I*, S. 522; dick: »es satt haben, seiner überdrüssig sein« (Röhrich, Bd. 1, S. 319). – 16 *Reim dich oder ich freß dich*: »Wenn wir uns über stümperhafte Reimereien lustig machen, gebrauchen wir das Wort ›Reim' dich, oder ich freß' dich!‹; aber auch übertragen gebraucht i. S. v.: geht es nicht gütlich, so geht es mit Gewalt. ›Reim dich, oder ich fresse dich‹ heißt eine in Nordhausen 1673 ersch. Satire« (Röhrich, Bd. 4, S. 1240). – 17 f. *Kalb, dem Mond entsprungen*: Als Mondkalb bezeichnete man eigentlich ein »›mißgestaltetes Kalb‹, da man nach altem Volksglauben dem Mond schädliche Wirkung zuschrieb; Bezeichnung für einen dummen Kerl« (HKA-Nestroy, *Stücke 11*, S. 330). – 22 f. *Theseus, von Canova*: Marmorskulptur von Antonio Canova, 1819 fertiggestellt und von Kaiser Franz erworben, ab 1822 im Theseustempel in Wien aufgestellt, seit 1890 im Stiegenhaus des Kunsthistorischen Museums. Genaugenom-

men zeigt die Skulptur die Tötung eines Kentauren, nicht die des Minotaurus, Letzterer besaß einen menschlichen Körper mit Stierkopf. – 27 *Zechmeister*: von einer Pfarrgemeinde für die Verwaltung und Erhaltung einer Kirche, des Pfarrhofes und der Schule bestimmte Person; vgl. auch *Der Diamant des Geisterkönigs*, Bd. 1 dieser Ausgabe, S. 121 und S. 605. – 30 *Hanswurst*: Inbegriff aller Lustigmacher und Ahnherr der komischen Volksfiguren auf dem Wiener Volkstheater, als dessen Begründer und Ausprägner des Hanswurst Josef Anton Stranitzky gilt. – 30 f. *Harlekin*: ital. ›Arlecchino‹, einer der Hauptcharaktere in der Commedia dell'Arte, Dienerfigur, die durch Wortspiele und andere Späße gekennzeichnet ist. – 35 *Probatum est*: lat. Redewendung, dt. ›es ist erwiesen‹.

101 2 *das trojansche Pferd*: in Homers *Odyssee* ein hölzernes Pferd vor den Toren Trojas, in dessen Bauch griech. Krieger versteckt waren. – 2 f. *schliefts [...] hinein*: ›schliefen‹, ›schlüpfen‹, ›sich durchzwängen‹; vgl. auch *Der Diamant des Geisterkönigs*, Bd. 1 dieser Ausgabe, 82/13. – 7 f. *Jezt schreiben sie Vers, auf meinen Bukel*: vgl. zu dieser Metapher für ›prügeln‹ den Ausdruck »mit Frakturbuchstaben auf den Buckel schreiben« (HKA-Nestroy, *Stücke 7/1*, S. 17 und 87). – 12 *Wir lassen uns in Kupfer stechen*: der Kupferstich war bis in die 1. Hälfte des 19. Jahrhunderts die verbreitetste Drucktechnik für die Wiedergabe von detailgetreuen Illustrationen in größeren Auflagen; Porträts bekannter Persönlichkeiten wurden als Kupferstiche verbreitet. – 20 f. *vom Schiffbruch ausgespuckt*: dasselbe Schicksal ereilt die Titelfigur QUECKSILBER in *Der Barometermacher auf der Zauberinsel*; vgl. Bd. 1 dieser Ausgabe, 12/5–11. – 27 *Ehret die Frauen, sie flechten und weben*: Zitat aus Friedrich Schillers Gedicht *Würde der Frauen*: »Ehret die Frauen! sie flechten und weben / Himmlische Rosen ins irdische Leben«. – 28 *Punctum*: lat., ›Punkt‹, im übertragenen Sinn für ›Schluss‹. – 30 *Cerberus*: griech. ›Kerberos‹, in der griech. Mythologie ein zumeist mehrköpfiger Hund, der den Eingang zur Unterwelt bewacht, damit kein Lebender eindringt und kein Toter herauskommt. – 30 *Hidra*: ›Hydra‹, vielköpfiges schlangenähnliches Ungeheuer der griech.

Mythologie. – 35 f. *Neujahrsgeschenk*: zum Brauchtum der Neujahrsgeschenke vgl. auch *Das Mädchen aus der Feenwelt*, 41/3 und Erläuterung dazu S. 604 f., oder bei Nestroy z. B. *Der Zettelträger Papp* (HKA-Nestroy, *Stücke 1*, S. 95).

102 7 *Gefriesel*: ›Gfrieß‹, umgangssprachlich für ›Gesicht‹. – 8 *Riesel*: »häßlicher Hautausschlag« (HA, Bd. 2, S. 287). – 12 *Bleichsucht*: Eisenmangelanämie, Folgen davon sind häufig Müdigkeit und eine blasse Gesichtsfarbe. – 12 *s' gelbe Fieber*: Gelbfieber, die aus den Tropen stammende Krankheit trat seit dem 17. Jahrhundert auch in Europa auf und galt im 19. Jahrhundert als eine der gefährlichsten Infektionskrankheiten; vgl. auch *Das Mädchen aus der Feenwelt*, 58/31. – 16 *Wassersucht*: Ödem, Gewebsschwellung aufgrund von Flüssigkeitseinlagerung aus dem Gefäßsystem. – 30 *Bindband*: »ein nur im Oberdeutschen, besonders in Österreich, übliches Wort, das Band zu bezeichnen, womit man jemanden an seinem Nahmenstage anzubinden pfleget, und in weiterer Bedeutung ein jedes Geschenk, welches man ihm zu dieser Zeit macht« (Adelung). – 32 *in Zügen*: ›in den letzten Zügen‹; das Grimm'sche Wörterbuch verzeichnet weitere Beispiele entsprechend Raimunds Formulierung ›in Zügen‹.

103 10–12 *Romantisches Thal. Weiße Lämmer weiden auf den Hügeln,* AMPHIO *sitzt auf einem Steine, und bläst ein sanftes Lied auf seiner Flöte*: Die Schäferidylle lässt sich in der Literatur bis in die Antike zurückverfolgen, im 18. Jahrhundert erlebte die Schäferdichtung einen Höhepunkt in Rokoko und Anakreontik; vgl. auch *Der Barometermacher auf der Zauberinsel*, Bd. 1 dieser Ausgabe, S. 27 und 343.

104 22 *Crösus*: letzter König Lydiens, lebte um 590 bis um 541 v. Chr.; sprichwörtlich wegen seines Reichtums.

105 20 *Ein Narr bringt zehn*: nach dem Sprichwort »Ein Narr macht zehn Narren, aber tausend Kluge noch keinen Klugen« (Karl Simrock, *Die deutschen Sprichwörter*, Frankfurt a. M. 1846, S. 344).

107 20 *Kraftgenie*: »rebellische, kraftvoll-schöpferische Gestalt der Sturm-u-Drang-Bewegung; mit kritischem Akzent aus der Altersperspektive« (Goethe-Wörterbuch).

108 10 *Liebesroman*: zu Raimunds Ironisierung der verbreiteten Lektüre romantischer Trivialromane vgl. auch *Der Barometermacher auf der Zauberinsel*, Bd. 1 dieser Ausgabe, 38/2–5. – 21 *Amors Bande*: Amor, in der römischen Mythologie der Gott der Liebe oder des Sichverliebens; dargestellt als halbwüchsiger Knabe. – 25 *Hymens Fackel*: Hymenaios, in der griech. Mythologie der Gott der Hochzeit; dargestellt als geflügelter Jüngling mit Hochzeitsfackel.

109 8 *Adonis*: in der griech. Mythologie einer der Geliebten der Aphrodite; Synonym für männliche Schönheit. – 10 *Herkules*: in der griech. Mythologie ein Heros mit übermenschlichen Kräften, aufgrund seiner Heldentaten in den Olymp aufgenommen. – 10 f. *Minervens Weisheit*: vgl. Erläuterung zu 98/24. – 12 *Polyhymnia*: eine der neun Musen, Muse der Hymnendichtung. – 12 *Selenens Sanftmuth*: Selene, Mondgöttin in der griech. Mythologie. – 16 f. *Saturn*: in der römischen Mythologie der Gott der Aussaat und des Ackerbaus. – 31 *Punsch und Champagner*: vgl. *Das Mädchen aus der Feenwelt*, 19/12 und 20/13 sowie Erläuterungen dazu S. 599 f.

110 9 *das große Wechselhaus Amor et Compagnie*: Anspielung auf Bankhäuser wie Sal. Oppenheim jr. & Cie., das 1789 gegründet worden war und im 19. Jahrhundert große Bedeutung erlangte. – 25 f. *eine lustige Rossinische Melodie*: »Die Opern von Gioachino Rossini (1792–1868) waren in Wien überaus beliebt und der Aufenthalt des Komponisten von April bis Juli 1822, bei dem er viele seiner Opern selbst am Kärntnertortheater dirigierte, führte zu einem förmlichen ›Rossini-Taumel‹, der jahrelang anhielt. Costenoble nennt ihn in seinem Tagebuch (21. November 1823) geradezu den ›Tagesgott‹« (Bd. 1 dieser Ausgabe, S. 599).

111 4 f. *Halt an! Qui vi? [...] Bon Ami*: Rufe aus dem formalisierten Sprachgebrauch von Wachtposten; frz. ›qui vit‹, dt. ›wer da‹; frz. ›bon ami‹, dt. ›gut Freund‹. – 6 *Nichts passirt*: hier im Sinn von ›niemand geht durch‹, ebenfalls aus dem militärischen Sprachgebrauch.

112 7 *hipokondrischen*: Raimund dürfte selbst unter Hypo-

chondrie gelitten haben (vgl. Bd. 1 dieser Ausgabe, S. 229). – 10 *Das Innere eines Bierhauses*: Bierhäuser waren fester Bestandteil des Gesellschaftslebens in der Biedermeierzeit. »In den Bierhäusern hatten Stammtischrunden, Bruderschaften, Krankenunterstützungsanstalten, Leichenvereine, Sparvereine und sonstige gesellige oder gemeinnützige Vereine ihren Sitz« (*Bürgersinn und Aufbegehren*, S. 598). – 25 *Narrendattel*: Bezeichnung für den 1819 verstorbenen volkstümlichen »Bierwirth« Johann Lochner bzw. seine Gaststätte am Alsergrund (heute Wien 9, Badgasse 29). »Man darf Lochner als den Ahnherrn jener »groben Wirte« bezeichnen, die aus Geschäftsgeist ihrer Kundschaft mit lust. Grobheiten aufwarteten u. sich auf diese Weise den Zuspruch aller jener sicherten, die daran Gefallen fanden« (Czeike, *Historisches Lexikon Wien*, Bd. 4, S. 347).

113 2 *Schaafköpfel*: Ein Rezept für »Schafköpfel, gebraten oder gebacken«, findet sich z. B. in: *Erstes National-Kochbuch in praktisch unterrichtenden Gesprächen* [...], hg. von Carl Teuber und Margaretha Reich, Wien 1837, S. 238 f. – 26 *Adut*: ›Atout‹, Trumpf im Kartenspiel.

114 7 *gäh*: »gach (Adj., Adv.) schnell, abschüssig, heftig, zornig« (Hornung, S. 374). – 11 *Kolifoni*: Kolophonium (Bogenharz), dient zur Verbesserung des Haftgleiteffekts der Bogenhaare auf den Saiten von Streichinstrumenten; vgl. dazu auch den Namen KOLIFONIUS in *Der Diamant des Geisterkönigs*, Bd. 1 dieser Ausgabe, S. 74.

115 3 *Wenn die Lieserl nur wollt, und die Lieserl nur –*: vgl. Joachim Perinet: *Hamlet. Eine Karrikatur in drey Aufzügen, mit Gesang in Knittelreimen*, Wien 1807, S. 83: »Wenn die Lieserl nur wollt, und wann die Lieserl mich möcht –«; auch Nestroy zitiert dieses Lied in *Nagerl und Handschuh* (vgl. HKA-Nestroy, *Stücke 2*, S. 121). – 4 *Jegas!*: Nebenform von ›Jessas‹; Ausruf des Erschreckens oder der Überraschung.

116 9 *Gall*: Galle, sprichwörtlich für ›Bitterkeit‹, ›Ärger‹ (z. B. »Gift und Galle spucken«). – 11 *spanisches Rohr*: Rohrstock, im 19. Jahrhundert auch als Züchtigungsinstrument verwendet. – 22 f. *ich red eimahl aus den F*: »In der Kaufmannsspra-

che bez. man seit dem 17. Jh. die Waren mit f, d. h. ›fino‹ = fein, und mit ff, d. h. ›finissimo‹ = sehr fein« (Röhrich, Bd. 2, S. 351).

118 11 *jezt gehts mit mir in einem Land nieder*: siehe dazu die ausführliche Erläuterung zu ›Luftballon‹ in Bd. 1 dieser Ausgabe, S. 604. – 16 *da hab ich schon gegessen*: »von etwas (im Vorhinein) genug haben« (Hornung, S. 366 unter dem Stichwort »fressn«). – 21 *Husar*: Angehöriger der leichten Kavallerie (ungar. Truppengattung). – 30 *Rabenbratel*: Schimpfwort; »Person, die es verdienen würde, auf dem Galgen von den Raben gefressen zu werden« (Hornung, S. 572).

119 9 *Saprerment*: »sapramént!, saprawóit! Fluchwörter, die durch Entstellung und Wortmischung aus schriftdt. *Sakrament* hervorgegangen sind« (Hornung, S. 599). – 10 *Bologneserl*: Bologneser, seit der Antike bekannte Hunderasse von kleinem, zartem Körperbau.

120 2 *Kinigelhasen*: Kaninchen. – 18 *Schneid haben*: »mutig, einsatzbereit sein« (Hornung, S. 660). – 22 *Dukaten*: Goldmünzen im Wert von 3 Gulden und 30 Kreuzern. Ein Gulden (zu 60 Kreuzer) hatte etwa den Wert von 15 Euro.

121 4 *Aken*: »Die Menagerie van Aken (auch: van Acken oder van Aaken) war ein Familienunternehmen niederländischer Herkunft, das in der ersten Hälfte des 19. Jahrhunderts neben einem Tierhandel mit mehreren Tierschauen durch Europa reiste und zu einer der bekanntesten Wandermenagerien zählte« (Wikipedia, abgerufen 26. 6. 2017). Von allen Familienmitgliedern wies Hermann van Aken (1797–1834) die stärkste Verbindung mit Wien auf (Berater von Schönbrunn, Heirat in Wien 1829). – 12 *Richard Löwenherz*: lebte 1157–1199, ab 1189 König von England, war maßgeblich am 3. Kreuzzug beteiligt, eroberte 1191 Zypern und die Stadt Akkon. – 22 f. *Übergang vom Affen zu den Menschen*: »Die Entwicklung von niederen zu höheren Tierformen und schließlich zum Menschen (wobei als seine Vorstufe der Affe angesehen wurde) hat schon vor Darwin Jean Lamarck in seiner *Philosophie zoologique* (Paris 1809) dargelegt« (HA, Bd. 2, S. 288). – 24 f. *Der zweite Theil ist immer schlechter als*

der Erste: vgl. dazu auch Nestroy, *Unverhofft* (1845): »und wie's schon geht bei die zweiten Theil, es is nicht mehr das Interesse« (HKA-Nestroy, *Stücke 23/1*, S. 13). – 29 *wenn der zehnte Mann erschossen wird*: »Von einer Truppe, die der Aufforderung eines Gensd'arme nicht Genüge leistet, werden die Schuldigen nach Beschaffenheit der Umstände nach dem IX., X., XVII. und XXVI. Kriegsartkel behandelt, sind aber Thätlichkeiten vorgefallen, so wird der zehnte Mann erschossen« (*Kriegsartikel für die kaiserlich-königliche Armee mit allen übrigen österreichischen Militär-Strafgesetzen*, vereinigt und erläutert von Ignaz Franz Bergmayr, Wien 1824, S. 61). – 31 *Schach*: ›Schah‹, ›Herrscher‹.

122 3 *Bella Donna*: Wortspiel mit Doppeldeutigkeit: ital. für ›schöne Frau‹ bzw. ›Atropa belladonna‹, botan. Begriff für Schwarze Tollkirsche, Nachtschattengewächs mit schwarzen, kirschenähnlichen, sehr giftigen Beeren. – 15 *Nirschel*: »kleiner Futtertrog« (Hornung, S. 564).

123 12 *Bisgurn*: »scharfzüngiges, zänkisches, herrschsüchtiges Weib« (Hornung, S. 156). – 21 f. *Der Zufall ist ein kurioser Kerl, der hat schon manchen herausgeholfen*: zur Thematisierung des Zufalls im Volksstück vgl. etwa auch Nestroy, *Das Mädl aus der Vorstadt*: »der Zufall muß ein b'soffner Kutscher seyn, wie der die Leut zsammführt« (HKA-Nestroy, *Stücke 17/11*, S. 61). – 26 *per se*: lat. Wendung, dt. ›an sich‹, ›von selbst‹.

124 16 *Chapeau*: hier: »Begleiter, Beschützer von Damen (franz. chapeau = Hut)« (HA, Bd. 2, S. 288).

125 18 *Hiprocrene*: Hippokrene, in der griech. Mythologie Quelle der Inspiration für den Dichter (wörtliche Übersetzung: »Rossquelle«).

127 4 *Knittelversen*: vgl. Erläuterung zu 86/12.

128 19 *Serviteur*: frz. für ›Diener‹, hier im Sinn von ›Verbeugung‹.

129 7 *Ich stehl Fortunen ihre Kugl*: Fortuna, die Glücks- und Schicksalsgöttin in der römischen Mythologie, wurde häufig mit Attributen wie Lebens- oder Schicksalsrad, Füllhorn, Ruder oder Kugel dargestellt. – 19 *Fidon*: aus frz. ›fi donc‹, dt. ›pfui doch‹, Ausruf des Entsetzens.

130 9 *Revenüen*: frz. ›revenue‹, dt. ›Einnahme‹, ›Ertrag‹. – 10 *der arme Poet, vom Kozebue*: *Der arme Poet*, Schauspiel in einem Akt (1813) von August von Kotzebue. – 21 *da[ß] der Rauchen aufgeht*: »In anderm Sinne sagt man [...] von einem der Wind macht, Unwahrheiten redet, er lüge, daß [...] der Rauch hinter ihm aufsteige« (Campe, Bd. 3, S. 759).
131 22 f. *wenn dich die Mirthe, und der Lorbeer schmückt*: Myrthe: in der griech. Mythologie der Göttin Aphrodite geweiht, Symbol für Jungfräulichkeit und Lebenskraft. Lorbeer: in der griech. Mythologie dem Apoll geweiht, Symbol des Sieges und des Ruhms für Feldherrn, Sportler und Künstler.
132 18 *Neptun*: römischer Gott des Meeres (entsprechend dem griech. Wassergott Poseidon).
133 5 *Olymp*: Hochgebirge in Griechenland, in der griech. Mythologie Wohnort der Götter.
137 13 *Tirsusstab*: Thyrsosstab, in der griech. Mythologie der mit Efeu und Weinlaub umwundene, von einem Pinienzapfen gekrönte Stab der Bacchantinnen. – 13 *Traperi*: ›Draperie‹, Stoffbehang. – 21 *Hitz*: hier: ›Fieber‹; vgl. auch *Der Barometermacher auf der Zauberinsel*, Bd. 1 dieser Ausgabe, 28/18.
138 3 *Blützer*: ›Plutzer‹, Steingutgefäß. – 10 *Schwestern von Prag*: *Die Schwestern von Prag*, Singspiel (1794) von Wenzel Müller, Text von Joachim Perinet nach Philipp Hafner. – 33 *wallachischen*: die Walachei, heute der südliche Teil Rumäniens, war bis 1829 als Fürstentum ein Vasallenstaat des Osmanischen Reichs.
139 8 *Apollosaal*: Vergnügungsetablissement in der Wiener Vorstadt Schottenfeld (heute 7. Bezirk, Neubau), errichtet 1807, überaus prächtig ausgestattet, mit Platz für mehr als 8000 Besucher, ab 1820 Schauplatz großartiger Festveranstaltungen. – 10 f. *Lied von der schönen Magelona*: Der Stoff des frz. Romans aus dem 15. Jahrhundert fand in dt. Volksbüchern ab dem 16. Jahrhundert große Verbreitung und blieb bis in das 19. Jahrhundert populär. – 12 *Mageroni*: verballhornt für ›Makkaroni‹. – 13 f. *ich bring mich 4 mahl nacheinander um*: vgl. Mozarts Oper *Die Entführung aus dem Serail* (1782), Text von Gottlieb Stephanie d. J.: »Erst geköpft, / dann gehangen, /

dann gespießt / auf heiße Stangen; / dann verbrannt, / dann gebunden, / und getaucht; / zuletzt geschunden« (Arie des Osmin im 1. Akt). – 27 f. *Durch den Äther durch die Lüfte / Schwebt ich leichten Flugs dahin*: Anspielung auf die Oper *Der Freischütz* (1821) von Carl Maria von Weber, Text von Johann Friedrich Kind: »Durch die Wälder, durch die Auen / Zog ich leichten Muts dahin« (Arie des Max im 1. Akt).

140 5 *O Jupiter, der du mich einst aus deinem Haupt gebarst*: in der römischen Mythologie wurde Minerva aus dem Kopf des Jupiter geboren.

141 8 *Nemesis*: in der griech. Mythologie die Göttin der ausgleichenden, vergeltenden und strafenden Gerechtigkeit, daher auch Rachegottheit. – 14 *Phönix*: mythischer Vogel, bereits von den Ägyptern verehrt, danach in der griech. und römischen Mythologie Symbol der Wiederkehr des Lebens.

144 15 *Je dummer der Mensch, je größer sein Glück*: nach dem Sprichwort »Je dummer der Mensch, desto größer das Glück« (Karl Simrock, *Die deutschen Sprichwörter*, Frankfurt a. M. 1846, S. 79). – 31 *Phöbus*: Beiname des griech. Gottes Apollon.

145 14 *Daphne*: Bergnymphe in der griech. Mythologie. »Ohngeachtet Apollo selber der Gott der Jugend und Schönheit war, so war er doch selten in der Liebe glücklich. [...] Auch Daphne entschlüpfte der Umarmung des Apollo« (Karl Philipp Moritz, *Götterlehre*).

146 9 *Eros*: griech. Entsprechung zu Amor in der römischen Mythologie (vgl. Erläuterung zu 128/1). – 23 *Das Gedicht hat eine Menge Fehler*: Der Höfling ODI erweist sich damit als Vertreter einer überholten normativen Poetik, die für die Barockzeit charakteristisch war; auch der Satz »Gelehrsamkeit allein verfasset kein Gedicht« (141/11 f.) verweist auf den Gegensatz von regelorientierter und freierer Dichtkunst. – 27 *Jezt steh ich frisch*: »Eine Oestreichische ironische Phrase für: jetzt bin ich gut daran« (Joseph Sonnleithner in *Philipp Hafner's gesammelte Schriften*, Bd. 3, S. 117, Wien 1812); vgl. auch *Der Barometermacher auf der Zauberinsel*, Bd. 1 dieser Ausgabe, 54/26.

147 9 *Thetis*: ›Tethys‹, in der griech. Mythologie Titanin und

Meeresgöttin, in der Dichtung häufig Personifizierung des Meeres.

148 6 f. *a schöne Wäsch*: »Das hat sich gewaschen: es ist vortrefflich, rein von Mängeln und Fehlern« (Röhrich). – 31 *Folio*: hier ›Folie‹.

Zu den Varianten:

724 *Schanzel*: Uferstrecke längs des Donaukanals. »Am Sch[anzel] (urspr. Gegend vor dem Rotenturmtor am re[chten] Kanalufer) befand sich viele Jahre der bedeutendste Obstmarkt W[iens]; hier landeten die auf der Donau ankommenden Obstzillen, die Ware wurde gleich verkauft« (Czeike, *Historisches Lexikon Wien*, Bd. 5, S. 62).

Zitierte Literatur zu den Erläuterungen:

Adelung, Johann Christoph, *Grammatisch-kritisches Wörterbuch der Hochdeutschen Mundart, mit beständiger Vergleichung der übrigen Mundarten*, 4 Bände, Leipzig 1793–1801; Wien 1808, 5. Aufl., Wien 1846; Neudruck der 2., vermehrten und verbesserten Ausgabe, Hildesheim 1970.

Bürgersinn und Aufbegehren. Biedermeier und Vormärz in Wien 1815–1848 (Katalog der 109. Sonderausstellung des Historischen Museums der Stadt Wien), Wien, München 1988.

Campe, Johann Heinrich, *Wörterbuch der Deutschen Sprache*, 5 Bände, Braunschweig 1807–1811; Neudruck Hildesheim 1969.

Neuestes Conversations-Lexikon, oder allgemeine deutsche Real-Encyclopädie für gebildete Stände, von einer Gesellschaft von Gelehrten ganz neu bearbeitet, 18 Bände und 1 Suppl., Wien 1825–1835.

Czeike, Felix, *Historisches Lexikon Wien*, 5 Bände, Wien 1992–1997.

Goethe-Wörterbuch http://woerterbuchnetz.de/cgi-bin/WBNetz /wbgui_py?sigle=GWB (abgerufen 20. 12. 2017)

Philipp Hafner's gesammelte Schriften. Mit einer Vorrede und Anmerkungen, vorzüglich über die Oesterreichische Mundart, Wien 1812.

Hornung, Maria, *Wörterbuch der Wiener Mundart*, Wien 1998.

Jeitteles, Ignaz, *Aesthetisches Lexikon*, 2 Bände, Wien 1839.

Kriegsartikel für die kaiserlich-königliche Armee mit allen übrigen österreichischen Militär-Strafgesetzen, vereinigt und erläutert von Ignaz Franz Bergmayr, Wien 1824.

Moritz, Karl Philipp, *Götterlehre oder mythologische Dichtungen der Alten*, Frankfurt a. M. 1982.

Erstes National-Kochbuch in praktisch unterrichtenden Gesprächen [...], hg. von Carl Teuber und Margaretha Reich, Wien 1837.

Nestroy, Johann, *Sämtliche Werke*, Historisch-kritische Ausgabe, hg. von Jürgen Hein, Johann Hüttner, Walter Obermaier und W. Edgar Yates, Wien, München 1977–2012.

Raimunds Werke in zwei Bänden, hg. von Franz Hadamowsky, 2 Bände, Salzburg, Stuttgart, Zürich 1971.

Röhrich, Lutz, *Lexikon der sprichwörtlichen Redensarten*, 5 Bände, Freiburg i. Br., Basel, Wien 1994.

Simrock, Karl, *Die deutschen Sprichwörter*, Frankfurt a. M. 1846.

MUSIK

Wie schon für *Das Mädchen aus der Feenwelt* ist auch für *Die gefesselte Fantasie* belegt, auf welche Weise sich Raimund, der im Unterschied zu Nestroy kein professionell ausgebildeter Musiker war, in die musikalische Gestaltung seiner Stücke einbrachte. Aus zeitgenössischen Quellen, wie zum Beispiel seiner Selbstbiographie oder Briefen, erfahren wir generell, dass er »bei Verfassung vieler Lieder gleich die Melodien mit hinschrieb« (Selbstbiographie, SW Bd. 5/2, S. 725). Neben solchen Dokumenten sind aber besonders die als autograph belegten Musikhandschriften Raimunds von Bedeutung, mit denen sich aus musikwissenschaftlicher Sicht Thomas Aigner eingehend beschäftigt hat (vgl. Thomas Aigner, ›Musikhandschriften Ferdinand Raimunds‹, in: *Jahrbuch der Österreich-Bibliothek in St. Petersburg*, Bd. 8, 2007/2008, S. 58–72). Aigner beschreibt ein in der Wienbibliothek erst seit 2008 registriertes Konvolut an Notenmanuskripten, »das insgesamt acht Blätter mit autographen, weitgehend untextierten Melodieentwürfen Raimunds enthält« (Aigner, S. 59). Mit Ausnahme eines nicht eindeutig zuzuordnenden Blattes gehören diese Entwürfe zum *Mädchen aus der Feenwelt* und zur *Gefesselten Fantasie*; für Letztere haben sie umso größere Bedeutung, als sich die Bühnenpartitur der Uraufführung nicht erhalten hat. Das Notenmanuskript mit der Signatur MHc 21.055 (»Arie. Nachtigall als Minstrell«) enthält »eine vollständige, weitgehend der Endfassung […] entsprechende Niederschrift der Melodiestimme der ›Serviteur‹-Ariette«; weil Raimund für die handwerklich korrekte Ausführung seiner musikalischen Ideen auf versierte Komponisten angewiesen war, dürfte dieses Manuskript Wenzel Müller, der als Kapellmeister des Leopoldstädter Theaters für die Musik zur *Gefesselten Fantasie* verantwortlich war, als Kompositionsgrundlage gedient haben (Aigner, S. 64). Das Blatt mit der Signatur MHc 21.056 enthält teilweise detaillierte Entwürfe zu den Instrumentalvorspielen einiger Lieder, wie der sogenannten »Zufallsarie« (II, 3), dem »Preislied« (II, 21) und NACHTIGALLS Auftrittslied (I, 20); außerdem »die Niederschrift zweier Melodiezitate, die im Quodlibet der Phantasie […] Verwendung fanden«, nämlich »den Beginn der Arie des Max aus der Oper *Der Freischütz* von Carl Maria von Weber« sowie eine ihrer Herkunft nach bislang ungeklärte Melodie mit dem im Quodlibet unterlegten Text »Wünscht ich euch zu besitzen, ihr wärt mein höchstes Glück« (II, 19). Unter der Signatur MHc 21.057 findet sich schließlich ein untextierter Melodieentwurf zum Schluss des Quodlibets »nach Melodien aus *Il Barbiere di Siviglia* von Gioacchino Rossini« (Aigner, S. 66 f.).

Ein bis heute verschollener Entwurf für das gesamte Quodlibet der *Gefesselten Fantasie* (faksimiliert abgedruckt in SW Bd. 1, S. 539) beschäftigte schon den Musikwissenschaftler Alfred Orel. Es ist deshalb von Interesse, weil Orel für seine Editionsarbeit keine handschriftliche Partitur (angeblich im Besitz der Bayerischen Staatstheater) zur Verfügung stand, so dass seine wichtigste Quelle für die Edition der Lieder Anton Diabellis *Neueste Sammlung komischer Theater-Gesänge* war (Nr. 151–156, 209, 210; siehe Ferdinand Raimund, *Die Gesänge der Märchendramen in den ursprünglichen Vertonungen*, hg. und eingeleitet von Alfred Orel, Wien 1924). Auf der Grundlage dieses Quodlibet-Entwurfs betrachtet auch Orel die Tätigkeit Wenzel Müllers als eine lediglich redaktionelle, »denn das vorliegende Skizzenblatt zeigt, daß das Wesentliche der Quodlibetkomposition, nämlich die Auswahl und Zusammenstellung der [...] anderswo übernommenen Weisen, eben von Raimund selbst stammt« (SW Bd. 1, S. 540).

Orels Annahme wird durch die von Aigner beschriebenen Notenmanuskripte bestätigt. Unter ihnen befindet sich noch jenes mit der Signatur MHc 21.054, das zwar weder von Raimunds noch Wenzel Müllers Hand stammt, aber laut Aigner (S. 68) die »einzige Quelle zum bislang verschollen geglaubten Notentext des [...] Heurigenlieds des Nachtigall« darstellt. Nach einer allerersten verworfenen Konzeption sah Raimund für diese Stelle den Beginn eines Quodlibets vor (I, 20; 115/1–10), sang bei der Uraufführung der *Gefesselten Fantasie* dann aber wohl das »Heurigenlied«, das kurz darauf durch das »Paganinilied« ersetzt wurde. Für die Neuinszenierung des Stücks im Theater an der Wien 1830 trat an dessen Stelle dann das sogenannte »Tischlerlied«.

Von Adolf Müller sen. verwahrt die Musiksammlung der WBR zwei Konvolute zur *Gefesselten Fantasie*: MHc 12.007 enthält

NACHTIGALLS schlichtes, zweiteiliges Strophenlied (II, 3; 123/3–124/22), die sogenannte »Zufallsarie« (Andante, 3/8-Takt, G-Dur, 61 Takte); die Texte aller drei Strophen stimmen mit dem Lesetext dieser Ausgabe überein. MHc 904 ist ein tintengeschriebenes Konvolut mit Aufführungsspuren (Bleistift) und einem sauber geschriebenen Inhaltsverzeichnis aller verwendeten Nummern mit ihrer jeweiligen Kennzeichnung in »Neues Original« und »Altes Original«. Die Signatur der WBR stimmt mit der überein, die Alfred Orel in seinem Revisionsbericht zur *Gefesselten Fantasie* als »autogr. Partitur- und Klavierauszugsskizzen von Adolf Müller sen.« (SW Bd. 6, S. 286 f.) beschreibt. Aufgrund der darin genannten anderen Werke Adolf Müllers (z. B. *Bankier und Maler*, uraufgeführt am 20. November 1847) muss ihre Datierung wohl weit nach Raimunds Tod angesetzt werden.

Die Musiksammlung der ÖNB verwahrt unter der Signatur Suppl. Mus. 25.254 (alte Signatur T.W. 161 A) eine gebundene Partitur von Wenzel Müllers Bühnenmusik zur *Gefesselten Fantasie*. Es handelt sich um eine gut lesbare Reinschrift (Tinte) mit wenigen aufführungspraktischen Eintragungen. Die Partitur (Querformat) hat kein Titelblatt und gibt auch sonst keinen Hinweis auf die Urheberschaft der Handschrift oder ihre Datierung. Sie enthält keine Ouvertüre und keinerlei Instrumentalstücke, die aber in Form von Melodramen oder Verwandlungen in der Dramaturgie des Stücks vorkommen. Der Kopftitel »Gefesselte Fantasie« findet sich oben links nur bei *N° 1. Introduzione*. Daneben erweckt die Einheitlichkeit der sauberen Abschrift den Anschein, dass diese Partitur quasi in einem Zug, vermutlich als Kopistenabschrift, entstanden ist.

Auf der Grundlage dieser Partitur erstellte Alice Waginger einen Klavierauszug (Alice Waginger, *Die Einlagen Adolf Müllers sen. [1801–1886] in die Werke Ferdinand Raimunds [1790–1836]*, Magisterarbeit [Univ. für Musik und darstellende Kunst] Wien 2013, S. 121–164). Sie nennt außerdem »Abschriften (laut RISM) [...] in den Bibliotheken von Hamburg, Detmold und Weimar« (S. 42), ferner eine von Alfred Orel (1923) erwähnte »handgeschriebene Partitur, die sich zur Zeit der Entstehung der Raimund Ausgabe in der Bibliothek des Bayerischen Staatstheaters befunden haben soll, aber damals nicht auffindbar war« (siehe oben).

Nach Waginger (S. 43) ist die Partitur eine »Schenkung des Theaters an der Wien (Signatur T.W. 161 A) aus dem Jahr 1923, und wurde erst 1944 katalogisiert«. Die Striche und Kürzungen beziehen sich vermutlich auf »die Aufführungsserie 1830 im Theater an der Wien« (S. 43). »Die ursprünglich zweite Ariette des Nachtigalls *Der Heurige ist ja ein Göttergetränk* (›Heurigenlied‹) scheint in dieser Partitur seltsamerweise gar nicht auf, es gibt auch keine Hinweise auf die bei einer Wiederaufnahme am 23. Mai 1828 zum ersten Mal stattdessen gesungene Ariette *He Brüder, wollts recht lustig sein* (das sogenannte ›Paganinilied‹, weil es auf eine von Paganini stammende Melodie gesungen wurde)« (Waginger, S. 43 f.).
Die Partitur enthält mit Ausnahme der genretypischen Ouvertüre alle musikalischen Merkmale eines Singspiels: Chöre, ein Quodlibet und natürlich strophisch gegliederte sowie durchkomponierte Lieder für die Hauptfiguren des Stücks. Auf die fehlenden handlungsbedingten Instrumentalkompositionen, wie Tänze oder musikalische Untermalungen in Form von Melodramen, deuten in der Partitur lediglich Hinweise in Form musikalischer Anweisungen und Handlungsstichwörter.
Die Orchesterbesetzung umfasst Flöten, Oboen, Klarinetten, Fagotte, Hörner, Trompeten, Pauken sowie Streicher (Violinen, Bratschen, Celli, Kontrabass). Der gemischte Chor besteht aus Sopran-, Tenor- und Bassstimmen.
Bei der folgenden Auflistung werden die Überschriften, Tempi, Takt- und Tonarten genannt, ebenso die Anzahl der Takte. Wenn nicht anders angegeben, entsprechen die Liedtexte den jeweiligen Stellen im Lesetext dieser Ausgabe.

N° 1. Introduzione
Agitato, 4/4-Takt, 54 Takte (I, 1; 85/7–11).
Die Nummer beginnt instrumental, mit der Regieanweisung »Alles ist in Bestürzung« (9/5), in d-moll, die Tonart wechselt mit dem Einsatz des gemischten Chors (»Opferdiener« und »Inselbewohner beiderley Geschlechts«), zu D-Dur. Es handelt sich um einen Introduktionschor für Sopran, Tenor und Bass im großangelegten Opernstil mit einfach erzeugter Länge bzw. Ausdehnung durch mehrfache Wiederholung von Versteilen. Der schlicht ver-

tonte Strophentext wird hauptsächlich durch die 1. Violine umspielt.

N° 2. Coro
Allegro, 4/4-Takt, C-Dur, 18 Takte (I, 4; 89/18–21).
»Männliche und weibliche Bewohner der Insel« singen diesen kurzen Huldigungschor, der nur mit Holzbläsern und Streichern orchestriert ist. Im Anschluss an diese Nummer finden sich Anweisungen, die sich vermutlich auf im weiteren Handlungsverlauf erforderliche Musik beziehen: »Auf 2 Zeichen Intrada / attacca. Intrada / Auf 2 Zeichen starker Accord. / N° 10 Furioso allein / ohne Adagio. / Flauto hinauf.« Bis auf »Flauto hinauf« wurden diese Hinweise mit rotem Stift gestrichen, mit Bleistift hat man hinzugefügt: »Einlage Melodram für den Narren. / Verwandlung.«
Wo genau eine Musik melodramatischen Stils beginnen sollte, bleibt offen und geht auch aus Raimunds Text nicht hervor. Naheliegend ist es, ein »Intrada«, gefolgt von einem »starken Accord« auf den Beginn der 6. Szene zu beziehen, in dem der Auftritt der Zauberschwestern AROGANTIA und VIPRIA mit allgemeinem Entsetzen kommentiert wird (»ALLES *steht erstarrt in Gruppen*«; 93/23). Außerdem ist anzunehmen, dass die Verwandlung von HERMIONES Garten (I, 7; 97/20–23) mit entsprechender Musik unterlegt wurde, etwa um das Heulen des Windes hörbar zu machen. Das »Melodram für den Narren« mit anschließender »Verwandlung« bezieht sich auf die 9. Szene des ersten Akts, in der der NARR nach einem langen Monolog Verse rezitiert (»Ganz leicht beginn, der Januar […]«, 102/1–103/8). Danach verwandelt sich die Bühne für den Auftritt des Hirten AMPHIO, der »ein sanftes Lied auf seiner Flöte« bläst, in ein »Romantisches Thal« (103/10).

N° 3. Arietta
FANTASIE (Sopran): »Ich bin ein Wesen leichter Art«.
And[an]te, 3/4-Takt, B-Dur, 38 Takte. Am Ende: »2 mal da capo« (I, 14; 107/15–108/7).
Groß orchestriertes Auftrittslied der FANTASIE, tonangebend sind während der Textbegleitung nur Holzbläser und Streicher. Die

ursprüngliche Tempobezeichnung wurde mit Bleistift gestrichen und, ebenfalls mit Bleistift, »Alla Polacca« hinzugefügt und unterstrichen. Auch eine mit rotem Stift vermerkte Transposition »in C« wurde mit Bleistift gestrichen. Der Text aller drei Strophen unterscheidet sich in der Partitur nur geringfügig vom Lesetext (»tausend Freuden« statt »tausend Launen« in der ersten Strophe; »zarte Herzen« statt »ihre Herzen« in der zweiten Strophe). Das periodisch gegliederte Lied, dessen Tonumspielungen die Leichtigkeit der Figur auch melodisch charakterisieren, liegt als gedruckter Klavierauszug in der *Neuesten Sammlung komischer Theater-Gesänge* vor (Nr. 151).

N° 4. Coro
Allegretto, 2/4-Takt, D-Dur, 36 Takte.
Dieser »Chor der Handwerker« für Tenor und Bass (mit dem Beginn »Herrlich, prächtig, delikat sind die Speisen«) kommt im Lesetext zwar nicht vor, er gehört aber inhaltlich zu I, 19 (vgl. Kapitel »Lesarten« zu 112/16). Wie üblich reduziert sich die ursprünglich große Instrumentierung auch in dieser Nummer während des Textvortrags auf Holzbläser und Streicher, die die Melodie umspielen, und verdichtet sich während der Frage nach dem Harfenisten NACHTIGALL (»Sagt uns doch Herr Wirth einmal [...]«). Der gleichförmige Melodieverlauf der Singstimme, der sich auf vier Töne reduzieren lässt, erzeugt den Eindruck eines Sprechgesangs. Der Text ist einfach, fast durchgehend in Achteln vertont, die den Frageton imitieren, indem sie taktweise um eine Stufe steigen und dann wieder auf einer Tonhöhe verharren.

N° 5. Arietta
NACHTIGALL (Tenor): »Nichts schöner's auf der ganzen Welt«.
Allegretto, 2/4-Takt, F-Dur, 57 Takte (I, 20; 113/9–26).
Auch dieses schlicht periodisch gegliederte und in flottem Allegretto komponierte strophische Auftrittslied für den Harfenisten NACHTIGALL ist in Diabellis *Neuester Sammlung komischer Theater-Gesänge* erschienen (Nr. 152). Instrumentiert wurde es mit Hörnern, Holzbläsern und Streichern. In der Partitur wurde auf der leeren Seite nach dieser Arie mit Bleistift notiert: »Anfangen /

Einlage in B 2/4 Tischlerlied / Einlage furiosa«. Laut Lesetext der vorliegenden Ausgabe beginnt NACHTIGALL auf die Aufforderung »a bißel was neues singen« (114/32 f.) mit einem »Quodlibet« (siehe zur musikalischen Gestaltung dieser Szene die Ausführungen oben, S. 898).

N° 6. Coro

Allegro, 6/8-Takt, C-Dur, 33 Takte (I, 20; 117/15 f.).
Dieser groß besetzte Männerchor für Tenor und Bass kommt im Lesetext nicht vor. Er war für den Schluss des ersten Aufzugs gedacht, in dem die Wirtshausgesellschaft NACHTIGALLS Verschwinden kommentiert. In der Partitur lautet der Text: »Spektakel welch Gebrauß es erbebt das ganze Haus gütger Himmel steh uns bey das ist Satans Hexerey Weh weh wir sind verloren seht die Hexe und der Schuft fliegen pfeilschnell durch die Luft gütger Himmel steh uns bey« (vgl. auch Kapitel »Lesarten« zu 117/11–14).

Atto. 2do N° 7. Arietta

NACHTIGALL (Tenor): »Der Zufall der sendet viel Vögelchen um«.
Ohne Tempoangabe, 3/8-Takt, G-Dur; 60 Takte (II, 3; 123/24–124/22).
Der Strophentext der Partitur entspricht weitgehend dem Lesetext (Unterschiede: »auf der Nase« statt »um die Nase«; »Montour« statt »Bortur«; »fallen herab« statt »fliegen thalab«). Notiert wurde nur die erste Strophe, auf der leeren Seite am Ende des Lieds findet sich mit Bleistift der Hinweis »Einlage Entreact.« Auch dieses Lied erschien als Klavierauszug in Diabellis *Neuester Sammlung komischer Theater-Gesänge* (Nr. 153). Mit jeweils viertaktigem Vorder- und Nachsatz ist es wie viele andere Lieder seines Genres formal streng periodisch gegliedert. Mit einer kurzen Unterbrechung in den Versen 5–6 jeder Strophe (die quasi steigernd mit einer Fermate enden) erhält der Text einen ruhig (moderato) fließenden punktierten Rhythmus im 3/8-Takt.

N° 8. Coro

Risoluto, 4/4-Takt, Es-Dur, 24 Takte (II, 4; 125/4–7).
Männerchor mit dem Textbeginn: »Laß uns vor eile hin«. Neben

der Überschrift steht mit Bleistift »Verwandlung«, entsprechend umfangreich (8 Takte) fällt im Vergleich zu sonstigen Chören das instrumentale Vorspiel aus. Groß besetzt ist nur der erste Strophenteil (Verse 1–2), ab »Wir erdulden [...]« wird die instrumentale Begleitung auf Streicher, Fagotte und Hörner reduziert. Neben diesem leiseren Ton ändert sich der rhythmische Charakter; der geradlinige, direkte Marschrhythmus der Verse 1–2 verlangsamt sich, bei taktweise um je eine Stufe absteigender Melodik bleibt der Rhythmus dann in jedem Takt gleich: halbe Note, gefolgt von zwei Vierteln, was den Worten Gleichförmigkeit und Monotonie sowie Eindringlichkeit gibt.

N° 9. Aria
NACHTIGALL (Tenor): »Serviteur Serviteur«.
Allegretto, 2/4-Takt, G-Dur, 34 Takte; Moderato, 3/4-Takt, 42 Takte (II, 9, 128/19–129/8).
Die Einleitung (Verse 1–2) bis zum ersten Teil (Allegretto) dieser durchkomponierten Liedform demonstriert musikalisch quasi eine Verbeugung (viermal »Serviteur«, mit genügend Zeit für schauspielerische Gesten in den musikalischen Pausen). Der Hauptunterschied zwischen den beiden folgenden Liedteilen (128/21–24 und 128/25–129/8) besteht in der Änderung des Metrums bei fortlaufendem Rhythmus in Achtelnoten (Betonungsänderung vom geraden zum ungeraden Takt). In der *Neuesten Sammlung komischer Theater-Gesänge* erschien diese Arie als Nr. 154.

N° 10. Quodlibet
FANTASIE (Sopran): »Ha was ist das«.
II, 19; 139/19–140/16. Siehe dazu die Ausführungen oben, S. 897 f.
Nr. 155 in der *Neuesten Sammlung komischer Theater-Gesänge*.

N° 11. Coro
Cantabile, 3/4-Takt, E-Dur, 29 Takte (II, 20; 140/29–141/2).
Chor (der Dichter) für Tenor und Bass im Stil deutscher Operntradition mit dem Textbeginn: »Vergebens winkt des Preises Glück«. Nur Holzbläser, Hörner und Streicher begleiten die Singstimmen.

N° 12. Arietta
NACHTIGALL (Tenor): »Liebe Leutchen kommt zu mir«.
Allegretto, 2/4-Takt, G-Dur, 54 Takte (ohne Wiederholungen); (II, 21; 142/11–143/29).
Lied im Harfenistenstil (Einlagelied), mit Chor als Kommentator. Am Schluss, mit Rotstift, anschließend mit Bleistift gestrichen: »Einlage Adagio«, darunter mit Bleistift: »Einlage Chor«. Nr. 156 in der *Neuesten Sammlung komischer Theater-Gesänge*.

N° 13. Schlusschor
Allegro, 6/8-Takt, A-Dur, 27 Takte (ohne Wiederholung); (II, 23; 149/2–5).
»Allgemeiner Schlußchor« für Sopran, Tenor und Bass mit dem Textbeginn: »Sink hinab, du heißer Tag«.

Dagmar Zumbusch-Beisteiner

THEATERZETTEL

Freye Einnahme.

Heute Dienstag den 8. Jänner 1828,
wird im k. k. priv. Schauspielhause in der Leopoldstadt aufgeführt
(Zum Vortheile des Unterzeichneten:)

Zum ersten Mahle:

Die gefesselte Fantasie.

Original-Zauberspiel in zwey Aufzügen,
von dem Unterzeichneten.

Musik von Kapellmeister Wenzl Müller.
Gruppirungen von Pantomimenmeister Rainoldi.
Die neuen Decorationen von Dolliner und Mayer.
Die Maschinen von Lebesnier.
Das Costüm neu.

Personen:

Apollo	Hr. Schaffer.
Die Fantasie	Dem. Krones.
Hermione, Königin der Halbinsel Flora	Dem. Heurteur.
Affriburo	Hr. Kemetner.
Vipria } Die Zauberschwestern	Dem. Ennöfl.
Arogantia	Dem. Gärder.
Ditichon, Hofpoet	Hr. Fermier.
Der Narr	Hr. Korntheuer.
Obi, ein Höfling	Hr. Londner.
Amphio, Hirte der Lilienheerde	Hr. Lang.
Nachtigall, Harfenist aus Wien	Ferdinand Raimund.
Der Wirth zum Hahn	Hr. Tasches.
Ein Dichter	Hr. Nögl.
Ein Schüler	Hr. Tomaselli.
Ein Spengler	Hr. Swoboda.
Ein Kellner	Hr. Neiher.

Hermionens Hofstaat, Opferdiener, Dichter, Inselbewohner, verschiedene Gäste, Volk.

Dem Antheile und der Huld des verehrungswürdigen Publikums empfiehlt sich

Ferdinand Raimund,
Regisseur dieser Bühne.

Logen und Sperrsitze sind in der Wohnung des Beneficianten, in der Praterstraße Nro: 503
zur Weintraube, im 2. Stocke, die Thür rechts zu verhalten.

Freybillete sind ungiltig. Der Anfang ist um 7 Uhr.

Theaterzettel der Uraufführung am 8. Jänner 1828 im Theater in der Leopoldstadt (Theatersammlung Christian Feldmann, Wien)

INHALTSVERZEICHNIS

DAS MÄDCHEN AUS DER FEENWELT
ODER DER BAUER ALS MILLIONÄR   7

DIE GEFESSELTE FANTASIE   83

ANMERKUNGEN

Zur Ausgabe   153
Zur Wiedergabe der Texte   154
Verwendete Schriftarten, Abkürzungen, Chiffren und
  Zeichen   155
Bibliographie   158

DAS MÄDCHEN AUS DER FEENWELT
ODER DER BAUER ALS MILLIONÄR
Einführung   161
Überlieferung   163
Textgrundlage   175
  Seitenwechsel in HS   175
  Szenenkonkordanz   179
Entstehung und Vorlage   182
Raimunds Inhaltsangabe   184
Aufnahme   199
  1. Zeitgenössische Kritiken   199
  2. Zur Interpretation   364
Varianten, Zusatz- und Repetitionsstrophen   374
  1. Einlageblätter in HS und ursprüngliche Fassung von T1   374
  2. Zusatz- und Repetitionsstrophen zum Aschenlied   447
  3. Zusatz- und Repetitionsstrophen zum Schlussgesang   468
  4. Prosavarianten zu I, 8   470
  5. Prosavarianten zu II, 9   472
  6. Prosavariante zu II, 10   473
Lesarten   474
  1. Raimunds Manuskript (HS)   474
  2. Theaterhandschriften, Zensurhandschriften, Erstdruck   548

Erläuterungen	595
Musik	612
Theaterzettel	622

DIE GEFESSELTE FANTASIE

Einführung	623
Überlieferung	625
Textgrundlage	635
Seitenwechsel in HS	635
Szenenkonkordanz	639
Entstehung und Vorlage	641
Raimunds Inhaltsangabe	644
Aufnahme	654
1. Zeitgenössische Kritiken	654
2. Zur Interpretation	716
Varianten	723
1. »Heurigenlied« / »Paganinilied« / »Tischlerlied«	723
2. »Zufallsarie« / »Glücksarie«	729
3. »Serviteurarie«	730
Lesarten	732
1. Raimunds Manuskript (HS)	732
2. Theaterhandschriften, Zensurhandschriften, Erstdruck	814
Erläuterungen	883
Musik	897
Theaterzettel	906